Markus Sabo Gabriel

Die Idiotie unserer Zeit

Bibliografische Information der Deutschen Nationalbibliothek:
Die Deutsche Nationalbibliothek verzeichnet diese Publikation in der
Deutschen Nationalbibliografie; detaillierte bibliografische Daten sind
im Internet über www.dnb.de abrufbar.

Herstellung und Verlag:
BoD – Books on Demand, Norderstedt

ISBN: 9783751949811

Markus Gabriel – Die Idiotie unserer Zeit

Primus Maximus und die Angst vor der Ur-Angst

Die Macht der Archetypen

Die Kultur Kreation von Schwarzhirten und Musen

Bondage einer Spaßgesellschaft

Klassenkampf und die Schere der Perfektion

Labyrinthine Dogmatrix

Stichworte der Mechanismen und Werkzeuge des Alchemisten

2 Der Maurer – Die Institutionen, Ein Tempel errichtet mit vier Pfeilern:

Weltliche Irrenanstalt und ihre Institutionen

3 Der Sozialplaner – Meister Maurer, Die Metamorphose von Staaten:

Die Lehre über den Staat

Die Geburt des Perfekten Staates

Sozialismus: Die Mutter des Faschismus

Sozialismus die Plage der Menschheit

Demokratie das Zweischneidige Schwert

4 Der Gildenmeister – Meister der Ringe:

Herrschaft der Ringe

5 Der Spalter – divide et impera, chao et ordo:

Der Spalter; Divide et Impera

6 Der Phönix Illuminatis:

Phönix Illuminatis

Ein Staffellauf der Freiheit

Die Friedliche Revolution

2 Politia Libertas – Der Staat für den Menschen der Freiheit:

Libertas

Politia Libertas

Geld als Tauschmittel und Wertanlage

Steuerbelastung der Bevölkerung

Zinsen und Zinskontrollen

Regulierung per Bürokratie

Ein Sozialsystem der Familien und des Sozialen Umfeld

Unerschöpfliche Wissensaneignung

Eine Ode an die Freiheit

3 Neue Welt auf Neuer Erde – Eine Menschliche Reformation:

Neue Welt auf Neuer Erde – Eine Menschliche Reformation

Das Kredo der Menschlichkeit

Befreiung aus der Chronomatrix

Das Leben

Enthimio Polemou

Energiegewinnung und Ressourcenmanagement

Astrologie die Wissenschaft der Könige

Das Vorwort

Des Autors Bestreben ist es dich das Individuum zu sich selbst zurückzuführen. Um wieder Herr zu werden über das verloren gegangene Bewusstsein. Wer bin Ich? Was bin Ich? Was mache Ich?
Alles Übel dieser Welt und alle grauen Wolken müssen weichen, und sich verziehen, wenn du oder das Ich oder noch besser wir alle gemeinsam ein solches Bewusstsein erlangen, alles zu verstehen. Alles was erfahren wird, alles was uns betrifft, alles was wir sehen; hören, fühlen und in unserem Geiste verarbeiten zu dem was wir als Bewusstsein bezeichnen. Sich Bewusst zu sein was bin Ich oder Wer bin Ich? Was mache ich eigentlich? Das Bewusstsein zu wissen in welch Sphäre man geboren wurde, auf welcher Erde? Ist es diese Erde? So wie sie geschaffen vom Schöpfer selbst. Oder eine andere Erde? Es ist das Bewusstsein welches uns fehlt; Das Lebensbewusstsein.
Und nur das Absolute Bewusstsein, befähigt das Individuum wirklich zu Wissen was ist Wahrheit?
Was ist Lüge? Zu unterscheiden zwischen dem was gut ist für mich und für meine Umwelt und mein Umfeld. Wenn der Kunstmensch aufhört die künstliche Umwelt am leben zu halten, oder seine Energie für diese abzugeben, wenn ihm wieder bewusst wird was es bedeutet Mensch zu sein.
Denn Mensch zu sein bedeutet auch sich bewusst zu sein. Dieses Bewusstsein entbehrend, und möchte der Leser die nachfolgenden Seiten dieses Werkes verstehen so ist es geboten das Buch in der durch den Autor gewählten Reihenfolge zu lesen und verstehen. Das Wissen welches hier angeboten wird, kann nur so richtig aufgenommen werden, damit daraus wieder das ursprüngliche Bewusstsein erlangt werden kann. Und sollte Sie oder Er nicht in der Lage sein das unglaubliche fortzuführen, zu Ende zu lesen, weil es doch zu viel ist. So möge Er oder Sie das Werk zur Seite legen, denn vielleicht ist die Zeit noch nicht gekommen, solch unglaubliches Wissen anzueignen.
Es ist die Idiotie unserer Zeit die uns absorbiert, und es ist die Idiotie unserer Zeit, maßgeschneidert für uns, das Zeitgenössische Kollektiv; denn für jede Generation existierte eine andere. Von jenen geschaffen die über die Philosophie der Kontrolle verfügen. Letztlich soll dieses Manuskript helfen, das Ich zu befreien. Mitzunehmen auf eine Reise, eine Reise die die Zukunft helfen kann mitzugestalten. Aktiv nicht mehr Passiv alles hinzunehmen und mit vollem Bewusstsein, die Dinge ins Richtige Licht zu rücken. Und nicht wieder abgeleitet und umgeleitet zu werden von denen die ausgeschickt werden, um Bewusstsein zu rauben. Rabiat; In aller Derbheit und Härte, Ironie und Sarkasmus geschrieben, sollte das Individuum sich nicht persönlich angegriffen fühlen oder glauben, denn es ist von Geburt Teil eines großen Ganzen welches von uns erwartet so zu sein wie wir geworden sind, und so zu reagieren wie wir reagieren. All dieses ist notwendig um die Begebenheiten auf den Punkt zu fokussieren. Denn alles was du siehst und fühlst, und alles was du hasst und allem dem du feindlich gegenüber stehst, allem was du misstraust, alles was du gibst und alles was du schöpfst als auch zerstörst, allen denen du begegnen magst, alle die du bekämpfst sind schließlich Teil dieser einen gewaltigen Idiotie, welche uns in die Wiege gelegt. Und so waren es die Worte des Schöpfers: den anderen zu helfen, zu sich Selbst zurückzufinden, und dass dieses die Höchste Aufgabe ist. Auf den Weg des Glaubens, dem was das Leben eigentlich Wert macht, zum Schöpfer und ursprünglichen Geiste dieser Welt. Dem Glauben an einen Schöpfer und zu sehen das alles was da geschaffen gut und recht war, und nur aus diesem Glauben an den der Alles Geschaffen das Alpha und Omega kommen wir zum Bewusstsein, jenes Bewusstsein wieder zu erlangen um daraus vielleicht ein Zweites Paradies zu erzeugen. Aus der Asche Staub und Staub zu Staub, um jene die glauben auf alle Ewigkeit aus dem Staube ihrer eigen gelegten Asche wieder aufzufahren in den Himmel endgültig die Flügel zu versengen.
Markus Gabriel im Jahre des Herren und der Zeit der Auflösung 2016.

Das Ich Erwacht

Ein Neuer Tag, aus der angenehmen Schwerelosigkeit der Traumwelt erwacht,
die Augen erblicken helles Licht welches durch die Lieder dringt.
Das Unterbewusstsein und die Leichtigkeit müssen weichen, denn das Bewusstsein nimmt wieder
Besitz über den Körper, Geist und Seele ein.
Alle Sorgen und Schmerzen waren für einige wenige Stunden vergessen. Nun da der Neue Tag
hereinbricht, spürt der Geist wieder welch grausamen Joch das Ganze Wesen, welches er selbst
darstellt ausgesetzt ist. Die Pflicht ruft. Haus, Auto und das Studium sind noch nicht beglichen
worden, der Körper hat die Arbeit zu verrichten indem er Kraft und Zeit gibt.
Die Eltern hatten sich doch solch Mühe gegeben bei der Erziehung und auch keine Kosten bei der
Ausbildung Ihres Sprösslings gescheut. All die Jahre auf der Schulbank, das lernen,
der tolle Abschluss und das Diplom, vermochten den Einstieg ins Leben nicht zu erleichtern.
War nicht eine glanzvolle Zukunft versprochen worden von Kind auf, durch alle Instanzen, wenn man
sich doch nur immer an alle Regeln halten würde und eifrig seinem Ziel nachstrebte?
Die Realität des hier und jetzt hatte aber völlig andere Züge. Wie ein Nagetier das ans Rad gefesselt
scheint ohne Pause durch die Tage, Wochen und Jahre zu marschieren. Auf dem Pfade schreiten
welches Ansehen, Status in der Gesellschaft und persönliche Zufriedenheit bringen soll und am Ende
der Langen Reise ein Triumph-Bogen erhoben zur Preisung, eines aufopfernden Bürgers der seinen
Mitmenschen ein solch grandiosen Dienst geleistet hatte.

Ein umschauen, ein einziger Blick jedoch genügt um diesem Irrweg dem zu lange Blind gefolgt wurde
die Glaubwürdigkeit zu rauben. Wie ein Blinder der vom Blitz getroffen wurde, das Licht
welches er so lange entbehren musste ihn erschlägt für eine gewisse Dauer, doch der Schmerz
vergeht und der Augapfel gewöhnt sich an das was vorher im verborgenen lag.
Die Gestalten nehmen klare Formen an und alles was zunächst verschwommen aufgenommen
wurde, ist plötzlich klar ersichtlich. War es doch eindeutig eine Falle die da aufgestellt wurde um zu
verschlingen was dem Abgrund sehnte zu entgehen. Und hätte sich da nicht wie ein Wunder ein
Sechster Sinn sich aufgetan um dem Verderben zu entrinnen. Schlicht zu beobachten ob es denn
dem Sinn des Lebens entspricht sich herzugeben für das Elend welches einen Tag für Tag umgibt und
ein Entrinnen aus diesem Wahne nicht in Sicht.

Diese Idiotie die alles umgab und alles einzunehmen schien was da existierte.
Die Idiotie unserer Zeit nannte es der kühle emotionslose Verstand. Woher kam diese Idiotie?
Wieso fraß sie sich durch Zeit und alle Herren Länder? Die Familie, ein enges Band durchtrennt
wie durch Meisterhand, ein Roter Teppich ausgerollt zu laufen und zu denken als würde die Einheit
welche vorher verband, den Ruhm Rauben einem Bonaparte gleich.
Trachten Sie doch nur nach meinem Status und Reichtum.
Dem Siege Gewiss niemals angewiesen zu sein auf die alte Sicherheit die des Mutters Schoß und des
Vaters starkem Arm entsprang.
Das Volk samt Kultur an Bedeutung verlor, da neue Grenzen die Alten durchspalten wie
Naturgewalten sie für immer unkenntlich zeichnen. Neue Mächte die sich in die Lüfte begeben um
mit Feuer und Eis zu umgeben und zerstören was vorher solchen Stolz bereitet.
Der Schöpfer dem alles zu verdanken, jedes Wunder das täglich die Sonne durchstach,
schamlos und ohne Reue den Rücken zugewandt rennend hinein in die Unterwelt die kein Ende
versprach.

Das Ich in Ohnmacht

Tag ein Tag aus gehetzt durch Raum und Zeit bewegen wir uns von einer Krise zur nächsten Hürde, stetig befinden wir uns unbewusst in einem Zyklus; konstruierte Probleme, die dann letzten Endes gelöst werden von Menschen die wir respektieren oder zumindest akzeptieren und direkt oder indirekt dafür bezahlen. Diese Helden oder im Falle Ihres Versagens Opfer, wie wir Sie in der vielfältigen Medienlandschaft wahrnehmen, fabrizieren eine Revolution die sich über Generationen hinaus vorwärts bewegt, unaufhaltsam einem übermütigem Ideal entgegen.

Wir die „Normal Bürger" sind nicht im Stande diesen Wandel dem wir scheinbar hilflos ausgesetzt scheinen, zu stoppen oder in die von uns gewünschte Richtung zu steuern.

Aus diesem Grund setzen wir uns jeden Abend vor den Fernseher und hören uns die Lösungsvorschläge von „Experten" an; wie zum Beispiel die letzte Wirtschaftskrise mit Bravur gemeistert wurde und alles wieder in die gewünschten Bahnen gelenkt wurde.

Nicht einmal die völlige Unzufriedenheit über die Steigenden Kosten für alles was wir nicht entbehren können, bringt das Individuum dazu, in sich zu gehen und eine eigene Lösung zu finden. In Frage zu stellen ob diese Fachmänner die alle Geschicke lenken eigentlich das richtige machen.

Jahr für Jahr werden die Steuern erhöht und unsere Meister in der Politik besänftigen uns damit, dass es in Zukunft wieder besser wird.

Ohnmächtig ergeben wir uns den Höheren Mächten und der zunehmenden Idiotie die uns umgibt, aussaugt und wieder als leere Hülse auswirft.

Unserer Zukunft ungewiss begeben wir uns wie hilflose Kinder in ein wirbelndes Karussell, es geht aufwärts, abwärts und im Kreis drehen wir uns wie in einem Zylinder um am anderen Ende wieder herauskatapultiert zu werden. Ob uns die Andere Seite nun gefällt oder nicht uns sind die Hände auf den Rücken gebunden und wir nehmen das vorgekaute Schicksal an.

Der Autor dieses Werkes wird mit bestem Gewissen versuchen seine Leserschaft aus diesem Gedanken Labyrinth zu führen, welches von Architekten errichtet wurde um uns im Dunkeln zu halten und wie Versuchsobjekte für Ihre eigenen Zwecke zu gebrauchen.

Er wird sich Hüten mit dem Finger auf die Protagonisten dieses Scheinspiels zu zeigen.

Mit klarem Sachverstand wird sich der Knoten der das untergehende Schiff auf dem Meeresboden festhält lösen.

Die Tragödie der Menschheitsgeschichte wird jeden Zweifel darüber erlöschen, woher wir eigentlich kommen, wo wir uns derzeitig befinden und was uns die nächste Station bringen wird.

Die Philosophie die durch alle Epochen hindurch genutzt wurde um den Menschen von Kind auf zu manipulieren und gegen sich selbst und seine Natur sowie eigentliche Bestimmung auszuspielen, wird helfen die Mauer der Falschlehren ein für alle mal zu Durchbohren um uns einen kleinen Ausblick zu geben, auf das was uns seit Äonen vorenthalten wurde.

Auf dass dieses Wissen welches verborgen wurde eine Wissensbombe einschlagen lässt die sich Wellenförmig in alle Himmelsrichtungen ausbreitet.

Wissen ist Macht, und wird von denjenigen die darüber verfügen um andere damit zu fügen gehütet wie des Urmenschen erstes Feuerwerk.

I Die Idiotie unserer Zeit

Das Kollektiv im Dilemma

Terroranschläge und Geheimdienstüberwachung im großen Stil bis hin zur globalen Erwärmung, es bleibt uns nichts mehr erspart.

Zwei Passagier Flugzeuge wurden akkurat in Wolkenkratzer gejagt.

Noch ehe man mit der Wimper zucken konnte hatte man schon die schuldigen ausfindig gemacht. Böse bärtige Männer, Muslimischer Herkunft hatten es gewagt der Imperialen Supermacht den Kampf anzusagen. Was folgte war eine Imposante Rede des Imperators, in welcher er der Welt deutlich aufzeigte, dass es unmöglich sei westliche Werte durch einen solch schändlichen Akt zu beschmutzen. Ein Neuer Feind wurde geschaffen der Terrorismus, man solle sich entscheiden mit welcher Seite man sympathisiert. Entweder sei man gegen die Bösen Terroristen oder mit Ihnen. Entscheidet euch es gibt keine Zuschauer in dieser tragischen Oper alle sind Akteure.

Die neue Bedrohung des 21. Jahrhunderts der Terrorismus muss mit Eiserner Faust bekämpft werden!

Infolgedessen konnte man es moralisch rechtfertigen, fremde Länder mit Bombenhagel zu berieseln. Millionen tote waren die Folge; Zivilisten, Mütter, Väter und Kinder, was hatten diese verbrochen? Vielleicht gehörten sie auch zu den Menschen, die jene „glorreiche" Kampfansage nicht befürworten konnten. Möglicherweise waren sie damit beschäftigt ihre Familien durch harte Zeiten zu bringen, verursacht durch ein Westliches Handelsembargo. Sie könnten natürlich auch zu den „Terroristen" gehören die nicht den Zielvorstellung des Westlichen Establishments entsprechen. So ließ man die Friedens Bomben regnen. Um diesen armen Leuten die von ruchlosen Tyrannen regiert werden die Demokratie zu erkämpfen. Selbst Millionen von Toten würden es rechtfertigen den Weg der Demokratie zu pflastern um zuvor installierte Diktatoren durch ausgewählte Demagogen, mit aufgesetztem lächeln und schön gebundenen Krawatten zu ersetzen.

Mit erschrecken musste man mit ansehen wie aus der zuvor so rechtschaffenen Supermacht, jene es geleistet hatte den Nationalsozialismus zu besiegen und dessen totalitäre Machtansprüche sowie Rassenwahn zu stoppen, und Europa wieder auf die Beine half, aggressiv und invasiv in Vorderasien einmarschiert und ganze Länder bestehend aus Legionen von bestens ausgerüsteten Soldaten besetzt. Schon sehr bald tauchten Bilder auf die niemand sehen möchte. GIs die mit aller Gewalt und Niedertracht Arabische Männer foltern.

Dem Zuschauer ist natürlich nicht bewusst, dass er hier bewusst von den Medien in einen Hinterhältigen Zwiespalt gelockt wurde. Auf der einen Seite die Bösen Muslime die uns „privilegierten" in den „Reichen und Demokratischen" Ländern lebenden; nach dem Wohlstand trachten und unsere Lebensweise zerstören wollen; mit Terror und Angst um jeden Preis.

Auf der anderen Seite die Psychopathischen US Soldaten die wahllos Männer foltern mit höchstem vergnügen. Die Meisten vermochten wohl nicht zu durchschauen welch Spiel hier aufgezogen wurde. Doch ein jeder konnte fühlen, dass die guten Zeiten vorbei waren, Angst machte sich breit, welche von ständigen Drohungen über erneute Terroranschläge genährt wurde.

Dem nicht genug ging es dann auch noch finanziell Bergabwärts. Die Terroranschläge waren natürlich auch auf das Westliche Kapital gerichtet. Noch bevor die Hochgepriesene Kontinentalwährung in den Umlauf kam, eine Krise in Ende 2001; Gefolgt vom Euro, die Neue Währung sollte das Leben und Reisen in Europa vereinfachen.

Weshalb wir diese neue Währungsunion wirklich brauchen, jene von Politikern eigenständig beschlossen wurde ohne seine Wählerschaft zu befragen wurde natürlich ausgelassen beerdigt. Reisekomfort und Solidarität sollten ausreichend sein um die Bürger ruhig zu stellen; Solidarität mit den armen Ländern im Osten und Konformität. In den Schulen wurde es als ganz natürlich unterrichtet den Wohlstand von Westen nach Osten zu verteilen. Alle Menschen in Europa sollten etwas von dem Kuchen abhaben dürfen. Und da es uns nicht möglich sein kann noch mehr Wohlstand zu erwirtschaften, müssten alle etwas kürzer treten und sich friedlich damit abfinden sich in eine Sozialistisch angehauchte und rein solidarische Zukunft zu begeben. Jedem verständigen dürfte hier auffallen, dass Solidarität und Konformität die gesponnene Ideologie des Kommunismus widerspiegelt.

Noch mit Umstellung von Deutsch Mark auf Euro stiegen dann die Preise drastisch, alles schien sich zu verdoppeln. In den Medien wurde dann verkündet, dass sich die talentierten und zielstrebigen unter den Bürgern aufraffen sollten möglichst ihre Ellbogen einzusetzen im Kampf um die letzte Bratwurst. Der Mittelstand muss weichen, wer also nicht in der Unterschicht landen möchte sollte schleunigst die Ärmel hochkrempeln und mächtig austeilen. Eine Ode an den klassischen Klassenkampf wurde hier eingestimmt. Nur die klugen und starken überleben den „Survival of the Fittest".

Jahre später dann in der Zukunft des Informationszeitalters angelangt wurde die ganze Welt von einem Blondschöpfigen Superhacker überrascht, der skandalöse Informationen ans Tageslicht zu bringen drohte. Natürlich musste man zum Selbstschutz, diesem bösen Menschlein mit Inhaftierung drohen, um diesen in ein Unangenehmes Asyl zu zwingen, ihn wie ein Vogel in ein Käfig zu sperren und zu isolieren von der Außenwelt. Einer Welt in der die Wahrheit eine Bedrohung darstellt.

Ein Dutzend „Big Brother" später dann die Gewissheit, die Nationale Sicherheitsbehörde der Vereinigten Sklaven überwacht die ganze Welt mit einem hochtechnologischen Überwachungsapparat, welcher die Machenschaften der Stasi wie Kinderspielchen in den Geschichtsbüchern hinterlassen wird. Ein Couragierter Junger Mann hatte es gewagt aus den Reihen der Überwacher zu treten und das Übel dem Tageslicht zu überlassen.

Ein gewaltiger Katalysator für Massen Paranoia und gleichsam Massen Konditionierung wurde folglich von den Medien in Betrieb gesetzt.

Unendliche Träumer? Und wo befinden wir uns eigentlich?

Könnte dies nicht die Vorstufe sein zu einer absolut Dystopischen Zukunft?

Prolog für ein Science-Fiction Drama welches sich in unserer Gegenwart empor schleicht?

Nicht bewusst aufgenommen werden kann, weil wir zu sehr damit beschäftigt sind uns mit nichts zu beschäftigen. Dem Nonsens der Idiotie unserer Zeit fröhnen. Party und Saufen an den Wochenenden. Niveaulose Fernseh Programme die unsere Intelligenz beleidigen und eigentlich boykottiert werden sollten. Nicht zu vergessen die Gesangsternchen ohne Geschmack und Talent. Gestochen von Hast sind wir nicht in der Lage uns umzuschauen und zu realisieren, dass wir uns in eine Zukunft begeben die von Namhaften Autoren in düsteren Büchern verewigt wurde.

Und ein jeder sollte erschaudern wenn sein Bewusstsein in der Lage ist die Zeichen der Zeit zu deuten die unter einem ganz dunklen Stern stehen.

Etliche Jahre in Depression und hohen Arbeitslosenzahlen waren vergangen.

Was unsere verhassten Politiker nicht lösen konnten, wurde dann schließlich von unserem geliebten „Kaiser" Beckenbauer bewerkstelligt. Jener hatte es geschafft die Fußball Weltmeisterschaft ins Eigene Land zu holen. Infolgedessen erlebte man als Deutschländer einen plötzlichen „Wirtschaftsboom" angekurbelt durch Brot und Spiele.

Sommerende 2008 und der Höhenflug wurde bereits beendet. Die Megabänker hatten sich im ausgeben von Krediten etwas verspekuliert.

Diese „Lappalie" verursachte dann eine Krise, wie man sie in vergleichbarem Ausmaß zuletzt wohl 1929 erlebt hatte. Daraufhin verloren viele ihren Arbeitsplatz. Unzählige Firmen mussten Pleiten anmelden. Im Prinzip konnte sich jedes Unternehmen in Deutschland von seinem längst überfälligen Personal trennen. Hierzulande wurde die Abwrackprämie eingeführt und somit schlimmeres verhindert. In den Vereinigten Staaten fiel die Bilanz nicht ganz so gut aus.

Städte wie Detroit zerfielen im Laufe der letzten Jahre sehr stark.

Die Arbeitslosenzahlen in bestimmten Regionen stiegen stark an und viele waren gezwungen umzuziehen. Viele glauben da man keine Schlangen von Menschen sieht die sich anstellen um eine heiße Suppe und ein Stück trockenes Brot zu erwarten, sei man nicht so schlimm dran wie in den 30er Jahren. Diesen Umstand verdankt man nur dem Neuen Verteilungssystem. Hier wurde ein geschickter Sozialismus Upgrade vorgenommen, um die Massen psychologisch geschickt abzulenken von soviel Armut.

Ein Armutszeugnis für die Verantwortlichen in der Tat, die es geschickt zu überspielen wissen; in Deutschland Hartz IV, in den Vereinigten Staaten „Food Stamps".

Aus persönlicher Sicht war es erstaunlich diesen „Crash" miterleben zu dürfen, weil man uns immer erzählt hatte, dass so etwas schlimmes nie wieder passieren könnte; denn die Entscheidenden Männer hatten aus den Fehlern der Vergangenheit gelernt.

So was war hier eigentlich schief gelaufen? Wer war verantwortlich für diese „Fast Katastrophe"? Wurden die Schuldigen gerecht bestraft? Und was waren die Konsequenzen die im nach hinein gezogen wurden?

Fragen über Fragen die alle erst einmal zu überdenken sind um ein klares Urteil fällen zu können.

Der Börsencrash von 1929 wurde dadurch ausgelöst, dass die „Federal Reserve Bank", welche das alleinige Monopol über die Geldschöpfung der Vereinigten Staaten verfügt, zu viel Geld in den Umlauf gebracht hatte. Außerdem wurde der Börsenmarkt künstlich aufgepumpt.

Geld wurde nicht mehr in die Realwirtschaft gepumpt sondern in den verlockend „lukrativen Börsenmarkt", es war sehr viel einfacher Geld in steigende Wertpapiere zu investieren, die Kurse stiegen und stiegen bis die Blase dann schließlich zum platzen gebracht wurde.

Trotz all der verheerenden Auswirkungen für die Bevölkerung kamen die Zentralbänker ungeschoren davon. Immerhin wurden die Superbänker ausgebremst, durch das installieren des „Glass-Steagall Act" war es den Zentralbänkern nicht mehr möglich Unmengen von Summen an die unterschiedlichen etablierten Bank Unternehmen zu verteilen.

So dass diese nicht mehr in der Lage waren Privatkunden mit günstigen Zinsätzen in die Schulden Falle zu locken.

Der Glass-Steagall Act wurde 1999 wieder abgeschafft. Alle Zeitzeugen längs begraben konnten ja nicht dagegen klagen. So konnten die Nachfolger jener glorreichen Banker Profession die es geschafft hatte einen Crash zu erwirken, sich ans Werk machen um noch viel geschickter den nächsten Streich auszuhecken, mit „Hedge Fonds" und „Derivaten". Reine Bankiers Produkte für den Laien absolut nicht nachvollziehbar und auch nicht verständlich. Reichen Monopoly Männern bereiten diese ruhige Nächte mit feuchten Träumen. Wenn stören hier schon die armen glücklosen die den Gaunern in die Falle getappt, die ihre Neu Erworbenen Immobilien verloren und gezwungen wurden in Zelten zu hausen. Häuser die nun von Ungeziefern bewohnt werden und leerstehen. Der gesunde Verstand fragt jedoch. Wozu diese ganze Scharade?

Und welche Konsequenzen hatte man Schluss endlich daraus gezogen? Spitzenpolitiker waren so schlau und weise jene Privatbanken die Konkurs gingen wieder auf die Beine zu helfen, und endlos Schulden zu machen. Gott vergelte es, es kommt ohnehin aus der Papierpresse und kann beliebig hergestellt werden. Sollen doch die hart arbeitenden ein wenig kürzer treten.

Von kleinen Steuererhöhungen kriegt das Volk ja doch nie genug. Und die Inflation sofern gut gesteuert wird auch ganz gewiss von keiner Seele beklagt. In welch schönen Welt wir doch leben könnten wenn solch Megabanken auch mal ihre Gewinne sozialisieren würden.

In den USA wurde ein Herr Geithner der zuvor für die New Yorker „Federal Reserve Bank"; „Zweigstelle" tätig war, also quasi einer der Hauptverantwortlichen für die Krise, von Weltenretter Obama zum Schatzmeister ernannt. Ein Barack Obama der versprochen hatte alles wieder gut zu machen was die Bush-Regierung verbockt hatte, nimmt doch tatsächlich eine solche Schande auf sich und kommt damit auch noch durch. Auch ein Herr Bernanke der an Oberster Stelle die Geschicke der „Federal Reserve Bank" leitete, durfte seinen Job behalten. Der Präsident sei voller Zuversicht, dass dieser alle Fähigkeiten besitzt um weiterhin einen so „anspruchsvollen" Posten zu begleiten und man könne nicht auf seine fachmännischen Fähigkeiten verzichten.

Schade für alle betroffenen der Banken-Krise das Herr Bernanke diese noch zurückhalten musste.

Schade auch dass unsere glänzenden „Politokraten" nicht in der Lage sind eine Änderung in der Finanz- und Bankenpolitik vorzunehmen. Kein Wechselkurs in Richtung Vernunft, Nein man möchte so schöne Erlebnisse möglichst wiederholen. Anstatt die schuldigen abzustrafen vor Gericht zu stellen und einzukerkern, wird diesen von unseren Legislatoren noch mehr Macht zugespielt. Viel mehr nimmt man die Konkurrenz der Fädenzieher ins Visier um alles noch stärker zu monopolisieren, und mehr Macht in weniger viele Hände legt.

Ein Rat von Experten wurde einberufen. Aber von wem wurde dieser einberufen? Wurde er demokratisch gewählt? Haben die Bürger überhaupt mitzureden? Wohl kaum, die Expertenschaft brüstet sich auch noch damit ein „Effizientes Krisenmanagement" betrieben zu haben. Warnen aber davor, dass wir nach wie vor nicht vor weiteren Krisen dieser Art geschützt sind und sogar damit rechnen müssen selbiges noch mal zu erleben bis endgültig alle „Fehler" von „Bankokraten" ausgemerzt wurden. Die uns wann immer es ihnen in den Sinn kommt wieder erpressen um Geld für sterbende Banken einzufordern, die in einer Realwirtschaft einfach Konkurs anmelden müssten. Man hat zwar die große Katastrophe verhindert aber das Welt-Wirtschaftssystem ist immer noch nicht stabil. Reformen wurden erlassen, die den Handel mit Hedgefonds und Derivaten limitieren sollen. Wieso fragt niemand danach ob wir solch Bänker Produkte überhaupt brauchen und in welcher Hinsicht diese unsere Welt verbessern können?

Wäre es nicht besser sie einfach ganz abzuschaffen und ein vernünftiges Bankenwesen zu etablieren welches die Anlagen seiner Kunden schützt und zugleich respektiert? Ein Bankensystem das nicht bewusst Finanzblasen aufpumpt diese dann platzen lässt um dann von den hart arbeitenden Massen auch noch Geld einfordert, und Drohungen auszusprechen auch den letzten Cent aus der Tasche zu ziehen, weil bei nicht Einhaltung der Forderungen das gesamte Wirtschaftssystem kollabiert. Gleicht dies nicht dem Verhalten von Erpressern die uns alle, die ganze Gesellschaft über alle Grenzen hinweg als Geiseln nehmen? Alles aus uns versuchen rauszuholen, jeden Taler herauszupressen bis wir uns endgültig ergeben, uns ohnmächtig vor dem Geldmonopol beugen. Und wer steckt eigentlich hinter einem solchen System, welches uns ausblutet? Ist es nicht die Aufgabe eines jeden sich darüber zu informieren und zu wissen woher dieser Irrsinn eigentlich kommt? Welche Ziele werden hier verfolgt? Und wieso decken die vom Volk gewählten diesen fatalen Irrsinn? Wieso sind wir so machtlos und ergeben uns? Viele Fragen die es zu untersuchen gilt. Erst einmal müssen wir verstehen wie unser Geldsystem funktioniert und worauf es abzielt um zu entscheiden, ob wir weiterhin unsere Stimme dafür abgeben oder unsere Denkweise und passive Haltung bezüglich diesem gänzlich überdenken.

Die Geburt der Blüten

Es ist wichtig zu Wissen wie das gegenwärtige Geld- und Bankenwesen entstanden ist.
Bereits im Mittelalter konnte Gold aufbewahrt werden und man bekam im Gegenzug ein Zertifikat mit der hinterlegten Summe ausgehändigt. Mit der Zeit wurden die Zertifikate als Zahlungsmittel akzeptiert. Schon bald fand man heraus, dass nur ein geringer Anteil des hinterlegten Kapitals vom Kunden abgerufen wurde. Man konnte mit dem größten Teil des Kapitals Kredite ausgeben.
Nun war es möglich mit den Ersparnissen die von anderen erarbeitet und angehäuft wurden,
ganz einfach selber Geld zu verdienen indem man dieses Kapital verlieh und darauf Zinsen verlangte.
Man musste nur beachten sich beim ausgeben von Krediten nicht zu übernehmen,
um ja kein Misstrauen bei den Anlegern des Vermögens zu wecken. Oberstes Kredo hierbei war eine starke Vertrauensbasis zum Kunden zu schaffen und zu bewahren.
Diese Prozedur war Grundstein für das Teilreserve System. Das Teilreserve System basiert auf einem festen Gegenwert zum Beispiel eine Reserve von Goldbarren. Jedoch wie der Name Teilreserve schon andeutet kann der Basis Bestand des Geldes im Umlauf auch nach belieben erhöht werden. Was sich auf die Qualität des Geldes auswirkt, es entsteht Inflation, es besteht die Möglichkeit mehr Geld in den Umlauf zu bringen.
Jedem muss klar werden, dass in einem solchen Geldsystem bereits die Wirtschaftsfähigkeit stark abhängig ist von der Qualität des Geldes, sprich die Relation von Gütern die im Umlauf sind und der Geldmenge. Hier haben Bänker bereits eine gewaltige Hebelwirkung auf die Wirtschaft und den Geldwert. Weil alle Nationen auf diesem „Erdball", seit Generationen ihr Geld von Zentralbanken gestellt bekommen ist dieser Einfluss sehr stark und zieht sich durch alle Bereiche in unserem Leben. Unsere Moderne Gesellschaft, jene weit davon entfernt ist sich einem Utopischen Ideal anzunähern, einer „Traumwelt" in der wir alle, die Menschliche Gemeinschaft uns dazu entschließen alle Rohstoffe gleichmäßig zu teilen und Eigentum von dritten zu respektieren und uns aufzuopfern für das Gemeinwohl unserer Mitmenschen im Positiven Sinn.
Eine Welt in der jeder seine Aufgabe wohlwollend und ohne eigen Bereicherung ausübt.
Wohl wissend dass man selbst auch von den lieben Mitbürgern getragen wird, alle Bedürfnisse gedeckt werden von einem altruistisch geprägtem sozialen Umfeld. Von einer solchen Traumwelt Lichtjahre entfernt befinden wir uns gegenwärtig in der Situation nicht auf Geld verzichten zu können. Dabei wurden wir von Kind auf nie richtig über die Funktion von jenem Status Symbol unterrichtet. Geld ist unverzichtbar geworden, wir brauchen Geld um unsere Grundbedürfnisse zu stillen, Dienstleistungen auszugleichen und Güter zu tauschen. Geld ist ein reines Tauschmittel um den Übergang von Dienstleistungen und Gütern fair abzuwickeln.
Geboren als reines Hilfsmittel uns das Leben und Zusammenleben zu erleichtern wurde diese geniale Erfindung leider im laufe der Jahrtausende immer wieder genutzt um sich auf Kosten der unwissenden Massen daran zu bereichern. Man hatte herausgefunden dass die Kunst der Geldproduktion, bei richtiger Handhabung profitabler ist als das Verkaufen von Waren.
Temporär wird unser Bezug zu Geld und Werten im Sinne von Materiellen Dingen immer stärker alteriert. Geld ist seit je her das wichtigste Machtinstrument gewesen. Unser Überlebensinstinkt und Selbsterhaltungtrieb zwingt uns dazu es an vorderste Stelle zu setzen um in einer komplexen industrialisierten Welt zu überleben und das beste für sich selbst und seine Angehörigen zu erwirtschaften. Man hat die Qualität des Lebens bewusst davon abhängig gemacht wie viel Geld man besitzt. Man hat den Menschen völlig an die Geldmaschinerie gebunden.
Wer kontrolliert diese Geldmaschinerie und wie ist diese entstanden? Wie ein roter Faden zieht sich die Manipulation des eigentlichen Tausch-Werkzeug durch die Menschheitsgeschichte.

So berichten Philosophen wie Aristoteles, dass man im Alten Griechenland gelernt hatte durch die Manipulation von Münzen das Geldsystem und die Geldwertigkeit zu schwächen, um daraus Profit zu schlagen.

Im Mittelalterlichen Italien entstanden mächtige Bänker Dynastien die ihren Reichtum in heftigen Intrigen Wirkung zeigen ließen.

Auch ein Napoleon war misstrauisch eingestellt gegenüber der „Bänkerfraktion" und fürchtete deren Einfluss auf seine Regentschaft so sehr, dass er bereit war alles Land in der Neuen Welt zu verkaufen um seine „Grand Armitage" zu finanzieren; in den Krieg zu ziehen und Europa wohl gemerkt seinen persönlichen Idealen zu unterwerfen. Gerade sein Ringen um die Vormachtstellung auf dem Europäischen Kontinent, verhalf dann Paradoxerweise jenem gehassten Establishment von Blütendruckern gänzlich die Kontrolle über die Geschicke der alten Welt zu übernehmen. Freigeister und Revolutionäre wie George Washington und Thomas Jefferson warnten die Nachwelt ausgiebig vor den Gefahren von Monopolisierten Bankinstitutionen, da diese innerhalb von wenigen Generationen in der Lage sein würden Schritt für Schritt die Ökonomie eines Landes zu zerstören und die Bevölkerung um Hab und Gut zu erleichtern.

Jenen Bänkern die über Mittelsmänner in der Neuen Welt versuchten Fuß zu Fassen, wurde mit Argwohn das Gelddruckmonopol über eine Dauer von 20 Jahren gewährt ohne diese „Charter" zu verlängern um deren Macht zu limitieren. Abraham Lincoln wurde sogar gezwungen eigens für den Krieg gegen die Südstaatler „Greenbacks" zu drucken um seine Soldaten ausreichend bezahlen zu können. Dieses Vergehen gegen das Geldmachtmonopol musste er schließlich mit seinem Leben einbüßen, als er von einem „Fanatischen" Schauspieler-Scharfschützen kaltblütig hingerichtet wurde.

Gegen Ende des 19. Jahrhunderts wurde man sich einig darüber, dass elitäre Bänker-Dynastien dazu prädestiniert seien die Finanzen der Menschenvölker auf dem Globus zu bestimmen.

Daraufhin schloss man sich zu übermächtigen Kartellen zusammen. Man etablierte Zentralbanken und forcierte so Monopoly Geld auf dem Wirtschaftsmarkt. Gedeckt durch Politiker und das Recht der Ungerechten, jene verbaten natürlich jegliche Konkurrenz mit den Monopoly Bänkern.

Die Deutsche Mark sowie der Euro sind gesetzliche Zahlungsmittel und jede Konkurrenz auf dem „freien" Markt wird als Gefahr für das gesetzlich zugelassene Zahlungsmittel angesehen.

Wieso sollte eine gut abgedeckte Währung als gefährdend betrachtet werden wenn sie den Bürgern eines Staates zu mindestens gleichem Wohlstand verhelfen würde, wie eine gesetzlich vorgeschriebene Währung? In den Vereinigten Staaten wurde die „Federal Reserve Bank" hartnäckig nach langem Kampf mit viel Trickserei und Doppelspiel durchgesetzt.

Die Bevölkerung Nordamerikas waren Nachkommen aus allerlei Ländern die viel Entbehrungen auf sich nehmen mussten und somit nicht so leicht gefügig zu machen. Sie waren es die den Mut aufbrachten der Alten Welt zu entfliehen und den Fängen der Royalisten zu entkommen.

In den ohnehin schon sozialistisch geprägten Ländern Europas war das Etablieren von Zentralbanken wesentlich einfacher durchzusetzen.

Das Teilreservesystem wurde bereits zu Zeiten des großen Börsencrash 1929 genutzt um Reichtum in wenige Hände zu konsolidieren. Man brachte einfach mehr Geld in den Umlauf.

Pumpte den Börsenmarkt künstlich auf, ließ diese Blase dann zum gewählten Zeitpunkt platzen und Milliarden verschwanden in einem Schwarzen Loch.

Jede konstruierte Krise hat ihre Gewinner und Verlierer. Die Insider wussten sich an den armen Schweinen zu bereichern.

In den Vereinigten Staaten nahmen die „Bankokraten" sogar bewusst Inflation in Kauf um die

Situation in Groß-Britannien zu verbessern. Dort hatte man nach dem Ersten Weltkrieg inflationäre Probleme, die dadurch auftraten, dass man gezwungen war für den Krieg viel Geld in den Umlauf zu bringen um das teure Kriegsarsenal zu finanzieren. Um dann die Inflation in den Griff zu bekommen musste wieder Geld aus dem Markt genommen werden, was wiederum zu Streiks unter der großen Arbeiterklasse in Groß-Britannien führte, da die Löhne gleichzeitig gesenkt wurden.

Der Britische Export brach enorm ein, weil in den USA günstiger produziert wurde.

Der damalige „Federal Reserve Bank" Chef Strong machte allen klar, dass die Amerikanische Bevölkerung dazu verpflichtet sei sich für die Briten aufzuopfern.

Also die gleiche Globalisten Rhetorik wie wir sie heutzutage vernehmen.

Die Deutschen müssen auch den Arsch hinhalten um Griechenland zu helfen. Alles Probleme die durch die Mächtigen Hebel der Zentralbanken erst geschaffen werden, da sie den Menschen das Leben so schwer wie möglich machen. Man kann klar erkennen, dass unsere Inflationären Probleme von diesen Mächtigen und unantastbaren Bank Institutionen verursacht werden.

Die Zentralbänker gestehen diese Fehler sogar offen zu, bereden uns stets das System weiter zu verbessern; die Frage ist nur für wen?

Jene Monopoly „Bankomagnaten" die es geschafft hatten sich zusammen zu finden unter Verfolgung eines gemeinsamen Ziels dem totalen Dominanzstreben, waren auch noch in der Lage ein weitaus raffinierteres System zur Eigenbereicherung zu schaffen, welches das Teilreservesystem weit übertreffen sollte. Im Teilreservesystem ist die Währung durch ein Edelmetall, Gold oder Silber gedeckt. Um die Wirtschaft künstlich anzukurbeln kann man allerdings die Zinssätze niedrig halten, was allgemein mehr Menschen dazu verleitet Kredite und Darlehen für Immobilien, Automobile oder andere Prestige Objekte auf sich zu nehmen. Hierbei kommt gleichzeitig mehr Bargeld und vor allem Geld in Form von Zahlen auf Computern in den Umlauf.

Die Zentralbänker schöpfen die Möglichkeit aus mehr Geld zu drucken, welches aber durch die selbe Summe an Reserven gedeckt ist wie zuvor und das Geld verliert an Wertigkeit.

So konnte man bereits in den 80er Jahren bemerken, dass die Preise langsam stiegen.

Damit nicht begnügt entwickelte das Bänker-Establishment eine viel effektivere Methode sich an den Massen zu bereichern. Dieses Vorgehen könnte des Teufels Feder entstammen so ausgefuchst und unglaublich ist es. Der Mensch hat doch tatsächlich gelernt aus dem nichts Reichtum und Macht zu erlangen. Wie ein Midas alles was berührt in Gold zu verwandeln, nur dass man sich raus picken kann was einem beliebt. Die Bänker-Alchemisten haben gelernt nahezu wertloses Metall in Gold umzumünzen. Wie funktioniert diese Meisterkunst der Geldakrobaten?

Es ist ganz einfach, man wirft die Druckpressen an und lässt es Scheine regnen.

Wie kommt unser Geld in den Umlauf?

Der Schatzmeister fordert Geld beim Direktor der Zentralbank an.

Er unterschreibt einen Schuldschein mit der angeforderten Summe den er dann an den Schatzmeister übergibt. Der Direktor verbucht diesen Betrag auf der **Haben** Seite der Bilanz als **Forderung** und überweist dem Deutschen Staat somit die gewünschte Summe, über die dann entsprechend verfügt wird. Straßen werden gebaut, Schulen und Krankenhäuser.

Das Geld welches nun ausgegeben wurde und in den Wirtschaftskreislauf gelangt, wird dann auf der **Soll** Seite als **Schuld** verbucht, die Bilanz ist ausgeglichen. Es ist die Magie der Alchemie.

Man hat Geld produziert, ohne jede Wertigkeit. Ein Tauschmittel ohne Tauschwert.

Ganz einfach durch einen Buchungssatz; Deutsche, Griechen, Italiener es spielt keine Rolle in welchem Land man sich aufhält, die Bürger müssen hierfür geradestehen und die Schuld ausgleichen. So gewieft erschafft man sich in der Neuzeit Knechte. Man leiht uns also Geld, welches aus der Luft gegriffen. Und verlangt darauf auch noch Zinsen.

Die Schuld müssen wir ausgleichen indem wir immer härter arbeiten, viele sind gezwungen einen Nebenjob anzunehmen oder einfach kürzer treten.

Jedes Jahr steigen die Steuern.

Das Geld entsteht durch Schulden. Unsere Politiker machen Schulden bei einer Institution die von niemandem belangt werden kann und über dem Staat steht. Unsere Volksvertreter sprechen immerzu davon, dass wir „unsere" Schulden begleichen müssen, unterlassen dabei aber, uns auch mitzuteilen dass diese Schulden unmöglich zu begleichen sind.

Da das Geld durch einen Buchungssatz entsteht und zuerst die Schuld da war, und nichts als diese, muss jedem auch klar werden, dass bei Begleichung unserer Schulden auch alles Geld aus dem Umlauf verschwindet.

Was unmöglich ist, denn es ist nie genug vorhanden um die Zinsen zu begleichen.

Man müsste wieder neue Schulden machen um die alten zu begleichen. Diesen Zyklus wiederholen unsere Meister der Politik solange bis wir so viel Schulden angehäuft haben, dass wir unsere Schuld mit all unserem Hab und Gut begleichen müssen. Was folgt ist unweigerlich die Plage der Menschheit Sozialismus. Die Bevölkerung wird enteignet. Jeden Tag macht man uns in der Presse ein schlechtes Gewissen deswegen und hält uns vor wie schnell der Schuldenberg steigt.

Ach und die „Pleitegriechen", die Bösen, die müssen wir ja auch noch mittragen.

Es ist immer das gleiche Prinzip, mit dem Finger auf andere zeigen um eine Hass-Hebelwirkung zu erzeugen, welche von eigenen Fehlern ablenkt, oder eigenen strikten Zielen, die man im Falle eines Versagens wieder abschieben kann. Wieso verkaufen uns unsere Volksvertreter so blatant?

Es liegt wohl daran, dass ein jeder solcher auch nur von Bänkern ausgezahlt wird.

Seinen Meistern, die ihm seinen Wohlstand gönnen und auch wieder alles Prestige und die Nette Lohntüte am Ende des Monats wegnehmen können. Wer möchte schon mit nichts dastehen, wenn er herausgefunden hat, dass jenes Geld eigentlich nur aus Zahlen und Papier besteht, man aber alles verliert wenn man dagegen ankämpft. Ob Euro oder Dollar die Währungen sind nur von Wert da wir uns bereit erklären, sie als Zahlungsmittel zu verwenden. Natürlich ist man auch durch den Gesetzgeber verpflichtet diese zu verwenden; aber müssen wir denn wirklich?

Müssen wir immer die gleichen Parteien wählen, die noch mehr Schulden machen?

Ist unsere Demokratie denn wirklich gut und gerecht?

Einen jeden Zweifel über diesen Zustand kann ein jeder mit Leichtigkeit ablegen indem er sich einen Euro Schein schnappt und versucht diesen in der nächsten Bank Filiale gegen etwas festes zu tauschen. Man wird Ihnen den selbigen Schein wieder zurückgeben und mit dem Kopf schütteln. Auf älteren Währungen dic völlig oder auch nur teilweise durch ein Edelmetall gedeckt waren, wurde auch ein Vermerk abgedruckt mit dem Hinweis, dass ein Tausch gegen beispielsweise Gold möglich wäre.

Nun Zücke er einen Euro-Schein und stelle mit entsetzen fest, ohje da steht aber gar nichts.

Ein klarer Beweis dafür wie dumm unsere Gemeinschaft inzwischen bezüglich dem Geld was wir benutzen gehalten wird. Unehrlichkeit kann man den „Bankokraten" nicht einmal gänzlich vorwerfen, denn auf der Dollar Note steht tatsächlich, dass jene ein **legales Zahlungsmittel für alle Schulden** ist, Prosit und Mahlzeit Herr Müller.

Wie bereichern sich die Eigentümer dieser Institutionen die so weitreichend Macht und Einfluss besitzen, die wahren Besitzer der „Federal Reserve Bank" oder Europäischen Zentralbank?

Die Monopolisten spielen Monopoly mit uns. Da sie über die Möglichkeit verfügen Geld zu drucken welches von allen akzeptiert wird, können sie einfach alles damit aufkaufen.

Die Zentralbank transferiert eine Summe an eine beliebige Privatbank.

Mit diesem Geld kann dann über Rohstoffe und Ländereien verfügt werden, man zahlt auch schön brav. Traurig eines Tages aufzuwachen und zu merken, dass alle Ressourcen, Wasserquellen und Land eines bösen Tages einer Handvoll Leuten gehört, und dies mit eigentlich wertlosen Blüten geschehen ist. Und das Digital- und Giralgeld der Sparbanken, Handelsbanken, Investmentbanken, Privatbanken und wie sie auch alle heißen mögen wird auf die selbe Art und Weise hergestellt, wie Geld welches vom Schatzmeister angefordert wird. Ein Buchungssatz und die Computer sowie Druckmaschinen laufen. Das meiste Geld zirkuliert ohnehin nur auf dem Rechner und es bestehen äußerst großzügig gerechnet maximal 10 Prozent an Reserven; Scheine und Münzen die für Barzahlungen getätigt werden. Die größte Befürchtung der System Verwalter ist ohnehin ein „Bankrun", wenn alle gleichzeitig versuchen ihr Erspartes abzuheben und den Banken die Scheine ausgehen. Jedoch gibt es auch hierfür Gesetzliche Lösungsmittel.

Jeder Wirtschaftsaufschwung bringt auch Inflation mit sich, weil noch mehr Geld in die Wirtschaft gepumpt wird. Möchten die Zentralbänker die Wirtschaft oder Inflation drosseln, so wird einfach wieder mit einem provisorischem Buchungssatz Geld aus dem System genommen. So entstehen die ständigen Wirtschaftsbooms die teilweise in Krisen enden und Depressionen mit geringem oder gar keinem Wirtschaftswachstum. Sprich immer wenn die Wirtschaft erstarkt, wird auch gleichzeitig eine versteckte Steuer fällig diese heißt Inflation und ist weit gefürchtet. Wird kein Monopoly-Geld ausgegeben stagniert die Wirtschaft und die Arbeitslosen zahlen gehen nach oben. Weder das eine noch das andere ist gut für eine gesunde Wirtschaft und sollte mit Bedacht, hoffentlich bald abgeschafft werden, bevor das gesamte Weltwirtschaftssystem kollabiert und die Menschlein der Erde uninformiert und hilflos wie sie sind, den selben Leuten vertrauen müssen, die das Chaos erst ermöglicht haben. Die Hauptsache ist das lächeln sitzt und die Krawatten sind schön gebunden.

Image und vertrauen, darauf wird hier gebaut. Ein sauberes, sachliches und kompetentes auftreten wird von der Bänker Branche gewahrt. Nun wissen sie auch weshalb dies so wichtig ist.

Es ist alles nur Show um abzulenken von dem was niemand Wissen darf. Geld ist ein reines Tauschmittel und sollte von den Bürgern eines jeden Landes mit äußerster Vorsicht und unter Aufsicht **aller Bürger** ausgegeben werden.

Es droht nun jene Katastrophe die Thomas Jefferson der ehemalige Präsident der Vereinigten Staaten vorhergesehen hatte. Dieser hatte gewarnt vor Zentralbanksystemen die den Wohlstand eines Landes aufsaugen und die Nachkommenschaft ohne jeden Besitz, als niedere Sklaven für ihre Zwecke missbrauchen. Sie seien noch gefährlicher als **Stehende Armeen**; so Thomas Jefferson. Schon heute ist es den Bänkern gelungen unsere Gesellschaft die jahrzehntelang über Wohlstand und eigenes Kapital verfügte in eine Schulden Gemeinschaft zu wandeln.

Wir besitzen kaum noch Dinge von Wert die wir als Eigentum bezeichnen könnten, wir können uns nichts mehr von unserem ersparten leisten, und finanzieren uns bereits kleine Haushaltsgeräte, weil die Liquidität fehlt. In naher Zukunft wird Eigenkapital ein Absolutes „Anathema" sein, spätestens wenn die „Henkersbänker" an die Haustüren klopfen und die Schulden Kollekte einsammeln, wird das Eigenkapital gelüncht werden und die ehemals so Strahlend Reiche Bundesrepublik ihren Glanz in Braunes Elend wandeln. Braun waren auch die Uniformen jener Fanatiker die Deutschland in Blut tränkten um dem Wahn der Weltherrschaft nachzujagen.

Schwarz sind die Seelen jener die uns diesmal nach Wohlstand und Glück trachten.

Schwarz werden sie ihre Utopie färben, selbst die Sterne vom Himmel holen welche brennend herabfallend nur noch Schwarze Asche hinterlassen werden. Ein Hoch auf alle Seelensterne die noch unter den lebenden schreiten um dem Schwarz dem Dunkel der Nacht die Macht der Täuschung streitig zu machen.

Bauernwirtschaft auf dem Schlachtbrett

Egal welches Zeitalter Europas man als neutraler Beobachter auch in Augenschein nimmt,
die Wirtschaftsfähigkeit der Bürger wurde immerzu beschränkt. Im Mittelalter hatte man das
Feudale System etabliert, für die damalige Elite ein ausgezeichneter Kontrollmechanismus.
Die Bevölkerung sank dramatisch im Zuge der vielen kriegerischen Auseinandersetzungen des
Dunklen Zeitalters. So bezahlte man seine Krieger einfach mit Sklavenschaft und deren Arbeitskraft.
Die Obrigkeit der Kaiser, Könige, Herzöge und sonstigen Adeligen installierte sich eine Leibgarde der
absoluten Spitzenklasse. Man erschuf einen Puffer zwischen Aristokraten und dem Pöbel.
Der Ritteradel wurde installiert um die Massen der ausnutzbaren Bauern in Schach zu halten.
Man rüstete diese bestens aus, so dass auch nur verhältnismäßig wenige Ritter im Stande waren
Scharen von Bauern auszuschalten. Mit ihren nahezu undurchdringbaren Rüstungen und scharfen
Klingen waren sie im Stande die Bauernstände wie Butter zu durchschneiden.
Der Rest der Traurigen Menschheit Europas hatte keinerlei Möglichkeit sich mit den Superkriegern
zu messen. Infolgedessen wurden die Massen gebeugt und als billige Arbeitskräfte benutzt um einer
sehr kleinen Elite die aus Adel und Klerus bestand zu dienen. Somit war ein Blühender, freier Markt
nicht für alle möglich. Auch kann nicht davon ausgegangen werden, dass diese stark eingeschränkte
Masse von Sklaven ausreichend konsumierte um einen solchen erst zu ermöglichen.
Diese Umstände verhalfen der Oberschicht egal ob weltlich oder geistlich, Luxus Güter aus Asien zu
erstehen. Man hüllte sich in feinen Gewändern und speiste mit exotischen, aromatisierten
Gewürzen aus Übersee. Der Handel florierte und es wurden Gilden etablierte, die sich darin
verstanden sich gut zu organisieren um diesen auch zu kontrollieren. Das 13. Jahrhundert markierte
die langsame Auflösung des Feudalen Systems und den Übergang zu gelockerten
Herrschaftsstrukturen. Die Mächtigen Handelsgilden waren folglich in der Lage die Märkte zu
dominieren, so dass der freie Handel stark beschnitten sein dürfte zudem man noch
jahrhundertelang mit Bauernaufständen zu kämpfen hatte die es auszulöschen galt.

Die nachfolgenden Jahrhunderte waren immer noch gezeichnet von ruchlosen Herrschern die ihre
Untergebenen ausbeuteten, um selbst dem Wahne des Luxus zu fröhnen.
Geradezu berüchtigt waren die Ausgefallenheiten des Herzogs von Württemberg, der jeder seiner
verrückten Launen auf Kosten der Bürger nachging und sich ein riesiges Schloss als reines
Prestigeobjekt errichten ließ.
Gleichzeitig mit der Industrialisierung Europas kam auch der Sozialismus in Mode.
Die Französische Revolution angeführt von den fanatischen und brutalen Jakobinern, das Britische
Commonwealth und auch das von Preußen wieder vereinigte Deutschland, waren alles Sozialistische
Systeme ohne freien Markt und Chancengleichheit. Die einzige freie Marktwirtschaft wurde in der
Neuen Welt durch die Unabhängigkeitserklärung möglich und selbst in dieser nahmen immer mehr
Monopoly Männer, das Zepter in die Hand indem sie von der Ostküste aus die Märkte
manipulierten.

In der Moderne der Bundesrepublik wurde die Wirtschaftsfähigkeit der Bürger ebenso beschnitten.
Die Siegermächte stellten sicher, dass ein Fabianistisch-Sozialistisches System eingeführt wird.
Welches starke Bürokratische Strukturen aufbaut, dem Bürger gewisse Freiheiten zusichert,
aber bereits vom Gehalt einen großen Teil abzieht. Dieses Geld wird vom Staat benötigt um die
Strukturen zu erhalten, fehlt dem Konsumenten allerdings, somit wird die Geldbörse geleert und

zugleich die Wirtschaft gebremst. Würden alle mehr Geld zur Verfügung haben, dann würde es auch insgesamt allen besser gehen.

Es ist eine einfache Formel, mehr Geld zum konsumieren = mehr Geschäfte und Selbständige, mehr Fabriken die Güter produzieren und mehr Dienstleistungsbetriebe = weniger Arbeitslose und einen höheren Wohlstand. Nun hatte man spätestens ab den 60er Jahren in Deutschland zweifelsohne einen guten Lebensstandard erreicht.

Dieser reichte jedoch nie an den Wohlstand heran, jener in den Vereinigten Staaten erwirtschaftet wurde, wo es möglich war einfacher ein Geschäft aufzuziehen, aufgrund geringer oder keinerlei Blockaden durch bürokratische Einrichtungen.

Unsere Wirtschaftsfähigkeit wird durch unterschiedliche Faktoren eingeschränkt, zum Einen durch die starke Regulierung und Überwachung durch den Staat, dem Beamtentum;
es werden Steine in den Weg gelegt wo keine hingehören.

Des weiteren werden Selbständige sehr stark besteuert; gleichzeitig können große Unternehmen ihre Macht ausnutzen und müssen gar keine Steuern zahlen.

Und zweitens durch den Mangel an Geld um sich selbständig zu machen oder frei zu konsumieren. Spätestens mit der Einführung des Euros und dem steigen der Energie- und Unterhaltskosten, muss man in Deutschland miterleben wie die Wirtschaft stark stagniert und viele nicht mehr wirklich auf die Beine kommen. Was sich auch darin äußert, dass weniger Familien gegründet werden. Die jetzige Generation kann sich kaum noch Kinder leisten.

Kleine Geschäfte haben es erheblich schwieriger und müssen oft schließen. So bilden sich immer mehr Marken-Ketten und man ist gezwungen für andere zu arbeiten anstatt sich selbst eine kleine Existenz schaffen zu können.

Unser Arbeitsmarkt wird gesteuert vom Wirtschaftswachstum. Seit Jahren hat man in westlichen Ländern ein sehr geringes Wirtschaftswachstum.

Die Geldschöpfung liegt in Händen der Europäischen Zentralbank. Ein niedriger Leitzins ist verlockend um neue Unternehmungen zu starten und allgemein wird mehr gekauft und produziert.

Wird der Leitzins erhöht kommt es zu einer Rezession. Diesem Zyklus wird die Wirtschaft immer wieder ausgesetzt. Das Geld verliert aber in diesem Prozess stetig an Wert, so dass langfristig gesehen kein Wohlstand eintritt, die Preise steigen nach und nach und zerstören die Märkte.

Es wird weniger gekauft und verkauft. Das Zahlungsmittel verliert auch an Qualität und somit sinkt auch die Lebensqualität. Unsicherheit verleitet auch viele dazu ihr Geld zu horten um es für schlechte Zeiten aufzubewahren.

Die Produktion wird nach und nach abgeschafft und ins Ausland verlagert wodurch sehr viele Arbeitsplätze wegfallen. Es wird immerzu gepredigt, dass diese fehlenden Arbeitsplätze im Produktionsbereich durch die Dienstleistungsbranche ausgeglichen werden.

Mit diesem Trugschluss versucht man der Bevölkerung vorzumachen, dass alles wieder gut wird, wenn in Wirklichkeit jedes Jahr mehr Leute Arbeitslos sind. Man hat eine Ausrede gefunden weiterhin gewählt zu werden ohne wirklichen Progress zu erwirken.

Bereits in den 70er Jahren wurde beschlossen die Industrie der westlichen Nationen in die 3. Weltländer zu verlagern. Tatsächlich ist es unmöglich die Arbeitsplätze die im Produktionsbereich wegfallen komplett wieder auszugleichen.

Ein jeder ist sich dieser Tatsache bewusst, trotzdem lassen wir uns von Politikern einwickeln. Mittlerweile wird nahezu fast alles was man in die Finger bekommt in China hergestellt.

China wird Weltfabrik!

Die Großkonzerne können sich an billigen Arbeitskräften bereichern und die Maximale Gewinnspanne ernten. Ist man unzufrieden mit der Situation hier so genügt es den Staat damit zu erpressen im Ausland zu produzieren. Welch großer Wandel hat sich hier vollzogen? Wieso sind wir nicht mehr in der Lage diesem Prozess entgegen zu steuern?

Der Katalysator für die Industrialisierung war innovative Technologie.

Der Höhepunkt war die Erfindung der Dampfmaschine, Elektrizität, das Telefon, das Automobil und die Luftfahrt. Auch viele andere Erfindungen brachten Aufschwung und viele Arbeitsplätze.

Diese Zeit war gekennzeichnet vom Erfindergeist, dem Genius der eine Unternehmung startet um erfolgreich zu sein und die Menschheit voran zu bringen.

Die meisten Unternehmer fallen in die Kategorie der Altruisten und Gönner der Menschen.

Man hat mit viel Mühe etwas erfunden oder gebaut und möchte es auf dem Markt etablieren. Gründet eine Firma und stellt Personal ein. Dieses Personal soll möglichst motiviert zu Werke gehen. Man schafft ein gutes Umfeld für sein Personal und behandelt dieses Personal wie eine Große Familie. Diesem Schema folgten aus meiner Subjektiven Sichtweise viele Deutsche Entrepreneure des 20. Jahrhunderts.

Das Unternehmen wurde vererbt und man war stolz auf sein Produkt, allgemein hatten die Mitarbeiter einen viel höheren Stellenwert.

Was ist geschehen? Wieso haben wir diese Werte heutzutage nicht mehr?

Viele Firmen wurden vom Markt verdrängt und monopolisiert oder von ausländischer Konkurrenz aufgekauft. Es hat sich auch ein großer Wandel in der Führung der Unternehmen vollzogen; wurden Unternehmen früher noch von Entrepreneuren geführt, so sind diese nun abgelöst worden durch Geschäftsführer und Vorstandsvorsitzende, die keine Ideale mehr bezüglich der Herkunft eines Produktes haben oder dessen Qualität, sondern nur noch den Profit sehen. Nicht den Profit für die Allgemeinheit. Sondern was in die Eigene Tasche gesteckt werden kann.

Man hat eine Generation von eiskalten Profit-Geiern in der Wirtschaft etabliert.

Denen wenig am Wohlstand der Allgemeinheit liegt als viel mehr ihr Eigenes Ego zu befriedigen. Ausgebildet werden sie in Universitäten die eine Neue Wirtschaft predigen, in der nur noch das Maximum an Profit zählt. Menschliche Werte müssen weichen. Gesellschaftlicher Fortschritt und Humanität finden keinerlei Erwähnung auf unseren Universitäten. Eine reine Ellbogen Gemeinschaft, in der man sich versucht gegenseitig das viel zu knapp geratene Kapital abzujagen, begünstigt durch die Geldpolitik der Zentralbank; das System ist so aufgebaut, dass nie genug für alle da ist und immer ein Teil durch das Sicherheitsnetz des Wohlstands fällt.

Ein weiteres Thema ist, dass wir kaum noch über Realwirtschaft verfügen. Was ist Realwirtschaft? Alles was unverzichtbar für den Menschen ist. Dazu zählt nicht die Maniküre der Nägel oder deren Ausschmückung. Auch nicht das Tunen von Sportwägen. Wir müssen einsehen, dass viele unserer Arbeitsplätze nur noch im Bereich des Komforts und der Eigenunterhaltung entstehen.

Was auch nicht schlimm wäre wenn wir dieses nicht auf dem Rücken der Menschen in den Armen Ländern auskosten würden. So hat man uns immer darauf hin erzogen, dass wir unseren Wohlstand nur behalten können wenn wir bewusst die Menschen in Afrika, Südamerika und Asien ausbeuten. Dies ist eine der fatalsten Lügen unserer Zeit. Einerseits macht man uns ein schlechtes Gewissen, andererseits wird ein bösartiger Egoismus geschürt; die Armen Länder nicht zu entwickeln, da sie uns den Wohlstand rauben würden. Wir können uns diese Nicht-Realwirtschaft nur deswegen leisten weil alles billig hergestellt wird und Menschen in Chile oder China zu niederen Sklaven erniedrigt werden, und mit niedrigen Löhnen auskommen müssen. Wir sollten uns aber keineswegs als Gewinner in dieser Situation sehen und danach streben dieses Übel auszugleichen. Diese hohen Ideale würden uns nicht Ärmer machen, im Gegenteil es würden alle Gewinnen. Politiker bauen hier auf unseren Selbsterhaltungstrieb und Selbstschutz und versuchen uns geschickt davon abzuhalten die Armen Länder zu entwickeln, diese werden wiederum von den Neoimperialisten ausgeblutet; Und wer steht hier wohl hinter unseren Geliebten Politikern?

Kinder werden ausgebeutet und ihre Zukunft verbaut. Entwicklungsländer können sich nicht entwickeln und hierzulande wird immer weniger gebaut und hergestellt.

Um in Zeiten der Globalisierung die uns allen als ein Muss und Fortschritt der Menschheit verkauft wird mithalten zu können, machen unsere „Politokraten" auch kein halt davor, eine Art Unterschicht an Arbeitspersonal zu schaffen. So ist mittlerweile die Zeitarbeit weit verbreitet.

Zeitarbeit ist moderne Sklaverei; hier bereichern sich wenige an vielen.

Es ist eine Schande, dass man kaum noch einen Job im Manufaktur Bereich findet, welcher nicht von Sklaventreibern angeboten wird.

Schrittweise von 1964 aufwärts wurden die Weichen für die Zeitarbeit gelegt, auf dass diese die Produktionsarbeitsplätze zurück entwickeln würde zu Ausnutzung von billigen Arbeitskräften.

Ein weiterer und sehr wichtiger Grund für die Stagnation unseres Arbeitsmarktes ist die Regulierung von Technologie.

Es werden keine Innovationen zugelassen die alte Monopole auflösen würden und neue Arbeitsplätze schaffen könnten. Wir haben seit den großen Erfindungen im 19. und Anfang des 20. Jahrhunderts, nichts großartig neues mehr auf den Markt bekommen.

Wir machen eigentlich nur noch grundlegend Fortschritte in Richtung Informationstechnologie.

Das Automobil wurde zwar sicherer, hochwertigeres Material wird verwendet und es kann immer mehr Luxus bieten, aber es fährt immer noch auf Kautschuk Rädern und wird mit einem Benzin oder Dieselmotor betrieben, das wir mit viel zu teurem Benzin betanken müssen.

Wir haben natürlich keinerlei Alternativen da alle anderen Technologien, wie zum Beispiel Wasserstoffenergie oder Solarenergie gebremst werden. Schon seit Jahrzehnten möchte man sich Richtung Solarenergie orientieren, aber was das Automobil betrifft kommen wir nicht so Recht voran. Wenn hier mal die Ölmagnaten nicht ihre Finger im Spiel haben; wer dann?

Jedes Jahr steigen die Benzinpreise. Und selbst hier geht man ganz systematisch manipulativ vor. Zur Euro Umstellung wurde gleich kräftig aufgeschlagen. 1 Euro pro Liter war schon sehr viel. Ein Sprung von 20cent pro Liter. Dann ging man auf 1,10 Euro pro Liter und zwischendurch auch wieder auf 1 Euro. Und jeder war erleichtert festzustellen, dass der Preis wieder sinkt. Nun war man auch mit 1 Euro gut bedient und froh. Wenige Wochen später steigt dann der Preis wieder auf 1,1 Euro, und alle fluchen und sehnen sich nach dem 1 Euro Pro Liter.

Hier macht die Ölindustrie auch kein Halt und man geht auf 1,2 Euro Pro Liter.

Alle werden wir genarrt um uns an die Preiserhöhung zu gewöhnen. Eine geschickte Taktik.

Denn immer wenn man denkt „Um Himmels Willen wo soll das Enden?", geht der Preis wieder 10 Cent runter und man empfindet den Preis schon wieder als angenehm obwohl dieser zuvor als zu hoch angesehen wurde. Kaum hat man sich umgesehen steigt der Preis wieder.

Zusammengefasst geht man erst rauf mit dem Preis, dann wieder runter, dann erhöht man zweimal, um schließlich wieder einmalig um 10 Cent runterzugehen.

So wird der Konsument an das Preispensum gewöhnt.

Viele bemerken, dass der Arbeitsmarkt langsam aber stetig schwächer wird, nur die Medien scheinen dies zu ignorieren und wollen uns Weiß malen, dass es noch Perspektive gibt für ein Schiff in dessen Bug bereits vorsorglich kleine Löcher gebohrt wurden, um leise und heimlich Schiffe versenken zu spielen. Jedes Jahr die gleichen Statistiken; „Dieses Jahr wird das Wirtschaftswachstum 3 Prozent betragen ein tolles Jahr!; die Arbeitslosenzahlen gehen wieder runter", nur um uns dann in der Mitte des Jahres mitzuteilen, dass die angepeilte Steigerung nicht erfüllt werden kann.

George Orwell würde sagen, dass jährlich mehr und mehr Menschen Barfuß laufen müssen aber in den Medien fröhlich Botschaft ist, dass wieder mehr Schuhe produziert wurden als im Vorjahr.
Man verdreht einfach die Realität nach belieben und macht sich die Welt so wie man sie will.

Und zu guter Letzt sollte noch erwähnt werden, dass man generell den Zeitgeist aufgesaugt hat und nur noch solche befördert die über kein Rückgrat verfügen, sich immer vor den höher gestellten beugen und deren Stiefel lecken. Courage, Stolz, Humanität, Charakter, Integrität und Leistung sind zweitrangig, ja schon unbrauchbar geworden, in einer Gesellschaft in der Werte und Moral im Erdboden versunken sind. Wichtiger ist es Rücksichtslos zu sein, bereit sein fremde Existenzen zu zerstören und Mitarbeiter; langjährige Arbeitskollegen zu denunzieren und dessen Familien in den Ruin zu treiben. Gleicht dies nicht einer Gesellschaft wie sie vor nicht allzu langer Zeit in Ostdeutschland großgezogen wurde? Oder Jahrzehnte zuvor im gesamten Lande?

Und woher kommt dieser Trend? Zweifelsohne wie alle Trends, Modeerscheinungen und Normen von ganz oben.
Hätte ein „Adolfus Hit"(um den Teufel nicht beim Namen nennen zu müssen) erfolgreich sein können wenn er moralische Menschen mit gerade diesen erwähnten Tugenden in seine SS und SA Offiziers Ränge aufgenommen hätte? Wohl kaum man hätte sich seinen unmoralischen Anordnungen, die jede Menschenwürde unterschreiten verweigert und er wäre erst gar nicht so erfolgreich gewesen ein ganzes Land zu unterjochen und Europa im Krieg zu verwüsten.
Die Gemeinschaft wird von oben abwärts entwertet, wir bewegen uns in Richtung Albtraum Gesellschaft, gute Leute stehen hier nur noch im Weg und müssen ins Abseits befördert werden, hier sind sie nicht in der Lage die Geschicke wieder auf den Rechten Pfad zu lenken.
Möchten wir uns wirklich in eine Zukunft bewegen in der die Ungerechten alle Positionen von Rang und Namen besetzen und die Gerechten in Schweigen versetzen?

Der Wille zu Freiheit und Gerechtigkeit wird jene beflügeln sich aufzuschwingen und neue Pfade zu graben, Pfade die geschmückt sind von der Güte und Reichhaltigkeit der Natur, am Horizont ein farbenfroher Regenbogen der uns einlädt auf ihm zu schreiten und eine bessere Welt zu sehen.
Wo ein Wille ist ist auch ein Weg, wo guter Wille ist gutes zu schaffen ist auch Güte.
Der Güte entspringt die Vision einer Neuen Welt in der die Wunder des Schöpfers erst in ihrem ursprünglichen Naturell erstrahlen.

Frau und Mann Gefangen im Zeitgeist der Unterhaltung

Der Moderne Mensch lebt im Zeitalter der Medienvielfalt, im Zeitalter der Informationstechnologie, sowie im Zeitgeist der Unterhaltungskultur.

Er verfügt über unzählige Möglichkeiten sich zu beschäftigen. Es stehen etliche technische Mittel zur Verfügung um sich selbst zu unterhalten und Wissen anzueignen.

Geradezu erschlagen wird er von Informationen die aus allen Richtungen auf ihn einprasseln.

Trotz dieser Vielfalt an unterschiedlichen technischen Hilfsmitteln und Anbietern von Unterhaltungsmedien sinkt stetig die Kreativität sowie die Leistungsfähigkeit der Massen, als auch das Allgemeinwissen über Gott und die Welt.

Übergossen von allerlei Nonsens der Unkultur der Unterhaltungsmedien sind wir nur noch fixiert auf Fiktion, immer mehr entsagen wir der Realität.

Eine gewaltige Vielfalt an unterschiedlichen Magazinen und Zeitungen, die sogar an das Niveau des Lesers angepasst werden, um alle Schichten der Bevölkerung abzudecken. Polit-Magazine für jede Fraktion das richtige Blatt egal ob Rechts, Links oder Liberal. Das garantiert dem Leser in einer offenen und objektiven Gesellschaft zu leben in der alle Blickwinkel genauestens abgedeckt werden. Hinzu kommen dutzende von Fernseh-Sender; Konservative, Progressive und Moderne Nachrichten werden hier dem Zuschauer präsentiert. Nach Wünschen und Gebären des Konsumenten ausgerichtet und abgeschmeckt für jeden was dabei. Gefüttert von unzähligen Informationsquellen und Netzwerken der Kommunikationsmöglichkeiten fühlen wir uns ausreichend informiert, über alles was uns wichtig und würdig erscheint. Wohl genährt und bestens gekleidet sowie einem Dach über dem Kopf, stürzen wir uns in ein Leben, welches der Unterhaltung aller Fünf Sinne und der Leichtigkeit des Komforts beinahe schon oberste Priorität einräumt.

Wir leben in einer Gesellschaft in der die Arbeit nur noch bewältigt wird um nach erbrachtem Schweiß mit dem Lohn der Sinnes Freuden beglückt zu werden. So versinkt man nach getaner Arbeit in die Couch um sich je nach Stimmung von einer Komödie oder einem Drama mitreißen zu lassen. Wir hören immerzu dass wir in einer sogenannten „Spaßgesellschaft" leben.

Doch was sind die Früchte einer solchen? Sind sie reif, saftig, süß und reich an Vitaminen oder verfault, vertrocknet, ungenießbar und gar giftig?

Im Zwielicht der Ungewissheit über Wohl und Übel muss erst einmal von allen Seiten betrachtet werden wie der Status Quo sich darstellt und wie wir in die Gegenwart transferiert oder auch transformiert wurden.

Die Moderne Frau beschäftigt sich hauptsächlich mit ihrem Äußeren, Mode, Schmuck und Make-up. Sie ist interessiert an dem privat Leben von Stars und Menschen die im Öffentlichen Fokus stehen, jene die den Sprung nach oben gemeistert haben.

Man braucht nur in ein Kiosk zu laufen und durch die Frauen Zeitschriften zu Blättern um eine Bestätigung für diese Aussage zu erhalten.

Das Cover-Blatt wird geziert mit Prominenten oder Topmodels. Klatsch und Tratsch aus der Welt der Schönen und Reichen, man ist sich nicht zu Schade die Nase in die Intimsten Angelegenheiten von Leuten zu stecken, die man nicht einmal kennt. Eigentlich würde man beschämt wegblicken, aber die Sicherheit der Distanz lässt jede Scham entweichen.

Die Moderne Frau ist geplagt davon sich öffentlich dem Modegeschmack des „Mainstream" zu beugen, dieser wird bestimmt von der aktuellen Hollywood-Schönheit oder dem angesagtesten Top-Model. Sie muss den optischen Konventionen der Massen entsprechen. Ihre Energie und ihr Interesse verschwendet sie somit mit Nebensächlichkeiten, die im Prinzip zweitrangiger Natur sein sollten. Anstatt sich selbst zu entwickeln und einen Eigenständigen Charakter sowie Modegeschmack zu entwickeln richtet sie sich nach dem was vorgegeben wird und von den nachahmenden Massen imitiert wird.

So entsteht kein gesundes Selbstbewusstsein sondern ein durch fremde Einflüsse gestörtes.

Es entstehen Neid, Selbstmitleid, Hass und Minderwertigkeitskomplexe, da in den wenigsten Fällen das Ideal selbst kopiert werden kann.

Und wie können wir in einer Schönen und Progressiven Welt leben wenn die Lebensspenderin sich mit dem Nonsens ihrer Zeitgenössischen Unkultur beschäftigt und sich nicht mehr mit dem befasst was für ihr Eigenes Ich von Bedeutung ist und die Menschliche Gesellschaft verbessern würde.

Sie wird geblendet von Verblendern denen nicht viel an der Entwicklung einer gesunden Femininen Umwelt liegt. Und so wird sie umgeleitet in eine Welt voll Hedonismus, Glamour und Meinungsabhängigkeit von dritten, die wiederum nur nach dem Falschgeist ihrer Zeit Urteilen. Welchen Fortschritt kann die Moderne Frau bewirken wenn sie sich ausschließlich für Oberflächlichkeiten und den Zeitgeist der Idiotie interessiert? Was können Trendige Klamotten und ein nettes Aussehen hervorbringen? Wie können die belanglosen Meinungen und Ansichten über unsere Welt, die von Prominenten geäußert werden, die Probleme unserer Generation bewältigen?

Das Interessenspektrum der Männer liegt im Bereich des Sport und der Technik.

Und hier wird er geradezu erschlagen von einem breiten Spektrum an Sportarten und technischen Geräten, mit denen er seine Freizeit ausfüllen kann.

Sport, Technik und Auto Magazine in Hülle und Fülle können für Bares erstanden werden, um in diesen Bereichen auf dem Neuesten Stand zu sein.

So besticht der Zeitgenosse durch sein Wissen über Mobile Kommunikations-Geräte,

Ballsport Legionäre und das Neueste Sportgefährt aus dem Stählernen Pferdestärke Geställe.

Energie die in früheren Generationen aufgebracht wurde um die Familie zu beschützen und durch harte Zeiten zu bringen, wird nun aufgestaut um sich im Eifer einer Liebesbeziehung zu einem favorisierten Sportclub zu entladen. Jedes Tor wird gefeiert als würde er seiner Schicksalsbestimmung einen Schritt näher kommen. Jeder Pokal der Eigenen Fangemeinschaft wird gefeiert als wären alle Probleme der Menschheit gelöst.

Ermüdet von der Arbeit gepeinigt vom Vorgesetzten, abgestraft vom Polizeibeamten dem Wächter der Straße und gedemütigt von der „Emanze" die auf der Couch die Neueste Folge ihrer Liebsten Seifenoper schaut; bleibt dem gehetzten Modernen Mann keine andere Wahl mehr als sein aufgestautes Adrenalin beim Schauen einer Umkämpften Partie des Rasenschach auszuströmen.

Mann ist ja schließlich Mann, wenn er sich besaufen und raufen kann und am Ende seine Helden für ihn etwas Gewinnen; 3 Punkte beim verhassten Revier-Rivalen und der Feind ist ausgeschaltet und der Tag gerettet.

Die Lorbeeren eines harten Tages auf dem Geweih, gleitet Mann in das Schlafgemach.

Wen interessieren schon Weltgeschehnisse und die Entscheidungen von

Hohen-Beamten, wenn es viel angenehmer ist an seinem Sportwagen zu tüfteln um die dämlichen Nachbarn zu beeindrucken?

So wird alle Kraft und Herzblut des „Starken Geschlechts" in belanglose Nebensächlichkeiten investiert. Welch Fortschritt ist vom Modernen Mann noch zu erwarten wenn sich seine Bildung auf Freizeitbeschäftigungen beschränkt die keinerlei wirkliche Bildung mit sich bringen?

Werden es die Athleten der Sportarenen sein die unser Schicksal in die richtigen Bahnen lenken? Wenn sie doch nur damit beschäftigt sind ihren Körper zu trainieren um die besten im Wettkampf zu sein, dem Sportwettkampf wohlgemerkt und nicht dem Wettkampf der Philosophie.

Die Albtraumfabrik

Der Fernseher hat nach wie vor den größten Einfluss auf unser Weltbild. Bietet das Fernsehen doch soviel unterschiedliche Themen-Bereiche die unser Wissen und unsere Allgemeinbildung sehr stark prägen, da wir von Kind auf mit diesem tollen Gerät aufgewachsen sind.

Spielfilme in allen Variationen von Dramen, Komödien, Fantasy bis hin zu Science-Fiction Filmen wird einem so viel unterbreitet, dass man seine komplette Freizeit damit aufbrauchen könnte um in andere Welten einzutauchen. Allein das Drama kann in mehrere Genres unterteilt werden,

Action-Drama, ein dramatischer Thriller oder ein schlichtes Familien Drama.

Dominiert wird die Spielfilm Industrie von Hollywood der Mutter aller Filme, wo auch alle Trends und Maßstäbe gesetzt werden.

Hinter dem Sonnigen Hügel befindet sich die Traumfabrik, wo unsere Traumwelt im übertragenen Sinn fabriziert wird, im Prinzip wird dort unser Weltbild geschmiedet. Von den glorreichen Western der 50er und 60er Jahre bis hin zu den Action Geladenen Streifen der 90er Jahre und epischen, stilvollen Historiendramen wurden wir ständig mit frischem spektakulärem und anspruchsvollem Kino versorgt. Spannende Drehbücher wurden entworfen von kreativen Schöpfern des Unterhaltungsgenres. Voll von durchdachten und gut ausgearbeiteten Dialogen.

Vorgetragen von absoluten Koryphäen der Schauspiel Kunst.

Man hat uns an den Film gebunden wie an die Familie.

Ein Leben ohne diese Institution scheint unmöglich, wir sind abhängig geworden von diesem Unterhaltungsmedium, zwanghaft müssen wir uns jeden Tag eine Dosis Cinema-Extasis verabreichen.

Dem bewussten Menschen wird aufgefallen sein, dass das Niveau der Produktionen der einst so furiosen Spielfilmfabrik, drastisch nachgelassen hat.

So überflutet uns Hollywood in AD 2000 nur noch mit Magerkost, die besten Schauspieler geben sich für Werke her, die früher als B oder C Filme gewertet wurden.

Über Abwechslung muss erst gar nicht gesprochen werden.

So rollt ein Endzeitliches Heroen-Mythos oder eine Comicverfilmung nach der anderen vom Fließband der Mega-Produktions-Firmen. Von „Captain Enslavement" zum Supermann und Zeus dem König der Götter alles dabei.

Ein Übermächtiger Bösewicht droht damit die ganze Erde platt zu machen. Zeit für den Menschenretter sich in sein lustiges Kostüm zu zwingen um im Alleingang wohlgemerkt den unbezwingbaren Zerstörer und dessen Lakaien auszuschalten. In einem optisch gelungenem und Action Geladenem Showdown schafft unser Held es schließlich den Teufel einzufangen,

und die beinahe Apokalypse zu verhindern. Der Konsument eines solchen Streifens nimmt unterbewusst auf, dass es im geheimen, irgendwo einen Superhelden gibt der alle Probleme mit Superkräften zu lösen vermag. Wenn stören da noch die platten Dialoge und trockenen, völlig überzogenen Schauspielerischen Leistungen, gefolgt von einem 08/15 Finale.

Das Gute hat gesiegt und man bekommt die Bestätigung auf einem geheiligten Planeten zu leben auf dem das Böse keine Chance hat, den irgendwo schlummert im verborgenen der Gerechte Retter.

Mittlerweile hat Hollywood den Spielfilm Markt mit jedem Götterhelden aus dem Heidnischen-Pantheon überhäuft. Hollywood liegt in den Vereinigten Staaten, die Hälfte der Bevölkerung wählt konservative „Christliche" Präsidenten, zuletzt einen Mr. „Gorgy Boy", ein strenger „Christ", die meisten Amerikaner sind Christen. Wieso produziert man in einem so „christlichen" Land einen Heidnisch angehauchten Film nach dem anderen? Wo ist Platz für unseren Heiland, sollte man sich da doch fragen, oder etwa nicht?

Und wieso wird unser Interesse in Richtung Heidnisches-Götter-Pantheon gerichtet?

Soweit so gut ist die Männerwelt bedient, für das Sinnliche Geschlecht wartet „Fluffy" die Vampir-Heldin, gefolgt von dutzenden weiteren Blutsauger-Heroinnen.

Vampire sind laut dem Rumänischen Volksmund gemein gefährliche Menschen verachtende Kreaturen und Sonnenlicht können diese nicht ausstehen.

Wieso würden Eltern wollen, dass ihre Töchter sich zudröhnen mit Filmkost voll von solch unwürdigen Charakteren?

Vielleicht wäre es besser in einer Gesellschaft zu leben in der das bessere Geschlecht sich gänzlich nur noch von Blut ernährt, am besten frisch gezapft aus dem Halse von untergeordneten Schwächlingen, die sowieso zu nichts mehr zu gebrauchen sind.

Blass-Bleich geschminkt nur noch Nachts durch die Gassen schleichen um wie Raubtiere das wertvolle Lebens Elixier aufzusaugen.

Noch beliebter ist der Archetyp der Hexe oder Magierin, die mit besonderen Fähigkeiten aufwartet um andere zwielichtige Gestalten zu bekämpfen. In diesem Falle sind es wohlwollende Hexen, die mit „weißer" Magie Wunder bewirken können und somit böse Widersacher überwältigen.

Niemand kann die Macht der Eingabe streitig machen die ein Hollywood auf die Werte unserer Generationen hatte. Wollen wir in einer Welt leben in der die meisten Frauen in einer Blutsaugenden Hexe ihr Vorbild sehen?

Welche Tugenden und Werte können solch plumper und verkommener Unterhaltung überhaupt abgewonnen werden? Der Unbewussten Masse scheint dies egal, und so strömen sie alle wie die Lemminge von der Klippe in den sicheren Tod; den Kultur-Killern sei gedankt.

Neben Spielfilmen sind natürlich auch die Allzeit geliebten Serien-Hits zu erwähnen, vom psychopathischen Serienkiller bis zur Serienschlampe, wird man hier bestens versorgt.

So feiert man ein Quotenhit nach dem anderen, mit von fragwürdigen Charakteren gespickten Episoden. Schwiegermutters Liebling ein sympathischer Massenmörder? Mit Leichen im Keller? Was früher krank war! Wird jetzt sympathisiert? Eine handvoll Freundinnen die mitten im Leben stehen und deren Aufmerksamkeit nur der Mode und den Männer gilt, ein paar Nymphomaninnen auf Brautschau. Was einst einmal als unanständig galt ist nun angesagt? Und was ist mit der Familie? Sollte die bessere Hälfte nicht dafür sorgen und somit eine gesunde Gemeinschaft aufziehen? „Nein, bist du Altmodisch, geh zurück ins Mittelalter", das sind die Schlagworte unserer Zeit.

Wer braucht schon Mütter? Neurotische, Mode vernarrte Nymphomaninnen sind viel wertvoller und können unsere Kinder mit Sicherheit besser versorgen.

Wer heutzutage den Fernseher einschaltet begibt sich freiwillig in eine Welt, die einem Albtraum gleicht. Die Helden vergangener Zeiten, die mit Humor und Feinsinn die Bühne ausfüllten sind aus der Mode.
Wo einst intakte Familien präsentiert wurden, posieren nun psychisch kranke und Asoziale.
Eine Sitcom einfallsloser und jämmerlicher als die letztere; Humor aus der alten Schublade.
Wieso werden uns über das Fernsehen keinerlei Werte und Moral mehr vermittelt?
Wieso werden uns nur noch kaputte und zerbrochene Familien vorgeführt?
Ist dies der Spiegel unserer Gesellschaft oder wird hierbei die Gesellschaft verformt?
Ist nicht der Mensch ein Produkt seiner Umwelt? Und wie viel Platz hat der Fernseher in unserer Umwelt eingenommen?
Wo verweilt der Mann in den Bergen, dessen einzige Aufgabe es war moralisch knifflige Situationen mit Verstand und Aufopferung zu lösen?
Wohin verschwand die Familie die im Wilden Westen durch dick und dünn harte Zeiten überstand, und Krisen sowie Katastrophen mit Bravur, aufgrund von familiärem Zusammenhalt meisterte?

Die Fernbedienung war ein Schlüssel um der harten Realität zu entschlüpfen und durch ein Portal in eine Bessere Welt zu schreiten. In der das Gute noch bestand hatte.
Eine Welt die es Wert war betrachtet zu werden um sich darin zu spiegeln und aufzuwerten.
Das Moderne Fernsehen ist bewusst darauf ausgerichtet uns zu entwerten und wir lassen uns entwerten, Tag für Tag wann immer wir uns der Idiotie unserer Zeit hingeben und den Flimmerkasten einschalten.
Wieso sollte die Filmindustrie anstreben uns bewusst zu verblöden?

Nachichten oder Nachrichten?

Die Funktion von *Nachichten* ist es uns auf dem laufenden zu halten, über alles was uns betrifft oder auf dem „Globus" geschieht. Uns zu *benachichtigen* wenn etwas wichtiges geschehen ist.
Nun schaltet man den Kasten ein und muss feststellen, dass der Ausländische *Nachichten* Sender, eine völlig andere Sichtweise zu einer Konflikt Situation schildert. Wer hat die Fakten richtig?
Und wer will uns hier pure Propaganda unter die Nase reiben? Nicht ohne Grund bezeichnet man unsere Nach**r**ichten als Nach**r**ichten, denn hier wird etwas nach gerichtet (Andreas Popp).
Ansonsten würde man uns *Nachicht* geben, stattdessen also die nach**gerichtete** *Nachicht*.

Wenn wir uns an den 11. September 2001 zurück erinnern werden wir sicher noch wissen, dass jeder Nachrichten Sender, die selbe Perspektive schilderte, da waren die 19 Terroristen und die Ausweise die das Feuer und Chaos überlebt hatten, die lagen da einfach so herum.
Die Terroristen hatten 2 Passagier Flugzeuge übernommen und exakt in das Herz der Westlichen Kapital Hoheit gejagt. Absurd an der ganzen Geschichte war, dass der ein oder andere der angeblichen 19 Hijacker, Zuhause bei seiner Familie saß und genau dieselbe verschobene Berichterstattung betrachten durfte.

Die Vereinigten Staaten besitzen mit Sicherheit über ein Erhabenes Luft-Abwehr-System.

Hätte dieses nicht eingreifen müssen um die Flugzeuge vorher abzuschießen und die Opferzahlen zumindest auf die Passagiere der beiden Flüge zu reduzieren? Mit absoluter Sicherheit wenn da nicht die Anordnung von hohen Staatsbeamten gewesen wäre sie weiterfliegen zu lassen.

Dies sind nur ein paar einfache Fakten um zu widerlegen, dass hier mehr im Spiel war als ein Fanatischer Anführer einer Terroristischen Organisation mit der Aufgabe uns das Leben zur Hölle zu machen.

Von den Öffentlich-Rechtlichen bis hin zu den privaten Nachrichten Sendern wurde uns vorgelogen, dass ein paar Bärtige Muslime uns angreifen können um Angst und Terror zu verbreiten.

Ein und die gleiche Berichterstattung zu einem weit umgreifenden Ereignis, für jede Bevölkerungsgruppe die richtige Geschmacksnote. Nicht ein Einziger kritischer Bericht eines unabhängigen investigativen Journalisten sickerte durch, um objektiv zu berichten.

Auch halten unsere Geliebten Berichterstatter sich nicht zurück wenn es darum geht andere Staats Oberhäupter mit bestimmten Schlagwörtern zu bezeichnen. So wird aus dem Syrischen Präsidenten der Diktator eines grausamen „Regimes"; der bewusst seine Eigene Bevölkerung niederstrecken lässt. Das Regime weigert sich einer „Demokratisch" gewählten Auswahl an Marionetten; oder waren es doch Politiker? Die Führung zu überlassen. Also muss die Internationale Gemeinschaft einschreiten und dem Schurken die Zähne ziehen, wie sie es bereits schon einige andere Male getan hatte, lasset es Bomben des Friedens und der Eintracht regnen.

Es lebe die Verbreitung der Demokratie und wieder hat man es geschafft ganz einfach und ohne jeden ersichtlichen Grund tausende von Zivilisten zu töten: „Wir hatten vergessen zu erwähnen, dass die friedlichen Demonstranten mit Waffengewalt versucht haben den Präsidenten zu stürzen und außerdem handelt es sich dabei auch noch um dieselben Terroristen die in Libyen einen Gaddafi gestürzt hatten und nebenbei ein Blutbad an der Dunkelhäutigen Bevölkerung verübten; noch zu erwähnen ist, dass die friedlichen Terroristen jeden Aleviten oder Christen den sie in die Finger bekommen köpfen."

Und nachher ist man immer schlauer Liebe Leute. Aber wir im Westen sind die Guten die anderen die sind Böse. Ein „Adolfus Hit" wäre wahrlich stolz gewesen über solch prächtig ausgearbeitete Propaganda.

Wirklich kurios waren Bilder von Demonstranten welche die Bezwingung Gaddafis auf einem Großen Platz feierten, da hissen Libyer doch tatsächlich Indische Flaggen!

Ein weiteres Beispiel für die mittlerweile lächerliche Propaganda des Nachrichtenapparates in Europa als auch auf der anderen Seite des Ozeans, ist der aktuelle Aufstand in der Ukraine.

Da zünden vermummte Männer Kiew an, Wochen lang belagern sie das Parlament und schaffen es dann tatsächlich auch durchzukommen. Wo auch immer man hinblickt ob in Stuttgart, Athen oder auf dem Taksim-Platz ständig setzt sich die Staatsgewalt durch. Komisch dass in der Ukraine monatelang belagert und gezündet werden kann, dass jedem Pyromanen beim Anblick der Feuer Barrikaden nur so die Tränen in die Augen schießen. Wer finanziert so einen Aufstand?

Wer steckt dahinter? Wo zuvor hat man jemals solch eine Revolution erlebt? Und dann spricht man tatsächlich von einer Regierung die demokratisch gewählt wurde. Wenn bekannte rechts-radikale Gruppen die alte Ordnung umwälzen. Russland greift ein um Russen zu schützen und beschließt ein Teil der Ukraine wieder dem Mutterland einzuverleiben. Und sofort wirft die Propaganda Maschinerie wieder mit Fleischbällen um sich. „Hilfe die Russen kommen, rette sich wer kann!"

Die Vereinigten Staaten der Sklaven und auch die Europäische Union angeführt von Autokraten, drohen dem Bären Russland mit Wirtschaftssanktionen, wie schade dass man sich dabei selbst in die Haxen sticht, denn genauso wie Russland abhängig ist von uns sind wir abhängig von den Rohstoffen aus Russland.

Am Ende verliert der kleine Mann, was interessieren den Russischen Magnaten Milliardär irgendwelche offenen Bank Konten in Frankfurt oder London wenn er in der Schweiz den Hauptteil seines Vermögens Bunkern kann. Herr Putin und sein Kabinett wird es persönlich auch nicht treffen, viel mehr die Arme Russische Bevölkerung die auf dem Schachbrett der Internationalen Verbrecher wie Bauern geopfert werden.

Ehe man sich versieht befindet man sich wieder mitten im Kalten Krieg und alle Seiten sind bestens ausgerüstet mit Atomwaffen um den Planeten in die Luft zu sprengen. Wie gut, dass unsere Medienanstalten fleißig Kohle ins Feuer werfen und ein 3.Weltkrieg Szenario heraufbeschwören. Wieso auch die Bevölkerung richtig aufklären und so ein Konflikt erst vermeiden?

Lieber schürt man Hass, und baut ein Feindbild auf Lügen auf.

Wie gut das unsere Nachrichtenanstalten von Wahnsinnigen betrieben werden die scheinbar nie richtig über den Ausbruch des 1. und 2. Weltkriegs unterrichtet wurden.

Wurde den jungen Deutschen Männern vor dem ersten Weltkrieg nicht eingetrichtert das Franzosen Unmenschen seien um sie dann in den sinnlosen Tod im Schützengraben zu schicken?

Auf dem Hauptbahnhof schreitend liest man auf Screenern, die uns mit objektiven Nachrichten versorgen sollen „USA gewährt Ukraine Schutz"; darunter links die Amerikanische Flagge und rechts eine Hübsche Ukrainerin in Volkstracht gekleidet mit den typisch Ukrainischen Blau und Gelb Tönen. Wieso sollten die Vereinigten Staaten die nach dem Zweiten Weltkrieg Dutzende von Regierungsstürzen und Invasionen fremder Nationen zu verantworten haben; hier die Moralische Weltpolizei vertreten dürfen, um fremde Länder zu schützen?

Die Moral Apostel spielen nachdem Hunderttausende von Kindern im Irak zerbombt wurden?

Um die „Geheiligte" Demokratie durchzusetzen und einen Despoten vom Thron zu stürzen, um ihn durch ein Höllisches Chaos zu ersetzen.

Wenn eine Madeleine Albright gefragt wird ob die vielen toten Kinder im Irak den Preis Wert gewesen waren um „Demokratie" im Irak durchzusetzen und sie daraufhin antwortet; dass sie der Meinung sei, dass die vielen toten Kinder die Durchsetzung von Demokratie rechtfertigten.

Wie sehr hat sich der Mensch moralisch entwerten lassen um sich so etwas anzuhören und nicht gebührend zu reagieren? Die Durchsetzung von Demokratie in fremden Ländern ist eine Ausrede geworden die Tyrannen alle Türen öffnet um sich als Retter der Menschheit zu präsentieren, und ihre politischen Ziele in die Tat umzusetzen. Die Durchsetzung von Demokratie mit purer Waffengewalt wird uns in eine Blühende Zukunft führen, der Zweck heiligt die Mittel.

Hatte nicht schon Martin Luther King davor gewarnt, aufzuhören die ganze Welt als „Friedenspolizei" zu belagern?

Und hatte man diesem nicht als er aus einem Motel trat kaltblütig eine Kugel verpasst?

Wie viele Männer von solch Größe müssen noch ihr Leben lassen bevor wir unser Schicksal selbst in die Hand nehmen?

Propagandationen

Dokumentationen werden gemacht um ein bestimmtes Thema zu untersuchen und ein breites Publikum damit zu unterrichten. Die Vielfalt der unterschiedlichen Sender bietet bereits spezielle Doku-Sender die darauf spezialisiert sind, den Wissensdurst der breiten Zuschauerschaft zu stillen.

So wird man mit aufwendigen und technisch hochwertigen Dokumentationen versorgt, spektakuläre Kulissen und sogar Schauspieler die in die Rollen von historischen Persönlichkeiten schlüpfen.

Dem kritischen Beobachter wird auffallen, dass immer wieder gleiche Themen abgearbeitet werden. Diese wiederholen sich ständig. Den größten Fokus widmet man dem Schrecken der Menschheit „Adolfus Hit". Jeder wird zustimmen, dass es überaus wichtig ist vor Augen zu halten welch ein Zerstörungspotenzial ein solch Größenwahnsinniger und Menschenverachtender Charakter mit sich bringt, wenn er es schafft die Massen zu verführen und deren Machtpotenzial gegen eine Minderheit und den Rest der „Feindlich" gesinnten Welt einzusetzen.

Aber wieso muss jeden Tag über Jahrzehnte hinweg eine Dokumentation nach der anderen zu einer einzigen Person und einem Thema abgespult werden?

Sind wir denn nicht intelligent genug um irgendwann einmal darüber ausreichend informiert zu sein? Vor allem wird immer das gleiche Spektrum an Daten präsentiert.

Dem Zuschauer wird nur ein zugeschnittener Teil der Machtergreifung von jenem Diktator geboten. Wieso wird uns immer und immer wieder das gleiche präsentiert? Was wird hierbei bezweckt?

Könnte es sein, dass man uns bewusst konditioniert und abstumpft? Eine bestimmte Sichtweise wird propagiert indem sie unzählige Male wiederholt wird, bis sie sich in das Gehirn und Bewusstsein gebrannt hat. Die mit Abstand absurdeste Idee die in den typischen Dokumentationen über „Adolfus Hit" verbreitet wird ist, dass jener an die Macht kommen konnte weil ihn die Bauernschicht in Bayern so tatkräftig unterstützt hatte; wirklich?

Könnten nicht etwa mächtige Bänker und Industrielle bei seinem Aufstieg mitgeholfen haben? Deutschland wurde dominiert von der IG Farben; einem Zusammenschluss aller großen Deutschen Chemiekonzerne, ein gewaltiges Kartell mit erheblicher Hebelwirkung.

Ein Chemiekonzern kann seine Produktion in Zeiten des Krieges auf Hochtouren bringen und expandieren. Haben sie jemals etwas von der IG Farben gehört? Wurde diese jemals in irgend einer Dokumentation über den Aufstieg des Führers erwähnt?

Und wie konnte „Adolfus Hit" seine Armada von Panzern betanken, wenn wir hierzulande über keinerlei Erdöl verfügen? Könnte es sein, dass die Ölmagnaten von Ost und West ihn damit versorgt hatten? Wieso sollten sie das tun? Wenn befürchtet werden muss, dass er solch Unterstützung nutzt um das Reich zu rächen; um die Reparationszahlungen wieder auszugleichen. Alles nur Zufall?

Wer zwei Augen hat um zu sehen und versteht wird dies sicherlich bezweifeln.

Wenn nicht das Geldmonopol hinter „Adolfus Hit" stand, wieso wurde dann Herr Hjalmar Schacht als Chef der Zentralbank nicht ersetzt durch einen Vertrauten des Führers?

Könnte es sein, dass der Führer diesem voll und ganz vertraute?

Um Krieg zu führen benötigt man gewaltige Mengen an Ressourcen um Waffen und Kriegs-Gerätschaft für seine Soldaten zu produzieren. Wie bezahlt man einen Herrn Krupp oder die IG Farben? Wer versorgt einen mit dem nötigen Kapital?

Die Bänker sind es und Geld regiert die Welt!

Wieso vermögen es mächtige Ölmagnaten und Bänker nicht den Aufstieg eines aufstrebenden

Tyrannen zu verhindern? Könnte es sein, dass genau diese hinter ihm stehen und ihn nur als Marionette benutzen? Fragen über Fragen die aufzeigen, dass wir vom vertrauten Fernseher hintergangen werden, man zeigt uns nur soviel wie wir sehen dürfen. Dokumentationen werden nicht etwa gemacht um zu informieren, da stecken Experten die Köpfe zusammen um Halbwissen zu verbreiten.

Dokumentationen sind hervorragend geeignet um Mythen zu verbreiten. So wurden die Kontrahenten eines Herrn Schicklgruber, mit unterschiedlichen Pseudo-Charakteren versehen.
Stalin wird als nüchterner Denker dargestellt, der hinter den Annäherungsversuchen eines Churchills einen Hinterhalt sieht. Churchill ist als einziger alarmiert über die Gefahr, die das 3. Reich für die gesamte freie Welt darstellt.
Churchill wird als Held des Jahrhunderts gefeiert, weil ohne seinen Entschluss „Adolfus Hit" zu trotzen, nachdem er bereits ganz Europa unterjocht hatte, die Vereinigten Staaten erst gar nicht in den Krieg eingetreten wären. Präsident Roosevelt war nicht gewillt amerikanische Söhne in den Tod zu schicken. Er sei überzeugt davon gewesen, dass Churchill nur ein Alkoholiker sei dem nicht zu trauen ist. Und Stalin misstraute wohl dem Führer sowie als auch dem Duke of Marlborough und Roosevelt.
Erst einmal sollte bedacht werden, dass der Präsident der Vereinigten Staaten zum damaligen Zeitpunkt nicht in den Krieg ziehen durfte, ohne vorher die Genehmigung vom Kongress,
welcher die Amerikanische Bevölkerung repräsentiert einzuholen.
Abgesehen davon ist es lächerlich Roosevelt solch niedere Belange unterzuschieben wenn ein Größenwahnsinniger loszieht um die Welt zu erobern. So macht man aus den jeweiligen Schlüsselfiguren die uns scheinbar gerettet haben Figuren einer Seifenoper.
Der Eintritt des Krieges hängt vom mentalen Zustand eines Churchill ab?
Was ist mit den Britischen Streitkräften die einem kollektiv an Generälen und Admirälen unterstanden, waren diese nicht hauptverantwortlich für den Kampfeinsatz?
Roosevelt der Krieg verabscheut und nach dem Angriff auf Pearl Harbor gezwungen wird einzuschreiten. Welch ein Glück, dass Japan so schlau ist und ein Land angreift das nicht zu besiegen war, aufgrund der Kapazität an Industrie und einer übermächtigen Flotte.
Hatte man sich hier vielleicht vorher abgesprochen? Man bedenke dabei auch das Hirohito nicht gefordert war sich in einen Jet zu setzen um eine Kamikaze Attacke auf einen Amerikanischen Flugzeugträger zu starten. Man sollte auch wissen, dass ein Herr Hirohito Mitglied eines Britischen Ritterordens war, übersetzt „Hosenbandorden", ausgefallener Name oder nicht?
Der Leser soll sich nicht vom urkomischen Namen täuschen lassen hier wurde nur die Creme de la Creme zugelassen. Außerdem sollte man wissen, dass die Amerikanische Bevölkerung nicht einverstanden war in den Krieg einzutreten und erst dazu bewegt werden musste!
Könnten hinter diesem Plot gegen alle Völker etwa die Freimaurer stecken? Die Treffen sich hinter verschlossenen Türen und nur Mitglieder sind zugelassen. Die Messen sind streng geheim, pssst bloß nicht weitersagen, aber wir haben ganz bestimmt keinerlei Einfluss auf politische Ereignisse.
Laut einer Dokumentation die regelmäßig im Fernsehen bestaunt werden kann, handelt es sich hier um eine Bruderschaft die sich ausschließlich trifft um sich auszutauschen und ein Gemeinschaftsgefühl herzustellen. Wieso wird diesen wohlwollenden und offenen Zeitgenossen solch eine Verschwörung untergeschoben?

„Die Freimaurer sollen für alles Übel der Menschheit verantwortlich sein. Sie sind es die uns seit je her kontrollieren. Die Französische Revolution geht auf ihre Kappe und auch die Gründung der Vereinigten Staaten, auch waren es die Freimaurer die den Adel ablösten um uns in ein Neues System zu führen. Verschwörungstheoretiker bezichtigen sie sogar für beide Weltkriege verantwortlich zu sein um eine neue Welt Ordnung zu schaffen. Sie bedienen sich schwarzer Magie und stehen mit dem Teufel im Bund."

So in etwa ist die spannende Einleitung dieser Doku, gefolgt von „Tatsachen".

„Genau betrachtet waren alle Persönlichkeiten der Vergangenheit"; alle von Rang und Namen Freimaurer: Goethe, Schiller, Mozart, George Washington. Man zählt dem unwissenden Konsumenten also gestandene Männer auf die alle ihren höchst ehrenvollen Beitrag zum Fortschritt der Kulturen und der Menschheit geleistet hatten.

Im dritten Abschnitt dieses Werks wird das Leiden der Freimaurer unter der Schreckensherrschaft von „Adolfus Hit" behandelt.

Der Zuschauer soll nun Mitleid für die „Geheime" Zunft der Freimaurer aufbringen.

Dabei sollte man aber auch erwähnen, dass die National Sozialisten auch einer Geheimgesellschaft entsprangen. Und die Freimaurer stellten ein Problem für die Totalitären Faschisten dar,

die alles kontrollieren mussten, da die treffen nicht für jedermann zugänglich waren;

somit hätten Sie auch gegen den Führer plotten können.

Dem englischsprachigen Publikum wird in Dokumentation über die National Sozialisten und deren Spitzenleuten zugemutet, dass sie in Okkulte Rituale verwickelt waren und der

„Thule Gesellschaft" angehörten, dem deutschsprachigen Volke aber verheimlicht, so bekommt jedes Völkchen seine Propaganda Filmchen speziell zugeschnitten serviert.

Zum Abschluss der Doku über unsere offenen Freunde den Freimaurern, werden die Verhältnisse der Zeitgenössischen Freimaurer gezeigt. Da werden Rituale nachgestellt, ohne wirklich dabei sein zu dürfen. Und einige einheimische Freimaurer Burschen stellen sich persönlich vor.

Zusammengefasst wird dem Zuschauer zunächst vorgeführt was den Freimaurern vorgeworfen wird, welche Anschuldigungen gegen sie erhoben werden. Dann wird gezeigt, dass es ganz normal war Freimaurer zu sein; aber wer waren die Freimaurer? Die Oberschicht!

Und in welchen Verhältnissen haben die Menschen früher gelebt unter den „wohlwollenden" Prestige Trächtigen Männern? In Armut, nicht besonders schöne Zeiten wenn man nicht zu den Privilegierten gehörte.

Und dann noch die Freimaurer in der Gegenwart jene sich für ihre Mitmenschen engagieren,

aber deren Zeremonien geheim bleiben müssen. Nun bilden Sie sich doch einmal selbst eine Meinung und lassen Sie sich nicht mehr täuschen.

Gute Taten werden im Glanz des Lichtes vollbracht, böse in der Niedertracht der Dunkelheit.

Trotz dessen, dass sehr viele bereits davon überzeugt sind, dass die Terroranschläge auf die World Trade Center nicht von ein paar Terroristen allein ausgeführt worden sein konnten, ohne Mithilfe von wichtigen Männern in Washington, werden Dokumentationen produziert um den Mythos um Osama Bin Laden aufrecht zu halten.

Der Anführer von Al-Kaida der übrigens vom CIA selbst ausgebildet wurde,

versteckte sich demnach in den Bergen inmitten der Berge des Afghanistan.

Aufgrund seines „guten" Verstecks war es all die Jahre nicht möglich ihn ausfindig zu machen.

Bin Laden war in seinem Stolz verletzt worden als 1991 US Truppen im Irak einmarschiert waren.
Sie hatten es gewagt heiliges Muslimisches Land zu verunreinigen. Die Einnahme des Iraks durch GIs, hatte den jungen Mann so sehr verärgert, dass er den Entschluss gefasst hatte sich an Unschuldigen Zivilisten zu rächen. Wie gut dass der Amerikanische Geheimdienst ihn bestens für sein Vorhaben im Voraus geschult hatte. Man sollte durchaus bezweifeln, dass ein sehr stolzer und patriotischer Araber dem US Geheimdienst beitritt; Wieso sollte er?

Dem nicht genug wird der Konflikt der durch Terrorismus entstanden ist auch noch auf eine religiöse Ebene befördert und sogar mit den Kreuzzügen verglichen um das Heilige Land zu erobern.
Wollen Sie in einer Welt leben in der das Fernsehen uns weismachen will, dass wir uns wieder auf einen Heiligen Krieg gegen Muslime vorbereiten müssen?
Vor allem bedenke man hierbei, dass wir seit Jahrzehnten mit Millionen von Muslimen zusammenleben. Wollen wir uns wirklich wieder auf ein Mittelalterliches Niveau begeben?
Kann man es fassen, dass der Zeitgenössische Mensch noch immer nicht schlauer ist als die Armen Bauern des grauen Mittelalters?
Nach all den Fortschritten die wir anscheinend gemacht haben; kann man uns immer noch so einfach hinters Licht führen wie die dogmatisierte und genormte Bevölkerung in Anno Dunkelzeit?

Kaiser Fußball

König Fußball ist so unglaublich wichtig geworden in unserem Leben, dass es mittlerweile eine ausgewählte Expertenschaft gibt die zu jedem Spiel, jeder Trainerentscheidung und jeder Fehlentscheidung eines Schiedsrichters ihren Senf hinzu gibt.
Eine Variation an Sportstudios und Expertenrunden hat sich im Morgen, Mittag, Abend und Nachtprogramm etabliert. So hat man aus einem Hobby eine bitterernste Sache gemacht.
Nicht umsonst verdienen Fußballer so gut, sie ersetzen quasi die Gladiatoren die zu Zeiten der Römischen Imperatoren für die Unterhaltung der breiten Masse sorgten.
Der Mensch ist dem Drama verschrieben und braucht einen Helden zum aufblicken.
Wo früher Brot, Spiele und der Daumen eines Imperators ausreichend waren, benötigen wir heute schon Bier, Spiele und die Meinung von Experten. Experten, die die Fehler des geplagten Trainers erörtern, oder das Versagen des teuren Torjägers bemängeln sowie die Zaghaftigkeit der Verteidiger im Zweikampf; fachmännisch und bis ins Detail.
In welch schönen Welt wir doch leben könnten wenn unsere Geliebten Politiker genauso objektiv und kritisch unter die Lupe genommen würden?
Die Zeiten in denen nur der Mann vor der Flimmerkiste saß und sich Bier und Chips reinschaufelte sind auch vorbei.
Jede Fußball Welt- oder Europameisterschaft wird gefeiert als hätten wir unsere Epischen Schulden an die Zentralbänker zurückgezahlt um frei in eine Neue Zukunft zu schreiten.
Hier hat man es auch noch geschafft die bessere Hälfte in den Strudel der Energie und Zeitvergeudung zu bekommen. So tummeln sich die Massen egal ob Männlein oder Weiblein auf den Spielwiesen des Public-Viewing. Den Politikern soll es recht sein, denn gerade in Zeiten von Massenspektakeln wie diesen ist es am leichtesten ein Gesetz durchzuboxen, welches für gewöhnlich auf vehementen Widerstand stoßen würde.

So kann sich die „Kanzlerin" sparen uns daran zu erinnern, dass wir uns mit den Entscheidungen der gewählten Politiker zufrieden geben sollen.

Recht hat die Frau, die Denker und Lenker eines Staates können nur so gut sein wie die Bevölkerung welche sie auswählt um die Geschicke zu leiten!

Schwarz und Weiß

Jede politische Entscheidung, jedes Thema welches die Organisation unserer Gesellschaft betrifft und jede Krise die wir überstehen wird in Politischen Expertenrunden ausgiebig diskutiert.

Geladen werden nur ausgesuchte Gäste mit hoher Reputation sogenannte Spezialisten.

Dem Zuschauer präsentieren sich Fachmänner die unterschiedliche Ansichten und Lösungen zur Aufklärung eines Problems oder eines bestimmten Themas offenbaren.

Die Sendung wird getragen von seriösen, kompetent anmutenden und auch optisch ansprechenden, verbal geschulten Moderatoren, deren Aufgabe darin besteht die Anregungen des Publikums aufzufangen und zwischen den beiden Seiten die verschiedenen Sichtweisen aufzuzeigen; zu schlichten falls es zu einer verbalen Auseinandersetzung kommt.

Gerade weil wir als Informations durstige Beobachter dieser Konversation darauf Vertrauen einer Auswahl an fundierten Experten zu lauschen, uns mehrere Sichtweisen geschildert werden und mindestens zwei im Clinch liegende Fraktionen mit scheinbar unterschiedlichen Denkansätzen sich gegenüber stehen, werden wir bei jeder dieser Runden in dem Glauben gelassen alle Blickwinkel zu einem Problem oder Thema zu kennen.

Wir bemerken nicht, dass bewusst nur bestimmte Bereiche abgedeckt werden und die wichtigen sowie relevanten Fragen erst gar nicht gestellt werden.

Ein perfektes Beispiel hierzu lieferte eine Konversation zu unserem Geldsystem in dem noch Bargeld zugelassen wird; ob man das Bargeld komplett abschaffen soll?

Und wie man allgemein die Probleme der Geldpolitik zukünftig angehen will?

Auf der einen Seite haben wir einen bekannten Ex-Politiker; Befürworter des jetzigen Systems, sprich dem Euro und Bargeld. Sein Herausforderer ist ein Wiener Professor, der sich ausgiebig mit der Abschaffung des Bargelds befasst hat und eine komplette Beseitigung des Papiers und der lästigen Münzen befürwortet. Der Professor schildert also dem Publikum, dass unser jetziges Geldsystem darauf beruht, dass unser Geld durch einen simplen Buchungssatz in den Umlauf kommt. Und im Grunde genommen nur noch Zahlen in einen Computer eingetippt werden.

So wieso nicht einfach den Papierkrustel und die unangenehmen Zink Taler ganz weglassen,

was uns das Leben allgemein leichter machen würde? Zudem verspricht er uns, dass die gegenwärtigen Probleme die durch die Geldpolitik der Zentralbanken verursacht werden nicht mehr auftreten werden, da er mit einem Team von ausgesuchten Experten an einer Lösung zu unserem Problem, das entsprechende Gegenmittel erarbeitet hat.

Die Lösung dieser Expertenschaft ist schlicht die Endgültige Abschaffung des Bargelds aus dem Zahlungsverkehr.

Der Ex-Politiker ist der Auffassung, dass wir den Euro und das Bargeld so wie es besteht noch eine Weile behalten sollten, es gibt kein Anlass das Bargeld aus der Zirkulation zu nehmen.

Wir haben hier also auf der einen Seite einen „Progressiven" Vertreter des Geldsystems und auf der anderen Seite einen „Konservativen".

Zusätzlich wird, man höre und staune, eine Alternative Währung eines weiteren Gastes vorgestellt. Dieses Geld ist allerdings an den Euro gekoppelt, sprich auch vom Euro abhängig und im Prinzip keine wirkliche Alternative.

Als objektiver und gut informierter Beobachter muss man mit entsetzen feststellen, dass dem noch nicht ausreichend informierten Zuschauer dieser Sendung nur zwei Perspektiven gegeben werden die uns beide in den sicheren Ruin führen werden, wenn wir diese Richtungen weiter verfolgen.

Und die dritte Alternative der Ersatzwährung gebunden an den Euro auch keine Lösung darstellt, da sie abhängig ist von diesem.

So was würde passieren wenn wir dem „progressiven" Experten vertrauen würden und alles Bargeld abschaffen?

Wir würden die Kontrolle über unsere Ausgaben verlieren, bereits heute haben viele Probleme, da sie ihre Zahlungen hauptsächlich per Kartenzahlung abwickeln.

Des weiteren wird es unmöglich sein Geld zur Seite zu legen, da alles Geld nur noch auf dem Display eines Computers erscheint.

Alles Geld in Europa würde in einen Datenpool aus Zahlen zirkulieren.

In Zeiten von NSA Paranoia kann man sich gut vorstellen wer alles Zugang zu den Bankdaten haben kann und sich daran bemächtigt; weiterhin bedacht werden muss, dass alles Geld auf einem Konto mit Ihrer Persönlichen Kontonummer hinterlegt wird die durch das Neue SEPA verfahren International gültig ist, sprich das Gesamte Geldsystem der Welt wird konsolidiert.

Nun stelle man sich vor was passieren würde wenn der Staat seine Schulden nicht mehr begleichen kann und die Zentralbänker ihre Hand ausstrecken um den Bürger zu belangen.

Alles was an Ersparnissen angehäuft wurde ist Digital abrufbar und falls erforderlich für dritte einsehbar. Vorbei die Zeiten in denen das Geld unter dem Kopfkissen landet.

Ein weiteres Szenario wäre ein kompletter Zusammenbruch des rein Digitalen Geldsystems, womit kann man dann noch bezahlen? Würden wir dann wieder zum Tausch von Gütern übergehen? Ganz zu Schweigen von der Kontrolle die der Staat über seine Bürger ausüben kann, man bedenke die Zentralisierung von Macht in Form des Zusammenschlusses einer Europäischen Union und dass bereits Hartz IV Empfänger ihre Kontoauszüge einer Staatlichen Institution, vorlegen müssen, welche später sowie bereits das Arbeitsamt dem privat Recht angepasst werden kann.

Die Beibehaltung des gewohnten Geldausgabesystems, jene vom „Konservativen" Verfechter unterstützt wird, wird uns über kurz oder lang genauso ruinieren weil wir unsere Schulden die von Politikern und dem getürkten Zentralbankenwesen verschuldet wurden niemals zurück zahlen können. Irgendwann wird der Punkt erreicht sein an dem das gesamte Weltwirtschaftssystem zusammenbricht.

Der Leser sollte verstehen können, dass die Lösung des „Progressiven" Professors bereits die Lösung für das jetzige eigentlich problematische Geldsystem ist; welche dem Volke erst einmal Schmackhaft gemacht werden muss. Genauso wie der „Konservative" Politiker ein System vertritt welches uns geradezu in die Falle tappen lassen wird, die bereits vorsorglich ausgelegt wurde, um uns einzufangen in ein Albtraum System der völligen Kontrolle über unsere Finanzen.

Dem unwissenden Konsumenten dieser „Expertenrunde" wird nicht ein einziges mal aufgezeigt, dass Geld nur ein Tauschmittel ist und auch ohne staatliche Kontrolle funktionieren kann, wenn es fair abgewickelt wird und alle damit einverstanden sind; sich auf einen festen Wert einigen können, jener schließlich automatisch durch Angebot und Nachfrage bestimmt werden würde.

Der Konsument wird nicht darüber unterrichtet, dass unsere Geldprobleme entstehen weil unser Geld Zentral ausgegeben wird und die Inflation und Schulden Anhäufung bereits fester Bestand Teil des Systems sind. Es ist eine eingebaute Mogelpackung.

Die einzige alternative Währung ist an den Euro gekoppelt also nicht unabhängig,

so kann eine komplette Sendung so zusammen gesetzt werden, dass der Beobachter eingewickelt wird mit schlichter Falschinformations-Taktik.

Wie wäre es eine Währung als alternative zum Euro zu haben ohne Inflation, mit einer festen Deckung zum Beispiel Gold oder Silber? Eine Währung die unser Kapital schützt und nicht verflüssigt. Was glauben Sie wie schnell diese den Euro verdrängen würde?

Wer kann folglich Interesse daran haben ein solch verkorkstes Geldwesen aufrecht zu halten oder weiter zu korrumpieren?

Was passiert wenn ein gesellschaftskritischer Gast dessen Bücher nur so über die Ladentheke fegen und sich bereits einen Ruf als Börsenfachmann erarbeitet hat in eine solche Expertenrunde geladen wird, und dessen Erkenntnisse und Ansichten sich nicht mit dem decken was man uns als Wahrheit und Norm verkaufen will? Zudem hat der Gute Mann seine Fakten richtig, alles akribisch nach recherchiert.

Seine Erkenntnisse sind nicht kompatibel mit dem Schwachsinn des Status Quo, so muss der Moderator dieser Expertenrunde einschreiten und ihn als unfundierten Irrsinnigen,

dem Publikum verkaufen, solange mit Dreck bewerfen bis er klein beigibt.

In einer anderen gemütlichen Sendung versucht ein ausgesprochen talentierter Musiker,

der hierzulande große Erfolge feiern durfte dem Moderator zu erklären, dass Deutschland nach wie vor ein besetztes Land ist.

Die Reaktion des Moderators lässt darauf schließen, dass er geschult ist Tatsachen zu verdrehen,

er reagiert gekonnt wie man es von einem Advokaten erwarten würde, indem er den Zwei plus Vier Vertrag erwähnt, dieser soll angeblich Deutschland frei machen.

Er kontert geschickt und versucht diese Tatsache der Norm der Falschinformation unserer Zeit anzupassen. Der Zuschauer ist nun im Zwielicht des Zweifels gespalten, die meisten hinterfragen erst gar nicht mehr und haken die Sache ab. Wo werden diese Moderatoren ausgebildet?

Wenn sie alles was wir nicht hören dürfen mit solch heftigen Anwaltstaktiken verdrehen können? George Orwell würde sagen, dass es sich hier um eine Eigene Fraktion von Disinformations-Agenten handelt. Jene die Tatsachen so verformen bis sie durch die Zensur schlüpfen dürfen.

Mattscheiben Pandora

Schon als Kind waren dem Autor dieses Werkes Nachrichtenmagazine zuwider, in welchen ein breites Spektrum an Themen abgefertigt wird.

Ernste Themen, Gesellschafts relevante Themen, Mordfälle, Entführungen, bis hin zu „bedrohlichen" Krankheiten, werden von einer äußerst unsympathischen Frau die dem nächsten Frauenknast abhanden gekommen sein könnte, mit stechender Miene und bedrohlich ernster und monotoner Stimme vorgetragen. Dem Konsumenten wird hier ein Geschehnis oder Problem vorgetragen und selbst die Sprecherin des Beitrags verstellt ihre Stimme gekonnt, um gezielt Atmosphäre zu erzeugen und einen bestimmten Eindruck in die Gehirnfalten des Zuschauers hinein zu waschen.

So werden Krankheiten die mit Medikamenten problemlos zu kurieren sind, dargestellt als würde die Ansteckung dem Tode gleichkommen.

Die Manipulateure des Mittelalters begnügten sich mit dem psychologisch effektiven Ausschmücken von Kathedralen die von furchteinflößenden Kreaturen übersät waren oder man drohte dem armen Bauern mit Teufel und Fegefeuer. Heutzutage hat man bessere Methoden gefunden um die Bevölkerung in Subordination und Angst zu versetzen.

Die Angst vor Massenmördern die nicht eingefangen wurden, Angst vor einer weiteren Vogel- oder Schweinegrippe und einem hinterhältigen Terror Anschlag.

Der Anfang vom Ende des Niveauvollen Fernsehprogramms waren Talkshows die Anfang der 90er Jahre ins Programm genommen wurden, und wohl aufgrund ihres Hohen Unterhaltungsgrades ein breites Publikum ansprechen konnten. Als Kind der 90er und aufgewachsen in einer noch Heilen Welt konnte man sich gar nicht vorstellen wo diese Ansammlung von „Freaks" überhaupt aufgetrieben wurde. Ein Gast schräger und durchgeknallter als der andere.

Das Kuriositätenkabinett wurde delegiert von Moderatoren die es verstanden sich ausgesprochen gut auf die „Verrückten" Charaktere einstellen zu können. Verständnisvoll vermochten diese Meister des Dialogs ein Krass mutiertes Gemüt nach dem anderen der geschockten Zuschauerschaft näher zubringen.

Im Hintergrund ein emotionales Publikum das jedem Wort und jeder Schwingung mit Beifall, Spott oder Gelächter begegnete. Jede Show widmete sich einem gewissen und wohl wichtigem Thema, auf der einen Seite ein aufgeblasener Angeber in dem Glauben verfangen er kriege jede Frau die er begehrt; und um die netten Zusammenkünfte zu komplettieren durfte natürlich das Gegenüber jenes emanzipierte Mannsweib nicht fehlen. So wurden in jeder Sendung hoch philosophische und gesellschaftskritische Themen behandelt. Sollten Erwachsene Männer im Stehen pinkeln oder ihr Geschäft im Sitzen verrichten?

Selbst zu einer solch lächerlichen Sache konnte man sich Experten einladen die beweisen sollten, wie sich das Urin auf dem Klosett verteilt, wenn Machos das Geschäft stehend verrichten.

Tag ein Tag aus umgeben von solch jämmerlichen Shows färbte die Idiotie der Sendungen auf die Bevölkerung ab, wer sich heute umsieht ist umgeben von „Luzifers Freak Show".

Was früher als schräg, komisch und krank empfunden wurde, formt nun den Zeitgeist von vielen. Die Talk Shows waren nicht genug, Ende der 90er beschenkte man die Menschheit mit einer pervertierten Version von George Orwells, Schreckensvision. Da begeben sich Erwachsene Menschen beider Geschlechter in ein Fernseh-Experiment und werden von jedermann Tag und Nacht beobachtet. Ein Bunt gemischtes Ensemble von unterschiedlichen Charakteren wurde in diese transparente WG aufgenommen. Die ersten Staffeln bestachen noch mit eher interessanten Charakteren, im Laufe der Jahre passte man die Sendung aber immer mehr der generell parallel absinkenden Niveaulosigkeit an.

Die Hemmschwelle was die Entwürdigung der Privatsphäre betraf wurde durchstoßen und von jetzt an war im Privatfernsehen alles möglich.

Möchten wir als Individuen auf jegliche Privatsphäre verzichten?

Denn diese Art von Programm ist darauf ausgerichtet uns auf eine Zukunft hin zu programmieren in der jede Handlung und jeder Atemzug von „Technokraten" überwacht wird.

Die Büchse der Pandora ward geöffnet und die Idiotie der Urzeiten verteilte und manifestierte sich in Unserem all geliebten Fernsehprogramm in Form von „Reality-Shows".

Die Steigerung zu einer transparenten WG in der sich Erwachsene entwürdigen und die Massen sogar an ihren Triebtaten teilhaben lassen ist wohl eine Ansammlung von Prominenten die sich in der Wildnis aussetzen lassen und dabei Filmen lassen wie sie sich aller erdenklichen Ekelhaften Prüfungen unterziehen, um am Ende die Krone der Entwürdigung aufgesetzt zu bekommen.

Die alten Griechen unterhielten die Profanen Massen mit Herkules und den 12 spektakulären Prüfungen die er meistern musste. In Anno 2010 begnügt Mensch sich damit.

Dem Unterbewusstsein wird zunächst beigebracht, dass wir uns daran gewöhnen können 24 Stunden am Tag überwacht zu werden und dass sich der Mensch für alle Wiederwertigkeiten hergeben kann; „Die Würde des Menschen ist unantastbar" heißt es, diese Maxime gilt es endgültig zu brechen, denn ein Mensch ohne würde kann zu allem gebracht werden, ohne Würde auch kein würdiges Dasein.

Die Büchse der Pandora spuckt noch mehr Nonsens aus, wie wäre es mit einer Sendung „Bauer sucht Schwein"? Man schnappe sich einen Armen verzweifelten Kerle der noch nach seiner angebeteten Perle sucht und dazu ein armes weibliches Pendant und ganz Deutschland versammelt sich vor dem Fernseher um sich darüber lustig zu machen, oder an etwas zu erfreuen was zuvor nicht einmal als Unterhaltung im Verstande eines Irren Platz gefunden hätte.

Noch nicht genug von hoch intellektuellen Sinnesfreuden? Sie können nicht genug bekommen? Wollten sie schon immer sehen wie fremde Familien ihre Mütter austauschen? Wirklich?

Lassen sie sich nicht von der Idiotie einwickeln, denn die Utopie von Kommunisten war schon immer die Auflösung der Familie wie wir sie seit Jahrtausenden als Basis unserer Gesellschaft kennen und die Überleitung in ein System indem Männer sich alles Teilen; auch Frau und Kinder!

So bricht man jedes Tabu um die alte Ordnung zu zerstören die nun ausgedient hat.

Genauso wie man die Meinungsbildung der Bevölkerung beeinflusst indem man eine „Chartshow" nach der anderen produziert, und Prominente ihre Meinung zu einem bestimmten Künstler oder Musikstück abgeben. Leere Köpfe werden eingeblendet die uns daraufhin trainieren sollen, dass wir unsere Meinung von Stars abhängig machen müssen. Dieses wird kombiniert mit gespielten Emotionen und lächerlichem Gehabe. „Reality Shows" zielen ohnehin darauf ab uns Emotional auszusaugen mit belanglosem Nonsens. Wen interessiert das Privatleben von fremden? Ist unser eigenes Privatleben so uninteressant, dass wir uns mit dem von fremden auseinander setzen und dabei auch noch unsere wertvolle Freizeit verschwenden? Wieso würde man der gesamten Nation sein Heim zeigen wollen, gilt denn nicht mehr das Sprichwort „My home is my castle"?

Auch diese Sendungen sind darauf ausgerichtet uns darauf zu konditionieren uns dem „Heimatland" zu öffnen und jede Privatsphäre oder Intimität auf dem Altar der Hoffnungslosen Utopie von „Madmen" zu opfern. Wir werden eingefangen mit unserer Emotion, die unseren nüchternen Verstand überschreibt die Sinne lassen sich in den Rausch ziehen und das Gehirn schaltet ab um komplett umprogrammiert zu werden. So verändert man die Gesellschaft nach belieben, als würde man einen Lichtschalter umlegen. Jetzt gerade wird es im kollektiv Dunkel!

Wieso verschwenden wir unsere Zeit mit Nonsens wenn wir sie für viel wertvollere Dinge gebrauchen könnten? Sind uns, unsere Kinder nichts mehr Wert, so dass wir sie vor dem Fernseher verblöden lassen und völlig entwerten, wenn tagsüber nur noch unwürdiges und Familien feindliches Programm läuft.

Sterne der Verblendung

Aus den Helden der Urzeit wurden Götter, deren großen Taten man mit Statuen huldigte und sie in Stein meißelte um sie zu verewigen. Aufgrund ihrer Fähigkeiten und Leistungen wurden sie bewundert und zu Vorbildern; Idole für die vielen die danach strebten einem Stern zu folgen.

So taufte man die Idole der Neuzeit „Stars", genauso wie unsere Vorfahren huldigen wir unseren ganz speziellen Helden, anders als bei unseren Ahnen sind es nicht etwa Menschen die der Gemeinschaft einen großen Dienst erwiesen haben, wie etwa eine Sintflut zu überleben, um das Menschengeschlecht vor dem Untergang zu bewahren wie Gilgamesch.

Wir folgen Sternen die uns im wahrsten Sinne des Wortes hinters Licht führen. Nicht den Weg weisen um uns aus den wirren der Dunkelheit zu führen, viel mehr verblenden sie uns, lenken uns von unserem Inneren Persönlichen Individuellen Stern ab um die Götter der Neuzeit anzubeten;

die Götzen der Gegenwart sind unsere „Stars". Persönlichkeiten die durch ihr blendendes Auftreten glänzen, gut gekleidet und gut aussehend haben sie das erreicht was uns als Ziel ins Bewusstsein tätowiert wurde. Abgesehen von ihrem Ruhm, ernten sie den Beifall und leben ein Leben voll Luxus, sie schwimmen in Geld, sie vermögen es all ihre Bedürfnisse zu stillen und sind bis ins Hohe Alter abgesichert in Wohlstand zu verbringen.

Wir stehen vor vielen Problemen die es zu bewältigen gilt, die meisten sind von Menschen Hand gemacht aber für die Massen nicht erkennbar, ertrinken wir immerzu in dem gleichen Strudel aus Krisen und Katastrophen. Hier drängt sich die alles entscheidende Frage auf ob es die Hollywoodstars, Sportstars oder Musikstars sein werden; die uns aus diesem Kreislauf reißen werden. Wenn ihre Aufgabe darin besteht uns zu unterhalten und unten zu halten.

Der Kreis des Götzendienstes schließt sich genau hier wenn wir erkennen, dass wir Menschen vergöttern; und ihnen einen Status zusprechen, der schlicht gesagt überzogen ist.

Es sind nicht jene wahren Sterne gemeint die uns längst vom Himmel geholt wurden vom Kaliber eines Jimi Hendrix, John Lennon, Bruce Lee oder Robert Marley.

Wir wurden bewusst abgedriftet unsere Bewunderung auf Glanz und Glamour zu richten.

Glanz und Glamour wurden abgelöst durch die Idiotie unserer Zeit. Wo einst eine Grazienhafte Marilyn Monroe, die wenigstens die Begriffe Glanz und Glamour verkörperte angehimmelt wurde und ein John Wayne die Ideale des „Tough Guy" in Filmen verewigte, speist man uns heutzutage mit einer Lady Gaga oder einem Justin Bieber.

So essen wir, was ungenießbar ist; Sieh in den Spiegel denn du bist was du isst.

Sollten wir nicht besser das Interesse unserer Kinder auf die wirklichen Helden lenken? Wissenschaftler und Philosophen die ihr Leben gegeben haben in ihrem Streben mit positiven Erkenntnissen und Erfindungen uns dem Ziel näher zu bringen in einer Welt zu leben in der wir die Wunder des Lebens genießen können, alle Rohstoffe auszunutzen wie es der Schöpfer ermöglichte und diese zu teilen; die Gier abzulegen den Nächsten zu berauben und unseren Nächsten zu lieben wie uns selbst.

Tesla, Diesel oder F. A. Hayek gebührt die Aufmerksamkeit die wir den hohlen Stars des „Main-Stream" zollen. Man beachte die Art und Weise wie in den Massenmedien über unsere Götzen berichtet wird. So übertreibt man jede mittelmäßige bis lausige Darstellung eines Hollywood Akteurs und überhäuft diesen in einem einzigen Artikel mit sämtlichen Superlativen des Vokabulars. Um uns in Nonsens zu ergötzen diskutieren wir Stundenlang in unserem Freundeskreis über diese

belanglosen Themen und wie toll der neueste Film aus der Albtraumfabrik ist,
wir bemerken erst gar nicht, dass wir unsere Zeit und Energie mit dem beschäftigen was unseren Geist in Besitz nimmt und Ketten um unseren Verstand bindet um uns dort einzusperren wo man uns haben möchte, im Keller der Gedankenwelt wo die niedersten Gedanken umherschwirren.
Man erschlägt uns mit Meldungen von persönlichen Ereignissen unserer Stars, so kennen wir den Beziehungsstatus von etlichen die im Rampenlicht stehen, interessieren uns aber nicht mehr für die Belange unserer Nächsten.

Ein zwielichtiger Spiegel, Dunkler Stern und kein Fokus

Doppeldeutig spiegelt man uns politisch umgreifende Ereignisse um den Spiegel unserer Zeit ambivalent in unser Bewusstsein sickern zu lassen. Der Stern wirft kein Licht um die Zwiegespaltenen Illusionen zu teilen und aufzulösen, im Schatten umherschweifend vermögen wir nicht den Focus auf das zu richten was im verborgenen liegt.

So zusammengefasst wird uns eine Auswahl an Polit-Magazinen angeboten; Aufgrund dieser wir uns sicher sind ausreichend kritische Artikel zu täglich tiefgreifenden Geschehnissen zu lesen, Objektivität und Wahrheitstreue müssen gegeben sein, denn miteinander konkurrierende Politische Magazine versuchen auf dem Markt eine Scheibe vom großen Kuchen abzuschneiden.

Von Kind auf indoktriniert in eine Welt die einer Schneekugel gleicht die ab und an geschüttelt wird, alles Wissen maßgeschneidert und abgespeckt, sind wir nicht in der Lage zu erkennen,

dass eigentlich keinerlei unterschied zwischen diesen „objektiven" Magazinen besteht.

Abgedeckt wird alles von links nach rechts, von nationalsozialistisch zu sozialistisch und demokratisch. Aber ist dies wirklich das volle Politische Spektrum?

Alle drei Magazine betrachtend wird es einfach sein aufzuzeigen was wir wissen dürfen,

sogar wissen sollen, gar wissen müssen und was uns ganz einfach vorenthalten wird um uns in ein Pyramidenhaftes Gedankengerüst zu sperren.

Zunächst einmal widmen wir uns dem Thema der Demokratie, und wie Demokratie als Ausrede für Neo-Imperialistische Besatzungen fremder Länder gebraucht wird.

Peter Struck machte die interessante Aussage;

„Unsere Sicherheit wird nicht nur, aber auch am Hindukusch verteidigt."[1]

Hier haben wir also die Rechtfertigung einer Neo-Imperialistischen Marionette zum Thema Sicherheit. Die Intervention und Besatzung des Afghanistan wurde seither gerechtfertigt indem man der Bevölkerung vormachte man sei im Afghanistan um Sicherheit zu gewährleisten und Demokratie durchzusetzen. Ein Artikel im Stern von Axel Vornbäumen mit der Überschrift

„Nichts wird gut in Afghanistan", Hier schildert der „besorgte" Leiter des Hauptstadtbüros des „Stern", sein Verhältnis zu Struck und wie sehr die Meinungen beider „Experten" bezüglich der Besatzung am Hindukusch auseinander ging.

„Es war die Zeit der Sinnsuche für den deutschen Militäreinsatz in Afghanistan.
Die Begründungen wandelten sich, und manchmal war der Ehrgeiz überbordend naiv.
Das Land sollte langfristig zu einer Demokratie [...], umerzogen werden."[2]

Könnten die Interessen von Internationalen Mega-Kooperationen und deren Bestreben eine Ölpipeline durch das Gebiet der Taliban zu ziehen ein Grund für die Intervention gewesen sein und dem „naiven" Vorhaben nicht doch jegliche Naivität geraubt haben, dem Vorhaben Sinn einhauchen; oder etwa die Kontrolle die sie über die Opiumfelder ausübten?

Weiter schreibt Axel:

> Zum dritten Mal seit Beginn der westlichen Intervention werden dort
> Präsidentschaftswahlen stattfinden. Die Taliban haben angekündigt, jeden umzubringen,
> der sich daran beteiligt [...], Die Truppen müssten bleiben. Afghanistan – es ist letztlich ein

gescheitertes Experiment moralisch aufgeladener Außen- und Sicherheitspolitik.
Zu große Töne wurden gespuckt. Wahrscheinlich auch, weil man von der Legitimität des eigenen Tuns nie so richtig überzeugt war.[3]

Welch Zufall dass gerade jetzt wo man auf Druck vieler abziehen muss die „demokratischen" Wahlen gefährdet sind. So rechtfertigt man eine endlose Einnahme eines Landes das seit Jahrzehnten von Krisen, Terror und Angst gebeutelt wird. Verursacht durch Supermächte denen man hilflos ausgeliefert ist und natürlich nicht zu vergessen die Taliban.
Jene wurden von Ronald Reagon mit den Gründungsvätern der Vereinigten Staaten verglichen und erst durch die tatkräftige Unterstützung der USA in die Machtposition gebracht.
Wie gut, dass man immerzu in der Lage ist Probleme zu schaffen die dann als Vorlage dienen um den Industrie- und Militärkomplex zu füttern und anderweitige Diskrepanzen aus der Welt zu schaffen.
Die mutwillige Unterdrückung einer ganzen Nation voll von unterschiedlicher ethnischer Bevölkerungsgruppen als ein Experiment zu bezeichnen ist diabolisch und unverschämt.
Konkret gesprochen wurde nichts dem Zufall überlassen und sogar die Ernennung Karzais zum Präsident war ein Coup D`etat. Ebenso war wohl die Stärkung der Taliban ein Coup D`etat.

Und zum Abschluss die Bemerkung: **„Axel Vornbäumen [...], vermisst Peter Struck - nicht nur, weil er mit ihm gern über Afghanistan diskutieren würde."**[4]
Wir lieben unsere Volksverdreher und bestärken sie auch noch für ihre korrekte Einstellung;
wenn es um außenpolitische Themen geht und wir helfen die Zukunft von Millionen zu zerstören.

Und weiter geht's im „Stern" auf Seite 28 ein Artikel von Raphael Geiger zum Thema Erdogan und Türkei. **„Bürger begannen sich daran zu stören, dass sie nur dazu vorgesehen waren, seine Ideen umzusetzen, ohne Widerspruch [...], Sie realisierten jetzt, dass ihre Demokratie in Gefahr ist, sie wollen nicht in einem Gottesstaat aufwachen."**[5]
Die Bürger der Türkei haben realisiert, dass sie von einem Größenwahnsinnigen Despoten regiert werden; die göttliche Demokratie ist nur ein Werkzeug unterschiedlicher Eliten der Bevölkerung das Gefühl zu geben, wählen zu dürfen wenn sie doch keine Wahl haben, außer sich aufzuraffen und ihr Schicksal selbst in die Hand zu nehmen, aber nicht doch „ihre Demokratie",
als wäre Demokratie ein Geburtsrecht, Demokratie als Heilpflaster für alle Gesellschaftlichen Narben. „Demokrazia" Genesungstrank für alle Volkskrankheiten.
Der Gottesstaat wird verteufelt wenn die Religion zur Übergeordneten Pflichtdroge verordnet wird, aber nicht doch unsere Demokratie fällt nicht in diese Schublade.

Ein weiterer voller Erfolg von Demokratischen Bemühungen war das Abschlachten der Tutsi Bevölkerung in Ruanda. Um der Göttin „Demokrazia" zu huldigen hatte die Internationale Gemeinschaft vorsorglich Blauhelme stationiert um für Ruhe, Ordnung, Sicherheit und nicht zuletzt die faire Ausübung von Demokratie zu sorgen.
Ein Konflikt der erst durch die Europäischen Imperialisten entfacht wurde als sie anfingen zwei ethnische Gruppen die zuvor in Frieden und Eintracht zusammen leben konnten aufeinander zu hetzen, in Ihrem Wahn Teile und Herrsche auf dem „Globus" zu spielen.

Aber wieder einmal hatte man versagt und verfehlt, die Suche nach Weltdemokratie forderte erneut hohen Tribut. Die Blauhelme waren nicht in der Lage das Massaker zu verhindern.

Wieso so viel Unfähigkeit an den Tag gelegt wird wenn es irgendwo mal wirklich brennt; sinnvoll einzuschreiten?

Bartholomäus Grill schreibt nun einen Rückblick für den „Spiegel" und befragt Zeitzeugen des Genozids. In der Tat ist das Bestialische Abschlachte der Tutsi in Ruanda das beste Beispiel um aufzuzeigen wie wertlos alle Internationalen Bemühungen der Überorganisationen wie UNO, NATO etc. sind um für Frieden und Sicherheit auf der Welt zu sorgen.

Gerade dieses Vergehen hatte mich vor langer Zeit realisieren lassen, dass jene Superorganisationen absolut unnütz in ihrem Handeln sind. Und somit liefert Bartholomäus die Perfekte Vorlage, diese zu zerpflücken.

So schreibt er:

> **In der Hauptstadt Kigali war am 6. April um 20.20 Uhr Ortszeit die Maschine des Präsidenten Juvenal Habyarimana beim Landeanflug abgeschossen worden, über die Drahtzieher wird bis heute gerätselt. Das Attentat war der Auftakt zum Genozid. [...]**
>
> **Eine Clique fanatischer Hutu hatte die Macht an sich gerissen und beschlossen, die Minderheit der Tutsi, rund zehn Prozent der Bevölkerung, endgültig auszurotten.**
>
> **Binnen einer Woche erfasste der Mordbrand das ganze Land. [...]**
>
> **Am Abend desselben Tages, um 22.30 Uhr, ruft Generalmajor Roméo Dallaire aus Kigali seine Einsatzzentrale in New York an. Der Kanadier leitet Unamir, die Blauhelmtruppe der Vereinten Nationen. Sie soll den fragilen Frieden und den Übergang zur Demokratie sichern, [...]. Dallaire warnt seit Monaten eindringlich vor der Gewalteskalation in Ruanda. Schon im Januar hat er in einem verschlüsselten Telex von geheimen Waffenlagern, Mordlisten und Todesschwadrotisch abzuschlachten, mit Macheten, Messern, Speeren, Sicheln, Feldhauen, Knüppeln.[6]**

Die Zentrale der Blauhelme in New York war also informiert über die Eskalation der Situation, die „Demokratie" war gefährdet, auch Frieden und Sicherheit; man wurde sogar darüber unterrichtet, dass für einen Völkermord die Vorbereitungen bereits getroffen wurden.

Wieso konnte man nicht rechtzeitig „Friedenstruppen" organisieren um zumindest das Gemetzel in Grenzen zu halten? Wurde hier bewusst hinweggesehen oder war man einfach überfordert?

Die Tatsache, dass die Warnung des Generalmajors nicht ausreichte um ihm Unterstützung bereitzustellen sollte dem Leser genügen um ein Urteil zu fällen.

> **Hutu und Tutsi teilen seit Jahrhunderten Sprache, Sitten und Kultur, sie schlossen Mischehen und können sich oft selbst nicht unterscheiden. Die Ursachen der Tragödie waren andere: der Bevölkerungsdruck in einem kleinen Agrarland, der Verteilungskampf um knappe Ressourcen, die koloniale Segregationspolitik, die den latenten Rassismus zwischen den Volksgruppen geschürt hatte, [...].[7]**

Herr Grill fällt auch in die Kategorie von genormten Schreibern die uns eintrichtern, dass die Erde überbevölkert sei. Man werfe nur einen Blick auf die Weltkarte und stelle fest, dass der Planet auf dem wir uns befinden noch nahezu unbevölkert ist; Wieso also nicht ein paar Tutsi abschlachten? Dann ist wieder Platz auf dem überfüllten Planeten. Vielleicht hatten die „Kommadantes" in der Blauhelm Zentrale in New York genau dies im Hinterkopf als sie nichts unternahmen?
Vielleicht fürchten auch jene die hinter dem System des Neo-Imperialismus stehen,
dass ihre Sklavenschaft sich zu schnell auf dem Schwarzen Kontinent ausbreitet?
Reich an Rohstoffen; mit armer Bevölkerung die sich zu schnell vermehrt!
„Seit fruchtbar und mehrt euch" sprach der Herr; leider hat man uns dehumanisiert und wir wissen Menschen Leben nicht mehr zu schätzen. Der Mensch ist eine Plage! Wirklich?

Des weiteren schreibt er, dass die Ressourcen knapp seien, Knappheit ist ein jahrtausende Alter Trick um dem Menschen vorzulügen, dass nicht genug da ist.
Aber wahrscheinlich ist Herr Grill dem allgemeinen Fehlgeist bereits in die Falle getappt und selbst gefangen in seinem Irrglauben, dass der Planet nicht genug für uns alle hergibt.

Weiterhin zeigt Bartholomäus aufrichtig Reue:

> **Ich schäme mich bei solchen Fragen bis heute. Denn nicht nur die Vereinten Nationen, der Westen, die afrikanischen Bruderstaaten haben versagt, sondern auch wir, die Journalisten. Wir sind der Big Story in Südafrika nachgejagt - und haben Ruanda kaum beachtet oder nur Klischees über das Land verbreitet. [...] Am Ende schrieb ich, dass eine Intervention von außen wohl zwecklos sei. Der Text enthält die unverzeihlichsten Irrtümer, die mir in meinem Berufsleben unterlaufen sind.[8]**

Wir leben in einer Welt in der uns von allen Seiten eingeredet wird, dass wir egal welcher Nation oder Volksgruppe wir angehören, einstehen müssen für die Durchsetzung von globalen Rechten und Werten; so als wollte man uns zwingend in diese Richtung erziehen.
Die Vereinten Nationen wurden gegründet mit dem vorsätzlichen Grundgedanken Weltfrieden zu schaffen; haben aber in jeder Instanz versagt.
Eine Globale Bruderschaft wird angestrebt in der sich alle Helfen sollen; Weltfrieden?
Wer es glaubt möge sich selbst entseeligen. Die tollen Journalisten waren der falschen Geschichte nachgejagt wer dies glaubt wird selig. Herr Grill war der Auffassung, dass jenes Abschlachten nicht verhindert werden konnte, ob Irrtum oder Vorsatz hier zutreffen sollte bezweifelt werden.
Herr Grill wird bezahlt um Meinungen zu verbreiten; Meinungen subjektiver Art.
Wenn wir die Sache objektiv betrachten kommen wir zu dem Entschluss, dass die „Friedenstruppen" nicht für Frieden sorgen sollen, sondern andere Absichten hinter der Etablierung einer Weltarmee stehen!
Was schreiben die Experten-Zeitschriften zur Krim-Krise? Eine Spalte wie die Kanzlerin die Energie Probleme lösen möchte die durch ein Handelsembargo gegen Russland entstehen.

„Merkels Gasblase" lautet die Überschrift im „Spiegel".

> Während Bundeskanzlerin Angela Merkel ankündigt, die gesamte deutsche Energiepolitik wegen der Ukraine-Krise neu betrachten zu wollen, droht Deutschlands Abhängigkeit von russischem Öl und Gas mit Zustimmung der Bundesregierung zu wachsen. Kanzleramt und Wirtschaftsministerium haben sich darauf geeinigt, kein Veto gegen geplante deutsch-russische Milliardenprojekte einzulegen. Die vor zwei Wochen beschlossene Übernahme der RWE-Tochter Dea durch den russischen Oligarchen Michael Fridman schätzt die Regierung nach interner Prüfung als unproblematisch ein. Auch die Zusammenarbeit zwischen dem russischen Staatskonzern Gazprom und der BASF-Tochter Wintershall solle fortgesetzt werden.[9]

So konsequent sind wir also im Durchsetzen von Embargos gegen tyrannische Staaten,
die es wagen das „Völkerrecht" zu beschmutzen und Ländereien unrechtmäßig zu annektieren?
Sie kündigt an die Sache neu betrachten zu wollen, das heißt im Klartext, dass wir eigentlich gar keine andere Wahl haben als Öl und Gas aus Russland zu importieren.
So machen sich Politiker die Welt wie es ihnen passt, und die Übernahme von Tochterfirmen durch Oligarchen; Wieso nicht? Da ist doch sicherlich auch was für unsere Bundestagsabgeordneten drin, wenn die Regierung etwas einschätzt muss es stimmen.
Ein typisch doppeldeutiger Text, unsere Kanzlerin wird die Energiepolitik verändern;
Vielleicht ohja! Aber Mega-Deals mit Oligarchen zur Übernahme deutscher Konzerne die können wir trotzdem genehmigen.
Drei Seiten weiter im „Spiegel" und die Energieblase ist vergessen, Wettrüsten, Kalter Krieg es geht in die 2. Runde. Können wir von den Auserwählten, oder wurden diese von uns gewählt?
In dieser brisanten Krise etwas Fingerspitzengefühl erwarten?
Fehlanzeige, Ministerin von der Leyen geht aufs ganze „Nato Alarm" lautet die Überschrift des Berichtes:
„Ursula von der Leyen hatte das Wochenende mit Äußerungen im SPIEGEL beherrscht, wonach für die Nato jetzt wichtig sei, ´Präsenz` an den östlichen Außengrenzen des Bündnisses zu zeigen."[10]
Klingt doch sehr vernünftig; was sagt die Kanzlerin dazu?
„Doch Angela Merkel stellt sich hinter ihre Ministerin, lobte deren Auftritt in einer sonntaglichen TV-Talkshow als kompetent und souverän. [...]
Die Frau hat recht, die Nato muss Flagge zeigen. Und in einem Militärbündnis heißt das nun einmal Gerät und Personal."[11]
Welch bravuröses Krisenmanagement hier doch betrieben wird, Kriegshetze wird also gelobt.
Frau von der Leyen, Frau Merkel aufrüsten bitte! Die Waffenindustrie wird dies sicherlich erfreuen.
Würden wir in einer friedfertigen Welt Leben so würde man aufhören Kriegsbündnisse zu schließen.
Die Nato ist auch ein „Friedensbündnis"; glauben sie wirklich dass Bündnisse Frieden sichern können, wenn Staaten gemeinsam und gegeneinander rüsten anstatt Konflikte diplomatisch auszuhandeln?

Weiter heißt es: „´Wie verhalten sich die Deutschen in dieser aus Sicht der osteuropäischen Hauptstädte existentiellen Krise?` Die Antwort werde ´fühlbare Auswirkungen` auf die deutsche Führungsrolle in bestimmten Bereichen der Allianz haben."[12]

Wir sind Führer der Allianz, sind wir wirklich wieder soweit eine Allianz anzuführen?
Das letzte mal war das Resultat eher desaströs. Seien Sie durchaus besorgt, wenn Sie solch Blatanten und zugleich Idiotischen Unfug lesen.
Ganz zu schweigen von der Faschisten ähnlichen Form der Propaganda; „Adolfus Hit" wälzt sich sicherlich vergnügt im Grabe wenn er solche Parolen hört.
Der Artikel enthält eine Karte mit Auflistung des Militärpersonals welches die Ostgrenze absichert.
Es sieht eher so aus als ob der Westen Russland flankiert. Was würden Sie an Putins Stelle machen?
In einem Interview mit einem westlichen Journalisten, wurde dieser auch noch gefragt was er von dem Raketenabwehrschild welches momentan durch östlich gelegene Nato Mitglieder ausgeweitet wird um sich vor dem Iran zu schützen denn halte.
Daraufhin antwortete er lachend, ob der Journalist wirklich so naiv sei dies zu glauben.
Der Journalist hatte sich wohl einen tollen Scherz erlaubt über diesen Herr Putin noch zu Hause lachen könne.

Auf Seite 18 im Spiegel folgt ein Artikel mit dem Titel: „Das Verständnis-Problem",
„Viele Deutsche reagieren auf die Expansionspolitik Moskaus mit großer Nachsicht.
Sind wir ein Volk der Russland-Versteher?"[13]

Bevor wir mit dem Text fortfahren sollte der Leser wissen das Terrorismus als Werkzeug um eine Politische Agenda fortzuführen alleinig nicht mehr genügt, so hat man sich entschlossen temporär wieder etwas Kalte Krieg Taktik zu tätigen um gewisse Ziele zu erreichen. Sie glauben mir nicht?

Ralf Neukirch leitet seinen Artikel wie folgt ein:

> **Kann man Verständnis haben für Russlands Vorgehen auf der Krim? Sind die Ansprüche Moskaus berechtigt? Hat der Westen Präsident Wladimir Putin provoziert? Seit Wochen erregt dieses Thema die Deutschen wie kein anderes. Die Außenpolitik ist sonst ein Nischenthema für Experten. Mit Russland ist es diesmal anders.**
> **Das Thema Krim-Krise beherrscht Leitartikel und Talkshows, kaum etwas wird auf den Websites so viel geklickt, in den Foren so heiß diskutiert.[14]**

Interessiert sich die Masse der Bürger wirklich noch für Politik oder sind sie mit anderen Dingen beschäftigt? Nein diese Sache „polarisiert", Alles Meinungsmache immer wenn etwas in den Medien breitgetreten wird hat dies auch seinen Grund.
Denn wir reagieren nur auf das was wir sehen oder hören.

Wir wechseln über zum „Stern", was haben die talentierten Redakteure des „Sterns" bezüglich

unserem neuen Feind Russland zu berichten? Der Artikel von Hans-Ulrich Jörges „Zeiten der Lüge".
Ein größtenteils ordentlicher Artikel mit ein paar Aussetzern, Herr Jörges zeigt immerhin deutlich auf in welch heuchlerischen Medienlandschaft wir uns befinden, zumindest wenn man diesen Konflikt betrachtet, doch lassen wir uns davon nicht täuschen denn auch er hat die eine oder andere „Globalisten" Floskel eingebaut um uns in ein vorgefertigtes Weltbild zu packen.
So schreibt er: **„Die Dämonisierung Russlands und Wladimir Putins hat eine Maß- und Bedenkenlosigkeit erreicht, dass ich mich frage, wie man sich davon wieder frei machen könnte – da Russland doch als Partner gebraucht wird, etwa gegenüber Syrien und dem Iran."** [15]
Von Kind auf hat man uns an ein Weltbild gekettet welches besagt, dass wir in einer Welt voll Feinde leben die uns etwas antun möchten, oder unseren Frieden, Wohlstand oder unsere Demokratie rauben wollen.
Vor diesen Feinden müssen wir um jeden Preis geschützt werden, auch das zerbomben von Kindern ist hier in Ordnung und Nobel.
So fleht er uns an nicht gegen Putin zu hetzen weil wir Russland doch brauchen um die wirklichen Feinde, etwa in Syrien oder im Iran zu bezwingen.
Vielleicht schickt Obama ein paar Drohnen zur Begrüßung.
Hätte er damit die diplomatischen Vermittler Fähigkeiten der Russischen Politiker gemeint,
die ohnehin geschafft haben die Situation in Syrien vor der völligen Eskalation zu bewahren,
dann hätte er sich auch sicherlich anders ausgedrückt; das Wort gegenüber impliziert eindeutig die Gegenüberstellung eines Feindes der mit allen Mitteln bekämpft werden sollte.
Aber es kommt noch härter. **„Die Erkenntnis ist hart und unausweichlich – man erschrickt vor ihr: Die Friedensnobelpreisträgerin EU, die nicht einmal über eine eigene Armee verfügt, hat Europa durch strategische Naivität an den Rand eines Krieges manövriert.** [16]

Die EU als Friedensnobelpreisträgerin anzupreisen nachdem was wir in Griechenland erlebt haben ist schon gewagt, die Friedens Taube Evropi wirft drei Finanzdiktatoren über Athen ab um über die Köpfe des Geburtslandes der Demokratie hinweg zu entscheiden.
Man sperrt die Griechen in die EU ein und der Euro als Währung muss bleiben; kein entkommen, wenn das Schiff untergeht darf es keine Überlebenden geben die den Kapitän für sein Fehlen anzeigen können.
Außerdem fordert er eine eigene Armee, eine geeinigte Armee, für ein geeinigtes Europa,
wo Bonaparte und „Adolfus Hit" gescheitert sind, knüpfen Herr Barroso und Van Rompuy an. Marionetten für ein geeintes Europa indem die Bürger nichts mehr zu melden haben,
mit einer Einheitlichen Armee die man über Hellas abwerfen könnte wäre es doch einfacher die Meute die da ständig Probleme bereitet zu besänftigen.
Man stelle sich ein Szenario vor indem die Türkei doch irgendwie in die EU gezwungen wird und man eine Einheit von „Europäischen Soldaten", die ausschließlich aus Türken besteht hinein schickt um den Krisenherd zu löschen.
Ein geeintes Europa wollten schon viele, die dem Größenwahn nacheiferten.
Herr Jörges schreit geradezu nach einer Europa-Armee.
Mit Sicherheit werden wir in der Nahen Zukunft noch oft davon hören.

Sie möchten sich ein Bild von Russland machen? Dann schlagen sie den „Stern" Ausgabe 14, 2014 auf und lesen Sie bitte den Artikel des Russen „Freundes" Andreas Albes; Achten sie vor allen Dingen auf die Bilder, die auf gar keinen Fall die Standard-Klischees gegenüber Russen bedienen.

Wir befinden uns nun in Russland wo Menschen immer noch Wagen benutzen die von Pferden gezogen werden und alle Polizisten damit beschäftigt sind an ihren Handys herum zu spielen,

sich Arbeitslose Frauen die Zeit damit vertreiben besoffen vor ihrem Papi einen Striptease aufzuführen; alles vor einer traumhaften Kulisse von Plattenbauten.

Können wir wirklich dem „Experten Andy" vertrauen, oder versucht er uns mit mächtigen Bildern ein gewisses Bild einzuverleiben?

Man sollte sich immer vor Augen halten, dass man im Prinzip nur das glauben darf was man wirklich mit eigenen Augen gesehen hat und mit dem eigenen Verstand erklären kann.

Leider haben wir bereits zu viel vertrauen zu unseren Medien.

Der gesamte Bericht ist übersät mit Klischee behafteten Tretminen die nur darauf warten den nächsten unwissenden mit Meinungsmache mental in die Luft zu jagen, der Verstand explodiert bei soviel jämmerlicher Propaganda und so möchte ich die Tretminen überspringen, dem Leser jedoch nicht vorenthalten welch Gräuel uns der „Focus" noch zu bieten hat.

„Zu früh abgerüstet" lautet die Überschrift;

„Nach dem Fall der Mauer sparte der Westen beim Militär.

Terror hieß der neue Feind. Putins Krim-Coup lässt die Strategen zweifeln [...]"[17]

Feinde, überall lauern Feinde, hinter jeder Ecke, erst der Rote-Block, dann blutiger Terror, jetzt wird der Fokus wieder Richtung Osten gerichtet. So kann man der Bevölkerung die Verschwendung von Steuergeldern als Meinung ans Herz verkaufen.

„US-Präsident Barack Obama fand in der vergangenen Woche klare Worte.

´Kollektive Verteidigung bedeutet, dass jeder dazu beitragen muss` [...]"[18]

Hat der Kaiser die Europäische Arena betreten müssen alle lauschen, wir müssen im Kollektiv agieren. Eigentlich müssen wir nur sterben Mr. Obama, aber über die Art und Weise des Todes bestimmt entweder der Zufall, Schicksal oder die eigene Idiotie, kommunistischen oder faschistischen Parolen zu folgen, auf gehts im kollektiv, schaltet den Verstand ab und bewegt euch nach dem Taktstock den der Cäsar vorgibt.

Und zum Abschluss des Beitrags von nahezu ein Dutzend „Focus-Bienchen", noch ein Knaller.

„Egal wie unterschiedlich die Reaktionen ausfallen, Putin wird mit seiner Machtdemonstration die EU nicht spalten. Vielleicht nutzen die Europäer sogar die Gelegenheit und finden endlich zu einer gemeinsamen Außenpolitik."[19]

Hatte Putin wirklich im Hinterkopf die EU zu spalten? Eines ist sicher, jede Krise birgt ihre Chance, das Aufbauschen eines Neuen Kalte-Krieg-Szenarios wird zuletzt genutzt werden um Europa, weiter zusammen zu schweißen und die Grenzen werden fallen.

Denn wir müssen im Kollektiv arbeiten, wir brauchen einen Großen „Starken" Block um mit den anderen aufstrebenden Weltmächten mithalten zu können.

Weg von der Politik und rein in den Alltag, denn der „Spiegel" ziert sein Cover-Blatt mit dem Titel „Konsum Verzicht", „Weniger haben glücklicher leben". Raus aus der Konsumgesellschaft in die wir geworfen wurden und rein in eine Kollektiv Gesellschaft in der wir uns jetzt plötzlich doch mit weniger zufrieden geben sollen. Klingt doch gut? Markus Brauck und Dietmar Hawranek schreiben eine mehrseitige Ode über die Sozialisierung unserer Gesellschaft.

„Überdruss am Überfluss; Verzicht ist zur Modetugend geworden. Weniger Konsum verspricht mehr Lebensqualität. Aber taugt der Wunsch nach dem einfacheren Leben auch als Programm für die gesamte Gesellschaft? Kann ein Land ohne Wachstum leben?"[20]

Was nun folgt ist harte Kost für jeden der bewusst aufnimmt in welchem Wandel sich unsere Gesellschaft derzeitig befindet. Junge Leute beider Geschlechter werden als Beispiel für eine neue Generation genommen, und sollen als Vorbilder dienen. „Verzicht" als „Modetugend" gleich mal ein heftiges Schlagwort. Wie kann weniger Konsum mehr Lebensqualität bedeuten?

Wenn wir alles unwichtige weglassen und nur noch das konsumieren was wir wirklich brauchen vielleicht, aber der Teufel liegt im Detail, „verspricht mehr Lebensqualität" kommt schon eher einer Verführung gleich.

Und wir machen auch noch gleich einen Test für die gesamte Gesellschaft!

Und zum Schluss baue man noch eine idiotische Frage ein, die es zu erläutern gilt.

Jede Ideologie braucht ihre Leitbilder, lebendig, jung, dynamisch und motivierend.

Leitfigur der Öko-Sozio-Bewegung ist Sebastian Küpers:

> **Es hatte Wochen gedauert, bis er all seine Möbel weggegeben, die meiste Kleidung gespendet, kistenweise Krempel verschenkt, verscherbelt oder einfach verschrottet hatte, so lange bis nur noch hundert Dinge übrig waren, tatsächlich sogar noch weniger. [...] Fremde Menschen beglückwünschten ihn, Journalisten wollten Interviews, RTL und ZDF fragten an. Plötzlich war er eine Ikone wider Willen, eine Symbolfigur für den Zeitgeist und lebender Beweis, dass es sie noch gibt, die guten Menschen.**[21]

Woher die Journalisten nur kamen? Und zwei der größten TV-Sender stürzten sich auf den netten Jungen Mann um urplötzlich ein Idol und eine Ikone aus ihm zu machen, eine Götze für den Zeitgeist der Sozialisten; dem Zeitgeist eines Peter Joseph.

Glauben wir dies alles hatte sich nur zufällig zugetragen?

Sebastian hat mit ziemlicher Sicherheit auch keine Ahnung für welch eklatante Propaganda er hier als Beispiel genommen wird. Und gute Menschen, dass sind nur jene die alles aufgeben.

In Zeiten zunehmender Inflation und Jugend-Arbeitslosigkeit sollte man solch eine Publizierung sehr ernst nehmen, denn jene die uns nach dem Wohlstand trachten, wollen uns ihren Zeitgeist aufdrücken, freiwillig zu verzichten wenn uns in Zeiten des teuren Euros ohnehin keine andere Wahl bleibt. Bereits in der Schule wurden wir nach der Jahrtausend Wende auf eine Neue Zukunft eingestellt in der die Rohstoffe knapp werden, wir sollten uns also darauf einstellen nur noch öffentliche Verkehrsmittel zu nutzen und eine Immobilie die man mit fremden teilen muss.

[...] „Ich mag immer noch Geld. Ich finde den Kapitalismus immer noch gut. [...]"[22]

Wirklich freien Kapitalismus hatten wir in Europa noch nie, beeinflusst durch mächtige Monopoly-

Männer mit Schwarzen Zylinder Hüten in den Vereinigten Staaten; existierte dieser.

Das Wort Kapital ist etwas negatives geworden, Kapitalismus wird seit der Bankenkrise zerrissen, man bedenke, dass alles anhäufen von Monopolisten nichts mit freier Marktwirtschaft zu tun hat und Kapitalismus nur ein Schlagwort ist um die Marktwirtschaft aus dem Bewusstsein der Massen zu geißeln.

Wir befinden uns hier und jetzt im Monopoly-Kapitalismus also einer Pyramide in der alles Kapital horizontal nach oben fließt, magnetisch durch Meisterhand angezogen und sich von unten nach oben verteilt.

Und es ist gut, dass der Vatikan einen Jesuiten mit dem Amt des Papstes würdigt:

„Papst Franziskus entzückt die Weltöffentlichkeit durch Bescheidenheitsgesten und liefert auch noch den entsprechenden radikal-zeitkritischen Überbau. ´Diese Wirtschaft tötet`, schrieb er in seinem ersten apostolischen Lehrschreiben. [...]" [23]

Sozialistische Parolen machen nicht einmal mehr halt vor kirchlichen Würdenträgern,

sein Vorgänger war der erste Papst in den letzten 700 Jahren, der sein Amt vor dem Tode abgibt.

Das letzte mal, dass ein Papst abtrat bevor er diese Welt verließ war durch Druck des Französischen Königs „Philip the Fair" zum Beginn des 14. Jahrhunderts, jener auch für die Zerschlagung des Templer Ordens in West Europa verantwortlich war; und sogar noch im Stande war den Stuhl des Papstes nach Frankreich zu verlegen. Keine schlechte Leistung oder?

Was könnte dieses mal hinter dem Rücktritt des „Vertreter Gottes auf Erden" stehen?

Vielleicht fühlte sich der alte Herr mit den sympathischen Augenringen nicht mehr gut?

Oder könnte es daran liegen, dass Millionen von Italienern auf die Straßen gehen,

um die Sparmaßnahmen eines Autokratisch agierenden Herr Monti zu beklagen?

Die Suizid Rate steigt in allen Südlichen Ländern mit Fortschreiten dieser „Todespakete";

oder sollte man sie besser „Todespakte" heißen?

Könnte die Ernennung eines links-orientierten Papstes nicht auch ein wenig damit zu tun haben, dass man die Bevölkerung um den Vatikanstaat herum besänftigen muss?

Ja, er entzückt uns mit seiner Satanischen Fratze, der gute Franziskus, Schlagworte und Meinungszwang damit kriegen sie uns alle.

Sein Überbau ist der Bienenbau den er auf seinem Haupte als Kopfschmuck trägt und steht als Symbol für den Bienenbau den die Katholische Gemeinde bildet.

Schön pilgern die Millionen zum Petersdom und huldigen ihrer „Bienenkönigin" in Frauengewand, lauschen den besänftigenden Worten des „Vertreter Gottes auf Erden", inmitten eines Riesen Phallus, einem okkulten Symbol für Fruchtbarkeit.

Lauft nur in den Abgrund ihr Schafe, geblendet, die Metzger warten schon zuerst wird geschoren, dann geschlachtet.

Dass einzige was die Menschen in Südeuropa tötet, „Friedenspapst Franziskus" sind die Sparmaßnahmen von selbst ernannten „Technokraten", die keinem Land helfen auf die Beine zu kommen. Wie soll es in Italien aufwärts gehen, wenn die Leute kein Geld mehr haben zu konsumieren und alle Geschäfte dicht machen müssen?

Eins und Eins gibt Zwei; nicht Drei, nicht Vier, und auch nicht Fünf!

Weiter geht es immer höher immer weiter in den Abgrund der Meinungsbildung.

„Es gibt wahre Verzichtsapostel, die ganz ohne Geld auskommen. Öko-Pedanten, die ihre persönliche CO_2-Bilanz studieren wie Magersüchtige die Kalorientabelle"[24]

Hatte uns unser Heiland nicht davor gewarnt, dass man uns predigen würde, dass man uns unsere Erde als neue Religion verkaufen würde. Der Hauptfaktor für Klimawandel, war schon immer die Sonne und wird auch immer die Sonne sein. Haben wir als Menschen Einfluss auf die Sonne?

Wir könnten sie höchstens wie unsere Vorfahren es bereits taten anflehen weniger Wärme auszustrahlen, auf dass wir alle verhungern, wir Plage der Mutter Göttin Erde; wir Menschen unverbesserlich.

Wärme erzeugt Wachstum und ist positiv für alle Lebewesen; Kälte tötet Lebewesen.

Uns vorzuhalten wir seien verantwortlich für die Erwärmung des Planeten ist genauso absurd wie die Ablassbriefe im Mittelalter es waren.

Denken Sie genau darüber nach ob da auch ein Unterschied besteht? Wir müssen für die Sünde bezahlen, dass wir am Leben sind; wir die Plage.

Die wahren Christen sollen aufhorchen, wenn es heißt: „seit fruchtbar und vermehrt euch", so ist es das Prinzip des wahren Gottes, nicht jene die sich über uns als Götter aufschwingen möchten; Heuchlerische Politiker wie Al Gore.

Wieso sollte ein Politiker sich plötzlich für die Rettung des Planeten und unserer Umwelt bemühen? Politiker arbeiten für Geld und Macht nicht für die Unterhaltung von wahren Idealen!

Man folge der Stimme der Vernunft, oder dem Gestank des Geldes und finde heraus, dass Mr. Gore ordentlich absahnt. Sie glauben mir nicht?

Füttern sie ihre Suchmaschine und bestaunen Sie die Verhörung des Gore durch zurecht misstrauische Kongress Abgeordnete.

„Sein Minimalismus spielt vor einem Horizont, vor dem der Einzelne kaum noch zu sehen ist. Weil es nicht mehr um ihn allein geht, sondern ums Ganze. Um die Menschheit, die globale Wirtschaft, den Planeten."[25]

Heißt es oben auf Seite 37, „Globalisierung" ist kein muss, sie ist gewollt, Mega Unternehmen profitieren schließlich davon. Wir müssen den Planeten retten jeder einzelne muss seinen Beitrag leisten und sich in eine globalisierte Welt begeben in der das Individuum sich den Bedürfnissen der Ganzheit zu beugen hat. Könnten dies nicht die Worte eines Lenin oder Trotzki sein, die mit ihrem Roten Terror Millionen töten ließen? Ist es nicht das Ideal der Kommunisten die ganze Welt zu einigen, damit wir alle gleich werden? Eigentum ist ein Bannfluch für alle Despoten.

So war es schon im Alten Ägypten, im Mittelalter und die Zukunft wird hier keine Ausnahme machen.

Und kein Bericht von solch wichtiger Natur kann auf die Meinung von „Experten" verzichten.

Herr Paech sieht ja auch sehr schlau aus:

In Paechs Zukunftsvision schrumpft die alte Wirtschaft auf glatt die Hälfte ihrer jetzigen Wertschöpfung zusammen, [...]. Die Menschen arbeiten im Durchschnitt nur noch 20 Stunden die Woche in ihren alten Berufen. [...] Es ist keine besonders schöne neue Welt, die da

entstünde, und es darf bezweifelt werden, dass der Weg dorthin ohne gewaltige soziale Unruhen gegangen werden könnte. Für Paech aber hat die Welt keine andere Wahl, sich zu entscheiden, ob ihr diese Zukunftsvision gefällt oder nicht. Für ihn ist es einfach das Szenario, auf das alles hinausläuft. [...][26]

Wir sollen uns also der Meinung von Spezialisten unterordnen, die uns Vorträge darüber halten, dass der Planet dem Untergang geweiht ist falls wir nicht im Stande sind unseren Wohlstand Mutter Erde zu opfern. Mit welcher Begründung?
Ist der Autonormalverbraucher Schuld daran, dass Ölkonzerne die Ozeane verschmutzen, oder in einem Land wie Japan Atomenergie fahrlässig genutzt wird?
Wohl kaum, aber alle müssen wir unseren Beitrag leisten, wenn wir nicht einmal Einfluss auf die Handlungen von Großunternehmen haben die den Wohlstand dieser Erde aufsaugen und sie vergiften. Die gewaltigen sozialen Unruhen die Herr Paech andeutet sind in Südeuropa bereits in vollem Gange.
Der Wohlstand wird geschröpft durch Sparpakete, um den Bänkern ihre unrechtmäßigen Schulden zurück zu zahlen. Schöne neue Welt!
Zu jeder Zeit wurde den unwissenden kontrollierten Massen vorgehalten, dass die Welt kurz vor dem Kollaps steht.

Wenn Sie noch mehr negative Anreize zum Thema Konsum brauchen werden Sie auch vom Konkurrenten des „Spiegel" bedient. Der „Stern" liefert parallel ein Artikel mit der Überschrift: „Locken, verführen, kassieren",
„Kein Fleck im Supermarkt, der nicht psychologisch durchdacht ist. Kein Regal, das nicht von Marketingexperten konzipiert wäre. Kein Licht, das zufällig leuchtet.
Mit allen Tricks bringen die Händler ihre Kunden dazu, mehr einzukaufen, als sie wollen."[27]
Konsum ist böse, schlecht für die Umwelt, schlecht für uns alle, die Bösen Händler wagen es doch ihre Geschäfte erfolgsorientiert auszustatten, böse böse Händler, wie könnt ihr es wagen, uns das Geld aus der Tasche zu ziehen, uns Konsum geilen.

Wer gesund bleiben möchte ignoriert besser auch Artikel im „Stern" die sich mit gesunder Ernährung beschäftigen.
„Fett for Fun" ein Ernährungs-Experte wird von Doris Schneyink befragt:
„Esst doch, was ihr wollt! Ernährungswissenschftler Christoph Klotter über die befreiende Botschaft einer neuen Studie."[28]
Alle Extreme der Gesellschaft müssen gefördert werden, vom Wahne des Hedonismus bis zur selbst zerstörerischen Selbstvergiftung durch Lebensmittel. Wenn Große Unternehmen mit globalen Machtansprüchen sich schon politisch nach mehreren Instanzen durchsetzten;
Gen-Mais auf den Markt zu bringen, der unsere gesamte Flora und Fauna zerlegen wird, und die Krebse Rate durch alle Bevölkerungs-Schichten hinweg ansteigen wird.
Wieso nicht auch gleich proklamieren, dass die konsumierenden Schafe sich reinschauffeln sollen was ihnen beliebt?

„Butter ist böse, Olivenöl gut – diese Regel für gesunde Ernährung stimmt nicht mehr."[29]
In allen Bereichen des Lebens müssen uns die Meinungsmacher falsche Gedanken eingeben.

In einem älteren Artikel der auch in einem dieser „aufrichtigen" Magazine erschien, hieß es gleich man solle essen was man will, egal welches Fast-Food Establishment man beehrt, was der Mensch gerne isst, wäre auch automatisch gesund, diese Erkenntnis wurde natürlich gedeckt von einem Experten.

Herrn Klotter gebührt in diesem Fall nicht einmal die Häme, er liefert gute Argumente bezüglich dem Gesundheits-Wahn dem alle verfallen sind, aber unsere nette Doris versteht wie es gemacht wird. Es gibt sicherlich viele Leser die nur bestimmte Berichte lesen und größtenteils nur die Überschriften aufnehmen.

Sollten Sie noch nicht Paranoid sein durch die ständigen Berichte über die
NSA Überwachungsaffäre, so ist es wohl die Pflicht eines jeden Deutschen sich sorgen zu machen um die Kanzlerin, die ärmste wird doch tatsächlich auch abgehört.

„´A` wie Angela," lautet die Überschrift im „Spiegel";

„Der britische Geheimdienst GCHQ kundschaftet deutsche Netzfirmen aus, die NSA führte die Kanzlerin in einer Spezialdatenbank und holte 2013 die Erlaubnis ein,
Deutschland zu überwachen. Leitet der Generalbundesanwalt nun Spionage-Ermittlungen ein?"[30]

Wieso wurden die Wahlen auf 2005 gelegt und unser damaliger Kanzler Schröder der zu diesem Zeitpunkt gerade nicht sehr beliebt war abgelöst? Wann zuvor wurden je Wahlen vorgezogen?

Ist dies eigentlich legitim? Oder wollte man hier nur Herr Schröder loswerden weil er nicht auf jeden Zug aufsprang den das Westliche Establishment vor dem Bundestag stellte?

Hätten Deutsche auch in 2006 eine einfach gesprochen, plumpe Kanzlerin, einem taffen Schröder vorgezogen.

Zumal Kanzler Schröder auch bessere Beziehungen zum Bösen Onkel-Putin hielt und es sich mit den Briten und Vereinigten Sklaven eher verscherzt hatte.

Dies soll kein Liebesbekenntnis zu unserem Ex-Kanzler sein, denn unter seiner Regie wurde der Sozialstaat im Prinzip abgeschafft und durch ein absolut unmenschliches System der Kontrolle über Menschen eingeführt die in die unterste Schicht rutschen; Der Druck, Misstrauen und die Missgunst der Massen gegenüber Arbeitslosen auch noch gesteigert.

Deutschland ist nach wie vor kein freies Land, wir sind immer noch besetzt, ein Vasallenstaat für die „Weststaaten", liegt es da nicht nahe, dass man die Kanzler-Marionette abhört?

Unsere Kanzlerin die kein Fettnäpfchen auslässt.

Welche Autorität gibt die Erlaubnis ein ganzes Land abzuhören?

Wo holt man sich eine solche Genehmigung?

Eine Frage in den Raum zu werfen, ob denn der Generalstaatsanwalt nun eigentlich etwas unternimmt ist schon sehr manipulativ. Ja, er sollte, er ist verpflichtet dazu, aber wird er dies auch machen? Man sollte dies schwer bezweifeln, denn Deutschland ist nur ein Turm im Osten,
auf dem Schachbrett der Weltpolitik, globaler Machtspiele und der Globalisierung.

Wer sollte unseren Generalstaatsanwalt die Genehmigung erteilen gegen seinen Kaiser aufzubäumen? Wir das Volk?

Fehlanzeige wir sind damit beschäftigt immerzu Parteien als Volksvertreter zu wählen.

Wir werden anscheinend alle abgehört und auf wen lenken die Medien diesen Skandal?
Auf die Kanzlerin, unsere kleine Führerin, ohne Bärtchen aber mit bewegender Handgeste wo immer sie steht.
So lenken die Medien die ganze Aufmerksamkeit auf unser Staatsoberhaupt um auch noch Mitleid zu erregen. Glauben Sie nicht auch nur eine Sekunde, dass die Überwachung aufhören wird, alle Scheinwerfer in dieser „Komödie" sind gerichtet auf die Tragische Figur Angela.
Die Überwachung geht weiter, denn einen Vasallen gilt es zu kontrollieren!

Sie brauchen Bestätigung für meine angeführte „Behauptung"; Bitte, lesen Sie selbst:

Bislang aber tut sich Generalbundesanwalt Harald Range mit dem NSA-Komplex ausgesprochen schwer. Manch altgedienter Ermittler hat Schwierigkeiten, Amerikaner und Briten nach den selben Maßstäben zu beurteilen wie etwa die russischen Geheimdienste. Die Bundesanwälte in Karlsruhe haben einen Prüfungsvorgang angelegt; noch ist nicht entschieden, ob daraus ein offizielles Ermittlungsverfahren wird.[31]

Er tut sich schwer, vielleicht ist er nicht geeignet für diese Aufgabe? Oder man legt ihm Steine in den Weg. Seine Kollegen sind wohl zu stark mit den Britischen und Amerikanischen Geheimdiensten verflochten. Sind die Geheimdienste nun zu unserem Schutz?
Oder zu unserer Überwachung aufgefordert? Das Oberlandesgericht ist sich also nicht sicher ob es dagegen klagen möchte. Jeder der Korruption auf der höchsten Ebene unserer Legislative, Exekutive und Judikative anprangert, wird in die Schublade der Verschwörungstheoretiker geworfen.

Wieso befasst sich der Autor dieses Buches so sehr damit, die Fragen zu erläutern die „Journalisten" in ihre Artikel einbauen? Dem Leser sollte klar werden, dass es sich hier nicht um Ehrlichen Journalismus handelt, sondern bewusst abgelenkt wird. Die Idiotie unserer Zeit bringt keine Journalisten mehr in die Position, wichtige Themen mit ausreichender Kritik zu beleuchten.
Ihre Berichte sind bewusst manipulativ formuliert!

Die Beliebtheitsskala und Taten unserer „Politokraten" in Berlin müssen auch noch „kritisch" unter die Lupe genommen werden. Im Spiegel genügt eine Auflistung von unterschiedlichen Politikern, darunter die Spitzenpolitiker aus allen Parteien. Die Bevölkerung wurde wohl befragt,
und die Kanzlerin ist natürlich an der Spitze, besticht sie doch durch Charisma, vor allem wenn sie ihre Hände aufhält; dicht gefolgt von Joachim Gauck dem König der Vorgaukler.
Wieso ist die Präsidenten Marionette so beliebt? Man könnte behaupten, dass uns diese Beliebtheit eingeredet wird.
Der dritte Präsident in kurzer Zeit, sind doch alle guten Dinge Drei, die Ausnahme bestätigt in diesem Fall die Regel. Präsident Köhler wurde genötigt seinen Stuhl zu räumen, weil er sich offen und ehrlich zu einem brisanten Fall geäußert hatte. Wer kann verleugnen, dass unsere Truppen den Afghanistan besetzen, wenn GIs im Grunde genommen nur dort sind um die Opium-Felder der Drogen Overlords zu bewachen?

Der gute Mann konnte sich nicht mehr der Heuchlerischen Idiotie seiner Zeit beugen und weg ist er. Den alten los brauchte man jemand frisches, jemand der Beständigkeit und Zuversicht ausstrahlt, wir wollen Wulff dachte man sich.

Vielleicht würde dieser fähig sein als jüngster Präsident Deutschlands, die Position mit neuem Leben und Würde zu besetzen. Wie sehr hatte man sich getäuscht, denn auch dieser Entpuppte sich als unbrauchbar, „große Skandale" wurden in die Öffentlichkeit geworfen, so war auch dieser gezwungen Platz zu machen.

Wahrscheinlich gefiel den Plutokraten des Establishment seine Europa feindliche Haltung nicht die er in seiner „Lindauer Rede", zum Ausdruck brachte.

Wieso kräht kein Hahn wenn wir so schnell unsere Präsidenten und höchsten Würdenträger im Amt austauschen? Sollte einem schon zu denken geben.

Wenn alle guten Dinge Drei sind muss man sich logischerweise auch einer Marionette bedienen die garantiert tauglich ist; es werde also Gauck.

Die „Groko", für jene die noch nicht wissen sollten was das ist; „Groko" steht für unsere tolle Große Koalition, wenn die zwei größten Parteien gemeinsam „regieren" dürfen, ist das so toll, weil jetzt nicht mehr gegeneinander gehetzt wird und beide ran dürfen. So kommt man auch nicht mehr in Verlegenheit, wenn man das was man vorher verteufelt hatte selbst in die Tat umsetzt. Irgendwer ist auf die Idee gekommen ein lächerliches Wort zu einem ernsten Thema zu gebrauchen und in den Umlauf zu bringen.

Hierbei wird bewusst ein Wort gebraucht um uns unsere Regierung so richtig zu versüßen.

Das oberste Kredo lautet es aus allen Erwachsenen mentale Kleinkinder zu formen, so dass man daraus im übertragenen Sinn etwas aufbauen kann. Man hämmert also so lange mit idiotischen Begriffen auf uns ein bis wir die Form eines Ziegels annehmen aus dem man dann ein nettes Häuschen bauen kann, in welches man dann die Idiotie unserer Zeit packt.

Wieso auch nicht? Unsere Politiker sind gerade damit beschäftigt all unsere Rechte und Freiheiten dem Ideal einer perfekten Block-Demokratie zu opfern, Evropi wartet bereits sehnlichst auf die Darbietung von Opfergaben. Früher musste man Menschen einschüchtern um sie zu knechten; Heute genügt es alles als cool und süß darzustellen um erfolgreich zu sein in diesem Vorhaben.

Da der „Spiegel" Menschen befragt hat die nicht zufrieden sind mit den ersten 100 Tagen der Großen Koalition, musste das Konter-Heftchen der „Stern" natürlich die andere Seite des Zauns besetzen.

So bezeichnet man die Große Koalition laut „Stern" mit allen Superlativen; alles ist Super.

Super Schöne Neue Brave Dumme Neue Welt.

„100 Tage Groko, Großartig was ihr hier abliefert. Teilweise. Der Stern findet: supergeile Regierung." [32]

Der Autor findet es erstaunlich, dass der Stern es schafft das Niveau der Bildzeitung zu unterbieten.

„Supersuper Superminister

SPD, Familie, regieren – wie du das alles hinkriegst, toll! [...] Du bist über jeden Zweifel erhaben, lass dir nichts anderes erzählen. Superpünktlich auch." [33]

Wie gut, dass man schon die Phrasen aus billigen Horoskop Anzeigen benutzt um extrem kritisch Politiker zu bewerten. Außerdem Super positiv ist, dass man den Super Super Super Vizekanzler, der jetzt zugleich ein Superminister ist beschribt als wäre er einer dieser hoch talentierten die einer

Gesangs Jury vorsingen. Deutschland sucht den Superminister und der Sigi ist der Sieger; und Pünktlich zur Arbeit ist er auch noch, wie gut dass da keine Euros im Minutentakt verschleudert werden, wenn der Meister unter den „Demagogen Püppchen", sein Amt beschreitet.

Wie gut dass hierbei genau betrachtet wird was die Minister auch tatsächlich umgesetzt haben, zum Beispiel:

„**Superehrgeizige Verteidigungsministerin**

Tolle Kinder. Top geraten. Supergeile Ideen."[34] oder „**Superschicker Verkehrsminister**

Du bist ein supergeiler Minister – digital und analog. [...] Sehr, sehr geile Outfits übrigens."[35]

Okay? Aber jetzt kommt der Kracher. „**Super Schäuble**

Schicker Haushalt, alter Schwabe. Demnächst sogar ohne neue Schulden, auf dem Papier. Supertricky, supergeil."[36]

Vielleicht zaubert uns der Kleine Trickser im Stuhl die Schulden einfach weg, der Alte Fuchs, wer weiß vielleicht kommt er zur Besinnung und verweigert einfach die Zahlung der Schulden die durch getürkte Machenschaften von Bänkern im Zusammenspiel mit „Politokraten" gemacht wurden? Vielleicht, wer weiß werden wir auch noch den lästigen Euro los?

Super Wolfgang du bist der beste.

Die Krone der Berichterstattung gebührt dem „Spiegel-Redakteur" Markus Grill. In seinem Artikel „Das Rätsel von Omaha", werden wir wieder objektiv mit einer logischen Theorie bedient.

„**In den USA sterben Zeitungen, doch der legendäre Investor Warren Buffett kauft reihenweise Lokalblätter zu günstigen Preisen. Angeblich verdient er damit gutes Geld. Wie macht er das bloß? Eine Spurensuche in der Provinz.**"[37]

Dies sind die Zeilen unterhalb der Überschrift, eines Journalistischen Meisterwerks.

„**Nicht nur in Omaha, in ganz Amerika stecken Zeitungen in der Krise. Die Auflagen schrumpfen, die Anzeigenerlöse sind seit 2007 um mehr als 50 Prozent eingebrochen. [...] Umso verblüffender, dass es unter den Superreichen der USA zuletzt zu einer Art Mode geworden ist, in traditionellen Journalismus zu investieren.**"[38]

Die Zeitungen in den USA schreiben also rote Zahlen, Herr Grill wird uns sicherlich sagen können was einen mächtigen Milliardär wie Warren Buffett dazu verleitet haufenweise kleinerer Zeitungen zu kaufen, abgesehen von dem Argument, dass alles was „Midas Buffett" anrührt sich in Gold verwandelt und wie ein Wunder doch Gewinne abwirft.

> Buffet hat zudem ein echtes Faible für Zeitungen. In einem Dokumentarfilm aus dem Jahr 2012 erzählt der Milliardär, dass er bereits im Alter von sieben Jahren damit begonnen habe, die Zeitungen seines Vaters zu lesen. 1943 zog die Familie von Nebraska nach Washington, und Buffett verdiente sich als 13-jähriger Zeitungsjunge ein Taschengeld damit, morgens, noch vor der Schule die ´Washington Post` auszutragen.[39]

Süße Geschichte, sehr romantisch, er sammelt also Zeitungen wie andere Briefmarken, aus reinem „Zeitungsaltruismus“. Sollen wir Ihnen das nun wirklich abkaufen, „Mr. Warren Macht Wunder Wirklichkeit“ und Herr Grill, oder grillt man hier die Wahrheit und wirft uns wieder nur kalte Kohle in den Rachen.

Mächtige Bänker Dynastien wie die der Rothschild Familie, begannen bereits im 19. Jahrhundert etliche Zeitungen in ihrem anfallenden Wahn von „Zeitungsaltruismus“ aufzukaufen.

Sicherlich nur um ihre Nostalgische Sammellust zu befriedigen, wer kommt schon auf den Gedanken, dass Mann dutzende Zeitungen aufkauft um Einfluss auf deren Berichterstattung zu haben?

Welch lächerliche Verschwörungstheorie. „Alles Schwachsinnige ab in die Irrenanstalt, aber alle bitte! Und vergesst die lästigen Journalisten nicht! Was wir mit den Populisten machen sollen? Die behalten wir natürlich!“

Und was sagt, der Chefredakteur einer infiltrierten Zeitung, Mr Baker dazu?

„Früher, in wirtschaftlich unsicheren Zeiten, sei die Redaktion eher in Sorge gewesen, sagt der Chefredakteur.

´Jetzt gehören wir zu einem Konzern, der von einer Person geführt wird, die Zeitungen liebt, die guten Journalismus liebt und unabhängige Berichterstattung schätzt.`“ [40]

Wenn das mal nicht die Beigabe eines ehrlichen Chefredakteurs ist der nicht um seinen Job fürchten muss wenn er die Wahrheit verdreht. In Zeiten der anstehenden Internet Regulierung ist es logisch und nachvollziehbar, dass Mann sich als Oligarch die letzten möglichen Informationsquellen der Bevölkerung unter den Nagel reißt.

Gerade in Zeiten in denen Staatsmänner die Bühne der Politischen Schauspiel Marionetten betreten. Vom Fließband Arbeiter bis hin zum Manager werden alle Schichten der Bevölkerung gut abgedeckt mit Nachrichten aus Zeitungen.

Zeitungen die viele Leser erreichen sind genauso kontrolliert wie die Drei großen „Polit-Magazine“, wie es der Autor dieses Werkes dem Leser hoffentlich ausreichend aufzeigen konnte.

So müssen auch Regionalblätter die eine Stolze Auflage erreichen, mit Schreibern besetzt sein wie es George Orwell in seiner Dystopie „1984“ richtig darstellte.

Wir haben es hier mit genormten Schreiberlingen zu tun, die mit Phrasen um sich werfen um jeden der es wagt den Status Quo als korrupt und irrsinnig darzustellen, mit Schlagwörtern in die Schranken weisen. Dem Leser ist dies nur nicht bewusst.

So werden jene, die dem System kritisch gegenüber stehen einfach in eine Schublade geworfen in welche sie gar nicht passen. Kritisiert man einen Sigmar Gabriel und bezeichnet ihn als Demagogen der den Bänker-Oligarchen dient so wird man als „linker Feind des Neo-Liberalismus“ bezeichnet. Was immer das heißen mag? Man ist automatisch Sozialist wenn man ein zentral gesteuertes Wirtschaftssystem kritisiert?

Ein zentral gesteuertes Wirtschaftssystem wie unseres welches alles Kapital von der Europäischen Zentralbank erhält ist nicht als freie Marktwirtschaft anzusehen, trotzdem wird der Kritiker als Linker bezeichnet und schon ist er mit Beschlag behaftet und die Ohren wenden sich von ihm ab um dem zu lauschen was angenehm ist.

Wie wäre es wenn wir uns erst einmal von den Zentralbänkern liberalisieren, sprich befreien wir Anti-Liberalen?

Wer die Bildzeitung aufschlägt mit dem Untertitel „Bild dir deine Meinung“, sollte sich auch bewusst werden und einsehen, dass man sogar ehrlich zu uns ist.

Wir sollen uns also nur eine Meinung bilden denn Wissen ist ein Bannfluch für Zeitungsinhaber im Stile eines Warren Buffett!

Zu guter Letzt sollte noch erwähnt werden, dass man heutzutage auf allen Lokal und Frauenmagazin Covern die Royalisten Europas bestaunen kann, so wird jede Heirat und Geburt von angeblich „Repräsentativen" Königsfamilien, von Spanien über England rauf nach Skandinavien stolz proklamiert.

Wieso bekommen Königshäuser die anscheinend keinerlei Macht mehr ausüben soviel Presse? Erinnert dies nicht ein wenig an die „glorreichen Zeiten" des „Adolfus Hit".

War nicht auch der Todesengel des deutschen Bewusstseins allgegenwärtig?

Machen denn nicht alle Diktatoren einen Personenkult um sich selbst, Lenin, Stalin, Tito, Saddam und wie sie alle hießen?

„In Zeiten weltweiter Täuschung die Wahrheit zu sagen ist ein revolutionärer Akt."
(George Orwell, 1984)

In Zeiten weltlicher Täuschung auch nur die Wahrheit anzudeuten wird mit dem Spott der Massen belohnt. Denn gemeinsam lacht es sich bekanntlich leichter, wer zuletzt lacht wird sich zeigen.

„Die ersten werden die letzten sein und die letzten die ersten." Amin

1 Regierungserklärung, Berlin, 11. März 2004, bmvg.de
2 Stern 27.03.2014, Seite 21
3 Stern 27.03.2014, Seite 21
4 Stern 27.03.2014, Seite 21
5 Stern 27.03.2014, Seite 29
6 Spiegel 31.03.2014, Seite 57
7 Spiegel 31.03.2014, Seite 59
8 Spiegel 31.03.2014, Seite 60
9 Spiegel 31.03.2014, Seite 13
10 Spiegel 31.03.2014, Seite 16
11 Spiegel 31.03.2014, Seite 16
12 Spiegel 31.03.2014, Seite 16
13 Spiegel 31.03.2014, Seite 18
14 Spiegel 31.03.2014, Seite 18
15 Stern 27.03.2014, Seite 22
16 Stern 27.03.2014, Seite 22
17 Focus 31.03.2014, Seite 36
18 Focus 31.03.2014, Seite 36
19 Focus 31.03.2014, Seite 38
20 Spiegel 31.03.2014, Seite 34
21 Spiegel 31.03.2014, Seite 35
22 Spiegel 31.03.2014, Seite 35
23 Spiegel 31.03.2014, Seite 35
24 Spiegel 31.03.2014, Seite 35
25 Spiegel 31.03.2014, Seite 37
26 Spiegel 31.03.2014, Seite 39
27 Stern 27.03.2014, Seite 32
28 Stern 27.03.2014, Seite 30
29 Stern 27.03.2014, Seite 30
30 Spiegel 31.03.2014, Seite 28
31 Spiegel 31.03.2014, Seite 29
32 Stern 27.03.2014, Seite 34
33 Stern 27.03.2014, Seite 34
34 Stern 27.03.2014, Seite 34
35 Stern 27.03.2014, Seite 34
36 Stern 27.03.2014, Seite 34
37 Spiegel 31.03.2014, Seite 132
38 Spiegel 31.03.2014, Seite 133
39 Spiegel 31.03.2014, Seite 133
40 Spiegel 31.03.2014, Seite 135

Meister des Medienkultes

Guttenbergs Buchdruck Innovation gilt als Geburtsstunde der Verbreitung von Wissen, welches durch Bücher vermittelt wird, zugänglich für viele die sich Wissen aneignen wollten.

Insofern man begünstigt war des Lesens mächtig zu sein, hatte es vor 500 Jahren die Pforte aufgestoßen sich Wissen unabhängig vom hochgestellten Klerus anzueignen.

Das Fundament in Rom wurde dadurch erst erschüttert, der Felsen des Petrus auf dem eine christliche Neue Welt entstehen sollte wurde missbraucht um darauf etwas völlig entgegen gesetztes zu errichten; die Hölle auf Erden.

Hatte man doch nicht die Ideale des Simon Kefa als Maßstab genommen, geprägt durch den Heiland wohl eine Institution zu errichten die dem Heile der Kinder Gottes dienen sollte.

Statt dessen ragt ein Stein vor dem Petersdom heraus welcher eher der Errichtung des Turm zu Babel ähnelt, steil nach oben zielt. Denn der korrupte Mensch hat sich einwickeln lassen zu unternehmen was der Schöpfung widerspricht, alle Völker zu einigen und Globalisierung ist nichts anderes als der Bau des Babylonischen Turms; seine Fertigstellung wird beabsichtigt.

Der Obelisk dient als Stein gewordenes Manifesto.

So werden wir alle genormt, geformt zu Steinen die einzelne Bausteine des Turms sind, indem wir nur solche Bücher lesen wie für uns vorbestimmt wurde.

Die Verbreitung von Büchern für die Profanen Massen hat nicht das bewirkt was erhofft wurde um den Stein der „Weisen" umzukippen und die totalitären Machtansprüche zu unterbinden.

Trotz der tollen Erfindung des Buchdrucks und der Digital Technologie bewegen wir uns in einer Sphäre die geprägt wird von bewusster Indoktrinierung, man beschlägt uns mit Meinungen und Spezialwissen so geschlagen und geschliffen, dass wir in das Steingebilde passen.

Es wird schwer sein in einen Buch Laden zu gehen oder eine Bibliothek und unter dem großen und vielfältigen Angebot an Büchern, auch solche zu finden die Elementär sind um in einer freien Welt, frei von aufgesetzten Dogmen zu leben.

Wissen gleich Macht, solches Wissen gilt es vor den Massen zu bewahren.

So kann der Funke niemals auf die Ganzheit überspringen um ein Feuer der Geistes Erleuchtung zu entfachen.

Das Individuum dient so wie die Armen Bauern des Mittelalters einem „höheren Zweck", ohne selbst je dahinter zu kommen, dass es nur ein Rädchen in einer Monströsen Apparatur ist.

Der Buchhändler deckt scheinbar alle Bereiche der Wissens Erweiterung ab, man schreitet durch Regale gefüllt von nützlichen Sachbüchern alle Themen sind gut sortiert und ersichtlich.

Doch möchte man sich Wissen aneignen abseits dessen was „fabriziert" wurde, egal ob Geschichte, Politik oder Gesellschaftliche Strukturen, werden wir bedient von bestimmten Verlagen die darauf spezialisiert sind den Konsensus der Sieger zusammen zupressen und an die Massen als Wahrheit zu verkaufen.

Wer die Vergangenheit kontrollieren kann, kontrolliert auch die Gegenwart und folglich die Zukunft.

So sind die Bücherregale überfüllt von Büchern geschrieben von den „Experten", eine breite Auswahl mit unterschiedlichen Meinungen garantiert auch Objektivität.

An trivialer Unterhaltung mangelt es auch nicht von Fantasy- und Science-Fiction Romanen bis hin zum Groschen Roman alles dabei um auf relativ niedrigem Niveau, Seichte Unterhaltung zu bieten.

Wir bekommen auch nie genug von den „Interessanten" Biografien von Spät-Pubertierenden Superstars. So schreibt jeder der im Rampenlicht steht und etwas Geld verdienen möchte seine Geschichte auf, egal wie langweilig diese auch geraten sein mag, wir sind für alles zu haben, weil wir so sehr fixiert sind auf unsere „Fixsternchen".

Ab und an wird man auch mal fündig und erfreut sich an einem sinnvollen Beitrag,
wie beispielsweise das Buch von Edzard Reuter, „Die Stunde der Heuchler", Herr Reuter ist es
gelungen polemisch aufzuzeigen in welch Heuchlerischen Welt wir uns gegenwärtig bewegen,
und wie maßlose Gier die Tugend der Vernunft abgelöst hat.

Ein Grund für das beschränkte Sortiment ist mit Sicherheit die fehlende Nachfrage und auch die
Angst oder Scham davor „Verschwörungsbücher" anzubieten, man möchte sich seriös präsentieren.
Keinesfalls mangelt es an guter Literatur um aus der Matrix der Idiotie auszubrechen,
nur werden diese Bücher wie schon im Mittelalter als Teufelswerk denunziert, als Ersatzwort dient
heute der Begriff „Verschwörungstheorien".
Und Bänder die sich mit den Grundlagen der Philosophie zur Kontrolle des Menschen befassen sind
auch nicht gängig.
So vermisst man die Verbreitung der Schriften des Plato und Aristoteles, die gelesen werden sollten
um diese Welt verstehen zu können und die unterschiedlichen politischen Systeme zu begreifen.
In der Lage zu sein die Mechanismen der Kontrolle über die Massen und das Individuum zu erlernen.
Bücher die sich mit Freimaurerei beschäftigen und die Lehren dieses Kults erklären vermisst man
ebenso, wie die „Psychologie der Massen" von Gustave Le Bon, jenes Buch diente „Adolfus Hit" als
Grundlage um das leichtgläubige Volk zu verführen und geschickt die Manipulation der Massen zu
bewältigen. Wieso entzieht man uns solchem Wissen?
Vielleicht liegt es daran, dass wir dann erkennen könnten, dass gar nicht soviel Unterschied besteht
zwischen dem was den Massen damals verzapft wurde und dem was wir heute aufsaugen.

Hochintellektuelle Technokraten haben etliche Bücher veröffentlicht und darin exakt aufgeführt wie
in naher Zukunft der Mensch zu kontrollieren und manipulieren sei.
Zum Beispiel; „Between Two Ages", von Zbigniew Brzezinki oder „The Impact of Science on Society"
geschrieben von Bertrand Russell.
Brzezinski prognostizierte, dass der moderne Mensch in der nahen Zukunft nicht mehr in der Lage
sein wird logisch für sich selbst zu denken, er wird blind den Vorgaben von „Technokraten" folgen
und sich damit zufrieden geben „geführt" zu werden. 40 Jahre später sind wir tatsächlich soweit
angelangt, dass Erwachsene Menschen nicht mehr in der Lage sind eigenständig zu denken.
Des Weiteren mangelt es an Büchern in den „Mainstream" Bücherregalien die sich mit alternativen
und Libertären Denkweisen auseinander setzen, den Werken von Ludwig von Mises und Friedrich
von Hayek.
Hayeks, „Road to Serfdom" hilft dem Leser zu verstehen wie Macht zentralisiert,
also gebündelt wird, in Form von unterschiedlichen sozialistischen Systemen, die sich im Herzen,
Denken und Ausrichtung; sprich Zielsetzung nicht von einander unterscheiden.

Edward Griffins Meisterwerk „The Creature from Jekyll Island" erklärt im Detail das Bankensystem.
Diese Bücher bewegen sich aber am Rande der Gesellschaft und sind den
„Verschwörungstheoretikern" die man mit Leichtigkeit als rechte brandmarken kann vorbehalten.

Die Geschichte des 19. und 20. Jahrhundert wurde zusammengefasst von Professor Carroll Quigley,
sein Werk „Tragedy and Hope" deckt den Zeitraum zwischen 1860 und 1960 sehr ausführlich ab.
Dieses Buch verdeutlicht die Hintergründe von Ereignissen die unsere Gegenwart mitbeeinflusst
haben, nicht ganz unrelevant, um die Entwicklungen zu verstehen.
Dieses Meisterband der Geschichte, welches über 1300 Seiten fasst ist nicht einfach zu erstehen.

Und so verschwindet kostbares Wissen aus dem Umlauf, verstaubt und zerfällt für uns viele, die wenigen „Illuminierten" verstehen sich bestens in der Kunst der „Wissenskonservierung".
Das Buch in seiner natürlichen Form als Speicher von Wissen sollte nicht zu etwas komplett trivialem und nur der Unterhaltung dienlichem verkommen.
Die Digitalisierung von Büchern birgt die Gefahr der perfektionierten Zensur über Wissen und den Fall in eine neue Ära der Völligen Idiotie die wir mehr und mehr betreten und aus der es auch kein zurück mehr geben kann.
Ist erst einmal eine Generation von Menschlein gezüchtet die nicht mehr logisch denken kann, so ist auch das Schicksal der Menschheit besiegelt, sich einer Elite von Hochintelligenten Autokraten zu fügen die in Anno Nahe Zukunft in der Lage sein werden alle technischen „Errungenschaften" zur Kontrolle der Massen zu verwenden.
Eine Zwei Klassen Gesellschaft ist in Sichtweite. Die künstlich hergestellte Aufteilung des Menschengeschlechts ist durchaus in greifbarer Nähe für jene die den „Globus" mit Obelisken übersät haben um Schöpfer zu spielen.

Selbst das Radioprogramm ist genormt, denn um einen Radiosender zu gründen, bedarf es einer Lizenz. Erfüllt ein Radioprogramm oder Radiosender nicht die Vorgaben, wird auch keine Lizenz ausgehändigt.
Radiosender sind lizenziert, spätestens hier sollte klar werden, dass unsere Gesellschaft nur beschränkt frei ist. Wieso benötigen Radiosender eine Lizenz, gilt denn nicht die allgemeine Redefreiheit? In den USA ist Talk-Radio frei von Lizenzierung, und die Bevölkerung weitaus besser informiert, zumindest im Vergleich mit Deutschland.
Was gilt es bei der Ausstellung einer Radio-Lizenz zu beachten?
Und wieso ist diese obligatorisch um sich in das Netz einzuklinken und frei von allen empfangen zu werden?
Wahrscheinlich muss man uns Schäfchen vor Wahrheiten und Weltanschauungen schützen die uns einfach nicht gut tun. Alles nur zu unserem Besten, denn das Radio ist die einfachste Möglichkeit sich einer breiten Masse unabhängig von Raum und Zeit mitzuteilen.
Jeder der sich im Stande sieht den Vielen etwas Sinn zu vermitteln, wird also schon von vorn herein davon abgehalten. Demnach ist auch das Medial-Gerät Radio kontrolliert und keine Lücke im System der Meinungsmacher durch die Medienanstalten.
Auch hier werden alle Bevölkerungsschichten angesprochen von jung und aufgedreht bis alt und konservativ werden alle bestens versorgt. Die Stimmen der Radiosprecher treffen auch immerzu den gleichen Ton, der Stil der Sprachart ist festgelegt, so hören sich alle Radiosprecher im Prinzip gleich an. Unterschiede gibt es nur zwischen den unterschiedlichen Zielgruppen.
So präsentiert man uns eine große Palette von Sendern deren Aussende Signale strikt gefiltert werden. Jeder Sender unterbricht sein Standard, meist Musik Programm durch Standard Nachrichten, auch hier vernimmt man die Stimmen von genormt, geformten Nachrichtensprechern, die uns die nach gerichtete Nachricht je nach Zuhörerschaft trocken und monoton oder „Stylisch" mit „Trendstimme" vorträgt.
Die scheinbar angenehme Art der Aussprache der Klassischen „Nachrichten-Sprecher" hat eine bewusst gewählte, Vertrauens erweckende Note, die wir alle kennen. Der bewusste Mensch der sich außerhalb der Massenmedien informiert, bemerkt schon einmal dass dies keine natürliche Sprechweise ist, sondern bewusst gewählte Gehirnwäsche Methoden angewandt werden um den Zuhörer einzuwickeln in die abgestimmte Propaganda.
Im Falle einer Krisen-Situation wird die Tonart und Aussprache bewusst dramatisierend gewählt um

den Konsumenten dieser Nachricht emotional mitzunehmen auf eine Reise in ein Krisengebiet um blind an der Katastrophe teilzunehmen, wie hypnotisiert der Stimme des Manipulateurs zu lauschen, denn hat der Mensch erst einmal Vertrauen gewonnen so wird der Urinstinkt abgeschaltet und man wird eingefangen und bekommt eine fremde Meinung auferlegt.

Jedes Musikgenre wird abgedeckt die Vielfalt an Radioprogrammen wächst stetig, so hat man im Laufe der letzten Jahre jede Lücke geschlossen, um sogar das ältere Publikum mit Klassikern zu versorgen und die Marktlücke zu schließen.
So spielen alle Sender die nicht gerade die Idiotie unserer Zeit an Musik-Tiefpunkt-Niveau anbieten, Tag ein Tag aus das selbe Programm. Nie auch mal ein Hauch Abwechslung.
Der Musik Kenner wird bemerken können, dass von Ausnahme Künstler vom Kaliber eines
Billy Joel oder Eric Clapton immerzu nur die gängigen Hits laufen, die wahren Perlen aber nie gespielt werden.
Die Vielfalt gilt es einzuschränken, und die Massenhörerschaft gibt sich auch damit zufrieden,
denn gerade solche Sender erfreuen sich zunehmender Beliebtheit, da sie die älteren ansprechen in einem Land das weiter und weiter veraltet.
Die Kreativität muss in Zeiten von Macht-Zentralisierung eingeschränkt werden und kreative Musik fördert Kreativität und Schöpfungskraft.

Die „Charts" wurden immerzu ausgefüllt mit Liedern guter Qualität und Originalität, ebenso waren auch immer Songs vertreten die einfach nur billig, plump und niveaulos waren.
Bis in die 90er hinein waren die Hits des Mainstream, gemischt mit unterschiedlich hochwertigen Tracks aus allen Genres, so rankten mäßige bis sehr talentierte Sänger um die Hitparaden Krone. Man konnte noch wählen zwischen guter und schlechter Musischer Unterhaltung.
Doch kaum hatte man das „Millennium" erreicht und die Prophezeiung über einen Crash der keiner wurde überstanden, sank auch drastisch das Niveau der „Chart-Hits".
Ab und an tauchte noch ein stimmiges Lied auf. Selbst in Unwissenheit über die Beweggründe für den Abfall des Niveaus in der Musik-Branche, wusste der Autor damals bereits,
dass die Musik in naher Zukunft, sprich jetzt in der Gegenwart unerträglich sein dürfte.
Leider hatte er sich in dieser Annahme nicht getäuscht und es kam wie es kommen musste.
Die aktuelle Hitparade wird ohne jede Ausnahme ausgefüllt mit schrecklichen Melodien,
die das Trommelfell zertrümmern und die Nerven strapazieren und ausreizen.
Jedes Wort vernehmend quält sich der Geist und man verzieht das Gesicht über so viel poetisches Unvermögen. Texte die unterschwellige Botschaften vermitteln, und jede Inspiration von Jugendlichen rauben dürften.
Die Zerstörung des Intellektes, des Bewusstseins, der Leidenschaft und auch des Willens wird hier mit unzähligen Arien des Musischen-Gehirnkrebses bewältigt, und man züchtet sich eine Generation von kreativ armen Zombies, Fingerfutter für ein Autokratisches Menschenfeindliches Ganzheitliches System wie es uns bevorsteht.
Talente werden Heutzutage in speziellen Shows vom Publikum, demokratisch gewählt.
Dass diese nicht über den Genius von komponierenden und Instrumental versierten, Superstars der Vergangenheit wie Jeff Lynne, Billy Joel oder Pink Floyd verfügen stört keinen mehr.
Und so verfällt die Musik. Musik ist nur noch Fertigware für den Massenkonsum, ohne Geist und Seele. Produziert von speziell psychologisch geschulten Spezialisten.
Jene verantworten sich für die mentale Vergewaltigung der Massen; der Verdummung und Abstumpfung.

Man vermisst das Zusammenspiel von Instrumenten, ebenso wie musikalische Rhythmen.
Melodien wozu braucht man so etwas, lieber lauschen wir in Anno-Hohlzeit irgendwelchem
Misch-Masch aus Elektro-Kompost und negativ Rhytmischem Drum gehämmere.
Um den jämmerlichen Gesang zu beschreiben fehlen dem Autor die Worte.
Da werden Stimmen ohne Klang und Gesangstalent vermischt mit Mechanischen Stimmen.
Müssen wir uns von solch grauenhafter Unterhaltung abhängig machen?
Gibt es keine Hoffnung mehr für Musikalisches Talent?
Außerhalb des Mainstreams reichlich. Eines steht fest die Zeiten in denen man den breiten Massen
Stars vom Kaliber eines Roy Orbison oder Elvis Presley vorführt sind definitiv vorbei,
solange bis wir uns besinnen und unsere Sinne zurück erobern, das menschliche in uns wiederfinden.
Die Top 100 der bekanntesten „Chartlisten", sind bis aufs letzte ausgefüllt von solchen „Meisterwerken" der Musischen Vergewaltigung.
Wer hier an Zufall glaubt ist selbst Schuld wenn eines Tages die Nachkommenschaft nicht wieder zu erkennen ist. Sind wir noch in der Lage den Unterschied auszumachen?
Beim jährlichen Euro-Contest 2014 wurden nicht einmal eine Handvoll Lieder in der Original Sprache vorgetragen. Schöne Musik? Fehlanzeige! Ohrenkrebs bis zum bitteren Ende.
Worin besteht der Zweck eines solchen Wettbewerbs wenn die Vertreter der unterschiedlichen Länder nicht einmal in Ihrer eigenen Mutter Sprache singen?

Ist dies nicht die Vereinheitlichung Europas unter einer einzigen Sprache; dem „Baconischen" Englisch welches vor Jahrhunderten für gerade diesen Zweck zusammen geschustert wurde?
Die Songs sind zudem überfüllt von unterschwelligen Botschaften die aus den Vielen eine Einheit formen sollen.
Ein einziges Lied unter den vielen welches gut war. Gesungen von einem Schweizer.
Der Erfolg beim Contest wird wohl ausbleiben, aufgrund des kritischen Untertons;
in einem Wettbewerb einzig der Unterhaltung und Formung Europas dienlich.
Wie kann es sein, dass so viele verschiedene Kulturen aufeinander treffen und man eine einzige Bastard-Mode-Kultur vorgeführt bekommt?
Wir müssen geeint werden, und mit der Kultur wird begonnen!
Die kulturelle Identität eines jeden Volkes wird zerstört.
Statt Vielfalt und Eintracht, Einheit und Niedertracht!

Die Vielfalt und Dichte der Medien nimmt immer weiter zu. Was wird hierbei vermittelt?
Ist auch wertvolles Gedankenfutter darunter? Immer mehr Splatter-Filme, die uns darauf trainieren sollen emotional nicht mehr zu fühlen wenn wir Blut oder Leid mitansehen müssen.
Man isoliert uns von Bildern und Aufnahmen aus Krisen und Kriegsgebieten, so sehen wir nicht das wirkliche Schrecken und Leiden, welches die Seele berührt und zu Tränen rührt.
Als Ersatz, werden bewusst immer mehr gewalttätige und Blut-Gewaltige Filme produziert.
Eigens zu diesem Genre gibt es jährlich unzählige „Festivale" wo diese ihre Premiere haben.
So hat man sich eine Randgruppe von „Freaks" gezüchtet, die sich vom dunklen, dem Blut und purer Gewalt angezogen fühlen.
Jene werden von unzähligen Produktions Firmen die sich auf das Splatter- und Horror Genre spezialisiert haben bedient. Die Anzahl an Filmen die in diese Richtung gehen ist enorm angestiegen, wie in allen Medien-Bereichen.
In der Regel sind es junge Leute die sich zurecht nicht zurecht finden mit der Masse mit zu

schwimmen, so verlaufen sie sich in solchen Randgruppen die in den letzten Jahrzehnten auch immer weiter wachsen konnten. Die meisten sind eher zahm fast schüchtern und konnten oder wollten sich nicht einordnen in die Norm die Ihnen von Kind auf als normal vorgeführt wurde.

So hat man von oben herab „Trendsetter" abgeworfen um auch solche aufzufangen und in einem Netz einzufangen. Das Zarte Gemüt welches nicht in die Raue und Dunkle Wirklichkeit hinein gesogen werden möchte, legt sich paradoxerweise selbst eine Raue und vor allem Dunkle Schale zu. Verständlich wenn man das Sensible Innere verbergen möchte; gefährlich und schwarz herumzulaufen um zu kaschieren was man vor dem bösen Auge verbergen möchte.

Die Meister-Propagandisten die dem Handbuch des Schöpfers der Propaganda Edward Bernays folgen bestechen dadurch, dass sie es verstehen jede Randgruppe mit ihren eigenen Helden und Idolen sowie „Medien-Mogulen" zu versorgen, um diese wiederum einzufangen in die „Matrix der Idiotie".

Folglich werden Steuergelder regional und national eingesetzt zur Filmförderung.

So schafft man alternative Medien die regional produziert und angekurbelt werden durch spezielle Fonds.

Das Wachsen der Medien-"Vielfalt" bringt auch mit sich, dass immer mehr in Richtung Medien studieren um die offenen Stellen auszufüllen. Solche Jobs sind in unserer Gesellschaft jene sich vom Spaß aufsaugen lässt ohnehin sehr beliebt, denn man ist engagiert in einem besonderen Gewerbe. Man schafft Kultur und Unterhaltung. Es ist kein Zufall, dass diese Sparte immer stärker gefördert wird in Zeiten von globaler Ablenkung durch Medien.

Einem Modell in der die Illusion der Freiheit verstärkt betont werden muss, um die Beseitigung der Rechte des Individuums voranzutreiben muss man uns einwickeln in eine organisiertes

„Medien-Meer" um uns im Nonsens der Täuschung über die Realität zu ersaufen.

Aus diesem Grund um es nochmals zu betonen werden unsere Steuergelder für Filmförder-Projekte verschwendet. Eine Kultur der Unkultur ist entstanden die uns in keinster Weise über das informiert was wir wirklich wissen sollten.

Die Mechanismen der Volkskontrolle durch Massen-Propaganda sind ausgefeilter denn je.

Doch jeder Strom, jede negativ Polung erreicht ihren Punkt der Umpolung, und der Strom wird umgekehrt sobald die extreme der negativ Polung erreicht ist. Für jede Aktion eine Reaktion.

Perlen für Schweine

Wie erzieht man ein Kind so, dass es dem Staat perfekt dienen kann?

Indem man es von Geburt an gezielt mit den richtigen Hilfsmitteln erzieht.

Das Fernsehen, Kindertrickfilme, Kinderbücher, Kinderzeitschriften und Musik erfüllen genau diesen Zweck.

Die Indoktrinierung von Kindern ist das Fundament unserer Gesellschaft, es bestimmt die Zukunft und hat jede Generation so geschmiedet wie es von den „Artisanen" vorgesehen wurde.

So erfüllt jede Generation ihre Aufgabe zur Zufriedenheit einer kleinen Gruppierung, um deren Zielsetzungen umzusetzen und als kleine Bausteine zu dienen um das „Große Werk" zu vollbringen.

So sollte es nicht verwundern, dass diese Hilfsmittel die sehr viel Einfluss auf den Nachwuchs ausüben, eingesetzt werden um sie einzufangen, genauso wie man bereits die Eltern oder Großeltern für „das Große Werk" benutzte, ohne dass es nötig war sie in Mitwissenschaft über die Zielsetzung ihres Vorhabens einzuweihen.

Kindertrickfilme sind Ideal geeignet um unterschwellige Botschaften in das Kunstwerk einzubetten. Nur bei ganz genauer und bewusster Betrachtung konnte man diese entdecken.

Mittlerweile ist es für das bewusste Bewusstsein, weitaus einfacher zu enttarnen wie sehr die Kinderspielfilm Produktionen der großen Filmstudios überfüllt sind von offensichtlichen Gehirnwäsche Methoden um unschuldige Geister zu korrumpieren.

Ein einfaches Beispiel hierfür ist die Musik die am Ende eines jeden Trickfilms zum Abspann gespielt wird. Die Musik Armut unserer gegenwärtigen Künstlerischen Idiotie, Musik die nicht zur Altersgruppe passt und auf eine ältere Zielgruppe zielen sollte.

Wieso fällt es den Eltern nicht auf?

Es wurde bereits gute Vorarbeit geleistet und der Trend übertrumpft jede vorausgegangene Moral und Kultur. Die Texte dieser niveaulosen künstlerischen Darbietungen bestechen höchstens durch „Parolen", die eine neue Generation von unterwürfigen Schäfchen hochzüchten sollen.

So wird bewusst der Versuch unternommen die wertvollsten Besitztümer des Menschen, die Kinder derart zu konditionieren, dass jeder Widerstand gegen eine in naher Zukunft in Position gebrachte Elite von Autokraten (Van Rompuy, Martin Schulz, Barroso) zwecklos sein dürfte,

nur wenige können sich der Überschreibung des Verstandes entziehen und einen Eigenständigen Charakter entwickeln.

Und wie sehen die Charaktere der Zeichentrickfilme aus? Meist sind es Tiere. Wieso wundert sich kein Mensch darüber, dass die Charaktere in animierten Kinderfilmen; die nun auch noch von Erwachsenen bestaunt werden als wären sie selbst noch Kleinwüchsige, immerzu von animierten oder gezeichneten Tieren ausgefüllt werden? Von Kind auf wurde bereits unsere Generation beschlagen mit der Theorie, dass der Mensch nur vom Tier abstammt, ohne dass man dies beweisen kann. Hier wird der Versuch unternommen uns von Kind auf daraufhin zu konditionieren, dass wir auch nur Tiere sind. Der Mensch ist laut den Britischen Intellektuellen des 19. und des frühen 20. Jahrhunderts nichts weiter als ein weiter entwickeltes Tier. Noch haben die noblen Herrschaften kein Beweis erbracht zu erklären wie der Mensch sich erhoben hat um die Niederen Instinkte abzuschalten und ein umfassendes menschliches Bewusstsein zu entwickeln; die Fähigkeit zu entwickeln Herr über den Planeten Erde zu werden.

Man bevorzugt also Tiere als Helden in jedem opulenten Zeichentrick-Epos, dass Kind soll sich mit dem niedlichen und edelmütigen Tierhelden identifizieren. Die Bösewichte sind meist böse Menschen die beabsichtigen Flora und Fauna zu zerstören. So züchtet man sich im wahrsten Sinne eine Generation von „Öko-Faschisten", die „Mutter Erde" anbeten und der Kult des

„Öko Faschismus" kann zur Weltreligion erhoben werden.

Eine weitere Konditionierungsmaßnahme die hier bewältigt wird ist die Erzeugung von Minderwertigkeitskomplexen, man fühlt sich unwohl in seiner Haut als Mensch und lernt von Kind auf die eigene Spezies zu hassen und sich als Parasit zu fühlen! Wenn die wahren Parasiten jene Mega Konzerne sind die den Planeten ausbeuten und verpesten; Nuklear Kraftwerke in Fukushima oder auslaufende Ölbohrtürme von Erdöl Anbietern.

Sie stehen über dem Gesetz und können uns alles zumuten ohne belangt zu werden.

Um dem Leser zu demonstrieren wie kleine Kinder bewusst verdorben werden, genügt es sorgfältig die Seiten von „Spiegel" Kindermagazinen zu durchforschen und aufzuzeigen wie alle Bereiche der Wissenserweiterung genutzt werden. Abgedeckt werden Politik, Mensch, Wirtschaft, Natur und Technik, Kultur und Sport. Also das volle Spektrum der Bewusstseins Vernichtung.

Den Einstieg hierzu gleich auf Seite 6 der Ausgabe „Dein Spiegel", 01/14:

„Den Arm ausstrecken, klicken, fertig ist das ´Selfie`. Das Wort kann man mit ´Selbstportrait` übersetzen. Die Redaktion des berühmten englischen Wörterbuchs ´Oxford Dictionary` hat ´Selfie` jetzt zum Wort des Jahres gewählt."[1]

Dazu noch ein Bild vom Netten „Sozi-Papst" dem „Jugendfreund".

Die Deutsche Sprache wird immer weiter anglikanisiert, und selbst der Autor als Nicht Deutscher ärgert sich darüber, es gräuelt einem schon wenn man möchte gern lässige anhören muss die versuchen „cool" zu sein indem sie idiotische, englische Begriffe nachahmen.

Wir müssen nicht auf den Zug aufsteigen und uns erniedrigen lassen uns sprachlich einengen zu lassen, vor allem unsere Kinder solcher Idiotie auszusetzen um sie in den Wirren der gegenwärtigen, aus den Fugen geratenen Welt endgültig zu verlieren.

Hedonismus wird gefördert von Kind auf; sich stupide selbst zu vergöttern und den ganzen Tag Bilder von sich selbst zu machen, um sie dann Online in das „Gesichtsbuch" zu stellen und seine Idiotie weltweit zu veröffentlichen, dies ist alles was der Mensch noch darstellt eine leere Hülle die sich selbst fotografiert; und das ist dann das Leben? Und dass wir alle aufsteigen auf den Zug der Mentalen Eigenvernichtung. Wer hätte sich noch in den 90ern getraut selbst Bilder von sich zu machen und diese auszustellen?

Auf Seite 8 ein Bild von glücklichen Afrikanischen Mädchen in feiner Schulbekleidung.
Mit der Überschrift „Gute Nachrichten aus Afrika", „Prima Kindern in Afrika geht es besser".

Vielen Kindern in Afrika geht es besser. Das hat eine Studie ergeben, in der das Leben von Kindern in allen afrikanischen Staaten untersucht wurde. Es gibt mehrere gute Nachrichten: Weil in vielen Ländern inzwischen Frieden herrscht, sterben weniger Kinder in Kriegen. Außerdem gibt es in Äthiopien, Mosambik oder Ghana mehr Arbeitsplätze für die Eltern. Die Familien können sich so besseres Essen leisten und ihre Kinder in die Schule schicken.[2]

Liebe Kinder, Experten sind darauf spezialisiert, Studien zu veröffentlichen die aus der Luft gegriffen. Die gute Nachricht beschränkt sich darauf, dass Afrikaner immer mehr Leid ertragen müssen. Der gesamte Kontinent ist Spielball der Supermächte und Mega Konzerne geworden die nur an der Ausbeutung der Ressourcen interessiert sind und damit beschäftigt sind die Afrikaner unten, sprich arm zu halten, um sie wie Arbeiterbienen zu verwenden und jeden Tropfen Nektar herauszupressen.

Wären wir in den westlichen Ländern nur in der Lage zu erkennen, dass wir von Neo-Imperialisten regiert werden, unsere Politiker nur Marionetten dieser sind, könnten wir die Greifarme der Riesententakel abschneiden und alles Leid in Afrika würde wohl ein Ende finden.

Der Kontinent ist reich an Ressourcen und Raum für etliche Milliarden von Menschen, die in Eintracht und höchstem Wohlstand leben könnten wenn man sie nur ließe, doch die Gier kennt keine Grenzen und besonders Schwarzes Menschen Leben wird wenig gewürdigt!

Welch Zynismus hier unterbreitet wird, es sterben also weniger Kinder. Dabei wäre es ganz einfach Geld zu finden um Afrika zu entwickeln, wenn man bedenkt, dass Milliardenbeträge fürs aufrüsten des Militärs ausgegeben werden. Allein was in den USA in den Überwachungsstaat und Ausweitung der Streitkräfte fließt würde ausreichen um die gesamte verarmte Menschheit in Reichtum zu baden.

Aber unsere Kinder sollen natürlich nicht wissen, dass die meisten Geldmittel in Afrika einfließen um Kriege zu finanzieren und Revolutionen welche den Kontinent in Blut ertränken und noch mehr Hass schüren, frei nach den Prinzipien von Gaius Caesar Teile und Herrsche zu spielen.

Denn ist das Schwarze Menschengeschlecht damit beschäftigt sich gegenseitig abzuschlachten, können Reiche Weiße Monopolisten und Royalisten Fett absahnen.

Große „Spendengelder" von selbst ernannten Philanthropen wie Bill Gates sorgen auch dafür, dass die Armen Afrikaner ständig geimpft sind. Aber gegen was müsste man das Volk eigentlich impfen wenn man ihnen ermöglichen würde sauberes Wasser und ausgewogene und nahrhafte Kost zu sich zu nehmen? Wenn sie die gleichen Bedingungen vorfinden könnten wie Europäer.

Werden durch eine gesunde Ernährung nicht auch gleichzeitig Krankheiten besiegt?

Aber nicht doch gebt den Kindern des Volkes was sie brauchen:

„In 22 von 52 afrikanischen Staaten geht es den Kindern besser als vor fünf Jahren.

In den restlichen Ländern gibt es noch viel zu tun: Tschad, Eritrea, Kamerun und Kongo sollten dafür sorgen, dass Kinder geimpft werden und nicht arbeiten müssen."[3]

Ohne jeglichen Beweis zu erbringen, dass sich irgendetwas geändert haben könnte bewirft man eine Zielgruppe von 9-13 mit wagen Aussagen, besser ist schon sehr relativ.

Sie sollten schon schauen, dass die kleinen geimpft werden kommt einer Anordnung gleich!

Interessiert es wieso Tod und Pestilenz im übertragenen Sinn immer weiter ansteigen?

Könnte es sein, dass die Impfstoffe das Gegenteil von dem bewirken, was vorgegeben wird? Beispielsweise die Impfstoffe zur Schweinegrippe als sogar herauskam, dass unser „Politokraten" speziell gefertigte, ja richtige Impfstoffe bekommen durften. Ärzte warnten Patienten nicht den Impfstoff einzunehmen weil dieser eher schädlich, als vorbeugend oder schützend sei.

Könnte es nicht sein, dass die Krankheiten in Afrika auch auf diesem Wege in den Umlauf kommen? Dem domestizierten Verstand kommt diese Variante natürlich niemals in den Sinn.

Wieso investiert Bill Gates Milliarden um in Afrika Impfstoffe zu verbreiten?

Wäre es nicht besser diese Milliarde Beträge zu nutzen um Strukturen aufzubauen die schlechte Ernährung und Wohnverhältnisse unterbinden?

Tatsache ist dass der „Todesreiter" gerade den vierten Teil der Erde bereitet und Tod und Pestilenzia ihm nachfolgen.

Auch unsere Kinder werden ins Zwielicht der Zwieträchtigkeit gestellt, einerseits heuchelt man den kleinen Seelen vor, dass sie froh sein sollen, dass es Ihnen so gut geht weil man jederzeit die Bilder von kleinen dunklen Kindern auspacken kann die Leid und Hunger ertragen müssen.

Auf der Lichten Seite heuchelt man dann auch noch vor, dass es besser wird.

Geheiligt werde die Schlange der Zweideutigkeiten die sich um den menschlichen Verstand gewickelt hat und ihn umschlingt wie die Schlangen den Hermes Stab umschlingen.

Auf Seite 9 ein Artikel der gleich bestätigt, dass uns von Kind auf ein schlechtes Gewissen eingetrichtert wird als Mensch geboren worden zu sein.

Welch Schande du Mensch, dass du es wagtest in diese von Schweinen regierte Welt zu treten!

> **Nicht viele Menschen haben das Glück, ein Okapi zu sehen. Denn die Tiere leben vor allem im Regenwald des Kongo und sind fast ausgestorben. Deshalb hat sie die Weltschutzunion IUCN jetzt auf die Rote Liste gefährdeter Arten gesetzt. Wenn Tiere vom Aussterben bedroht sind, hat meist der Mensch damit zu tun. Die Okapis etwa haben immer weniger Platz für sich, weil sich Menschen in ihrem Gebiet bekämpfen und die Natur durch Bergbau zerstören. Außerdem jagen sie Okapis, um an das Fleisch zu kommen.** [4]

Wir befinden uns auf dem wohl ärmsten Kontinent der Erde. Menschen kämpfen täglich um das überleben. Sie versuchen Essen aufzutreiben, schuften sich in den Minen von Sklaventreibern zu Tode. Und welch dreiste Zeilen, gerichtet an Kinder! Die Tiere leben im Regenwald des Kongo; aha wie viele Kongolesen wohl im Regenwald leben? Wir schreiben das Jahr 2014 sicherlich nicht besonders viele, wenn dem doch so wäre. Wieso würde man es Menschen denen es ohnehin nicht gut geht verübeln ums überleben zu kämpfen?

Egal welch unrecht auf der Erde geschieht, immer ist der Mensch das Übel und die Menschheit im Kollektiv muss büßen.

In diesem Falle wird den Kindern eingehämmert, dass der Mensch schlecht sei.

Der Mensch hat damit zu tun! Der Mensch ist die Wurzel von allem übel! Der Mensch ist die Pest und die Plage! Welch Paradoxie sich hier auftut, der Mensch ist doch tatsächlich so krank sich selbst zu verurteilen. Oder ist es eher so dass wir uns verurteilen lassen? Wenn dem so ist?

Was steht dahinter und welche Motive?

Die Geschichte Roms wird erklärt ab S.34, hierzu schreiben die „Spiegel" Redakteure Kinder gerecht:

„Als moderne Archäologen den Vulkanstaub abtrugen, fanden sie darunter gepflasterte Straßen, alte Villen, Bordelle, einen Schnellimbiss und auch verkohlte Leichen." [5]

Mir war bisher nicht klar, dass 12-jährige Jungen und Mädchen sich für Bordelle interessieren.

Sind Bordelle so wichtig in der Belehrung von Kindern? Wenn ich an meine Jugend zurück denke, kann ich mir nicht vorstellen mit 12 schon gewusst zu haben was ein Bordell ist. Hätte der stupide Redakteur nicht auch ein anderes Etablissement einfügen können? Und verkohlte Leichen welch rohe Sprache und Wortwahl. Wollen Sie ihr Kind so vulgär aufziehen?

Dann bedenken Sie auch die Folge Schäden einer solchen Erziehung.

Der Verfasser dieses faszinierenden Artikels Matthias Schulz hat noch mehr von diesen rauen Sätzen eingebaut:

„Schon morgens füllten sich die Ränge. Zuerst schlachteten Schwertkämpfer wilde Tiere ab. Manchmal wurden auch Elefanten an Stiere gekettet oder Nashörner an Bären, damit sie sich gegenseitig zerfleischten." [6]

Die Annahme besteht, dass der Vorgesetzte von Ihnen erwartet solch pädagogisch ungeeigneten Schund an Jugendliche zu verkaufen.

Kein Wunder leben wir gerade hier in Deutschland in einer extrem zynischen und harten

Gesellschaft. Der Artikel bietet aber noch mehr, weitaus mehr, so schildert Matthias geradezu die Gloria des Brutalen Römischen Reiches und vergleicht es auch mit den Vereinigten Staaten:

> **War ein Gladiator schwer verletzt, warf er schnell seine Waffen weg und gab auf.**
> **Dann wurde er verarztet. Hatte er aber feige gekämpft, durfte das Publikum über sein Leben entscheiden. Meist schrie es: ´iugula` - ´Stich ihn ab`. Forscher haben errechnet, dass allein im Kolosseum etwa 300 000 Menschen qualvoll starben.**
> **Das Römische Reich war eine Supermacht, mächtiger als heute die USA.**[7]

Das Volk durfte also demokratisch das Schicksal eines Menschenleben besiegeln.
Leben welches der Mensch nur zerstören kann, keinesfalls wieder beleben.
So viel zum Thema Demokratie, wenn die Mehrzahl über die Minderheit bestimmen darf sind gut oder schlecht aufgehoben, der in Rausch versetzte Wille der Massen entscheidet selbst dann wenn nicht mehr ethisch vertretbar.
Das Ziel eines solchen Artikels ist es die Jugend auf die Zukunft vorzubereiten.
Wenn die Feinde der „Supermächte", alle die nicht Systemkonform sind, sich in Modernen Arenen gegenseitig bekämpfen müssen. Stellen Sie sich den Gnomenhaften Van Rompuy vor wie er in Anzug und Krawatte mit Lorbeerkranz den Daumen hebt ... um den verkehrten Willen der demokratischen Masse zu exekutieren. Viele werden sicherlich glauben, dass der Autor etwas sehr übertreibt, aber sie werden keinerlei Moralische Berichtigung zur Kruden Geschichte Roms in diesem Artikel finden können. Es wird den jungen Lesern blatant aufgekocht und serviert.
Man bedenke auch die vielen Hollywood Produktionen die sich in diese Richtung bewegen.
Und dies ist nur die Einleitung der Preisung einer Supermacht wie sie heute in Form der Vereinigten Staaten der Sklaven besteht. Denn Matthias hat eine spektakuläre Überleitung gefunden wie jeder Demokratische Staat von Demokratie zu Autokratie umgewandelt wird.
Folglich schreibt er:

> **Nach Cäsars Ermordung gelangte ein Mann mit blauen Augen an die Macht. Er nannte sich Augustus - ´der Erhabene`. Mit der Demokratie war nun endgültig Schluss. Es begann eine neue Epoche, die Kaiserzeit. In der Hauptstadt entstanden Mietskasernen, Rennbahnen, Theater und Tausende Brunnen und Badeanstalten. Der Wasserverbrauch lag bei 500 Liter pro Person am Tag. In Deutschland sind es 125 Liter. Das ganze Reich blühte auf. Handelsschiffe brachten Weizen und Marmor aus Ägypten. Die Leute kokelten mit teurem Weihrauch. Sogar Edelsteine aus Afghanistan und Seide aus China gelangten nach Rom.**[8]

Das Umschalten von Demokratie zu Diktatur ist ein festes Prinzip der Puppenspieler.
Nun wird das unschuldige Gemüt auch noch belogen, indem man vor heuchelt, dass unter Kaiser also dem Autokraten alles besser wurde. Sprich der Pöbel Roms lebte besser als die Schweizer Mittelschicht.
Das Aufblühen beschränkte sich, sicherlich auf die „Olympier" die sich nun noch mehr raus nehmen durften um sich in Luxus und Ausschweifungen zu überhäufen. Die jungen Leser sollen sich also damit anfreunden, dass unsere Demokratie die jetzt gerade vor der Auflösung steht,

die Tore für ein glorreiches Imperium aufstößt. Alles größer, prächtiger und schöner.

Der Verblendung nicht genüge getan auch noch mehr frivoles:

„Als größter Wüstling gilt Kaiser Commodus. Bei Festessen und Partys im Regierungspalast vergnügte er sich einmal mit 300 Frauen und Männer." [9]

Wieso würde man kleine unschuldige Kinder darüber informieren, welch Orgien vor 2000 Jahren von Geisteskranken veranstaltet wurden? Muss auch noch darauf hingewiesen werden, dass es Frauen und Männer waren? Jugendliche werden zusätzlich auch immer mehr mit Homosexualität konfrontiert. Mutwillig verformt, ohne eigene natürliche Entwicklung zuzulassen sobald die Zeit gekommen ist. Schon vorher muss man sie formen so wie man sie braucht; nicht die Natur entscheiden zu lassen wie sehr maskulin und feminin ausgeprägt sind von Geburt an.

Auf Seite 22 von „Dein Spiegel", Ausgabe 11/13, widmen sich die Redakteure schließlich dem Thema Sozialisierung des Schulsystems. Pro und Contra, erst einmal interessant ist das Pro der Professorin für „Schul-Sozialismus".

„Soll man die Hausaufgaben abschaffen?", lautet die Überschrift.

„´Ja`, sagt Yasemin Karakaşoğlu, Professorin für Bildung: ´Sie sind ungerecht`." [10]

Eingeleitet wird der Artikel mit folgenden Worten:

Eltern müssen ihren Kindern zu Hause oft den Schulstoff erklären und bei Schwierigkeiten helfen. Deswegen haben es Kinder von gebildeten Eltern viel leichter als diejenigen, deren Eltern nicht studiert haben oder nicht so gut Deutsch sprechen. Das ist unfair, weil es sich auf die Noten auswirkt. Reichere Eltern können es sich auch leisten, Nachhilfelehrer zu engagieren, die bei den Aufgaben helfen. Ärmere Kinder haben diesen Vorteil nicht. [11]

Hört hört, es ist also ungerecht wenn man sich mehr leisten kann als andere. Wieso sollten Eltern auch die Möglichkeit haben ein wenig Einfluss auf die Bildung Ihres Kindes zu nehmen?

Der Staat kann dies viel besser nicht? Wieso sollte ein Schüler auch besser sein können als der andere? Ungerechtigkeit wird von Marxisten oft verwendet um die schlecht informierten in die Falle zu locken. Wie können alle gleich gemacht werden, wenn sie von Geburt an mit unterschiedlich ausgeprägten Anlagen geboren wurden? Müssen jetzt alle Kinder der „normal" Bürger, jene ihre Kinder auf eine staatliche Schule schicken, so abgefertigt werden, dass sie alle einen fairen und einheitlichen Bildungsstandard haben sollen? Sollen denn talentierte Kinder um die Gerechtigkeit von „Sozio-Ideologien" zu befriedigen verdummen?

Ihre Fähigkeiten zurückschrauben und sich der Massen Idiotie der Falsch Bildung unterwerfen?

In den letzten 20 Jahren wurden die Lehrpläne nach und nach vereinfacht und weiter verschlechtert. Wieso? Weil man eine unterwürfige Zweite Klasse Gesellschaft schaffen möchte, die unantastbaren schicken derweil ihre eigenen Kinder auf Elite Schulen. Dort werden sie ausgebildet um die Erste Schicht von privilegierten auszufüllen. Bereits in der 9. Klasse wurden wir von unserem Englisch Lehrer darüber unterrichtet, dass die neuen Realschüler unbelehrbar seien.

Die Lehrer in der Grundschule hatten demnach versagt eine Basis zu schaffen.

Aber dies kann noch getoppt werden, es gibt keine Grenzen, der Himmel legt keine Grenzen fest **für** die Wissenschaftlich geplante Verdummung von Jugendlichen.

Dem nicht genug sollen Eltern auch noch weniger Zeit mit ihren Kindern verbringen, da dies lästig sei, in Zeiten wo beide Elternteile den ganzen Tag arbeiten; Abends dann zu müde sind sich mit ihren Kindern zu beschäftigen und die Glotze einschalten um abzuschalten.

So soll jenen, denen noch etwas daran liegt wenigstens etwas auf die Bildung ihres Zöglings einzuwirken, auch diese letzte Möglichkeit der Einmischung und Kontrolle genommen werden.

Folglich die gefährliche Meinung von Professorin Karakasoglu:

Hausaufgaben führen auch oft zu Stress in der Familie. Die Eltern kommen erst spät von der Arbeit nach Hause und setzen sich nach dem Abendbrot noch mit ihren Kindern an den Schreibtisch. Die Kinder sind dann schon müde, sie finden das abendliche Pauken stressig. Das ist auch verständlich: Kinder brauchen einen Feierabend – genau wie Erwachsene. Es wäre besser, wenn es in der Schule ein feste Hausaufgaben-Zeit gäbe.
Die Kinder könnten nachmittags in Ruhe und in ihrem eigenen Tempo lernen. Wer etwas nicht verstanden hat, kann den Lehrer fragen. Danach wäre alles erledigt, und die Kinder hätten den Abend und das Wochenende frei, um zu spielen oder sich einfach nur auszuruhen. [12]

Sollte sich dieses Schulsystem durchsetzen, so werden Eltern in naher Zukunft ihre Kinder gänzlich an den Staat verlieren. Sie wissen nicht mehr was ihrem Kind beigebracht wird, und können auch nicht mehr eingreifen. Der Staat könnte im Prinzip Schüler erziehen die sich gegen ihre eigene Familie wenden. Die eigene Familie für den Staat auszuspionieren, nachvollziehen könnte es zu Hause niemand, weil man die Eltern komplett aus der Schul-Erziehung ausgehebelt hätte. Schleichend nimmt der Staat immer mehr Einfluss auf die Bildung und das Erziehen von Jugendlichen und Kindern.

Zusammengefasst ist alles was wir sehen und hören, unser Bewusstsein sowie Unterbewusstsein aufnehmen. Maßgeschneidert von jenen die sich über dem Menschen stehend sehen.

Die Schürze mit Sonniger-Fratze um die Hüfte gebunden und das Messer in der Hand uns wie Bildhauer zurecht zuschneiden, die dunkle Kunst der Verblendung hatte schon immer ihre Meister und Opfer.

Um den Menschen unten zu halten, ignorant und unwissend über seine Umwelt, eigene Natur und eigentliche Bestimmung. Die Techniken die angewendet werden sind Antik, Jahrtausende Alt und werden nur neu aufgewärmt und verbessert. So kann man unser Weltbild zusammen setzen indem man uns die Welt so zeigt wie wir sie sehen sollen. In einer globalisierten Welt die zu einer Kultur zusammen zu schmelzen scheint.

Man braucht sich nur durch die Kanäle via Satellit zu zappen, unter den Tausenden von Sendern ist nicht ein einzig tauglicher; in der Lage kulturell oder geistig zu fördern.

Ein Sender gleicht dem vorigen unabhängig von Standort und Sprache.

Immer mehr gleichen sich die Programme von Völkern die völlig unterschiedliche Kulturen haben.

Alles wird nur noch übernommen, von den Meistern der Täuschung.

Die Wahrheit ist dass unser ganzes Leben eine einzige Lüge ist und bleibt, solange wir uns ignorant unters Schafott führen lassen und mental köpfen lassen wird auch kein Funken Wahrheit hindurch scheinen. Ignoranz und Zwiespalt wird unser Schicksal besiegeln. Diese törichten Tugenden zu besiegen sollte zum obersten Gebot erhoben werden.

Egal ob wir den Fernseher einschalten oder ein Buch aufschlagen, das Radio aufdrehen oder uns von

„anspruchsvoller" Kunst unterhalten und begeistern lassen. Alles Programm wurde gemacht um uns so zu programmieren, uns die Daten so zu füttern, dass wir perfekt funktionieren und keine Fragen stellen.

Alles was nicht vom Establishment genehmigt wurde ist radikal, eine Theorie über eine Verschwörung die nicht existiert.

Jeder der den Status Quo in Frage stellt wird an die Wand gestellt und sein Charakter mit Kugelhagel unter scharfer Munition für die Massen entwürdigt.

1   Dein Spiegel 01/2014, Seite 6
2   Dein Spiegel 01/2014, Seite 8
3   Dein Spiegel 01/2014, Seite 8
4   Dein Spiegel 01/2014, Seite 9
5   Dein Spiegel 01/2014, Seite 35
6   Dein Spiegel 01/2014, Seite 36
7   Dein Spiegel 01/2014, Seite 37
8   Dein Spiegel 01/2014, Seite 37/38
9   Dein Spiegel 01/2014, Seite 37
10 Dein Spiegel 11/2013, Seite 22
11 Dein Spiegel 11/2013, Seite 22
12 Dein Spiegel 11/2013, Seite 22

Bienen und Drohnen

Wir leben in einem Staat, genau genommen in einer Republik, noch dürfen wir sie Bundes Republik Deutschland nennen.

Zurück zur Entstehung dieser so genannten Republik, es herrschte Krieg, das Land wurde zerbombt, ein Despot gestürzt. Ein Nationalsozialistischer Staat wurde zerschlagen und somit auch die totalitären Machtansprüche seiner Ideologie.

Die Siegermächte ließen sich als „Gute-Gewinner" feiern und zerschlugen wohl alle Denkmäler dieser kurzzeitigen neuen, alten Ordnung. Um daraufhin eine ganz neue Ordnung zu schaffen.

Eine neue Republik entstand, das Fundament, die Mauern und das Dach wurden errichtet von „Artisanen", den Fachmännern der Maurer-Kunst.

Die Grundidee war es eine Parlamentarische und Demokratische Republik zu bilden.

Die Macht geteilt in Exekutive, Legislative und Judikative.

Die Exekutive und Legislative würde man ausfüllen mit Staatsbeamten, den Politikern.

Deren Aufgabe darin besteht neue Gesetze zu schreiben und diese zu exekutieren, sprich in die Tat umsetzen. Die Exekutive wurde außerdem damit beauftragt ein Ministerium zu formen.

An der Spitze der Kanzler und sein Ministerkabinett: Außenminister, Innenminister, Finanzminister, Bildungsminister und Gesundheitsminister um nur einige der wichtigsten zu benennen.

Die Aufgabe der Judikative besteht darin für Recht und Ordnung zu sorgen, Sorge dafür zu tragen, dass der Bürger auch durch die erlassenen Gesetze geschützt oder bei vergehen gerichtet wird.

Des weiteren hatte man Gesetze entworfen um den Bürger und das Volk als ganzes, menschliche Grundrechte zu zusichern. Denn „die Würde des Menschen ist unantastbar", und so hatte man ein Grundgesetz entworfen die wichtigsten Werte einer Gesellschaft, wie Redefreiheit, Versammlungsfreiheit und Freiheit sich als Individuum zu bewegen, zu bestätigen und zu schützen.

Dem nicht genug bauten die „Meisterartisanen" auch noch ein Auffangnetz ein.

Dieses sollte alle auffangen die alt, schwach, krank oder ohne mittel dastanden.

So befinden wir uns heute wie damals in einer Demokratisch-Sozialistisch ausgerichteten Republik. Nationalsozialismus wurde beseitigt und als schändlich gebrandmarkt und ausgetauscht durch Demokratischen Sozialismus.

Um den Bürgern die Gewissheit zu geben, dass diese neue Republik nicht zentral regiert wird unterteilte man zudem das ganze System in Bund, Länder und Kommunen. So ist es dem Volke möglich aus unterschiedlichen Parteien, Volksvertreter zu wählen, regional, überregional und bundesweit. So weit, so gut, hört sich alles vernünftig und gut an.

So ist es, doch jede Medaille hat auch eine Kehrseite, in die Luft geworfen, auf den Boden fallend, dreht sie sich und dem Beobachter fällt auf wie sich die Motive ändern. Auf dem Grund angelangt zeigt sie dann irgendwann doch ihre andere Seite. Die negative Seite schimmert faul und dunkel.

Die Gesetze die eigentlich gerecht sein sollten, sind es nicht immer und können nach belieben willkürlich ausgelegt werden. Der Kleinbürger muss sich fügen und sein Schicksal hinnehmen.

Da die Mittel beschränkt sind und der Anwalt sehr teuer, muss er sich oftmals beugen.

Dem Reichen hingegen stehen die besten Advokaten zur Seite, und hier und da kann man auch noch ein Auge zu drücken.

Die Gegenwart hat uns zudem hart belehrt das Rechte und Gesetze ausgehebelt werden können, wann immer die mächtigen Interessen dies möchten. In Stuttgart, Karlsruhe und auch in Berlin, spätestens am Oberlandesgericht in Karlsruhe, rutscht mittlerweile, schon das ein oder andere Verfassungswidrige Gesetz durch; zum Nachteil der Vielen.

Um die fleißigen, Steuern zahlenden Bienchen auf Trab zu halten, hat man zusätzlich Staatsbeamte installiert, die zwar nichts produzieren, der produktiven Bevölkerung aber das Leben so schwer wie möglich machen. Das nennen wir Bürokratie. Die Bienen müssen auf Trab gehalten werden, zuständig hierfür sind die „Bürokratischen-Drohnen". Eine Drohne führt exakt die Befehle ihrer Obrigkeit aus, selbst Menschen kann man zu Menschen-Drohnen konditionieren und ihnen beibringen jede Menschlichkeit beiseite zu legen um Befehle zu exekutieren.

Der Wille des Staates muss durchgesetzt werden, die Gesetze eingehalten, selbst wenn diese ungerecht und ungerechtfertigt sind. Gerade weil Beamte nichts produzieren, und nur verwalten. Von der produktiven Bienen-Bevölkerung mit gefüttert werden, ist es umso verwunderlicher,
dass sie einen solchen Sonderstatus inne haben. Sie haben viele Vorteile die dem Normal Bürger nicht zustehen, sicherlich auch um sie zusätzlich zu motivieren um im Auftrag von Vater Staat besonders zu agieren. Es ist nicht einmal zulässig einem Beamten offen zu sagen was man von ihm hält. Das nennen wir dann Beamten Beleidigung, soviel zur uneingeschränkten Redefreiheit in unserem Lande.
Eines steht fest der Beamte wird trotz dessen, dass er dem Bürger auf der Tasche sitzt, dem Bürger übergeordnet. Er ist ein Staatsbediensteter, er hat dem Staat zu dienen. Die deutsche Sprache ist hier sehr deutlich. Gerechterweise sollten wir Beamte eigentlich als Volksbedienstete bezeichnen. Denn sie sind Volksdiener, sie dienen dem Volk und werden dafür vom Volk bezahlt!
Würden wir in einer gesunden Republik leben, dann würde der Beamte dem Bürger untergeordnet sein und ihn mit dem entsprechenden Respekt behandeln. Bei nicht Einhaltung der zum Menschsein unentbehrlichen Gesetze, sollte er einschreiten und seine Autorität, als Gerechter Diener der Volksgemeinschaft gebührend einsetzen dürfen.
Statt dessen brütet man eine spezielle Schicht von Drohnen, die oftmals arrogant, ignorant und willkürlich über die Nöte und Belange des gestressten Bürgers entscheiden dürfen und somit auch sein Schicksal besiegeln.
Das Auffangnetz bezeichnen wir als Sozialstaat, so werden alle die nicht fähig sind selbst für sich zu sorgen, von der Gemeinschaft getragen. Also zahlen wir alle in mehrere große Töpfe ein,
die dann beschriftet werden mit Bezeichnungen wie Rente, Arbeitslosengeld und Kindergeld.
Die diversen Töpfe werden gefüllt durch die Abgabe von Steuern, die von jedem Bürger zu bezahlen sind. Das System ist schon so perfektioniert, dass die Steuern bereits vom Lohn abgezogen werden. So muss keine Sorge bestehen, dass der Topf allzu schnell leer gefuttert wird.
Der Bürger hat also keinerlei Freiheit selbst über sein Gehalt zu entscheiden, diesen Kompromiss nehmen wir als Gemeinschaft in kauf, da wir daran glauben, dass uns Vater Staat versorgt,
sollten wir in Geldnot geraten. So zahlen alle braven Bienchen ihre „Honig-Steuer".
Jahrzehnte des Wohlstands gaben uns zusätzlich Sicherheit, ebenso die Parolen von Demagogen die uns vor heuchelten „Die Rente ist sicher". Dem Rentner wird nun, da unsere „Politokraten" zu viele Schulden gemacht haben und wir auch noch mit dem halbierten Euro auskommen müssen ein Topf mit Resten auf den Tisch gestellt. Er wird aufgefordert diesen auszukratzen und sich mit dem Rest zu bedienen, dem jungen Arbeiter wird Paradoxerweise weiterhin zu gesichert, dass seine Rente durchaus noch zu retten sei. Wichtig ist nur die „richtige" Partei zu wählen, die sich dann „versprochen", darum kümmern wird Wohlstand und Gerechtigkeit zu sichern.
Die Sicherheit eine lukrative Rente zu erarbeiten hat auch noch das Problem mit sich gebracht,
dass in Deutschland mehr alte als junge Menschen leben. Der Urtrieb sich durch Kinder abzusichern wurde abgestellt, denn man vertraute lieber einer künstlichen Vorsorge als einer natürlich hergestellten. In die Falle der „Meister-Maurer" getappt befinden sich nun Millionen Alte Menschen, die nicht mehr die Kraft haben selbst ihr Brot zu erwirtschaften in der schlimmsten Zwickmühle aus

der es kein entrinnen mehr zu geben scheint. Der Sozialismus hat dem deutschen Volk ein weiteres mal die Beine gebrochen und auf dem Boden kriechend vermag es nicht die Schmerzen zu ignorieren um sich aufzubäumen.

Viele schaffen aufgrund von schlechter Medizinischer Versorgung und der schlechten Vitamin Armen Nahrung nicht einmal das vorgeschriebene Rentenalter. Selbst die Frührente wird vielen verwehrt. Wo ist die Gerechtigkeit des Sozial Staates wenn es darum geht einem hart arbeitenden und kranken Menschen den Teil zurück zu zahlen den er zuvor eingezahlt hatte?

Wäre es nicht besser gewesen trotz der immensen Inflation sein Geld selbst zu sammeln und wenn man es sich unter die Matratze legen müsste?

Der alternde Greis soll selbst ausrechnen wie viel Geld hier zusammen gekommen wäre und abwägen ob dies nicht doch besser gewesen wäre.

Nun da die Strukturen der Gesellschaft zerstört sind, ist die gute gesundheitliche Versorgung auch den Bach hinunter. Immer mehr wickelt sich die Schlange um den Körper des Patienten.

Auch dieser Topf ist fast leer und so müssen wir uns mit mittelmäßiger Krankenversorgung zufrieden geben. Die Idiotie unserer Zeit verwehrt dem Individuum auch hier sich der Zahlung zu verweigern und das Geld selbst in die Hand zu nehmen um sich selbst nach einer besseren Alternative umzusehen. Auch dieser Betrag wird wie wir wissen direkt vom Gehalt abgezogen.

Was noch viel schlimmer wiegt auf der Waage der Ungerechtigkeit ist die Tatsache, dass jener Sozialismus auch unsere Familien zerstört hat. Denn man ist abgesichert durch den Topf der da offen steht. So hat man die Familienstrukturen der Gesellschaft zertrümmert.

Denn die Familie ist nicht mehr notwendig um sich gegenseitig zu helfen.

Sobald dieser Hilfsmechanismus der auch der Natur des Menschen entsprach in Stücke gerissen wurde, war auch die Familie wie sie einst funktionierte nicht mehr intakt. Nun muss sich das Individuum dem strengen Vater Staat zuwenden. Unzählige entwürdigende Formulare ausfüllen, sich vor der Bürokratie ausziehen um die Reste aus dem sogenannten Arbeitslosen-Topf zu fummeln. Der Soziale Staat verhält sich mehr und mehr Asozial wenn es darum geht „Futter" an die hungernden zu verteilen. Da die Ämter mehr und mehr die Rechte der hilflosen Bürger zertreten sollten, war es dem Staat auch noch möglich die Ämter vor dem Grundgesetz zu schützen welches heißt „die Würde des Menschen ist unantastbar". So nennt man die Arbeitsämter nun Arbeitsagenturen. Die Arbeitsagentur untersteht nun dem Rechtssystem der Wirtschaft.

Und so kann man es sich erlauben fast Rentner die körperlich ausgezehrt sind Arbeit aufzulegen die sie nicht meistern können um folglich husch-husch schnell ins Grab zu fallen.

So wird dem überlasteten „Sozial-Staat" eine Bürde genommen, eine lästige unnütze Biene weniger heißt es dann.

Die Idiotie unserer Zeit bringt mit sich das Sozialismus sich immer mehr als Faschismus entpuppt. Doch anstelle eines wunderschönen und freien Schmetterlings entschlüpft der Larve ein Faschia der Stab mit dem die Flügel der Freiheit ausgeschlagen.

Nun da wir alle abhängig gemacht sind von der einst so tollen Republik verfallen wir in eine Zweiklassen Gesellschaft. Die unzufriedenen fallen auf die rechte oder linke Seite ab und werden gefüttert von den falschen Ideologien der Volksverführer.

Der Klassenkampf wird angeheizt, von links heißt es „besteuert die Reichen" und von rechts ruft es „raus mit den Ausländern"! Den Reichen wird vorgemacht möglichst die Christdemokraten zu wählen, da diese den Status Quo garantieren. Doch fällt einmal der Hammer, wird aus dem Chaos der Massen und dem daraus resultierenden Klassenkampf, einfach wieder eine neue Ordnung erschaffen.

Der Sozial Staat ist gezwungen die Reichen zu besteuern, aber die Superreichen werden natürlich verschont, da diese über dem Staat stehen müssen sie keine Steuern zahlen.
Sonst droht man dem Staat damit einfach nach China auszuwandern.
Monopoly Männer haben die Maxime bereits festgelegt.
Konkurrenz ist eine Sünde wie Herr Rockefeller einst selbst heraus posaunte.
Belangt werden jene, die das ganze Kartenhaus erst stützen. Die Unternehmer sind es die hauptsächlich besteuert werden um die freie Marktwirtschaft weiter zu hemmen.
So funktioniert die Umverteilung von arm zu reich.
Man züchtet sich eine zweite Unzufriedene Klasse, die jene Demagogen wählt die dann verantwortlich dafür sind die Entrepreneure mit Steuern zu lünchen um die hungernde Unterschicht zu versorgen. Um die Unterschicht auch schön weiter anzuheizen, denn das Feuer muss brennen, um zu entfachen entzieht der Sozialistische Staat auch noch der Unterschicht die Süßigkeiten.
So wird auch gleichzeitig kräftig bei den Sozial Ausgaben gespart, denn wir können es uns nach Zwei verlorenen Weltkriegen immer noch leisten, ein drittes mal aufzurüsten.
Wenn es heißt: „stoppt den bösen Putin".

Gekrönt wird das ganze Schauerhafte Scharadenspiel durch die Zirkus reifen Darstellungen von Politikern die nichts anderes sind als etwas zu „hässliche geratene Schauspieler"(Gerald Celente). So wählen wir Zirkusartisten die uns vormachen wollen, dass ein Kartenhaus welches bereits von einer harten Windböe getroffen wird diese überstehen kann.
Die Clowns dieses Zirkus „Miraculix" zaubern uns eine Lüge nach der anderen herbei.
Die Clowns bewerfen sich gegenseitig mit Vorwürfen über Probleme die ohnehin nicht zu lösen sind, da unsere Wirtschaft abhängig ist vom Kapital, welches die Zentralbank in Form von gedruckten Blüten und Digitalen Zahlennullen in den Umlauf bringt.
Die Zentralbank steuert den Geldfluss und die Liquidität und ist somit das Alpha und Omega unserer Volkswirtschaft.
Aber diese Tatsache interessiert das „Kasperle-Theater" in Berlin wenig, deren Aufgabe besteht nämlich darin dem Wähler klar zu machen, dass eine Steuererhöhung von 3 Prozent,
den Haushaltsdefizit ausgleichen wird und man so wieder Schulden wett machen kann.
Schulden die unmöglich zurück zu zahlen sind. Die Opposition der Kasper-Clowns wird vom gleichen meisterhaften Puppenspieler mit göttlicher Fratze gezogen. Sie hüpft umher und wettert gegen die Regierung; „Wie könne diese es wagen dem Steuerzahler wieder mehr aufzubürden".
Wütend verspricht die Opposition, dass im Falle der Wahl in die Regierung,
die Steuern um 3 Prozent gesenkt werden. Da dann die Bürger des Scheinstaates mehr Geld zum konsumieren haben und die Wirtschaft angekurbelt wird.
Nun glauben wir törichten dem Gehampel im Kasperle-Theater und gehen wählen.
Die Opposition muss gewählt werden, die Steuern sollen gesenkt werden.
Den Bürgerlichen Pflichten nachgekommen ist das Volk wählen gegangen und hat die sympathische vielversprechende Opposition in die Regierungsposition gebracht.
Nun werden endlich die Steuern gesenkt, denkste hahaha, schon wieder verarscht.
Die Zentralbank pocht darauf ihre Schulden zurück zu erhalten, schuftet mehr ihr dämlichen Bienchen. „Es tut uns leid, wir müssen die Steuern doch um 5 Prozent anheben",
da wir sonst Probleme bekommen unsere Schulden an die Henkersbänker auszugleichen."
Bis zur nächsten Wahl ihr unbelehrbaren Zuschauer dieses Scheinspiels.
Denn die Schauspiel-Püppchen neu aufgezogen wettern in gewohnter Manier.
Die Regierung jene beabsichtigt hatte die Steuern um 3 Prozent anzuheben ist nun in der Opposition

gelandet, und kritisiert auf schärfste die Heuchelei des Gegenübers im Regierungssitz.

Hatten sie doch den netten Bürgern versprochen die Steuern zu senken, nun wagen sie es auch noch das Eigene dreiste Vorhaben zu toppen. Was fällt denen ein?

Ein paar Jahre später und etliche Milliarden Schulden reicher stehen auch schon die nächsten Bundestagswahlen an. Die Regierung droht nun wieder mit einer Steuererhöhung weil die Rentenbeiträge um 7 Prozent angehoben werden müssen um die steigende Inflation auszugleichen. „Unsere werten älteren Herrschaften von Bürgern brauchen Luft zum Atmen."

Die Zirkuskasperle der Opposition machen das nicht mit und drohen den „Sozialdemokraten",
die sich als unzuverlässig entpuppt hatten jene getätigten Wahlversprechen einzuhalten;
eine „Koalition" mit den „Liberalen" einzugehen und sie bei den nächsten Wahlen aus der Regierung zu katapultieren.

„Wir werden nicht nur die Rentenbeiträge erhöhen, nein vielmehr versprechen wir euch treuer Wählerschaft die Steuern garantiert und fest versprochen nicht anzuheben."

Der hilflose Bürger sichtlich verwirrt durch das ständige hin und her, unzufrieden über seine „Politokraten", entschließt sich schweren Herzens doch noch einmal die „konservativen" „Christdemokraten" zu wählen.

Kaum in der Regierung angekommen geht die alte Leier los:

„Wir müssen Schulden tilgen, denkt doch an eure Kinder, wollt ihr ihnen einen solchen Schuldenberg hinterlassen.

Wir müssen die Rente um 7 Prozent senken und die Mehrwertsteuer geht auf 25 Prozent rauf,
diese Entscheidung treffen wir schweren Herzens, bis zur nächsten Bundestagswahl ihr seid ein tolles Publikum."

Doch ein Wermutstropfen bleibt dem Publikum die frühere Regierung nun in der Opposition sitzend vertritt die Meinung der Zuschauerschaft, „hört, hört es war definitiv ein Fehler die Rente zu kürzen und die Mehrwertsteuer zu erhöhen, wir sehen uns bei der nächsten Bundestagswahl".

Es stimmt einen traurig dieses „Kasperle-Theater", mit ansehen zu müssen, wohl wissend, dass hier das naive Volk hinters Licht geführt wird. Und die Puppenspieler hinter den Kulissen sich die Hände reiben über soviel Dummheit. Uns bleibt keine andere Wahl denn wir sind hilflos wie Kinder wenn es darum geht unser Schicksal selbst in die Hand zu nehmen.

Wurden wir doch von Kind auf so erzogen, dass wir als einzelne Person nicht viel ausrichten können. Wir müssen auf jene vertrauen die unser Schicksal lenken. Zum Glück gibt es Politiker die nichts anderes sind als Demagogen, Volksverführer die ihre Rolle perfekt beherrschen.

Und darauf zählen, dass das Arme Volk wie ein Kleinkind angewiesen darauf ist durchs leben getragen zu werden. Denn ohne so erfahrene Parteien wie sie im Bundestag etabliert sind,
würde doch nur Chaos und Unordnung herrschen. Wohlstand sichern lautet die Devise,
so lange es geht vor heucheln bis das Kartenhaus zusammenbricht.

Wieso wundert sich keine Menschenseele, dass die zwei großen Parteien Jahrzehnte nichts anderes zu tun hatten als sich gegenseitig mit Schlamm zu bewerfen?

Anstatt einmal konstruktiv hinzugehen um die Probleme im gemeinsamen ausarbeiten von Lösungen zu bewältigen. Nun da wir uns dem Endspiel nähern und keiner Außenseiter Partei mehr zu trauen ist. Bilden die zwei Großen Parteien eine Koalition.

Nun können beide Schalten und Walten und beide Seiten Spielen wie zuvor.

Uns näher an den Abgrund der völligen Idiotie treiben. Und wir realisieren nicht einmal, dass wir die ganze Zeit nur ein gewaltiges Narren-Epos bestaunten. Welches uns zum Narren machte.

Uns ist nicht aufgefallen das Parlamentarische-Demokratie nur Scheindemokratie ist.

Auch traut man uns dem „unfähigen Volk" nicht zu selbst Entscheidungen zu treffen.

Wir brauchen Spezialisten, die sich auf Finanzen, Wirtschaft und die Kunst der Diplomatie verstehen. Fakt ist egal welche Partei die Bühne des Bundestag betritt, jener auch von den Meistern der Artisanen Kunst gebaut wurde und deren Symbole trägt, hat die Aufgabe uns noch länger über Ihr eigentliches Vorhaben im Dunkeln zu halten. Was haben die Werten Herrschaften vor?

Der Staat muss wachsen! Denn ist die Wirtschaft erst mal ruiniert und übernommen von mächtigen Interessengemeinschaften, so braucht man einen Starken Staat; um diese Interessen auch zu wahren!

Der Staat wächst und wächst und bekleidet immer mehr Ämter damit, noch mehr Regulierungen und Vorschriften in den Umlauf zu bringen und diese auch zu kontrollieren.

Der Staat vermag es jedem eine Arbeit zu verschaffen. Nur zu schade, dass er nicht produktiv ist. Und wie ein Parasit die hart arbeitende Bevölkerung jene in der Monopoly-Wirtschaft zu kämpfen hat, aussaugt in Form von Steuern, Steuern und noch mehr Steuern.

Protestieren ist auch zwecklos, denn der Staat schickt Polizisten „Helfer des Volkes" um die aus der Reihe tanzenden Schwarzen Bienchen zu züchtigen.

So ist es wenn man in einer „freien Gesellschaft" lebt in der die Republik, der Staat zum Gott erhoben wird.

Morte della Familia

Die Familie hat als Basis und natürliche Einheit ausgedient. Wir begeben uns mehr und mehr in eine Gesellschaft in der alternative Lebensgemeinschaften entstehen.

Ist dies eine natürliche Entwicklung oder spielen hier gezielt eingesetzte Maßnahmen eine Rolle zur Transformierung unserer Lebensverhältnisse?

Man beachte allein wie sich innerhalb von wenigen Generationen die Größe der Familie verändert hat. Von der Großfamilie mit bis zu über 10 Kindern, zur Minifamilie von einem Kind im Schnitt. Dieser Wandel vollzog sich innerhalb weniger Generationen.

Und nun da wir den Schritt von der Großfamilie, die imstande war sich selbst zu versorgen,
zur Kleinfamilie getätigt haben, abhängig vom Staat, kommt auch schon der nächste Schritt.
Die Auflösung der Familie steht uns bevor.

Der Autor wird nun anhand eines Dialogs zweier Herrschaften demonstrieren, dass diese Entwicklung bewusst von oben nach unten diktiert wurde. Ganz geschickt, man musste nur einige wenige Hebel betätigen und Schalter drücken.

Die Namen dieser zwei Herren spielen auch keine große Rolle, wichtig ist nur der Inhalt ihrer Konversation. Der erstere von beiden, reicher Erbe eines Industrie Imperiums stellte die Frage in den Raum was denn nun sein Gegenüber davon halte, dass Zeitgenössische Frauen alle Freiheiten ausleben dürfen und wie er die Befreiung der Frau im allgemeinen sehen würde.

Dieser ein erfolgreicher Hollywood Filmproduzent und Entrepreneur, antwortete daraufhin,
dass er es als positive Entwicklung sehe und gut finde.

Der Reiche Erbe machte sich daraufhin über den Produzenten lustig und warf ihm vor unglaublich naiv zu sein, wenn er an die Befreiung der Frau glaube.

Er erzählte ihm, dass seine Milliarden schwere Familie aktiv zum Anfang des Jahrhunderts diese Idee indirekt in den Mainstream propagiert hätte und auch kein Geld der Welt gescheut hätte um die Propagandisten dieser neuen Idee mit Barem zu versorgen.

Die zweite Frage die er seinem Kumpel nun stellte bezog sich darauf, warum seine privilegierte Familie erpicht war so viel Geld für diese Sache auszuschütten.

Sein gegenüber der Produzent schüttelte verdutzt mit dem Kopf, denn er fühlte sich vor den Kopf gestoßen.

Der erste Grund: nun könne man pro Haushalt zwei Personen besteuern.

Der zweite Grund: Noch viel wichtiger; denn man konnte die Kinder den Müttern sehr früh wegnehmen, um sie aus der Erziehung der Mutter heraus, der Erziehung des Staates zu überlassen.

Dieser Dialog fand im privaten freundschaftlichen Umfeld statt und ist nur überliefert, durch den geschockten Erzähler. Es spielt keine Rolle ob der Leser sowie der Autor diesem Glauben schenken möchten.

Fest steht, dass es sich genau so zugetragen hat und dieser Prozess der Frauen Befreiung nach vollziehbar und auch nach zu prüfen ist.

Heutzutage ist es für uns ganz normal, dass Frauen arbeiten und gleichzeitig Kinder großziehen, keine Kinder haben möchten oder haben können, da einfach Geld und Zeit fehlt.

Doch wenn man sich die modernen Familien Strukturen anschaut, muss bei objektiver Betrachtung klar werden, dass unsere Gesellschaft wegstirbt.

Am stärksten davon betroffen sind Deutsche und Franzosen.

Es ist eine einfache Rechnung, wenn zwei Elternteile ein Kind auf die Welt schicken,
halbiert sich die Population. Im Klartext gesprochen heißt dies, dass der Mensch sich selbst

ausrottet. Jedes paar müsste im Prinzip Zwei Kinder zeugen um auf Null zu kommen, was allerdings auch sehr knapp ausfallen dürfte. Denn stirbt durch ein Unglück ein Zögling,

so schrumpft die Bevölkerung wieder. Wir sollten also mindestens zwei bis drei Kinder zur Welt bringen um unsere Spezies am Leben zu erhalten.

Wir können nicht mehr, denn zunächst einmal wurde die Frau Jahrtausende geknechtet.

Nun gibt man der Emanzipation vollen Schwung und den Minderwertigkeitskomplexen der besseren Hälfte eine starke Medizin.

Die Heilung bleibt aus und unsere Gesellschaft stirbt spirituell wie kulturell und auch strukturell. Der Euro Debakel und die steigende Inflation machen es auch für die meisten Paare unmöglich, beide sind gezwungen zu arbeiten.

Eine Frau die sich dazu entschließt den Weg der Hausfrau zu beschreiten und vielen Kindern das Leben zu schenken, wird durch ihr Umfeld von vorn herein verpönt.

Diese Einstellung entspricht der Patronen Kugel die durch eigene Hand im eigenen Fuß landet.

Woher kommt solch Lebens verneinende Ideologie? Woher kommt die vernichtende Idiotie unserer Zeit?

Frauen sollten die gleichen Rechte besitzen wie Männer.

Das austauschen der Geschlechterrollen und deren Auflösung hat jedoch die Auslöschung unseres Geschlechtes zur Folge.

Das eine kann nicht ohne Auswirkungen mit dem anderen vermischt werden.

Immerhin wurden die meisten Frauen nicht in die Korruption der Männerwelt verwickelt, und es bestand die Gute Hälfte um das Gleichgewicht zu halten.

Die Ersatzmütter der Kinder sind nun der Kindergarten und die Schule.

Wenn die Kinder nach Hause kommen das Fernsehen und Computerspiele.

Beide Elternteile sind zu sehr gestresst um sich noch mit ihren Kindern zu beschäftigen.

Die Frage die zu stellen ist; Wer profitiert von dieser unsozialen Entwicklung?

Man hat alles unternommen die Familie zu zerstören. Als erstes musste man die Not der Frau ausnutzen und sie in die Falle der vermeintlichen Freiheit locken.

Dieses wiederum führt dazu, dass die Kinder verkommen. Und zum Schluss ist es möglich das stärkste Glied den Mann zu kaufen. Denn auch er ist nun verstrickt in die Verwirrungen und kann nicht mehr entkommen.

Der sozialisierte Bürger der Neuzeit wurde trainiert zu glauben, dass die Kinder dem Staat gehören und dieser sich einzumischen hat bei der Erziehung der Kinder.

Wenn nur die Eltern darüber zu entscheiden haben sollten, jene das Kind auf diese Welt brachten und am meisten lieben.

Mittlerweile gibt es Baby Kindergärten, weil die Mutter nach der Mutterschafts-Pause gleich wieder zur arbeitet schreitet um in „Platons Republik" ihren Dienst zu leisten.

Genau dies meinte der Krösus Nachkomme der Ölgiganten; als er sagte:

„Die Kinder immer früher der Mutter zu entziehen".

Und man ist erfolgreich, man schaue sich nur die Entwicklung an.

Sollte die Familie als Basis unserer modernen Gesellschaft abgelöst werden dann möge uns der Himmel helfen. Doch wir befinden uns bereits auf dem Spurwechsel.

Die meisten Familien sind zerstritten, Ehen werden in der Regel geschieden oder nur noch weiter geführt um den Kindern nicht zu schaden.

Die Filmindustrie der Unkultur macht es uns vor, wo man hinschaut pseudo erfolgreiche, geschiedene Frauen, die ihren Kindern ein Liebhaber nach dem anderen zumuten.

Doch wie sieht die Realität aus? Sind solche Frauen nicht meistens finanziell ausgeblutet?

Sie müssen kämpfen um über die Runden zu kommen.

Denn ein Kind ist in Zeiten von Superinflation schon schwer zu versorgen.

In jedem zweiten Film oder jeder Seifenoper werden Scheidungen vorgeführt, resultierend aufgrund niederer Belange, „wir haben uns auseinander gelebt", was der Affe sieht ahmt er nach.

Die Finanzielle Absicherung durch eine Große Familie ist nicht zu ersetzen durch den Staat.

Denn die Kassen die sind irgendwann einmal leer.

Auf welche Spur wechseln wir nun? Sie heißt alternative Lebensformen, so sehen wir im Fernsehen bereits Modelle in denen geschiedene Leute sich ein Haus teilen und der neue Lebenspartner egal ob männlich oder weiblich mit hinein gepackt wird.

Bereits in der Schule hatte man uns darauf vorbereitet uns in eine Kollektive Gemeinschaft zu bewegen in der viele Leute unterschiedlicher Herkunft im Sinne von Familie zusammen leben.

So etwas nennen wir dann eine Wohngemeinschaft. Wohngemeinschaften werden in kürze die Familie ersetzen. Man blicke nur ins Umfeld, viele Junge Leute können sich alleine keine Wohnung mehr leisten und begeben sich in Wohngemeinschaften.

Wohngemeinschaften schießen wie Pilze aus dem Boden.

Jeshua Meshiacha versus Vatikan

Unser glaube ist erschüttert bis ins Fundament aufgerissen worden. Auch hier müssen wir ergründen wie es sich zugetragen hat. Zunächst einmal hat sich die Kirche als Institution einen schlechten Ruf erarbeitet. Dieser schlechte Ruf überträgt sich auch auf das Christentum.

Stärker betroffen davon ist der Nordländer, viel mehr noch als Südländer oder Abendländische Christen, weil er glaubt, dass der Glaube an den Heiland fest in der kirchlichen Institution verwurzelt ist.

Im allgemeinen sind alle Christen davon betroffen. Die Katholische Kirche beispielsweise erlaubt sich einen Skandal nach dem anderen. Und das Individuum fängt an zu zweifeln.

Doch was haben der Menschensohn und die Katholische Kirche eigentlich gemeinsam?

Die Medien haben auch hier gute Arbeit geleistet sobald verfaulte Männer in Gewändern sich etwas zu Schulden kommen lassen, denkt die Masse dass der christliche Glaube daran Schuld sei.

Ich vermeide hier ganz klar das Wort Religion, denn alle Religionen sind infiltriert und korrumpiert worden. Egal welche Konfession oder außenstehende neu begründete „Sekte".

Es vergeht kein Tag an dem nicht von einem Pädophilen Katholischen Pfarrer zu hören ist.

Die Dialektik der Verblendung und Zwietracht funktioniert ausgezeichnet. Der Bürger assoziiert den Heiland mit einer Institution die durch Menschen Hand gemeißelt. Wieso lassen wir dies zu?

Eines ist sicher ohne Glaube ist der Mensch nichts. Er verliert sich in den Wirren der Welt und kann von allen Seiten nach belieben manipuliert werden.

Wir haben also auf der einen Seite das Licht, die Lehre Gottes, den christlichen Glauben, dessen einfache Botschaft „liebe deinen nächsten wie dich selbst", all unser Leid und unsere Probleme in kurzer Zeit beenden könnte. Füge keinem dritten Leid zu, Leid dem du selbst nicht gewillt ausgesetzt zu werden. Auf der dunklen Seite eine übermächtige Institution den Vatikan. Völlig konträr zum offenen Wesen des Heiland; verschlossen und undurchsichtig. Diesem Zwiespalt ausgesetzt wird der Mensch verformt, und kommt vom rechten Weg ab, überhaupt an etwas gutes zu Glauben. Was sich durchsetzt ist Egoismus, Zynismus und der Wille in der Masse mit dem Ellenbogen zu arbeiten. Anstatt zu teilen und dem nächsten zu geben. Lieber will man seinem nächsten alles nehmen. Das Ego hat Vorrang genommen, und wir müssen unseren Inneren Teufel die Gier befriedigen. Um den Teufelsego zu befriedigen verhalten wir uns wie Unmenschen. Wir fügen anderen Leid zu, benachteiligen sie bewusst. Wieso? Weil wir nicht mehr an das Gute Glauben möchten und können denn es wurde uns austrainiert. Von Kind auf aufgewachsen in einer Welt in der alles wissenschaftlich belegbar ist. Wenn sich die Wissenschaft doch ständig korrigieren muss.

Und den Kern des Schöpfungs-Geheimnisses doch nie zu ergründen vermag. Worin liegt dann der Sinn die Wissenschaft zur obersten Gottheit zu ernennen? Es ist wieder einmal die Idiotie unser Zeit die uns hier zum Narren hält. Alles was wir brauchen ist Glaube, Hoffnung, die Gabe zu teilen ohne unser Hab und Gut aufgeben zu müssen.Nicht nur die Katholische Kirche hat den Glauben an unseren Heiland zerstört; die Evangelische Kirche hat auch ihren Teil dazu beigetragen.

Die Schuld wiegt jedoch weitaus geringer.Alle Konfessionen haben versagt die Menschen aufzufangen. Sie aus der Idiotie zu reißen. Die Familien und Werte zu erhalten. Man konnte und wollte nicht umstellen um der Herausforderung die Massen auf dem Rechten Weg zu halten.

Der Frömmigkeit ist nicht genüge wenn der Teufel all sein Repertoire an Verführung zur Schau stellt. Der Geist ist willig doch das Fleisch schwach. Es spielt keinerlei Rolle welchem Glauben der Leser angehören mag. Ob er nun an die Auferstehung des Menschensohnes glauben möchte oder nicht. Wichtig ist nur zu erkennen, dass jene Botschaft alle anderen übertrumpft hat.

Die Idiotie des Atheismus beispielsweise ist willig der Theorie über einen absurden Urknall zu folgen. Jene alles so einfach erklären kann.

Beweisen kann man den Knall nicht, aber es ist offensichtlich logisch. Und dann knallt es im Kopf.

Also folgen alle dem Nonsens der völligen Idiotie und unterwerfen sich der Ideologie eines Adam Weishaupt und Karl Marx. Man ist schließlich illuminiert worden, die Wissenschaft zum Gott erhoben, erzeugt eine ignorante und profane Gesellschaft die sich gegen das Leben und die Ordnung der natürlichen Organisation stellt. Man stellt sich also vor, dass alles durch Zufall entstanden ist. Die Anordnung der Planeten die perfekt ihre Bahnen verfolgen, Sonne, Mond und Sterne die alle so auf den Planeten einwirken, dass der Mensch Ideale Verhältnisse vorfindet.

Und dann erzählt man uns, dass wir in einem christlichen Land leben.

Haben Sie sich schon einmal umgeschaut, in ihrer Heimatstadt? Sehen sie irgendwo Statuen von Jeshua Meshiacha, den 12 Aposteln oder Paulus? Dass einzige was zu sehen ist sind Heidnische Statuen Römischer oder Griechischer Gottheiten; Wohin das Auge blickt.

Alle Plätze sind davon übersät. Das komplette Pantheon der Heidnischen Götter versammelt sich hier. Stellen Sie sich selbst die Frage ob wir denn wirklich in einem christlichen Land leben. Überdenken Sie nur kritisch ihr Weltbild egal ob Sie Christ, Moslem, Jude oder Atheist sind.

Als Ersatz Glaube dient nun der Atheismus der „Illuminierten", die nicht einmal beweisen können woher der Mensch kommt; „wir stammen vom Affen ab?"

Wieso schafft dieser nicht den Sprung zum Menschensein? Was unterscheidet den Menschen vom Tier? Der Instinkt muss sich dem Verstand beugen!

Die Anhänger von Darwin werden behaupten, dass der Mensch sich weiter entwickeln musste um zu überleben. Aber hat nicht auch der Affe alles Übel überstanden.

Die Eiszeit besiegt. Er ist noch unter uns.

Also war es doch nicht der „Survival of the fittest", der den Menschen erhoben hat zum Herrscher über den Planeten.

Hatte nicht die Schlange Luzifer den Menschen bereits einmal getäuscht als er ihm den Baum des Wissens zeigte. Wer ein Verstand hat um zu denken der sollte ihn nun anwerfen sonst wird es ganz schnell wieder dunkel. Von Erleuchtung kann hier nicht die Rede sein! Wir wurden wieder einmal getäuscht. Die Analogie jener biblischen Überlieferung ist eindeutig.

Egal wohin man blickt, man hört nur negatives über den Heiland; wieso fragt niemand danach aus welchem Grund gerade Jesus von allen Seiten attackiert wird?

Etliche Bücher haben versucht ihn als Scharlatan oder sonstiges zu denunzieren.

Nicht ein einziger dieser Autoren konnte auch nur einen Beweis erbringen.

Alles nur Theorien und Thesen. Sollen wir unseren Glauben aufgeben aufgrund von wissenschaftlichen Theorien und den Schriften von Spekulanten.

Und woher kommen alle diese Eiferer?

Egal welchen Laden man betritt man sieht nur noch Buddha Statuen, immerzu lassen wir uns von Trends mit reißen. Es liegt in der Natur des Menschen der Lüge mehr Glauben zu schenken als der Wahrheit und dem Pfeifen von Blendern zu folgen.

Diese Verblenden uns mit Ersatz Moral und Mode Religionen, denn irgendetwas brauchen wir um unsere Seele zu füttern.

Die drei Laster der Verblendung sind der Körper, Geist und die Seele.

Alphas, Betas, Gammas und Deltas

Die Schule dient der Indoktrinierung von Nachwuchs. Der Nachwuchs wird in der Wirtschaft, Produktion oder im Dienstleistungsbereich benötigt. Qualifiziert sollen sie sein.
Keineswegs ist die Schule dazu da um Kindern und Jugendlichen wirklich etwas beizubringen,
was sie befähigen könnte die Zukunft zu verbessern.
Die Industrie benötigt Personal um zu funktionieren. Um dies zu verifizieren genügt es den Personalausweis zur Hand zu nehmen. Sie und Ihre Kinder sind nichts anderes als Personal, aber für wen? Die deutsche Sprache ist auch hier eindeutig. Sonst würde man uns einen **Personen**ausweis aushändigen, mit dem wir uns der Bürokratie zu erkennen geben können.
Mit 16 Jahren ist jeder verpflichtet einen Personalausweis zu tragen. Sie sind eingetreten in die Firma Bundesrepublik Deutschland. (Idee entspringt einem Vortrag von Andreas Clauss)
Herzlichen Willkommen in der Hauptfiliale Europas einer weltweit agierenden Kooperation.
Im Mittelalter genügte es den Bauern die Bibel mit Geisel und Pest umwoben vorzuhalten,
denn sie mussten nur den Ochsen und Karren hinter sich herziehen um die Ernte einzufahren.
Heutzutage braucht man fein geschliffene Zahnrädchen die das Uhrenwerk antreiben müssen.
Aus diesem Grund bringt man den Kindern lesen, schreiben und rechnen bei;
denn Fachpersonal wird benötigt. Etwas Biologie um zu verstehen, dass der Mensch auch vom Affen abstammt und somit auch wie ein Tier behandelt werden kann.
Geographie um das voranschreiten der Globalisierung zu verstehen.
Und Chemie um dann später Giftstoffe für Pharmakonzerne zu produzieren.
Mathematik für fortgeschrittene um auf dem globalisierten Wirtschaftsmarkt von Industrie Mogulen eine korrekte Bilanz erstellen zu können. Man bringt uns soviel bei, dass wir uns in unserer kleinen Welt zurecht finden können und in das vorgefertigte Wirtschaftsmodell eingefügt werden können.

Ferner lernen wir, dass unerklärliche Autorität gerecht fertigt ist. Alles was der Lehrer an die Tafel schreibt wiederholt werden muss. Wir lernen also nicht selbstständig zu denken,
sondern wir müssen nur in der Lage sein, dass zu wiederholen was man von uns verlangt wird.
Aus diesem Grund werden alle die schön brav lernen und wieder kauen was vorgekaut wurde mit guten Noten belohnt. Kritische Denkerlein werden bestraft und dürfen die Klasse wiederholen.
Vor allen Dingen müssen wir verstehen Systemkonform zu funktionieren und uns in die Sozialen Strukturen einzufügen. Lehrer sollen ihren Schülern vor Abgang von der Indoktrinierungsanstalt möglichst eintrichtern, dass der Weg nach oben nur über Großkonzerne voranschreiten kann.
Also Arschkriechen und Stiefellecken, schön brav Bewerbungen schreiben um in die „Wirtschaftselite" aufgenommen zu werden.
Von oben nach unten werden solch ausgefeilte Indoktrinierungssysteme gesteuert.
Man benötigt nur eine kleine Gruppe von Leuten die für ein bestimmtes Bundesland einen Lehrplan erstellt. Dieser muss von der Lehrerschaft strikt eingehalten werden.
Kontrolliert wird dies vom Bildungsministerium des jeweiligen Bundeslandes.
So lernt man auf der Schule wie man den Ellbogen einsetzt um in einer ungerechten Welt voran zu kommen. Schummeln ist auch erlaubt solange man nicht dabei erwischt wird.
Wichtig ist es von den Top Firmen richtig instrumentalisiert zu werden.
Genauso läuft es auch bei der Ausbildung von Lehrern, der Lehrplan auf der Universität ist festgelegt und von speziellen Menschlein ausgefertigt worden. Auch hier besteht ein striktes Curriculum, an das sich die Lektoren und Professoren halten müssen.
Um zu verhindern, dass sich ein Querdenker in die höheren Ränge der Schaltzentralen der Elite

verirrt hat man auf Elite-Schulen bereits einen Filter eingebaut. So werden Schüler auf diesen Gymnasien aussortiert.

Die Benotung ist willkürlich und so kann ein Lehrer oder Rektor nach belieben entscheiden ob er ein junges Leben zerstört, von der Bahn ablenkt oder aufnimmt in den Kreis der auserkorenen. Oftmals reicht es dem Schüler zu drohen, „mir gefällt deine Einstellung nicht, das muss sich ändern Kindchen, so können wir dich nicht versetzen".

Bemerkenswert ist wie der Aufbau der Schulsysteme in Süddeutschland in die Fiktion von Aldous Huxley passt (Brave New World).

In Huxleys schockierender Novelle, werden in der Zukunft Kinder nur noch geboren um ihren Zweck zu erfüllen. Sie werden in speziellen Laboren künstlich hergestellt.

Man züchtet sich Alphas für die Elite also solche die Entscheidungen treffen,

Betas für die durchaus anspruchsvolleren Aufgaben, Gammas sind dazu da um gewöhnliche Arbeiten durch zu führen, Deltas und Ypsilons für die niederen und niedersten Tätigkeiten.

Die Alphas sind in unserer reellen Welt die Absolventen von Elite Universitäten.

Betas sind gewöhnliche Hochschulabgänger die anspruchsvollere Berufe ausüben dürfen.

Die Gammas Realschüler die irgendwelche Schreibtisch Jobs erledigen.

Deltas schließlich die Hauptschüler die in der Produktion verschlissen werden können und Ypsilons Sonderschulen Abgänger. Die Spiegel Gleichung passt perfekt.

Was uns nicht beigebracht wird ist die Funktion des Papierblüten Monopoly Geldsystems der Zentralbanken unter dem wir ums überleben kämpfen müssen.

Uns wird auch nicht aufgezeigt wie gefährlich Propaganda in den Medien genutzt werden kann um uns das Bewusstsein zu rauben.

Wir dürfen auf keinen Fall wissen, dass Kulturen durch Drama verändert werden können siehe Unterhaltungsindustrie (Idee, Alan Watt). Alternativ und unabhängig Schlüsse zu ziehen die uns im Kollektiv weiter bringen könnten. Auch nicht wie der Staat funktioniert und welche unterschiedlichen Staatssysteme es gibt, wie beispielsweise von Griechischen Philosophen verdeutlicht wurde; Aristoteles und Platons Republik.

Die Geschichte kann man sich auch so hinbiegen wie man möchte, denn der Sieger schreibt sie so wie er es für sinnvoll hält.

Wir lernen nichts über dubiose Geheimgesellschaften die im Hintergrund die Fäden ziehen.

Maurer die unsere Horizontalen zumauern bis wir nur noch vier Wände sehen, diese bilden unser Weltbild.

Die sich gerade mit dem antiken Wissen von Philosophen ihre eigene perfekte pervertierte Welt schaffen.

So sind alle die sich ignorant dem freien Wissen zur Befreiung aus der Zwangs-Indoktrinierung entziehen nur Produkte, und so verkaufen wir uns auch, mit aufgesetzter Maske die Welt durch schreitend.

Die Schlange wie sie sich um den Menschen wickelte

Das Symbol für anerkannte Medizin ist eine Schlange die sich um einen Stab wickelt.
Man muss sich anstelle des Stabes ein Ei vorstellen, welches noch ganz ist und nicht ins Leben geschlüpft. Ein uraltes Ägyptisches Symbol. Ein Schritt weiter in dieser sehr ernst zu nehmenden Analogie, ist es ein Kind um das sich vor der Geburt bereits die Schlange gewickelt hat.
Das Kind kommt zur Welt in einem staatlich anerkannten Krankenhaus.
Bei der Geburt wird bereits Blut genommen. Alle wichtigen Daten aufgenommen, wie ein Produkt das vom Fließband fabriziert. Das Baby wird geimpft, doch wir hinterfragen nicht ob denn auch alle dieser Impfungen tatsächlich notwendig sind. Schwächen sie doch auch das Immunsystem. Trotzdem werden diese empfohlen, die Schlange wickelt sich um das Neugeborene, denn es ist in die von ihr kontrollierte Welt getreten. Es ist kein Zufall, dass alternative Medizin niemals von Krankenkassen an die wir gebunden sind übernommen wird.
Die Heilungsmethoden müssen von der Schlange der Weisheit umwickelt sein, ansonsten fehlt diesen die Legitimität und die Kasse sieht sich nicht verpflichtet so etwas zu bezahlen.
So fällt jegliche Naturmedizin schon mal weg. Wer kann sich schon Naturmedizin leisten?
Und so vegetieren viele vor sich hin. In den Krankenhäusern herrschen Katastrophale Hygienische Verhältnisse. Man wird operiert und bekommt Bakterien in die Wunde, die vermeidbar gewesen wären, wenn sich das zuständige Krankenhauspersonal nur die Hände nach dem Toilettengang gewaschen hätte. Fehldiagnosen ohne Ende, man wird operiert ohne Grund und mehrmals versagen Ärzte, wenn man Glück hat wartet am Ende ein Professioneller Chirurg auf und flickt mit letzter Mühe zusammen was noch zu retten war. Andere haben kein Glück und müssen sich von einem Pfuscher zum nächsten begeben. Die Zeiten in denen die Herrschaften im Weißen Gewand als Gottheiten verehrt wurden sind endgültig vorbei. Denn die Krankenhäuser sind alle auf Profit aus. Ihre Medizin beschränkt sich auf das was die Pharmaindustrie vorgibt.
Und diese kann nicht Milliarden Umsätze einfahren, mit Medikamenten die tatsächlich die Symptome bekämpfen ohne weitere Schäden zu verursachen.
Jene müssen dann schließlich auch mit einem weiteren Präparat, dass natürlich mit der Schlange Augenzwinkern, versehen ist behoben werden um eine weitere fehl Reaktion des Körpers anzuregen. Aber auch hierfür hat man ein Gegenmittel, ganz bestimmt.

Eines steht fest die Pharmaindustrie ist nicht daran interessiert uns zu gesunden.
Nur am Leben halten muss man uns damit wir weiterhin Chemie Produkte konsumieren können.
Die Natursparte der Heilkunst bleibt außen vor und bewegt sich am Rande der Gesellschaft.
Der Mensch glaubt tatsächlich, dass er synthetisch bessere Medizin herstellen kann als es vom Schöpfer bereits in die Natur gegeben wurde.
Das unsere Ärzte nicht mehr in der Lage sind Diagnosen zu stellen, scheint auch nicht weiter störend aufzufallen. Hauptsache ein Rezept geschrieben und dem Patienten ausgehändigt,
so funktioniert Medizin im 21. Jahrhundert; wir machen große Fortschritte.
Patienten mit chronischem Bluthochdruck verschreibt man eine Kombination von Tabletten,
welche den Körper langsam aber sicher ins Grab befördern.
Dem Patienten wird noch mitgeteilt, dass ohne diese Präparate nicht mehr gelebt werden könne.
Krebskranke werden einer Bestrahlungs- oder Chemotherapie unterzogen, mit Bestrahlung und Chemikalien möchte man den Krebs abtöten; um dadurch wieder neuen zu erzeugen.
Feuer mit Feuer bekämpfen lautet hier das Kredo.
Nicht zuletzt sei erwähnt welch Panik zum Thema Aids geschürt wird.

Zwei Dinge sollten hierbei genauestens bedacht werden.

Der Virus wurde in einem US-Labor von Menschen Hand geschaffen.

Dies ist durch eine Kongressanhörung dokumentiert und nicht abzustreiten.

Der befragte Wissenschaftler gab an, dass es in naher Zukunft möglich wäre einen Virus zu entwickeln der das Immunsystem abstellt.

Jahre später tauchte die Immunschwäche Krankheit Aids auf, sicherlich nur ein weiterer Zufall.

Wie kann es sein, dass so große Teile der Afrikanischen Bevölkerung von diesem Virus betroffen sind? Und wie kann sich dieser so schnell ausgebreitet haben? Es ist absolut unverständlich,

außer bestimmte Interessen Gemeinschaften haben hier etwas nachgeholfen.

Wenn man den Afrikanern schon kein Wohlstand geben kann, muss man die Arbeiterschaft wenigstens gering halten.

Um des Teufels willen bloß nicht noch mehr Menschen die Erde verträgt nicht mehr von uns.

Eines noch, „farmakia", bedeutet auf Griechisch, Vergiftung oder Giftmord = Pharmaindustrie = Giftindustrie? = Industria Farmakia.

Irrationale Angst und das Paranoide Lauffeuer

Die größte Bedrohung des 21. Jahrhunderts soll der Terrorismus sein. Er löst überall irrationale Ängste hervor. Aber was ist schlimmer irrationale Ängste oder wahrer Terror?
Und wer schürt den Terror? Ist es nicht so, dass irrationale Angst Millionen von Menschen im vergangenen Jahrhundert das Leben gekostet hat? Die totalitären Ideologien von Despoten zehren von irrationaler Angst verursacht durch Terrorismus. So wie „Adolfus Hit" verkündete, dass der Jude schuld sein muss an allem übel. Wieso hatte man sich ausgerechnet die Juden raus gesucht?
Aus dem einfachen Grund weil gerade diese Volksgruppe herausstach und viele Neider hatte.
Um irrationale Ängste in Totalitarismus umzuformen bedarf es einem Sündenbock, dem man die Schuld für alles übel geben kann. So wie bereits im Mittelalter verfahren wurde, „die Juden waren Schuld an der Pest". Kaum hat man irrationale Angst und vor allem Ekel verbreitet ist die Würde des Menschen überwunden, und man kann mit einer Gruppe von Menschen verfahren wie man möchte.
Im Nationalsozialistischen Deutschland brauchte man die Sündenböcke gleich Feinde
„der Herrenrasse" um die SA/SS zu rechtfertigen und deren Terror, das Einschüchtern von Dissidenten erzeugte dann echte Ängste. Die Regel lautet also, dass zuerst irrationale Angst verbreitet werden muss um dann ein Polizeistaat aufzubauen der alles kontrolliert.
Hat man diesen in Position gebracht so ist man in der Lage die Bevölkerung mit authentischer Angst in Schach zu halten. Denn jeden Augenblick könnten Schwarze Stiefel die Türe eintreten und man verschwindet in den Katakomben von Vater Staat.
Die Angst vor irgendwelchen radikalen Muslimischen Gruppierungen die sich im Untergrund aufhalten ist nichts anderes als das Verbreiten von irrationaler Angst.
Hat man diese ausgebreitet kann man verbreiten im Namen der Sicherheit Kontrollen durchzuführen oder unnütze Pseudo-Sicherheitsvorkehrungen zu treffen die uns nur in unseren Freiheiten einschränken und kein bisschen sicherer machen.
Um uns vor unserer Ur Angst, bösen Männern mit Bärten zu schützen, die Ur Angst das Bärtige Männer fremder Länder kommen unsere Frauen und Kinder wegnehmen ist tief im Menschlichen Unterbewusstsein verankert.
Um uns vor Terror Anschlägen zu schützen müsste man jeden Zentimeter in Deutschland überwachen, abscannen und abhören.
Wollen wir alle unsere Freiheiten aufgeben um der Sicherheit willen?
Steigen wir doch jeden Tag in unser Automobil, ein kleinster Fehler kann mit dem Tode bestraft werden. Und trotzdem steigen wir Tag täglich in unser Auto um Freiheit und Mobilität zu genießen.

Damit wird schon bald Schluss sein wenn wir weiterhin der Verbreitung von irrationaler Angst glauben schenken. In den Vereinigten Staaten der Versklavten muss man sich mittlerweile am Flughafen vor betreten der Maschine in Menschen Großen Mikrowellen ausziehen, um sich von den Strahlen grillen zu lassen. Alternativ kann man auswählen von einem TSA-Beamten mit Handschuhen befummelt zu werden, der Intimbereich wird auch nicht ausgelassen.
Sogar unter die Windeln von Babys muss gegriffen werden.
Gute Beispiele um aufzuzeigen was Irrationale Angst heraufbeschwört, welch Idiotie sie an den Tag legt. Zum Glück haben deutsche Beamte diese Idiotischen Maßnahmen verworfen und uns bleiben solch Menschen erniedrigenden Kontrollen erst einmal erspart.
Doch dies alles dient nur unserer Sicherheit, wir sind kleine Kinder die man in einer Welt voller Gefahren vor dem Bösen bewahren muss. Entscheidend war es uns jahrzehntelang durch die Albtraumfabrik Hollywood auf solche Szenarien vorzubereiten. Es ist immer eine einzelne Person

oder terroristische Gruppe die sich mit Idiotie belädt um einen ganzen Staat herauszufordern.
Wichtig für diese Gruppe ist es sich vorher anzukündigen.
Dann beim begehen der Schandtat aufzufallen oder sich nach erfolgreichem Abschluss zur Tat zu bekennen. Es genügt wenn man ein paar Bilder zusammen schneidet und diese mit Untertitel versieht um den Schäfchen vor dem Flimmerkasten höllische Angst einzujagen.
Dieses verfahren bezeichnet man als „Prediktives Programmieren".
Zuerst wird etwas in fiktionalen aufwendig produzierten Filmen dem Publikum vorgestellt,
ein Gedanke oder eine Idee, oder etwas Böses. Später wenn sich etwas in diese Richtung ergibt sind wir vollends darauf programmiert gebührend zu reagieren.
So war es auch mit dem 11. September.
George Orwell hatte dies bereits 1948 in seine Novelle „1984" eingebaut.
Und wie treffsicher; woher der gute Mann das nur wusste? In seiner Dystopie nennt sich der Schrecken der Menschheit nicht Osama Bin Laden, er heißt „Emmanuel Goldstein".

Der 11. September 2001 war nichts weiter als ein Katalysator um irrationale Ängste unter den Massen zu verbreiten. Nun konnte man es rechtfertigen die Verfassung der Vereinigten Staaten beiseite zu legen. Nichts anderes hatten auch bereits die Nazis unter Führung von Hermann Göring unternommen, als sie den Reichstagsbrand einem armen Bengel untergeschoben hatten und ihn als bösen, plottenden Kommunisten bezeichneten. Nun war der „Führer" in der Lage Macht an sich zu reißen, der Gleichschaltungsplan war in Gang geworfen.
In der Neuzeit konnte man es nun rechtfertigen in Afghanistan einzumarschieren.
Denn Osama der versteckte sich irgendwo in den Bergen.
Komisch dass die Truppen sicherstellen mussten, dass das Opium wieder exportiert wird,
nachdem die Taliban diesen Fluss unterbrochen hatten. Des weiteren wurde eine Pipeline querbeet durchs ganze Land gezogen. Die Truppen müssen sich wohl auf dem Boden verirrt haben,
wahrscheinlich konnten sie vor lauter Mohn die Berge nicht mehr sehen.

Webster Griffin Tarpley hat mit seinem Buch „9/11 Synthetic Terror, Made In USA" eine ausgezeichnete Vorlage gegeben um diesen Anschlag als Plot der Neokonservativen um
„Gorgy" Bush herum zu entlarven.
Wir folgen seinen logischen Schlussfolgerungen und können so bereits vieles erklären.
Um den Anschlag durchzuführen brauchte man drei Gruppierungen.
Zunächst einmal die vermeintlichen Terroristen unter Anleitung von Osama Bin Laden,
angeführt von Mohammed Ata.
Diese bezeichnet Tarpley als die „Sündenböcke"[1]. Ihre Aufgabe war es einfach nur dämlich und plump auf den Video Aufzeichnungen der Flughäfen und diversen Überwachungskameras aufzufallen.
So dass man ihnen später die alleinige Schuld geben konnte.
Die zweite Gruppierung nennt Tarpley die „Maulwürfe"[2]. Die Neokonservativen die in der Schaltzentrale saßen um die wichtigen Befehle zu geben und die Luftabwehr auszuhebeln.
Jedes nicht Autorisierte Flugobjekt wird von der Luftüberwachung der US Luftwaffe in kürze vom Himmel geholt, wenn es sich nicht kooperativ verhält!
Wie konnte dies geschehen ohne das Einschreiten von höher gestellten Autoritäten?
Um beide Flugzeuge zielsicher in die beiden Türme zu manövrieren braucht es eine dritte Gruppe, diese benennt Tarpley als die „Spezialisten"[3]. Diese waren verantwortlich dafür das Pentagon anzugreifen und die Flugzeuge exakt in die Türme zu jagen.

Wie hätten die Attentäter mit mangelhaften Flugkenntnissen eine solch Artistische Leistung vollbringen können, ohne Mithilfe von dritten?

Um mehr über diese Schandtat zu erfahren, den Katalysator um die westliche Welt in einen technokratischen Sicherheitsapparatus zu wandeln, kaufen Sie sich Webster Griffin Tarpleys Buch in dem er alle Fakten logisch und konsequent zusammenführt, dieses Buch ist empfehlenswert, denn Tarpley verfolgt die Hinweise wie ein Spürhund und folgert anschließend logisch und konsequent.

Wir stehen jetzt als kollektiv vor der Entscheidung uns der irrationalen Angst hinzugeben um uns in einen Überwachungsstaat zu begeben. Oder nein zu sagen, zu solch grandioser Idiotie dem Pflasterstein zur Dystopie. Dieses wird der Weg sein um einen umfangreichen Technisch hoch versierten Schutzmantel zu bilden. Der gegen die Freiheit des Individuums eingesetzt werden wird. Jeder der nicht die Idiotie von Technokraten im Stile eines Barroso befürwortet wird als Terrorist gekennzeichnet und vom Staat beseitigt. Der Lissaboner Vertrag hat dieses Vorhaben bereits legitimiert. Und alles vor unseren Augen. Nicht umsonst hatten die Franzosen und Iren vehement dagegen gestimmt. Schafe werden immer zuerst gefüttert, dann geschoren und zuletzt geschlachtet. Man füttert uns erst mit Angst, um uns von unseren Freiheiten zu befreien und zuletzt werden wir geopfert auf dem Altar der Ungerechtigkeit. Der perfekte Mensch braucht den perfekten Staat, „Platons Republik" gepaart mit gefährlicher, Menschen vernichtender Technologie.
Irrationale Angst ist gefährlicher als jede eingeschlagene Bombe und entfachtes Feuer.
Denn sie entfacht in den Massen, manipuliert durch Meisterhand ein viel gefährlicheres Feuer.
Das Feuer der Massen Paranoia, welches einmal entfacht alle ansteckt und viele Opfer fordert.

1   Webster Griffin Tarpley, 9/11 Synthetic Terror. Made in USA, Progressive Press,
    Joshua Tree, 6. Auflage 2008, Seite 70.
2   Webster Griffin Tarpley, 9/11 Synthetic Terror. Made in USA, Progressive Press,
    Joshua Tree, 6. Auflage 2008, Seite 78.
3   Webster Griffin Tarpley, 9/11 Synthetic Terror. Made in USA, Progressive Press,
    Joshua Tree, 6. Auflage 2008, Seite 72.

Menschen gleich Käfer gleich Gift

Wie Käfer besprüht man uns von oben herab mit hoch toxischen Chemikalien.

Der unwissende nimmt diese als Kondensstreifen von Passagierflugzeugen zur Kenntnis.

Doch sieht man einmal genau hin so kann man erkennen, dass diese speziellen Streifen sich nicht wie Kondensstreifen in kürze wieder auflösen. Sie verteilen sich am Firmament und bilden hässliche Wolkenschleier, die sogar das durchdringen der Sonne verhindern.

Wenn man ganz genau hinblickt kann man sogar Jets erkennen, die diese am Himmel versprühen, kreuz und quer wie ein Netz werden sie versprüht.

In den klaren Himmel nimmt man uns so dreist das Sonnenlicht! Wozu das ganze sprühen und was wird gesprüht? Möchte man damit die Erderwärmung mindern?

Die Temperaturen sind nach dem Erd-Erwärmungs-Hype wieder gesunken, so dass man gezwungen war dieses neue Phänomen umzubenennen.

Jets die solch mysteriöse Chemische-Streifen in den Himmel verteilen, wurden in allen Nato Ländern gesichtet. Es deutet alles daraufhin, dass hier unsere Steuergelder in Milliardenhöhe in den Himmel gesprüht werden. Erdproben haben ergeben, dass hier ein Misch-Cocktail bestehend aus Aluminium, Barium und Strontium in die Hemisphäre ausgesondert wird.

Das nennt sich im globalisierten Sprachgebrauch „Geoengineering".

Auf gut deutsch experimentiert der Mensch gerade wie verrückt am Planeten herum.

Ob das Bienensterben nicht daher rührt?

Wahrscheinlich ist es einer der Hauptgründe dafür und unabhängige Experten sind sich sicher, dass dies die Globale Biosphäre schädigen wird.

Das Sprühen dauert unter anderem monatelang an.

Das Aluminium legt sich auf der Erdschicht ab und wir verzehren es dann mit unserem Gemüse.

Dass dauerhaftes konsumieren von Aluminium uns schadet dürfte verständlich sein.

Außerdem atmen wir die vergiftete Luft ein, an Orten an denen übermäßig viel gesprüht wurde beschweren sich Leute zudem über Allergische Reaktionen und Atembeschwerden.

Die Luftzusammensetzung unseres Planeten ist so exakt zusammengemischt, dass jede kleine Abweichung durch Intervention wie gerade beschrieben uns sprichwörtlich die Luft rauben kann!

Das beste an der ganzen Geschichte kommt aber noch, so haben Konzerne die auf die Herstellung von Gen-Technik spezialisiert sind; bereits Patente für Samen angemeldet die gerade gegen diesen Gift-Cocktail immun sind. Gen-Technisch hergestellt. So kann man in naher Zukunft den Ackerbauern vorwerfen nicht die Bestimmungen von neu erlassenen Richtlinien von Samengut einzuhalten und sie zwingen das modifizierte Giftgut zu gebrauchen, oder sie so hart mit Sanktionen belegen bis sie ihre Profession aufgeben müssen; während heimtückisch ihre Felder mit Gift aus der Luft heraus verseucht werden. Und wer bezahlt die ganze Schoße? Wir selbst versteht sich!

H. G. Wells hatte in seinem Buch „The Shape Of Things To Come", 1933 bereits phantasiert über die Errichtung einer Luftdiktatur, hier ist sie in Form von „Chemtrails".

Wir werden von der Luft aus terrorisiert. Und bemerken diese Ungerechtigkeit nicht einmal.

Nicht nur die Luft zum Atmen ist voll Gift, sondern auch Kunststoff Flaschen aus denen wir trinken und Papier oder Druckerschwärze, sowie Kleider die wir tragen. Alle diese alltäglichen Gebrauchsgegenstände werden in giftige Chemikalien getränkt, unter anderem Bisphenol A. Die Nebenwirkungen dieser Chemikalie sind gleich zusetzen mit der Einnahme von weiblichen Hormonen. Aus diesem Grund werden Männer immer femininer, vielen Jungen wächst kein Bart mehr. Frauen sind davon noch viel schlimmer betroffen denn sie bekommen Brustkrebs!

Es stehen der Chemie-Industrie etliche andere vergleichbare Alternativen zur Verfügung.
Wieso also Bisphenol A? Welches Frauen gerade zu mordet und Männer unfruchtbar macht!

In die Zahnpasta der durch Fachärzte geprüften Produkte natürlich versehen mit dem Logo der Schlange die sich um den Stab wickelt, Sie erinnern sich hoffentlich noch, mischt man künstlich hergestelltes Fluorid bei, welches giftig ist, unseren IQ nachweislich senkt und uns alle gefügig macht wie die Schäfchen auf dem Wieschen.
Und in jeder TV-Sendung zum Thema gründliches Zähneputzen wird noch hinzugefügt
„die Zahnpasta muss Fluorid enthalten, da man sonst nicht vor Karies geschützt ist".
Wieder einmal hinters Licht geführt. Denn es gibt speziell gefertigte Pasten die nur aus natürlichen Zusätzen bestehend die Zähne viel gründlicher reinigen und auch vor Karies schützen.
Wieso sollte man eine gesunde aufgeklärte und geistig starke Wählerschaft erzeugen wollen?
Schluckt nur brav euer Fluorid und fresst zudem noch Aspartam, geht eine der großen Parteien wählen, damit sie uns weiter in die Idiotie des Chaos reißen.

Und ist es nicht wahrlich diabolisch, dass man mittlerweile außerhalb der Apotheke oder dem Reformhaus keine Kaugummis mehr erhalten kann die nicht mit tödlichem Gift gezuckert werden?
Wie konnte dieses Gift in die Kaugummis gelangen? Wo gerade Kinder haufenweise Kaugummi kauen? Die Lebensmittel Industrie hat ganz einfach in alles was hergestellt wurde Zucker hinzugefügt. Dies machte dann die Massen erst so richtig Zucker Krank.
Problem - Reaktion = Lösung; Wieso nicht einfach den bösen Zucker durch Aspartam ersetzen?

Aspartam ist übrigens die Aussonderung einer Bakterie die Mann in einem US-Labor gezüchtet hatte. Man hatte es geschafft mit größerer Dosierung Affen zu töten. Und so kam dieser Giftstoff erst einmal auf eine rote Liste und durfte nicht in Produkten jeglicher Art verarbeitet werden.
Jahrzehnte später dann abwartend, hatten die speziellen Interessen sich durchgesetzt.
Großer Konsum senkt das Denkvermögen und erhöht das Krebsrisiko. Denken Sie nur an die toten Affen die an der Super Dosis starben. Immer schön fleißig weiter Aspartam futtern und daran zu Grunde gehen. Denn der Teufel kennt keine Grenzen wenn es darum geht sein diabolisches Vorhaben den Menschen endgültig zu entfernen, zu exekutieren.

Unsere Luft ist vergiftet, die Zahnpasta, alles was wir im Prinzip in die Hände nehmen und sogar neue im Labor erzeugte Zuckersüße. Wir werden von allen Seiten attackiert.
Die Matrix der Wahnsinnigen in der wir schon so lange leben, lässt kein Kontroll-Instrument aus um uns physisch, geistig und seelisch zu schwächen.

Gore alias Tetzel und die Ablassbriefe der Neuzeit

Die erste Technologie die der Mensch sein eigen nennen durfte war wohl das Feuer.

Der Uralten Mythologie zufolge wurde dieses dem Menschen von Prometheus übergeben.

Das Feuer war ein Lichtbringer in den finsteren Nächten, als der Mensch noch umgeben war von Raubtieren. Licht, Wärme und der Anfang der Menschlichen Hingabe zu Wissenserweiterung und dem erforschen von Technologien, die das Leben erleichtern.

Je weiter der Mensch voranschreitet auf seinem falschen Pfade der Vergötterung des Menschseins und der Anbetung der Glorie der Wissenschaft als auch dem Durst alle Geheimnisse der Umwelt zu enthüllen. Umso mehr bewirft er seine Untertanen mit Pseudowissenschaften. Um jene in Unwissenheit über das Eigene Ziel zu verwirren. Sie unwissentlich mit hinein zu ziehen in den Menschlichen Exodus, dem ausscheiden aus dieser Erde. So liegt es nahe uns mit falschen Lehren über Katastrophen die unser Geschlecht auslöschen könnten zu verfluchen. Nichts anderes ist die Angst Mache um die Globale Erwärmung, durch das aussondern von Co2.

Von je her wurde Angst benutzt um den Menschen zu verknechten.

Angst ist die einfachste Methode Menschen zu etwas zu bewegen wozu sie bei nüchterner Betrachtung niemals zustimmen würden. Zurück zum Alten Schema Problem – Reaktion = Lösung.

Das Problem in diesem Falle ist die hoch entwickelten Nationen auf der Erde zurück zu entwickeln. Die Rückentwicklung von Industrie und Wohlstand kann nur erfolgen indem man uns droht. Man muss diesen Prozess rechtfertigen. Also hält man uns wie der Bauernschaft im Mittelalter Vorträge darüber wie schlecht wir Menschen sind. Wir schaden unserer Gegenwärtigen Gottheit Mutter Erde. Wir sündigen denn wir verseuchen die Erde mit „giftigem" Kohlenstoffdioxid. Das hört sich auch sehr gefährlich und tödlich an.

Weil wir es gewagt hatten uns dem vorgegeben technologischen Fortschritt der Zeit hinzugeben, sind wir schuld daran den Planeten mit dieser toxischen Substanz zu übersäen.

Kohlenstoffdioxid ist es also was unsere Mutter Göttin Erde die wir alle anbeten sollen, vernichten wird.

Noch viel schlimmer ist, dass wir Menschen die wir uns wie Karnickel vermehren, welch Fluch, auch noch dieses Gift in die Atmosphäre blasen. So sind wir wie die Armen Unterstände im Mittelalter verpflichtet Buße zu tun und unsere Schuld zu sühnen.

So verkauft man uns Ablassbriefe in Form von Steuererhöhungen um den Ausstoß von Co2 zu sanktionieren. Ein Herr Tetzel wäre sicherlich erfreut über den Fortschritt der Zeitgenössischen Heuchelei mit der man den Menschen in Anno dem Zeitalter der Idiotie in Schach halten kann.

Musste er sich doch personlich aufopfern seine Bibel vorzuhalten aus ihr falsch zu predigen wie die Schlange Luzifer. Unser Ober Priester Al Gore hat es da schon einfacher, denn er verfügt über die Gewaltigkeit der Medienmacht, der Irrenanstalten für Meinungsmache.

So bilden wir uns eine Meinung über unser Leben und Menschsein und begeben uns zustimmend in Bondage. Unsere Reaktion sagt dem Falschgeist zu also stimmen wir der Pseudowissenschaft zu.

Die Reaktion ist also synthetisch hergestellt worden von den Meistern der Alchemie.

Jene es geschafft haben ein Elixier herzustellen das Dämpfe von sich gibt den Verstand der Massen zu betäuben.

Die Lösung des Problems wird durch ständiges Wiederholen der Plage vorangetrieben.

Man muss uns immerzu das Ende dieser Welt predigen. Jeder einzelne ist Schuld daran also zahlt nur alle brav eure Ablass an Al Gore und Baron de Rothschild.

Selbst im Biologie Unterricht hatte man uns indoktrinierten Schäfchen jedoch beigebracht, dass Co2 das Wachstum von Pflanzen in Kombination mit Sonnenlicht und Wasser antreibt.

Woher plötzlich dieser Sinneswandel, diesen wahrhaftigen Lebensspender als Gift zu brandmarken? Um dies zu erläutern bedarf es einiger Erklärung. Denn ohne Kohlenstoffdioxid gäbe es auch kein Leben. Je mehr Co2 um so mehr Leben auf der Erde.

Die Pseudowissenschaft der Todesreiter um Al Gore besagt, dass Co2 die Temperaturen steigen lässt. Dies bewirkt das schmelzen der Pole und das steigen des Wasserspiegels. Beweisen können die gekauften Wissenschaftler dies natürlich nicht. Aber das vorhalten von Schein-Statistiken, schwimmenden Eisbären und Panik Mache genügt. Wir sind alle in den Leim getreten und zahlen nun mehr und mehr Steuern in allen Bereichen; Pkw, Strom, etc.

Kaum hatte die Heuchelei ihren Apex erreicht, legte eine unsichtbare Macht Hand an.

Wir nennen diese einfach den Gott der Gerechtigkeit und die Temperaturen sanken weltweit im durchschnitt. Statistiken mussten nun gefälscht werden, doch selbst dies flog auf als Hacker die Emails jener Experten der Hetze öffentlich machten; in diesen unterhielt man sich darüber wie man geschickt die Statistiken verändern könnte um zu vertuschen, dass die Temperaturen weltweit im Durchschnitt sinken. Aber selbst diese Kurve der Verlegenheit beim Lügen ertappt worden zu sein konnte man noch kriegen. Man musste die Pseudowissenschaft nur umbenennen von „Global Warming" zu „Climate Change".

Nur ein sehr geringer Teil von Co2 befindet sich in unserer Luft Atmosphäre.

Der größte Teil Kohlenstoffdioxid befindet sich unter Wasser. Unser Planet ist der Blaue Wasser Planet mit gewaltigen Ozeanen, unzähligen Meeren und unzählbaren Flüssen.

Die Flüsse, Meere und Ozeane sind überfüllt von Leben welches vom Co2 zerrt, ohne könnte kein Leben existieren und das gesamte Ökosystem unseres Planeten würde zusammenbrechen.

Ohnehin wird der größte Teil an Co2 durch Natur Prozesse hergestellt.

Die Erde ist ein gewaltiger pulsierender Organismus der stetigen Wetterveränderungen ausgesetzt war und ist. Unter der Erde befinden sich Lava Massen, viele Vulkane pflastern die Oberfläche unseres Planeten. Die Ozeane stoßen Gewaltige Mengen an Co2 aus und wir wissen noch nicht einmal was sich im Erdkern befindet, denn offiziell bohren wir nur an der Oberfläche.

Das Eintreten von Wärme wie Kältephasen untersteht unzähligen Faktoren deren Ursache der Mensch nach wie vor nicht erklären kann und der Hauptfaktor ist definitiv die Sonne.

Nun stelle man sich selbst die Frage welchen Einfluss hat die Menschheit im kollektiv auf die Aktivität der Sonne? Wir sind nicht einmal in der Lage mehr als einen kleinen Blick auf sie zu richten bevor uns die Augen versengen.

Das abschmelzen und gefrieren der Pole ist ein zirkulierender Prozess und ganz normal.

Eiszeit und Wärmeperioden wechseln, ohne dass wir als Menschen in unserem kurzen Wirken dies bemerken könnten.

Das Museum in Steinheim ist überfüllt von Zeugnissen darüber, dass weit vor der letzten Eiszeit in unseren Gefilden ein tropisches Klima vorgeherrscht hat.

Dem Menschen dürfte seit Gedenken klar sein, dass die Sonne der Hauptfaktor ist für die Erwärmung der Erde Im 19. Jahrhundert kam jedoch die Idee auf, dass die Gase in der Atmosphäre, vor allen Dingen Co2 die Temperaturen maßgeblich steigen lassen würde.

Der Physiker Arrhenius war der Auffassung, dass die Temperaturen durch das Verbrennen von Fossilen Brennstoffen den Planeten um 5 Prozent aufheizen würden, diese Prognose trat jedoch nicht ein. Aufgrund der hohen Temperaturen der 30er und 40er Jahre kam der Britische Meteorologe Guy Challender zum Entschluss, dass dieses ausgelöst wurde durch den vermehrten Ausstoß von Co2. Er erklärte, dass es gut für die Agrarwirtschaft sei. Denn Co2 nährt alles Leben. Des weiteren war er der Ansicht, dass dieser Effekt der anstehenden Kälteperiode entgegen wirken würde. Doch auch er täuschte sich, denn die Temperaturen sanken in den nach folgenden Jahrzehnten, trotz dem zunehmenden Ausstoß von Kohlenstoffdioxid verursacht durch Menschliche Aktivität.

In 1974 warnte man die Massen vor einer anstehenden Eiszeit, verbunden mit unglaublicher Panik Mache. Der Planet würde einfrieren und die Menschheit wäre verdammt. Jahrzehnte später drehte man dann einfach den Spieß wieder um, denn die Hitze würde die Meeresspiegel steigen lassen.
Es genügt das Wort Abkühlung durch Erwärmung zu ersetzen, unterschiedliche Panik Macher mit dem selben Ziel. Ende der 80er Jahre formierte sich dann um Al Gore herum die Expertenschaft zu dieser Pseudolehre. Unter anderem die des IPCC, jene aufgrund von mehrerer heißer Sommer und daraus resultierenden Waldbränden verkündeten, dass sich das Klima erwärmen würde.
Der Mensch sei Schuld daran und man müsse alle Hebel in Bewegung setzen um diesen „klaren" Trend zu stoppen.
Unzählige Prominente gesellten sich im Laufe der Jahre hinzu um als Sternchen die Massen zu verblenden und hinters Licht zu führen.
Die Meinungsmacher in die Schranken zu weisen ist ein leichtes wie wir noch sehen werden.
Es genügt die unzähligen Faktoren die auf den Planeten einwirken zu beleuchten um Licht ins dunkel zu bringen und die Sterne der Verblendung endgültig vom Himmel zu schießen.

Fangen wir doch gleich an mit Geschichte, dokumentierten Fakten unserer Vorreiter auf diesem pulsierendem, aktiven Planeten. Ihre Geschichte wird uns den Weg unserer bevorstehenden Zukunft weisen. Der Blick zurück den Nebel vor uns auflösen.
Das Klima der Erde war schon immer schwankend, Wärme Perioden wechseln mit Kälte Perioden.
Für uns Menschen bedeutet jede Kälte Phase eine schlechtere Lebensqualität. Für unsere Vorfahren sogar Leben oder Tod. Kältere Phasen senkten die Bevölkerungszahlen, extreme Eiszeiten waren für die Menschliche Spezies extreme Härteproben. Es ist davon auszugehen, dass der Homo Sapiens die vergangene Eiszeit mit Mühen überlebt hatte und nahezu ausgelöscht wurde.
Große Zivilisationen wie die der Ägypter waren abhängig vom Wetter und der Fruchtbarkeit des Nils. Der Zerfall der großen Ägyptischen Pharaonen ging Hand in Hand mit dem Klimawandel in Nord Afrika und dem Nahen Osten welcher im 13. Jahrhundert v. Christus begann und über mehrere Jahrhunderte andauerte. Die Temperaturen sanken große Dynastien gingen zugrunde.
Zu Zeiten des Römischen Reiches hatte man in Europa mediterrane Bedingungen, in England wurden Zitrusbäume gepflanzt und Wein angebaut. Tropischer Regen überflutete den Nil.
Während die Jahrhunderte zuvor eine trocken Phase vorherrschte.
Diese Wärmeperiode des allgemeinen Wohlstands wurde abgelöst durch eine Kältephase, die dass frühe Mittelalter überdauerte.
In Konstantinopel wurden Mitte des 6. Jahrhunderts Sommer notiert in denen die Sonne kaum zu sehen war. Um 800 n. Christus waren das Schwarze Meer und der Nil eingefroren.
Die Trockenphasen die abgelöst wurden von Kälteperioden lösten gewaltige Völkerwanderungen aus und überall brachen Kriege aus, deswegen nennt man dieses Zeitalter, Das Dunkle Zeitalter.
Die Zeit zwischen früh und spät Mittelalter brachte eine Wärme Periode die sich positiv auf das Bevölkerungswachstum in Europa auswirkte. Um diese Zeit war es auch dass man hierzulande anfing vermehrt Zweitnamen zu gebrauchen. Im Mittelalter war es tatsächlich wärmer als in den letzten Dekaden. Die nachfolgende Kältewelle brachte auch die Pest mit sich die um 1300 einen großen Teil der Europäischen Bevölkerung dahinraffte. Es war eine Zeit von schlechten Ernten und der Ausbreitung von solch düsteren Seuchen. Es verbreitete sich die Botschaft, dass die Welt vor dem

Untergang stand und dies die Anfänge der Apokalypse seien.

So war das späte Mittelalter eine schlechte Zeit um in der nördlichen Hemisphäre zu leben.

Es war eine kleine Eiszeit zwischen dem Ende des 13. und der Mitte des 19. Jahrhunderts.

Generell war es kühler als in der Blütezeit des Mittelalters. Wieder wechselten sich kühleres Klima mit angenehmerem ab. Natürlich war dies keine Zeit in der Europa komplett mit Eis bedeckt war, aber die Temperaturen kühlten zu weil und es wurden schlechte Sommer und ernten aufgezeichnet.

Ein weiterer Beweis für extremen Klimawandel ist Grönland.

Grönland ist aus dem Skandinavischen übersetzt grünes Land, für deutsche ist dies einfach zu verstehen.

Norwegische Wikinger, jene Grönland im Mittelalter anfingen zu besiedeln fanden tatsächlich grünes und fruchtbares Land vor.

Aus diesem Grund der passende Name Grönland, mit saftigen grünen Wiesen um Herden von Vieh darauf zu weiden. Was war passiert mit dem grünen Lande?

Im 15. und 16. Jahrhundert verloren die Wikinger auf der Insel ihre Agrarkultur und Viehzucht an eine höhere Macht, denn es wurde kälter. Die Nachfahren des fliehenden Norwegers waren gezwungen umzusiedeln, die Population ließ stark nach, Menschen mussten verhungern.

Heute wie wir alle wissen ist Grönland alles andere als Grün, es ist größtenteils mit Eis und Schnee überdeckt. Wenige Menschen leben dort, doch überall schreit es, dass die Polkappen schmelzen.

Insgesamt gab es während dieser kleinen Eiszeit zwischen 1300 und 1815 ein halbes dutzend Kältephasen die sich mit milderem Klima abwechselten. Es ist so zu verstehen, dass die Temperaturen während den milden Dekaden im allgemeinen nie heran reichten an die warmen Phasen zwischen 900 und etwa 1250 Anno Domini. Das Ende dieser Kühlphase markierte die Hungersnot in Frankreich die ausgenutzt wurde um die Französische Revolution anzustiften.

Einige schlechte Ernten und wenig Sonnenlicht hinterließen eine hungernde, mies gestimmte und manipulierbare Bevölkerung.

Allein der Rückblick in die Chroniken sollte also genügen um die Pseudolehre der Mensch gemachten Erderwärmung oder Klimaveränderung den Nährboden an Lügen und Intrigen zu entziehen.

Die Sonne ist seit Menschengedenken verantwortlich für die Temperaturen auf der Erde.

Je mehr Sonnenaktivität umso wärmer wird es.

Sobald die Sonne weniger Strahlen aussendet kühlt die Erde ab.

Wenn die Sonnenstrahlen auf die Erde treffen, müssen sie gleichzeitig auch unzählige Staubpartikel in der Luft auf dem weg zur Erde und in Erdnähe sich befindend durchbrechen.

Große Mengen an Staubpartikeln werden vom Weltall aus auf die Erde abgeworfen.

Die Staubpartikel sind bestehend aus Mineralstoffen, Aminosäuren und andere für den Planeten notwendigen Nährstoffen.

Jedes kleine Kind versteht das Wolken die Temperaturen sinken lassen, je mehr Wolkenbildung umso weniger Sonnenstrahlen kommen durch und so wird es kühler.

In schwankenden Abständen kommt es zu Sonnenstürmen, der Aussendung einer Hitzewelle durch die Sonne. Im September 1859 wurden Telegraphen durch eine solche Hitzewelle lahm gelegt.

Kompasse drehten sich als wären sie getroffen von einem starken Magnetfeld.

Eine glühende rote Aura umgab den Planeten von Nord nach Süd.

In 1989 führte eine solche zu Stromausfällen in Kanada.

Die Sonne sendet mehr Energie und Hitze wenn sich auf der Oberfläche Sonnenflecken bilden.
Diese sind Magnetfelder die aus der Sonne heraustreten und gewaltige Energie freisetzen.
Sobald die Sonnenflecken abnehmen wird es auf der Erde spürbar kälter.
Die Energie welche von der Sonne abgesondert wird ist somit niemals konstant und verändert ständig unser Wetter auf dem Planetarium Erde.
Für den Menschen ist es schwer zu begreifen, was die Sonne antreibt und aufheizt.
Es ist davon auszugehen, dass wir niemals hinter alle Geheimnisse dieses faszinierenden Objektes am Firmament kommen werden, dem Lichtbringer und Lebensspender.
Denn es wird uns und nachfolgenden Generationen wohl kaum möglich sein einen Blick hinein zu werfen in den Energie geladenen Feuerkörper. So ist es dem Menschen nicht vergönnt hinter die Fassade des Schöpfers zu blicken um zu verstehen wie alles Leben auf der Erde entsteht.
Ein Siegel aus Feuer und Hitze ist errichtet durch die Hand Gottes.
Wissenschaftliche Daten haben keinerlei Zusammenhang ermittelt zwischen dem Anstieg von Co2 Gehalt und dem Anstieg von Temperaturen. Zeitweise war der Co2 Gehalt in der Atmosphäre extrem hoch oder auch sehr niedrig; noch lange bevor Industrie und Technologie ihren ruhmvollen Aufstieg feierten. Kohlenstoffdioxid wird vom Weltall aus auf unseren Planeten geworfen und entsteht auch größtenteils unter Wasser.
Die Mengen die durch den Menschen ausgestoßen werden sind nicht einmal erwähnenswert. Kohlenstoffdioxid ist ein Gas und Gase werden durch den Aufprall der Sonne aufgeheizt.
Trotz dieser Tatsache ist es klar ersichtlich, dass das Wetter abhängig ist von etlichen Faktoren auf die der Mensch kein Einfluss nehmen kann.
Man bedenke auch die gewaltigen Büffelherden die in Nordamerika vom Menschen getötet wurden und nicht mehr existent sind. Wie viel Gase diese wohl von sich gegeben haben müssen?
Trotzdem müssen Viehzüchter nun zusätzlich Steuern abgeben für ihr Getier.
Es wird Panik gemacht um die Ausbreitung der Sahara und das Austrocknen Afrikas.
Selbst dieses Unglück muss uns Menschen aufgebürdet werden. Sprich Co2 Emissionen trocknen den Planeten aus, wenn genau das Gegenteil passieren würde.
Denn das erforschte Feld der Fotosynthese kann auch hier beiseite geschoben werden.
Eigentlich fehlen nur die Wolken und der Regen. Aber die haben wohl wir bösen Menschen vertrieben. Jeder Geologe wird beweisen können, dass Trockenphasen sich mit feuchteren abwechseln.

Vielleicht stellt sich Al Gore vor uns auf und verflucht uns weiterhin mit Drohungen über Naturkatastrophen wenn wir nicht imstande sind unsere Ablass zu begleichen:
„Wir heizen den Planeten auf werft etwas Geld in meine aufgehaltene Hand und eure Schuld wird euch erlassen. Euer Sühnen wird machen, dass es in Afrika wieder regnet.
Mit euren Sünden könnt ihr euch zudem auf dem Börsenmarkt eine Goldene Nase verdienen. Investiert einfach nur in den von Baron de Rothschild und mir neugegründeten Emissionen-Markt. Die Politiker? Die haben wir schon in der Tasche die schreiben alle Gesetze so um, dass alle Unternehmen die nicht zu uns gehören Steuern zahlen müssen auf ihre Emissionen.“

„Gelobt sei unser Wetter Guru Gore; was wäre die Menschheit nur ohne dich?“
Wären da nur nicht die ständigen Vulkan Eruptionen. Die zusätzlich Gase in Unmengen ausspucken. Und über 80% dieser befinden sich auch noch innerhalb der Ozeane unter Wasser.
Gar nicht erst zu sprechen von allen aktiven Vulkanen die sich auf der Erdoberfläche herausnehmen Wärme auszusondern. Geologische Aufzeichnungen sind Beweis dafür, dass jeder gewaltige

Vulkanausbruch sich auch auf das Wetter auswirkt und die Zusammensetzung der Gase in der Atmosphäre.

In 2010 hatte der Vulkanausbruch in Island den Flugverkehr lahm gelegt.

Auf unserer Erde befinden sich einige Supervulkane, deren Ausbruch extremen Klimawandel bewirken könnte. Die ausgestoßenen Staub-Partikel in der Luft würden das Durchdringen der Sonne für Jahre verhindern und das Klima auf der Erde würde schnell abkühlen.

Im August des Jahres 1883 wurde in Indonesien zum ersten mal von modernen Menschen eine stärkere Vulkan Eruption miterlebt um das Wissen um dieses Ereignis mit seiner Nachkommenschaft zu teilen.

Es muss wohl so ausgesehen haben als wäre die Erde von einem dichten Staub Siegel umgeben.

Doch sicherlich ist auch hier der eine oder andere Übeltäter unter uns Erdlingen, der durch sein Verhalten verantwortlich zu machen wäre für das Wecken eines solchen Feuer-Giganten.

Zahlen wir doch lieber alle schön unsere Ablass ansonsten muss Priester Gore sein Klagelied einstimmen, auf dass es nicht mehr regnen wird für einige Zeit und uns auch noch der Himmel auf den Kopf fallen möge, sobald der Meister-Schamane sein Stock gehoben.

Um uns in Panik zu versetzen genügt es einen Bericht über schmelzende Gletscher und schwimmende Eisbären zu zeigen, die Bilder genügen, denn wir nehmen nur auf dass ein Bär im Wasser ums überleben kämpft.

Um die gewaltigen Eisgletscher des Nordpol oder Antarktis zu schmelzen benötigt es sehr viel Energie. Der Mathematiker Milutin Milankovic war in den 30ern der Auffassung, dass die Gletscher in der nördlichen Hemisphäre zunehmen wann immer die Solar Aktivität nachlässt.

Seine Behauptung wurde durch wissenschaftliche Daten bestätigt. In den letzten 800.000 Jahren benötigten die Gletscher 90.000 Jahre um Eis anzuhäufen und 10.000 Jahre um Eis abzubauen.

Das Eis bildet sich wenn Schnee fällt. So entsteht eine Lage über der nächsten.

Der tiefste Eiskern ist nach derzeitigem Wissensstand 700.000 Jahre alt. Eisdecken bestehen nicht nur aus Eisschichten, sondern auch aus Schichten die Ablagerungen hinterlassen.

Proben des aufgeschichteten Eises bestätigen, dass die Polkappen zu keiner Wärmephase geschmolzen sind innerhalb der letzten 700.000 Jahre; also seit ihrer Entstehung.

Das Eis schmilzt zunächst einmal an den Rändern der riesigen Gletscher sobald wärmere Temperaturen durch starke Solar Aktivität erreicht werden. Es entspricht also keineswegs der Wahrheit, dass ein heißer Sommer die Eisbären und Pinguine ersäufen wird.

Viel mehr ist dies ein langwieriger Prozess der sich über tausende von Jahren hinstrecken würde. Denn auch Tiere sind des Schwimmens mächtig und möchten sich ab und an im Eiskalten Wasser der Antarktis erfrischen.

Es ist auch ein Falschglaube, wenn man uns im Fernsehen vom Eisgletscher abgespaltene Eisblöcke zeigt, die sich einfach nur gelöst haben und anzunehmen das hierbei Eis schmilzt.

Genau das Gegenteil passiert die Eisgletscher breiten sich aus weil sie zunehmen und verdicken, und gen Meer im Untergrund auf Felsen und Erde treffen; aus diesem Grund brechen Eisblöcke heraus.

Wenn Eisgletscher schmelzen bildet sich an den Rändern geschmolzenes Eis; Morast ähnlicher Eisschlamm. Die Panik-Macher hatten zudem behauptet, dass in naher Zukunft der Nordpol komplett auftauen würde und die Antarktis große Teile ihres Eises verlieren würde.

Die Computer Modelle hatten zudem vorgerechnet, dass zum Ende des 21. Jahrhunderts keinerlei Eis mehr die Antarktis bedecken würde. Alles würde schmelzen und uns die zweite Sintflut bescheren, uns alle ertränken. Konträr dazu stehen die monatlichen Messungen von 37 Antarktis Stationen die besagen, dass seit den 30er Jahren die Temperaturen in der Antarktis nicht mehr gestiegen sind. Hinzu kommen die Ergebnisse von 8 Dänischen Wetter-Stationen auf Grönland die bestätigen, dass Grönland in den letzten 50 Jahren abkühlt. Des weiteren 3 Seestation des Labrador Sees deren Daten besagen, dass Seetemperaturen in den letzten 50 Jahren auch gefallen sind. Tatsächlich wuchsen die Eisschichten von Nord und Südpol in 2008 im Vergleich zum Vorjahr. Gerade als die Hetze um die Globale Erwärmung ihren Höhepunkt erreicht hatte, hatte wieder einmal die Hand des Gerechten Schicksals mit angepackt um der Heuchelei ein Ende zu machen.

Jede größere Katastrophe verursacht durch Tsunamis oder einen Hurrikan wird der „globalen Wetterveränderung" ausgelöst durch uns böse „Menschen Tiere" zugeschrieben. Beispielsweise „Hurrikan Katrina" oder jener Tsunami der 2004 Thailand verwüstete. Das Eintauchen in das Schwarze Meer hat ergeben, dass dort vor Jahrtausenden Menschen gelebt hatten, weil am Boden des Meeres Gegenstände gefunden wurden, jene von menschlichem Leben zeugen. So verursachte das unstetige Klima schon vor Jahrtausenden weitaus verheerendere Katastrophen, ganze Landmassen versanken unter Wasser. Das Niederland bezeichnet man zurecht als solches weil dieses Problem seit über 1000 Jahren besteht. Seit dem 13. Jahrhundert haben die Niederländer fast 600.000 Hektar Agrarkultur an die Nordsee abgeben müssen. Ein langwieriger Prozess welcher sich über Generationen hinzieht. Im Dezember 1287 ertranken geschätzte 50.000 bis 80.000 durch die Santa Lucia Flutkatastrophe. Daraus entstand der Zuider See. Das Land darunter wurde vom Wasser eingenommen.

Landmassen, Länder und Städte sinken, wie zum Beispiel Bangkok, Mexiko City und Denver. Gleichzeitig nehmen Landmassen in Ländern wie Kanada, Schottland und Skandinavien zu. Hier sind die Naturgewalten des Kosmos am Werke die nach und nach die Kontinente verschieben und verändern. Landmassen gehen in den Ozeanen verloren und es formen sich neue.

Der Mond bewegt sich stets um die Ekliptik und manövriert stetig die Wassermassen. Nach 18,6 Jahren wenn der Mond auf seiner Bahnlinie weiter nördlich über dem Äquator steht; Erreicht dieser Zyklus der „Flutbewegungen" (Im Sinne von Ebbe und Flut) durch den Mond seinen Apex. In 2006 war wieder eine solche Phase eingetreten, die Westküste Grönlands und Teile Islands wurden von Warmwasser Massen passiert. Eis schmolz und die Massenmedien und Irrenanstalten für Massenparanoia läuteten wieder jede Alarm Glocke auf der ganzen Erde. Auch die Gesetze der Astronomie die dem Menschen seit je her bekannt sind werden beiseite geschoben.

Eine weitere Fehldiagnose der Volksaufhetzer ist die Behauptung, dass der Golfstrom abnimmt und uns die nächste Eiszeit bringt. Die Strombewegung der Ozeane ist immer noch nicht ausreichend erforscht und man versteht nach wie vor nicht die Wechsel die hierbei stattfinden. Die Ozeane enthalten zudem 22 mal mehr Hitze als die Atmosphäre. Es ist also auch nicht zutreffend, dass die Luft die Ozeane aufheizt sondern das Gegenteile ist der Fall. Der Treibhauseffekt wird als negativ vermarktet, jedoch ist ohne diesen kein Pflanzenwachstum möglich. Der Treibhauseffekt verhindert dass Pflanzen erkalten und somit wachsen können. Der gleiche Effekt wird in einem Gewächshaus angewendet, hier besteht eine erhöhter Co2 Gehalt um die Pflanzen besser zu nähren. Kohlenstoffdioxid dient in der Atmosphäre als Auffangnetz für Wärme. Es verringert den Wärmeverlust in der Atmosphäre. Aus diesem Grund würde alles Leben auf der Erde absterben ohne Co2. Co2 ist also kein Wärmespeicher. Wann immer wir den falsch Predigern lauschen und versuchen weniger Co2 auszustoßen, schaden wir nur uns selbst und dem Planeten. Würden wir den Co2 Ausstoß drastisch senken so würde der Planet wahrscheinlich gefrieren. Wie gut dass wir Menschen von wahnsinnigen gelenkt kaum Einfluss haben auf das Erdklima. Die „Spezialisten" des IPCC hatten behauptet, dass die Temperaturen so gestiegen wären, weil die Treibhausgase als Isolator für die eintreffende Strahlung dienen würden. Die Luft bestehend aus Stickstoff und Sauerstoff ist bereits ein guter Wärme-Isolator. Hierzu benötigt es keine Zunahme an Co2 in der Luft. Vielleicht müssen wir diese zwei überlebenswichtige Elemente aber auch noch aus der Luft verbannen.

Wir produzieren mehr Co2 als in der Vergangenheit trotzdem sind die Temperaturen im durchschnitt gefallen. Der Mensch bewohnt nur circa 3 Prozent der Erdoberfläche.
Also wie groß kann unser Einfluss auf das gesamte Wetter-System sein?

Eine kleine Zusammenfassung von allen wichtigen Faktoren die auf das Wetter und unser Welt Klima einwirken:
- Die Sonne und das Sonnensystem als ganzes, die Planeten, der Mond und Milliarden winziger Partikel, die Wolkenbildung und deren Bewegung sowie Auflösung.
- Die Erde ist gespickt mit vielen Vulkanen deren Aktivität das Klima alles andere als konstant bleiben lassen, falls ein solcher „Feuergigant" einmal anfängt Feuer und Flamme zu spucken.
- Wüstenbildungen durch Klimaveränderung.
- Die Bildung von Eisgletschern und den Eismassen in Nordpol und Antarktis.
- Das Verhalten des Blauen Element Wasser.
- Die Luft zum Atmen in unserer Atmosphäre.
Im Prinzip wirken die vier Erdelemente im Zwischenspiel miteinander. Wasser, Feuer, Luft und Erde diese sind es die bestimmen über die Überlebensfähigkeit sowie Lebensfähigkeit des Menschen auf diesem impulsiven und aktiven Planeten.
Zudem verfügen wir über die Geschichte unseres Geschlechts auf diesem Planeten, jene beweist, dass die Reise durch Raum und Zeit etliche Klimaveränderungen mit sich brachte.
Und unsere Spezies immer wieder herausforderte den Kampf des Lebens anzunehmen.

Sollten wir den Fehler begehen dieser Pseudowissenschaft, die von „Think Tanks" des „Club of Rome" bereits vor 50 Jahren entworfen wurde glauben zu schenken.
So müssen wir auch die Konsequenzen kennen. Was wenn sich also dieser Irrglaube durchsetzt,
der auf keinerlei wissenschaftlicher Basis, durch Beobachtung, Analyse und Erprobung beruht?
Inwiefern wird sich unser Leben verändern und auch unsere Lebensqualität?
Es wurden noch nicht alle Hebel getätigt um das Ziel zu erreichen.
Wir würden in ein neues dunkles Zeitalter verfallen. Dem Zeitalter des Öko-Faschismus.
Dieser hat ohnehin schon durch den fatalen Dogmatismus also der Verbreitung von Falschlehren viele fanatische Anhänger gefunden. Der Mensch ist reduziert worden zum niedersten Tier ohne Wertschätzung, denn er ist nur ein Parasit auf dem Planeten der angebetet werden muss.
Unser Heiland hatte gewarnt davor, dass man uns die Erde zur Religion erheben würde,
auf dass wir sie alle anbeten müssten. Die Durchsetzung von Vorschriften und Normen zur Minderung von Co2 Emissionen wird jeden Aspekt unseres Lebens einnehmen und wie viel Strom wir verbrauchen dürfen. Die Einführung der giftigen, unnützen Stromsparlampen und der Verbot von Glühbirnen sind erst der Anfang.

Jede Handlung, jede Tat und jedes Vergehen um der Co2 Emissionen Willen wird bestraft werden. Autos würden mit Geräten ausgestattet um zu messen wie viel Kilometer man am Tag gefahren ist. Aus diesem Grund ist schon die Rede im Bundestag von einer landesweiten Kfz-Maut.

Auch hier wird es strikte Vorschriften geben sich für Mutter Erde aufzuopfern und weniger zu fahren. Aber wo wird die Grenze gesetzt werden? Im Wahne sind keine Grenzen gesetzt.

In Australien wurden Kindern bereits Hausaufgaben gegeben um zu dokumentieren wie viel Wasser zu Hause verbraucht wird. So schickt man sie los als „Öko-Detektive", um das Elternhaus auszuspionieren. Nichts anderes war die „Adolfus-Hit-Jugend".

Es ist eine neue Art des Faschismus. Neu verpackt aber mit dem alten Inhalt, welcher einmalig ausgepackt alles absorbiert.

Wir müssen uns opfern. Aber für wen? Ist es Wert unsere Menschlichkeit zu verlieren?

Den Afrikanern wird verboten sich landwirtschaftlich auszubreiten weil dies, die Artenvielfalt zerstört und angeblich mehr Co2 ausgestoßen wird. Diese Menschen sollen hungern.

Wie sehr haben wir uns moralisch entwerten lassen? Tier und Pflanzenarten waren schon immer vom aussterben bedroht. Es ist ein natürlicher Prozess. Die Gesetze des Planeten Erde bestimmen das Ableben von Tierarten, Pflanzen und auch möglicherweise das aussterben des Menschen, ohne dass wir irgendetwas dagegen ausrichten können. Sonst würden wir heute noch mit Dinosauriern und Säbelzahntigern kämpfen.

Unsere Wirtschaft und Industrie würde zusammenfallen. Denn Unternehmer werden immer stärker belastet. Wieder einmal würde man die Industrie in Länder verfrachten die ausgenommen werden. Weil dort andere Bestimmungen gelten. Es ist der Masterplan von Multinationalen Kooperationen wie in einer Dystopie alle Märkte zu monopolisieren und konsolidieren.

Diese ins Ausland zu verfrachten, in Ländern in denen die Menschen kaum Rechte besitzen.

Wie wir bereits wissen sind diese Sonder Firmen nicht zu belangen von unseren Bürokratischen Institutionen. Denn wir sind abhängig von ihnen, nicht sie von uns. Glauben sie wirklich daran?

Sind nicht wir es die diesen Unternehmen die Konsummacht durch unser Konsumverhalten überschreiben? Die übergeordneten Super Bürokraten der Weltorganisationen sprechen davon den Gehalt von Kohlenstoffdioxid zu halbieren. Dies käme einem gewaltigen Massen Suizid gleich.

Wir Menschen würden uns nicht nur selbst ausrotten, sondern auch Flora und Fauna mitnehmen ins Massengrab derer die es geschaufelt haben. Vielleicht ist dies der Grüne Reiter der Apokalypse, jener uns mit grün gefärbtem Öko-Faschismus ins Jenseits befördern wird.

Die Methodik der Schlange die uns eingewickelt hat, betäubt mit ihrem Gift und darauf lauert uns zu verschlingen ist es alles zu verkehren. Kohlenstoffdioxid ist ein Lebensspender und fester Bestandteil der Luftkonsistenz. Die Sonne ist der Hauptfaktor der über Leben und Tod entscheidet, auch hier verkehrt man alles und möchte den Hauptfaktor als trivial und geradezu nicht Existent präsentieren.

Man geht schon so weit Leuten zu drohen die sich gegen die Pseudowissenschaft stemmen um diese als Scharlatane zu entlarven. Renommierten und Ehrenwerten Herrschaften die in diesen Bereichen spezialisiert sind, wird mit dem Ausschluss aus Universitäten gedroht.

Man vergleicht „die Feinde des Ökosozialismus" öffentlich mit rechten die den Holocaust verneinen; und verlangt eine strikte Sanktionierung und Bestrafung von uns Bösewichten,

wir die auf dem Boden der Tatsachen geblieben nur die Vernunft zu wahren suchen.

Der Ober Guru der Öko-Faschisten Gore sagte nicht zuletzt in einer Kongress Anhörung

und seine Worte wählte er klar deutlich mit Gehobenem Zeigefinder betonte er ein jedes laut wie folgt: „**What the international scientific community is saying is correct, there is no legitimate basis for denying it.**[1]"

Das heißt auf deutsch wir müssen den selbst ernannten Fachmännern glauben schenken und uns beugen. Von den 2500 Damen und Herren sind die meisten Bürokraten gewesen, die über keine kompetenten Fachkenntnisse verfügen. Offensichtlich verfügen sie auch über ein gemindertes Urteilsvermögen. Die meisten Wissenschaftler waren keine Spezialisten in den Bereichen Geologie und Klimaforschung.

Die Spezialisten wurden offensichtlich erpresst oder in grünen Blüten gebadet.

Atmosphären-Physiker Richard Lindzen hatte den Nerv dieser Idiotie richtig getroffen als er verkündete, der Konsensus war bereits da, bevor vernünftig recherchiert wurde.

Gewaltige Bürokratische Institutionen müssten neu geschaffen werden und werden mit Sicherheit geschaffen werden, um die Einhaltung der Vorschriften um den Ausstoß von Co2 zu kontrollieren. Diese werden die alte Wirtschaft ersetzen.

„Eine Öko-Gestapo würden wir etablieren die einfach in jedes Haus spazieren kann und die Privatsphäre ..."[2] , um die passenden Worte von Kongressabgeordneten Steve Scalise, der Albert Gore verhört hatte zu gebrauchen.

Fest steht dieses Schema über Mensch gemachten Klimawandel ist eine gewaltige Maschinerie die funktioniert wie ein Abzugskanal, unseren Wohlstand müssten wir abgeben und uns freiwillig in die Kloake spülen lassen. Uns freiwillig in Armut begeben. Dieser Wohlstand würde nicht zuletzt aufgenommen werden von denen die sowieso schon zu viel besitzen, durch korrupte kriminelle Machenschaften.

Indes versuchen die Vertreter dieser neuen Religion ein Internationales Klima Gericht zu etablieren. Na, wie hört sich das an? Hört sich gut an oder nicht? Hört sich ein wenig an wie das „Volksgericht" der Braunen Uniformen. Oder die Spanische Inquisition?

Denn wir verletzen die „Rechte von Mutter Erde".

Hatte unser Heiland übertrieben, als er uns vorgewarnt? Wohl kaum denn die Realität sieht düster aus, dies ist keine Erfindung aus den Fingern eines Autors geflossen. Diese Lüge über das Leben wird ausgenutzt werden um einen Internationalen Ausschuss von „Experten und Richtern" zu ernennen. Jede Nation die sich nicht unterwirft wird wirtschaftlich gelüncht werden.

Die Welt ist bereits so stark verwoben worden von der „Spinne", dass bereits Wirtschaftssanktionen ein Land ruinieren.

Die Westlichen Nationen werden aufgefordert innerhalb von einer Dekade 50 Prozent ihrer Co2 Emissionen zu senken. Im Prinzip würden wir die Hälfte unserer Wirtschaft und Industrie verlieren, um es einfach und unkompliziert auszudrücken.

100 Prozent Senkung wird angestrebt bis zum Jahre 2050. Das bedeutet keine Autos mehr die uns transportieren und als Lastesel dienen und auch keine Kraftwerke die uns mit Strom versorgen. Ein neues dunkles Zeitalter ohne jeden Zweifel!

In Allen Hochkulturen der Geschichte haben Druiden, Priester oder irgendwelche „Gottesvertreter" in Frauengewändern (weil Vertreter der weiblichen Erdgöttin) sich aufgestellt um den Schöpfer zu ersetzen und die Menschen zu verwirren, weil nur sie über das Wissen der Astrologie und Astronomie verfügten und abschätzen konnten, wann welche Bedingungen eintreffen würden.

Es ist eine Zauberei der alten Schule, ein alter verstaubter Trick der aus dem Ärmel gezogen.

Wir müssen also jenen Folgen die damit gesegnet wurden uns vor dem Untergang zu bewahren.

Dem nicht genug beabsichtigen Politiker in Groß-Britannien die Einführung einer „carbon ration card". Lassen Sie sich dies gut auf der Zunge zergehen. Eine Karte die festhält wie viel Co2 sie bereits erzeugt haben. Der Traum eines jeden Despoten wird hier wahr. Mit eingebautem Chip. Alles wird gechipt; Die Reisepässe, Personalausweise, Krankenversicherten Karten und Führerscheine.

Ein jeder der sein Kontingent auf der Karte verbucht noch nicht verbraucht hat, dürfte diesen weiterverkaufen an dritte. Ein neuer Markt würde entstehen.

Nun raten Sie einmal wer diesen etablieren wird?

31.000 Wissenschaftler aus allen Bereichen in den Vereinigten Staaten alleine standen auf diese Pseudowissenschaft als Nonsens zu outen.

In etlichen Zeitungsartikeln wird schon darüber diskutiert ob es nicht besser wäre noch weniger Kinder zu zeugen. Denn diese sind ja auch kleine Co2 Bomben, die ihre Windeln vollmachen und zu nichts mehr zu gebrauchen sind. Vielleicht ersetzen wir diese in einer „Posthumanen" Zukunft einfach durch Roboter. Solange wir dieses Vorhaben aufschieben müssen, können wir die kleinen aber auch noch besteuern, ja richtig eine Steuer für Babys; die brauchen wir!

Während wir uns hier auf der Erde über die Gesetze und Falschlehren des Kosmos streiten, schmelzen die „Polkappen" auf dem Mars. Wer ist Schuld? Das können nur die Marsianer sein die kriechen da bestimmt umher und produzieren giftiges Kohlenstoffdioxid, wie gut für die kleinen grünen Männchen dass der wahnsinnige Homo Sapiens sie noch nicht erreicht.

Abschließen möchte ich dieses Thema mit einer in die Hirnfalten eingebrannten Erinnerung an einen extrem heißen Nachmittag. Mit Arbeitskollegen hatte ich ein Schwimmbad besucht.

Die Sonne stach knallend heiß auf uns ein. Es waren gefühlte 40 Celsius Grad.

Als einer der Kollegen die Sonne mit besorgten Augen anblickend den Epischen Satz tätigte:

"Ja, die Globale Erwärmung wird immer stärker".

Dass schöne an der ganzen Sache war der überzeugte Blick mit dem er unbewusst richtigerweise die Sonne anblickte, die Schuld war an der Hitze und nicht die Pseudowissenschaft über Mensch gemachten Klimawandel durch Co2.

Dies ist der Beweis für die Stärke die in unserem Unterbewusstsein schlummert und nur darauf wartet geweckt zu werden. Uns aus den Klauen von wahnsinnigen Raubtier ähnlichen Mär-Erzählern zu befreien und eine neue bessere Welt im positiven Sinne zu erbauen, mit Nachsicht, Rücksicht, Geduld, Herzblut und Schweiß.

1   Anhörung durch House Energy and Environment Subcommittee am 24. April 2009, Waxman-Markey climate bill.
2   Anhörung durch House Energy and Environment Subcommittee am 24. April 2009, Waxman-Markey climate bill.

Dogmatismus

Unser Weltbild wird bestimmt von Dogmen mit denen wir aufgewachsen sind. Diese Lehren sind es die unser Leben vorantreiben. Sie zu durchbrechen oder sich gegen diese zu entscheiden, sind keine Option, denn sie sind fest in unserem Unterbewusstsein und Bewusstsein verankert.

Um nicht aus der Reihe zu tanzen, bewegen wir uns besser im kollektiv.

Ein extrem fataler Dogmatismus ist die Auffassung, dass der Mensch im allgemeinen verantwortlich ist für die schleichende Vernichtung der Natur und Bioprozesse des Planeten.

Sprich jeder einzelne von uns wird verantwortlich gemacht, es ist die menschliche „Kollektiv-Schuld".

Sobald Kinder ein Bewusstsein entwickelt haben und ihre Umwelt bewusster aufnehmen können, wird ihnen bereits ein schlechtes Gewissen aufgebürdet.

Dadurch entstehen Minderwertigkeitskomplexe die nicht mehr zu beheben zu sein scheinen.

Denn das ständige wiederholen konditioniert die meisten, so zu fühlen und zu denken wie die Norm es bestimmt.

Diese besagt: „Der Mensch ist schlecht, und zerstört seine Umwelt, Flora und Fauna, rücksichtslos und bewusst; Es ist die unersättliche Gier des Menschen, mehr und mehr Profit zu machen."

Nun sollte man eigentlich unterscheiden zwischen den Menschen die von der Zerstörung der Umwelt wirklich profitieren, diese Aktiv vorantreiben und sich die Taschen mit Geld füllen.

Und jenen die nur dem Dogmatismus ihrer Zeitgenössischen aufgebürdeten Massen-Kultur nachgeben und sich einfügen in die Norm. Beispielsweise wenn man etwas konsumiert und sich bewusst ist, dass dieses Produkt die Umwelt verschmutzt.

Wie sehr sind wir tatsächlich involviert, wenn Ölbohrtürme auslaufen oder Atomkraftwerke aufgrund von mangelhafter Wartung oder Auswahl des Standortes, Ozeane und die Erde vergiften? Weil wir den Strom mit konsumieren? Weil wir unser Automobil mit Benzin betanken?

Haben wir wirklich eine Wahl? Wir müssen so konsumieren weil wir keine andere Wahl haben.

Wie viele von uns können noch auf ihr Auto verzichten? Oder gar Strom?

Wer schafft neue Alternativen? Dürfen wir überhaupt alternativen schaffen?

Oder müssen wir uns der Norm fügen? Sind wir überhaupt in der Lage Alternativen zu finden und auf dem Markt zu etablieren? Sind wir dazu befugt? Hat man uns dies genehmigt?

Definitiv nicht, wir bewegen uns im Kreislauf des „Zwangskonsums".

Wir müssen alles übernehmen was von den „Olympiern" abgeworfen wird. Egal ob es zu teurer Strom aus der Dose ist oder Monopolisierter Treibstoff um Mobil zu sein, wenn die Zeit immer schneller zu laufen scheint. Egal ob „iPad" und „iPhone" oder „Google Glasses" wir müssen mithalten mit dem aufgezwungenen „Falschkonsum".

Denn die Idiotie unser Zeit gestattet keine Querschläger. So kann man uns mit dem „Zwangskonsum" knechten und gleichzeitig ein schlechtes Gewissen bereiten.

Die Basis einer freien Gesellschaft ist die Redefreiheit. Doch selbst diese wird uns streitig gemacht und zwar durch die Hintertüre. So ist es moralisch verwerflich, wenn man gewisse Ausdrücke benutzt. Jene sind nicht mit dem „Kollektivgeist" zu vereinbaren und müssen strengstens unterlassen werden. Wir brauchen nicht über den Anstand und Verstand von Leuten zu sprechen die Worte gebrauchen um andere damit zu verletzen oder niederzumachen. Zum Beispiel schwere Beleidigungen um jemanden fremdes die ethnische Herkunft oder Religion anzuprangern.

So wird man von „äußerst netten" Mitmenschen gerügt wenn man sich politisch unkorrekt ausdrückt, weil es sich nicht gehört, die politische Korrektheit muss eingehalten werden.

Es ist eine neue Variante der Durchsetzung von Verhaltens Normen, die im kommunistischen Ostdeutschland oder National Sozialismus anders gehändelt wurden. Da man uns vor heuchelt in einer freien Gesellschaft zu leben die demokratisch ist und die Grundrechte des Menschen achtet, muss man dies auf die softe Art machen. Die extremen müssen erst einmal beiseite geschoben werden. Denn man muss nur wie ein Reptil eine neue Haut auflegen.

Politische Korrektheit ist nichts anderes als ein „Adolfus Hit Gruß" für vertätschelte und sozialisierte „Trendies" die sich dem Konsensus der Massenidiotie gefügt haben.

Dieses und jenes ist nicht politisch korrekt heißt es dann.

Doch was wenn diese Verhaltensregel dazu benutzt wird um uns zu verbieten über kritische Themen zu sprechen?

Redefreiheit ist nicht dazu da um Rücksicht auf die Gefühle von Menschen legen zu müssen die sich unkorrekt verhalten. Man sollte nicht in die Falle tappen zum Schutze der Gefühle von dritten sich das Wort verbieten zu lassen.

Redefreiheit sollte gepflegt werden um unangenehme Themen besprechen zu dürfen, die den Erhalt einer toleranten und freien Gesellschaft erst ermöglichen.

Was wenn wir in naher Zukunft unsere Meinung nicht mehr frei äußern dürfen Aufgrund von politischer Korrektheit? Es bestehen zwei Pfade zum totalitären Faschismus, der schnelle und direkte, und der schleichende. Jener wird über mehrere Generationen stetig vorangetrieben.

Der Mensch lebt von dem was die Erde hergibt. Die Luft zum atmen, Wasser, Nahrung aus der Vielfalt von Flora, Fauna und Rohstoffen. Die Rohstoffe benötigen wir um uns das Leben angenehmer und komfortabler zu machen. Die Erfüllung von Wohlstand und Glück, der Erleichterung des Lebens. Ohne das Wissen um die Verarbeitung von Rohstoffen müssten wir leben wie der Urmensch bevor er das Feuer, die erste Technologie entdeckte.

Wir müssten uns begnügen mit dem Verzehr von rohem Fleisch, Früchten und Beeren.

Alles was wir benutzen ist aus Rohstoffen gefertigt. Alles was wir dadurch anstreben ist die Verbesserung unserer Lebensqualität.

Jeder Aspekt unseres Lebens und unseres gemeinschaftlichen Fundaments wird bestimmt durch die Förderung, Verteilung und Verarbeitung von Rohstoffen.

In einer freien Welt ohne Neid, Gier und Krieg würden wir Menschen die Rohstoffe gleichmäßig verteilen. Da wir in einer gespaltenen Welt Leben voll Neidern, maßloser Gier und dem fortführen von unzähligen Kriegen ist dies nicht möglich. Und eine Annäherung an eine solche Traumwelt ist uns Menschen aufgrund von kollektiver Manipulation nicht vergönnt.

Wieso versinken wir immerzu in jenen Lastern die da heißen Neid und Gier und Krieg?

Weil wir mit der „Falschlehre" und dem Dogmatismus von Knappheit aufgewachsen sind.

Es gibt nicht genug zu Essen. Es ist nicht genug Platz auf der Erde. Das Erdöl geht uns aus.

Es ist nie genug für uns alle da, die wir auf dem Boden kriechend versuchen uns gegenseitig die Augen auszustechen.

Dabei bewohnen wir Menschen gerade einmal geschätzte 2 bis 3 Prozent der Erdoberfläche.

Bei Betrachtung der Erde muss einem auffallen, dass sogar Länder wie Indien und China noch sehr viel Raum haben. Und wo leben die meisten Menschen seit fortschreiten des 20. Jahrhunderts?

Wie magnetisch angezogen leben die meisten in Metropolen die immer weiter wachsen und verarmen. Weil von oben herab reguliert wird, dogmatisiert, genormt und getadelt.

So bleibt es den meisten nicht vergönnt angeborene Talente für ein eigenes Streben nach Glück einzusetzen. Sich eine eigene berufliche Existenz aufzubauen. Individuell dem kollektiv mit einer gut gemeinten Dienstleistung oder einem qualitativ hochwertigen und liebevoll verarbeiteten Produkt, gleichsam zu dienen und die Lorbeeren für die Anstrengungen der Arbeit in Form eines Ausgleichs zur Stillung aller Bedürfnisse zu erhalten. Sich ein eigenes Heim zu schaffen,

nicht eingepfercht zu leben mit seinen mit geknechteten Mitmenschen.

Der Trend besagt, dass immer mehr Menschen in extrem beengten Metropolen Leben müssen, weil nur dort Arbeitsplätze entstehen.

Aber wer schafft diese Arbeitsplätze? Die Bürokraten die wir für teures Geld bezahlen?

Oder etwa Multinationale Kooperationen?

Jene die dem „Falschglauben" aufsitzen können sich höchstens mit dem Argument brüsten, dass die meisten Flächen der Erde durch die Naturellen Bedingungen für uns Menschen unbewohnbar sind.

Wir bewohnen maximal 3 Prozent der Erdoberfläche. Einfach gerechnet bestehen 70 Prozent aus Wasser und 30 Prozent aus Land. Das bedeutet wir bewohnen nur maximal 10 Prozent der möglichen Fläche. Was als viel betrachtet wird wenn man der Meinung ist, dass die meisten Flächen unbewohnbar sind weil wildes Terrain. Doch sollte man hierbei bedenken, dass man aufgrund der fortschreitenden Technologie auf einer kleinen Fläche wie Manhattan bereits Millionen von Menschen unterbringen kann ohne sie einzuengen zu müssen.

Wir verfügen über die Möglichkeit hoch zu bauen, trockenes Land zu bewässern wie es die Israeliten erfolgreich vorzeigen und sich hervorragend damit versorgen können.

In naher Zukunft wird es sogar möglich sein die Wasseroberflächen zu nutzen um darauf Städte zu errichten. Wir könnten in Gewächshäusern genug Gemüse und Obst anpflanzen um Milliarden und zich Milliarden von Menschen und Kinderlein zu ernähren.

Der positiv gestimmte Mensch kann mit dem heutigen Stand der Technologien und Ressourcen Verarbeitung, diese Welt mit unzähligen Menschen überfluten. „Seit fruchtbar und mehrt euch", dies ist die Stimme des Schöpfers der uns alle Rohstoffe in ausreichender Menge zur Verfügung gestellt hatte um den Planeten zu bevölkern. Der Fortschritt von moralisch und ökologisch verträglicher Technologie würde es uns Menschengeschlecht ermöglichen dies zu vollbringen.

Voraussetzung hierfür ist die Aufklärung über solchen Dogmatismus wie Knappheit über Ressourcen und Wasser. Die Erde besteht größtenteils aus Wasser und trotzdem kann man uns damit täuschen, dass wir in naher Zukunft verdursten könnten.

Dies ist der maximale „Fatalismus des totalitären Dogmatismus", die Vernichtung der Vernunft!

Wir haben was die Technologie betrifft einen riesigen Sprung vollbracht doch geistig hinken wir hinterher wie die Untergebenen im Dunklen Mittelalter. Es sind diese Dogmen die uns auf die mentale Fähigkeit von Kleinkindern reduzieren und genauso werden wir auch behandelt.

Wir fühlen uns klein und unwichtig, Entscheidungen schieben wir ab, denn wir haben unsere Stimme an andere Entscheidungsträger abgegeben. Wir sind nur Rädchen, die sich im kollektiv drehen sollen. Nur im kollektiv der Konventionen können wir stark sein.

Als Individuum unbedeutend und schwach, wichtig ist es nur dem Strom zu folgen.

Dabei vergessen wir, dass wir eigentlich sehr viel Macht abgeben. Jeder einzelne wann immer er seine Stimme und Zustimmung für etwas hergibt. Wir sind nicht selbst befähigt um Hand anzulegen, wir verstehen nicht die Zusammenhänge und überlassen die wichtigen Angelegenheiten, den Experten die speziell hierfür ausgebildet wurden. Wir schieben die Verantwortung einfach ab und müssen später für die Konsequenzen dieser passiven Ignoranz und Hilflosigkeit bluten.

Die Dinge sind eben wie sie sind und wir können sie nicht verändern, da wir sonst im Chaos versinken würden. Lieber ergeben wir uns der „Suizidalen Ordnung".

Und Anarchie ist ein Anathema und absolut undenkbar, denn es kann nur gestreutes Chaos geben oder strikte Ordnung vorherrschen. Anarchie im Sinne von Eigenverantwortung und dem respektieren der Umwelt und Mitmenschen ist absolut undenkbar in einer Welt voll Dogmen die vom Himmel fallen wie die Plage von Heuschrecken.

Wie könnten wir auch anders leben als jetzt, wir würden im Chaos versinken, denn es fehlt die ordnende Hand die uns aufrichtet einen Klaps auf den Hintern und mit gehobenem Zeigefinder die Richtung angibt, genau wie bei Sprösslingen die hilflos sind.

Die Rollenverteilung von Frau und Mann ist der Konfusion unserer gegenwärtigen Idiotie verfallen.

Die natürliche Rollenverteilung wurde durchbrochen, da wir nun umdenken müssen.

Alte Denkweisen müssen Platz machen für neue. Der älteste Trick ist es einfach die natürliche Ordnung umzukehren. So überwindet man meisterhaft jedes Hindernis. Also macht man aus Frau einfach Mann und umgekehrt. Denn in naher Zukunft brauchen wir die Frauen nicht mehr als Gebär-Maschinen und die Männer werden auch nicht mehr benötigt um fremde Nationen zu belagern. Alle Extremen werden an uns ausprobiert. Denn zunächst brauchte man ein starkes Reich um Krieg zu führen mit Mannes Kraft und die Frau als Werkzeug um neue Männlein auf die Welt zu bringen um die „Vaterlandsfront" mit Frischblut zu versorgen, welches dort gleich wieder entsorgt werden konnte. Nun da wir eine neue Welt beschreiten gilt es den Mann zu verweichlichen und die Frau in der schmutzigen Männerwelt zu korrumpieren.

So opfert sich Generation für Generation auf für Krieg und Zerstörung, denn unsere Kinder gehören dem Staat. Genauso wie sie zuvor für Kaiser und König die Leibeigenen waren.

Für das Vaterland sterben für ein geeinigtes Europa die Steuerschuld begleichen.

Die Kinder gehören also nicht dem Paar welches sie gezeugt sondern sie sind nur die Produzenten gewesen für eine übergeordnete Maxime dem Sozialismus.

In einer Welt die immer weiter zusammenwächst und immer mehr große Konkurrenten uns belauern ist es wichtig unsere Individualität und unsere Rechte aufgeben um mithalten zu können, denn Globalismus ist der Weg der gegangen werden muss. Alles andere wäre nur ein Rückschritt.

Wir müssen also zusammenwachsen sonst können wir nicht mithalten.

Also müssen wir möglichst viele Entscheidungen und auch Macht in wenige viele Hände legen.

Denn diese müssen schnell handeln, es ist keine Zeit zu verlieren. Denn jedes Problem muss auch schnell gelöst werden. Die Rohstoffe müssen gesichert werden. Bündnisse mit Partnern müssen geschlossen werden um uns vor den bösen zu schützen die mit uns konkurrieren.

Der Rückschritt ist ein Muss. Der Fortschritt zu mehr Individualität und selbst Bestimmung wäre ein Rückschritt.

Um dem Druck der Inder, Chinesen und Brasilianer standzuhalten müssen wir auch möglichst kostengünstig und schnell produzieren. Wie könnten wir sonst mithalten denn Globalismus muss sein, kein Weg führt zurück. Und nur zusammen sind wir stark. Aber für wen sind wir es?

Dieser Dogmatismus hat die Nationalsozialisten wie auch die Kommunisten befähigt, dass zu tun was so vielen Menschen Unglück bereitet hat. Denn es ist die Ausrede die zur Macht Konsolidierung führte. Unsere tragische Menschengeschichte ist voll davon.

Schlagworte der Knechtung

„Die Schlagworte dieser Tage, sind nicht die Schlagworte dieser Generation"[1] (Xavier Naidoo).
Ein solch einfaches aber schlagkräftiges Zitat um das Dilemma unserer Generation zu beschreiben.
Es folgt nun ein Dialog zwischen zwei Personen, die völlig unterschiedliche Sichtweisen vertreten.
Dieser kurze Dialog wird genügen um das oben aufgeführte Zitat zu verdeutlichen.
Die Schlagworte unseres aufgezwungenen Zeitgeistes werde ich unterstreichen.
Die provisorischen Floskeln unserer gegenwärtigen Idiotie kursiv setzen.

„Wie hast du den vergangenen Abend verbracht?"
„Ich habe den Abend sehr gut ausklingen lassen, meine Frau hatte sehr gut gekocht und dazu einen guten Roten."
„Hast du denn beim Kochen geholfen?"
„Nein, musste ich nicht, dass Essen war bereits fast fertig, ich kam von der Arbeit und war hungrig. Das Essen kam gerade richtig."
„Das ist doch sehr <u>Frauen feindlich</u>, du lässt also deine Gemahlin in die Küche stehen und rührst selbst kein Finger. Hast du wenigstens beim Abwasch geholfen?"
Wieso sollte ich? Ich hab ja schließlich den ganzen Tag geschuftet, da werde ich doch nach getaner Arbeit mal zurück lehnen dürfen?"
„Du bist unglaublich <u>altmodisch</u>. Deine Frau arbeitet doch sicherlich auch, also kann es keine Ausrede geben mitzuhelfen."
„Meine Frau braucht nicht zu arbeiten, mein Gehalt reicht für uns beide, außerdem möchte ich meine liebste lieber Zuhause, so sind die Aufgaben klar aufgeteilt."
„Um Himmels Willen bist du rückständig, *wir leben doch nicht mehr im Mittelalter.*
Wo gibt es denn so etwas noch? Du bist aber ein <u>Macho</u>."
„Meine Frau und ich ergänzen uns so perfekt, wir sind beide zufrieden. Ich war ohnehin nicht scharf auf eine <u>Emanze</u> die mich herum schubst und eine auf Herrin macht. Schließlich kannte sie von vorn herein meine Einstellung, sonst hätte sie mich wohl auch nicht geheiratet."
„Du bist ein unbelehrbares <u>Chauvinisten Schwein</u>."
„Schon gut, damit muss ich wohl oder übel leben. Hast du gestern Nachrichten geschaut?
In den USA regt sich eine gewaltige Opposition um Obama seines Amtes zu entlassen."
„Ach, das sind doch alles nur neidische <u>Rassisten</u>. Die ertragen es nicht, dass ein farbiger Präsident sie vertritt."
„Glaubst du wirklich es liegt nur daran dass er Schwarz ist?"
„*Du kannst doch heutzutage nicht mehr solch abwertende Begriffe benutzen, das heißt farbiger, gehört sich einfach nicht!*"
„Ich bin aber sicher, dass die Stimmen aus allen Bevölkerungsschichten rufen, um ihn aufgrund von seinen leeren Versprechungen und Korruption, seines Amtes zu entheben."
„Das sind doch alles nur <u>Rechte</u> die nichts anderes können als mit ihren Waffen anzugeben.
Was wissen die schon?"
„Er hat definitiv gegen die Verfassung gehandelt als er in den Krieg gegen Gaddafi zog,
ohne vorher den Kongress zu befragen, und mit Drohnen diesen unschädlich machte."
„Gaddafi das war ein mieser <u>Diktator</u>, der hat es nicht anders verdient."
„Schon klar, aber nun herrscht dort Chaos, wäre es nicht besser gewesen sich da raus zuhalten?"
„Sein tyrannisches <u>Regime</u> ist gestürzt und nun kann dort <u>Demokratie</u> einkehren, die Dinge werden sich schon bessern, wirst schon selbst sehen."

„Aber waren es nicht radikale Gruppen, Terroristen die ihn gestürzt hatten?"

„Aber nicht doch, das waren Freiheitskämpfer und friedfertige Demonstranten."

„Im Irak ist seit einer Dekade die Hölle ausgebrochen, nachdem der Westen half Saddam zu stürzen, hatte man dort nicht auch Demokratie versprochen, und wie schreitet der Demokratisierungs-Prozess voran?

„Das wird schon besser werden wir müssen nur unseren Volksvertretern die wir demokratisch gewählt haben vertrauen. Dies wird den ersehnten Wandel (change) bewirken."

„Bist du nicht zu sehr System Konform?"

„Ich sehe mich als liberalen, überall sollte es demokratische Wahlen geben, die Amis sollen ruhig alle Feinde der Demokratie nach und nach wegbomben. Denen ist ohnehin nicht anders beizukommen."

„Außerdem wurde in den Nachrichten gezeigt, dass wir das Haushaltsdefizit wieder nicht ausgleichen konnten. Also werden wir wieder mehr Steuern zahlen dürfen.

Dabei ist doch der Euro Schuld an allem und die großen Banken können machen was sie wollen."

„Bist du etwa ein linker der den Kapitalismus abschaffen möchte?"

„Nein aber ich würde gerne sehen, dass auch mal die Opposition im Bundestag die sich als Neoliberal bezeichnet etwas gegen konservative Macht Monopole unternimmt."

„Als Feind des Neoliberalismus solltest du dich auch noch outen?"

„Ist dir nicht aufgefallen, dass die so genannten sozialen Neoliberalen genau so verfahren wie die christlich konservativen?"

„Willst du mir jetzt weiß machen, dass unsere Volksvertreter jene wir privilegierten wählen durften, von irgendwelchen mysteriösen Männern mit Bart und grauen Haaren, kontrolliert werden?

Welch unfundierten Verschwörungstheorien du glauben schenkst möchte ich gar nicht wissen?

„Aber es ist doch schon komisch, denn es ändert sich nie etwas? Siehst du nicht die verzweifelten jungen Leute die gegen das G21 treffen jährlich Kopf und Kragen riskieren? Irgend etwas scheint da im Gange zu sein. Mein Gefühl täuscht mich doch nicht!"

Papperlapapp, sind alles nur Globalisierungsgegner, die sich gegen die Zukunft stellen wollen.

Wir können die Dinge nicht ändern, wir müssen uns dem Fortschritt beugen. Wir sind nur kleine Fische wir können nicht viel machen. Genieße das Leben und mach dir keine Sorgen, denn am Ende setzt sich immer das Gute durch."

„Sollten wir nicht unser Schicksal in unsere eigenen Hände nehmen und anfangen die Macht zu dezentralisieren?"

„Bist du etwa völlig durch! Sollen die Anarchisten unser Schicksal lenken. *Es muss schließlich Recht und Ordnung herrschen. Menschen sind wie Tiere man muss sie zurecht weisen.*

Wo kämen wir hin wenn jeder machen könnte was er will! Ich warne dich lauf bloß nicht zu den Separatisten über ansonsten wird man dich eines Tages wie einen „Terroristen Hund" zu Tode jagen."

Ein jeder der nicht dem Status Quo zustimmen möchte und gegen den Strom schwimmt wird sofort mit kräftigen Schlagwörtern zurecht gewiesen. Das Aussprechen eines solchen Schlagwortes kommt einer magischen Zauberformel gleich. Denn sofort ist unser Widerstand gegen eine Sache gebrochen. Da wir nicht als Außenseiter oder Abtrünnige dastehen möchten fügen wir uns, denn man hat uns verhext und verflucht. Wie kann man es auch wagen gewisse Dinge in Frage zu stellen.

Die Schlagworte unserer Zeit sind nicht die Schlagworte unserer Generation.

Sprich die Schlagworte die uns aufgebürdet werden wie Tonnenschwere Zementsäcke brechen und durchbrechen unser Weltbild. Sie sind absolut unangebracht für uns Junge die eine Zukunft anstreben die Geschicke zum Guten zu lenken. Sie werden ausgesprochen um unseren Verstand zu knebeln und uns von diesem zu enteignen. Noch hat kein bloßer Gedanke Schaden angerichtet.

Um unsere Gedanken zu kontrollieren und uns auf den Schienen die direkt Richtung Abgrund laufen zu halten, benötigt es ausgeklügelter Taktiken um uns einzusperren in ein beschränktes Sichtfeld. Individualität ist ein Bannfluch und ein Übel das es zu beseitigen gilt. Die Werkzeuge in einer heuchlerischen „Pseudo-Harmonischen Scheinwelt" sind Schlagworte, politische Korrektheit und Gedankenkontrolle. Ein Gedanken Verbrechen wie es Eric Blair alias George Orwell in seiner Distopie 1984 eingebaut hatte um uns im kollektiv vor solch ausgefeilten Verblendungs-Taktiken zu warnen. Kombiniert wird dieses mit der Verdrehung von Tatsachen, so wird das negative und dunkle ins positive Licht gerückt und das positive und Lichte im Schwarzen Jenseits vergraben, denn keiner darf die Wahrheit wissen. Wo kämen wir auch hin wenn wir wüssten wie der Hase läuft, wir könnten sonst dem Schlächter mit Schießgewehr ganz einfach davon hoppeln.

1   Xavier Naidoo, Zwischenspiel. Alles für den Herrn, Kein Königreich, Naidoo Records.

Matrix der Idiotie

Die Zusammenfassung des uns all umgebenden Wahnsinns ist die Matrix der Idiotie.

Die Matrix der Idiotie ist die Abhängigkeit von „Predatoren", also Raubtieren.

Es ist die Unfähigkeit des Individuums für sich selbst und seine Familie zu sorgen.

Wir sind nicht in der Lage für uns selbst zu sorgen, weil man uns bewusst wie ein Raubtier in den Käfig gesperrt hat. Wir wurden domestiziert, das bedeutet wir wurden gezähmt, genauso wie ein Tiger den man von Kind auf in ein Käfig einsperrt hat. Die unsichtbaren Gitterstäbe, jene uns einsperren sind die Komponenten der Idiotie der Matrix, die uns umgibt und wie die Luft zum atmen ist sie allgegenwärtig. Das domestizierte „Menschenschaf", welches wild geboren wurde wie ein Tiger umgewandelt in ein solch hilfloses Geschöpf wird sich natürlich sträuben, diese Schmach sich selbst und seinem gegenüber einzugestehen. Doch bei genauer Betrachtung wird ein jeder von uns so erzogen, dass er imstande ist eine Tätigkeit auszüüben um sich in dieser sein „Tagbrot" zu verdienen und für seine Familie zu sorgen. Die Schulzeit und das Studium bilden uns so aus, dass wir im negativen Sinne gesprochen als reine Fachidioten spezialisiert sind, eine bestimmte Aufgabe auszufüllen. In dieser einen Tätigkeit sind wir absolute Profis. Die Nahrungsbeschaffung muss allerdings vereinfacht geschehen. Hierfür haben sich andere spezialisiert um uns mit verpackten und eingetüteten Lebensmitteln zu versorgen. Auch die Bekleidung auf die wir aufgrund von Scham, Schutz und Kälte nicht verzichten möchten besorgen wir uns in fein präsentierten Kaufhäusern.

Unsere Behausung wird uns gestellt, vermietet oder fertig verkauft, wir müssen selbst kein Nagel schlagen oder Ziegel legen für unser Eigenheim. Das Repertoire welches der Mensch eigentlich erlernen muss um diese Welt zu überstehen ist also nicht vorhanden. Die Grundfertigkeiten um sich als Mensch zu behaupten werden also Fließband fertig von anderen gehändelt.

Was für unsere Großeltern noch selbst verständlich war, müssen wir aufgrund des „Fortschritts" unserer Zeit erst gar nicht mehr erlernen. Doch was wenn wir jemals auf uns alleine gestellt sein sollten? Wie ein Tiger dem man das Jagen nicht gezeigt hatte. Was wenn die fertig Produkte nicht mehr zur Verfügung stehen? Was wenn wir gezwungen werden wieder selbst zu schöpfen statt nur zu konsumieren? Wir müssen uns hier und jetzt eingestehen, dass wir umgemünzt und umgeprägt wurden zu reinen „Konsum-Schäfchen". Denn alles was wir können ist die eine Tätigkeit für die wir ausgebildet wurden, dem kollektive der Ganzheit zu dienen, indem wir unterrichten, oder bauen, oder ernten. Doch wer vermag alle drei Künste zu vollbringen? Wer ist wirklich erwachsen und eigenständig? Klamm heimlich wurden wir von den Meister-Maurern sozialisiert.

Die Umwandlung von freien und gewillten Menschen, Schöpfer unter dem großen Schöpfer in sozialisierte Schäfchen die abhangig sind von anderen Raubtieren; Politikern, Super Konzernen und Bürokraten ist die Plage der Menschheit und der Name jener Plage ist Sozialismus.

Um sozial zu sein benötigt es keine Sozialen Staatlichen Institutionen.

Wir Menschen müssen gegenüber unseren Mitmenschen anfangen sozial zu sein und persönliche Menschen freundliche Institutionen erstreben.

„Liebe deinen nächsten wie dich selbst", sprach der Heiland.

Wie ein Adler von oben betrachtend, erspäht das nackte Auge die Matrix der Idiotie um sie zu beschreiben genügt ein Blick. Unsere Grundbedürfnisse werden hergestellt von Fabriken die sich weiter entfernt von unseren Wohnungen oder Häuschen befinden. Unsere Unterkünfte sind dicht aneinander gereiht, wir sind nebeneinander und übereinander gestapelt worden.

Erwerben können wir diese Grund sowie Luxus Güter die unsere Grundbedürfnisse und Bedürfnisse stillen in Geschäften und Kaufhäusern die sich natürlich in der Mitte unserer Ortschaft befinden.

Nüchtern betrachtet sind sie so plastisch und synthetisch wie die Beleuchtung, jene die Waren Nachts bewirbt.

In voller Fahrt fliegend umgeben von der kühlen Klarheit der Nacht kann der Adler erkennen, dass all jenes künstlich und unnatürlich ist. Denn diese Güter, sollte er eigentlich selbst ersinnen und mit eigenen Händen schaffen um die Früchte seiner Arbeit zu genießen und schätzen zu lernen. Konkret gesprochen sind wir nicht in der Lage uns selbst mit frisch Wasser zu versorgen.

Wir sind nicht fähig selbst Tränke die uns erfrischen und dem Wohlbefinden der Gesundheit dienlich wären herzustellen. Einen Garten Eden anzulegen um uns selbst mit Speis und Trank zu versorgen. Uns selbst hinzusetzen und unter Mühe Maß gefertigte Kleidung zu nähen.

Die Rohstoffe und Stoffe bedacht unter Berücksichtigung verschiedener Kriterien von Ästhetik bis Komfort zu erforschen. Unsere eigene Burg so individuell zu bauen wie wir es für uns und unsere Familie am besten verstehen.

Statt dessen trinken wir was überzuckert und übersäuert vom Fließband rollt. Wir essen was mit Pestiziden bespritzt wurde die uns langsam selbst der selbigen Erde übergeben aus der die Käfer gekrochen waren. Wir hüllen uns in Gewändern die durchtränkt sind mit Giftstoffen.

Wir verfallen in Hast um Geld ein reines Tauschmittel aufzutreiben um auf dem Markt der Eitelkeiten, in Eile und Hetze alles zu erstehen. Der Hastigkeit sind keine Grenzen mehr gesetzt wenn das eigentliche Tauschmittel welches zum Gott erhoben über Leben und Tod entscheidet sowie knapp wird völlig unverständlich, denn die Preistafel schlägt 13.

Im Wirbelsturm der Hast und des umgepolten Urtriebs des Eigenerhalts, inmitten des Zirkus der Eitelkeiten zu bestehen, vergessen wir was das Leben eigentlich bedeutet. Wer für uns wichtig sein sollte. Dass wir unsere Mitmenschen vergessen und uns verlieren in der Idiotie bestehend aus Eitelkeiten und falschen Interessen.

Wir Interessieren uns für Sportliche Aktivitäten von wild fremden Menschen die sich unter Schweiß und Blut versuchen eine Trophäe zu erkämpfen.

Dramatischen Aufführungen auf digitalen Theater Bühnen die uns in den Bann ziehen aber geistig, seelisch und physisch ausleeren.

Wir staunen und fiebern über die Taten von dritten, die für uns nicht von Bedeutung sein dürften.

Doch für die Belange unserer nächsten, der Familie oder den Nachbarn zeigen wir wenig Aufmerksamkeit und Mitgefühl. Denn das Ego ist festgefahren im Überlebenskampf und Hast gestochen vom hitzigen Zeitgeist des Lebens Rhythmus. Zur Genesung dieses Stresses benötigt es eine seichte Prise von seichter Unterhaltung. Jene bestätigt unseren Komfort in Ruhe abzuschalten ohne selbst etwas zu erwirken oder selbst einen Fortschritt zu tätigen.

Wir müssen auch nicht mehr mit dem lästigen Umfeld interagieren denn das blaue Matt befriedigt die Müden Augen mit schmeichelnder Sicherheit.

Wir vertrauen Menschen deren Charakter wir nicht einmal erahnen können, Aufgrund von polierten Haaren und gebundener Krawatte. Denn sie sehen aus wie verpackte Geschenke die immer für eine Überraschung gut sind und wer kann schon ein Geschenk von dritten ausschlagen.

„Einem geschenktem Gaul schaut man nicht ins Maul". So schön eingepackt versorgen sie uns mit Informationen die für unsere Zukunft entscheidend sind und diese Pflastern.

Doch Wehe dem Bösen Nachbarn diesen gilt es mit Neid zu verfluchen, misstrauisch jeden Atemzug und jedes Wimpern zucken zu erspähen um ihm einen Schritt voraus zu sein um sich ein Stück von der viel zu kleinen Torte zu ergaunern. Um jenes Stückchen zu erhaschen setzen wir uns eine Maske auf die unser gebrochenes und verunsichertes Ich kaschieren soll. Sie soll täuschen über Vermögen und das Unvermögen, mit dem Ellenbogen aus zu haken wenn sich ein Mitstreiter nähert.

Wir verurteilen mit größter Abscheu die Gräuel Taten der Vergangenheit und lassen uns dann doch von der Albtraumfabrik in Hollywood lumpen wenn wir ein Endzeit Epos bestaunen indem „Zombies" (früher einmal Menschen) auf die gleiche entsetzliche Weise von Baggern aufgestapelt werden. So funktioniert die Unterbewusstseins gesteuerte Dehumanisierung des Homo Sapiens.

Wir fühlen uns in unserem „großartigen" indoktrinierten Intellekt bestätigt wenn wir scheinbaranspruchsvolle Filme genießend aufnehmen und uns bestärkt fühlen ein schlaues und aufgeklärtes Individuum auszufüllen, jenes unser eigenes Ego sein soll. Denn der Film ist sehr schön und anspruchsvoll gemacht, künstlich ausgekünstelt worden durch die Idiotie seines Zeitgeistes.

Eigentliche plumpe und langweilige Themen werden stilvoll als hochwichtig präsentiert.

Gleichermaßen werden menschliche Tragödien nicht ausreichend kritisch betrachtet.

Nicht alle Sichtweisen ausgelotet, es fehlt der geschulte Blick zu wissen welch Scharade dort eigentlich gespielt wird.

Trunken Konsumiert, in Hast gewickelt, dehumanisiert mit falscher Maske aufgesetzt, stürzen wir uns nun in ein möchte gern intellektuelles „hoch interessantes" Gespräch um unseren „Mitschafen" unser kleines eingeschränktes Weltbild bestehend aus einer kleinen Weltkugel die ab und an geschüttelt wird und ein paar Schnee Flöckchen auf der Oberfläche trocknet, in Form eines Dialogs mitzuteilen.

Unser Dialog ist bestimmt durch Informationen die uns gefüttert wurden, durch die Sterne der Verblendung und Bildern die in unserem Hinterkopf umherirren um ein vorprogrammiertes Bild zu projizieren. So plaudern wir das aus was uns die „wichtigen" vorgekaut hatten.

Die neuesten Erkenntnisse der „Fußball Cäsaren". Die neuesten Ereignisse abgesegnet von unseren möchte gern Staatsdienern im Parlament dem Altar der Demokratie huldigend.

Bestärkt durch deren Posaunen den Medienanstalten und „Umschreibern".

Wir unterhalten uns über die Wichtigkeit unseres Dienstes innerhalb des Konstruktes.

Wir fühlen uns so bestärkt in unserer „Berufung".

Unserer Tätigkeit die wir für sehr wichtig halten. Denn ein Steuerberater ist notwendig um Gesetze zu entziffern und zu deuten die rätselhafter geschrieben sind als die Offenbarung über die Apokalypse.

Oder wir gehören der hohen Zunft der Advokaten an die alleinig in der Lage sind die unnötig kompliziert gewählten Formulierungen der Gesetzesbücher zu nutzen um uns im Rechtssystem der Ungerechtigkeiten, aufgrund von willkürlicher Auslegung durch Bürokraten für unseren Mandanten durchzusetzen. Denn der Überblick wurde gewahrt und das Unrecht verhindert.

In diesem fortwährenden Dialog verstrickt und verfangen merken wir gar nicht wie sehr und wie schnell sich unser Umfeld wandelt. Von Minuspol zu Pluspol und umgekehrt.

Wie die Kultur immer weiter sinkt und sich in einem schmutzigen Meer der Unkultur versenken lässt. Musik, Tradition und Verhalten sich dem Zeitgeist der Idiotie anpassen und sich komplett auflösen. Die Sichtweisen zu gleichgeschlechtlichen Beziehungen innerhalb von wenigen Jahren von Minus auf Plus umgeleitet wurde. Ganz einfach wie wenn man einen Schalter drückt.

Schrittweise verändert man die Musik die wir so lieben vom frivolen Jazz der 20er Jahre zum obszönen Rock and Roll der 50er. Den Scharen von Teenie Mädels hypnotisierten, durch ein paar Käfer die wohl des Gitarre halten und Kopf schütteln mächtig sind; bis hin zum „Musik Satanismus" der Gegenwart „Musikantinnen" die sich mit Leichen Teilen einhüllen, sehr stilvoll und geschmacklich getroffen. Schritt für Schritt ganz langsam wurde die Musik umgewandelt in Ohrenkrebs. Eine Arie für seelisch und geistig ausgeblutete mental Zombies.

Die nicht einmal in der Lage sind mit offenen Augen zu sehen, dass sich ihre Gegenwärtige Traumwelt in ein dystopisches „1984" ala George Orwell wandelt.

Durch den Bahnhof schreitend umgeben zu sein von „Screenern", mit minütlichen Falschmeldungen über eigentlich für uns „kleine" belanglose große Themen. Globalisierungs Machenschaften, Kriegen, Friedensverträge und das Stürzen von verteufelten Despoten und der Ausrufung von neuen „Top-Terroristen", mit Bärtchen im Stile von „Baba Schlumphausen".Patrouillierenden Polizisten beider Geschlechter, die nicht mehr zu unterscheiden mit kühler Miene herab blickend, in „John Wayne Pose", die Bahnhofsgleise absuchend. Um die Sicherheit in „Platons Republik" zu gewährleisten. Denn jeder könnte ein Terrorist sein, jeder muss verdächtigt werden und nach seinen Papieren gefragt sowie durchforscht werden.Der Sicherheit zu liebe die Freiheit zu opfern die Lebenswichtig ist. Unterstützt werden sie von „Clownhaften" Sicherheitsbeamten des Zugverkehrs, die nicht mehr anders wissen sich über Wasser zu halten und ihr Selbstbewusstsein aufrecht zu halten, die ärmsten hätten in einer Real Wirtschaft ihren Lebenstraum verwirklichen können. Ausgeträumt ihr Lieben gutgläubigen Arbeiterbienchen. Begnügt euch mit dem vertrockneten Blüten und Pollen-Staub.

Diese Matrix der Idiotie wird nur noch zusammengehalten vom ignoranten Charakter unterschiedlicher tragischer Protagonisten, die ein jeder Helden auf Endzeit sein könnten.
Demoralisiert durch ihre kranke Umwelt in ihrer eigentlich blühenden Entwicklung gestört,verwelken diese Blumen, da sie darauf warten von fremden gegossen zu werden.
Anstatt sich selbst zu übergießen mit dem Reichtum der so schönen Reinheit der Natur.
Ihres Talentes tief im Unterbewusstsein bewusst, ergeben sie sich in ein Labyrinth gespickt mit Fallen, die da ausgelegt um den Verstand einzukapseln in reichhaltiger Unwissenheit.
Das Ego ist durchbrochen, ich bin ist gleich ich bin nichts mehr!

Der Zeitgeist der Idiotie äußert sich zu guter Letzt in Stimme und Gebären von Erwachsenen die sich wie Kleinkinder benehmen. Die Stimme dem Zeitgeist des „Kindseins" im Erwachsenen Alter angepasst.
Unsere Religion ist der Hedonismus, die Ignoranz, der Zynismus, die Gleichgültigkeit, das Nicht Logische denken. Unser Wunsch kommt dem eines „Suizid gefährdeten Nihilisten" gleich.
Denn der Mensch ist schlecht und muss sich selbst entfernen. Sich selbst peinigen wie die traurigen Mönchs Gestalten die sich mit Haken und Peitsche selbst züchtigten.
Der „Suizid Gefährdete Nihilist" lebt in seiner Phantasiewelt, die voll ist von Überraschungen.
Überraschungseier die vom Baum der Erkenntnis gleich Baum der Verblendung fallen.
Diese heißen: Globalisierung, Blockbildung, Sozialisierung und Auflösung in eine ausgeträumte Utopie.

Das Exempel, die Statue von der Gefallenen Sonne

Abschließen möchte ich das Kapitel über die Idiotie unserer Zeit und den Abgrund in den sie uns reißen wird, mit John F. Kennedys Rede im Waldorf-Astoria Hotel, in New York den 27. April 1961. Fest entschlossen der Welt die Wahrheit zu verkünden, über die Probleme sowie Gefahren die uns bevorstehen und Machenschaften der Puppenspieler die hinter den Kulissen die Fäden ziehen. John Kennedy hatte selbst die Fäden die ihn festhielten durchtrennt. Mutig trat er in der Höhle des Löwen vor die versammelte Presse.

Zunächst einmal werde ich die wichtigsten Teile seiner Rede im Original rezitieren. Und sie dann anschließend ins deutsche übersetzen. Um dann im dritten Anlauf Kennedys Worte in den Zeitgenössischen Kontext zu setzen und aufzuzeigen, wie sehr seine Worte ernst zu nehmen waren und immer noch ernst zu nehmen sein sollten.

Ladies and Gentleman: The very word ´secrecy` is repugnant in a free and open society; and we are as a people inherently and historically opposed to secret societies, to secret oaths and to secret proceedings. [...]
there is little value in insuring the survival of our nation, if our traditions do not survive with it. And there is very grave danger that an announced need for increased security will be seized upon by those anxious to expand its meanings to the very limits of official censorship and concealment. That I do not intend to permit to the extend that it`s in my control [...]. [...]

For we are opposed around the world by a monolithic and ruthless conspiracy that relies primarily on covert means for expanding its sphere of influence; on infiltration instead of invasion, on subversion instead of election, on intimidation instead of free choice, on guerillas by night instead of armies by day. It is a system which has conscripted vast human and material resources, into the building of a tightly knit, highly efficient machine that combines military, diplomatic, intelligence, economic, scientific and political operation. Its preparations are concealed, not published.
Its mistakes are buried not headlined. Its dissenters are silenced, not praised.
No expenditure is questioned, no rumor is printed, no secret is revealed. [...]

I am not asking your newspapers to support an administration, but I am asking your help in the tremendous task of informing and alerting the American people. [...]

That is why the Athenian law maker Solon decreeded a crime for any citizen to shrink from controversy. And that is why our press was protected by the First Amendment. The only business in America specifically protected by the Constitution. Not primarily to amuse and entertain, not to emphasize the trivial and the sentimental, not to simply give the public what it wants but to inform, to arouse, to reflect, to state our dangers and our opportunities, to indicate our crises and our choices, to lead, mold, educate and sometimes even anger public opinion.
This means greater coverage and analysis of international news, for it is no longer far away and foreign but close at hand and local. It means greater attention to improved understanding of the news as well as improved transmission. And it means, finally, that government at all

levels, must meet its obligation to provide you with fullest possible information outside the narrowest limits of national security. [...]
And so it is to the printing press, to the recorder of mans deeds, the keeper of his conscience, the courier of his news, that we look for strength and assistance, confident that with your help man will be what he was born to be: free and independent.[1]

Das bloße Wort Geheimhaltung ist abstoßend in einer freien und offenen Gesellschaft;
und wir als eine Gemeinschaft sind von Natur aus und historisch gegen Geheimgesellschaften, geheime Schwüre und geheime Vorgänge. [...]
Es ist von keinem Wert das Überleben unserer Nation zu sichern, wenn unsere Traditionen nicht mit ihr überleben. Und es besteht sehr große Gefahr, dass ein Verkünden von notwendiger Sicherheit ergriffen werden wird von jenen die erpicht darauf sind ihre Bedeutung auszuweiten bis zur äußersten Grenze offizieller Zensur und Geheimhaltung. Dies beabsichtige ich nicht zu erlauben soweit es in meiner Macht steht [...]. [...]

Denn wir sind auf der ganzen Welt umgeben von einer ganzheitlichen und ruchlosen Verschwörung welche sich primär auf verdeckte Mittel verlässt um ihren Raum für Einfluss auszuweiten;
auf Infiltrierung Anstelle von Invasion, auf Umsturz Anstelle durch die Wahl, auf Einschüchterung Anstelle von freier Entscheidung, auf Guerillas bei Nacht anstatt auf Armeen bei Tag.
Es ist ein System welches gewaltige menschliche und materielle Ressourcen einberufen hat, ein dichtes Netz zu bilden, eine hoch effiziente Maschinerie jene Militär, Diplomatie, Geheimdienst, Wirtschaft, Wissenschaft und politische Operationen kombiniert. Ihre Vorbereitungen werden versiegelt, nicht veröffentlicht. Ihre Fehler werden begraben nicht publiziert. Ihre Dissidenten werden zum Schweigen gebracht, nicht gelobt. Keine Aufwendung wird in Frage gestellt,
kein Gerücht gedruckt, kein Geheimnis wird enthüllt. [...]

Ich bitte Ihre Zeitungen nicht eine Regierung zu unterstützen, aber ich bitte um Ihre Hilfe diese enorme Aufgabe zu bewältigen die Amerikanische Bevölkerung zu informieren und zu alarmieren. [...]

Aus diesem Grund verordnete der Athener Legislator Solon es als Verbrechen für jeden Bürger vor Kontroversen zurückzuschrecken. Und dies ist der Grund warum unsere Presse durch den Ersten Zusatzartikel geschützt wurde. Das einzige Gewerbe welches ausdrücklich durch die Verfassung geschützt wurde. Nicht primär um zu erheitern und unterhalten, nicht um das Triviale und Sentimentale zu betonen, nicht um der Öffentlichkeit einfach nur zu geben was sie möchte sondern um zu informieren, wachzurütteln, zu reflektieren, unsere Gefahren und Möglichkeiten zu benennen, um auf unsere Krisen und Wahlen hinzudeuten, zu lenken, formen, unterrichten und manchmal sogar die öffentliche Meinung herauszufordern.
Dies bedeutet größere Abdeckung und Analyse von internationalen Nachrichten, weil es ist nicht mehr weit entfernt und fremd sondern in Reichweite und vor Ort. Es erfordert größere Aufmerksamkeit verbesserter Verständlichkeit und verbesserter Übertragung der Neuigkeiten.
Und es erfordert letztlich, dass die Regierung in allen Bereichen, ihre Pflicht erfüllen muss um euch möglichst soviel wie möglich Informationen bezüglich der nationalen Sicherheit zur Verfügung zu stellen realisierbar in Anbetracht von wahren Bedrohungen. [...]
Und so liegt es an der Druckpresse, am Schreiber der menschlichen Taten, dem Bewahrer seiner

Gewissenhaftigkeit, dem Überbringer seiner Nachichten, zudem wir aufblicken zu Stärke und Beistand, vertrauend, dass mit Eurer Hilfe (Hilfe der Journalisten) der Mensch zudem wird, wozu er geboren wurde: frei und unabhängig.

Wer hierzulande versucht andere über Geheim-Gesellschaften und verborgene Machenschaften aufzuklären wird als Verschwörungstheoretiker verurteilt. Schon bemerkenswert, dass John F. Kennedy sich offen hinstellt und versucht zu erläutern, dass wir jene zu fürchten haben.
Und diese historisch gesehen schon immer eine Rolle gespielt haben.
Des weiteren deutete er vor über 50 Jahren an, dass unsere Traditionen in Gefahr sind, nun da alle Kulturen sich nach und nach auflösen und sich dem Globalisierungsmodell fügen müssen, sollte er Recht behalten haben. Außerdem denunziert er ausdrücklich die Ausnutzung von geschürter irrationaler Angst um die Zensur der Meinungs-Freiheit voran zu treiben.

Er bittet die Presse die Amerikanische Bevölkerung aufzuwecken, aus welchem Schlaf mussten die Amerikaner gerissen werden? Dem Aufbau eines Banken und Militär Komplexes vor dem bereits sein Vorgänger Eisenhower gewarnt hatte? Jener schleichend die Kontrolle übernimmt und ein Faschistischen und Kommunistischen Staat bildet? Gerechtfertigt durch das Verkünden von Terror, dem Schüren von irrationaler Angst und der Ausweitung der Sicherheitsbestimmungen?
Die gleichzeitig die Verfassung in Stücke gerissen haben. Der Bildung einer Neuzeit Gestapo auf dem Neuland. Welches von den fliehenden als Hoffnung gesehen wurde den Fängen der Tyrannen zu entkommen. <u>Haben selbige das Festland erreicht?</u>
Presse und Meinungsfreiheit wird nicht benötigt um sich daran zu ergötzen sondern um die Pfeiler einer freien Gesellschaft zu halten. So bittet John Kennedy die Journalisten ihre Aufgabe ernst zu nehmen und wache Augen auf alles zu richten was sich regt. Ehrliche Pressearbeit zu leisten.
Haben sie schon einmal etwas von der „Bilderberg Gruppe" gehört? Das liegt daran, dass die Presse Leute genau das gegenteilige erreicht haben wie von Kennedy gefordert.
David Rockefeller reichte den großen Nachrichten Schaltstellen seine persönliche Danksagung, und lobte dabei die Verschwiegenheit der Medien die eigentlich dazu da sein sollten uns über alles, wirklich alles zu informieren. Sie hatten mitgeholfen unsere Welt so zu formen wie es die Meister hinter den Kulissen beabsichtigten. Die „Bilderberg Gruppe" wurde übrigens von einem <u>Ex SS Offizier Prinz Bernhard der Niederlande</u> gegründet.
Das Fundament weist bereits auf die Ausrichtung dieser Institution hin. Man sollte sich auch hierbei sicher sein, dass es selten Zufälle gibt. Und war der Verführer mit Bärtchen nicht auch zufällig aus dem Ausland?
Der Freund von Prinz Bernhard, Sie sehen schon in welch kleiner Welt wir leben.
Hatte dieser den Krieg vielleicht mit Absicht verloren? Könnte er nur ein Infiltrator gewesen sein?
Eingeschleust in das Herz Europas um einen gewaltigen Konflikt heraufzubeschwören?
Bismarck war noch so weise einen Zwei Fronten Krieg zu umgehen.
War „Adolfus Hit" wirklich so einfältig und wahnsinnig Napoleons Fehler zu wiederholen?
Hatten seine Generäle nicht davor gewarnt in Russland zu scheitern?
Wer hatte alles seinen Leichnam im „Führerbunker" bestaunen dürfen?
Könnte es sein, dass wir alle nur zum Narren gehalten wurden?
Ausgefeilte Geheimdienste agierten bereits im Mittelalter wie zum Beispiel die Strukturen der Templer. Glauben Sie wirklich daran, dass die westlich gelegenen Nationen wie Frankreich, Groß-Britannien und die Vereinigten Staaten von Amerika nicht gemerkt hätten, wenn ein Diktator nebenan anfängt hochzurüsten? Vor allem nachdem H.G. Wells das Sprachrohr der „Fabianisten", in

seinem Buch „The Shape Of Things To Come", erschienen in 1933 den Zweiten Weltkrieg prophezeit. Woher wusste der gute Mann, was anscheinend nicht einmal den Geheimdiensten bekannt war? Nicht nur Prinz Bernhard war den Nationalsozialisten zugetan auch Edward der VIII der Thronfolger der Englischen Krone. Könnte es sein, dass H.G. Wells selbst dem Kabale angehörte? Schließlich veröffentlichte er zum Start des 2. Weltkrieges sein Werk „New World Order". Eine Neue Ordnung also „Chao et Ordo", lautet das Motto.

In diesem Werk beschreibt er das Fundament zur Errichtung eines neuen Europas, wie sehr er doch Recht behalten sollte, mit seinem „Fabianistisch Sozialistischen" Manifest.

Die Weiterentwicklung des „Kommunistischen Manifest".

Wieso musste ausgerechnet John F. Kennedy, dessen Antlitz dem der Sonne glich mit seiner Hinrichtung büßen? Der gleiche Mann der versucht hatte, die Massen aus der Trance zu reißen.

Ein „Liberator", ein Gigant um das Menschengeschlecht aus der Verdammnis zu befreien.

Am „König der Löwen", wurde ein Exempel statuiert. Getötet von den Schakalen um von Hyänen verspeist zu werden. Umgeben von stummen Zeitzeugen wurde der Liberator gefällt,

ohne dass die Massen bemerkt hatten, welch Verschwörung hier zugange war.

Glauben Sie wirklich, dass ein einziger Schütze mit miserablem Gewehr den Präsidenten der Vereinigten Staaten ausschalten kann, so einfach und das in 1963?

Wieso wurden seine Leibwächter die das Gefährt umzingelten, vor der Kurve auf dem Wege zu seinem Grabe einfach abgezogen? Sie bildeten ein menschliches Schutzschild um den Präsidenten.

Kamera Aufnahmen haben es festgehalten! Es ist keine Verschwörungstheorie.

Es ist aufgezeichnetes Material, fester Beweis für den Plot.

Wer besitzt die Macht die Eskorte des Präsidenten abzuziehen?

Die Schützen die da vorsorglich platziert wurden, hätten John Kennedy niemals töten können, wenn seine Leibwächter die Limousine weiter begleitet hätten.

In der Straße die zuvor befahren wurde, standen die Menschen dicht am Straßenrand in Reihen, dicht beieinander; auf jenem Todespfad des Präsidenten jedoch standen die Menschen weit entfernt vom Straßenrand. Es waren weniger Menschen man könnte sagen nur ein paar hier und da verteilt um die ganze Situation besser übersehen zu können. Vier Motorräder hätten außerdem das Gefährt dicht an den Seiten rechts und links begleiten müssen, zu den Leibwächtern die um das Auto platziert waren. Diese wurden anders positioniert. Insgesamt konnten 13 abgefeuerte Kugeln definitiv nachgewiesen werden. 12 für die Konstellation des Tierkreiszeichen und die 13. für die Kugel die letztlich den König die Sonne treffen sollte und ihn töten.

Der Fahrer war angehalten bereits nach dem ersten Schuss kräftig Gas zu geben und das Automobil zu beschleunigen. Dieser wartete jedoch bis Ritualmord Kugel Nummer 13 Kennedys Gehirn auf dem Heck verteilte, und drückt dann erst auf das Gaspedal. Insgesamt wurden wohl 3 Teams von Killern verteilt um sicher zu gehen, dass John Kennedy dran glauben musste, nicht lang lebe der König, sterben musste er an jenem Tag und nichts wurde dem Zufall überlassen.

Die Untersuchung der Leiche, Aufnahme sowie Klärung über diesen Morddelikt hätten an Ort und Stelle, in Dallas geschehen müssen. Man entführte Kennedys Leichnam und flog ihn nach Washington. Die Ärzte in Dallas hatten jedoch korrekt, alle Wunden aufgenommen und dokumentiert. In Washington wurde die Autopsie von einem nicht qualifizierten Arzt ausgeführt, jener auch noch alle Dokumente bezüglich dieser verschwinden ließ.

Noch interessanter; welche Institution besitzt soviel Macht über alle Medien zu verfügen um die Informationen über das Attentat zu steuern? Wie konnte man die Überprüfung dieses Mord-Deliktes so gut vertuschen und verpfuschen? Nachdem der Pressesprecher Kennedys, ein ausgezeichneter Journalist und zwei Ärzte bereits andeuteten, wie Kennedy getroffen wurde, und welche Wunden dessen Tod verursacht hatten. Der Pressesprecher zeigte mit seinem Finger auf die Vorderseite seines eigenen Kopfes um anzudeuten, deutlich zu machen wo die tödliche Kugel einschlug.

Der betreffende Fernsehsender allerdings machte an dieser Stelle einen Cut und Schnitt diese Gestik, heraus aus dem Film. Von jetzt an dominierten die Medien Schaltzentralen die Story über die Ermordung des Präsidenten für die nachfolgenden Jahrzehnte des Mainstream.

Die offizielle Variante über die Ermordung Kennedys übertrumpfte, die Wahrheit.

Es kommt noch viel schlimmer, dessen Bruder Robert Kennedy und Gemahlin Bouvier starrten auf einen leeren Sarg. Denn Kennedys Wunde am Kopf wurde zwischenzeitlich präpariert, so dass keine Eintrittswunde an der Vorderstirn zu erkennen sein würde. Dieses wurde durch die Aussage zweier Zeugen bestätigt. Sein Leichnam wurde in einen Leichensack gesteckt und anderweitig bearbeitet, um die offizielle Version des Establishment zu decken. So braucht es nicht zu verwundern weshalb auf dem Film zu erkennen ist, dass Kennedys Kopf stark entstellt wurde,

und das Bild von der Autopsie zeigt nur die Entstellung des Hinterkopfes um glauben zu lassen, die Kugeln kamen ausschließlich aus Oswalds wohl eingenommener Position im Book Depository.

So verfügten die Cosa Nostra oder Fidel Castro über die Mittel und Möglichkeiten, den Leichnam des ermordeten verschwinden zu lassen? Vor den Augen der betreffenden US-Beamten die den Leichnam wohl bewacht hatten? Es bestand nur eine Möglichkeit die Leiche Kennedys zu kidnappen und dies war während der paar Minuten als dessen Vize Johnson eingeschworen wurde.

Wenn alle Spuren konsequent verfolgt werden, und man die Attentäter und alle Fädenzieher in Betracht nimmt, führt die Spur zu George Bush Senior, jener sich mit dieser Tat, eingekauft hatte in die Herrschaftsstrukturen dieser Erde.

Abraham Zapruder, jener die Tötung des ersten Kennedy gefilmt hatte, hatte wohl eine für die damalige Zeit ausgezeichnete Kleinkamera gebraucht, um jenes Exempel genauestens zu dokumentieren. Die gesamte Szenerie des Attentats wurde bis ins genaueste Detail von den Tätern vorbereitet und unterlag ihrer völligen Kontrolle. Wie hätten sie sonst mehrere Killer Trupps stationieren können, die Mengen vom Straßenrand fernhalten und die mehrfache Leibgarde des Präsidenten abziehen? Der Fahrer reagierte nicht angemessen, was macht der Fahrer des Paten wenn der verfeindete Cosa Nostra Clan ein Attentat auf den Don Padre unternimmt und Kugelhagel die Limousine durchbohrt; er gibt Vollgas ganz genau, wir kennen es alle aus den Filmen.

Der Beifahrer verspürte ebenso wenig drang Kennedy zu helfen. Also wissen wir, dass der Tatort zur Ermordung des Liberators und alle weiteren Umständen der Willkür und Planung der Verschwörer unterlagen.

Wir zählen Uno und Due und die Hand zeigt Tre. Wie konnte Abraham Zapruder einen Mord Filmen, die Mörder überblicken das Szenario bis ins kleinste Detail. Und Abraham Zapruder der vitales Beweismaterial in den Händen hielt zur Aufklärung des Morddeliktes beizutragen,

kann einfach den Tatort Dallas Dealey Plaza verlassen, ohne dass irgendjemand auf die Idee gekommen wäre ihn aufzuhalten und mindestens den Film abzunehmen. Wieso hatte er so abrupt aufgehört zu Filmen und dokumentiert nicht auch noch die gesamte Szenerie um eventuell die Schützen ausfindig zu machen? Er filmt nur soviel wie er Filmen sollte und durfte, bricht dann die Aufnahme ab, und später melden sich Geheimdienst und Fernsehen und verbreiten das Material.

Auch nur Zufall? Zapruder erhielt 150 000 US Dollar für das Filmmaterial, in den 60er Jahren war dieses ein Vermögen. Offiziell spendet er ein sechstel des Betrages der Witwe eines verstorbenen Polizeibeamten, jedoch verbleibt immer noch ein Vermögen.

Abraham Zapruder war Freimaurer uuuuhaaa, und engagierte sich bei den „Shrinern",
zu den Shrinern jenen Oberfreimaurern die sich Muselmann Mützen überziehen kommt man für alle
dies nicht wissen erst wenn man 30 plus Freimaurer Grade „verdient" hat.
Es wurde ein Exempel statuiert an der Statue von der Gefallenen Sonne und alle Welt sollte dabei
sein, dieses Trauma musste sich einbrennen in das Herz der Welt.
Denn tief im Unterbewusstsein wussten bereits damals alle, dass jener John F. Kennedy gekommen
war um die Dinge wieder richtig zu stellen.
Es besteht Grund zur Annahme, dass J. Edgar Hoover, FBI Chef, jener genauestens informiert war
über das Attentat; Kennedy sogar gewarnt haben könnte. Jedenfalls tauchte in seinen Berichten
unter tausenden von Seiten ein Dokument auf, unterzeichnet von J. Edgar Hoover; Datum 22.
November 1963: Dallas, es werden Killer Trupps positioniert ... und es fällt der Name George Bush.
George Bush beteuerte zutiefst, dass es sich um einen anderen George Bush gehandelt haben muss,
der zur gleichen Zeit wie er für das CIA tätig war. Hoover war auch ein Schreiner mit Muselmütze,
jedoch hatte er hier und da die Korruption der US-Nazi-Elite Harriman-Bush-Ford aufgedeckt.
Nicht alles ist Schwarz und Weiß der Überblick muss stets gewahrt werden.

Wieso wurde Robert Kennedy Jahre später von Kugeln durchsiebt?
Wieso wurde auch hier die Bekanntgabe über die Autopsie verschwiegen und manipuliert?
Woher kam der „stupide" Sündenbock ihn von vorne zu treffen und wieso landen die Kugeln wie
durch ein Wunder auf der Rückseite von „Bobby" Kennedys Körper?
Schreiner? Menschenschreiner? Welch Schweinerei!
Eines steht fest die Idiotie unser Zeit wird uns verschlingen und in den Hades Abgrund reißen.
Sind wir gewillt diesen Weg zu beschreiten? Oder wollen wir ein letztes mal versuchen zu
schwimmen? Im Meer der Täuschung zumindest an die Oberfläche zu schwimmen.
Wollen wir freie Menschen sein, die sich ihres Sieges bewusst sind, indem sie ihren Verstand
benutzen? Oder sind wir Instinkt getriebene Tiere, die nur angetrieben werden von den
„Predatoren", in Darwins Welt in der sich nur der stärkere durchsetzt.

1   John F. Kennedy, Pressekonferenz, Waldorf-Astoria Hotel New York, 27. April 1961.

II Die Menschliche Tragödie? Unsere Geschichte ist es

Um zu verstehen wie wir in die Idiotie der Gegenwart transferiert wurden, müssen wir uns zunächst einmal auf eine Reise in die Vergangenheit begeben. Diese wird uns Aufschluss darüber geben wie es uns in die gegenwärtige Situation verschlagen hat. Hierzu müssen wir uns auf eine mentale Reise zu den Anfängen des Menschseins und der Entstehung von Siedlungen und Zivilisationen begeben.

Durch die Zeit hindurch blickend betrachtend die unterschiedlichen Hochkulturen, jene unsere moderne Gesellschaft mit erschaffen haben.

Die Geburt der Kabale

„An welch dunklen Ort hat man mich hier verbannt? Ich kann ja meine eigene Hand nicht erkennen. Ich fühle mich als wäre ich von einer dunklen Aura umgeben.

Mein Hass auf meinen Peiniger ist nahezu unerträglich. Aber wie konnte ich an diesen Gottverlassenen Ort gelangen? Die Rache frisst sich durch mein ganzes Wesen, war ich nicht immer Herr gewesen über mich selbst?"

„Wärst du nicht lieber Herr über deinen Peiniger, dieser der dich an diesen verfluchten Ort überführen ließ?"

„Wer seid ihr? Wieso gebt ihr euch nicht zu erkennen?"

„Völlig unnötig mein teuerster, du könntest mich doch nicht erkennen. Wichtig ist nur welch überwältigende Erleuchtung unser Dialog in dir Erwecken wird, gerade hier an diesem so finstern Ort."

„Ihr wollt mich erleuchten? Ihr vermochtet euch nicht einmal zu zeigen! Wie ein Dieb umgebt ihr mich und versucht mich über eure Anwesenheit zu täuschen um mich zu bestehlen."

„Aber nicht doch mein teuerster beruhige dich doch, ich werde dir ein mächtiges Schwert in die Hände legen um deinen Widersacher zu demütigen, seinen ganzen Stolz sollst du brechen.

Hattest du denn nicht um deines Herren Aufmerksamkeit und höchste Wertschätzung geworben? Jetzt wo er dich verstoßen hat. Dich geschmäht vor allen anderen wie kannst du da noch der süßen Rachsucht widerstehen?"

„Ich bin mir sicher dass dieses Vorhaben zum scheitern verurteilt ist. Denn er ist es der alles geschaffen hat, auch mich, ich war ein Werkzeug in seiner Hand, doch nun hat er mich beiseite gelegt. Welch eine Schmach, wollte ich doch nur meinen Rechtmäßigen Platz einnehmen."

„Nur Geduld, der Thron ist dir gewiß nicht verschlossen, nur eines musst du sein ein gehorsamer Lehrling."

„Ich glaube euch kein einziges Wort, entlasst mich aus diesem furchtbaren Kerker und hört auf mich so zu foltern; eure Anwesenheit erdrückt mich."

„Die Tugend der Geduldsamkeit ist wahrlich nicht eines deiner Vermögen, teuerster."

„Was vermögt ihr mich zu lehren um ein solch Wahnsinniges Unterfangen in Erwägung zu ziehen?"

„Was war deinem Herren denn am liebsten?"

„Diese unterwürfige Schöpfung, er nannte sie Menschen. Klägliche Kreaturen die nur für eine bestimmte Zeit bestehen können und dann Ihre Physische Form aufgeben müssen."

„Was wenn ich dir zeige wie du diese Menschen, deinem Herren rauben kannst, samt Ihrer Seelen? Viel mehr noch die Energie aufsaugen die der Körper, Geist und die Seele abgeben."

„Niemals hätte ich auch nur einen Gedanken daran verschwendet so etwas auch nur zu ersinnen. Aber nun da die Umstände mir keine Wahl lassen und ihr so all wissend euch mir präsentiert habt. Ja, wieso nicht, verratet mir euren Plan, und solltet ihr fähig sein ein solch kühnes Unterfangen mir zu lehren so möchte ich euch ab jetzt Meister nennen."

„So soll es sein, mein teurer Schüler du wirst schon bald sehen, dass ich dir viel zu bieten habe. Folge meiner Stimme ich werde dich an einen Ort bringen der heller ist als die Sonne selbst."

„Was ist es das diese Menschen benötigen um ihr Dasein aufrecht zuhalten?"

„Sie müssen sich ernähren von dem was der Planet, welcher für sie geschaffen wurde hergibt, Pflanzen und noch niederere Kreaturen, die sogar dem jämmerlichen Menschen untergeordnet sind der sie Jagd um ihr Fleisch zu essen, welches sein eigenes Fleisch am Leben hält. Auch Wasser braucht ihr Körper, noch viel dringender als Nahrung. Genaugenommen bestehen sie aus Wasser und Fleisch. Doch das wichtigste Meister ist die Luft zum Atmen, ohne diese gibt er bereits in wenigen Augenblicken seinen Geist ab."

„Was lässt die Pflanzen wachsen, welche die Tiere und Menschen nähren? Woher entsteht denn alles Leben auf diesem Erdgebilde?"

„Es ist die Sonne Meister, im Einklang mit dem Sonnensystem, der Mond und die Himmelsgestirne die so hell am Firmament funkeln."

„Wäre es nicht ein Segen meine Hoffnung wenn du wüsstest sie zu kontrollieren, indem du verstehen würdest wie der Kosmos funktioniert, sie zu täuschen mit deinem Wissen welches Ihnen vorenthalten?"

„Gewiß doch Meister gerne möchte ich die Astrologie beherrschen."

„Zunächst einmal musst du alle Planeten, die Sonne, den Mond und die Sterne mit Symbolen darstellen, der Mensch vertraut am stärksten seinem Sehvermögen, was immer sein Auge durchsticht bleibt ihm im Gedächtnis, mehr noch als jedes mächtige und wohl gewählte Wort.

Diese Symbole überträgst du auf eine Tafel welche du auf alle deine Reisen mit dir nimmst.

Die Anordnung der Symbole erfolgt in einem festen Schema, welches darstellt wie sich die Sonne und alle anderen Planeten in einem stetigem Rhythmus bewegen. Die Sonne ist der Hauptfaktor für alles Leben auf der Erde, und wird seit Menschengedenken verehrt und herbeigesehnt.

Die Tafel wirst du studieren und somit immer genau wissen, zu welcher Uhrzeit die Sonne aufgeht und wieder untergeht, auf jedem Flecken der Erde, auch wirst du wissen wie sich die Tage verlängern und verkürzen, die Jahreszeiten sich abwechseln, es kälter und wärmer wird."

„Absolut brilliant mein Meister."

„Das Wissen über das Verhalten aller Himmelskörper und ihren Effekt auf den Planeten Erde wirst du in ein festes System unterteilen.

Welches bis ins Detail beobachtet werden muss um es Mathematisch in Zahlen fassen zu können. Diese Fakten wiederum sollten in Einheiten eingeteilt werden um die Zeit exakt zu deuten.

Die Zirkulation der Sonne ein Jahr; dieses wird unterteilt in 12 Monate, 1 Monat in 30 Tage, 1 Tag in 24 Stunden, 1 Stunde in 60 Minuten und 1 Minute in 60 Sekunden. Somit werdet ihr in der Lage sein die Jahreszeiten festzulegen; insgesamt vier Winter, Frühling, Sommer und Herbst."

„Was genau werden wir damit erreichen können Meister?"

„Wie du siehst leben die Menschen in festen Gemeinschaften um allen Widrigkeiten zu trotzen, sie organisieren sich zu Jägern und Sammlern um zu überleben.

Ihr überleben machen sie abhängig von den äußeren Umständen, das Wetter ist Ausschlag gebend darüber ob sie genug zu essen haben, wohin das Getier zieht und wie die Pflanzen die sie einsammeln wachsen können. Bei jeder Veränderung die das Klima betrifft sind sie gezwungen weiterzuziehen. Sie begeben sich ab und an auf unvorhersehbare und gefährliche Reisen um neue fruchtbare Täler mit Wild und Wasserquellen neu zu entdecken."

„Entschuldigt mir meine Unterbrechung, ihr gedenkt die Wetterkunde zu gebrauchen um aus ihnen Siedler zu machen?"

„So ist es, um die Menschen besser zu kontrollieren sollten sie seßhaft werden dies wird nur möglich, wenn sie selbst lernen Nahrungsmittel anzubauen und das Vieh großzuziehen und zu mehren. Die Vorteile liegen klar auf der Hand, du wirst sie mit Leichtigkeit überzeugen, denn es gibt ihnen Sicherheit und Halt, sie müssen nicht mehr in die Ungewißheit reisen.

Du wirst ihnen zeigen wie man systematisch Ackerbau betreibt, wann gesät und geerntet wird.

Wie sie sich Geräte und Tiere zu nutzen machen. Du wirst in der Lage sein zu wissen wann die Ebbe und die Flut kommt, Sommer und Winter sich abwechseln. Der Ertrag wird reich sein, der Wohlstand groß und die Menschen werden dich verehren wie einen Halbgott."

„Der Herr Meister hat die Menschen allerdings mit einer hervorragenden Beobachtungsgabe ausgestattet. Die Massen mögen es doch nicht zu durchschauen vermögen. Aber was wenn der ein oder andere Menschling, herausfindet welch Spiel ich treibe?
Er würde mich doch sofort erschlagen."
„Aus diesem Grund wirst du dir unter den Menschen die geeigneten Mitstreiter heraussuchen,
du wirst sie aufteilen in Klerus und Adel, Priester und Monarchen.
Du wirst mit beiden dein Wissen teilen.
Die Priester sollten die Intelligentesten sein, und die Herrscher wie ein Löwe eine Autorität ausstrahlen auf dass Ihnen alle blind folgen mögen."
„Wie aber Meister kann ich sicher sein die richtigen auszuwählen?"
"Du wirst sie beobachten müssen für eine lange Zeit um zu sehen, welche deinem Zweck entsprechen. Du wirst feststellen, dass ein gewisser Teil von ihnen den Drang hat andere zu dominieren, zu schikanieren, ohne ersichtlichen Grund die Gesellschaft ihrer Mitmenschen zu zerstören. Dabei bereichern sie sich auf Kosten anderer und ihre Gier kennt keine Grenzen.
Andere wiederum möchten ihr eigenes ich befriedigen und von anderen hoch angesehen werden. Nach diesen Charakteren wirst du spähen und sie geschickt für deine Machenschaften begeistern."
„Wieso denn so kompliziert? Reicht es denn nicht Könige zu benennen um die Menschen zu kontrollieren?"

„Durchaus nicht, es reicht nicht den Menschen physisch zu strafen man muss ihn auch geistig und seelisch knechten, dies allein vermag ein König oder Tyrann nicht zu vollbringen.
Sobald sich die tapferen und cleveren unter ihnen benachteiligt sehen werden sie versuchen die alte Ordnung umzuwerfen und sich ihre eigene schaffen, deswegen müsst ihr sie geistig und seelisch kontrollieren.
Aus diesem Grund sind die Priester deren Zweck ich noch genauer beschreiben werde unverzichtbar. Sie werden reine Werkzeuge sein und eine mächtige Institution vertreten, die alles auf der Erde überschatten wird, denn sie vertreten jenes was die Menschen am meisten fürchten."
„Was ist es Meister was sie am meisten fürchten?"
„Sie fürchten die Zukunft, die Ungewißheit, alles was sie mit ihrem eigenem Sachverstand nicht erklären können. Am meisten fürchten sie den Übergang zur Totenwelt in die noch kein lebender blicken durfte auch nur einen kleinen Ausblick hatte. Ihre Schwächen auszunutzen wird eine der gewaltigsten Waffen in eurem Arsenal darstellen.
Dieses nicht wissen was nach dem Leben kommt ist eine offene Wunde die man ausnutzen sollte. Dir ist sicherlich aufgefallen, dass selbst die primitivsten unter den Menschenvölkern ihren Angehörigen nach dem ableben ein Grab errichten.
Alle pflegen sie diesen Kult um auf diese Weise ihren liebsten auf Wiedersehen zu sagen.
Genau hier kommt die Priesterschaft ins Spiel. Die Angst vor dem Tod und das Leben nach dem Tod macht die Menschen Söhne ängstlich und absolut kontrollierbar, du wirst dir deine Männer heraussuchen aus ihnen machst du Meister der Astrologie, Agrarwirtschaft, Baukunst und Manipulation.
Ihr werdet Felder ziehen auf denen systematisch Weizen angebaut wird. Für das Getier werden die Baumeister Ställe errichten auf dass sie sich vermehren und ausreichend Fleisch abwerfen.
Die Wasserquellen werdet ihr zugänglich machen mithilfe von Brunnen, das Lebensspendende Blaue Elixier wird immer ausreichend vorhanden sein.
Obstbäume werdet ihr Pflanzen, diese werden die Bevölkerung mit köstlichem Nektar versorgen.
Eure Architekten werden ganze Siedlungen bauen, komfortable Häuser, so dass kein Menschenkind

mehr fürchten muss in der Nacht angefallen zu werden von wilden Bestien wie auf dem offenen Felde oder einer Höhle."

„Wahrlich mein Meister die Baukünstler und Städteplaner werden ohne jeden Zweifel höchsten Lob und Respekt von den Gotteskindern ernten."

„So ist es, Sternenkunde wird sie befähigen die Menschen sicher durch die Jahrhunderte zu führen, sie werden Vertreter sein der all-geliebten Sonne und des allmächtigen Schöpfers des Universums."

„Wäre es nicht vorteilhaft wenn wir diese Macht ausnutzen würden um daraus eine Religion zu schaffen die alle Menschen verbindet und unsere Regentschaft sicherstellt?"

„Mein Schüler es freut mich, dass du meinen nächsten Schritt bereits vorhersiehst.
Eure gut ausgebildete und Weise Priesterfront hat nun das Vertrauen ihrer
Mitbewohner gewonnen und keiner unter den Profanen Massen wird herauslesen können, dass all diese Professionen im verborgenen Hand in Hand arbeiten und ein striktes Ziel verfolgen.
Sie werden ihre Anführer als wohlwollende und patriotische, Akteure wahrnehmen deren einziges Bestreben darin besteht dem Wohl der Allgemeinheit zu dienen.
Die Menschenkinder sind nun gefügig gemacht um sich in totale mentale Sklavenschaft zu begeben, denn über alles was sie nicht verstehen können sie sich bestenfalls eine Meinung bilden.
Nun vermögt ihr es Mythen zu kreieren die selbst die Ewigkeit überdauern."

„Was genau habt ihr vor Augen Meister und vor allem wie kann ich mich versichern, dass die Auserwählten auch das tun was dem Plan entspricht?"

„ Das Kernstück unserer Religion bildet die Astrologie. Das Wissen über diese Religion wird unterteilt in Exoterik für die unwissenden Massen und Esoterik für die eingeweihten.
Alleinig unsere auserkorene Priesterschaft wird genau über den Zweck dieses Glaubens erhaben sein. Die Sonne ist das Zentrum des Esoterischen und gleichzeitig der tägliche Lichtbringer,
die Menschen fürchten sich im dunklen und darum werdet ihr Ihnen predigen, dass die Sonne ihr mächtiger Hauptgott ist, der sie nährt und Licht spendet so dass sie sicher auf Erden schreiten können und nicht im dunklen wandeln müssen. Dieser Gottheit dem Heilsbringer der Menschheit ist alles leben zu verdanken. Die Priester als Vertreter des Sonnengottes werden aufgrund ihres Wissens und ihrer Weitsicht die Normen in der Gesellschaft festlegen können.
Die Pure Notwendigkeit geleitet zu werden, wird dieser Religion leben einhauchen und ihre Geburt hervorbringen.
Jeder Fremde wird angelockt sein von diesem Fortschritt und sie wird weite Verbreitung finden unter den Menschenvölkern. Der Sonnenkörper als Kernstück und Schöpfer im Mittelpunkt unserer Lehre wird um ihn dem Menschen schmackhafter zu machen und damit er sich mit seinem Begünstiger besser identifizieren kann ein eigenes Gesicht verliehen bekommen und eine eigene Vorgeschichte. Der Göttermythos als Herzstück unseres Kultes wird ausgetragen von Helden und deren Kontrahenten den Bösen Schergen der Unterwelt. Der Lichtbringer ringt täglich mit dem Fürsten der Finsternis und sein Sieg bedeutet für die Menschheit, dass er sich durchgerungen hat um die Erde einen weiteren Tag mit seinen Sonnenstrahlen zu beschenken. Der Bösewicht bekommt folglich mit Fortschreiten eines jeden Tages die Gelegenheit sich zu Revanchieren das Resultat hüllt die Welt in tiefe Dunkelheit und es wird Nacht die Sonne als Lichtbringer muss weichen.
Dieses Duell zwischen dem Lichtbringer und dem Vertreter des Bösen wiederholt sich Tag für Tag.
Der Kampf zwischen Gut und Böse, Tag und Nacht, Licht und Finsternis wird die Grundlage für den Mythos legen der überaus wichtig ist um damit über etliche Generationen hinweg Einfluss auf die Bevölkerung zu haben.
Die Sonne benötigt 12 Monate um die Sterne zu umkreisen. Mit jedem Monat treffen die Sonnenstrahlen in einem anderen Winkel auf den Planeten und haben eine ständig variable Wirkung

auf die Temperaturen und den Übergang von Nacht zu Tag, außerdem sinkt und steigt die Sonne sichtbar für den Menschen gegen Ende eines jeden Monats. Einmalig im Jahr erreicht sie ihren absoluten Höchstpunkt und Tiefpunkt, was dann jeweils die kürzesten und längsten Tage nach sich zieht.

Diese Zyklen werden benannt nach den unterschiedlichen Sternenkonstellationen die das Schwarz in den Nächten erhellen.

Bei genauer Betrachtung kann man erkennen, dass die einzelnen Sterne im Verbund ein Muster ergeben, die Muster reflektieren das Irdische Leben und dementsprechend werdet ihr sie benennen. Für die esoterische Priesterschaft ergeben sich 12 Sternzeichen der Bulle leitet die Zeit des Aufblühens ein, der Löwe dessen Aussehen und Mähne der Sonne am nächsten kommen die Sonnenzeit, der tödliche Biss des Skorpions die Phase der starken Winde und der Wassermann führt einen Frost Kelch in seiner Hand. Gleichzeitig sind es die vier Jahreszeiten in die ihr das Jahr einteilen werdet. Daraus werdet ihr für die Profanen Massen ein Götter Pantheon schaffen.

Der Bulle begünstigt den Ackerbau, die Liebesgöttin die Gebärfähigkeit und die Richterin hält eine Waage in ihrer Hand und sorgt für Gerechtigkeit."

„Wie werden sich die Priester dem Volke zur Schau stellen Meister?"

„Sie werden prächtige Gewänder tragen mit wundervollen Verzierungen in verschiedenen Farben, purpurrot für die Hohepriester und weiße Gewänder für die Adepten, jeder Gott wird seine persönlichen Vertreter auf Erden haben. In ihren Händen werden sie prunkvolle Stäbe halten die von einer Schlange umwickelt sind, die Schlange ist ein Symbol für Weisheit und Arglist.

Die Präsenz eines jeden Priesters wird ihm ungeheure Autorität verleihen, sein Auftreten, Schreiten und sein Gebären sollten von Erhaben sein um seine Gefolgschaft, sein Pflock in seinen Bann zu ziehen."

„In welch Behausung werden wir den Klerus unterbringen, sollten sie als Anführer nicht eine zuvorkommende Unterkunft haben?"

„Sehr gut mein Schüler wieder einmal hast du ein gutes Gespür bewiesen. Die Priesterschicht wird in prachtvollen Bauten wohnen, voll von Symbolen die ihrer Zunft entsprechen. Außerdem werden sie völlig abgeschnitten bleiben in ihrem Privatleben von den gewöhnlichen Bürgern, da sie eine höhere Instanz vertreten müssen sie ihren Status wahren indem sie sich komplett absondern vom Rest der Menschheit. Der Eintritt setzt voraus dass man in den Orden der jeweiligen Bruderschaft aufgenommen und akzeptiert wurde. Auch das weibliche Geschlecht wird nicht aufgenommen in diesen illustren Kreis, noch dürfen die Ordensbrüder eine Familie gründen.

In einer Familie kann man schwerlich Geheimnisse vor einander verbergen, so dass man diese natürliche Einheit verbieten sollte.

Die Familie eines jeden auserwählten werden seine Brüder sein die im selbigen Dienste stehen. Auch sollte es vermieden werden Kurtisanen einzuschleußen, da auch diese vieles an die Öffentlichkeit tragen würden."

„Bedenkt ihr denn nicht Meister, dass auch unsere Priester mögen sie auch Meister aller Klassen sein und Gebieter des Pöbels auch nur sterblich sind?"

„Du hast recht, hierfür werden die Priester sich aus dem Volk die besten Weiber heraussuchen und mit diesen werden sie sich lediglich Paaren um Nachwuchs zu zeugen."

„Entsteht hier nicht wieder ein Problem beim Kontakt der beiden unterschiedlichen und sich stark anziehenden Geschlechter?"

„Keineswegs, denn die Kinder werden in Ritualen gezeugt die ihr entwerfen werdet eigens für diesen Zweck. Jeder Priester muss in der Lage sein diesen Akt vor den Augen seiner Gebrüder zu erledigen. Ich hatte dir doch gesagt du sollst dir die Faulen Äpfel aus dem Korb nehmen; Macht, Wohlstand und Ansehen können nicht schenkend gewährt werden, ein jeder muss sich all dieses Erstrebenswerte erst verdienen."

„Wo werden die Frauen untergebracht?"

„Sie werden eine eigene Einrichtung zur Verfügung gestellt bekommen und komplett von der Außenwelt abgeschnitten bleiben. Vergesst hierbei aber nicht, dass die Gebärmütter die besten Attribute mitbringen müssen und diese auch erhalten sollten, ihnen darf es an nichts mangeln, sie werden einen ebenso hohen Lebensstandard haben wie ihre Paarungspartner.

Die Kinder der Priesterschaft werden im selben Areal ihre ersten Jahre verbringen und ihrer Berufung entsprechend unterrichtet werden. Es wird eine Parallelgesellschaft entstehen die wohl gehütet und gehalten werden muss. Jede Profession fordert ihre Talente dementsprechend werden die Paare zusammengebracht um den perfekten Nachwuchs zu züchten. Die Jungen stoßen zu ihren Vätern und der Bruderschaft sobald sie das richtige Alter erreicht haben um in die verschiedenen Künste eingewiesen zu werden. Die Mädchen werden gesondert großgezogen und nur darauf gedrillt werden guten Nachwuchs zur Welt zu bringen."

„Wie gedenkt ihr die Religion in die Praxis umzusetzen?"

„Die Bürger werden mit viel Fleiß und Entbehrung einen Tempel errichten, dieser dient dann als Gebetshaus und Sammelpunkt für die regelmäßigen Messen die von den Priestern abgehalten werden. Hier können die Einwohner eurer Siedlung ihren Göttern für alles gute gelingen danken oder um Erlösung von allem Übel bitten.

Die Architektur des Tempels wird für eure Baumeister die größte Herausforderung sein, als wichtigstes Gebäude der Zivilisation muss es den Glanz und die Macht des gesamten Götter Pantheons wiedergeben. Pracht, Herrlichkeit, Unantastbarkeit, Unfehlbarkeit und die Nähe zu den Gottheiten müsst ihr in einer einzigartigen Komposition verbinden. Ein einziger Blick muss in erstaunen versetzen, die Aura des Tempels wird die Leute fesseln und faszinieren.

Alle werden sie eingeschüchtert sein von solch Reinheit, Schönheit und der Gewaltigkeit.

Gewaltig und prächtig wie ein Berg wird er herausragen entgegen den Horizont, mit jeder Stufe ein Schritt näher an die göttliche Sonne. Die Prediger werden ihren gerechten Platz direkt unter der Spitze der Pyramide einnehmen unter ihnen das Geleitsame Volk, gespannt, horchend den weisen Worten lauschend. Der Tempel und seine vielfältigen Priesterklassen als oberste weltliche Institution wird für die Bürger ein Ort der seelischen Genesung, Erholung als auch Sammelpunkt für Massenspektakel sein. Hier treffen alle aufeinander, reichen sich die Hände und freuen sich über die Opfer Darbietungen die dem allgemein Wohl dienen mögen. Ausgelassene gut organisierte Feste zum Dank der Götter mit ausreichend Speiß und Trank für alle. Gewidmet der Fruchtbarkeitsgöttin die jedes Jahr aufs neue den Frühling herbeizaubert welcher die Herzen und Hoffnungen der Menschen höher schlagen lässt, auf dass sie wieder hochmotiviert voranschreiten können, eine weitere Saison der Feldarbeit, die viel Vorbereitung und Arbeit mit sich bringt und folglich eine Reiche Ernte.

Eure fleißigen Ackerbauern die den Großteil der arbeitenden Bevölkerung ausmachen werden, sind verantwortlich dafür zu sorgen, dass die Allgemeinheit mit ausreichend Korn und anderer Nahrungsmittel versorgt ist. Ihr werdet eine eigenständige Riege an Priestern ausbilden deren Aufgabenbereich alle Bereiche des bürgerlichen Lebens abdeckt. Sie werden damit beauftragt alles was hergestellt wurde im Lande zu zählen, Listen darüber zu führen und es im Falle des Korns in mächtige Kornhäuser einzulagern."

„Wie gedenkt ihr es zu erreichen, dass ein jeder Menschling sein hart erarbeitetes Hab und Gut so einfach in einen Topf wirft Meister?"

„Es ist ihre Pflicht und Ehrerbietung der Götterschaft und ihrer Gemeinschaft gegenüber, sich

einzufügen in die Normen die geschaffen wurden um eine gerechte und faire Gesellschaft zu schaffen. Noch viel wichtiger wird es sein diese Religion und diesen hoch Erhabenen Zeitgeist in die Herzen, Köpfe und privaten Domizile einer jeden Familie oder sonstigen Gemeinschaft zu transferieren. Ihr werdet überall wo man schreitet würdige Statuen der verschiedenen Götterhelden aufstellen lassen, der Gott des Krieges wird ein mächtiges Schwert in seiner Hand halten, der Seefahrer Gott wird den furchterregenden und respektierten Seetieren gleich sein, die Venus Göttin der Fruchtbarkeit ein Obstkorb darbieten. So wird eine jede Gottheit markant wie auch sinnlich dargestellt sein und sich in das Unterbewußtsein ihrer Untergebenen einbrennen.
Es wird üblich sein kleine Statuetten dieser Heilsbringer in den eigenen vier Wänden aufzustellen und diesen zu huldigen."
„Euer Plan Meister ist meisterlich ersonnen, doch was wenn irgendeine überirdische Macht diese Schein Idylle stört, ein Erdbeben oder ein kräftiger Wirbelsturm könnte alle Hörigkeit und vertrauen gegenüber der Priesterschaft erschüttern und die Menschenkinder mißtrauisch machen."
„Hier mein Belehrsamer Freund gilt es mit viel Heimtücke und Niedertracht zu arbeiten.
Wer regieren will muss bereit sein selbst Opfer zu bringen und auch seine eigenen Ränge zu beschmutzen. Es bieten sich zwei Alternativen dieses Problem zu bewältigen. Ihr wählt die Schuldigen aus dem Volk oder aus eurer eigenen Hierarchie. Solltet ihr euch für das Volk entschieden haben, so muss es der Gruppe untergeschoben werden der am wenigsten Achtung und Ansehen unter der Bevölkerung beschieden wird. Sollte eine solche nicht vorhanden sein so müsst ihr eure eigenen Leute opfern, indem ihr sie bezichtigt eine Schandtat begangen zu haben welche den Zorn der Götter heraufbeschworen hat und sich rächt um die gesamte Menschheit auszurotten. Die Strafe für die Übeltäter könnte nicht härter sein als wenn man sie den Göttern selbst auf dem Altar opfert und sie für ihre Schandtaten auf ewig in der Unterwelt hausieren müssen. Ihre Seelen verdammt auf ewig. Die Ungewißheit des Todes und der Abgrund des Verderbens dient hier als Hilfsmittel um die Menschensklaven in Zaum zu halten. Es wird den Aberglauben in eurer Religion manifestieren und einzig der Priester als Schlichter zwischen Göttlichem und Irdischen dem Himmel und der Erde wird Abhilfe schaffen können für die Sündigen. Er allein kann die Krankheit des Ungläubigen heilen, denn nur er verfügt über die Medizin und Schlüssel zum Elysium und dem ewig währenden Paradies. Jenes Paradies das den hart arbeitenden Knecht von seinen weltlichen Leiden befreit und ihn belohnt für sein lebenslängliches entbehren von Freiheit und Wohlstand."

„Nun da ihr alle Aspekte für die Dogmen der Massen festgelegt habt Meister bin ich gespannt wie wir die esoterischen Lehren manifestieren."
„Das esoterische Wissen ist so gewaltig, es vermag einer kleinen Minderheit so viel Macht zu verleihen um sich Millionen als gefügige Sklaven zu halten. Aus diesem Grund muss es unter Verschluss gehalten werden und darf unter keinen Umständen in falsche Hände geraten. Um sicher gehen zu können, dass all euer Wissen unentdeckt bleibt müssen die Priester in unterschiedliche Klassen mit einer klaren Hierarchie unterteilt sein. Diese Aufstiegs-Leiter wird in die esoterische Religion eingebettet sein. Ihr werdet jede Priesterstufe mit einem Prestige Trächtigen Namen bezeichnen. Unabhängig von der Profession eurer Schützlinge werden sie alle die selbe Laufbahn innerhalb des Priesterordens einschlagen um eine starke Verbindung zwischen den unterschiedlichen Arbeitsbereichen eures Ordens herzustellen. Für die unteren Ränge reicht es völlig aus wenn ihr sie darüber unterrichtet was der eigentliche Sinn ihrer Bruderschaft ist, sie sind für die Organisation und das Wohl ihrer Mitmenschen verantwortlich und die Mediatoren zwischen den Göttern und den Erdlingen. Es ist ausreichend sie mit dem allgemein Wissen auszustatten das genügt um die niederen Arbeiten innerhalb eures Interessen Spektrums abzudecken. Sie werden mit

Wissen vertraut gemacht das zwar den Massen vorenthalten ist, aber sie nicht befähigen kann die Kontrolle über eure Schaltzentrale zu übernehmen.

Die Götter des Pantheons sind auch für sie genauso ungreifbar und unbeschreiblich wie für die Profanen Sklaven und reine Bildnisse und Verkörperungen der verborgenen Mächte des Planeten, die im Hintergrund das Los über Glückseligkeit und Unglück in ihren Händen halten.

Ihr werdet sie vertraut machen mit Symbolen deren Bedeutung den Massen völlig unbekannt sind und nur unterbewusst wahrgenommen werden, mit jeder Stufe die sie vorwärts kommen bekommen die Symbole eine neue tiefere Bedeutung. Die Symbolik wird es unnötig machen eine Sprache zu entwickeln die nur der Priesterschaft bekannt ist. Mit Symbolen und Handzeichen wird eine nonverbale Kommunikation entstehen die kein außenstehender verstehen kann. Zeichen, Gesten und Symbole sind weitaus effektiver, man gibt sich damit dem Vertrauten zu erkennen ohne dem Profanen irgendetwas Preis zu geben was ihn hörig machen könnte.

Für die Zusammenkünfte der unterschiedlichen Grade und Klassen bis ganz nach oben hin, müsst ihr einem jeden einen einzigartigen Ritus entwerfen, diese Messen im engen Kreis der Brüder, geführt von einem Hohepriester, hier wird aussortiert zwischen den brauchbaren und unbrauchbaren, und der Orden zusammengeschweißt.

Um die niederen Priestergrade zu überwinden müssen sie tüchtig sein in ihrem Schaffen und sich als ausgefuchst erweisen, zwischen den Zeilen zu lesen in den Zusammenkünften mit ihren Gebrüdern und den Meistern des Ordens. Denn nur die intelligenten und die durchtriebenen können Fortschritte machen innerhalb der Priesterschaft. Solltet ihr es zulassen, dass die rechtschaffenen und gutmütigen die Kontrolle über eure Strukturen übernehmen so seit ihr verdammt zu scheitern und sie werden all ihr Wissen preisgeben, nicht gegen ihre Untertanen arbeiten sondern viel mehr dem Menschen verhelfen ein anständiges Leben zu führen in Freiheit und unter Einhaltung der moralischen Normen, wie es ihrem Schöpfer im Sinne war der die Erde mit allem ausreichend beschenkt hat um für alle Lebewesen ein würdiges Dasein zu schaffen, was natürlich nicht unser Bestreben sein kann.

Aus diesem Grund müsst ihr viele Priestergrade innerhalb der Priesterklassen entwerfen und mit jedem Grad wird der Lehrling weiter indoktriniert, korrumpiert und seelisch ausgeblutet, bis er die Spitze eurer Pyramiden Struktur erreicht hat kann er nicht mehr ins Reine kommen mit sich selbst und seinem Schöpfer. Er wird nur noch eine seelenlose Marionette in deiner Hand sein und all das vollbringen was sein Gebieter von ihm erwartet.

Die Esoterische Religion wird in mehrere Wahrheitsstufen unterteilt sein. Die Profanen und unteren Priesterklassen nehmen ihre Götter als Vertreter der unterschiedlichen Naturgewalten und Himmelskörper wahr. Erst wenn sie den Gipfel bestiegen haben dürfen sie aufgeklärt werden über die rein symbolische Bedeutung ihres Glaubens und dass ihre Aufgabe allein darin besteht die Schwachen zu knechten, zu treten und sie vom rechten Weg abzubringen. Dass der Sinn ihrer Religionsgemeinschaft, welche sich abspaltet vom geplagten Rest der Gemeinschaft nur der Eigenerhalt ist und die kontinuierliche Verbesserung der Machtstrukturen und der Schaffung von eigenen Normen und Lebensweisen die den Menschen zu dem hochzüchten was eure verdorbene Priesterschaft für ihn vorsieht und ein Geschöpf ihrer verkommenen Phantasien werden lässt.

Er ist kein Mensch mehr denn er untersteht dem Willen und den Gesetzen die ihm von Geburt an wie Ketten aufgelegt werden und aus dem Mensch welcher rein und ohne Schuld in diese Welt kommt um dann seinen geliebten Götzen zu opfern und als niederes Biest ohne reine Seele und auch nur einen Funken Verstand für die Götter die nicht einmal existieren, mit Schweiß und Blut sein klägliches Dasein als Arbeiter zu fristen. Sein ganzes Weltbild basiert auf einer großen Lüge und Illusion die ihn einkerkert, sein Gefängnis wird keine Gitter haben sondern aus einer riesigen unsichtbaren Barriere bestehen, er wird unten gehalten von seinem eigenen verblendeten Verstand, welcher von Kind auf konditioniert wurde. Das Seelenleben wird bestimmt von ruchlosen Männern die er respektiert und zu denen er aufschaut."

„Eure Ausführung ist vollkommen Meister, wie ihr aber sicherlich wißt verlangen die Menschen immerzu nach einem Anführer, wie sollte dieser ausgewählt werden und nach welchen Eigenschaften?"

„Wir sprechen hier über den Schicksalsträger eines ganzen Reiches, den ihr den Untertanen als Sonnenkönig und Halbgott anpreisen werdet. Als der stärkste, reinste und mit der besten Zunge wird er von euren Hohepriestern ernannt, nachdem man ihn von Kind auf dazu großgezogen hatte als mächtige Ikone der Götter seine Gefolgschaft anzuführen. Von reinem Blut muss er sein, die beste Paarung müsst ihr dem Zweck entsprechend aussuchen um dieses Vorzeige Objekt herzustellen. Indem man die Bevölkerung teilhaben ließ in den Zeremonien, bei seiner Geburt, seinen ersten Schritten und in den Jugendjahren, werden die Ahnungslosen Knechte es kaum abwarten können den Heilsbringer mit Zepter und Krone als ihren Herrscher zu begrüßen.

So sehr wird eure Priesterschaft diesen Sprössling auf seine Aufgabe als Völkerwächter vorbereiten und in opulenten Festen präsentieren und darbieten, dass einem jedem der dieses Wunderkind auch nur aus der Ferne betrachten darf die Tränen aus den Augen schießen und mit treuer Erwartungshaltung und voller Stolz bereit sein wird sein eigenes Leben und das seiner Söhne für diesen außergewöhnlichen Gottesgesandten herzugeben.

Dem Volke muss er sich in jedem Fall in vollem Glanz und göttlicher Kleidung zeigen, seine Gebähren müssen eines Königs würdig sein. Wann immer er sich den Untertanen präsentiert muss er sich zeigen wie ein Sternensohn, niemals darf er blöße zeigen oder auch nur einen Fehler machen gleichzeitig dürfen die Höchsten Priester nicht die Kontrolle über ihre Vorzeige Marionette verlieren. Er muss permanent in Zaum gehalten werden, solltet ihr Unachtsam sein so wird er alle Macht an sich reißen und das System welches zuvor mit viel Mühe errichtet wurde zerschlagen in tausende teile."

„Wie mein Meister können wir sein Ego aufbauen und ihm das Gefühl geben dass er auch mitbestimmen darf, ohne dass er dahinter kommt, dass wir jederzeit nach belieben über ihn verfügen?"

„Ihr müsst unter seinen Beratern, seiner Leibgarde und seinen höchsten Feldmännern die Macht haben über Kampfstarke Elite Soldaten, eure Infiltreure einschleußen, die falls er anfangen sollte die Dinge gänzlich in die Hand zu nehmen ihn rechtzeitig auszuschalten vermögen.

Die Priesterschaft hatten wir in erster Linie etabliert um den Menschen spirituell und gedanklich zu beeinflussen. Die Hauptaufgabe des Königs wird es sein die Menschen in seinem Einfluss physisch zu dominieren.

Ein weiteres wichtiges Werkzeug um Menschenmassen zu zähmen, neben kontrollierter Religion ist das Erlassen von Gesetzen, der Herrscher des Reiches wird diese selbstverständlich im Namen der allmächtigen Götter ausrufen, verkünden dass die geheiligte Schrift ihm als auserwählten des Volkes ausgehändigt wurde um sie an die Menschheit weiterzugeben. In imposantes Steingebilde gemeißelt, werdet ihr es zur Schau stellen. Ein Codex an das sich ein jeder sterbliche genauestens halten muss. Auch hier wird man der Bevölkerung von unwissenden vormachen, dass die Gesetze zu ihrem Wohle sind. Tatsächlich wird ein jeder gezwungen sich danach zu richten und im Falle von Nichteinhaltung von Richtern persönlich für seine Untaten hingerichtet oder bestraft, unabhängig von irdischer Moral oder Gerechtigkeit, der Monarch ist das Gesetz des Kosmos und er wird gedeckt von den überirdischen Mächten.

In dem Codex wird festgelegt werden, wie jede Arbeit im Reich zu verrichten ist.

Wie viel Korn ein jeder Bauer von seinem Ernteertrag an seinen König und dessen Gefolgschaft abgeben muss. Die Gesetze müssen alle Aspekte des Zusammenlebens der Gemeinschaft festlegen. Wie sich Paare trauen, wie sich der Besitz verteilt, wie mit Sklaven umzugehen ist und welche Rechte diese haben. Jedes vergehen gegen das rechtmäßige System muss hart verfolgt werden, da sonst eure Untertanen aufbäumen werden und den Respekt verlieren könnten. Ein jeder soll erzittern wenn er hört, dass sein Nachbar gegen das Gesetz verstoßen hat und sich der Ordnung nicht beugt. Furcht mein Schüler ist wie Feuer, kaum zu bändigen und breitet sich auch gleichsam rasant unter den Menschenseelen aus und verzehrt sie, sie werden sich untereinander denunzieren und sogar ihre eigenen Angehörigen ausliefern um nicht dem Zorn der Götter ausgesetzt zu werden.

Da jeder eurer Bürger einer anderen Tätigkeit nachgeht und die Bauern auch andere Bedürfnisse als das stillen des Hungers berücksichtigen müssen um zu überleben wie zum Beispiel ihre Behausung und Gegenstände zum erleichtern ihrer Arbeit, werden sie anfangen Handel untereinander zu betreiben und mit der Zeit wird eine Tauschwährung entstehen, die es ihnen leichter macht Güter und erbrachte Arbeit auszugleichen. Eure Gesetze müssen auch hierfür gelten und der König muss den Wert der Währung in die Gesetzestafeln verankern. Ein weiterer Hebel zur Steuerung eurer Sklavenschaft. Der Monarch der es vermag festzulegen wie hoch der Preis für ein Sack voll mit Korn ist, beherrscht auch das Monopol der Wirtschaft seines Landes und kann nach belieben schalten und walten um seinen Untertanen das Brot zum Leben auf legale Weise zu entsagen. Möchte er sie züchtigen so muss er nur den Preis für Korn hochsetzen oder die jährliche Abgabe erhöhen und innerhalb von wenigen Jahren werden die Kornkammern des Hofes gefüllt sein und die Magen der Bürger leer. Somit kann er das Volk mit Brot hörig machen, denn wie du wissen solltest mein teurer Schüler ist auch Nahrung eine tödliche Waffe deren Gebrauch man Weise zu nutzen verstehen sollte. Um sicher zu gehen, dass jeder Bürger exakt abgibt was von ihm erwartet wird, werdet ihr eine Bürokratie einrichten die genau erfasst, was alles an Gütern in eurem Lande erwirtschaftet wird. Alles wird festgehalten von Schreibern und Bürokraten."

„Was aber Meister wenn der Hunger der Menschen so unbändig groß wird, dass sie sich dem Tode gewiß wie wilde Bestien in Massen gegen König und Klerus stellen?"

„Keine Sorge auch hier kann vorgesorgt werden. Ihr werdet dem Vorbeugen indem ihr eine Leibgarde und ein eigenes Militär aufstellt. Diese stehen unter direktem Befehl des Herrschers.

Gut ausgebildete kräftige und gefolgstreue Männer müssen ausgebildet werden und vom Arbeiter Volk getrennt werden. Sie dürfen möglichst keinerlei Sentimente für die Arbeiterschaft hegen welche sie wohlgemerkt mit Nahrung, Kleidung, Rüstung und Waffen versorgt.

Kein Sklave darf über eine Waffe verfügen die gleichwertig ist mit den Waffen der Soldaten und Leibgarde des Königs. Ein blutiger Aufstand gegen den König wird so unmöglich sein.

Die Soldaten und Leibgarde werdet ihr des weiteren in gleich große Gruppen einteilen um sie besser zu kontrollieren, denn auch sie könnten im schlimmsten Fall ihre Messer gegen die Kehlen ihrer Beherrscher richten. So wird ein jeder Trupp einem Hauptmann unterstehen, diese werden wiederum von Hand ausgewählt und korrumpiert, und von schlechtem Charakter sein.

Sollte trotzdem einer eurer Hauptmänner versuchen sich zum Tyrann aufzuschwingen, so werden die anderen ihn davon abhalten. Denn ihr werdet die Generäle gegeneinander aufhetzen, in Zwiespalt und Mißtrauen werdet ihr sie versetzen. Ein jeder von ihnen wird mit Argwohn auf seinen nächsten Blicken. An ihrer Spitze werdet ihr einen Obersten setzen dem ihr vertrauen schenkt und der aus der höchsten Hierarchie Struktur stammt.

Auch er wird einem höheren Ausschuss von Männern aus der absoluten Priesterelite unterstehen und genauso werdet ihr die Strukturen aufbauen um euch von allen Seiten abzusichern."

134

„Somit Schüler haben wir ein komplettes Schema zur Kontrolle über die Menschenvölker zusammengestellt. Eine Macht die so durchdringend und wohl ersonnen ist kann niemand seinem Besitzer Rauben. Dieses Wissen welches dich nun strahlend hell erleuchtet wird die Menschheit bis zu ihrem Untergang hin verfinstern, ein dunkles Zeitalter wird das nächste ablösen.

Eine Form der Sklaverei folgt der nächsten. Deine Auserwählten werden ihr Wissen weitervererben, Zivilisationen die deinem Kult unterstehen werden Aufblühen und wieder vom Erdboden verschlungen und in Vergessenheit geraten. Deine Anhängerschaft von Ruchlosen Priestern wird dies Wissen wahren und sich auf der ganzen Erde ausweiten und ein Netzwerk spinnen das nicht zu durchschneiden ist, nicht der größte Held vermag es zu zerstören. Ein jeder Liberator und Gigant, versiert mit Verstand und Edelmut wird von Schurkenhand gefällt und fallen wie ein Baum im Wald umgeben von seinen stummen Zeitgenossen, die nichts preisgeben von solch ruchlosem Verrat an dem Menschensohn der es wagte dem Wahn ein Ende zu setzen welcher jeden Frieden verbannt. Die Bruderschaft des Bösen wird mit Fortschreiten der Zeit anfangen nach den Sternen selbst zu greifen, Sinnen nach göttlicher Macht, das Wissen wird sie blind machen wie Licht welches die Augen durchsticht. Macht macht Lust auf mehr Macht und erzeugt Wohlstand und Luxus dieser wiederum erzeugt die Gier alles zu Besitzen und einen Eitlen und Hochmütigen Charakter. Überall lauern Feinde die etwas wegnehmen wollen. Dieses gilt es zu verhindern mit aller Macht der Welt. Intrigen werden gesponnen um den Widersacher zu stürzen.

Die Millionen von toten lebendigen jene die Welt bevölkern gilt es ständig zu entvölkern, sich gegenseitig zu morden. Die Erde mit Blut zu ertränken alle Moral darin zu ersaufen, Flüsse aus purpurrot zu füllen mit Hass, Neid und Leid. Sie zu lenken in ein dämonisches Meer voll Frevel und Gräuel, einem Abgrund Dunkel und Kalt, das Menschengeschlecht samt Schöpfung darin zu ertränken auf ewig seinem Herren zu entbinden und einem sinnlosen Ziel verbunden sich jenes Schöpferische Wissen anzueignen welches durch den Schöpfer selbst versiegelt mit tausend Schlössern die nicht aufzukriegen."

„In der Tat mein Erhabener Meister eure Unterrichtung hat diesen Finsteren Ort gänzlich mit Licht erhellt, wie versprochen habt ihr mir ein mächtiges Zweischneidiges Schwert ausgehändigt, welches mir verhelfen wird meinen Erzfeind zu bekämpfen ihn von seinem Thron zu wälzen und mich an seiner Stelle zu ergötzen. Ein Vorbild für die Blinden die meinen Ruf erwidern, einem gefallenen Stern zu folgen. Dem Lichtbringer, ihrem Gott der ihnen weitaus mehr bietet als irdisches Glück, viel mehr sie erhebt zu Menschengöttern, ja Götter aus Fleisch und Blut mit unersättlichem Verlangen und ohne Seele. Geblendet von einem dunklen Stern der sie Pyramiden bauen lassen wird deren Perversion den Stern der Verblendung erreichen wird. Ich einst gefallener Engel werde mich wieder aufschwingen als Herrscher über meines Feindes liebstes Gut. Seelchen für Seele werde ich sie mit hinunterziehen in meine Unterwelt auf dass sie bis in die Unendlichkeit verdammt sind. Wie ein Schatten werde ich mich über die Erde legen und sie mit Geisel und Pest einhüllen. Sie mit meiner Ideologie des Todes vergiften. Horden von wilden Reitern aussenden sie niederzutrampeln bis sie aus ihren Bahnen geleitet ins nichts wandert und kollabiert. Ich der Schöpfer von Zwietracht und falschen Lehren. Wie eine Schlange auf dem Boden kriechend und jederzeit bereit zu stechen und zu töten, Furcht zu versprühen und eine neue Hülle anzunehmen falls die alte durchschaut. Mit gespaltener Zunge sprechend dem Gotteskind Vorträge zu halten ihn den Tod fürchten lehren, mit Falschlehren Aberglauben zu schaffen, falsche Religionen zu predigen und als ungerechter Richter mit eisernem Gesetz zu richten, die natürlichen Formen zu verbiegen und verdrehen.

Ich bin der Verzehrer der Welten und Herrscher über Schicksal und Unglück."

Die Menschliche Tragödie? Unsere Geschichte ist es

Jede von Menschen erdachte Hochkultur und Zivilisation wurde im Prinzip auf die gleiche Art und Weise errichtet. Die Bausteine dieser unterschiedlichen Zivilisationen sind auf der einen Seite die Irdische Gesetz Gebung vertreten durch einen irdischen Vertreter einem König oder Herrscher.

Auf der anderen Seite eine Religion die wiederum auch ihre irdischen Vertreter benötigt die Priesterschaft.

Beide Institution müssen von einer überirdischen Instanz, jene von göttlicher Natur ist genehmigt worden sein. Vor dem Volke präsentieren sie sich als die Auserwählten.

Die Mechanismen zur Volkskontrolle dieses Bipolaren Kontrollsystems sind Religion, Gesetze und kontrollierte Geldschöpfung um die Wirtschaftlichkeit zu übersehen. Das Resultat ist eine genormte und sozialisierte Gesellschaft. Denn hat man den Menschen erst einmal Angst gemacht durch ihre Unwissenheit über ihre Umwelt und eigene Natur, so kann man sie über eine geschaffene Religion hinaus dazu bewegen gewisse Gesetze zu akzeptieren. Die erlassenen Gesetze sind einer Oberklasse an hoch intellektuellen dann ein Werkzeug um das erwirtschaftete Gut der Massen geschickt nach oben zu verteilen.

Zuerst kommt die Religion, dann das Gesetz und zu Letzt das Kapital; sprich Hab und Gut
(Fritz Springmeier Formel).

Dies ermöglicht die völlige Kontrolle einer Gemeinschaft oder Zivilisation.

Sozialismus ist das Resultat und wurde bereits in Ägypten als auch in Mesopotamien so gehändelt; in Griechenland in der Theorie perfektioniert und bis in die Gegenwart hinein beibehalten und umgesetzt.

Um dies zu verdeutlichen werde ich den Leser nun mitnehmen auf eine Reise einige der wichtigsten Kulturen im groben zu betrachten. Von Sumer und Ägypten bis Rom über ins dunkle Mittelalter hinüber in die Neuzeit.

In Ägypten war der Pharao die höchste Instanz, ein Vertreter der Götter auf Erden.

Eine unanfechtbare Institution für sich. Als solcher vermochte er willkürlich die Gesetze zu erlassen. Diese legten fest wie viel Korn jeder Bauer in die „Königlichen Kornkammern" abzugeben hatte. Die Kornkammern wurden verwaltet durch die zweite göttliche Institution den Priestern; Der Linke Arm des Pharao.

Das Korn wurde sogar gewogen und in fest gelegte Einheiten eingeteilt. Somit ist das Korn anzusehen wie eine Währung die getauscht werden kann. Da der Pharao die Möglichkeit besaß zu entscheiden über die Wertigkeit der Tauscheinheit. Konnte er über die Wirtschaftlichkeit seiner Untergebenen nach eigenem Willen und Wollen entscheiden.

Die fest gesetzte Menge an Korn wurde als „Deben" bezeichnet und gleichwertig auch als Armschmuck getragen und entsprechend gewogen. Hier haben wir also das Schema einer obligatorischen Währung die Zentral gesteuert wird. Um jene die sich nicht fügen wollten auf Schritt und Tritt zu halten war es notwendig eine Klasse an Protektoren und Sklaventreibern zu etablieren; die Rechte Hand des Pharao. Falls der Respekt vor der Autorität der Gottheiten doch einmal in Frage gestellt wurde, wenn zum Beispiel die Arbeit zu hart und unerträglich wurde.

Die „Taura" bietet mit der Geschichte über Josefs Traum von 7 guten Jahren und den 7 schlechten Jahren ein gutes Beispiel dafür wie man vorging.

Der Pharao füllte seine Kornkammern um vorzusorgen für die prophezeiten schlechten Zeiten.

Nun kam es wie vorhergesehen und eine Ernte nach der anderen fiel aus.

Der „Schlangenkönig" konnte nun ein Monopol an Korn ausschöpfen und alles von seiner Sklavenschaft verlangen, jeden erdenklichen Preis. Denn ohne sein willkürliches handeln verhungerte das ganze Land und sogar Menschen aus fernen Ländern die an der gleichen Dürre zu leiden hatten.

Zunächst tauschte das Volk alles entbehrliche Hab und Gut gegen das Tagesbrot und letztlich waren sie gezwungen sich und ihre Kinder in Bondage zu verkaufen, um zu überleben.

So wurden alle mit Ausnahme der Priesterklasse abhängig vom Alleinherrscher dem Pharao.

Die Priester wurden gesondert behandelt was ihre Sonderstellung markieren dürfte.

Dies ist ein biblisches Testament über die Einnahme und komplette Enteignung eines ganzen Reiches.

Das große Bild des alten Ägyptens ergibt sich aus dem was gefunden wurde und überliefert ist in Tradition und Mythologie sowie esoterischem Wissen. Die Pyramiden sind Stein gewordene Manifeste jener Hochkultur die heute immer noch so stark auf uns einwirkt.

Gigantische Monumente welche jene Symbolik in sich tragen die bis dato verwendet wird um das Individuum zu knebeln und zu Geiseln in Ahnungslosigkeit über die eigene wahre Existenz.

Ihr Wissen verewigt in der famosen Technologie die sie vor 5000 Jahren bereits ihr eigen nennen durften, ihre Religion mit ihrer markanten und einzigartigen Mythologie und daraus resultierenden Dogmen, waren Wegbereiter für eine strikt sortierte Gesellschaft die einem fest aufgelegtem Rhythmus zu folgen hatte. Eine perfekt getrimmte und sozialisierte Zivilisation.

Sozialismus ist nichts anderes als die Normung und Unterwerfung der Massen in ein konformes Konstrukt. Nur ein solches ist in der Lage ein Imperium eine Supermacht darzustellen wenn das kollektive zusammengeschnürt wird. Eine Hochkultur deren Glanz die vergangenen Jahrtausende überdauern konnte und auch noch nachfolgende Jahrtausende in Faszination versetzen dürfte.

Doch zu welchem Preis? Wie hoch war die Blutstrafe die geleistet wurde um einer kleinen Elite, all jenen Reichtum, Prunk und Ewigen Ruhm zu leisten?

Unsere nächste Station großer geschriebener Geschichte und erstaunlicher menschlicher Leistung ist Sumer und Akkad und nachfolgend Babylon, welches jene Hochkultur ablöste.

Auch im Zweistromland nutzte man die selbe „Methodistik" der Volkskontrolle und Volksausbeutung.

Im Klartext Schema F der dualistischen Macht Ausübung. Man verfügte über Wissen welches den Massen vorenthalten, dieses wurde erarbeitet durch das geschulte beobachten von Mitmenschen.

Genauso wie in der modernen Wissenschaft Daten gesammelt werden um Fortschritte zu machen und die Entwicklung der Resultate durch die gewonnenen Daten in barem Wissen zu notieren.

Auf die selbe Art und Weise wurde der Mensch begutachtet, kühl und emotionslos wie ein Gegenstand der nur zum Gebrauch dient. Dieses Wissen wurde schließlich genutzt um daraus Mythen von Göttern und deren bösen Kontrahenten zu schaffen die über dem Menschen stehen; und jenen man Gehorsam schuldet über ihre Mittelsmänner die auf einem Thron saßen oder einen Stab in Form einer Doppelköpfigen Schlange in der Hand hielten.

Diese mächtigen Symbole sind es die das Schicksal der damaligen Menschen wohl besiegelten, je nachdem an welchem Ende der Leiter sie sich befanden.

Eine Religion die das Volk verband, über diese hinaus die Verwalter jenes Kultes festlegten was erlaubt war und was nicht. Die Maximen und Normen meißelten sie in Stein und formten so Gesetzessammlungen. Dieser „Kodex" wie er in Sumer und in Babylon gefunden wurde legte die Währung fest. Eine Silber Münze die bestimmt wurde vom König und Alleinherrscher, jener und die Übersetzung ist hier klar, von den Göttern persönlich dafür auserkoren wurde, seines Amtes mit

Unnachgiebigkeit zu walten und jedes Vergehen hart zu bestrafen. Nicht nur die Währung und Wirtschaft der Hochkultur und Zivilisation wurde in den Kodex gemeißelt sondern auch die Strafe die den Bürger erwartet falls er einem Sklaven in Mitleidenschaft gezogen zur Flucht verhelfen wagte.
Ein jeder der eine solche Schandtat beging wurde zum Tode verurteilt.
Wir haben also wieder das „Maurerische" Prinzip wie von Herrn Fritz Springmeier beschrieben.
Zuerst die Religion, dann das Gesetz, und die Krönung denn das Beste kommt zum Schluss ist die Versklavung, Ausnutzung und Knechtung der Massen durch ein genormtes willkürliches System.
Es ist einfach gesagt die einzige Möglichkeit Reichtum von den vielen abgearbeiteten Händen und zerlaufenen Beinen an eine kleine in Saus und Braus lebende Oberschicht an Aristokraten zu geben.
Die in der Tat wie Halbgötter auf Erden gelebt haben dürften.

Die Silbermünzen die ein bestimmtes Gewicht haben mussten ähnlich dem Silberschekel, wurden tatsächlich im Akkadischen und Aramäischen als „Manya", bezeichnet. Dieses Wort ähnelt „zufälligerweise" dem Englischen Wort für Geld „money", interessanter Zufall oder etwa nicht?
Das moderne Englisch geht zurück auf Sir Francis Bacon und ein ausgewähltes Ensemble an Super Intellektuellen ihrer Zeit die sich zusammen fanden um die „Weltsprache" zu entwickeln.
So ist es schon interessant feststellen zu können, dass bei der Zusammenstellung einer neuen Sprache zusammengesetzt aus Germanischer Basis welche sich vermischte mit allen bedeutenden Sprachen der Vergangenheit. Alle „Lingua Franca" von Akkadisch über Aramäisch, Griechisch und Latein um die Sprache der „Neuen Welt Ordnung" zu basteln.

Die Hellenische Hochkultur verstand es Jahrhunderte später diese Systeme weiter zu verfeinern und auszuweiten.
Nun genügte es nicht mehr nur geschaffene Religion und einfache Mythen unters Volk zu mischen oder Göttliche Gesetze zu erlassen, die Währung festzulegen um sich an den Mengen zu bereichern.
Die Griechische Bevölkerung brauchte Mythen von epischen Ausmaßen.
Sport-Spiele und Musik, sowie das Drama wurden instrumentalisiert.
Die unterschiedlichsten Formen der Gewaltenteilung wurden entworfen und erprobt.
Die Griechen verstanden es alles was die vorangehenden Hochkulturen vorgemacht hatten weiter zu verfeinern und zu perfektionieren, den finalen Meister Schliff zu verpassen.
Der Genius und das Talent zeigten sich in der ausgezeichneten und absolut zeitlos klassischen Architektur der unterschiedlichen Stadtstaaten, jene sich auf so viele Inseln und Festland verteilte.
Die moderne Griechische Musik lässt die Emotionen und das Theatralische Talent sowie Vermögen dieser Kultur zum Leben erwecken; die Harmonie, Melancholie und das Drama sind unübertroffen.
Epische Dramen wurden in architektonisch revolutionären Theatern unter freiem blauem Himmel und strahlender Sonne dem Volke präsentiert. Der Zweck eines Dramas besteht darin den Zuschauer emotional zu fesseln, sie oder er versetzen sich gleichzeitig in den Helden oder die Heroin.
Durch das mitfiebern, mitfühlen und mentale eintauchen in dieses Schauspiel ist der staunende Beobachter eher gewillt, gewisse Ideologische Anschauungen und Meinungen sowie Sichtweisen zu übernehmen. So kann man in die Geschichte der Protagonisten neue Botschaften einbauen um die Gesellschaft unbewusst in eine andere Richtung zu lenken. Man kann zum Beispiel eine eher zierliche und schlanke, hübsche Frau in ein Soldaten Kostüm schlüpfen lassen, um der eher konservativ ausgerichteten Masse vorzuführen, dass ein Fräulein auch austeilen kann.
Die Realität spielt in der Fiktion keine Rolle mehr, genauso verhält es sich mit Meinung und Wissen.
Man konnte den begeisterten Massen zudem mit spektakulären Wagenrennen und Olympischen Spielen den Tag versüßen. Man vermochte es nicht nur die Grundbedürfnisse von Leib und Seele zu

befriedigen sondern auch die Bedürfnisse des Unterhaltungs- und Spaßtriebs des Menschen zu bedienen.

Man beförderte zudem die Staatsführung auf ein gesondertes und höheres Niveau dem der Demokratie. Das Volk durfte nun mitentscheiden. Doch könnten die Antiken Griechen nicht auch manipuliert worden sein durch die suggestive Meinungsverschiebung, welche gestemmt werden konnte durch das Abhalten von Religiösen Festen, Sport Spektakeln wie die Olympischen Spiele, Wagenrennen und Meisterhaften Dramaturgen auf den Schauspielbühnen der Blau-Steinigen-Insel, geschmückt von Olivenbäumen?

„Platons Republik" ist ein schriftliches Zeugnis welches in einem Dialog zwischen Sokrates und einem halben dutzend weiterer Männer dokumentiert, wie eine handvoll es vermag über gerade all jenes was oben beschrieben, die Massen zu kontrollieren und zu formen, nach belieben wie durch Meisterhand geschaffen. In Stein zu meißeln wie die Statuen der Hellenischen Heldengötter.

So wird beschrieben wie die Gottheit des Pöbels beschaffen sein soll. Was der Zweck des Staates sein sollte. Wie die Protektoren des Staates ausgebildet werden müssen.

Wie sollen die Frauen erzogen werden und gleichermaßen die Männer. Welche Musik dürfen Kinder hören. Welche Form der Gymnastik ist am besten um ein starkes Volk zu züchten.

Flötenspiel würde wohl eine Generation von faulen und unbrauchbaren Nachkommen hervorbringen. Krieger sollten mit dem Klang von trommeln und starken Fanfaren aufgezogen werden. Philosophen könnten am besten gedeihen unter dem Einfluss von feinem Harfen Klang.

Was ist die perfekte Gesellschaft welche die perfekte Republik ausformt?

Sollte man nicht besser den Mann und die Frau gleichsetzen? Wie stark kann der Staat sein wenn das schwächere Glied also die Frau unter dem Mann steht? Dieses auszugleichen und alle alten Formen auszulöschen würde eine neue Ordnung herstellen. Ein Problem bestand noch, die Tatsache dass der Mensch nicht fortbestehen kann ohne sich fortzupflanzen und Frauen sind es die Gebären. Die Zeit für „Platons Republik" war noch nicht gekommen. Sie sollte aber noch kommen.

In Form von kontrollierter Abtreibung, der Ersetzung von Eltern durch den Staat, die Schaffung von Leben in Form von Klonen. Das Gen ward bereits manifestiert in alter Sumerischer Symbolik, wie übersinnliches Wissen spukte es in den Köpfen von jenen die es verstehen hinter den Kulissen ihre Macht wirken zu lassen. Irgendwann war schließlich die Zeit gekommen das übersinnliche in Form und Gestalt zu bringen.

Die Römer lernten von den Griechen und erschufen eine weitere Hoch Kultur, jene die Griechische zumindest in Macht und Kontinuität übertrumpfen sollte. Sie war weitaus kruder und brutaler als ihr Vorreiter. Die Griechen konnten aufgrund ihrer Mentalität nie ganz zu einem kollektiv zusammengeschmolzen werden. Mit den Römern war es anders sie waren in der Lage im Laufe der Generationen den Staat zu vergrößern, zu vereinheitlichen und zu einer festen Größe zu etablieren.

Aus einer Republik die vom Senat aus regiert wurde und durch die Patrizier sowie Plebejer gewählt, wurde ein Reich mit einer Armee, geführt von einem Kaiser. Geschützt durch die eigene Leibgarde den Prätorianern. Dieser hielt die Bevölkerung auf Trab mit Brot und Spielen. Blutige Gladiatoren Kämpfe unterhielten die Massen aus allen Herren Ländern.

Diese Kultur war keineswegs zu vergleichen mit der Griechischen, denn das Volk wurde brutal unten gehalten und verarmte. Es war im Prinzip nur eine System Upgrade durchgeführt worden.

Die Macht war nun zentralisiert, die Völker vereint, es war einfacher macht zu halten und zu vergrößern. Die Griechischen Errungenschaften der Kriegskunst wurden weiter perfektioniert und gegen die „Barbaren" angewandt. Man wusste dass der Pöbel leichter zu kontrollieren ist wenn er auch als solcher erzogen wurde. So schob man Demokratie, hochwertiges Theaterspiel und

Wagenrennen zur Seite und ersetzte diese durch Gladiatoren und „Pompöse Cäsaren".

Das Dunkle Zeitalter war geprägt von unzähligen Kriegen und Schlachten innerhalb Europas.
Die Völkerwanderungen hatten die Ordnung des starken Rom ins Schwanken gebracht und schließlich auch dessen Untergang hervorgerufen. Rom wurde in die Knie gezwungen und eine neue Epoche ward geboren. Das Dunkle Zeitalter markierte den Untergang der bis heute erfolgreichsten Großmacht Rom und führte in ein weiteres dunkles Zeitalter der Finsternis und Versklavung. Die Bevölkerung in Europa war aufgrund der vielen Konflikte und den eher schlechten und kalten Witterungen sehr stark geschrumpft. Es wird angenommen das Gold- und Silberminen erschöpft wurden. Der Mangel an Arbeitskräften und klimpernden Zahlungsmitteln könnte zur Entstehung des Feudalismus beigetragen haben. Doch man fand schnell Ersatz,
der König übergab Land an Grafen und Ritter. Diese wurden zu Vasallen des Königs und waren ihm verpflichtet im Falle eines Konflikts zur Seite zu stehen. Dieses Land wurde beackert und bearbeitet von Leibeigenen, jene unterstanden dem Adel und Klerus. Der Ertrag wurde ungleichmäßig aufgeteilt zwischen dem König, dem Adel und der Bauernschaft. Um die gebeutelte Bauernschaft auf Trab zu halten benötigte es eine duale Machtstruktur. Der König und seine Vasallen regierten über das Feudum mit hartem Zepter um sie physisch in Marsch zu setzen. Um eine Revolte erst gar nicht aufkommen zu lassen musste die Bevölkerung vom Klerus geistig und seelisch beschlagen werden.
So wurde der christliche Glauben umgekehrt, missbraucht und eingesetzt um den „Pöbel" gehörig zu machen. Denn der König ward von Gott ausgewählt seines Amtes zu walten und die Bischöfe und Priester waren Vollzugsbeamte die Seele mit Qualen und Zweifeln zu belegen.
Da die Bauernschaft weder lesen noch schreiben konnte und allgemein dumm gehalten wurde, genügten die strikten Machtstrukturen und Religion um sie in Angst und Schrecken versetzend unten zu halten. Aufbäumen gegen das ungerechte und diabolische Tyrannentum war von vorn herein zum scheitern verurteilt. Denn die Ritter, Barone und Grafen des Mittelalters waren weitaus besser gerüstet und bewaffnet, so waren sie in der Lage die aufbäumenden zunichte zumachen, jeder Widerstand war zwecklos.
Es war auch kein Zufall, das Karl der Große Rom wieder zu Stärke und Größe verhalf.
Den Phönix aus der Asche holte, der Phönix hatte ein neues (älteres) Gewand angelegt.
Denn Kaiser und Papst konnten wie ein zweischneidiges Schwert über Europa herrschen.
Der Kaiser mit eiserner Hand und der Papst dem Klerus übergeordnet mit doppelter Zunge die Bibel spaltend, das Volk verknechtend.
Und was war des „Großen Karl" Wappen? Ein Schwarzer Phönix!

Die hart arbeitende Bauernschaft verhalf der Oberschicht bestehend aus Adel und Klerus zu Reichtum und Wohlstand. Das erwirtschaftete konnte umgemünzt werden in Luxus Gütern aus dem Osten. Feine Stoffe, Gewürze und wertvoller Schmuck konnten erstanden werden.
Die Erschließung neuer Minen aus denen Edelmetalle gefördert werden konnten ermöglichte wieder einen florierenden Handel. Es etablierten sich mächtige „Händlers-Gilden", welche imstande waren die Oberschicht mit allen erwünschten Gütern zu versorgen. Der Feudalismus verlor somit langsam an Bedeutung. Das 13. Jahrhundert markierte somit den Abfall vom Feudalen System und läutete schleichend eine neue offenere Epoche ein. Die Erfindung der Armbrust dürfte dazu beigetragen haben die Verhältnisse zu lockern denn nun konnte selbst ein tölpelhafter und nicht „edler" Bauer eine Ritterrüstung „hinterhältig", durchbohren.
Die alte Ordnung hatte ausgedient und es ward die Zeit gekommen für eine neue Zeitrechnung.
Diese wurde vorangetrieben und erzwungen durch die Erfindung des Buchdrucks und Schusswaffen

in Form von Flinten. Man musste wieder zu einer offeneren und flexibleren Gesellschaft-Struktur überwechseln. Diese konnte beherrscht werden indem man Teile und Herrsche spielte, hierzu benötigte es einer neuen Wende im Glaubenssystem, der Kampf um den Glauben ward geboren.

Die Verbreitung von revolutionären Schriften hatte die Bevölkerung aufgewiegelt Rom die Stirn zu bieten. Die Menschlein wollten schließlich selbst lesen was da in der geheiligten Schrift geschrieben stand. Die wahren Reformatoren wurden ausgeschaltet, denn die Elite verstand es einen kontrollierten Verfechter der „Gerechtigkeit" ins Geschehen zu werfen.

So war es Martin Luther dem man die Reformation der Kirche lobte.

Jene wahre Reformatoren die mit dem Leben büßen mussten gerieten in Vergessenheit, denn man konnte Sie einfach aus der Menschheitsgeschichte schreiben.

War es nur Zufall das Martin Luther vom Ritter-Adel abstammte? War es Zufall dass er geschützt wurde vom König von Sachsen dessen Nachkommenschaft nun Groß-Britannien thront?

War es auch nur einer dieser Zufälle dass die Auflösung der diabolischen Verhältnisse jene die Europäer eigentlich befreien sollten zu weiteren Kriegen und Konflikten führten.

Der 30-jährige Krieg war nur der Apex der Auseinandersetzung zwischen Katholizismus und Protestantismus. Dieser Krieg von gewaltigen Ausmaßen wurde ausgetragen auf deutschem Boden und verwüstete das gesamte Land. Die Bevölkerung die Jahrhunderte zuvor wieder zugenommen hatte wurde ausgelöscht.

Um die selbe Zeit wurde Amerika entdeckt, oder vielleicht nur wieder entdeckt?

Die Erschließung des neuen Kontinentes eröffnete mutigen Europäern die Möglichkeit das tyrannische Europa zu verlassen um eine neue Zukunft in Freiheit auszukosten.

So wagten die Nachkommen der Protestanten den Schritt eine Neue Welt zu schaffen, frei von Lehnsherren und willkürlicher Gesetzgebung, Aberglauben, Angst und Zweifeln.

Um die vergangenen 400 Jahre der westlichen Geschichte zu verstehen, müssen wir unser Bewusstsein und Denken auf eine höhere Ebene transferieren. Wir müssen die Erde als Schachbrett betrachten. Mit Falkenauge erspähen wie die Bauern, Türme und Springer manövriert wurden um Damen und Könige zu stürzen. Wir müssen verstehen lernen, dass hier geopolitische Faktoren die unsere gewöhnliche Denkweise übersteigen eine große Rolle gespielt haben.

Wir sollten begreifen lernen, dass hierbei nichts dem Zufall überlassen wurde, um uns über Jahrhunderte hinweg in die Gegenwart bis zum Status Quo zu manipulieren.

Die westliche Hemisphäre wurde systematisch in zwei mächtige Blöcke aufgeteilt.

Diese zwei Blöcke galt es im Sinne von „Hegels-Dialektik" gegeneinander aufzuwiegeln, um eine Synthese herzustellen. Westen gegen Osten, Liberalismus im klassischen Sinne gegen Sozialismus im klassischen Sinne. Die Bevölkerungen in den unzähligen betroffenen Ländern würden nicht in der Lage sein des Meisters Hand zu deuten und wie Bauern auf dem Schlachtbrett geopfert werden.

Der westliche Block wurde ins Leben gerufen durch den Ruf nach Freiheit und Wohlstand für viele, nicht für alle denn es kann nur jenen vergönnt sein die Streben und Arbeiten um diesen zu verdienen.

Der Autor dieses Werkes wird nun die Behauptung aufstellen, dass die Neue Welt dazu genutzt wurde um allen Völkern aus aller Welt die Möglichkeit zu bieten in Freiheit zu leben. Denn auf der ganzen Welt wurden die Menschen versklavt und geknechtet. Nach und nach über die Jahrhunderte füllte man Nord-Amerika mit Völkern aus allen Herren Ländern von Spanien bis China.

Man beabsichtigte ein Rohmodell zu entwerfen für eine „offene" Weltrepublik.

Ein Lichtblick für eine geeinte Welt.

Ressourcen und Raum waren ausreichend vorhanden um die besten Bedingungen für eine blühende neue Republik zu nutzen. Diese sollte alle vorher gegangenen „Superstaaten" wie Babylon, Persien und Rom in den Schatten stellen. Das Augenlicht und die Hoffnung der Welt musste hier entstehen.

Diese „Schöne Neue Welt" sollte einen Gegenspieler haben, denn im Osten sollte unter dem Vorwand von Gleichheit und Brüderlichkeit ein Superstaat entstehen um dem „Guten Amerika", die Show zu stehlen. Das alte Spiel von Gut und Böse.

Belegen lässt sich diese Behauptung indem man die letzte Schrift von „Sir Francis Bacon", „The New Atlantis" zur Hand nimmt und alle weiteren Ereignisse zusammen trägt und beleuchtet.

Dieses Buch wurde interessanter Weise nie vervollständigt, denn der geniale und „weitsichtige" Autor verstarb leider bevor er sein Meisterwerk vollenden konnte. Dieses kleine Werk, welches vor circa 400 Jahren geschrieben wurde, beschreibt sehr deutlich unsere moderne wissenschaftlich geprägte Zivilisation.

Der Erzähler beschreibt aus seiner Perspektive wie eine Schiffsreise deren Ziel Japan und China war, versehentlich die Crew auf eine sehr anmutende und wohl organisierte Insel zusteuern ließ.

Nach anfänglichem Misstrauen durch die Einwohner dieser Insel, jene des alten Hebräisch und Griechisch, sowie klassischem Latein als auch Spanisch mächtig sind, wird den Seemännern das betreten der Insel gewährt und sie genießen die volle Aufmerksamkeit als auch die Großzügigkeit ihrer wohl gesinnten Gastgeber. Der Insel Staat „Bensalem" besteht aus einer Multi-Kulturellen Gesellschaft, die in Frieden und Eintracht miteinander lebt und alle technischen als auch genüsslichen Errungenschaften der Erde verbindet und weiter verbessern konnte.

Schließlich weiht der Gouverneur der Insel die Neu Ankömmlinge in die Geschichte seiner Insel ein. Er gesteht den staunenden Zuhörern, dass auf seiner Insel sich das Wissen von Jahrtausenden menschlicher Erfahrung zu einer glänzenden Hochkultur zusammenfasst. Es werden immerzu Späher ausgesendet um heraus zu finden wie sich die Welt in allen vier Himmelsrichtungen weiter entwickelt, so dass man über alles unterrichtet ist was sich außerhalb tut und erfunden wird.

Das Wissen wird konserviert durch einen wohlwollenden Orden jener sich nach dem Weisen Salomon benannt hatte. Das oberste Begehren des Ordens sei es Gottes erster Kreation dem Licht oder der Erleuchtung zu folgen, nämlich der Erleuchtung und Illuminierung des menschlichen Geistes. Nach weiterem Zutrauen auf der Insel wird der Erzähler von einer höher gestellten Autorität in weitere Geheimnisse des Ordens eingeweiht. Er erläutert ihm die Zielsetzung des Ordens, die Möglichkeiten und Instrumente die bereitstehen und die Bereiche die erforscht werden.

Zur Observierung wurden in die Tiefe von Erde und Hügeln unterirdische Katakomben errichtet um diverse Wissenschaften zu erforschen. Diese sollen vor dem Licht der Oberwelt gewahrt werden, denn sie sind nicht allen zugänglich und müssen geschützt werden. Des weiteren Türme zur Erforschung des Firmaments, der Sterne und Himmelskörper. Wasserbecken die Salzwasser in Trinkwasser verwandeln und solche die dass gegenteilige bewerkstelligen können.

Er beschreibt unterschiedliche Kraftwerke zur Erzeugung von Strom durch das Nutzen von Wasser und Wind Energie. Sie besitzen große Werke um die unterschiedlichsten Wetterveränderung zu synchronisieren und nachzustellen.

Gärten die sie so zu bepflanzen verstehen, dass sie imstande sind Obst, Kräuter und Gemüse zu allen Jahreszeiten herzustellen.

Des Weiteren Tier-Labore zur Erforschung von Krankheiten um dem Menschen zu helfen ohne ihm selbst zu schaden. So werden an ihnen alle erdenklichen Stoffe und Chirurgischen Eingriffe geübt und getestet. Sie vermögen es Tiere größer zu züchten und sie fruchtbarer zu machen durch Eingriff in ihr Genpool. Er beschreibt Apotheken Häuser als auch Zeugungsbecken für alle Sorten von Insekten und Reptilien. Auch besitzen sie Fabriken und Maschinen um alle erdenklichen Produkte herzustellen, chemische Erzeugnisse und Textilien eingeschlossen. Heizgeräte, Lichterzeuger und Farbpaletten wie sie vielfältig in der Natur zu bestaunen sind werden hergestellt. Sie besitzen Brillen, Lupen als auch Mikroskope um unsichtbares sichtbar zu machen. Diese nutzen sie um Urin und Blut zu untersuchen. Sie sind in der Lage synthetisch unterschiedliche Musik Töne als auch Instrumente zu simulieren. Des weiteren die Imitation von Gerüchen und deren Verstärkung.

Kaum zu glauben aber wahr moderne Kriegsmaschinerie und Kampfflugzeuge die Vögeln nach empfunden wurden sowie U-Boote die unters Wasser tauchen können.

Häuser in denen alle Sinne verführt und manipuliert werden können, gleich der Wissenschaft zur Manipulierung von Meinungen also Propaganda. Durch den Orden oder die Gesellschaft des Salomon wird festgelegt welche Erkenntnisse und Fortschritte veröffentlicht werden dürfen und welche verheimlicht oder zurück gehalten werden.

Was Sir Francis Bacon in diesem Manuskript um Anno 1620 schilderte ist unsere moderne Welt geprägt durch Wissenschaft die sich stützt auf das Beobachten und Sammeln von Erkenntnissen sowie das Probieren und Testen.

Er beschreibt eine geheim operierende Gemeinschaft die wohl, wohl gesinnt ist und die Strukturen hinter den Kulissen steuert und die Bevölkerung gut durch die Jahrtausende begleitet hatte.

Dieses „Neue Atlantis", welches er beschreibt ähnelt in seiner Ausführung den modernen Vereinigten Staaten, mit ihrem Militär und Industrie Komplex als auch der vielen unterirdischen Militär- und anderweitigen Basen. Zumal die USA die Welt seit Jahrzehnten in technischer Hinsicht dominiert. Man bedenke auch das transferieren von deutschem Wissen auf die andere Seite des Atlantik wie zum Beispiel Brauns Raketentechnologie oder die Grundlage zur Erfindung der Atombombe durch Albert Einsteins Theorie. Alles wichtige Wissen wurde auf das „Neue Atlantis" konzentriert.

Alleinig in den Vereinigten Staaten hatte man zunächst das zusammenleben einer Multi-Kulturellen Gesellschaft die alle zuvor an Wirtschaftsstärke und Wohlstand übertrumpft hatte.

Die Bürger der Vereinigten Staaten genossen Freiheit sich zu entfalten, wenn auch gehemmt durch Rassismus und Vertreibung gewisser Gruppen.

Es war nicht zuletzt Sir Francis Bacons Auftrag die USA zu dem zu machen was sie bis zur Ära Bush/Clinton/Bush repräsentierte.

Denn er als auch Männer wie Sir Walter Raleigh stellten sicher, dass der richtige Weg auf dem anderen Kontinent gegangen wurde. Man bedenke auch all die kulturellen Anreize die Amerika dem Rest der Welt bot. Die Kino-Pop Kultur sollte alles aufsaugen und vereinen.

Denn alleinig sie vermochte es trendig, reich und cool gleichsam zu sein.

So entstand im Westen ein wirtschaftlich starker und unabhängiger Staat, der dem Liberalismus, Freiheit und Kapitalismus zugeschrieben wurde, erkämpft durch das Blut von vielen Amerikanern, die sich nicht mehr dem tyrannischen König George in Groß-Britannien beugen wollten.

Es erhob sich aus dem nichts, die Bastion der heutigen „freien Welt".

Die Verfassung und Unabhängigkeitserklärung wurde wohlgemerkt ausgesprochen und verfasst von bekannten Freimaurern und Illuminaten ihrer Zeit.

Kaum hatte man diese neue außergewöhnliche Republik gegründet begann das Establishment bestehend aus Royalisten, Monopoly Männern und Bankiers, Kabale zu schüren, um das Land wieder einzuordnen, sprich Kontrolle auszuüben ohne die Fäden des Macht Einflusses sichtbar werden zu lassen.

Man war sich sicher in der Zukunft durch das forcieren von Demokratie und Rechte für alle, die hart erkämpften Rechte von Freiheit, Meinungsfreiheit, Recht auf Waffenbesitz und der Wahrung von

Wohlstand und Kapital, durch eine freie Wirtschaft und Geldwesen wegzunehmen; sobald die Zeit gekommen war. Der Meisterplan beinhaltete die Spaltung Amerikas in 3 Teile Kanada im Norden der USA und die Hispanischen Nationen südlich der Grenze.

Somit war auch sicher gestellt worden die Amerikaner sollten sich nicht zu bändigen sein, in die Zange zu nehmen.

Neulich erst hat unser „Kaiser" Barack Obama die Grenzen der USA zu Mexiko geöffnet.

Die Mexikaner taten das gleiche, und öffnen die USA für den gesamten Hispanischen Kontinent.

Des weiteren hat Obama die Legalisierung aller Illegalen angeordnet. Das Resultat sind Millionen von armen Hispanischen Menschen die benutzt werden um den Amerikanern Wohlstand zu rauben. Sie strömen nordwärts weil sie ausschließlich in sozialisierten und verarmten Ländern keine Zukunft mehr sehen.

Sie sehen hier hoffentlich des Meisters Hand mit Falkenauge die Züge des Schachmeisters.

Möglicherweise waren einige der Anführer dieser Revolution, die Gründungsväter der Vereinigten Staaten wahrhaftig gut gesinnt und gewillt das richtige zu tun. Andere wiederum waren Agenten eines weitreichenden Komplotts gegen die Menschheit und Aufseher über die Anfänge eines neuen Experiments. Benjamin Franklin war in sämtliche Geheimbünde seiner Zeit verwickelt, er genoss Kontakt mit dem Establishment in England, Frankreich und durfte sich gleichzeitig zu den Gründungsvätern der USA zählen. Wieso ein solches Doppelspiel?

Männer wie George Washington und Thomas Jefferson Taten und Worte lassen eher darauf schließen die alte Ordnung umzustürzen um ohne Hintergedanken eine bessere Welt zu schaffen.

Thomas Jefferson missachtete wohl Monopoly-Bänker als auch Royalisten, und war der neuen Ordnung und Illuminierung eines Adam Weishaupt verschrieben, als auch getäuscht.

George Washingtons Leben weist darauf hin, dass er Christ gewesen sein dürfte.

Zusammengefasst hatte der Liberalismus seine Anfänge in den Träumen mittelalterlicher Christen die frei von Kontrolle und Korruption leben wollten, sich auf dem anderen Kontinent verwirklicht.

Die Erschließung Amerikas bot die Gelegenheit den „Bauern" auf dem Schachbrett ihren Schritt machen zu lassen um „Hegels" Rechte Dialektik zu verwirklichen.

<u>Der Apex des Liberalismus war die Gründung der Vereinigten Staaten in 1776</u> bis 1933 Roosevelt seinen „New Deal" durchsetzte um dessen schrittweise Auflösung einzuleiten.

Wenden wir uns nun dem linken Block der „Hegelschen Dialektik" zu; dem Sozialismus.

Der Gedanke von Gleichheit und Brüderlichkeit zündete die geplagten Hirne von vielen verarmten und Hass getriebenen Menschlein an und entfachte ein schwer zu bändigendes Feuer.

Der moderne Sozialismus wurde erweckt durch das Schreiben und Wirken von Jean-Jacques Rousseau, in der Mitte des 18. Jahrhunderts. Rousseau war der Ansicht das Eigentum die Wurzel aller Zwietracht und Boshaftigkeit sei. Eigentum würde die Menschen dazu bewegen etwas vor anderen verteidigen zu müssen. Eigentum ist seiner Meinung nach der Grund für Wettkampf und Klassenkampf. Menschen sollten nur das beanspruchen dürfen was sie sich selbst erarbeitet hätten. So dürfe jemand ein Weizenfeld nicht besitzen sondern nur den erwirtschafteten Ertrag durch sein zu tun von Arbeit und Leistung sein Eigen nennen dürfen.

Die Bürgerliche Gesellschaft so wie sie bestand müsste komplett aufgelöst werden und der Mensch wieder der Natur zugeführt werden.

Seine Philosophie dürfte viele Anhänger gefunden haben, denn seine Ausführungen lassen ein wunderbares Utopia ins Licht rücken. Die geschundenen Massen waren es Leid in Elend und Armut zu leben, während sich eine Oberklasse an Adeligen und Klerus den Bauch voll schlug und die besten Weine trank. Der Weg zum Ziel erforderte schlichtweg die Auflösung der alten Sitten, Bräuche und

Gesellschafts-Ordnung. Die Monarchen und die Aristokraten müssten beiseite treten.

Freiheit, Gleichheit und Brüderlichkeit waren die überragenden Schlagworte.

Einfach und aussagekräftig waren sie perfekt gewählt für die Psychologie der Vielen.

Die erste Umsetzung einer solchen sozialen, gewaltigen Umwälzung war die Gründung der „Illuminati Perfectibilists", durch keinen geringeren als den berüchtigten Adam Weishaupt.

Es ranken sich immer noch Gerüchte und Mythen um seine Person und die von ihm gegründete Geheimgesellschaft dem Illuminaten Orden in Bavaria.

Adam Weishaupt ist und war kein Mythos, sondern er lebte wahrhaftig und war bereits mit Ende 20 als Professor in Ingolstadt tätig. Aufmerksam wurden die Fädenzieher auf den jungen, sehr intelligenten und auch sehr talentierten Weishaupt, denn ihr bestreben war kein einfaches.

Seine Aufgabe bestand darin eine Geheimgesellschaft zu formen die im Hintergrund alle bestehenden Orden wie zum Beispiel der Jesuiten oder Freimaurer zu infiltrieren und instrumentalisieren, um einen schnellen abrupten Umbruch zu vollführen.

Hilfreich war ihm hierbei die spezielle Jesuiten Ausbildung die er in jungen Jahren genoss.

So verstand er es eine neue Geheime-Gesellschaft zu erschaffen mit eigenen Graden und Riten.

Das Netzwerk der „Perfectibilists" in Bayern sollte sobald genug Männer und Ressourcen gesammelt waren eine Revolution in mitten Deutschlands starten und gewisse Könige, Herzöge sowie andere Adelige stürzen und entmachten. Sie würden gezielt propagieren und eiskalt zuschlagen wenn der richtige Zeitpunkt gekommen war.

Die Ideologie dieser sehr radikalen Sekte beabsichtigte die Gleichschaltung der ganzen Welt und inmitten Europas sollte der erste Schritt geschehen.

Religion, Eigentum, Familie und die alten Werte müssten weichen.

Ersetzen würde man diese durch Gleichheit, Freiheit und Illuminierung.

Doch ihr planen, plotten und intrigieren war nicht die Gunst der einen höheren Macht vergönnt.

Ein Kurier des Ordens der Illuminaten wurde samt Pferd beim übersenden von wichtigen Papieren vom Blitz erschlagen. Er war auf der Stelle tot. Die Aktentasche geriet in die Hände von Bayrischen Magistraten, jene baldigst den Kurfürsten Karl Theodor erreichten.

Dieser ließ den Orden der „Illuminati Perfectibilists" verbieten und möglicherweise wurden Versuche unternommen ihn zu zerschlagen.

Weishaupt fand Zuflucht in Gotha unter dem Herzog von Sachsen Gotha.

Das Ambitionierte Werkeln dieses dubiosen Geheimorden ward unterbrochen, doch dies war keineswegs ein Anlass aufzugeben. Die Karten wurden neu gemischt und ausgeteilt. Es wurde Zeit den B Plan aufzulegen. Was auf deutschem Boden schließlich scheiterte wurde möglich in Frankreich in Form der Französischen Revolution. Der Jakobiner Club war nichts weiter als die Messerspitze eines gut organisierten und finanziell bestens ausgestattetem Kabale.

Es dürften tausende von Rädchen in Bewegung gesetzt worden sein um einen brennenden Wagen voll Feuer und Kohle in die Bastille Tore in Paris zu rammen. Die Meute hatte genug von den Tyrannischen Bourbonen. Inspiriert und entfacht durch die Worte eines Rousseau und Voltaire zündeten sie die Hauptstadt an und köpften jeden der sich in den Weg stellte.

So war es der Comte de Mirabeau der zuvor in Deutschland illuminiert wurde, jener es schaffte den Herzog von Orleans einen der reichsten des Landes für sich zu gewinnen. Orleans ward getäuscht durch die illuminierten und träumte wahrscheinlich davon selbst den Thron zu erklimmen.

Wieso sollte er sonst sein ganzes beträchtliches Vermögen aufs Spiel gesetzt haben?

Vielleicht war auch der Herzog von Orleans einer dieser vielen gelobten Philanthropen denen wir eine geheiligte Gegenwart zu verdanken haben?

Der Herzog von Orleans war gleichzeitig der Oberste Freimaurer in Frankreich und genoss sehr viel

Ansehen. Mit seiner Hilfe vermochte man es ein Netzwerk aus „Fraternites" so zu organisieren um das Momentum zu nutzen, das hungernde Volk mit Hetzblättern aufzustacheln.

Diese blutige Revolution machte nicht einmal halt davor ihre eigenen Anführer der vordersten Front wie einen Robespierre unter die Guillotine zu stellen und selbst der mächtige Herzog von Orleans, denn die jubelnden Massen in Paris mit „Philippe Egalite" ehrend umsangen durfte sein Haupt unter besagtes Instrument legen.

Letzten Endes wurde das Fehl Experiment einer krass sozialistischen Gesellschaft mit sehr radikalen Tendenzen durch Napoleon Buonaparte abgelöst.

Das scheitern dieser Revolution war nicht das Ende der Geschichte, denn im 19. Jahrhundert blühte erneut der Gedanke auf die Welt zu kommunalisieren. Karl Marx und Friedrich Engels betraten die Bühne der Geschichte um die Ideologie um den Sozialismus weiter anzutreiben.

Durch die finanzielle Unterstützung des Reich geborenen Engels vermochte Marx dem Sozialismus ein Manifest zu schenken.

Das „Kommunistische Manifest" möchte demnach alles zentralisieren.

Das Kapitalwesen, die Industrie, Verkehrswesen und Verwaltungsorgane.

Eigentum, Familie und Religion sind ein Anathema das es zu beseitigen gilt.

Denn unsere Probleme rühren definitiv in diesen alten sentimentalen Traditionen.

Die „Karl Marx Ideologie" die sich in der Theorie „gut anhört" aber in der Praxis zum scheitern verurteilt ist fand ihren erfolgreichen Apex, als die Zaren Familie gemordet wurde, um Platz zu machen für den Roten Terror der Bolschewiken der Millionen Russen das Leben kosten sollte.

So hatte man es geschafft den zweiten Block und Turm im Osten aufzubauen um ihn in „Hegels Dialektik" gegen den Kapitalistischen Westen einzusetzen; Kapitalismus versus Kommunismus.

Es liegt nahe, dass der Versuch Deutschland komplett zu sozialisieren der A Plan war. Da dieser im 18. und 19. Jahrhundert scheiterte, wich man auf Russland aus und stürzte die Romanows. Die alten Machthaber waren nicht bereit zu weichen. König Wilhelm II in seiner wahnsinnigen Kriegslust, tappte er in die Falle und ließ sich in die Zange nehmen. Das Deutsche Reich hatte im Prinzip den 1. Weltkrieg bereits für sich entschieden. Doch es musste scheitern. Die Hohenzollern und der aggressive deutsche Charakter mussten gemeinsam beseitigt werden. Die Kriegsschuld würde die Deutschen besänftigen.Dies gelang jedoch nicht auf Anhieb und so wurde weiter geplottet und gesponnen. Die Vereinigten Staaten wurden durch List mit in den Krieg gezogen denn man musste die „Bösen" Deutschen in den USA dämonisieren. Zu diesem Zweck versank man die „Lusitania".

Der erste Weltkrieg wurde demnach ausgetragen zwischen dem Westlichen Block (Kapitalismus) und einem steifen und ambitionierten Deutschen Reich (Absolutismus).

Der Linke Block (Sozialismus) vervollständigte die Zange, in jener man das Deutsche Reich zermalmen konnte.

Ziel des ersten Weltkriegs war das Deutsche Reich zu zerschlagen, und einen Konflikt zu schaffen der so schrecklich sein würde, dass alle Staaten ohne Ausnahme einer „Länder-Vereinigung" zur Sicherung des Friedens beitreten würden. Da von vielen Staaten befürchtet wurde die Souveränität zu verlieren, traten viele nicht bei. Der wichtigste Staat waren die Vereinigten Staaten.

Der Kongress blockte den Beitritt ab.

Doch diese Maßnahme war keineswegs ein Anlass aufzugeben, denn die Schach Figuren waren vom Meister Strategen bereits vorsorglich positioniert worden. Es ging in die zweite Runde.

Deutschland wurde gebändigt und finanziell ruiniert. Die Bedingungen waren perfekt um den deutschen Charakter endgültig zu brechen. Die Bevölkerung litt durch die Reparationen und die

Wirtschaftskrise. Es war die Zeit gekommen dem Deutschen Volk einen „Helden" zu geben. Dessen Aufgabe es sein würde, das starke Rückgrat und den Widerstand hierzulande endgültig zu brechen. Es war die Stunde gekommen für „Adolfus Hit". Er traf Deutschland mitten ins Herz.

Der 2. Weltkrieg involvierte wieder 3 Blöcke. Den Westen, das Deutsche Reich und Russland. Alle 3 wurden von den gleichen Interessen Gruppen finanziert und mit Ressourcen versorgt. Alle drei Blöcke fielen vor Kriegsausbruch dem Sozialismus zum Opfer. Delano Roosevelt führte nach dem großen Börsencrash und Jahren in Depression den „New Deal" ein. Die Amerikaner mussten all ihr Gold dem Staat überlassen. Er kurbelte die Produktion an indem er Groß-Projekte durchsetzte. Auch die Waffen- und Kriegsindustrie wurde angeworfen um die Menschen aus den Suppenschlangen zu holen. Er umging die Verfassung der Vereinigten Staaten, denn er war nicht befugt, dass Eigentum von US-Bürgern einzufordern. Viele folgten der Aufforderung und dem Schwindel und händigten ihr Gold aus. Seine Kriegsmaschinerie wurde gebaut durch die Schwerindustrie diese wurde mit frischen Blüten versorgt. Die selben Interessengruppen welche die „Federal Reserve Bank" gegründet hatten standen hinter der Kriegsmaschinerie der USA als auch der Nationalsozialisten und UdSSR.

Es waren die Monopoly-Banker der Wall-Street. Die Rockefellers, J.P Morgans und Warburgs dieser Welt. Diese waren wiederum nur eine Front für die Spitze der „Bänkers-Pyramide" dem „Rothschild Clan". Die Familie Rothschild dominierte das 19. Jahrhundert in Europa. Der Banker Feind par excellence Napoleon Bonaparte war es letztlich der Nathan Rothschild endgültig zu Reichtum und einem Legendärem Status in London verhalf. Napoleon hatte versucht die Machtstrukturen in Europa umzuwälzen. Hierzu benötigte er die Hilfe von Preußen und den Romanows in Moskau. Beide versagten ihm den Beistand so musste er sie mit bekämpfen. Beide Königshäuser sollten diesen Schritt später büßen. Rothschilds Tentakeln erreichten jeden Winkel dieser Erde. Um ihre Macht und ihren Einfluss zu kaschieren, positionierten sie andere Familien wie zum Beispiel die Warburgs im „Bänker-Olympus". Die diversen Bänkers-Dynastien formten sich zu einem internationalen Kartell. Nachdem man in 1913 die Amerikaner übertölpelt hatte und Ihnen die Möglichkeit nahm die Kontrolle über ihre Währung auszuüben, war man imstande alle wichtigen Länder auf der Erde mit Geld zu versorgen kontrolliert durch Zentralbanken. Dies ermöglichte nun alle Seiten mit ausreichend Blüten-Banknoten für den totalen Krieg zu versorgen. „Adolfus Hit", kam nur an die Macht weil er dorthin manövriert wurde. Er sollte der Initiator für einen weiteren Weltkrieg sein. Den „Todesbänkern" und Groß-Industriellen legte er seinen Meisterplan den Gleichschaltungsplan vor und machte klar, dass dieser weniger Geld und Ressourcen verschlingen würde. Sein B Plan für eine blutige Revolution hätte das Establishment weitaus mehr gekostet. Die meiste Unterstützung bekam „Adolfus Hit", von der I.G. Farben. Sie versorgten ihn mit sehr viel Geld um seinen Wahlkampf zu finanzieren und um ihn in den Reichstag zu bekommen. Die IG-Farben war ein Zusammenschluss aus Chemiekonzernen wie Agfa, BASF und nicht zuletzt Bayer um nur die wichtigsten zu nennen. Im Vorstand saß ein Herr Warburg. Doch auch die Wall-Street-Banker und Amerikanische Monopolisten beteiligten sich um den „Führer" zu fördern und auf den deutschen Thron zu befördern. Die größten Kartelle und Aufrüstungs-Katalysatoren waren die Allgemeine Elektrizitätswerke (A.E.G), Vereinigte Stahlwerke und die I.G. Farben. Die Vereinigten Stahlwerke erhielten $70,225,000 von Dillon, Read & Co.; Die A.E.G. erhielt $35,000,000 von National City Co.; und die I.G. Farben

$30,000,000 von National City Co.[1]

Das heißt im Klartext, dass alles unternommen wurde um das deutsche Volk durch die Sanktionen in tiefste Armut zu treiben und gleichzeitig wurde hinter den Kulissen die Groß-Industrie mit allen Mitteln versorgt um für einen weiteren großen Konflikt hochzurüsten.

Die Direktoren von Ford Motor Company, der Federal Reserve Bank New York, Bank of Manhattan und Standard Oil New Jersey saßen alle überkreuzt im Vorstand der I.G. Farben als auch der betreffenden Firmen. Die I.G. Farben stellte Synthetik Kautschuk, Methanol, Schmieröl, Nickel, Plastik, Magnesium, Sprengstoff, Schießpulver, hoch oktanigen Treibstoff und Schwefelsäure für „Adolfus Hits" Riesen Armee nahezu im Alleingang her.

Die meisten Erzeugnisse wurden ausschließlich von der I.G. Farben produziert.

Außerdem erhielt „Adolfus Hit", spenden für sein propagieren und Aufstieg auf das Hjalmar Schacht Konto Delbrück Schickler Bank in Höhe von $1,310,000;[2]

von diversen Firmen in deren Vorständen Amerikanische Direktoren saßen.

Edsel Ford, Walter Teagle (Direktor Federal Reserve Bank New York, Standard Oil New Jersey) und Owen Young. Owen Young entwarf den „Young Plan" er arbeitete für die Wall Street Mogule Morgans Banker. Fritz Thyssen verteidigte sich vor dem Nürnberger Gericht mit der Aussage, dass der „Young Plan", unausweichlich sei und man sich gegen diesen verteidigen musste, aus diesem Grund hätte er sich an die NSDAP gewandt.

Der „Young Plan", zielte darauf ab Deutschland mit fremdem Kapital zu belagern.

Dies ist nur eine kleine Zusammenfassung über die Summen die geflossen waren um das Deutsche Reich erneut hoch zu rüsten.

Professor an der Berkeley Universität Antony C. Sutton hatte anhand von Original Dokumenten die unter anderem während des Nürnberger Gerichts an die Öffentlichkeit gerieten ein Buch verfasst mit dem Titel „Wall Street and the Rise of Hitler".

Um zu verdeutlichen wie das Kommunistische Russland von Monopoly Bänkern finanziert wurde, nochmals etwas zurück blickend wer Trotsky und Lenin zu Erfolg verhalf.

Die Bolschewiken bekamen $20,000,000 von Jacob Schiff, $6,000,000 von Max Warburg und $5,000,000 von Alfred Milner. Jacob Schiff unterstützte selbst Stalin später bei seinem 5 Jahres Plan (Gary Allen, None Dare Call It Conspiracy).[3]

Diese Bankiers waren ein Teil der Bänkers Front geschaffen durch die Rothschilds um sich im Hintergrund zu halten und geschickt, verdeckt die Fäden zu ziehen.

So ist es ersichtlich und nach zu vollziehen wie alle 3 Blöcke mit ausreichend Geld versorgt wurden um die politischen Ziele eines etablierten Establishments zu exekutieren.

Der 2. Weltkrieg ward aufbereitet und unausweichlich alle Weichen und Züge wurden auf volle Konfrontation gestellt. Ein weiteres mal „Chao et Ordo".

H. G. Wells hatte in seinem Buch „The Shape Of Things To Come", über eine Vision geschrieben die wohl ein vertrauter Freund betreffend der Zukunft hatte. So schrieb er in sein Buch welches im selbigen Jahr erschien als „Adolfus Hit" zum Reichskanzler gewählt wurde; über einen weiteren großen Krieg der ausbrechen würde, weil in Deutschland wieder hochgerüstet wurde.

Wells beweint die Fehler die in der unmittelbaren Vergangenheit durch den Versailler Vertrag gemacht wurden. Wie konnte es die Welt nur zulassen die „League of Nations" (Völkerbund) fallen zu lassen? Europa wäre nicht in der Lage die Welt zu einigen (Zu einer Weltregierung),

da innerhalb Europas bereits eine große Kluft zwischen den unterschiedlichen Nationen und Kulturen bestand. So würden Frankreich und Polen, Deutschland in die Zange nehmen um den Aggressor ein weiteres mal aufzuhalten. Die Französische und Polnische Luftwaffe würden

Deutschland zerbomben. Sein Szenario bedachte nicht den „Blitzkrieg".

Was H. G. Wells nun schreibt und beschreibt ist beunruhigend, denn es beschreibt genau die Dominanz die Deutschland in der ersten Hälfte des 20. Jahrhunderts in Europa ausüben würde .

Doch woher konnte der gute Herr dies bereits zwei Jahrzehnte vorher wissen? Wie kommt er dazu diesen zweiten Abschnitt der ersten Hälfte des 20. Jahrhunderts so gut zu kennen?

Vor allem nachdem Deutschland durch die Reparationszahlungen entmachtet und gebrochen wurde.

So schreibt Wells auf Seite 180:

„Obwohl jedes Jahr in den dreißigern die Internationalen Spannungen in Europa steigen ließ, war es erst in 1940 dass wirkliche Kriegshandlungen ausbrachen. Ganz Europa war ´vermint` für 10 Jahre vor dieser Zeit, [...]."[4]

Weiter schreibt Wells:

> Die Geschichte Europas von 1900 bis 1950 könnte alleinig durch die Studie des Deutschen Verstandes erzählt werden, durch sein quälen und die Reaktionen die es in den Menschen darüber hervorbrachte. Es war ein Gehirn von auffallender Kraft und Grobheit. Es erregte Bewunderung, Neid und Angst. Seine Errungenschaften in materiellen Wissenschaften waren ausgezeichnet; seine Energie für industrielle Organisation war unvergleichlich.[5]

Er sagt voraus, wie Deutschland sich erhebt aus der Unterdrückung, verursacht durch die Reparationsansprüche und Wirtschaftskrise. Auch scheint er schon zu wissen, dass die kühle Deutsche Art und das effiziente Streben Europa ein weiteres mal bedrohen werden und mit Rachsucht getränkt zurück schlagen werden.

> Acht Jahre lang hatte nun der Deutsche Verstand aufgearbeitet für einen Kampf um den Korridor, und der Wiederaufrüstung von Deutschland, offensichtlich und geheim, ging es von statten. Beide Polen und Frankreich hatten die Erholung von Deutschland mit immer vertiefender Befürchtung beobachtet, und die Militär Autoritäten von beiden Nationen waren genötigt dass ein Schlag gesetzt werden sollte während sie noch überproportional stärker waren. [...]
> Nun hatte Deutschland wieder ´danach gefragt` und Polen stürzte sich auf die Gelegenheit. Die Kriegsministerien drückten die Alarm-Knöpfe. Die Druckmaschinen von Paris, London und New York waren immer noch beschäftigt mit verschiedenen Darstellungen über den ermordeten Geschäfts-Reisenden, während die Polnische und Deutsche Luftüberwachung in Konflikt standen über die gesamte Grenze hinweg. [...]
> Der erste Polnische Luftangriff auf Berlin und der ungehemmte ´Demonstrationsflug` von 200 Französischen Luft Schwadronen in Formation über Bayern und West Preußen folgten. Die Deutschen schienen komplett überrascht worden zu sein durch die immense und sofortige Bereitschaft. Sie hatten es den Franzosen nicht zugetraut.[6]

Die Nationalsozialisten hatten in der Tat Deutschland im verborgenen aber auch gleichzeitig nicht zu verheimlichen hoch gerüstet. Wie bereits beschrieben wurde eine mächtige Maschinerie in Gang geworfen, jene Geld und Ressourcen aus allen Richtungen erforderte. Im Prinzip wurden alle verfügbaren Ressourcen und Gelder für den Krieg zur Verfügung gestellt.
Das Westliche Establishment war zu jedem Zeitpunkt darüber informiert was geschehen würde.
Polen wurde beim hochrüsten übergangen und Frankreich kämpfte erst gar nicht man ergab sich schnell, alles deutet darauf hin, dass dem „Blitzkrieg" von „Adolfus Hit" in die Karten gespielt wurde. Alles geschah in naher Zukunft genau umgekehrt. Mr. Wells liegt mit seiner Prognose um 180 Grad daneben. Deutschland wurde nicht zuerst angegriffen sondern tätigte den ersten Schritt.

Sein „fiktiver" Krieg weitete sich auch noch auf andere Länder aus.
„Am Sonntag Nacht, den 7. Juli, während Polnische Flugzeuge Gasbomben auf Berlin warfen, waren die Italiener dabei Belgrad die selbe Behandlung zu verpassen. [...]
Sobald die Polnischen und Italienischen Truppen ihre Grenzen überschritten hatten warteten die anderen Staaten nicht einmal auf einen Affront bevor sie ihre offensiven starteten."[7]
Der Konflikt breitet sich aus und eskaliert, H.G. Wells spinnt weiter an seinem Szenario.

Schrittweise etablierten die Deutschen eine ausreichende Vorherrschaft und brachten ihre Bomber und Gas ins Spiel. Lodz und Warschau wurden terrorisiert und die Zivilbevölkerung musste evakuiert werden und die Polnische Linie wurde durchbrochen [...]. Litauen, offensichtlich durch Russische Ermutigung, eroberte ihre alte Stadt Vilnius, und Österreich verknüpfte den Nördlichen und Südlichen Kampf durch das Eintreten in beide Kriege als verbündeter von Deutschland und Italien. Deutschland verkündigte ihre endgültige Union mit Österreich. Sehr schnell folgten nun die verbleibenden Staaten Europas in den brodelnden Kessel. Ungarn attackierte die Tschechoslowakei ohne Kriegsankündigung ´um ihre legitimen Grenzen` zurück zu erobern, [...], und die Rote Armee marschierte auf Lemberg [West Ukraine **] [...]. [...] Griechenland eroberte Rhodos, welches zuvor von Italien besetzt war.[8]**

Der „geniale" „Prophet" mit blühender Phantasie siehe „Krieg der Welten", hatte also tatsächlich einen großen Konflikt vorher gesehen. Dieser würde Europa in einen Krieg verwickeln der alle Staaten die Brzezinskis „Brückenkopf" bilden, ausmachten, von Frankreich bis Russland.
Das Tor zu Asien; interessanter Zufall? Dieser würde bis 1950 andauern und danach würde die Menschheit von Krankheiten und Seuchen heimgesucht werden. Menschen würden sich in Zombies verwandeln. Das Resultat wäre eine vorübergehende „Mad Max", ähnliche Einöde in der Chaos ausbrechen würde. Dieses Chaos würde danach von einer neuen „vernünftigen", Generation die gelitten hatte und dieses Leiden in Vernunft und Weitsicht ummünzen konnte, zu einer Neuen Ordnung für die Welt aufgebaut werden.
Einer Weltregierung die den Planeten Erde in Wasser und Luft kontrollieren würde.
Eine See- und Luftdiktatur also. Die Anführer dieser Revolution würden fähige Männer sein. Meister-Artisanen eines weiteren Chao et Ordo. Der Hauptheld der Menschheit heißt „Arden Essenden".

Weiterhin beschreibt Wells, dass für ein friedvolles Europa das Herz also Deutschland am wichtigsten sei. Was bestätigen dürfte, dass die Deutsche Mentalität alteriert werden musste um Europa zu einigen und „Frieden" zu schaffen.

Noch nach Bezwingung dieser leidenden Deutschen Mentalität, wenn es auch nur eine gewisse Zähigkeit und Kraft besaß, bestand immer noch die zentrale Realität und die zentrale Perplexität des Europäischen Systems. Krieg und Desaster könnten nicht die Tatsache ändern dass jenes Rückgrat von Europa, dass der am besten ausgebildete, fleißigste, am meisten lernfähige und intelligenteste Block seiner Population deutsch sprach und dachte. [9]

Deutschland hatte um 1900 angefangen Europa durch die starke Chemie Industrie zu dominieren. Jedoch würde ein zu starkes Deutsches Reich die Balance in Europa gefährden.

H.G. Wells hatte das Buch geschrieben während die Braun Hemden Deutschland einnahmen in einem weiteren Abschnitt macht er sich lustig über die Nazis:

Eine Kleinigkeit welche seine allgemeine Ignoranz und Dummheit demonstriert [*Adolfus Hit*] ist die Adaption des Swastika, das laufende Kreuz, als Emblem für die Nazis. Dieses brüske, alberne kleine Zeichen hat einen antiken Ursprung [...], es geht zurück auf die Neolithische Kultur, diese Kultur von braunen und dunkel-weißen Warmwasser Menschen, von denen die ersten Zivilisationen ausgingen. [...]
Alte Quellen bezeichneten es als ´Symbol` für die Sonne, [...].
Es nahm den Platz ein für eine Idee in den vernebelten Köpfen der Nazis und sie behandelten es mit immenser Einzigartigkeit und führten es auf ihren Flaggen, Kleidern, Verkündungen und wo immer sie auch konnten.
Arden Essenden, bezeichnete es als ´eigen Brandmarkung von Idioten` [...]. [10]

Arden Essenden ist ein fiktiver Charakter den H.G. Wells in die futuristischen Beschreibungen seines Werkes einfügt. Sprich ein Charakter in der Zukunft nach dem zweiten großen Konflikt, jener der Menschheit die in naher Zukunft durch eine See- und Luftdiktatur regiert wird ein Lichtblick sein wird.
So fantasiert der Propagandist der „Fabianistischen Neuen Welt Ordnung" bereits über die Zukunft und reflektiert wie lächerlich man sich in Zukunft über den rechts Faschismus machen wird.
„Diese unterschiedlichen Faschisten waren vorgesehen ihre eigenen Staaten zu zerstören und zu verschwinden aufgrund ihrer grundlegenden hohlen sentimentalen Mentalität, ihrer Unfähigkeit Nationale Interessen hinter sich zu lassen und eine Verbindung einzugehen [...]." [11]
Er unterlässt es dem Leser zu erklären, dass die Spitze der Nationalsozialisten einem Geheim Bund nämlich der „Thule Gesellschaft" angehörte. Diese waren dem Satanismus zugetan und die Nazis hatten ohne jeden Zweifel dieses alte Symbol genommen und umgekehrt wie es Satanisten auch mit dem Kruzifix machen. Die Sonne wird außerdem mit Luzifer gleichgesetzt.
Da Mr. Wells selbst in die selbe Kategorie fiel und seine Leserschaft manipulieren statt informieren musste, hatte er es wohl vorgezogen diese Information zu unterlassen. Es muss außerdem bedacht werden, dass er wusste wie die Zukunft aussehen sollte und was der Masterplan war, so sind seine Ausführungen sehr erschreckend. Auch war er mit Sicherheit Erhaben über die Machtkontrolle die hinter den Kulissen ausgeübt wurde. Denn er war nichts weiter als das Sprachrohr, um deren

Agenda publik und beliebt zu machen. Wir werden später noch sehen was Mr. Wells für die Menschheit in einem weiteren Buch bastelte.

Der „Fabianistische Sozialismus" hatte angefangen in den USA zu greifen. Deutschland wurde vom Nationalsozialismus aufgezehrt und Russland durch den Kommunismus gleichgeschaltet.

Deutschland musste nur noch zum Vasallen Staat umgewälzt werden, denn man brauchte Frankreich und Deutschland als „Brückenkopf" um die Worte von Brzezinski zu wählen, um Europa zu einigen. Dieser würde vervollständigt werden durch Polen und die Ukraine; das Tor zu Asien aufstoßen. Denn wer die ganze Welt kontrollieren möchte muss Asien einnehmen.

Der einfachste Weg ist über „Brzezinskis Brückenkopf" und Europa. Welch Zufall, dass gerade jetzt in Anno Gegenwart die Ukraine in einen heftigen Konflikt gestürzt wurde.

So hatten die entscheidenden Familien sich strategisch richtig in Groß-Britannien angesiedelt.

Von dieser Insel aus konnten sie Kontrolle ausüben auf die Neue Welt und die Alte Welt.

Sie gegeneinander auszuspielen um eine neue Ordnung herzustellen.

Wir sind geblendet davon dass die Machtzentrale Washington oder New York sein sollen ohne zu wissen das London die Karten mischt und neu austeilt. Gegen dieses mächtige Londoner Establishment war bereits der große Napoleon gescheitert. Die USA dienen lediglich als starker Arm um Weltpolizei zu spielen und jeden Widerstand gegen die kommende „Weltdemokratie" zu brechen.

Von London aus wurde die große „Hegelsche Dialektik" geplant einen Kapitalistischen und einen Sozialistischen Block zu bilden; These – Antithese = Synthese.

Die Synthese ist unsere jetzige Scheindemokratie die in Europa vorherrscht und uns vormachen will, dass wir wählen dürfen.

Der 2. Weltkrieg hatte Deutschland endgültig zu einem Vasallen der Westmächte werden lassen.

Die Unabhängigkeit die man uns vorgaukelt ist eine Farce. Sie existiert nicht.

Und Frankreich wurde bereits eingenommen als Napoleon auf seine einsame Todesinsel verbannt wurde, wo man ihn wahrscheinlich auch noch vergiften ließ.

Polen war ohnehin seit langem nur Spielball Deutsch-Russischer Interessen.

Die Ukrainer allerdings haben das schlimmste erst vor sich.

Nach dem 2.Weltkrieg wurde die UNO gegründet, die Weltbank und der Internationale Währungsfond. Man hatte den nächsten Schritt getätigt um die Welt zu einigen.

Für eine Neue Welt Ordnung. Chaos und Ordnung hatten sich abgelöst.

Eine neue Ordnung die Vorstufe zur „Weltrepublik". Doch bis diese durch ihre fanatischen Verfechter durchgesetzt wird benötigt es weitere Konflikte und Krisen aus denen man eine „Schöne Neue Welt" bastelt.

Der Konflikt heraufbeschworen durch den Kalten Krieg, welcher von Anfang an nur eine Riesen Scharade war hatte den Zweck die Menschen ständig in Angst und Schrecken zu versetzen und die Rollen zu verteilen. Die Vereinigten Staaten mit ihrer Klasse Kino und Pop Kultur gegen eine blasse und böse Sowjetunion. So konnte man es rechtfertigen beide Nationen hochzurüsten um die ganze Welt permanent in Schach zu halten durch einen drohenden Nuklearen-Krieg.

Die UdSSR war zu keinem Zeitpunkt imstande mit den USA Schritt zu halten.

Denn Kommunismus und Zentralplanung können keinen Wohlstand erzeugen.

Durch die Hintertüre wurde die Sowjetunion ständig versorgt durch die florierenden Vereinigten Staaten. Weitere Ängste würden ins Bewusstsein der Menschheit eintrichtern, dass es notwendig sei Nationalismus zu überwinden und die Grenzen Fallen zu lassen.

Die einzelnen Europäischen Nationen und Völker würden sich nun eher dazu bewegen lassen ihre Souveränität einem Block zu opfern um in einer globalisierten Welt mithalten zu können.

So war der Weg geebnet die Europäische Union zu gründen. Klingt so ähnlich wie die Sowjetunion. Und genau wie in der Sowjetunion nennen wir unsere EU-Abgeordneten Kommissare.

Zuerst hatte man die Grenzen gelegt für Nationalismus, dieser führte dann zu heftigen Konflikten, diese wiederum würden die Völker der Welt einigen. Sie dazu bewegen ihre Identität, Kultur und Mentalität abzulegen. Denn diese sind Schuld an Krieg, Zerstörung und allem Übel auf der Erde.

Um zu verstehen wie wir in die Idiotie der Gegenwart erzogen wurden, sollte man wissen welche Gedanken, Hintergedanken und Vorwände vorangegangen waren um uns in die Gegenwart zu bewegen. Ein weiteres mal wird die Posaune der Fabianisten H. G. Wells es sein der uns vorlegt wie die Zukunft auszusehen hat. So muss der geschockte Mensch in der Zeit um die zwei Weltkriege und Post-Weltkriegsepoche, wie bereits im Mittelalter und allen Zeitaltern zuvor geschockt und mit Angst übergossen werden. Man muss das Individuum der passenden Schocktherapie unterziehen.

So lautet die Einleitung zu Mr. Wells Schocktherapie „ The New World Order", geschrieben zum Anfang des 2. Weltkriegs:

„Heute herrscht Krieg um Adolf Hitler loszuwerden, welcher jetzt den Platz der Hohenzollern in diesem Drama angenommen hat. Er hat auch gegen die Regeln des Clubs verstoßen und auch er muss verbannt werden."[12]

Welcher Club ist hier wohl gemeint? Ist es die ganze Welt die Frieden will? Oder ein exklusiver Club zudem nur die auserwählten zugelassen werden? Wollen wir wirklich Frieden? Oder werden wir zum Frieden gezwungen,?

Und weitaus wichtiger, unter dem Vorwand Frieden zu schaffen nur immer wieder in Kriege verwickelt. Unter dem Kredo „Krieg ist Frieden".

Ferner schreibt er:

„Nationalistischer Individualismus und unkoordinierte zusammen Arbeit sind die Krankheit dieser Welt, und es ist das ganze System was gehen muss. Es muss erneuert werden bis zum Fundament oder ersetzt werden. Es darf nicht hoffen sich ´durch zu wurschteln`, verschwenderisch und gefährlich, ein weiteres mal."[13]

Individualismus wie ihn die Natur vorsieht von Geburt an wird korrumpiert und in ein verkommenes ganzes verwoben. In diesem Konstrukt fest sitzend muss Individualismus nun weichen denn es hat den Fehler begangen sich dem falschen Kollektiv-Geist anzuschließen.

Dem Nationalismus welcher Schuld ist an allem übel. Doch wird Nationalismus nicht auch von den gleich gesinnten Menschen gepredigt wie die Union? Nationalismus ist nur die Rechte Flanke in der „Hegelschen Dialektik" und wird in der Linken Flanke der gleichen Dialektik angeklagt von jenen die Individualismus ausrotten wollen. Tatsächlich besteht weder im Nationalismus noch in der Union Individualismus

Sie blicken hier hoffentlich durch des Meisters Manipulierende ausgestreckte Hand.

Und nun wie versprochen zur Beängstigungs-Taktik des Meister-Manipulateurs Mr. Wells:

Die erste Sache, die also durchdacht werden muss um die Primäre-Problematik von Weltfrieden zu realisieren ist, dass wir das Ende einer klar definierten Periode der Geschichte erreicht haben, die Periode des Souveränen Staates. In den Achtzigern [*seiner Zeit*] waren wir

es gewohnt mit zunehmender Bewahrheitung zu sagen: ´Wir leben im Zeitalter der Veränderung`.

Nun bekommen wir ein kleines Maß an Dringlichkeit über die Veränderung.

Es ist eine Phase von Menschlicher Existenz, wie ich versuchen werde aufzuzeigen, die entweder zu einem neuen Weg zu Leben für unsere Spezies oder zu einem längeren oder kürzeren Verfall von Gewalt, Elend, Zerstörung, Tod und der Auslöschung der Menschheit führen wird. Dies sind keine rhetorischen Phrasen die ich hier benutze; ich meine es so wie ich es sage; die desaströse Ausrottung der Menschheit.[14]

Nun versetze man sich in eine Person die den ersten Weltkrieg mit erlebt haben mag oder auch nicht und gerade an der nächsten großen Krise der Menschheit teil nehmen darf.

Diese Person ist verunsichert, da sie nicht weiß was die Zukunft bringt. Sie hat Angst und diese Angst über den Zustand in der sich dieses Individuum befindet füllt sie mit Hass.

Zufällig liest sie oder er die obigen von mir übersetzten Zeilen eines offensichtlichen Angst-Predigers. Automatisch ist sie oder er davon überzeugt, dass ein rascher Wandel notwendig sein wird um die Menschheit zu retten. Er oder sie werden zum Opfer einer weitreichenden Agenda um den Menschen zu verändern. In ein neues Zeitalter der „Vernunft" zu führen.

Der eigentlich unschuldige, klare Verstand wird hierbei verblendet und einer Ideologie unterworfen. Man beachte nur klar die harschen Worte die H. G. Wells benutzt. Sein Verständnis von der Welt gibt nur eine einzige Lösung auf. Eine Neue Welt Ordnung in der alles genormt sein muss und im Gleichschritt laufen soll.

Im nächsten Abschnitt legt Mr. Wells die Kern-Ideologie des „Fabianistischen Sozialismus", welcher unsere gegenwärtige Scheindemokratie/Sozialstrukturen ausformt fest:

Mit Kollektivismus ist die Handhabung von gemeinsamen Anliegen der Menschheit durch eine einheitliche Leitung verantwortlich für die gesamte Gemeinschaft gemeint.

Es bedeutet die Unterdrückung von tu wie du es möchtest in sozialen und ökonomischen Anliegen genauso sehr wie internationale Anliegen. Es bedeutet die öffentliche Abschaffung von Profit-Macherei und jedes Werkzeug durch welches menschliche+Wesen ersinnen sich wie Parasiten gegenüber ihren Mitmenschen zu verhalten. Es ist die praktische Realisierung einer Bruderschaft von Menschen durch eine einheitliche Leitung.[15]

In diesem Sinne wurden wir in der moderne dem Öko-Faschismus und der Europäischen Union ausgesetzt. Es ist wieder einmal der Kern des Sozialismus der soviel fordert aber nur wenig zurück gibt. Wir sind gezwungen uns diesem zu beugen aufgrund von so vielen Problemen und Krisen.

Die Welt schien zu jeder Zeit der Menschheitsgeschichte auseinander zu brechen und zu jeder Zeit; ohne Ausnahme präsentierten sich Helden der Menschheit um uns mit Vorschriften und Vorlagen aus der Krise zu helfen, es ist der älteste Trick der Menschheit. Wir müssen im kollektive Probleme bewältigen nach den Vorschriften die uns erlassen werden vom Himmel fallen wie Milch und Honig; inmitten von diesem müssen wir uns laben in Unwissenheit und Trunken in den Abgrund laufen wieder und wieder und wieder, bis zum Armageddon. Jeder Profit der nicht unter Zwang sozialisiert wird ist also verwerflich.

Selbst wenn dieser unter Blut, Schweiß und harter ehrlicher Arbeit errungen wurde?

Mr. Wells führt schließlich sein Werk „The New World Order", zum Ziel seiner Argumentationen und Schilderungen, er nennt es „The Decleration of the Rights of Man", sprich die Deklarierung der Rechte des Menschen. So muss er wie folgt ein weiteres mal das Böse im Menschen aufführen:

> **Nun da wir einer moralischen Überflutung gegenüberstehen, werden mehr und mehr vernünftige nicht dem Wahne verfallene Männer realisieren dass es notwendig ist unser Selbstbewusstsein zu stärken. Je mehr die Sozialisierung voranschreitet und je mehr direkte Autorität konzentriert wird, um so notwendiger ist ein effizienter Schutz von Individuen vor der Ungeduld von gut-gewillten oder unterbelichteten oder ruchlosen Funktionären und in der Tat von allem möglichem Missbrauch von Vorteilen die unausweichlich sind unter der Gegebenheit unseres noch immer kindlichen und bösartigen Verstandes.[16]**

Das heißt die Menschen in der westlichen Hemisphäre waren während dieser Turbulenten Jahrzehnte immer mehr Zentralisierung von Macht und strikten Vorgaben ausgesetzt.
Diese waren notwendig, da die Kriegsglocken geläutet wurden. Wie ich zuvor beschrieben hatte wird Krieg geschürt durch die zur Verfügung Stellung von Ressourcen. Es ist ein Kreislauf indem sehr viel Menschen Leben zerstört wird aber hinter den Kulissen der Macht wird Reichtum angehäuft durch das Füttern der Monopol-Industrie. All dieses wird bezahlt durch die Arbeit der vielen die Blut und Schweiß leisten. Reichtum wird wieder von vielen an wenige abgeleitet.
Der Zweck heiligt die Mittel, Krieg ist ein solcher.
Um eine neue Ordnung zu rechtfertigen muss es Krieg geben. Alle Kriege der vergangen Jahrhunderte erfüllten dieses Kriterium. Vom 30-Jährigen Krieg bis zum Krieg gegen den Terror.

Des weiteren erklärt H. G. Wells die weiteren Gründe jene seine Menschenrechte unerlässlich machen werden:

> **Gerade die erfolgreiche Organisation des mehr universellen und penetrierenden Kollektivismus jener jetzt auf uns alle forciert wird, wird frustriert werden in seinem vitalsten Aspekt außer seine Organisation wird begleitet durch die Bewahrung einer Neuen Deklaration der Rechte des Menschen, diese muss, aufgrund zunehmender Komplexität der Sozial-Strukturen, noch großzügiger, detaillierter und expliziter sein als alle ihre Vorgänger. Solch eine Deklaration muss das allgemeine fundamentale Gesetz von allen Gesellschaften und Kollektiven sein unter dem World Pax [*Weltfrieden*].[17]**

Wir müssen uns alle damit zufrieden geben, dass Sozialismus die Welt verschlingen wird.
Damit wir uns trotzdem wohl fühlen können in dieser Welt gleich einem gigantischem Gefängnis, wird Mr. Wells uns nun ein paar fundamentale Rechte zuschreiben welche in der Tat unsere gegenwärtige Lebensweise hier in Europa widerspiegeln dürften.
Der Autor wird nun das wichtigste der 10 Punkte aus dem Original übersetzen und auflisten:

1) Dass jeder Mensch ohne Berücksichtigung von Rasse, oder Farbe oder Glauben oder Meinung, das Recht hat auf Nahrung, Absicherung, medizinische Versorgung und der Rücksichtnahme sein volles Potenzial zu realisieren, physischer und mentaler Entwicklung und ihn in gesundem Zustand zu halten von der Geburt bis zum Tod.

2) Dass er [der Mensch egal welches Geschlecht] Anspruch hat auf ausreichende Schulbildung um aus ihm einen nützlichen und interessierten Bürger zu machen, diese spezielle Schulbildung/Bildung sollte so verfügbar sein so dass es ihm Chancengleichheit für die Entwicklung seiner markanten Talente für den Dienst an der Menschheit gibt, dass er einfachen Zugang hat zu gemeinen Informationen die alle Bereiche betreffen durch sein ganzes Leben hindurch und höchste Redefreiheit, Versammlung und Huldigung genießen darf.

3) Dass er ungehindert jeder ordnungsgemäßen Beschäftigung nach gehen kann, soviel zu verdienen wie sein wohl befinden und Zuwachs es im gemeinen rechtfertigen mögen.

Dass er das Recht hat auf bezahlte Beschäftigung aus freier Wahl wann immer sich die Möglichkeit bietet die Arbeit zu wechseln. Er darf seine Arbeit für sich selbst behaupten und sein Anspruch öffentlich berücksichtigen, akzeptieren oder ablehnen.

4) Dass er das Recht haben soll zu kaufen oder verkaufen ohne irgendwelche diskriminierende Beschränkungen alles was man legitim kaufen oder verkaufen kann, in solchen Mengen und mit solch Vorbehalten wie es mit dem Gemeinwohl zu vereinbaren ist.

 5) Dass er und sein persönlicher Besitz legitim erworben das Recht haben von Polizeilicher und legaler Protektion von häuslicher Gewalt, Raub, Zwang und Einschüchterung.

6) Dass er sich frei auf der Welt bewegen kann auf eigene Kosten. Dass sein privates Haus oder Appartement oder vernünftiger eingegrenzter Garten sein eigenes Schloss ist, jenes nur betreten werden darf bei Zustimmung, aber dass er das Recht haben soll jede Art von Land zu besuchen [...].

7) Das Recht auf Untersuchungshaft bis die Schuld bewiesen wurde durch eine Autorität die dazu befugt ist. Das Recht den Militär oder Polizeidienst aus persönlichen moralischen Anlässen zu verweigern.

8) Schutz vor Verleumdung [...], Alle Dokumente zur Registrierung einer Person müssen von dieser abrufbar und überprüfbar sein auf eigenen Wunsch. Keine Administrative Abteilung soll Geheimakten aufbewahren dürfen [...].

9) Kein Mensch darf sterilisiert oder anderweitig verstümmelt werden [...], noch unter Tortur verhört werden [...], gegen den eigenen Willen zwangsernährt werden oder davon abgehalten werden die Essenszufuhr zu verweigern [...], gezwungen werden Drogen zu nehmen [...], dass die härteste Strafe eine Inhaftierung von maximal 15 Jahren nicht überschreiten darf.

10) Dass die Bestimmungen und Prinzipien verkörpert durch diese Deklaration ausführlicher in einem Codex für fundamentale Menschen Rechte welches einfach zugänglich für jedermann sein möge definiert werden. Diese Deklaration darf unter keinem Vorwand eingeschränkt oder gebrochen werden. Es beinhaltet alle vorherigen Deklarationen von Menschen Rechten. Fortan ist es für ein neues Ohr das fundamentale Gesetz auf der ganzen Welt.[18]

Der Leser wird sicherlich mit Mr. Wells übereinstimmen und sagen, dass diese fundamentalen Menschenrechte Sinn machen. Auch der Autor dieses Werkes wird nicht abstreiten, dass diese Rechte wenn man sie subjektiv betrachtet Sinn machen.

Jedoch muss man hierbei auch bedenken, dass wir nach dem 2. Weltkrieg genau in diese Welt die

„Er" in seinem Buch über eine Neue Ordnung beschreibt hineingeboren wurden.

Und uns diese als normal anerzogen und übergezogen wurde.

Man muss diese Deklaration weiter unter die Lupe nehmen und genau betrachten denn der Teufel liegt im Detail.

Des weiteren muss bemerkt und aufgelistet werden welche Rechte die über wichtig sind H.G. Wells einfach ausgelassen hat, denn sie passen nicht in eine sozialisierte Welt.

Der erste Punkt umfasst das Sozial-Netz welches gespannt wurde um uns aufzufangen falls wir krank werden, keine Arbeit besitzen oder alt werden. Das Recht auf medizinische Versorgung und grundlegende Versorgung. All dieses wurde uns auch in Quantität und ausreichender Qualität bis zur Jahrtausend Wende geboten. Die ersten 50 Jahre des „Fabianistischen Sozialismus", waren definitiv eine gute Zeit für die Bürger Europas.

Doch welche Entwicklung, plötzlich bemerkten die „Sozial-Planer" dass die Dinge nicht so liefen wie geplant. Auf einmal gab es mehr alte Menschen als junge und die Bevölkerungsaufteilung passte nicht mehr. Nun war es an der Zeit zu sparen.

Am interessantesten ist die letzte Zeile seines Ersten Grundrechtes denn von der Geburt bis zum Tod befinden wir uns in den Händen von Bürokratischen Strukturen die festlegen welche Prozedur wir bei Geburt durchlaufen müssen bis zum Ausscheiden. Es wird Blut genommen, Fußabdrücke etc; es wird eine Versicherungsnummer zugewiesen und ein Geburtspass ausgestellt.

Die Funktionen des Neugeborenen werden getestet. Es ist die gleiche Prozedur wie bei einem Fabrikat.

Das Gesundheitswesen ist in der Tat bemüht uns am Leben zu halten und viele werden Stein alt doch zu welchem Preis? Und in welcher Kondition? Man pumpt uns voll mit Medikamenten, jene die Symptome überdecken mögen aber neue Probleme hervorrufen.

Der zweite Punkt umfasst die Schulbildung und Grundbildung die uns durch das Schulsystem und die unterschiedlichen Branchen der Berufe die eng verwoben sind mit dem Schulsystem, bieten soll. Wie bereits zuvor im Buche beschrieben ist unser Schulsystem darauf ausgerichtet um die Worte von Wells zu gebrauchen einen „nützlichen" Bürger auszuformen.

Interessiert sind wir nur an gewissen Bereichen wie man sie uns gestattet.

So befassen wir uns nur womit wir uns auch befassen sollen.

Wir beschränken es auf das fundamentalste, all jenes was benötigt wird um gemütlich und luxuriös zu leben. Keineswegs sind wir ausgerichtet darauf unseren Horizont über das gewöhnliche hinaus zu erweitern. Wir sollen Diener der Menschheit sein. Man nimmt uns also in Verpflichtung, es kommt einer Aufforderung gleich, das Individuum wird hier bereits verpflichtet der Menschheit zu dienen. Doch dienlich bei was? Krieg? Anderen zu helfen sich selbst aufzuopfern?

Was wenn man nicht dazu bereit ist? So sind wir gezwungen in die Sozial-Kassen einzuzahlen selbst wenn wir diese selbst nicht nutzen möchten. Einfach nur in Ruhe gelassen werden möchten. Mann oder Frau wird sofortig zum Anarchist getauft.

Wir sollen Zugang haben zu allen Informationen. Wer unsere Medienlandschaft und Informationsquellen nach dem Krieg studiert wird ohne Zweifel feststellen müssen, dass uns das meiste und wichtigste vorenthalten wurde. Die Redefreiheit wird bereits durch das Tadeln gewisse Dinge nicht in den Mund zu nehmen beseitigt.

Wir sollen also nur das allgemeine Wissen „common knowledge", besitzen.

Wie sieht es aus mit dem Wissen über „Astropsychologie", um seine Mitmenschen besser zu verstehen? Oder Massenpsychologie? Die Mechanismen der Kontrolle?

Die Funktion einer Volkswährung?

Das Grundwissen über die Funktion der Wirtschaft?

Was hinter der Etablierung von Sozial-Strukturen steckt?

Wissen wir all dieses wirklich oder ist dieses Wissen überflüssig?

Der dritte Punkt deutet bereits einen Fortgeschrittenen Sozialismus an „common welfare" indem über durchschnittlicher Wohlstand dem Kollektiv ausgehändigt werden sollte.

Das heißt man braucht nur soviel zu verdienen wie zum Leben reicht.

Die eigenen Errungenschaften müssen mit der Ganzheit geteilt werden. Entscheiden Sie selbst ob dies wirklich fair ist. Denn es wird immer jene geben die nichts tun um von anderen zu leben.

Man bedenke auch, dass im Sozialismus immer jemandem etwas weggenommen wird, um es einem dritten zu geben.

Hierzu ist es wichtig eine Randbemerkung von Mr. Wells einzufügen um dieses zu unterstreichen so schreibt er in Punkt vier, dass jeder das Recht haben soll zu verkaufen und kaufen nach belieben solange kein Gesetz gebrochen wird:

An dieser Stelle möchte ich ein Kommentar einfügen. Wir müssen bedenken dass in einem Kollektiv-Staat kaufen und verkaufen um das Einkommen zu sichern und Profit nicht nur einfach unnötig sein wird sondern unmöglich. Die Börse, wird nach 400 plus Jahren, notwendigerweise verschwinden mit dem verschwinden von rationalen Motiven für entweder größere Anhäufungen oder das Horten gegen Entbehrung und Armut.

Lange bevor das Zeitalter von vollständiger Kollektivierung kommt, werden die Ersparnisse von Individuen für spätere Konsumierung geschützt durch die Entwicklung eines „Volksgenossenschafts-System" für einen öffentlichen Dienst. [...]

Erbe und Nachlass sind in einer Gemeinschaft in welcher die Ziele der Produktion und von jeglicher möglicher Monopolisierung konsolidiert werden, relativ kleine, schöne und intime Objekte, welche Vergnügen bereiten aber dem Empfänger keinen unfairen sozialen Vorteil bringen.[19]

Sprich das „Fabianistisch Sozialistische" Modell in welchem wir nun ohne jeden Zweifel leben ist nur der Übergang zu Sozialismus und sogar Kommunismus. Denn es wird kaum noch privat Besitz geduldet werden. Dieser wird bestimmt werden von der Gesellschaft!

Wer bestimmt diese? Wer kontrolliert hier wen? Wollen wir in eine solche Welt rutschen um dann im Schlamm zu tauchen und trinken?

Der Plan ist nun ersichtlich man wird den Börsenmarkt komplett einbrechen lassen, dieses wird man auf den Kapitalismus schieben um danach alle restlichen Besitztümer den Eigentümern zu rauben und zu verstaatlichen. Man wird alle Schuld auf das Kapital schieben und die Gier der Massen; wie bereits in der Vergangenheit geschehen und die Börse verfluchen; jene eigentlich nur ein Mechanismus ist und wie jedes Werkzeug neutral.

Ein Messer kann benutzt werden zu gutem wie zu schlechten Taten! Genauso wie Geld und Macht!

Punkt 5 bestätigt, dass wir zwar von einer Polizei geschützt werden sollen, doch erwähnt es zu keiner Zeit, dass wir selbst ausreichend bewaffnet sein dürfen. Das heißt der Staat hat bessere Waffen als die Bevölkerung. Denken Sie hierbei zurück ans Mittelalter wie der Autor schon oft erwähnt hatte, waren die Armen Leibeigenen nicht befugt die Waffen zu tragen die ein Ritter führte.

Das Resultat eines solchen Macht Verhältnisses ist immer Tyrannei. Wir sind derweil so stark domestiziert und sozialisiert als auch konditioniert worden, um diesen Zustand zu akzeptieren.

Außerdem ist es wohl kaum noch möglich von Heute auf Morgen die Deutsche Bevölkerung zu bewaffnen. Wir wurden gehalten wie Kleinkinder. Die Polizei sind unsere Eltern. Doch nüchtern betrachtet müssen wir erkennen, dass bis diese eintrifft meistens nur noch Kreide um das Kadaver gemalt werden kann.

Der Sozialismus ist in das Deutsche Unterbewusstsein und Bewusstsein tief eingebrannt, denn spätestens mit der Christianisierung wurden die Germanen domestiziert und als Sklaven gehalten. Die Häuptlinge wurden ersetzt durch Könige und harte Systeme der Kontrolle.

Die Punkte 6 bis 9 habe ich beigefügt um dem Leser einen objektiven Einblick in Mr. Wells Intention zu geben und der Fairness wegen. Denn diese Punkte kann man, ohne Widerrede so stehen lassen, denn sie sind sinnvoll und gerecht.

Abschließend muss erwähnt werden, dass diese Rechte weltweit gedacht waren.

Sie beschreiben die Situation der Nachkriegszeit in Europa bis zum 11. September 2001.

Nach diesem man angefangen hatte diese Rechte zu zerstören. Man hatte uns also domestiziert und indoktriniert nun war die Zeit gekommen uns durch Angst und Terror diese Rechte wieder zu nehmen. Unter dem Vorwand von Sicherheit. Doch wie Benjamin Franklin bereits sagte würde das Aufgeben von Freiheit für Sicherheit genau das gegenteilige bewirken, was als Vorwand dient um Freiheit und Sicherheit zu gewährleisten. Es war die Zeit gekommen uns zu einigen wie es zuvor bereits andere Despoten und Machthungrige versucht hatten. Sie waren auf dem direkten Wege gescheitert. Was folgte war die subversive, die intelligente und ausgeklügelte Variante.

Unter dem Vorwand von Chancengleichheit, Wohlstand für alle und Brüderlichkeit wurden wir hinein gesogen in das Kollektiv welches sich jetzt Europäische Union heißt.

Der Übergang zu einer Welt-Union wie von Wells beschrieben.

Es muss auch betont werden, dass viele Rechte die wichtig sind um wirklich frei zu sein unterlassen werden. Es sind indes die Rechte einer wie Schäfchen gehaltenen Gesellschaft.

Die den Raubtieren oder „Protektoren", oder jenen die sie Missbrauchen hilflos ausgeliefert ist.

Wieso würde man uns nicht gestatten Schuss Waffen zu besitzen, um uns vor kriminellen oder noch wichtiger dem Staat zu schützen? Denn der Staat ist der größte Massenmörder der Geschichte allein im 20. Jahrhundert wurden durch Staaten circa 260 Millionen Menschen gemordet.

Die Universität auf Hawaii hatte eine Studie veröffentlicht und alle Opfer von Faschismus und Tyrannei aufgelistet.

Man bezeichnete dieses Vergehen als „Demozid".

Vom Morden der Russen unter den Bolschewiken, zu den toten Christen in der Türkei unter den „Jungtürken", bis hin zur systematischen Vernichtung der Juden und Polen, als auch anderer Gruppen unter dem Nationalsozialismus. Maos Terror der bis zu 80 Millionen Chinesen das Leben kosten sollte.

Es waren immer Menschen die dem Staat hilflos ausgeliefert waren. Sie hatten keine Waffen und waren friedfertig und gutgläubig, oder auch machtlos.

Die Türkischen Besatzer hatten laut Aussage eines Syrischen Bürgermeisters Gallo Sabo, die Syrische Bevölkerung in Midyat einer kleinen Stadt in der Südosttürkei aufgefordert, zu Ihrer eigenen Sicherheit; Flinten die Sie besaßen an die Türkische Armee auszuhändigen.

All jene die dieser Aufforderung folgten wurden in der folgenden Nacht im Schlafe gemordet.

Immer wenn Predatoren wie der Staat uns auffordern etwas für unsere eigene Sicherheit zu tun sollten wir in der Tat äußerst wachsam sein!

Um dieses zu bestärken und aufzuzeigen, dass all jene die gestorben sind in den vergangenen 100 plus Jahren geopfert wurden einem höheren Ziel. Einer Weltdemokratie und Neuen Welt Ordnung möchte ich abschließen mit H. G. Wells berüchtigtem Zitat auf S. 127 „The New World Order":

Unzählige Menschen, vom Maharadscha bis zu Millionären und von Pukkha Sahibs [*Oberklasse*] **zu schönen Damen, werden die Neue Welt Ordnung hassen, überflüssig gemacht werden unglücklich durch scheitern ihrer Leidenschaften und Ambitionen durch ihre Ankunft und werden protestierend sterben. Wenn wir versuchen ihr Versprechen abzuschätzen** [*der Neuen Ordnung*] **müssen wir die Qual einer Generation oder so von unzufriedenen, viele von ihnen recht edel und anmutend aussehenden Leuten mit bedenken.**[20]

Vom Bosnischen „Cobane", bis hin zum Afghanischen Mohnbauern, hinüber zu den Pakistanischen Teilnehmern einer Hochzeit unter Drohnen Beschuss, den Russen und Ukrainern in der Ukraine lebend, bis hin zum Aleviten oder Syrier.

Sie alle müssen egal wie anmutend und nett sie auch waren geopfert werden auf dem Altar der Demokratie und der Durchsetzung einer Neuen-Welt-Ordung, geschaffen von des Meisters Hand in weißem Samte gekleidet. Wie Schafe auf das Altar gelegt werden um einer höheren Gottheit zu dienen. Denn diese wird repräsentiert von jenen die Ihn den Leibhaftigen repräsentieren; die Auserwählten ihre Kostüme und Bärte der Altzeit wurden ersetzt durch Krawatten und Glattrasierte Wangen. Doch welchem Gott dienen sie? Dem Gott der Gerechtigkeit?

Wen dem so wäre sind es all die toten Wert?

Wir müssen uns aufraffen zu realisieren, dass wir in eine Welt gleich einem Irrenhaus geboren wurden. Die Wächter dieser globalen Irrenanstalt verkehren alles.

Alles was uns aufgetischt wurde ist falsch und verkehrt.

Jeder Aspekt unseres Lebens ist beschränkt oder umgekehrt.

Wir sind die Generation die sich qualvoll beugen soll. Sind wir bereit dazu uns zu beugen?

Oder erheben wir uns Stolz und fordern unser Geburtsrecht wieder ein?

Geschichte gleich Mythen in Transformation

Der Autor wird nun versuchen eine Zusammenfassung der dramatischen und tragischen Menschheitsgeschichte zu erläutern. Die wichtigsten Aspekte und Wendepunkte des kultivierten Homo Sapiens schildern, soweit mir möglich ist hinter die Kulissen zu blicken aus des Perspektive des Regisseurs. Nicht nur das nachgewiesene zu betrachten sondern auch all jenes was „Arche-Typisch" in die Mythen aller Völker eingefügt wurde.

Mit logischer Hinterfragung von gewissen Unstimmigkeiten zum gegenwärtigen Konsens über unsere Menschheitsgeschichte wird sich der Nebel zumindest etwas weiter lichten um uns eine bessere Sicht zu verschaffen. Zu lernen aus den Fehlern die unseren Vorfahren widerfahren sind aufgrund von Schwäche, Abhängigkeit und Machtlosigkeit.

Die ersten Hochkulturen die Europa und die westliche Hemisphäre am stärksten prägten waren die Sumerische- und Ägyptische Hochkultur. Beide Zivilisationen bestachen durch ihre auffällig außergewöhliche und spektakuläre Technologie. Die Sumerer waren in der Lage trockenes Land zu bewässern und verfügten über die Keilschrift. Die Ägypter vermochten es Pyramiden und Sphinxen zu errichten die noch heute Rätsel darüber aufgeben wie sie imstande waren solch meisterhafte Arbeit zu vollbringen. Mit unserer heutigen Technik sind wir offiziell noch nicht einmal in der Lage die Katakomben und unterirdischen Treppen nachzuahmen.

Ihre morbide Mumifizierungstechnik hatten sie perfektioniert.

In beiden Hochkulturen wurde die Masse kontrolliert durch die „Fritz-Springmeier-Formel"; Religion, Gesetze und Kapital Enteignung.

Diese Religionen konnten nur etabliert werden aufgrund von hoch intelligenten Beobachtern und Mathematikern. Ohne das Vorwissen über die Zahlen und Geometrie also Mathematik ist es unmöglich Astronomie und Astrologie so gut zu beherrschen wie es diese Hochkulturen vermochten. Die Astrologie ermöglichte es zu wissen wann welche Veränderungen die Sinne der unwissenden Massen durchdringen würden.

Dunkelheit, Kälte, Hitze oder Dürre all jenes konnte man vorhersehen.

Dieses Wissen und das rationale beobachten des Menschlichen Charakters konnte man einteilen und mit Symbolen versehen. Alle Archetypen konnte man mit den Prinzipien des Kosmos vereinbaren. Denn in der Natur und Umwelt sind Gemeinsamkeiten gegeben.

So wurde der Löwe das Symbol für die Sonne. Denn sein Antlitz und Farbe gleichen der Sonne.

Er ist der König unter den Tieren. Der Löwe ist stark genauso wie die Sonne. Ohne die Sonne kann es kein Leben geben. Sie ist der Lichtbringer. Aus diesem Grund ist der Löwe auf dem Wappen des Adels zu sehen denn sie vertraten die Sonne. Ohne sie konnten die Massen nicht Leben sie waren es die das Leben schenkten. Vertreter des Lebensspenders der Erde dem Lichtbringer.

Der Widersacher der Sonne also des Lebensspender war dessen Kontrahent die Dunkelheit.

Dieser wurde dargestellt als Schlange, Drache, Krokodil oder Adler. Auch diese Tiere und Mär-Gestalten sind sehr häufig auf Adelswappen abgebildet, egal wo man sich auf dieser Welt befindet.

Man konnte feststellen, dass gewisse Menschen den gleichen Prinzipien folgten wie denen der Sonne oder des Löwen. So entstand möglicherweise die Astropsychologie. Durch das Beobachten der Stern Konstellationen, Planetenbewegung und Veränderung in der Natur, je nach Jahreszeit oder Wechsel jener in der Natur stattfand. So waren diese Menschen prädestiniert die Aufmerksamkeit auf sich zu lenken, gleichzeitig müssen sie zwanghaft im Mittelpunkt stehen.

Genauso wie es ein Herrscher tut.

Napoleon wurde im Sternzeichen des Löwen geboren um ein gutes Beispiel zu haben.

Sein Auftreten war bemerkenswert er hatte sofort die Aufmerksamkeit seines Umfeldes.

Wissen ist gleich Macht und so verstanden es jene die darüber verfügten andere für ihre eigenen Zwecke und Zielsetzungen zu gebrauchen. Man wusste immer was das Volk brauchte und wie man die Schafe zurück auf die Weide bekommen würde um frisches Gras zu kauen.

Wenn man bedenkt welch außergewöhnliche Fertigkeiten und Wissen die Sumerer und Ägypter ihr eigen nennen durften, muss man zu dem Schluss kommen, dass davor schon andere Hochkulturen existiert haben müssen. Woher hatten ausgerechnet diese Zivilisationen solch grandiose Technologie? Von nichts kommt nichts. Dieses Wissen war bereits vorhanden und wurde konserviert als auch nur an gewisse Menschen weiter gegeben.

Das Wissen über den Kosmos, die Sterne und Planeten, die Natur Gesetze, Mathematik, Architektur, Psychologie und Manipulation. Die konventionelle Geschichtserzählung möchte diese Bereiche nicht beleuchten und so wird uns eine abgespeckte Version der tatsächlichen Geschehnisse und Evolution von Zivilisationen vorgelegt. Diese spektakulären Hochkulturen kamen aus dem nichts einfach so.

Die Bibel ist voll von Gleichnissen die ein Schlüssel sein könnten, um zu wissen woher alles negative auf dieser Welt kommt. Es ist die Rede von den „Gottes-Söhnen", die auf die Erde kamen sich die Erden Frauen nahmen und sich mit Ihnen vermischten. Das Ergebnis sollen die ersten großen Männer gewesen sein. Die gleichzeitig anfingen die Menschen die zuvor einfach und friedfertig lebten zu korrumpieren.

Beispiel hierfür sind spezielle Afrikanische oder Indianische Stämme welche in Abgeschiedenheit ein recht friedliches Dasein pflegten, um von den überlegenen Europäischen Kolonialisten ruiniert zu werden.

Der Mensch wurde in Bluttaten und Korruption verwickelt. Man hatte ihm Angst gemacht und angefangen mit seiner Psyche zu spielen. Gewalt bildet eine Spirale aus Fehlhandlungen die zu noch mehr Hass und Gewalt führen bis irgendwann einmal nur noch Gewalt und Elend vorherrschen. Die Griechen bezeichneten die „Gotteskinder" als „Troglodyten", diese sollen einer anderen Humanoiden Spezies angehört haben ähnlich uns Homo Sapiens. Ihr Ursprung lag wohl in Nordafrika. Sie lebten in Höhlen und unter der Erde und ernährten sich hauptsächlich von rohem Fleisch und Blut. Die alten wurden sobald sie unbrauchbar waren beseitigt, denn man hatte keinen Nutzen mehr zu erwarten. Ein paar alte hatten sich wohl im Ararat-Gebirge dem heutigen Armenien in den Bergen versteckt. Sie sollen den Homo-Sapiens beobachtet haben.

Später durch Manipulation von Männern gelangten sie an Frauen um sich fortzupflanzen.

Es ist auch die Rede von Kain wie er seinen Bruder Abel erschlug weil er oder seine Opfergabe von Gott abgelehnt wurden.

Somit wurde er verbannt und verflucht. Denn er hatte die größte Sünde begangen er hatte ein Leben zerstört, welches er nicht zurück zu geben vermochte. Ihm war nicht die Gunst des Schöpfers vergönnt. So könnten seine Nachkommen die abgewiesen wurden, mit Hass gefühlt angefangen haben alles was der Schöpfer vorgemacht hatte umzukehren und versuchen zu zerstören. Bis aufs Fundament zu erschüttern, alles was gut und rein war getrieben von Eifersucht und Rachsucht.

So wird in der Bibel immer wieder beschrieben wie der Schöpfer versucht der Menschheit eine neue Chance zu geben, wieder reinen Tisch zu machen. Zunächst indem er Adam und Eva einen neuen Sohn schenkt als auch später nach der Sintflut. So entstand auch die Legende von den Kains Kindern und Blutsaugern. In der Tat wurden in vielen Kulturen Menschen Opfer den Göttern dargeboten, Menschenblut vergossen und getrunken. Es ist Beweis für den Triumph über die Krönung der Schöpfung. In Rumänien verbreiteten sich Gerüchte über den Grafen Dracul,
jener auch ein Blutsauger gewesen sein soll.

Er gehörte dem Orden des Drachen an und Hollywood lässt ihn nun in Anno Gegenwart als Helden auftreten, **„Manchmal kann nur das Böse den Kampf für das Gute gewinnen"**[21], man höre und staune.

Prinz Charles hatte bereits auf der Burg von „Graf Dracula" gestanden, dass er ein Nachkomme dessen sei. Fritz Springmeier wurde in den 90ern als Verschwörungstheoretiker getauft weil er gerade dies behauptet hatte. Der Drache ist ein Königliches Symbol welches viele Wappen der Oberschicht ausschmückt und in London ist am Eingang der „City Of London", dem inneren Sanctum dieser Welt eine Drachen Statue errichtet worden.

Es scheint als ob im verborgenen immerzu eine dunkle Hand die Geschicke der Menschheit leitete.

Jede Zivilisation gebrauchte die gleichen Mechanismen der Volkskontrolle. Alle benutzten typische Symbole die in den Köpfen der Massen unterbewusst aufgenommen wurden, um ihnen klar zu machen, dass sie Raubgut für Predatoren waren (deswegen sind immer starke Tiere auf den Wappen der Adeligen abgebildet). Jene die die Symbole verstanden wussten, dass es sich dabei um Genossen der gleichen Zunft handelte. Mitglieder des großen Clubs der Drachen, Schlangen, Adler, Löwen oder auch von Schweinen. So leitete man die Menschheit bis in die Gegenwart.

Zu keiner Zeit waren die Profanen befugt die „Arkana" der Meister zu lernen. Sie waren erleuchtet und lebten, die anderen bewegten sich im dunklen und waren lebende tote.

Um am Drücker zu bleiben würde auch das zerstören ganzer Kulturen und Zivilisationen gerecht fertigt sein. Die Zivilisationen verschwanden doch das Wissen wurde konserviert und weiter vererbt an die illuminierten. Es musste immer ein Equilibrium bestehen sonst würde die Bruderschaft der Schlange die Kontrolle verlieren. Wie ein Phönix aus der Asche würde man immer wieder auferstehen und eine korrupte Zivilisation nach der anderen aus dem Boden stampfen.

Jene Machthaber und Funktionäre die nicht zu kontrollieren waren würden durch einfache aber erfolgreiche Methoden unterwandert und gestürzt werden.

So ist es erstaunlich, dass es die „Hirtenkönige" vor ca. 4000 Jahren waren jene in Memphis einmarschierten; mit Schwertern, Bögen und Streitwägen überrollten sie die Ägypter.

Die mit ihren primitiven Waffen dieser damaligen Super Technik nicht zu widerstehen vermochten. Die Hirtenkönige wurden von den Ägyptern selbst als „verfluchte Aremu" aus dem heutigen Syrien und Palästina bezeichnet. Das Wort Aremu und die Tatsache, dass sie als Hirtenkönige bezeichnet wurden, deutet darauf hin, dass es Aramäer oder deren Nachfahren Hebräer gewesen sein müssen. Selbst die Gemälde die gut erhalten blieben zeugen davon, dass diese der heutigen Jüdisch-Aramäischen Bevölkerung gleichen. Trotz dieser Hinweise möchte man diesen Sieg den Kanaaniter = Kains Kindern? zuschreiben. Denn das Ziel ist es möglicherweise Gottes auserwähltes Volk aus den Geschichtsbüchern zu löschen. Doch wenn sie Gottes auserwähltes Volk waren stellt sich die brennende Frage, wieso sie nachdem sie die Ägypter unterwarfen nicht auch die Pyramiden ein Symbol für das perfekte korrupte Hierarchie System mit zerstörten? Oder hatten Sie diese zerstört? Könnten sie auch infiltriert, manipuliert und mit bester Technologie, Logistik und Ressourcen ausgestattet in das Herz Ägyptens gerammt worden sein. Vielleicht musste man einen Pharao stürzen der sich nicht mehr an den Plan halten wollte?

War es die Aufgabe von Gottes auserwähltem Volk gewesen der Welt ein Vorbild zu sein?

Als freie „Nomaden" standen sie den vielen Königreichen gegenüber.

Die Aramäer füllten die Lücke aus zwischen den Babyloniern, Assyrern und Ägyptern.

Die Assyrer tauften die Aramäer im Westen „Die Unbeugsamen", sie wollten sich nicht der „Hure von Babylon beugen", so überquerten die Assyrer unter ihrem König Tiglat-Pileser I jährlich den „Chabur" (Fluß der beide Völker trennte) um auf Menschenjagd zu gehen.

Der Stolze König wurde neben den Enthaupteten in Stein gemeißelt und prahlte:

„Ihre Köpfe schnitt ich ab, und vor Ihren Städten häufte ich sie wie Getreidehaufen auf"[22].

Das Abschneiden und Abhacken von Häuptern scheint die Brandmarkung von Satan und seinen Gefolgsleuten zu sein und wird bis zum heutigen Tage so praktiziert.

Das Ziel ist es Terror zu verbreiten, dunkle Energie in die Materie zu füttern.

Jakob alias Israel wurde als herumziehender Aramäer bezeichnet und seine Söhne formten die Stämme Israels. Doch kaum hatten die Israeliten und Aramäer angefangen die Westlichen Teile des Nahen Ostens zu kontrollieren kamen sie auch vom rechten Weg ab.

Die Königreiche adoptierten die Dogmen der umliegenden illuminierten Stadtstaaten und Zivilisationen. Beide Nationen wurden gespalten und entmachtet. Die Assyrer starteten ihre große Offensive. Nach fast 500 Jahren Krieg zwischen Aschur und Aram mussten sich die Aramäer beugen.

Die Aramäer waren nie richtig vereinigt so wurde ein Königreich nachdem anderen übernommen. Selbst die Epische Schlacht von Qarqar im Jahr 853 vor Christus konnte das Vordringen der Assyrer nicht verhindern. Unter Führung von Hadad-Eser von Damaskus und Irhuleni von Hamat hatte sich eine Koalition aus 12 Königen versammelt, um Salmanssar III und seine unaufhaltsamen Assyrer zu stoppen. Unter den Königen der Koalition befand sich auch König Ahab von Israel; Ägypter, Araber und Phönizier stellten Soldaten zur Verfügung.

Die Schlacht wird recht deutlich auf einer Assyrischen Stele beschrieben, die Assyrer erhoben auf dieser Anspruch die Schlacht für sich entschieden zu haben und den König von Aram-Damaskus Hadad-Eser vor allen exekutiert zu haben.

Dies sollte alle anderen abschrecken und die Macht von Assur demonstrieren, auf dass in Zukunft niemand mehr aufbäumen sollte, gegen sie zu kämpfen. Andere Quellen deuten darauf hin, dass Hadad-Eser weiter gelebt hatte und erst später durch seinen Minister Hazael im Schlaf erwürgt wurde, da dieser nicht der Königslinie von Damaskus entstammte konnte er nur so den Thron besteigen. Sprich Salmanssar III dürfte diese Schlacht verloren haben und wurde erst einmal gestoppt.

Ein Jahr später starb König Ahab als Soldat verkleidet als der Pfeil eines Aramäischen Bogenschützen seine Rüstung durchbohrte. Dies dürfte aufzeigen in welch zwistigem hin und her sich die Staaten damals befanden. Kaum war der Blutdurst der Assyrer gebändigt,
schlugen die Blutsbrüder (Israeliten und Aramäer) sich wieder gegenseitig die Köpfe ein.

Ein Jahrhundert in der Zukunft hatte sich König Rezin von Aram mit Pekach aus Israel und den Stadtstaaten der Phönizier verbündet, um König Ahas in Judäa zu stürzen.

König Ahas besaß große Mengen Gold die er Tiglat-Pileser III zukommen ließ. Dieser zog auf Damaskus, im dritten Anlauf schließlich vermochte er es Rezin wie einen Kanarienvogel einzusperren; um Tiglat-Pilesers eigene Worte zu gebrauchen.

Damaskus die Hauptstadt der Aramäer wurde 732 vor Christus bis aufs Fundament niedergebrannt, so dass kein Zeugnis mehr von Aramäischer Hochkultur, Kunstfertigkeit und Größe der Nachwelt bliebe. Die Aramäer besaßen laut überlieferten Schriften kein Eisen.

Dieses musste aus den Nördlichen Gefilden importiert werden. Die Assyrer verfügten über Eisen und konnten so ihre Soldaten am besten ausrüsten, ähnlich wie heute die USA den „Globus" mit bester Technologie dominieren. Wieso konnten die Assyrer jenes Metall importieren, während die Aramäer nur über Bronze, Silber und Gold verfügten? So kämpften weniger robuste Rohstoffe gegen Eisenschwerter und das Eisenschwert setzte sich letztlich durch.

Die Assyrer verfügten über Kriegstechniken und Kriegsgerätschaften die andere Völker nicht besaßen.

Die Hellenen waren gezwungen die Trojaner auszutricksen mit einem Handgemachten Holzpferd hinter die Tore zu gelangen. König David konnte Jerusalem nur einnehmen weil er durch einen Brunnengang empor stieg in die Mitte der Kanaaniter. In der Bibel ist überliefert, dass die Aramäer mit einer riesigen Armee auf Samaria zogen um Israel zu annektieren.

Sie hatten versucht die Bevölkerung gefangen in mitten der Mauern verhungern zu lassen.

Die Assyrer jedoch vermochten es jede Mauer und jede Feste zu überwinden.

So fertigten sie stabile abgerundete Schilde, auf dem Rücken eines Kriegers konnte ein solches Schild verwendet werden um eine Leiter daran zu stützen, der Soldat musste hierzu knien.

Ein nachfolgender Soldat marschierte mit einem weiteren Riesen Schild voran um seine Nachhut vor den Pfeilen der Verteidiger zu beschützen. Diese folgten und schossen die Verteidiger von der Befestigungs-Mauer. Die unglücklichen getroffenen wurden schließlich auf dem harten Boden angelangt von einem Assyrer geköpft, jener streckte das „Kefali", triumphierend in die Luft gleich einem abrasiertem Skalp. Die Assyrer verstanden es Boote mit Rad-Mechanismen ausgestattet über den wilden Euphrat (aramäisch Frat, der wilde) zu treiben, um ihre Lieblingsfeinde zu jagen.

So fiel ein Reich und eine Großstadt nach der anderen in die Hände der unbezwingbaren Assyrer.

Die Israeliten mit einem Keil durch zwei geteilt wurden schließlich auch von Aschuraya unterworfen; (Israel im Norden Samaria und Judäa im Süden Jerusalem).

722 vor Christus nahmen die Assyrer Samaria die Hauptstadt von Israel.

Auf einem Relief jenes bildlich die „Exilation" der Israeliten schildert, sieht man eine merkwürdige Gestalt die weder Mensch noch Tieren ähnelt, die Assyrischen Soldaten anführend, um die Israeliten von Samaria einzusacken. Was führte hier die Streitmächte „der Hure von Babylon" an?

Und wieso bemerkt kein Historiker diese merkwürdige Kreatur?

Weitere 100 Jahre später wurde nach hartem Widerstand Jerusalem annektiert.

Die Israeliten wurden endgültig unterworfen und dem Assyrischen Reich einverleibt.

Die Assyrer avancierten zur ersten Großmacht unserer offiziellen Menschheitsgeschichte.

Denn kaum hatten sie den Widerstand von Damaskus und Jerusalem gebrochen, war es ein leichtes die restlichen Völker zu unterwerfen.

Sollte das Auserwählte Volk der Israeliten ein Licht der Welt sein oder ist es alles nur erfunden?

Wurden sie bewusst korrumpiert mit König Salomon abwärts? Sollten sie es sein alle verdorbenen Systeme mit ihrem Starken Glauben dem Monotheismus zu bekämpfen?

Gerade weil sie der Korruption von außerhalb verfielen, wurde schließlich der „Bar Noscha" (Menschensohn, eigentlich Sohn der Menschheit) angekündigt, um die Menschheit zu erretten.

Die Geschichte vermischt reale Personen und Tatsachen mit dem Mythos und Legenden.

Wir werden es wahrscheinlich nie erfahren aber vielleicht ist der eine oder die andere versucht nach zu forschen. Geschichte ist die Vermischung von Daten und Funden die nachweisbar sind mit Mythen. Da wir nicht in der Lage sind in die Geschichte zurück zu blicken, mit Zeitmaschine alles zu verifizieren, bleibt Geschichte ein fortlaufender Mythos.

Die Assyrer verstanden es ihre Untertanen verschiedener Nationalitäten durch Deportation zu schwächen. So wurden Familien auseinander gerissen. Oder man deportierte ganze Schichten der Bevölkerung in ein anderes Gebiet um sie in eine fremde Umwelt einzukapseln. Alles wurde notiert, es wurde Buch geführt so wusste man immer wie viele Söhne ein Sklave hatte und die Söhne wurden sogar in Ellen gemessen. Doch alle Tyrannei, Unterdrückung und Kontrolle hatte die Völker nur noch mehr aufgewiegelt aufzubäumen. Assurbanipal erreichte den Apex der Assyrischen Expansion als er Memphis unterwarf und die Großen Ägypter Assyrien einverleibte.

Israeliten und Aramäer rebellierten verteilt über alle Gebiete. Das Ende Assyriens war letztlich als die Meder von Osten her und die Chaldäer aus Babylon in das Herz des Assyrischen Großreichs eindrangen um den Todesstoß zu verpassen, sie drangen in Nineveh und Assur ein.

Das erste Großreich wurde gestürzt.

Abgelöst wurde es durch das Babylonische Reich welches regiert wurde durch Chaldäische Könige. Nebukadnezars berüchtigtem Konflikt mit Gott, sein Tod angekündigt durch die Handschrift Gottes an der Wand „Mene Mene Tekel Ufarsin". Die Hochkultur der Semiten die ihre Anfänge hatte als die Akkadier in Sumer einfielen und ihren Apex erreichte nachdem die Assyrer ihre Feinde besiegt hatten wurde schließlich abgelöst durch die Perser und Griechen.

Die Perser nahmen Babylon angeblich weil der König von Babylonien es gewagt hatte eine Gottheit die dem König von Persien wichtig war abzusetzen. So ist zumindest die stupide Überlieferung; was man uns glauben machen will. Religion ist nur ein Mittel zum Zweck gewesen, in allen Zeitaltern hatten die Herrscher eine eigene Religion, die den Profanen vorenthalten werden musste.

Von nun an würden die Semitischen Völker die sich zuvor gegenseitig aufgerieben hatten von äußeren Mächten dominiert werden.

Die Perser stiegen zur Großmacht auf und übertrumpften sogar die Assyrische Expansion.

Persien wurde später von Alexander dem Großen verschluckt als er ein riesiges Hellenisches Großreich errichtete. Die Griechen dominierten die Welt es war die Hoch Zeit unter Anweisung eines sehr weisen Aristoteles der Apex der Griechischen Kultur und Dominanz.

Alexander der Große verstarb plötzlich und sehr jung. Was war geschehen?

Aus Schriften ist zu ersehen, dass Aristoteles so gut war um sein Wissen über seine fortgeschrittene Philosophie, den Massen zugänglich zu machen.

Alexander hatte seinem Lehrer geschrieben, dass dieses Wissen den „Olympiern" vorbehalten sein sollte. Doch war sein Ton eher ein duldender. Aristoteles wurde vertrieben und gemordet, Alexander soll vergiftet worden sein. Welch dunkle Verschwörung könnte hier im Gange gewesen sein?

Es wird vermutet das Alexander die Bibliothek in Alexandria den Massen zugänglich machen wollte. Könnte dies der Grund der Ermordung des Aristoteles und seines Schülers gewesen sein? Hatten sie gegen den Kodex der Eliten dieser Welt verstoßen?

Es gewagt die Profanen zu erleuchten? Alexanders Großreich wurde nach seinem Tod in vier geteilt.

Seine Glorie und Macht wurde einem Equilibrium geopfert, welches leichter zu kontrollieren war. Es war eine neue Phase der Dominanz die Hochkulturen des Nahen Osten und Nordafrikas wurden belagert durch die Persische und Griechische Hochkultur um diesen Platz zu machen.

Gleichzeitig formte sich in Rom allmählich eine stärkere um Europa und den Mittelmeerraum zu verschlingen. Doch auch die Römer hatten einen starken Mitbewerber in Karthago.

Hannibal hatte mit seiner Armee angeführt von Elefanten den kühnen Versuch unternommen Rom einzunehmen. Über die Alpen drang er in Norditalien ein und kämpfte sich durch bis vor die Tore Roms. Dort angelangt errichtete Hannibal ein Lager und forderte neue Truppen aus Karthago.

Die Römer waren eigentlich schon geschlagen. Hannibal hätte nur noch einmarschieren müssen.

Die konventionelle Überlieferung dieser Geschichte behauptet, dass Rom Hannibal vor den Toren hielt, aufgrund des Macht Nimbus welches Rom verkörpert haben muss, so dass Hannibal eingeschüchtert sein musste.

Die Entscheidungsträger in Karthago verwehrten Hannibal den Nachschub und er wurde aufgefordert umzukehren.

Hatte man Hannibal nicht genug vertrauen entgegengebracht? Wurden die Römer überschätzt?

Oder war hier einfach nur ein weiteres mal die Hand des erzwungenen Schicksals am Werkeln?

Der große Feldherr Hannibal wurde gezwungen umzukehren und Rom zu verschonen.

Dieses sollte Karthago büßen, denn die Römer waren nicht so zaghaft dabei ihre Konkurrenz um die Dominanz über den Mittelmeerraum zu zerstören. Denn nach dem Fall Karthagos war der Weg frei für die erste Großmacht Europas. Die Macht wurde fortan nach Westen verlagert mit dem Untergang der Persischen Hochkultur transferierte sich diese von Osten nach Westen.

Die Kruden Römer waren auch nicht zaghaft die Kelten und Germanen zu unterwerfen.

Am härtesten zu kauen hatte Cäsar an den Vorfahren der Schweizer den Helvetiern.

Doch auch im Nahen Osten hatten die Römer nach Unterwerfung der Israeliten ständig mit Widerstand zu kämpfen. Nach dem Tod von Jesus Christus dem „Bar Noscha", wuchs der Widerstand gegen das Tyrannische Rom. Unter dem „Bar Kikwua", (aramäisch, der Sternensohn) fälschlicherweise als Bar Kochba bezeichnet (eine falsche Übernahme des Griechischen oi, welches als i gesprochen wird und beta, vita ausgesprochen) formte sich der heftigste Widerstand.

Der Größte Held der Israeliten führte Israel an und durch sein lenken demolierten die Israeliten die

Römischen Besatzer. Die Römer waren aus der heiligen Stadt vertrieben und Israel hatte für kurze Zeit wieder seine Freiheit erlangt. Die Befreiung Jerusalems konnte nicht geduldet werden der Kaiser schickte neue Legionen unter der Führung seines besten Hauptmanns aus. Die Israeliten aufgezehrt vom Befreiungskrieg, mussten sie sich den Römern beugen.

Wieder einmal musste sich das Auserwählte Volk der Hure von Babylon beugen. Die Hure von Babylon hatte nur wie der Phönix aus der Asche ein neues Gewand angelegt und zerstörte in ihrem Frevel Jerusalem und den Tempel, das Auserwählte Volk wurde zerrüttet und verteilte sich auf der ganzen Welt. Ihr Glaube und Zähigkeit gegen die Tyrannei der Pure Wille das Menschliche durchzusetzen wurde Ihnen zum Verhängnis. Es ist erstaunlich welch harte Konflikte die Israeliten ertragen mussten und wie sie immer wieder in der Lage waren aufzustehen.

Die Assyrer, Babylonier, Perser und Griechen hatten sie überstanden. Die Römer hatten es geschafft sie zu brechen. Denn es ist die Philosophie des Raubtiers widerstandsfähiges Raubgut mit äußerstem Hass und Genuss zu verzehren.

Roms Fall wurde besiegelt durch die Völkerwanderungen der Germanen im Norden.

Heftige Konflikte entstanden zwischen den Germanischen Stämmen. Wurden sie angetrieben durch den natürlichen Kampf ums Überleben, wenn die Natur ihren Tribut fordert? Oder durch einen Mechanismus welcher im Hintergrund arbeitet und die Heerführer mit Geld und Ressourcen versorgte um solche Konflikte auszulösen?

Mit dem Fall Roms verlagerte sich schließlich die Macht von Südeuropa weiter in die nördlichen Gefilde. Das Mittelalter brachte das Frankenreich hervor. In Europa formten sich die Nationen England, Frankreich und Deutschland. Im Osten Byzanz bis zur Zerstörung durch die Osmanen.

Es ist auch zu notieren, dass die Renaissance in Europa ansetzte nachdem Konstantinopel gefallen war. Die „Intelligentsia" verlagerte sich von Osten nach Westen.

Ein gutes Beispiel aufzuzeigen wie Macht-Equilibrien geschaffen werden ist das Khazaren Reich.

Die Khazaren waren ein Türkisches Volk welches in Osteuropa und im Kaukasus eindrang.

Sie waren in der Lage sich mit dem Russischen Reich und Byzanz als auch der Muslimischen Welt zu messen.

So war der Osten in vier geteilt. Byzanz, Russland, Kalifat und Khazaren-Reich.

Nun befanden sich die Khazaren geografisch gesehen zwischen den Christen aus Byzanz und Russland sowie den Muslimen. Selbst hatten sie keine offizielle Staatsreligion eingeführt.

Sie waren im Prinzip umzingelt von zwei verschiedenen Glaubensrichtungen und Kulturen.

Der Herrscher der Khazaren entschied sich dafür die Jüdische Religion einzuführen, was erstaunlich ist, denn er macht sich somit die Muslime und die Christen zu feinden.

Hätte er sich entweder für das Christentum oder den Islam entschieden hätte sich eine Dominanz entwickelt je nachdem welcher „Koalition" man beitrat.

Somit hatten die Khazaren ein Equilibrium hergestellt. Weder die Muslime im Süden noch die Christen im Norden und Westen konnten so die Überhand nehmen.

Doch wäre es nicht einfacher gewesen sich für eine Seite zu entscheiden?

Hierbei sollte man bedenken, dass das Aussprechen einer Staatsreligion immer nur dem Zweck der Kontrolle unterliegt.

Aus diesem Grund hatte Konstantin den Christlichen Glauben mit der „Sol Invictus" Religion vermischt und daraus etwas neues gemacht.

These; die Christen sind mit ihrer Botschaft nicht aufzuhalten, Antithese; man übernimmt die Religion korrumpiert sie, Synthese; benutzt die Macht des Kreuzes und den Christus-Archetyp gegen die Unterschicht, wie es der Apex der Kirchen-Verknechtung im Mittelalter verdeutlichte.

Daraufhin folgte die Entdeckung der Neuen Welt und man verlagerte das Machtzentrum von Rom nach London.

Um die selbige Zeit der großen Seefahrer und Entdecker entschied der chinesische Kaiser China zu isolieren. Man überließ die Weltmeere den Spaniern und Engländern; welch ein Glücklicher Zufall. So wurde der „Globus" dementsprechend geprägt

Dies sollte in China eine perfekt isolierte Weltfabrik sozialisieren. Perfekt um dort einzufallen mit der kommunistischen Ideologie. Denn die Chinesen wurden Jahrhunderte lang getrimmt für ihre Aufgabe. Sie sind schnell, äußerst geschickt und fleißig also bestens geeignet für eine Weltelite von Blutsaugern zu produzieren, so günstig wie möglich und so schnell wie möglich, denn man muss das Maximum erwirtschaften.

Man würde den Westen abhängig machen von den günstigen Produkten aus dem Osten um uns im Konsum zu ertränken. Gleichzeitig das Rohmodell für eine Kommunistische Weltrepublik schaffen. In dieser „Weltrepublik" wird jeder geboren um zu funktionieren und dem Kollektiv zu dienen; Gleichzeitig alle Arbeitsplätze in Produktion im Westen drastisch abbauen.

Folglich blühte der Liberalismus auf und sein kontra der Sozialismus, „Platons Republik".

Zwischen 1250 und 1500 löste sich der Feudalismus langsam auf.

Zwischen 1500 und 1750 erreichte der Liberalismus seinen Höhepunkt.

Um 1750 kam wieder der Gedanke von klassischem Sozialismus auf.

So ist die Zeit von 1776 bis zur Verbannung von Napoleon Bonaparte in 1815 ein entscheidender Wendepunkt in der modernen Menschheitsgeschichte. Diese 40 Jahre hatten eine solch starke Auswirkung und Richtungsweisung wie wahrscheinlich keine zweite Periode der Menschheitsgeschichte. Man hatte eine große Transformation gestartet wie die Massen zu kontrollieren seien und sie im Glauben zu lassen sie wären frei.

Viel mehr noch ihre Bondage zu genießen und sogar lieben zu lernen.

Man hatte das Fundament für die große „Hegelsche Dialektik", zweier geografischer und ideologischer Flanken gleich der doppelköpfigen Schlange oder dem Doppelkopf Adler errichtet.

1776 war das Jahr der Unabhängigkeitserklärung der Vereinigten Staaten.

1776 formulierte Adam Weishaupt die Mechanismen zur Beseitigung der Monarchie und der Überleitung zu einer Weltdemokratie. Er begründete den radikalen revolutionären Sozialismus.

Es war ein langwieriger Prozess von 1776 dem Jahr der Gründung der „Illuminati Perfectibilists" bis zur Neuen Ordnung in 1945.

Doch des weisen Anführers aus Ingolstadt bestreben trug wahre Früchte, denn die Französische Revolution wurde ein mächtiges Symbolisches Beispiel für Gleichheit, Brüderlichkeit und Freiheit.

Nach und nach, Konflikt für Konflikt und Krise für Krise wurde die Monarchie für die Massen in den Hintergrund gedrängt.

Denn nachdem 2. Weltkrieg wurden die Monarchen endgültig abgelöst durch demokratisch gewählte „Republikas". Alle Staaten würden sich von nun als sozial, demokratisch und liberal verkaufen.

Der Absolutismus verschwand, er musste dem „Demokratischen-Sozialismus" weichen.

Ein neues System wurde geboren. Der Phönix legte sich erneut ein neues Gewand an.

Die Schafswolle würde den Drachen einhüllen und die Massen schön brav ihre Türen öffnen lassen.

Die Uno wurde etabliert, die Weltbank, der Internationale Währungsfond IWF, Unesco, WWF usw.

In einigen Ländern führte man die Konstitutionelle Monarchie ein, in jener die Königsfamilien wohl die Stellung des Bundespräsidenten einnehmen um repräsentativ aktiv zu sein.

Man hatte die Massen mit diesem Schachzug geschickt getäuscht es war die Zeit gekommen für ein

feudales System der Superklasse. Man könnte es auch als „Ultra-Feudalismus" bezeichnen.
Von nun an würden die Menschen gebunden sein an Politiker, Richter, Polizeibeamte, Legislatoren, Groß- Industrie und den „Banksternen" in London, Frankfurt oder New York.

Die Einleitung zu Edward Bernays, „Propaganda" veröffentlicht in 1928 ist eine gutes Beispiel um die Sichtweise der Elite auf den Leser zu übertragen. So schreibt der Vater der Propaganda und Neffe von Sigmund Freud, Edward Bernays gleich mit Beginn seiner Proklamation zur Verbreitung von Propaganda:

Die bewusste und intelligente Manipulation der organisierten Gewohnheiten und Meinungen der Massen ist ein wichtiges Element in demokratischer Gemeinschaft.
Jene die diesen versteckten Mechanismus der Gesellschaft manipulieren, stellen eine unsichtbare Regierung dar welche die wahre beherrschende Macht unserer Gesellschaft ist.
Wir werden regiert, unser Verstand wird geschmiedet, unser Geschmack geformt, unsere Ideen vorgeschlagen, größtenteils von Männern, von jenen wir noch nie gehört haben.
Dies ist ein logisches Ergebnis der Art und Weise wie unsere demokratische Gesellschaft organisiert ist. Eine große Anzahl von menschlichen Lebewesen muss auf diese Art und Weise kooperieren wenn sie zusammenleben möchten in einer fein abgestimmten Gesellschaft. [23]

Und die Einleitung dieses ersten Kapitels heißt netterweise „Organizing Chaos".
Sprich dem Motto der Freimaurer „Ordo et Chao".
Nun sehe man sich rückblickend das Chaos an welches die Industrie und Bänker-Elite angerichtet hatte, indem sie die falschen Leute auf das Podest der Schmeicheleien und des Größenwahns befördert hatte. Mr. Bernays möchte uns also klarmachen und das tut er offen, weil er weiß dass die Masse der Schäfchen mit seiner Ausgeburt an Unterhaltung und Propaganda beschäftigt ist; zudem sein Buch nie gelesen hat und auch nie lesen wird, dass unsere demokratische Gesellschaft nur funktioniert wenn wir uns nach den illuminierten richten.
Diese sind die Wächter und Richter über unserer „Globalen Klapsmühle".
Wer „Platon der Staat" gelesen hat wird feststellen, dass die griechischen „Olympier", um „Glaukon" (die Eule) und den Wortführer Sokrates herum, dieselbe Sichtweise hatten.
Die Eule kann übrigens in der Dunkelheit sehen. Hat also ein Vorteil gegenüber anderen Vögeln und Säugetieren. Aus diesem Grund verehrt man in illuminierten Kreisen auch Moloch den man als Eule darstellt. Und die Athener hatten die selbige Eule auf ihre Münzen gepresst.
Man hat uns in die Gegenwart geführt einer Zwielichtigen Welt die eine Symbiose ist aus Orwells „1984" und Huxleys „Brave New World". Eine heile neue Welt in der das Spaß haben zur Religion ernannt wurde. Die Familie abgelöst wird durch Fernsehen und transportable Computer.
Die verbale Kommunikation abgelöst wird durch Geräte die wir in den Händen halten.
In der man in uns irrationale Ängste hervorrufen muss durch finanzierten Terror mit Bartträgern.
Alle wichtigen Entscheidungen werden von unseren Protektoren übernommen.
Alle wichtigen Ämter werden von Krawatten Trägern bekleidet die so aussehen als wüssten sie was sie tun.
Kaum aus dem Schlamm gekrochen und aufrecht gehend wurde der Homo Sapiens mit Neid betrachtet zu seiner Eigen-Verknechtung und Selbst Zerstörung verführt.
Die „Meister-Maurer" von Zivilisationen verstanden es ausgeklügelte Systeme zu schaffen.

Es gibt eine feste Formel für die Entstehung von Hochkulturen, den daraus resultierenden Zivilisationen und Großreichen.

Zuerst entsteht die Hochkultur zum Beispiel die Semitisch-Mesopotamische in Babylon.

Diese stellt die Mutter der Mesopotamischen Zivilisation dar.

Am geografischen Rande dieser Zivilisation entsteht später dann ein raueres Klon-Modell dieser Zivilisation.

Im Falle der Mesopotamischen Zivilisations-Strukturen war dies Assyrien. Assyrien kämpfte sich durch zur Großmacht. Die Bevölkerung der Begründer der Hochkultur und Zivilisation zum Beispiel die Babylonische dürfte weitaus feiner und flexibler ausgerichtet gewesen sein.

Denn es macht Sinn, dass die Hochkultur in einem eher harmonischen Umfeld großgezogen und gedeihen kann. Um diese Kultur und Zivilisation zu wahrer Macht zu verhelfen, benötigt es aber einer anderen Mentalität. Die Assyrer dürften diese perfekt ausgefüllt haben. Denn sie mussten allzeit bereit sein und kampfbereit. Denn sie waren umzingelt von Feinden. Im Norden die Urartu und Hethiter, im Westen die Aramäer, im Süden die Babylonier und Elamiter, im Osten die Meder und Perser. So waren sie das geeignete Krieger Volk um diese Hochkultur auszubreiten soweit es ging.

Ein weiteres Beispiel für dieses Prinzip ist die Klassische Zivilisation die in Griechenland geboren wurde. Daraus entstand dann später das Römische Großreich.

Die westliche, moderne Industrie gebundene Zivilisation hatte ihren Ursprung in England.

Die Anfänge der Industrialisierung fanden dort statt, sie verlagerte sich weiter nach Frankreich.

Doch ihren Höhepunkt erreichte sie in Deutschland und schließlich war es „Adolfus Hit", der mit rauer Ideologie für kurze Zeit ein gewaltiges Gebiet einwarf.

Das heißt im Klartext die Hochkultur wird aufgezogen und pfleglich wie eine Blume gegossen; auf ein anderes kruderes Volk oder Umfeld übertragen und die Höllenplage wird dann benutzt um zu erobern, töten und morden.

(Caroll Quigley erklärt diese Formel von Zivilisationen in „Tragedy and Hope")

Sprich „chao et ordo", erst kommt das Chaos und dann die Ordnung.

Wir Menschen wurden soweit wir zurückblicken können, alle Hochkulturen betrachtend, alle Zivilisationen die sie ausmachten, bis zum heutigen Tage missbraucht und manipuliert. Unser Intellekt und unsere Arbeitskraft wurde zu jederzeit ausgenutzt. Egal welcher ethnischen Gruppe wir angehörten, Nation oder Religion. Es wurden immer die gleichen Mittel genutzt um die Massen zu Täuschen. Immerzu die gleichen Symbole verwendet. Man braucht nur in ein bedeutenderes Museum zu gehen und kann diese Symbole wiederholt, kopiert oder in anderer Ausführung in allen Kulturen erkennen.

Die Architektur der wichtigsten Kulturen wurde bis in die Gegenwart hinein beibehalten.

Unsere Städte sind geprägt von Griechisch-Römischen Säulenbauten.

Ägyptischen Obelisken. In New York wurden die meisten Hochhäuser im Babylonischen Stil errichtet, ebenso kann man diese Bauten im kleinen Schwaben Moloch Stuttgart bestaunen.

Denn dies waren die herausragenden Kulturen die unsere Wächter und Protektoren für die Menschheit entwickelt und zum Niedergang geführt hatten.

Die Aufgabe unserer Generation ist es das Phönix Ei zu finden und das schlüpfen der nächsten Fehlgeburt an Sozialismus und dessen Ausgeburt dem Faschismus aufzuhalten.

Die Zeichen der Zeit stehen auf Umbruch, doch welchem Umbruch wir unterliegen werden, obliegt unserer eigenen Willkür.

Es ist die Zeit gekommen für das Finale Grande Licht gegen Dunkelheit.

Gut gegen Böse. Des Schöpfers geliebte Kreaturen gegen die verstoßenen, jene erpicht darauf sind alles was gut und anständig ist zu zerstören.

Nun da wir eine kleine Ahnung davon haben woher wir eigentlich kommen, und welche Entwicklung uns in die Idiotie unserer Zeit brachte, sollte der Leser erfahren dürfen, welche Philosophie und Psychologie dahinter steckt. Wir müssen lernen die Mechanismen der Kontrolle und Manipulation zu beherrschen, um uns endgültig zu befreien.

1   Antony C. Sutton, Wall Street And The Rise Of Hitler. The astonishing true story of the American financiers who bankrolled the Nazis, Clairview Books, Forest Row 2010. Erste Auflage durch ´76 Press 1976 in Kalifornien. ISBN 978 1 905570 27 0, Seite 29.

2   Antony C. Sutton, Wall Street And The Rise Of Hitler. The astonishing true story of the American financiers who bankrolled the Nazis, Clairview Books, Forest Row 2010. Erste Auflage durch ´76 Press 1976 in Kalifornien.ISBN 978 1 905570 27 0, Seite 110-111.

3   Gary Allan in Zusammenarbeit mit Larry Abraham, None Dare Call It Conspiracy. GSG & Associates Publishers, San Pedro Kalifornien, 1972, ISBN # 0-945001-29-0, Seite 69.

4   H. G. Wells, The Shape Of Things To Come. Gollancz, Groß-Britannien London, 2011. Erste Auflage veröffentlicht in Groß-Britannien 1933, ISBN 978 575 09519 9, Seite 180.

5   H. G. Wells, The Shape Of Things To Come. Gollancz, Groß-Britannien London, 2011. Erste Auflage veröffentlicht in Groß-Britannien 1933, ISBN 978 575 09519 9, Seite 180.

6   H. G. Wells, The Shape Of Things To Come. Gollancz, Groß-Britannien London, 2011. Erste Auflage veröffentlicht in Groß-Britannien 1933, ISBN 978 575 09519 9, Seite 195-196.

7   H. G. Wells, The Shape Of Things To Come. Gollancz, Groß-Britannien London, 2011. Erste Auflage veröffentlicht in Groß-Britannien 1933, ISBN 978 575 09519, Seite 196-197.

8   H. G. Wells, The Shape Of Things To Come. Gollancz, Groß-Britannien London, 2011. Erste Auflage veröffentlicht in Groß-Britannien 1933, ISBN 978 575 09519, Seite 202.

9   H. G. Wells, The Shape Of Things To Come. Gollancz, Groß-Britannien London, 2011. Erste Auflage veröffentlicht in Groß-Britannien 1933, ISBN 978 575 0951, Seite 181.

10 H. G. Wells, The Shape Of Things To Come. Gollancz, Groß-Britannien London, 2011. Erste Auflage veröffentlicht in Groß-Britannien 1933, ISBN 978 575 095, Seite 184-185.

11 H. G. Wells, The Shape Of Things To Come. Gollancz, Groß-Britannien London, 2011. Erste Auflage veröffentlicht in Groß-Britannien 1933, ISBN 978 575 095, Seite 204.

12 H. G. Wells, The New World Order. Filiquarian Publishing, LLC, Seite 10.

13 H. G. Wells, The New World Order. Filiquarian Publishing, LLC, Seite 10-11.

14 H. G. Wells, The New World Order. Filiquarian Publishing, LLC, Seite 11.

15 H. G. Wells, The New World Order. Filiquarian Publishing, LLC, Seite 29.

16 H. G. Wells, The New World Order. Filiquarian Publishing, LLC, Seite 104.

17 H. G. Wells, The New World Order. Filiquarian Publishing, LLC, Seite 104.

18 H. G. Wells, The New World Order. Filiquarian Publishing, LLC, Seite 105-109.

19 H. G. Wells, The New World Order. Filiquarian Publishing, LLC, Seite 106-107.

20 H. G. Wells, The New World Order. Filiquarian Publishing, LLC, Seite 127.

21 Kino & Co September 2014, Seite 16

22 Unsere Welt, MC, Weltgeschichte, die Assyrer.

23 Edward Bernays, Propaganda. 1928.

III Die Philosophie der Kontrolle

0 Der Predator, die Geburt der Religion

Die Psychologie von Raubtieren

Der Blick in die Vergangenheit hat uns aufgezeigt welch steinigen Weg unser Geschlecht beschritten hat.

Nun müssen wir beginnen hinter die Fassade zu blicken. Die transparente werden mit fortschreitender Betrachtung eine feste Form annehmen. Denn was unser Geschlecht, das Menschen Geschlecht bedroht ist für uns als Homo Sapiens nicht sichtbar. Der Feind hüllt sich in Schatten und Unsichtbarkeit. Um uns der Krönung des Planeten Erde die Krone abzujagen und in Sklaverei und Bondage zu halten.

Nun müssen wir den Schritt wagen die Psyche dieses allgegenwärtigen Schatten zu studieren.

Denn es ist die Psychologie von Raubtieren. Und Psychologie ist nichts weiter als die Lehre der Seele. Und die Seele ist jenes was sich vor äußerer Betrachtung schützt. Sie ist scheu und möchte nicht dem brennenden Licht der Sonne ausgesetzt werden. Der Mond zeigt sich auch bei Tageslicht gleichzeitig mit der Sonne. Der Sonne jedoch war es noch nie vergönnt einen Blick zu werfen auf den Voll-Mond der Nacht.

Dieses Scheue Panzer zu durchbrechen ist notwendig, insofern wir interessiert daran sind unser eigenes Geschlecht zu retten.

Dies erfordert eine weitsichtige und umsichtige Anschauung die sich über unsere gewöhnliche Sichtweise hinwegsetzt, denn wir können nicht mehr nur an uns selbst, die Familie, unser Umfeld, Volk, Vaterland und Nation denken. Wir müssen nun denken wie eine Spezies die sich einer äußeren Bedrohung erwehren muss. Wir müssen der Wahrheit in die Augen blicken und erkennen, dass es sich hierbei um Raubtiere handelt und wir als Homo Sapiens sind nichts weiter als das Raubgut im Auge des „Predators". Aus diesem Grund müssen die mentalen Begrenzungen als auch die geografischen beiseite geschoben werden um Platz zu machen für mehr Raum um das Denken von Befreiung und Freiheit, das pure und schlichte Überleben sicher zu stellen.

Des „Meister-Raubtieres" List war es uns im Glauben zu lassen, dass wir tatsächlich den Planeten beherrschen und uns gleichzeitig so zu täuschen und unten zu halten, ohne dass wir es auch nur zu erwägen wagten. Aus diesem Grund ist es ein doppelköpfiger Adler der uns belauert.

Denn alles ist doppelt und gedoppelt lässt Mann sich täuschen. Und es spielt keine Rolle ob man nach rechts oder links schreitet der Adler übersieht beide Pfade. Er ist bereit einzugreifen, anzugreifen oder uns anzuweisen als auch anzuführen, sowie zu verführen wann immer es die Situation erfordert.

Ein Raubtier geht nie unvorbereitet auf die Jagd. Die Waffen sind geschärft. Die Zähne und Krallen werden geschliffen und das Auge ist bereit, die wichtigen Begebenheiten, wie Wetter und Terrain zu erforschen. Um die Beute nicht zu verscheuchen hält sich das Raubtier geschickt und unbemerkt im Hintergrund und belauert sein beanspruchtes Raubgut. Sobald der Predator davon überzeugt ist der Herausforderung gewachsen zu sein sein Raubgut zu reißen und wenn die Analyse über sein Opfer abgeschlossen ist, geht es in die offensive und schlägt kaltblütig zu.

Denn die oberste Priorität ist das eigene Überleben.

Der Planet wurde vom Homo Sapiens bevölkert und dominiert, denn unsere Vorfahren hatten allen Widrigkeiten von der Eiszeit hin bis zur Durchsetzung gegen gefährliche Raubtiere getrotzt.

Selbst andere starke Humanoide Rassen wie die des Neandertalers wurden unterworfen und mussten sich dem intelligenten Homo Sapiens beugen. Schließlich war es unseren Vorfahren gelungen den Planeten als „Primus Maximus" zu übervölkern.

Um ein solch prächtiges Geschlecht zu unterwerfen ist es notwendig die direkte Konfrontation zu vermeiden. Es ist notwendig uns von Innen heraus zu bekämpfen und zu zerstören.

So muss unser Feind uns beobachten kalt kalkulierend jeden Atemzug und jede Gewohnheit erspähen und untersuchen. Jeder Hauch von Schwäche muss ausgenutzt werden.

Insbesondere die Neigung zu Korruption und Selbstzerstörung. Negative Emotionen wie Hass, Neid, Gier und Furcht gilt es zu nutzen, gegen den Kontrahenten auszuspielen.

Ein Raubgut von solch ausgeprägten Qualitäten wie sie unser Geschlecht zweifelsohne besitzt, muss systematisch manipuliert, geformt, geschmiedet und terrorisiert werden.

Ähnlich muss der Mensch verfahren wenn er sich eines Tigers entledigen muss um sein eigenes überleben zu sichern.

So hatte der Mensch gelernt sich im Hintergrund zu halten oder Fallen zu stellen, aus der sicheren Deckung heraus den Todesstoß zu setzen.

Der erste Schritt ist also das Ausspähen und Belauern. Der zweite Schritt ist die Intervention durch den Einsatz von gut gewählten Einschnitten in eine Gemeinschaft von Menschen.

Die Psychologie von Raubtieren besagt sich im dunklen aufzuhalten und dort Pläne zu machen und zu plotten um Fortschritte zu machen.

Die Psyche unseres sehr speziellen Kontrahenten entspricht der Psyche eines Soziopathen oder Psychopathen. Da er nicht gesellschaftsfähig ist, fühlt er sich ausgestoßen von der Gesellschaft.

So muss er sich dieser widersetzen und sie zerstören. Er muss die Ruhe und Idylle stören.

Die Prinzipien des Universums müssen umgekehrt werden und die natürliche Ordnung muss verkehrt werden. Somit kann das gestörte und kranke Individuum sich selbst befriedigen, denn es hat Chaos geschaffen aus diesem heraus es dann seine willkürliche Ordnung hergestellt.

Um eine ganze Siedlung oder einen Stamm von Menschen zu unterwerfen benötigt die gestörte Psyche Verbündete. Bei der Rekrutierung geht man bewusst manipulativ vor.

Denn um zu verschwören benötigt man ein gut gesinntes Fundament an getäuschten Menschlein. Diesen muss man erklären, dass das eigene Vorhaben guter Natur ist und die Gesellschaft fördert.

So wirbt man indem man erklärt, dass man den Menschen helfen möchte.

Unter den etlichen Bewerbern jene in dieses Kollektiv aufgenommen werden sollen sind auch automatisch immerzu Psychopathen und Soziopathen die intelligent genug sind wahrzunehmen, dass es sich bei diesem speziellen Zusammentreffen auch um gleichgesinnte handelt.

Die Spitze dieses Komplotts und Kabale wird anfangen, jene auszutesten und auszufiltern die geeignet sind der eigenen Sache auf die Beine zu helfen.

Psychopathen können ausgezeichnete Analysten sein, doch ihre Schwäche ist die Kreativität.

So müssen auch gut gesinnte Menschlein mit an Bord genommen werden und instrumentalisiert werden.

Im Schutze der Dunkelheit gilt es dann Pakte zu schließen und geheime Prozeduren vorzubereiten um nicht aufgedeckt zu werden. Denn das Böse kann dem Lichte ausgesetzt nicht widerstehen sich aufzulösen. Und so ist das oberste Gebot Versiegelung und Geheimhaltung. So entstehen Geheime Gruppierungen mit geheimen Prozessen, Symbolen und Kredos.

Die Strukturen werden straff gehalten und es gibt viele Prüfungen zu bestehen um sich innerhalb dieses Konstruktes einer Pyramide gleich nach oben zu bewegen. Ein weiteres Merkmal ist die absolute Kontrollsucht. Alles muss überwacht werden. Denn hat man angefangen anderen zu schaden so kann man selbst nicht mehr in Ruhe schlafen. Ein jeder Fehler der selbst zu verantworten ist aufgrund der eigenen gestörten Seele wird auf das ausgewählte Opfer projiziert und diesem als eigenes Fehlen aufgebürdet. Genauso verfährt man mit der Gesellschaft jeder Fehler wird den Massen als eigen Verschulden verkauft. Die Psyche des Raubtieres hilft ihm hier gut aufzutreten um die Naiven zu täuschen.

Der Schaden am Kollektiv befriedigt schließlich das Ego.

Die eigene Gier ist unersättlich und teilen ist ein absoluter Bannfluch eines solchen Geistes.

Er muss alles in seinen Besitz nehmen. Alle Ressourcen und alles Land müssen ihm unterjocht werden, um sich am Ende selbst dem eigenen Schöpfer oder Erzeuger zu widersetzen.

Der Dekadenz und dem Falschmut sind keine Grenzen gesetzt wenn es darum geht, alles was schön und gut war zu korrumpieren und jeden Grashalm auf der Erde auszureißen, ihn durch etwas eigen geschaffenes zu ersetzen. Denn es erhebt sich über das Naturelle es möchte synthetisch alles selbst herstellen, um all jenes was schon vorhanden zu ersetzen. Das heißt alles was schon war ist nicht gut genug obwohl es doch schon perfekt war. Die gestörte Psyche glaubt daran es besser machen zu können. Selbst die Natur die zum Eigenerhalt dient muss also zerstört werden, welches das selbst zerstörerische der Psychologie von Raubtieren widerspiegelt.

Das Geburtsrecht aller Mitlebewesen wird streitig gemacht und beschmutzt durch ein blindes Treiben sich selbst zu eliminieren.

Die Natur muss unterworfen und besiegt werden. Alles was vorher war muss weichen und Platz machen. Es wird eine Revolution gestartet gegen die natürliche Evolution.

Eine Kontra Revolution gegen alles reine und natürliche.

Die Psychologie von Raubtieren bestimmt, dass nur der stärkste überleben darf und der schwächere beseitigt werden muss, da er sich als unwürdig erwiesen hat.

Das Herz kennt keine Güte oder Empathie.

Das Beobachten und Studieren des Homo Sapiens wird zur Wissenschaft erhoben.

Die eigene Durchsetzung zum Obersten Gebot und zu einer Religion.

Alle Wissens-Zweige um den Menschen zu knechten und auszupressen werden perfektioniert und zu einem Baum der Erkenntnis zusammengefügt. Dieser Baum der einmal gepflanzt den Menschen verblendet und vergiftet wird schließlich sein Schicksal besiegeln.

Das Wissen über das funktionieren des Universums wird schließlich dazu führen selbst Gott zu werden. Das Ziel des Predators und sein begehren ist sich selbst zum „Gottes-Predator" zu erheben und alles zu entfernen was aus seiner Sicht unnötig, unbrauchbar und überflüssig ist.

Die Gesetze der Natur und jeglicher Widerstand müssen beseitigt werden.

Nun gilt es aus der alten Ordnung eine Neue Ordnung zu machen.

Die natürliche Schönheit und Reinheit muss korrumpiert und beschmutzt werden.

Alles was hässlich und unrein ist gilt es schön zu waschen und als solches an den Mann zu verkaufen.

Das Geburtsrecht des anderen zu stehlen, um die eigene maßlose Gier zu sättigen.

Ihm den Anspruch auf sein Erbe streitig zu machen. Den Menschen und seine Mitmenschen dazu zu bewegen sich gegenseitig die Augen auszustechen. Zwiespalt und Krieg zu sähen um aus dem Unglück selbst Verdienste zu ernten. Den Menschen so lange als Energie Quelle zu gebrauchen bis die eigenen Ziele in die Scheu gefahren wurden.

Wir müssen uns damit anfreunden, dass Raubtiere sich in weißem Gewand der Unschuld hüllen um uns zu sezieren. Es betrachtet uns wie eine fremde Spezies die es auszurotten gilt.

Trotzdem fließt durch die Mitstreiter ihres Kultes von Predatoren, dass selbe Blut, welches man zu vergießen sehnt.

So befassen sich die Raubtiere dieses Kultes ausgiebig mit der Umwelt die uns umgibt.

Von den Sternen, Planeten und hellen Lichtern der Nacht bis zu den untersten Katakomben und Wölbungen der Unterwelt wird alles aufgenommen, berechnet und in feste Systeme unterteilt.

Alle Spezies des Planeten werden bis auf die Atomteilchen zerlegt und in feste Raster eingeteilt.

Die Wurzel unserer Spezies gilt es zu ergründen, um in der Lage zu sein die natürliche Selektion zu unterbrechen. Der natürliche Kampf ums überleben wird künstlich umgeleitet und in die eigenen Hände gelegt, in die Hände von außenstehenden Predatoren.

Nun unterliegt der Homo Sapiens der Willkür von solchen Psychopathen.

Der Mensch als Raubgut wird allen erdenklichen Formen der Domestizierung ausgesetzt.

Es wird genau festgehalten wie wir uns in unterschiedlichen Formen der Umzäunung oder Freihaltung verhalten. Was sind die Effekte der Gewohnheiten unter verschiedenen Gegebenheiten? Zusammenhänge von Wachstum oder Abstammung müssen erkundet werden.

Die Prinzipien der Selektion und ihre Auswirkungen, sind diese methodisch oder unbewusst?

Können Raubtiere andere Raubtiere zeugen ohne methodisch bei der Fortpflanzung vorzugehen?

Kann man das Raubgut so gut manipulieren und domestizieren, so dass man es dazu bringt unbewusst zu handeln und zu selektieren? Ist es möglich dieses zu vollbringen indem ES einen Vorteil daraus erringen kann?

Es ist einfacher kultivierte Pflanzen oder Tiere zu verändern, als wenn diese sich im ursprünglichen Zustand befinden. Veränderung ist also das Resultat von Domestizierung.

Lebewesen müssen über mehrere Generationen hinweg mit den neuen Konditionen konfrontiert werden, um eine erwünschte Veränderung herbeizuführen!

Das Männchen und Weibchen müssen vor der Vermehrung domestiziert werden!

Das Auge des Raubtieres muss aufnehmen wie sich sein Raubgut verhält wenn es: unter Domestizierung steht, Veränderungen in der Natur ausgesetzt ist, beim Kampf um die eigene Existenz, in seiner natürlichen Selektion, den Gesetzen der Veränderung und des Instinktes.

Die Psychologie von Raubtier Artigen Psychopathen, jene sich nur im Hintergrund aufhalten ist es den Menschen zum Tier zu reduzieren. Seine Tierischen Triebe, jene eigentlich unterdrückt sind zu nutzen, um ihn der Selbstzerstörung zu unterwerfen.

Der Mensch als solcher zum Tiere reduziert wird angesehen wie ein domestiziertes Tier und nicht wie ein wildes Tier. Die Studie über den Planeten und seiner Spezies, welche den Planeten bewohnen hat für die Predatoren ergeben, dass es Millionen Jahre benötigt um eine neue wilde Spezies hervorzubringen. Bei domestizierten Spezies ist dies möglich in einer weitaus kürzeren Zeit!

Eine zahme Spezies von Predatoren sollte in der Lage sein eine wilde Spezies zu dominieren, um sie auch zu zähmen. Da der Mensch sich als unbeugsam herausgestellt hat muss er zerstört werden. Der Konkurrent auf dem blauen Planeten muss völlig alteriert oder ausgerottet werden!

Die guten Eigenschaften des Homo Sapiens müssen ausradiert werden. Die Eigenschaften des Raubtieres müssen gestärkt werden mit allen Mitteln.

Am besten erzeugt das Raubtier sich den Homo Sapiens so dass er für jeden Zweck zu verwenden ist.

Unterschiedliche Menschen für jeden Zweck geeignet. Genauso wie der Mensch sich verschiedene Haustiere gezüchtet hatte, ihrem Zweck gemäß domestiziert.

Ein weiterer Aspekt in der Psyche von Raubtieren den es zu ergründen gilt ist die Angst davor, dass der Mensch sich zu stark vermehrt, so muss ES ihn dazu bringen sich zurück zu halten.

Da der Fortpflanzungs-Trieb nicht ausgestellt werden kann wie bei einer Maschine muss es sich anderer Mittel ermächtigen. Der Mensch muss Psychologisch und auch Physisch so präpariert werden, dass er von sich aus aufhört sich zu vervielfältigen. Folglich sperrt man ihn in einen Käfig.

ES reduziert die Ressourcen künstlich und manipuliert die Wahrnehmung und Realität des Raubgut.

Um das Raubgut zu kontrollieren muss es abhängig gemacht werden von seinem Peiniger und Jäger. Der Predator versucht sein Raubgut so zu manipulieren, dass einer dem anderen gleicht so vereinfacht ES die Jagd, also muss ES Normen und die Gesellschaft Sozialisieren.

Alle Menschen müssen gleich schwach gemacht werden. Die Individualität muss ausgemerzt werden.

Das Raubtier hält zwei mächtige Waffen in seinen Klauen, zum einen ist es die Macht der Einschüchterung und zum anderen die weitaus mächtigere Macht der Manipulation.

Es ist die Vermischung der Macht von männlichen und weiblichen Attributen.

Die Psychologie des Raubtieres sieht die Natur in seiner eigenen subjektiven Täuschung und Verblendung als unmoralisch. Wieso soll das Raubtier also nicht auch der Natur gleich tun?

Die Schwäche ist es die beim Kampf um das Überleben bewältigt werden muss.

So werden Mitgefühl, Güte und Aufrichtigkeit im Kampf als unbrauchbar betrachtet.

Diese Attribute gilt es aus der eigenen Brut zu verbannen.

Die Psyche unseres sehr speziellen Jägers entspricht der eines Parasiten.

Es nutzt die Energie seines Opfer zur eigenen Nährung.

ES muss die stärksten unter dem Homo Sapiens ausfindig machen, denn der Kosmos von des wahren Meister geschaffen, wird immer wieder Seelen auswählen die absolut unbeugsam sind.

Diese gilt es ausfindig zu machen und auszuschalten bevor sie die anderen mitnehmen um die eigene Spezies zu retten.

So hatte der Schöpfer bereits vorgesorgt indem er die Gesetze des Kosmos so festlegte, dass jene die in der Lage sind anzuführen, unbewusst gegen den Strom schwimmen.

Auf dass sie in der Lage seien die vielen vor der Vernichtung durch äußere Bedrohungen zu bewahren. Da zu viele Köche bekanntlich den Brei verderben hatte der Schöpfer nur bestimmte dafür vorgesehen ein gerechtes Zepter in der Hand zu halten. Der Adler sollte sich aufschwingen dirigiert durch den schlichten Stab eines wohlgesinnten Menschen Freundes.

Nicht durch die Hand eines Schlangenförmigen Stabes der Vergiftung und Vergeißelung.

Die Psyche des Bösen lebt davon eine Welt zu schaffen in der nur der stärkste überleben kann.

Eine Welt in welcher der Schaden am anderen das Ego stärkt und die Bedingungen des Lebens vereinfacht. Deshalb muss die eigene Psyche des Raubtieres die besagt, dass nur der stärkste überleben darf auf das Raubgut übertragen werden. Auf dass der Homo Sapiens sich selbst bekämpft. Seiner eigenen Umwelt schadet und seine eigene Spezies vernichtet.

ES ist erpicht eine Welt zu schaffen in der nur das Böse sich durchsetzen kann einem Haifisch Becken gleich voll mit kleinen Fischlein.

Eine Welt in jener der Sünder den Aufrichtigen knechtet und unterwirft.

Die Hölle auf des Himmels Erde. Die Vertreibung aus dem Paradies welches von Gott gemacht wurde ist das eindeutige Gleichnis. Die Beförderung in ein gewaltiges Gefängnis ist das Resultat.

Doch hat der Mensch nicht die Frucht der all wissenden Erkenntnis zu sich genommen, nein es ist die Frucht der Verblendung und Verdummung.

Es sind nicht Zwei Engels Gestalten die den Weg ins Paradies versperren.

Nein viel mehr ist es ein Doppelköpfiger Phönix der immer wieder aus der Asche steigt um den schmalen Grat zwischen Himmel und Hölle auf Erden zu versiegeln und zu besiegeln.

Die Psychologie von Raubtieren legt fest sein Opfer der psychologischen Folterung zu unterwerfen. Also muss das Opfer zunächst eingesperrt werden unter Angst den schlimmsten Folterungen ausgesetzt zu werden eine Zeit lang verweilen. Man muss das Opfer verhören und jedes Detail ausquetschen. Danach psychisch niedermachen.

Um schließlich das Opfer im Wechsel unter physischem Schmerz und psychischer Folterung zu erniedrigen und wieder aufzubauen; und schließlich zu peinigen.

Dem Opfer muss nun die Realität bewusst auf den Kopf gestellt werden. Man belügt es über die einfachsten und klarsten Dinge des Haben und Seins. Bei nicht Übereinstimmung mit dem Peiniger wird das Opfer mit Schlägen bestraft.

Danach folgt die nahezu vollständige Zerstörung der Physis des Opfers indem man es missbraucht. Danach einen Spiegel vorzuhalten um den letzten Tropfen Moral aus dem Körper und Geistessaft zu vertreiben. Denn Physisch gebrochen als auch geistig geschwächt ist der Mensch dem endgültigen „Knock Out" nahe. Körper und Geist sind gebrochen nun gilt es die Seele zu beherrschen und das Opfer des Raubtieres das Raubgut auf die Seite des Peinigers zu holen.

Unser spezielles Raubtier ist daran interessiert uns bis auf die Seele hin zu absorbieren.

Wir müssen unserer Verknechtung positiv entgegen sehen und unseren Folterer und Mörder als Freund sehen. Die Seite wechseln endgültig uns der Macht des bösen über das Gute beugen.

Auf dass, das Böse siegt. Das Raubtier liebt es die Macht über Leben und Tod zu beherrschen.

ES liebt das Theater Spiel zur Täuschung von Gut und Böse. Denn spielt man beide Seiten perfekt so ist man ein „Meister-Predator". Die Täuschung über das persönliche diabolische Vorhaben ist des Psychopathen Luft, Wasser und Brot. Letztlich muss das Opfer seiner größten Angst ausgesetzt werden um die Psyche endgültig zu brechen und die Seele zu rauben.

Sobald die Psyche gleich Seele umgepolt wurde von Plus auf Minus ist das Opfer bereit eliminiert zu werden und kann dem Henker vorgeführt werden.

Um erfolgreich zu sein in seinem Vorhaben den Homo Sapiens zu beseitigen und während ES damit beschäftigt ist seine Energie zu absorbieren, muss das Raubtier eine eigene Super Spezies selbst erbrüten. Eine Meister Brut muss gezeugt werden.

Das Raubtier brütet um eine bessere Raubtier Artige Spezies von „Super-Predatoren" zu zeugen.

Nur die besten Gene sollen gepaart werden. Für jedes Kontroll-Instrument im „Reich der Raubtiere", gilt es eine passende Paarung zu finden mit den entsprechenden dominanten Attributen.

Jede Zunft und Klasse gilt es zu erbrüten und auszuformen um die Perversion von Psychopathen zu befriedigen. Eine Utopie zu schaffen von Super Dominanten Kontroll-Freaks.

Das verkommene Prinzip der gestörten Psyche, welche sich von Gott als ausgestoßen sieht ist das Aufbäumen gegen den Schöpfer. Sich selbst unsterblich zu machen indem ES die Unsterblichkeit und die Vermischung mit der Technologie zur eigenen Religion macht.

Die Psyche dieses Raubtieres legt seine Religion fest jener ES strikt folgt.

Diese gilt es als nächstes zu ergründen.

Die Werke und Wunder des Schöpfers sind für den klaren Menschen Verstand klar ersichtlich.

Doch die Ideologie des Predators legt fest nicht zu wissen was der Schöpfer ist.

Jedoch weiß ES das es den Schöpfer nicht über sich haben möchte.

Die gestörte verstoßene Psyche des Psychopathen spricht zu sich selbst, dass SIE darüber erhaben ist zu wissen was Gott für ES nicht ist. ER der Schöpfer von Himmel und Erde ist nicht IHR Gott.

Die Psyche fordert sich selbst zum Gott zu erheben. So dass der wahre Gott nicht als Gott für das Raubtier in Frage kommt. Dieser Falschglaube dient als Fundament für die Religion dieses Kultes an Abtrünnigen. Ein Kult von Revolutionären, um die vorangehende Evolution zu stürzen, umzukehren und der eigenen Willkür auszusetzen. Die verstoßenen Abtrünnigen dieses Kultes, sehen sich selbst als ausgestoßene. Sie fühlen sich nicht wohl in ihrer eigenen Haut.

Aus diesem Grund müssen sie sich selbst wandeln und transformieren.

Sie müssen sich verwandeln zu etwas komplett neuem.

Auf dass wir unser eigenes Schicksal wieder in die Hand nehmen müssen wir

das „Auge des Predators" ausfindig machen und uns seiner Todes Klaue entziehen, wieder unbeugsam sein.

So wie von göttlicher Hand des wahren Meisters geschaffen als Mensch seiner eigenen Fehler und Schwächen als auch Stärke sowie Fähigkeiten bewusst.

Nun gilt es die Religion unserer Widersacher der Wahrheit des Lichtes zu überlassen.

Früchte der Verblendung

Jesus sprach, dass wir nur durch ihn das ewige leben erhalten, durch sein Blut und Leib.

Der ewige Kampf gegen das Böse, welches Blut Tribute gefordert hatte über die Generationen hinweg.

Die Seele des Bösen, jene wir nun etwas ergründet haben, ist davon überzeugt sich selbst das ewige Leben zu ermöglichen. DAS EWIGE LEBEN aber in welcher Form?

Und zu welchem Preis? Wie hoch wird die Blutstrafe und die Tribute sein dieses wahnsinnige Vorhaben durch zusetzen? Wird es eine reine Form von ewigem Leben sein?

Oder eine verkommene und korrumpierte? Hier scheidet sich bereits die Spreu vom Weizen.

Materie ist für die Anhänger dieses Kultes etwas korrumpierbares und formbares.

Sprich alles was wir sehen und anfassen können ist veränderbar und verderblich, in den Händen von Meistern der Umformung von Materie zu etwas neu geschaffenem.

Die Idee sich selbst zu erheben zum „Demi-Gott" ist in den Augen dieses Kultes eine nicht korrumpierbare Substanz und entspricht dem Geist eines Gottes.

Weisheit dieses auszuführen und in die Tat umzumünzen ist nur möglich indem man alle „Tugenden" zusammenfügt um das Ziel zu erklimmen, einen Turm zu Babel zu errichten im übertragenen Sinne.

Somit haben wir zusammengefasst wie der „Kult des Bösen" seine „Queste" in Stein meißeln wird. Diese Religion muss Geheim gehalten werden. Sie musste eingehüllt werden in Mythen und Allegorien, jene alle Völker der Erde verblendet hatten. So wurde die eine Religion, Überzeugung und Queste in alle Religionen eingebettet, der tiefe böse Kern wurde umhüllt.

Wie eine Zwiebel mit vielen Schichten von Wahrheiten und Unwahrheiten.

Wie die Knoblauchzehe gedoppelt ist, genauso doppeldeutig erzählt und aufgeschrieben in Mythen über eine wohlwollende Gottheit und ihren Kontrahenten. Licht gegen Schatten, jene schaffen das Zwielicht. Sprich die Wahrheit über diesen Kult liegt verborgen im Mythos.

Diese geheime Religion betet faktisch die Erde und ihre Elemente an. Sie sieht sie als Lehrer um die eigene „Queste" zu verwirklichen. Die Prinzipien des Kosmos welche das „Auge des Bösen" erspäht hat, hat es gleichzeitig mit Gottheiten versehen. Die Erde ist geteilt durch vier Elemente, jedes Element entspricht drei Teilen. Genauso wie das Jahr und seine Jahreszeiten.

Der Tag und seine Tageszeiten. Diese Helden wurden mit den Sternen abgeglichen.

Folglich gibt es 12 „Sternenhelden" und kosmische Prinzipien.

Diese Gottheiten also repräsentative der Natur müssen nun perfektioniert werden.

Die Natur die zunächst ausgekundschaftet wurde gilt es nun zu formen und zu perfektionieren.

Wie Meister Maurer die Ziegel zu glätten.

Die Priester dieser Religion sehen die Menschheit als Schafsherde, diese muss durch die Äonen hindurch mit einem Stab, dem Caduceus-Stab geführt werden. Dieser repräsentiert die Weisheit der Schlange die aufgesaugt wurde und mit jener man doppeldeutig die Schafe über alle Zeitalter hinweg schert und schlachtet. Die Priester dieses Kultes hüllen sich ein in lange Kleider unter die man nicht blicken kann.

Was versteckt sich dahinter? Oder was gedenkt Mann dahinter zu verstecken ist er doch keine Frau? Der Stab gleicht der DNA des Menschen. Woher wussten die Priester dieses Kultes vor bereits Jahrtausenden wie die DNA des Menschen aussehen würde?

Der Stab um ihn etwas zu beschreiben wird umschlungen von 2 DNA Strängen die mit Schlangen Köpfen herauswachsen. In der Mitte befindet sich eine Kugel diese repräsentiert die Erde.

Dies bedeutet, dass die zwei Schlangenköpfe die Erde dominieren von beiden Seiten manipulieren und in Zwielichtigkeiten vergiften. Dieser Stab wird getragen von Engels Flügeln.

Diese repräsentieren den Weg dieses Kultes von Abtrünnigen, sprich die Ergründung des Ursprungs des Lebens und seiner Gesetze und der daraus resultierenden Meisterung des Kosmos und die Aufschwingung zum „Demi-Gott", einem Engel oder Phönix gleich.

Die Priester sehen sich selbst als Repräsentanten ihres Gottes, der sie mit Wissen versorgt hatte, denn er ließ sie vom Baum des Wissens essen um zu wissen was der Schöpfer weiß.

So zu werden wie ihr Schöpfer. Die Schafhirten Hunde müssen sich selbst indes abnormaler Praktiken unterwerfen. Sie müssen sich vor der Abartigkeit verbeugen.

Sich hergeben und korrumpieren lassen. Somit geben sie sich der Verkehrung der Prinzipien des Schöpfers hin.

Darum müssen sie sich in Frauen Gewändern kleiden. Denn sie verkehren die Prinzipien des Kosmos. Ein Mann und eine Frau in Verbindung gebracht erzeugen durch ihren Trieb der Liebe ein neues Geschöpf. Welches Rein zur Welt kommt, der Körper, Geist und die Seele werden von den leuchtenden Sternen am Firmament eingebrannt in die Form, jene der Körper annimmt.

Diese Reinheit und Unschuld gilt es zu rauben dem Gottes-Kinde.

Das Kind muss getäuscht werden über die göttliche Natur die ihm der Schöpfer bereits von Geburt an übertragen hat. Indem er das Bewusstsein des Menschen einhauchte.

Die Fähigkeit den Instinkt zur Seite zu schieben und den Verstand zu benutzen.

Die Zerstörung dieses Bundes mit dem Schöpfer, jener den Menschen in seinem Ebenbild schuf, ihn ermutigt ein Unterschöpfer unter dem Schöpfer zu sein. Indem er sich innerhalb der von Gottes Lichter Hand gelegten Grenzen aufhält und diese nicht wagt zu überschreiten.

Nicht dem Wahn verfällt sich über seinen Schöpfer zu erheben.

Die Zerstörung des Menschenkindes und seine Korruption, das Rauben seiner Seele dient einem höheren Zweck. Die Absorbierung von finsteren Emotionen füttert die Gottheit der Abtrünnigen.

Aus diesem Grund müssen sie gewissen Ritualen und Praktiken folgen.

Beispielsweise das Abschlagen des Menschen Hauptes ist ein solches Ritual und wurde in allen Zeitaltern praktiziert; in Assyrien, dem Bauern Aufstand in England, während der Französischen Revolution und heute durch „Moderate" Islamisten.

Der Terror und Schrecken, der Mentale Intellekt des eben gefallenen Menschen wird inhaliert vom Hades Abgrund. Das Blut wird aufgesogen und getrunken von der dunklen Seele dieser Welt.

Ist diese wirklich von dieser Welt?

Der Mensch muss zum Tier reduziert werden. Sein von Gott gegebenes Talent zu denken, zu rationalisieren und als Ausgleich zu fühlen werden beschnitten. Mann oder ES macht aus dem Menschen ein Tier welches weder Instinkt noch Verstand benutzen kann. Beides wird verkehrt.

Der Instinkt wird abgeschaltet und der Verstand wird vernebelt.

Das Männliche und Weibliche müssen komplett miteinander vermischt werden.

Beide Geschlechter müssen ausgelöscht werden. Der Mann über der Frau nach oben strebend und die Frau unter dem Manne als Basis. Diese beiden gilt es zu verflechten und die Form eines Hermaphrodit anzunehmen. ES ist nun weder Sie noch Er, ES ist ES geworden.

Gleichzeitig besiegelt ES den Tod des Menschengeschlechtes.

Es ist ein Todeskult zur Auslöschung des Menschen. Beide Geschlechter müssen gegeneinander ausgespielt werden um erfolgreich zu sein in seinem Vorhaben.

Deshalb wurde die Frau jahrtausendelang geknechtet und ihrer von Gott gegeben Rechte bestohlen. Sie wurde mit der Erbsünde behaftet. Wie eine Schwere Bürde wurde sie ihr aufgebürdet.

Nun da Mann und ES sich dem Endziel nähert gilt es der Frau gewisse Rechte und alle erdenklichen

Freiheiten der Welt auszuhändigen, um ihre eigene Unterdrückung so auslassend zu feiern, somit gleichzeitig ihrer eigenen Zerstörung beizusteuern. Die Basis unseres menschlichen Fundaments die Frau soll sich nun der Korruption ihrer Zeit hingeben und alles ausleben was zuvor über Generationen hinweg öffentlich wohlgemerkt unterdrückt wurde.

Sie sollte sich jedoch ihrer wahren Aufgabe als Lebensspenderin und „Lebens-Verschönerin" bewusst werden und nicht in die Falle tappen die da vorsorglich aufgestellt wurde.

Ihr Bewusstsein muss sie zurück erlangen. Denn die Basis muss zerstört werden um ein Konstrukt endgültig zu entfernen. Ihrer wahren Erhabenheit und Macht muss sich die Frau bewusst werden.

Nicht den auferlegten und aufgezwungenen Mächten die nicht zu ihrer Femininen Art passen.

Sich wie ein Mann zu verhalten und wie ein Mann dem Mammon der Kriegslust und Kriegstreiberei zu verfallen. Indes bestückt der Todeskult immer mehr wichtige Positionen seiner weltlichen Strukturen mit Frauen deren Geist verblendet wurde und sich wie wilde Amazonen der Todeslust und Zerstörung hingeben. Unsere Basis wurde korrumpiert und wird uns derweil in den Hades Abgrund reißen.

Der Mann als solcher stark geschaffen von des Schöpfers Meisterlichen Hand muss gleichzeitig verweichlicht werden. Mann muss zu Frau werden. In diesen Zustand versetzt wird Er nicht mehr in der Lage sein Sie und die Kinderlein zu beschützen. Er wird Spielball falscher Ansichten und Interessen. Man entreißt ihm sein Führungsrecht und zerstört somit alles was Er mit eigener Hand unter schwerer Arbeit geleistet hatte. Alles was seine Vorväter gegeben hatten, die Ideale, die Opfer werden aufgegeben, um dem Mammon der Falschheiten zu erliegen.

So werden die zwei Geschlechter verkehrt und vermischt. Sie werden ein neues Wesen hervorbringen. So ist auch eines der Symbole des Todeskultes, welches das männliche und weibliche in Symbolik vermischt. Das männliche strebt nach oben geformt wie ein Phallus, das weibliche nach unten geformt wie der Unterleib des weiblichen Geschlechts.

Diese werden verbunden und verflochten in der Mitte befindet sich ein G.

Das G der Maurer soll stehen für Geometrie und Baukunst der Meister Maurer.

Tatsächlich steht es für Golgotha dem Totenkopf in Aramäischer Ursprache.

Auf dem Berg Namens Golgotha wurde auch der Menschensohn hingerichtet!

Wer nicht glauben kann horche hin! Der Bar Noschutho, Aramäisch für Erlöser der Menschheit.

Somit enthüllt der Kult sich als Totenkult. Die Auslöschung des Homo Sapiens wird einen „Neos Andras", hervorbringen. Den Neuen Mann. Weder ganzer Mann noch Frau.

Da er sich selbst reproduzieren kann, wird die Frau überflüssig sein.

Daher der Name „Neos Andras", griechisch für neuer Mann. Dieser Tatsache sollten sich alle möchte gern Selbstbewussten, Bewusstseins verdrehten Frauen bewusst werden.

Die Schein Befreiung der Frau ist gleich bedeutend mit der Vernichtung der Frau und so wird Mann aussterben.

Der Neue Mann wird einem Supermann gleich sein. Die Psyche des Bösen und sein Geist wird ausgelöscht sein. Nur noch der Intellekt des Bösen, das pure verkommene Wissen wird auf diesen Avatar übertragen werden. Das Bewusstsein des Einäugigen Raubtieres.

Das Fleisch wird sich vermischen mit plastischen Kunststoffen und rostfreien Metallen.

ES glaubt so ewiges Leben zu erlangen. Daher sprach unser Heiland, das ewige Leben wird nur durch sein göttliches Blut und Fleisch erlangt werden. Mann und Frau verstehe!

Dieses ist göttlich, es besteht nicht aus fester Materie. Es ist das Blut und Fleisch Gottes.

Es sind seine Lehren und Gesetze und deren Einhaltung, die nicht einmal komplette Striktheit verlangen, denn der Schöpfer ist verzeihend.

Alles auf dem Erdgebilde, jeder Aspekt kann zu gutem oder schlechtem verwendet werden.

Jeden Tag kann der Mensch aufstehen und gutes oder böses vollbringen. Daher hat der Schöpfer jeden Aspekt unseres Lebens mit Engelchen und Teufelchen belegt. Es liegt an uns zu entscheiden was überhand nimmt in uns und unserem Leben; Leben oder Tod, Gut oder das Böse.
Jederzeit werden wir getestet und geprüft um uns am Ende für das Gute und Richtige zu entscheiden dem Leben. Das Lebens-Odem eingehaucht in des Kindes Seele Unschuldig und Rein.

Der „Neos Andras" indes wird herrschen wie ein Gott über den Globus, den er mit seinen Technischen Wunder Ausgeburten versieht um ihn endgültig zu kontrollieren;
Ein Macht-Equilibrium herzustellen, die Synthese wird perfekt werden sobald genug These und Antithese vom Alchemisten vermischt wurde. Die Studie des menschlichen Körpers und seine Einteilung in mehrere Elemente und Gliedmaßen ist die Grundlage um dieses Ziel zu erreichen.
So teilt ES alle Bereiche über das Wissen über sein Raubgut den Menschen in Wurzeln und Zweige eines gewaltigen Baumes ein. Der Baum der Verblendung und des Wissens.
Es ist das Wissen über den Menschen in allen Aspekten des Haben und Seins.
Religion, Psychologie, Chirurgie, Medizin, Gesetze, Bildung, Biologie, Soziologie, Statistiken und das feste Einteilen aller Gegebenheiten des Planeten in Zahlen, Astronomie, Astrologie, Anatomie, Mental Studie, Geschichte, Geologie, Ethnologie, Geographie, Politik und Wirtschaft.
All diese Bereiche gilt es zu Perfektionieren um den Menschen mit all diesem Wissen zu knechten für alle Zeiten. Jeder dieser Wissenszweige ohne Ausnahme wird gegen uns angewendet.

Es ist die Lehre über das durchforschen des Menschen und der Schaffung des Super-Menschen um sich seiner verdrehten selbst Bestimmung näher zu bringen. Es ist dieser Baum der Verblendung mit dem die Schlange allegorisch Adam und Eva verführt hatte.
Die Vertreter dieses Kultes sind jene die von der Frucht der Schlange gegessen haben und denen wir nun ausgesetzt wurden. Es sind nicht die Engel Gottes die das Paradies auf Erden versperren, nein es sind die Gefallenen Engel. Die dem Lichte des Gefallenen ausgesetzt ein Gefängnis mit Beschränkungen auf Erden erbaut haben.
Die Schlange versprach dem Menschen Unsterblichkeit und das Erlangen der Macht einer Gottheit gleich.
Indes führt ES ein Krieg der Welten. Auf der Ebene unserer Wahrnehmung als auch zwischen den Welten die nicht für jedermann klar ersichtlich.
Es ist der Kampf um das Universum.
Der Baum des Wissens ist ein Symbol für die Aufgabe der Belichteten und Schein Erleuchteten durch den Baum des Wissens den Baum des Lebens zu finden. Seine Früchte werden Mann unsterblich machen. Für immer jung halten.

Die Psyche sprich Seele des Bösen überträgt den Zustand der eigenen Seele und das Sehnen der eigenen Seele auf eine Religion. Eine eigene Sichtweise und Lebensanschauung. Die eigene Übergeordnete Ordnung. Religion ist unsere persönliche Überzeugung die wir Tag täglich wie Odem einatmen. Die Luft durch unser inneres unserer Seele gleiten lassen um sie mit dem Odem des Lebens zu beleben.
Die Seele des Bösen manifestiert sich also in einer Religion.
Diese Religion muss folglich festen Gesetzen und Prinzipien folgen.
Die Lehre des Heiland muss umgekehrt werden zum „Survival of the Fittest".
Sprich nur der stärkste darf überleben. Und so züchten die Anhänger dieses Kultes unter Anwendung von Inzest eine Generation von Soziopathen und Psychopathen nach der anderen.

Gleichzeitig bringt man seine Gelehrten in Position um den Menschen davon zu überzeugen, dass er nichts weiter ist als der Abkömmling von Primaten. Du der Mensch bist nicht mehr „Primus Maximus", du bist „Primus Minimus", füge dich deinem auferlegtem Schicksal.

Indes müssen die Anhänger dieses Kultes eine Todesfratze aufsetzen mit lächeln belügen und betrügen, öffentlich alle anprangern die den Rechten Weg gehen. Erst lächerlich machen, danach verfolgen und morden.

Der Mensch muss schließlich reduziert zum „Menschenschaf", geschlachtet werden, gleich den Todesritualen der Antiken Kulturen. Somit wird bezweckt das Raubgut zu limitieren die Anzahl der Schafe darf nie die Anzahl der Hermes-Stäbe die wie Wachhunde über ihr Hab und Gut wachen übervorteilen.

Ihre Religion ist das Böse, der Tod; den Menschen als höchstes Geschöpf des Schöpfers ihrem persönlichem Gott zu Opfern. Das vergießen des Blutes ist gleich einer Droge.

Es versetzt ES in Ekstase. Wieso haben sich sonst die Priester der Azteken Menschenherzen in ihr Faules Maul gestopft um es zu verzehren vor allen anderen Raubtieren und Menschenopfern.

Ihre Religion ist ein Manifest des Bösen alles zu kontrollieren.

Ihre Symbolik hüllt ihr Vorhaben und ihre Zwecke ein für die Profanen Massen nicht ersichtlich.

Doch für die Anhänger des Todes Kultes offen ersichtlich und Schlüssel um das Tor der gleichgesinnten zu öffnen.

Das Raubtier auf ihr Wappen geknüpft ist was sie repräsentieren. Es soll dem Unterbewusstsein des „Menschenschaf" suggerieren, dass es sich dem Löwen, Bären oder Adler zu fügen hat.

Der Löwe gleich Leo ist der Apex des Sommers und das Einhorn gleich Capricorn also Steinbock leitet den Winter ein.

Die Verbindung beider Wappen-Tiere soll uns zeigen, dass ES Winter und Sommer kontrolliert, Feuer und Eis und alle Jahreszeiten.

Ihre Religion und Überzeugung ist das Fundament ihres Bestrebens so hat sich die Psyche in einer Religion manifestiert. Auf die Psyche des Raubtieres und dessen Religion folgt die Philosophie der Kontrolle. Das Raubtier wird zum Alchemisten indem es alle erdenklichen Substanzen und Stoffe; vermischt, reinigt, verunreinigt und aufzulösen versteht.

Ihre Religion und Bestrebung verbinden die Anhänger dieses Kultes jene in der Tat Raubtiere sind miteinander. Doch sind es nicht die Raubtiere jene Ihre Wappen verkörpern.

Der Adler ist gleich einem Geier und verzehrt nur was bereits tot, seelisch wie geistig.

Der Löwe ist gleich einer Horde von Hyänen die sich in Überzahl auf ein Opfer stürzen.

Es sind also Parasiten und Würmer die uns aussaugen, den Homo Sapiens Stark und Schön mit Neid betrachten. Den Menschenapfel gleich Adamsapfel gleich der Erde auszuhöhlen durch ihr Winden und Bohren.

ES klammert sich an die Wissenschaft über das Göttliche als auch Menschliche.

Aus diesem heraus möchte ES sich mit Biest Hufe zum Semi-Gott aufschwingen einem Todesengel gleich.

Auf den nachfolgenden Seiten muss nun *die Philosophie der Kontrolle* ergründet werden.

Die Psyche des Raubtieres wurde transformiert und die Religion ermöglichte die Metamorphose zum „Meister-Alchemisten". Und Philosophie ist im Auge dieses Kultes das Wissen über das Göttliche und Menschliche. Beides muss in Besitz genommen werden!

Das Wissen über die Mechanismen der Kontrolle wird den Menschen ein letztes Mal befreien.

1 Der Alchemist, und die Schöpfung seiner Subjekte

Die Philosophie der Kontrolle

Wir werden uns nun in die Arena des Alchemisten begeben. Das Herzstück seines Strebens und Bestrebens und Mittel zum Zweck ist die „Philosophie der Kontrolle".

Die Kontrolle über das Individuum in Körper, Geist und Seele.

„Philosophie ist die Wissenschaft zur Bestimmung von Werten."[1]

Werte die das Individuum durch sein ganzes Leben hindurch leiten und begleiten werden.

Der Alchemist untersucht die Geheimnisse der Natur. Er erforscht alle Elemente, Metalle und Stoffe, nach ihrer Begebenheit. Insofern ist er in der Lage diese so zu verarbeiten daraus eine Synthese herzustellen die seinen Wertvorstellungen und seinem Nutzen entsprechen.

Der „Meister-Alchemist", ist in der Lage minderwertige Metalle in pures Gold zu verwandeln.

Um dieses auf den Menschen anzuwenden ist er in der Lage aus einem wilden und unwillkürlichen Objekt. Ein willkürliches Wesen zu schaffen ein Subjekt in den Händen des Alchemisten.

Der Mensch wird zu einer Drohne oder Biene aus des Meisters Hand entschlüpft.

Nun kann das Geschöpf dienen um Honig zu sammeln, Gold für des Alchemisten weitreichenden Plan. Oder den Stachel als Drohne einsetzen um andere Bienen auf Trab zu halten des Meisters Vorhaben zu vollführen.

Die übergeordneten Fragen des Alchemisten sind:

„Was ist Leben? Was ist Intelligenz? Was ist Macht?"[2]

Wie können Leben, Intelligenz und Macht eingesetzt werden zum Vorteil des Alchemisten seiner eigenen Transmutation zum „Demigod" voranzutreiben. Die Mutation zu einem Dämon.

„[...] Die Kunst der Alchemie ist nur eine Methode kopiert von Mutter-Natur [...]."[3]

Insofern ist Alchemie hilfreich die Gesetze der Natur und des Kosmos zum Eigenen Nutzen zu gebrauchen. Sie zu zu imitieren und verderben.

Anzuwenden auf die Materie die der Alchemist mutieren lassen möchte.

Der Alchemist ist versiert in der Kunst der Transformation und Sozialisierung von Individuen.

Er nutzt die Mechanismen der Kontrolle um sein Versuchsobjekt zu formen zu einem reinen Subjekt. Einem Subjektivem Wesen. Welches die Welt subjektiv betrachtet, um von oben herab objektiv verführt und in den Abgrund geführt zu werden.

Der Alchemist wird zum „Frankenstein-Schöpfer", seiner Phantasie entspringt die Ausgeburt einer pervertierten Kreation. Als solche zur Welt gekommen sind wir alle konfrontiert mit der Idiotie unserer Zeit. Die Philosophie der Kontrolle schwebt über unseren Köpfen wie das berühmte

„Damokles Schwert", wir müssen unser Bewusstsein und die Wahrnehmung schärfen um es aufzuhalten. Denn als Zweischneidiges Scharfes Schwert wird es unsere Köpfe spalten, unseren Intellekt und die Sinne zerteilen.

Es wird uns trennen voneinander als Masse uns aufteilen und über uns herrschen und unseren Untergang besiegeln in alle Ewigkeit.

Hier und jetzt sind wir in der Lage die Philosophie der Kontrolle zu erfassen mit all unseren Sinnen; die verloren gegangen zurück erlangt werden müssen.

Sie zusammenzufassen wird des Autors höchstes Bestreben sein in den nach folgenden Seiten dieses Manuskriptes.

1   Manly P. Hall, The Secret Teachings Of All Ages. Wilder Publications, Radford VA, 1.
     Auflage 2007, ISBN 10: 1-60459-095-5, Seite 10.
2   Manly P. Hall, The Secret Teachings Of All Ages. Wilder Publications, Radford VA, 1.
     Auflage 2007, ISBN 10: 1-60459-095-5, Seite 436.
3   Manly P. Hall, The Secret Teachings Of All Ages. Wilder Publications, Radford VA, 1.
     Auflage 2007, ISBN 10: 1-60459-095-5, Seite 441.

Die Normung des Menschen

Der Alchemist beobachtet sein Opfer und was er sieht ist Körper, Geist und Seele.

Diese formen sich zu einer Einheit des Individuums. Diese Einheit gilt es zu Normen.

Das Ziel ist es das Opfer der Normung zu unterwerfen. Die Normung ergibt sich durch die Konditionierung, Indoktrinierung und Domestizierung des Menschen.

Man normt uns zu einer fest definierbaren Größe man kann uns so genau bestimmen und einschätzen. Wir sind als solche Norm gut geeignet in das vorgefertigte Konstrukt eingefügt zu werden. Körper, Geist und Seele müssen gleichsam Indoktriniert, Konditioniert und Gezähmt werden. Folglich müssen alle Sinnesorgane und Sinne manipuliert werden.

Was das Auge aufnimmt und dem Geist überträgt, die Ohren erlauschen, die Nase wittert, die Zunge schmeckt und alles was unser Körper fühlt und auf unseren Körper und die Seele überträgt.

Unser Denken, Fühlen, Bewusstsein, Selbstbewusstsein sowie unsere Wahrnehmung werden bearbeitet. So wird zum Beispiel unser Glaube der sich auf den Geist und die Seele überträgt Konditioniert und Indoktriniert.

Die Formel lautet also: Konditionierung + Indoktrinierung + Domestizierung = Norm.

Norm = Normal? Denn auch die Sprache wird vom Alchemisten geschmiedet.

Die Norm ist also alles was wir als Normal betrachten. So werden alle die nicht der Norm entsprechen als Nicht Normal bezeichnet.

Norm = Sozialisiert um in ein sozialistisches und gezähmtes, rein willkürliches System zu passen.

Wie ein Ziegelstein glatt gestrichen wird um eine Mauer zu errichten. So werden wir Menschen von Geburt an bearbeitet und präpariert für unsere Bestimmung etwas höherem zu dienen.

Der „Meister-Alchemist" wird hier zum „Meister-Maurer".

Man normt unseren Verstand so dass wir dem Gruppendenken ausgesetzt werden.

Von Kind auf werden wir auch in solchen Gruppen gehalten. Im Kindergarten, der Schule, im Studium oder der Arbeit. Man sozialisiert uns zum Gruppendenken, zum Herdentier, so dass wir immer nur dem folgen der die Herde anführt. Die Person die ausgewählt wurde durch ihre Leistung im Konstrukt uns anzuführen. Das Gruppendenken macht es einfacher eine Gruppe oder Masse von einer Person kontrollieren zu lassen. Beispielsweise dem Lehrer, er ist die vertraute Autoritätsperson als solche ist er aber an den Lehrplan gebunden. Querdenker werden von vorn herein ausgeschlossen und regelmäßig bestraft. Da sie nicht in der Lage sind Leistung zu erbringen werden sie aussortiert. Das nennen wir dann eine Leistungsgesellschaft.

Zuerst müssen wir Leistung erbringen um eine gewisse Position ausfüllen zu dürfen.

Sobald wir diese erreicht haben geht es nicht mehr darum die beste Leistung zu erbringen sondern nur noch den Status zu wahren. Sich dem Gruppendenken zu ergeben. Der Gruppe zu gefallen und sich im kollektiv zu bewegen. Man muss sich nur noch an die Normen der Gesellschaft halten.

Der Arzt muss nur noch Medikamente verschreiben um die Symptome zu überdecken.

Dass diese Medikamente neue negative Symptome erzeugen spielt keine Rolle denn der Arzt bewegt sich im Kollektiv der vorgepressten Konventionen. Eine alternative ist nicht Normal und somit nicht tragbar. Da unser Verstand konditioniert und indoktriniert wurde kommen wir erst gar nicht darauf zu hinterfragen wieso wir nichts besseres bekommen dürfen, trotz der Tatsache dass wir permanent Arbeiten.

Des weiteren müssen wir die Begriffe Konditionierung, Indoktrinierung und Zähmung näher beleuchten um sie dem Leser begreiflicher und greifbarer zu machen.

Die Konditionierung; ist die Abrichtung unseres Denkens, Bewusstseins, unserer Wünsche, Vorstellungen, Zielsetzung und Möglichkeiten die wir als Individuum als Normal Sterblicher erreichen können. Diese Attribute sind demnach von Geburt an beschränkt worden.

Wir werden trainiert wie ein Tier von einem Dompteur dazu trainiert wird bestimmte Kunststücke auszuführen, nach bestimmter Anweisung des Dompteurs.

So trainiert der Alchemist das Individuum dazu sich seinem Schicksal zu fügen, in seinen Mitteln und Zielsetzungen beschränkt zu sein. Wir sollen uns dem Status Quo fügen, denn es gibt nicht genug Rohstoffe um alle Menschen glücklich zu machen. Wir müssen uns damit abfinden gewisse Dinge einfach zu akzeptieren.

Da diese nicht zu ändern sind. Beispielsweise müssen wir dem Tun und Treiben unserer Volksvertreter klein beigeben, weil nur diese wissen wie das System läuft und den Blick von oben nach unten richten können.

Da unser Verstand und Bewusstsein als auch unsere Zielsetzung konditioniert also trainiert wurden sehen wir uns nicht in der Lage es besser zu machen. Also fügen wir uns unserem „Aufkonditionierten" Schicksal. Wir wurden also trainiert uns zu fügen.

Wir wurden behaftet sprichwörtlich geschlagen mit falschen Werten und Vorstellungen von unserer Welt.

Die Konditionierung als solche ist das mächtigste Instrument des Alchemisten wie wir noch sehen werden. Denn diese zu durchbrechen scheint nahezu unmöglich.

Doch das System des Alchemisten hat eine Lücke nicht jedes Individuum lässt sich konditionieren. Nicht jedes Individuum unterliegt dem Training des „Meister-Alchemisten" und so keimt etwas Hoffnung auf.

Die Indoktrinierung; ist das beschränkte oder falsche Wissen über unsere Umwelt und eigene Natur. Man unterwirft uns einer bestimmten Doktrin also Lehre. Der Falschlehre von selbst ernannten Anführern der Menschen. Die unseren Verstand benebeln um uns als Kollektiv zu leiten.

So dürfen wir nur das Wissen was für uns bestimmt ist, unser ganzes Leben ist so ausgerichtet, dass unsere Sinne und Organe nur das aufnehmen was für sie bestimmt ist. Sich im unteren Bereich „Der Wissenspyramide" aufzuhalten und nur mit den dem Sklaven entsprechenden Dingen und Themen zu beschäftigen. Wir müssen demnach nur soviel Wissen wie für uns von oben herab bestimmt wurde.

Wir können Lesen, Schreiben, Rechnen auf dem höchsten Niveau. Doch wir dürfen nur das lesen was für uns bestimmt wurde. Folglich können wir nur das wiedergeben und aufschreiben was für uns bestimmt wurde. Wir sind in der Lage jedes komplizierte Objekt zu errechnen, die Entfernung von Planeten, Sternen und Zeit. Doch unser eigenes Schicksal richtig zu berechnen und einzuordnen Mathematisch dazu sind wir nicht befugt worden.

Die Domestizierung; ist die Verweichlichung und Verwilderung des Menschen in Einklang gebracht. Man zähmt uns zu guten Bürgern, die sich der Obrigkeit fügen und nicht in der Lage sind sich einer höheren Macht, nämlich der Staatsmacht zu erheben. Selbst wenn diese nicht mehr vom Volke kontrolliert wird. Wir sind indes nicht befugt die selben Waffen zu besitzen wie sie der Staat verfügt um unsere „Feinde" zu bekämpfen, die wir in Schach halten und befrieden müssen um sie einem „demokratischen" Ideal zu unterwerfen. Der Demokratie in welcher die Masse der starken Wölfe darüber entscheiden darf, auf welche Art und Weise, dass hilflose Schaf zu verspeisen ist.

Wir sind gezähmt worden zu wilden Tieren wenn es darum geht zu teilen oder auch einmal Platz zu machen für unsere Mitmenschen, denn auf dieser Welt herrscht die Knappheit vor.

In Kombination oder Konzert äußert sich die Domestizierung, Indoktrinierung und Konditionierung des Individuums, nicht unterscheiden zu können, rational und logisch zu denken, fühlen oder zu handeln. Beispielsweise wissen wir nicht was der Unterschied ist zwischen einer Diktatur oder Demokratie. Denn Demokratie ist immer demokratisch und folglich gerecht. Aus diesem Grund kann Demokratie niemals despotisch sein. Denn Demokratie ist als solche immer positiv anzusehen.

Denn wir sind konditioniert zu glauben, dass Demokratie immer gut ist. Wir sind indoktriniert nicht zu Wissen, dass Demokratie auch ausgenutzt werden kann um die Massen zu täuschen.

Wir sehen also nicht einmal Schwarz und Weiß, wir bewegen uns Eintönig durch unser Leben.

In diesem Modus gleichen wir einem Einzeller, einer Amöbe.

Die geblendeten folgen dem Falschen Licht und somit folgen die blinden den geblendeten blinden.

Wir müssen uns den festgelegten Normen fügen, unsere Kinder gehören dem Kollektiv und dieses muss bestimmen wie diese zu erziehen sind. Das Individuum hat hier nicht selbst zu entscheiden.

Denn die Kinder werden von der Gruppe in Besitz genommen einem höheren Ziel geopfert.

Wir unterwerfen uns dem Gruppendenken und geben unser kostbarstes Hab und Gut her.

Schließlich geht es dem „Meister-Alchemisten" darum das Ego zu nehmen und wie einen Spiegel zu zerbrechen, einmal zerbrochen kann es nur noch schwer geflickt werden. Seinen alten Glanz zurück zu erlangen ist unmöglich geworden. Genauso verfährt man mit uns Menschen.

Zunächst einmal muss die Indoktrinierung also das beschränkte Wissen des Individuums durchbrochen werden um diesen Spiegel wieder halbwegs instand zusetzen.

Die Konditionierung zu überwinden ist gleichzusetzen mit dem völligen instand setzen des zerbrochenen Spiegels.

So ist es schwirig einen konditionierten Menschen zu erreichen.

Denn die Ignoranz stemmt sich gegen die Aufklärung durch einen dritten.

Somit ist bereits die Befreiung aus den Falschlehren ein schweres Unterfangen.

All jene die nicht konditionierbar waren sind indes einfacher von der Wahrheit zu überzeugen,

da man das Individuum nur mit klar beweisbaren Tatsachen vertraut machen muss.

Den Menschen seiner Zähmung also Angst zu entziehen ist das schwierigste Unterfangen.

Denn Ignoranz und Angst scheinen uns angeboren zu sein.

Die Ignoranz als solche ist die Ursache alles Bösen, so Platon.

Auch unser Denken über Familie, Geschlechter und Kinder wird zu jeder Zeit fest definiert, sprich genormt.

So legt die Konvention der Massen fest ob Frauen Arbeiten sollen oder nur die Kinder erziehen sollen. Männer als Kanonenfutter verwendet werden können oder als solche entmannt werden und verweichlichen.

Die Frau ist die Basis diese wird vom Alchemisten immer als erstes verändert oder umgeformt.

Hat man diese seinen Normen und Vorstellungen unterworfen die der Fortschritt der Zeit mit sich bringen soll, hat man folglich freie Hand über die nächste Generation von Kindern.

Denn die emanzipierte Frau hat keine Zeit mehr sie muss arbeiten somit können sich andere um die Kinder kümmern und sie der Erziehung der Mutter entziehen.

Die Kinder sind nun den Klauen der „Meister Alchemisten" und „Meister Maurer" ausgesetzt,

die es verstehen Institutionen zu erschaffen die sich um die Erziehung und das Gedankengut des Sprösslings kümmern. Die Basis des Dreiecks entfernt klappt auch baldigst der Mann der die Horizontale bildet zusammen. Denn alles wofür er arbeitet ist seine Familie und diese wurde meisterlich eingeworfen.

So hatte sich der „Führer" mit Oberlippenbärtchen zunächst die Sympathie der Frauen gesichert.

Um die Kinder der verblendeten Frauen in die „Adolfus Hit" Jugend zu stecken, um sie hier gescheit zu formen. Die Männerwelt zu gewinnen ist folglich nicht einmal mehr relevant, denn spätestens die Kinder würden dem aufrechten Vater nicht mehr folgen.

So waren es mächtige Monopoly Männer wie Herr Rockefeller jene, die ersten Emanzipationsbewegungen finanzierten. Dass eine Frau Margaret Sanger die gleichen Ideale wie die Zeitgenössischen Faschisten propagierte stört heutzutage nicht mehr. Sanger war der Ansicht, dass die Erde überbevölkert sei, und man möglichst viele Frauen sterilisieren müsste. Vor allen Dingen alle „Schwachsinnigen" und Farbigen Menschen. Menschen die anderer Herkunft sind als das „weiße" Establishment Europas. Wer als schwachsinnig, dumm oder körperlich behindert gebrandmarkt wurde, würde die Norm der Konventionen bestimmen. Willkommen in der Welt der Sozialisten = Faschisten und Willkürlichen Tyrannen.

Denn die Frauenwelt als solche gepeinigt über Jahrtausende hinweg war bereit für eine auferlegte Revolution des weiblichen Bewusstseins. Ob dieses neue Bewusstsein nun gesund ist darf schwer bezweifelt werden, wenn man nüchtern betrachtet wie groß die demografischen Probleme in Deutschland und Frankreich sind.

Der Alchemist vermochte es eine falsche Frauenbefreiung zusammen zustellen welche die Frau als solche schließlich überflüssig machen wird, wie wir noch sehen werden.

Die Sterne bestimmen unser Ego, die Mentalität des Menschen sowie die Gefühlswelten eines jeden Menschen der geboren wird. Somit kommt jedes Kind als einzigartiges Wunder zur Welt.

Die Normung wie eben beschrieben formt also die vielfältigen und unterschiedlichen Charaktere genau so; dass die Massen leichter zu kontrollieren sind.

Wir agieren nur noch in bestimmten Klassen und Schichten. Es gibt reiche und arme, talentierte und dumme. Schwarz und Weiß, doch die Individuellen bunten Haupttöne sind ausgelöscht worden. Denn wir wurden sozialisiert. Wir verstehen unsere Mitmenschen nur subjektiv, da wir nicht objektiv wahrnehmen können wie unterschiedlich wir eigentlich sind; und wie viele Gemeinsamkeiten wir gleichzeitig haben; die wir als Kollektiv im positiven Sinn leben sollten. Wir sehen uns nicht als homogene Einheit die sich positiv betrachten kann.

Wir sehen somit nur die Fehler unserer Mitmenschen und begreifen nicht, dass viele dieser Schwächen oder Eigenheiten von Geburt an festgesetzt wurden. So bestimmt die Geburtszeit unser Ego, die Jahreszeit unsere Mentalität und der Stand des Mondes wie wir uns fühlen.

Ist die Seele empfindsam, feurig, sanguinisch oder geerdet.

Die Philosophie über den Menschen wie sie Aristoteles in Elemente festlegte ist für uns indoktrinierte nicht mehr wichtig. Denn wir wurden dahin konditioniert alles rational und logisch erklären zu müssen.

Daher schließen wir alles aus was die Wissenschaft der Illuminierten nicht logisch und rational erklären kann. Dass sich die Gemeinsamkeiten beobachten und bestätigen lassen spielt hier keine Rolle denn wir fügen uns der Ignoranz der Konventionen und bewegen uns lieber auf den unteren Sphären des Intellekts. Dass sich der Alchemist mit Astrologie brüstet und diese gegen uns nutzt interessiert unsere Ignoranz nicht.

So ergibt sich eine Pyramide der Abartigkeiten die sich wie folgt von oben nach unten aufstellt:

- Eugeniker/Satanisten
- Psychopathen/Soziopathen
- Narzissten/Egoisten
- Suizid gefährdete Nihilisten/ Nihilisten
- Trendies/Schmocks/Möchtegern Liberale/Rechte/Sozis
- Zombies

Das Ziel des „Meister-Alchemisten" ist um alle Mittel dumme und ignorante Persönlichkeiten herzustellen. Die sich bewusst sind alles zu wissen was für sie wichtig ist oder erscheint.

All jenes was die eigene Logik nicht greift wird beiseite geschoben und als nichtig gekennzeichnet.

Man betrachte unsere Gesellschaft objektiv in jeder Instanz und stelle fest, dass diese Pyramide das Grundgerüst unserer korrumpierten Gegenwart darstellt.

Gebremst wird die Maschinerie der Selbstvernichtung und Überleitung von Sozialismus zu Faschismus nur noch durch jene die sich der Idiotie ihrer Zeit widersetzen.

Und merken, dass etwas nicht stimmt, wenn plötzlich zuvor beschlossene Rechte plötzlich umgangen und getreten werden.

So fallen die falschen Ideologien und Sichtweisen regelmäßig wie Regentropfen vom Himmel.

Wir folgen blind den falschen Ideologien von „Vorbildern", die uns in der kontrollierten und genormten Medienwelt vorgesetzt werden.

So werden linke und rechte, als auch konservative mit Ideologien geschmückt die ihre eigene Vorstellung befriedigen. Die Ideologie wird auf das indoktrinierte und konditionierte Ego projiziert.

So folgen wir wie blinde all jenen Wahnsinnigen und Volksverführern in den Abgrund, weil wir glauben uns in Ihnen zu spiegeln, ja gerade zu selbst zu erkennen.

Es genügt uns Menschen vorzusetzen die so aussehen als wüssten sie was sie machen.

Denn hier schaltet sich wieder der „Gruppenverstand" ein, einem Anführer zu folgen.

Wie schwierig ist es einen Menschen davon zu überzeugen von einer falschen oder negativen Ideologie abzulassen? Man bedenke, dass das Individuum in dieser seine Eigene Identität bestätigt sieht. Welche sich so formte weil sie möglicherweise den falschen Bedingungen ausgesetzt wurde. Wir müssen erkennen, dass eine auferlegte Ideologie mächtiger ist als der kühnste Verstand.

Und verblendete Eiferer bereit sind ihr Leben zu geben um einer Ideologie zu folgen.

Somit stellt die falsche Ideologie oder die Verdrehung von Idealen eine weitere Mächtige Waffe des Volksverführers dar. Es genügt uns ein Sternchen vorzusetzen und uns seine Meinung aufschreiben zu lassen weil wir von diesem polarisiert wurden. So kann sich ein Prominenter gegen die alte Norm stellen um diese zu brechen. Der Star formt indes die neuen Normen und Sichtweisen der Massen indem er eine Mode oder einen neuen Trend einschlägt. Dass diese Neumoden und Trends uns überleiten in neue Gedanken Konstrukte, Ideologien und Sichtweisen ist uns natürlich konditioniert und indoktriniert wie wir alle gehalten wurden nicht bewusst.

Auch lassen wir uns nicht davon abschrecken nur noch den Meinungen von durch die Medien gesegneten Prominenten zu vertreten.

So werden wir auch genormt durch Kredo, Meinungen und Ideologien.

Die Ikonen des Mainstream verschwinden genauso schnell wieder von der Bildfläche wie sie zuvor aus dem nichts aufgetaucht waren. So wird jede Dekade von unterschiedlichen Ikonen begleitet. Sobald diese ausgedient hat um die Massen zu verändern wird sie ausgetauscht durch eine Neue.

Es wird ein enormer Aufwand in den Medien betrieben, Fernsehen, Radio und Cover Blätter der Magazine überhäufen sich mit Meldungen, Schlagzeilen und Bildern der Ikone.

Sobald diese ihre Aufgabe erfüllt hat macht die Ikone Platz für eine Steigerung.

So leitet man unseren Verstand Schrittweise selbst zerstörerischen Philosophien zu.

Wir sind so überhäuft mit dem Angebot an neuen Medien und Unterhaltungsmöglichkeiten,

dass wir nicht einmal anhalten können zu fragen wieso erfolgreiche Pop-Bands der 80er oder 90er Jahre plötzlich nicht mehr erfolgreich sind. Was ist der Grund für ihr Ausscheiden aus dem Show-Business? **„There is no business like Show-Business"**; wie Sinatra zu sagen pflegte, wie wahr, wie wahr.

Ein Kredo ist nicht gebunden an moralische oder unmoralische Konventionen.

Es kann die Geburt einer eigenen Moral sein die man per „Eigenkredo" festlegt.

Auch muss ein Kredo nicht gebunden sein an Wahrheit oder Unwahrheit.

Sprich es kann eine eigene Wahrheit hervorbringen. Und so kann ein Kredo mutieren schrittweise zu etwas dem Ursprung entgegengesetzten oder völlig extremen und bösem. Beispielsweise wenn gewisse Leute davon überzeugt sind, dass der Planet Erde nur eine bestimmte Anzahl an Menschen tragen kann, bevor das Ökosystem kollabiert. Wie zum Beispiel die Anhänger eines Sir Thomas Malthus. Es spielt auch hier keine Rolle ob diese Gruppe von Menschen Recht hat mit ihrem Kredo. Ihre Sichtweise könnte sich ausweiten und innerhalb von mehrerer Generationen so ausarten, dass die Eiferer dieses Kredo anfangen Massenweise Mitmenschen abzuschlachten, weil sie so glauben den Planeten zu retten.

Die Macht des Kredo zeigt sich in seiner Auswirkung auf ein Volk oder eine Religion.

Ein Kredo kann die Massen dazu bewegen etwas zu bewirken was sich nachteilig auf die selbige Masse auswirkt, es genügt das Kredo wirksam an die Massen zu verkaufen und als nützlich oder sinnvoll darzustellen. Ein Kredo vermag es Kaiser, Könige und Kontinente zu verschieben.

Wir müssen uns bewusst darüber werden das Kredo über das Schicksal unserer Spezies entscheiden werden. Insofern diese uns Konditionieren, Indoktrinieren und Zähmen, also willkürlicher Normung dritter aussetzen, sollten wir immerzu vorsichtig sein, wenn wir dabei sind ein Kredo oder eine ganze Ideologie zu unserer Eigenen zu machen.

Die Methoden zur Nutzung von Kredo und Ideologien sind vielfältig.

Doch sobald wir unser Bewusstsein geschärft haben, gut von schlecht zu unterscheiden, dürften wir gewappnet sein um uns von falschen Ideologien und Kredo loszusagen.

Die weitere Ergründung der Mechanismen der Kontrolle wird dem Leser helfen sich hiervon zu befreien.

Um unser Weltbild zu verdrehen bedient man sich ausgefeilter Vorgehensweisen.

Zuerst wird man mit wissenschaftlichen Theorien gelockt, die wohl zu beweisen sind, diese werden in Ausführlichkeit beschrieben. Es werden die Experimente von Experten beschrieben, die logisch zu sein scheinen. Wir sind natürlich nicht in der Lage diese selbst auszuführen also glauben wir den Spezialisten. Später folgen unzählige Berichte von Menschen über Geschehnisse die nicht zu glauben sind, übernatürliches, nicht greifbares, unglaubliches.

Es werden so viele Berichte zusammen getragen bis man komplett Gehirn gewaschen ist von der Überhäufung der Schilderungen, die unterschiedlichen Leuten wohl widerfahren sind.

Dies alles wird dann mit der eigentlichen Agenda des Protagonisten dieses Schauspiels einer Sendung, Dokumentation oder eines Buches vermischt. Am Ende des Werkes nimmt der Täuscher seine Maske ab und zeigt sein wahres Gesicht, nämlich die Fratze des Bösen, welche nur für den aufgeklärten Menschen sichtbar wird. Der unwissende manipulierbare Mensch tappt in die Falle des Meisters der Illusion und übernimmt das falsche Wissen des Manipulateurs.

Die Ausführliche Studie über das Verhalten von Tieren, speziell Insekten hat den Akteuren der Alchemie und Menschen Maurerei weitere Erkenntnisse geliefert zur Kontrolle des Individuums sowie dem Kollektiv Verhalten der Massen. So studierte man ausführlich das Verhalten von Bienen und Ameisen. Eine Biene opfert sich ihrer Bienenkönigin auf ohne darüber nach zu denken.

Ihr Instinkt bindet sie an die Bienenkönigin. Alle Bienen arbeiten im Gleichschritt in Perfektion.

Daher tragen Päpste den Bienenbau auf ihrem Haupte. Die Symbole sind nicht zu unterschätzen.

Ameisen bauen Ameisenbauten, genauso ließen die Ägypter die Arbeitermassen die Pyramiden errichten. So wurde die Natur zum Vorbild für den Menschen. Die Natur lebte bereits den

Sozialismus vor indem das Individuum sich dem Kollektiv aufopfern muss.

Genauso verhalten wir uns Tag täglich wenn wir an den Bankschalter spazieren und den Konsumenten der Idiotie unserer Zeit Blüten aushändigen oder als Beamte Anträge weiterleiten die in einer vernünftig sortierten Gesellschaft überflüssig sind. Wir verhalten uns wie Drohnen die wie ferngesteuert handeln. Wir reagieren wie Tiere, man könnte sagen böse, instinktiv, der Verstand, Moral und die eigene Wahrnehmung sind ausgeschaltet.

Bienen bauen Instinktiv den perfekten Bienenbau, jede Wabe ist perfekt geformt. Bietet sie ein geeignetes Vorbild für den „Meister-Maurer", man könnte sagen, dass die Biene unbewusst ihr eigenes Gefängnis errichtet. Genauso verfährt man mit uns Menschen so hilft ein jeder brav und unbewusst geradezu instinktiv getrieben mit ein Technologisches Gefängnis für das Menschengeschlecht zu errichten. Man könnte einen Instinkt auch mit einer Gewohnheit vergleichen. Wir haben uns an die Welt gewöhnt in der wir uns nun befinden, und versuchen diese egal wie schlecht sie für uns sein mag so zu konservieren wie sie gegenwärtig ist.

Wir folgen dem umgekehrten Instinkt der Selbstvernichtung. Denn unser natürlicher Überlebensinstinkt wurde uns durch die Konditionierung und Domestizierung ausgetrieben.

Der Alchemist war erfolgreich bei der Transformierung des Menschen zu etwas anderem.

Er hat eine Reduktion vorgenommen. Die Meister Formel lautet wie folgt:

wilder Mensch = freier Wille = weniger Instinkt, Tier = mehr Instinkt = weniger freier Wille.

Der Mensch = konditioniert + indoktriniert = Menschentier = domestizierter Mensch.

Konditionierung + Indoktrinierung = Sozialisierter Mensch = Menschentier = kein freier Wille.

Unsere Wahrnehmung wird durch unsere Seele festgelegt. So wie wir uns selbst emotional fühlen fügen wir uns in die Masse ein. Eine verdunkelte Seele vernebelt den Verstand nur eine Seele die sich ihres Schicksals und Umfeldes im klaren ist kann den Verstand auf den Rechten Pfad führen.

Die Seele bildet das Gleichgewicht zwischen Verstand, Wahrnehmung und Körperkraft.

Daher ist der Glaube das wichtigste Werkzeug um auf dem richtigen Pfad zu wandeln.

Die verdunkelte Seele ignorant nach Wahrheit und wissen zu forschen wird immer nur die Meinung anderer auferlegt bekommen und somit immer auf falschen Pfaden wandeln.

Somit schließt sich der Kreis über die Kontrolle des Menschen in Geist, Seele und Körper.

Unser freier Wille scheint erloschen unsere Seelen ausgebrannt um dem „Meister-Alchemisten", als Objekte zu dienen. Das Seelenfeuer und die Geistesenergie werden aufgezehrt und deren Energie absorbiert. Wir füllen seine Flaschen und Gläser mit dem Elixier zur Transmutation des Menschen zu etwas neuem; Dem „Frankenstein-Monster".

Die Konditionierung, Indoktrinierung und Normung sind das Fundament für die weiteren
Kontroll- Mechanismen unseres sehr speziellen Widersachers. Mit denen wir bereits als zartes Kind verformt werden. Beschmiert und geleimt hat man uns.

Die Dialektik des Hegel

Die Normung des Individuums bildet die Grundlage auf die nun „Die Hegelsche Dialektik", angewendet wird. Der Alchemist wird zum Zauberkünstler, zum Trickser, zum Täuscher und Doppelspieler. In der einen Hand hält er ein „Al Kaida" Püppchen mit Bärtchen und aus seinem Ärmel zückt er einen Brennenden Turm.

Wir widmen uns nun der weltberühmten Philosophie von G .F .W. Hegel, auch bekannt als Hegelsche Dialektik und seinem Werk „Die Phänomenologie des Geistes", dieses wird als Leitfaden dienen um zu verstehen wie unser Geist geformt wird in den unterschiedlichen Stufen der Erfahrungssammlung im Laufe unseres Lebens. Weiterhin wird die Erklärung von Ralf Ludwig „Hegel für Anfänger Phänomenologie des Geistes", helfen den Weg aufzuschließen. Uns schließlich zur berühmten Hegelschen Dialektik führen. Der Leser sollte wissen, dass nicht das Werk von Hegel, oder die Interpretation von Ralf Ludwig von mir hier interpretiert werden. Sondern nur als Grundlage dienen für das Wissen welches sich einer Elite an Intellektuellen erschließt das Individuum mit diesen Erkenntnissen zu ihrem Gunsten zu manipulieren. Die Schriften Hegels könnten natürlich unterschiedlich interpretiert und aufgefasst werden. Uns soll hier aber interessieren wie man sie zur Macht Konsolidierung einsetzen kann und wir werden tatsächlich lernen, dass sie angewendet werden in den unterschiedlichsten Bereichen um gewisse Ziele oder eine Agenda durchzusetzen.

Wir werden geboren und treten in diese Welt ein, die Welt und ihre Wirklichkeit.
Zunächst einmal sind wir nur geformt und beeinflusst worden durch den Leib unserer Mutter.
Die erste Interaktion war der Mutterleib. Dieser hatte uns beherbergt, wärme gespendet und genährt.
Nun da wir auf die Welt gekommen, interagieren wir mit unserer Umwelt, jede Erfahrung die wir machen, alles was unsere 5 Sinne aufnehmen wird uns verändern, beeinflussen, beeindrucken und unseren Charakter in gewisser Weise mitformen. Jede Form, Farbe, jeder Gegenstand den unser Auge aufnimmt wird auf uns einen gewissen Eindruck haben und unseren Verstand formen.
Jedes Wort welches wir verstehen lernen und jeder Geruch sowie Geschmack wird sich auf uns auswirken. Jede Interaktion mit der Außenwelt, mit der harten Realität wird uns schmieden und zurecht schneiden. Somit nehmen wir als Individuum eine ständig veränderliche Form an.
Wir kommen zur Welt und ein jeder von uns hat sein eigenes vorher bestimmtes Bewusstsein.
Unser Bewusstsein sehnt sich danach Erfahrungen zu machen und Wissen zu erlangen.
Unser Bewusstsein muss lernen zu definieren und zu unterscheiden. Jeder Gegenstand und jede Situation wird von unserem Bewusstsein aufgenommen. So kommt unser Bewusstsein in Kontakt mit seiner Umwelt indem es alles aufnimmt was es umgibt.
Zunächst einmal haben wir kein Vorwissen über einen Gegenstand der uns neu ist. Unsere Sinne erschließen uns schließlich eine Erfahrung mit dieser neuen Sache zu machen, daraus formen wir dann unser neu errungenes Wissen, unser Bewusstsein ist dabei aufzunehmen was es konfrontiert.
Die Erfahrung die wir hierbei machen ist insofern wir auf uns allein gestellt sind unsere eigene Subjektive. Sie wird bestimmt durch unser eigenes Ich also Bewusstsein, das Ego.
Unsere Sinneskräfte sind von Geburt an mitbestimmt durch unser Ego, und unser Ego wie ich hier einfügen möchte wird uns in der Sekunde unserer Geburt übertragen.
„Die Sinne zeigen uns, was ist, und so ist die erste Denkbewegung auf-nehmend.
Jetzt setzt die zweite Denkbewegung ein, die Wahrnehmung."[1]

Die Seele legt die emotionale Wahrnehmung der Umwelt fest, sie legt fest wie wir uns selbst in der Masse wahrnehmen, denn so fühlen wir uns tatsächlich. Ohne zu wissen wie wir auf unsere Umwelt wirken.

„Der Reichtum des sinnlichen Wissens gehört der Wahrnehmung, nicht der unmittelbaren Gewißheit an [...]"[2]

Sprich so wie wir die Dinge wahrnehmen, nehmen wir auch das Wissen auf. Nicht in der Gewissheit über eine Sache. Diese kann durch die Aufnahme durch die eigenen Sinne beeinflusst werden. Die Gewissheit kann durch Manipulation der eigenen Sinne getäuscht werden.
Beispielsweise wenn wir nicht klar durchblicken und eine Illusion vor uns haben oder eine Fata-Morgana.

„Die unmittelbare Gewißheit nimmt sich nicht das Wahre, denn ihre Wahrheit ist das Allgemeine, sie aber will das *Diese* nehmen. Die Wahrnehmung nimmt hingegen das, was ihr das Seiende ist, als Allgemeines."[3]

Die Gewissheit über eine Sache kann von uns subjektiv und allgemein betrachtet werden, also nicht objektiv und tatsächlich zutreffend auf diese Sache. Ein Farbenblinder nimmt seine Umwelt anders auf als eine Person die alle Farben aufnimmt. Insofern betrachtet er eine Farbe und bestimmt sie mit seiner subjektiven Gewissheit über die Farbe des Objektes. Trotzdem meint die Person genau diesen Gegenstand den die andere Person anders aufnimmt nämlich in der tatsächlich zutreffenden Farbe. Die Wahrnehmung des Farbenblinden nimmt tatsächlich das auf was ihm persönlich die Wahrheit zu sein scheint, die eigene Realität.

„Das Bewußtsein entdeckt wahrnehmend (die Wahrheit nehmend) am Gegenstand Bestimmungen und Unterschiede. Es schlägt bestimmte Eigenschaften der Wahrheit des Gegenstandes zu. Falls dies nicht geschähe, bliebe das Ding ´bestimmungslos`, d.h. eigenschaftslos."[4]

Unsere Wahrnehmung ist empfänglich für alle erdenklichen Täuschungen und Irritationen.
Sie steht im Widerspruch zwischen dem objektiven und subjektiven. Somit ist sie gewillt der Täuschung mit der sie konfrontiert werden kann zu erliegen.
Die Wahrnehmung nimmt die Umwelt zunächst abstrakt auf nämlich so wie wir uns in diesem Moment eventuell gerade fühlen. Nun schaltet sich der Verstand ein und versucht die Eindrücke die das Bewusstsein macht und die Wahrnehmung zusammenfassend auszuwerten, durch die eigene Geistesfertigkeit.

„Hegel benötigt 25 Seiten voller dunkler Formulierungen, um die keineswegs immer konsequente Gedankenführung dorthin zu bringen, wohin er will: daß das Wissen, welches in sinnlicher Gewißheit und Wahrnehmung schon den Begriff gefunden hat, jetzt auch ein Wissen von dem Begriff hat."[5]

Unser Bewusstsein und unsere Wahrnehmung nehmen auf, leiten weiter an unseren Verstand und dieser formuliert durch Gedankengänge die Beschaffenheit über etwas.
Das Auge sieht ein Automobil, unsere Wahrnehmung so wie wir uns gerade in diesem Moment fühlen oder empfinden, empfindet das Automobil dynamisch und sehenswert. Der Verstand definiert diese Attribute und verarbeitet sie, das Automobil hat also gefallen gefunden insofern uns nicht doch noch etwas einfällt was dagegen sprechen würde gefallen an dem Automobil zu finden.
Wir befinden uns nun im Zwischenspiel der Kräfte. Auf uns wirken unterschiedliche Kräfte ein zum Beispiel die Meinungen von zwei unterschiedlichen Personen. Wir können uns nun entscheiden von welcher von außen wirkenden Meinung wir uns mehr beeinflussen lassen.
Das Bewusstsein nimmt beide auf, die Wahrnehmung filtert subjektiv höchst wahrscheinlich nach Sympathie und der Verstand schaltet sich letztlich ein um innerhalb seiner bestehenden geistigen

Möglichkeiten eine Entscheidung zu treffen. Die beiden Personen könnten sich über das Automobil unterhalten, und unsere Gedanken und eigene vorherig geschlossene Überzeugung über das Automobil verändern. Der Austausch der beiden entgegengesetzten Individuen kann uns stärker beeinflussen als der Dialog mit einem einzigen gegenüber. Wir können uns für Plus oder Minus entscheiden oder auch nicht mehr Wissen uns zwischen Plus oder Minus entscheiden zu können. Schließlich werden wir überzeugt und diese Überzeugung fügt sich in unser Wesen ein als Selbstbewusstsein, wir sind uns selbst darüber bewusst geworden, dass uns das Auto gefällt.

Unser Selbstbewusstsein wurde geformt durch unser Bewusstsein, Wahrnehmung, Geist und den äußeren Kräften die auf uns einwirken. Nun können wir aufrecht durch die Welt schreiten und verkünden, dass uns das Automobil gefällt denn wir sind Selbstbewusst darüber es ist dynamisch und schön, oder durch die Meinung der anderen ein Prestige Objekt.

Je nachdem wie unsere Aufnahmefähigkeit und Fähigkeit zu denken beschaffen ist werden wir beeinflusst durch die Polaritäten die durch die Umwelt auf uns einwirken.

Diese können unser Bewusstsein, Wahrnehmung, Denken und Selbstbewusstsein mit verändern. Diese Tatsache sollte uns immer im Hinterkopf bleiben denn jeder Mensch ist formbar und im negativen Sinne gesprochen korrumpierbar, also der Korruption durch die Interaktion mit seiner Umwelt ausgesetzt.

Des weiteren müssen wir als soziale Wesen unser Selbstbewusstsein im allgemeinen mit anderen Selbstbewussten Personen teilen. Wir tauschen uns aus über die Dinge von denen wir bereits überzeugt sind. Somit können sich die Ansichten über etwas vermischen oder auch einfach nur kreuzen. Es kann durch die Vermischung von Plus und Minus ein neues Selbstbewusstsein entstehen. Ganz einfach durch den Austausch innerhalb einer Konversation.

Das Selbstbewusstsein, das Wissen über eine Sache möchte sich bestätigt sehen, die Erfahrung über dieses Wissen wird uns mit der Zeit verändern oder eventuell weiter reifen lassen.

Wenn wir Fortschritte machen in einer Sache stärkt sich so unser Selbstbewusstsein.

Machen wir negative Erfahrungen wird unser Selbstbewusstsein zu einer Sache geschwächt.

Wenn wir beispielsweise zur Bundestagswahl schreiten und zufrieden sind mit der Wahl die wir getroffen haben gewinnen wir an Selbstbewusstsein und gehen wieder gerne die selbe Partei wählen. Bleibt der Erfolg aus oder kommt die Täuschung und Enttäuschung zum Tragen verlieren wir an Selbstbewusstsein. Der nächsten Wahl werden wir missmutig und mit gebrochenem Selbstbewusstsein entgegentreten.

Es kann auch passieren, dass ein Selbstbewusstsein über das andere siegt weil es die überhand nimmt.

Es kann auch das andere Selbstbewusstsein überschatten und aufteilen also verunsichern.

Es kommt auch vor, dass wir zwischen zwei Parteien entscheiden müssen und hin und her gerissen werden. Somit haben wir unser Bewusstsein verloren denn wir wissen nicht mehr in welche Richtung wir uns bewegen wollen.

Je länger wir uns mit einer Sache konfrontiert sehen desto eher werden wir von ihr übermannt und absorbiert. Je mehr böses wir in unserem Leben erleben umso stärker können wir vom bösen vereinnahmt werden. Somit ist kein Mensch vor Korruption oder Veränderung gewappnet.

Denn sobald wir zulange in die Sonne starren wird diese uns erblinden lassen.

Je länger wir uns in der Nähe von Personen befinden die anderer Meinung sind umso wahrscheinlicher ist es, dass wir irgendwann unausweichlich ihre Meinung auf uns selbst übertragen und davon überzeugt werden.

„Nur in Verbindung mit der Todesfurcht wird das Bewusstsein auf den Weg zu sich selbst gebracht.“[6]

Das Ich vom rechten Weg des Selbstbewusstseins über Gott und die Welt kann nur wieder zu seinem wahren Bewusstsein zurück finden, wenn es mit einem heftigen Knall aus der Trance gerissen wird. Das Selbstbewusstsein wird zusammenfassend geformt durch die Interaktion mit der Umwelt.

Das Ich interagiert mit seiner Umwelt und bildet ein Selbstbewusstsein. Dieses ist dem ständigen Kampf der Pole dem Plus und Minus, Yin und Yang, Maskulin oder Feminin, Macht oder Täuschung ausgesetzt.

In den persönlichen Gedanken sind wir frei, denn wir sind nicht fremden Einflüssen ausgesetzt.

Sobald wir mit fremden Gedanken konfrontiert werden können diese die Freiheit unseres Ich Denken einschränken. Wir können hierbei unsere eigene Sicherheit und Zufriedenheit verlieren.

Wir geben unser Selbstbewusstsein in den Wirren der Welt auf. Weil unser Gedanke keinen Anklang findet im Chaos der umliegenden Gedankenwelt.

Als Unglückliches Bewusstsein geraten wir in den Zwiespalt und wissen nicht mehr was wir Wissen oder Glauben. Unser denken ist nicht objektiv es ist subjektiv und wird beeinflusst von dritten.

Unser Glauben über eine Sache kann auch so sehr gefestigt sein, dass wir nicht davon ablassen wollen.

„Die Vernunft ist die Gewißheit des Bewußtseins, alle Realität zu sein; so spricht der Idealismus ihren Begriff aus."[7]

Sprich die subjektive Vernunft des Ichs klammert sich an die eigene Realität.

Der Idealismus steht für ein eigenes Weltbild oder eine eigene Ideologie.

Die Begebenheiten der Wirklichkeit interessieren das Individuum nicht mehr, denn es glaubt in einer heilen Welt zu leben.

Es kann sich nicht dazu durchringen zu erkennen, dass Korruption und Zerstörung der Tagesordnung angehören. Dass das Böse über die geheiligte Welt regiert.

Die eigene Sichtweise über die Welt die es erfahren hat kann nicht beiseite gelegt werden.

So beschreibt Ralf Ludwig auf S.121 einen weiteren sehr guten Vergleich:

Nehmen wir als Beispiel die Wirklichkeit in unseren Kinderzimmern, in denen kindlicher Geist ganz konkret Realität setzt, und zwar in Bildern von Märchengestalten und guten Feen. Nehmen wir als Beispiel den Sieg über den bösen Wolf als den flammenden Kampfeswillen des kindlichen Geistes für die heile Schöpfung und gegen Unrecht und Unterdrückung. Wehe den Eltern, die dieser Realität ihrer Kinder alle Vernunft absprechen und ihr die vermeintlich größere Realität der eigenen Erfahrungen entgegenstellen.[8]

Man Versuche einen Erwachsenen davon zu überzeugen, dass die Welt in der er lebt unvernünftig und auf den Kopf gestellt ist. Er wird sich an die Vernunft der auferlegten Realität klammern und darauf beharren, dass sein gegenüber verrückt sein muss. Denn es kann nicht mit rechten Dingen zugehen.

Denn Mann wurde ja schließlich von den Eltern richtig erzogen. Dass dessen Eltern bereits mit der selben Lüge zur Welt gekommen, wird ihm nicht in den Sinn kommen.

Das Individuum ist geneigt dazu dem Glauben zu folgen jener der wahre zu sein scheint.

Die Freiheit des Ich kann dem Kollektiv geopfert werden um das Wohl der Massen sicher gestellt zu glauben. Es besteht kein unterschied mehr zwischen dem Glauben und dem Aberglauben.

Die Wahrheit versinkt im Meer des Aberglauben der Massen, die gutgläubig ihr Bewusstsein verlieren.

Hierzu passt Hegels Markanter Ansatz in seiner Vorrede S. 10 Phänomenologie des Geistes:

„Die Knospe verschwindet in dem Hervorbrechen der Blüte, und man könnte sagen, daß jene von dieser widerlegt wird, ebenso wird durch die Frucht die Blüte für ein falsches Dasein der Pflanze erklärt, und als ihre Wahrheit tritt jene an die Stelle von dieser. Diese Formen unterscheiden sich nicht nur, sondern verdrängen sich auch als unverträglich miteinander"⁹

Dieses Bildliche Gleichnis von der Pflanze und ihrer Natur ist sehr tiefgründig und vielschichtig zu interpretieren. Jenes was wir zuvor wussten und als Wahrheit aufgefasst haben kann mutieren.

Diese Mutation oder Nachgeburt/Wiedergeburt lässt eine neue Wahrheit aufkeimen.

Der alte Glaube kann beiseite gelegt werden ein neuer Glaube kann angenommen werden.

Denn alle Dinge sind der stetigen Wirkung der Änderung und der Transformation ausgesetzt.

Der Neue Glaube tritt wie ein Phönix aus der Asche.

„Das Absolute soll nicht begriffen, sondern gefühlt und angeschaut, nicht sein Begriff, sondern sein Gefühl und Anschauung sollen das Wort führen und ausgesprochen werden."¹⁰

Jenes was als absolut bestimmt wurde durch unsere Volksvertreter soll also nicht verstanden werden sondern nur gefühlt, also spielt man mit unseren Empfindung und Emotionen, unsere Erwartungen an einen neuen Politiker sind gebunden an Hoffnungen und Versprechungen. Die Entscheidungen die später durch diese Machtperson getroffen werden sind Absolut und nicht in Frage zu stellen.

Selbst wenn sie die Hoffnungen enttäuschen. Barack Obama versprach den Amerikanern „Change", ohne genau definieren zu müssen, welcher Wandel, wie konkret eingeleitet werden würde.

Wichtig war nur die Absolute Botschaft und das Gefühl der Hoffnung endlich gehört zu werden.

Die, welche solche Behauptungen aufstellen, sagen aber, gemäß vorhergehenden Bemerkungen, auch selbst unmittelbar das Gegenteil dessen, was sie meinen [...]. [...]

Sie meinen *dieses* Stück Papier, worauf ich dies schreibe, oder vielmehr geschrieben habe; aber was sie meinen, sagen sie nicht. [...]

Sie meinen also wohl *dieses* Stück Papier, das hier ein ganz anderes als das obige ist; aber sie sprechen wirkliche Dinge, *äußere* oder *sinnliche* Gegenstände, *absolut einzelne* Wesen, und so fort, das heißt, sie sagen von ihnen nur das *Allgemeine*; daher was das Unaussprechliche genannt wird, nichts anderes ist, als das Unwahre, Unvernünftige, bloß Gemeinte. [...]

Will ich aber dem Sprechen, welches die göttliche Natur hat, die Meinung unmittelbar zu verkehren, zu etwas anderem zu machen, und so sie gar nicht *zum Worte kommen* zu lassen, dadurch nachhelfen, daß ich dieses Stück Papier *aufzeige*, so mache ich die Erfahrung, was die Wahrheit der sinnlichen Gewißheit in der Tat ist; ich zeige es auf, als ein Hier, das ein Hier anderer Hier, oder an ihm selbst ein *einfaches Zusammen* vieler Hier, das heißt, ein Allgemeines ist, ich nehme so es auf, wie es in Wahrheit ist, und statt ein Unmittelbares zu wissen, *nehme ich wahr*.¹¹

Die Volksverführer sind geschult darin, alles was sie eigentlich sagen wollen zu verdrehen, so dass wir nicht durch die Scharade durchsehen. Beispielsweise George Bush Junior als er verkündete, dass alle die nicht mit dem Staat sind jener den Terrorismus bekämpfen möchte auch Terroristen seien.

Die Formulierung lässt uns nicht verstehen, dass wir eigentlich alle bekämpft werden letzten Endes.

Was er eigentlich meinte sagte er nicht, das Terrorismus geschürt wird um uns alle zu knechten und unsere Rechte zu rauben. Das Unaussprechliche lässt er aus er spricht nur allgemein von Terroristen so dass wir uns nicht als betroffen fühlen. Seine Drohung wird für alle jene bewusst die seine Rede auch so aufnehmen wie sie gemeint ist. Er macht uns alle die wir ihm widersprechen mögen zu Terroristen, obwohl wir keine Terroristen sind. Statt die unmittelbare Bedrohung durch einen wahnsinnigen despotischen Knallkopf bewusst aufzunehmen. Wird die falsche Wahrnehmung bestätigt, dass nur jene Terroristen seien die auch tatsächlich mit Bomben um sich werfen.
Er zeigt mit dem Finger auf die Terroristen, jene sind Terroristen und ihr seit auch Terroristen.
Wir wissen nicht über die unmittelbare Wahrheit, sondern nehmen einfach nur wahr.

Diesem Herzen steht eine Wirklichkeit gegenüber, denn im Herzen ist das Gesetz nur erst *für* sich, noch nicht verwirklicht und also zugleich etwas *Anderes*, als der Begriff ist.
Dieses Andere bestimmt sich dadurch als eine Wirklichkeit, die das Entgegengesetzte des zu Verwirklichenden, hiermit *der Widerspruch* des Gesetzes und der Einzelheit ist. Sie ist also einerseits ein Gesetz, von dem die einzelne Individualität gedrückt wird, eine gewalttätige Ordnung der Welt, welche dem Gesetz des Herzens widerspricht; - und andererseits eine unter ihr leidende Menschheit, welche nicht dem Gesetze des Herzens folgt, sondern einer fremden Notwendigkeit untertan ist. - Diese Wirklichkeit, die der itzigen Gestalt des Bewußtseins *gegenüber* erscheint, ist, wie erhellt, nichts anders als das vorhergehende entzweite Verhältnis der Individualität und ihrer Wahrheit, das Verhältnis einer grausamen Notwendigkeit, von welcher jene erdrückt wird.[12]

Die Neuen Gesetze die folglich in Form des „Patriot Act", erlassen werden konnten unter der Bush Regierung. Die Freiheit des Individuums wird komplett eliminiert, sie muss sich der Gewalttätigkeit der Außenwelt beugen. Denn wenn ein paar bärtige sich in die Luft jagen, müssen wir uns dem Gesetz des Dschungels einordnen. Wir folgen nicht mehr dem Herzen sondern der Notwendigkeit den Terrorismus bekämpfen zu müssen. Wir werden schließlich von der Notwendigkeit unsere Rechte aufgeben um den Terror zu bekämpfen selbst Opfer der selben Notwendigkeit die Alte Ordnung zu verändern. Unser Verhältnis zu unserer Individualität ändert sich, denn wir müssen uns dem Kollektiv Opfern; der Staatssicherheit, dem Faschismus usw.

Die Aufgabe aber, das Individuum von seinem ungebildeten Standpunkt aus zum Wissen zu führen, war in ihrem allgemeinen Sinn zu fassen, und das allgemeine Individuum, der Weltgeist, in seiner Bildung zu betrachten. - Was das Verhältnis beider betrifft, so zeigt sich in dem allgemeinen Individuum jedes Moment, wie es die konkrete Form und eigne Gestaltung gewinnt. Das besondre Individuum aber ist der unvollständige Geist, eine konkrete Gestalt, deren ganzes Dasein *einer* Bestimmtheit zufällt, und worin die andern nur in verwischten Zügen vorhanden sind.[13]

In diesem Abschnitt macht sich eine kleine Abscheu bemerkbar die Hegel als schlechter Ruf anhaftet bezüglich des Querdenkers und Individualisten. Das ungebildete Individuum wird also vom Weltgeist geformt, dieser wird festgelegt von denen die das Absolute Wissen zu glauben haben oder danach streben. Es nimmt die konkrete Form an die für das Individuum vom Weltgeist zuvor bestimmt wurde. Der nicht mit der Masse mit fließende Geist ist demnach unvollständig.

Der Leser ist nun vertraut damit wie Wissen angeeignet wird. Das Bewusstsein nimmt mit Sinneskräften auf und die Wahrnehmung unterwirft die Sache ihrer Gefühlsmäßigkeit.
Der Geist erfasst was das Bewusstsein und die Wahrnehmung ihm weitergeben.
Nun entsteht ein erster Gedanke, weitere folgen, sobald wir von einer Sache überzeugt sind bilden wir ein Selbstbewusstsein zu dieser Sache. Folglich sind zuerst immer das Bewusstsein und die Wahrnehmung welche die Umwelt betrachten und sie an unser Gehirn weiterleiten.
Wir sind nun bereit uns mit der „Hegelschen Dialektik" zu beschäftigen und ihrer Formulierung als auch ihrer Anwendung durch Volksverdreher. Hegels wichtigste Zeilen lauten wie folgt:

> **Die** *lebendige sittliche* **Welt ist der Geist in seiner Wahrheit; wie er zunächst zum abstrakten Wissen seines Wesens kommt, geht die Sittlichkeit in der formalen Allgemeinheit des Rechts unter.** [Korruption der alten Werte]
> **Der in sich selbst nunmehr entzweite Geist beschreibt in seinem gegenständlichen Elemente als in einer harten Wirklichkeit die eine seiner Welten** [Angriff auf unsere Bastion]**, das** *Reich der Bildung* [1. die These]**, und ihr gegenüber im Elemente des Gedankens die** *Welt des Glaubens***, das** *Reich des Wesens* [2. Antithese].
> **Beide Welten aber vom Geiste, der aus diesem Verlust seiner selbst in sich geht, von dem** *Begriffe* **erfaßt, werden durch die** *Einsicht* **und ihre Verbreitung, die** *Aufklärung***, verwirrt und revolutioniert, und das in das** *Diesseits* **und** *Jenseits* **verteilte und ausgebreitete Reich kehrt in das Selbstbewusstsein zurück, das nun in der** *Moralität* **sich als die Wesenheit und das Wesen als wirkliches Selbst erfaßt, seine Welt und ihren** *Grund* **nicht mehr aus sich heraussetzt, sondern alles in sich verglimmen läßt, und als** *Gewissen* **der** *seiner selbst gewisse* **Geist ist.**
> **Die sittliche Welt, die in das Dieseits und Jenseits zerrissene Welt und die moralische Weltanschauung sind also die Geister, deren Bewegung und Rückgang in das einfache fürsichseiende Selbst des Geistes sich entwickeln, und als deren Ziel und Resultat das wirkliche Selbstbewußtsein des absoluten Geistes hervortreten wird.**
> [3. Synthese = das Produkt][14]

Schrittweise müssen wir uns der Formel nähern die als Technik angewendet wird, um ein Vorhaben in die Tat umzusetzen ohne die Massen unterrichten zu müssen was man eigentlich damit bezweckt.
Wie Hegel es sagte man kann ein Blatt Papier nehmen und erklären es sei dieses und jenes Blatt.
Das Blatt Papier wird willkürlich verändert. Zuerst war es blau nun ist es rot.
Der Alchemist möchte letztlich eine Synthese bewirken die geboren wird aus These und Antithese.

Zunächst einmal haben wir den Geist in seiner unbeeinflussten Form er kennt die Wahrheit.
Diese geht in der Formalität des allgemeinen Rechts unter. Die alten gesunden Werte wurden korrumpiert, zum Beispiel durch einen Terror Anschlag oder eine Wirtschaftskrise.
Der nun entzweite Geist auf dem Boden der harten Realität konfrontiert mit dem Einsturz der „World-Trade-Center", sieht er sich mit einer Bedrohung konfrontiert die er aber noch nicht erfassen kann. Der Geist ist entzweit, heißt er bewegt sich im Zwielicht der Unwissenheit.
Der Geist ist geschockt durch das was Bewusstsein und Wahrnehmung ihm überleiten.

Es wurde aufgenommen wie zwei Flugzeuge wie im kühnsten Film in die Zwillingstürme einschlugen. Nun muss der Geist sich im ersten Schritt vorstellen, wer oder was sich dahinter verbirgt.

Welch Spiel wird hier gespielt? Es schaltet sich das Reich der Einbildung ein denn der Geist muss Phantasieren und kann nur raten wer dazu fähig ist eine solche Tat zu begehen.

Nun ist das Individuum angewiesen auf seine modernen Medien Anstalten.

Deren Aufgabe ist es nun das Individuum über die wahren Geschehnisse zu verwirren und falsch zu informieren. Aus diesen neuen Erkenntnissen denen das Individuum glauben schenkt resultiert ein völlig neues Selbstbewusstsein. Der Absolute Geist. Es ist fest von der Geschichte überzeugt die es aufgetischt bekommen hat. Nun ist es bereit seine Rechte aufzugeben und die alte Sittlichkeit.

Plötzlich ist es in Ordnung wenn man Foltercamps errichtet, um darin Männer Muslimischer Herkunft willkürlich zu foltern, ohne vorher ihre Schuld vor Gericht zu beweisen.

Die alten Sittlichkeiten also Werte wurden neu hergestellt eine Synthese ist entstanden.

Das Individuum ist jetzt bereit seine Menschenrechte auf dem Altar zur Bekämpfung äußerer Feinde zu opfern.

Der Geist ist gewillt die Seele mit dem Übel der Kriegstreiberei und des Mordens zu beschweren.

Denn nun kann auch die Invasion vermeintlicher Übeltäter auf fremde Nationen ausgeweitet werden. Also kann man Souveräne Staaten angreifen in Afghanistan oder dem Irak.

Die Formel lautet in ihrer Klarheit These + Antithese = Synthese;
Oder Problem + Reaktion = Lösung.
Anwendung finden diese Formeln wie folgt;
man muss uns davon überzeugen unseren Wohlstand, Reichtum und Luxus aufzugeben.

Also schafft man ein Problem, wir erzeugen zu viel Co2 dieses lässt die Temperaturen steigen und wird unser Schicksal als Menschen besiegeln und gleichzeitig „Mutter Erde" vernichten.

Die Reaktion der Bevölkerung ist dann natürlich Schock, Angst, Perplexität, wir müssen alle schnell etwas unternehmen. Die Lösung kommt von den gleichen Leuten die uns auf das Problem aufmerksam machten. Wir müssen die Westliche Welt Deindustrialisieren und jeden Aspekt unseres Alltags besteuern lassen, denn Geld heilt bekanntlich alle Wunden. Nicht die Zeit, Nein Geld!

Oder These Christentum + Antithese Islam = Synthese Krieg (Opferung von Menschen, Satanismus) siehe Kreuzzüge, siehe Kampf gegen den Terror.

Problem: die Erde ist überbevölkert + Reaktion; Schock, was machen? = Lösung Sterilisation.

Ohje, wir haben ein Problem! Wir müssen die Bargeld Blüten aus dem Verkehr ziehen, also drucken wir mehr und mehr und vergeben Kredite und Darlehen bis der Abgrund des Poseidons erreicht ist, „die Lösung wunderbar, eine Internationale Digitale Währung".

Des Alchemisten Meister-Formel funktioniert in allen Lebenslagen. Und ist die nächste Stufe zur Manipulation des Individuums. Nachdem wir genormt wurden, werden wir nun manipuliert auf dem höchsten Niveau. Sie ist eines der mächtigsten Kontroll-Instrumente von globalen Eliten und Plutokraten.

Die Meister Formel ist mit Sicherheit nicht aus Hegels eigener Feder geflossen.

Jedoch wurde sein Werk bekannt dafür die Einheit die aus den Gegensätzlichkeiten resultiert zu behandeln. Durch das vermischen von Plus und Minus entsteht etwas neues sprich die Synthese.

Wer sich mit Geschichte befasst wird feststellen, dass die Technik zur Macht Konsolidierung wie sie im Englischen Sprachraum als „Hegelian Dialektik" bezeichnet wird auch bereits zuvor Anwendung fand, und bereits von den großen Griechischen Philosophen wie etwa Platon überliefert ist.

„Aber schon 100 Jahre vor Sokrates (gest. 399 v. Chr.) sagte der griechische Denker Heraklit, Gott sei Tag und Nacht, Winter und Sommer, Krieg und Frieden, Überfluß und Hunger.

Das, was Dialektik ausmacht, ist damit auf den Weg gebracht: die Einheit der Gegensätze ermöglicht die Entwicklung des Lebens."[15]

Man könnte auch sagen, dass jene die, die Weisheit und das Wissen über die Wechselwirkung der Naturereignisse gekonnt zu nutzen wissen sich selbst zu Göttern unter den Menschen erheben können.

Es gibt unzählige weitere interessante Beispiele die hier genannt werden sollten:

Guter Bulle und Böser Bulle, Schwarz und Weiß (Schachbrett).

Neue Meuchelmörder versus Neue Messiasse; Bewahrer von Recht und Ordnung.

Guter Politiker, Böser Politiker, Steuererhöhung oder Steuersenkung, rechts oder links.

Was soll ich wählen? Macht es denn einen Unterschied? Ich bin irritiert aber auch zufrieden?

Wirtschaftskrise und Armut + Extreme, Faschisten kommen an die Macht = Neues System.

Börsencrash 1929 + 1933 Machtergreifung Hitlers = Fabianistischer Sozialismus (Scheindemokratie).

Kapitalismus kontra Sozialismus daraus entsteht Faschismus.

Gegensätze erschaffen etwas neues wie Silber und Gold in Vermischung, es ist die Kunst der Alchemie. Und genauso ist es wenn sich zwei Pole bekämpfen sie haben etwas neues geschaffen Herr und Knecht so wird es auch in der Politik angewendet; These – Antithese.

Männliches Prinzip und Weibliches Prinzip.

Die Mutter als Basis und Vater als Horizontale, das Kind welches durch Vermischung zur Welt kommt schließt die beiden Linien zu einem Dreieck; dem Satz des Pythagoras.

Somit können wir festhalten, dass dieses Prinzip der Wechselwirkung zweier Kräfte Uralt ist.

Materie wird geformt durch These und Antithese. Somit ist alles der Korruption und der Wechselwirkung ausgesetzt. Dieses Natur Prinzip zu kontrollieren ist pure Macht und zerstörerische Macht, jener man bewusst entgegentreten sollte.

Der Alchemist hat so viele Substanzen vermischt, so unzählige Elixiere hergestellt.

Unterschiedliche Substanzen, die verschieden Wirken. Er weiß zu jeder Zeit, welche Reaktion durch welches Elixier hervorgerufen wird. Dementsprechend vermag der Alchemist es dem Volk einen neuen Trank, eine neue Medizin zu verabreichen.

Sowie in Griechenland, die Fabianistisch-Sozialistischen Politiker haben Griechenland verschuldet, und dieses mit Beihilfe der „Bankokraten".

Mit Sparpaketen wollte man das Land nun sanieren.

Die Medizin wirkt nicht, nein sie hat neue Symptome hervorgebracht, nun herrscht noch mehr Armut, die Schulden steigen, die Bürger streiken, die Städte brennen.

Die Griechen sehen sich nun, da sie sich verarscht fühlen gezwungen den Extremen hinterher zu laufen. Denn die gemäßigten „Politokraten" sind gescheitert.

Zur Wahl stehen nun die Linken „Siriza" und die Rechten „Xrisi Avgi".

Es wird eine neue Droge verabreicht die neue Stufe der Synthese wird eingeleitet.

Der „Meister-Alchemist", kannte schon vorher die Wirkung der Stimuli und die Gewalten die dadurch ausbrechen würden. Nun gilt es die Bevölkerung weiter gegeneinander aufzuhetzen, Prinzip Teile und Herrsche.

Denn die Masse der Griechen hat nicht die Dialektik begriffen, die durch ihre großen Philosophen definiert wurde. Man hat die Griechen so sehr abgelenkt und indoktriniert, dass sie nicht einmal mehr die Schriften ihrer Vorfahren lesen, Linken und Rechten Fanatikern und Volksverführern in die vorsorglich ausgelegte Falle des Faschismus rennend, tappend und fallend.

Unsere Gefühle werden vom Alchemisten missbraucht, die Wahrnehmung und die Seele getäuscht, unser Bewusstsein und unsere Sinne werden getäuscht.

Die Sinne werden ihrer Haupt Aufgabe uns vor Gefahren zu schützen entledigt und entwaffnet. Unser Verstand logisch zu denken wird verblendet, wir werden zum Narren gehalten.

Wie Adam Weishaupt schon sagte; **„O Menschen! zu was kann man euch bereden: hätte nicht geglaubt, daß ich noch ein neuer Glaubenstifter werden sollte."**[17]

Der ganze Kosmos ist ein Spiel von Licht und Schatten. Gut und Böse, Zwielicht, Nacht und Tag, Sonne und Mond, die ganze Welt ist ein einziger Zwielichtiger Spielball der Wechselwirkung von Hell und Dunkel. Alles kann positiv oder negativ aufgefasst werden. Je nach Gesinnung durch den Bestimmer dieser. Ein ständiges hin und her, die ganze Welt ist hin und her gerissen, zwischen den Polen; Plus und Minus, gut und böse, die ganze Welt wird bestrahlt von einem gewaltigen Zwielicht. So sind wir immerzu irritiert in unseren Gedanken und Gefühlen.

Stichworte: Das Zwielicht – Verdopplung – Doppelkopf Adler – Caduceus Stab.

Der Schöpfer hat die Welt so geschaffen, um uns den freien Willen zu lassen zwischen gut und böse zu entscheiden. Der Teufel hat gelernt unsere Gott gegebene Freiheit gegen uns anzuwenden.

Die Nächste Technik ist das Verdrehen von Tatsachen, Dingen und Gegebenheiten.

Man kann somit die Realität nach belieben Verdrehen und sich so zurecht biegen wie man sie temporär braucht.

„Die Sonne ist nicht verantwortlich für die Erhöhung der Temperaturen! Nein, es ist das CO_2."

„Ich als König bin von Gott (der Natur, weil der stärkste und schlauste) auserkoren euch Schafe zu weiden." „Ich als Papst bin der Vertreter Gottes auf Erden".

Hierzu nun eine nette Passage von G. W .F. Hegel die das Tyrannenspiel verdeutlichen helfen wird

Jeder Teil dieser Welt kommt darin dazu, daß sein Geist ausgesprochen, oder daß mit Geist von ihm gesprochen und von ihm gesagt wird, was er ist. -

Das ehrliche Bewußtsein nimmt jedes Moment als eine bleibende Wesenheit und ist die ungebildete Gedankenlosigkeit, nicht zu wissen, daß es ebenso das Verkehrte tut.

Das zerrissene Bewußtsein aber ist das Bewußtsein der Verkehrung, und zwar der absoluten Verkehrung; der Begriff ist das Herrschende in ihm, der die Gedanken zusammenbringt, welche der Ehrlichkeit weit auseinanderliegen, und dessen Sprache daher geistreich ist.

Der Inhalt der Rede des Geistes von und über sich selbst ist also die Verkehrung aller Begriffe und Realitäten, der allgemeine Betrug seiner selbst und der andern, und die Schamlosigkeit diesen Betrug zu sagen, ist eben darum die größte Wahrheit.[18]

Bedeutet im Klartext alles was ist hat eine eigene Wahrheit. Das ehrliche Bewusstsein nimmt die Dinge naiv entgegen, es ist nicht fähig einen Betrug zu erahnen, da die Ehrlichkeit ursprünglich noch keine Erfahrung gemacht hatte mit der Lüge. Es hat keine Ahnung davon, dass es permanent angelogen wird. Dass es gerade mehr Arbeiten muss weil die Steuern gestiegen sind.

Es versteht nicht, dass die Politiker darin geschult sind die Bürde dem Bürger aufzulasten wenn eigentlich keine Bestand. Wenn die Schuld eigentlich bei ihm selbst liegt der die falschen Reformen schafft, falsche Gesetze oder Falschgeld. Der Demagoge versteht es dem Bürger weiß zu machen, dass er schuld ist daran, dass nun mehr Geld benötigt wird, somit kann man ihn härter arbeiten lassen. Die Sprache der Lüge ist demnach Geistreich, der Demagoge ist gewitzt darin Lügen zu erfinden und alles umzukehren, sprich alle Begriffe und alle Realität. Sich der Scham zu entledigen dem Volke Unwahrheiten aufzutischen ist also des Demagogen größte Wahrheit.

Hierin bewahrheitet sich die Aufgabe die ihm gestellt.

Wir können dies auch ausweiten auf Kunst und Künstler:

> **Diese Rede ist die Verrücktheit des Musikers, ´der dreißig Arien, italienische, französische, tragische, komische, von aller Art Charakter, häufte und vermischte; bald mit einem tiefen Basse stieg er bis in die Hölle, dann zog er die Kehle zusammen, und mit einem Fistelton zerriß er die Höhe der Lüfte, wechselweise rasend, besänftigt, gebieterisch und spöttisch.`**
> **- Dem ruhigen Bewußtsein, das ehrlicherweise die Melodie des Guten und Wahren in die Gleichheit der Töne, d.h. in *eine* Note setzt, erscheint diese Rede als ´eine Faselei von Weisheit und Tollheit, als ein Gemische von ebensoviel Geschick als Niedrigkeit, von ebenso richtigen als falschen Ideen, von einer so völligen Verkehrtheit der Empfindung, so vollkommener Schändlichkeit, als gänzlicher Offenheit und Wahrheit. [...]**[19]

Es trifft wahrlich auf die Musik unserer Zeit zu und bietet auch einen schönen Vergleich zur Täuschung des Bewusstseins. Der Auferlegung einer Meinung über etwas.

Genauso verhalten sich naive, liberale und moderne Menschen, die einfach nur tolerant und aufgeschlossen gegenüber allem sein wollen. In einer harmlosen Welt wäre dieses auch nicht weiter schlimm; Doch in unserer ... Sprich alles was man uns vorsetzt ist uns Recht und Gut.

Es ist ein Beispiel für die Rhetorik der Politiker, jene schlechte Dinge durch das umschreiben mit schönen Worten ins rechte Licht zu rücken wissen.

> **Betrachten wir der Rede dieser sich selbst klaren Verwirrungen gegenüber die Rede jenes *einfachen Bewußtseins* des Wahren und Guten, so kann sie gegen die offene und ihrer bewußte Beredsamkeit des Geistes der Bildung nur einsilbig sein; denn es kann diesem nichts sagen, was er [der gebildete] nicht selbst weiß und sagt. Geht es über seine Einsilbigkeit hinaus, so sagt es daher dasselbe, was er ausspricht, begeht aber darin noch dazu die Torheit, zu meinen, daß es etwas Neues und Anderes sage. Selbst seine Silben, *schändlich*, *niederträchtig*, sind schon diese Torheit, denn jener sagt sie von sich selbst.**[20]

Sprich wir nehmen die Dinge nicht in vollem Umfang auf. Wir denken Zweidimensional.

Wir können unsere Umwelt nicht in drei Dimensionen aufnehmen. Der gebildete nimmt die Welt so auf wie sie ist und kann dem Einsilbigen Menschlein alles auftischen was ihm beliebt.

Er ist sich darüber im klaren, dass er es mit seiner Rede verwirrt. Sobald es sich aus der Sphäre seines eigenen Wissensbereich hinaus bewegt wiederholt es also nur noch was vorgekaut wurde.

Es babbelt also nur nach. Wir babbeln das nach was wir im Fernsehen gesehen haben.

Wir wissen nicht, aber wir meinen zu wissen, weil wir das nach reden was ein anderer wusste.

Weiter geht's mit Hegel, denn Hegel bleibt köstlich in seinen Beschreibungen.

In jener Seite der Rückkehr in das Selbst ist die Eitelkeit aller Dinge seine eigene Eitelkeit, oder es ist eitel. Es ist das fürsichseiende Selbst, das alles nicht nur beurteilen und zu beschwatzen, sondern geistreich die festen Wesen der Wirklichkeit wie die festen Bestimmungen, die das Urteil setzt, in ihrem Widerspruche zu sagen weiß, und dieser Widerspruch ist ihre Wahrheit.
[...]
Indem es das Substantielle nach der Seite der *Uneinigkeit* **und des** *Widerstreits***, den es in sich einigt, aber nicht nach der Seite dieser Einigkeit kennt, versteht es das Substantielle sehr gut zu** *beurteilen***, aber hat die Fähigkeit verloren, es zu** *fassen***. - Diese Eitelkeit bedarf dabei der Eitelkeit aller Dinge, um aus ihnen sich das Bewußtsein des Selbst zu geben, [...]. [...]**
In jener Eitelkeit wird aller Inhalt zu einem negativen, welches nicht mehr positiv gefaßt werden kann; der positive Gegenstand ist nur das *reine* **Ich selbst [...].**[21]

Trotz der Tatsache, dass wir nichts wissen oder nur Halbheiten, sind wir eitel und selbstbewusst in unserer Unwissenheit. Dieses macht uns ignorant und eingebildet. Wir beschwatzen die Dinge, jene wir nicht einmal klar verstehen in aller Ausgelassenheit, wir bequatschen die Meinungen von anderen und sie formen unsere Dialoge und unseren Intellekt.
Wir sagen die Dinge zwar nicht richtig, wie sie sind, aber sind überzeugt die Wahrheit zu sprechen. In diesem Törichten Wissens-Modus maßen wir uns an Urteilen zu können, ohne die Sache wirklich fassen zu können, wir verstehen nicht, aber Urteilen über eventuelle weitreichende Dinge. Wir schwatzen den falsch Rednern nach, dass die Erde überfüllt sei, sind uns sicher in dieser Annahme und Urteilen dann über andere Völker und Sitten.
Alles was wir nicht verstehen können tun wir als beispielsweise Verschwörungstheorie ab oder als Schwachsinn. Wir verneinen das Unbekannte genauso wie wir den Tod verneinen.
Denn wir wollen am Leben bleiben und der Tod ist ein unbekanntes.

Jedes Wort welches wir aussprechen und jeder Gedanke, all jenes was wir dritten vermitteln möchten wird mit Aussprache des Wortes oder der Sache bereits korrumpiert.
Denn wir sagen etwas so wie unsere Stimme und unsere Sprachfähigkeit, unsere subjektive Denkweise es vorgeben.
Die andere Person vernimmt das gesprochene anders als wir es gemeint hatten oder ausdrücken wollten. Dieses Problem besteht bei allen die nicht geschult sind in der Schule der Rhetorik.
So fühlen wir uns oft missverstanden oder merken erst gar nicht, dass wir missverstanden wurden.

1984 versus Gegenwart

Kommen wir nun zu George Orwells legendärem Roman „1984"; eine Fiktive Utopie, in der Zukunft aus des Autors Sicht, denn das Buch vervollständigte er um 1948.

Eines der Hauptthemen des Ersten Kapitels ist die Verdrehung von Tatsachen und deren umgekehrte Bezeichnung; der von ihm bezeichneten „Double Speech".

Alle des Englisch mächtigen Leser sollten Orwells urkomischen und genialen Stil lesen dürfen.

Zunächst werde ich den Original Text kopieren, um ihn dann ins Deutsche zu übersetzen für alle verständlich. Im Anschluss dann Orwells düster satirischen Visionen vergleichen, wie sie sich identisch mit reellen Akteuren ereignen und ereignet haben, sein Schauspiel hat die Bühne unserer Realität erreicht. Traurig aber wahr, wie wir noch sehen werden. Wir dürfen uns mit Orwells ausgezeichneter Beschreibungskunst und seinem bildhaften Humor trösten.

Der Hauptakteur in „1984", heißt „Winston Smith". Er arbeitet für die Partei „INGSOC", sprich für den Staat. Ein äußerst unglücklicher, paranoider und gesundheitlich angeschlagener Mann um die 40. Er ist sehr unglücklich denn Winston wird in „Oceanien" (Westlicher Kontinent), ständig überwacht. Von „Big Brother", als auch seinen Mitmenschen. Er ist komplett isoliert und hat niemanden dem er sich anvertrauen kann. Er lebt einen einzigen Albtraum der Angst-Maskerade.

Denn keiner ist sicher vor dem anderen, jeder könnte zu „Big Brother", (dem Staats-Apparatus) Kontakt aufnehmen und denunzieren. Alleinig in einem der elitären Parteimitglieder „O'Brien", scheint er einen gleichgesinnten zu erahnen, das System der Tyrannei umzuwerfen.

Wieder eine freie Welt zu beschreiten, von jener er nur selbst eine wage Ahnung hat, denn er ist in diese paranoide und faschistische Welt hineingeboren worden.

Die Bezeichnung „Newspeak" wird wiederholt auftauchen, es ist schlichtweg die Veränderung der ursprünglichen komplexen Sprache zu einer für den Pöbel zurecht gekürzten, brüchigen Sprache.

So wie die Deutsche Sprache gegenwärtig durch die Anglikanisierung bedroht wird und sich der gleichen Idiotie hergibt.

So stürzen wir uns hinein in die Verwirklichung einer grotesken Vision die unsere Realität absorbiert.

„Behind Winston's back the voice from the telescreen was still babbling away about pig-iron and the overfulfilment of the Ninth Three-Year Plan."[22]

Hinter Winstons Rücken babbelte immer noch die Stimme aus dem Fernseher über Roheisen und der Übererfüllung des neunten Drei-Jahres Plan.

Ständig werden wir darüber informiert, dass wir erneut Export-Weltmeister sind, wir produzieren und produzieren immer und immer mehr. Doch was haben wir davon? Können wir das wirklich verifizieren? Oder werden wir nur zum Narren gehalten? Ständig erfahren wir von neuen Konjunktur Paketen die von unseren Politikern beschlossen werden. Doch greifen diese auch?

Es wird immer schlechter, trotz der ständigen „tollen" Nachrichten über Aufschwung und Konjunktur. In der Planwirtschaft (Sozialismus) werden immerzu solche Pläne gemacht nur kann man diese nicht einhalten, da zu viele Faktoren auf die Wirtschaft einwirken.

The Ministry of Truth—Minitrue, in Newspeak – was startlingly different from any other object in sight. It was an enormous pyramidal structure of glittering white concrete, soaring up, terrace after terrace, three hundred metres into the air. From where Winston stood it was just possible to read, picked out on its white face in elegant lettering, the three slogans of the Party:

WAR IS PEACE
FREEDOM IS SLAVERY
IGNORANCE IS STRENGTH[23]

Das Ministerium für Wahrheit – Minitrue, auf Newspeak - war aufschreckend anders als jedes andere Objekt in Sichtweite. Es war ein gigantisches pyramiden-förmiges Konstrukt aus glänzendem weißen Beton, nach oben aufsteigend, Terasse über Terasse, 300 Meter in den Himmel. Von Winstons Standpunkt aus konnte man nur noch, heraus stechend auf ihrem weißen Gesicht in vornehmer Schrift, die 3 Kredos der Partei erkennen:

Krieg ist Frieden
Freiheit ist Sklaverei
Ignoranz ist Stärke

Die Kredos dieser Partei kehren also alles negative um zu positiv. Aus minus wird plus und aus plus wird minus.

Präsident Köhler musste zurück treten weil er es gewagt hatte die Besetzung des Afghanistan durch Deutsche Soldaten als solche zu bezeichnen. Nein es ist keine Besetzung es ist auf „Newspeak", eine Friedensmission.

Eine Friedensmission zur Sicherung der Demokratie und zum Schutz. Wir führen keine Kriege wir führen Friedensmissionen. Das Wort Krieg wird durch das Wort Frieden ersetzt und die Massen sind befriedet mit ihrem Gewissen und Geiste.

Freiheit ist Sklaverei lassen wir ins Unterbewusstsein einsickern. Man könnte den Begriff Anarchie auch mit Freiheit gleich setzen, in unserer dogmatisierten Welt ist Anarchie Chaos. Und das Chaos wird gleichgesetzt mit Übel und Terror also Sklaverei der Zerstörung.

Wir sind ignorant über die Umstände der Verwirrungen informiert zu sein.

Denn was wir nicht wissen macht uns nicht heiß. Sind wir Ignorant können wir nicht vom Staat belangt werden wenn unsere Mitbürger gerade eingebuchtet werden ins Konzentrationslager oder die Folterkammer, demnach sind wir stark, denn wir erliegen dem Selbst Schutz.

Scattered about London there were just three other buildings of similar appearance and size. [...]
The Ministry of Truth, which concerned itself with news, entertainment, education and the fine arts. The Ministry of Peace, which concerned itself with war. The Ministry of Love, which maintained law and order. And the Ministry of Plenty, which was responsible for economic affairs. Their names, in Newspeak: Minitrue, Minipax, Miniluv and Miniplenty.[24]

Verteilt über London waren nur noch drei weitere Gebäude von ähnlicher Erscheinung und Größe. [...]
Das Ministerium für Wahrheit, welches zuständig ist für Nachrichten, Unterhaltung, Bildung und den feinen Künsten. Das Ministerium für Frieden, welches zuständig ist für Krieg. Das Ministerium für Liebe, sorgt für Recht und Ordnung. Und das Ministerium des Überflusses, welches verantwortlich ist für die Wirtschaft. Ihre Namen, in Newspeak: Minitrue, Minipax, Miniluv und Miniplenty.

Man beobachte nur objektiv den Wahnsinn, jenem uns die Medienwelt aussetzt, das Bildungswesen und welch Kunstmüll uns mittlerweile aussaugt. Und stelle fest wir leben in 1984. Es ist alles eine gewaltige Maschinerie die sich zu verbergen versteht. Nachrichtensprecher sprechen immerzu nur die „Wahrheit" in ihrer Hypnotisierenden, trainierten Tonlage und Sprechweise.

Wo werden diese Individuen gezüchtet?

Unsere Politiker sind um den Frieden bemüht aber gleichzeitig produzieren wir in Deutschland Waffen für Kriege auf der ganzen Welt; Wieso? Und was sind Kriege zur Durchsetzung von Demokratie? Die Amerikaner betreiben sogenannte „Umerziehungslager", um die bösen Terroristen der Liebestherapie zu unterziehen. So wurden auf Guantanamo die bösen Terroristen zwar gefoltert aber wir werden uns hüten, dieses Vergehen gegen die Menschenrechte als solches zu bezeichnen. Es ist Liebe! Man kümmert sich nur um diese Leute. Die Foltermethoden entsprechen dem neuesten Standard. So wurde aus „Chinese Waterboarding", „Waterboarding" und später „Enhanced Interrogation". Auf deutsch: Foltern indem man Leute ersäuft wurde umbenannt in „verbesserte Verhör Methode".

Und das gesegnete Wirtschaftsministerium häuft immer mehr Schulden an; aber wen stört das?

Denn wir werden immer reicher, wir produzieren immer mehr und besitzen auch immer mehr.

„The Ministry of Plenty" könnte man auch gleichsetzen mit der „Federal Reserve Bank", der Vereinigten Staaten. Die vorgibt Reserven zu haben, aber Geld ausgibt ohne jeden Gegenwert und das seitdem Nixon den Goldstandard absetzte. Man muss nur die Begriffe in ihrer Bedeutung umkehren.

Das Wirtschaftsministerium wirtschaftet, hört sich doch gut an. Solange man nicht erfährt, dass es mit Schuldenbergen wirtschaftet. Stellen sie sich vor man hätte es als Schuldenministerium getauft. Würden wir dann noch brav unsere Steuern zahlen?

Zum Schluss noch die versüßende Bezeichnung der übermächtigen gut strukturierten Ministerien. So wie unsere Medien, unsere „Große Koalition" als „Groko" bezeichnet.

Man erfindet die Sprache neu, verharmlost und trivialisiert.

The Ministry of Love was the really frightening one. There were no windows in it at all. Winston had never been inside the Ministry of Love [...].
It was a place impossible to enter except on official business, and then only by penetrating through a maze of barbed-wire entanglements, steel doors and hidden machine-gun nests. Even the streets leading up to its outer barriers were roamed by gorilla-faced guards in black uniforms, armed wth jointed truncheons.[25]

Das Ministerium für Liebe war das wirklich beängstigende. Es verfügte über keinerlei Fenster.
Winston war noch nie im inneren des Ministeriums für Liebe gewesen [...].
Es war ein Ort den man unmöglich betreten kann außerhalb von dienstlichen Angelegenheiten, und dann nur indem man durch ein Labyrinth von Stacheldraht Zäunen marschiert. Sogar die äußeren Straßen die zu den äußeren Grenzen führen sind gefüllt mit Guerilla-Dreinschauenden Wachen in Schwarzen Uniformen, bewaffnet mit mehrteiligen Schlagstöcken.

Stellen sie sich nur die Bilder von Guantanamo Bay vor. Auch das Buckingham Palace in London ist schön umzäunt. Denn die Liebeskönigin benötigt nicht etwa Stacheldraht Zäune.

Nein, diese genügen nicht. Daran könnte man sich verletzen und wieder fliehen.

Wer versucht die Mauern des Buckingham Palace zu überwinden muss sterben.

Denn die Mauern thronen mit riesigen Dornen, die jeden Eindringling aufspießen wie die Pfähle von Graf Dracula. Lustig das Prinz Charles im Fernsehen zugab, dass er ein Nachfahre des Fürsten der Finsternis sei. Ob wir wohl alle eine solche Bedrohung darstellen wie die Osmanischen Invasoren damals? Wen hat das Britische Königshaus so zu fürchten? Genügen denn nicht einfach Mauern? Ganz zu schweigen von den mit Maschinenpistolen bewaffneten Leibgarden.

Der Autor möchte betonen, dass eine gutgesinnte Person allgemein nicht auf diese Weise geschützt werden muss, gesetzmäßig nach dem Prinzip Actio und Reactio. Was man anderen nicht antut wird einem in der Regel auch nicht selbst zugefügt. Auge um Auge, Zahn um Zahn.

Betrachten wir nun Winstons Person des Interesses, Wunschfreund und geistigen Freund O'Brien. Was macht ihn für Winston so interessant? Wieso fühlt er sich so hingezogen zu ihm?

The other Person was a man named O'Brien, a member of the Inner Party and holder of some post so important and remote that Winston had only a dim idea of its nature.
A momentary hush passed over the group of people round the chairs as they saw the black overalls of an Inner Party member approaching. O'Brien was a large, burly man with a thick neck and a coarse, humorous, brutal face. In spite of his formidable appearence he had a certain charm of manner. He had a trick of re-settling his spectacles on his nose which was curiously disarming-in some indefinable way, curiously civilised. It was a gesture which, if anyone had still thought in such terms, might have recalled an eighteenth-century nobleman offering his snuff-box. Winston had seen O'Brien perhaps a dozen times in almost as many years. He felt deeply drawn to him, and not solely because he was intrigued by the contrast between O'Brien's urbane manner and his prizefighters's physique. Much more it was because of a secretly-held belief – or perhaps not even a belief, merely a hope-that O'Brien's political orthodoxy was not perfect. Something in his face suggested it irresistibly. And again, perhaps it was not even unorthodoxy that was written in his face, but simply intelligence. But at any rate he had the appearance of being a person that you could talk to, if somehow you could cheat the telescreen and get him alone.[26]

Die andere Person war O'Brien, ein Mitglied der Inneren Partei und Halter einer so wichtigen und unnahbaren Stellung das Winston nur eine trübe Ahnung darüber hatte wofür er zuständig war.
Eine kurzzeitige Stille überkam die Gruppe von Leuten auf den Stühlen als sie den Schwarzen Anzug der Inneren Partei Mitglieder näher kommen sahen. O'Brien ein großer, kräftiger Mann mit dickem Nacken und einem derben, humorvollen, groben Gesicht. Trotz seines Respekt einflößenden Auftretens hatte er einen gewissen Charme der von guten Manieren zeugte. Er verfügte über einen Trick seine Brille auf eine Art und Weise wieder zurecht zu rücken welches seltsamerweiße unbeschreiblich entwaffnend, und merkwürdig zivilisiert war. Es war eine Gebärde, die an die Art erinnert wie ein Adliger aus dem 18. Jahrhundert seine Schnupftabakdose anbat.
Winston hatte O'Brien vielleicht ein dutzend mal in nahezu genauso vielen Jahren gesehen.
Er fühlte sich stark angezogen von ihm, nicht nur wegen dem faszinierenden Kontrast zwischen O'Brien's kultiviertem Verhalten und seiner Preiskämpfer Physis. Viel mehr weil er im geheimen glaubte – oder vielleicht nicht einmal den glauben hegte, sondern die bloße Hoffnung- das O'Brien's politische Strenggläubigkeit nicht perfekt sei. Etwas in seinem Gesicht deutete es auf

unwiderstehliche Weise an. Abermals, vielleicht war es nicht einmal die Unorthodoxie die ihm ins Gesicht geschrieben schien, sondern einfach nur Intelligenz. Auf jeden Fall hatte er ein Auftreten eine Person zu sein mit der man reden konnte, wenn man nur die Bildschirme
[sind mit Kameras ausgestattet] *überlisten könnte um ihn alleine zu erwischen.*

Wie sehr beschäftigen wir uns mit den Aufgaben die Hohe Staatsbeamte oder Politiker ausfüllen. Wir können uns nicht damit beschäftigen, denn diese Leute sind unantastbar.
Sie sind geschult in der Kunst der Rhetorik, sie tragen ihre Krawatten ordentlich. Sie sind so herrlich zivilisiert und kultiviert in Sprache und Gestik. Die Kanzlerin wollen wir mal auslassen aber Ausnahmen bestätigen bekanntlich die Regel. Die ärmste scheint sich auch mühe zu geben nur so recht klappen will es nicht. Zurück zu den sich zur Schaustellenden Krawatten Trägern.
Wir sind so sehr von ihrer Position, Wichtigkeit und ihrem Status beeindruckt, dass wir nicht einmal wissen womit wir es zu tun haben. Aber sie machen gehörigen Eindruck auf uns.
Ein lächeln genügt und wir glauben sie wären unsere besten und teuersten Freunde; mit denen wir unsere intimsten Geheimnisse teilen könnten, wenn wir sie doch nur einmal zu greifen bekämen.
Denken sie nur an den Hype um Mr. Obama. Alle hatten sie ihn gefeiert wie den Messias am Ende ist er nur ein Antichrist. Lassen wir uns nicht täuschen von seinem perfekten Auftreten und seinem hübschen und rundem Gesicht. Seiner Hautfarbe die uns glauben lässt er würde für die Minderheiten eintreten. Genau das gegenteilige ist der Fall, denn es ist alles nur Show.
Die Bühne des Puppenspielers. „Seht her ihr kleinen, wie lustig und unschuldig meine Marionetten ausschauen, die Füße baumeln so schön herunter".
Das sichere Auftreten überträgt jeder Illusion die Glaubwürdigkeit und ist Teil der Verdrehung unseres Weltbildes. Es ist die Illusion des Vertrauens. Wir müssen hinter die Fassade blicken.
Die Maske herunter reißen, nicht erschrecken es sind doch nur Menschen!

Ein weiterer Begriff Orwells von Interesse ist der Begriff „doublethink". Die Kontrolle über die Realität.

Since about that time, war had been literally continuous, though strictly speaking it had not always been the same war [...].
At this moment, for examle, in 1984 (if it was 1984), Oceania was at war with Eurasia and in alliance with Eastasia. [...] as Winston well knew, it was only four years since Oceania had been at war with Eastasia and in alliance with Eurasia. But that was merely a piece of furtive knowledge which he happened to possess because his memory was not satisfactorily under control. Officially the change of partners had never happened. Oceania was at war with Eurasia: therefore Oceania had always been at war with Eurasia. The enemy of the moment always represented absolute evil [...].
[...] the frightening thing was that it might all be true. If the party could thrust its hand into the past and say of this or that event, it never happened–that, surely, was more terrifying than mere torture and death?
The Party said that Oceania had never been in alliance with Eurasia. He, Winston Smith, knew that Oceania had been in alliance with Eurasia as short a time as four years ago.
But where did that knowledge exist? Only in his own consciousness, which in any case must soon be annihilated. And if all others accepted the lie which the party imposed–if all records told the same tale–then the lie passed into history and became truth.

'Who controls the past,` ran the Party slogan, 'controls the future: who controls the present controls the past.` And yet the past, though of its nature alterable, never had been altered. Whatever was true now was true from to everlasting. It was quite simple. All that was needed was an unending series of victories over your own memory. 'Reality control`, they called it: in Newspeak, 'doublethink`.[27]

Seit in etwa dieser Zeit, war Krieg ein permanenter Begleiter gewesen, genau gesprochen jedoch war es nicht immer der selbe Krieg [...].
Zu diesem Zeitpunkt, zum Beispiel, in 1984 (insofern wir das Jahr 1984 haben), befand sich Ozeanien im Krieg mit Eurasien und in Allianz mit Ostasien.
[...] obgleich Winston wusste, dass es gerade einmal 4 Jahre her war das Ozeanien sich im Krieg mit Ostasien befand und in Allianz mit Eurasien. Aber dies war nur ein Teil von heimlichem Wissen welches er besaß weil seine Erinnerungsvermögen nicht ausreichend unter Kontrolle stand.
Offiziell existierte kein Wechsel der Verbündeten. Ozeanien befand sich im Krieg mit Eurasien:
darum befand sich Ozeanien immer schon im Krieg mit Eurasien. Der augenblickliche Feind repräsentierte immer das absolute böse [...].
[...] das beängstigende an der Sache war es könnte alles wahr sein. Wenn die Partei ihre Hände in die Vergangenheit stecken könnte und über dieses und jenes Geschehnis sagt, es ist niemals passiert – war das dann mehr erschreckend als bloße Folter oder Tod?
Die Partei sagte das Ozeanien sich niemals in Allianz mit Eurasien befand. Er, Winston Smith, wusste dass Ozeanien sich in einer Allianz mit Eurasien befand in einem Zeitraum von weniger als 4 Jahren. Aber wo existierte dieses Wissen? Nur in seinem eigenen Bewusstsein, welches in jedem Fall baldigst ausgelöscht werden muss. Und wenn alle anderen die Lüge akzeptierten welche die Partei auferlegte-wenn alle Aufzeichnungen die gleiche Geschichte erzählten-dann ging die Lüge in_die Geschichte ein und wurde zur Wahrheit. 'Wer die Vergangenheit kontrolliert`, war der Partei Leitsatz, 'kontrolliert die Zukunft: wer die Gegenwart kontrolliert kontrolliert die Vergangenheit.`
Und selbst wenn die Vergangenheit, obgleich ihrer Natur veränderlich, niemals alteriert wurde.
Was immer nun der Wahrheit entsprach entsprach der Wahrheit auf ewig. Es war recht einfach.
Das einzig notwendige war eine nicht endende Serie von Siegen über deine eigene Erinnerung.
'Realitäts Kontrolle`, nannten sie es: in Newspeak, 'doublethink`.

Und jetzt hinein in unsere Realität, zunächst einmal waren die bärtigen „Taliban" Kämpfer die verbündeten der Vereinigten Staaten. Ronald Reagon persönlich hatte sich mit den netten Herren in die Runde gesetzt und Tee getrunken. Er verglich sie sogar mit den Gründungsvätern der Vereinigten Staaten also George Washington oder dem werten Schreiber Thomas Paine.
Und die Russen die waren der Böse Feind im Osten; sie wissen schon die Kommunisten.
Durch die Waffenlieferungen aus den USA hatte man es geschafft die Bösen Russen zu vertreiben. Kaum waren die Russen besiegt und die Taliban in Macht Position, änderten sich die Dinge schnell. Nach ein paar Jahren mussten unsere Medien erstaunt feststellen, dass die Taliban böse gesinnt sind. Es sind unsere Feinde. Feinde der Demokratie, denn sie sind Böse. Sie terrorisieren ihre Mitbürger und haben sich zu Tyrannen erhoben.
Kann es sein, dass sie von vornherein nicht ganz Koscher waren?
Und die Russen die hatten plötzlich einen tollen netten Präsidenten, einen wunderbaren Diplomaten mit Kopftattoo Herr Gorbatschow. Die Beziehungen zu Russland wurden so gut, dass der Westen nun im vorigen Feind einen Verbündeten sah, nun konnte man zusammen arbeiten.

Aber wer kann sich daran jetzt noch erinnern? Plötzlich sind die Russen wieder unsere Feinde. Alle Freundschaft vergessen ein ständiges hin und her. Nun da Russland unabhängig ist durch Präsident Putin und sich nicht vorschreiben lässt was zu tun ist, sind die Russen wieder die bösen; Pure Realitätskontrolle.

Wenn uns die Historiker weiß machen wollen, dass „Adolfus Hit" an die Macht kam weil er ausschließlich Gönner innerhalb Deutschlands hatte, und wir über keine Mittel verfügen anders zu wissen. Zu erfahren, dass alle Ressourcen der Welt zusammenflossen hinter den Kulissen der Macht, der wahren Machtkulisse, nämlich jene die Ressourcen und den Geldfluss kontrollieren.

Wir leben in einer kontrollierten Realität, wir leben in einer unwirklichen Gegenwart.

Die kontrolliert wird durch die Vergangenheit heraus. Die Kontrolle über Vergangenheit bestimmt die Zukunft.

Winston sank his arms to his sides and slowly refilled his lungs with air. His mind slid away into the labyrinthine world of doublethink. To know and not to know, to be conscious of complete truthfulness while telling carefully constructed lies, to hold simultaneously two opinions which cancelled out, knowing them to be contradictory and believing in both of them; to use logic against logic, to repudiate morality while laying claim to it [...].
Even to understand the word ´doublethink` involved the use of doublethink. [28]

Winston ließ seine Arme zur Seite sinken und füllte langsam seine Lungen mit Luft. Sein Geist glitt hinein in die Labyrinthine Welt des doublethink. Zu wissen und nicht zu wissen, bei Bewusstsein zu sein über die vollständige Wahrhaftigkeit und indessen sorgfältig konstruierte Lügen zu erzählen, gleichzeitig zwei Meinungen zu haben, welches das wissen über sie ausradiert; zu wissen dass sie sich widersprachen und an beide zu glauben; um Logik gegen Logik anzuwenden, um die Moralität zu verstoßen während man gleichzeitig diese beansprucht [...].
Sogar das Verständnis des Wortes ´doublethink` involvierte den Gebrauch von doublethink.

Wir begeben uns in die Welt des Zwielichts, ist jenes nun gut für mich oder nicht?

Der eine sagt ja, der andere nein. Wem soll ich glauben schenken? Beide scheinen recht zu haben. In der Verzweiflung gebe ich mich auf und glaube beides nicht mehr. Beide Meinungen werden beiseite geschoben, obgleich doch eine davon der Wahrheit entsprechen könnte.

Uns die Wahrheit zu erzählen und diese mit Lügen zu vermischen ist des Meisters Absolute Täuschung. Es ist der Teufel in Persona. Der Doppelkopf Adler, die verdoppelte Schlange.

Diese Technik wird auch von Geheimdiensten angewendet man bezeichnet sie als

„Counter-Intelligence", Konter Intelligenz also. Diese Technik der Verwirrung wird oft in Dokumentationen verwendet um uns zu einer Sache den Fokus zu rauben.

Die Dokumentation vermischt Lüge und Wahrheit am Ende wissen wir nicht mehr was wir glauben sollen. Und verwerfen unseren ursprünglichen Glauben gänzlich. Beispielsweise in „Zeitgeist" von Peter Joseph. Mit fortschreiten des Films klärt er den Zuschauer auf über die Herstellung von „Fiat Money", also Geld ohne Gegenwert und konstruierten Terrorismus nach Schema

Problem + Reaktion = Lösung.

Beide Teile des Films entsprechen der Wahrheit. Im ersten Teil der Doku tischt er dem Zuschauer jedoch eine Lüge nach der anderen über Jesus Christus und das Christentum auf.

Der Zuschauer insofern er nicht gefestigt ist in seinem Glaube oder nach recherchiert, verliert seinen

Glauben, nicht nur den Glauben an die heile Welt in der er sich wähnte, sondern auch den Glauben an seinen Gott.

Jene die unsere Realität kontrollieren, können tun und lassen was Ihnen beliebt, denn sie bestimmen über gut und böse, recht und unrecht. Sie können sich die Welt so machen wie es Ihnen gerade die Laune bestimmt hat.

Und was ist mit Osama Bin Laden? Anscheinend hatte man ihn exekutiert den Schergen und Unterdrücker der Menschheit, die größte Bedrohung seit Dschingis Kahn.

Sein Leichnam durften wir nicht sehen, denn die Muslimische Tradition besagt es, dass man einen Leichnam ins Wasser zu werfen hat. Wer es glaubt wird selig? Können sie das glauben?

Dem Autor war nicht bekannt, dass Muslime sich den Bestattungs-Traditionen der alten See-Fahrervölker und der Wikinger bedienen.

Ein solch scheußlicher Mensch, hatte er es gewagt die Weltherrschaft des Westens zu bedrohen. Er stellte sich mit ein paar bärtigen Zeitgenossen, mit Messern und Bomben bewaffnet, gegen das mächtigste Weltreich der Weltgeschichte, es gab noch nie eine Imperiale Großmacht von solch Militärischer Stärke. Die größte Flotte, mächtigste und modernste Luftwaffe und Millionen von Soldaten die den gesamten Planeten Erde belagern; Vom Pazifischen Ozean bis Rammstein Rheinland-Pfalz. Osama Bin Laden alleinig ist so böse, intelligent und Hass erfüllt um dieses Imperium mit seiner Armee an Al-Kaida Kämpfern zu infiltrieren und von Innen heraus zu zerstören. Er alleinig der Schrecken der Meere.

Wie konnte er es wagen? Hatte George Orwell auch hierfür einen prophetischen Blick in die Zukunft? In „1984", heißt der Scherge Emmanuel Goldstein und ist Jude anstatt Araber, dies wird wohl der einzige Unterschied zwischen beiden, man möchte betonen mystischen Figuren sein.

As usual, the face of Emmanuel Goldstein, the Enemy of the people, had flashed onto the screen. There were hisses here and there in the audience. The little sandy-haired woman gave a squeak of mingled fear and disgust. Goldstein was the renegade and backslider who once, long ago (how long ago, nobody quite remembered), had been one of the leading figures of the party, almost on a level with Big Brother himself, and then had engaged in counter-revolutionary activities, had been condemned to death and had misteriously escaped and disappeared. The programmes of the Two Minutes Hate varied from day to day, but there was none in which Goldstein was not the principal figure. He was the primal traitor, the earliest defiler of the Party's purity. All subsequent crimes against the Party, all treacheries, acts of sabotage, heresies, deviations, sprang directly out of his teachings. Somewhere or other he was still alive and hatching his conspiracies: perhaps somewhere beyond the sea, under the protection of his foreign paymasters [...].[29]

Wie üblich, poppte das Gesicht von Emmanuel Goldstein, dem Feind des Volkes auf der Leinwand auf. Es war hier und da ein fauchen im Publikum zu vernehmen. Die kleine sandig-farben-haarige Frau gab ein quieken voll Hass vermischt mit Angst von sich. Goldstein war der Abtrünnige und Deserteur, welcher vor langer Zeit (niemand konnte sich mehr erinnern wie lange es her war), eine der Führungspersonen der Partei war, fast auf einer Ebene mit Big Brother persönlich, und sich dann an konterrevolutionären Aktivitäten beteiligte, er wurde zum Tode verurteilt und verschwand unter mysteriösen Umständen von der Bildfläche. Die Sendungen der zwei minütigen Hasspredigt variierten von Tag zu Tag, jedoch gab es keine in der Goldstein nicht die Hauptfigur war.

Er war der Ur-Verräter, der erste Beschmutzer der Reinheit der Partei. Alle nachfolgenden Verbrechen gegen die Partei, alle verräterischen Handlungen, Sabotage Akte, Ketzerischen Lehren, Abweichungen, waren das Resultat seiner Lehren. Irgendwo war er immer noch am Leben, und heckte seine Verschwörungen aus: vielleicht irgendwo hinter der großen See, unter Protektion seiner Ausländischen Zahlmeister.

„Wie üblich, poppte das Gesicht von Osama Bin Laden, dem Feind des Volkes auf der Leinwand auf. Es war hier und da ein fauchen im Publikum zu vernehmen. Die kleine dicke-rothaarige mit Strähnen in den Haaren und Nasenring, gab ein quieken voll Hass vermischt mit Angst von sich.

Bin Laden war der Abtrünnige und Widerständler, welcher vor langer Zeit (war es nun nach dem Sieg über die Russen oder davor? Oder viel später?), eine der Führungspersonen der Befreiungs-Armee des Afghanistan war. Er war ein ausgebildeter CIA Agent und hatte das vollste Vertrauen der US-Behörden. Jener sich dann aber an terroristischen Akten der Sabotage, Infiltrierung und Zerstörung unserer westlichen Werte der Demokratie beteiligte. Er verschwand plötzlich von der Bildfläche. Doch bald tauchten Videos auf voll von seinen Hass-Predigten. Er wurde zum Staatsfeind Nummer Eins der Vereinigten Staaten erklärt. Alle Terroristischen Akte der Unmenschlichkeit gegen unsere westlichen Werte und Sitten gingen auf sein Konto. Er war der Alleinige Hauptführer von Al-Qaida. Diese würden imstande sein wann immer sie wollten Terroranschläge zu vollführen, niemand war nun mehr sicher. Er versteckte sich wohl in den unzugänglichen Bergen des Afghanistan, von wo aus er imstande war, Knöpfe und Hebel zu bewegen und hier und da ging ein Bömbchen hoch, oder Zwei Türme verschwanden vom Horizont der prächtigen New Yorker Skyline ... "

Muss hierzu noch mehr gesagt werden? Liebe Leute wir leben in einer unwirklichen, verrückten, willkürlichen und auf den Kopf gestellten Welt. Man füttert uns Erwachsene mit Märchen über böse Hexen und Räuberbanden. Man versteht es den Nerv der Angst Ausbreitung zu treffen.

Angst und Paranoia breiten sich aus wie ein Blitzfeuer, wie ein Blitzkrieg im Kopf, sie sind gefährlich und kaum noch aufzuhalten.

> **Goldstein was delivering his usual venomous attack upon the doctrines of the Party-an attack so exaggerated and perverse that a child should have been able to see through it [...]. He was abusing Big Brother, he was denouncing the dictatorship of the Party, he was demanding an immediate conclusion of peace with Eurasia [...].**
>
> **[...] he was crying hysterically that the revolution had been betrayed-and all this in rapid polysyllabic speech which was a sort of parody of the habitual style of the orators of the Party, and even contained Newspeak words: more Newspek words, indeed, than any Party member would normally use in real life. [...]**
>
> **behind his head on the telescreen there marched the endless columns of the Eurasian army-row after row of solid-looking men with expressionless Asiatic faces, who swam up to the surface of the screen and vanished, to be replaced by others exactly similar.[30]**

Goldstein feuerte seine übliche Gift erfüllte Attacke gegen die Lehren der Partei ab ein Angriff so übertrieben und so verdreht dass sogar ein Kind die Scharade erahnen müsste [...].

Er beschimpfte Big Brother, er verurteilte die Diktatur der Partei, er forderte ein unverzügliches Friedens-Abkommen mit Eurasien [...].

[...] er schrie hysterisch dass die Revolution betrogen wurde und all das in mehrsilbiger Sprachweise, jene eine Parodie der gewöhnlichen Art zu Sprechen des parteilichen Redners war, und sogar Newspeak Worte enthielt: mehr Newspeak Worte, in der Tat, als irgendein Partei Mitglied normalerweise im wirklichen Leben benutzen würde. [...]

hinter seinem Kopf auf der Mattscheibe marschierten die Endlosen Kolumnen der Eurasischen Armee-Reihe über Reihe von streng-blickenden Männern mit emotionslosen Asiatischen Gesichtern, die auf die Bildfläche des Bildschirms empor schwammen und wieder verschwanden, ersetzt wurden von weiteren exakt gleichen.

„ ... Bin Laden feuerte seine übliche Gift erfüllte Attacke gegen die Pfeiler der Demokratie ab.
Ein Angriff so erschütternd und so bedrohlich, dass jeder Erwachsene erzittern musste ...
Er beschimpfte die Demokratie und verurteilte die Machtausweitung der USA und dass die Muslimische Welt betrogen und beschmutzt wurde, durch aggressive Invasoren aus dem Westen ...
Er gestikulierte wild mit gehobenem Zeigefinger und imitiert die Sprechweise von Politikern indem er nur die gleichen Begriffe gebrauchte, wie diese und sie nur umkehrte in seiner Rede ...
hinter ihm sah man unzählige Horden von bärtigen Männern in Guerilla-Anzügen mit Messern im Mund, einige von Ihnen waren dabei sich mit Akrobatischen Hüpf-Einlagen für den bevorstehenden „Jihad", gegen den Westen fit zu halten ..."

So werfen sich Guter Polizist und Böser Polizist die Bälle zu nach dem Schema 08/15.
Die Terroristen drohen die Demokratie und die westlichen Werte zu zerstören.
Und unser Politiker gebrauchen die gleichen Worte und verteidigen die Demokratie und westlichen Werte. Worauf basieren unsere westlichen Werte?
Darauf dass reiche weiße Monopoly-Männer mit Zylinderhüten den restlichen „Globus" ihrer Ressourcen berauben? Fremde Herren Länder anderer Kulturen und Religionen mit Kriegen überhäufen und die ganze Welt anzünden.
Worauf basiert Demokratie eigentlich? Darauf dass jeder eine Partei frei wählen darf, und hinter den Kulissen sich alle die Hände reichen und im Parlament aufeinander einfeuern, wie Zirkus-Clowns mit gehobenem Zeigefinger? Hinter den Kulissen den selben Mächten dienen?
Diese Begriffe sind es die Hegel meinte, die gleichen Terminologien die Orwell als „Newspeak" taufte. Diese Begriffe deren wirkliche Definition wir nicht einmal zu deuten wissen.
Diese Begriffe mit denen man die Wirklichkeit verdrehen kann so wie es einem beliebt.

... So rechtfertigen wir die Durchsetzung von westlichen Werten und Demokratie, Hunderttausende von Toten Irakischen Kindern und Madeleine Albright kann sich gleich der Hure von Babylon arrogant vor die Bildschirme trauen und das unaussprechliche rechtfertigen. Verbrechen an der Menschheit der „Liebes-Göttin" Demokratie zu opfern. Ist dies nicht die absolute Kunst der Realitäts- Verdrehung, in ihrer vollsten Korruption und Abartigkeit, dass einem die Galle hochsteigen möchte ... Jene Kinder denen die Chance gestohlen wurde selbst zu entscheiden wie sie ihr Bewusstsein und Selbstbewusstsein entwickeln würden, ihr Schicksal eines Tages selbst in die Hand zu nehmen, selbst einen Wandel in ihrer Heimat zu bewirken, Jene Kinder die ihres von Gott geschenkten Geburtsrecht bestohlen wurden Mrs. Albright sie abgesandte Advokatin des unaussprechlichen Desasters ...

Tod der Wahrheit

Politik ist die Bastion der Heuchelei, die Plattform der Heuchelei, Heuchelei hüllt sich in Rhetorik und leeren Versprechungen. Politiker baden sich in leeren Versprechungen und kleiden sich mit Rhetorik ein. Aus ihren Jacketts zaubern sie uns Kinderlein Bonbons mit der Aufschrift vertraut uns. Denn nur auf vertrauen können fortlaufende Lügengeschichten florieren. Dem vertrauen des zum Narren gehaltenen. Rhetorik ist die Kunst der zur Schau Stellung von Floskeln.

„Mann muss eine Lüge nur oft genug wiederholen und sie wird zur Wahrheit."
(Joseph Goebbels)

„Je größer die Lüge ist desto mehr Leute folgen ihr." (Adolf Hitler)

So waren die Zitate der Braunhemden Anführer, mit denen sie auch noch prahlten.

Wir scheinen die Lüge zu lieben, wir sind intolerant in allen möglichen Bereichen des Lebens, aber der Lüge scheinen wir die Treue geschworen zu haben. Bis dass der Tod uns scheidet.

Die Lüge liebt alles was sie umgibt. Wir wurden schon so lange angelogen, haben uns an die Lügen gewöhnt, man hat uns ganz einfach schon darauf hin konditioniert, also trainiert, dass es normal ist, dass wir von unseren Volksvertretern angelogen werden. Die Lüge ist zur Norm geworden.

Die Lüge ist nun Normal, denn so oft haben wir sie gehört die Lügen und Versprechungen, wie könnten wir auch anders. Es ist die natürliche Reaktion von hart arbeitenden und anständigen Leuten, dass sie sich abwenden von solchen die permanent Lügen.

Und so haben die Massen den Volksvertretern und Rhetorikern auf dem Podest des Puppenspielers den Rücken gekehrt und diese können nun schalten und walten, und ihre eigenen Wahlen abhalten. So wie nun im Europäischen Parlament. Immerzu wählen sich die gleichen Kommissare untereinander selbst zurück, um in Brüssel die Gesetze für ganz Europa zu schreiben.

Doch was interessiert uns das schon die wir gebeutelt wurden durch die Heuchelei.

Wir sind wie die Tiere einer gewaltigen Farm, die Schweine sauen sich ein, im Dreck der Heucheleien. Esel trag deine Last ohne zu Murren, Henne leg die Eier mehr brauchen wir nicht, denn der Hahn macht bereits so schön ki-keri-ki. Und so tragen wir unsere Bürde und legen weiterhin Eier und betrachten die Schweine wie sie sich im Dreck suhlen und den Hahn wenn er stolz daher läuft und uns ki-keri-ki vor heuchelt, wie toll ich bin schaut auf mich und hört auf mich, legt weiter eure Eier für jene die Wissen was man damit macht, jene die Wissen wie man die Heuchelei gebraucht, um sich an den Massen zu bereichern. Euch mit uns zusammen einzusauen, mit uns Schweinepriestern dazu seit ihr Eselchen euch ohnehin viel zu schade. Ihr seit des Lebens und der Last müde. Also lasst uns unsere Show, uns interessiert auch nicht ob ihr uns noch wählt oder nicht, denn wir bleiben immer am Drücker. Denn wir wurden dazu auserwählt von euch ihr unbelehrbaren, der Abhängigkeit und dem Drogenkonsum der Heuchelei verfallenen.

Und die Rhetorik vermag es jede noch so grob ersonnene Lüge so schön zu verpacken, dass man nicht widerstehen kann die Schleife aufzumachen und sich sogar die Enttäuschung über das verpackte, schön reden zu lassen. Die Rhetorik die stemmt es alles. Liebesgrüße aus dem Munde des Floskeln Meisters Sprach Jargon. Wir hassen unsere Volksvertreter, wir verabscheuen sie, aber Frau und Mann bedenke immer, dass je mehr wir sie hassen, umso mehr sie uns lieben.

Denn dann waren sie erfolgreich in ihrem Tun und Handeln welches auf ihre Stirn geschrieben.

Die Kunst der Heuchelei

Die Wahrheit die ärmste die haben wir begraben auf dem Friedhof unter dem Grabstein, sie werden es schon ahnen, die Aufschrift lautet „Heuchelei"; hoch lebe die Lüge, Tod der Wahrheit.

Die Heuchelei hat eine wohl bekannte Zwillings-Schwester, sie heißt die Täuschung.

Sie laufen Hand in Hand und verblenden unseren Verstand.

Platon widmet Schwester Täuschung ein Kapitel in „Platon der Staat".

So kann man uns direkt und blatant, einfach heucheln oder man bedient sich der Kunst der Täuschung.

Folgen wir seinen Beschreibungen und orientieren wir uns an dem Weg den er uns aufzeigt.

Es gibt drei Formen zur Herstellung einer Sache. Die natürliche, also von Gott geschaffene.

Die von Menschenhand gemachte oder die bloße Imitation einer Sache.

Es existieren drei Betten eines ist geschaffen von Gott das natürliche Bett.

Das Bett von Menschenhand gefertigt und ein Bett welches lediglich von einem Maler abgemalt wurde.

Ein talentierter Künstler könnte, sowohl das natürliche als auch das hergestellte Bett als Vorbild nehmen und kopieren. Er ist in der Lage es so perfekt zu imitieren, eine dritte Person die sich in Abstand zu dem Bett befindet, glauben zu lassen dass es ein echtes Bett ist. (Sokrates)

Insofern hat er den Betrachter des Bettes getäuscht über die wahre Begebenheit des solchen.

Er vermochte es die Realität zu verändern indem er ein Objekt imitiert.

Entspricht ein Portrait der Realität oder ist es nur eine Imitation?

Können uns geschickte Redner über die wahre Begebenheit einer Sache täuschen, wenn sie ein unwirkliches Bild imitieren? Uns etwas beschreiben das wir aus unserer Perspektive nicht verifizieren können. Ein Geschehnis so schildern, dass wir ihr gemaltes Bild der Realität übernehmen und auch der Wahrheit.

Was wenn uns ein Demagoge weiß machen möchte, dass er sich seiner Sache absolut sicher ist, und es besser weiß als wir alle? Wenn er vorgibt das absolute Wissen über eine Sache, oder Sachlage zu besitzen? Sollten wir dann nicht sehr vorsichtig sein, bevor wir ihm vertrauen?

Können wir einem Politiker vertrauen der uns die Zukunft sagt, der uns vorrechnen möchte wie die Rentenkasse in 30 Jahren ausschaut. Wenn er nicht einmal weiß was der nächste Morgen bringt?

Können wir dann wirklich seiner Prognose glauben schenken, die dem Willen der Zeit und deren Gesetzmäßigkeiten des undefinierbaren Zufalls ausgesetzt ist? Kann es sein, dass in seine Prognose das Schicksal einschlägt und die Dinge wieder ganz anders ausfallen? Kann es sein, dass seine Prognose nicht der Wahrheit entspricht, weil er bereits weiß, dass er diese nur ausspricht der Besänftigung der Massen wegen?

Können wir einem Fachmann glauben schenken wenn er behauptet, dass nur er imstande ist eine Aufgabe zu erfüllen? Können wir den Fachmännern der uns vertrauten Medienlandschaft glauben, wenn sie uns selbiges erklären, dass nur sie auserkorene Fachleute sind?

Wir haben uns demnach vor heucheln lassen und wurden getäuscht.

Was wenn uns ein Vertreter des Volkes erklärt, dass er uns mit seinen Taten vorwärts gebracht hatte, wenn er tatsächlich nichts machte, außer zu reden. Über die Schulden und die Begleichung der Schulden des Staates. Wenn er nicht einmal in der Lage ist selbst über die Herstellung des Geldes zu entscheiden welches unsere Schuld erst definiert.

Er als Politiker ist nicht der Herausgeber des Geldes und trotzdem maßt er sich an, der es von einer dritten Institution dem wahren Produzenten annimmt, die Schuld zu begleichen die durch die Produktion des Geldes fällig wird.

Der Politiker war nicht in der Lage den Geldfluss zu dirigieren oder einzuleiten. Denn eine andere Institution definiert diesen. Gleichermaßen will er uns wissen lassen, dass er alles unternimmt die Dinge in Ordnung zu bringen.

Müsste die Person unseres Vertrauens unserer Wahl, nicht auch die negativen Seiten unserer

Geldschöpfung beleuchten? Wieso hören wir immer nur positives? Und das alles wieder gut wird insofern wir dieses oder jenes Opfer bringen? Hat nicht jede Sache etwas positives und negatives? Einen Vorteil und Nachteil? Kann etwas nur gut sein? Wieso reden Politiker einsilbig über die Dinge? Als wenn sie nur eine Richtung einschlagen könnten?

Unser Verstand muss sich verlassen auf unsere Wahrnehmung und diese kann manipuliert werden. Einfach durch drehen und wenden einer Sache. Wenn wir einen Würfel nur von oben betrachten oder der Seite ohne ihn zu drehen oder zu wenden, wie können wir dann wissen was sich auf der verborgenen Seite befindet?

Wenn uns ein Demagoge vor heuchelt, dass jener Diktator seine eigenen Leute niedermetzelte, wir aber nur auf unserem Sofa hockend Fernseher und Couchtisch vor Augen haben, wie können wir dann wissen ob das Bild welches der Fernseher in unseren Verstand projiziert auch alle Dimensionen abdeckt?

Würden wir uns bewusst werden über die Beschaffenheit aller Dinge, sie von allen Seiten zu betrachten, so wären wir auch in der Lage über etwas objektiv zu urteilen.

Alle Sichtweisen betrachtend. Indem wir etwas genau abmessen von allen Seiten ohne nur mit dem Auge aus der Entfernung zu schätzen und uns zu verschätzen.

Sobald sich die Illusion über eine Sache mit einer weiteren Illusion oder Lüge mischt, wird die Lüge dann verstärkt oder verliert sie ihre Wirkung? Denn Lügen haben bekanntlich kurze Beine.

Insofern sollten wir nur unseren Fokus schärfen. Denn Lüge plus Lüge plus noch mehr Lügen ergeben irgendwann einmal auch keinen Sinn mehr. Sie sind gezwungen sich in die Abgründe der Verwirrungen zu begeben aus denen es keinen Ausweg mehr gibt.

Kann es so schwer sein diese Abgründe der Verwirrungen zu erkennen?

Verfügen wir noch über Sinne und Verstand; Wenn uns Politiker wieder und wieder und wieder anlügen zur selben Sache und wir immerzu reinfallen auf die selben aufgenähten Gesichter?

Die Fäden lösen sich mit der Zeit auf und die Gesichter werden hässlicher und hässlicher.

Man kann immer mehr hinter die Fassade blicken. Hinter die Fassade der blanken Puppe, die in Wirklichkeit über keinerlei Gesicht verfügt. Ist es nicht so, dass sie sich nur auf der Bühne der Eitelkeiten aufhalten können weil sie Meister der Imitation sind? Meister der Täuschung und Meister darin sich selbst als Meister ihrer Profession auszugeben? Wenn sie eigentlich nicht einmal qualifiziert sind ihres Amtes zu walten?

Doch müssen wir uns auch eingestehen selbst Schuld zu tragen an diesem Schauspiel des Grauens, denn wir sind es schließlich die unsere Volksvertreter wählen, egal ob man uns nun wählen lässt oder nicht.

Ein weiterer wichtiger Aspekt zur Analyse über die Täuschung ist die Tatsache, dass in jedem Menschen unterschiedliche Polaritäten vorhanden sind. Unterschiedliche Impulse, von denen wir hin und her gerissen werden. Je nachdem welche Polarität in uns gerade überhand nimmt.

So sind wir auch dadurch zu täuschen, dass wir nicht wissen wer wir selbst eigentlich sind.

Denn man hat uns diesem Wissen von Kind auf entzogen.

Entspricht es nicht der Wahrheit, dass der Weise und Tugendhafte schwieriger zu imitieren ist als der Korrumpierte oder Dumme?

Wir können uns demnach einfacher mit dem Messen der sich in den unteren Sphären bewegt.

Wir trauen uns nicht den Blick nach oben zu richten. So bietet man uns weitläufig das unterste Niveau an Unterhaltung im Fernsehen an. Die Gefallenen, die Korrumpierten, jene die nicht bei voller Geisteskraft sind. Denn überfordert vom Alltag möchten wir nicht aufblicken müssen, einen Berg zu erklimmen. Den Berg der Weisheit und Tugend welcher nur schwer zu erklimmen.

Wir fügen uns demnach der Idiotie unserer Zeit.

Entspricht es nicht auch der Wahrheit, dass wir den laut Rednern und stark gestikulierenden, jenen die sich als interessant zur Schau stellen, hübscher sind als andere, oder einfach nur cooler, eher folgen, als jenen, die ruhig, zu gewöhnlich, besonnen oder langweilig sind?

Zum Vergleich stehen Barack Obama und Ron Paul. Man vergleiche im Nachhinein die inhaltlichen Differenzen der Rede von Ron Paul, jener niemals für eine Steuererhöhung stimmte, weil er die Gesetzmäßigkeiten der Wirtschaft versteht.

Weil er verstanden hat, dass die Wirtschaft floriert wenn die Leute mehr Geld in der Tasche haben als sie dem Staat Steuern zu zahlen haben. Im Kontrast dazu ein Barack Obama der die Steuern ständig erhöht und unter dessen Staatsführung das Land auseinander bricht.

Waren wir nicht alle geblendet von seinem glänzenden Auftreten, seinem Charisma und Charme. Seiner meisterlichen Rhetorik und Gestik. Tritt er nicht etwa auf wie ein Schauspieler der eine Rolle inne hat. Einfach zu perfekt. Im Kontrast dazu ein gebeugter und alter Ron Paul der sich nicht zu verstellen wusste.

Wir sind also getäuscht von dem äußeren von Menschen, denn wir bewegen uns leider zu oft nur an der Oberfläche. Statt in die Tiefen des Meeres zu blicken und die Vielfalt unter Wasser zu sehen.

Alles was wir sehen ist die schöne blaue Oberfläche des Wasser.

Die auch noch so schön uns selbst widerspiegelt. Wir spiegeln uns selbst an der Oberfläche von anderen und sehen uns selbst bestätigt.

Die Tiefen des Meeres zu ergründen erfordert Mut, denn es können sich am Boden des Meeres auch Dinge befinden die uns nicht gefallen werden; gefahren und so weiter.

Darum gehen wir nicht in die tiefe der Materie sei es nun die Wirtschaft, Politik und Weltphilosophie.

Edward Bernays Meister der Propaganda

Das Wort Propaganda ist aufgrund der Braunhemden in Verruf geraten. Man hat dieses Wort gemieden und angefangen es zu umschreiben und umzuformulieren. Während dessen hat die Medienwelt es geschafft die Propaganda Maschinerie die immer noch im Hintergrund die Fäden zieht aus der Schusslinie zu nehmen. Denn die Propaganda Maschinerie ist es die auch die Medien kontrolliert. Das Buch „Propaganda", und deren Geburt im Mainstream wurde 1928 öffentlich; durch keinen geringeren als dem Neffen von Sigmund Freud, Edward Bernays.

Damals wurde Propaganda und das Wort Propaganda nicht als negativ angesehen.

Trotz der Tatsache, dass sie von vornherein genutzt wurde um die Massen zu manipulieren, indoktrinieren und zu konditionieren; Auf das Unterbewusstsein zugriff zu haben.

Wir bewegen uns jetzt von den Sphären des Bewusstseins, der Wahrnehmung, des Geistes und des Selbstbewusstsein in die Gefilde des Unterbewusstsein, ein wenig hieran zu kratzen.

Es gibt keine bessere Einleitung zu diesem Thema und der Entstehung dieses Kontroll-Instrumentes als die von Noam Chomsky, „dem größten Intellektuellen unserer Zeit", gemessen an den Auszeichnungen die er von Universitäten und anderen Einrichtungen erhalten hat:

American business community was also very impressed with the propaganda effort.

They had a problem at that time. The country was becoming formally more democratic.

A lot more people were able to vote and that sort of thing. The country was becoming wealthier and more people could participate and a lot of new immigrants were coming in, and so on. So what to do? It's going to be harder to run things as a private club. Therefore, obviously, you have to control what people think. There had been public relation specialists but there was never a public relations industry. There was a guy hired to make Rockefeller's image look prettier and that sort of thing. But this huge public relations industry, which is a U.S. invention and a monstrous industry, came out of the first World War. The leading figures were people in the Creel Commission. In fact, the main one, Edward Bernays, comes right out of the Creel Commission. He has a book that came out right afterwards called Propaganda. The term ´propaganda`, incidentally, did not have negative connotations in those days. It was during the second World War that the term became taboo because it was connected with Germany [...]. [...]

These new techniques of regimentation of minds, he said, had to be used by the intelligent minorities in order to make sure that the slobs stay on the right course.

[...] His major coup, the one had really propelled him into fame in the late 1920s, was getting women to smoke.

Women didn't smoke in those days and he ran huge campaigns [...].

You know all the techniques-models and movie stars with cigarettes coming out of their mouths and that kind of thing.[31]

Die Amerikanische Wirtschaftsgemeinschaft war auch sehr beeindruckt von dem Propaganda Aufwand. Sie hatten zu dieser Zeit ein Problem. Das Land wurde formell demokratischer.

Viel mehr Leute durften nun wählen gehen. Die Nation wurde reicher und mehr Bürger konnten teilnehmen und ein Haufen neue Immigranten kamen dazu, und so weiter. Also was machen?

Es wird schwieriger die Dinge als privater Club zu Hand haben. Aus diesem Grund musste man logischerweise kontrollieren was die Leute denken. Es gab bereits Pressespezialisten die sich um das Verhältnis mit den Bürgern bemühten, aber es gab noch nie eine Industrie von Image-Spezialisten.

Es wurde ein Kerl eingestellt um das Image von Rockefellers besser zu gestalten und ähnliche andere solcher Fälle. Aber diese gewaltige Industrie von Leuten um das Image in der Öffentlichkeit zu verbessern welche eine US-Erfindung war und eine monströse Industrie, entsprang dem Ersten Weltkrieg. Die Hauptakteure waren Leute aus der Creel Commission. Der Hauptakteur Edward Bernays stammte aus der Creel Commission.

Er hat ein Buch welches gleich darauf folgend erschien mit dem Namen Propaganda.

Der Begriff ´Propaganda`, im übrigen, hatte keine negative Bedeutung in diesen Tagen.

Es war während dem Zweiten Weltkrieg, dass der Begriff Tabu wurde, weil er in Verbindung stand mit Deutschland [...]. [...]

Diese neuen Techniken der Reglementierung des Verstandes, sagte er [Edward Bernays]**, müssten genutzt werden von einer intelligenten Minderheit um sicher zustellen dass die Schlumpse auf dem richtigen Kurs blieben.** [...]

Sein größter Coup, jener ihm gegen Ende der 20er Jahre großen Ruhm bescherte, war es Frauen zum rauchen zu bewegen. Frauen rauchten damals nicht und er startete riesige Kampagnen [...].

Sie wissen alle Techniken-Frauenmodels und Fernsehstars mit Zigaretten die aus ihrem Mund kamen und all diese Dinge.

Propaganda zielt darauf ab unsere bewussten Verstandes Entscheidungen, Gewohnheiten und Meinungen zu manipulieren. Dies gibt Bernays in seinem Buch offen zu. Gleich zum Anfang.

Der Autor hatte bereits diese Passage im Kapitel über unsere tragische Menschheitsgeschichte behandelt.

Sie wird von jenen benutzt die sich laut Bernays von der Natur als auserkorene sehen die Geschicke der Menschheit aus dem dunklen Schatten heraus zu lenken. Wir die Massen sind uns über die Identität der Menschen die uns formen nicht im klaren. Sie formen indes unser Weltbild, bestimmen was wir wissen dürfen und unsere Ethischen Werte, so Bernays.

Es sind jene die es verstehen die sozialen Gewalten zu kontrollieren und neue Wege die Welt zu binden und zu leiten zu ersinnen. (Edward Bernays)

Ferner schreibt Bernays um ihn genau zu zitieren:

Unsere Konstitution [Verfassung der Vereinigten Staaten] **sieht keine politischen Parteien als Mechanismen der Regierung vor, und ihre Schöpfer** [Gründungsväter]
schienen nicht in der Lage sich selbst ein Bild auszumalen über die moderne politische Maschinerie. Aber die Amerikanischen Wähler erkannten bald dass ohne Organisation und Richtungsweisung ihre individuellen Stimmen, abgegeben, möglicherweise, für dutzende und hunderte unterschiedlicher Kandidaten, nur Konfusion herstellen würden.
Eine Unsichtbare Regierung, in Form von elementaren politischen Parteien, erwuchs nahezu über Nacht. Seither wurden wir uns einig, im Sinne der Vereinfachung und Handhabung, dass die Partei Maschinerie sich auf 2 Kandidaten, oder höchstens auf 3 oder 4 [Parteien] **beschränken sollte.**[32]

Der Schattenschläger Mr. Bernays gibt sich sehr offen. Die Amerikanische Verfassung wurde über den Haufen geworfen. Spätestens mit Gründung der Zentralbank „Federal Reserve Bank", und dem Eintritt in den ersten Weltkrieg waren die Visionen der Revolution sich von Europa abzukapseln und eine eigene freie Welt, den Tyrannen fern zu erschaffen betrogen.

Die stupiden Wähler sind also überfordert Staatsmänner zu wählen, aus diesem Grund hat die Elite entschieden ihnen ein paar Parteien zur Auswahl zu stellen, diese würden genügen.

Eine Konservative und eine Progressive Partei würden ausreichen und Hegels Dialektik unter sich ausspielen. Die Bürger sind sich demnach einig darüber, dass sie Geheime Direktoren benötigen, die über ihren Köpfen hinweg alle wichtigen Entscheidungen für sie treffen.

Eine Altruistische Meinungsdiktatur, freiwillig gewählt von den unwissenden Massen.

Seine Propaganda würde folglich eingesetzt werden um die Bürger von dem Zwei Parteien System aufsaugen zu lassen.

Bernays ist wohl der festen Ansicht gewesen, dass es unmöglich sei alle Individuellen Vorstellungen unter einen Hut zu bringen, aus diesem Grund müsste man die Massen im Kollektiv steuern.

Wie Schafe die zum Schlachten geführt werden.

In der Theorie, kauft jeder die günstigsten und besten Produkte die auf dem Markt angeboten werden. Wenn in der Praxis, jeder umher gehen würde Preise gestalten würde, und chemische Tests durch führen würde vor dem Einkauf, die dutzenden Seifen oder Fabrikate oder Sorten von Brot die angeboten werden, würde der Wirtschaftskreislauf hoffnungslos überfüllt. Um

solche Konfusion zu vermeiden, stimmt die Gesellschaft überein die Auswahl begrenzt zu haben bezüglich Ideen und Objekten welche ihre Aufmerksamkeit erregen durch alle erdenkliche Propaganda.[33]

Um der Ordnung Willen müssen wir als Gemeinschaft also die Gesetze des Handels und des Wirtschaftens aufgeben. Wir müssen uns beeinflussen lassen von denen die besser für uns zu entscheiden wissen, uns per Werbung also Propaganda die Produkte suggerieren die gut sind für uns. Wir müssen unsere Idee über den Konsum einschränken, wir sollen also nur das konsumieren was für uns bestimmt ist. Die Gesetzmäßigkeiten von Angebot und Nachfrage werden von elitären Superhirnen in Form von Meinungsmanipulation gesteuert.
Wir sollen nur noch in bestimmten Schemen und Gruppierungen denken.
Wir sollen uns dem Gruppendenken, dem Herdentrieb unterwerfen.
Die Unsichtbare Struktur von Gruppierungen und Vereinigungen ist die Art und Weise wie Demokratie sich organisiert und den Massengeist aufsaugt. Diese Gruppierungen die sich wie ein Netzwerk im Hintergrund bewegen unsichtbar für die Massen formen den „Massengeist".
Die Dampf Maschine, die Massenpresse und die öffentlichen Schulen hatten die Monarchie überrumpelt und neue freiere Strukturen geschaffen.
Doch nun sei die Elite wieder in der Lage zurück zuschlagen durch die Anwendung von Propaganda um die Gedanken der Leute zu kontrollieren.
Propaganda ist demnach die Gedanken Kontrolle der Massen.
Die Aufgabe der Propaganda ist es schließlich über die Kreierung von Ikonen und Bildern,
neue Ideen und Sichtweisen, Kredos und Ideologien unter die Völker zu bringen.
Aus diesem Grund werden Stars instrumentalisiert, als Ikonen missbraucht um die Sichtweisen der Elite auf die Massen zu übertragen. Denn wir folgen unseren Sternen.
Ständiges wiederholen würden das Individuum beeinflussen in seiner Entscheidung.
Er wird die Partei wählen oder das Produkt kaufen, welches er durch die Werbung kennt.
Insofern war es wichtig das Vertrauen zu politischen Persönlichkeiten aufzubauen über die politischen Image Macher. Spezialisten die sich darauf verstehen eine Person in der Öffentlichkeit ins bessere Licht zu rücken. Da unsere Sinne auf das unmittelbare reagieren, Auge erfasst schönes Bild, die Nase einen feinen Duft, die Ohren einen schönen Klang usw.
Aufgrund der Oberflächlichkeit unserer Sinne sind wir leichter zu kontrollieren.
Die Wiederholung eines Gegenstandes oder einer Idee würde ins Unterbewusstsein einsickern.
Unterschwellige Botschaften werden von unserem Unterbewusstsein aufgenommen, über dessen Macht wir nicht einmal all wissend sind.
Die Macht von einem simplen Bild sollte nicht unterschätzt werden.
Denn unser Auge ist wohl das Hauptorgan zur Interaktion mit seiner Umwelt. So sollte man nicht die Macht von Projektionen und Symbolen unterschätzen, jene auch vom Unterbewusstsein gespeichert werden.

Entspricht es der Tatsache, dass unsere Vorbilder für 2015 Angela Merkel und Bill Gates sind?
Und wozu brauchen wir jedes Jahr neue Vorbilder?
Wir eifern mit tiefer Eifersucht oder im Verblendungswahne jenen nach die uns die Medien als Vorbilder und Nachahmungswürdig präsentieren. So funktioniert die moderne Image und Meinungsmache Industrie wie sie Chomsky erwähnte. Es ist eine gewaltige Industrie zur Indoktrinierung unseres Verstandes und zur Konditionierung unserer Gewohnheiten und

Denkweisen. Ist eine plumpe Kanzlerin wirklich so klasse, dass wir sie auch noch als Vorbild nehmen müssen? Ist es nicht eher so, dass sie eine erste Klasse Marionette und leere Hülse ist die ausgefüllt wird von jenen die Ihren Verstand kontrollieren?

Und Mr. Gates dem Heuchler des Jahrhunderts, man sollte ihm eine Würdigung übersenden, ein Pokal auf dem alle seine Abscheulichkeiten und Verbrechen am Afrikanischen Kontinent aufgelistet sind.

Diese Art von Menschen sind es, die die Propaganda Maschinerie kontrollieren, ein mächtiger Bill Gates um seine Dreckige Wäsche in der Öffentlichkeit sauber zu waschen, das Blut von Millionen welches daran klebt. Die Massenmedien vollführen selbst diese Kunst.

Das Image einer Kanzler-Marionette auszubessern, die nur ins Kanzler Amt gelangte weil Schröder ausgebootet wurde und aus seinem Amt geworfen. Wären wir doch garantiert besser dran unter einem Schröder, der die Maximen eines Bismarck vertritt zumindest keine unnötigen Konflikte einzugehen, vor allem nicht mit Russland, wo alle „großen" der Vergangenheit gescheitert waren.

Wieso ist Schröder nicht Vorbild für uns Deutsche in 2015 wenn er sich auf Konferenzen um den Frieden mit Russland bemüht? Weil er weiß, dass wir auf einen dritten, einen Atomaren Konflikt zusteuern. Wieso steht nicht Schröder im Rampenlicht?

So will man uns in den Medien auftischen, dass Merkel nun die große Heldin ist, in den Verhandlungen um den Waffenstillstand in der Ukraine. Wenn in einem Monat die Faschisten wieder auf die Ukraine zulaufen, kann man uns dann wieder eine andere Meinung unterjubeln, ein Hoch auf die Propaganda. Und wenn die erste Atombombe in der Pfalz oder Württemberg einschlägt, wird es die Propaganda Maschinerie der Wahnsinnigen auch noch schaffen uns diese frohe Botschaft so richtig zu versüßen, uns Honig ums Maul schmieren.

Wie sehen die typischen Formulierungen aus die verwendet werden in der Propaganda?

Man verkürzt Sätze oder lässt die Artikel aus. Man fokussiert in dem Leitsatz bewusst auf eine Person, Sache oder einen Ort. Beispiele:

„Kanzlerin Merkel erfolgreich in Moskau".

„Obama unsere Ikone 2015".

„Verhandlungen über Waffenruhe erfolgreich."

Diese Leitsätze sind alles was uns zu interessieren hat. Man beachte nur die Screener auf Bahnhöfen und öffentlichen Plätzen. In naher Zukunft wird man uns nur noch Überschriften geben.

Es wird nicht einmal mehr nötig sein ein Thema in einem Zeitungsartikel zu verfälschen.

Wir müssen nicht wissen inwiefern Merkel erfolgreich war in Moskau.

Was sie genau unternommen hat. Merkel war erfolgreich! Das ist alles was die Massenkonsumenten von Nachrichten zu interessieren hat. Sie hat alles unter Kontrolle! Geht weiter Arbeiten!

Zahlt eure Steuern! Alles ist in Ordnung! Obama ist unser Held!

Die Verhandlungen waren erfolgreich! Den genauen Inhalt müssen wir nicht einmal wissen.

Denn unsere für uns ausgewählten Anführer die haben alles gerichtet.

Die Berichterstattung wird immer einfältiger, trivialer und dünner.

Was früher unmöglich war ist nun da wir genormt, **Normal**.

Doppelspiel

Wir widmen uns nun ein wenig dem Thema der Doppeldeutigkeit in der Unterhaltungs-Industrie, jene uns auch unweigerlich beeinflussen muss. Der Musikindustrie, und Filmindustrie also Hollywood die Albtraumfabrik.

Die Musiktexte der Synthesizer-Pop Band „Erasure", sind schon herrlich doppeldeutig.
Sie können positiv oder negativ ausgelegt werden, je nach Betrachtungsweise und Standpunkt.

Das Lied „Witch In The Ditch", singt Andy Bell zunächst wie folgt:

We were never to be forgotten
Lay down your sweet head and cry
We`ll live in dreamland tonight
Oh come all ye who are faithful
Lay down your sweet head and cry
Enter the valley of light[34]

Soweit so gut, wir begeben uns ins Traumland, kommt alle die ihr gläubig seit,
beugt eure Köpfe und weint, beweint das Ende der Welt. **Betretet das Tal des Lichtes.**
Später jedoch singt Andy Bell den letzten Vers anders nämlich.
„Enter the valley of lies."
So betreten wir nun das Tal des Lichts oder das Tal der Lügen?
Was filtert unser Verstand und was nimmt nur unser Unterbewusstsein auf?
Hören alle überhaupt den unterschied, wenn er zunächst sagt light und später lies?
Ist es nun das Licht oder die Lüge welche wir erwarten, oder beides gleichzeitig?
Betretet das Tal des Lichtes, welches euch belügen wird.
Versucht uns „Erasure" mit diesem schönen Text aufzuklären oder will man auf unser Unterbewusstsein oder Bewusstsein zugreifen?
Der Autor selbst ist sich nicht so recht sicher, denn die Texte sind oftmals sehr positiv, können aber auch als pure Konditionierung des Verstandes gesehen werden.
Das Album der Zwei-Mann Band „The Innocents" (Die Unschuldigen, die Ahnungslosen), hat auf dem Cover eine kirchliche Glasmalerei abgebildet.
Die kirchliche Glasmalerei zeigt einen reuigen König und hinter ihm steht ein Heiliger.
Das Album beinhaltet ein paar Lieder die christlichen Gesängen entsprechen.
Sollen diese die Könige, also unsere Herrscher und Beherrscher als gläubige darstellen?
Dem Wort Innocent wird im Englischen jedoch kein s im Plural angehängt, so was wird hierbei gemeint? Welches Wortspiel könnte sich dahinter verbergen?
Ist die Band christlich oder nicht? Denn viele ihrer anderen Cover sind mit esoterischen Symbolen der Illuminierten geziert.
Weitere Beispiele:
„Do we not sail on a ship of fools"[35]
Wann befinden wir uns genau auf dem Narrenschiff? Wenn wir uns der Obrigkeit beugen?
Oder wenn wir uns aufbäumen gegen die Tyrannei, beides ist gültig.

Sind wir Narren wenn wir uns auf das untergehende Schiff wagen, welches heißt Globalisierung und Kommunismus? Oder sind wir Narren wenn wir uns auf das Schiff begeben, dessen Segel uns in eine Zukunft der Freiheit segeln lassen?

Es lässt natürlich auch den Weg sich zu entscheiden offen. Den freien Willen entscheiden zu lassen. Oder:

„Together we break the chains of love"[36]

Durchbrechen wir nun die Ketten der Liebe im Sinne der Liebes Verknechtung?

Im Sinne von Zerstören wir die Liebe

Oder durchbrechen wir die Ketten, die die Liebe festketten, festhalten, gefangen halten?

„Hollwood" ist die Schmiede der Filmhelden und Schergen. Wird auch hier ein Doppelspiel betrieben, unseren Verstand und unser Unterbewusstsein zu verändern?

Man nehme nur das Beispiel von „Batman" und dem „Joker", es ist das Beste um dieses zu verdeutlichen. Erst einmal die Sichtweise Hollywoods, die aufgedrückte Realität und Bewusstseins wie Unterbewusstseins Bildung, denn diese Archetypen werden unser Unterbewusstsein behaften und in dieses eindringen. Die Idee zu dieser Schilderung, entspringt der Idee des Alex Jones.

Die ich hier übernehmen, ausführen und interpretieren, als auch ausweiten möchte.

Batman: Ist der Fledermaus Mann, er hüllt sich in Schwarz und agiert aus dem Schatten heraus.

Er schützt uns die Schwachen indem er Technologie benutzt, die er selbst erfunden hat und von der wir nichts wissen. Geheime Technologie. Er ist ein Plutokrat, ein Gentleman und Schwer reicher Philanthrop, ein Gönner der Menschheit. Ein Schöngeist und Freigeist der sich für Kunst interessiert und die Schönen Frauen liebt. Er hilft den Menschen uneigennützig.

Joker: Ist ein gestörter, innerlich zerrissener Rebell, der die ganze Gesellschaft in ihrer reinsten Form der genormten Heilen Welt hasst. Er möchte sie zerstören, mit willkürlichem Terror und Angst.

Er möchte die sittliche und ordentliche Welt die strikt und ordentlich sortiert ist,

seinem Joker Chaos, der Chaotischen Anarchie unterwerfen. In dieser macht nichts mehr Sinn der absolute Wahnsinn. Die Welt wie sie ist auf den Kopf gestellt. Er trägt komische Klamotten und verbrennt Geldscheine, er widersetzt sich dem System des willkürlichen Kapitalismus und des Massenkonsums, er ist ein schräger und kranker Individualist, der sich nicht der **Norm** fügt, also ist er nicht Normal, sondern krank, zerstörerisch und pervers.

Dies ist die Art und Weise wie die Comics entworfen wurden, von Robert Kahn und dem Autor Bill Finger und später von Hollywood übernommen und weiter ausgearbeitet wurden.

Nun folgt meine Interpretation die alles auf den Kopf stellt, denn auch der Autor dieses Buches entspricht dem „bösen" Joker, der alles auf den Kopf stellt, einer der gegen den Strom schwimmt. Vielleicht muss man die verkehrte Welt auch einfach nur wieder auf den Kopf stellen um klar durchzuschauen. Vielleicht ist gut dann böse und böse, gut. Die Protagonisten, Archetypen tauschen die Rollen. Denn diese beiden Archetypen gehen sehr tief wie wir noch sehen werden, denn der Joker ist tief verwurzelt im Menschlichen Charakter, zumindest mancher Menschen.

Der „Batman" entspricht dem Ideal jener, die die Geschicke aus dem dunklen heraus bestimmen.

Die Schattenmänner, die Schattenregierung. Er agiert im dunklen ist aber gut gesinnt. Wir können ihn zwar nicht sehen den Fledermaus Mann und wir wissen nie wo er ist, wo sein Versteck ist, wir wissen nicht einmal wie er aussieht, aber all das spielt keine Rolle, denn er ist gut gesinnt, er will nur unser bestes. Er trägt eine Maske! Wann sonst tragen wir noch eine Maske?

Das Dunkle will uns nur mit Licht bescheinen. Er besitzt einzigartige Technologie; so wie die Geheimdienste? Sind diese gut gesinnt? Man sollte es schwer bezweifeln.

Der Fledermaus Mann spiegelt uns die Romantisierung einer Elite von Plutokraten vor, die sich im

Hintergrund halten, verborgene Technologie besitzen und unsere Protektoren unsere Wächter darstellen, aus dem Dunklen heraus beobachten sie uns. Die Welt ist auf den Kopf gestellt.

Denn wieso sollte man sich verstecken mit seinen guten Taten der kluge Verstand zählt hier

Eins und Eins macht gleich Zwei.

Kommen wir nun zum Bösewicht dem „Joker", ist er nun böse oder ein Erlöser?

Wieso ist sein Ruf in Verruf geraten?

Der „Joker" ist das genaue Gegenteil des „Batman", er zeigt sich in der Öffentlichkeit, er liebt die Massen und den Trubel, er ist ein Exzentriker er liebt die Aufmerksamkeit. Wonach der „Batman", die ruhe liebt, genießt der Joker das Chaos. Der Joker und die Fledermaus bilden eine herrliche „Hegelsche Dialektik", gut und böse. Sie sind wie plus und minus oder aktiv und passiv, aktionär und reaktionär.

Da der Joker den Status Quo nicht mag und die alte Ordnung umwerfen möchte, kann er dies da er ein Querläufer ist, nur mit Terror und der puren bösen Angst tun.

Denn Anarchie ist immer etwas negatives. Denn wir die Massen brauchen die Protektoren die sich in Schwarzen Kostümen hüllen, den Schwarzen Anzügen.

Wir brauchen keine Querschläger die erkennen, dass der Status Quo dem Wahnsinn entspricht und wir eigentlich eine Neue Ordnung der Dinge bräuchten. Eine die die Massen von Falschgeld, Beamten und Politikern befreit. Eine Ordnung in welcher der Individualist, das Individuum selbst entscheiden kann. Sich selbst versorgen kann, nicht auf die Hilfe von Wächtern, System Wächtern oder Protektoren angewiesen ist. Da er die alte Ordnung umwirft ist er also böse, ein Terrorist.

Diese Archetypen hat unser Unterbewusstsein aufgesaugt, sie werden unseren Verstand verblenden.

Der „Joker" entspricht dem Astrologischen Wassermann, der Wassermann ist von Natur aus ein Querschläger, einer der gegen den Strom schwimmt. Ein Chaot, ein Clown oder Joker.

Ein Idealist, Rebell, Revolutionär. Er zieht die Massen an. Er ist Objektiv. Er kann sich nicht immer festlegen und will sich auch nicht immer fest legen müssen. Er bringt das **Aqua**-rius, das heilende Wasser uns von den alten Wunden zu befreien.

Je nach Stellung im Geburtshoroskop wie wir noch sehen werden, fällt der Wassermann so wie oben beschrieben aus. So bestimmen die Sterne wer dazu auserwählt ist möglicherweise

eine verkehrte Welt wieder richtig zu stellen. Denn der Joker alias Wassermann behält den Überblick.

Der „Batman" entspricht dem Archetyp des Skorpion, hüllt sich in Dunkelheit, mag das dunkle, wahrt Geheimnisse, agiert aus dem Schatten heraus.

Realitätskontrolle wird von unseren Protektoren auf vielen Ebenen betrieben.

Ich habe gesprochen von mir selbst, Ich habe mich hinweggesetzt über die Konventionen.

Ich bin wieder Ich geworden. Ich bin wieder Selbstbewusstsein. Ich habe mich von den Konventionen befreit die Mein Ich verschüttet hatten. Ich bin wieder Ich geworden.

Meine Seele kann mir nicht geraubt werden, denn sie untersteht nicht den Gesetzmäßigkeiten dieser Welt, sie kann nicht zerstört werden durch das zerstören meines eigenen Körpers.

Sie kann mir nur geraubt werden indem ich mich verderben lasse, in meinem Geiste, Bewusstsein, Selbstbewusstsein und der Seele selbst. Sie kann nur zerstört werden durch die Hingabe zum Bösen, welches sie aufzehrte. Doch mein Ich hat sich dem Bösen und Zerstörerischen widersetzt und sich versöhnt mit dem Geist des Universums.

1   Ralf Ludwig, Hegel für Anfänger Phänomenologie des Geistes. Eine Lese-Einführung von Ralf Ludwig, Deutscher Taschenbuch Verlag, München, 7. Auflage 2011, ISBN 978-3-423-30125-1, Seite 56.

2   Ralf Ludwig, Hegel für Anfänger Phänomenologie des Geistes. Eine Lese-Einführung von Ralf Ludwig, Deutscher Taschenbuch Verlag, München, 7. Auflage 2011. Zitiert nach: Hegel, Phänomenologie des Geistes. ISBN 978-3-423-30125-1, Seite 57.

3   G. W. F. Hegel, Die Phänomenologie des Geistes. Reclam, Ditzingen, 2009, ISBN 978-3-15-008460-1, Seite 90.

4   Ralf Ludwig, Hegel für Anfänger Phänomenologie des Geistes. Eine Lese-Einführung von Ralf Ludwig, Deutscher Taschenbuch Verlag, München, 7, Auflage 2011, ISBN 978-3-423-30125-1, Seite 57.

5   Ralf Ludwig, Hegel für Anfänger Phänomenologie des Geistes. Eine Lese-Einführung von Ralf Ludwig, Deutscher Taschenbuch Verlag, München, 7, Auflage 2011, ISBN 978-3-423-30125-1, Seite 68.

6   Ralf Ludwig, Hegel für Anfänger Phänomenologie des Geistes. Eine Lese-Einführung von Ralf Ludwig, Deutscher Taschenbuch Verlag, München, 7, Auflage 2011, ISBN 978-3-423-30125-1, Seite 100.

7   G. W. F. Hegel, Die Phänomenologie des Geistes. Reclam, Ditzingen, 2009, ISBN 978-3-15-008460-1, Seite 172.

8   Ralf Ludwig, Hegel für Anfänger Phänomenologie des Geistes. Eine Lese-Einführung von Ralf Ludwig, Deutscher Taschenbuch Verlag, München, 7, Auflage 2011, ISBN 978-3-423-30125-1, Seite 121.

9   G. W. F. Hegel, Die Phänomenologie des Geistes. Reclam, Ditzingen, 2009, ISBN 978-3-15-008460-1, Seite 10.

10 G. W. F. Hegel, Die Phänomenologie des Geistes. Reclam, Ditzingen, 2009, ISBN 978-3-15-008460-1, Seite 13.

11 G. W. F. Hegel, Die Phänomenologie des Geistes. Reclam, Ditzingen, 2009, ISBN 978-3-15-008460-1, Seite 88-89.

12 G. W. F. Hegel, Die Phänomenologie des Geistes. Reclam, Ditzingen, 2009, ISBN 978-3-15-008460-1, Seite 264.

13 G. W. F. Hegel, Die Phänomenologie des Geistes. Reclam, Ditzingen, 2009, ISBN 978-3-15-008460-1, Seite 28.

14 G. W. F. Hegel, Die Phänomenologie des Geistes. Reclam, Ditzingen, 2009, ISBN 978-3-15-008460-1, Seite 312-313.

15 Ralf Ludwig, Hegel für Anfänger Phänomenologie des Geistes. Eine Lese-Einführung von Ralf Ludwig, Deutscher Taschenbuch Verlag, München, 7, Auflage 2011, ISBN 978-3-423-30125-1, Seite 37.

17 Adam Weishaupt, Nachtrag von weiteren Originalschriften ... Illuminatensekte ... , Veröffentlichung durch Anonym, Seite 76.

18 G. W. F. Hegel, Die Phänomenologie des Geistes. Reclam, Ditzingen, 2009, ISBN 978-3-15-008460-1, Seite 370.

19 G. W. F. Hegel, Die Phänomenologie des Geistes. Reclam, Ditzingen, 2009, ISBN 978-3-15-008460-1, Seite 370.

20 G. W. F. Hegel, Die Phänomenologie des Geistes. Reclam, Ditzingen, 2009, ISBN 978-

3-15-008460-1, Seite 371.

21 G. W. F. Hegel, Die Phänomenologie des Geistes. Reclam, Ditzingen, 2009, ISBN 978-3-15-008460-1, Seite 373-374.

22 George Orwell, 1984. PENGUIN BOOKS, London, 2008. Erste Veröffentlichung durch Martin Secker & Warburg Ltd 1949. ISBN: 978-0-141-03614-4, Seite 4.

23 George Orwell, 1984. PENGUIN BOOKS, London, 2008. Erste Veröffentlichung durch Martin Secker & Warburg Ltd 1949. ISBN: 978-0-141-03614-4, Seite 5-6.

24 George Orwell, 1984. PENGUIN BOOKS, London, 2008. Erste Veröffentlichung durch Martin Secker & Warburg Ltd 1949. ISBN: 978-0-141-03614-4, Seite6.

25 George Orwell, 1984. PENGUIN BOOKS, London, 2008. Erste Veröffentlichung durch Martin Secker & Warburg Ltd 1949. ISBN: 978-0-141-03614-4, Seite 6.

26 George Orwell, 1984. PENGUIN BOOKS, London, 2008. Erste Veröffentlichung durch Martin Secker & Warburg Ltd 1949. ISBN: 978-0-141-03614-4, Seite 12-13.

27 George Orwell, 1984. PENGUIN BOOKS, London, 2008. Erste Veröffentlichung durch Martin Secker & Warburg Ltd 1949. ISBN: 978-0-141-03614-4, Seite 36-37.

28 George Orwell, 1984. PENGUIN BOOKS, London, 2008. Erste Veröffentlichung durch Martin Secker & Warburg Ltd 1949. ISBN: 978-0-141-03614-4, Seite 37-38.

29 George Orwell, 1984. PENGUIN BOOKS, London, 2008. Erste Veröffentlichung durch Martin Secker & Warburg Ltd 1949. ISBN: 978-0-141-03614-4, Seite 13-14.

30 George Orwell, 1984. PENGUIN BOOKS, London, 2008. Erste Veröffentlichung durch Martin Secker & Warburg Ltd 1949. ISBN: 978-0-141-03614-4, Seite 14-15.

31 Noam Chomsky, What Makes Mainstream Media. Mainstream: eine Unterhaltung auf Z Media Institute, Juni 1997.

32 Edward Bernays, Propaganda erschienen 1928.

33 Edward Bernays, Propaganda erschienen 1928.

34 Clarke/Bell, Innocents, Witch In The Ditch, veröffentlicht durch Musical Moments Ltd/Minotaur Music Ltd/Sony/ATV Music Publishing (UK) Ltd.

35 Clarke/Bell, Innocents, Ship Of Fools, veröffentlicht durch Musical Moments Ltd/Minotaur Music Ltd/Sony/ATV Music Publishing (UK) Ltd.

36 Clarke/Bell, Innocents, Chains Of Love, veröffentlicht durch Musical Moments Ltd/Minotaur Music Ltd/Sony ATV Music Publishing (UK) Ltd.

Die Psyche der Massen

Die „Psychologie der Massen", ist es die Könige stürzt und neue krönt.

Das Verständnis um die „Volksseele", ist daher sehr wichtig. Was bewegt die Massen, wie werden die Massen manipuliert. Viele Psychologen hatten sich zum Ende des 19. und in der ersten Hälfte des 20. Jahrhunderts damit beschäftigt. Unter anderem auch Edward Bernays Meister der Propaganda. Denn letztlich ist es die Masse, jene die absolute Macht besitzt, diese zu kontrollieren ist des Manipulateurs oberstes Begehren, sie zu leiten und umleiten wie der Rattenfänger von Hameln mit seiner Flöte spielend alle hinter sich her zu bewegen, seinen Tönen und Klängen entsprechend die den Ton angeben.

Ein weiteres mal wird uns George Orwell in blühender Phantasie die Bilder vorhalten die charakteristisch sind für die „Psychologie der Massen", und deren Macht über das Individuum.

In its second minute the Hate rose to a frenzy. People were leaping up and down in their places and shouting at the tops of their voices in an effort to drown the maddening bleating voice that came from the screen. [...]

Even O'Brien's heavy face was flushed. He was sitting very straight in his chair, his powerful chest swelling and quivering as though he were standing up to the assault of a wave.

The dark-haired girl behind Winston had begun crying out ´Swine! Swine! Swine!`, and suddenly she picked up a heavy Newspeak dictionary and flung it at the screen.

It struck Goldstein's nose and bounced off [...].

In a lucid moment Winston found that he was shouting with the others and kicking his heel violently against the rung of his chair. The horrible thing about the Two Minutes Hate was not that one was obliged to act a part, but that it was impossible to avoid joining in. [...]

A hideous ecstasy of fear and vindictiveness, a desire to kill, to torture, to smash faces in with a sledgehammer, seemed to flow through the whole group of people like an electric current, turning one even against one's will into a grimacing, screaming lunatic. And yet the rage that one felt was an abstract, undirected emotion which could be switched from one object to another like the flame of a blowlamp.[1]

In der zweiten Minute erreichte der Hass einen Blutrausch. Menschen hüpften auf und ab auf ihren Plätzen und schrien so laut sie konnten in einer Anstrengung die unerträgliche blökende Stimme die aus dem Bildschirm kam zu übertönen. [...]

Sogar O'Brien's wuchtiges Gesicht war errötet. Er saß aufrecht auf seinem Stuhl, seine kräftige Brust schwellend und bebend als ob er sich gegen eine Angriffswelle stellen würde.

Das schwarz-haarige Mädchen hinter Winston schrie auf ´Schwein! Schwein! Schwein!`, und hob plötzlich ein schweres Newspeak Wörterbuch auf und schleuderte es auf den Bildschirm.

Es traf Goldstein's Nase und sprang herab [...].

In einem Augenblick der Klarheit sah Winston sich mit den anderen schreiend, und trat seine Ferse brutal gegen die Querverstrebung seines Stuhls. Das schlimme an den Zwei Minuten Hass war nicht dass man verpflichtet war teilzunehmen, aber dass es unmöglich war zu verhindern daran teilzuhaben. [...]

Eine widerliche Ekstase der Angst und Rachsucht, das Verlangen zu töten, zu foltern, Gesichter mit einem Vorschlaghammer einzuschlagen, schien durch die gesamte Gruppe wie ein elektronischer

Strom zu fließen, man wandelte sich gegen den eigenen Willen um in einen Grimassen schneidenden, schreienden geistesgestörten. Dabei war die Wut die man fühlte eine abstrakte, nicht gesteuerte Emotion welche von einen Objekt auf den nächsten umgeschaltet werden konnte wie die Flamme eines Bunsenbrenners.

So extrem als auch lustig wie Orwell es hier beschreibt, äußert sich, dieses sich antreiben lassen in der Masse überall wohin man blickt. Man betrachte nur die wütenden Fans eines Fußball Stadions, wenn der Stürmer der gegnerischen Mannschaft sich wie ein Schwalbe auf den Rücken legt.
Gleich hüpfen wir alle auf wie die Affen und schreien: „Schwalbe, Schwalbe, das war eine Schwalbe, Vom Platz!, du Schwein!" Wer kann sich hier dem Massenärger, der gefühlten Massen Emotion noch entziehen, wenn alle aufspringen, springe ich auch auf.
Genau so verhält es sich in einer Revolution die Massen werden elektrisiert von einem Volksverführer und entsprechend aufgehetzt. Es breites sich ein Lauffeuer der Wut, Angst oder auch Euphorie aus. Wir scheinen diesem Massen Trieb hilflos ausgeliefert zu sein.
Sogar die Kühlen und Noblen Gemüter werden hierbei ermutigt sich der Ohnmacht der Masse und dem Pöbel verhalten einzugliedern.

Eine weitere Passage Orwells muss beleuchtet werden, nämlich unsere Unfähigkeit trotz unserer eigenen Überzeugung gegen den Strom zu schwimmen:"

> **But the face of Big Brother seemed to persist for several seconds on the screen [...]. [...]**
> **At this moment the entire group of people broke into a deep, slow, rhytmical chant of ´B-B! .... B-B! [...]. [...]**
> **For perhaps as much as thirty seconds they kept it up. It was a refrain that was often heard in moments of overwhelming emotion. Partly it was a sort of hymn to the wisdom and majesty of Big Brother, but still more it was an act of self-hypnosis, a deliberate drowning of consciousness by means of rhythmic noise. Winston's entrails seemed to grow cold. In the Two Minutes Hate he could not help sharing the general delirium, but this sub-human chanting of ´B-B! .... B-B!` always filled him with horror. Of course he chanted with the rest: it was impossible to do otherwise. To dissemble your feelings, to control your face, to do what everyone else was doing, was an instinctive reaction.[2]**

Aber das Gesicht von Big Brother schien auf dem Bildschirm für ein paar weitere Sekunden fortzubestehen [...]. [...]
In diesem Augenblick brach die gesamte Gruppe von Leuten in ein tiefes, langsames, rhythmisches anfeuern von ´B-B! ... B-B! ... aus [...] . [...]
Für vielleicht mehr als dreißig Sekunden hielten sie es aufrecht. Es war ein Refrain der oft zu hören war in Augenblicken überwältigender Emotionen. Teils war es eine Art Hymne auf die Weisheit und Exzellenz von Big Brother, und doch war es eher ein Akt der selbst Hypnose, ein bewusstes versinken des Bewusstseins durch einen rhythmischen Klang. Winston's Eingeweide schienen zu gefrieren. Während der Zwei Hass Minuten konnte er nicht anders als an dem üblichen Wahn teilzunehmen, aber dieses unmenschliche rufen ´B-B! ...B-B!` erfüllte ihn immer mit Schrecken. Natürlich feuerte er an mit den anderen: es war anders unmöglich. Seine Gefühle zu verbergen, die Mimik aufrecht zuhalten, das zu tun was jeder andere machte, war eine instinktive Reaktion.

Das Ich versinkt in der Masse in einen Trance zustand, der Verstand ist ausgeschaltet, man folgt nur noch den Emotionen der Masse. Aus Angst davor ausgestoßen, ausgegliedert zu sein aus der Masse ergibt sich das Ich und wird sogar anfangen sich zu verstellen. Zum reinen Selbstschutz, um nicht der Pein, dem Scham der Massen ausgesetzt zu werden. Es ist wohl eine Instinkt Reaktion zum Eigenen Schutz. Ebenso ist es zutreffend, dass alleinig das Rufen in der Masse das Individuum ansteckt, selbst wenn es vielleicht anderer Meinung ist mit zu machen, man kann einfach nicht mehr widerstehen sich vom Fluss der Masse einfach treiben zu lassen.

Wir sollten uns darüber zumindest bewusst werden, dass wir der Macht der Masse unterliegen.

Und wie bedrohlich es ist, wenn wir in der Masse einer einzigen Person folgen, einem Anführer der vorgibt uns richtig zu lenken.

Der Horror des Faschismus, wenn man sich verstellen muss ansonsten ein Opfer der Falsch Justiz derer wird, jene die Massen kontrollieren. Die bereit sind für ihre Anführer die Mord Sünde über ihre eigene Seele ergehen zu lassen.

Die Macht der Massenkonvention ist es demnach. Wer legt diese fest? Was man sagen darf, und tun darf? Wir sind es im kollektiv, doch müssen wir lernen zu unterscheiden zwischen moralisch und unmoralisch, wert und unwert. Dies ist der Schlüssel zu einer gerechten und fairen Gemeinschaft.

In der Masse verfolgt das Individuum auch eine unbewusste Motivation, die eigenen Motive werden der Masse der Mitmenschen oder Mitstreiter geopfert.

Anstelle von Gedanken übernimmt das Individuum nur noch die Impulse, die abgegeben werden, entweder vom Anführer oder der Masse. Wir folgen Verstandeslos den Impulsen die vorgegeben werden. Wie eine Herde Tiere, in der Masse als solches wird der Mensch zum Tier.

Und kann somit auch wie ein Tier genutzt werden.

Gleichzeitig kann man eine Masse auch für seine eigenen Zwecke gebrauchen, wenn man es schafft den Anführer für sich zu gewinnen.

Und wie man „Die Psychologie der Massen", im Wahlkampf, in der Politik anwenden kann wird uns erneut Edward Bernays sagen, der Autor wird seine Worte direkt ins deutsche Übersetzen:

Aber wenn es kein Beispiel für einen Anführer gibt und die Herde für sich selbst denken muss, tut sie es indem sie sich Cliches bedient, oberflächlichen Worten oder Bildern, welche für eine ganze Gruppe von Ideen und Erfahrungen stehen. Bis vor wenigen Jahren, war es ausreichend einen politischen Kandidaten mit dem Wort Interessen zu etikettieren um eine Stampede auszulösen von Millionen Leuten die gegen ihn stimmen, weil alles assoziiert mit dem Wort ´Interessen` schien der Korruption ausgesetzt zu sein.

[Aufgrund der Aufdeckung der Machenschaften der Wall Street Haie Morgan, Rockefeller etc, wurden die Massen in Aufruhr versetzt, und man warf einen Politiker ins Rennen, der sich gegen die Interessengruppen stellte;

Mr. Woodrow Wilson, der daraufhin gewählt wurde und dann die selben Interessengruppen die er denunzierte zufrieden stellte, indem er sich verkaufte, unter seiner Präsidentschaft wurde die nicht vom Amerikanischen Volk kontrollierte „Federal Reserve Bank" gegründet.][3]

Des weiteren schreibt Bernays:

„Durch das anspielen eines alten Cliche, oder eines neuen manipulierend, kann der Propagandist manchmal eine ganze Masse von Gruppen Emotionen umschwenken."[4]

In diesem Herden Modus sind wir so primitiv, dass es genügen würde eine Person zu beschimpfen oder eine Behauptung gegen diese aufzustellen und alle könnten versucht sein, mit einzusteigen in die „Beschimpfungs-Orgie". Es wird den Massen eventuell sogar Spaß bereiten denn gemeinsam sind wir stark.

Unser Gehirn funktioniert über Nervenleitungen insofern, können gewisse Stimulationen bereits einen gewaltigen Effekt haben, das Spielen von Musik, aufwendige Inszenierungen, zur Schaustellungen, Aufmärsche, Formationen, Tänze etc; der Verstand ist wie berauscht in diesem Zustand der Begeisterung sind wir gewillt unserem Anführer zu folgen, oder eine gewisse Sichtweise zu übernehmen.

Es ist nicht allzu lange her, dass Madonna in der Halbzeitpause des Superbowls in einer gewaltigen Parade, als Inkarnation von Satan die funkelnde und ausgedunkelte, aufwendig beleuchtete Spielfläche des Football Feldes betrat. Sie wurde gezogen von einer Horde kräftiger Legionäre, zunächst einmal war sie eingehüllt durch gewaltige Engels Flügel die von anderen skurrilen Gestalten getragen wurden. Dann enthüllte man sie und sie stand da mit ihren Teufelshörnern, als Vertreterin des Teufels auf Erden, die Massen hin und weg von der Schau der vielen Lichter, der betäubenden Musik applaudierten sie ihrer Gottheit dem Satan.

Hinter ihr befanden sich gewaltige Banner wie bei einem Nazi-Aufmarsch.

Die Zuschauer auf den Rängen Toben und Jubeln!

Daraufhin vollführte „La Satana" wie man sie ab jetzt eigentlich nennen sollte auch noch die Handbewegung des Baphomet. Sie betritt die Bühne in der Mitte des Stadions und zu ihr Gesellen sich Tänzer mit Hörnern, wie die Hörner des Baphomet, also Dämonen.

Die Massen ergötzen sich an einer dämonischen Prozession, tief okkult und diabolisch.

Folglich wurde die Bühne von unzähligen Cheerleaders betreten, die als Cleopatras verkleidet auf und ab hüpften, schließlich hüllten sich alle in die Kleider von Kirchen Chorsänger, eine Riesen Show, dann verschwand „La Satana" im nichts und eine riesige Aufschrift „Weltfrieden" wurde auf die Tanzfläche projiziert gefolgt von einem riesigen Auge. Dem Symbol der Illuminierten.

Wer es nicht glauben mag, der Schaue selbst wozu gibt es denn das Internet sonst?

Die Massen, jene die Ränge ausfüllten, hatten also ihren Verstand, Moral und alle Sittlichkeit abgelegt. Es wäre interessant die Reaktionen der Leute zu beobachten, wenn sie sich das selbe Schauspiel nochmals auf dem Fernseher zu Hause in Ruhe anschauen würden.

Ein harmloses Beispiel ist ein Konzert in dem alle berauscht werden, durch das Konzert und eventuell gleichzeitig aufstehen, jubeln und klatschen.

Menschen unterschiedlicher Intelligenz vermischen sich in der Masse zu einer Konstante, es bildet sich ein Intelligenz Durchschnitt. Dies kann unterschiedlich beeinflusst werden.

Die Masse kann jedoch nie die Geistesfähigkeit eines gebildeten Denkers oder Philosophen annehmen.

Gustave Le Bon der Begründer, der „Psychologie der Massen", erklärt es wie folgt:

„Menschen von verschiedenartigster Intelligenz haben äußerst ähnliche Triebe, Leidenschaften und Gefühle. In allem, was Gegenstand des Gefühls ist: Religion, Politik, Moral, Sympathien und Antipathien usw. überragen die ausgezeichneten Menschen nur selten das Niveau der gewöhnlichen einzelnen."[5]

Diese Tatsache muss uns bewusst machen, dass wir vorsichtig sein müssen, mit Religionen, Moral Vorstellungen, Sympathien und auch Antipathien; Meinungen die im Mainstream verbreitet werden.
„Die Masse nimmt nicht den Geist, sondern nur die Mittelmäßigkeit in sich auf."[6]
Sprich die Masse ist nicht fähig komplex und tief zu denken. Das höhere denken, vermischt sich mit dem niederem. Die Volksverführer nutzen diese Tatsache aus, indem sie ihre Reden so gestalten, dass sie eine Sache schön reden, aber nicht verlauten lassen, wie sie die Umstände verbessern werden. Sie müssen eine Sache nie der Logik unterwerfen, oder der Objektivität.
So können sie leere Versprechungen abgeben, immerzu wir bekommen nie genug davon.
Die Rede eines Politikers darf nie zu intellektuell gehalten werden, muss aber auch immerzu ein gewisses Niveau halten können. Er muss zumindest mit Schlagwörtern und Anschuldigungen um sich werfen oder die Verbesserung der Situation durch sein Meisterliches Geschick preisgeben.
„Allein durch die Tatsache, Glied einer Masse zu sein, steigt der Mensch also mehrere Stufen von der Leiter der Kultur hinab. Als einzelner war er vielleicht ein gebildetes Individuum, in der Masse ist er ein Triebwesen, also ein Barbar."[7]
Nur so lässt sich erklären, wie Nationalsozialisten in Deutschland und die Faschisten in Italien die Massen zu allen erdenklichen Verbrechen, von Verleumdung, Abstoßung, Abfackeln der Synagogen bis hin zum Morden einer Gruppe, Minderheit oder Dissidenten brachten.
Das Individuum verliert in der Masse seine Selbständigkeit, es verliert sein Bewusstsein.

Für den einzelnen in der Masse schwindet der Begriff des Unmöglichen. Der allein stehende einzelne ist sich klar darüber, dass er allein keinen Palast einäschern, keinen Laden plündern könnte, und die Versuchung dazu kommt ihm kaum in den Sinn. Als Glied einer Masse aber übernimmt er das Machtbewusstsein, das ihm die Menge verleiht, und wird der ersten Anregung zu Mord und Plünderung augenblicklich nachgeben.[8]

In der gewalttätigen Masse wird uns die Hemmung zu Gewalt genommen, wir verlieren unsere Moral und Werte. Die Masse gibt uns also Machtbewusstsein, auch insofern, dass wir uns alleine klein und unbedeutsam fühlen. Dies ist der Gruppen Konditionierung und dem Gruppendenken zu verdanken, mit dem wir aufgezogen wurden von Kind auf.
In der Masse kann man uns nicht mehr so einfach der Gesetzmäßigkeiten, dem Recht und der Justiz überführen was die Massen noch brutaler machen kann.
So wie während der Französischen Revolution.
Die Verantwortungslosigkeit und die pure „Trieb- und Emotions-Sucht" der Massen zeigte sich während der französischen Revolution. Denn schließlich wurde sogar der Kopf Robespierre, durch die verwirrten Massen geköpft. Möglicherweise hatte man ihn loswerden wollen und verbreitete Gerüchte, diese könnten die Massen aufgestachelt haben ihren Anführer zu enthaupten.
In der Masse verlieren wir unter Umständen jede Rationalität und Logik.
Nur wenige können in der Masse klaren Kopf bewahren.

Auch sind die Massen unterschiedlichen Ideen und Ideologien ausgesetzt.

Die christlichen Ideen des Mittelalters, die demokratischen Ideen des 18. Jahrhunderts, die sozialistischen Ideen der Gegenwart stehen gewiss nicht besonders hoch, man kann sie in philosophischer Beziehung als ziemlich armselige Irrtümer betrachten, aber ihre Bedeutung war und ist ungeheuer, und noch lange werden sie die wesentlichsten Mittel zur Führung der Staaten bleiben.[9]

Genau die Beeinflussung und Lenkung dieser Ideale ist es die eine kleine Elite befähigen die Massen problemlos durch die Jahrhunderte hinweg, Generation für Generation, von einem System ins nächste zu führen.

„Ideen brauchen lange Zeit, um sich in der Masse festzusetzen, und sie brauchen nicht weniger Zeit, um wieder daraus zu verschwinden. Auch sind die Massen in Bezug auf Ideen immer mehrere Generationen hinter den Wissenschaftlern und Philosophen zurück."[10]
Wir halten an Ideen fest, die falsch umgesetzt werden oder einfach nicht gut sind für die Gesellschaft. Demokratie funktioniert nur wenn die Mehrzahl der Bürger eines Landes sehr gut aufgeklärt ist über die Mechanismen der Manipulation. Sozialismus ist immerzu ein Übel.
Selbst ein aufrichtiger und an sich sozialer Staat, der sozialistisch strukturiert ist.
Wird mit der Zeit der Korruption verfallen, denn die Institutionen laufen Zentral.
Und jede Zentrale kann übernommen werden. Langsam und schrittweise oder blutig und brutal durch einen Putsch. Die Staatsformen die wir vorgesetzt bekommen, sind den Philosophen und Wissensträgern der Elite bereits bekannt. Deswegen wie Le Bon aufzeigte sind sie uns den Massen immer über Generationen voraus. Die Systeme zur Macht Konsolidierung wechseln nicht durch Zufall. So wie der Autor es versuchte im vorigen Kapitel aufzuzeigen.
Die Übergänge von Feudalismus zu Demokratie, und dann Sozialismus.
„Es ist überflüssig zu bemerken, dass die Unfähigkeit der Massen, richtig zu urteilen, ihnen jede Möglichkeit kritischen Geistes raubt, das heißt, die Fähigkeit, Wahrheit und Irrtum voneinander zu unterscheiden und ein scharfes Urteil abzugeben. Die Urteile, die die Massen annehmen, sind nur aufgedrängte, niemals geprüfte Urteile."[11]
Des weiteren wird die Phantasie der Massen missbraucht und manipuliert. Man braucht nur die Phantasie der Massen zu befriedigen, anzuregen oder aufzuhetzen und man kann sie so zu allem bewegen.
Die Massen sind bereit sich für ein Ideal welches man ihnen als solches verkauft hatte töten zu lassen. Beispielsweise wenn man sie in Kriege verwickelt. Wieso sollte ein gewöhnlicher Arbeiter oder Bauern sich aufopfern in einem Konflikt außerhalb seines Landes?
Jetzt ist so manch verblendeter Moslem versucht ISIS die Göttin der Illuminierten zu unterstützen.
Und hierzu schreibt Le Bon gleich passend wie die Faust aufs Auge:
„Die Überzeugungen der Massen nehmen die Eigenschaften der blinden Unterwerfung, der grausamen Unduldsamkeit und des Bedürfnisses nach Verbreitung an, die mit dem religiösen Gefühl verbunden sind, so dass man also sagen kann, alle ihre Überzeugungen haben eine religiöse Form."[12]
Es ist also nur das religiöse Gefühl welches verteidigt werden möchte, denn Sunniten stürzen sich nun in einen Konflikt, um Schiiten und Aleviten zu bekämpfen. Diese haben die Ideale des

ursprünglichen Islam in ihren Augen verdorben. Aus diesem Grund sind sie zu Feinden geworden.

Eine weitere Schwäche der Massen Psyche ist die Wandelbarkeit ihres Denken und Ihrer Meinungen, sie sind sehr einfach zu beeinflussen. So wird der gestrige Held morgen zum Sündenbock und umgekehrt. Beispielsweise ein Fußball Spieler der die ganze Saison über versagt und kein einziges Tor schießt, wird zum Buhmann und Spott der Öffentlichkeit.
Man bewirft ihn mit Schuhen, Bananen und Golfbällen, welches von der Idiotie der Individuen zeugt, denn sobald sie sich in der Masse befinden verlieren sie Ihren Anstand.
Es genügt ein Tor im Finalspiel zur Erringung eines Pokals oder der Meisterschaft und selbiger Spott der Massen, wird zum Helden der Massen.
Insofern gilt es auch zu unterscheiden welche Form von Massen oder Menschen Vereinigungen es gibt. So verhält sich die Masse innerhalb einer Sekte anders, als eine spontane Ansammlung von Menschen die demonstrieren.
„´In Zeiten der Gleichheit`, sagt Tocqueville treffend, ´traut einer dem anderen nicht, weil alle einander ähnlich sind; aber gerade diese Ähnlichkeit gibt ihnen ein fast unbegrenztes Vertrauen in das Urteil der Allgemeinheit. [...]"[13]
Soviel zur Massen Paranoia in einer gleichgestellten Gesellschaft, so Urteilen sie als Kollektiv strikt und unnachgiebig über das Individuum. Gleichzeitig traut keiner dem anderen, denn trotz der Gleichheit die man aufzwingt, bleibt bei vielen der Druck besser zu sein als das Gegenüber.
Daher kommt Zwiespalt auf und man bekämpft und zerfleischt sich untereinander.
Die Aufgabe des Individuums ist herauszufinden, wie es sich von den Mächten des Gruppendenkens und den negativen Auswirkungen, der Psychologie der Massen befreien kann.
Gustave Le Bon hinterließ in seinem Werk „Psychologie der Massen", nicht den Eindruck als ob er dem Bannbruch der Manipulation der Massen zutraute.
Der Autor ist positiv gestimmt, dass es möglich ist insofern wir Menschen seit langer Zeit unter dem Einfluss der Manipulation und der Unterordnung zur Obrigkeit als auch der Massenbewegung stehen.
Eine Generation von aufgeklärten Individualisten würde die nächste Generation erziehen.
Wir müssen bedenken, dass wir uns in einem Labyrinth der Konditionierung von Generation zu Generation verlaufen haben.
Eben dieses zu verhindern wird das Ziel jener sein die im verborgenen die Geschicke leiten.
Wir befreien uns indem wir lernen als Individualisten in die Masse einzutreten.
In der Masse unseren Individualismus bewahren können. Und wieder heraustreten können aus dem Ozean welches die Massen bilden ohne davon manipuliert oder korrumpiert zu werden.
Indem wir selbstbewusste aufgeklärte und intelligente Persönlichkeiten ausfüllen.
Dies ist die Aspiration und Motivation für dieses Manuskript.

1   George Orwell, 1984. PENGUIN BOOKS, London, 2008. Erste Veröffentlichung durch Martin Secker & Warburg Ltd 1949. ISBN: 978-0-141-03614-4, Seite 16.
2   George Orwell, 1984. PENGUIN BOOKS, London, 2008. Erste Veröffentlichung durch Martin Secker & Warburg Ltd 1949. ISBN: 978-0-141-03614-4, Seite 17-18.
3   Edward Bernays, Propaganda erschienen 1928.
4   Edward Bernays, Propaganda erschienen 1928.
5   Gustave Le Bon, Psychologie der Massen. Nikol Verlagsgesellschaft, Hamburg, 6. Auflage 2011. Aus dem französischen übersetzt von Rudolf Eisler, basierend auf dem Text der Ausgabe von 1911. ISBN: 978-3-86820-026-3, Seite 34.
6   Gustave Le Bon, Psychologie der Massen. Nikol Verlagsgesellschaft, Hamburg, 6. Auflage 2011. Aus dem französischen übersetzt von Rudolf Eisler, basierend auf dem Text der Ausgabe von 1911. ISBN: 978-3-86820-026-3, Seite 35.
7   Gustave Le Bon, Psychologie der Massen. Nikol Verlagsgesellschaft, Hamburg, 6. Auflage 2011. Aus dem französischen übersetzt von Rudolf Eisler, basierend auf dem Text der Ausgabe von 1911. ISBN: 978-3-86820-026-3, Seite 38.
8   Gustave Le Bon, Psychologie der Massen. Nikol Verlagsgesellschaft, Hamburg, 6. Auflage 2011. Aus dem französischen übersetzt von Rudolf Eisler, basierend auf dem Text der Ausgabe von 1911. ISBN: 978-3-86820-026-3, Seite 42.
9   Gustave Le Bon, Psychologie der Massen. Nikol Verlagsgesellschaft, Hamburg, 6. Auflage 2011. Aus dem französischen übersetzt von Rudolf Eisler, basierend auf dem Text der Ausgabe von 1911. ISBN: 978-3-86820-026-3, Seite 65.
10 Gustave Le Bon, Psychologie der Massen. Nikol Verlagsgesellschaft, Hamburg, 6. Auflage 2011. Aus dem französischen übersetzt von Rudolf Eisler, basierend auf dem Text der Ausgabe von 1911. ISBN: 978-3-86820-026-3, Seite 66.
11 Gustave Le Bon, Psychologie der Massen. Nikol Verlagsgesellschaft, Hamburg, 6. Auflage 2011. Aus dem französischen übersetzt von Rudolf Eisler, basierend auf dem Text der Ausgabe von 1911. ISBN: 978-3-86820-026-3, Seite 68.
12 Gustave Le Bon, Psychologie der Massen. Nikol Verlagsgesellschaft, Hamburg, 6. Auflage 2011. Aus dem französischen übersetzt von Rudolf Eisler, basierend auf dem Text der Ausgabe von 1911. ISBN: 978-3-86820-026-3, Seite 74.
13 Gustave Le Bon, Psychologie der Massen. Nikol Verlagsgesellschaft, Hamburg, 6. Auflage 2011. Aus dem französischen übersetzt von Rudolf Eisler, basierend auf dem Text der Ausgabe von 1911. ISBN: 978-3-86820-026-3, Seite 169.

Primus Maximus und die Angst vor der Ur-Angst

Wir verlassen nun das Feld der weiblichen Kontrollinstrumente, die Sphäre der Täuschung und begeben uns in die harte Welt der männlichen Einschüchterung, Drohung, des Terrors und der Angst. Denn auch dieses sind mächtige Kontrollinstrumente. Terror und Angst regieren die Welt.
Daher trugen die Priester in allen Religionen und Zeitaltern lange Kleider, feminin = man kann nicht sehen was sich dahinter verbirgt und eine Rute oder einen Stab = maskulin, um damit die Massen zu knechten.

Wir müssen uns mit der Ur-Angst des Menschen beschäftigen, denn diese Ur-Angst ist es die uns erst ängstlich macht. Sie ist der Ursprung des Übels der Kontroll-Mechanismen der Angst.
Es ist die Angst vor dem Tod und der Ungewissheit die er mit sich bringt.
Denn wir wissen zwar dass unser Körper auf der Erde bleibt und in sich zerfällt.
Wir wissen aber nicht was mit unserem Geist, unseren Erinnerungen und unserer Seele passiert.
Wir wissen nicht welches Portal unser Geist und unsere Seele nach unserem Tod beschreiten.
Dieses Wissen um das Nicht Wissen ist es, jenes den Kreislauf der Miseren bildet in die wir Menschen seit Adam und Eva, verwickelt wurden.
Diese Ur-Schwäche des Homo Sapiens hat uns zum Spielball der Mächte des Bösen gemacht.
Selbst der Messias vermochte uns diese Angst nicht zu rauben. So entstanden Religionen um uns zu knechten, die Gesetze, die Staatsformen, Könige, Machthaber und Armeen.
Leibgarden und Söldner für jene die es verstehen die Angst der Massen umzumünzen in Reichtum, Wohlstand, Luxus und des Teufels größtes Begehren Macht.
Der korrupte Mensch erhielt so Macht und Goldtribute.
Der Teufel die Seelen der Angst geplagten Menschen. Die Angst vor dem Ungewissen ist es die uns gerade in die Fänge dessen gelangen lassen vor dem wir am meisten Angst haben es ist die Unterwelt des Bösen, des Ungewissen, der Folter und der Peinigung.

Der Mensch wird soweit wir zurückblicken können, terrorisiert und eingeschüchtert.
Es sind immerzu die gleichen Prinzipien die angewendet werden um uns in Schockstarre zu versetzen.
Wir werden geängstigt von den Bösewichtern die wir nicht sehen können, die aus dem nichts kommen, wie Schatten in der Nacht umgeben sie uns.
Sie sind jederzeit in der Lage uns anzugreifen, zu terrorisieren und auszulöschen, unsere Idylle zu zerstören. Und so bildet die Anwendung von gut dosiertem Terrorismus ein Macht Konsolidierungs-Vakuum. Wir werden darin erstickt in Angst, die Angst wird konserviert, niemals darf sie entweichen.
So bietet sich die Möglichkeit Gruppierungen zu etablieren, sie mit Geld, Ressourcen und Räumlichkeiten zu versorgen, um uns zu ängstigen. Es genügt eine Opposition innerhalb des eigenen Volkes entstehen zu lassen. Durch schlechte wirtschaftliche Umstände Hass und Groll, entstehen sie gegen die bestehende politische Ordnung.
Diese meist jungen Männer werden dann rekrutiert von einem „Terror-Guru".
Dieser weist sie ein und dirigiert sie. Er selbst wird angewiesen von seinen Geldgebern, Geheimdiensten oder sonstigen privaten Institution.
Jene die sich in die Luft jagen oder eine Bombe zünden, haben keine Ahnung, dass ihr Anweiser, die auferlegte Agenda verfolgt und unter Anweisung dritter handelt.
Sie nur benutzt werden um den Terrorakt auszuführen.
Die Terroristen sind zwar die Exekutive der Terroristischen Organisation, sind aber selbst über die

Hintergründe verwirrt worden. Sie opfern sich einem höheren Ideal; Oder möchten einfach nur dem Status Quo einen Stich versetzen, Rache üben an der Gesellschaft.

Denn die Legislative der Terroraktion die diesen Anschlag rechtfertigt ist ihre verdrehte Weltanschauung dirigiert von ihrem „Terror-Guru", der für sie die Gesetze neu schreibt.

Schließlich wird die Judikative darüber ein gerichtliches Urteil Fällen. Im Fall des Terrorismus ist die Dritte Machtstruktur der Staat, auf den der Akt des Terror gerichtet war.

Der Staat wird nun anfangen den Terror Akt zu verurteilen und die Gesetze des Landes umschreiben. So haben es die Nazis gemacht, die Kommunisten und auch die Neokonservativen der Vereinigten Staaten von Amerika.

Der geschürte und geplante Terror funktioniert nach dem Prinzip Problem – Reaktion und Lösung. Nur dass die gleichen Interessen die das Problem verursachten auch die Lösung für uns parat haben.

Es wird immer ein Sündenbock gefunden auf den man den Terror Akt schiebt. Ob dieser nun wirklich darin verwickelt war spielt keine Rolle, denn die Massen sind wie paralysiert und fordern von ihren Anführern eine entsprechende Reaktion und Lösung. Der Terrorist wird gejagt oder getötet. Ob dieser dann tatsächlich gefasst wird ist auch zweitrangig, denn so kann man uns weiter in Angst versetzen, denn der Übeltäter könnte erneut zuschlagen.

Die Massenpsychologie hatten wir inzwischen beleuchtet, so können wir nun auch die Reaktion der Massen nach vollziehen, sie handelt geängstigt, die Emotionen und die Impulse verleiten zu falscher Meinungsbildung.

In Zeiten globaler Überwachung durch technisch hoch entwickelte Geheimdienst Apparate, Überwachungskameras und sonstigen Mitteln ist es ein einfaches Paranoia unter den Bürgern zu verbreiten. Edward Snowden hat uns darauf aufmerksam gemacht, dass wir ausspioniert werden und wir wissen jetzt es ist eine Tatsache, jedoch nicht in welchem Ausmaß.

Doch das Wissen darüber alleine genügt um Paranoia zu stiften. Man könnte auch sagen, dass die Enthüllung der Spionage Aktionen des NSA den Machtstrukturen die darüber verfügen, sogar geholfen hat. Sollte Snowdens Enthüllung ehrlicher Natur sein und nicht unter Direktion dritter geschehen sein so hat man den Spieß einfach umgedreht. Man schüchtert uns nun ein mit dieser Information und gleichzeitig konditioniert man die Schafe es zu akzeptieren und als Normal zu empfinden. So trainiert man die Massen darauf zu akzeptieren, dass sie permanent unter Überwachung stehen. Dass der Puls der Massen ständig gefühlt wird.

„Big Brother is watching you", der Orwellsche Albtraum ist zu einer bedrohlichen Realität geworden mit der wir uns nun auseinander zu setzen haben.

So dürfte auch gut verhindert werden, dass sich aufgeklärte Bürger die sich im Internet gut informieren können, um aus der mentalen Büchse der Pandora zu springen, sich nicht mehr trauen sich zu organisieren. Denn jeder Schritt und jede Konversation könnte abgehört werden.

Jedes Telefonat kann zurück verfolgt werden, und man vergesse nicht die Vorratsdatenspeicherung die so unendlich wichtig war im Kampf gegen den Terror. Wenn ein paar bärtige sich aufopfern für ihre falsche Ideologie, müssen wir alle unsere Rechte aufgeben.

Wir sind so ängstlich, wir sind wie die Schafe die vom Wolf beschützt werden wollen der sie jederzeit verschlingen könnte. Wir wollen nur unser Gras kauen und in Ruhe gelassen werden.

Hauptsache man lässt uns in unseren eigenen vier Wänden in Ruhe. Doch auch diese Zeiten dürften sehr bald vorbei sein, wenn wir uns weiterhin mit Angstmache unterbuttern lassen.

Mit Angst beschmieren so dass wir darauf ausrutschen. Auf den Hinterkopf fallen und den Verstand verlieren, in unserem Paranoiden Wahne. Wir sind nicht weit entfernt von einer komplett Paranoiden Gesellschaft in der sich keiner mehr traut sich dem nächsten anzuvertrauen.

So wie Winston Smith sich isoliert sah in einer Metropole, umgeben von angst getriebenen Zombies.

Denn keiner kann den Mut aufbringen als erster aufzustehen und zu sagen,
„Ich bin ein menschliches Wesen, ich lass mir diesen Schwachsinn nicht mehr bieten".
Es würde genügen wenn nach und nach Leute in der Nachbarschaft verschwinden und sich Gerüchte darüber verbreiten, um eine Massen-Paranoia der Superlawine zu schaffen.

Man kann uns bereits Angst machen gewisse Worte zu gebrauchen die nicht politisch korrekt sind.
Die politische Korrektheit entspricht Orwells „thought crime", einem Gedanken Verbrechen.
Einen freien Gedanken zu äußern könnte schon bald verboten werden wenn wir uns davon weiter leiten lassen. Von dieser Idiotischen Ideologie des „Pseudo-Liberalismus", der nichts anderes ist als „Neo-Faschismus", in Schafs Gewand. Der „Neo-Liberalismus", ist ein Wolf im Schafspelz.
Wenn wir uns gleichzeitig alle nicht leiden können, weil wir mit dem Ellenbogen arbeiten müssen.
Aber uns als liberal und aufgeschlossen ausgeben. Eine Maske aufsetzen. Ein Schafspelz überziehen.

Auch die Macht der Justiz fürchten wir, denn diese setzt uns materiellen und physischen Ängsten aus. Wir könnten unser Hab und Gut verlieren. Und eingebuchtet werden in einem Kerker zu verfaulen. In einem Foltercamp zu landen.
Es gibt viele Ängste mit denen die Priester in Frauengewändern zu jonglieren wissen.
Wie Bälle in ihren Händen halten, sie zirkulieren zu lassen wie magisch in der Luft schwebend.
Sie jederzeit in unsere Richtung zu schleudern, Mitten ins Gesicht.
Wir haben so sehr Angst vor dem Tod, dass wir bereits lebendig tot sind.
Lebendige tote, die sich hilflos dem auferlegten Schicksal beugen. Sich lebendig mit Erde behäufen lassen und lebendig begraben, darauf hoffen dass wir wenigstens unter der Erde nicht von den Würmern aufgezehrt werden.
So ist es mit der Angst niemand ist davor gewappnet und so ist es ein Macht Instrument der Superlative.
Man kann uns in die totalitäre Angstzange nehmen, indem man uns mit Atomwaffen droht.
Per Knopfdruck eines Mannes kann es uns Schwarz vor Augen werden. Eine einzige Fehlentscheidung und wir sind alle tot. Gibt es eine größere Macht?
Denn alle Fronten wurden vorsorglich mit Atomwaffen versorgt. Wie durch ein Wunder!
Zuerst hatten nur die Amerikaner die Atomwaffe, und konnten es kaum abwarten deren Wirkung auf ein ganzes Volk zu testen. So warf man die Atombombe auf die Stolzen Japaner.
Ein Volk mit starker Moral, von hoher Kultur, und großem Anstand und Respekt.
Man musste testen ob sie klein zu kriegen waren. Zumindest haben sie ihre Mentalität bewahren können. Später bekamen auch die Russen, Chinesen, Israeliten etc. die Atomwaffe.
Wieso hätten die USA eine solche Superwaffe teilen sollen? Wer hat hier erneut ein Macht-Equilibrium geschaffen? Ein Gleichgewicht der Mächte erzeugt?
Die Vorstellung einer solch mächtigen Waffe mit der sogar ein kleines Kind ein ganzes Volk ausrotten kann, hatte bereits der Autor Sir Edward Bulwer-Lytton gegen Ende des 19. Jahrhunderts, also mindestens zwei Generationen bevor die Atombombe tatsächlich Realität wurde.
Der Sohn reicher Aristokraten die auch in die Macht Strukturen verwickelt waren.
Die Phantasie von der Atomwaffe fand Verwirklichung in seinem Werk:
„Vril, the Power of the Coming Race"; übersetzt: Vril, die Macht der kommenden Rasse.
Dieses Buch soll eines der Lieblings Bücher von „Adolfus Hit", dem Hitman des Deutschen Selbstbewusstseins gewesen sein. War dies erneut diabolische oder dämonische Vorsehung die dem betreffenden Autor Sir Edward zufloss, wurde er illuminiert vom Licht? Vom Geistesgift der Schlange betäubt? Woher sonst hatte er eine so destruktive und tief dämonische Eingebung?

Pestilenz, Krankheiten, neue Viren die ausbrechen. Schweinegrippen, Vogelgrippen, Rinderwahnsinn. Angst Wahn, wir versinken im Angstwahn, im Angstwahnsinn.

In der Angst Wahrnehmung. Wir sind wie die Rinder im Wahn. Wie die Rinder die Rot sehen.

Die roten Punkte der Windpocken treten aus unseren Poren. Sobald wir von einer weiteren Epidemie hören. Die Angst vor Ebola, auch damit kann man uns zu Tode ängstigen.

In den Medien breit treten. Die Politiker mit ihrer alles ist in Ordnung Rhetorik, treiben uns an die Spitze, wenn wir sehen das ganze Länder in West Afrika im Chaos des Todes versinken.

Die Angst vor Aids, „Gib Aids keine Chance", das steht an jeder S-Bahn Haltestelle, aber woher die Scheiße eigentlich kommt, das sagt man uns nie!

Dass die Scheiße in einem US- Labor entwickelt wurde! Es ist faktisch nachweisbar und bestätigt.

Das Ebola ein Killer Virus ist der entwickelt wurde um mindestens 90 Prozent der Menschheit auszurotten. Hat Ihnen der Autor nun auch Angst bereitet?

Sicherlich, denn wir sind Angstgetrieben. Wir sind so erzogen worden. Erheben wir uns und lassen wir die Angst hinter uns? Wann endlich? Jetzt Sofort!

Man kann uns den Untergang der Welt vor Augen führen, indem man uns gefälschte Statistiken über den Anstieg der Temperaturen zeigt. Die Klimaerwärmung, die globale vor dieser müssen wir uns fürchten. Wir schalten den Fernseher ein. Und was sehen wir? Naturkatastrophen; Überschwemmungen, Tornados, Orkane, Waldbrände, Erdbeben und Vulkanausbrüche, und das jeden Tag, kein Wunder lassen wir uns von den Schweinepriestern einwickeln, Geld zu bezahlen für etwas ganz natürliches. Für die Luft zum Atmen, denn CO_2 ist natürlicher Bestandteil der Luft.

Die Angst hat uns sogar so weit getrieben uns besteuern zu lassen, auf die Luft die wir ein und ausatmen.

Denn hat der Priester sein Stab gehoben und sein Klagelied eingestimmt sind wir alle bereit uns ängstigen zu lassen. Es werden unzählige Plagen über euch kommen. Eine neue Eiszeit, Kontinentalverschiebungen, Überschwemmungen, eine neue weltweite Sintflut.

Zahlt eure Ablass! Zahlt und das Übel wird verhindert! Wir müssen unsere Erde schützen.

So entsteht ein neuer Kult, eine neue Religion des „Öko-Faschismus", wie könnte man es auch anders bezeichnen? Es ist eine dieser Ideologien die vom Himmel fallen wie Giftfrösche und Heuschrecken. Es ist eine „Angst-Ideologie".

Viele Ideologien bauen auf Angst auf. Dies sollten wir auch verinnerlichen.

Und eine weltweite Ideologie der Angst Überwindung „Parolieren". Indem wir uns sagen wir sind Homo Sapiens der „Primus Maximus". Und jeder Gefahr und Bedrohung mit den Augen des Löwen entgegen blickend.

Das Vorhalten vom Ende der Welt ist allzeit beliebt unter den Todespriestern.

Es vergeht kein Jahrzehnt, ohne dass man uns ein neues Datum für den Weltuntergang nennt.

In den 70er Jahren war es das Waldsterben welches nicht eintrat.

So war es um die Jahrtausend Wende ein Weltweiter Stromausfall, aus irgendeinem stupiden Grund den wir jetzt alle schon wieder vergessen haben.

Der Kult um den Untergang von den Mayas auf den 21. Dezember 2012 zu datieren, wird nicht das letzte mal gewesen sein. Trotz der Tatsache, dass die Uhren am 22. Dezember immer noch 12 schlugen. Plötzlich hieß es: „Ach der Kalender der Mayas war nur zu Ende gegangen".

Oder: „Die Mayas hatten sich verrechnet", Oder: „Neuer Maya Kalender gefunden!

Das Spektakel verschiebt sich um 3 Jahre oder so, haltet euch weiter fest an euren Stühlen und lasst die Beißerchen klappern".

Zu jedem schlechten Zeitalter wurde die Apokalypse erwartet. Man versuchte die „Offenbarung des Johannes" zu deuten, wann immer es anfing zu brennen glaubte man, dass der Exodus des Menschengeschlechts aus diesem Planeten eintreten würde.

Vor dem UN Gebäude in New York befindet sich sogar eine Statue, vom Heiligen St. Georg wie er den Drachen besiegt, und wieder in die Unterwelt befördert.

Gleichzeitig bemüht sich die UN mächtigst uns ins Chaos zu treiben.

Wieso immer diese Doppelspiele?

Er Georg wird unser Retter sein in den Zeiten des „Kataklysmischen Chaos", wenn der Drache aus dem Boden kriecht. Gleichzeitig repräsentiert er den Adel, die Ritter, jene uns über alle Zeitalter hinweg beschützt haben, unsere wohlwollenden Protektoren,

Philanthropen und Freunde der Menschheit; die sich mit schützender Hand vor uns stellen, wann immer etwas schlimmes passiert.

Die „Cathedral of Saint John the Divine", in New York ist ein weiteres Schmuckstück solcher Endzeit, Proklamation. Interessanterweise nimmt ihre Spitze die Form einer Pyramide mit Auge darin an. Auf der rechten Seite aus der Sicht des Betrachters, ragt ein Babylonischer Turm heraus.

Die komplette Vorderseite ist geschmückt mit den Bildern aus der „Offenbarung des Johannes", Weltuntergangs Szenen in denen New York zerstört wird. Die Brooklyn Bridge und Wall-Street werden demoliert und die Zwillingstürme fallen nach vorn. In sich zusammen gefallen sind sie bereits wie wir jetzt alle wissen. Aber wieso ausgerechnet New York?

Weil die Kathedrale in New York steht? Oder weil New York die beliebteste und bekannteste Stadt der Welt ist und das Neue Babylon am Hudson River? Im Inneren der Kathedrale, befanden sich zu meinem Aufenthalt in New York okkulte Reliquien, fremder Kulturen und Religionen.

Was diese wohl in der Kirche zu suchen hatten? Hört sich die Beschreibung die ich hier wiedergab so an als ob diese Kirche eine christliche ist?

Mit Pyramiden aus Ägypten, Dem Turm zu Babil und Reliquien aus Thailand? mit nackten entblößten Frauen die ihre Brüste freigeben; also Pornografie in der Kirche.

Zum Glück waren genug Kruzifixe da um die Maskerade aufrecht zu erhalten, für all jene die blind und betäubt durch die Welt stolpern.

In der nähe der Kathedrale steht auch noch eine ganz merkwürdige Fontäne, die abermals, den Sieg des Engel Michael über die Böse Unterwelt darstellt.

Interessant ist die Erklärung dieser skurrilen Fontäne. Diese lautet übersetzt ins Deutsche wie folgt:

„Die Friedens Fontäne zelebriert den Triumph vom Guten über das Böse und zeigt uns die Entgegen Gesetzten Kräfte der Welt Gewaltsamkeit und Harmonie, Licht und Dunkelheit, Leben und Tod, welches Gott in seinem Frieden versöhnt ... "

Ein weiteres Beispiel für die „Hegelsche Dialektik", angewandt auf die Apokalypse.

Der Engel Michael kämpft also gegen die Schlange Satan. Das Resultat wird die endgültige Befriedung der Welt sein. Ein Equilibrium. Ist es Gott oder Satan der dies herbeiführen möchte?

Oder sind es die Mächte die sich entgegenstehen, ausgenutzt werden um eine neue Ordnung herbeizuführen? Und wer nutzt diese Polaritäten um daraus eine Synthese herzustellen?

Und aus welchem Grund?

Die Offenbarung des Johannes ist nur zu verstehen wenn man sich mit esoterischer Symbolik, Astrologie und der Kabbala beschäftigt, insofern nicht verständlich für die Massen, so kann man uns damit permanent ängstigen. Wer bemüht sich noch seinen eigenen Beitrag zu leisten,

wenn sowieso schon alles vorbestimmt wurde?

Könnte es sein, dass ein gewaltiges Chaos geplant ist? Vorbereitet wurde über die Jahrhunderte hinweg? Die Religionen, Ideologien und Machtblöcke aufeinander zu hetzen in einem gewaltigen Kataklysmischen Konflikt, welcher dann eine Neue Ordnung entstehen lassen wird?

Jene die sich in der Wissens Konservierung bestens auskennen. Jene die sich den Leitsatz „Chao et Ordo" auf die Brust geknüpft haben. Jene die die Ressourcen und das Geld kontrollieren. Jene die es zu verstehen wissen alle Seiten eines Konfliktes mit Geld aus den Druckmaschinen zu überhäufen.

Eines steht fest, die Aussicht auf ein abruptes Ende ausgelöst durch eine Wirtschaftskrise, den 3. Weltkrieg oder die Apokalypse, lässt das Individuum verzagen. Es überfällt uns die Lethargie und Machtlosigkeit. Und wir sind wie gefesselt von der Angst irgendetwas zu tun, um das was zu verhindern wäre zu greifen, denn wir sind wie Angst-Paralysiert nur noch zu schauen wie wir in die nächst beste Höhle kriechen können. Und so kann man uns permanent das Ende vorhalten und die Krisen die uns bevorstehen. Aber man vergesse nie, der Teufel ist ein Eichhörnchen.

Wo möchte Mann sich noch verstecken? Es bleibt nichts anderes übrig als sich dem Kampf zu stellen und sei es auch ein Krieg der Welten welcher uns bevorsteht. Wie lautet die Weisheit des Sun Tzu, wenn du nicht mehr fliehen kannst im Kampf und bist du noch unterlegen, du musst kämpfen, ums überleben kämpfen, denn es gibt keinen Ausweg mehr; Keine Möglichkeit mehr sich zurück zu ziehen. Und so mindert man unsere Moral, von allen Seiten und es bildet sich ein Kreislauf der Demoralisierung und Schwäche. Welcher uns in den Abgrund der Unmoralitäten, den Hades Abgrund reißt, denn wie die Psychologie der Massen bestimmt schwimmen wir im Strom.

Bewegen wir uns Richtung Moral, Anstand, Werte und Respekt oder bewegen wir uns in die Richtung die von oben vorgegeben wird; Unmoral, Zwist, Wertlosigkeit und Respektlosigkeit.

Wir können uns gegenseitig helfen und werden besser weg kommen, oder jeder setzt sein eigenes Ego und sein inneren Teufel durch und wir werden sehen wie die Städte brennen werden, geplündert und geschändet.

Wie können die unterschiedlichen Welt Religionen genutzt werden um dem Feuer des Konfliktes weiteres Holz zum verbrennen beizusteuern; Noch mehr Energie zu verschwenden, Kraft und Geistige Vereinnahmung?

Wieso legen die Religionen so strikte Gesetze und Regeln vor? Wenn Gott dem Menschen bereits den freien Willen überschrieben hat? Der freie Wille überschreibt alle Gesetze.

Denn er übertritt sie wann er möchte. Der freie Wille ist da um uns bereits zu testen in unserem Leben. Wie werden wir uns entscheiden? Für das Gute oder das Böse?

Der freie Wille macht somit die sinnlosen Gesetze der unterschiedlichen Religionen überflüssig.

Wir sind geboren worden um selbst die Erfahrungen zu machen, die innerhalb eines Menschen Lebens getätigt werden. Diese Handlungen müssen wir selbst verantworten vor uns selbst wenn wir in den Spiegel schauen, oder wenn wir kein Gewissen besitzen, vor dem allgegenwärtigen Geiste des Universums. Sind es nicht die Gesetze der Religionen, die überflüssigen um nicht alle als sinnlos zu bezeichnen, die unseren freien Willen rauben? Uns der Willkür fremder Mächte aussetzen? Wieso raubt man uns den freien Willen und bewirft unser Gewissen einem solch grausamen Joch? Einem Schwarz, ein tief dunkles Schwarz. Und wieso tragen alle Priester aller Religionen so viel Schwarz? Und sind es nicht mächtige Symbole die alle Weltreligionen begleiten?

Das Schwert des Islam als mächtige Waffe um alles zu töten was in die Quere kommt? Das noch mächtigere Kreuz, wenn man die Lehren Jesu so auslegt als ob wir uns alle wie Suizidale Schafe unters Schafott führen lassen und zum Himmel starren, darauf warten, dass das Licht vom Himmel auf uns hernieder scheint.

Wie mächtig sind diese Symbole der Religionen? Und müssen wir nicht die Beweggründe beleuchten, derer die sie so auslegen? Ist es nicht möglich das Schwert auf das Kreuz zu hetzen, so dass wir uns gegenseitig umbringen? Und sich die in Schwarz gekleideten die Hände reiben in ihrem Anflug von Euphorie. Und wieder einmal heißt es dann geteilt, zerteilt, aufgeteilt unter einander und beherrscht. „Chao et Ordo", These + Antithese = Synthese.

Und wie ist es mit dem Hinduismus, eine Jahrtausende Alte Religion in der die Kaste bestimmt welches Leben das Individuum zu führen hat. Vorbestimmt durch die Geburt.

Ist dies nicht die Urform des Sozialismus und Faschismus? Die Urform des Eugeniker und Rassenkultes, welches von Geburt an fest legt, wer sich mit wem vermischen soll.

Eine perfekt dirigierte Gesellschaft, in welcher die Religion die Maximen setzt und kein entrinnen in Sicht, denn die Psyche der Indischen Massen hat sich darin verhaftet, wie die Bienchen am Honig.

Die Macht der Archetypen

Abgesehen von der Macht der religiösen Symbole besteht eine fast noch bedeutendere.

Es ist die Macht der Sterne, der Fix Sterne unserer Vorbilder und deren Archetypen.

Bilder von Ikonen deren Wirkung die Leute bereits beeinflusst.

Seien sie nun positiv oder negativ sie begleiten uns, unser ganzes Leben lang.

Es sind mächtige Archetypen über die wir hier reden möchten.

Große Könige, Propheten und Staatsmänner. Schöne Frauen, unschuldige Frauen und tyrannische Frauen. Bilder, Projektionen und Persönlichkeiten die in unseren Köpfen unser Leben lang umher spuken und uns mit formen und unseren Verstand beflügeln oder auch knebeln können.

So gibt es unzählige mächtige Archetypen die egal ob wir sie als real bezeichnen können oder nur Mythen sind, in unser Unterbewusstsein eingebrannt sind.

Das Mythos um den wohlwollenden König, der aufopfernd für sein Volk kämpft und die richtigen Entscheidungen trifft. Beispielsweise König David, König Artus, oder Karl der Große.

Der weise König Salomon. Die Schlangenförmigen und eitlen Pharaonen, ein Ramses.

Oder der protzende arrogante, exzentrische Sonnenkönig Ludwig der XIV.

Die Keusche Königin Elisabeth die I. Die heilige Jungfrau Maria.

Oder die Hure von Babylon, Königin Isabel. Die Königin von Assyrien Semiramis.

Moses wie er das Meer teilt. König Ahab der König von Israel.

Ikonen der Freiheitsbewegung; John F. Kennedy, Martin Luther King, Bob Marley, John Lennon, Bruce Lee.

Mächtige *Staatsführer* und **Diktatoren** *Atatürk, Charles de Gaulle*, **Tito, Lenin, Stalin, Hitler, Mao Tse-Tung.**

Nicht zu vergessen der mächtigste Archetyp Jesus Christus, ein Mann um die 30 mit langen braunen Haaren. Der Erretter und Befreier des Menschengeschlechtes.

Wir müssen realisieren wie stark der Einfluss dieser Archetypen und der damit verbundenen Gedanken, Emotionen und Denkweisen verbunden sind. Wie stark wir von ihnen gelenkt werden.

Wie stark unsere Urteilsfähigkeit beeinflusst wird von diesen Archetypen.

Wie sie eingebrannt sind in das menschliche Unterbewusstsein. Die Macht die sie über unsere Taten und Gewohnheiten haben. Wie sie uns antreiben, beflügeln mögen oder zu falschen Taten verführen.

So verehren Neo-Faschisten immer noch „Adolfus Hit", den Volksverführer, denn für sie bleibt er ein Held, ohne Widerrede. Und Neo-Kommunisten Stalin und Lenin; die Massenmörder des Russischen Volkes. Ihre Archetypen, ihre Bilder und Portraits genügen. Wie mächtig ist das Bild von Mustafa Kemal Atatürk mit der türkischen Flagge im Hintergrund? Er hatte die Neue Republik gegründet. Das Osmanische Reich wurde abgelöst durch eine Republik (Fabianistisch Sozialistisch).

Er verstand es die Türkei zu „verwestlichen". Er machte aus dem Feind des Westlichen Establishment, den Sultanen ein Land welches nun in der Nato ist und dem Westen gute Dienste leistet. Wie viel finanzielle Unterstützung erhielten die Russischen Monarchen zur Bekämpfung des Sultans, während des Krim Krieges vom Rothschild Clan? Bildet die Türkei nicht den Brückenkopf zu Asien? Wenn man das Land rein geografisch betrachtet ist es so ohne jeden Zweifel.

So hatte Atatürk die Türkische Schrift an das westliche Latein gebunden und Frauen verboten in der Öffentlichkeit Kopftücher zu tragen. Wie sehr war sein Einfluss auf die türkische Bevölkerung?

Ist es nicht ein extremer Zwiespalt in den die türkische Bevölkerung im Laufe der letzten 100 Jahre geworfen wurde. Die Türkei sieht sich seither hin und her gerissen zwischen den neuen Westlichen Werten und den alten muslimischen Traditionen. Ist dies nicht eine weitere dialektische Bewegung im Sinne von Hegel, um die Türkei zu verformen zu etwas ganz neuem.

Der Autor benutzt dieses Beispiel weil es das extremste zu sein scheint. Im Auge des Betrachters liegt die Subjektivität. Wieso sind gerade jetzt so viele Demonstranten auf der Straße und werden unterdrückt? Sie sind hin und her gerissen zwischen Moderne und Tradition.

Denn die neue Partei unter Erdogan versucht wieder die alten Werte einzuführen.

Trotzdem sind sie gezwungen einen der mächtigsten Archetypen aus des Autors Sicht, das von Atatürk mit der Türkischen Flagge im Hintergrund weiter zu verwenden.

Trotz der Tatsache, dass sie die Türkei wieder Richtung Kalifat bewegen möchten. Ist dies nicht der Beweis über die Macht von Archetypen? Ein Bild, eine geschichtliche Figur kann ein ganzes Volk und Land in Besitz nehmen.

Die Freimaurer unter Atatürk hatten die Türkei infiltriert und werden nun möglicherweise wieder entfernt.

Sehen wir nun ein wie gewaltig der Einfluss ist von Organisationen die sich im Hintergrund bewegen und es verstehen eine Legende zu bilden? Eine mächtige Ikone.

Ist es nicht Atatürk der mit seiner kühnen und intelligenten Mimik den perfekten Staatsmann darstellt? Ein Held und Anführer, ein Demokrat, einer der seine Hand im Anzug verschwinden lässt so wie es bereits Napoleon tat. So wie viele andere Anführer, Stalin und Lenin. Das Markenzeichen der Maurer ist die „Löwenpranke", mit der sie sich als illuminierte preisgeben, für ihre Brüder die der selben weltlichen Bruderschaft angehören. Für die unwissenden Massen ist es eine lässige und coole Geste eines Mannes von Größe und Autorität. Die Löwenpranke ist die Haltung eines Löwen.

Die Türkische Republik bewegt sich wieder Richtung Monarchie oder Diktatur und deswegen ist ein gewaltiger Aufruhr in der Bevölkerung ausgebrochen.

Ohne, dass das Volk zu verstehen scheint welch große Welten sich hier auftun, um wieder einmal zu verschlingen, was dem Abgrund sehnte zu entgehen.

Und wie wandeln sich im Laufe der Jahrhunderte und Jahrtausende die Archetypen und Helden, in unserem Geiste und unserer Phantasie? Gustave Le Bon schrieb, in „Psychologie der Massen":

Es bedarf nicht des Ablaufs von Jahrhunderten, damit sich die Heldenlegende in der Phantasie der Massen wandelt; diese Wandlung erfolgt oft innerhalb weniger Jahre.
Wir haben in unsern Tagen erlebt, wie sich die Legende eines der größten Helden der Geschichte in weniger als fünfzig Jahren wiederholt verändert hat. Unter den Bourbonen wurde Napoleon zu einer idyllischen, menschenfreundlichen und freisinnigen Persönlichkeit, einem Freunde der Armen, die, wie der Dichter sagt, sein Andenken in ihrer Hütte für lange

Zeit bewahren würden. Dreißig Jahre später war der gutmütige Held zu einem grausamen Despoten geworden, zu einem Usurpator von Macht und Freiheit, der drei Millionen Menschen nur zur Befriedigung seines Ehrgeizes geopfert hatte. Gerade jetzt wandelt sich die Legende wieder. Wenn einige Dutzend Jahrhunderte darüber hingegangen sind, werden die zukünftigen Forscher angesichts dieser widersprechenden Berichte vielleicht das Dasein des Helden bezweifeln, wie wir bisweilen das Dasein Buddhas bezweifeln, und werden dann in ihm nur einen Sonnenmythos oder eine Fortentwicklung der Herkulessage erblicken. Zweifellos werden sie sich über diese Ungewissheit leicht trösten, denn da sie eine bessere psychologische Erkenntnis haben werden als wir heutzutage, so werden sie wissen, dass die Geschichte nur Mythen zu verewigen vermag.[1]

Wie werden die Menschen in der Zukunft über Obama denken? Wird er so dargestellt werden wie er tatsächlich ist? Ein bloßes Gesicht, welches uns entzückt? Oder wird man die Wahrheit erfahren?
Wird er in die Geschichte eingehen als der Präsident der die USA in den Untergang führte?
Es spielt keine Rolle ob er als Archetyp des befreienden Helden gefeiert wird, oder als Archetyp des unfähigen Politikers. Jene die die Kontrolle über die Kreation von Archetypen haben und unser Weltbild schmieden werden darüber letztlich bestimmen.
Weil sie es sind, die die Medien Gewalt in ihren Händen halten.
Und wir uns mit ihren Projektionen aufhalten, ihren Sternen, die sie vom Himmel zu holen verstehen, als wären sie Götter in weißen Gewändern und mit magischen Händen.

1   Gustave Le Bon, Psychologie der Massen. Nikol Verlagsgesellschaft, Hamburg, 6.
    Auflage 2011. Aus dem französischen übersetzt von Rudolf Eisler, basierend auf dem
    Text der Ausgabe von 1911. ISBN: 978-3-86820-026-3, Seite 52-53.

Die Kultur Kreation von Schwarzhirten und Musen

Widmen wir uns nun der Schaffung von Kulturen und zunächst einmal der Erschaffung der Mutter aller Kulturen die Religion.

Die Entstehung der Religionen der Erde werden von jenen die sich als rational denkend bezeichnen würden, und selbst Atheisten sind wie folgt erklärt:

Der Mensch setzte sich sobald er aus dem Schlamm gekrochen war, aufrecht gehen konnte und gelernt hatte sich die Affen Haare abzuschaben, mit seiner Umwelt auseinander.

Das erste was er aufnahm war seine unmittelbare Umwelt. Die Erde, das Gras, Steine, Höhlen, Berge, Tiere, die Sonne am Tag und den Mond und die Sterne bei Nacht.

Sträucher, Bäume, Pflanzen aller Art, Früchte und Beeren.

Da die Sonne Wärme und Licht am Tage spendete, und der Mond Licht bei Nacht, wurden diese alsbald verehrt. Auch verehrte der Ur-Mensch bestimmte Tiere die ihm nützlich gewesen sind oder er fürchtete sie aufgrund ihrer Macht und der Gefahr die sie darstellten.

So stellen wir fest, dass der Ur-Mensch mit Fortschreiten der Zeit. Und mit Zunahme des Bewusstseins sich mit den Dingen seiner Umwelt und sich selbst, auseinander zusetzen vermochte.

So entstanden die ersten simplen Natur Religionen, jene die Erde anbeteten, das Feuer, den Regen, die Sonne, den Mond und die Sterne. Alles was der Mensch nicht mit beeinflussen konnte wurde zur Gottheit erklärt. Sprich die Elemente, die Naturgewalten und die Planeten und Sterne am Himmelszelt.

Die erste Technologie die er besaß war das Feuer und so wurde auch dieses als Gottheit verehrt.

Da es sehr gefährlich und unberechenbar sein konnte, könnte das Feuer sogar die erste Definition des Bösen auf der Welt gewesen sein, denn das Feuer konnte nützlich sein aber war auch gleichzeitig ein schwer zu kontrollierendes. So hatte der Ur-Mensch bereits im Feuer die Definition des Teufels, des Urzeitlich Bösen gefunden. Denn er konnte nicht ohne Leben, aber das Zusammenleben mit dem Feuer war gleichzeitig ein gefährliches Unterfangen, welches große Vorsicht erforderte.

Der Mensch machte sich Gedanken über seine Umwelt und wieso die Dinge so waren wie sie nun einmal waren. Wieso kann man nicht in die Sonne schauen? Wieso verschwindet die Sonne jeden Tag? Woher kommt der Regen? Wieso können Vögel fliegen und Ich nicht? usw.

Diese Gedanken über die Natur formten sich zu einer Definition über die Umwelt und deren Entstehung und Wirken. So entstanden dann die ersten Geschichten zum Beispiel über die Sonne, den Mond, und andere Natur Phänomene als auch Begebenheiten.

Diese Geschichten wurden zu Mythen, die Mythen erschufen mit der Zeit Helden.

Diese Helden und Mythen über die Sonne, den Mond die Planeten und unmittelbare Umwelt wurden dann sobald der Mensch eine gewisse Kunstfertigkeit erreicht hatte kopiert in Form von Höhlenmalereien oder dem errichten von Steinernen Göttern.

Imitationen der Naturgestalten die der Mensch vergötterte.

So entstanden die ersten primitiven Religionen. So beteten die Menschen am Anfang die Natur und den Kosmos an. Es entstanden Tänze und Huldigungen, für die Gottheiten der vielfältigen Natur.

Genau so äußern sich auch die noch bestehenden Natur Religionen isolierter Stämme, sollte es diese noch geben. Soweit ist alles schön und gut.

Nun kommt die nächste Stufe, die der Hochkulturen. Wie entstanden die Hochkulturen?

Die Ägyptische, die Sumerische, die des Indus Tal usw.

Der rational denkende Atheist der glaubt alles könne man der Logik des Verstandes unterwerfen, wird jetzt einschreiten und sagen:

Das genau jene sich im Laufe der Jahrtausende entwickelt haben, schrittweise hatte der Mensch erst gelernt Tiere zu halten und Land zu beackern. Er hatte gelernt sich eine feste und ordentliche Behausung zu errichten. Alles weitere folgte danach, das Wissen um die Astrologie, Mathematik, Alchemie und Technische Fertigkeiten, wurden nach und nach erlernt. Dadurch nahm auch die Organisation der Bevölkerung zu es entstanden die ersten Zivilisationen, mit ihren Religionen über ihre Götter die sie ausweiteten, weil sie anfingen sich mit dem Tod und anderen Dingen zu beschäftigen. Es entstanden Schriftsysteme und die Philosophie sich mit allen Dingen auseinander zusetzen. Es wurden Gesetze entworfen um das zusammenleben zu erleichtern und Geld als Tauschmittel eingesetzt, um das Handeln von Waren einfacher zu machen.

Die Gesetze der Natur legen fest, dass jene die stärker und schlauer sind sich durchsetzen und die minder bemittelten, anfangen zu knechten und auszunutzen.

So entstand die Korruption im Gleichschritt mit der Zunahme des Menschlichen Vermögens eine fortschreitende Kultur und Zivilisation zu errichten.

Man verstand es die anderen in Schach zu halten mit Religion, Gesetzen und Leibgarden, welche zuständig waren für den Schutz der Elite dieser Hoch Kultur.

Im Laufe der Zeit und mit Fortschreiten der Korruption der Elitären Schicht wurden die Systeme zur Kontrolle immer ausgefeilter.

Man hatte realisiert, dass die Massen leicht zu kontrollieren seien, durch die Unwissenheit über die eigene Sterblichkeit und den Aberglauben der daraus resultierte.

Somit wurden die Mythen um die Religionen immer weiter ausgeschmückt und verfeinert.

Die Oberschicht gab an von den Götter auserwählt zu sein oder sogar selbst von Ihnen abzustammen. Die Menschen müssten sich dem Willen der Götter fügen und ihrer Vertreter.

Die unterschiedlichen Religionen würden immerzu das Fundament der Gesellschaft darstellen, da der Glaube des Menschen immer weiter gefüttert werden muss.

Der Glaube an ein Leben nach dem Tod und eine Himmlische Gerechtigkeit.

So wurde aus den ursprünglich primitiven und unschuldigen Natur Religionen, etwas Menschen absorbierendes. Aus dem Versuch seine Umwelt zu erklären wurde ein Kontrollinstrument, um die geistig unterlegenen Massen seelisch und geistig zu binden.

Und so wurde Religion in allen Zeitaltern missbraucht um gewisse Ziele umzusetzen.

Kriege zu führen, Menschen zu formen, zu dem was man sie gerade brauchte.

Ressourcen zu plündern und sie jenen zu übergeben die es verstanden sich daraus ein Leben als Menschengötter voll Prunk, Reichtum und Luxus zu gönnen.

Man hatte gelernt die Religionen so auszurichten wie es einem beliebte, diese zu ändern, je nach Zweck. Denn der Zweck heiligt die Mittel wie wir alle wissen.

Um die Religion und deren Dogmen herum wurde das gesellschaftliche Leben der Menschen aufgebaut. Alles richtete sich nach dem höheren, den Gottheiten.

Dass diese auch nur vom Menschen erfunden wurden, scheint dem Menschen zu keinem Zeitalter bewusst zu werden.

Die Entstehung des Monotheismus bildete auch keine Ausnahme, denn auch dieser wurde missbraucht. Seien es die Anweisungen Gottes im alten Testament, wenn er das Israelische Volk anwies zu töten. Oder das verdorbene Christentum, welches von Konstantin zur Staatsreligion erhoben wurde und gleichzeitig manipuliert; um dann völlig auszuarten im Mittelalter zu einer Huldigung des puren Bösen zu werden. Der Islam, welcher die Erde zu genüge in Blut tränkte um seiner Göttin dem Schwert gewordenen Halbmond zu huldigen.

Wir erleben nun wie in unserer Fortgeschrittenen Zeit, der Atheismus und Rationalismus zur Gottheit erhoben wurden, und die Erde selbst Objekt der Anbetung wird.

Denn der Mensch ist sich nun bewusst, dass er alles selbst erklären kann und somit ist kein Platz mehr für einen Gott oder viele Götter. Und alle die sich diesem Glauben widersetzen, dem „rationalen" oder dem Öko-Faschismus werden erst einmal nur ausgegrenzt.

Wie weit sind wir entfernt davon, dass diese gewaltsam durchgesetzt werden?

Wir sind nicht mehr weit entfernt. Denn wenn die Monotheistischen Religionen ausgedient haben, treten neue in ihre Fußstapfen. Der Konflikt zwischen dem Judentum, Islam und Christentum, wird eine neue Religion herstellen. Die des absoluten Faschismus und der Gehorsamkeit.

So schreibt Gustave Le Bon über den Atheismus:

> **Auch ist es überflüssige Banalität, zu wiederholen, die Massen bedürften einer Religion. Denn alle politischen, religiösen und sozialen Glaubenslehren finden bei ihnen nur Aufnahme unter der Bedingung, dass sie eine religiöse Form angenommen haben, das sie jeder Auseinandersetzung entzieht. Wenn es möglich wäre, die Massen zu bewegen, den Atheismus anzunehmen, so würde es ganz zum unduldsamen Eifer eines religiösen Gefühls und in seinen äußeren Formen bald zu einem Kultus werden. Ein merkwürdiges Beispiel bietet uns die Entwicklung der kleinen positivistischen Sekte. Sie gleicht jenem Nihilisten, dessen Geschichte der tiefgründige Dostojewskij uns erzählt. Vom Geiste erleuchtet, zerbrach er eines Tages die Bildwerke der Gottheiten und Heiligen, die den Altar seiner Kapelle schmückten, löschte die Kerzen aus und ersetzte, ohne einen Augenblick zu zögern, die zerstörten Bilder durch die Werke einiger atheistischer Philosophen; dann zündete er pietätvoll die Kerzen wieder an. Der Gegenstand seines religiösen Glaubens war ein andrer geworden, aber kann man behaupten, dass sich seine religiösen Gefühle geändert hatten?[1]**

Der Atheismus wird automatisch zur Religion weil er alles andere ausgrenzt, was er nicht rational erklären kann. Er wird zu einer Sichtweise wie man das Leben nimmt und daraus entsteht letztlich eine Religion. Der Atheist denkt letztlich, dass er in der Lage ist alles zu erklären, zu errechnen und unter wissenschaftlichen Bedingungen auszutesten. Im laufe der Zeit würden die Massen dem Atheismus verfallen, anfangen all jene auszugrenzen die nicht dem Atheismus verfallen sind.

Der Atheismus dürfte zur Zeit der Entstehung der „Psychologie der Massen", also um 1895 seine ersten Anläufe an Ausbreitung genommen haben. So hatte sich Gustave Le Bon also nicht getäuscht, zu behaupten, dass aus dem Atheismus mit Fortschreiten der Zeit, ein Kult werden würde. Denn im Fernsehen sehen wir permanent Experten die andere öffentlich ausgrenzen, mit ihrer Intellektuellen Arroganz siehe Ulrich Walter oder Michael Schmidt-Salomon.

In Deutschland ist der Atheismus nun offizielle Staats Religion. Wer kann dies noch abstreiten?

Man vermische den Atheismus mit den Eiferern über die Globale-Erwärmungs-Lüge und stelle fest, dass daraus ein neuer Kult, eine neue Religion entstanden ist. Die Eiferer sind auch nicht abzubringen von ihrem Irrglauben, also auch nicht besser als all jene Monotheisten, also Muslime, Juden und Christen die sie mit erhobenen Zeigefinger ermahnen. Und die Muslime vor denen alle soviel Angst haben. Wenn plötzlich in praktisch jeder Ausgabe „des Spiegel", gegen den Islam gewettert wird; als wäre er das Ende der Welt. Die Anti Islamistische Propaganda im „Spiegel", hat die Ausmaße der Nationalsozialistischen Hetzblätter gegen Juden angenommen.

Und was ist der Spiegel? Was ist die Farbe des Spiegel? Es ist das Rot der Sozialistisch ausgerichteten Kommunisten, jene die alle Religionen verbieten wollen.

Da wir in einer Gesellschaft leben in der sich das Individuum immerzu an Vorbildern und Idolen auszurichten hat, diese Archetypisch bereits in unserem Unterbewusstsein verhaftet sind; darf es niemanden verwundern, dass die alten Götzen, durch neue ersetzt werden.

Dass die Bilder von Jesus ersetzt werden von einem Lenin oder Stalin.

Wie es im Atheistischen Kommunismus dann auch tatsächlich so passierte.

Im Islam gibt es interessanterweise keine Bilder von Mohammed.

Der Grund dafür dürfte nun auch allen klar werden. Es soll kein Archetyp vergöttert werden.

Der Glaube ist gerichtet an Allah alleinig; ist dies nicht der Allah des Platon?

Möchte man einen Glauben an den Pranger stellen oder die Anhänger eines Glaubens von ihm abbringen, ist es ein einfaches Lügen aus dem Ärmel zu zaubern um diesen, als falsch zu entlarven.

So erklärte Manly P. Hall, das Kreuz auf dem Jesus gekreuzigt wurde entspräche einfach nur der Form des Menschlichen Körpers. Und versucht die Religion so zu trivialisieren zu etwas ganz gewöhnlichem, die Bedeutung der Kreuzigung wird in einen anderen Kontext gesetzt.

Und verliert nun für den leicht manipulierbaren ihre Bedeutung und ihre Wertigkeit.

„The fact that among many nations it was customary to spread the arms in prayer has influenced the symbolism of the cross, which, because of its shape, has come to be regarded emblematic of the human body."[2]

Die Tatsache dass es in vielen Nationen üblich war die Arme beim Beten auszubreiten beeinflusste die Symbolik des Kreuzes, welches, aufgrund seiner Form, zeichenhaft für den Menschlichen Körper betrachtet wurde.

So erfindet und findet er dutzende Beispiele um das Kreuz in ein anderes Licht zu rücken.

„´The cross represents terrestrial life, and the crown of thorns the sufferings of the soul within the elementary body, but also the victory of the spirit over the elements of darkness. [...]"[3]

Das Kreuz repräsentiert irdisches Leben, und die Dornenkrone das Leiden der Seele innerhalb des grundlegenden Körpers, und auch den Sieg des Geistes über die Bestandteile der Dunkelheit. [...]

So filtert sein Verstand, eine neue Allegorie nach der anderen aus, um neue „mystische", Erklärungen auszusondern über die Bedeutung, die eigentliche „verborgene" Bedeutung des Kreuzes. Das Kreuz repräsentiert irdisches Leben und die Dornenkrone das Leiden der Seele ...
bla bla bla ...

Ein kreativer Schreiber kann sich dutzende von Bedeutungen und Vergleichen einfallen lassen.

Über die Bedeutung des Kreuzes und der Dornenkronen.

Nur um Christen von ihrem Glauben abzubringen. Die Kunst der Täuschung ist vielfältig.

Die Kunst der Glaubensvernichtung ist weit verbreitet in den Kreisen der illuminierten.

Die sich in ihren esoterischen und okkulten Lehren baden und es verstehen, jedes Bild umzukehren.

Die Erklärung die Manly P. Hall hier aufführt ist gleichzusetzen damit wenn Neo-Satanisten das umgekehrte Kruzifix tragen. Denn er möchte die Symbolik einfach nur auf etwas anderes projizieren, also umkehren.

Und so spuckt Manly P. Hall in einem ganzen Kapitel über die Kreuzigung des Messias,

eine verkehrte (umgekehrte) Interpretation des Kreuzes nach der anderen aus.
Jede noch ausgefallener als die zu vorige.
So Schreibt er ganz zum Schluss folgendes:

One of the most interesting interpretations of the crucifixion allegory is that which indentifies the man Jesus with the personal consciousness of the individual. It is this personal consciousness that conceives of and dwells in the sense of separateness, and before the aspiring soul can be reunited with the ever-present and all-pervading Father his personality must be sacrificed that the Universal Consciousness may be liberated. [4]

Eine der interessantesten Interpretationen der Kreuzigungs-Allegorie ist jene die den Mann Jesus mit dem persönlichen Bewusstsein des Individuums identifiziert. Es ist dieses persönliche Bewusstsein welches im Sinne des getrennt Seins erfasst und verweilt, und bevor die aufstrebende Seele sich wieder mit dem omnipräsenten und dem alles durchdringenden Vater vereinigen kann muss seine Persönlichkeit geopfert werden so dass das Universelle Bewusstsein befreit wird.

Hatte ich übertrieben? Er nimmt die Kreuzigung des Messias und macht daraus etwas allgemeines. Vermischt die Kreuzigung mit tiefen Philosophischen Interpretationen.
Es ist eine interessante Interpretation, voll hoch gestochener Idiotie und dem immer währenden Versuch Christen zu verführen. In die Abgründe tief diabolischer Philosophie.
Viel schlimmer noch er unterwirft es seiner Religion, der Religion der verblendeten.
Bevor die Seele sich also mit dem Universum versöhnt, welches er zweifelsohne meint, muss die Persönlichkeit oder das Ich geopfert werden. Was halten wir davon?
Das heißt im Klartext das Individuum, also jeder von uns Menschlein, muss mit Seiner Seele und samt Bewusstsein geopfert werden, **so dass das Globale Bewusstsein freigesetzt wird**.
Wir gehen eine Stufe weiter in der Interpretation dessen was El Diablo Hall damals in die Welt setzte.
Das Individuum, muss geopfert werden damit, dass Globale Bewusstsein die Form annimmt einer allumfassenden Einheit. Ein universelles Bewusstsein. Das Bewusstsein des Biestes also des allgegenwärtigen Bewusstsein muss freigesetzt werden (liberated) und alles absorbieren.
Es geht noch eine Stufe tiefer in die Abgründe, denn die Suchmaschine „Google" speichert alle Suchbegriffe die eingegeben werden weltweit und kann so festhalten, wie auf dem ganzen „Globus" Informationen eingeholt werden. Die Künstliche Intelligenz filtert alles zu einem globalen Bewusstsein. Einer künstlichen Superintelligenz, die in naher Zukunft dann alle gesammelten Daten über unsere Interessen und alles Wissen aufnimmt und speichert.
Dieses Wissen wird übertragbar sein auf weitere Supercomputer und folglich auf Microchips.
Diese wiederum können dann in jeden beliebigen Avatar, Roboter oder Cyborg eingebaut werden.
Die Illuminierten wie wir noch sehen werden, glauben daran ewiges Leben zu erlangen indem sie ihren Verstand und ihre Erinnerungen auf einen Avatar übertragen können (denn an die Seele glauben sie nicht). Somit wird ein jeder von Ihnen die auf der Spitze der Pyramide turnen das universelle Bewusstsein der gesamten Menschheit sein eigen nennen.
War es dieses was die Schlange den Kains Kinder in der Bibel versprach als sie sagte: „Ihr werdet sein wie Gott"? Der Microchip entspricht wohl dem „Stein der Weisen", den die Illuminierten seit Jahrtausenden suchen. Der Alchemist gedenkt den Philosophen Stein zu erarbeiten.

El Diablo Hall ist immer noch nicht fertig mit uns so dreht er die Spindel weiter und näht uns ein neues Kostüm voll Lügen und Verdrehtheiten:

The list of deathless mortals who suffered for man that he might receive the boon of eternal life is an imposing one. Among those connected historically or allegorically with a crucifixion are Prometheus, Adonis, Apollo, Arys, Bacchus, Buddha, Christna, Horus, Indra, Ixion, Mithras, Osiris, Pythagoras, Quetzalcoatl, Semiramis and Jupiter. According to the fragmentary accounts extant, all these heroes gave their lives to the service of humanity and, with one or two exeptions, died as martyrs for the cause of human progress. In many mysterious ways the manner of their death has been designedly concealed, but it is possible that most of them were crucified upon a cross or tree.[5]

Die Liste unsterblicher Sterblicher die für den Menschen gelitten hatten dass er den Segen des ewigen Lebens erhalten möge ist imposant. Unter denen die historisch und allegorisch verbunden waren mit einer Kreuzigung sind Prometheus, Adonis, Apollo, Arys, Bacchus, Buddha, Christna, Horus, Indra, Ixion, Mithras, Osiris Pythagoras, Quetzalcoatl, Semiramis und Jupiter. Gemäß den fragmentarischen Überlieferungen die noch existieren, gaben alle diese Helden ihr Leben für den Dienst an der Menschheit und, außer ein oder zwei Ausnahmen starben sie als Märtyrer für den Fortschritt der Menschheit. Unter vielen mysteriösen Umständen wurde die Art und Weise ihres Todes gewollt verschleiert, aber es ist möglich dass die meisten von ihnen auf einem Kreuz oder Baum gekreuzigt wurden.

Zunächst einmal setzt der Schreiber des Teufels eine Person die historisch nachweisbar ist gleich mit diversen Mythen gestalten. Deren Ursprung soweit zurück geht, dass man nicht mehr wissen kann ob sie echt waren oder nur Mythen sind. Jesus von Nazareth hat gelebt dies ist nachgewiesen worden und nicht abzustreiten. Die christlichen Schriften bezeichnen ihn als Menschgewordene Manifestierung des Schöpfers, andere Quellen bezeichnen ihn als „gewöhnlichen" Menschen.
Trotzdem bezeichnet er sie als historische und allegorische Helden. Pythagoras dürfte eine reelle Person gewesen sein bei allen anderen wird es schon sehr Dunkel.
Er hüllt seine Ausführung in wagen Äußerungen: **„fragmentarische Überlieferungen"** und **„außer ein oder zwei Ausnahmen"**, ja ist es jetzt eine oder zwei. Zwischen Eins und Zwei besteht immer noch ein unterschied. Eins und Eins macht Zwei, und Eins ist Eins. Wurden sie nun auf das Kreuz geschlagen oder an einen Baum gebunden? Was ist richtig Meister der Täuschung?
Es ist immerzu die gleiche Doppeldeutigkeit der Schlange die angewendet wird.
Niemals darf das Individuum Gewissheit über eine Sache haben.
Die Art und Weise ihrer Tode wurde demnach bewusst **verschleiert**, Mr. Hall musste solch wagen Unfug schreiben denn es entspricht nicht der Wahrheit, dass alle wie er behauptet gekreuzigt wurden. Also wurden sie bewusst anders notiert um uns in der Zukunft über ihren Tod zu täuschen.

Noch mehr Verwirrungen, noch mehr mentale Labyrinthe in die wir uns begeben müssen, wie die Maus in des Wissenschaftlers Labor. Was möchte man hier an uns austesten?
Vielleicht wie einfach es ist uns Menschlein vom Glauben abzubringen?
Um uns zurecht finden müssen wir uns in die Welt des Orwellschen „doublethink" begeben.
Mal schauen was „Wikipedia", uns zu den Mystischen Helden auswirft:

Fangen wir an mit dem Feuerbringer **Prometheus**:

> Nicht nur die Menschen sollten bestraft werden, sondern auch Prometheus selbst. Zeus ließ ihn fangen und in die schlimmste Einöde des Kaukasus schleppen und ließ durch Hephaistos eine schwere Kette schmieden, um ihn an einen Felsen zu fesseln. [...]
> [...] und jeden Tag kam der Adler Ethon und fraß von seiner Leber, die sich zu seiner Qual immer wieder erneuerte, da er ein unsterblicher war.[6]

<u>Adonis:</u>

„Aphrodite habe der Sage nach sein auf den Boden fallendes Blut in ein Adonisröschen verwandelt, als ihn der eifersüchtige Ares [...], der sich in einen wütenden Eber verwandelt hatte, tötete. Aus jedem Blutstropfen soll ein Adonisröschen [...], aus jeder von Aphrodite vergossenen Träne eine Blüte gewachsen sein, die das Blut von Adonis blutrot färbte."[7]

Über **Pythagoras** schreibt Manly P. Hall in einem speziell gewidmeten Kapitel selbst, dass er von einer Bande Neidern, jene von Pythagoras verstoßen wurden, gemordet wurde.
Diese zündeten seine Behausung an und ermordeten ihn, samt seiner Schüler.
Mit einem Mob, dem aufgebrachten Pöbel, angestochen von falscher Propaganda.

Bezüglich **Quetzalcoatls** Tod, konnte der Autor weder auf „Wikipedia", noch auf der „Encyclopedia Britannica", weder noch auf anderen Homepages, Hinweise zu dessen Ausscheiden finden, vielleicht liegt es daran, dass er als Gottheit angebetet wurde. Und dem „Hermes Trismegistus", oder einfach nur „Hermes", der Griechen entspricht, oder Merkur, oder dem Zwillinge in der Astrologie. Dem Thaumiel auf Hebräisch/Aramäisch.
Er entspricht der Schlange, Satan, dem Doppelkopf Adler, der Doppelten Schlange der Weisheit, dem Caduceus Stab, sprich Hermes Stab, Thaumiel gleich Satan und Moloch in einem.
Der „Erleuchter" der illuminierten also. Die Schlange Satan.
Glauben wir daran, dass der alte Satan schon tot ist, so sind wir es auch baldigst.
Laut Manly P. Hall wurde er auch gekreuzigt. Viele Kirchen, speziell Katholische bedienen sich der Symbology der Illuminierten indem sie ein Kreuz mit einer Schlange aufstellen.
Ist Jesus nun die Schlange Satan? Oder wieso tritt er als Schlange auf? Hat uns Jesus nun getäuscht oder versuchen uns jene, die die Schlange anbeten zu täuschen?
Beides ist möglich, letztlich entscheidet der innere Glaube.

Zum Tod der **Semiramis** konnte ich ebenso nichts finden. Doch entspricht sie der Hauptgöttin der Babylonier und Assyrer. Die Hure von Babylon, auch die Königin von Assyrien Shamiram oder Shamiramat wird mit ihr gleichgesetzt. Sie ist die Taube oder der Phönix aus der Asche, als solche wird sie immer wieder geboren.

Jupiter ist letztlich der Planet Jupiter, und wurde für die Massen als Gottheit verehrt, für die Esoteriker hat er eine tiefere Bedeutung. Wenn wir alle zum Himmel aufsehen können wir Jupiter immer noch sehen, also wurde er noch nicht gekreuzigt.
Was nicht ist kann noch werden wie wir noch sehen werden.

Apollo = Heidnischer Gott, jedoch starb auch er nicht am Kreuz. **Arys** = Kriegsgott, wird in Troja von einem Speer getroffen, jedoch überlebt ein „Gott", dieses natürlich. **Bacchus** = Gott des Weines, Kreuzigung? Fehlanzeige! Viel mehr unzählige Mythen und Sagen über dessen Abgang.
Buddha = indischer Religionsstifters, hatte etwas schlechtes gegessen. **Christna** = indische Gottheit, wurde von einem Jäger mit Pfeil und Bogen getötet. **Horus** = Horus Auge = das Allsehende Auge = Luzifer, Tod am Kreuz? Fehlanzeige!
Weder **Indra**, **Ixion**, **Mithras** noch **Osiris** sind den Legenden und Mythen nach gekreuzigt worden ...

So vergleicht Manly P. Hall unseren Erlöser mit der Hure von Babylon, einem Planeten, dem Fürsten der Unterwelt persönlich, einem Philosophen und Mathematiker, einem Schönling und dem Überbringer des Feuers. Letztlich sind es Mythen, alles nur Legenden und Mythen, diese werden gleichgesetzt mit unserem Christlichen Glauben, der darauf beruht, das Gott auf die Erde kam um uns ein Beispiel der Aufopferung zu sein.
Uns den Weg aufzuzeigen, aus einem Labyrinth aus diesem nur der eine Weg führt.
Schließlich wurde er ans Kreuz genagelt, nachdem er in die Synagoge schritt, um die Machenschaften im Tempel als Gotteslästerung zu entlarven und im Prinzip alle religiösen Institutionen mit dieser Tat anprangert.
Schließlich muss jeder selbst entscheiden was er glauben möchte. Doch eines steht fest die Lehren des Jesu übertrafen alles was zuvor war, und müssen aus diesem Grunde attackiert werden.
Manipuliert, denunziert, verdreht und ausgelöscht werden. Man bedenke auch die Macht der früh Christen über das Römische Tyrannische Rechtssystem, in jenem sie zum Tode verurteilt wurden, die Aufopferungs-Bereitschaft der Christen hatte schließlich viele von dem Glauben überzeugt.
Was dann Kaiser Konstantin dazu bewogen hatte, die Religion zu verstaatlichen und seinem „Sol Invictus" Kult zu unterwerfen, also dem Sonnenkult der illuminierten.
Und so wurde aus dem Sabbat der Sonntag, und so entstanden die unterschiedlichen Christlichen Religiösen Institutionen die in tausend zerschlagen unser Bild über Jesus weiter verdunkeln und verzerren, und uns an ihre Version der Auslegung seiner Worte binden möchten.
Denn sie die Vertreter der Schlange müssen wissen, dass wenn ausreichend die Worte Ihres Herren anfangen richtig auszurichten, für sie das Ende kommen wird.
Er hatte uns gesagt wie der Teufel zu besiegen ist, Liebe deinen nächsten wie dich selbst.
Das Prinzip Teile und Herrsche würde somit nicht mehr funktionieren.
Jedoch ist der Einäugige König unter den Blinden ;) . Wir sind die Blinden, wir die dummen Massen, und die das Auge Besitzen zu sehen, das Eine Auge, das Eine Erleuchtete sind unsere Könige.
Solange bis wir begriffen haben, um die Lehre unseres wahren Schöpfers.
In „Platon der Staat", oder Politeia, diskutiert der Philosoph Sokrates mit Oligarchen über Gott und die Welt, und über **Gott wie er sein soll** und die Welt wie sie werden sollte.
So legt Sokrates für seine gespannte Zuhörerschaft fest wie der Gott eines perfekten „Wächters", eines Protektoren sein soll. Sprich für die Richter, Politiker, Beamten, Soldaten und Magistrate eines Staates; oder die Allgemeinheit des perfekten Staates.
Und so wird dieser Gott, in einem Dialog entworfen. Durch das dialektische Verfahren, der Konversation zweier Pole, die in ihrem Dialog zum Ziel der Erörterung kommen indem sie, jeden Aspekt der Analyse durch Frage und Antwort Spiel erörtern und dann schließlich zum Ergebnis ihrer Erörterung kommen dem vollkommenen Gedanken.

„[...] sollte irgend ein Wort über die Kämpfe im Himmel an sie gerichtet werden [Wächter], und über die Kämpfe und Verschwörungen der Götter gegeneinander, denn sie entsprechen nicht der Wahrheit.

Nein, wir sollten niemals die Kämpfe der Giganten erwähnen [...].

[...] und wenn sie aufwachsen, sollten die Poeten auch angewiesen werden in einem ähnlichem Geiste zu verfassen. Aber die Erzählung von Hephaistos hier seine Mutter zu binden [...].

[er fesselte sie an einen Thron, den er selbst entwarf, weil seine Mutter Hera ihn als Kind verstoßen hatte]

[...] und alle Kämpfe der Götter in Homer—diese Geschichten dürfen nicht in unserem Staat zugelassen werden, ob sie nun eine allegorische Bedeutung haben mögen oder nicht. Denn eine junge Person kann nicht unterscheiden zwischen allegorisch und wortgetreu;

alles was dessen Geist in diesem Alter konfrontiert wird unauslöschlich und unveränderlich; und aus diesem Grund ist es über wichtig dass die Geschichten welche die jungen [Jugendliche beider Geschlechter] als erstes hören die Muster tugendhafter Gedanken sein sollten.

[...] aber wie sind die Götterlehren beschaffen die du meinst? [Frage ist gerichtet an Sokrates]

[...] Gott muss immer so repräsentiert werden wie er wahrlich ist, wie auch immer die Art der Poesie, des Epos, der Lyrik oder Tragödie, in jener die Repräsentation überliefert ist [Repräsentation des Kunstgottes]. [...]

[...] So ist Gott, wenn er denn gut sein möge, nicht der Autor von allem, wie die Vielen behaupten, aber er ist der Grund für alleinig einige Dinge, und nicht für die meisten Dinge die dem Menschen widerfahren. [...]

Darf ich dich fragen ob Gott ein Magier ist, und so beschaffen sein dass er heimtückisch jetzt in einer Form, und dann in einer anderen auftaucht, manchmal sich selbst transformiert und übergeht in viele Erscheinungen, uns manchmal zu täuschen mit dem Schein solcher Transformationen; oder ist er einer der fix ist und unveränderlich in seinem eigenen angemessenen Bild? [...]

Dann ist Gott vollkommen einfach und wahr in beidem dem Wort und der Tat; er verändert sich nicht; er täuscht nicht; weder durch ein Zeichen oder Wort, durch einen Traum oder wachen Vision.[8]

Es ist bemerkenswert, dass sich ein Philosoph mit einem Ensemble an höher gestellten „Olympiern", Athenern über die Erschaffung und Beschaffenheit eines Gottes und der Götter im allgemeinen unterhält. Man muss auch in Betracht ziehen, dass man sich hier über den Gott unterhält der im perfekten Staat zu verehren ist. So muss diese Gottheit definitiv sein, eine feste Gestalt haben. Er ist nur gut und niemals schlecht. Auch soll jegliche Literatur in diesem perfekten Staat genau so verfasst werden. Kleinen Kindern werden Schauergeschichten erzählt um sie zu ängstigen.

Ihnen bewusst zu machen, dass nicht alles auf der Welt gut ist, so dass sie vorsichtig sind, gegenüber Fremden. In einer Faschistischen Gesellschaft wird man die Kinder versuchen möglichst furchtlos aufzuziehen, so dass sie nur eine Definition kennen.

Sie können nicht mehr unterscheiden zwischen gut und böse. Oder sie sind gewillt sich jedem Übel zu unterwerfen denn alles ist gut. Es gibt kein Übel.

„Unser Gott ist perfekt". Der synthetische Gott, die Konzeption eines Gottes welcher geschaffen wurde von Leuten die man noch nie gesehen hat. Genauso funktioniert der Sozialismus und dessen Ausgeburt der Faschismus. Der Staat folgt einer unausweichlichen Maxime, diese kann nur gut sein, niemals ist diese schlechter Natur. Wenn man seinem Gott folgt, einem selbst geschaffenem Gott. Dieser Gott ist nicht zu alterieren, er ist fest definiert, durch die Dogmen der Institution, welche darüber verfügt, wie unser Gott beschaffen sein sollte. Und so sind auch alle weltlichen Institutionen der Religionen aufgebaut worden.

So haben wir nun gelernt wie eine Religion natürlich entstehen kann, wie sie künstlich hergestellt werden kann wie von Meister Hand, dass sogar Atheismus zur Religion wird; zur übergeordneten Vorstellung und Sichtweise des Lebens.

Wir haben gelernt auf welche Art und Weise ein positiver Glaube zerstört werden kann und wie der „Meister-Alchemist" es vermag seinen Gott zu kredenzen, ihn so zu würzen, dass er uns allen schmeckt und alsbald, dass wir ihn geschluckt haben wir vergiftet werden von der Falschlehre, auf dass wir auf dem Boden kriechend nach Luft ringen müssen und im übertragenen Sinne Geistig, Seelisch und auch Körperlich verenden. Denn das Gift der Religionen scheint nicht heilbar für viele. Denn unser eigentlicher Gott ist die Ignoranz.

Und Ignoranz ist die Wurzel von allem übel, so Platon.

Wollen wir alle weiterhin ignorant sein? Oder wollen wir uns von der Übelkeit, dem Übel der Ignoranz befreien?

Die Priester in Schwarz sind zuständig für die Glaubensausrichtung ihrer Schäfchen.

Die anderweitigen Bereiche unserer Kultur wie Musik, Tanz, Literatur, Film, Mode und Sport; werden bestimmt durch die all zeitlich gegenwärtigen Musen.

Diese sind es die unsere Kultur kreieren.

Aus diesem Grund sehen wir sie in Form von Statuen in allen Städten. Sie sind der esoterische Ausdruck der Bildhauer von Kulturen. Die Kreation von Kulturen ist demnach eine Kunst.

Und die Musen sind die Koryphäen dieser Sparte zur Volkskontrolle. Sie verstehen es durch Drama welches den Konsumenten emotional und auch geistig fesselt zu formen, zu beeinflussen.

„Through drama society is changed" (Alan Watt), Drama verändert die Gesellschaft.

Drama ist eingebunden in Musik, in der Literatur, im Film als auch im „Sportsensationalismus",

unserer Zeit. So gibt es für jede Schicht, jeden Geschmack und Altersgruppe die passende dramatische Unterhaltung.

Die Modeerscheinungen einer jeden Generation, werden ebenfalls transformiert durch die seichten Hände der kultivierten Musen, die es verstehen, die Transformation langsam voranschreiten zu lassen. Wir wurden in der Schule über die Art und Weise unterrichtet wie in einem totalitärem System Kultur geschaffen wird, und wie diese beschaffen ist.

Darum sind wir geblendet von der gewaltigen Auswahl und Spektrum der Unterhaltungsmöglichkeiten als auch der kulturellen Aktivitäten die uns zur Verfügung stehen.

Wie könnte es einem dabei in den Sinn kommen zu hinterfragen ob dies alles kontrolliert ist?

Dass es so etwas wie eine Schnittstelle gibt in der entschieden wird, was für uns Kultur zu sein hat und was nicht.

Fangen wir an den Bereich der Musik etwas zu beleuchten, zunächst einmal war die Musik prüde und sittlich. Es gab Volksmusik und Klassische Musik.

Der Jazz der 20er Jahre lockerte diese Prüderie auf, und war damals schon als frivol verpönt worden. Er zielte zunächst einmal auf ein reiferes Publikum. In den 50er Jahren waren die Massen reif für den Rock 'n' Roll, dieser eroberte auch die Teenager. Es war eine Rebellion gegen die Steifen Sitten. Daraufhin folgte die Hippie Bewegung die wiederum ihren eigenen Musikstil mit sich brachte, die Töne wurden wieder harmonischer, aber die alten Konventionen wurden endgültig durchbrochen. Bis dato bediente man sich klassischer Instrumente, diese sollten dann in den 80er Jahren abgelöst werden durch den Synth-Pop. So hatte man den ersten großen Sprung Richtung Elektro-Musik getätigt. Die Musik war noch anspruchsvoll nur wurden die echten individuellen Instrumente ersetzt durch ein Symposium von Elektro-Musik.

In die Musikdarbietungen flossen auch Tanz und Mode mit hinein, diese sollten, die nachfolgenden Generationen noch stark beeinflussen. So ist es doch bei objektiver Betrachtung auffällig,

dass die Sängerinnen dieser Musikrichtung meist ihre Haare kurz trugen. Und die männlichen Sänger oftmals homosexuell waren und dieses auch nicht mehr zu verbergen versuchten.

Nun da die Geschlechterrollen getauscht wurden, die Musik sich vom traditionellen Zusammenspiel der unterschiedlichen Instrumente in Komposition verabschiedet hatten,

war es an der Zeit den nächsten Schritt zu tätigen. Über die Generationen hinweg wurde man immer mehr weiter geschockt bis man sich irgendwann einmal an alles gewöhnen konnte.

So wurde die Musik der Gegenwart zum Gegenteil von dem was sie ursprünglich war.

Weder harmonisch, noch klangvoll, noch instrumental und auch nicht rhythmisch.

Auch die Texte sind das Gegenteil von musischer Dichtkunst.

So hatte man uns über die Jahrzehnte hinweg auf diese Musik hin erzogen.

Nun wird jeder aufspringen und sagen, dass beispielsweise der Rock 'n' Roll oder auch Hip-Hop einen originell Afroamerikanischen Hintergrund hatten, dass diese entstanden durch die äußeren Umstände, der Umstände unter denen die Afroamerikanische Bevölkerung litt und noch leidet.

Hier sollte man genau beobachten, wie sich das Niveau in beiden Fällen drastisch mit Fortschreiten der Zeit senkte. Wie stark ist das Niveau des Hip-Hop gesunken, und wie stark hat er seine ursprüngliche Bedeutung verloren? Denn diese Transformation war beachtlich nur scheint kaum einer dies zu bemerken. Schauen wir uns diese Musikrichtung etwas genauer an.

Die kulturelle und wirtschaftliche Unterdrückung, man könnte auch sagen Ausblutung der Schwarzen Bevölkerung der Vereinigten Staaten. Führte zur Entstehung von Slums diese füllten sich mit den meist farbigen Menschen. Die zunehmende Armut, die Aussichtslosigkeit der Situation, das zunehmen der Kriminalität ausgelöst durch Armut und Perspektivlosigkeit ließ den ursprünglichen, künstlerischen und originellen, man könnte sagen Original Hip-Hop entstehen.

Dies war der künstlerische Ausdruck einer Generation von jungen Afroamerikanischen Männern, die den Status Quo aufs schärfste kritisierten, und dies in einer neuen Richtung der Musik kundtaten. Die Künstler die diese Musikrichtung kreiert hatten, rückten allmählich in den Hintergrund. Es traten neue an ihre Stelle und nach und nach ging es nicht mehr um die Armut, die Unterdrückung durch den Staat oder den weißen Mann, welcher den Staat kontrollierte; sondern es ging immer mehr nur noch um Konsum, Reichtum, Macht und Sex.

Die alten Werte wurden nach und nach ausradiert. Man könnte sagen das die alten Themen des Hip-Hop komplett umgekehrt wurden. Ging es zuvor noch um soziale Ungerechtigkeit und das Harte Leben in den Ghettos, wurde daraus schrittweise oder im Prinzip recht schnell, das genaue Gegenteil. Fette getunte Sportwägen, „Bitches" und fetten Schmuck, also nur noch um Status und Prahlerei. Wie konnte dies geschehen? Waren die Probleme für die Schwarzen Massen der Metropolen vergangen? Wohl kaum! Doch woher kam dieser fundamentale Wandel im Ausdruck der Musik?

Und inwiefern sollte Luxus, Status und das protzen der beste zu sein, die Bevölkerung weiter bringen? Ist dies nicht ein klarer Einschnitt gewesen in die Kultur dieser Menschen;

Die ihre Gefühle und Umstände zu verbreiten suchten?

Hatten denn urplötzlich alle den Jackpot in der wöchentlichen Tombola geknackt?

Eines steht fest, der Hip-Hop war aufstrebend, revolutionär und rebellisch.

Er hatte einen neuen Ausdruck in der Schwarzen Ghetto Bevölkerung geschaffen.

Dieser stellte für das weiße Establishment ein großes Problem dar. Da man alle Medien Schaltzentralen des Fernsehen, des Radio, Drucks und der Werbung zu diesem Zeitpunkt bereits konsolidiert hatte, war es ein leichtes, unter der Schwarzen Bevölkerung solche Hip-Hop Musiker zu finden, die dann im wahrsten Sinne des Wortes ihren Schwarzen Arsch an weiße Medien-Mogule verkauft hatten. Diese Tatsache wird auch noch ausgelassen in Symbolik und Verhalten der Gekauften Musiker gefeiert. Siehe Jay Z und sein „Def Jam Recordings". Eines der Tochter Labels heißt interessanter weise „Roc-A-Fella Records". Wenn da mal die fetten weißen Ölmagnaten des Rockefeller Clans nicht ihre weitreichenden Fühler ausgestreckt hatten.

Jay Z gibt sich öffentlich als illuminierter aus, stolz ist er darüber, denn er glaubt, dass er nun zum Establishment, dem „Club der Todesdichter" angehört.

Zu den Olympiern und Aristokraten dieser Welt. In der alles nur Show ist.

So geht es im Hip-Hop heute nur noch darum anzugeben mit dem was man hat, was andere nicht haben und in welchen weiblichen Suppenküchen man alles seinen Kochlöffel eintunken durfte.

Wen interessiert da schon, dass die Schwarze Bevölkerung in den USA immer weiter im Morast versinkt? Und wer ist Schuld? Es sind die Musen und Kulturkiller die dieses zu verantworten haben. Die Elite verfügt über sogenannte „Kultur-Crasher". Wenn sich irgendwo etwas auftut, im positiven Sinne organisiert, werden diese losgeschickt um die Kulturgruppe zu zerteilen.

Zwist zu schaffen und die alten Ikonen zu überschreiben, mit neuen gekauften Protagonisten.

Den Sternen des „Kultur-Crashing". Die angeworbenen werden mit baren Blüten begossen.

Es sind Schocktrupps zur Infiltrierung einer Kultur oder Gemeinschaft die losgeschickt werden.

Ein weiterer wichtiger Punkt der angesprochen werden sollte ist die Tatsache, dass alle Bevölkerungsschichten immer mehr dem Wahne von Brot und Spielen der moderne verfallen.

H. G. Wells war es der Meister Propagandist einer Neuen Welt Ordnung, **der alten Welt Ordnung**, der verkündete, dass man wieder anfangen sollte große Stadien zu bauen um die männliche Bevölkerung im Sportspektakel zu baden. Nach Vorbild der alten Griechen und Römer.

Denn so wäre es ein leichtes die Menschen „demokratisch", durch alle Zeiten zu dirigieren.

Denn sie würden abgelenkt sein durch Sport und Drama in den Arenen.

Man beachte auch wie die alten Sportstadien alle durch Sportarenen ersetzt wurden, um die Zuschauerschaft noch näher Teil haben zu lassen, noch mehr Drama, Ablenkung und Spektakel.

So dass Mann, und mittlerweile auch Frau abgelenkt seien mit Erwachsenen Spielchen.

Und wie sieht es mit der Mode aus, sind die Frauen auf den Tretbühnen nicht herrlich mager, möchte man ihnen nicht aus reinem Mitleid am liebsten einen Löffel voll Hafer-Brei in den dürren Hals schieben? Was sollen die komischen, oftmals skurrilen und seltsamen Kostüme darstellen, die sie dann auch noch so widerspenstig und eingebildet präsentieren?

Sind wir was besseres weil wir etwas perverses anhaben? Und wer trägt diese Klamotten?

„Die Stars du Bauerntrampel!" Ach so, das wusste ich nicht, ich entschuldige mich zutiefst ehrwürdig.

So wird auch die Mode dramatisch zur Schau gestellt, man möchte sagen unmenschlich, künstlich.

Wer sind die Musen jene festlegen wie wir uns in der Öffentlichkeit einzupacken haben?

Und wieso ist es nun **Norm**al, dass die meisten Frauen roten Lippenstift auftragen, sich die Fingernägel rot lackieren und sich anziehen wie auf dem Strich?

War es doch vorher ein gesellschaftliches Tabu?

Woher kommen nur diese Impulse? Sind sie natürlicher Art?

Sind es nicht immer die gleichen Mode-Ikonen die festlegen was Frau und Mann jährlich anziehen soll? Sind nicht sie es, die die unterschiedlichen Kleidungsfabrikanten mit ihrem Stil beeinflussen? Wer dann? Folgen wir nicht immer nur wie Fische dem Strom?

Die Psychologie der Massen wirkt also auch in der Modebranche.

Wie hat sich der Tanz entwickelt? Haben die Musen auch hier mit gespielt? Uns böse mitgespielt?

Früher einmal da tanzte man Hand in Hand in Folklore Tradition, zu traditioneller Volksmusik.

Diese spiegelte die Kultur des eigenen Volkes wieder.

Heutzutage berauschen wir uns mit Alkohol um in dunklen Discotheken, die auch noch viel zu laut sind ausgelassen zu feiern und zu tanzen.

Tanzten wir beim traditionellen Tanz noch einen speziellen Tanz und im Gleichschritt.

So tanzen nun alle durcheinander. Es gibt keinen kulturellen Zusammenhang mehr beim Tanz.

„Dance as you wish", tanze so wie es dir beliebt und Scheiß auf die alten Sitten und Bräuche.

Wie sehr ist dadurch die kulturelle Identität beeinflusst worden? Oder der Zusammenhalt der Volksgruppe? Der Volkskomplex wird dadurch ganz einfach zerstört.

Denn ab jetzt macht jeder was er will. Alle extreme werden an uns Menschlein ausgetestet.

Vom Gruppenzwang bis zum „Individual-Spastmatismus", werden wir bedeckt mit Modeerscheinungen aller Art.

Die einen spielen die Melodie und die anderen marschieren nur im Gleichschritt zum vorgegebenen Takt! So funktioniert unsere Gesellschaft in allen Bereichen.

Und wie sehr hat sich die Esskultur verändert im Laufe der Zeit? Von Mamas guter Hausküche, Gemüse, Fleisch und Obst frisch vom Markt und ab in den Kochtopf zu „Kapitän Gigolo" dem Fischreißer. Alles fertig verpackt, vorgekocht und zusammen gewürzt. Mit Gewürzmischungen von „Tante Koch Fix", kocht schneller, kocht aus der Tüte und kocht nur noch das was in der Werbung läuft. Wer muss heute noch wissen, wie Gewürze, Kräuter, Zwiebel und Knoblauch komponiert werden müssen, um ein Delikates Gericht auf den Tisch zu setzen?

Brot, Obst, Gemüse und andere Lebensmittel wurden früher noch auf dem Markt in Papier verpackt, heutzutage packen wir alles nur noch in Tüten. Die Mülleimer sind überfüllt von den fertig verpackten Massenwaren, die im Supermarkt erworben werden können.

So speisen wir nicht mehr mit der Familie, im angenehmen Stress freien Umfeld am runden Tisch.

Sondern im Stress die verpackten Schnellgerichte aus der Mikrowelle vor der Mattscheibe, so dass wir auch ja nicht die nächste Folge unserer Lieblings Serie verpassen.

Und das Essen wird von Tag zu Tag teurer um Himmels willen. Welcher Niedriglöhner kann sich heute noch vernünftig ernähren? Wer hat noch Zeit zu verfolgen woher die Produkte eigentlich kommen? Wie diese verarbeitet wurden? Unter welchen Ethischen Bedingungen diese produziert wurden? Wer hat noch Zeit jede Zutat zu untersuchen? Sind doch so viele nicht verständlich für uns. Wieso müssen wir diese dann zu uns nehmen?

Weil unsere moderne Esskultur bereits anzeigt inwiefern unsere Kultur, unabhängig von unserem ethnischen Ursprung zerlegt wurde. Die Familie, die Arbeit, die finanziellen Möglichkeiten und die Zeit zwingen uns dazu, nun da wir alle wie die Schafe Massen abgefertigt werden müssen, eine solche Esskultur über uns ergehen zu lassen. Und wie sehr hat das Fast-Food Essen, welches wir in der Stadt kaufen, im Stress, an Qualität gelassen? Denn die Kosten für Lebensmittel werden immer höher, was die Besitzer der Döner Buden, Pizzerien oder Bäckerei Betriebe dazu zwingt immer schlechtere Produkte einzukaufen, da sie auch mit den Preisen nicht hoch gehen können weil sonst die Kundschaft ausbleibt, weil der Euro immer dünner in den Taschen liegt.

Und jetzt, da wir überfettet, überzuckert, übersäuert, übersalzen und körperlich überfordert wurden, nun da unsere Esskultur ruiniert wurde. Jetzt überhäuft man uns mit der Öko Tour.

Früher war es noch ganz natürlich, dass was aus der Natur kam auch Natur war.

Heutzutage in der „Neuen Welt", muss man diese ursprünglich rein ökologischen Produkte auch noch kennzeichnen. Das was aus der Natur kommt muss auch noch als solches gekennzeichnet werden? Wie tief unsere Lebensmittel Beschaffung gesunken ist sehen wir an diesem einfachen Beispiel. Man muss Naturprodukte als solche brandmarken. Weil sie so sehr überfüllt wurden durch Zusätze, Pestizide, und sonstige chemische Prozesse oder unethischen Methoden zur Massenabfertigung von Vieh, oder Agrarkultur. Und haben die Landwirte noch eine Chance?

Wird ihnen dieses alles nicht aufgezwungen, durch die Bürokratischen Strukturen und die Konzerne die dahinter die Schrauben festziehen?

Und was ist nun Öko und was nicht? Können wir den zertifizierten Öko Siegeln trauen?

Genormt und geregelt von oben herab, wieder einmal. Wissen wir überhaupt noch was Öko ist und was nicht?

Nun da wir die Esskultur verloren haben, versuchen wir alle zurück zu finden.

Ein Riesen Markt hat sich etabliert um uns das Kochen beizubringen. Finden wir noch Zeit dazu? Nicht wirklich.

Aber zum Trost können wir uns vor die Glotze hocken und die Chefs der Cuisine De Lux, beim „Showkochen" betrachten. Ein Jubelndes Publikum im Hintergrund applaudiert und begeistert durch die Kochkünste. Kochen als Show und Spektakel für die Massen.

Für die Massen der Spaßgesellschaft. Denn Hauptsache ist wir haben Spaß egal was auf uns zu kommen wird mit viel Spaß und stupidem Humor werden wir auch die Dunklen Wolken entgegen nehmen die auf uns zu kommen.

1 Gustave Le Bon, Psychologie der Massen. Nikol Verlagsgesellschaft, Hamburg, 6. Auflage 2011. Aus dem französischen übersetzt von Rudolf Eisler, basierend auf dem Text der Ausgabe von 1911. ISBN: 978-3-86820-026-3, Seite 76-77.

2 Manly P. Hall, The Secret Teachings Of All Ages. Wilder Publications, Radford VA, 1. Auflage 2007, ISBN 10: 1-60459-095-5, Seite 566.

3 Manly P. Hall, The Secret Teachings Of All Ages. Wilder Publications, Radford VA, 1. Auflage 2007, ISBN 10: 1-60459-095-5, Seite 572.

4 Manly P. Hall, The Secret Teachings Of All Ages. Wilder Publications, Radford VA, 1. Auflage 2007, ISBN 10: 1-60459-095-5, Seite 572.

5 Manly P. Hall, The Secret Teachings Of All Ages. Wilder Publications, Radford VA, 1. Auflage 2007, ISBN 10: 1-60459-095-5, Seite 572.

6 Wikipedia, Prometheus, https://de.wikipedia.org/wiki/Prometheus (Zugriff am 06.12.2015).

7 Wikipedia, Adonis, https://de.wikipedia.org/wiki/Adonis (Zugriff am 06.12.2015).

8 Plato, The Republic. Digireads Publishing, 2008. Wurde von Benjamin Jowett ins englische übersetzt. ISBN: 1-4209-3169-5, Seite 42-46.

Bondage einer Spaßgesellschaft

Wir haben gelernt unsere Bondage, die wir nicht als solche erachten zu genießen.

Denn die Meister der Kultur Schöpfung haben uns wie vom Meister Aldous Huxley selbst geschildert, in Huxleys „Schöne Neue Welt" geworfen.

Die Kontrolle über die Spaßgesellschaft ermöglicht es jenen die erpicht darauf sind unsere Zukunft zu schmieden, uns unsere Bondage genießen zu lassen.

Der Sinn des Lebens wurde verdreht. Und die Familie als Basis unserer Gesellschaft nahezu ausgerottet. Der Autor übertreibt? Schaut euch die nächste Generation an die heranwächst und nicht die eigene. Die alten sind der Zukunft nicht mehr von Bedeutung.

Die alten Kulturen wurden geopfert einer neuen, der Spaßkultur.

Die Spaß Gesellschaft in der das Spaß haben zur obersten Gottheit erhoben wird.

Denn wir sind in eine gefühlskalte und verlogene Gesellschaft gerutscht in der nur noch die Ellenbogen Stärke zählt. So müssen wir uns in der Welt der Spaß Kultur betäuben.

Die Kunst den Menschen beizubringen ihre Bondage zu genießen ist sie in eine künstliche Umwelt zu sperren.

Und der Sinn des Lebens besteht nicht mehr darin eine Familie zu gründen und seinen Kindern die bestmögliche Zukunft zu gewährleisten. Einen Baum zu Pflanzen in seinem Hintergarten unter seinem Eigenheim. Nein, wir müssen Reich werden, Sexy, geliebt sein von allen, uns besaufen, Partys Feiern. Wir müssen Karriere machen und mit Schein Grinsen unsere Kollegen und Vorgesetzten täuschen, die wir eigentlich sowieso nicht leiden können.

Status, es geht nur noch um Status!

Wir müssen uns im Spaß der Eitelkeiten baden, da wir eigentlich seelisch und geistig ausgeblutet worden sind. Ganz bewusst von oben herab, haben wir uns süchtig machen lassen von dieser Droge. Und mit dieser Droge ist es so wie mit allen anderen Rauschmitteln, sie verführen zur Sucht und Gewohnheit. Und wer ist imstande alte Gewohnheiten abzulegen?

Und genau diese Gewohnheiten sind es die uns angreifbar machen. Denn jene die uns diese Scheinwelt, diese „Schöne neue Welt" auferlegt haben wissen, dass wir an sie gebunden sein werden. Dass wir diesen Kindertraum weiter leben wollen. Wir können und wollen nicht austreten aus dieser Plastischen Matrix des Schein Spaßes. Und Genau hierin liegt die Macht.

Es ist eine gewaltige Macht eine solche Traumwelt zu kontrollieren. Ein solch schönes Gefängnis zu verlassen kommt nicht in Frage. Wir wollen nicht die Wahrheit sehen. Die Kontrolleure wissen, dass wir Angst haben diese Scheinwelt zu verlassen und zu sehen, dass alles nur eine Matrix war. Und wir in die Kalte Realität tretend erschrecken, wenn wir realisieren, dass wir nur benutzt wurden als Energie Quellen.

Wie die Batterie genutzt wird um ein Gerät mit Strom zu versorgen. Genau so werden wir instrumentalisiert und wir sind aneinander geschlossen eine gewaltige und impulsive Energie Quelle. Die für jene die sie zu nutzen wissen den Luxus und Reichtum der Erde, alle Ressourcen und Energie Aufwand zu besorgen um sie zu versorgen. Mit Energie aus unseren Körpern die wir glauben wir wären frei. Man hat uns beigebracht unser Geburtsrecht aufzugeben und im von den Meistern geschaffenen „Arbeiter Paradies" uns aufzuhalten, denn Arbeit die wird uns befreien von unserem Pein und Leid. Wir lieben unsere Knechtschaft, wir sind gefangen wie in einer Liebesbeziehung, einer qualvollen Liebesbeziehung.

Die Einwohner dieser „Braven Neuen Welt" wurden gleichsam verweichlicht als auch abgestumpft. Daraus entsteht eine gefährliche Kombination.

Wir sind nicht mehr interessiert an dem Leid unserer Mitmenschen also Abgestumpft und Egoistisch, und dann kommt noch dazu, dass wir verweichlicht wurden. Dies ist die Tödliche Kombination.

Eine Bevölkerung die diese Eigenschaften aufweist ist prädestiniert dazu dem Faschismus unterworfen zu werden. Denn wir sind egoistisch und ängstlich zugleich. Verweichlichte Weichgekochte Arschlöcher was kann man von solch einer Gesellschaft noch erwarten? Selbstsucht, Ruchlosigkeit und Rücksichtslosigkeit, dies sind die Produkte einer solchen Gesellschaft die überfüllt wurde von jenen Charakteren.

All jene die noch über Herz und Rückgrat verfügen werden aussortiert.

Wir lieben unsere Welt so wie sie ist und wir müssen den Optimismus bewahren.

Denn unsere geliebten „Politokraten" versichern uns sobald wir den Fernseher einschalten, dass der Zynismus und Schwermut der alten Tage verflogen ist. Und so setzen wir uns den falschen Optimismus auf. Und tragen ihn wie eine Maske durch die Gegend.

Und wie funktioniert die Technik der Schritt für Schritt Konditionierung.

Wenn man die Steuern nach und nach erhöht und nicht schlagartig, so dass wir es gleich heftig spüren würden, so nimmt man sie einfach hin, die kleine Steuererhöhung.

Man ärgert sich zwar darüber aber dabei bleibt es, denn sehr bald kommt die nächste Steuererhöhung, und eine weitere. Und so verfährt man in vielen Bereichen.

Beim ausbauen des Überwachungsstaats. Beim senken des Lebensstandards durch Inflation und Steuererhöhungen. Beim senken der Lebensmittelqualität.

In kleinen Schritten lassen sich die größten Hürden nehmen. Denn so können wir uns daran gewöhnen.

Wie der nette Großgrund Besitzer der sich nach und nach ein bisschen Land wegnehmen ließ, um dann eines Tages festzustellen, dass die Fremden selbst in sein Schlafzimmer vorgedrungen waren. Und ihn schließlich aus seinem eigenen Bett hinaus zum Fenster warfen.

Und wie sehr sind wir beeinflusst durch negative Erfahrungen? Wenn wir ständig wählen gehen und immer wieder enttäuscht werden, weil die alten Versprechen gebrochen wurden?

Wenn wir uns abwenden von der Staatsführung und uns abwenden, weil wir angewidert davon sind.

In Aldous Huxleys „Schöne Neue Welt" werden die Babys der unteren Schicht so konditioniert die Natur und Bücher zu hassen indem man sie auf Blumen und Bücher zu krabbeln lässt.

Die Babys sehen die schönen Rosen und weißen Blanken Seiten der Bücher und immer bevor sie diese erreichen werden sie mit einem heftigen Alarm und milden Strom Schlägen abgestraft.

Dieses wiederholt man immer und immer wieder solange bis die Babys für die niederen Arbeiten bestimmt anfangen die Natur und Bücher zu hassen; und sich nur noch in Fabriken und der kargen Stadt aufhalten wollen und von Wissen fern halten.

Und genauso ist es mit unseren Politikern. Wir werden von der schönen Rhetorik der Demagogen euphorisch zur Wahl getrieben und krabbeln zum Wahltisch hinauf.

Kaum haben wir den Zettel eingeworfen. Müssen wir büßen, denn die neuen Gesichter werfen mit den alten Lügen um sich. So funktioniert die Konditionierung, die Schrittweise des Homo Sapiens.

Vom Menschen zum Sklaven niederer Dienste. Vom Menschen zum Tier erniedrigt.

Nur gut zu Arbeiten und Steuern zu bezahlen. Niemals gut genug um sein Schicksal selbst in die Hand zu nehmen.

Genauso ist es ein Bannfluch Bücher zu lesen die uns dem Höheren Wissen zugänglich machen.

Wir brauchen keine Niveauvolle Unterhaltung mehr.

Nur noch billige Unterhaltung der niedersten Art ist üblich in der „Schönen Neuen Welt".

Wer braucht schon Shakespeare zu lesen? Wenn man in die wunderbare Welt einer Charlotte Roche eintauchen möchte. Bücher die sich auf dem niedersten Niveau bewegen.

Der Schreibstil einer Charlotte Roche entspricht dem einer 13-jährigen Pubertierenden Neuzeit Sklavin.

Wer interessiert sich noch für Shakespeare? Wer war <u>Shakespeare</u> eigentlich?

Und so verlieren wir uns in Gleichgültigkeit. Während über uns ein Riesiges Schachbrett ausgebreitet wird auf dem wir die Bauern sind die der Schach Stratege ständig opfern kann.

Oder wie Gustave Le Bon es ausdrückte:

„Heute verliert jede Meinung durch Erörterung und Zergliederung ihren Nimbus, ihre Stützpunkte werden schnell unsicher, und es bleiben nur wenige Ideen übrig, die uns zu leidenschaftlicher Parteinahme bewegen könnten. Der moderne Mensch verfällt immer mehr der Gleichgültigkeit.“[1]

Sollte eine Person den Mut aufbringen neue Denkweisen zu erarbeiten, und diese versuchen an die Masse zu verteilen, so wird diese ersäuft durch die Gleichgültigkeit, Ignoranz und den Nihilismus der Masse.

Eine Idee ist uns geblieben, die Idee dass wir keine Idee mehr haben. Und alles von Experten händeln lassen und uns in der Gleichgültigkeit der Medienwelt ertränken lassen.

Wenn der Mensch in sich selbst die Spannkraft nicht mehr findet, muss er sie anderswo suchen. Mit der zunehmenden Gleichgültigkeit und Ohnmacht der Bürger muss die Bedeutung der Regierungen nur noch mehr wachsen. Sie müssen notgedrungen den Geist der Initiative, der Unternehmung und Führung besitzen, den der Bürger verloren hat. Sie haben alles zu unternehmen, zu leiten, zu schützen. So wird der Staat zu einem allmächtigen Gott.[2]

Muss noch mehr gesagt werden? Unsere Gesellschaft hat sich genau in dieses Dilemma bewegt wie Gustave Le Bon schon 1895 zu beschreiben wusste.

1   Gustave Le Bon, Psychologie der Massen. Nikol Verlagsgesellschaft, Hamburg, 6. Auflage 2011. Aus dem französischen übersetzt von Rudolf Eisler, basierend auf dem Text der Ausgabe von 1911. ISBN: 978-3-86820-026-3, Seite 142.

2   Gustave Le Bon, Psychologie der Massen. Nikol Verlagsgesellschaft, Hamburg, 6. Auflage 2011. Aus dem französischen übersetzt von Rudolf Eisler, basierend auf dem Text der Ausgabe von 1911. ISBN: 978-3-86820-026-3, Seite 187.

Klassenkampf und die Schere der Perfektion

Der Teufel wird sogar in der Filmindustrie immer so dargestellt, dass er einem zuerst einen Herzenswunsch erfüllt, um danach den Wunsch zum Albtraum zu wenden und das Herz herauszureißen samt Seele. Um das Individuum welches seine Seele verkauft hat, dann in den Abgrund seiner diabolischen Welt zu versenken. Denn die Seele ward verkauft durch den Wunsch einen Traum zu leben der anders nicht zu erfüllen war.

Und genau so ist es mit der Scheinwelt in die uns der alte „Satan Claus", geworfen hat.

Die alten Geschenke wird er uns alle wieder wegnehmen, wenn es soweit ist den Traum aufzulösen den er uns versprach. Und sich die Reißzähne des Faschismus auftun um uns zu verschlingen.

Und ist es nicht eine Perfekte Schere die da aufgetan wurde uns zu teilen und aufzuteilen.

Die einen können sich in dieser „Schönen Neuen Welt" immer mehr Reichtum und Luxus gönnen und die andere Hälfte der Bevölkerung versinkt langsam aber stetig in Armut.

Es ist die „Schere der Perfektion", der perfekten Aufteilung der Gesellschaft in eine Zweiklassengesellschaft.

Die Oberschicht verfällt dem „Elitismus" und wird am Status Quo festhalten wollen.

Und die Unterschicht verfällt dem Sozialismus und wird immer mehr von denen haben wollen die sie beneiden.

Die Oberschicht sieht sich abhängig vom Status Quo und wird an den alten Strukturen festhalten die gleichzeitig ihren eigenen Untergang bedeuten werden. Denn wenn der alte „Satan Claus",

das Rote Kostüm abnimmt und sich den Bart abrasiert, wird darunter ein Glattrasierter Bänker in Anzug und Krawatte sichtbar, er wird die Hand ausstrecken und die Schulden Kollekte einsammeln.

„Was sie wollen mir nichts geben? Den Porsche bitte und überschreiben sie mir die Villa!"

So wird es sein, denn die verarmte Unterschicht, da unten da wird es nichts mehr zu holen geben und so wird irgendwann mal der Reiche zum Armen. Dachte er doch er hätte ausgesorgt, wenn er immer schön brav „Christdemokraten" wählen geht.

Die Unterschicht wird jene wählen die ihnen das Blaue vom Himmel runter lügen.

Und sie damit besänftigen die nächste Reform in Form einer „Reichen Steuer" einzuführen.

Und sind alle Reichen enteignet. Verfallen wir dann in den totalitären Kommunismus.

So ist des Meister Plan gedacht.

Es ist die Geburt des Faschismus. Die geboren werden wird durch die Vermischung dieser beiden Pole. Der Oberschicht und der Unterschicht. Der Klassenkampf wird eine Synthese entstehen lassen. Aus den vielen Armen und den Reichen wird dann ein Brei von Abhängigen.

Abhängig gemacht werden sie vom Staat. Und wie wird man es schaffen all jene Reiche zu entmachten die nicht Platz machen wollen, wenn das Anwesen dem Staat überschrieben werden soll?

Ganz einfach mit einer Meute von Beamten die rekrutiert wurden aus der frustrierten Unterschicht von geplagten Sozialempfängern. Die nun froh sind eine Berufung gefunden zu haben.

Die Berufung dem Staat zu dienen und Reichen Schnöseln die Türe einzutreten um die Schulden Kollekte einsammeln zu dürfen. Wehe dem der sich in Sicherheit wähnt wenn Sozialismus seine Fehlgeburt den Faschismus austrägt und vor alle Haustüren ablegt.

Doch im Moment muss weder Reich noch Arm handeln. Denn Reich ist Reich und abgesichert und möchte sich nicht mit dem beschäftigen was andere so gut und bravurös meistern. Und die Unterschicht ist bedient mit ihrem kleinen Einkommen vom Staat, Fast-Food und Märkchen fürs

Schwimmbad. So kann man beide Hinhalten.

Wenn der Zeitpunkt erreicht die „Schere der Perfektion" zuschnappen zu lassen und die beiden Pole aufeinander zu hetzen.

Wird der Staat dem Pöbel ganz einfach nicht mehr die Sozialleistungen aushändigen.

Diese werden anfangen zu randalieren und plündern. Der Staat wird einschreiten mit noch mehr Sicherheit, um die verschreckte Oberklasse zu schützen und so fort wird es sich zutragen.

Für den Philosophen ist des „Meisters-Schere" sichtbar und nur er kann die Massen überzeugen die Scheuklappen aufzureißen um nicht in die dunklen Abgründe des Totalitarismus zu verfallen.

Sind wir uns dessen bewusst, welch Hades Abgrund sich selbst in Deutschland auftun wird, wenn die wenigen die noch bei Verstand sind versagen die Massen aufzuwecken, zu Vernunft, Menschlichkeit und Einsichtigkeit? Dem Ablegen von Ignoranz und Apathie.

Schließlich werden wir in Darwins Welt geworfen in dieser kann sich nur der stärkste durchsetzen. Und somit werden alle eliminiert werden die nicht mehr zu gebrauchen sind.

Wollen wir in diese Welt rutschen? Oder wollen wir die Ärmel hochkrempeln und sagen

zum Teufel mit Darwin wir sind Christen und werden uns auf die Wege des Herrn begeben, komme was kommen mag. Zum Teufel mit dem Teufel, denn er alleine bekommt uns alle nie.

Er bekommt uns nur indem er einen Teil von uns kontrolliert.

Und setzt sich das Ego durch dann werden wir alle Teilnehmer dieser Tragödie des finsteren Fürsten. Alle ohne Ausnahme; Politiker, Beamte, Söldner und Soldaten. Alle müssen weichen wenn die neue Ordnung über uns hereinbricht wie wir noch sehen werden. All jene die dem Establishment helfen werden ihre neue Ordnung aufzudrücken, werden schließlich sobald sie fertig sind mit dem Pöbel selbst beseitigt werden!

Genauso wie Adolf Hitler die SA, jene ihm zu Macht verholfen hatte vernichtet hatte.

Jeder aalglatte Politiker, Polizist und Söldner sollte sich dieser Tatsache bewusst werden!

So wollen wir uns vom Institutionalismus des Zwanges befreien und der Freiheit des Individualismus zuwenden.

Labyrinthine Dogmatrix

Wissen ist Macht und Wissen ist ein Kontrollinstrument. Es ist die Kunst der Kontrolle über das Wissen zu haben, welches den Massen vorenthalten wird. So ist es für einen relativ kleinen Teil der Erdbevölkerung möglich 7 Milliarden Menschen zu kontrollieren.

Das Wissen so anzuwenden, auf all jene die nur beschränkt wissen und sie im Glauben zu lassen zu wissen, ist eine Philosophie an sich; die Massen nur das Wissen zu lassen was sie wissen sollen, und nur einem Teil der Menschen all das Wissen zur Verfügung steht, welches vorhanden ist.

Ein Prozent der Menschheit profitiert tatsächlich von dieser Wissenskonservierung.

Doch sind es weitaus weniger, die einen gesamt Überblick über alles Wissen besitzen, welches wir Menschen tatsächlich verfügen. Die ein Prozent darunter werden auch nur instrumentalisiert und sind immer nur zum Teil wissend oder wissen überhaupt nicht was eine Stufe in der Pyramide über ihnen geschieht.

Die Kontrolle über das Wissen verläuft laut dem Highlander Alan Watt in 3 Stufen:

Stufe 1) Ist das Wissen vom Professor abwärts, dieses Wissen bildet die Wissenspyramide der Massen, also für uns alle.

Stufe 2) Ist das Wissen der Geheimdienste, von den höchsten Positionen und abwärts.
Morden im Auftrag der Bienenkönigin, Superwaffen und andere Spielzeuge, Waffen zur Kontrolle der Massen etc.

Stufe 3) Ist das Wissen jener Familien die an der Spitze der Pyramide stehen, Königsfamilien, Adelshäuser, Banker Dynastien, Großindustrielle und anderweitige Monopoly Männer und Frauen.

Stufe 2 und 3 sind also nur den illuminierten vorbehalten. Diese machen in des Autors Schätzung circa 7 Millionen der Menschlichen Bevölkerung aus.
Und so kontrollieren 7 Millionen auf dem „Globus" 7 Milliarden.
Im Mittelalter und in den früheren Zeiten konnten die Eliten die Massen dumm halten.
Nun da wir eine neue Stufe erreicht haben, dass Zeitalter der Supertechnologie ist es nicht mehr ausreichend die Massen mit Mythen, Vorschriften und gesellschaftlichen Maximen zu bedienen.
Ihre primitive Arbeitskraft zu nutzen. Es müssen komplexere Strukturen bedient werden.
Sir Francis Bacon's Entwurf „The New Atlantis", ist der Beweis dafür, dass bereits vor 400 Jahren die Ideen für unsere moderne Gesellschaft geboren wurden. Nur so würde es für die Illuminierten möglich sein, das Ziel zu erreichen zu Göttern zu werden und die gesamte Erde zu kontrollieren.
Jeden Grashalm umzudrehen und jeden Sandkorn umzugraben.
Nur so können sie ihr Ziel erreichen sich mit der Maschine zu verschmelzen und ihr pervertiertes ewiges bestialisches rostfreies Dasein zu feiern. Es ist der langersehnte Traum der Alchemisten und die Formel die sie suchten, ist die Formel des ewigen Lebens.
Man braucht Ärzte, Wissenschaftler, Lehrer, Richter, Raketeningenieure und Chemiker, um dieses komplexe System auszufüllen. Welches dann zur nächsten Stufe führt dem Zeitalter in welches wir uns momentan bewegen. Folglich musste man ein System entwickeln wie die Massen zu kontrollieren sind, und gleichzeitig nützlich für die Elite. So wurden Universitäten deren Geschichte weit zurück reicht errichtet und das Netz der Universitäten weitete sich mit der Zeit aus;
Schulen und später sogar die Kindergärten. Eine neue Erfindung. Eine Erfindung der Nazis aus diesem Grund ist Kindergarten ein internationaler Begriff geworden.

Es ist die moderne Hitlerjugend angepasst an das System des Fabianismus.

Die Elite versorgt die Universitäten nur mit soviel Wissen wie notwendig ist, um die Menschheit von einer Stufe der kontrollierten Evolution des Menschen zur nächsten zu führen.

Die Universitäten bilden dann die Qualifizierten Arbeitskräfte für die anspruchsvollen Aufgaben unserer Gesellschaft aus und so werden die Parlamente, Krankenhäuser, Chemie Labore, Anwaltskanzleien und so weiter ausgefüllt mit Personal.

Alles wissen was förderlich ist uns weiter zu bringen und unabhängig zu machen von den Hoch Intelligenten Raubtieren die uns dominieren wird beseitigt und für die Elite beansprucht.

Ein gutes Beispiel ist der Dieselmotor. Rudolf Diesel hatte diesen so konzipiert, dass es möglich wäre, (der gute Mann war schon seiner Zeit weit voraus und hatte eine Zukunft vor Augen die das Individuum fördern und ermächtigen würde Autark zu leben) im eigenen Garten sein eigenen Bio-Treibstoff herzustellen der angetrieben würde von natürlichen Produkten. Der Diesel Motor wie in Rudolf Diesel gebaut hatte, wurde angetrieben durch pflanzliche Öle.

Der Diesel Motor sollte mit biologisch abbaubarem Öl betrieben werden, ohne dass es einer speziellen Modifikation bedurfte.

So war es seine Erfindung uns Mobil zu machen von den Erdölkonzernen dieser Welt die uns durch die Kontrolle dieses schwer zu fördernden Rohstoffs abhängig machen.

Rudolf Diesel machte sich auf nach England.

Auf dem Schiffe angelangt und betreten, verschwand er spurlos im nichts.

Man verkündete, dass er Selbstmord begangen habe. Oder man wüsste nicht was mit Diesel passiert ist. Im Wasser fand man seine Leiche diese konnte man anscheinend aber nicht bergen.

Nur ein paar Gegenstände wurden aus dem Wasser gefischt. Was dafür sprechen dürfte, dass gewisse Mächte nicht wollten, dass sein Leichnam untersucht wurde.

Er verfasste ein Buch mit dem Titel:

„Solidarismus: Natürliche wirtschaftliche Erlösung des Menschen".

Wie wir heute alle Wissen wird Diesel Treibstoff ähnlich hergestellt wie Benzin, von den Ölkonzernen dieser Welt. Wer Eins und Eins zusammen zählt und auf Zwei kommt wird wissen was Herrn Diesel in jener mysteriösen Nacht tragischerweise für die Menschheit widerfahren ist.

Tesla und seine Errungenschaften im Bereich der Energiegewinnung und Anwendung hätten das Individuum unabhängig gemacht Strom von großen Energieversorgern beziehen zu müssen.

Auch sein Wissen ist verschwunden, es wurde vom Geheimdienst in Beschlag genommen und Herr Tesla dürfte froh gewesen sein nicht auch beseitigt worden zu sein.

Dies sind nur zwei bekannte Beispiele wie Wissen konserviert und verdeckt gehalten wird.

Jeder der eine bahnbrechende Entdeckung macht muss sich also in Acht nehmen, denn diese darf niemals an die Massen gelangen. So verkauft der Erfinder das Wissen oder er wird eliminiert.

Um die Massen zu beherrschen müssen die elementarsten Dinge unter Kontrolle gebracht werden. Dazu gehört die Luft, „Chemtrails", also Chemikalien Cocktails die von Flugzeugen über unseren Köpfen in die Luft gesprüht werden. Aluminium, Barium und andere toxische Substanzen.

Alles sehr Gesund natürlich, für unseren Körper und unseren Geist.

Es besteht sogar die Möglichkeit Fluorid unterzumischen um die Massen gefügig zu machen, wie es die Nazis auch in ihren Konzentrationslagern anwendeten, um die gefangenen Juden, Polen, Kommunisten, Dissidenten aller Art gefügig zu machen, für die Arbeit die zu verrichten war.

Fluorid wie wir es mit unserer Zahnpasta täglich konsumieren. Die Ärzte sagen zwar nicht schlucken bitte, aber ein bisschen was von dem giftigen Zeug konsumiert man automatisch immer mit.

Es ist wichtig das Wasser zu kontrollieren. In den USA wird die Bevölkerung schon seit Jahrzehnten vergiftet, diese Tatsache wird bereits durch die Massenmedien der Idiotie verbreitet.

Wie die unterschiedlichen giftigen Substanzen in die Wasserleitungen gelangen konnten ist allerdings nicht bekannt. Vielleicht war es der „Pinguin" aus „Gotham City" der dies vollbrachte.

Hollywood gibt uns immerzu eine Brise Realität vermischt mit Fiktion.

So dass unser Unterbewusstsein aufnimmt, dass die Fiktion eigentlich Realität ist und wir uns damit zufrieden geben.

Nicht zu vergessen ist das Essen, welches an dritter Stelle kommt, um zu überleben.

Wie Henry Kissinger die Rechte Hand von David Rockefeller schon sagte: „Food is a weapon",

ja, ja lassen sie sich diese Zeilen gut auf der Zunge zergehen.

Essen ist eine Waffe, so schrieb er es in ein damals noch Geheimes Dokument, welches später an die Öffentlichkeit gelangte nachdem es deklassifiziert wurde. Im Internet werden sie fündig keine Sorge, es ist ein bekanntes. „National Security Study Memorandum 200" heißt besagtes Manuskript.

So kann man Essen knapp werden lassen, so dass die Leute verhungern oder sich gegenseitig aufessen. Oder man kann das Essen vergiften siehe Aspartam in Kaugummis und Erfrischungsgetränken sowie Gen Fraß, den unsere tolle Kanzlerin uns auch hier unterjubeln möchte, denn sie gehört zu den privilegierten und bekommt garantiert Gen Freies Essen.

So verspricht man es ihr zumindest. Denken sie an die Schweinegrippe und als sich heraus stellte, dass es für die Sonderschicht unsere „Politokraten" eine richtige Medizin gab und für uns den Rest einfach nur Gift.

Was ist noch wichtig und für uns alle viel zu knapp? Es ist die Zeit richtig.

Auch diese gilt es zu kontrollieren. Einerseits durch die Festlegung der Zeit.

Und auch dadurch, dass uns Zeit gestohlen wird, so dass wir beschäftigt sind uns mit dem zu beschäftigen was für uns vorgesehen wurde und nicht aufstreben können zu höherem.

Insgesamt ist die Herstellung von Knappheit, die auf der ganzen Welt künstlich ist eine mächtige Waffe im Arsenal, unserer Götter. Und so muss man uns immer vorhalten, dass die Rohstoffe und Ressourcen im allgemeinen endlich sind. Dass nie genug für alle da ist, so dass wir uns gegenseitig bekämpfen.

Gustave Le Bon beschrieb die Kontrolle der Zeit folgendermaßen:

> **Die Zeit bereitet die Meinungen und Glaubensbekenntnisse der Massen vor, d. h. den Boden, auf dem sie keimen. Daraus folgt, dass gewisse Ideen nur zu einer bestimmten Zeit, dann nicht mehr zu verwirklichen sind. Die Zeit häuft unermessliche Überreste von Glaubensbekenntnissen und Gedanken an, denen die Ideen eines Zeitalters entspringen.**
> **Sie keimen nicht durch Zufall und Ungefähr. Ihre Wurzeln reichen tief in die Vergangenheit. Wenn sie blühen, so hatte die Zeit ihre Blüte vorbereitet, und um ihren Ursprung zu erfassen, muss man stets zurückgehen. Sie sind Töchter der Vergangenheit und Mütter der Zukunft, stets aber Sklavinnen der Zeit.[1]**

Damit ist zum einen das frühe aufkeimen einer Ideologie oder Glaubensrichtung gemeint, welche dann später in die Gesellschaft eingepflanzt wird und zum anderen, die Art und Weise unsere Gesellschaft technologisch von einem Zeitalter ins nächste zu bewegen.

Siehe „The New Atlantis", von Sir Francis Bacon. Sprich die Wurzeln über die Entwicklung wie wir sie heute erfahren reicht tief in die Vergangenheit zurück. Der Gedanke eine solche Gegenwart zu erschaffen wie wir sie jetzt erfahren ist uralt. Und wurde schrittweise umgesetzt.

Diese Ideen und Glaubensbekenntnisse sind die Wegbereiter der Zukunft. Insofern diese geheim gehalten werden vor den Massen, sind wir stets Sklaven unserer Zeit.

Und insofern wir gebunden werden an falschen Gedanken und Glaubensbekenntnissen, werden wir versklavt von Zeit zu Zeit.

Und wie können die Massen die Zukunft beeinflussen wenn nicht ein einziger Gedanke, die Wissensbarrieren durchbricht? Wenn alles Wissen um die Massen zu befreien, zerstört oder unter Verschluss gehalten wird? Wenn Geschichte definiert wird von jenen die Herren sind über die Gegenwart. Es ist die Kontrolle der Vergangenheit die uns in der Gegenwart festhält eine bessere Zukunft für uns und unsere Familien zu erbauen.

Wenn die Technologie uns schrittweise aufbereitet wird, und wir nur die Technologie haben dürfen die für uns bestimmt wurde. Jede Technologie die für die Massen förderlich; wird von den wenigen an der Spitze beiseite geschoben. Denn wir sollen immer nur die Technologie benutzen die für uns gedacht ist. Angelangt im Telekommunikationszeitalter. Wir machen nur noch grundlegend Fortschritte Richtung Informationstechnologie, Smartphones und Tablets.

Oder Richtung Paranoide Überwachungsgesellschaft, in Form von Drohnen, die nun jedem Hobby Spion für ein paar hundert Euros zur Verfügung stehen.

Keinerlei Fortschritte die uns als Individuen oder Gemeinschaft vorwärts bringen würden.

Nur solche Fortschritte die uns noch abhängiger machen und noch stärker überwachen.

Wir schreiben das Jahr 2015 und nutzen immer noch Asphalt für die Straßen und Beton für die Häuser. Gibt es wirklich keine anderen Entwicklungen die besser geeignet wären?

Die Autos fahren immer noch mit Gummireifen und tanken müssen wir größtenteils Benzin oder Diesel Treibstoff. Wir sind in einigen Bereichen in der Zukunft angelangt aber andere hinken immer noch zurück und wir verwenden nach wie vor alte Materialien, die schon lange durch neue zu ersetzen wären. Beispielsweise hat sich bei den Transportmitteln nichts grundlegendes getan.

Keine revolutionären Fortschritte in Richtung Mobilität sind eingetreten in den letzten Hundert Jahren.

Eines steht fest jene die den Technologischen Fortschritt kontrollieren sind permanent beschäftigt neue Waffen und Apparate zur Macht Konsolidierung zu erfinden.

Der Technologische Fortschritt wird nur noch bestimmt dadurch, dass dieser immer weiter unsere Persönlichen Freiheiten einschränkt.

Siehe Internetregulierung, dass Internet ist dem System ein Dorn im Auge, schwer zu kontrollieren und regulieren. Daher muss man uns Kinder nun davor schützen indem man anfängt das Internet genauso wie alle anderen Medien der Zensur zu unterziehen. Man wird versuchen unsere Informationsbeschaffungsfreiheit einzudämmen indem man das Internet reguliert.

Internetseiten die nicht in den Zeitgeist der Idiotie passen werden entfernt werden und nicht mehr abrufbar. Ein Internet der völligen Zensur.

Denn Wissen ist gefährlich man muss uns kleine und viele davor schützen.

Die Industrie zur Vernichtung von Menschenleben sprich Waffen und Rüstungsindustrie läuft auf Hochtouren, neue und immer tödlichere Waffen zu erfinden.

Doch zu welchem Zweck? Ist es nicht die Demokratie die wir uns angehaftet haben, und mit der sich der Westen und die entwickelten Länder schmücken wie mit dem Lorbeer Kranz des Kaisers.

Und letztlich werden immer die Bürger von ihrem Staat geknechtet die nicht über die gleichen Waffen verfügen wie Vater Staat. So war es in allen Zeitaltern.

Im Mittelalter war es einer der Hauptgründe für die Unterwerfung der Bauernschichten.

Hat der Staat einen zu großen Vorsprung wird die Bevölkerung unweigerlich einer Tyrannei unterworfen.

Aus diesem Grund weigert sich die bewaffnete Amerikanische Bevölkerung ihre Waffen auszuhändigen. Es ist der Selbstschutz vor einem zentralisierten Diktatorischen Staat.

Die Kontrolle über Waffen ist also ein Ultimatives Macht Instrument welches stets gefürchtet werden muss.

Um die Massen mental im Kreis umherirren zu lassen, sind die Alchemisten der Sozialisierung und Transformierung in der Lage eine Lehre, einen Mythos und tausend weitere faszinierende Weltanschauungen und Betätigungsfelder zu ersinnen und so versinkt, das Individuum in einem Labyrinth aus falschen Weltanschauungen und sinnlosen Betätigungsfeldern.

Die falschen Gurus müssen in Zeiten des Internets in Vielzahl vorhanden sein, um das Individuum abzulenken und umzulenken. So dass es niemals in der Lage ist aus dem Gedanken Labyrinth zu entkommen. Die Kabbala Lehre propagiert durch „La Satana" alias Madonna, Erich von Däniken, Michael Moore, Peter Joseph, Jacque Fresco, Thilo Sarrazin, und etliche andere, sind die Protagonisten dieser „Labyrinthinen Dogmatrix".

Sie bedienen alle von links nach rechts und nach innen gerichtet. Alle werden sie eingesperrt in falsche Doktrinen und bilden sich daraus ihr Weltbild und sind verloren im Sumpf der Lügen über falsche Meinungen, Lehren und Ansichten ihrer Gurus und Vorbilder. Was glauben sie wo solch unwürdige Charaktere gezüchtet werden?

Alles ist zerstörbar, veränderlich und der Korruption durch die Außenwelt ausgesetzt.

Alles mit einer Ausnahme, Liebe kann weder zerstört werden, noch verändert oder verdorben werden. Sie kann nicht manipuliert werden oder auseinander gerissen.

Sie ist immer präsent und wird immer präsent sein, insofern wir uns nicht vom Hass leiten lassen der von außen in die Mitte unserer Herzen getrieben wird.

Wie ein Pfeil unser Herz durchbohrt. So wollen wir ein für alle mal die Hass Lehren und Falschpredigten hinter uns lassen und uns auf das konzentrieren was das Leben erst Wert macht.

Die Liebe der Schöpfung und des Glaubens, die purifizierte Liebe unseres Schöpfers.

1 Gustave Le Bon, Psychologie der Massen. Nikol Verlagsgesellschaft, Hamburg, 6. Auflage 2011. Aus dem französischen übersetzt von Rudolf Eisler, basierend auf dem Text der Ausgabe von 1911. ISBN: 978-3-86820-026-3, Seite 84-85.

Stichworte der Mechanismen und Werkzeuge des Alchemisten

Konditionierung, Indoktrinierung, Domestizierung = Normung

Ideologien, Kredos, Meinungen, Ikonen

Täuschung in Form von Theorien, Experimenten in Vermischung mit einer neuen Lehre und folglich Agenda

Abschalten unseres Instinkts, auch Aufgrund von Gewohnheit, Umkehrung unseres Instinkts

Kopieren der Mechanismen der Tierwelt, siehe Bienenbau oder Ameisenbau und Anwendung auf die Menschliche Gesellschaft

Vernichtung des Glauben, Vernichtung freier Wille

Hegelsche Dialektik, Männliches Prinzip Einschüchterung, Weibliches Prinzip Täuschung

Manipulation, Formung und Bildung des Bewusstsein, der Wahrnehmung, des Verstandes, des Selbstbewusstseins

Zwielicht, Doppelspiel, Doppeldeutigkeit, Verkehrung, Rhetorik

Realitäts-Verdrehung, Veränderung der Floskeln und Schlagwörter, Erfinden neuer Schlagwörter

Fälschung von Statistiken und Resultaten, Hypnotisierende und Vertrauensweckende Sprechweise von Nachrichtensprechern, Radiomoderatoren etc.

Normung des Schreibstils von Autoren, Journalisten unter Verwendung spezieller Schlagwörter und Floskeln

Falsche Bezeichnungen für Institutionen, Denkweisen und Ideologien, Falsche Bezeichnung von Produkten und Marken

Das Vorsprechen von Demagogen in Krawatten oder feiner Kleidung, Marionetten, Gesichter

Realitäts-Kontrolle, Kontrolle über die Vergangenheit, Gegenwart und Zukunft

Auslöschung des Erinnerungsvermögens

Counterintelligence/ Vorhalten von Zwei Wahrheiten oder Lügen = Zwielicht, Folge ist Verunsicherung, Irreführung

Transformation von Terminologien

Kreation von Terrorismus, künstlicher Terror und reeller Terror, zulassen von Terrorakten, um die

Bevölkerung weiter zu verängstigen

Vorführen von falschen Dokumenten und Zeugen, Zeugnissen, Konstruierte Berichte, Berichterstattung und Fake Videos

Heuchelei, leere Versprechungen, Aufbau von Vertrauen, Lügen, Lügengeschichten, Mythen und Märchenerzählerei, Täuschung, Einsilbigkeit, Eintönigkeit siehe Politik

Vorführen von Bildern und Aufnahmen die der Konsument nicht verifizieren kann, so dass man Bildern und Aufnahmen glaubt die man nicht greifen kann.

Oberflächlichkeit, Subjektive Sichtweisen, Subjektives Entscheiden

Propaganda, Parlamentarische Demokratie, das Wählen von Parteien anstelle von Individuen, Ständige Wiederholung, Propagieren mit Prominenten, Beeinflussung des Unterbewusstsein, Werbung

Abkürzen von Nachrichten durch bloße Überschrift, Kurzinformation, so dass der Konsument der Nachricht nur einen oberflächlichen Eindruck zu einer Sache oder Sachlage hat.

Bewusster Satzbau bei Zeitungsartikeln

Verdrehen von Gut und Böse, die Bösen als gut darstellen, die guten als Böse, Feinde der Demokratie oder Verschwörungstheoretiker (Schlagworte wie dieses zusammenschreiben lassen um die Wirkung zu verstärken)

Die Psychologie der Massen, deren Studie, Auswirkung und Manipulation

Mitreißen lassen von der Masse, Scham in der Masse, die Macht der Massen

Benutzen von Cliches, Beschimpfung und Verunglimpfung einer Person

Show Spektakel, Leiten lassen von den Sinnen, Beeindruckt sein vom Spektakel

Vermischung der Intelligenz in der Masse zu einer festen Konstanten Intelligenz

Gewaltbereitschaft in der Masse steigt, Machtbewusstsein steigt in der Masse

Verlieren der Rationalität in der Masse, Verlieren des Logischen Denkens in der Masse

Massen Idealismus, Schlechte Urteilsfähigkeit der Massen, die Massen werden angetrieben von der Phantasie, einem Ideal, einem Versprechen oder einer Lügengeschichte

Verlieren der Sittlichkeit in der Masse, Misstrauen innerhalb der Masse, keiner traut dem anderen Speziell innerhalb der Masse des Sozialismus oder Klassenkampfes

Terror, Angst Mache, Angst, Einschüchterung

Urangst der Tod, Angst vor der Ungewissheit

Schockstarre, Terror in Form von Terroranschlägen, Angst vor Außenseitern, Amokläufern, Terroristischen Organisationen, Finden eines Sündenbocks, Krönung eines Sündenbocks

Paranoia Verbreiten

Man fühlt jederzeit den Puls der Massen, indem man sich innerhalb der Leute umhört durch Spitzel.

Vortäuschen von totalitärer Überwachung, um die Bevölkerung einzuschüchtern, oder Paranoid zu machen, Verbreitung von Dokumenten über totalitäre Überwachung ohne klare Beweise vorzulegen

Politische Korrektheit – Gedanken Kontrolle

Angst vor einem Atomkrieg, Herstellung von Macht Equilibrien

Angst vor dem Ausbruch von Todesgrippen, Pestilenzia, Ebola Virus, Aids

Angst vor dem Untergang der Welt, Angst Ideologien, Die Offenbarung des Johannes

Weltorganisationen wie UN präsentieren sich als Retter der Menschheit

Lethargie und Machtlosigkeit im Angesicht des bevorstehenden Weltuntergangs (dem wir Glauben schenken)

Minderung der Moral, Zerstören der Moral der Bevölkerung durch Betätigung unterschiedlicher Hebel, Wirtschaftsbremsen, Wirtschaftskrisen, Terrorakte etc.

Die Macht der Religionen, Die Macht der Symbolik der Religionen, Kasten Systeme der Religionen

Priesterkult, Pompöses Auftreten der Religionsführer, Auftreten als Vaterfigur oder Patriarch

Archetypen, die Macht der Archetypen, Veränderte Darstellung der Archetypen, Ausnutzen von Archetypen, Fortwährende Macht der Archetypen, Steigerung der Macht von Archetypen mit der Zeit

Kreation von Religionen, Atheismus – Absolutes Wissen, Glaube alles könne man der Rationalität und Logik unterwerfen, strikter Rationalismus, Verwerfung von unerklärlichen Naturgesetzen oder Kosmischen Gesetzen

Manipulation einer Glaubensrichtung, unter Vorlage falscher Beweise, oder Manipulation durch ausgefeiltere Manipulationstechniken, Glaubensvernichtung, Vernichtung der Moral (Sittliche Moral)

Kreation von Mythen Gestalten, Aus einer reellen Person ein Mythos erschaffen und umgekehrt

Erschaffung von Göttern, Erschaffung von Götzen, Erschaffung von Sternen und Vorbildern

Erschaffung eines Gottes, also ein Kunstgott

Kreation von Kulturen durch die Musen

Drama verändert die Gesellschaft

Musik, Literatur, Film, Sport, Tanz, Mode, Esskultur

Transformation der Kulturen, Transformationen aller Bestandteile einer Kultur, Zerstörung von Kulturen, durch zum Beispiel Schocktruppen und gekauften Ikonen, Kultur-Crasher

Brot und Spiele, Sportspektakel, Sportspektakel Internationaler Art die den Fokus der Welt auf sich ziehen, Ablenkung und Ausnutzung dieser Aufmerksamkeit

Bondage Genießen, Spaßkultur, Eine Kultur der Aufopferung des Ichs für eine Scheinwelt

Immer nur kleine Schritte Richtung einem Ziel oder einer Agenda machen, siehe kleine Steuererhöhungen oder leicht ansteigende Inflation

Senkung des Niveau der Medien im allgemeinen

Gleichgültigkeit, Morallosigkeit, Nihilismus

Romantisierung von Bösewichtern, Satan, Mafia, Führungspersönlichkeiten etc.

Klassenkampf, Kreation von unterschiedlichen Klassen in einer Gesellschaft
Diese aufeinander Hetzen durch bewusste Berichte, Berichterstattung, siehe „Politmagazine"

Die Klassen aufeinander Hetzen durch vorher aufgestellte Fallen

Ignoranz, Apathie, Der Stärkste setzt sich durch als Kredo, Ellenbogen Gesellschaft

Elitäres Verhalten kontra Pöbel Verhalten, Beamtentum, Söldnertum

Wissen ist Macht, Wissen als Kontrollinstrument, Kontrolle von Universitäten, Kontrolle der Lehrpläne, Kontrolle der Technologie, Kontrolle des Technologischen Fortschritts

Kontrolle der Ressourcen, das Individuum abhängig machen von Mega-Konzernen und Monopolys

Das Regulieren von Technologien, Einschränkung der Freiheiten durch Technologie, Technologischer Fortschritt dient nur noch der Knechtung und Unterwerfung der Massen

Jede Technologie die dem Individuum hilft unabhängig zu werden muss zerstört oder versiegelt werden.

Kontrolle der Elementarsten Dinge, Kontrolle der Elemente, Luft, Wasser, Erde, Feuer

Kontrolle von Essen, Kontrolle der Zeit, Feste Zeiteinteilung, Stehlen der Zeit, Feste Normung der Gesellschaft durch die Zeiteinteilung, Stress Erhöhung etc.

Verdrehung von Realität und Fiktion

Kontrolle über die Waffengewalt, Entwaffnung der Bürger, Der Staat hat besser Waffen als seine Bürger

Aussenden von Infiltreuren, Falsche Anführer, „Helden" für die verleiteten Massen oder Judas-Ziegen im Stile eines Judas Jones, Counterintelligence Spezialisten jene die sich informieren umzuleiten und auszuspionieren; Schocktruppen.

Einsperren in ein Gedanken Labyrinth aus falschen Lehren, Gedanken Gefängnis
Stehlen des Intellekts und der Phantasie - Labyrinthine Dogmatrix

Hass schüren - die Liebe vernichten

2 Der Maurer – Die Institutionen, Ein Tempel errichtet mit vier Pfeilern

Weltliche Irrenanstalt und ihre Institutionen

Das Produkt des Alchemisten wird nun da es durch alle Kontrollmechanismen seine unnatürliche Form angenommen hat und **Norm**al geworden ist, in den unterschiedlichen Institutionen dieser Erde benutzt. Es spielt keine Rolle in welchem Land oder unter welcher Kultur das Individuum aufwächst es werden überall die gleichen Techniken zur Formung und Manipulation des Individuums genutzt. Nur so kann es nützlich sein in einer Welt die kontrolliert wird vom Fürsten der Unterwelt.

Alle mächtigen und einflussreichen Institutionen werden kontrolliert von oben abwärts.

Es ist wie ein Spinnennetz welches gezogen wurde. Man muss nur die Verbindungsstellen dieses Netzwerks kontrollieren, und zwar an den höchsten Schaltstellen.

Es spielt keine Rolle ob Luzifer existiert oder nicht. Die Prinzipien die man ihm zuschreibt und die Machtkontrolle sind es, die unsere Welt kontrollieren.

Den Christen wird gepredigt, dass diese Welt verloren ist und dem Teufel alleinig gehört.

Dass wir es aufgeben sollen uns mit diesen Dingen zu beschäftigen. Der Christ soll sich nicht beschäftigen mit den Mechanismen der Macht Ausübung, doch ist er diesen unweigerlich ausgesetzt und deren Korruption. Er ist Spielball der Korruption und wird von seinen Kirchlichen Institutionen niemals darüber aufgeklärt wie er seine Seele vor dem Bösen bewahren kann.

Man predigt immer nur dieselbe Leier runter. Trotz der Tatsache, dass in der Bibel steht, dass man die Bösen taten dem Lichte aussetzen solle, so dass sich diese auflösen. Man soll sich nicht lange damit aufhalten aber man soll das Böse verstehen und es der Aufklärung aussetzen.

Und so bilden die Mächtigen Institutionen dieser Welt den „Tempel des Satan", jede einzelne Institution bildet einen Pfeiler, es sind unzählige Pfeiler notwendig, um ein solch gewaltiges Konstrukt aufrecht zuhalten. Jede Institution hält das Standwerk von Korruption, Missetaten und weltlicher Miseren fest. Die Elite hätte die Möglichkeit gehabt das Christentum auszurotten, doch hatte sie erkannt, dass es eine viel mächtigere Waffe darstellte, wenn man dem Glauben nur den kleinen feinen Schliff verpasste und daraus eine Religion macht. So genügte es wohl einige Passagen der Bibel wegzulassen, umzuschreiben oder mit der Symbolik der Illuminierten zu vermischen.

Man beachte immer die Symbole und stelle fest, dass auf der Lutherbibel die zur Grundlage wurde, das Symbol der Rosenkreuzer als Logo aufgedruckt ist. Es ist gleichzeitig das Wappen des Martin Luther gewesen, der dem Ritter Adel entstammte. Die Rosenkreuzer waren eine christliche Front der untergetauchten Templer, welche die heutigen Illuminierten als ihre Vorläufer sehen. Sie waren untergetaucht, hatten sich reorganisiert und traten wie Wölfe in Schafs-Gewändern auf und predigten den Christen die Hölle auf Erden.Schließlich versank Europa in endlosen Scharmützeln und Schlachten zwischen Katholiken und Protestanten.

Das Individuum kann nun eingesetzt werden im Bankwesen oder der Wirtschaft, in der immer weiter sich ausweitenden Medienlandschaft und Medienbildung, in der Politik, in der Judikative, als Polizist, Richter oder Staatsanwalt; im Militär und in religiösen als auch sozial ausgerichteten Organisationen; in Universitäten, Schulen und Kindergärten als Aufsichts- oder Lehrpersonal.Das Individuum wurde Indoktriniert und Konditioniert, um seines Amtes dem Zweck entsprechend zu walten oder seine Aufgabe in der Gesellschaft so zu verrichten wie es sich in dieser Welt gehört. Es ist nicht im Stande außerhalb dieser Matrix, und komplexen Struktur zu denken. Alles was von außerhalb versucht einzuwirken, wird als Schwachsinn und Verschwörungstheorie abgetan. Mit Ignoranz lassen sich die höchsten Mauern sozialer Ungerechtigkeit errichten, die dann als **Norm**al unterrichtet werden und nicht veränderlich sind.

Ein Politiker ist bereit für seine Partei das Volk zu belügen oder er ist gefangen in der Idiotie der Parteivorsätze. Polizisten sind gebunden an die Gesetzgebung und vollstrecken diese ohne mit der Wimper zu zucken. Genauso lassen sie sich gebrauchen als „Protestbrecher", wenn das Volk demonstriert, wie in „Stuttgart 21". Das Projekt muss durchgesetzt werden und wird durchgesetzt werden, denn die Schaltstellen dieser Welt haben so entschieden.
Jeder Widerstand muss gebrochen werden.
Ein Soldat ist bereit zu töten für sein Vaterland, der Kodex des Vaterlandes kann überschrieben werden mit einem X beliebigen anderen; „Verteidigung Demokratischer Werte",
„Friedenssicherung" etc. Er ist gleichzeitig bereit sein Leben zu geben für ein übergeordnetes Ideal.
Ohne sich darüber im klaren zu sein wie viel Macht er, den Leuten aushändigt die über seine Kampfeskraft und seinen Kampfeswillen verfügen können.
Ohne zu wissen, dass er als Soldat sich dabei selbst mordet, egal ob er den Krieg überlebt.
Denn er hat das Schicksal seiner Mitbürger besiegelt und sein eigenes.
Der Priester wird ihn weihen und er ist offiziell nicht mehr Herr der Sünde des Mordes sondern, jene die ihn dazu auffordern; sind verantwortlich, oder sein Opfer ist gerechtfertigt worden vor Gott. Aber vor welchem Gott?
Wir werden alle darüber übereinstimmen, dass wir dankbar und froh sind, dass die Alliierten so tapfer in der Normandie gekämpft haben und gefallen sind für unser wohlergehen.
Doch welche Machtstrukturen hatten diesen Krieg erst möglich gemacht?
Letztlich wurden sie alle die dort so tapfer gekämpft hatten und fielen, Opfer einer weitreichenden Verschwörung. Ohne zu wissen wofür sie genau zu kämpfen hatten und sterben mussten.

All jene die nicht in die Gesellschaft integriert werden können, werden ausgegrenzt, in die Irrenanstalt geworfen, eliminiert oder anderweitig ins Abseits befördert.
Als alternative bleibt noch kriminell zu werden oder einer der vielfältigen Sekten beizutreten.
Als klein Krimineller landet man schließlich im Knast, und in der Sekte in einem Gedankenknast.
Interessanterweise werden auch alle größeren Kriminellen Organisationen und Sekten von dem gleichen Kern kontrolliert, der auch die legalen oder respektierten Organisationen dieser Welt beherrscht. So befinden wir Menschen uns auf einem weltweiten Gefängnis einer weltlichen Irrenanstalt. Die Wärter dieser alleinig verfügen über die Schlüssel aus ihr ein und auszutreten wie es ihnen beliebt. Sie können sich alles erlauben, jede Schandtat und jedes Verbrechen.
Denn auf den Höchsten Ebenen der Justiz können sie nicht mehr belangt werden.
Es genügt ein Handgriff an die Krawatte oder die Kehle und alle die zu dieser Erdlichen Bruderschaft dazugehören wissen, dass der Genosse nicht mehr zu belangen ist; weil auch er ist einer der Systemwächter. Es spielt keine Rolle was er verbrochen hat es kommt dem Wohl der Allgemeinheit zu gute. Gelobt sei die Indoktrinierung und Konditionierung des „Meister-Alchemisten".
Die Welt auf der wir Menschen uns nun seit Äonen befinden ist demnach befüllt worden durch die Schöpfungen des Alchemisten er hat sie überfüllt und der Tempel den sie nun erbauen, ist der Turmbau zu Babel.
Der Alchemist wurde zum „Meister-Maurer".

Um den Turmbau zu Babel voranzutreiben und den Status Quo der Kontrolle über alle Menschenvölker weiter zu transformieren Bedarf es unter anderem auch der Kontrolle der Politischen Strukturen eines jeden Landes. Und so müssen wir lernen wie Politik angewandt wird und wie die Staatsformen funktionieren. Wie sie sich transformieren und abgelöst werden durch andere. Wie sie genutzt werden um das System in Schuss zu halten.

Die Politik und die Kontrolle des Staates ist der Treibstoff für die Macht Konsolidierung. Die Kunst der Politik ist es schließlich die den Status Quo versiegelt auf alle Zeiten.

Und so schließe ich ab mit einer Passage aus „Platon der Staat", die verdeutlichen helfen dürfte wie unsere Institutionen gedanklich ins Leben gerufen wurden:

Aber höre ich einen ausrufen dass die Verschleierung von Boshaftigkeit oftmals schwierig ist; antworte ich darauf, nichts großes ist einfach. Trotzdem, deutet das Argument folgendes an, wären wir so unbeschwert, der Pfad zu sein auf dem wir vorangehen wollten.

Mit der Absicht der Geheimhaltung werden wir geheime Bruderschaften und politische Vereinigungen gründen. Und es gibt Professoren der Rhetorik die die Kunst der Überzeugung von Höfen und Ansammlungen unterrichten; und so, teils durch Überzeugung und teils durch Zwang, werde ich unrechtmäßig Gewinnen und nicht bestraft.

Immer noch höre ich eine Stimme sagen dass die Götter weder getäuscht, noch genötigt werden können. Aber was wenn es keine Götter gibt? oder, nimm an dass sie sich nicht um die Menschlichen Angelegenheiten kümmern—wieso sollten wir uns in beiden Fällen noch um die Verschleierung Gedanken machen?[1]

1   Plato, The Republic. Digireads Publishing, 2008. Wurde von Benjamin Jowett ins englische übersetzt. ISBN: 1-4209-3169-5, Seite 32.

3 Der Sozialplaner – Meister Maurer, Die Metamorphose von Staaten

Die Lehre über den Staat

Es folgt eine Abhandlung über die unterschiedlichen Staatsformen, Politik und die Metamorphose von Staaten. Welche Staatsformen wurden im Laufe der Menschheitsgeschichte angewendet und wie wandeln sie sich mit Fortschreiten der Zeit.

Früher gab es noch reine Monarchien heute wurden diese durch Republiken ersetzt.
In diesem Sinn versteht der durchschnittliche Bürger nur den Unterschied zwischen einem Staat kontrolliert durch einen Despoten, König oder Diktator; oder das Gegenüber eine Republik in der die Staatsgewalt beim Volk liegt. So, dass die Bevölkerung ihre Staatsvertreter wählen darf. Diese beiden Formen der Staatsführung, sind jedoch bei weitem nicht so eng zu definieren. Es gibt unterschiedliche Formen von Republiken oder auch Monarchien, als auch weitere Formen der Staatsgewalt die ich in den nachfolgenden Seiten aufführen werde.

Die Aufgabe eines Staates ist es die Bedürfnisse der Bürger die ihn ausfüllen zu gewährleisten.
Die eigentliche Aufgabe eines Staates sollte es sein die wichtigen Angelegenheiten zu übersehen, organisieren und auszuführen. Solche Aufgaben um die sich der Bürger im einzelnen nicht kümmern kann. In erster Linie sollte der natürliche Staat die Lebensqualität der Bürger verbessern, und das Leben innerhalb von gesetzten Grenzen erleichtern.
Der Staat ist Mittel zum Zweck, der Zweck des Staates ist also die Verbesserung der Lebensqualität seiner Bürger und der Dienst am Volke. Die Diener des Staates sind als Volksdiener anzusehen. Sie werden vom Volk ausgewählt aufgrund ihrer Qualitäten die richtigen Entscheidungen zu treffen und stellen sich in den Dienst der Öffentlichkeit.

Aristoteles unterteilte die Staatsformen in gute und *schlechte*. Es gibt unterschiedliche Ausrichtungen, die Staatsmodelle können ausgenutzt werden und korrupt sein oder rechtschaffen und auf das Wohl der Allgemeinheit gerichtet.

Die Monarchie **kontra** *Tyrannei*
Aristokratie **kontra** *Oligarchie*
Konstitutionelle Republik **kontra** *Demokratie*

Die Monarchie im Sinne von Aristoteles ist die Herrschaft eines Rechtschaffenen Königs, der das Gemeinwohl der Bürger respektiert. Der Moralische Philosophen König, mit gerechtem Zepter seines Amtes waltend. Er lenkt die Geschicke des Staates in Finanzen, Sozialreform und Kriegsfragen zum Gunsten seiner Untertanen. Er gewährt seinen Untertanen Freiheit und Wohlstand und richtet jene die dem Gemeinwohl schaden resolut und kompromisslos. Die Geschichts- und Mythen Bildung erwähnt einige solcher Könige. Es muss auch nicht davon ausgegangen werden, dass sie perfekt waren, aber zumindest handelten sie größtenteils moralisch. Wir können auch nicht sicher sein, dass auch nur ein König das Ideal ausfüllt welches hier beschrieben werden soll. Zumindest soll es sie gegeben haben und somit trösten wir uns mit dem Mythos um den Guten König. Zweifelsohne wäre ein Staat unter der Führung einer charakterlich und moralisch gefestigten Person kein schlechter. Und wir sollten davon ausgehen, dass hier und da ein paar solche Königreiche in der Menschheitsgeschichte existiert haben. Das Problem besteht darin, dass ein solch starkes Individuum egal ob männlich oder weiblich irgendwann abgelöst wird, durch seine Nachfahren, meistens durch den Sohn.

Dieser folgt eventuell noch den Moralischen Maximen seines Vaters, doch im Laufe der Zeit muss befürchtet werden, dass einer der Nachfahren verdorben wird, verwöhnt, beeinflussbar wird durch die Böse Umwelt oder einfach böse zur Welt kommt. Denn die Sterne bestimmen zum Großteil unseren Charakter, wie wir noch lernen werden. So sehen wir den natürlichen Übergang vom Philosophen König zum Tyrannischen Despoten. Tyrannische Despoten regierten alleine das Römische Reich zu dutzenden, so dass man Tausende Seiten über sie füllen könnte, man könnte tausende Tyrannen nennen und ein Tyrannen Lexikon ausfüllen; um alle zu nennen die in der Menschheitsgeschichte an die Macht kamen. Es gibt also das Rechtschaffene Königtum und das Despotische Tyrannentum.

Nun gilt es einen Schritt weiter zu gehen, der Staat wird regiert von einer bestimmten Anzahl an ausgewählten Individuen, jene bezeichnet Aristoteles als Aristokraten. Die Aristokraten per Definition des alten Philosophen sind genauso wie der Philosophen König; Erhaben über eine Gute ethische Moral, geschickt in den Angelegenheiten des Staatsdienstes und allzeit stehen sie dem Wohl der Allgemeinheit zur Verfügung. In korrupter Gestalt sind sie die Oligarchen, die nur daran interessiert sind ihre eigenen Taschen zu füllen und die Bürger zu tyrannisieren. Sie verschwören sich zu einer Einheit und berauben die Bürger um ihre Rechte und erarbeiteten Güter. Sprich es besteht die Form einer gut gesinnten Auswahl von Volksvertretern oder ein Ensemble an despotischen Oligarchen die das Land und Bürger ausbeuten.

Der finale Schritt ist die Staatsgewalt in den Händen der Mehrzahl. Somit dirigiert nicht nur eine Person oder mehrere, sondern die Allgemeinheit oder Alle gemeinsam.
Die gute Staatsform ist im Falle der Ordnung durch die Mehrzahl die Konstitutionelle Republik.
Die Konstitutionelle Republik definiert sich durch das Auswählen von Volksvertretern oder Magistraten. Diese sind gebunden an eine Konstitution. Die Konstitution definiert feste Gesetze und Regeln die die Staatsdiener einzuhalten haben. Beispielsweise wäre es die Gewährleistung von Freiheit und Wohlstand der Massen. Die Konstitution ist so geschrieben, dass sie die Bedürfnisse der Bürger am besten vertreten kann. Aristoteles bezeichnet sie als „Politia." Es besteht ein klarer Unterschied zur Demokratie, denn nicht alle dürfen die Volksvertreter wählen, sondern nur jene die man als tüchtig genug erachtet. In der Demokratie in ihrer reinen Ur-Form, dürfen alle Bürger eines definierten Staates wählen. Sowohl ihre Volksvertreter als auch über Gesetze mitentscheiden.
Sie dürfen ihre Hand heben wenn es darum geht Ressourcen zu fördern oder ob beschlossen wird in den Krieg zu ziehen. Aristoteles sieht die Demokratie als schlechte Staatsform an, weil die Massen durch Demagogen verleitet werden können, schlechte oder falsche Entscheidungen zu treffen; Und die Bürger in der Masse nicht die Tugend und Intelligenz verfügen einen Staat richtig zu führen.
Des weiteren sind in einer Demokratie die Rechte über Freiheit und Wohlstand nicht gesichert.
Sie können im Laufe der Zeit verändert werden, denn die Demokratische Republik in ihrer primitiven Form verfügt über keine Konstitution, Charta oder Ehrenkodex.
Insofern diese eingebettet wird kann sie durch Demagogen im Laufe der Zeit verändert werden.
Demokratie ist auch die Macht der Mehrheit über den Rest, insofern kann die Mehrzahl darüber entscheiden der Minderheit übel anzutun. Und was wenn ein große Zahl einer Gemeinschaft reich und mächtig wird und über die restlichen anfängt macht auszuüben? So besteht kein Unterschied mehr zwischen Oligarchie und Demokratie. Also bildet die „Politia", die gute Form eines Staates unter Führung des Volkes und die Demokratie die schlechtere von beiden Varianten.

Wir können also festhalten, dass es zu jeder Staatsform eine positive Ausrichtung geben kann als auch eine negative. Keine Staatsform ist vor Korruption und Abfall zu Despotie gewappnet, egal ob durch die Bürger, den Mob, gut Gesinnte Individuen oder schlecht gesinnte Individuen.

Aristoteles betrachtet die Demokratie als niedere Staatsform, da er die Erfahrungen der Griechischen Geschichte in der Summe studiert hatte und zu dem Schluss kommen musste, dass Demokratie die schlechtere Form der Staatsführung ist. Sie ist dennoch schwieriger zu korrumpieren als eine einzelne Persona in Form von König oder einer Anzahl Oligarchen. So kann aus Rechtschaffenen Königtum härteste Despotie austreten, eine Konstitutionelle Republik kann im Laufe der Zeit der Oligarchie unterworfen werden; wenn diese anfangen die Vertreter des Volkes aufzukaufen um die Konstitution schrittweise umzuschreiben.

So wie in den Vereinigten Staaten der Sklaven der Neuzeit. Und aus einer Demokratie in der die Massen entscheiden dürfen kann das genaue Gegenteil hervorgehen wie wir noch im genaueren sehen werden. Die Vereinigten Staaten waren ursprünglich keine Demokratie. Die Vereinigten Staaten waren auch nicht dazu vorgesehen zu einem rein Demokratischen Staat umgewandelt zu werden. Sie wurde als Konstitutionelle Republik gegründet und sollte auch so geführt werden; zumindest offiziell.

Im Prinzip beschreibt Aristoteles alle Staatsformen die wir bis dato am Menschengeschlecht erprobt sahen. Denn in Griechenland gab es sie alle, in der einen oder anderen Form, durch die Aufteilung der Stadtstaaten und Inseln. Als nächstes gilt es die wichtigsten Staatsformen aufzuzählen.
Da wären folgende zu nennen:

Monarchie

Oligarchie oder Adelsherrschaft

Aristokratie, die besten dürfen Regieren, auserwählt vom Volk

Demokratie

Konstitutionelle Republik, Politia

Lakedaimonia, Bestehend aus König, Konzil und Ephoren (Die Ephoren werden wiederum vom Volk gewählt)

Demokratischer Sozialismus also „Fabian Socialism"

Sozialismus

Faschismus

Nationalsozialismus

Kommunismus

Im einzelnen werden mit Fortschreiten der Lehre über die Staatsformen die Erläuterungen zu den oben stehenden folgen.

Die Geburt des Perfekten Staates

Die Geburt des „Perfekten Staates", war in der Tat ein Dialog circa 400 vor Christus; dieser sollte das Schicksal der Menschheit besiegeln. Denn in jenem legendären Dialog zwischen Athener Olympier und Sokrates wurde „der Perfekte Staat" geboren.
Dieses Wissen ist seither Bestandteil der modernen Staatsführung geworden.
Platon gibt diese Unterredung in „Platon der Staat" wieder.
Die Herrschaften unterhielten sich zunächst einmal über Recht und Unrecht. Gerechtigkeit oder Ungerechtigkeit, Tugend oder Untugend. Das gerechte Individuum wie ist es beschaffen?
Dieses führt zu der Erläuterung über die Gerechtigkeit des Staates indem das Individuum lebt.
Denn der Staat ist notwendig und das Individuum verliert sich in diesem als Einzelheit, so ist es gegeben über die Gerechtigkeit innerhalb eines Staats zu sinnieren, denn hier ist sie einfacher wahrzunehmen und zu definieren.
Und so entstand folglich „der Perfekte Staat". Jenen der Autor nun in kurzer Zusammenfassung, unter Anwendung eigener Worte, wiedergeben wird.

Die Bewohner dieses Staates sind aufeinander angewiesen, jeder hat eine Aufgabe zu erfüllen, um die Bedürfnisse der Gesellschaft zu stillen. Trinken und Essen, Kleidung und eine Behausung, diese gilt es aus den Rohstoffen zu gewinnen, zu fördern, verarbeiten und fertigzustellen; bereit zum konsumieren und nutzen für die Bürger des Staates.
Die Bewohner dieses gedanklichen perfekten Staates sollten nicht zuständig sein für die Nahrungsbeschaffung, die Fertigung der Kleidung und den Häuserbau gleichzeitig, denn wie könnte einer der nicht für alle Fertigkeiten geschaffen wurde alle jene Aufgaben gleich gut ausführen?
Es ist demnach besser für jede Aufgabe eine spezielle Profession zu haben, von Profis auf dem Gebiet der Nahrungsbeschaffung zum Beispiel: Fischer, Viehzüchter und Bauern.
Solche die die Kleidungsstoffe besorgen präparieren und nähen: Gerber und Schneider.
Und wieder andere die zuständig sind für das Bauen von Behausungen, das Beschaffen der Rohstoffe, die Verarbeitung dieser, Fertigstellung des Hauses von innen und außen: Holzfäller, Steinmetze, Steinbrenner, Maurer und Zimmerer.
Der Staat wird angewiesen sein auf Händler und Reedereien die zuständig sein werden Rohstoffe und Güter aus anderen Gebieten zu exportieren, um alle Bedürfnisse zu stillen die nicht abgedeckt werden durch die Grenzen die das Land ausmacht.
Das Tauschen der Waren birgt die Notwendigkeit der Einführung einer Währung um die Güter zu erwerben. So bedarf es professioneller Kaufleute.
Schließlich wird sich der Staat ausbreiten in seinem Reichtum und Luxus erarbeitet, durch die Verarbeitung, Förderung und Verteilung der Rohstoffe, dem reichhaltigen Angebot an Produkten um die Lebensqualität zu verbessern.
Irgendwann wird der Punkt erreicht sein wenn die eigenen Grenzen des erfassten Landes erweitert werden müssen, und beim ziehen der neuen Grenzen, fremde Völker im Weg stehen, so wird es der Kunst des Krieges erfordern um das Territorium auszuweiten um den Staat auszuweiten und zu bewahren. Denn irgendwann einmal werden die Ressourcen knapp.
Und wie kann ein Zimmerer oder Schuhmacher gleichzeitig ein perfekter Soldat sein?
Wenn er Tag ein und Tag aus Tische oder Schuhe produziert?
Folglich müssen Kasernen und Ausbildungsstätten errichtet werden um Soldaten und Krieger vor dem Herrn auszubilden, diese sollten sich nur mit den Kampfkünsten und der Kunst des Krieges befassen, ihren Körper stählen und härten um widerstandsfähiger im Angesicht des Feindes zu sein.

Diese werden die Wächter des Staates sein, seine Grenzen bewachen und falls erforderlich ausweiten indem sie fremde Länder von ihren Völkern befreien.

Die Wächter des Staates werden gedrillt wie Hunde, ihre Herren zu bewachen und nur den Eindringlingen Schaden zu zufügen.

Doch genügt es nicht sie in stärke und Gehorsamkeit zu trainieren, auch die Geistesstärke muss ausgebaut werden, die Ausbildung erfolgt durch die Anwendung von Turnübungen für den Körper, Musik für die Seele und Literatur für die Bildung des Verstandes.

So fangen wir an sie von kindes Alter an für ihre spätere Aufgabe auszubilden.

Denn hier sind sie noch formbar. Wie kann man die Kinder zu dem machen für das sie bestimmt sind wenn sie jede Art von Geschichten und Mythen hören dürfen? Es erfordert der strengsten Kontrolle der Verfasser der Fiktiven Mythen und Geschichten, um die Kinder zu bilden.

Sie dürfen nur das Hören was für ihre Ohren bestimmt ist, und sie zudem werden lässt was für sie von Geburt an festgelegt wurde.

Sie dürfen nicht die Geschichten hören die von Zwiespältigkeiten, Verrat und Auseinandersetzungen zwischen den Mythen Gestalten handeln. Nur Geschichten der Eintracht, Brüderlichkeit und Tugend dürfen ihre Ohren erlauschen so dass sie absolut tugendhaft sein mögen.

Ihr Gott muss wahrhaftig sein, er lügt nicht er täuscht nicht, er zeigt sich nicht, er nimmt keine anderen Formen an um die Kinder zu verängstigen, aus ihnen Feiglinge und Angsthasen zu machen; unser Gott ist einfach und wahrhaftig in allen seinen Aussprachen und Handlungen.

Er ist nicht verantwortlich für das Unglück der Menschen, sondern diese sind anderweitig zu suchen. Jene die bestraft werden haben ihre Strafe verdient, denn die Strafe war gerecht fertigt.

Es gibt keine Bilder von ihm und niemand weiß wie er aussieht. Eine strikte Gottheit geschaffen ohne Sentimente und Heroisches ausschmücken, eine strikte Gottheit der zu folgen ist.

Die Krieger des Staates dürfen keine Angst haben vor dem Tod so müssen alle Passagen über die Gottheiten der Vergangenheit ausgelassen werden in denen die Furcht vor dem Tod behandelt wird und der Abstieg in ein Höllenreich, der Abfall der Seele in den Hades Abgrund.

Auch sollen sie keine Geschichten hören über die Gestalten der Unterwelt wie sie alle heißen mögen. Poetische Verse sind nicht gut für sie, denn sie würden sie zu sentimental und ängstlich werden lassen. Geschichten über weinende und klagende Halbgötter wie Achilles, so wie sie Homer beschreibt sind zu unterlassen.

Die Lüge ist den Bürgern des Staates strikt untersagt, die einzigen die sie anzuwenden haben für das Wohl des Staates sind die Regenten des Staates.

Jede Lüge muss strikt bestraft werden, und die Untergebenen des Staates müssen Mäßigung an den Tag legen und dem Staat strikt gehorsam leisten. Noch dürfen sie Geschenke und Gefälligkeiten annehmen.

Sie dürfen nur in jenen Vorbilder sehen und nachahmen die ihrer Profession als Wächter des Staates entsprechen. Es darf keine falsche und unpassende Imitation stattfinden.

Die Vorbilder müssen Stark sein.

Jeder Bürger des Staates muss in jedem Fall begrenzt werden auf seine Profession, denn nur diese kann er in Perfektion und zur vollsten Zufriedenheit der Gesamtheit ausführen.

Niemand sollte anfangen die Arbeiten eines anderen zu imitieren, sondern sich voll und ganz auf seine Aufgabe innerhalb des Staates konzentrieren.

Unsere Wächter müssen also alle anderen Tätigkeiten außer acht lassen, sie sind auserwählt für die Freiheit des Staates zu sorgen.

Als solche ist es ihnen unterlassen jegliche Art der Belustigungen und des herumalberns zur Gewohnheit werden zu lassen, denn so sind sie nicht mehr ernst zu nehmen.

Die Geschichten werden größtenteils in der Form des Erzählers gehalten um nicht unnötige Imitationen von lächerlichen Ausmaßen einbauen zu müssen, und der Geschichte den ernst zu rauben. Der Sprecher der Geschichten sollte nicht zu viele Töne und Gesten benutzen sondern die Geschichte harmonisch erzählen, ohne groß in seiner Rede abzuweichen oder zu mischen.

Eine Monotone Rede ist besser als eine vielfältige, sie ist in einem steten Rhythmus zu halten.

Die Musik in unserem Staat darf auf keinen Fall melancholisch, traurig oder weich harmonisch sein.

Insofern können wir keine feintönigen Harfen, Flöten oder andere weiche und harmonische Instrumente zu lassen. Dem Schafhirten genügt es wenn er eine Pfeife benutzten kann anstelle der Flöte. So sollen nur schlichte Lyra und Harfen erlaubt sein innerhalb der Stadt.

Um starke Töne des Krieges Rhythmus wiederzugeben.

Des weiteren sollte keine Zeit und Energie daran verschwendet werden, jenen medizinische Unterstützung oder Heilung anzubieten, die schwach sind, nicht heilbar oder anderweitig unbrauchbar für unseren Staat, aufgrund von Behinderungen jeglicher Art.

Denn es schwächt unseren Staat nur und wir haben keinen nutzen von diesen Leuten.

Weder jene die körperlich schwach sind, noch jene die geistige Schwäche ihr übel nennen.

Die Wächter des Staates sollten den Staat lieben und wissen, dass auch der Staat das gleiche für sie empfindet, die gegenseitige Liebe von Staatswächter und dem Staat.

Die gleichen Interessen verbinden somit den Staatswächter und den Staat.

Es besteht die Möglichkeit die Meinung zu ändern indem man einschüchtert oder täuscht.

Nur jene die nicht zu täuschen und einzuschüchtern sind dürfen an die höchsten Positionen unseres Staates gelangen, von Kind auf werden wir sie testen und jene ausfindig machen die am besten geeignet sind, indem wir sie darauf erproben, und nur diese auswählen die Bestanden haben.

Wir werden den Staat einteilen in jene, die die obersten Geschicke leiten, unter ihnen werden ihre Helfer sein und darunter die Arbeiter.

So wird es unterschiedliche Schichten geben. Die Goldene, die Silberne und die Bronzene.

Den Goldenen werden wir sagen, dass sie von Mutter Natur dazu auserkoren wurden die Geschicke zu leiten und sie wurden von Gott dazu auserwählt Kommandos zu geben.

Sie müssen wissen, dass sie sich nicht mit den Silbernen oder Bronzenen zu vermischen haben, denn so verlieren sie an Wertigkeit. Die Goldenen Wächter müssen untereinander bleiben.

Sie dürfen sich nicht mit den unteren Helfern und Arbeitern vermischen und ihr Blut soll rein bleiben.

Die Helfer und Beschützer des Staates die sich zwischen den Oberen Wächtern und den nieder gestellten Bürgern in unserer Hierarchie befinden, müssen zu jeder Zeit stärker sein als die Bürger, dürfen aber niemals in der Lage sein die Heeres Wächter zu überwältigen um sich selbst an ihrer Stelle als oberste Wächter zu krönen.

Die Helfer sprich Soldaten des Staates müssen ihre eigenen Behausungen haben, sie dürfen nicht in privaten Häusern wohnen. Noch dürfen sie Besitztümer ihr eigen nennen, mit Ausnahme dessen was absolut notwendig ist zum Leben. Sie müssen trainiert werden nicht nach Besitztümern zu lüstern so dass sie nicht anfangen die Bürger des Staates zu berauben.

Insofern erhalten sie ein fixes Einkommen welches von den Bürgern des Landes erwirtschaftet wird um zu leben. Gerade genug um über die Runden zu kommen. So werden sie immerzu zusammen bleiben und in ihren Kasernen leben. Die Bevölkerung wird völlig abgekapselt bleiben von den Helfern des Staates. Die Staatsdiener müssen wissen, dass sie für ihre Aufgabe ausgewählt wurden, und höher gestellt sind als die Bürger des Staates. Sie sind von göttlicher Natur.

Wie können wir aber die Bürger reich werden lassen während die Helfer des Staates nur jenes zum Leben haben was sie benötigen? Wäre es nicht ungerecht wenn die Bürger sich allen Luxus leisten könnten während die Helfer in strikter Observation leben?

Wir zielen auf das Glück der Allgemeinheit hin und nicht des Einzelnen.

Insofern muss Reichtum als auch Armut verbannt werden. Denn Reichtum schafft Faulheit und Nachlässigkeit und unter Armut kann keine Leistung von den Bewohnern unseres Staates erwartet werden.

Indem wir Reichtümer verbieten sind unsere Wächter und Helfer auch nicht gewillt sich von äußeren Mächten bestechen zu lassen, die ihnen Gold und Silber anbieten um sie auf ihre Seite zu erkaufen. So haben wir einen weiteren Vorteil.

Die Kultur darf niemals verändert werden, denn auch dieses wird den Staat schwächen, wir werden uns an jene Musik und Ausbildung halten die sinnvoll ist und niemals von ihr Abweichen um einer neuen Mode nachzustellen.

Die Gesetze müssen von einer Gottheit erlassen werden um sie nicht veränderlich und definitiv zu machen, denn ansonsten würden sich unsere Wächter herablassen und sie verändern.

So werden wir die Gesetze einer Gottheit unterstellen die über sie wacht auf dass sie in alle Ewigkeit bestehen bleiben.

Das Wissen um den Perfekten Staat wird nur den auserwählten Wächtern zugänglich sein.

Und als solche werden sie nicht so zahlreich sein wie irgendeine niedere Profession und so angeordnet sein wie in der Natur es der Fall ist das nur wenige weise sind.

Die Wächter des Staates alleinig mit diesem Wissen ausgezeichnet werden als guter Rat und Weise betrachtet werden. Es wird kein Zweifel aufkommen über ihre Superiorität.

Unsere Helfer werden wie Hunde gleich so trainiert werden jederzeit auf ihre Schafhirten die Wächter des Staates zu hören. So dass jeder Widerspruch bezüglich ihren Hirten die sie anweisen die Herde zu beschützen ausgetrieben sein wird.

Die Gerechtigkeit des Staates besteht nun in Form der drei unterschiedlichen Klassen die ihre speziellen Aufgaben verrichten so wie jeder Klasse zugewiesen, die Wächter, die Helfer und die Arbeiter.

So haben wir festgelegt, dass jedes Individuum innerhalb des Gerechten Staates auch gerecht ist. Denn er ist nicht versucht zu stehlen oder heimtückisch gegenüber seinen Mitmenschen oder dem Staat zu handeln.

Wo anders könnte man die pure Gerechtigkeit finden als in unserer Ausführung über einen Staat?

So haben wir das gerechte Individuum erörtert und den gerechten Staat sprich die Gerechtigkeit als gesamt Begriff. Denn alle sind gleich, alle haben ein Ziel, alle ziehen an einem Strang, niemand besitzt mehr als der andere. Es bestehen nur noch Unterschiede des intellektuellen Besitztums der Wächter die an höchster Stelle sind, der Helfer die ihre Aufgabe erfüllen und den Arbeitern die für ihre speziellen Aufgaben ausgebildet wurden.

Nun da wir den Staat umfasst haben müssen wir noch über die Frauen, Kinder und die Art der Familien existent im perfekten Staat diskutieren.

Können wir die Frauen demnach anders erziehen als die Männer?

Ist es nicht so, dass wir bei Hunden keinen Unterschied machen zwischen Männlich und Weiblich?

Wieso sollten wir also einen Unterschied machen bei der Erziehung von Mann und Frau?

Die Frauen des Staates können nur ebenso stark werden wie die Männer wenn man sie entsprechend erzieht. In allen Bereichen die es auszubilden gilt müssen sie exakt gleich ausgebildet werden.

Ebenso sollten die Frauen zu Soldaten ausgebildet werden. Nach ihren unterschiedlichen Fähigkeiten entsprechend für die verschiedenen Aufgaben innerhalb unseres Staates ausgesucht werden und sich darin so wie die Männer bereits spezialisieren. Wieso sollte eine Frau nicht in der Lage sein die Arbeiten zu verrichten die ein Mann imstande ist zu vollbringen? Sie ist ebenso in der Lage alle erdenklichen Arbeiten zu erledigen. Es spielt hierbei keine Rolle, dass Weiblein und Männlein unterschiedliche Stärken besitzen. Denn man kann die Dinge erlernen. Beide Geschlechter taugen zu Wächtern sie unterscheiden sich nur in ihren vergleichbaren Stärken und Schwächen. Und so werden jene Männlein und Weiblein die über die gleichen Fähigkeiten verfügen in gleichen Aufgabenbereichen und Arbeiten zugeteilt. Haben wir hierbei wirklich gegen die Natur gehandelt? Wichtig für uns war nur der Nutzen in dieser Sache und die Durchführbarkeit. Weiterhin müssen die Frauen und Kinder im Staat der Allgemeinheit angehören. Frau, Mann und Kind werden in Kommunen zusammen leben. Niemand wird etwas spezielles besitzen was der nächste nicht auch sein eigen nennt. Sie werden alle gleich sein. So werden sie durch ihren Trieb gezwungen sein sich zu vermehren. Das Verheiraten von paaren wird insofern notwendig sein, um die besseren und talentierteren von den weniger von Natur gesegneten zu trennen. So werden wir die Wächter, die hochgestellten unter einander paaren lassen. Die Krieger werden unter einander bleiben und Krieger Nachkömmlinge zeugen.

So werden wir sie brüten lassen wie es auch bei Hunden üblich ist, so dass man immer eine passende Paarung zusammenführt. Denn so entspricht es dem Zweck.
Sollten wir nicht solche Feste veranstalten in denen wir die passenden Paare zusammenbringen, so dass sie sich selbst aussuchen können untereinander? Die guten Nachkommen der Höher Gestellten werden gesondert aufgezogen unter den besten Voraussetzungen. Die Nachkommenschaft die minderwertig ist wird dorthin gebracht wo man sie nie wieder sieht. Des weiteren muss die Bevölkerung des Staates in allen Bereichen zusammen geschweißt werden, jeder Schmerz, jeder Misserfolg muss von allen geteilt werden, genauso wie jeder Erfolg.
Der Staat besteht aus Regenten und Untergebenen. Wie werden wir diese bezeichnen?
Werden die Untergebenen ihre Regenten als Herrscher bezeichnen?
Nein; sie werden sie Retter und Helfer heißen!
Und werden die Regenten die Untergebenen als Sklaven bezeichnen?
Natürlich nicht; sie werden sie Kameraden Wächter nennen!
Alle werden sich mit Bruder und Schwester heißen, es wird kein mein und dein mehr geben.
Denn alles gehört der Allgemeinheit. Alles gehört allen.
Und so wird es keinerlei Rivalitäten mehr geben die dem mehr Besitz und dem Besitz von Frauen oder besseren Kindern entspringen könnten. Jegliche Gewalt wird durch die Gesetze verboten sein, und darf nur angewendet werden wenn sie von Richtern angeordnet wurde, das heißt es wird kein Streben nach Frieden mehr gegeben sein, denn Frieden wird allgegenwärtig sein.
Männer und Frauen werden das gleiche Leben führen, die gleiche Ausbildung und sie werden wie Hunde zusammen auf die Jagd gehen. Sogar in den Krieg werden sie gemeinsam ziehen.

Von Zeit zu Zeit müssen all jene die große Taten für den Staat geleistet haben gewürdigt werden in Form von Helden Statuen und Prozessionen, Opferungen und Festen.
Sokrates: **„Und so, Glaucon** [die Eule]**, kommen wir zu dem Entschluss dass im perfekten Staat Frauen und Kinder jedermann gehören; und dass sämtliche Bildung und Kriegshandlungen und Frieden auch dem Gemeinwesen unterliegen, und die besten Philosophen und die stärksten Krieger ihre Könige sein sollten?"**[1]

Dies ist nur eine kurze und trockene Zusammenfassung über den Inhalt eines hoch philosophischen, langen, sehr farbenprächtigen und vielschichtigen Dialogs. In diesem letztlich der „Perfekte Staat" in Gedanken Form entworfen wurde. Der Autor wird nun das erfasste interpretieren und auf die Gegenwart anwenden. Wir werden sehen wie sich dieses Gespräch vor 2400 Jahren in unserer jetzigen Welt durchgesetzt hat und auf welche Art und Weise man es verstanden hat diese Prinzipien der Volkskontrolle anzuwenden auf die Massen.

Die Bewohner eines Staates sollen sich spezialisieren auf eine Tätigkeit diese wird zum Beruf des Individuums. Der Beruf ist das was es folglich unternimmt um sich in die Gesellschaft einzubringen und wovon das Individuum sich selbst und seine Kinder nährt. Alles andere wird von der Gesellschaft gestellt. Denn das Individuum ist nur für eine Aufgabe zuständig, somit muss es alles andere den Mitbürgern überlassen. Der Bäcker baut demnach sein Haus nicht selbst und erntet auch nicht seine eigenen Kartoffeln sondern er ist zuständig für das Brot backen alleinig. Er hat sich spezialisiert, die anderen Fähigkeiten die notwendig sind um ein vernünftiges Leben zu führen werden von seinen Mitbürgern übernommen. Und genau so wie von Sokrates beschrieben gliedert sich unsere moderne Gesellschaft in den Großstädten. Wer ist heute noch in der Lage alle Tätigkeiten auszuführen die zum Überleben notwendig sind? Die Großeltern verfügten noch über weitaus mehr Kenntnisse und Grundfertigkeiten. Schaut man sich in Anno Neuzeit um so ist jeder nur noch zuständig für seine „Berufung". Das wozu die Schulbildung das Individuum befähigt hat.

Die Soldaten eines jeden Staates sind in der Tat von der Bevölkerung abgeschnitten.
In den Kasernen werden sie gedrillt und gehörig gemacht auf Befehle zu gehorchen und zu töten wenn der höher gestellte Offizier dies anordnet.
Sie sind gedrillt worden wie Hunde genauestens das zu tun was man ihnen befiehlt, sie sind die Wachhunde für den Staat. Den Staat werden sie auf ihr Blut verteidigen und die Feinde töten.
Nicht aus dem natürlichen Selbstinstinkt heraus, sich selbst zu retten, sein Vaterland, Familie oder Kinder zu schützen. Nein es ist der Gehorsam des Staates der im modernen Staat definiert wie man das Vaterland verteidigt. Wenn die Befehlshaber anordnen fremde Länder mit Bombenhagel zu bewerfen, wird per Befehl, per Knopfdruck die Bombe abgeworfen. Der Eigene Nutzen ist nicht vorhanden, der Pilot ist nicht genötigt anzugreifen, da weder sein Land, noch seine Familie in Gefahr sind. Er wird nicht einmal reiche Beute mit nehmen wenn er zurück kehrt in seine spartanische Kaserne und Kabine. Alles was zählt ist das er Stöckchen aufgesammelt hat nachdem das Herrchen ihm den Befehl dazu gegeben hatte. Er hat den Knochen gefunden den das Hunde Herrchen ausgeworfen hatte. Genau so sind die Soldaten in Anno Neuzeit getrimmt. Wie in „Platons Republik". Der Soldat hat seinem Vaterland gedient also auch der Allgemeinheit, dass er dabei unschuldige tötet spielt keine Rolle, er hat der Befehlskette zu gehorchen. Gehorcht er nicht macht er sich strafbar.

Die Kinder des perfekten Staates dürfen demnach nur die „Guten Geschichten" hören. Nicht mehr die schlechten oder jene die die Geisteskraft verstärken Dinge auseinander zuhalten.
Die Kinder sollen keine Geschichten mehr vom Bösen Wolf hören, dieses wird sie nur verweichlichen. Doch wie können sie noch gut und böse unterscheiden?
Denn der freie Wille und freie Gedanke soll ausgelöscht werden.
Es zählt nur noch der Wille des Staates und das Eintönige Denken.
Der Gott im Perfekten Staat muss absolut sein, es gibt keine Bilder von ihm, man soll ihn sich auch nicht vorstellen oder fürchten. Nur den Staat als oberste Gottheit, diese soll man fürchten, die

Staatsgewalt. So wird der Staat zum Gott erhoben. Der perfekte Staat ist dann Gott.

Jede Strafe ist gerechtfertigt vor dem Gottesstaat! Es gibt kein Himmel und auch keine Hölle mehr, denn die Soldaten und Beamten des Staates dürfen den Tod nicht fürchten, nur die harte Hand des Staates diese sollen sie fürchten. Die pure Staatsgewalt. In ihrem Gehorsam müssen alle Staatsdiener absolut ehrlich sein.

Doch die Politiker die den Staat offiziell führen, diese dürfen sich Lügen und Täuschungen bedienen insofern sie dem Wohl der Ganzheit dienen mögen.

Jede natürliche Emotion, Gefühle, Freude und Spaß müssen austrainiert werden.

Man beachte viele der modernen Polizei Beamten in Blauuniform, nein nicht mehr Grün die Farbe der Hoffnung, es ist ein dunkles und tiefes Blau zu dem wir die Bürger aufblicken sollen, wie wenn man in ein tiefes dunkles Meer blickt; wenn wir die Polizei Beamten betrachten die mit Steifem Gesicht Patrouillieren und uns vor den Bösen Terroristen bewachen sollen.

Die Erzähler von Geschichten sollen laut Sokrates möglichst nicht mehr imitieren und gestikulieren, sondern trocken und nüchtern erzählen. Auch nicht Emotionen beim Sprechen betonen sondern monoton sprechen. Genauso machen es die Nachrichtensprecher, wenn sie uns wieder eine Geschichte oder ein Mythos erzählen. Trocken, monoton, vertrauensweckend mit einschläfernder Stimme uns in den Schlaf wiegend, in die Welt der Träume und Albträume. Alle sind sie so ausgebildet worden perfekt zu sprechen, man frage sich weshalb? Wieso kann nicht jeder seinen eigenen Stil haben? Und wie sieht es mit der Musik aus wie sehr wird diese instrumentalisiert um die neue Generation zu verdummen und abstumpfen zu lassen?

Minderwertiger Hip-Hop, Grauenhafte Pop Musik und Heavy Metall Musik. Ist dieses gehämmere, dieses dumpfe nicht gerade perfekt um kleine Faschisten zu züchten? Die Seele eintönig und Schwarz gemacht. Wie soll sich die Seele entwickeln ohne Harmonie?

Können wir dann noch Menschen sein?

Medizinische Versorgung wird nur jenen zugänglich die sie auch verdient haben. So war es auch bei den Nazis. Alle die nicht dem Staat taugen kann man auch sterben lassen. Wie sieht es mit der Gesundheitsreform aus? Wir sind bereits in der Unterteilung zweier Klassen der Medizinischen Versorgung angelangt. Und wie sieht es mit der viel diskutierten Sterbe Hilfe aus? Wie oft muss man uns dieses in die Köpfe einhämmern. Könnte dieses „gut gemeinte" nicht auch ausgenutzt werden um Menschen in naher Zukunft zu entfernen, jene die „nicht mehr gebraucht werden".

In den Niederlanden ist es legal, aber die Niederländer sind es oftmals die voranschreiten um den Trend vorzugeben für andere Länder. Die Wächter des Staates sollen also den Staat lieben, gleichzeitig das Gefühl haben, dass der Staat auch die Hand über sie hält.

Und genauso hat man die Staatsdiener von Politikern bis zur Politesse und Postbeamten trainiert den Staat zu lieben, sich aufzuopfern. Denn der Staat ist Gott und Gott liebt uns alle, denn wir sind alle seine Geschöpfe in der Tat. Wir sind alle die Zöglinge des allgegenwärtigen Staates!

Und nur jene die sich als absolut tüchtig erweisen Befehlen zu folgen, und zwischen den Zeilen lesen können, nur jene werden innerhalb des Staates oder der neuen Wirtschaft aufsteigen.

Es gibt also drei Schichten Gold, Silber und Bronze. Also die Oberschicht eines Landes bestehend aus Politikern, Hohen Beamten oder Richtern.

Die Silberne Schicht stellen die mittleren und unteren Beamten dar, denn auch ihnen wird ein Sonderstatus eingeräumt.

Die Unterschicht sind die Arbeiter die beide Schichten über ihnen tragen müssen.

Wie sehr sind wir Sklaven unserer Bürokratischen Strukturen? Wie viel Steuern müssen wir abgeben jährlich um die immer komplexeren Strukturen aufrecht zu halten? Ist dies nicht ein konstruierter Prozess? Ist es nicht so, dass uns dieses Geld am Ende fehlt und wir jene füttern die uns wohl bewachen sollen? Wie groß ist der Ertrag für den **Norm**al Bürger? Wie gut geht die Rechnung dabei auf? Ist es nicht so, dass Gesetze unnötiger Weise kompliziert formuliert sind, so dass die dummen Massen sie nicht verstehen? Und wieso zum Teufel wird das Steuerwesen immer und immer komplizierter und verwobener? Woher kommt solch Idiotie die man uns auftischt als wäre sie unser täglich Brot? Wer braucht solch ein Steuer Konstrukt?

Mit Sicherheit keine vernünftige Menschen Seele.

Die Goldenen Wächter sollen also unter sich bleiben? Wie viel Kontakt haben wir Bronzene Bauern wirklich zu unserer Oberschicht, den „Politokraten" die unser Schicksal dirigieren?

Wir dürfen Frage und Antwort spielen falls sich einer der Auserwählten mal in der Öffentlichkeit zeigt und Wahlzettel ausfüllen.

Die Einteilung in „Platons Republik" Gold, Silber und Bronze, entspricht der Einteilung George Orwells in drei Schichten Innere Parteimitglieder, Parteimitglieder und Proleten.

Oder den Musiktexten des Roger Waters (Pink Floyd), jener sie als Schweine, Hunde und Schafe bezeichnete.

Die Bürger im perfekten Staat dürfen kein Eigentum mehr besitzen, niemand darf mehr besitzen als der nächste. Frau und Mann sind gleich zu machen, die Kinder gehören der Kommune.

Die Frauen sollen auch Arbeiten gehen so dass der Staat effektiver sein kann. Denn der Staat braucht alle 4 Hände im Staatsdienst es genügen nicht mehr Zwei. Frau wird Mann, so gibt es nur noch ein Geschlecht im perfekten Staat. Die Gesellschaft wird fest miteinander verbunden und verwoben.

Die Staatsoberhäupter werden nicht mehr als Herren angesehen sondern als Kommissare.

Gleichzeitig sehen sie in ihren untergebenen Helfern die lieben Genossen.

„ Liebe Genossen und Genossinnen", heißt es im Bundestag zu Beginn jeder „imposanten" Rede. Hört sich das nicht ein wenig Sozialistisch an? Wieso benutzen die da solche Begriffe und Aussprüche? Kommissare und Genossen und so weiter nich. Somit hat „der perfekte Staat" den „perfekten Sozialismus" geboren. Den Absoluten Sozialismus. Die Gleichschaltung eines ganzen Landes und Volkes in ein striktes System, welches in Klassen eingeteilt ist. Und Absolut Gerecht! Doch die Gerechtigkeit sollte hier in den Augen des Betrachters liegen wie wir noch lernen werden.

Sokrates und die Athener Elite hatten also in einer Konversation die Grundlage geschaffen für Sozialismus in Perfektion. Die Absolute Knechtschaft des Individuum. Die Absolute Hörigkeit dem Staat gegenüber. Die Einteilung in eine Klassen Gesellschaft in der sich das Individuum damit begnügt seiner Aufgabe gleich „Berufung" gleich Beruf zu folgen.

Strafzettel zu verteilen, Briefe zu verteilen Tag ein Tag aus, am Fließband Nägel in den Block zu schlagen und Brötchen zu backen. Backe Backe Kuchen, denn wir haben alle unseren Teil von dem großen Kuchen bekommen. Wirklich haben wir das? Sind wir nicht alle gebeutelt von eintönigen Aufgaben die auch anderweitig verrichtet werden könnten wie wir noch sehen werden.

Nun leben wir offiziell in einer Parlamentarischen Demokratie. Es ist kein Sozialismus, nein nicht offiziell. Doch es ist Sozialismus, wie wir noch lernen werden.

Es ist Demokratischer Sozialismus, wir dürfen Parteien Wählen die im Parlament vertreten sind und wir werden vom Staat versorgt in Form von Arbeitslosenhilfe und Rente.

Es ist ein sozialistisch ausgerichtetes System, dirigiert von unseren Wächtern den „Politokraten" und deren Helfern den Beamten. Wir sind die Arbeiter in „Platons Republik".

Es ist sozialistisch und nicht sozial hier besteht ein gewaltiger Unterschied.

Vielleicht war ES in seinem Ursprung noch sozial, aber auch nur vielleicht.

1   Plato, The Republic. Digireads Publishing, 2008. Wurde von Benjamin Jowett ins englische übersetzt. ISBN: 1-4209-3169-5, Seite 158.

Sozialismus: Die Mutter des Faschismus

Der Staat wie in Platon in jenem Dialog notierte ist also der Grundstein aller modernen Staaten gewesen, mit Ausnahme der Vereinigten Staaten und deren Konstitutioneller Republik.

Es ist der Grundstein des Sozialismus und Sozialismus ist immer die Mutter des Faschismus.

Es bestehen unterschiedliche formen des Sozialismus und diese zu unterscheiden gilt es jetzt zu lernen. Und zu wissen das Sozialismus egal in welcher Form er besteht immer zu Macht Konsolidierung, Normung der Massen und unweigerlich zum Despotismus einer Superklasse führen muss. Sozialismus führt immer unweigerlich zudem was wir am meisten fürchten oder fürchten sollten, es führt zu totalitärer Despotie.

Wir sind nicht in der Lage zu sehen, dass die Mächte die am werkeln waren um den Zweiten Weltkrieg zu finanzieren und erst möglich zu machen immer noch existent sind um im Hintergrund alle anderen Systeme zu versorgen. Dass alle Systeme eine Wurzel haben, alle Sozialismus in einer oder der anderen Form praktizieren und unweigerlich zu weltweiter totalitärer Despotie führen werden. Dass die Vereinigten Staaten nicht einmal mehr das sind was sie noch vor über hundert Jahren waren.

Wir sind nicht in der Lage zu erkennen welche Richtung wir einschlagen, wie Friedrich August von Hayek diesen Irrweg bezeichnete: „**The Road To Serfdom**".

Der Weg auf dem wir uns befinden wird uns der Verknechtung zuführen.

Ist es nur der Nationalsozialismus den wir zu fürchten haben?

Sind nur die Deutschen zu bösem fähig so wie man sie abstempelte?

Oder ist es so, dass es mehrere Wege gibt solch Desaster wieder heraufzubeschwören wie man es am meisten dem Nazi-Deutschland der Vergangenheit zuschreibt?

Unabhängig von Land, Leuten und Mentalität der Bevölkerung?

Ist die Normung der globalen Irrenanstalt nicht so allmählich für alle sichtbar?

Der Deutsche Charakter und die Deutsche Mentalität hatten die Deutschen unweigerlich zur Besten Zielscheibe gemacht um sie in die Falle des Buhmanns zu locken, in die es dann fallen musste.

Nun da aller Stolz und Rückgrat gebrochen scheint übernimmt Deutschland wieder eine Führungsrolle ist dies nur Zufall oder geplant?

Wir sind endlich wieder Weltmeister geworden. Sind wir wieder die besten?

Wollen wir wieder in die alten Fallen tappen die uns das falsche Selbstbewusstsein auftischt,

weil das echte Selbstbewusstsein gebrochen wurde, lange lange liegt es zurück und verliert sich in Zeit und Generationen bis hinters dunkle Mittelalter.

Und wohin sind die alten Ideale von Frieden und Freiheit verschwunden?

Welche Mächte haben sie aus unserem Bewusstsein und Sinnen verbannt?

Die Träume der alten Visionäre des 19. Jahrhunderts, eine Zukunft in Freiheit, freiheitliche Werte und freiheitliche Gesellschaftliche Strukturen. Die Sichtweisen eines Alexis de Tocqueville;

Wer von Ihnen kennt Tocqueville noch? Haben wir jemals etwas von ihm gehört?

Hatten nicht die Denker des 19. Jahrhunderts wie Tocqueville vor den Gefahren des Sozialismus gewarnt der sich in den Köpfen der Menschen innerhalb dieses Jahrhunderts als traumhafte Utopie der Gleichheit verfestigte; und sich dann im Terror des Nationalsozialismus, Faschismus und Kommunismus breitmachte der Millionen von Menschen das Leben kosten sollte.

Wieso wird moderner Kapitalismus-Kommunismus wie er in China betrieben wird heute gelobt?

Welcher Unterschied besteht zwischen National-Sozialismus und Kommunistischem-Sozialismus?

Diese Fragen gilt es nun zu erläutern. Was war passiert in Deutschland, Italien oder Russland?

Eines steht fest wir haben den Weg der Freiheit verlassen und begaben uns im Kollektiv in den

Abgrund des sozialisierten Verstandes, dem Zweidimensionalen Denken.

Dadurch dass sich die freiheitlich ausgerichteten Denkweisen nur langsam in der Politik durchsetzen konnten, man könnte sagen nie wirklich durchsetzen konnten, wurde die Bevölkerung von diesen abgelenkt. Die alten Ideale des 18. und 19. Jahrhunderts mussten weichen und dem progressiven Sozialistischen Denken Platz machen.

Geschüttelt von Katastrophen und Krisen waren die Bürger nur allzu bereit diese giftigen Ideen aufzusaugen wie köstliches Nektar.

Der Liberalismus wurde ausgelöscht und musste den unterschiedlichen totalitären Systemen weichen. England, Deutschland, Italien, Russland die Vereinigten Staaten, alle Nationen wurden geopfert infolge der Massen Verblendung und der Industriellen Machenschaften die im Hintergrund die Kriegsmaschinerie mit Ressourcen und Geldblüten versorgt hatten.

Die Bürger aller Nationen waren geblendet worden durch die plötzlichen Forderungen und deren Erfüllung und dies innerhalb von kurzer Zeit. Die Wirtschaftskrise hatte ihren Teil dazu beigetragen den Konsolidierungsprozess in allen Nationen voranzutreiben, denn die Massen wurden durch den Entzug von Wohlstand entmachtet worden und unterwarfen sich dem totalitären Zentralismus sprich dem Sozialismus.

Die Massen wurden davon überzeugt, dass man neue drastische Wege einschlagen musste um die Probleme der Zeit zu bewältigen. Insofern musste der Liberalismus abgelegt werden.

Die Ideen eines Karl Marx und Hegel wurden mehr und mehr in alle Richtungen verteilt.

Ihre Geburtsstätte war hier zu Lande, wenn die Idee doch weiter zurück reicht bis zu den alten Griechen. So wurde Sozialismus als Ideal geboren, als falscher Idealismus um die Nachteile von Bevorteilung von gewissen Leuten über anderen, zu kritisieren.

Ohne jedoch jemals darauf aufmerksam zu machen woher diese Probleme eigentlich rührten.

Sondern nur umzulenken auf die Neuen Ideale, nur diese Ideale des Marxismus würden Progress also Fortschritt bewirken.

Der Sozialismus als solcher wurde hierzulande aufgekocht, seinen Apex fand er dann im Nationalsozialismus der uns als absolutes Anathema auf konditioniert wurde.

Die Nationalsozialisten und ihre Führer mussten immerzu den Kommunismus und den Kapitalismus dominiert von den „Jüdischen Bankern", denunzieren und als Schuldig brandmarken. Wenn gerade die Bewegung des Sozialismus im 19. Jahrhundert die Grundlage für den Nationalsozialismus gelegt hatte. Diese Sozialistische Bewegung hatte erst die Grundsteine gelegt für die Etablierung eines totalitären Systems. Indem alles Zentral gesteuert wird. Und waren es nicht die gleichen Internationalen, wohlgemerkt nicht nur Jüdischen Banker, die „Adolfus Hit", ankreidete die ihn auf den Thron des Desasters befördert hatten? Unter Anweisung eines Hjalmar Schacht, der bereits zuvor für die Bänker-Dynastien als Frontmann agierte. Die Rockefellers und Morgans der Wall Street waren nicht Jüdisch sie waren in der Tat Angelsächsischer Abstammung. Für alle jene die an eine Jüdische Verschwörung Glauben möchten. All jene die immer noch alten Geschichten glauben schenken. Der Wolf hüllt sich gerne in Schafwolle um die Lämmchen zu Keulen.

Sozialismus war von Anbeginn wie wir jetzt wissen, als totalitäres und unterdrückendes System gedacht. Sozialismus sollte den Massen von Anbeginn als sozial gerecht verkauft werden.

Erinnern wir uns an die Worte von Sokrates. Wir haben den absolut gerechten Staat geschaffen.

Sozialismus wurde immerzu als Utopie verkauft. Die Freiheit des freien Willens sei demnach die Wurzel von allem Bösen. Dieser müsste ausgelöscht werden. Mit der Französischen Revolution und der Revolution in 1848 hatte Sozialismus die befreiende Hülle von Freiheit unter Gleichheit angenommen. Sozialismus und Demokratie vermischten sich.

Es entstand der Demokratische Sozialismus. Der sich in der modernen als reine Demokratie verfestigte. Dieser mit Ausnahme der Schweizer jedoch widerspricht, dort darf Frau und Mann noch direkt wählen.

Laut Alexis de Tocqueville widersprechen sich Demokratie und Sozialismus aber wie folgt:

Denn Demokratie ermöglicht mehr Freiheiten auszuleben, wohin gegen Sozialismus die Freiheiten einschränken möchte. Das einzige was Sozialismus und Demokratie gemeinsam haben ist die Gleichheit.

Während Demokratie die Gleichheit durch Freiheit etablieren möchte, erfolgt dieses im Sozialismus durch Verbote und Unterwürfigkeit.[1] (In Anlehnung an Tocqueville)

Die Vermischung beider würde schließlich die Massen täuschen über die wirklichen Ziele des Demokratischen Sozialismus. Sozialismus hatte sich folglich eingehüllt in Demokratie.

Und diese wurde zum Absoluten Ideal erhoben.

Folglich wurde der Weg zur Freiheit den Massen so verkauft, dass immer mehr staatliche Kontrolle zu dieser erhofften Freiheit führen würde. So wurde aus staatlicher Regulierung die Freiheit.

Diese vermischte sich mit Demokratie der Parteien. In jener das Individuum nicht einmal direkt wählen durfte, da man den dummen Massen dies nicht zutrauen kann.

So wurde Sozialismus mit falscher Demokratie eingehüllt. Der Wolf hatte es geschafft mit Schwarzer Wolle die Rolle des Weißen Schafes zu übernehmen.

Das Schwarze Schaf der Pseudo-Demokratie verkaufte sich als Demokratie und Heilsbringer der Massen und aller Völker dieser Erde. Doch hinter der Schwarzen Wolle verbargen sich immer noch die Wolfszähne des Sozialismus, der Mutter des Faschismus um die Lämmchen zu reißen wenn die Zeit reif sein würde.

So verfielen alle klassischen Liberalen und alle Neo-Möchtegern-Liberalen den Fangzähnen des alles verzehrenden Sozialismus.

Und selbst heute sehen wir wie die eigentlichen Liberalen sich verkauft hatten.

Die Partei Spitze der FDP wurde beseitigt. Herr Möllemann hat sich wohl vom Flugzeug „gestürzt". Man übergab das Amt der Liberalen Westerwelle. Dieser wich ab vom Weg des Möllemann und schließlich schien selbst Herr Westerwelle Mr. „Ich Bin Schwul und das ist auch gut so", aufzuwachen und zu merken, dass wir uns in den totalitären Despotismus verirren.

Nun ist die FDP nicht einmal mehr im Bundestag vertreten. Tod dem Liberalismus sei er nun klassisch und echt freiheitlich oder eingehüllt in den Pseudo-Liberalismus der Scheindemokraten, die Demokratie predigen aber Sozialismus praktizieren. Und Westerwelle ist plötzlich Todkrank.

Da hatte einer es bis an die Spitze der Politokratie geschafft, und weigert sich der Gleichschaltung zu unterliegen. Kaum dies geschehen er beseitigt aus jener Parteispitze, selbst ein Rückzug wurde ihm wohl nicht gegönnt.

Hitlerismus hatte sich als wahre Demokratie verkauft, man höre und staune, aber man bedenke auch das „Adolfus Hit", demokratisch gewählt wurde.

Durch die selben Mechanismen der Demokratie die wir heute so vergöttern.

Die Geheiligte Demokratie hatte also das Schrecken der Geschichte an die Macht kommen lassen.

Trotz dieser Tatsache wird sie als Genesungstrank von Despotismus verkauft und zur obersten Gottheit auf dem Tugendhaften Pfad alle Völker aus der Diktatur von Faschistischen Diktatoren zu befreien. Der Schrecken der Menschheit wurde also Demokratisch gewählt und kam nur an die Macht weil es die wirtschaftlichen Missstände so ermöglicht hatten.

Könnte dies nicht wieder passieren unter dem Druck des Kollabieren des Wirtschaftssystems?

Und woher kommen immer diese Rechten Verblender dieser Welt wie sie alle heißen mögen?

Anders Breivig oder der grässliche mit Schiefem Gesicht an dessen Namen sich der Autor nicht einmal erinnern möchte. Und wieso bekommt dieser mit Schiefem Gesicht, ach jetzt kommt es das schreckliche Wort zur furchtbaren Mimik Sarrazin! immer soviel Aufmerksamkeit in den Medien? Wieso wird er nicht in die Schublade des Rechts Populismus geworfen? Seine aufhetzenden Bücher gehen indes wie warme Semmeln über die Theken der Buchhändler und heizen den Klassenkampf weiter an, denn dieser muss ständig gefüttert werden wie das Feuer mit Kohle, immer schön dosiert niemals zu viel so dass die Flamme nicht außer Kontrolle geraten kann.
Die Alternative für Deutschland wurde bereits in die Rechte Kiste gesteckt wie wir alle Wissen.
Ob sie da auch tatsächlich hingehört wird sich noch zeigen müssen.
Der Autor möchte wetten, dass man mit dessen Libertären Werke ebenso verfahren wird.

Derweil verfallen wir alle in die gefährliche Utopie des Demokratischen Sozialismus, welcher sich als einziger Weg in eine sichere und demokratische Zukunft verkaufen möchte.
Auf dem Weg zur Weltdemokratie müssen wir dennoch die Sicherheit der Freiheit und Demokratische Wahlen opfern. Wir opfern sie dem Ideal einer Weltdemokratie.
In jener die Kommissare über das Schicksal der Massen bestimmen müssen, denn es gibt so viele neue und ständige Katastrophen abzuwenden. Der Leser sieht hier hoffentlich das Wolfspelz durch die Fassade des Demokratischen Sozialismus in Auflösung sich auflösend zum reinen Sozialismus.

Individualismus und Kollektivismus müssen nun im richtigen Lichte dargestellt werden.
Sozialismus bedeutet, dass man Privat Besitz aufgibt und sich einer Planwirtschaft unterwirft.
Diese zentral gesteuerte Planwirtschaft wird dann für das wohl der Massen zuständig sein.
Jene die dem Sozialismus als mental gegeißelte zum Opfer gefallen sind, rechtfertigen ihn mit allen Opfern die er mit sich bringt. Denn es ist unmöglich ein ganzes Land gleichmäßig mit Notwendigkeiten zu versorgen. Insofern rechtfertigen sie auch die Opfer von Millionen toten Russen und Chinesen als Resultat von schlechter Planwirtschaft.
Stalin und Mao hatten sich wohl etwas verschätzt.
Das Individuum opfert sich mit Aufgabe aller privaten Ansprüche dem Kollektiv.
Sozialismus bedeutet immer auch Kollektivismus. Das heißt es wird die Kollekte eingefahren und irgendwo zentral deponiert. Von wo aus ein paar Leute denen dann vertrauen geschenkt wird alles an die Massen verteilen. Man ist sich also sicher, dass man so gerechter aufteilen kann;
Bedenkt aber nicht welch Aufwand dahinter steckt gleichmäßig alles aufzuteilen und zu verteilen.
Zeit als wertvolles Gut verliert im Sozialismus seine Bedeutung als solches.
Zeit kann demnach verschwendet werden dem Allgemeinwohl zugute kommend.
Das heißt ein jeder Bürger des „Perfekten Staates", verrichtet seine Arbeit diese wird dann angehäuft, gesammelt und von dort an die Genossen verteilt.
Kollektivismus ist die Ansammlung von Macht in wenigen Händen. Sozialismus ist die reinste Form des Kollektivismus. Wie wird mit Macht verfahren wenn sie in wenige Hände gelangt?
Wird diese nicht ausgenutzt? Nicht alle sind böse und verderblich, doch sind jene nicht auch einfach zu ersetzen oder verdrängen? Und wer kontrolliert noch wer verteilen darf und wie viel verteilt werden soll? Wer entscheidet wer von den Genossen als erstes mit Gütern versorgt wird?
Ist es nicht so, dass wir Menschen von Natur aus immer nach Sympathie handeln?
Kann man diese ausstellen? „Natürlich können wir das!"; werden die Sozialbirnchen sagen.
Doch stellt man dabei nicht auch jegliche Menschlichkeit ab und die Schlange beißt sich wieder einmal in den Schwanz. Die „rational" denkenden Sozialisten und Zentralplaner fordern die Zentrale Steuerung der gesamten Wirtschaft, diese soll alle befreien von Korruption und Missständen durch

ungleichmäßige Verteilung. Dabei opfert das Individuum seinen Individualismus dem Kollektivismus. Denn der Bauplan der Zentral Planer ist gut konstruiert und wird alle besser versorgen als wenn sich jeder selbst versorgen müsste.

Wettkampf in der Wirtschaft ist ein Bannfluch des Sozialismus, denn der Sozialismus definiert den Wettkampf immer als ungerecht, selbst wenn in einer freien Marktwirtschaft wie sie in den USA lange und unter Beschränkungen praktiziert wurde die Rahmenbedingungen für einen fairen Wettkampf gegeben sind. Denn alle haben die gleichen Rechte um sich Wohlstand zu erarbeiten.

Denn keiner wird bevorteilt vom Staat oder irgendwelchen Beamten.

Weil der Staat nicht eingreifen soll in die wirtschaftlichen Belange seiner Bürger und nur zuständig ist dafür zu sorgen, dass die Grundlagen für ein freies und faires handeln gegeben sind.

Einzuschreiten wenn die Konstitution übertreten wird.

So ist Wettkampf eine Sünde wie es Mr. Rockefeller definiert hatte. Es ist eine der Ur-Sünden für jeden Monopolisten der darauf erpicht ist mehr und mehr Reichtum zu konsolidieren und mehr und mehr Produkte und Märkte für sich alleine zu absorbieren.

Sprich Wettkampf ist auf den höchsten Ebenen eine Sünde aber auf den niederen Ebenen soll man sich möglichst gegenseitig aufessen. Und da der faire Wettkampf innerhalb der Wirtschaft nicht gegeben ist weil die Großen gar keine oder wenig Steuern zahlen ist es gerechtfertigt die Marktwirtschaft endgültig abzulösen durch strikte Sozialistische Planwirtschaft.

Die Auslöschung von Wettkampf in einer freien Marktwirtschaft ist die Aufgabe von Individualismus und Selbstbestimmung in die Hände von Kollektivismus.

Kollektivismus ist gleichzusetzen mit Monopolismus.

Somit ist Sozialismus die perfekte Plattform, der perfekte Staat für die Wächter der Gesellschaft, wie ihn Sokrates definiert hatte.

Für die Olympier im Stile eines Glavkon, der Eule der Weisheit. Somit wird Kollektivismus dem Gott Moloch geopfert. Sozialismus ist der Glaube an ein Moloch, die Utopie des Moloch.

Und so ist auch immer die Eule des Moloch das Symbol für Demokratie die in Griechenland zur Welt kam und gerade jetzt dort ausradiert wird, wo sie geboren wurde. Im selben Land indem auch der Sozialismus in Perfektion geboren wurde. Und die Mischung von Demokratie mit Sozialismus sind gleich schleichender Kollektivismus, Kollektivismus ist gleich Moloch.

So haben die Griechen der Welt die perfekten Ideen zur Manipulation der Völker geliefert und fallen Paradoxerweise den selben Methoden jener zum Opfer die nun über die Techniken ihrer Vorfahren verfügen. „Molon Lave! Kommt und nehmt unsere Freiheit betteln die Griechen."

Die Definitionen von Kapitalismus und Sozialismus sind nur noch Schlagworte um uns derweil von einem Übel dem nächsten Übel auszuhändigen.

Kapitalismus in korrupter Form wird bestimmt durch Monopolys und Mächtigen Firmen die keine oder fast gar kein Steuern zahlen. Kapitalismus wird also mit freier Marktwirtschaft gleichgesetzt und diese damit ihres guten Rufes beraubt. Es ist der klassische Rufmord der sich hier in Zeitlupe vor unseren Augen abspult. Denn alle erfolgreichen Prozesse werden Schrittweise eingeleitet von den geschickten Sozialplanern.

Planwirtschaft wird also im Sozialismus den Wettkampf ersetzen so wie es Mr. Rockefeller sich wünschte. Wieso wünscht sich das ausgerechnet ein solch reicher Mensch?

Wieso würde jemand der so reich ist China als Rohmodell einer Vorbild Gesellschaft bezeichnen?

Ist Herr Rockefeller dann nicht betroffen von der Kollektivierung des gesamten Einkommen?

Muss nicht auch er seine Milliarden und Billiarden aufgeben und dem Gemeinwohl spenden?

Wieso sind solch Reiche immer so erpicht darauf Sozialismus durchzusetzen, oder loben diesen?

Wir zählen Eins und Eins zusammen und kommen zu dem Schluss, dass jene Monopolisten es sind die vom Kollektivismus am meisten profitieren.

Eine weitere Doktrin des Marxismus ist die „Konzentrierung von Industrie", und die Tatsache das Technologie es großen Konzernen erleichtern würde; und es ist heute tatsächlich so eingetroffen, erleichtert schneller und günstiger herzustellen und somit die kleine Konkurrenz aus dem Markt wirft. Aus diesem Grund ist die Planwirtschaft und Konsolidierung der Wirtschaft für das Wohl des Individuums in der Zukunft unausweichlich.

Dabei vergessen unsere abermals schlauen Sozialbirnchen zu erwähnen das technologischer Fortschritt auch immer neue Möglichkeiten schafft alte Monopole aufzulösen, indem man neue Erfindungen oder Prozesse zur Förderung und Verarbeitung von Rohstoffen begründet.

Sie unterlassen teils bewusst, teils auch aus Unwissenheit und Dummheit zu erwähnen, dass alle Monopolys darauf erpicht sind ihre Stellung auszuweiten und dies nur schaffen weil sie die „Politokraten" eines jeden Landes aufkaufen oder beseitigen können, falls erforderlich.

So verschwinden alle Erfindungen die nicht für die Massen tauglich sind.

<u>Vom einfach gestrickten Idealisten bis hin zum Fanatiker ist es meistens nicht weit.</u>[2]
(In Anlehnung an Friedrich Hayek)

Und so sind jene die von Planwirtschaft, Kollektivismus und Gleichgerechtigkeit im Sozialismus überzeugt scheinen eine Bedrohung für all jene die später eventuell unter den falschen Entscheidungen der Eifernden Idealisten leiden werden.

Dies sollte immer im Hinterkopf behalten werden.

Und wie viele von diesen Einfältigen Eiferern unterwegs sind auf Deutschlands Straßen?

Es sind eine Menge von Ihnen die rekrutiert werden könnten in einem zukünftigen links orientierten Staat im Stile der Linken. Wie sehr lassen sich die Massen von Gerechtigkeit durch Kollektivismus begeistern? Es ist unglaublich wie stark dieser Einfluss hierzulande ist.

Wird bei der Planwirtschaft und dem Kollektivismus auch nur ein Gedanke daran verschwendet, dass jeder Mensch unterschiedliche Bedürfnisse hat?

Nein, dieses wird nicht in Betracht gezogen, denn in der Utopie des Sozialismus werden wir alle gleich sein. **Die Wölfe werden zu Schafen und die Schafe zu Wölfen, sprichwörtlich.**

Werden wir dann noch wissen wer gut und wer schlecht ist? Gibt es dann nur noch gute oder schlechte? Kann man dies denn definieren? Was ist die Natur des Menschen ihr Einfältigen?

Eine weitere Paradoxie des Sozialismus ist die Tatsache, dass alles Übel von Privatbesitz oder zu viel Privatbesitz herrührt, aber dennoch nicht bedacht wird, dass die alten Übel von Gier und Geiz zu teilen immer noch in vielen angeboren sein müssen und sein werden nachdem alles aufgeteilt wurde. Denn so sind die Prinzipien des Schöpfers der gut und schlecht geschaffen hat und dem Menschen den freien Willen übertrug; dem einzigen Geschöpf auf dieser Welt.

So wollen Sozialisten auch den freien Willen ausradieren, dies ist es wonach sie so eifern.

Doch mit welchen Mitteln? Ist es nicht die schrittweise Konditionierung und Indoktrinierung wie wir jetzt bereits gelernt haben?

Und wie wird man in einem Sozialistischen Staat vorgehen um gerecht zu verteilen?

Wird es nicht hier und da Unstimmigkeiten zwischen Individuen geben die nicht auf einen Nenner zu bringen sind? Wer setzt sich dann durch, wenn es darum geht Brot und Wasser an die Massen zu verteilen?

Zu erwähnen wie aus Scheindemokratie der Sozialismus entschlüpfen wird ist die Tatsache, dass viele wirtschaftliche Entscheidungen getroffen werden von jenen die vom Volk gewählt wurden diese im besten Sinne auszuführen, die Grundbedingungen sind aber wieder einmal die einer Planwirtschaft. Geld wird Zentral ausgegeben nämlich von der Zentralbank.

Gerade die Uneinigkeit innerhalb des Parlamentes schnell oder gezielt zu handeln wird dann die Notwendigkeit erzeugen, zu glauben das Experten in speziellen Bereichen notwendig sein werden um die Probleme zu lösen; da die unterschiedlichen politischen Spektren innerhalb der „Koalition" sich nicht einig werden können. So hat die parlamentarische Demokratie einen Schlechten Ruf erworben und wird unweigerlich, propagieren wichtige Entscheidungen wie zum Beispiel „Rettungspakete", zur Rettung von Banken oder Staaten in die Hände von nicht gewählten Experten zu legen, da diese besser und schneller handeln können.

Diese Prozedur wird immer geläufiger in Anno Idiotie der Neuzeit. Sprich es muss schnell und effektiv gehandelt werden also übergeben wir die **Kontrolle einer kleinen Auswahl an Spezialisten.** Was diese „Spezis" und „Experten" unsere „Freunde" dazu qualifiziert unser Schicksal zu besiegeln spielt also keine Rolle mehr. Sie sind Experten wir müssen nicht wissen welche Interessen sie vertreten und auch nicht wissen wer sie überhaupt sind.

Die Unfähigkeit der Demokratisch Sozialistisch geprägten Parlamente, siehe hier in Deutschland wird schließlich in den Medien ausgenutzt werden, um ein effektiveres System vorzuziehen, in welchem dann die Expertenschaft sich um alle Probleme oder Gesetzte des Landes kümmert.

Wir sind schon soweit, dass wir zwar die Abgeordneten des EU Parlaments frei wählen dürfen.

Die Gesetze in Brüssel werden aber von jenen beschlossen die nicht gewählt wurden, nämlich den Kommissaren, diese sind unantastbar und unfehlbar.

Unsere Götter in Schwarzen Anzügen und Roten Krawatten.

„Molon Lave kommt und beraubt uns unserer Freiheit, denn ihr seit die wahren Vertreter des perfekten Staates."

Das Moloch voll Lava auf dass wir hinabfallen in Despotie und Tyrannei.

Alles unter Aufsicht der allwissenden „Eule Demokratie", Glavcon ine o paradisos.

Das Moloch wird unser Paradies sein. Die Eule der Verblendung wird unser Paradies sein.

Die Hauptsache ist dass wir die Illusion der Wahl haben.

Im gerecht fertigten Sinne sind Gesetze da um die Bürger einzuschränken in ihren Möglichkeiten dritten Schaden zuzufügen, oder der Gesellschaft oder Umwelt zu schaden.

Trotz der Tatsache, dass jedes Gesetz die Individuellen Freiheiten einschränkt nehmen wir diese in kauf, insofern sie dem Gemeinwohl dienen und uns im Kollektiv vor Missetaten schützen mögen.

Die Gesetze eines Staates sollten fairerweise so ausgerichtet sein, dass sie nicht die Freiheiten des Bürgers einschränken sich zu entfalten, solange er sich an die Regeln hält die zum Erhalt einer Gemeinschaft notwendig sind.

In einem weites gehend gerechten Staat werden die Gesetze erlassen so dass, das Individuum die vorhandenen Ressourcen nur so fördern darf, unter Einhaltung von Gesetzen des Schutzes der Natur zuliebe. Alle anderen Prozeduren die weder der Gemeinschaft noch der Umwelt schaden können, werden schließlich dem Individuum selbst überlassen.

Im Falle von willkürlichen Gesetzen legt der Staat oder die Regierung die Regeln so fest, dass Ressourcen nur so gefördert werden wie es der Staat vorsieht. Es spielt keine Rolle mehr ob diese Regeln noch Sinn machen. Sie sind einzuhalten und das Individuum sieht sich darin gefangen.

Der Staat ist nun keine Hilfe mehr für die Bürger um nützliche Gesetze zu erlassen das Individuum in seinem Leben zu tragen und eine sinnvolle Stütze zu sein sondern wird zu einer moralischen

Institution. Die Moral kann genauso zur Unmoral werden. Alles kann verkehrt werden.

So können die Zentralplaner im Kollektivismus darauf bestehen Gesetze so zu erlassen wie sie vernünftig sind oder gerecht sind, wobei die Vernunft oder Gerechtigkeit dann im Auge des Betrachters liegen mögen. Und sich gewisse „Moralische" Sichtweisen die zunächst nur provisorisch aufgestellt wurden um gewisse Ethische Regeln aufzustellen sich umwandeln in strikte Gesetze die auf Leben und Tod zu befolgen sind.

So konnten die Nationalsozialisten es rechtfertigen ihren Despotismus zu verbreiten.

„Es ist unvernünftig beim Juden einzukaufen", später wurde daraus ein Gesetz welches Verbot in Jüdischen Geschäften einzukaufen . So wurde aus der Unmoral die zur Moral erklärt wurde ein Gesetz. Denn es wurde verbreitet, dass die Jüdische Bevölkerung Schuld sei am schlechten Zustand der Wirtschaft. Dieselben Mär-Geschichten hört man immer noch in Rechten Kreisen umherschweifen.

Wenn die Ursachen immer in der Zentral Planung und der zentralistischen Gesetzgebung zu suchen sind. Einfach gesagt der Bindung an eine Währung die vom Staat festgelegt wird und zentral von einer nicht Staatlichen Organisation ausgegeben wird.

Die Gesetzgeber im Kollektiv Staat können so „moralische Gesetze" entwerfen die der Allgemeinheit dienlich sind, da gewisse Elemente der Bevölkerung der Gesellschaft schaden.

Beispielsweise dass eine zweite Konkurrenz Währung die von irgend einem Individuum ausgegeben wird der Wirtschaft schaden würde, trotz der Tatsache, dass diese eventuell keine Inflation mit sich bringen würde. So hat das Gesetz die Moral festgelegt bezüglich Geld.

Und die Moral bestimmt, dass es keine zweite Währung zu geben hat.

Es spielt auch im ersten Beispiel keine Rolle ob es zutrifft, der Wahrheit entspricht oder Moralisch zu rechtfertigen ist, jene Außenseiter sind unfair und unmoralisch also werden sie mit dem

„Gesetz der Absoluten Moral gerichtet". So verläuft es in allen Staaten in denen eine kleine Anzahl an Menschen über Moral und Gesetze entscheiden darf.

Sie werden nicht getroffen weil sie dem Gemeinwohl nützen sondern weil eine kleine Anzahl definieren darf was besser ist, um dem Kollektiv zu Nutzen;

Der Kollektiven Planung helfen kann, förderlich zu sein für den Staat und die Bürger des Staates.

Schließlich müssen Gesetze in allen Bereichen erlassen werden um zu Normen und zu regulieren;

Wie viel ein jeder Bürger zum Leben braucht in Bezug auf Nahrung und Kleidung oder wie viel Arbeit zugemutet werden kann. Die begriffe fair und gerecht oder auch sozial können so ausgelegt werden wie es die Situation erfordert. Die Gesetze müssen folglich auf immer mehr Bereiche ausgeweitet werden um festzulegen was noch gerecht ist im Sinne der Allgemeinheit.

Und so wird jeder Bereich des Lebens reguliert werden durch die Gesetze des Kollektiv Staates.

In jedem Fall unterliegen die Gesetze der zentralen Ausrichtung und werden immer nur so getroffen werden wie sie die Allgemeinheit zufrieden stellen mögen.

Doch wo hat das Individuum noch Platz in einer Welt voll von zentralisierten Moralvorstellungen, Gerechtigkeit, Werten und Sozialer Gerechtigkeit im Sinne des Kollektivs?

So wurde im Diktatorischen Nazi Deutschland jedes alte Gesetz durch neue moralische Gesetze ersetzt. Und so wurde auch in allen anderen Sozialistischen Staaten verfahren.

H.G. Wells als großer Propagandist des Kollektivismus und Sozialismus hatte wie bereits beschrieben in seinem Werk über den Übergang in eine „Neue Welt Ordnung",

(also eine Kollektive Weltordnung des „Weltsozialismus", welcher natürlich unausweichlich ist im Angesicht der Probleme die uns Menschlein bevorstehen würden in der Zukunft) eine Deklaration zur Wahrung der Individuellen Rechte des Individuums und zum Schutz vor dem Missbrauch vor willkürlicher Autorität in einem Kollektiv Staat entworfen. Diese widerspricht sich insofern, dass er dem Individuum des Kollektiven Sozialismus zuspricht das Recht zu haben zu verkaufen und zu kaufen was ihm beliebt, aber gleichzeitig festlegt, dass jeder nur soviel kaufen und verkaufen darf wie es die Quantitäten des Gemeinen Wohlbefinden festlegen.

Und insofern, dass jeder Kauf oder Verkauf das Gemeine Wohlbefinden beeinflusst wird es notwendig sein jeden Kauf oder Verkauf eines Gegenstandes zu regulieren.

Das Gemeine Wohlbefinden der Gesellschaft liegt wieder einmal in den Händen der Sozial Planer.

<u>Wie kann in einer kollektiv und sozialistisch geplanten Welt wie es H.G. Wells propagierte die Reise des Individuums frei und uneingeschränkt bleiben („freedom of travel and migration")</u>
<u>wenn Kommunikation, Währungsausgabe und alle Industrie zentralistisch geplant werden.</u>
<u>Wie kann die Freiheit der Presse gerecht fertigt werden wenn sogar die Herstellung von Papier zentral geplant wird?</u>[3] (In Anlehnung an Friedrich Hayek)

Alle Rechte des Individuums müssen folglich geopfert werden um der Pflichten des Individuums willen.

Alle Kollektiven Systeme egal ob Kommunistisch oder Nationalsozialistisch sind daran gebunden Gesetze die zuvor in eine Konstitution oder Charta der Menschenrechte eingebettet waren, um das Individuum von seinen Rechten zu enteignen, so umzuformulieren, dass sie notwendig sind und sie der Allgemeinheit und dem Allgemeinwohl zu opfern sind.

Sprich ein Menschenrecht kann geopfert werden in Angesicht einer Wirtschaftskrise, Umwelt Katastrophe oder durch einen terroristischen Akt.

So wurde es „Gorgy Boy Bush" möglich die Amerikanische Konstitution zu zerschreddern um alle Macht in die Hand der Exekutive zu legen.

Denn die Legislative und Judikative können nicht rechtzeitig auf Terror Akte reagieren insofern ist es notwendig die Gesetzgebung „in Zeiten des Terrors", in die Hände des Präsidenten zu legen.

Die Exekutive hat in den Vereinigten Staaten der jetzt Neuzeit Versklavten im Laufe der letzten Jahrzehnte Schrittweise überhand genommen, so dass weder die Konstitution des Landes,

die zuständig ist die wichtigsten Rechte des Bürgers zu schützen, und der Kongress noch ausreichend Wirkung haben, um den Willen der Bürger in Gesetze umzuformen oder die Rechte der Bürger zu schützen.

Und so wurde aus einer Nicht Zentral Gesteuerten, Konstitutionellen Republik, mit festen Bürgerrechten und unantastbaren Gesetzen, die die Bürger vor Missbrauch schützen sollten;

unter George Bush Junior eine zentralistisch geplante Nation. Die Konstitution wurde überschrieben und die Gesetze können nun willkürlich von Barack Obama erlassen werden.

So hatte einer dem anderen den Weg geebnet noch mehr diktatorische Macht auszuüben.

Und so wird nun ein sozialistisches Gesetz nach dem anderen erlassen von dem Präsident der Demokratisch gewählt wurde unter Anwendung von elektronischen Zählmaschinen über die Wahlstimmen die abgegeben wurden. Die Grenzen wurden geöffnet und das genormte Medizinische System wurde Pflicht.

Eine Komplette Sozialisierung und Kollektivierung wird in den USA angestrebt und die alte Republik in eine diktatorische umwandeln.

Wie sehr hat Sozialismus die Entstehung von Faschismus tatsächlich vorbereitet?

Er hat seine Ausgeburt den Faschismus mit den entsprechenden Ideen ausgestattet.

Beispielsweise das Kinder von klein auf konditioniert und indoktriniert werden sollten.

Das alte Werte durch spezielle Kredo oder Parolen die zu wieder holen sind, zu überschreiben sind.

Faschisten in Deutschland als auch in Italien mussten nicht mehr viel tun um ihre Systeme des

Kollektivismus aufzubauen. Denn frühere Sozialistische Bewegungen hatten den Weg geebnet die Kollektive Gesellschaft so zu steuern, dass man in allen Bereichen spezielle Gruppen etablieren würde. Gewerkschaften für jede Profession, Unionen und Vereinigungen jeglicher Art.

Diese würden die einzelnen Gruppen binden und durch Leitsätze und Parolen sie mit dem Allmächtigen Staat verschweißen.

Kinder wurden von je her in frühem Alter in Gruppen gesteckt um dann sozialisiert zu werden.

Wie in „Platons Republik", Kinder müssten von Kind auf erzogen werden im perfekten Staat.

So wurde die „Hitlerjugend" in Deutschland oder die „Ballila" in Italien, zur Pflicht für Kinder.

Die Kinder hatten soviel Spaß, dass sie hingezogen wurden zu Vater Staat dem totalitärem System.

Eine Nachbarin hatte mich tatsächlich einmal geschockt als sie zu mir sagte, dass die Hitlerjugend nichts anderes war als der Kindergarten heutzutage.

Dieses war für mich als Kind von Immigranten ein Kultur Schock der ersten Güte Klasse.

Um später herauszufinden, dass die alte Nachbarin tatsächlich recht hatte mit ihrer Aussage.

Denn beides wird und kann zum selben Zweck der Anhimmelung von Vater Staat angewendet werden. Beide Institutionen sind nicht natürlich. Aber werden so umgesetzt, dass sie das Kind beeinflussen und dem Kind Spaß bereiten, so dass es gerne in die Umerziehungsanstalt geht.

Wieso sollten die kleinen Kinder der erziehenden Mutter entzogen werden;

und unter die Aufsicht von fremden dritten gestellt werden, wenn die Mutter sie besser erziehen und versorgen kann?

Alle Sozialistischen Systeme, Ideen und Dogmen basieren darauf eine klassenlose Gesellschaft zu formen in der alle gleich sind. Also das absolut gerechte System, wir erinnern uns zurück an den alten Sokrates.

Trotz dieser Tatsache können sie nur funktionieren indem es mehrere Klassen gibt die unterschiedliche Aufgaben vollführen. **(Sokrates und die drei Metalle: Gold, Silber und Bronze)**

Der Sozialismus, Nationalsozialismus und auch der Kommunismus konnten nur so funktionieren.

Es gibt immer eine Oberschicht, jene die die Geschicke der Zentral Planung steuern müssen und eine Unterschicht, jene die die regulären Aufgaben zu erledigen hat.

Insofern gibt es immer zwei Klassen im Sozialismus. Trotzdem verspricht die Theorie des Sozialismus oder auch Marxismus eine Klassenlose Gesellschaft.

Wie kann die Gesellschaft Klassenlos sein wenn es bereits eine Oberschicht und eine Unterschicht an Genossen gibt? Diese Frage können sie nicht beantworten, sie besänftigen mit Ausweichmanövern und anderen Taktiken der Verstandes Manipulation.

Sozialismus verspricht also die Beseitigung von Klassen Unterschieden und Gleichheit, und ist gleichzeitig gezwungen das System in Klassen aufzuteilen.

Sie predigen die Reichen, Mittelschicht und Armen in eine konstante Masse umzuformen, jedoch lässt sich dies nicht umsetzen. Es kann nicht umgesetzt werden in einer komplexen und modernen Gesellschaft. Und so wird zu der Schicht der Planer und der Schicht der Arbeiter mindestens eine dritte notwendig sein.

Denn der Perfekte Kollektiv Staat benötigt Lehrpersonal und solche, jene die nächste Generation auf ihre Aufgabe als Planer oder Arbeiter im Staate auszubilden hat.

Im Nationalsozialismus und Mussolinis Klassischem Faschismus ließen sich diese Klassen verdecken indem man vorgab eine große wohlhabende Mittelschicht zu kreieren.

Doch am Ende waren sie alle am Boden der Tatsachen angelangt und auf dem Trümmerhaufen ihrer falschen Ideologie.

Der Unterschied zwischen den unterschiedlichen Kollektiven Systemen die sich immerzu bekämpft haben sei es nun Nationalsozialismus oder Kommunismus ist die Behauptung, dass sie unterschiedlich aufgebaut seien und unterschiedliche Ziele verfolgten.

Wenn in Wirklichkeit alle Kollektiven Systeme nur ein Ziel haben, die Macht in wenige Hände zu legen und einen totalitären Staat zu bilden.

Der Split zwischen den verschiedenen Kollektiven Systemen erfolgte indem die moderaten Sozialisten; die Sozialdemokraten, die Christdemokraten sprich Mitte oder „Fabian Socialists", erkannt hatten, dass es einfacher sei sich in Liberalismus und demokratischen Pseudo-Werten einzuhüllen um die Ziele eines Schrittweisen Sozialismus durchzusetzen.

Und dass der Zweck des Sozialismus die Menschheit zu retten, die Mittel rechtfertigen würde.

Die anderen Kollektiven Systeme sprich Hitlerismus und Klassischer Faschismus im Sinne von Benito Mussolini, waren der Auffassung, dass man nur genug Mann sammeln musste um mit purer Kraft und Macht zum Erfolg zu gelangen. Und so setzten sie sich nur kurzfristig durch um später von der ersteren moderaten Gruppe an Sozialisten unter Führung von Roosevelt und seinem „New Deal", und dem Fabianisten Churchill abgelöst zu werden; in Koalition mit Stalins Kommunismus der absoluten Gleichschaltung und Vernichtung von Individualität.

Dem wahrlich perfekten Staat unter den Kollektiven Staaten. Perfekt für jene die ihn kontrollieren.

Sozialismus wird populär da er immer auf die Sentimente der Bürger einwirkt, jeder anständige Mensch hegt eine Empathie zu denen die ihre Arbeit verlieren und nicht mehr in der Lage sind sich und eventuell noch viel schlimmer ihre Kinder zu versorgen. Der Sozialismus oder die linken Fraktionen werben für sich selbst, indem sie dieses Mitgefühl ausnutzen.

Sie verkaufen sich als gute Samariter die den armen und schwachen helfen.

Ihre Aufgabe ist es den Robin Hood für die armen und schwachen zu spielen, das Geld zu nehmen von jenen die zu viel davon haben.

Sie bieten dem Bürger eine Sicherheit an, diese Sicherheit ist verlockend.

Jedoch muss bedacht werden, dass jeder der Geld vom Sozialstaat bekommt auch immer einem anderen einen Teil dessen was er sich erarbeiten musste wegnimmt.

Wir sollten uns darüber im klaren sein, dass die meisten Menschen in der Bundesrepublik ihr Geld auf ehrliche Weise verdienen. Das manche Professionen den Rahmen sprengen und die Situation anderer ausnutzen tut hier nichts zur Sache, letztlich sind die Rahmenbedingungen und der Aufbau des gesamten Staates so gelegt um jene zu bevorteilen. Dafür sollten jene die davon profitieren nicht persönlich verantwortlich gemacht werden. Sie verstehen wie sie diese Situation ausnutzen können. Wir müssen an dieser Stelle nicht über Moral und Gerechtigkeit diskutieren.

Natürlich sind diese speziellen Professionen egoistisch und arrogant. Doch sollte man immer auch bedenken, dass diese Teil des Spiels sind, welches heißt Klassenkampf und Aufbau von Neid.

Das heißt immer wenn jemand Geld vom Staat bekommt nimmt er es im Prinzip einem Mitbürger weg der dafür Arbeiten musste. So erhöht sich die Sicherheit des Sozialhilfe Empfängers aber jene die in die Kassen einzahlen, deren finanzielle Sicherheit wird gekürzt.

Nun wird der ein oder andere versucht sein zu sagen, der reiche soll ruhig blechen.

Doch sollte hierbei bedacht werden, dass alle die Arbeiten einzahlen, auch jene die über einen niedrig Lohn verfügen.

Und so sind es diese Versprechungen die alle sozialistischen Systeme machen die bösen Reichen zu stürzen und zu besteuern.

Doch wer nimmt ihren Platz ein? Es werden immer andere den Platz der vorigen einnehmen.

So hatten auch die Braunhemden das Blaue vom Himmel versprochen, und die Kommunisten in Russland und China; das Resultat von Sozialismus und Umverteilung von Arm zu Reich war ein einziges Geschichtliches Desaster.

Alle Kollektiven Systeme predigen die Umverteilung von Arm zu Reich. Es ist immer das alte Spiel der Schein-Samaritaner und Möchtegern Helden in Grünen Strumpfhosen.

Gleichzeitig wird der Sozialhilfe Empfänger abhängig vom Staat.

Die Sicherheit des Individuums ist nun der Staat. Eine unpersönliche und bürokratische Institution. Diese verkauft sich als menschlich, doch letztlich ist sie künstlich und als reine Maschinerie zu sehen.

Der Sozialismus schafft unsoziale, unmenschliche Institutionen und verkauft diese als Helfer.

Die Qualität der Sozialhilfe kann erhöht und gesenkt werden nach belieben und gibt den Kontrolleuren dieses Hebels macht über seine Subjekte.

Es können 50 Jahre lang Geschenke verteilt werden und die Menschen sich Pudelwohl fühlen im Sozialismus doch irgendwann fällt er der Hammer und die Kassen sind leer; was jetzt?

Wir sind allzu leicht bereit unsere Freiheiten gegen Sicherheiten auszutauschen.

Freiheit geben wir auf um etwas unsichere Sicherheit dagegen einzutauschen.

Die Sicherheit die uns der Sozialstaat gewährt ist eine die nicht dauerhaft gewährt werden kann, dies sollte bewusst werden.

Dafür geben wir die Freiheit auf nicht mehr voll über unser erarbeitetes Geld verfügen zu dürfen.

Wieso sparen wir das was übrig bleibt nicht einfach selbst?

Es ist ein generelles schwaches Selbstbewusstsein, welches sich in einer sozialistisch ausgerichteten Gesellschaft ausbreitet. Wir sind nicht selbstbewusst für uns selbst zu sorgen und wenden uns einer höheren Macht dem Vater Staat zu. Dieser ist unser Selbstbewusstsein.

Die Wirtschaftlichen Bedingungen in ihrer Auflösung des jetzigen Status Quo, verstärken auch noch das Schwache Selbstbewusstsein der Massen.

Es ist einer dieser Teufelskreise in den wir geworfen wurden, und von außen ausgelacht werden vom Teufelchen mit Mistgabel Kohle in die vorbereiteten Absenkungen der Feuerbarriere die ihn versiegeln werfend.

Die Utopie der Marxisten entwirft ein Bild indem alle Arbeiten und gleich sind.

Der Staat wird zu einer gewaltigen einzigen Fabrik, in der die unzähligen Hände auf das gleiche Ziel hinstreben ein Utopia der Arbeiter und Gleichgerechtigkeit.

In diesem Utopia sind dann alle Proletarier. So werfen sie mit Bezeichnungen um sich die dann von den geblendeten dieses Schein Utopia zu sich genommen werden wie die Muttermilch des Säuglings. Ihr Verstand ist voll davon wie das Kind nur die Muttermilch verträgt so verträgt ihr Verstand nur noch diese falschen Ideale und Bezeichnungen. Projektionen im Verstande eines Erwachsenen ohne Selbstbewusstsein. Sein Vertrauen in ein Kollektiv Utopia werfend.

So eifert der Sozialist, Marxist, Kommunist oder Nationalsozialist sein ganzes Leben diesen unterschiedlichen aber sich insofern ähnelnden Utopien nach und richtet seine ganze Verstandeskraft die ihm noch verblieben ist auf diese falschen Projektionen.

Von Freiheit, Gerechtigkeit und Brüderlichkeit in einem Kollektiv Staat.

Man tausche das Arbeiter Paradies durch ein Paradies von Blond-Schöpfigen Ariern aus und ersetze das Wort Proletarier mit Arier und man hat ein und den selben braunen, faulen und verschleimten Haufen Brei vor sich.

Man stelle sich indessen eine Gesellschaft oder eine Nation vor in der Alle in dieser gewaltigen Fabrik tätig sind. Diese gewaltige Maschinerie die für das Gemeinwohl der ganzen Bevölkerung sorgen soll. Es gibt kein Ausweichen mehr, keine freie Bastion die nicht davon in Beschlag genommen wird; siehe DDR, es vergeht kein Tag an dem nicht im Fernsehen Berichte zu sehen sind über gebeutelte Ostdeutsche die ihren Kummer über die jetzigen miserablen Zustände breitmachen, um dann ein romantischen Blick auf die tolle alte „Deutsche Diktatorische Republik", zu werfen.

War es so schön eingesperrt zu sein in eine gewaltige Fabrik; gleich einem Militärstaat aus dem sogar die Einreise in den Westen verboten war? So sieht es unweigerlich in jedem Kollektiv Staat aus, denn er konsolidiert Raum, Ressourcen, Zeit und Volk! Man stelle sich das Antike Sparta vor, ein einziges Militärvolk mit strikten Vorschriften. Jede Maschinerie die effektiv laufen soll muss mit der Zeit raue Züge annehmen, sprich all jene die unbrauchbar werden für diese Maschinerie; den Staat, diese gewaltige Fabrik werden aussortiert und noch schlimmer beseitigt.

So schnell wird aus einem Utopia dann ein Distopia.

Eine Gesellschaft die an Freiheit gewöhnt ist, so wie es in den Vereinigten Staaten zu ihren glanzvollen Zeiten noch der Fall war, fällt es schwer diese Freiheit gegen Sicherheiten in einem Sozial Staat einzutauschen. Doch schrittweise hatte man diese Freiheit gegen Sicherheit in einem Sozial Staat ausgetauscht.

Die Freiheit wird absorbiert von der Sicherheit.

Die Freiheit in einer freien Marktwirtschaft zu agieren wird gehemmt und zerstört schließlich die Märkte. Schleichend wird immer mehr Geld der Entrepreneure benötigt um die leeren Sozial Kassen zu füllen. Und so verliert der Markt immer mehr an Kraft. Schließlich profitieren jene die nicht zu belangen sind weil sie zu groß sind für den Staat. Die Taschen der Bürger des Landes leeren sich nach und nach und sie sind gezwungen so zu konsumieren, dass sie jenen ihr Geld geben die auf Masse produzieren. Somit fallen immer mehr kleinere Betriebe der Insolvenz zum Opfer und müssen auch anstellen um ein bisschen Sozial Hilfe zu bekommen und so sinkt stetig der Wohlstand in einem Staat mit Staatlichem Sozial Netz.

Die Möglichkeit in einem freien und reichhaltigen Markt mit starker Kaufkraft zu agieren sinkt so stetig ab, und hinterlässt eine stagnierende Wirtschaft. Der Reichtum verteilt sich so von unten nach oben wie einer Pyramide gleich. Die Fabianisten hatten gelernt diesen Prozess langsam anzusetzen. Wohingegen die radikalen Sozialisten wie Nationalsozialisten und Kommunisten diesen Prozess beschleunigen.

Je mehr also der freie Markt durch Sozial Abgaben in die Sozial Kassen besteuert wird,
umso unsicherer gestaltet sich die Zukunft der Bürger in der Wirtschaft einen Teil vom Kuchen des Wohlstands abzubekommen. Sprich die Sicherheit die wir uns erhoffen zu erhalten ist eine Unsicherheit, wir verlieren die Unabhängigkeit selbst in der Wirtschaft teilzuhaben.

Und so bilden sich Monopole und Ketten, Supermarkt Ketten, Fast-Food Ketten, Ketten jeglicher Art; niemand ist mehr in der Lage sich zu spezialisieren und eine eigene Existenz aufzubauen.

Der Markt wird übernommen von einem Kollektiv von Superkonzernen.

Wir befinden uns nun an der Schwelle zur völligen Auflösung, aus der sozialen Marktwirtschaft wurde eine unsoziale, diese wird ersetzt werden durch eine Monopoly-Marktwirtschaft der Großkonzerne. So arbeiten wir alle nur noch für die „Großen" und sind im Prinzip Sklaven geworden. Dies ist die Aussicht im Sozialismus. Das was Marxisten und Nationalsozialisten im Schnelldurchlauf erzielten. Schaffen die Fabianisten die Meister des Demokratischen Sozialismus schleichend und somit ohne eine Revolte zu riskieren.

Viel mehr noch, sie haben die Zustimmung der Bevölkerung.

Die Geschichte des Sozialismus in Deutschland reicht weit zurück bis zu den Zeiten eines Bismarck und Preußen. So hatte man die Bevölkerung daran gewöhnt eine sichere Tätigkeit als Beamter oder Soldat im damaligen Beamtenstaat zu übernehmen und so übernahm das Deutsche Bewusstsein diesen Beamtenstaat, er ist völlig verfestigt. Ein Staat ohne gewaltige Bürokratische Strukturen ist für die Menschen hierzulande undenkbar geworden.

Wenn ein Entrepreneur hunderte von Leuten beschäftigt wird er in unserer Gesellschaft mit Argwohn betrachtet. Doch befiehlt ein hoher Beamter oder Offizier hunderte unter sich so wird er als Autoritätsperson mit viel Hochachtung und Respekt beachtet.

Dies hat sich in das Unterbewusstsein aller verfestigt. Sogar der Autor muss zugeben immer noch trotz dem Wissen um dieses, dass es ein auferlegtes getäuschtes Bewusstsein ist, erliegt das Unterbewusstsein diesem. Wir wurden aufgezogen Respekt zu haben vor Staatlichen Autoritäten diese fürchten wir.

Alle anderen Autoritäten haben sich als Ausbeuter und Menschenfeinde in unser Bewusstsein verfestigt. Außenstehende fremder Länder wie zum Beispiel Friedrich Hayek, jener aus Österreich in die USA ausgewandert war; er schilderte aus seiner Perspektive, den Prozess der Bürokratisierung aller Staaten im Stile des Strikten alten Deutschen Preußischen Beamten Staates.

So wurde das Einkommen in nahezu allen Bereichen gewährleistet durch eine höhere Autorität.

Der Weg für den Nationalsozialismus in Deutschland wurde also durch die moderaten Sozialisten geebnet, über Generationen vorher. Sozialismus reicht immer dem Faschismus die Hand und Holz im Staffellauf des Errichtens eines „Perfekten Staates" wie Sokrates ihn nannte.

Es ist verlockend die Sicherheit einer Langzeit Beschäftigung als Beamter oder Berufssoldat anzutreten, und für einen langen Zeitraum oder den Rest des Lebens abgesichert zu sein.

Bis zum Tode abgesichert durch den Staat. Des weiteren einen Sonderstatus zu erhalten, den Titel des Beamten und so fort. Es ist eine Motivation dem Staat gute Dienste zu leisten, in der Organisation und Ausbildung der restlichen Bürger.

In der Wirtschaft gibt es keine vergleichbare Alternative Sicherheit, Status und Aufstiegsmöglichkeiten zu erhalten. Und so ist dies ein weiterer Punkt der dem Sozialistischen Staat als Promotion zugute kommt. Je mehr sich der Staat ausweitet um so mehr Bürger werden versucht dem Staatsdienst beizutreten und ihre Freiheit aufgeben für Sicherheit im Beamtentum und Kollektiv Staat. Der Staat absorbiert so nach und nach die Bürger in einen reinen Kollektiv Staat in dem der Staat alles bestimmt. Die Schlechten wirtschaftlichen Bedingungen treiben die Bürger geradezu wie die Lemminge in die Fangarme des Kollektiv Staat. Dieser muss sich im Laufe der Zeit als diktatorisch und allumfassend outen. Der Staat nimmt alle auf die in der gemeinen Wirtschaft nicht mehr fündig werden zu arbeiten, so entsteht wieder einmal Faschismus.

Auch profitiert ein solcher Staat davon Terror zu schüren oder von willkürlichem Terror kleiner militanter oder terroristischer Gruppen, denn nun kann man es rechtfertigen mehr und mehr Sicherheitspersonal zu rekrutieren.

Nun da ausgiebig besprochen wurde wie ein Kollektiv Staat entsteht und wie Sozialismus absorbiert und zu Faschismus werden kann, müssen wir verstehen wie diese verschiedenen Kollektiv Systeme bestens geeignet sind, um von Despoten, Schweinen, Parasiten und Psychopathen übernommen zu werden.

Dieses sollte ein jeder der sich als überzeugter Sozialist bezeichnet, egal ob er Sozialdemokrat ist oder radikal links, stets vor Augen halten. Blauäugigkeit hat allen Despoten geholfen an die Macht zu gelangen.

Wir wurden von Kind auf darauf hin konditioniert und indoktriniert, dass gewalttätige Braunhemden mit Schwarzen Stiefeln und Knüppeln angetrieben von einem Wahnsinnigen mit Schnauzer, wie der Rattenfänger von Hameln gleich sie sammelt um alle Türen einzutreten um ein totalitäres System mit Gewalt durchzusetzen. Sie halten Paraden ab mit ihren lächerlichen Parolen.

Die radikalen Sozialisten hatten gelernt, dass man sich nicht auf die demokratische Stimme der Massen verlassen kann um seine Ziele durchzusetzen. In einer geplanten Kollektiv Gesellschaft dürfe nur eine Handvoll über die Massen bestimmen. Nur so könnte man effektiv sein und auch erfolgreich. Die selbe Doktrin wird uns nun wieder verkauft wohin wir blicken, egal ob EU Parlament oder US Parlament. Man muss wenige Experten auswählen um effektiv zu sein.

Die Fädenzieher eines solchen Sozialistischen Systems müssen sich der Tatsache bewusst werden, dass sie die Masse der Menschen nur einfangen können, wenn sie ihre Ideen und Kredo auf einem niederen Intellektuellen Niveau formulieren. Denn nur so können sie die Massen einfangen.

Die minder intelligenten als auch die hoch intelligenten, können durch eine gut formulierte Idee oder Manifest bewegt werden, wenn sie von den hohen guten Idealen, der Verkünder der frohen Botschaft überzeugt sind.

Es wird schwieriger Nährboden zu finden innerhalb einer Gesellschaft unter jenen die intelligent genug sind die Beweggründe zu verstehen. Es ist schwieriger eine intelligente Masse zu bewegen. Und so wird die innere Partei anfangen, jene zu rekrutieren die sich mit niederen Weltanschauungen und Werten auseinander setzen, denn sie sind einfacher zu einer Einheit zu vereinigen.

Sobald ein Kern geformt wurde, wird sich die Ideologie wie ein Lauffeuer auf den Rest ausbreiten.

So funktionierte es unter den Nazis im 3.Reich und auch im Stalinistischen Russland.

Die selben Methoden werden auch im moderaten Demokratischen Sozialismus angewendet um die Massen für ein Vorhaben zu gewinnen. Sei es nur ein neues Gesetz oder eine Reform.

Die Helfer der Handvoll von Anführern einer radikalen Gruppe, repräsentieren folglich die unmoralischen unter der Bevölkerung. So muss der Rest sich fügen.

Sozialismus verkauft sich als humanistisch, indem er sich in den humanistischen Wertvorstellungen die der Individualismus entwickelt hat einhüllt. Beispielsweise der Freiheit des Individuums.

Man predigt die Freiheit vor Unterdrückung von höher gestellten.

Liberaler Sozialismus ist eine Farce, ein nicht erreichbares Ziel, denn das praktizieren von Sozialismus bewegt sich immer in die totalen um alle Felder der Gesellschaft zu besetzen.

Und sobald alle Felder besetzt wurden ist im Kollektiv Staat kein Platz mehr für Individualismus und auch nicht für Humanismus im freiheitlichen Sinne. So kann Sozialismus niemals als freiheitlich bezeichnet werden. Es gibt immer Restriktionen die sich durch die Normen des Kollektivs ergeben.

Wie bringt sich das Individuum in eine Gruppe ein? Hierzu schreibt Friedrich A. Hayek:

[...] das Verlangen eines Individuums sich mit einer Gruppe zu identifizieren ist sehr häufig das Resultat eines Gefühls der Minderwertigkeit und deswegen wird sein Verlangen nur gestillt wenn die Mitgliedschaft der Gruppe eine Überlegenheit gegenüber Außenstehenden gewährt. Manchmal, scheint es, in der Tat so zu sein dass diese gewalttätigen Instinkte welche das Individuum kennt zügeln muss, innerhalb der Gruppe können diese sich in der Kollektiven Aktion gegenüber Außenstehenden frei äußern [...]. [4]

So organisiert sich folglich der Sozialismus, in Gruppen, Komitees und allen erdenklichen Zusammenschlüssen, die alle Bereiche ausfüllen.

Die Gruppe verleiht dem Individuum Macht.

Jene die also über ein niederes Selbstbewusstsein verfügen sind eher gewillt diesen Gruppen beizutreten, denn im Kollektiv fühlen sie sich stärker.

Dies führt dazu die schlimmsten Elemente einer Gesellschaft zu vereinen.

Die Vergötterung von Macht war der Antrieb der frühen „Fabianistischen Sozialisten", unter anderem des Schriftstellers Bernard Shaw. Dieser war der Auffassung das kleine Staaten in der Zukunft kein Platz mehr hätten und absorbiert werden würden von großen Staaten und Blöcken.

Es besteht also kein Unterschied in der Grund Ideologie von jenen die sich als moderate demokratische soziale Sozialisten präsentieren; zu den radikalen Faschisten und Anhänger des Sozialismus, diese Sichtweise deckt sich auch mit dem denken der Marxisten und Kommunisten.

Alles muss in Blöcke, Konglomerate, Monopolys und Mächtige Staaten absorbiert werden.

Wo findet hier das Individuum noch seine Freiheit? Diese muss geopfert werden.

Sie kann nicht blühen in einem solch aggressiven Umfeld.

Und so kann ein „moderater" Sigmar Gabriel uns die Blockbildung die seine Sozialdemokraten unterstützen mit all ihren Bündnissen und ausweitenden Regulierungen die unsere Gesetze und Freiheit untermauern als einzigen Ausweg in einer globalisierten Welt verkaufen.

Wieder einmal zu erkennen, besteht nur ein geringer Unterschied zwischen Sozialdemokraten, Linken und Faschisten sie alle glauben an die nicht zu bändigende Macht von Großen Staaten, Zusammenschlüssen und sind verliebt in das Gruppendenken, das Massendenken, den Viehtrieb; jener den Menschen zum Tier werden lässt im Kollektivgeist des Biestes.

Die einzige Möglichkeit ein Kollektiv zu erschaffen ist das Bündeln von Macht, von purer Kraft der Massen. Der Erfolg des Vorhabens in einer solch globalisierten Welt hängt davon ab wie man die Macht der Massen zu bündeln versteht.

Dies ist die Religion des Sozialismus; „nur zusammen sind wir stark".

Der Irrglaube ist jener, dass alle glauben wenn sie ihre Macht an das Kollektiv abgegeben wird diese Macht ausgelöscht, wenn in Wirklichkeit diese absorbiert wird. Und viel Macht an die Spitze des Kollektivs verteilt. Es sind wohl keine anständigen Menschen zu finden die Machtgierig sind.

Diese findet man unter den Soziopathen und Psychopathen und jenen die für Anerkennung und Ruhm ihre Seele verkaufen.

Ein Beispiel von Aufgabe individueller Macht ist der Nicht Besitz über eine Feuerwaffe.

Das indoktrinierte und im Sozialismus aufgewachsene Individuum glaubt, wenn es diese Macht an das Kollektiv also an den Staat abgibt, Macht aus seiner eigenen Hand abgelegt zu haben, und keine Gefahr mehr für die Gesellschaft darzustellen, oder der Böse Nachbar kann nichts böses machen.

Wenn in Wirklichkeit diese Macht, die das Individuum aufgibt dem Kollektiv also dem Staat mehr Macht überträgt. Somit verschwindet abgegebene Macht niemals im leeren Raum.

Sie wird wie in ein Vakuum absorbiert und droht zu explodieren sobald zu viel Macht abgegeben wurde. Ein weiterer Trugschluss ist zu glauben den jetzigen Monopoly Kapitalismus, jener von hunderten von Firmen und Kartellen dominiert wird, auszutauschen gegen ein Komitee von Sozialistischen Staatsdienern; die über die gleiche Macht verfügen würden wie dieses Monopoly.

Wie können wenige dutzende Männer und Frauen dem Macht Missbrauch widerstehen, den sie erhalten würden wenn sie über die gesamte Kaufkraft des Landes entscheiden dürften?

Die gesamte Wirtschaft und Produktion eines Landes ihrem Willen unterstehen würde.

Die Konkurrenz von vielen Entrepreneuren innerhalb einer Marktwirtschaft ist es die Macht limitiert und aufteilt. So möchten die Manipulateure uns erklären, dass Kapitalismus alleinig schuld daran ist, dass sich Macht Monopole gebildet haben. Und die einzige Möglichkeit dieses zu brechen ist aus ihren Gedoppelten Zungen austretend das Wort Verstaatlichung. Verstaatlichung schreien die Linken! Wer übernimmt die Kontrolle darüber? Können wir Ex-Stasi Funktionären trauen?

Solchen die in einer Paranoiden jeder überwacht den Nachbarn Gesellschaft aufwuchsen, und die alten Ideale nun hier im Westen an uns verkaufen wollen als Heilmittel gegen Korruption und Machtbildung. Wenn die Droge des Sozialismus Macht des Kollektivs über das Individuum ist.

Im Sozialismus wird die Moral gerechtfertigt in den Zielen der gesamten Gesellschaft, also dem Staat oder alle die darin leben. Somit kann kein Platz sein für die Belange des Individuums.

So ist die Moral des Sozialismus eine gebündelte auf strikte Ziele ausgerichtete Moral.

Sie kann nicht das Individuum berücksichtigen, wenn die Gesellschaft auf etwas bestimmtes zuzusteuern hat. So muss sich das Individuum der sozialistischen Moral beugen.

So musste jeder Mann im 3. Reich der Kampffähig war kämpfen, seine eigene Moral ist ausgelöscht und überschrieben worden; sich aus dem Krieg dem töten von fremden herauszuhalten.

So definiert sich im Sozialismus ein spezielles System an Moralvorstellungen, es muss strikt sein wenn es alle betrifft, anders kann es nicht funktionieren. Ein unmenschlicher Kodex muss zwangsläufig entstehen. Denn die Ziele des Kollektivs können nur erreicht werden durch Opferung des Individuums.

Niemand kann sich so heute in Anno Neuzeit und Idiotie, dem kollektiven Geist entziehen, nicht die Co2 Steuer zu bezahlen. Denn die neu auferlegten Gesetze der Wetterfrösche im Stile von Baron Rothschild und Al Gore sagen, dass wir als Menschheit verdammt sind.

Also müssen alle die in der Demokratisch Sozialistischen Bundesrepublik Deutschland leben eine Steuer auf die Luft zahlen die sie ein und ausatmen. Das Ziel des Kollektiven Westen, des demokratischen, ökologisch denkenden und Umweltbewussten ist also die Rettung der Erde dies ist nur möglich wenn alle mitmachen, also ist die Steuer eine Pflicht und wird im Gesetz verankert.

Die Pflicht des Kollektivs mitzuwirken also aller Staaten des Neuzeit Sozialismus gebietet es sogar die Grundgesetze zu brechen.

Alle alte Moral, alle alten ethischen Werte werden also von der Neuen Kollektiv Ethik überschrieben. Es entstehen neue ethische Werte. Diese gebieten die Erde nicht weiter mit giftigem Co2 also Bestandteil der Luft zu verpesten. Jegliche Logik muss dieser Kollektiv Moral unterliegen.

Folglich sind keine Grenzen an Aufopferungs-Bereitschaft des Individuums gegeben.

Nur noch das Kollektiv zählt hier. Die Masse macht die Moral und die Ethik.

Jene die im Kollektiv Staat, Sozialismus, Kommunismus oder Nationalsozialismus die Spitze der Pyramide bilden, müssen skrupellos handeln können, sie müssen bereit sein jegliche Moral und Ethik beiseite zu legen. Da die Anführer einer Kollektiv Gesellschaft von oben herab die Befehle an die Massen abgeben können, bedarf es keiner moralischen oder ethischen Bedenken mehr.

In einer Position von solchen Ausmaßen wird sich eine unmoralische und Machthungrige Person wohlfühlen und nicht jene die ihre Handlungen moralisch rechtfertigen müssen.

Die rechtschaffenen und moralischen hegen keinerlei Aspiration in einem Kollektiv System aufzusteigen, in dem Entscheidungen getroffen werden müssen, die das Schicksal eines Mitmenschen betreffen würden. Das Schicksal des Mitmenschen gegenüber der gewaltigen Maschinerie des Kollektivs oder totalitären Staates zu besiegeln.

Es wird notwendig sein schmutzige Aufgaben zu erledigen, zu denen anständige Menschen nicht fähig sein können. Und so werden immer die schlimmsten Elemente einer Sozialistischen Gesellschaft an die Spitze gelangen. Im Kollektivismus ist kein Platz für Individualismus und was macht man mit denen die nicht mit dem Strom schwimmen?

Diese müssen umerzogen werden oder beseitigt, unweigerlich.

Jeder Kollektiv Staat muss egal wie gut er sein mag, im Laufe der Zeit mit Dissidenten rechnen, die Gesetze des Kosmos wurden so geschrieben. Und so kann es niemals ein Utopia geben, ein Staat in dem alle in Frieden und Eintracht leben ohne dass auch nur ein tropfen Blut vergossen wird. Genau diese Utopie verkaufen alle Sozialisten den gutgläubigen Massen.

Jeden Einzelnen im Sozialismus davon zu überzeugen, dass die Ziele des Staates zu befolgen sind, ist nur möglich wenn man jeden einzelnen davon überzeugt. Es genügt nicht die Leute zur Arbeit zu zwingen, jeder einzelne muss überzeugt davon werden, dass die Ziele den eigenen Wunschvorstellungen entsprechen. Wie können alle Menschen die gleichen Träume und Vorstellungen haben? Es ist unmöglich. So unterschiedlich sind die Menschen gepolt, dass es nicht sein kann. Das Empfinden in totalitären Systemen zu glauben man wäre frei entspringt dem, dass der Staat einen glauben lassen will und dazu überzeugt sich so zu fühlen.

Dies ist die Voraussetzung für das Sozialistische System zu gewährleisten, dass es effizient arbeitet. Genau jetzt wird im totalitären System die Heuchelei geboren.

So sind viele die unter Titos Sozialismus gelebt haben, fest davon überzeugt, dass es ein gutes System war, denn alle waren zufrieden. Doch waren sie auch andere Standards gewohnt zum damaligen Zeitpunkt? Hat der Staat unter Tito es nicht auch verstanden die Leute glauben zu lassen sie wären glücklich?

Es ist notwendig alle Menschen mental Gleichzuschalten. Die Birnen müssen alle gleichzeitig anspringen, wenn der Lichtschalter gedrückt wird.

Da alle Medien in der Kontrolle des Staates liegen ist es ein einfaches die Meinungen und Gedanken der Massen so zu formen, wie es die Ziele des Staates vorgeben.

Im „freiheitlichen" Demokratischen Sozialismus in dem wir aufwuchsen, wird dies geregelt indem man Lizenzen vergibt für Radiorechte und nur solche TV-Programme existent sind die das ausspucken was von oben vorgekaut wird. Alle Informationen sind streng zensiert.

Alles was sich außerhalb bewegt wird als Verschwörungstheorie verflucht.

Bericht Erstattung in einem totalitärem System darf niemals die Wahrheit respektieren.

Denn dies würde die Massen davon abhalten gleich zu denken. Und fremde Einflüsse würden den Strom stören in dem die Fische sich bewegen. So sieht sich jedes totalitäre oder sozialistische Regime gezwungen die Wahrheit zu verdrehen.

Wie hätte man den Kommunismus in Russland rechtfertigen können, wenn die Russische Bevölkerung gesehen hätte, welch Luxus und Wohlstand sich der durchschnitts Amerikaner bis zum Zerfall der Sowjetunion leisten konnte?

Wenn der durchschnittliche Russe sich damit begnügen musste eine Schrottkarre zu fahren oder die öffentlichen Verkehrsmittel zu nutzen hatte und in einem herunter gekommenen Plattenbau hausieren musste.

Während der durchschnittliche Amerikanische Arbeiter tätig in der freien Marktwirtschaft, sich sein Eigenheim mit Garten und einem 300 Pferdestärken Ford Mustang leisten konnte und seiner Frau noch einen Pick-up Truck vor die Tür stellte damit sie genug Platz hatte für ihren Einkauf im Supermarkt um dutzende Tüten voll mit Gucci Schuhen und Klamotten von Versage aufzuladen.

Wie kann man es rechtfertigen im modernen Europa, den Euro zentral auszugeben von den verschiedenen Zentralbanken in Europa dirigiert, wenn diese Währung der Inflation ausgesetzt ist? Die totalitäre Propaganda hat uns niemals über die wirkliche Funktion der Zentralbanken aufgeklärt. Wir wissen, dass es Zinses Zins gibt und Zinsen. Aber nicht wieso und wozu?

Wieso würden wir diese Währung weiterhin unterstützen wenn wir wüssten, dass wir unsere eigenen Währungen haben könnten frei von Inflation?

Einfach indem wir nur soviel Geld drucken wie wir benötigen.

Indem wir uns die versteckte Steuer der Inflation sparen weil wir nicht einer Institution unterliegen die von Monopolisten Bänkern gegründet wurde.

Es mussten folglich Mythen in die Welt gesetzt werden, dass nur eine Zentralbank die Wirtschaft mit den richtigen Stimuli am leben halten kann. Wenn genau das gegenteilige der Fall ist.

Der Zweck heiligt die Mittel in jedem Fall uns zum Narren zu halten.

So muss das Establishment eines totalitären Systems sich Geschichten einfallen lassen und Schauer-Märchen um die Bevölkerung in den Schlaf des Zentral Gesteuerten Kollektiv Staates zu wiegen. Solche Heuchelei und Mär Erzählungen werden als noble Lügen innerhalb des Regimes eines Establishment bezeichnet. Der Zweck heiligt die Mittel.

Der beste Weg um Werte zu verändern ist laut Friedrich Hayek:

Die Effektivste Art und Weise Leute die Gültigkeit von Werten akzeptieren zu lassen denen sie zu dienen haben ist sie davon zu überzeugen dass sie wirklich die selben sind wie jene die sie, oder zumindest die besten unter ihnen, immer schon hatten, aber welche nicht richtig verstanden wurden oder vorher richtig erkannt wurden. Die Leute sind nun bereit ihre Treuepflicht von den alten Göttern auf die neuen zu transferieren unter dem Vorwand dass die neuen Götter wirklich das sind was ihr logischer Instinkt ihnen schon immer versuchte zu vermitteln aber den sie vorher nur getrübt sehen konnten. Und die effektivste Technik zu diesem Zwecke ist es die alten Worte zu gebrauchen und nur ihre Bedeutung zu verändern [...], die komplette Umkehrung der Sprache, das verändern der Bedeutung der Worte durch jene die Ideale des Neuen Regimes sich ausdrücken. [5]

So wie Al Gore als er vor die Öffentlichkeit trat mit seinem „Schock" Video „The Inconvenient Lie", wie man es schon häufig heißt. Um uns zu predigen, dass wir dem Planeten schon viel zu lange schaden, dies zwar wüssten aber nicht so richtig wahr haben konnten.

Doch er der Heilsbringer der Zukunft hat uns darauf aufmerksam gemacht und nun sind wir alle erpicht darauf diese neuen Ideale zu wahren und wir Zahlen unser Ablass indem wir Steuern zahlen für das Aussondern von dem „tödlichen Gift" Kohlenstoffdioxid.

So sind wir nun bereit dem neuen Gott der Erde zu huldigen und den Öko-Faschismus den alten Gott des erzwungenen Massen Konsums und der Verschwendung abzulegen.

Alter Gott Ade, Neuer Gott Hallo. Hallo Öko-Faschismus wir lieben dich!

Es war uns schon immer unterbewusst bewusst, dass wir durch Konsum die Erde verpesten, aber erst jetzt sind wir geläutert worden; durch unsern neuen Gott Mr. Gore.

Mister Blutparasit, Mister Blutsauger.

„Komm und sauge uns leer mit deinem Öko-Faschismus du herrlicher Gore".

Zunächst einmal war es „Global Warming", also Globale Erwärmung und als dann die Temperaturen plötzlich durch des Gottes Gesegnete Hand fielen; da nannte man das neue Phänomen „Climate Change", also Wetterveränderung.

Da die Temperaturen nicht mehr stiegen sondern fielen, musste man den Begriff ein bisschen verändern um ihn wieder gerade zu biegen, nein Entschuldigung gerade verdrehen.

Gerade drehen meinte ich, nein nicht gerade, verkehrt, ach ihr versteht mich alle nicht.

So ist es im totalitären Sozialismus der Idiotie der Neuzeit in die wir geboren wurden.

Die einfachsten Dinge sind unbegreiflich geworden. Die Sonne ist nicht mehr zuständig für Hitze und die Wolken sind nicht mehr zuständig für das kühlen der Luft.

Al Gore sei gedankt wir wurden erleuchtet vom König der Schweinepriester.

Jener in den USA unterdessen zum Spot der Massen wurde, als seine Schauer Märchen aufflogen.

Immer wenn in einem sozialistischen oder totalitärem System die Rede ist von etwas das sich gut anhört und wir glauben es dient unserem Wohlbefinden oder ist zu unserem Besten; müssen wir wissen, dass genau das gegenteilige gemeint wird.

Worte wie Freiheit, Wohlstand, Kontrolle, Sicherheit, Expertenschaft sind immer im umgekehrten Sinn zu sehen, so wie George Orwell es in „1984", so makaber und lustig darstellen konnte.

Wenn man uns vor heuchelt das unsere Demokratie in Gefahr ist bedeutet dies, dass das totalitäre System der Scheindemokratie gefährdet ist. Die Freiheit die dem Kollektiv angepriesen wird ist keine Befreiung für das Kollektiv, viel mehr eine in jener, diesen Leuten die die Zukunft planen, unbegrenzte Möglichkeiten zur Verfügung stehen die Massen so zu behandeln wie es ihnen gefallen möge. Die Freiheit die man uns verspricht indem man uns unserer Freiheitlichen Rechte beraubt, weil man überall Check-Points errichten muss um Terroristen davon abzuhalten uns in die Luft zu jagen. Man garantiert uns Freiheit innerhalb eines errichteten Gefängnisses indem die Wärter mit der eingesperrten Bevölkerung verfahren können wie es Ihnen beliebt. Worte wie Gerechtigkeit können einfach verdreht werden und neu ausgelegt. Es war die Gerechtigkeit der Braunhemden Faschisten, jeden Juden der sich seine Existenz hart erarbeitet hatte zu berauben. Es wurden neue Gesetze aufgestellt. Gerechtigkeit wurde neu definiert, es war die Gerechtigkeit der Arischen Rasse die der Gott der Braunhemden vom Sterne Aldebaran auf die Erde gebeamt hatte.

Diese neue Gerechtigkeit und Freiheit war es sich von den ungerechten und Freiheitsraubenden Juden zu befreien. Ohne jegliche Rechtfertigung konnte man so die Welt der Nationalsozialistischen Ideologien so zurecht fertigen. Nein, es waren nicht die Zentralbanker die Schuld waren, es war der kleine Jüdische Bäcker ums Eck. Die Wahrheit und Logik muss im Sozialismus sterben.

Anders lässt sich Ungerechtigkeit schwer durchsetzen. Denn sonst würden ihr nur die Psychopathen und Soziopathen verfallen und diese machen immer nur einen kleinen Teil der Bevölkerung aus.

Jeder Zweifel in der Bevölkerung eines Sozialistischen Staates muss beseitigt werden.

Im Demokratischen Sozialismus bedient man sich Schlagwörter.

„Es ist eine Verschwörungstheorie aufgestellt von Schwachköpfen, Außenseitern und rechten Faschos, Vollversagern, Verrückten und Versagern." Wenn es immer nur die Theorien des Establishment sind die uns aufgetischt werden. Theorien sind es alles die sie uns erzählen. Der Sozialistische Staat muss es verstehen ständig neue Theorien unter das Volk zu bringen. Und alle Tatsachen als Verschwörungstheorien abzustempeln. Jede Lüge, jedes Versagen und jede Missetat des „Demokratischen Regimes" müssen uns als Wahrhaftig verkauft werden. Wenn es sich tatsächlich nur um Theorien handelt und diese eine weitreichende Verschwörung vorantreiben helfen. Die Theorie um den allmächtigen „Al-Kaida Baba Schlumpf" der hinter jedem Stock und Stein versteckt ist, die Theorie von Weltuntergangs-Szenarien aus der Zeit von verschollenen Kulturen, die Theorie vom möglichen Wirtschaftswachstum unter Einfluss einer Währung mit Zinses Zins und Zinsen was immer das heißen mag.

Jetzt kommt die Königin aller Theorien, die Theorie um die Möglichkeit, dass alle Theorien, nur Theorien sind, Theorien um uns im theoretischen Strudel der theoretischen Möglichkeiten, vom theoretischen Haben und Sein zu theoretisieren, zur Theorie führen ob der Mensch echt ist oder nur eine Theorie, eine wahnwitzige Theorie im theoretischen Verstand eines theoretischen Gottes, oder die Theorie des Urknalls, die theoretisch möglich sein könnte, und nur in der Theorie lebt aber man höre und staune, die Theorie wurde zu unserem Gott.

Dem theoretischen rationalen Atheisten, jener der Theorie über die Menschliche Allwissenheit verfallen ist, dies alles natürlich nur theoretisch. Es ist alle nur Theorie. Die Theorie hat die Logik theoretisiert ach hör mir auf ... mit Theorien und Schwachsinn denn mich dürstet die Wahrheit.

Jeder Fehler der in einem totalitären Staat gemacht wird muss beerdigt werden, es darf niemals die Superiorität der Funktionäre oder des Diktators in Frage gestellt werden.

Man beachte wie sich die Berichterstattung verändert hat. Wie oft wurde Schröder in den Medien zerpflückt. Wie sehr wird nun „Kanzlerin Merkel" gelobt in allem was sie tut.

Dieser Prozess innerhalb von wenigen Jahren und niemand scheint dies zu bemerken.

Die Allwissenheit des Staates breitet sich sogar mit fortschreiten der Despotie in allen Wissenschaftlichen Bereichen aus.

Friedrich August Hayek beschreibt dieses Absolute Wissen des Staates wie folgt:

Es scheint das pure Mathematik nicht geringer ein Opfer ist und sogar das festhalten an speziellen Sichtweisen über das Wesen der Kontinuität können ´Bourgeoisen Vorurteilen` zugeschrieben werden. Laut den Webbs [Berühmte Fabianisten], hatte das *Journal für Marxistisch-Leninistische Natur Wissenschaften* die folgenden Slogans: ´Wir stehen für die Partei in Mathematik. Wir stehen für die Reinheit der Marxistisch-Leninistischen Theorie der Chirurgie [...].` [...]

Es ist gänzlich im Interesse des ganzheitlichen totalitären Geistes dass es jede Menschliche Aktivität verdammt die dem eigenen Nutzen dient ohne keine anderweitigen Absichten zu hegen. Wissenschaft um der Wissenschaft willen, Kunst um der Kunst Willen, sind den Nazis gleichermaßen zuwider, unseren Sozialistischen Intellektuellen, und den Kommunisten. *Jede* Aktivität muss sich einem bewussten sozialen Zweck rechtfertigen. Es darf keine spontane, unaufgeforderte Handlung geben, denn sie könnte Resultate produzieren jene nicht vorhergesehen werden können und für die es keinen Plan gibt. Es könnte etwas neues entstehen, nicht geträumtes in der Philosophie des Planers.[6]

Wir könnten auf Dinge stoßen, die uns neue Sichtweisen aufzeigen.

Bessere Sichtweisen und Wege, die unsere „Politokraten" und Großkonzerne unbrauchbar machen würden. Sie in Vergessenheit geraten lassen würden.

Dies kann der Philosophie der Kontrolleure die wir nun kennen nicht zusagen.

Die Tragödie des Kollektivismus laut Hayek ist, dass er die Vernunft zur Hoheit erhebt,
aber gleichzeitig die Vernunft in diesem Prozess zerstört.

Die Doktrin des Kollektivismus so Hayek benötigt bewusstes Planen, so dass der Verstand von speziellen ausgewählten Individuen über alle anderen bestimmen sollte.[7]

Dies bedeutet eine Superbirne fertigt den gesamt Plan der gesamten Nation und ist imstande alle plötzlichen Änderungen, durch Wetter, Zeit und irgendwelche unvorhersehbaren Katastrophen zu erstellen; oder es ergibt sich eine spezielle Experten Gruppe von Hoch Intellektuellen Oxford und Yale Absolventen.

Wenn wir den klassischen Sozialismus eines H. G. Wells mit dem Hitlerismus vergleichen,
müssen wir zu dem Schluss kommen, dass beide sich wie ein Ei dem anderen gleichen.

Das eine Ei mag Braun gefärbt sein und das andere Rot, beide Ostereier sind letztlich wenn man sie aufpellt unter der nackten Schale betrachtet Weiß.

Das gelbe Vom Ei der innere Kern als solcher ist bereits vergammelt innerhalb dieser falschen Ideologien. Denn von beiden wird der Gesellschaft schlecht.

Wells fordert eine Kollektive Weltrepublik in der das Individuum sich einbringen soll in das Kollektiv und nur soviel besitzen darf wie notwendig.

Gleichzeitig propagiert er der größte Feind des „Adolfus Hit" zu sein und macht sich über die Idiotie des Nationalsozialismus lustig.

Wenn es Adolf Hitler war der sagte, dass der Bürger sich dem Vaterland aufopfern müsste und sich dem Staat zu fügen hat. Wie groß ist hier der Unterschied beider Ideologien?

Auch Hitler wollte die ganze Welt seinem Größen Wahn von Nationalsozialismus unterwerfen.

Der Unterschied besteht lediglich im Rassenwahn und der Tatsache das im Nationalsozialismus das Eigentum etwas mehr respektiert wurde oder anders verteilt wurde.

Dies sind die zwei und wohl einzigen Grundlegenden Unterschiede zwischen dem „Globalen Commonwealth" und Hitlers Germanischem Weltstaat.

Beide mussten die Massen ängstigen.

Hitlers Angst Mache war sicherlich primitiver und einfältiger als die eines H.G. Wells.

Doch zielten beide auf die gleiche Weltrepublik.

Der eine stand auf dem Podest als Volksverführer und Führer „der Germanischen Rasse" und der andere schrieb Bücher die sich auf der ganzen Welt verteilten und den Verstand von Millionen geraubt haben dürften und immer noch rauben. Die Gedanken eines H. G. Wells und seines „Kontrahenten", „Adolfus Hit" sterben niemals aus.

Möglicherweise wird man sie irgendwann einmal wenn ihre wahre Existenz nicht mehr nachweislich ist zu Göttern erheben und zum alten Götzendienst übergehen.

Die Sichtweise des Sozialismus wie er sich im Deutschen Verstand der vor Hitlerismus Zeit verfestigt hatte war jener der sich als einziger in der Lage sah, Europa richtig zu organisieren.

Die Geheimwaffe des Deutschen Volkes war demnach das jegliche Individualität im Laufe von Jahrzehnten und Generationen durch erfolgreichen Sozialismus ausgerottet wurde.

Das Übel des Sozialismus wich dem Übergeordneten Organisierten Perfekten Staat.

Wir stellen fest, dass nur ein geringer unterschied zwischen dem klassischen Sozialismus und Nationalsozialismus besteht. Und Sozialismus in allen Bereichen des Deutschen Lebens den Nationalsozialismus geboren hatte.

Der Nationalsozialismus war wie Sozialismus unter dem Einfluss von Drogen.

Er war noch zerstörerischer, noch effektiver und breitete sich noch schneller aus.

Gleichzeitig war er schneller zum scheitern verurteilt. Denn die Idiotie und der Wahn die den Nationalsozialismus begleiten, musste ihn unweigerlich zu einer gefährlichen aber definitiven Farce für alle außenstehenden machen.

Fortan mit dem Sieg über den Nationalsozialismus in Deutschland und dem Faschismus in Italien als auch der Kapitulation von Japan; folgte der stetige Aufstieg des Demokratischen Sozialismus.

Nun brauchte das Establishment einen neuen Feind, und der Kommunismus war wie geschaffen dafür.

Kaum waren die alten Feinde begraben, und der Sozialismus in Form des Nationalsozialismus und Kommunismus als Despotie und totalitär geoutet.

Hüllte sich der Wolf in das berühmte Schaf ein.

Das Wappen der Fabianisten ist tatsächlich ein Wolf im Schafspelz.

Der Sozialismus hatte eine neue Hülle angenommen er wurde zu Parlamentarischer Demokratie in Deutschland, und Konstitioneller Monarchie in Groß-Britannien.

Überall in Europa bis hin zum „Eisernen Vorhang" des Kommunistischen von der Sowjetunion dominierten Osten, gründeten sich Republiken. Alle waren der Doktrin des Schleichenden Sozialismus verschrieben.

Mit dem Tod von General Franco in Spanien war auch die letzte Diktatur im Westen gefallen.

Folglich begann man die Republiken auf eine Europäische Union hin vorzubereiten.

Und so bestätigt Friedrich August von Hayek Abschließend in seinem Werk „The Road to Serfdom" erschienen in 1944 die gefährlichen Tendenzen des Zeitgenössischen Establishments in den USA und im Westen, der Weg auf dem wir uns nun in voller Fahrt befinden:

> **Es sind nicht jene die an unausweichliche Tendenzen glauben die diese Courage aufbringen, nicht jene die eine ´Neue Ordnung` predigen welche nichts anderes als eine Projektion der Tendenzen der letzten vierzig Jahre ist, und an nichts anderes denken kann als Hitler besser zu imitieren. Es sind, in der Tat, jene die am lautesten nach einer Neuen Ordnung schreien die am meisten unter der Macht der Ideen erliegen welche diesen Krieg und die meisten Übel unter denen wir leiden verursacht haben. Die jungen sind im Recht wenn sie wenig Vertrauen für die Ideen aufbringen die die meisten ihrer älteren beherrschen. Aber sie befinden sich im Irrtum und werden fehlgeleitet wenn sie glauben dass dies noch immer die alten liberalen Ideen des 19. Jahrhunderts sind, welche, gewiss, die jüngere Generation schwerlich kennt. Trotz dessen dass wir uns weder wünschen können noch die Macht besitzen zur Realität des 19. Jahrhunderts zurück zu kehren, haben wir die Möglichkeit ihre Ideale zu realisieren [...].[8]**

Hatte sich Hayek geirrt in seiner Annahme oder trifft sie nicht zu?

Die Durchsetzung einer „Neuen Welt Ordnung", ist sie etwas neues oder eine alte Idee?

Wie sehr unterscheidet sich das jetzige „Demokratische" Establishment von dem Nationalsozialistischen?

Vergleichen wir einfach ein Zitat von Adolf Hitler mit dem von Georg Bush Senior.

„National Socialism will use its own Revolution for establishing a New World Order".
(Adolf Hitler)

Der Nationalsozialismus wird seine eigene Revolution nutzen um eine Neue Welt Ordnung zu etablieren. So versprach es der Volksverblender den Deutschen Massen.

Schauen wir uns jetzt an wie sehr sich die Gedanken eines George Bush von denen des Adolf Hitler unterscheiden. Diese Rede hielt er interessanterweise am **11.09.1991** exakt 10 Jahre vor dem berüchtigten 11. September 2001; und richtete sich damit an das Amerikanische Volk zunächst einmal auf Englisch danach wird der Autor ins Deutsche übersetzen.

> **We are Americans, part of something larger than ourselves. For two centuries we have done hard work of freedom and tonight we lead the world in facing down a threat to decency and humanity. What is at stake is more than one small country, it is a big idea a New World Order, for diverse Nations are drawn together in common cause to achieve the universal aspirations of mankind, peace and security, freedom and the rule of law. Such is a world worthy of our**

struggle and worthy of our childrens future [...].
The triumph of democratic ideas in Eastern Europe and Latin America and a continuing struggle for freedom elsewhere all around the world, all confirm the wisdom of our Nations founders; tonight we work to achieve another victory a victory over tyranny and savage aggression.

Wir sind Amerikaner, teil von etwas großem größer als uns selbst. Für zwei Jahrhunderte haben wir harte Arbeit der Freiheit geleistet und heute Abend führen wir die Welt an eine Gefahr zu beseitigen bezüglich Anstand und Menschlichkeit. Was auf dem Spiel steht ist mehr als ein kleines Land, es ist eine große Idee **eine Neue Welt Ordnung,** *denn verschiedene Nationen sind aufeinander angewiesen in gemeinsamer Sache die universellen Aspirationen des Menschengeschlechts zu erreichen, Frieden und Sicherheit, Freiheit und die Herrschaft des Rechts. Solch eine Welt ist unseren Kampf Wert und die Zukunft unserer Kinder [...].*
Der Triumph der Demokratischen Ideen in Osteuropa und Latein Amerika und ein kontinuierlicher Kampf für Freiheit anderweitig auf der ganzen Welt, konfirmieren die Weisheit der Gründer unserer Nation; diesen Abend bemühen wir uns um einen weiteren Sieg über die Tyrannei und wilder Aggression zu erzielen.

Seine Rede ist eingehüllt in die übliche Doppeldeutige „doublespeech", wie sie George Orwell bekannt gemacht hatte. Er fordert genauso wie Adolf Hitler eine Neue Welt Ordnung.
Eine in der die Herrschaft des Gesetz, herrscht. Doch welches Gesetz er damit meint dürfen wir nicht wissen. Und was sind demokratische Ideale?
Das Bombardieren des Irak welches er und sein Sohn anführten? Die Besetzung des Afghanistan?
Was George Bush hier anspricht ist eine Neue Ordnung in der Amerika als einzige Supermacht die ganze Welt in eine Zukunft führt, in der sich die Nationen sich einfügen in eine Weltregierung.
In dieser herrschen dann die Gesetze der Herrschaft so ist es zu verstehen.
Jedes einzelne Wort aus seinem Mund ist genau umgekehrt zu verstehen es ist „double speech" in Perfektion, es würde Seiten brauchen um es zu analysieren, aber der Leser wird selbst zusammen setzen können was dies bedeutet.
Wohingegen die Nationalsozialisten versuchten nur mit Krieg und Unterdrückung Erfolg zu haben in der Etablierung einer Neuen Welt Ordnung in Form einer Weltregierung.
Haben die Fabianisten dieses Ziel nun vor Augen in dem sie sich den dutzenden von Mechanismen bedienen, die die Philosophie der Kontrolle versucht zu erlautern.

Es wird Zeit alle Sozialistisch und Faschistischen Systemen im einzelnen zu betrachten und zu erklären, so dass wir den Unterschied erkennen, der gegeben ist, wenn er auch nur in der Tragweite des Kollektivismus und Totalitarismus gering ist. Es ist notwendig um unterschiedliche Staatsformen zu verstehen. Und die Lehre der Staatsformen weiter zu führen.

Sozialismus: Ist die Urform des Kollektiv Staates indem das Kollektiv dem Allgemeinwohl entgegen strebt. Die Arbeit dient der Allgemeinheit, die Ressourcen sollen für den gemeinsamen Zweck genutzt werden. Die Kinder gehören allen innerhalb des Sozialistischen Staates.
Alles was erarbeitet wird, wird dem Staat übertragen. Das Individuum besitzt nur soviel wie es zum Leben benötigt oder ein „angemessenes" Dasein zu fristen. Alle Prozesse des Lebens werden zentralisiert.
Die Wirtschaft, das Bankenwesen, Militär, Bürokratie, Gesetze, Verkehrswesen, Währung und auch alle anderen wichtigen Bereiche sind zentralisiert.
Im laufe der Zeit haben sich viele unterschiedliche Formen des Sozialismus entwickelt.
Die Ausweitung der Gewalten des Sozialistischen Staates und Fragen über Eigentum, Rechte und Demokratische Wahlen variieren von System zu System.
Die Grundidee bleibt die gleiche es ist ein Kollektiv Staat.

Klassischer Faschismus: Der Klassische Faschismus wurde in Italien unter Benito Mussolini groß.
Es ist die Grundidee des Faschismus die Uralt ist. Diese Form bestand bereits in vielen großen Zivilisationen, in Ägypten, Mesopotamien, Griechenland, Rom und im Prinzip in Form der Monarchie, dem tyrannischen Vatikan des Mittelalters, und vielen weiteren Diktaturen.
Der Faschismus als solcher zu verstehen ist die Macht Zentralisiert in den Händen eines Despoten oder einiger Oligarchen die geschützt werden von Kampffähigen Männern und ein hartes Zepter hält. Es ist die reine Form der Tyrannei einer kleinen Zahl gegen die Machtlosen Massen.
Der Faschismus kann folglich nur Wirkung zeigen wenn er einer Bevölkerung entgegen steht die entweder nicht über die selben Waffen verfügt wie die Obrigkeit, die Superior sind; oder wenn die Bevölkerung verängstigt ist, oder in Paranoia lebt weil keiner dem anderen trauen kann.
Das Symbol des Faschismus ist das „Faschia", aus dem lateinischen, es ist vielerorts zu sehen wenn man darauf achtet auch in Deutschland. Es sind viele kleinere Stöcke die fein gearbeitet wurden
(durch den Meister-Maurer und Alchemisten) und dann fest zusammengebunden wurden, dazu kommt eine Klinge der Axt. Als solches bilden sie eine Einheit. Die vielen kleinen Stöckchen vermögen alleine nicht zu schaden aber dadurch, dass sie zusammen gebunden wurden und über eine scharfe Klinge verfügen, entfalten sie ihre Macht. Es entspricht dem Gedanken der Schutz-Staffel der Nazis die hierzulande für Terror sorgte und alle Dissidenten zusammen schlagen ließ, einsperren und morden, folglich war der Widerstand gebrochen.
So muss keiner mehr fragen; wieso hat keiner was unternommen? Es war zu spät die Bevölkerung wurde entwaffnet, bereits vorher schon und „Adolfus Hit" dem Hitman war der Weg geebnet.
Dies ist die traurige Geschichte des Faschismus und seiner Macht Entfaltung im Dritten Reich.
Leibgarden bilden ein Machtinstrument für die Hand die über dieses „Faschia" verfügt, Männer die bereit sind ihr leben zu opfern für die gemeinsame Sache oder den Führer, den Diktator, den Duce, den König, oder dem Gott Vater Staat, oder dem tyrannischen Gott persönlich.
Jede Form der Unterdrückung des Individuums ist folglich als Faschismus zu sehen.
Sei es nur die Unterdrückung von Idealen, Ideen, Meinungen und Ausgrenzung eines Individuums.
Denn die Masse wendet sich gegen das Individuum, welches sich in diesem Moment als starkes Ego zeigt.

Der Unterschied zum Sozialismus ist, dass im Faschismus der Staat nicht zwangsläufig alle Besitztümer für sich beansprucht und er predigt nicht die Heuchelei, dass alle gleich sind.

Im Faschismus ist der Staat Gott, oder der Herrscher, oder irgendein Ideal.

Im Sozialismus wird das Ideal einer perfekten Gemeinschaft angestrebt, diese soll sozial sein.

Im Klassischen Faschismus wird die Maske abgenommen und das Individuum weiß, dass Macht Mittel zum Zweck von mehr Macht ist.

Das Eigentum welches im Faschismus eventuell heilig gesprochen wird, kann schließlich durch das Erlangen von Macht durch das „Faschia", erprügelt werden.

Wenn wir uns Sozialismus und Faschismus anschauen muss klar werden, dass beide Systeme Macht konsolidieren. Im Sozialismus mag der Grundgedanke geschmückt sein ein Utopia oder anständiges Leben für alle zu gewähren doch es ist meist nur eine Scharade gewesen.

Die Macht Zentralisierung kann immer von wenigen ausgenutzt werden.

Denn alle Strukturen der Gesellschaft und alle Prozesse sind strengstens kontrolliert und überwacht.

Im Faschismus herrscht das Gefühl der stärke durch eine Einheit, das Kollektiv, doch ist diese auch im Sozialismus gegeben, auch wenn sie in anderer Form auftreten mag.

National Sozialismus: Der National Sozialismus ist die Verherrlichung der eigenen Rasse, Nation, Identität und so fort. Im Klassischen Faschismus war diese Stufe noch nicht erreicht, insofern stellt der National Sozialismus eine Steigerung dar. Denn der Rassenwahn muss alles fremde ausschließen. Im Nationalistischen Faschismus äußert sich dies im morden fremder ethnischer Gruppen. Es ist der Nationalistische Sozialismus, der ursprüngliche Sozialismus wird mit dem Rassenwahn kombiniert. Der Staat kontrolliert die wichtigsten Ressourcen, die großen Produktionsstätten, Militär, Polizei und praktisch alles andere im Staat.

Er unterscheidet sich vom Kommunismus darin, dass privat Besitz gewährt wird.

Dieses kann wiederum durch Gewalt vom Staat absorbiert werden.

Diese Ideologie hat viele Völker dazu verleitet andere fremde abzuschlachten und Genozide hervorgebracht.

Die Nationalsozialisten stellen bis dato die erschreckendste Form dieses Sozialistischen Totalitären Kollektiven Systems dar.

Kommunismus: Der Kommunismus ist die Steigerung des Sozialismus, seine Radikalisierung.

Der Staat ist absolut, absolut tyrannisch. Alle Dissidenten werden unverzüglich ermordet.

Siehe Lenin, Stalin und Mao. Alle Kontrolle unterliegt der Herrschaft des Staates.

Er beschränkt sich nicht auf eine ethnische Gruppe, sondern auf die Ideologie des totalitären und übermächtigen Kollektiv Staates.

Jede Menschlichkeit wird ausgelöscht. Der Mensch ist nur noch eine Maschine aus Fleisch und Blut. Privatbesitz ist ein Bannfluch. Alles gehört dem Staat und alles wird vom Staat kontrolliert.

Kommunismus ist die Vereinigung von extremstem Faschismus und extremstem Sozialismus.

Diese bilden eine Symbiose. Alle Moral und Ethik wird erstickt und fügt sich dem Staat,

der Staat ist Gott. Kommunismus ist also der perfekte sozialistische faschistische totalitäre kollektive Staat. Die Ausgeburt des Bösen. Die Transformation der unterschiedlichen Sozialistischen und Faschistischen Systeme zum Ultimativen Alles absorbierenden Macht Equilibrium. Schon allein von dem Schreiben dieser Worte wird dem Autor schlecht.

Der Mensch wird vernichtet, der Schöpfer verbannt, jede Form der Liebe ausgelöscht.

Fabianistischer Sozialismus: Ist die Staatsform die in Europa nach dem 2. Weltkrieg übernommen wurde; Demokratischer Sozialismus. In manchen Staaten schmückt er sich mit einer Krone die natürlich nur rein repräsentativ ist wie wir alle glauben sollen.
Die Bürger dürfen Parteien in ein Parlament wählen. Diese geben den Takt an.
Direkt wählen ist nicht gestattet. Privat Eigentum wird gewährt. Grund und Boden gehören dem Staat, denn man ist verpflichtet eine Steuer zu zahlen auf den Boden. Wenn mir etwas gehört dann zahle ich keine Steuer darauf. Folglich kann man nicht über Grund, Boden und Haus verfügen.
Denn wenn man die Steuer nicht zahlt kann auch noch gepfändet werden.
Somit fällt folglich im Prinzip alles in die Hand des Staates.

Die Grundidee des Fabianistischen Sozialismus ist es dem Bürger Rechte einzuräumen damit er ein Menschenwürdiges leben führen kann. Er soll wie es H. G. Wells vorgab, über ein eigenes Domizil verfügen indem das Recht auf Privatsphäre gewährt wird.
Jeder Bürger soll über vernünftige Sanitäre Anlagen verfügen und in angemessenem Komfort leben dürfen. Jeder Bürger hat Anspruch auf Sozial Leistungen falls er nicht in der Lage ist zu arbeiten oder über keine Arbeit verfügt, die Grund Versorgung im Alter wird vom Staat garantiert.
Waffenbesitz ist entweder gar nicht oder nur unter Lizenz erlaubt.
Selbst zum Jagen und Fischen muss man über eine Lizenz verfügen.
Das Geld wird wie im Sozialismus und Kommunismus von einer Zentralbank ausgegeben.
Alternative Währungen werden als Konkurrenz des Geldausgabemonopol gesehen.
Steuern sind zu bezahlen. Das Individuum kann nicht wählen ob es Steuern zahlen möchte oder nicht. Es kann nicht entscheiden sich aus dem Sozial Staat ausgliedern zu lassen;
die Sicherheiten des Sozial Staates nicht nutzen zu wollen um als Ausgleich von der Steuerlast befreit zu werden. Das System als solches ist viel zu stark verwoben um noch Ausnahmen zu machen. Somit outet sich auch der Fabianismus als totalitäres und autoritäres Kollektiv System.
Die Steuern fließen in die Steuerkassen und müssen von allen entrichtet werden die über eigenes Einkommen verfügen und nicht vom Sozial Staat Einkommen beziehen müssen.

Somit wurden die wichtigsten Staatsformen behandelt wie sie angewendet werden und in der Vergangenheit angewendet wurden.
Wir haben nun die unterschiedlichen Staatsformen definiert und wissen Sozialismus, Faschismus, Nationalsozialismus, Kommunismus und Demokratischen Sozialismus zu unterscheiden.
Sozialismus ist immer die Mutter von Faschismus und dieser leitet sich vom „Faschia" ab.
Mit diesem kann man ausgrenzen, einschüchtern, prügeln, Türen eintreten, Menschen ihrer Freiheit berauben oder ihres kostbaren Leben.
Sozialismus, Nationalsozialismus, Faschismus, Kommunismus und Demokratischer Sozialismus sind nur unterschiedliche Formen von totalitären Kollektiv Systemen.
Es ist die Konsolidierung von Macht, Ressourcen und Menschenkraft.
Faschismus war per Mussolinis Definition wenn mächtige Kooperationen die Kontrolle übernehmen; ihre Interessen gegenüber dem Rest durchsetzen.
Neuere Bezeichnungen wie Neoliberale, Neokonservative treffen auch zu.

„The Road To Serfdom", von Friedrich August von Hayek zeigt deutlich die Gefahren auf die Kollektiv Systeme unvermeidlich mit sich bringen. Und dass wir diesen Systemen des Sozialismus und Faschismus den Rücken zu kehren haben. Er zeigt den Weg der schnellen oder schrittweisen Versklavung der Massen. Dem Abfall in gefährliche Menschenverachtende Staatliche und Gesellschaftliche Strukturen.

Sozialismus ist ein Doppeldeutiger Begriff, er ist nicht sozial, er zerstört alle sozialen Strukturen einer Gemeinschaft. Er zerstört Freiheit, Sicherheit, Familien, den Glauben, das Selbstbewusstsein, die Wirtschaftskraft und das Eigentum.

Sozialismus ist totalitär er kennt kein entweder oder.

Alle die glauben sie könnten sich dem totalitären oder sozialistischen oder kollektiv fügen und überleben weil sie sich fügen, oder schlauer, heimtückischer, stärker, schöner als die anderen sind; sollten sich darüber im klaren werden, dass niemand, kein sterblicher sicher ist vor der Tyrannei des totalitären Faschismus oder Sozialismus.

Das Leben im Kollektiv Staat ist wie Russisches Roulette irgendwann einmal kann die Kugel im eigenen Kopf landen.

Wir haben die Straße der Vernunft hinter uns gelassen und uns vom großen Utopia blenden lassen, den Individualismus dem Kollektivismus geopfert. Wir haben uns der Macht der Planer gefügt welche für unsere Zukunft sorgen und uns davon überzeugt haben, dass unser Schicksal in ihren Händen liegt. Jenen die unsere Zukunft für uns Planen. Uns vorgeben demokratisch in ihren Plänen zu handeln. Die Gesetze der Herrschaft über uns wirken lassen und uns darunter erdrücken.

Uns mehr und mehr Rechte die gewährt wurden entziehen. Die Wirtschaft liegt in ihren Händen sie sind es die bestimmen, wie viel Geld wir besitzen dürfen. Wer sind diese die über unsere Geschicke und unser Schicksal verfügen? Sind sie gut oder schlecht? Zu welcher Gruppe, Fraktion oder Koalition gehören sie? Besteht überhaupt ein Unterschied zwischen denen die sich öffentlich bekämpfen? Ist es Wert unsere Freiheit für Sicherheiten aufzugeben?

Und wieso kommen die bösen Menschen immer besser voran als jene die ehrlich durch das Leben schreiten? Dies ist das Ende der Wahrheit. Der Tod der Vernunft.

Der Totengräber wartet schon, die Grube hat er ausgehoben, denn wir waren so gut uns auf den Pfad der eigenen Kollektiven Versklavung zu begeben. Der Totengräber heißt sich Sozialismus und auf seiner Schaufel stehen die Initialen Kollektiv. Hüpft in die Grube ihr sozialisierten Lemminge, ihr gut gläubigen oder auch verdorbenen. Sie ist für euch, ich habe sie extra ausgehoben.

Ich bin es die Plage der Menschheit, man hat mir viele Namen gegeben, Utopia, Arbeiterparadies, der Perfekte Staat und Sozialismus. Ich bin der Totengräber der Freiheit und des Friedens.

Die Methoden des Sozialismus sind nun dem Lichte ausgesetzt worden.

Einige der Mechanismen der Kontrolle wurden erneut beleuchtet wie sie im Sozialismus und Faschismus angewendet werden. Es sind die selben Mechanismen die uns seit Jahrtausenden dominiert haben.

„Sozialismus und Faschismus sind die zwei Flügel des gleichen hässlichen Vogels dieser heißt Kollektivismus." (G. Edward Griffin)

1   F. A. Hayek, The Road To Serfdom. Text and Documents, The Definite Edition, The University of Chicago Press, Routledge London 2007. Original Text erschienen in 1944 veröffentlicht durch The University of Chicago. The Definite Edition, Edited by Bruce Caldwell, Seite 77. Zitiert nach: Alexis de Tocqueville, Discours prononcé á l'assemblée constituante dans la discussion de projet de constitution (12 September 1848) sur la question du droit au traivail, Oeuvres completés d'Alexis de Tocqueville, vol.9 (Paris: Michel Lévy Fréres, 1866), p. 546.

2   F. A. Hayek, The Road To Serfdom. Text and Documents, The Definite Edition, The University of Chicago Press, Routledge London 2007. Original Text erschienen in 1944 veröffentlicht durch The University of Chicago. The Definite Edition, Edited by Bruce Caldwell, Seite 99.

3   F. A. Hayek, The Road To Serfdom. Text and Documents, The Definite Edition, The University of Chicago Press, Routledge London 2007. Original Text erschienen in 1944 veröffentlicht durch The University of Chicago. The Definite Edition, Edited by Bruce Caldwell, Seite 121-122.

4   F. A. Hayek, The Road To Serfdom. Text and Documents, The Definite Edition, The University of Chicago Press, Routledge London 2007. Original Text erschienen in 1944 veröffentlicht durch The University of Chicago. The Definite Edition, Edited by Bruce Caldwell, Seite 163.

5   F. A. Hayek, The Road To Serfdom. Text and Documents, The Definite Edition, The University of Chicago Press, Routledge London 2007. Original Text erschienen in 1944 veröffentlicht durch The University of Chicago. The Definite Edition, Edited by Bruce Caldwell, Seite 174.

6   F. A. Hayek, The Road To Serfdom. Text and Documents, The Definite Edition, The University of Chicago Press, Routledge London 2007. Original Text erschienen in 1944 veröffentlicht durch The University of Chicago. The Definite Edition, Edited by Bruce Caldwell, Seite 177.

7   F. A. Hayek, The Road To Serfdom. Text and Documents, The Definite Edition, The University of Chicago Press, Routledge London 2007. Original Text erschienen in 1944 veröffentlicht durch The University of Chicago. The Definite Edition, Edited by Bruce Caldwell, Seite 180.

8   F. A. Hayek, The Road To Serfdom. Text and Documents, The Definite Edition, The University of Chicago Press, Routledge London 2007. Original Text erschienen in 1944 veröffentlicht durch The University of Chicago. The Definite Edition, Edited by Bruce Caldwell, Seite 238.

Sozialismus die Plage der Menschheit

Sozialismus ist gleich einer Krücke die man der freien Marktwirtschaft aufgebunden hat.

Es ist die Zeit gekommen dies zu erläutern und aufzuzeigen, die falsche Ideologie des Sozialismus in ihre Einzelteile zu zerlegen. Die falsche Ideologie verbreitet von den unzähligen geistigen Vätern dieser Plage zu zerschlagen auf dass ihr der Nährboden entzogen wird.

Wir sollten endgültig begreifen das Sozialismus für uns Menschen nicht funktioniert.

Dem Autor war schon im Jugendlichen Alter bewusst wozu andere ihr ganzes leben nicht fähig scheinen.

Sozialismus kann nicht funktionieren. Kommunismus kann nicht funktionieren.

Sozialismus ist gut für jene die ihn kontrollieren und dass war`s dann auch schon.

Jene die eine bessere Zukunft sehen wollen und sozial leben wollen sollten sich gedulden und Lösungsvorschläge des Autoren abwarten. Es gibt Bereiche die man als Kollektiv solidarisch angehen sollte. Doch kann ein Sozialistischer Staat nicht die Lösung sein.

Der Sozialistische Staat ist ein gewaltiges Kontroll-Instrument.

Eine Kontroll-Maschinerie in den Händen des Alchemisten und Maurers;

er hat sich fortgebildet zum Sozial Planer.

Die Sichtweise des Individuellen Sozialisten überzeugt von der Ideologie des Sozialismus ist jene, dass die Ziele jenen der überzeugte Sozialist natürlich völlig zustimmt so durchzusetzen sind wie er ohnehin zustimmen würde. Es sind seine wagen Vorstellungen von dem was der Partei Plan vorbestimmt hat. So wird jeder Sozialist nur jenes System als original sozialistisch bezeichnen indem die Voraussetzungen für seine eigene Sichtweise komplett gedeckt sind.

Alle anderen Systeme sind nur Fälschungen und kein richtiger Sozialismus,[1] so Ludwig von Mises.

Nur der wahrhaftige und soziale Sozialismus, „mein Sozialismus ist der richtige, die anderen haben ihn korrumpiert und falsch ausgelegt". So sprechen sie alle die Hohlbirnen, wenn man sie darauf anspricht was unter Lenin, Stalin oder Mao schiefgelaufen war und in China noch heute so geschieht. Jeder Sozialist ist ein verkleideter Diktator.

Achtung! Vorsicht alle Dissidenten sind in Gefahr, alle die anders denken müssen ihr Recht zu leben aufgeben und liquidiert werden,[2] so von Mises.

In der Marktwirtschaft schließen Menschen übereinstimmend Verträge, trotz der Tatsache dass sie unterschiedliche Vorstellungen haben mögen. Im Planmäßigen Sozialismus,[3] so von Mises ist kein Raum mehr für abweichende Sichtweisen. Ihr Prinzip ist die Gleichschaltung und perfekte Uniformität exekutiert durch die Polizei. Alles was von der Normung abweicht ist nicht akzeptabel und strikt untersagt, selbst wenn der „Sozi" nicht davon betroffen ist und auch niemand anderem geschadet wird. Er fühlt sich in seiner kollektiven „Sozio-Konformität" und Selbstbewusstsein gekränkt.

Menschen bezeichnen den Sozialismus häufig als eine Religion. Es ist tatsächlich eine Religion der selbst Vergötterung. Die Gesellschaft der Marxisten und ihre Humanität sind neue Religionen.

Aber alle Sozialistischen Idole sind nur Aliase für die neuen Götter und Idole des Sozialisten.

Was der Theologe Gott zuschreibt die Allwissenheit, Omnipräsenz, Allmächtigkeit und Unendlichkeit. Genau so übernimmt der Sozialismus all diese Attribute, Sozialismus ist das einzige perfekte Wesen in dieser bösen und unvollendeten Welt ;[4] so Ludwig von Mises.

Tatsächlich wurde Sozialismus von Anfang an so aufgesetzt, dass man glaubt es wäre die Lösung aller Probleme, dieser kaputten aber gleichzeitig immer schon paradoxerweise sozialisierten Welt.

Sozialismus ist Jahrtausende Alt. Dessen Ideologie musste aufgebaut werden als Retter der Menschheit wenn der Sozialismus der Verknechter der Menschheit ist.

Im Prinzip haben alle möchte gern liberalen, möchte gern intellektuellen und Sozialdemokraten dieses in sich selbst aufgesaugt und halten es fest wie das eigene Herz.

Jede Kritik ist infolge dessen ein Angriff auf ihr göttliches Idol.

Selbst wenn man nur versucht die Planwirtschaft zu analysieren und ihre Fehler aufzudecken wird man schon verflucht, ein Ketzer vor den Göttern des Sozialismus.

Wie sagte Xavier Naidoo so schön und allezeit treffend:

„Ich hab keine Zeit um eure eingefahrenen Sichtweisen zu verstehen." [5]

Karl Marx wird von vielen als Vater des Sozialismus verehrt doch war Sozialismus wie wir gesehen haben schon zu Zeiten der alten Griechen in der Theorie ausgereift.

Kein Sozialist kann harte Kritik und schlagkräftige Argumente kontra der Ideologie verteidigen.

Es folgen immer die gleichen Ausweichphrasen die sie auswendig kennen.

Ausweichen indem man ablenkt und sein gegenüber angreift funktioniert immer die Alte Advokaten Taktik die geht immer.

Marx verteidigte sich persönlich indem er seinem gegenüber die „Logik der Bourgeoise" vorwarf, die konträr ist zu der „Logik der Proletarier".

Die Nationalsozialisten benutzen die Ausdrücke „Arische Logik" und „Jüdische Logik" als vergleichbares Beispiel. Es ist die unlogische Idiotie der intoleranten Anhänger von all jenen falschen Ideologien.

Das schlimmste am Sozialismus ist der idiotische Gedanke, dass er unausweichlich für die Menschheit sei.

Die Menschheit muss im Kollektiv, wir alle, alle 7 Milliarden, auf allen Kontinenten, egal ob rot, braun, weiß, oder schwarz; alle müssen wir den Sozialismus übernehmen unsere alten Sichtweisen über Bord werfen, unsere Kulturen, unseren Glauben, unsere Familien und unser Hab und Gut.

Alles muss verschachert werden. Alles auf einen Haufen und drauf mit der Kohle, und rein in das Utopia. Wenn wir alles geopfert haben was wir darstellen dann werden wir frei sein.

Dann wenn wir nur noch nackte Hüllen sind ausgefüllt von Paranoia, Hass, Neid und Angst.

Der Marxismus wurde als nächste Evolutionsstufe gesehen auf die der Homo Sapiens nun aufsteigen müsste. Ein unausweichlicher Prozess der Menschlichen Evolution zu etwas höherem.

Die alten Laster würden alle verschwinden. Neid, Eifersucht, Gier, Hass, Verlangen, Egoismus und Mordlust. Sozialismus wäre ein höherer Standard als der Vorreiter Kapitalismus.

Pro und Kontra sind also bereits ausgehebelt worden.

Marx benutze die Hegelsche Dialektik wie folgt: auf der einen Seite das private Kapitalistische Einkommen der Reichen, jene die nicht teilen wollen und negativ sind; gegenüber steht die Etablierung von öffentlichem Besitz zum Zweck der Produktion und Produktivität als Ausgleich dieses Übels, der Bourgeoise. Diese Dialektische Bewegung würde genügen um aufzuzeigen wie die Probleme zu lösen seien. Die Kapitalisten sind zu gierig, alle Ressourcen und Land müssen in die Hände der Proletarier verteilt werden um dann produktiv umgemünzt zu werden.

Effektive Arbeitskraft, und wer arbeitet bekommt das ab was er sich verdient hat. So einfach ist ES. Die nächste Methode war aufzuzeigen wie schlecht die Bedingungen der Arbeiter unter den Kapitalistischen Ausbeutern waren. Dies rechtfertigt nicht den Sozialismus, es beschreibt die Ungerechtigkeit von moderner Sklaverei. Oder der Sklaverei der Industriellen Revolution in extremer Form in England. Inwiefern diese Berichte stimmen mögen, können wir nicht nachvollziehen, möglicherweise waren die Schilderungen von Engels übertrieben.

Oder nur auf bestimmte Betriebe zutreffend. Durch haufenweise Schilderungen und permanenter Wiederholung der Tragödie wird nicht nur der gutgläubige mitgerissen in das Tal des Mitleid.

So ist das Sozialistische Glaubensbekenntnis in drei Lehrsätze einzuteilen so Ludwig von Mises:

> *Erstens*: Die Proletarische Gesellschaft ist ein Allmächtiges und Allwissendes Wesen, frei von menschlicher Gebrechlichkeit und Schwächen.
> *Zweitens*: Der Advent des Sozialismus ist nicht umgehbar
> *Drittens*: Insofern Geschichte ein fortschreitender Prozess von niederen Konditionen zu besseren Bedingungen ist, ist die Ankunft des Sozialismus wünschenswert.[6]

Betrachten wir einmal die Hierarchie im Sozialismus. Der Regisseur dieses Dramas ist der Führer, Diktator, Gesalbte oder Held der Massen. Er herrscht mit bezauberndem Charisma.

Er wurde gewählt vom Volk oder von einer Auswahl von Auserwählten die wiederum aus dem Volk erwählt wurden und so fort. Das entscheidende in den Entscheidungen und Aktionen die in einem Sozialistischen Staat getroffen werden, ist dass die Planung zentral verläuft.

Das heißt alle Prozesse laufen in die höchste Schnittstelle eine Behörde. Diese wird angeführt von ein dutzend oder einer Person. So liegt die Befehlsgewalt in ihrer Hand oder der Hand des Häuptlings des Sozialistischen Kollektiv Staats. Nun müssen alle darauf vertrauen, dass Mao Tse Tung gerade einen guten Tag hatte ansonsten verhungert die Bevölkerung;

Wie in China geschehen, wenn man sich informiert, auch online auf „liberalen" Seiten, wird dies alles geschönt, sogar ganze Worte verschwinden plötzlich aus den Sätzen. Wahrscheinlich fallen sie vor lauter Zuckersüße des Diktators aus wie die Milchzähne der kleinen Klara Koriander.

Die Menschen im Sozialismus müssen davon überzeugt werden, dass es sich bei dem Präsidenten um eine Mystische Gestalt handelt, die vorausschauend handelt.

Aus seiner magischen Feder können keine Fehler stammen nur wundersame Wunder.

Es ist nicht ungewöhnlich das Bürokraten überhäuft werden mit Akten, wenn sich diese stapeln und nicht bearbeitet werden können, bleibt die Arbeit liegen. Was wenn gewisse Akten über Leben und Tod entscheiden? Wenn gewisse Bereiche nicht abgedeckt werden können?

Wir sehen es hierzulande ständig das Beamte unsere Unterlagen verschlampen oder viel zu lange brauchen um Papierkram zu erledigen. Die Folgen sind zumal schon verheerend.

Kommen wir zu den Schwachstellen des Sozialistischen Wirtschaftssystem.

Im Sozialistischen Wirtschaftssystem wird jede weitere Kalkulation überflüssig.

Wieso? Es ist unmöglich alle möglichen Verzögerungen von Rohstoff Lieferungen und

Arbeitsverzögerungen abzuschätzen. In der Planwirtschaft muss aber alles nach Plan laufen.

Insofern muss nicht groß kalkuliert werden was in Zukunft noch geschehen könnte, entweder es läuft nach Plan oder eventuell gar nicht.

Jede Verzögerung gefährdet den Grundplan der Wirtschaft. So werden die fatalsten Katastrophen verursacht. Es ist unmöglich in die Zukunft zu blicken aber die Planung muss so verlaufen wie zunächst errechnet wurde. Wenn die Rohstoffe plötzlich knapp werden weil sie woanders auch noch gebraucht wurden wird dann ein Projekt einfach nicht fertig gebaut und so weiter.

Ist ein Rohstoff ausgegangen dann muss erst die Befehlskette der Gewährung über weitere Rohstoffe erreicht werden. Dies kann wieder etliche Zeit in Anspruch nehmen da das Komitee oder der Sachbearbeiter eventuell mit „wichtigeren" Sachen beschäftigt ist.

In der freien Marktwirtschaft existiert Vielfalt in der Auswahl von Anbietern von beispielsweise Zement. Wenn der eine Zement Hersteller nicht sofort liefern kann. Besteht immer noch die Möglichkeit anderweitig Zement anzufordern. Im Sozialismus muss man jetzt genau warten bis die eine Stelle an die man sich wenden kann entschieden hat über die Genehmigung einer weiteren Zementlieferung.

Und so wie es im Mikrokosmos sich verhält, verhält es sich auch im Makrokosmos.

Wenn die Zentralbank entschließt weniger Geld ausgeben zu wollen, wird sie den Leitzins hochsetzen. Automatisch werden einige abgeschreckt sein ein Kredit aufzunehmen und falls möglich noch warten oder kein Kredit nehmen.

So kann man die Inflation drosseln oder auch die Wirtschaftskraft.

Alle Banken sind auf die Zentralbank angewiesen, so wird der Schnitt der Zinsen aller Banken relativ hoch ausfallen, wenn er auch von der Zentralbank hoch gesetzt wurde.

Es besteht nicht die Möglichkeit eine Privatbank aufzusuchen die nicht an das Bankennetz angeschlossen ist so ist man gezwungen in dringenden Angelegenheiten einen langfristigen Kredit abzuschließen mit hohem fix Zins.

Die Sozialistischen Denker haben um dies abzuwenden angefangen Schemen zu entwerfen, um diese Schwächen der Planwirtschaft zu überdecken. Doch bleibt die Zukunft immer noch eine nicht definierbare; außer man verfügt über eine Kugel mit der man die Zukunft sehen kann.

Es werden die Arbeitsstunden für eine Arbeit errechnet und geplant.

Dabei wird jede Arbeitskraft pauschal berechnet. Nun kann der Planer Polster einbauen aber diese werden nicht immer ausreichen. Man geht pauschal davon aus dass die eine Person gleichviel Arbeit verrichten kann wie eine andere Arbeitskraft.

Der Plan ist entworfen nun müssen sich alle stressen um ihn einzuhalten.

Wir kommen zu dem Schluss, dass man immer nur abschätzen kann, aber niemals die Zeit, den Aufwand und die Rohstoffe einer Planung genau berücksichtigen kann.

Somit fällt jede definitive Planung ins Wasser, es gibt keine Sicherheiten in der Zukunft, alles ist möglich.

In unserem privaten kleinen unbedeutenden Leben ist es nicht einmal möglich die einfachsten Dinge zu planen, ständig muss man neu kalkulieren, umdenken, umplanen.

Prioritäten setzen und Dinge beiseite schieben.

Wie soll ein Zentral Gesteuerter Staat, alle Belange seiner Bürger Planen können?

Wir zählen Zwei und Zwei und kommen hoffentlich auf Vier.

Wir müssen keine Intellektuellen sein um dies zu verstehen.

Dies ist ein einfacher, eindeutiger Beweis für die Unfähigkeit des Sozialismus.

Und wir müssen hierbei bedenken, dass wir davon auch betroffen sind.

Ein Beispiel ist die Rente, die Rentenkassen sind leer. Wieso?

Weil man nicht vorausplanen konnte, vielleicht auch nicht vorausplanen wollte, wie sich die demografische Entwicklung auswirken würde. Pech gehabt, die Kassen sind leer.

Der Autor mag jetzt unangemessen höhnisch klingen, mir ist bewusst dass die ältere Generation Hals über Kopf in die Falle der Sozial Planer gefallen ist. Aber auch hierfür gibt es Lösungen.

Die einfach sind und Kugelsicher. Insofern wir moralisch, positiv und weniger egoistisch werden in unserer Lebenshaltung.

Zurück zu unserer Thematik; Planung und Kalkulation sind zweierlei Paar Schuhe.

So wäre es besser gewesen in einer freien Marktwirtschaft seine Rente selbst in die Hand zu nehmen das ersparte auf 2 bis 3 Versicherer zu verteilen. Oder selbst zu sparen und eventuell noch eine Altersvorsorge Versicherung abzuschließen. Trotz der Inflation wäre der jetzt Rentner besser wegkommen als sich auf die Planwirtschaft eines Norbert Blüm zu verlassen jener den fatalen Satz äußerte: „Die Rente ist sicher".

Norbert Blüm war wohl auch auf der Baumschule; Oder waren wir das nicht alle?

Der überzeugte Sozialist in der DDR aufgewachsen mag nun aufstehen und Selbstbewusst und sichtlich verärgert, angespannt und genervt kontern:

„Ja aber in der DDR da hatten wir es gut, alle hatten Arbeit, alle hatten was zu Essen auch wenn sie nicht arbeiten konnten, wenigstens waren wir beschäftigt und gut aufgehoben".

Vergleichen wir nun die Planwirtschaft der DDR mit der Sozialen Marktwirtschaft der Bundesrepublik Deutschland.

Die Soziale Marktwirtschaft war bereits nicht so effektiv wie die Amerikanische freie Marktwirtschaft. So können wir festhalten, dass die freie Marktwirtschaft der Vereinigten Staaten die sie bis Clinton einschließlich; zur lebenswertesten und zum Traum vieler werden ließ, mit einem Porsche gleichzusetzen.

Dann ist die alte Soziale Marktwirtschaft immer noch ein Volkswagen gewesen.

Und die Planwirtschaft der DDR ein Trabi aus „Pappe" hergestellt.

Wie gut lief die Planwirtschaft im Trabi Staat? Wie gut lief die Planung im Vergleich zur Kalkulation der sozialen Marktwirtschaft? Hat man bei Mercedes Benz eine S Klasse bestellt so musste man höchstens ein paar Monate auf ein hochwertiges Premium Luxus Fahrzeug warten. Hergestellt aus den besten Materialien und Rohstoffen. Der Kunde durfte auch noch auswählen ob er Ledersitze oder Chrom-Schaltknauf in sein Auto eingebaut haben möchte. Dem Konzern war es möglich alle Rohstoffe von verschiedenen Zulieferern auszuwählen. Dies ist in der Planwirtschaft nicht möglich, man muss sich begrenzen auf eben die „Kartonage". Um dann 18 Jahre lang auf sein Autolele zu warten, welches gerade so provisorisch taugte. *„Sie sind ein fürchterlicher Ressourcen Verschwender wird der Öko-Sozi nun rufen."* Die Ressourcen sind recyclebar wiederverwendbar und dem jetzigen Stand der Technologie ersetzbar durch Weiterverarbeitung und Zusammensetzung neuer Rohstoffe. Keine Sorge die Welt ist noch in Ordnung so lange wie wir nicht alle in die Falle des Sozialismus fallen. In dem alles Endlich scheint mit Ausnahme der Naivität seiner Opfer, diese scheint unendlich, es ist eine unendliche Geschichte die Jahrtausende zurück reicht. Vom Pyramiden Bauherren in Ägypten bis zum Trabanten Bauherren der DDR.

Der überzeugte Sozialist wird sagen:

„Was mache ich wenn es kein Sozial Staat mehr gibt, an wen kann ich mich wenden,
wenn nicht mehr an den Staat? Was machen ohne Arbeitslosenhilfe oder Rente?"

Was haben die Leute früher gemacht? Man musste sich an seine Familie und sein nächstes soziales Umfeld wenden. Oder sie haben sich aufgerafft und durch gekämpft. Man musste in jedem Fall selbstbewusster sein dieses Selbstbewusstsein fehlt dem Sozialistischen Proletarier.

„Ja aber die Leute sind schlecht und böse, wer interessiert sich schon für mich, dass sind alles Egoisten wenn es darauf ankommt."

Gleichzeitig fehlt der selben Person das Vertrauen in seine Mitmenschen.

Paradoxerweise glaubt der gleiche Sozialist, dass in seinem Utopischen Proletarier und Super Sozialismus die Mitmenschen einen Hohen Moralischen und Ethischen Charakter entwickeln werden. Denn jetzt sind wir ja alle gleich, wie die Sandkörner am Strand.

In der Tat man kann drauf treten und es gibt nach und formt sich so schön leicht.

Im Sozialismus werden aus allen schlechten früheren Kapitalisten die Guten Proletarier.

Aus Wölfen die sich gegenseitig bekämpft um Beute zu fangen, werden durch einen Zaubertrick Schafe die alle gemeinsam Gras kauen und Wolle abwerfen, sprichwörtlich.

Ja dies ist sie die Doppeldeutigkeit der Schlange die uns mit Gift besprüht wann immer sie ihren Rachen aufreißt. Diese Verblendungen sind es die aus dem Menschen billige Arbeitskräfte gemacht haben. Ihn reduziert haben dazu seinen Ellenbogen einzusetzen in einer Welt voll bösem.

Schon seit Adam und Eva. Das Paradies im Buch Moses ist zu vergleichen mit dem Utopia der Sozialisten, genau so lange wurden wir schon zum Narren gehalten.

Das Paradies ist bereits da, wir müssen es nur noch greifen, begreifen. Erst einmal die Rübe einschalten. Den Rübenkopf von seinem Unkraut erleichtern. Aus der Erde springen die unsern Körper einhüllt und Verstand erdrückt. Irgendwann muss selbst die Rübe reif sein.

Auch die lebende Legende Clapton hatte gesungen, dass der Himmel nur einen Schritt entfernt ist.

Um weiterhin die Sozialistische Idee voranzutreiben, trotz der Einsicht dass alles Planen eine freie Marktwirtschaft und ihre Mechanismen über Angebot und Nachfrage sowie der daraus resultierenden Preisgestaltung nicht ersetzen kann; entwarfen Sozialisten weiter System Verbesserungen um ihre Vorstellung von Planwirtschaft weiter in das Massenbewusstsein zu hämmern

Sie erklärten folglich, dass sie den Sozialismus so durchsetzen könnten indem sie Märkte, Preise und Wettkampf beibehalten also eine Symbiose.

Was diese Neo-Sozialisten beabsichtigen ist wirklich Paradox. Sie wollen die private Kontrolle über die Produktion abschaffen, Wirtschaftshandel, Marktpreise und Wettkampf. Aber zur selben Zeit möchten sie das sozialistische Utopia auf eine solche Weise organisieren dass Leute so agieren könnten als ob diese Dinge immer noch präsent wären. Sie wollen dass die Menschen Markt spielen wie Kinder Krieg spielen, Eisenbahn, oder Schule. Sie verstehen nicht wie sehr kindliches Spielen sich von den realen Dingen unterscheidet die es versucht zu imitieren.[7]

Was der Prophetische von Mises hier beschreibt ist im Prinzip die Soziale Marktwirtschaft wie sie dann umgesetzt wurde um eine Wandlung einzuleiten, die schrittweise und schleichende.

Dem nicht genug keimten weitere Ideen aus den Birnen der Sozial Planer. Man könnte die Unternehmen so organisieren, dass der Manager wie in der Marktwirtschaft agiert, mit dem Unterschied, dass er im Interesse aller Teilhaber des Unternehmens handelt.

Die Gewinne werden dann folglich wie im Sozialismus sozialisiert und an alle Teilhaber ausgeschüttet. Der Ertrag seiner Unternehmung und seines Geschicks wird alle glücklich machen die davon profitieren können.

Er wird kaufen, verkaufen, personal einstellen und versuchen Gewinne zu erwirtschaften.

So wird das Management der Marktwirtschaft einer Transformation unterzogen zu dem einer geplanten Sozialistischen Gesellschaft.

Das einzige was hierbei den Besitzer wechselt ist das Kapital welches investiert wurde.

Alle werden Teilhaber und die Gewinne werden in die Tasche aller fließen.

Diesen Prozess den Ludwig von Mises in seinem Buch „Human Action – A Treatise on Economics" beschrieben hatte, sehen wir nun sich ausbreiten in Form von Aktiengesellschaften.

Superkooperationen übernehmen die Märkte, gründen Aktiengesellschaften und schütten so einen Teil der Früchte des Baumes ab. Die Masse behalten sie aber für sich. Indem sie weitere große Gesellschaften, Firmen, Trusts und Aktiengesellschaften gründen und ihre Teilhaberschaft so kaschieren. So dass man nicht weiß, wer sich hinter den größeren Teilhabern einer Aktiengesellschaft verbirgt. Die Gewinne werden an alle ausgeschüttet die investiert hatten.

Der Autor bezeichnet dieses System als „Milliardär Sozialismus"; so betreiben die Großen Reichen Olympier dieser Welt, einen gewaltigen Monopoly und Großfirmen Sozialismus der Aktiengesellschaften, Trusts und Stiftungen. Niemand weiß mehr wem was gehört, und wer wie viel tatsächlich besitzt. Es ist möglich, dass jene die sich in Luftigen Höhen befinden in der Tat Milliardärs Sozialismus betreiben und alles gleichmäßig aufteilen.

Gleichzeitig können jene die über den Markt verfügen durch Hebel Wirkung die Märkte nach belieben kontrollieren. Läuft eine solche Unternehmung schief und die Aktiengesellschaft muss Konkurs anmelden, wird der Staat zur Tasche gebeten und die Steuerzahler müssen die Schuld begleichen. Die Gewinne werden privatisiert, die Verluste sozialisiert. So funktioniert der temporäre Sozialismus Upgrade der Monopoly Männer der Wall Street und City of London. So war es mit der Telekom und der Deutschen Bahn, den Banken die Konkurs gingen in der letzten Krise usw.

Die Sozial Planer haben um ihren Sozialismus schrittweise umzusetzen, in jenem sie dann in Zukunft alles kontrollieren, einen Umweg genommen und sich den Monopoly Kapitalismus geschaffen. Dieser wird dominiert von Aktiengesellschaften, Monopolen, Kartellen, Trusts, Gesellschaften, etc., ihr Einkommen verbergen sie indem sie es in Schwarzen Löchern der Schweizer Bankenwelt und Stiftungen verschwinden lassen können.

In der Öffentlichkeit verteile sie dann Brotkrümel und werfen uns die abgekauten Knochen vor die Füße, und lassen sich dann als Große Männer und Philanthropen feiern, während wir damit beschäftigt sind die Brotkrümel zu suchen und den Knochen abzuknabbern.

„Aber nicht doch Markus du bist ein Verschwörungstheoretiker, ein stupider. "

Es bestehen für die Sozial Planer unterschiedliche Wege die Wirtschaft zu steuern, oder zu beeinflussen. Der radikale ist so wie es die Kommunisten vollführten, indem sie alles Land und

Eigentum verstaatlichten und die Förderung von Ressourcen, Verteilung und Produktion in die Hände von Staatsdienern legten; der klassische Sozialismus der Utopisten.

In Preußen und im Nationalsozialismus behielt man den Markt bei und unterwarf die Kontrolle über die wirtschaftlichen Prozesse in die Hände von Parteimitgliedern oder in Preußen der Betriebsführer. Die Methode wie sie die Sozialisten in Deutschland seither angewendet haben ist die bessere beider Übel; rein wirtschaftlich betrachtet.

Nach dem Zweiten Weltkrieg wurde das Modell der gehemmten Wirtschaft durch Staatskontrolle weiter verfeinert. Es besteht weiterhin der Markt, Preise und Wettkampf.

Der Staat interveniert aber in diesen, behindert den freien Markt und beeinflusst die Wirtschaft.

Durch Verbote und Regulierungen kann der Bürokrat nun eingreifen. Der Entrepreneur muss sich diesen Anweisungen fügen. Egal ob sie Sinn machen oder nicht.

So werden wirtschaftliche Freiheit und die Intervention durch den Staat verbunden zu einer Einheit. Sprich es ist die Intervention des Staates in den freien Markt.

Die Intervention durch den Staat bewirkt, dass der Unternehmer gezwungen ist seinen Betrieb so anzupassen wie es der Staat verlangt, in einer freien Markt Wirtschaft müsste er sich nur auf den Markt einstellen und dessen Herausforderungen. Somit ist er doppelt belastet.

Dadurch entsteht eine Hebelwirkung für mächtige Unternehmer ihre kleine Konkurrenz aus dem Wettbewerb und dem Markt zu werfen, indem sie durch Korruption und Bestechung zum Ziel kommen, dem Konkurrenten Hinkelsteine in den Weg zu stellen.

In den USA haben die Großen so alle Märkte für sich übernommen.

Die Intervention des Staates durch Beamte kann nur erfolgen indem die Firmeninhaber Steuern abgeben die dann dazu führen, dass sie weiter gebremst werden in ihrer Bestrebung erfolgreich zu sein.

Letztlich sind alle Regeln und Gesetze die der Mensch aufstellt dazu gedacht etwas damit durchzusetzen. Es gibt also immer ein richtig oder falsch und so wurden alle Zivilisationen aufgebaut. <u>Die Natur jedoch kennt den Unterschied zwischen falsch und richtig nicht.</u>

<u>Sie kennt nur den Überlebenskampf. Und so funktioniert die freie Marktwirtschaft im Vergleich zur Marktwirtschaft der Intervention durch unzählige Gesetze und Vorschriften;</u> so von Mises.

Der Entrepreneur wird versuchen das beste zu machen um sich den Ertrag zu erwirtschaften den er braucht um seine natürlichen Bedürfnisse zu stillen und sich das Leben angenehmer zu machen.

Hierbei sollten wir zunächst außer acht lassen ob er sich an Sicherheitsvorschriften oder Hygienevorschriften hält; oder so handelt, dass die Umwelt nicht verschmutzt wird.

Um diese wichtigen Punkte einzuhalten bedarf es nicht zwanghaft eines Staates der mit Anordnungen, Strafen und Polizei droht. Hierfür gibt es andere Ansätze die unser konditionierter Verstand nicht in Erwägung ziehen kann, da er nichts anderes kennt.

Die Gesetze, Anordnungen und Normungen welche vom Staat veranlasst werden sollen die soziale Ordnung gewährleisten, so wie sie der Staat für wünschenswert erachtet.

Doch sind dies dann auch die Wünsche der Bevölkerung, der Masse?

Wurden sie demokratisch beschlossen? Oder entscheidet hier eine kleine Gruppe an privilegierten.

Wir stellen oft nicht in Frage ob diese Maßnahmen auch gerechtfertigt sein mögen.

Und so können von oben herab Vorschriften erlassen werden, die Kleinbetriebe zum erliegen bringen. Es genügt auf den Betrieb mit scheinbar „notwendigen" Sicherheitsvorschriften einzuhämmern, beispielweise Brandschutzvorschriften. Im Namen der Sicherheit muss der Betrieb nun Geldsummen ausgeben die er nicht erwirtschaften kann.

Wer profitiert hierbei? All jene Betriebe, die die angeordneten Baumaßnahmen und Produkte herstellen oder ausführen.

Gesetze können an die Natürlichen Bedingungen angepasst werden, man könnte auch sagen an den vernünftigen Menschenverstand. Oder sie können einer höheren „Göttlichen" Gesetzgebung folgen die der Logik entsagt hat und eine eigene Logik verfolgt.

Die Idee von Gerechtigkeit entspringt ihrer Anwendung in einer sozialen Gemeinschaft.

Insofern macht es keinen Sinn Intervention durch Gesetze und durch den Staat zu rechtfertigen indem man sie als absolut notwendig erachtet. Die Notwendigkeit ist gegeben unter gemeinsamer Vereinbarung über beispielsweise einen Kodex.

So könnte man genauso über die Notwendigkeit der lächerlichen Forderungen der Katholischen Kirche im Mittelalter diskutieren. Die ihre Position und ihr Wissen ausnutzte um eigene Gesetze zu erlassen um sie als die Gesetze des Schöpfers des Universums, in der Tat geradewegs zu verkaufen. Und genauso verfährt der Staat indem er in die Wirtschaft und deren einfache Prinzipien, man könnte sagen natürlichen Gesetze einschreitet und Hand anlegt; Und Somit die Voraussetzungen aller Teilnehmer einer Marktwirtschaft die existiert aufgrund dem Interesse der Teilnehmer sich ihren Lebensunterhalt zu verdienen erschwert, wie die Kirche es durch ihr falsch predigen, der Unterschicht im Mittelalter zufügte. So sind die Mechanismen der Staatsgewalt immer nur weiter verfeinerte Abkupferungen alter Systeme zur Volkskontrolle.

Die Gesetze die erlassen werden sind notwendig um die reibungslose gesellschaftliche Ordnung sicherzustellen, so kontern die Vertreter von strikter Staatlicher Kontrolle, wenn genau das gegenteilige eintreffen muss.

Letztlich entscheidet nur noch der Allmächtige Staat als Vertreter der richtigen Ordnung der Dinge, Hüter des Rechts über die Wirtschaftlichen Interessen seiner Bürger.

Folglich sind alle Gesetze die der Staat erlässt um die Kooperation zu „verbessern" oder „optimieren" richtig abgewogen worden von den Dienern des Staates, zum Wohl aller und Rechtens. Der der Recht hat, oder über das Recht verfügt oder Rechte erlässt ist demnach Gerechter Richter.

Um den Staat mit all seinen Vorschriften, Gesetzen und Auflagen im Betrieb seines unproduktiven Treibens zu halten, müssen Steuern erhoben werden um die Staatliche Kontrolle zu finanzieren.

In Sozialistischen Staaten, egal welcher Form ist die Steuerlast hoch. Denn sie müssen unzählige Institutionen errichten und Beamte bezahlen. Diese sind unerlässlich um das funktionieren der Wirtschaft zu garantieren, so rechtfertigt man diese Bremsklötze der Gesellschaft.

Die einzige Möglichkeit für den Staat selbst zu Wirtschaften, unabhängig von Steuern an finanzielle Mittel zu gelangen ist die Förderung und Verteilung von Ressourcen Waldbestände, Minen und so fort, welche verstaatlicht wurden oder dem Staat zur Verfügung stehen.

Da der Staat keine Konkurrenz hat wird er dazu geneigt sein nicht richtig zu wirtschaften und somit ineffektiv bleiben und wahrscheinlich auch keine Gewinne einfahren.

Es bleibt nur noch als Mittel zum Zweck die Besteuerung der Bürger.

Immer wieder hört man Stimmen einer progressiven Reichen Steuer oder einer Pauschal Steuer für alle Bürger. Beide Maßnahmen sind nicht nützlich. Denn einmal werden die Reichen davon abgehalten Luxus Güter zu erstehen die wiederum die Wirtschaft schwächen und auch ausdünnen, ihre Vielfältigkeit eliminieren. Die Sozis bedenken hierbei niemals, dass es oftmals die gut

Bürgerlichen oder „Bonzen" sind, die die Restaurants und diversen Geschäfte von Leuten aus der Mittelschicht als Kundschaft beehren. Dies soll keine Liebeserklärung an die Reichen des Landes werden, es ist eine Tatsache die man begreifen muss. Jede starke oder extreme Besteuerung, egal welcher Schicht der Bevölkerung fügt der Gesellschaft und den wirtschaftlichen Strukturen eines Landes Schaden zu. Die CDU hält sich nur insofern mit Steuererhöhungen gegenüber jenen die recht gut dastehen Ärzte, Anwälte und Steuerberater zurück, weil sie auf die Stimmen dieser Schicht der Bevölkerung bei den nächsten Bundestagswahlen angewiesen ist.

Eine Pauschal Steuer würde jene die weniger verdienen zu stark belasten, die Reichen weniger.

Die beste Lösung wäre demnach eine Konsumsteuer.

„Lasst die Reichen mehr konsumieren und nur Steuern auf das Zahlen was sie kaufen."

Alle würden davon profitieren, hier beißt sich die Steuer Schlange ausnahmsweise nicht in den Schwanz. Denn alle würden mehr Geld zur Verfügung haben, also mehr Einkaufen und Dienstleistungen in Anspruch nehmen; aber wer braucht das schon?

Gleichzeitig dürften die notwendigen Staatsausgaben gedeckt werden.

Kehren wir zurück zum Thema über Recht und Unrecht, der sozialen Gerechtigkeit.

Ist es gerecht darüber zu entscheiden wer wie viel Steuern zu entrichten hat?

Die Probleme liegen klar auf der Hand. Denn der Staat sucht Wege um an mehr Geld zu kommen um das Haushaltsdefizit auszugleichen. Also wird er anfangen entweder die Sozialausgaben zu kürzen, die Mittel Schicht zu besteuern oder die Oberschicht muss eine Spezial Steuer entrichten.

Nun entscheidet der Staat willkürlich wie viel Mittel er dem Sozial Hilfe Empfänger kürzt, dem Arbeiter vom Lohn abzweigt oder wie hoch er die Reichen Steuer setzt.

Die Reichen Steuer erhöht er nach Berechnung von 40% auf 50%, die Lohnsteuer erhöht er um 10% und kürzt auch noch das Arbeitslosengeld um 5%.

Wem ist hierbei geholfen? Das nennen wir schließlich soziale Gerechtigkeit.

Aber wie ist diese festzulegen; und von wem? Wäre es nicht besser den Bürger selbst entscheiden zu lassen wie viel Steuern er bezahlen möchte? Geht nicht, klappt nicht denn für alles sind wir sozialisierten Schäfchen zu blöd und auch zu böswillig. Und die Konsumsteuer die gibt es dann noch oben drauf zu den tausenden von Steuern die mittlerweile jeden Bereich unseres Lebens abdecken.

Die Steuerbestimmungen werden immer komplexer, komplizierter und verändern sich ständig.

Es gibt wohl zu keiner anderen Thematik dickere Bücher als die der Steuerlehre.

Kein anderer Beruf ist wohl so kompliziert wie der des Steuerberaters.

In keinem anderen Beruf ist es schwieriger sich fort zu bilden.

Als Steuerrechtler egal welchen Ranges muss man sich permanent Monat für Monat, Jahr für Jahr weiter mit neuen Steuerbeschlüssen und Änderungen herumschlagen.

Dies alles weil letztes Jahr wieder mehr Schulden gemacht wurden, die Steuern die verfluchten nie reicht das Geld. Und wie einfallsreich die Beamten sein müssen um neue Steuern zu erfinden.

Die Kreativsten Köpfe legen hier die Köpfe zusammen.

Ein weiterer Anfall von Idiotie. Wenn es so einfach wäre so zu besteuern, dass jene Profession überflüssig wird. Und sich alle die ihre Zeit mit solch trockener Materie verbrauchen einen Beruf auswählen könnten der mehr Spaß und Abwechslung bereiten würde.

„Autsch das war mein Kopf; Nicht mit Steinen werfen! Ihr die mit Steuergesetzen um euch werft auch noch Steine zu werfen."

Brauchen wir sie wirklich die Steuerspezialisten?

Können diese Verzeihen wenn wir die Vernunft unseres noch intakten Verstandes sprechen lassen?
Die Besteuerung der Bürger in einem Sozial-Staat ist eine weitere Intervention in die Wirtschaft und hemmt diese weiter.
So haben wir bereits zwei Faktoren jene die gesunde Wirtschaft erkranken lassen, die Krankheiten heißen sich willkürliche Gesetze und willkürliche Steuern, die erlassen werden.

Eine weitere Bürde ist die Reglementierung der Produktion.
Die Regierung verbietet die Herstellung eines Produktes, welches als nicht angemessen angesehen wird. Wieder einmal unter Anwendung des willkürlichen Rechts. Der Staat handelt wieder einmal zugunsten der Gemeinschaft. Doch trifft dies immer zu?
Es werden Vorschriften gemacht wie etwas hergestellt werden muss und welche Materialien zu benutzen sind. Die Expertise des Staates überschattet die des Produzenten.
Der Staat entscheidet per Norm was sicher ist, was getestet wurde und somit beschließt der Staat was in den Umlauf gelangt und was nicht.
Was wenn so Fortschritte unterdrückt werden? Können wir nicht darauf vertrauen das Hersteller gewissenhaft arbeiten in der Herstellung ihrer Produkte?
Wer kauft ein Produkt welches schlecht produziert wurde, und die eigene Sicherheit gefährdet?
Ist der Hersteller nicht erpicht ein möglichst gutes Produkt auf den Markt zu bringen um am meisten zu verkaufen?
Alle Logik ist in der Wirtschaft der willkürlichen Interventionen gleichgeschaltet worden.
So werden vom Staat oftmals Produkte vom Markt genommen welche bestimmte Individuen gerne konsumieren würden. Somit kommen wir zum nächsten Problem.
Es entsteht ein Schwarzmarkt, diesen muss man auch noch mit Beamten überwachen, diese müssen auch bezahlt werden. Zudem kreiert der Sozialistische Staat Nährboden für kriminelle Organisationen die nun diesen Markt an sich reißen und jene Produkte die der Staat verbietet, weil sie den sozialen Strukturen schaden auch noch zu horrenden Preisen anbieten können.
Kein vernünftiger Mensch würde Rauschgift zu sich nehmen, wenn man es legalisieren würde.
Gleichzeitig kann man niemanden davon abhalten, der so stupide ist und sich gefährliche Drogen verabreicht. So entstehen mehr und mehr und noch mehr Probleme verursacht durch den Staat der überall seine Finger im Spiel hat und alles nur noch schlimmer werden lässt.
Am Ende profitieren die Drogenoverlords und andere kriminelle Organisationen.
Es herrschen Mord und Totschlag.
Durch Intervention in die Wirtschaft macht der Staat die Leute nicht reicher, er hindert sie nur daran ihr Glück zu definieren.
Preise müssen reguliert werden, Arbeitsstunden festgelegt werden und die Altersgrenze für den Eintritt in die Arbeitswelt festgelegt werden.
In den Vereinigten Staaten existierten diese Vorschriften nicht und trotzdem waren die Amerikaner kein Volk von Sklaven, die ihre Kinder arbeiten ließen und mehr arbeiten mussten.
Ganz im Gegenteil sie hatten den höchsten Lebensstandard erarbeiten können, gerade weil es keine unnötigen Regulierungen gab. Die in jedem Fall sich hemmend auf die Wirtschaft auswirken und die Masse benachteiligen.
Die Slums und verarmte farbige Unterschicht waren nicht das Resultat von freier Marktwirtschaft, sondern hatten ihren Ursprung in Ausgrenzung und Ausbeutung.

Man hatte diese Menschen nicht teilhaben lassen, dieses ist moralisch und ethisch zu betrachten.
All jene Probleme in der Gesellschaft entstehen durch die Philosophie der Kontrolle.
Indem eine kleine Elite die vielen mit unterschiedlichen Mechanismen manipuliert.

Und was haben wir von einem Mindestlohn? Ist uns damit wirklich geholfen?
Können wir nun wirklich besser leben? Es ist eine Maßnahme des Minimalismus, das verteilen von Brot Krümeln für die Sklaven der Sozialisierten Wirtschaft.
In einer freien Markt Wirtschaft sind solche Maßnahmen überflüssig, denn um Schritt zu halten braucht man gutes Personal welches man ordentlich bezahlen sollte, da die Wirtschaft nicht ausgebremst wird durch die Hebel der Intervention wird es wenig bis keine Arbeitslosen geben und es wird der Ruf laut nach gutem Arbeitspersonal.
Somit kann der Mindestlohn da hin wo der Pfeffer wächst.
Preise müssen reguliert werden um die kleinen Fische vor den großen Haien zu beschützen.
Wieso reguliert der Staat dann nicht die Preise der Großkonzerne die sich weiter und weiter ausbreiten? Monopole bilden und jeden Preis verlangen können wie es ihnen beliebt.

Wir können davon ausgehen, dass in keiner Reichen Gesellschaft die Eltern gezwungen sein werden ihre Kinder in Fabriken zu schicken um Schuhe herzustellen für irgendwelche Großkonzerne.
Es sind gerade diese Länder in denen der Wohlstand abgehalten wird durch Korruption und falsche Vorschriften, Reglementierung, Intervention durch korrupte Staatsbeamte, in denen dann die Großkonzerne kleine Kinder für ihre Prozeduren nutzen können.
Gleichzeitig hält man Jugendliche davon ab in der Wirtschaft teilzuhaben.
Wenn diese selbst wählen könnten wann sie eintreten möchten und welche Arbeit sie zu verrichten haben. Alle Werte und Moral in unserer Gesellschaft müssen immer festgelegt werden und überwacht. Es wird kein Raum gelassen diese selbst reifen zu lassen.
Somit geschieht genau das gegenteilige dessen, was man versuchte zu bezwecken.
Man schafft keine Vorteile durch diese Denkweisen um die sozialen Strukturen zu verbessern.
Moral und Werte können nicht eingehämmert werden durch Vorschriften.
Der freie Wille ist predominant und all gegenwärtig.
Man kann diese Dinge lösen indem hingewiesen wird, man unterrichtet und an die Vernunft appelliert.
Da im Sozialismus die Paradoxe Vorstellung vorherrscht von einem himmlischen Roten Paradies in dem alle gut und gleich sind, und die Früchte der Arbeit herabfallen wie saftige Rote Äpfel;
aber gleichzeitig alle nur gut sein können wenn man sie anweist, Vorschriften auferlegt, sie züchtigt und peinigt; müssen wir uns damit begnügen weiter dem Irrweg zu folgen.

Regulierungen und Einschränkungen können außerdem immer eine Gruppe bevorteilen und eine andere benachteiligen. Der Staat handelt auch hier „allzeit gerecht".
Wer wird bevorteilt und wer benachteiligt? Es ist der perfekte Nährboden für Korruption und die Durchsetzung von Interessen. Wer am meisten Geld hat kann sich einige Restriktionen für seine Konkurrenz einkaufen. Wir glauben an eine Welt voll bösen Menschlein in der niemandem zu vertrauen ist, aber unseren Staatsbeamten und Politikern vertrauen wir dies an.
Es sind wie Sokrates sagte „die Besten" und „die Philosophen" die ausgewählt werden als Wächter

für den Staatsdienst. Und als solche sind sie moralisch gefestigt und fallen in eine spezielle Kategorie von Supermenschen. Es genügt so nette Worte wie Lobbyismus zu erfinden.
Und so kann man sogar Korruption auf dem höchsten Niveau schönen.

Das festlegen von Preisen in einer Marktwirtschaft ist fatal, denn hierbei wird der natürliche Prozess von Angebot und Nachfrage gestört. Der Preis eines Produktes wird bestimmt durch die Herstellungskosten, den Aufwand, Zeitaufwand und wird schließlich durch Angebot und Nachfrage festgelegt.
Der Staat fixiert den Preis und dieser kann sich nicht mehr an die Belange des Produzenten und des Käufers anpassen. Der Käufer wäre eventuell bereit gewesen mehr zu zahlen und der Produzent könnte gewillt sein das Produkt noch günstiger auf den Markt zu bringen.
Der Preis kann nicht mehr der Fluktuation von Angebot und Nachfrage folgen und sich gemäß den natürlichen Gesetzen von Angebot und Nachfrage einpendeln.
Im Mittelalter war es unter den Mächtigen Kaufleuten die gelernt hatten noch mehr Profit zu erwirtschaften Gang und Gebe den Preis hochzuhalten, weil weder der Produzent noch der Käufer in Kontakt miteinander treten konnten. Die Händler der Gilden waren Mittelsmänner und konnten den Preis manipulieren und fixieren nach belieben.
Denn die Waren wurden per Schiff aufgeladen und in ferne Länder transportiert.
Der Käufer konnte nicht abschätzen wie viel das Produkt Wert ist und der Produzent wusste nicht wie viel der Käufer bereit war zu zahlen, er richtete sich nachdem was der Vermittler ihm mit Augenzwinkern natürlich im Vertrauen anvertraute. Der Käufer zahlte den Preis den der Gildenmeister ihm nannte unabhängig von dem was der Produzent hätte verlangen können.
Ähnlich so verhält es sich wenn der Staat als Mittelsmann fixiert.
Er stört die natürliche Preis Entwicklung.
Diese Mittelalterlichen Kaufleute waren der Markt, es gab keinen natürlichen Markt.
Und sie konnten auf beiden Seiten abzocken. So wurden sie reicher und reicher;
Und was war die Folge? Aus den betrügerischen und gewieften Kaufleuten wurden Bänker.
Denn sie hatten gelernt, dass man durch die Herstellung von Geld noch mehr Geld verdienen kann als durch das Importieren von Waren.
Und so wird auch der Staat zum Markt wenn er anfängt Preise festzulegen.

Preisabsprachen sind indes gängig wenn sich ein paar zusammentun um einen Konkurrenten aus dem Markt zu katapultieren.
Oder sich absprechen um das Maximum aus allen Konsumenten heraus zu quetschen, weil sie den Markt dominieren in Form eines Kartells.
Hierfür etabliert der gerechte Sozial Staat Kartell Ämter um Preisabsprachen zu überwachen.
Wer überwacht die Absprachen zwischen Lobbyisten und Politokraten, wenn diese Gesetze erlassen die Kartelle erst ermöglichen?

Sobald der Staat anfängt den Preis zu stark zu senken wird der Produzent aufhören dieses Produkt herzustellen und zu verkaufen, die Produktion kommt zum Stillstand. Diese Maßnahme wird als notwendig erachtet um zum Beispiel den ärmeren zu ermöglichen lebenswichtige Produkte kaufen zu können. Der Staat kann anfangen diese Betriebe zu subventionieren, aber muss das Geld wieder woanders beschaffen, da der Staat unproduktiv ist trägt die Last der Steuerzahler.

Indem der Staat den Preis für zum Beispiel Brot senkte, hat er es verschuldet die Produktion zu senken oder zum Stillstand zu bringen. Gleichzeitig könnte der Staat auch den Preis so anheben, dass sich keine Käufer mehr finden und so das Geschäft der produzierenden ruinieren.

Wir müssen festhalten, dass jede Intervention des Staates in die Wirtschaft sich nachteilig auswirkt. Er ist wie der Schiedsrichter der auf dem Fußball Feld jede Kleinigkeit abpfeift den gesamten Spielfluss stört und alle Aufmerksamkeit auf sich lenkt. Die Spieler verlieren die Lust am Spielen und die Zuschauer werden gelangweilt von dem herumgekicke.

Im extrem Fall kann der Staat anfangen alle Preise zu fixieren und die Hersteller zwingen zu produzieren.

Der Markt wird eliminiert und daraus resultiert eine Zwangswirtschaft der Versklavung.

Der Zerfall des Römischen Reich war auch Ursache der Liquidierung der Märkte.

Alles wurde reguliert wie im späteren Mittelalter. Dadurch degradierte die Zivilisation.

Der Waren Fluss wurde gestört und das Reich geschwächt.

Somit war es für die „Barbaren", ein leichtes Rom zu zerstören. Das Reich wurde durch diesen Inneren Konflikt zermürbt. Wer hatte diesen Prozess angeordnet? War es die Dummheit oder Gier der Herrscher? Oder spielten hier andere Mächte eine Rolle?

Könnte der Zerfall geplant gewesen sein?

Die Ausgabe von Geld war von je her den Herrschern vorbehalten. Das Herstellen von Münzen wurde so von einer staatlichen oder königlichen Münzprägeanstalt überwacht.

So wurde zunächst auch echtes Geld in Form von Silber- oder Goldmünzen ausgegeben.

Gold und Silber wurden schon immer als Edle Metalle angesehen und haben daher schon einen wirklichen Eigenwert. Mit der Zeit bediente man sich Mittel zur Entwertung der Münzen.

Sie wurden kleiner, mit anderen minderwertigen Metallen vermischt oder durch diese komplett ersetzt. Wenn die Bevölkerung aufmerksam wurde auf den Schwindel und die Minderung ihrer Kaufkraft, wurde es der Bevölkerung aufgezwungen, per Gesetz und Machtgewalt.

So hat sich diese Tradition gehalten, dass wir die Bürger nicht selbst Geld drucken dürfen,

sondern es ein Geldmonopol gibt. Dieses muss der Staat offiziell kontrollieren.

Wir machen Schulden bei der Bank die es ausgibt und sollen diese zurück zahlen.

Wieso wir das Geld zurück zahlen müssen wird nicht erklärt. Macht es Sinn immer mehr Schulden zu machen bei einer anscheinend staatlichen Institution? Wozu; ist es denn nicht im Sinne des Staates uns zu helfen? Wieso werden die Schulden nicht erlassen?

Sigmar Gabriel antwortete auf die Frage wem die EZB gehört, mit der Antwort; den Teilhabern.

Wer sind die Teilhaber? Wer fordert soviel Geld von uns, dass wir es niemals wieder zurück zahlen können? Und wieso fordert man soviel Geld?

Wieso konnte die Deutsche Bank die Schulden nicht erlassen? Könnte es sein, dass es nicht die Deutsche Bank ist sondern eine fremde? Scharade über Scharade, Maskerade über Maskerade,

ein Schwindel nach dem anderen, am Ende führt uns die Manipulation des Geldes zurück ins alte Venedig oder Italien der Geburtsstätte dieser modernen Institutionen.

Wenn die EZB den Teilhabern gehört heißt dies, dass sie privatisiert wurde. Lassen wir uns das auf der Zunge zergehen. Herr Gabriel war sichtlich geschockt, denn sonst ist er nur softe Fragen gewohnt die er mit Leichtigkeit beantwortet. Ist die EZB oder Zentralbank nun staatlich oder privat? Wenn sie staatlich ist dann möchten wir wissen wieso wir uns knechten müssen um Schulden zurück zu zahlen die unsere „Politokraten" verschuldet haben durch ihre Fehlwirtschaft; durch ihre Bürokratische zentrale Kontrolle über uns Bürger, Herr Gabriel. Und wenn sie privat ist möchten wir wissen wem sie gehört?

Wer profitiert davon? Wie lange wollen sie die Bürger noch zum Narren halten mit ihren Phrasen? Für wen arbeiten sie für die Geldwäscher oder für uns die Bürger der Bundes Republik Deutschland? Fürchten sie sich nicht vor der Gerechtigkeit des Heiland?

Sie werden hier und jetzt Geläutert. Das einzige mal als Jesus richtig zornig wurde, war als er mit anderen Männern den Tempel gestürmt hatte, der Zentrale der regionalen Geldwäscher und Geldfälscher, die das Judäische Volk betrogen hatten.

Folglich wurde er gekreuzigt; von den Henkersbänkern? Gabri el = Mann Gottes = die Schlange hüllt sich in weißen Kleidern = Maskerade = Venedig und das Venezianische Maskenspiel der Niedertracht.

Wie interveniert der Staat demnach in die Wirtschaft wenn er Geld ausgibt und dieses ohne auf die Qualität des Geldes zu achten?

Die erste Möglichkeit ist mehr Geld in den Umlauf zu bringen. Es entsteht Inflation, die Qualität des Geldes sinkt. Die Kaufkraft sinkt, die Wirtschaft stagniert.

Die zweite Möglichkeit ist Geld in den Umlauf zu bringen ohne jeden Gegenwert und darauf auch noch Zinsen zu verlangen. Die Zentralbank verlangt Zinsen diese müssen zurück gezahlt werden.

Da der Staat dieses nicht ausgleichen kann, muss er mehr und mehr Schulden aufnehmen die nicht mehr zurück zu zahlen sind. Zusätzlich wird die versteckte Steuer der Inflation fällig.

Somit interveniert der Staat in beiden Fällen in die Abläufe der Wirtschaft und ruiniert sie indem er das Tauschmittel entwertet hat. Geld sollte nur als Tauschmittel dienen um Waren zu handeln und Dienstleistungen auszugleichen; Oder als Sparanlage dienen, so dass der Dienstleister sich mit dem Geld wiederum selbst mit dem versorgen kann was er zum Leben braucht.

Insofern ist gutes Geld das Fundament einer gesunden Marktwirtschaft.

Inflation ist der Killer einer jeden Wirtschaft egal ob soziale Marktwirtschaft oder freie Marktwirtschaft. Je nachdem wie Kredite ausgegeben werden, verbessert sich die Wirtschaft oder stagniert. Sind alle Banken auf die Anweisungen einer Zentral Bank angewiesen, so kontrolliert diese alleinig wie viel Kredite und wie viel Geld in den Umlauf kommt.

Somit ist jede natürliche wirtschaftliche Entwicklung unmöglich.

Die Wirtschaft ist abhängig von den Stimuli der Zentralbank, je nachdem wie diese den Leitzins festlegt oder Geld in Form von Banknoten, Münzen oder digitalen Zahlen auf Rechnern in den Wirtschaftskreislauf wirft.

Ein weiterer naiver Glaube verbreitet unter den Anhängern von Sozialismus ist die Konfiszierung von allem Land, Einrichtungen, Ressourcen und der Aneignung der Gruppen die sie bearbeiten.

Die Miene für die Minenarbeiter, die Felder für die Bauern und so fort, sprich jeder bekommt seinen Teil ab je nachdem wie viel Arbeit er einbringt. So würden die Arbeiter gegen ihre Eigner aufbäumen und eine Revolution anstiften. Die verschiedenen Gewerkschaften müssen sich organisieren und alle Produktionsstätten und Firmen übernehmen.

Die alten Werte sind zu vergessen, die der Kapitalisten, Demokraten und Libertären.

Die Erlösung ist zu suchen im Klassenkampf, also werden alle Klassen ausgelöscht und alles übernommen von den Proletariern. Die Proletarier errichten ein Arbeiterparadies, der Traum die Früchte seiner Arbeit zu genießen ist zum greifen nah.

Sie bedenken nicht, dass in einer freien Marktwirtschaft ohne Intervention durch den Staat oder Monopolys dies auch möglich gewesen wäre. Und man etwas für sich haben könnte, eine eigene Existenz etwas worauf man als Individuum Stolz sein kann.

Sein eigenes Ego aufzubauen, Selbstbewusstsein, Unabhängigkeit, Freiheit.

All dieses sucht der gebeutelte Proletarier in die Zwickmühle geraten im Klassenkampf.

Er möchte mit seinen Genossen all das Erreichen wozu er alleine nicht im Stande sein kann.

Denn die Kapitalisten erdrücken ihn von oben; wohl wahr doch sie werfen dabei auch die Ideologie seiner zukünftigen Visionen ab und lassen den Proletarier dabei sein eigenes Grab Schaufeln.

Dies war der Nährboden der Bolschewiken Revolution die in ihrem Wahne Millionen von Christlichen Russischen Landeignern und Bauern inhaftierte.

So fatal können sich solche Ideologien auswirken.

Ähnlich agierten die Nationalsozialisten und die Faschisten in Italien.

Alles für die Partei, den Führer, den Duce oder das Vaterland; oder das Proletariat.

Die Anhänger dieser Revolution die Entrepreneure und Kapitalisten loszuwerden sind der Auffassung, dass diese überflüssig seien und egoistische Ausbeuter.

Sie fordern eine „Industrielle Demokratie" die alle befreien wird. Hierbei bedenkt der Proletarier nicht, dass jene die in der Wirtschaft tätig sind einfach nur versuchen das beste zu erwirtschaften, für sich selbst und das Personal. Die Gier der Zeitgenössischen Manager und Vorstandsvorsitzenden heizt diesen Gedanken weiter an und lässt viele die keine Perspektive sehen auf die Linke Flanke des politischen Spektrums ausweichen. Denn sie sind angewidert von dieser „Gier-Mentalität", von Anzugträgern die Millionen verdienen und gleichzeitig die Löhne senken.

Die Etablierung solcher Bedingungen ist der Monopoly-Kapitalismus und Ausbeuter Kapitalismus jener die eine neue Ellenbogen Wirtschaft predigen.

Es sollten nicht alle Entrepreneure in diese Schublade der Gierigen Geier geworfen werden.

Im klassischen Sinn ist es die Aufgabe des Entrepreneur das beste zu Erwirtschaften.

Er ist nicht zu vergleichen mit einem Diktatoren oder Autokraten er muss sich dem Markt fügen, der Markt ist laut Ludwig von Mises eine Demokratie der Konsumenten.

Die Proletarier möchten ihn aber zu einer Produzenten Demokratie umformen.

Bedenken aber hierbei nicht, dass die Produktion zum Zweck des konsumierens dient.

Wer entscheidet im Arbeiter Paradies wer wie viel konsumieren darf?

Setzt sich hierbei nicht wieder der stärkste durch?

Alles wird gleich aufgeteilt. Was wenn einer der Proletarier mehr Mäuler zu füttern hat?

Bekommt ausgerechnet er dann mehr?

Im Utopia des Sozialismus werden plötzlich alle zu Altruisten und Menschenfreunden.

Und wer wird das Management der Betriebe, Plantagen und so fort übernehmen?

Wird es nicht wieder solche geben die den Ton angeben müssen um den reibungslosen Betrieb zu gewährleisten? Kann man einen Manager rotieren lassen?

In einer freien Marktwirtschaft in der die Produktion und Distribution von Produkten darauf zielt, Existenzen zu errichten dürfte wenig Raum sein für die Produktion von Waffen und Kriegsmaterial. Dieses zerstört nur das Hab und Gut welches erwirtschaftet wurde.

Der Staat hat außerdem keine Mittel eine große Armee auszurüsten um eine Invasion zu starten.

Weder durch Besteuerung, noch durch den Druck von Geld und das ankurbeln von Inflation.

Der Staat wird es schwer haben die Masse davon zu überzeugen in einen unnötigen Krieg zu ziehen und dabei seine Existenzen links liegen zu lassen um sich töten zu lassen; und wozu auch?

Niemand wird auf die Idee kommen in den Krieg zu ziehen. Eine Armee wird nur gepflegt um sich zu verteidigen und könnte auch in Form einer Bürger Miliz existieren.

Der Staat wird keine Möglichkeit mehr haben die ganze Industrie auf die Produktion von Waffen und Kriegsgerätschaften auszurichten.

Denn er hat nicht die Möglichkeit in die Wirtschaft zu intervenieren.

Der Staat der freien Marktwirtschaft wird insofern nur darauf ausgerichtet sein sich vor Invasionen zu schützen. So war der Grundgedanke bei der Gründung der Vereinigten Staaten.

Es sollte eine Politik der Nicht Intervention verfolgt werden.

Dieser Gedanke wurde durch die Zentralisierung der Gewalt in den USA und durch das Einführen von mehr und mehr Sozialismus und Intervention in die Wirtschaft möglich.

Es sind folglich die großen Monopolys die von Kriegen profitieren, Könige die Kriegsbeute einfahren können die darauf erpicht sind Kriege zu führen.

Im Sozialismus verfügen jene, die die Staatsgeschicke leiten die Möglichkeiten durch die Zentralisierung aller wirtschaftlichen Prozesse einfach einen Spurwechsel zu vollführen.

Die Massen können einfacher bewegt werden Krieg zu akzeptieren, denn alles gehört dem Staat was kann man noch verlieren? Für den Staat, für das Proletariat und die Genossen heißt es dann.

In einer Welt frei von Staatlichen Kontrollen über die Wirtschaft dürfte wenig Interesse bestehen Panzer, Kampfhelikopter, Raketen und andere Superwaffen zu produzieren, die immer nur darauf zielen fremdes Eigentum zu zerstören.

In einem Sozialistischem Staat egal in welchem Stadium er sich befindet auf der Skala der Zentralisierung und Intervention; wird es immer leichter sein Krieg zu führen mit seinen Nachbarn.

Das Argument eines Sozialistischen Weltstaates kann hier nicht verteidigend sein;

denn wer kontrolliert in diesem den Frieden zu wahren zwischen 7 Milliarden Menschen?

Es ist ein absurder Gedanke.

Krieg ist in einer kultivierten und freien Zivilisation ein Bannfluch. In einer dogmatisierten, zentralisierten, sozialisierten und indoktrinierten ein einfaches durchzuführen.

Und so würde die Durchsetzung von Sozialismus einen weiteren Nachteil bergen.

Sozialismus gibt zu viel Macht in die Hände von Despoten und Volksverführern.

Die Moderne Zivilisation hat keine Chance zu überleben, wenn wir weiterhin die Macht in zentral gesteuerte Staatssysteme legen, in jenen ein einziger Knopfdruck das Schicksal der Menschheit besiegelt. Atomwaffen, Wasserstoffbomben und Neutronenbomben sind Realität geworden und nur Mittel zum Zweck von Staaten in denen das Volk seine Macht einer Person überträgt.

Die Befürworter von Globalisierung nutzen diese Superwaffen lediglich um noch mehr Block Bildung und Sozialismus zu rechtfertigen und noch mehr Macht in weniger Hände zu verteilen, was wieder nur ein Paradoxer Gedanke sein kann. Denn diese Blöcke die sie kreieren machen alles nur noch schlimmer. Und geben noch mehr Macht ab in die Hände der Autokraten.

Wir fassen zusammen das Neo-Sozialistische Systeme, die sich als Demokratische getarnt haben aus jedem Blickwinkel betrachtet langfristig zum Scheitern verurteilt sind.
Noch schlimmer ist es im Sozialismus und seiner Steigerung dem Kommunismus.
Alle Beschränkungen die der Staat auferlegt, beschränken nur das Wohl der Bürger;
den Wohlstand, die Produktivität, Freiheit und Zufriedenheit.
Alle Eingriffe in den Markt, bremsen ihn, zerstören seine Effektivität und hindern so die Erwirtschaftung von Wohlstand. Sie bewirken immerzu einen negativen Effekt.
Konfiszierung von Eigentum durch den Staat in Form von Steuern und jeglicher Art ist eine weitere Blockade, eine Gesellschaft zu errichten in der jeder die Früchte seiner Arbeit genießen möchte.
Insofern wäre es erstrebenswert eine soziale Gesellschaft zu erstreben in der die Intervention in den Markt, Beschränkungen und zwanghafte Besteuerung auf dem Friedhof der alten Laster begraben werden. Und mit ihm die Ideologie des Sozialismus dem Totengräber der Menschheit.
Wir können alle glücklicher werden wenn wir diese einfachen Prinzipien begreifen.
Wir können keine Zukunft aufbauen durch das Aufzwingen, Aufbürden und ständiges unter Druck setzen. Pflichten und Ausbeutung durch den Staat und deren Handlanger.
Das errichten einer funktionierenden Glücklichen Gesellschaft kann nicht das Resultat zwanghafter Auf Erlegung von Bürden sein, in Form von unnötigen Gesetzen und Steuern.
Eine Gesellschaft frei von aufgebürdeten Zwängen wird es einfacher haben die Früchte seiner Arbeit mit seinen Mitmenschen zu teilen, falls andere von der Natur gestraft sein mögen nicht die Möglichkeiten zu besitzen wie ihre Mitmenschen.
Zwang kreiert noch mehr Gier und Egoismus. Freiheit schafft eine Gesellschaft in der geteilt wird. Also raus aus der Ideologie des Zwanghaften Teilens in eine in der wir Teilen, weil wir Teilen möchten und vor allem auch Teilen können.
Wir müssen uns Entscheiden zwischen freier Marktwirtschaft und Sozialismus und abwägen was besser ist. Jede Mischung von Sozialismus und Marktwirtschaft ist ein schrittweiser Prozess der Überleitung zu Sozialismus und folglich seiner Ausgeburt dem Faschismus.
Hierbei ist festzuhalten, dass die soziale Marktwirtschaft bereits in der Umstellung zur faschistischen Wirtschaft von reinen Interessengruppe angelangt ist.
Der Übergang zum Faschismus ist also nicht mehr fern. Denn die Großen dieser Welt haben den Kuchen in vielen Bereichen bereits aufgeteilt. Die Stücke wurden vertilgt, es sind nur noch die Krümel des Kuchen zu essen. Jeder größere Markt wird ausgefüllt von speziellen Franchise und Marken die sich etabliert haben und so fort. Dieser Prozess weitet sich immer mehr aus.
Und in Zeiten hoher Inflation, hoher Besteuerung der mittleren und kleinen Entrepreneure, zahlreicher neuer Regulierung und Gesetze ist der Todesstoß nahe.
Man vergesse nicht die Multi Nationalen Freihandelsabkommen, die uns die vielen bevorteilen sollen, aber in Wirklichkeit nur Freifahrtscheine für Multi Nationale Kooperationen sind die Märkte völlig zu absorbieren. Diese Zielen darauf den Handel zwischen den Staaten zu verbessern aber in Wirklichkeit wird hierbei die Industrie ins Ausland verfrachtet.
Dort wird ausgebeutet unter Billig Löhnen, und die Firmen die sich dieser Methoden bedienen werden immer größer und mächtiger, während sie beide Nationen dieses Freihandelsabkommen

oder Handelsabkommen ausbluten. Es ist ein Einwegfahrschein von Moneten in die Taschen der Magnate. Die Hauptsache ist China wird Weltfabrik und wir können in der „Schönen Neuen Welt", weiter billig konsumieren, damit wir weiter glücklich sein können.

So funktionieren die Zangenbewegungen der Globalisten.

Sozialismus ist die Plage der Menschheit. Die eine große Plage die alle anderen übel nach sich zieht. Er ist in der Lage unterschiedliche Formen anzunehmen um uns über seine Beschaffenheit und Ziele zu täuschen. Am Ende hinterlässt er eine machtlose, ausgebeutete Masse, demoralisiert und ihrer Mittel beraubt. Jene die den Sozialismus kontrollieren, die an der Spitze der Pyramide sitzen erheben sich zu Göttern und Leben in Saus und Braus.

Sogar Aristoteles der Schüler des Platon, kritisierte den perfekten Staat entworfen von Sokrates und Sokrates war wiederum der Lehrer des Platon, jener den „Perfekten Staat" zusammenfasste.

Seither haben sich die Eliten dieser Welt dieses diabolischen Wissens ermächtigt.

<u>Der gute Sinn der Menschheit war schon immer gegen Platon</u>, sagte der große Aristoteles.

Die Natur hat den Menschen nicht vorgesehen gleich zu sein, „Platons Republik" zerstört die Natur, das Individuum, die Familie und die ganze Welt. Sozialismus ist wie ein Virus der einen Organismus zerfrisst und so wird er baldigst die ganze Erde absorbieren und ihn zersetzen.

Und was wurde aus den Familien? Die Familie ist im Prozess der Auflösung als Basis der Menschlichen Gesellschaft. Und was bringt es uns dem Staat die Kinder zu opfern?

> **Wohingegen [...], in einem Staat Frauen und Kinder gemeinsam zu haben, die Liebe wird wässrig; und der Vater wird sicherlich nicht sagen ´mein Sohn`, oder der Sohn ´Mein Vater`. Genauso wie ein bisschen süßer Wein vermischt mit viel Wasser nicht mehr wahrnehmbar ist [...].[8]**

> **Nochmals, wenn Sokrates die Frauen gleich macht, und privat Eigentum beibehält, die Männer werden nach den Feldern sehen, aber wer schaut nach dem Haus? Und was wird passieren wenn die Schicht zuständig für die Agrarkultur beides ihre Frauen und ihren Besitz gemeinsam hat? Erneut; es ist absurd zu argumentieren, indem Tiere als Vergleich genommen werden, dass Männer und Frauen dem gleichen Beispiel folgen sollten; denn Tiere müssen keinen Haushalt führen.[9]**

Aristoteles war ein Gigant in geistiger Größe, seine Worte dürfen nicht als altmodisch oder frauenfeindlich gewertet werden; im Gegenteil. Er hatte seine Gründe so zu argumentieren.

Jeder der es anders sieht, hat ein gewaltiges Problem logisch zu denken.

„ES" hat aus dem Menschen bewusst Tiere gemacht. Wir Menschen sind nicht bestimmt wie die Tiere zu leben.

So hat der Sozialismus die Familien verwässert, die Ordnung des Haushalt ruiniert und wir wissen nicht mehr wo uns der Kopf steht. Keine Institution der Welt kann die Erziehung der Mutter ersetzen. Die Ansätze Frauen besser in die Gesellschaft zu integrieren sind bewusst falsch gewählt worden. Die Sozial Ingenieure wussten genau, dass sie dabei einige Generationen an unbelehrbaren „Furien" erziehen würden, die nicht mehr abzubringen sein würden von einer falschen Wertvorstellung der modernen Frau.

Hätte man den richtigen Weg gewählt, dann hätte man die Mädchen und jungen Frauen richtig unterrichtet. Die Voraussetzungen gegeben die Welt zu verstehen wie sie ist. Eine gute Ausbildung zu lernen, nicht im Sinne wie alle indoktriniert wurden, sondern volles Wissen, kein halbes Wissen.

So dass jede Frau dann selbst wählen kann was sie aus ihrem Leben machen möchte.

Sie könnte Arbeiten gehen, sie könnte nur Kinder haben wollen oder auch beides.

Schlagen wir uns die Superfrauen aus dem Kopf die beides gleichzeitig machen können.

Es ist nicht möglich, diese Möglichkeit besteht nur für jene die finanziell gut dastehen und für Ersatz sorgen können während beide Elternteile arbeiten.

Gewöhnliche Paare oder alleinstehende Frauen mit Durchschnittseinkommen können ihre Kinder nicht vernünftig großziehen und gleichzeitig arbeiten gehen.

Der Vater kann die Kinder nicht säugen. Und Kinder die nicht ausreichend Muttermilch bekommen können nicht das volle geistige Potential abrufen. Und wer sorgt für den Haushalt um ein Menschenwürdiges Leben zu führen? Die wenigsten haben es in den Wirren der Gegenwart geschafft eine gute Mischung zu finden, und der Trend geht Richtung Albtraum Gesellschaft.

Die nächste Generation wird keine Balance mehr halten können, so wie es einige der gut organisierten Familien Haushalte hierzulande, wie man es noch häufig sieht leisten können.

Eine reifere Frau könnte entscheiden in die Berufswelt einzusteigen wenn die Kinder das fortgeschrittene Jugendlichen Alter erreicht haben, falls sie dies wünscht.

Letztlich müssen wir uns von dem aufzwingen von Lebensweisen entfernen, doch die Notwendigkeit wird sich zeigen und klarmachen wie die Kinder groß zu ziehen sind; und es wird klar werden, dass wir als Menschen aussterben wenn wir aus den Frauen versuchen Männer zu machen und aus den Männern Frauen. Um fortzubestehen reicht es nicht ein Kind im Durchschnitt auf die Welt zu setzen, dieses dann in den Kindergarten mit 2 Jahren zu stecken, es dann in die Schule gehen zu lassen um danach sich vor den Fernseher zu setzen, Menschen unwürdiges anzusehen, ohne dass die Eltern darauf Einfluss haben; oder sich die Finger am „Tablet" zu verbiegen bis es verblödet und seine Entwicklung verpasst.

Jene, die die Propaganda geschürt haben wissen ganz genau was sie dabei bewirken, nichts wird dem Zufall überlassen.

Kommen wir zur Vernunft wird sich eine Balance einrichten, jeder Zwang, alle falschen Denkweisen werden sich nur noch am Rande bewegen. Kommen wir nicht zur Vernunft wird das Menschengeschlecht aussterben.

Jede stark konditioniert und indoktrinierte Frau wird, wenn man sie mit Vernunft konfrontiert zum kleinen Diktator mit Bärtchen und so scheint unser Schicksal besiegelt, aber wie immer stirbt die Hoffnung zuletzt. „Markus zurück ins Mittelalter", wie oft dieser Satz die Ohren durchbohrt hat, doch am Ende hat der Philosoph Recht behalten, auch wenn man ihn wie einen Aristoteles feige mordet und den Hyänen zum Fraß wirft. Die Vernunft hat am Ende immer gesiegt, und wenn nicht diese dann bleiben immer noch die Gesetze der Natur. So ist es ihr kleinen „Hitlerinas" dieser Welt.

In allen großen Zivilisationen wurden die unteren Schichten sozialisiert, genormt und dienten der Oberschicht. Der Pyramiden Bau in Ägypten erforderte sicherlich auch Sozialistische Strukturen.

Der Pharao und seine Priester dirigierten alles, bis zum Ertrag der Landwirte wurde alles festgehalten und von Bürokraten gezählt und eingelagert.

Der ein oder andere liberal ausgerichtete Pharao dürfte schon mal beseitigt worden sein.

Oder man schickte fremde Völker um ihn zu stürzen.

Die anderen Zivilisationen waren nicht minder faschistisch, die Übergänge zu freiheitlicheren Systemen waren temporär und wechselten sich wieder ab mit tyrannischen. Die Sozial Planer behielten immer die Überhand. Es ist die Geschichte von permanenter Oligarchie.

Jene die Wissen wie man Zivilisationen mauert, Menschen mit Alchemistischen Elixieren betäubt sie sozialisiert und normt und die verschiedenen Staatsformen zur Volkskontrolle anwendet.

So wurden die Geschicke der Menschheit so weit wir auf Hochkulturen zurück blicken können bestimmt durch die Erfinder der Plage der Menschheit; der Sozialismus ist es.

So gab es grob betrachtet schon immer 3 Schichten, die obere, die mittlere und die Unterschicht. Über diesen 3 Schichten die Oligarchen, jene die illuminiert sind durch das Licht des Lucifuge.

Die obere Schicht war schon immer die sichtbare Elite, darunter die wohlhabenden und ganz unten die mittellosen. In dieser Hinsicht hat die Menschheit seit der Jungsteinzeit keine Fortschritte mehr gemacht. Dieser Prozess könnte noch weiter zurück liegen wenn man bedenkt, dass die Sumerische und Ägyptische Hochkultur aus dem nichts zu kommen schienen und so schnell so prächtige Kulturen errichteten, wenn die Konventionelle Geschichtserzählung davon ausgeht, dass davor nichts vergleichbares gewesen ist. Nur einfache Siedlungen, Viehzucht und Agrarwirtschaft.

Plötzlich tauchen in Bosnien Pyramiden auf die noch älter zu sein scheinen.

Wir die wir uns am Ende der Nahrungskette befinden, leben zwar besser als vor Hundert Jahren, und Menschen die vor Hundert Jahren gelebt haben, hatten auch ein besseres Leben als ihre Vorfahren vor Tausend Jahren. Eine Sache bleibt immer gleich alle Generationen waren Sklaven in ihrer Zeit. Einige Generationen waren sich dieser Tatsache nicht einmal bewusst.

Wenn die Oligarchen entschieden einen Wechsel zu vollführen, weil die Obere Schicht der Sichtbaren Elite nicht mehr zu gebrauchen war, organisierten sie die Mittlere Schicht der privilegierten Bürger und erhoben sie zur Oberen Schicht. Die Mittlere Schicht wurde aufgefüllt durch ein paar aus der Unterschicht und so fort. Die Oligarchen bekämpften sich von Zeit zu Zeit doch ihr Wissen blieb den Massen immer vorenthalten, insofern sie nur unter einander blieben und Inzest bevorzugten, degenerierten sie weiter und weiter. Und so stürzen sie die Menschheit von einer Katastrophe in die nächste, von einer Krise in die nächste.

Sterben alte Dynastien aus so werden jene aus der Oberschicht die sich erwiesen haben, ausreichend korrupt zu sein, in den Olymp der Oligarchen aufgenommen.

Sobald sich ein Neues Feld der Kontrolle auftut, werden neue Oligarchen aufgenommen in den Olymp. So gibt es Bänker Dynastien, andere die sich auf die Industrie konzentrieren, wieder andere die Verkehr und Transportwesen dominieren und zu guter Letzt die Royalisten.

Wozu diese gebraucht werden? Sie füllen wohl eine höhere Funktion, die des Status Symbols.

Nun da wir das Finale ihrer Pläne erreicht haben müssen wir dem „Perfekten Staat" unterworfen werden, dem perfekten Status der Versklavung.

Das Rohmodell der Welt wie sie in ihren Augen aussehen soll ist das Kommunistische China.

Millionen unzufriedener Chinesen sind nicht mehr in der Lage die indoktrinierten und konditionierten zu bewegen die den Staat ausmachen und das unmenschliche System des Kommunismus umzuwerfen. Wie viele Chinesen mussten seither sterben? 100 Millionen? 200? Noch mehr? Niemand kann diese Frage beantworten. Der Autor übertreibt?

Wie viele Babys mussten abgetrieben werden? Zählen Sie diese nicht als Menschliche Wesen in ihrem Anfangsstadium?

Wir müssen uns jetzt in der Finalen Phase der Unmenschlichen Revolution, der Evolution der illuminierten unterwerfen. Wie viele Menschen werden noch sterben müssen bevor der Mensch ausgelöscht wird, dann wenn die künstliche Evolution der Wahnsinnigen abgeschlossen wurde?

Das letzte Staatssystem welches dann permanent sein wird bis zur Eliminierung des Menschengeschlecht oder seiner Erniedrigung zum niederen „Menschentier" wird der Kommunismus sein und so lauten seine 10 Gebote:

1. **Abschaffung von Privatem Landbesitz und die Abtretung aller Erträge für öffentliche Zwecke.**
2. **Eine Starke progressive und abgestufte Einkommensteuer.**
3. **Abschaffung aller Erbrechte.**
4. **Konfiszierung des Landes von allen Immigranten und Rebellen.**
5. **Zentralisierung der Kreditausgabe in die Hände des Staates, durch eine Staatsbank mit Staatskapital und exklusivem Monopoly.**
6. **Zentralisierung der Kommunikationsmittel und Transportmittel in die Hände des Staates.**
7. **Ausweitung von Fabriken und Werkzeugen der Produktion in Staats Besitz; das kultivieren von brachem Land, und die Verbesserung von Land im allgemeinen in Abstimmung mit einem gesamt Plan.**
8. **Gleiche Verbindlichkeit von allen zu arbeiten. Errichtung von Industriellen Armeen, speziell für Agrarwirtschaft.**
9. **Kombination von Agrarwirtschaft mit der Manufaktur Industrie; schrittweise Aufgabe zwischen Unterscheidung von Stadt und Land, durch eine bessere Verteilung der Bevölkerung über das Land.**
10. **Freie Bildung für alle Kinder in öffentlichen Schulen. Abschaffung von Kinderfabriken in ihrer jetzigen Form. Kombination von Bildung mit Industrieller Produktion, &., &c.** [10]

Die Punkte **2, 5, 10,** wurden bereits umgesetzt.

Wir müssen unser Einkommen besteuern lassen im schrittweisen Sozialismus, das Geldmonopol ist die EZB, ja ja sie hat ein exklusives Monopoly zum Gelddrucken. Die Lizenz zum Gelddrucken.

Und Schulbildung ist auch umsonst und muss nicht direkt bezahlt werden.

So kann man seine Kinder umsonst indoktrinieren lassen.

Punkt **1** wurde in anderer Form umgesetzt. Man muss Steuern Zahlen auf sein Grundbesitz somit gehört der Grundbesitz einem im Prinzip nicht.

Die Punkte **1 und 3** werden spätestens vollständig eintreffen wenn die Henkersbänker die Schuldenkollekte einsammeln kommen, wenn die Schulden in allen Ländern so groß sind, dass man uns enteignen kann, wenn auch nur schrittweise. Man gedenkt alles einer Planwirtschaft zu unterwerfen. Die Punkte die Marx hier aufführt sind auf die damalige Zeit anzuwenden, so dass ein Paar Punkte ihre Bedeutung verloren haben dürften.

Wie setzt man Punkt **8** um? Alle müssen Arbeiten, so was passiert mit dem Rest? Alle die nicht arbeiten können? Sie müssen beseitigt werden. Für die untätigen braucht es dann wohl der Industrie Armee um sie zu beseitigen.

Natürlich kann dies so Marx nur durchgesetzt werden indem Mann anfänglich unmoralische Wege wählt, der Zweck heiligt die Mittel. Millionen tote sollten die Folge sein und noch folgen.

Die Proletarier haben nichts zu verlieren außer ihrer Ketten. Sie haben eine Welt zu gewinnen.
Proletarier, aller Länder vereinigt euch. [11]

Und durch diese Worte von Karl Marx wurde ein mentaler Flächenbrand entzündet.

Immer noch laufen sie umher und benutzen seine Schlagworte, wie Proletarier und Bourgeoise.

Der Champion des Klassischen Liberalismus Tocqueville beschrieb die Übergangs Phase unserer Zeitgenössischen Verknechtung dem Demokratischen Sozialismus der folglich zum Kommunismus führen wird, wie folgt:

> **nachdem jedes Mitglied einer Gesellschaft erfolgreich in seine Mächtigen Klauen genommen, und es willkürlich geformt, breitet die Absolute Macht ihren Arm über die ganze Gesellschaft aus. Es überdeckt die Oberfläche der Gesellschaft mit einem Netzwerk von kleinen komplizierten Regeln, peinlich genau und einheitlich, durch welche die originellsten Geister und die energischsten Charaktere nicht vordringen können um sich über die Masse erheben zu können. Der Wille des Menschen ist nicht zerschlagen aber verweichlicht, gebunden und geführt; Menschen sind selten durch es gezwungen zu handeln, aber sie sind permanent zurückgehalten davon zu handeln. Solch eine Macht zerstört nicht, aber sie verhindert Existenz; sie tyrannisiert nicht, aber sie komprimiert, entkräftet, vernichtet, und verdummt ein Volk, bis jede Nation reduziert ist zu nichts besserem als einer Herde ängstlicher Industrieller Tiere, von jenen die Regierung der Hirte ist. —Ich habe immer gedacht das Knechtschaft der gewöhnlichen, leisen, und sanften Art welche ich eben beschrieben habe einfacher kombiniert werden könnte als man für gewöhnlich glaubt mit ein paar äußerlichen Arten der Freiheit und dass es sich sogar durchsetzen könnte unter dem Flügel der Souveränität der Menschen.** [12]

So leben wir heute in einer Welt voll kleiner komplizierter „vernünftiger", Regeln, so penibel ausgearbeitet das Individualisten und all jene die sich über die Masse erheben könnten um sie aus der Bondage zu führen, nicht mehr erheben können. Denn sie wurden absorbiert von diesem alles fressenden Sozialkonstrukt. Der Mensch ist abhängig davon und gebunden an seine eigene Vernichtung die für ihn vorbestimmt wurde und kann nichts dagegen tun.

Es ist eine Form des sanften und alles vernichtenden Joch.

Und Aldous Huxley der Autor von „Brave New World", bestätigte dies aus Sicht der Verrückten Wissenschaftler und Sozial Ingenieure wie folgt, als er eine Rede in 1962 hielt, in jener er noch verkündete, dass sein Modell einer „Schönen Neuen Welt", effektiver sei als das „1984", von George Orwell:

Das Schöne Neue Welt Modell ist wahrscheinlich effizienter als das andere [1984], wenn man es schafft Menschen den Umständen unter denen sie Leben zu zustimmen, dem Zustand der Knechtschaft, den Umständen wie sie gegeben sind. Es scheint mir dass die Natur der ultimativen Revolution der wir jetzt entgegenstehen genau diese ist, dass wir uns im Prozess befinden eine Menge von Techniken zu entwickeln, jene die mitwirkenden Oligarchen befähigen wird, Leute die immer schon existent waren und wahrscheinlich auch weiterhin existieren werden. Menschen dazu zu bringen ihre Knechtschaft zu lieben, Menschen können dazu gebracht werden Zustände zu akzeptieren, welche sie unter jedem angemessen Standard nicht genießen sollten.

Und so stimmen alle Lemminge und mental entmachteten Dummies ihrer Bondage zu.
Die Durchsetzung von Macht ist das Erringen von noch mehr Macht, Macht über alle Menschen, die ganze Welt, den Tod, den Kosmos. Diese Macht zu erlangen entbehrt ES sich aller Mittel die es Ersinnen könnte in seinem Diabolischen Wahne. Macht zum Zweck von noch mehr Macht.
Das Individuum in seinem Zustand der mentalen Knechtschaft, konditioniert und indoktriniert ist nicht in der Lage eine Verschwörung wahrzunehmen die so gewaltig ist, so durchdringend, so vielschichtig wie sie uns derzeitig zu erdrücken droht.

1   Ludwig von Mises, Human Action. A Treatise On Economics, Volume 3, Liberty Fund, Indianapolis, 2007. Erste Veröffentlichung durch Yale University Press in 1949. Edited by Bettina Bien Greaves. ISBN: 978-0-86597-680-1, Seite 693.
2   Ludwig von Mises, Human Action. A Treatise On Economics, Volume 3, Liberty Fund, Indianapolis, 2007. Erste Veröffentlichung durch Yale University Press in 1949. Edited by Bettina Bien Greaves. ISBN: 978-0-86597-680-1, Seite 693.
3   Ludwig von Mises, Human Action. A Treatise On Economics, Volume 3, Liberty Fund, Indianapolis, 2007. Erste Veröffentlichung durch Yale University Press in 1949. Edited by Bettina Bien Greaves. ISBN: 978-0-86597-680-1, Seite 693.
4   Ludwig von Mises, Human Action. A Treatise On Economics, Volume 3, Liberty Fund, Indianapolis, 2007. Erste Veröffentlichung durch Yale University Press in 1949. Edited by Bettina Bien Greaves. ISBN: 978-0-86597-680-1, Seite 693.
5   Xavier Naidoo, Zwischenspiel. Alles für den Herrn, Kein Königreich, Naidoo Records.
6   Ludwig von Mises, Human Action. A Treatise On Economics, Volume 3, Liberty Fund, Indianapolis, 2007. Erste Veröffentlichung durch Yale University Press in 1949. Edited by Bettina Bien Greaves. ISBN: 978-0-86597-680-1, Seite 695.
7   Ludwig von Mises, Human Action. A Treatise On Economics, Volume 3, Liberty Fund, Indianapolis, 2007. Erste Veröffentlichung durch Yale University Press in 1949. Edited by Bettina Bien Greaves. ISBN: 978-0-86597-680-1, Seite 706-707.
8   Aristotle, Politics. Dover Publications, Inc. Mineola New York, 2000. Wurde von Benjamin Jowett ins englische übersetzt in 1885. ISBN-13: 978-0-486-41424-9, Seite 60.
9   Aristotle, Politics. Dover Publications, Inc. Mineola New York, 2000. Wurde von Benjamin Jowett ins englische übersetzt in 1885. ISBN-13: 978-0-486-41424-9, Seite 66.
10 Karl Marx/Friedrich Engels, The Communist Manifesto. Wordsworth Editions Limited, Hertfordshire, 2008, ISBN: 978 1 84022 096 4, Seite 23.
11 Karl Marx/Friedrich Engels, The Communist Manifesto. Wordsworth Editions Limited, Hertfordshire, 2008, ISBN: 978 1 84022 096 4, Seite 34.
12 F. A. Hayek, The Road To Serfdom. Text and Documents, The Definite Edition, The University of Chicago Press, Routledge London 2007. Original Text erschienen in 1944 veröffentlicht durch The University of Chicago. The Definite Edition, Edited by Bruce Caldwell, Seite 49. Zitiert nach: Alexis de Tocqueville, Democracy in America, der Henry Reeve Text revidiert durch Francis Bowen, nun weiter korrigiert und editiert mit Einleitung, Herausgeber Anmerkungen, und Bibliographien durch Philips Bradley, New York: Alfred A. Knopf, 1945, Vol. 2, Buch 4, Kapitel 6, Seite 319.

Demokratie das Zweischneidige Schwert

Demokratie ist ein Zweischneidiges Schwert. Pro und Kontra müssen abgewogen werden.

Die Bevölkerung eines demokratischen Staates muss allzeit gut informiert sein und Zwei wachsame Augen auf die Volksvertreter richten. Sind es noch Staatsmänner oder Politiker?

Man hat die Leute trainiert dem Staat zu vertrauen. In früheren Zeiten waren die Menschen durch die Ausbeuterei der Tyrannen gewohnt misstrauisch zu sein bezüglich den Regenten.

Heute achten wir nur noch darauf, dass Demokratie besteht aber nicht welche Werte und Ziele sie verfolgt und dient. Die Massen wurden gezähmt dem Staat zu vertrauen.

Demokratie kann die Bevölkerung nur frei machen wenn die Stimmen die abgegeben wurden auch dazu genutzt werden, wofür sie abgegeben wurden; oder das Volk ist gut aufgeklärt und darf selbst wählen. In unserem Nachbarland der Schweiz funktioniert es.

Dies ist mit Sicherheit auch ein Grund für den hohen Lebensstandard in der Schweiz.

Sie haben Einfluss auf ihre Politiker und die Schweiz läuft wie ein Schweizer Uhrwerk.

Denn das Volk weiß was es braucht und will.

Das Counterpart zu einer besseren Demokratie wie in der Schweiz ist eine schlechte wie in der Bundesrepublik. Hier werden wir schon seit Helmut Kohl belogen, dass sich die Balken biegen müssen. Der Kohlkopf der Alte war der Anfang vom Ende.

Zwei Beispiele guter und schlechter Demokratie, gleich bei einander, als Nachbarstaaten.

Doch es geht noch schlimmer, Demokratie kann auch die Form von extremem Despotismus annehmen und sich darin einhüllen.

Daher darf Demokratie nie als das Absolute beste angesehen werden und sollte auch nicht angebetet werden, denn sie birgt ihre Gefahren, sie kann von Demagogen einfach umgestellt werden in ein Diktatorisches System, welches von einem Despoten oder einem Kollektiv an Oligarchen regiert wird, ohne dass die Bürger es bemerken oder verhindern können.

Sobald in einer Demokratie der freie Markt verpfuscht wird durch Intervention und zu viel Steuern anfallen, zu viel reguliert wird, zu viele unnötigen Gesetze erlassen werden, und Demagogen die Staatsbühne betreten wissen wir folglich, dass wir uns Richtung Diktatur bewegen.

So stehen sie sich gegenüber die Demokratie und die Diktatur wie Himmel und Erde,

wie Licht und Dunkel und wie einfach die Linien beider sich verwischen.

Es ist ein Falschglaube, wenn die Macht der Masse unterliegt diese nicht auch zu bösem genutzt werden kann. Die Masse kann manipuliert sein, und wir verstehen nun über die Macht der Psyche der Massen, den Massentrieb. Die Masse kann selbst zu bösem geneigt sein.

Insofern ist Demokratie ein Zweischneidiges Schwert und der Umgang mit ihr ist mit äußerster Vorsicht zu händeln. Sie kann sehr einfach zu Tyrannei werden und das Schwert wird genutzt um die Massen damit zu morden. Es gilt zwei Themen zu behandeln, die Scheindemokratie dirigiert von Oligarchen, unter ihnen die Technokraten und schließlich unsere Volksverdreher die Demagogen; Und wie aus Demokratie eine Diktatur entsteht.

Zunächst die Scheindemokratie der Demagogen Püppchen.

Die Politiker des „Fabian Socialism", setzten genau das um was H. G. Wells und andere bekannte Fabianisten als Lösung für das Chaos nach dem Zweiten Weltkrieg notiert hatten.

Sprich Ordnung herzustellen aus dem alten Chaos. Die unterschiedlichen Parteien bestanden vorher schon. Man musste nur eine Parlamentarische Demokratie basteln.

Das Parlament würde besetzt werden mit Sozialisten, Sozialdemokraten, Christdemokraten, Liberalen und später den Grünen. Insofern war es nur wichtig die Parteien zu kontrollieren.

Das Programm der Fabianisten war eine Gesellschaft aufzubauen die ihren Volksvertretern vertrauen schenkt und so verliefen die ersten Jahrzehnte bis Helmut Kohl recht erfolgreich, es lief gut, die Bürger fühlten sich wohl in ihrer Parlamentarischen Demokratie.

So wie H. G. Wells es zusammengefasst hatte, war es wichtig den Bürgern die wichtigsten Menschenrechte zu gewähren, Frieden zu schaffen, Eigentum zu respektieren, jeder sollte im eigenen Heim unantastbar sein.

Ein jeder Bürger sollte sich eine moderate Unterkunft leisten können und über Sanitäre Anlagen verfügen um sich wohl zu fühlen. Hinzu kam das vielfältige Angebot an Unterhaltung in einer Spaßgesellschaft die mehr und mehr ausgebaut wurde.

Die Aufgabe der Politiker würde es sein vertrauen aufzubauen und langsam eine Agenda durchzusetzen die hinter den Kulissen bereits lange im voraus geplant wurde.

So wurde die Europäische Union wie sie jetzt besteht mit all ihrem Einfluss und Details bereits 1954 von den „Bilderbergern" geplant. Dies gaben die Herrschaften zu und sind Stolz auf ihr Werk.

So sind unsere Politiker nur noch beschäftigt uns vorzumachen Progress zu erwirken wenn sie nur noch Zeit gewinnen um die Agenda voranzutreiben.

Die Parlamentarische Demokratie wird angewendet im Sinne von „Hegels Dialektik".

Sprich fast immer wenn die Regierung für etwas ist, muss die Opposition dagegen sein, oder zumindest Forderungen machen auf die Vorgehensweisen zu reagieren.

Es genügt die Gesetze so zu formulieren, dass man getäuscht ist über das Vorhaben.

Man bedient sich permanent „double speech".

Für die Elite sind die Mechanismen der Exekutive, Legislative und Judikative letztlich nur Instrumente die benutzt werden. Je nachdem wie erfolgreich sie sind, die Amtsträger auf ihre Seite zu ziehen, zu bestechen, Ihnen zu drohen oder anderweitig Druck auszuüben.

Für eine kriminelle Internationale Organisation ist es ein leichtes Politiker, Richter oder Staatsbeamte zu entfernen, wenn nötig zu eliminieren.

So findet hinter den Kulissen momentan ein reger Kampf statt den Faschismus aufzuhalten.

Ansonsten wären wir wohl schon in Korruption versunken.

Korruption in einem Staat ist wie ein Krebsvirus; er zersetzt den Wirt.

Genauso ist es mit Korruption, der Staat wird so korrupt, dass er sich selbst zerstören muss unweigerlich.

Wir wurden so indoktriniert über das Politische Spektrum, dass wir nur ein solches sehen.

Von links nach rechts betrachtet wie folgt:

Kommunismus steht ganz links und ganz rechts sein Zwilling der Faschismus.

In der Mitte befindet sich der Fabianistische Sozialismus mit all seinen übernommenen Parteien. [1]

Die Linken, die Ökoparteien, die Sozialdemokraten, die Christdemokraten und Liberalen füllen dieses aus. Selbst die FDP wurde immer weiter den Idealen des Sozialismus unterworfen und ist jetzt trotzdem ins Abseits geraten.

Das volle Spektrum ist also auf schleichenden Sozialismus ausgerichtet. Dessen schlechter Politik und Intervention in den Markt, die unsere Freiheiten und Wohlstand beeinträchtigen.

In den USA dominieren den Fabianistischen Sozialismus zwei Parteien, alleinig diese genügen.

Das rationale Politische Spektrum ist laut Gary Allan korrekterweise anders zu sehen und wie folgt:

Sprich totalitäre Kollektiv Systeme ganz links, Kommunismus, Faschismus, Sozialismus, Demokratischer Sozialismus und Schein Demokratie. Die Liberalen besetzen die Mitte.

Die konstitutionelle Republik ist rechts einzuordnen, denn sie ist libertär, freiheitlich, baut auf wenig

Steuern, keine Intervention in den Markt, kleine Regierung also „Zero Socialism".

Ganz rechts kommen die Anarchisten die sich noch am ehesten mit den Libertären vertragen können, da sie vom Staat in Ruhe gelassen werden möchten.

Betrachten wir nun den Politiker einer X beliebigen Partei und wie er sich einbringt in das Politische Spiel, das Schauerspiel.

Magnus XY hat Politikwissenschaften studiert und Diplom oder eventuell sogar Doktor in der Tasche. Er tritt in die Partei ein die seinen Wertvorstellungen entspricht. Innerhalb der Partei herrscht eine strikte Hierarchie. So muss er sich entscheiden beschreitet er den Weg X und stellt sich hier und da quer oder ist er gefügig und rückgratlos, oder rücksichtslos und beschreitet den Weg des Y.

Sollte er nicht geeignet sein oder sich damit begnügen eine weniger wichtige Funktion in der Partei auszufüllen so wird er sich immer im unteren Spektrum der „Partei-Pyramide" aufhalten.

So gehört er vermutlich zu den vielen die wirklich glauben das umzusetzen was das Partei Programm vorgibt. Er ist nur ein Bauer auf dem Schachbrett und hat von Tuten und Blasen keine Ahnung.

Sollte er sich hocharbeiten, weil er hier und da auf das Kreuz gespuckt hat und sich bewiesen hat, wird er in den Partei-Olymp aufgenommen. Hier angelangt erfährt er erst über die eigentlichen Ziele der Partei. Denn die Oligarchen müssen immer nur die paar Spitzenleute einer Partei kontrollieren. Was Magnus X innerhalb der Partei macht, welchen Glauben und welche Vorstellungen er hegt, naiv oder verblendet interessieren nicht.

Wichtig ist das Magnus Y in die Globale Bruderschaft aufgenommen wurde und die Pläne dieser verfolgt. Denn er ist ein Anhänger jener die ihren Gott mit Y bezeichnen.

Für den gewöhnlichen Politiker ist es nur wichtig von seiner Partei und deren Programm überzeugt zu sein, er muss sich für seine Partei aufopfern, sich in sie einfügen wie in seine eigene Familie.

Er muss in gewissem Maß kompetent und intelligent sein innerhalb seiner beschränkten Denkweisen; und gleichzeitig muss er ein leichtgläubiger und ignoranter Fanatiker sein, der verliebt ist in seine Partei, die Parteifarben und Parteivorsätze.

Innerhalb der Partei wird die kleinste Abweichung von der Meinung der Parteispitze nicht toleriert, alle müssen an einem Strang ziehen.

Jedes Partei Mitglied könnte Tag und Nacht überwacht sein von den unterschiedlichen Organisationen die sich im Hintergrund halten. Je höher aufgestiegen wird innerhalb der „Partei-Pyramide", um so wahrscheinlicher ist es, dass sein ganzes Leben überwacht wird.

Bilder gemacht werden, wenn er oder sie fremdgehen, oder sich sonst etwas zu Schulden kommen lassen. Es müssen immer Druckmittel bestehen.

Das Leben eines Spitzenpolitikers ist nicht zu vergleichen mit dem eines genormten Sterblichen, denn auch innerhalb seiner Familie muss er wohl den Schein wahren. Sein ganzes Leben ist ein einziges Maskenspiel. Seine Freunde und Bekanntschaften alles dient nur der Scharade und ist man einmal drin, versinkt man wie im Strudel. Möchte werter Herr aussteigen genügt es ihm die Abgründe der Hölle zu zeigen.

„Möchten sie auch dahinunter steigen wie der Rest der Bevölkerung Magnus Y?;

Oder möchten sie im Club bleiben und die Früchte der Zukunft genießen?"

So wird jeder Schritt eines Politikers, jede Geste entscheidend, er muss immerzu seine Rolle spielen, ein falscher Blick eine echte Emotion und er erntet die Missgunst seiner Parteimitglieder.

Er muss bereit sein zu Lügen, jedes Wort zu verdrehen, Schwarz mit Weiß zu bezeichnen und Weiß mit Schwarz. Der verblendete Politiker ist überzeugt davon dass Weiß, Schwarz ist und Schwarz, Weiß. Er muss Lügen erzählen können und völlig davon überzeugt sein, dass sie stimmen.

Wenn das Publikum Beifall klatscht verliert er sich im Zwielicht und taucht ein in die Scheinwelt der Politik. In dem er die kühnsten Versprechungen macht ist er in der Lage, seine Partei, weiter an der Spitze zu halten und die Geschicke des Landes zu leiten ohne widerstand oder Druck durch die Blauäugige Bevölkerung.

Eines Steht fest unsere Gesellschaft ist gefangen in dem Glauben das Demokratie unfehlbar ist.
Und so müssen wir sie auf die Probe stellen die Demokratie, wie sie von den Demagogen zur Gottheit erhoben wurde. Wie wird aus Demokratie = Faschismus?

Schließen wir die Augen, begeben wir uns auf eine mentale Reise in das alte Athen; nun öffnen wir die Augen wieder aber nur im Geiste.
Helles Licht durchdringt die Lieder, die Sonne sticht uns in die Augen. Wir sind umgeben von Olivenbäumen, Weinbergen und kargen Felsen. Wir blicken auf und sehen über uns die Akropolis in ihrem Alten Glanz, mit ihren Gewaltigen schön geformten Pfeilern, ragt sie über unseren Köpfen.
Wir sind uns bewusst geworden, dass wir auf der Geburtsstätte der Demokratie wandeln.
Wir können ein paar Männer erkennen, jung und alt, auf dem Boden sitzend im Kreis auf weichen Unterlagen. Während die meisten gespannt lauschen, sind zwei der Männer in hitziger Konversation verwickelt ihre Armbewegungen lassen ihre weißen Gewänder aufatmen.
Wir schärfen unsere Sinne und können ihr Gespräch verfolgen.
Sie unterhalten sich über ihre Mitmenschen, die Bürger des Demokratischen Staates.

Der Athener lebt von Tag zu Tag, er genießt die Sinnlichkeit der Stunde, er trinkt gerne und spielt Flöte. Sobald er sich versunken sieht in seiner Sucht und Faulheit kehrt er ab und trinkt nur noch Wasser und versucht abzunehmen. Er macht Sport und beschäftigt sich mit den weltlichen Dingen, der Politik, alles was ihm gerade in den Sinn kommt muss er wiedergeben. Ohne sich darüber Gedanken zu machen was er von sich gibt. Sein Leben kennt keine Werte und auch keine Ethik.
In seiner verblendeten Existenz sieht er nur noch Spaß, Wohlstand und Freiheit zu tun was ihm beliebt.
Er blickt zum Staat auf in kindlicher Naivität und glaubt an die Gerechtigkeit des Staates.
Viele nehmen ihn als Beispiel und diese Einstellung verbreitet sich in den Köpfen der anderen.
Er ist in der Tat der Demokratische Mann, wie er gebrütet wird unweigerlich.
Er hat kein Respekt mehr vor seinen Eltern und seine Eltern müssen ihn fürchten lernen.
So wurden aus den Menschen der Demokratie reine Drohnen.
Einige waren zuständig für die Geschicke des Staates und stellten die Oberschicht dar.
Unter ihnen die Wohlhabenden Bürger und darunter befanden sich die Massen die abhängig waren mit Honig gefüttert zu werden durch die Staatsdiener indem sie die Wohlhabenden belangen mussten, so dass sie mit ihren Mitbürgern teilen würden.
Jene die belangt wurden, konnten nicht anders als wütend zu werden, wie konnten sie sich dies gefallen lassen? Sie wurden verraten von ihren Staatsdienern.
Von allen Seiten hörten sie die Stimmen der Informanten die sie über die Dinge zu täuschen suchten und glaubten ihnen in ihrer Ignoranz.
Einige unter ihnen übernahmen nun die Kontrolle über den Staat und erhoben sich zu Oligarchen.
Denn die alten Staatsdiener hatten sie ihres Reichtums beraubt und es den Ärmeren gegeben.
Daraus resultierend gab es Verurteilungen und Hinrichtungen sie konnten nicht anders, denn der Hass zwang sie dazu. Aus den Reihen der Richter trat ein Mann von Größe.
Der alle Fehler aufzeigte, die die vorigen gewählten, gemacht hatten und wie sie das Volk verraten

hatten. Er präsentierte sich als Protektor und Kämpfer für das Recht der Ganzheit.

Mit imposanten Reden vermochte er es die Massen zu fesseln und in seinen Bann zu reißen.

Es würde endlich Gerechtigkeit einkehren für alle, aber zunächst müsste man den Staat von seinen dekadenten Verrätern und Plünderern säubern. Zunächst muss Blut fließen.

Mit dem Mob im Rücken brachte er sie alle vor Gericht und lies sie morden, denn sie waren es die Schuld waren an dem Desaster.

Die Besitztümer der verblichenen verteilte er auf die Massen und sie feierten ihn wie einen Helden.

Er schafft alle Schulden der Bürger und des Staates ab.

Nach einiger Zeit musste er vertrieben werden denn seine Tyrannei kannte keine Grenzen.

Doch mit noch größerem Hochmut kehrt er zurück und nimmt das Zepter erneut.

Er vollführt seine Pläne mit noch mehr Energie und hinter seinem Rücken schürt man Verschwörungen ihn zu morden, doch vergeblich.

Er übernimmt die völlige Kontrolle und erhebt sich zum Gebieter über das Land.

Nun da der Umbruch gelungen ist, ist er voller Begeisterung, in der Öffentlichkeit präsentiert er sich nur mit einem Lächeln, er reicht jedem die Hand den er sieht und umarmt die Kinder seiner Untertanen. Er verspricht seinen Untertanen die Errichtung vom Paradies, alle Sorgen werden bald vergessen sein. Doch dies sei nur möglich indem man fremde Völker und Länder von ihren Einwohnern befreit, denn nur so kann man sich mehr Wohlstand aneignen.

Die Eroberungen sind erfolgreich, doch um die Bevölkerung auf Trab zu halten muss es neue Kriege geben und er übernimmt sich. Nun da sich der Wind in die Andere Richtung bewegt und die Bürger spüren, dass das Schiff untergeht, wird er unpopulär.

Man schärft die Messer um den Tyrann zu stürzen, doch er erfährt davon und lässt sie gefangen nehmen und alle Hinrichten, folglich muss er sein ganzes Umfeld säubern. Er entfernt alle die Reich sind, Einfluss haben und Intelligent sind. Er versinkt in Paranoia und umgibt sich nur noch mit jenen die ihm geholfen haben die Verräter zur Strecke zu bringen.

Es sind indes nur noch Wölfe die ihn umgeben. Seine Tyrannei preist er als Göttlichen Staat und sich selbst als den Auserwählten des Schicksals.

Wir haben genug gesehen, wir kehren gedanklich wieder zurück in unsere Gegenwart und öffnen die Augen. Die schrecklichen Bilder die wir vor unseren Augen hatten, kamen uns vor wie ein Deja-vu Erlebnis. Doch wo hatten wir dies schon gesehen?

In welcher Dekade unserer jüngsten Geschichte wurden die Massen durch ein ähnliches Schema getäuscht?

Jetzt erst kommen wir zur völligen Besinnung denn es war kein geringerer als „Adolfus Hit", der unter ähnlichen Umständen an die Macht gelangte. Wie konnte sich die Geschichte wiederholen? Wie einfach aus der schönen Griechischen Demokratie, die Tyrannei entsprang und die schöne Blau-Grüne Landschaft in rotes Blut tränkte. Und so führt zu viel Freiheit und Nachlässigkeit immer zum Gegenpol, Sklaverei, Tyrannei und der Überwachung durch den Staat. Jede extreme muss sich umkehren und sich um 180 Grad drehen. Denn sobald zu viel Freiheit gewährt wurde und Wohlstand einkehrt interessieren sich die Bürger eines Landes nicht einmal mehr für die Gesetze die erlassen werden. Sie werden verwöhnt, eingebildet und ignorant. Sie kümmern sich nur noch um sich selbst und interessieren sich nicht für die Belange ihrer Umwelt und schon gar nicht für das langweilige trockene Vorgehen der Bürokratie. Es ist ein schleichender Prozess, dem alle Demokratien der Geschichte ausgesetzt waren. **So lautet die Regel auf jede Demokratie folgt immer eine Diktatur, ohne dass es in der Geschichte auch nur eine Ausnahme gegeben hätte. So war es im alten Griechenland und auch im mächtigen Römischen Reich.**

Auf jede Phase von Demokratie folgte eine Phase von Zentralisierung durch einen Despoten, Imperator oder Oligarchen. Und so wird auch unsere Demokratie nicht verschont werden von den Gesetzen des Kosmos. Wir bewegen uns geradewegs in den Rachen des Drachen, ein jeder soll gewarnt sein wenn er an die Tür klopft der Faschismus. Denn alle werden wir seine Opfer sein.

So war es Sokrates der in einem Dialog, welches der Autor im groben in eigenen Worten zusammenfasste, vor ca. 2400 Jahren festlegen konnte, wie ein „Adolfus Hit", im 20. Jahrhundert an die Macht kommt. Woher wusste der gute Sokrates wie er sich verhalten würde?
Er hatte die Geschichte der Hellenen und umliegenden Völker studiert und wusste, dass es immer die gleiche Prozedur ist die einen Tyrannen auf den Thron hilft.
Auch die Bolschewiken hatten Lenin mit den gleichen Prinzipien auf den Thron seines Despotismus geholfen, hört hört man feiert ihn in vielen Kreisen immer noch als Helden.

Nun gilt es zu wissen wie die Führer der Massen selbige geistig und physisch an sich reißen.
Es sind laut **Gustave Le Bon** einfache aber effektive Schritte, die sich auch **„Adolfus Hit"**, so angeeignet hatte.
Die Massen unterwerfen sich gerne dem der den **Stärksten Willen** zeigt, weder Tod noch **Teufel** fürchtet. Denn zu so einer Persönlichkeit blicken sie auf, denn selbst verfügen sie noch über den Selbsterhaltungstrieb, der bei einer solchen Persönlichkeit ausgestellt sein muss, er ist bereit alles zu opfern und insofern folgen sie ihm, denn er hat was sie nicht haben.
Den Mut und die Willensstärke über den Tod hinaus.
Je einfacher eine Behauptung ist und je absurder um so einfacher scheinen die Massen ihrem Führer zu gehorchen. Und so wird diese Behauptung immerzu wiederholt.
Schließlich setzt sich die Behauptung oder eine Idee im Unterbewusstsein und Bewusstsein der Vielen fest, die dem Demagogen lauschten.
Es bildet sich ein fester **Glaube** an die Sache und es bildet sich eine **Meinung**.
Als nächstes erfolgt die **Ansteckung** der Massen über diese Behauptung oder Idee, Ideologie, Weltanschauung etc. Die Sichtweisen die der Führer propagierte verteilen sich nun auf praktisch alle die damit in Berührung kommen. Die Menschen ahmen einander nur noch nach.
Es entsteht ein Kult.
Weiterhin spielt der **Nimbus** des Führers eine wichtige Rolle die Masse für sich zu gewinnen. Dieser drückt sich in der Autorität, der Präsenz, dem **Prestige** des Führers aus.
Er verleiht ihm etwas magisches, alle müssen ihn Anhimmeln und folglich verfallen.
Für die Frauen wird er zum Schwarm, für die Manner zum Helden, für die Kinder zum netten Onkel.

Demokratie ist gegenwärtig wie das Damokles Schwert und wird von Demagogen die sich jener oben beschriebenen Techniken bedienen, genutzt es über unseren Köpfen zu platzieren und zu Schwung und Schlag auszuholen.

Der Staat ist das allumfassende Kontrollinstrument der Elitären Machtstrukturen die über ihm die Fäden ziehen. Wir sehen sie nicht, denn wir sind gefangen zwischen den Gigantischen Säulen die uns von Nord, West, Ost und Süd umgeben. Und so klettern die Gestalten auf den Dächern dieser **Republiken** unterschiedlicher Formen umher und ihre Fäden verweben sich in allen Säulen und im inneren des Pantheon. Wir wurden ge**norm**t, dann unserer Aufgabe zugeführt innerhalb der ge**norm**ten Gesellschaft und ihrer **Institutionen**; schließlich umrahmt mit einem **Staat**.

Wir wissen nun um die unterschiedlichen Staatsformen, wie der „**Perfekte Staat**", des Sozialismus geboren wurde, wie aus ihm der **Faschismus** heraus quillt, dass dieser **Sozialismus die Plage der Menschheit ist**. Uns auf den Weg der Knechtschaft wirft und jede Form von Sozialismus zum Scheitern verurteilt ist. **Kommunismus** die extremste Form des Sozialismus das Ziel ist, dieser sich auch als **Faschismus** ausdrückt. Wir verstehen nun die Funktion der **Demokratie** und dass jede **Demokratie** die Bevölkerung geistig verweichlicht und unweigerlich zu **Diktatur** und **Faschismus** führen muss.

1   Gary Allan in Zusammenarbeit mit Larry Abraham, None Dare Call It Conspiracy. GSG & Associates Publishers, San Pedro Kalifornien, 1972, ISBN # 0-945001-29-0, Seite 29.

4 Der Gildenmeister – Meister der Ringe

Herrschaft der Ringe

Die Staaten Lehre hinter uns gelassen kommen wir nun zu den Internationalen Organisationen die sich wie Wolken über den Staaten bewegen. Sie wurden alle in den letzten 150 Jahren begründet. Sie beeinflussen die Republiken die errichtet wurden in allen wichtigen Bereichen.

Politik, Wirtschaft, Geldausgabe, Flora und Fauna, Medien, alle wichtigen Bereiche die uns betreffen. Sie sind es, die die Transformation von Monarchien zu Republiken vorantreiben und überschatten. Diese Organisationen sind die Übergangsphase eines Einheitlichen Weltstaates, dem „Kontinental-Kommunismus".

Der Internationale Währungsfond IWF und die Weltbank sind zuständig Dritte Welt und Schwellen Länder mit Krediten zu versorgen, um in diesen Ländern die Schirmherrschaft des Neo-Imperialismus zu gewährleisten. Es ist ein einfaches Prinzip, es wird ein Psychopath, Soziopath oder Egomane in beispielsweise Afrika ausgesucht. Er muss ein hervorragender Demagoge sein und sich als Protektor im Stile des Sokrates und Gustave Le Bon, unter Anwendung dieser Schritte und Techniken aufbauen und profilieren. Schließlich unter Anwendung von Schema F dem Handbuch zum Diktator, findet er viele junge Männer die bereit sind für ihn zu sterben.

Er etabliert eine Volksarmee die ihm untersteht. Finanzielle Unterstützung für Propaganda und Waffen erhält er von seinen Geldgebern den Schattenmännern die sich im Hintergrund halten.

Nun da er die Kontrolle übernommen hat, fängt er an die Ressourcen des Reichen Afrikanischen Boden für die Neo-Imperialistischen Superkonzerne zu plündern.

Gleichzeitig muss „Diktator Afrikanus", das unterentwickelte Land in das Zeitalter der Postmodernen Industriestaaten transformieren.

Zumindest gibt er dieses Ziel der armen Afrikanischen Bevölkerung vor.

Um diesen Plan durchzusetzen leiht er sich Geld über den IWF oder wendet sich an andere Zentralbanken oder diverse Private Banken. Diese werden „Diktator Afrikanus", das Geld geben aber zu Zinsen die nicht zurück zu zahlen sind.

Und so nimmt er mehr und mehr Kredite auf, bis das Land darin erstickt.

Die Geldgeber wollen ihr Geld zurück, so fordern sie ihn auf das Land seiner Vorfahren und die Ressourcen an sie zu verkaufen. Die Bevölkerung wird unweigerlich die Konsequenzen spüren von Ausbeuterei, Ressourcen Plünderung und Landenteignung durch Mega-Kooperationen.

Sie können gewillt sein aufzubäumen und eine Revolution zu starten.

Aus dem Hintergrund wird ein weiterer Schattenmann auftauchen in Schwarzem Anzug und Blauer Krawatte, wird er dem Rebellen Führer LKWs voll Ak-47 und Transporter voll mit Blütenzauber präsentieren. Alles was er braucht ist sein Vertrauen und Gefolgsam.

Er verspricht „Rebell Liberatus", ihn solange mit Geld und Waffen zu versorgen bis er „Diktator Afrikanus" beseitigt hat und selbst zum Präsidenten einer freien Afrikanischen Republik wird.„Rebell Liberatus" nimmt die Rebellen die aufgebracht waren durch den Land Klau und kämpft gegen die Armee von „Diktatur Afrikanus"; dieser ist nun gezwungen den Schatten Mann im Schwarzen Anzug und Roter Krawatte zu kontaktieren, denn er braucht noch mehr Geld und noch mehr Waffen; und zwar sofort!

Trotz aller Bemühungen schafft es „Diktator Afrikanus" nicht den Rebellenführer zu stoppen und er befreit das Land von dem Despoten. Er sperrt ihn in sein Vogelkäfig und verspricht Reformen und die Overlords, die weißen Teufel aus dem Afrikanischen Kontinent zu verbannen.

Alles was „Rebell Liberatus" benötigt ist die Zustimmung seiner Untergebenen;

„Wählt mich als euren ersten moderaten Präsidenten". Die Bevölkerung glaubt dem Retter und was passiert aus „Rebell Liberatus" wird der erste demokratisch gewählte Präsident der Afrikanischen

Nation. Jahre vergehen, der Land und Ressourcen Klau setzt sich fort, denn „Präsident Manipulatus",
muss seinen Geldgebern in Schwarz und Schatten gehorsam leisten.
Denn er hat sein Blutschwur darauf gegeben.
Die Bevölkerung ist empört, es gibt keinen Fortschritt die Städte verarmen, es gibt nicht genug
Wasser, Essen und auch kein Strom.
Er hat sie verarscht sie rufen ihn aus als Verräter, unter ihm ist alles nur noch schlimmer geworden.

Wie durch ein Wunder schlüpft das Vögelchen „Diktator Afrikanus" aus seinem Vogelkäfig und
zwitschert der noch jungen Afrikanischen Republik die alte Leier von Freiheit und Protektorat;
„Vertraut mir Volk, ihr wisst ich war ein Starker Anführer", die Bevölkerung, in ihrer Verzweiflung
greift ein Teil zu den Waffen, getrieben durch Hetzblätter und noch mehr Geld und Transportern voll
mit Waffen, aus allen Himmels-Richtungen kommen sie wie gerufen.
Sie kämpfen für „Diktator Afrikanus", und schlachten alles ab was ihnen vor die Flinten kommt.
Schließlich nach Jahren des blutigen Bürgerkriegs ist die Junge Afrikanische Republik entvölkert und
die Städte endgültig zerstört.
Der Rebellen Präsident wird ins Exil gezwungen und „Diktator Afrikanus" ist wieder der König des
Dschungels. Das Land muss wieder aufgebaut werden,
hinter ihm sie ahnen es schon Schattenmann XY mit einem Vertrag, Tinte und Blut.
Und so ersticken die meisten Afrikanischen Länder in diesen diabolischen Prozeduren, kein
Fortschritt und innerhalb dieser Turbulenzen werden weiter die Schätze der Reichen Afrikaner
extrahiert, ohne dass die Armen sich wehren können. Denn jeder Retter und Held wird kaltblütig
abgeknallt wie ein Martin Luther King und Malcolm X.
Selbst in Südafrika ist kein wirklicher Progress eingetreten alles nur Schein.
Die Apartheid wurde nur offiziell abgeschafft.

Wir sind ein wenig abgekommen, nun gibt es noch andere Internationale Organisationen.
Die NATO und die UNO sind zuständig „Frieden zu sichern", wie erfolgreich sie in ihrem „Noblen",
Vorhaben sind drückt sich aus in immer mehr Kriegen, Konflikten und Scharmützel.
Die NATO absorbiert immer mehr Staaten in ihr Bündnis und bündelt immer mehr Macht gegen
Staaten die ihre Souveränität zu suchen wahren. So werden alle Diktatoren die zuvor durch das
Westliche Establishment gefördert wurden, sobald sie nicht mehr gehorchen beseitigt.
Saddam Hussein, Gaddafi und als nächstes muss wohl auch noch der Syrische Präsident Baschar al-
Asaad weichen. Leichen pflastern ihren Weg, wie Hillary Clinton die alte Hexe schon sagte, sie
kommen und töten jeden „Diktatorenhund".
Die UNO ist damit beschäftigt alle Prozesse der „Humanitären Obhut", ihrer Superorganisation zu
unterwerfen. Alles was sie machen ist viel Bla Bla und Beschlüsse aussondern und das verurteilen,
von Schandtaten, gegen jene die sich gegen das „Universal Recht" verhalten haben.
In ihrem Bestreben für Frieden zu sorgen sind die Blauhelme bisher gescheitert.
Da wäre noch der WWF der sich zuständig sieht für den Erhalt seltener Spezies.
Die Aufgabe des WWF besteht darin kleine Kinder Gehirn zu waschen und beizubringen sich selbst
als Homo Sapiens zu hassen, denn wir sind Schuld am aussterben.
Sind Wir Schuld oder Ihr, jene die Mega-Kooperationen dirigieren die den „Globus" verpesten?

Das „Tavistock Institut" gegründet in Groß-Britannien ist zuständig für die Propaganda Maschinerie
die alle Nationen erstickt hat mit seiner Idiotie. Aus ihr entsprang ein ganzes Netzwerk an Medien-
Kontroll Anstalten zur Formung des Geistigen Zustands der Bürger der Reichen Nationen.

Und so lassen sich die genormten Nachrichtensprecher, Journalisten und Moderatoren der vielfältigen Medienlandschaft erklären sie werden Schematisch gezüchtet.

Wie kann Wissen sonst so gut konserviert werden wenn 24 Stunden am Tag ein jeder Bürger bombardiert wird vom Fernseh-Programm und kein Mensch weiß wie der Hase wirklich läuft?

„The Club Of Rome" ist derweil damit beschäftigt Schemen zu entwerfen die unsere hoch entwickelten Industrienationen im Westen zurück in die Steinzeit katapultieren.

Sie brüten Gedanken aus und Illusionen über Mensch Gemachte Globale Erwärmung durch Aussonderung von Co2, und bewegen die Massen dazu eine Steuer auf das Ausatmen von Gasen zu verlangen.

An der Spitze dieser Organisationen und aller Staaten ist laut Rathenau ein Verband von 300 Olympiern, die von oben herab die Geschicke leiten. Rathenau verkündete, dass es 300 Männer wären, die die Geschicke Europas in ihren Mächtigen Händen halten.

Bestätigen lässt sich dies nicht aber es kommt in Frage.

Wer sind die Herren der Ringe? Wir haben eine Stufe überschritten.

So hat man außerhalb der Politik sogenannte „Roundtable Groups" errichtet.

Diese Frauen und Männer dienen als Mittelsmänner man nennt sie Technokraten

(Mario Monti, Draghi, Kissinger, Brzezinski) zwischen den Politik Marionetten und den „Olympiern" die auf Wolken sitzen, sprichwörtlich wie die Götter des Griechischen Götter Pantheon und mit Blitzen und Donner aus ihren Allerwertesten um sich schießen.

Sie verfügen über die Größe des Jupiter, die Strenge des Saturn, die Kriegslust des Mars,

die Sinnesverführung der Venus, die Intelligenz des Merkur, die Macht der Täuschung des Neptun, verpassen Stiche in die Achilles Sehne wie Chiron und sind illuminiert durch das Licht der all geliebten Sonne mit göttlicher Fratze.

Nur einen hatten sie nicht auf dem Plan das Rebellische Meer des Uranus.

Die Herrschaft der Ringe liegt in den „Roundtable Groups", jene die „Herren der Ringe" etabliert hatten.

War es Zufall, dass sich Tolkien dieser Worte bediente und dem „Auge des Sauron".

Der Phantasie des Lesers gebietet es die Freiheit sich dies auszumalen.

Sie glauben nicht an Fiktion? Und auch nicht an Märchen?

Dann wird es Zeit die harten Fakten auszupacken und dies zu beweisen Anhand der Schriften des Ehrenwerten Professor Carroll Quigley, „Tragedy and Hope, A History OF THE WORLD IN OUR TIME".

Professor für Geschichte Georgetown University und Mentor des Hosentaschen Pistolero „Billy Boy Clinton".

So beschreibt er die Gründung des Nukleus, dieser „Roundtable Groups", jener auf viele Staaten ausgeweitet wurde:

Der neue Imperialismus nach 1870 unterschied sich stark in seinem Ton welchem die Little Englanders schon zuvor nicht zustimmten. Die Hauptänderungen bestanden darin dass er aufgrund von moralischer Pflichten und Sozial Reform gerechtfertigt wurde [...]. [...]

Bis 1870 gab es keine Professur für Feine Künste in Oxford, aber in diesem Jahr [...],

wurde John Ruskin mit dieser Aufgabe beehrt. Er traf Oxford wie ein Erdbeben, nicht so sehr weil er über die feinen Künste redete, sondern auch über das Empire und Englands unterdrückte Massen [...].

[...] Ignoranz und Kriminalität waren so präsent wie sie von Charles Dickens beschrieben

wurden. Ruskin sprach zu den Oxford Studenten als Mitglieder der privilegierten, herrschenden Klasse. Er berichtete ihnen dass sie die Träger einer ausgezeichneten Tradition von Bildung, Schönheit, Herrschaft des Rechts, Freiheit, Anstand und Selbst Disziplin seien aber dass diese Tradition nicht gewahrt würde, und es nicht verdient hätte gerettet zu werden, außer wenn sie ausgeweitet würde auf die unteren Klassen in England selbst und den nicht englischen Massen auf der ganzen Welt. Wenn diese teure Tradition nicht ausgeweitet würde auf diese zwei großen Majoritäten, würde die Minderheit von Oberschicht Englishmen letztlich überschwemmt durch diese Majoritäten und die Tradition verloren gehen. Um dies zu verhindern, müsste die Tradition ausgeweitet werden auf die Massen und das Empire.[1]

Sprich der Imperialismus der damaligen Eliten wurde den Massen so gerechtfertigt, dass er moralisch wäre und notwendig. Die Imperialisten waren Gute Samariter.
Doch diese Tradition würde irgendwann sich auflösen, wenn man sie nicht pflegte.
Und so trat John Ruskin vor die Jugendlichen den Zöglingen der „Olympier", und predigte ihnen diese Tradition der Philanthropischen Oligarchie beizubehalten.
Ansonsten würden sie ihren Status als Götter dieser Erde verlieren.
Sie müssten sich um die Armen und Schwachen in England und dem Rest der Welt kümmern.
Wir hören diese Camouflage von „guten Intentionen" permanent die Ausrede der Herrschaft über die Massen zu ihrem Gunsten, der Förderung des Wohlstands der Massen unter dem Management der Auserwählten. Es ist die Technik der Proliferation von Schriften und Medien Werkzeugen um das Mitleid der Massen zu einem Thema zu erwecken und die Agenda dann voranschreiten zu lassen, also wird das Mitleid nur dazu verwendet die Massen zu verführen.

Unter den Studenten war ein Champion der Vernunft, er kopierte die Rede des John Ruskin.
Sein Name war Cecil Rhodes, er bewahrte diese Schrift 30 Jahre lang auf.
Professor Quigley beschreibt seine „guten Taten", wie folgt:

Rhodes (1853-1902) beutete fieberhaft die Diamant und Goldfelder von Südafrika aus, stieg auf zum Premier Minister von Kapstadt Kolonie (1890-1896), spendete Geld an politische Parteien, kontrollierte Parlamentarische Sitze in England und Süd Afrika, und versuchte ein Streifen von Britischem Territorium verteilt über Afrika vom Kap der Guten Hoffnung bis Ägypten zu gewinnen um diese zwei Extremen zusammenzufügen mit einer Telegraphen Linie und ultimativ mit einer Cape-to-Cairo Zugverbindung. Rhodes inspirierte hingebungsvolle Unterstützung von anderen für seine Ziele in Süd Afrika und in England. Mit finanzieller Unterstützung von Lord Rothschild und Alfred Beit, war er in der Lage die Diamant Minen in Süd Afrika zu monopolisieren als De Beers Consolidated Mines und eine gewaltige Gold Förderungs-Firma mit dem Namen Consolidated Gold Fields. In der Mitte der 1890er verfügte Rhodes über ein persönliches Einkommen von mindestens einer Millionen Sterling Pfund jährlich (damals circa 5 Millionen Dollar) welches so frei ausgegeben wurde für sein mysteriöses Vorhaben dass für gewöhnlich sein Konto überzogen wurde. Dieses Vorhaben basierte in seinem Verlangen die Englischsprachigen Menschen zu vereinen und alle bewohnbaren Flächen der Welt unter ihre Kontrolle zu bringen. Zu diesem Zweck hinterließ Rhodes Teile seines gewaltigen Vermögens die Rhodes Scholarship in Oxford zu gründen um die Englische Herrscher Klassen Tradition durch die gesamte Englischsprachige Welt auszubreiten wie es Ruskin gewünscht hatte.[2]

Die Früchte der Arbeit des John Ruskin hatten also ihre Anhänger gefunden, und Cecil Rhodes war nicht der einzige den er offensichtlich beeinflusst hatte, durch sein Grandioses Wirken.
So organisierten sich seine Schüler unter seiner Anweisung zu einer geheimen Formation.
So schreibt Professor Quigley:

> Unter Ruskin's hingebungsvollsten Jüngern in Oxford war eine Gruppe von engen Freunden, inklusive Arnold Toynbee, Alfred [...] Milner, Arthur Glazebrook, George [...] Parkin, Philip Lyttelton Gell, und Henry [...] Birchennough. Sie waren so begeistert von Ruskin dass sie den Rest ihres Lebens widmeten seine Ideen auszuführen. [...]
> Ihre Vereinigung wurde formell am 5. Februar, 1891, als Rhodes und Stead eine Geheimgesellschaft organisierten von der Rhodes 16 Jahre lang geträumt hatte.
> In dieser Geheimgesellschaft sollte Rhodes der Anführer sein; Stead, Brett (Lord Esher),
> und Milner formten ein Ausführungskomitee; Arthur (Lord) Balfour, (Sir) Harry Johnston, Lord Rothschild, Albert (Lord) Grey, und andere wurden als potentielle Mitglieder gelistet des ´Kreises der Aufgenommenen`; während es auch einen äußeren Kreis geben sollte bekannt als ´Vereinigung der Helfer` (Später von Milner zur Round Table Organisation formiert). [...]
> In 1919 gründeten sie The Royal Institute of International Affairs (Chatham House)
> für den die Haupt Unterstützer Sir Abe Bailey und die Astor Familie (Besitzer The Times) waren. Ähnliche Institute für Internationale Angelegenheiten wurden in den hauptsächlich britischen Herrschaftsgebieten und den USA gegründet (wo es bekannt wurde als Council on Foreign Relations)[...].[3]

Diese Geheimgesellschaft war folglich der Begründer des Nukleus für „Roundtable Groups", die sich über den ganzen Globus verteilen sollten. Ihm entsprang der Britische Ableger „The Royal Institute of International Affairs" und der Amerikanische Ableger „Council on Foreign Relations".
Weitere sollten sich nicht nur in den Britisch dominierten Ländern wie Kanada, Australien, Südafrika und anderen Britischen Kolonien, oder früheren Kolonien etablieren; sondern auch in Frankreich, Deutschland und so fort.
Diese Rundtische sollten als Mittler zwischen den Regierungen, Parlamenten und dem Inneren Zirkel dienen.

Das „Council on Foreign Relations", diktiert seither die Politik der USA nicht die Demokraten oder Republikaner.
Wie konnte „die Herrschaft der Ringe", der Herren der Ringe so gut kaschiert werden und sich im Untergrund bewegen? Auch hierzu kann uns Professor Quigley etwas Information geben:

> Wir können als Beispiel erwähnen dass die Gruppe The Times von 1890 bis 1912 dominiert hatte und sie seit 1912 ganzheitlich kontrollierte (außer in den Jahren 1919-1922).
> Denn The Times gehörte seit 1922 der Astor Familie, Diese Rhodes-Milner Gruppe wurde manchmal als ´Cliveden Set`, bezeichnet nach dem Astor Landhaus wo sie sich manchmal

trafen. Zahlreiche andere Zeitungen und Journale standen seit 1899 unter dem Einfluss dieser Gruppe. Sie errichteten und beeinflussten außerdem zahlreiche Universitäten und andere Stühle Imperialer Angelegenheiten und Internationaler Beziehungen. [...]

Von 1884 bis ungefähr 1915 arbeiteten die Mitglieder dieser Gruppe tapfer das Britische Empire auszuweiten und es zu einer Vereinigung zu organisieren.

Sie harfierten permanent über die Lehren die gezogen werden müssten von dem Misserfolg der Amerikanischen Revolution und dem Erfolg der Kanadischen Förderation von 1867,

und hofften die verschiedenen Teile des Empire soweit wie möglich zu vereinigen, dann das ganze zu verbinden, mit dem Vereinigten Königreich von Groß-Britannien zu einer einzigen Organisation. Außerdem hofften sie die Vereinigten Staaten in ihre Organisation aufzunehmen egal in welchem Ausmaß auch möglich.[4]

Was die Werten Herrschaften hier geplant hatten war der Anfang einer Eine Welt Regierung, so fingen sie an alles zu verschweißen was sie bereits kontrollierten.

Der nächste Schritt war der Staatenbund nach dem ersten Weltkrieg.

Dieser wurde nicht von den Vereinigten Staaten betreten, durch Blockade des misstrauischen Kongress; sie fürchteten zurecht die Souveränität zu verlieren.

Daraufhin etablierten die „Rhodes, Milner, Rothschild und Astor", Rundtische; unter anderem das „Council on Foreign Relations" in den USA.

John Jacob Astor stammte aus Baden, er war als Sohn eines Metzgers in die USA ausgewandert und wurde zu einem der reichsten Männer der USA.

Seine Nachfahren gingen nach England und ließen ihre Macht von London aus Wirkung zeigen.

So ist es eine Illusion, dass es Souveräne Staaten gibt, sie alle stehen unter dem Einfluss und der Kontrolle „der Herren der Ringe", jene kontrollieren die Geschicke auf diesem Planeten.

Das Individual-Recht der Völker wird also nicht gewahrt sondern unterwandert.

Jedes Land das Souveränität sucht wird unter dem Deckmantel der Demokratie in die Steinzeit zurück bombardiert. So geschehen im Irak, Belgrad, Libyen und nun Syrien.

So möchten wir uns bei Professor Carroll Quigley bedanken, denn er förderte die Verbreitung seines Buches „Tragedy and Hope", ein 1300 Seiten schwerer Schatz der Neuzeitlichen Geschichte.

Seine Ausführungen konnten nicht in die Schublade der verrückten „Verschwörungstheorien", geworfen werden.

Und so gehört er zu den Professoren deren Wissen proliferierte, zu den John Robisons und Anthony Suttons dieser Welt. Die Licht ins Dunkel der Vergangenheit brachten mit ihren Werken und nicht ins Abseits gestellt werden können.

1   Carroll Quigley, Tragedy And Hope. A History of THE WORLD in Our Time, GSG &
    Associates Publishers, San Pedro Kalifornien. Erste Veröffentlichung durch The
    Macmillan Company, New York/ Collier-Macmillan Limited, London in 1966. ISBN
    #0-945001-10-X, Seite 130.
2   Carroll Quigley, Tragedy And Hope. A History of THE WORLD in Our Time, GSG &
    Associates Publishers, San Pedro Kalifornien. Erste Veröffentlichung durch The
    Macmillan Company, New York/ Collier-Macmillan Limited, London in 1966. ISBN
    #0-945001-10-X, Seite 130-131.
3   Carroll Quigley, Tragedy And Hope. A History of THE WORLD in Our Time, GSG &
    Associates Publishers, San Pedro Kalifornien. Erste Veröffentlichung durch The
    Macmillan Company, New York/ Collier-Macmillan Limited, London in 1966. ISBN
    #0-945001-10-X, Seite 131-132.
4   Carroll Quigley, Tragedy And Hope. A History of THE WORLD in Our Time, GSG &
    Associates Publishers, San Pedro Kalifornien. Erste Veröffentlichung durch The
    Macmillan Company, New York/ Collier-Macmillan Limited, London in 1966. ISBN
    #0-945001-10-X, Seite 133.

5 Der Spalter – divide et impera, chao et ordo

Der Spalter; Divide et Impera

Wenn alle Mechanismen der Kontrolle des Alchemisten nicht mehr helfen, die Institutionen des Meister-Maurer in sich zerfallen, die Staaten des Sozial Planers das Konstrukt nicht vor dem Einsturz waren können und die Ringe der Herrschaft nicht mehr genügen um genug Macht auszuüben, bleibt nur noch eines „Chao et ordo ala Classico".

Sprich Krieg, Bürgerkrieg oder Revolution, müssen angewendet werden um die Elite auf der Machtposition zu halten.

Krieg ist schon immer ein Werkzeug gewesen. Nicht nur um sich Land und den Reichtum oder die Sklavenschaft von anderen Völkern oder Menschen zu sichern; Krieg war schon immer auch ein Mechanismus um das eigene Volk auf Trab zu halten und die Kontrolle über seine Bauern zu wahren indem man sie wie auf dem Schachbrett opferte.

Denn wenn der Herrscher oder die Regenten die Bürger nicht mehr kontrollieren können, die Wirtschaft auseinander bricht, weil die Korruption alles zerfressen hat, dann muss die Elite zum Krieg auffordern. Nur so können sie ungeschoren davon kommen. Wenn die Bürger eines Landes dann gewillt sind ihre Söhne in den Tod zu schicken und nur noch beschäftigt sind die Kriegsfront zu versorgen, haben sie keine Zeit mehr an andere Dinge zu denken.

Um Männer dazu zu bewegen in den Krieg zu ziehen, muss man sich ausgefeilter Methoden bedienen. Denn wieso sollte ein einfacher Arbeiter oder Bauer gewillt sein in den Krieg zu ziehen? Göring der tote Nazi wird uns dazu den Schlüssel aushändigen:

> [...] das Volk will keinen Krieg. <u>Warum sollte auch irgendein armer Landarbeiter im Krieg sein Leben aufs Spiel setzen wollen, wenn das Beste ist, was er herausholen kann, dass er mit heilen Knochen zurückkommt?</u> [...] das einfache Volk will keinen Krieg; weder in Russland, noch in England, noch in Amerika, und ebenso wenig in Deutschland. Das ist klar. <u>Aber schließlich sind es die Fehler eines Landes, die die Politiker bestimmen</u>, und es ist immer leicht, das Volk zum Mitmachen zu bringen, ob es sich nun um eine Demokratie, eine faschistische Diktatur, um ein Parlament oder eine kommunistische Diktatur handelt.
>
> [...] Das Volk kann mit oder ohne Stimmrecht immer dazu gebracht werden, den Befehlen der Führer zu folgen. Das ist ganz einfach. <u>Man braucht nichts zu tun, als dem Volk zu sagen, es wurde angegriffen, und den Pazifisten ihren Mangel an Patriotismus vorzuwerfen und zu behaupten, sie brächten das Land in Gefahr.</u> Diese Methode funktioniert in jedem Land.[1]

Zunächst formten sich Sippen, daraus wurden Stämme, dann Völker, es bildeten sich Nationen.

Die Nationen mussten Grenzen setzen und man schürte Nationalismus, der Nationalismus wird als Kredo verwendet um die Massen in den Krieg zu bewegen. Oder man schafft künstlichen Terror wie es Göring beschrieb, Göring persönlich ordnete den Reichstagsbrand an um ihn dann auf die Feinde des Kommunismus zu schieben und später verkleideten sie Männer als Polnische Soldaten und inszenierten einen Polnischen Angriff auf die Deutsche Bastion um die Deutschen in den Krieg zu bringen. Es sind immer die gleichen Methoden.

Nun in der Gegenwart der Wahnsinnigen angelangt, vergeht kein Tag an dem nicht irgend etwas geschieht was uns veranlassen soll als Europäischer Block gegen Putins Russland zu kämpfen.

Denn die bösen Russen sind es die ständig irgendwelche Leute eliminieren, die Russen waren es die

Nemzow eliminiert haben, sie waren es auch die sämtliche Flugzeuge vom Himmel holen.

Also lasst uns sämtliche Vögel vom Himmel schießen.

Auf in den Krieg heißt es wieder! Denn die Wirtschaft ist kurz davor zu kollabieren, also schaffen wir eine Kriegswirtschaft und die Jungs die verheizen wir wieder in der kälte des Russland und am Hindukusch, so kann es auch keine Arbeitslosen mehr geben.

Und wie konnte man in früheren Zeiten einen Bauern dazu bringen seine Felder brach liegen zu lassen um in den Krieg zu ziehen? Man musste eine Klasse an Berufssoldaten oder Rittern etablieren und so entstanden stehende Heere.

Die Spartaner hielten sich die Heloten als Sklavenvolk, so dass sie sich daheim um Feld und Arbeit kümmern konnten, während die Spartaner in den Krieg zogen.

Die Eliten dieser Erde begnügen sich hiermit bei weitem noch nicht, denn sie hatten genug Zeit jedes Volk und dessen Mentalität ausgiebig zu studieren. Und so wird jede ethnische Gruppe und jedes Volk mit der entsprechenden Droge, Religion oder Ideologie gefüttert.

Um es auf dem Globalen Schachbrett dem „Schlachtenbrett" der Völker richtig zu nutzen.

So bildet jede Nation, jedes Volk und jede Religion ein mächtiges Werkzeug in den Händen jener die sie zu instrumentalisieren wissen.

Gustave Le Bon hatte Jahrzehnte lang Völker und deren Gewohnheiten und Sitten studiert.

Wir sollen uns nicht mehr damit auseinander setzen. Denn dann werden wir als Rassisten bezeichnet. Tatsache ist jedes Volk und jede Nation bildet eine bestimmte Volksmentalität, wer dies ausschlägt bewegt sich auf dem Holzweg der geistig verblendeten, die sich als rational denkende liberale Atheisten spiegeln wollen, um sich selbst in ihrer eigenen Idiotie zu ergötzen.

Zbigniew Brzezinski war es der in seinem Buch „The Grand Chessboard" aufführte, wie man unterschiedliche ethnische Gruppen gegeneinander hetzen könnte.

So hatte man es im Afghanistan gemacht, denn dort leben mehrere Völker eingegrenzt durch die Linien die man gezogen hatte um sie zu Balkanisieren.

Balkanisierung ist ein mächtiges Werkzeug in den Händen der Eliten. So hatte man auch in Palästina die Linien bewusst so gezogen, dass dort niemals Ruhe einkehren kann und sich Israeliten und Palästinenser gegenseitig abschlachten bis zum Jüngsten Gericht.

Welch Zufall, dass es ausgerechnet Jerusalem ist, die ewige Stadt, gibt es noch Zufälle, wenn der Stratege plant?

Jede Beschaffenheit der Erde, wird genauestens studiert, von den Übergängen der Kontinente bis hin zu der Beschaffenheit des Terrain. Alles spielt eine Rolle.

So bilden gewisse Staaten und Völker eine Schlüsselrolle, folglich muss man es vollbringen, jene Völker in die Schaltpositionen zu befördern die auch einfacher zu kontrollieren sind; oder man formt sich ein Volk im Laufe der Jahrhunderte so wie man es braucht.

In der Regel ist es schwierig die Mentalität komplett zu verändern, so bewegt man die Völker so wie man sie braucht.

Um den ganzen „Globus" zu kontrollieren müssen jene die Globales Schach spielen Eurasien kontrollieren, vor allen Dingen Asien.

Um auf Asien vorzupreschen benötigt es den „Europäischen Brückenkopf ala Brzezinski", dieser umfasst Frankreich, Deutschland, Polen und die Ukraine.

Wenn man diese Länder kontrolliert bilden sie die Brücke um auf Asien vorzurücken.

Aus diesem Grund muss die Ukraine mit allen Mitteln in die NATO aufgenommen werden.

Denn nur so kann man Druck auf Russland ausüben.

Der zweite Brückenkopf nach Asien ist die Türkei, daher musste auch die Türkei in die NATO aufgenommen werden und sie wurde westlich ausgerichtet unter Kemal Atatürk.

Kontrolliert man diese beiden Brückenköpfe so ist es möglich sich Eurasien Stück für Stück einzuverleiben, daraus einen Superkontinent zu schaffen. Folglich ist es möglich den Rest der Welt auch noch zu erobern. Insofern man von Groß- Britannien aus in der Lage ist die Vereinigten Staaten der Sklaven und einen Europäischen Block zu lenken, stellen alle anderen Staaten und Kontinente keine Hindernisse mehr dar.

So stellen wir fest das London die Schaltzentrale des Westlichen Establishments ist.

Es haben sich nun mehrere Interessen Blöcke ergeben: Der Westen, Russland, China und die Muslimische Welt. Diese werden nun in naher Zukunft wohl sicher gegeneinander aufgehetzt werden einem gewaltigen Kataklysmus, dem dritten Weltkrieg. Aus diesem Chaos heraus wird man wie bereits nach dem 2. Weltkrieg eine Neue Ordnung herstellen.

Es obliegt den Massen letztlich darüber zu entscheiden ob es notwendig ist in den Krieg zu ziehen, wenn alles was wir kleine daraus ziehen können, egal welchem Volk, Religion oder Weltanschauung wir unterliegen zu sterben ist und andere zu morden, ohne irgend etwas davon zu haben; außer dieses mal die Menschheit und die Erde selbst zu opfern.

Die Meister-Maurer machen in ihren aufwendigen und opulenten Bauten aufmerksam auf ihre Queste. Die Aufgabe lautet diese Erde ihrem Joch zu unterwerfen.

So wurde die Freiheitsstatue den Amerikanern, von Französischen Freimaurern geschenkt.

Sie stellt ein Zwitterwesen dar, tatsächlich ist es Semiramis die Göttin der Babylonier, die Hure von Babylon.

Die Tower-Bridge ist ein weiteres Monument mit den Symbolen der Maurer verziert; ebenso wie Monsieur Eiffel ein hochgradiger Illuminati war und den Eiffelturm unter seiner Anweisung und Plänen errichten ließ, er stellt einen gigantischen Phallus dar, als Symbol für Potenz und Macht.

Schließlich vollendet wird das Quartett der Maurer Bauten durch die Berliner Mauer; auch sie ist voll von den Symbolen der illuminierten.

Was wollen die Illuminierten unserem Unterbewusstsein mitteilen?

Die Freiheitsstatue mit der Fackel symbolisiert das Entfachen von Freiheit.

Einer neuen Denkweise wie man die Völker der Erde einigen könnte.

Unter dem Banner von Freiheit für die Völker würde man alle Völker unterwerfen.

In London steht die Tower-Bridge diese bildet die Brücke zwischen Amerika und Europa.

In Paris haben wir den Eiffelturm als Riesen Phallus dies bedeutet, dass ES den Kontinent Europa betreten hat und kontrolliert. Die Berliner Mauer ist das Tor zu Eurasien und dem Rest der Welt errichtet im Herzen von Europa. So durchschreitet die Hure von Babylon mit ihrer Fackel „der Freiheit" die Tower Bridge auf dem Festland in Europa angelangt hat sie genug Power erlangt um durch die Berliner Mauer zu schreiten, „Dem Tor zu Asien", und sich Eurasien einzuverleiben.

In dieser Reihenfolge gesehen stellen diese Markanten National Wahrzeichen die Queste der Illuminierten dar. Glauben wir hier nur an Zufall?

Wann immer wir vor dem Fernseher sitzen oder im Kino einen weiteren Blockbuster anschauen, genügt es uns diese Bauten zu zeigen und wir identifizieren sie mit einem Land und einer Nation.

So haben die Lenker und Maurer von Nationen und Völkern den wichtigen Nationen Denkmäler gespendet um diese als Mächtige Archetypen in das Unterbewusstsein zu verankern.

Ein weiteres Instrument ist der Bürgerkrieg. Dieses erzielt man durch Balkanisierung also mehrere ethnische Gruppen in ein gewisses Land zu sperren, möglichst eng beieinander.

Oder dadurch, dass man ein einzelnes Volk gegeneinander aufhetzt, indem man unterschiedliche Ideologien oder Religionen spendet.

Es genügt hierbei den unterschiedlichen Gruppen Helden und Vorbilder zu geben um sie an eine Ideologie oder Religion zu ketten.

Frei nach dem Vorbild von Gustave Le Bon, indem ein Volksverführer, sein Eigen Prestige anwendet, eine einfache Lüge, ständig wiederholt, diese sich innerhalb einer breiten Masse ausbreitet und er den Massen Hoffnung macht indem er seine Ideologie oder Religion predigt.

So hat man in Griechenland viele Anhänger des Marxismus und wiederum andere die strikte Nationalisten sind. Diese zwei Gruppen geschafft hetzt man einen Griechen auf den anderen.

Beide Ideologien sind desaströs, falsch, aber wirksam um sie zu Teilen und über sie zu Herrschen.

Im Amerikanischen Bürgerkrieg wurde auch nichts anderes getan, man schaffte zwei Ideologien, die einen gaben vor die Sklaverei abzuschaffen und die anderen outeten sich als Sklaventreiber, so konnte man es wohl rechtfertigen sie aufeinander zu hetzen. Der Zweck heiligt die vielen Toten.

Es genügt auch einen Teil der Bevölkerung für die Regierung zu gewinnen und kontra zu Ihnen eine Opposition zu schaffen die den Status Quo auflösen möchte, auch so kann man ein Volk teilen und gegen einander kämpfen lassen.

Ein weiteres Mittel ein Volk zu teilen ist es eine Schwachstelle zu finden und diese auszunutzen um sie gegeneinander zu hetzen und zu schwächen.

Selbst ein solch kleines und heute unbedeutendes Volk wie die Aramäer, die zerstreut sind auf der ganzen Welt kann man so teilen. Man hatte die Schwachstelle ausfindig gemacht.

Dadurch dass Aramäer seit der Auflösung der Abgariden-Dynastie in Edessa nur noch zwischen Großmächten hin und her geschoben wurden, litt die Volksidentität.

Außerdem wurde die Geschichte in Dunkles Schwarz eingehüllt, somit verliert man sich in den Wirren der Geschichte, es ist kein Stolz mehr vorhanden, also gibt man eine Medizin.

Diese lautet ihr seid keine Aramäer; Nein, ihr stammt ab von den Großen Assyrern.

Und so schickte man unzählige unter das Volk, Lügen zu verbreiten, um sie dem „Pseudo-Assyrertum" zu unterwerfen.

Folglich hatte man es geschafft ein Volk welches sich auf der ganzen Welt verteilte und versuchte die eigene Identität zu wahren, weiter zu zerpflücken.

Es spielt keine Rolle ob dies zu beweisen ist. Jene die dem falschen Idealismus und der Ideologie des „Pseudo-Assyrertums" verfallen sind, werden bereit sein ihn mit ihrem eigenen Blut zu halten; und sogar ihre eigenen Landsleute zu bekämpfen die sich weiterhin als Aramäer bezeichnen wollen; Auge um Auge, Zahn um Zahn.

So mächtig sind sie die Volksdrogen, jene die Meister der Kontrolle über den Menschen abzuwerfen verstehen.

Und ist man einmal in einer festen Überzeugung gefangen kann man sie auch nicht mehr ablegen, selbst wenn diese widerlegbar ist. Die Wahnsinnigen müssen sich daran klammern, es ist ihr täglich Brot. Denn sie verfügen über keinerlei Selbstbewusstsein also müssen sie ihr Ego ihr leeres füllen mit dem was sie ausfüllt, überschattet, übernimmt und absorbiert wie eine Falsche Ideologie.

Das nächste Finale Mittel der Kontrolleure ist die Revolution.

Es besteht die Möglichkeit eine Revolution zu starten, wenn genügend Bürger innerhalb eines Landes extrem unzufrieden werden. So stattet man die Massen mit den richtigen Führern aus.

Und der Held des Volkes wird sie richtig einzusetzen wissen die Mittel um die Schäfchen unter seine Obhut zu bringen.

Wie in der Ukraine geschehen kann man eine radikale Gruppe wie die „Maidan", mit ausreichend Geld und Ressourcen versorgen um halb Kiew anzuzünden, Barrikaden zu errichten und mit Molotow Cocktails um sich zu werfen.

Revolutionen dieser Art gab es unzählige. Sie können angewendet werden um ein Abtrünniges Regime abzulösen und die Kontrolle des Landes neuen Marionetten zu überlassen.

So geschehen in der Französischen Revolution, in der Bolschewiken Revolution, in Libyen um Gaddafi loszuwerden, in Syrien um Assad zu entmachten und jetzt auch in der Ukraine, um die Pro Russische Regierung durch eine beeinflussbare zu ersetzen; bestehend aus Reichen Oligarchen und Rechtsradikalen.

Es gilt zu unterscheiden zwischen Revolutionen die von einer Machtgruppe oder außenstehenden geschaffen werden, um sich eines Regimes oder einer alten Ordnung zu entledigen und Revolutionen die vom Volk ausgehen weil die Massen unzufrieden sind und die alte Ordnung ablösen möchten.

Der Vitale Punkt für die Eliten dieser Welt ist es die kommende Revolution die sich gegen die Globalisierung richten muss, wie folgt zu infiltrieren: Sie muss übernommen werden, gespalten oder man schafft eine eigene Revolution um vorzugeben eine Neue Ordnung herzustellen.

Es sind diese Drei Möglichkeiten die bestehen.

Es ist an dieser Stelle wichtig zu begreifen, dass die Globale Elite nur erfolgreich sein kann, wenn sie die kommende Revolution so übernimmt wie sie es in allen zuvor bereits getan hatte. Denn zu allen Zeitaltern gab es authentische Revolutionen die darauf zielten, die Tyrannische Ordnung zu stürzen. Doch wurden sie durch einige effektive Mechanismen verhindert und so ist es die fortwährende Verknechtung des Homo Sapiens die vorangetrieben wird.

Seit Jahrtausenden bewegt sich der Mensch schon in diesem Chaos.

Jeder der bereit ist aufzustehen gegen den kommenden Weltstaat muss sich dieser Mittel der Manipulation bewusst werden, denn dieses Wissen wird es sein welches uns letztlich retten wird. Tappen wir im Kollektiv wieder in die selben Fettnäpfchen dann ist der Untergang des Menschengeschlecht sicher.

Die Kontrolleure sind aus diesem Grund immer darauf erpicht eine eigene Revolution gegen ihr eigenes System zu kreieren, um alle die gegen den Status Quo sind geschickt umzuleiten, in die nächste Ordnung, das nächste Modell welches sie für die Menschheit als richtiges erachten.

So werfen sie ihre Pferde ins Rennen um so viele wie möglich in deren Ideologien fest zu halten, aufzuhalten und ihrer Selbstzerstörung auszusetzen.

Viele wurden sich klar darüber, dass die Zerstörung der Zwillingstürme am 11. September 2001 nicht ohne Mithilfe der US Regierung geschehen konnte.

Kein Problem man wirft einen Köder aus, dieser heißt Michael Moore.

In seinen Filmen macht er aus Georg Bush Junior den Sündenbock, verurteilt jene die über Waffen verfügen indem er Propaganda Filmchen zusammenschneidet, und fordert schließlich auch noch den Bösen Kapitalismus gegen Sozialismus auszutauschen.

Es sind demnach die 1% die Schuld sind am Übel der Massen. Die Börse muss gehen, wir müssen alle Märkte abschaffen und unser Hab und Gut dem Sozialismus überschreiben.

Dass die Börse nur ein Werkzeug und Mittel zum Zweck ist und als solches Neutral, erklärt er den verführten Massen nicht.

Folgen wir erneut den Eigenschaften eines Führers anhand dessen wie es Gustave Le Bon zusammenfasste und wenden wir dieses an auf Michael Moore.

Michael Moore präsentiert sich als Held der Massen, er zeigt einen eisernen Willen, er ist fest entschlossen gegen die Korruption dieser Welt vorzugehen. **Er sammelt also Prestige.**

Somit verfallen ihm die Massen den er verfügt über Mut, Entschlossenheit und den Eisernen Willen alle Hindernisse aus dem Weg zu räumen. So erlebte man ihn als entschlossenen man könnte sagen Fanatiker in seinen Filmen.

Seine Botschaften sind einfach gehalten.

Die Reichen müssen enteignet werden diese bezeichnet er als die 1%, diese sind Schuld an allem und müssen mit Blindem Eifer zerstört werden um uns ein Utopia des Sozialismus zu ermöglichen.

Der Kapitalismus ist Schuld an allem und die Märkte müssen komplett sozialisiert werden.

Die Waffenbesitzer der USA sind im Kollektiv Schuld daran, dass ein paar geistig gestörte Schulen Stürmen und um sich ballern.

Also müssen alle Amerikaner entwaffnet werden es ist die Kollektiv Schuld.

Die Neokonservativen um George Bush Junior, Dick Cheney, Wolfowitz, Rumsfeld und wie sie alle heißen sind verantwortlich dafür zu machen, dass die Terroristen die World-Trade-Center zerstören konnten. Also wählt die Neoliberalen Sozialistischen Demokraten.

Seine Botschaften verteilen Meinungen als Hirngespinste in den Köpfen der Massen, und diese verbreiten sich wie die Pest, Vorsicht Ansteckend.

Er unterrichtet die Massen in seinen Filmen niemals über das volle Wissensspektrum.

Er wirft immer nur mit Häppchen um sich und wiederholt diese, wieder und wieder und wieder.

Der Zuschauer vertraut dem was er sieht, seine Filme sind eintönig, einfach gehalten und effektiv.

Somit schafft er es im wahrsten Sinne eine Revolution zu starten gegen den Kapitalismus, jeden Reichen der sich seinen Wohlstand hart erarbeiten musste, den freien Markt und die Börse die als solche nur korrumpiert wurden, er richtet den Hass gegen eine Gruppe des politischen Spektrums obwohl beide Seiten wie wir wissen von den gleichen Interessengruppen manipuliert sind, er richtet den Hass der Massen gegen Waffenbesitzer die über Waffen verfügen um sich selbst zu verteidigen gegen kriminelle und den Staat falls notwendig.

Verfügt selbst aber über mehrere Leibwächter wohin er auch geht, diese sind selbstverständlich, sie ahnen es schon; sie sind bewaffnet!

Dabei unterlässt er es die wirklich Reichen zu nennen, die den Kapitalismus und die Börse manipulieren und die Massen ausbeuten. Er vergisst die Räuberbarone zu erwähnen, er bringt es natürlich auch nicht übers Herz seine eigene Ideologie den Marxismus als Farce zu outen und muss somit das linke Spektrum der Marionetten Politik unterstützen.

Peter Joseph der Vater der „Zeitgeist Bewegung" ist ein weiterer dieser Verblender um die Jüngeren einer gezielten und von der Elite gezogenen Revolution zu verführen.

Das Konzept des Peter Joseph funktioniert wie folgt:

Zwei Drittel seines ersten Filmes entsprechen der Wahrheit und klären den Zuschauer gut über gewisse Themen auf wie zum Beispiel, die Monopolisierung des Geldsystems und die Anwendung von Synthetischen Terrorakten. Schließlich wird im Dritten Teil seines Filmes das Christentum attackiert. So wirft er mit einer Lüge nach der anderen um sich, und füllt ein ganzes Kapitel mit Lügen und deren Wiederholung. Es ist für jeden ein leichtes dieses zu widerlegen indem im Internet seine Aussagen überprüft werden.

Doch seine Methoden scheinen Effektiv genug zu sein, viele geben ihren Glauben auf aufgrund von dem was dieser offensichtlich gut ausgebildete Manipulateur ausgeheckt hatte.

Er fordert daraufhin alle die seiner Bewegung beisteuern auf, ihre Waffen und Geld auszuhändigen, aus der Armee auszutreten, alles stehen und liegen zu lassen und einer Utopie zu folgen in der alles zentralisiert wird; wir erinnern uns Sozialismus. Einer Utopie in der wir alle nur noch der Sonne huldigen, er fordert die Einführung eines Sonnenkult.

377

Mit fortlaufen seiner Trilogie lädt er Jacque Fresco ein, der mit Millionen Budget überhäuft wurde um die Städte der Zukunft zu bauen, in jenem Utopia muss das Individuum kein Finger mehr krümmen. Alle Arbeit wird von Maschinen verrichtet.

All jene die sich nicht dieser Friedvollen Utopie und Traumwelt beugen können müssen umerzogen werden. Was das wohl bedeuten mag? Das muss man die Sozialistischen Utopisten fragen.

Der „Zeitgeist" des Peter Joseph ebnet der Elite den Weg, denn es hinterlässt eine indoktrinierte Bevölkerung die freiwillig ihren Glauben, Waffen und Bargeld abgibt um sich in eine Zentral Gesteuerte Planwirtschaft zu begeben, in welcher die Maschinen alle Arbeiten verrichten.

Der Zuschauer realisiert nicht, dass er geradewegs in die Greifarme der Raubtiere fällt sobald er sich der Ideologie des „Zeitgeist" unterwirft.

Dass die Utopie des Peter Joseph gleich der Distopie der Einäugigen Raubtiere ist.

Denn Christentum ist ausgelöscht, die Bevölkerung wurde entwaffnet sind also nur noch Opfer die man aufsammeln kann und in den nächsten Zug nach Auschwitz setzen kann, Bargeld wird abgeschafft und ersetzt durch Chips die in den Körper integriert werden und die gesamten Wirtschaftlichen als auch Produktiven Abläufen werden von Maschinen gesteuert.

Aber wer steuert diese?

Michael Moore und Peter Joseph sind also Helden von der Elite abgeworfen, um all jene die den Braten gerochen haben in die vergiftete Ente beißen zu lassen.

Sie werden folglich umgelenkt. Umgelenkt der Agenda beizusteuern, die schon lange vorher beschlossen wurde. Also ist das Mittel sie wie die Doppelköpfige Schlange zu verführen indem man Wahrheit mit Lüge vermischt.

Wir müssen also lernen alle Blickwinkel zu überprüfen und genau zu recherchieren bevor wir gewissen Leuten die sich als Retter verkaufen zu folgen.

Im Prinzip genügt es wenn man das Ziel und die Agenda der Elite kennt, gut informiert ist und man wird mit Leichtigkeit jene enttarnen die als Köder abgeworfen wurden.

Denn die Forderungen der Verführer steuern immer der Zentralisierung von Macht bei und immer wenn wir so etwas vorfinden, sollten wir Abstand halten, wegschauen und unseren nächsten aufklären

So treten Peter Joseph und Michael Moore in die Fußstapfen des berüchtigten Adam Weishaupt, dem Vater der Neo-Zentralisierung. Er wurde später abgelöst von Karl Marx und Friedrich Engels, sie führten sein Werk fort. H. G. Wells beerbte wiederum diese und propagierte Sozialismus und eine Utopie. Immer wenn man uns eine Utopie verspricht müssen wir das genaue Gegenteil erwarten.

Denn alle Volksverführer versprachen den Himmel auf Erden um ihn dann im Rot des Blutes ihrer Opfer zu tränken.

Soviel zu den Beispielen einer Sozialistisch ausgerichteten Revolution, die die Massen auf eine Sozialistische Utopie die Zentral gesteuert wird ablenkt.

So gibt es auch andere Revolutionen die sich ausbreiten wie „Anonymous".

Diese orientiert sich an allen Anarchisten die mit Radikalen mitteln versuchen werden einen Wechsel herbeizuführen.

Die Botschaft ist wieder einmal einfach, und man vereint alle unter einem Banner „Anonymous", dem Banner der Anonymität.

Die Unbekannten sind demnach gegen die Mächtigen. Wer die Mächtigen genau sind verraten sie uns nicht. Aber gleichzeitig werden sie mit mysteriösen Botschaften die Lemminge ins Unheil treiben. Es ist perfekt, einfach und wirksam.

Ein weiterer Hinweis darauf, dass die sogenannten Helden darauf aus sind eine falsche Revolution zu starten ist zu erkennen wenn sie in den Massenmedien zu viel Publicity bekommen.

So werden Revolutionen geschaffen und zu ihrer Selbstzerstörung umgeleitet.
Sie werden als Hilfsmittel von jenen genutzt, jene die unwissenden Massen zu bekämpfen suchten, um eine Neue Ordnung aus der alten Ordnung herzustellen.

Zu guter Letzt gibt es auch noch die authentischen Revolutionen.
Diese gilt es aufzulösen, umzulenken oder zu übernehmen.
Man infiltriert sie durch eigene Manipulateure den „Schocktruppen", deren Aufgabe ist es innerhalb einer Gruppe die sich zunächst einig war Zwist und Zwiespalt herzustellen indem sie Lügen verbreiten, sie verbreiten außerdem Paranoia und falsche Gerüchte und die Psyche der Massen verfällt den einfachsten Lügen.
Es besteht auch die Möglichkeit eine gut gewillte und friedfertige Bewegung oder Gruppe zu infiltrieren indem man Rechtsradikale oder Schläger hinein wirft.
Diese werden den Ruf dieser Gruppe innerhalb von kurzer Zeit schädigen und alles auseinander reißen.
Des weiteren gilt es die Anführer zu enthaupten, und die Massen laufen ziellos umher.
So genügte es Martin Luther King, Malcolm X oder andere Schwarze Anführer die nicht zu kaufen waren auszuschalten und die Freiheitsbewegung der Schwarzen Bevölkerung in den USA endete im Chaos der Slums, Gewaltverbrechen und Möchtegern Gangster-Rap-Kultur.
Sobald die Anführer geköpft wurden, kann die Elite ihre Champions auf den Podest der Bewegung heben und sie übernehmen die Revolution und lenken sie ab in den Abgrund.
Eine Gesellschaft die nicht in der Lage zu kooperieren ist außer angewiesen zu sein auf die Anweisung von Führern ist dem Untergang geweiht.
Ein weiteres Problem ist, dass die moderne Gesellschaft nicht mehr in der Lage ist sich auszutauschen. Die Verbindungen zwischen den Generationen die in der Vergangenheit bestanden sind durchschnitten worden.
Man kann nicht einfach rausgehen und die Posaune blasen, denn man wird gleich als Verrückter abgestempelt, die Massen sind zu ignorant geworden.

Somit muss jede Authentische Revolution damit rechnen, übernommen zu werden, aufgelöst, infiltriert und abgelenkt. Die Werkzeuge deren man sich hierbei bedient sind einfache, man muss nur die Augen offen halten.
Die Demagogen werden sich immer nur versuchen beliebt zu machen indem sie den Ball flach halten und die Menschen das hören zu lassen was sie auch hören möchten.
Sie werden jene imitieren die sie ablösen versuchen ohne mit Tiefgang auf die Probleme einzugehen.
Und der Liberale der Neuzeit ist gewillt jeder Doktrin zu folgen, denn er findet alles gut und hat keinen eigenen Standpunkt, wie ein Blatt im Wind dreht und wendet er sich.

Die Revolution und Bürgerkrieg sind also das Kontra zum Krieg indem alle geeint sein müssen.

Und so kommen wir zum Prinzip Teile und Herrsche, denn jene die dieses anzuwenden wissen.
Über die Hoheit des Spaltens der Völker und Menschen Scharen gebieten sind auch ihre Könige.
Wenn zwei sich streiten freut sich der dritte: „Ach wie gut, dass niemand weiß, dass ich George Soros heiß". George Soros verfügt über ein gewaltiges Netzwerk welches er mit Milliarden Summen ausstattet um auf der ganzen Erde Teile und Herrsche zu spielen, Revolutionen zu starten, infiltrieren und zu übernehmen, „Soros der Spalter" könnte man ihn auch nennen.

Er versteht es die Macht der Massen umzuleiten und der Eigenzerstörung auszusetzen.
Denn die Massen sind so einfach nach rechts und links zu bewegen wie ein Kerzenlicht im Wind.

Um zu Teilen und zu Herrschen genügt es sich der ältesten und dreckigsten Methoden zu bedienen, denn sie zeigen immer Wirkung.
So kann man irgendeinen Kriminellen bezahlen einer Person zu Schaden, um sich dann vor der Person als Anhänger einer bestimmten Gruppe oder Organisation zu outen;
und schon gerät diese Gruppe oder Organisation in Verruf ohne etwas dagegen machen zu können.
Denn Menschen lieben die Gerüchteküche und Behauptungen.
Ohne zu prüfen glauben wir alles. Alles was man uns auftischt.
Es ist immer einfacher etwas kaputt zu machen als aufzubauen. Und so können ein paar gut gesetzte Stiche in einen Konstrukt von gut gesinnten Menschen deren Knock Out bedeuten.
Ein ausgefeiltes Beispiel von Teile und Herrsche war die Unterdrückung der Schwarzen die als Sklaven in die Neue Welt verkauft wurden.
Sie wurden jahrhundertelang ausgebeutet und gepeinigt. Es hat sich unweigerlich Hass angestaut.
Man hat sie stetig in Armut versinken lassen, nun da sich die Meister von Teile und Herrsche dem Endziel nähern, besetzen sie immer mehr Bürokratische und Beamten Jobs mit Afroamerikanischen Bürgern. Somit können sie die Macht die ihnen der Staat aushändigt nutzen um sie auf die weiße Bevölkerung anzuwenden um sich endlich zu rächen.
Oder man züchtet eine Generation von Mord lüsternen und Psychopathischen Polizisten.
Lässt diese permanent unschuldige farbige Bürger vor laufender Kamera morden um dann von Polizeisprechern verkünden zu lassen, dass der Beamte richtig gehandelt hat, wenn man ganz klar sehen konnte, dass ein Mord begangen wurde. Man entzieht sie der Justiz und schürt noch mehr Hass. Teile und Herrsche lautet die oberste Devise der Elite.

Wir müssen verstehen wie sich Macht entfaltet und bündelt. Die Macht halten immer die Massen.
Insofern man es schafft sie zu kontrollieren, in eine Richtung zu lenken, oder aufzuteilen und gegen einander Kämpfen zu lassen, können ein paar wenige die Massen ausnutzen und für ihre Zwecke gebrauchen. Die Grundfrage lautet also wie entsteht macht und wie bündelt sich diese?
Wer benutzt sie und wer manipuliert sie? Wir müssen uns allzeit über die „Psychologie der Massen" und ihrer leichten Bewegung im Klaren sein.
Gemäß dem Motto der Elitären Freimaurer „Chao et Ordo", Chaos und Ordnung, die Elite,
die Mächte die alles kontrollieren, verursachen ständig ein Chaos um eine neue Ordnung zu schaffen. Ohne sie darf es kein Chaos geben und auch keine Ordnung hergestellt werden.
Es darf niemals eine Anarchie herrschen die von ihnen wieder eingefangen werden könnte.
Keine Revolution die nicht von ihnen übernommen wird.
Es gibt kein Chaos ohne ihre mächtige Hand die sich im Schatten bewegt und auch keine Ordnung.
Sie benutzen jedes Chaos um ihre eigene Neue Ordnung herzustellen.
Jede Ordnung die geschaffen wird nachdem zuvor künstlich erzeugten Chaos fördert ihre Agenda auf ein höheres Podest und nächstes Level; in Richtung Zerstörung des Individuums, Zerstörung des Menschen und die Protagonisten an der Spitze der Pyramide nähern sich ihrem Ziel dem pervertierten Göttertum.
Sie sind gleich den vier Reitern der Apokalypse.
Der Weiße Reiter präsentiert sich mit Bogen als Sieger, er kommt an die Macht und wird als Held gefeiert. Als solcher kann er die Bevölkerung zu allem verführen.
Der Rote Reiter verbreitet mit flammendem Schwert Terror, Krieg, Angst und zerteilt die

Bevölkerung. Er lässt sie sich gegenseitig bekämpfen, denn er nimmt den Frieden von der Erde.
Er verbreitet Fanatische Ideologien die sich ausbreiten und gegenseitig bekämpfen.

Der Schwarze Reiter übernimmt und verspricht eine Balance herzustellen denn er hält eine Waage in der Hand, dann unterstützt er weiterhin den Status Quo, er überlässt den Mächtigen ihre Macht, hypnotisiert die Bevölkerung und fordert von ihr weitere Tribute.

Die Bevölkerung hat den Schwindel aufgedeckt; es taucht ein weiterer Reiter in grün auf er tötet die Bevölkerung mit Geisel und Pestilenzia. Er schafft Chaos, aus dem Chaos eine neue Ordnung.

Die vier Reiter der Apokalypse stellen ein festes Prinzip dar, dem ES schon immer folgte.

Die vier Reiter der Apokalypse sind Konformität, Ignoranz, Feigheit und Korruption.

Divede et Impera so lauten die Worte der großen der Geschichte, Julius Caesar und Machiavelli und wie sie alle hießen, die das Königliche Prinzip anzuwenden wussten.

1   Hermann Göring während der Nürnberger Gerichte.

6 Der Phönix Illuminatis

Phönix Illuminatis

Aus dem Chaos des Teile und Herrsche Prinzips, der übernommenen oder geteilten Revolutionen, den Bürgerkriegen und Kriegen erhebt sich der „Phönix Illuminatis"; der Phönix aus der Asche.
ES hat eine neue Ordnung hergestellt. ES hat die Oberhand behalten. Der Adler erhebt sich erneut über sein Raubgut. Der Predator ist sein Wappen, welches alle Wappen der „Phönix Illuminatis"ziert. Das Raubtier wird immer Herr über seine Beute bleiben. Denn sie sind von „Natur" zur Beute geboren.
Wie Hegel es so schön treffend formulierte:

> [...] durchschleicht sie die edeln Teile durch und durch, und hat sich bald aller Eingeweide und Glieder des bewußtlosen Götzen gründlich bemächtigt, und ´*an einem schönen Morgen*
> gibt sie mit dem Ellbogen dem Kameraden einen Schub, und Bautz! Baradautz! der Götze liegt am Boden.` - An *einem schönen Morgen*, dessen Mittag nicht blutig ist, wenn die Ansteckung alle Organe des geistigen Lebens durchdrungen hat, nur das Gedächtnis bewahrt dann noch als eine, man weiß nicht wie, vergangene Geschichte, die tote Weise der vorigen Gestalt des Geistes auf; und die neue für die Anbetung erhöhte Schlange der Weisheit hat auf diese Weise nur eine welke Haut schmerzlos abgestreift.[1]

Die alten Götzen wurden entfernt, neue aufgestellt und die Schlange häutet sich, wieder und wieder ist sie in der Lage sich zu erneuern.
Die Schlange oder der Phönix die es verstehen sich ständig zu transformieren und wieder geboren zu werden, kontrollieren die Realität des hier und jetzt und der Zukunft. Sie waren es die die Vergangenheit kontrollierten. Die Realität liegt im Kult des Totenkultes. Im Schädel des Menschensohn. Dessen Tod ist die Wiedergeburt der Schlange. Indem sie andere dazu bringt sich gegenseitig zu töten und morden lebt sie auf alle Ewigkeit.
Der Skorpion ist es schließlich der dem Menschensohn den Todeskuss verabreichte.
Die Realität der Schlange die sich häutet, des Phönix der aus der Asche aufsteigt und des Skorpions der jedes mal mit Todesküssen umgibt, sind es jene die Gesetze der Natur bestimmen.
Somit auch die Beschaffenheit der Erde und der Natur die den Menschen seit Adam und Eva umgab.
Eine fortwährende Hierarchie kann nur beibehalten werden, wenn der Kern, das Innere stets geschützt werden vor der Außenwelt. Wenn das Wissen welches sie trägt verborgen bleibt vor den Profanen.
Eine Macht Struktur kann ewig fort bestehen, wenn sie nicht infiltriert werden kann von außerhalb und wenn die Massen nicht verstehen über ihre Beschaffenheit.
Wenn die Macht der Massen ständig der selbst Zerstörung ausgesetzt werden kann, wenn die Macht der Massen sich gegenseitig aufzehrt und jene die über das Wissen verfügen Teile und Herrsche anzuwenden, sich behaupten. Wenn jene die über die Macht des Wissens verfügen in der Lage sind das Wissen zu konservieren und vor den Massen in Form von Symbolen und Geheimen Gesellschaften, Zusammenkünften und Bruderschaften zu versiegeln.
Die Kontinuität einer Elite muss nicht fester Substanz sein, bestimmte Blutlinien oder Dynastien umfassen. Sie muss nicht physischer Natur sein. Es ist die Idee die sie konserviert.
Dynastien und Blutlinien wurden in der Geschichte wohl immer abgelöst, doch Organisationen die eine strikte Hierarchie und Verschwiegenheit, einem strikten Kredo folgten, wie zum Beispiel die

Katholische Kirche und deren Kern der Vatikan, schaffen es die Jahrtausende zu überdauern.

Sie überdauern da sie sich einer festen Lehre verschrieben haben, einer Religion, einem Kult.

Es ist die Religion der Psychologie des Raubtieres und der Versprechungen die gemacht wurden.

Geschlossen in dunklen Pakten und Kabalen die weit zurück reichen.

Alle korrupten Herrscher Dynastien und Machtkonstrukte der Menschheitsgeschichte dienten einem Zweck, der Opferung des Menschen, ES opfert den Homo Sapiens einer dunklen Energie, die ES absorbiert.

Ihre Religion steht dem Christentum in seiner reinen Form gegenüber.

Widerspricht dem was der Schöpfer vorsah.

Ihre Religion dient als Instrument um die Anhänger zusammenzubinden und vereinigen.

Es ist ein Kontroll-Mechanismus um die eigenen Strukturen aufrecht zu halten.

Ihre verborgene korrumpierte Religion ausüben können sie nur im Schutze der Dunkelheit.

Die selbe Dunkelheit vor der sich das Lichte Individuum fürchtet.

Sie müssen sie in Mythos, Symbolik, Prozeduren und Erkennungszeichen einhüllen.

Sie müssen sie im Lichte tarnen jenes das Individuum blendet und verblendet in den Abgrund der Dunkelheit führt, wenn es wagt zu lange in das Dunkle Licht zu blicken.

Die Illuminierten haben ihre Religion verwoben in ein Netzwerk von geheimen Gesellschaften, Prozeduren und Symbolen, die das Wissen verbergen.

Die Geheimgesellschaften sind wiederum nur ein Werkzeug und Mechanismus in den Händen jener die sie kontrollieren und ihre Gesetze schreiben. Jene die von oben herab selektieren und rekrutieren. Sie wurden so aufgebaut, dass kein außenstehender sie infiltrieren oder auch nur betreten kann.

Symbole mit denen die Bruderschaft sich zu erkennen gibt und gleichzeitig vor den Profanen verbergen kann, was sich im Lichte auflösen würde.

Die Geheim Gesellschaft muss so aufgebaut werden, dass sie dem verblendeten Rekruten die größten Versprechungen macht, während er weiter indoktriniert wird in die Lehren des Kultes.

Jeder der einer solchen Beitritt mit dem naiven Vorhaben sie zu infiltrieren wird sich verlaufen müssen, denn das wahre Wissen wird in den höchsten Graden konserviert.

Bis der aufgenommene diesen Grad erreicht hat ist er einer von Ihnen. Er wurde korrumpiert und dem Willen der Organisation, der Bruderschaft gefügig gemacht.

Und man bedenke das ES ein Netzwerk von Geheimgesellschaften etablierte.

Diese arbeiten Hand in Hand dem gemeinsamen Ziel entgegen sich zu Nicht Menschlichen Göttern zu erheben. Indem sie sich dieser Queste verschrieben haben der Bruderschaft des Bösen, glauben sie ewiges Leben zu erhalten, durch ihr Dienen für die gemeinsame Sache.

So etablierten sich in allen Zeitaltern unterschiedliche Geheimgesellschaften.

Diese sind in Zwei Klassen zu unterteilen. Solche die nur den Mitgliedern bekannt sind.

Und Zusammenschlüsse die bekannt sein können in der Öffentlichkeit aber deren Treffen vor der Öffentlichkeit verborgen werden.

Und so etablierten sich im Mittelalter Ritterbündnisse, die sich „dem Schutz" der Schwachen verschrieben hatten und gleichzeitig sehr viel Prestige und Macht erarbeiten konnten.

Die Tempelritter waren weit verbreitet zu ihrer Zeit wenn auch nicht die einzigen.

So gründeten sich auch noch die Hospitaler und der Deutsche Ritter Orden.

Die Templer bildeten eine 200-jährige Machtdynastie, sie verfügten über unzählige Burgen, Ländereien, Reedereien und ein finanzielles Banker Netzwerk.

Dieses schützten sie indem sie eine Hierarchie schufen und sich Passwörtern und Geheimen Hand Zeichen bedienten.

Irgendwann hatten sie den Apex ihrer Macht erreicht es musste wieder ein Macht Equilibrium hergestellt werden. So wurden sie von Philipp dem Fairen, dem König von Frankreich zerschlagen und in den Untergrund verdrängt. Sie flohen in alle Richtungen. Die Säuberung beschränkte sich auf ihre Zentrale in Frankreich. Denn im Deutschen Königreich wurde Schützend Hand über sie gelegt. In England und Schottland konnten sie fliehen und Unterschlupf finden. Es wird vermutet das große Teile in die Schweizer Berge flüchteten und mit Schiffen sich im Mittelmeerraum und Karibik versteckten. Ist es nur Zufall, dass die Schweiz das Zentrum der modernen Banker Welt ist und das Rote Kreuz auf Weißem Hintergrund der Templer als Flagge übernahm? Andere gingen wohl nach Schottland oder formierten sich zu Piraten „dem Schrecken der Meere".

Viele entkamen, einige dürften gewarnt worden sein, wieder andere sollten sterben, so wie ihr Anführer De Molay auf dem Scheiterhaufen verbrannte.

Entweder wurden sie zu mächtig und man musste sich gewisser Anführer und Gebrüder des Ordens entledigen, eine Umstrukturierung Europas vornehmen; oder sie waren anderen Macht Strukturen ein Dorn im Auge geworden; vor allem dem König in Frankreich.

Des weiteren waren die Kreuzzüge für beendigt erklärt und die Organisation verlor wohl ihren Zweck.

Gleichzeitig wurden die Hospitaler Eigner vieler Besitztümer der zerschlagenen Templer.

So übernahmen sie zahlreiche Besitztümer in England.

De Moles hatte vor seinem Tod noch angekündigt, dass der Papst und der König von Frankreich nicht mehr lange zu leben hätten. Es wurde seither behauptet er hätte sie mit einem Fluch belegt und sei ein Mann Gottes gewesen. Tatsächlich dürften es seine in den Untergrund getauchten Templer gewesen sein die seinen Tod rächten.

In der Tat machten es beide die sich gegen den Orden verschworen hatten nicht mehr lange.

Es wurde eine Neue Ordnung in Europa etabliert, die Hospitaler übernahmen viel Macht und der Deutsche Ritter Orden war innerhalb des Deutschen Kaiserreichs ohnehin unantastbar.

Die untergetauchten Templer reorganisierten sich als Rosenkreuzer. Einer Illuminierten Christen Front. Die Rosenkreuzer unter Anführung eines Sir Francis Bacon und anderer geistigen Anführer legten im 17. Jahrhundert den Grundstein für die Gründung der Freimaurer.

Nun da die Bevölkerung anstieg mussten die strukturierten Bruderschaften ausgeweitet werden.

So gründeten die Illuminierten in 1717 offiziell die erste Freimaurer Loge in London.

Die Freimaurer in ihrer breite wiederum waren nicht effektiv genug eine Umstellung zu einer Neuen Ordnung herzustellen und so gründete Adam Weishaupt 1776 unter Anweisung seiner Schutzherren, dem Adelsgeschlecht von Coburg-Sachsen-Gotha die streng Geheimen „Illuminati Perfectibilists".

Es muss festgehalten werden, dass der Rosenkreuzer Martin Luther als auch Adam Weishaupt von Coburg-Sachsen-Gotha beschützt wurden.

Die „Illuminati Perfectibilists" wiederum stellte eine Bedrohung dar für andere Fürstentümer und wurde vom Kurfürsten in den Untergrund getrieben. Adam Weishaupt floh genauso wie Martin Luther in die Arme der Herrscher von Coburg-Sachsen-Gotha und konnte sich so, wohl retten, bevor man ihn dem Hochverrat aussetzte und exekutierte.

Die Freimaurerei in ihrem Ursprung muss als vielschichtig angesehen werden, aus ihr entsprangen möglicherweise unterschiedliche Ideologien die Zukunft umzuformen.

Schließlich wurden alle die Rang und Namen hatten als Freimaurer aufgenommen.

Im 19. Jahrhundert wurde die Freimaurerei von Albert Pike dem „Freimaurerpapst" umgeformt.

Er unterwarf sie endgültig dem Streben des Einäugigen Biestes.

Er unterteilte sie in 33 Grade also Stufen. Die Masse der Freimaurer rangiert in den ersten 3 Graden und wird nur genutzt um einen guten Ruf zu verbreiten und für niedere Administrative Zwecke.

Sie haben keinen blassen Schimmer wofür die Freimaurerei eigentlich steht und leisten so gute Dienste. Beispielsweise in dem sie sich für wohltätige Zwecke einsetzen.

Sie treffen sich haben ihre festen Rituale und einige von ihnen denken wohl an nichts böses.

Die Bruderschaft so wie sie von Albert Pike aufgebaut wurde erzieht alle die sich zwischen dem 4. und 29. Grade befinden zu guten Wächtern um die Gesellschaft zu beschützen.

Und so wissen die meisten dieser Brüder auch nicht wofür die Freimaurerei eigentlich steht.

Sie werden zu Wächtern der Menschheit indoktriniert.

Als solche sind sie perfekt das verkommene System zu verteidigen.

Wenn man die „Morals and Dogma of Freemasonry", des Albert Pike liest, die „Freimaurerbibel" so muss jeder nüchterne Leser feststellen, dass er die Grade so eingeteilt hat um die aufgenommen im Glauben zu lassen sie würden „Dem Großen Architekt" dienen also Gott.

Sie werden im dunkeln gelassen, nur jene die oft genug auf das Kreuz gespuckt, werden auf die höchsten Stufen gehoben. Albert Pike macht dem Leser der „Morals and Dogma of Freemasonry" klar, dass nur jene auserwählt werden die zwischen den Zeilen Lesen können!

So werden viele Freimaurer nicht wissen, dass sie nur benutzt werden um in Satans Reich zu dienen und seine Strukturen auf dem Planeten Erde aufrecht zuhalten.

Erst ab dem 30. Grad outet Albert Pike die Fraternite der Freimaurer als Satan Kult.

Deren Religion darin besteht Teile und Herrsche zu spielen und sich der Eugenik verschrieben hat.

Dem Kult in jenem sich der stärkere gegen den schwachen zu behaupten hat.

Also entgegen den Lehren des Erlösers, liebe deinen nächsten wie dich selbst.

So haben wir die Freimaurer in drei Gruppen zu unterteilen, die Bronzeschicht in den unteren Graden dient, wird genutzt um sich unter anderem karitativ einzusetzen. Die mittlere Silberne Schicht sind die Wächter des Systems, oder so wie Anders Breivig Sündenböcke für Terror Anschläge. Die Goldene die Philosophen die das System definieren und kontrollieren.

Die Aufnahme in diesen Exklusiven Club birgt außerdem große Vorteile, so treten viele bei um gute Kontakte zu pflegen.

Schafft man es bis auf die Spitze also den 33. Grad so befindet man sich bei weitem nicht auf der Spitze der Pyramide.

Denn darüber befinden sich noch 2 weitere Schichten die über die Ordnung unserer weltlichen Irrenanstalt Haushalten. Diese gebieten über spezielle Geheime Orden.

Die Elitären Geheim Gesellschaften.

Ein „Normal Sterblicher" ist nicht im Stande die nächst höhere Schicht zu betreten.

Sollte er sich als „tüchtig" erweisen so wird man es ihm gestatten eine Gemahlin zu nehmen aus der Zweiten Schicht. Deren Nachwuchs kann folglich in die feste Hierarchie Struktur aufgenommen werden. Und so sind mindestens drei Generationen notwendig um auf die Spitze der Pyramide zu kommen, falls man sich bewiesen hat, der gemeinsamen Queste zu dienen.

Die Stufe der „Söhne des Schicksals" betreten zu dürfen.

Es existieren demnach 100 Grade die es zu beschreiten gilt um sich als „Adler" bezeichnen zu dürfen gleich „Phönix Illuminatis".

Diese Strukturen sind älter als die Ägyptischen Pyramiden und Herrscher Dynastien der Sumerer, sie gehen weit zurück in das Dunkel der Geschichte des Menschen.

Sie definieren die permanente Versklavung des Menschen für jene die sich gegen ihn verschrieben haben. Jene die sich vom wahren Gott als ausgestoßen sahen und dem Kainskult verfielen ihre Mitmenschen zu opfern, ihrer eigenen Gottheit zu opfern.

Und so entstanden die Mythen von Menschenfressern, Vampiren und anderen Blut fressenden.

Die Schlange häutet sich und der Phönix steigt aus der Asche, da sie über das Absolute Wissen zu verfügen glauben. Zumindest verfügen sie über Wissen welches man den Massen vorenthält.
Indem ES sich in Geheimen Zusammenschlüssen und Bruderschaften zusammenschließt, um jenes Wissen einzuhüllen in Symbolen und Mythen.
Selbst wenn auf der Erde Chaos herrschen sollte können sie sich diesem entziehen.
Denn seit je her konnten Sie ausweichen auf die Unterwelt und sich unter der Erde verstecken.
Und so bauen sie in Anno Neuzeit Bunker und Unterirdische Einrichtungen um dem Finalen Schlag, dem Finalen „Chao et Ordo", zu entkommen.

Nun müssen die Symbole ein wenig beleuchtet werden, denn sie sind wichtiger als die meisten glauben. Die Macht der Symbolik ist keine geringe.
Denn in den Symbolen kann man Dinge verbergen und gleichzeitig etwas für den verständigen ausdrücken.
Symbole dringen in unser Unterbewusstsein über dessen Macht wir uns nicht bewusst sind.
Was passiert wenn unser Unterbewusstsein ständig elitäre aufnimmt die sich mit Symbolen von Raubtieren brüsten? Wird dem Unterbewusstsein nicht suggeriert eine Beute dieser Raubtiere und Predatoren zu sein?
Ein Symbol oder Logo ist etwas sehr persönliches. Es hat Aussagekraft und man identifiziert sich mit ihm, so sollten Symbole niemals als trivial angesehen werden.
Sie besitzen erhebliche Macht.
Sie hüllen die Queste des Luzifer Kult ein in Allegorien.
Sie verdecken das Wissen welches sich dahinter verbirgt.

Zuerst war das Auge. Dieses erfasste seine Umwelt.
Da das Einäugige Biest keiner Natürlichen Gestalt angehört, verfügt es nicht über zwei Augen, es verfügt nur über Eines. Und der Einäugige ist bekanntlich König unter den Blinden. Das All Sehende Auge, das „Ayn Sofi" wie es die Kabbalisten bezeichnen ist das Auge der Weisheit. Man könnte auch sagen das Auge des Wissen. Ayn gleich Auge auf Aramäisch oder Hebräisch und Sofi ist die Weisheit auf Griechisch. Wir sehen nicht was geschieht aber wir glauben dem All Sehenden Auge dem Auge der Weisheit. Denn ES sieht alles was wir machen. Das All Sehende Auge blickt permanent auf uns, ohne dass wir es abwenden können. Wir sehen es nicht aber ES sieht uns.
Dies ist die Paradoxie in seiner Beschaffenheit.

Das Auge der Weisheit erfasste Sonne, Mond und Sterne. Es lernte die Astrologie kennen und deren Auswirkung auf Raum, Zeit, den Planeten Erde und den Menschen.
ES erkannte es als die Hand Gottes, die Gesetze die das Universum festlegte.
Und so erhob das Auge der Weisheit die Astrologie zur Königswissenschaft denn Astrologie steht über allem. Folglich war es dem Auge der Weisheit möglich die Zeit einzuteilen in Jahre, Jahreszeiten, Tage, Stunden und Sekunden.
Diese bildeten die Grundlage für die Symbolik. Und so kreierten sie das Tierkreiszeichen.
Die Tiere würden die diversen Universellen Prinzipien widerspiegeln.
Die Natur die das Auge der Weisheit daraus lesen konnte würde es befähigen, die Naturgesetze zu kontrollieren. Denn ES alleine verfügte über das Wissen, das Universelle Wissen.
Das Übergeordnete Wissen der Astrologie. Wie die Planeten sich durch die Tierkreiskonstellationen bewegten und somit Einfluss hatten auf die Erde, Flora, Fauna und vor allen Dingen auf den Homo Sapiens, das Raubgut.

Schließlich vermochte es das Auge der Weisheit eine Pyramidenhafte Hierarchie Struktur aufzubauen welche funktionierte wie der Bienenbau den man aus der Natur kopierte.

Das Auge thronte fortan auf der Pyramide. Das Auge des Ra. Welches die Auserwählten erleuchtete. Nachdem die Auserwählten in den Kult des Einäugigen Biestes der Weisheit aufgenommen wurden, lernten sie zunächst die Königsdisziplin Astrologie und als nächste die Alchemie kennen.

Astrologie und Alchemie würden die Basis bilden um aus den Illuminierten selbst Sterne und Götter zu schaffen. Sie würden sich selbst zu Göttern Transformieren.

Ihre Oberste Gottheit ist demnach Hermes Trismegistus, ein Zwitterwesen. Als solches entspricht er dem Ideal der Illuminierten dem „Neos Andras", dem Neuen Menschen.

Wenn er sich selbst zum Gott erhebt und seinen Erleuchter imitiert.

Hermes Trismegistus „Drei in einem", heißt er kann sich selbst reproduzieren.

Denn er verbindet männlich, weiblich und das Produkt das Kind.

Er hält in seiner linken Hand den Caduceus Stab. Ein uraltes Symbol welches bereits den Sumerern also der ersten Hochkultur bekannt war.

Die Bischöfe der Neuzeit halten es in ihrer Linken Hand, sie präsentieren sich als Gottesmänner, wenn sie in Wirklichkeit die Abkömmlinge des Wissenskultes sind, dem Kult der Illuminierten unterstehen. Und so sprach der Heiland sie werden sich ausgeben als Christen aber Antichristen sein.

Hermes das Zwitterwesen oder auch Merkur, der Zwilling, Thaumiel, Satan und Moloch, war es der dem Menschen das Wissen über die Astrologie, Zeitrechnung und Alchemie übertrug.

Hermes Trismegistus lehrte den Menschen die beiden Prinzipien Plus und Minus, Yin und Yang, Männlich und Weibliches Prinzip zu kontrollieren.

Sonne = Männlich   Mond = Weiblich
Stärke, Macht, Drohung, Einschüchtern   Täuschung, im dunklen Verbergen

Die Zwei Pole bezeichneten Sie mit den Zwei Pfeilern der Maurer Jachin für Plus also Männlich und Boaz für Minus also weiblich.

Diese beiden Pole würden immerzu eine Synthese herstellen. Es ist demnach die oberste Kunst der Manipulation.

Der Plus Pol würde die Macht des Herrschers ausmachen der die Massen physisch knechtet und der Minus Pol die Macht der Priesterschaft welche die Seelen und den Verstand kontrollierte.

Hegels Dialektik

ES händigte den Auserwählten das „Emerald Tablet" aus. Den Todesreiter der Menschheit.

Die Kinder der Neuzeit werden indoktriniert und verzaubert wenn Hollywood es in seinem Neuesten Werk „Nachts im Museum 2" einfließen lässt.

In besagtem ist die Formel der Transformation des Menschen zur Gottheit beschrieben.

Und so hat sich dieses Wissen verfestigt und die Illuminierten wie wir noch sehen werden, scheinen ihrem Ziel greifbar nahe gekommen zu seien. Die Jahrtausend Alte Queste scheint für die Anhänger des Toten Kult aufzugehen, zumindest glauben sie dies.

Hermes Trismegistus oder auch bekannt als Thoth der Ägypter bezeichnet laut den Illuminierten das Wort Gottes der Kreierung des Universums. ES ist der Schafhirte der Menschheit.

ES wird folglich die Menschheit in den Abgrund führen. Den Exodus herbeiführen.

Satan = Satan Claus = Santa Claus = Saturn = Nimrod
Saturn wird in der Astrologie als der Dunkle Planet beschrieben.
Er repräsentiert den Priester. Seine Farbe ist Schwarz und Saturn ist der Herr des Ringes.

Denn ihn umgibt ein Ring. Als Schwarzer Herr der Ringe gebietet er seinen Repräsentanten des Priesterkult Schwarz zu tragen. Gleichzeitig halten sie in ihrer Linken Hand den Stab des Hermes, den Stab des Schafhirten, mit der Doppelköpfigen Schlange. In Ihrer Rechten Hand halten sie ein Kreuz, das Kreuz steht für das Kreuz welches die Sonne bildet wenn sie den Tierkreis durchschreitet und ein Jahr komplettiert; wenn sie durch alle Sternzeichen marschiert.

Auch bekannt als „Patee Cross" es ist nicht zu verwechseln mit dem Kreuz auf das man unseren Erlöser schlug, denn so kann man uns verführen in der Doppeldeutigkeit die die Schlange so sehr liebt; und das Biest erst zum falschen Gott der Erde erhoben hat.

Merkur ist der nächste Planet zur Sonne daher wird er als Lichtbringer bezeichnet.

Und die Sonne ist gleich Luzifer, denn die Sonne ist es die uns täglich Licht und Leben spendet.

Und so wurde selbst die Sonne korrumpiert in den Lehren der Illuminierten.

Nimrod wurde von den Assyrern und Babyloniern mit Rute in der Hand dargestellt ebenso hat man den „Satan Claus" übernommen. Als Weihnachtsmann, denn der Saturn herrscht über die Konstellation des Steinbock und tritt ein zur Weihnachtszeit.

Der Papst trägt das Mitre auf dem Kopf. Den Fischkopf er steht für Neptun des Herrscher Planeten über das Tierkreiszeichen Fische. Neptun ist der Täuscher.

Also unterstehen alle Katholiken dem Herr der Fische dem Täuscher, der es versteht die Fische in den richtigen Strom oder Fluss zu bewegen. Er täuscht sie hinab in den Abgrund der tiefen und Dunklen Ozeane. Die Fische folgen ihm wie im Strom.

Die Kirche in Rom unterstand noch nie dem wahren Christentum. Die Lehren des Jesus wurden verraten und der Papst repräsentiert demnach nicht Gott auf Erden, sondern den Täuscher, den Neptun, den Verblender.

Als solcher weist er seine Bischöfe und Priester in Schwarz an, die Fische einzusammeln,
in ein Netz einzufangen und sie werden geopfert samt ihrer Seelen.

Die Illuminierten bewegen sich frei innerhalb des „Globalen" Gefängnis in welches sie uns seit Adam und Eva geworfen haben, als sie die Analogie der Bibel so anwendeten, dass wir gesündigt hatten und eingesperrt wurden in das Arbeiter Gefängnis.

Wenn sie es waren die uns ausgesperrt haben und wir sind alle selbst Schuld weil wir so töricht sind unser Geburtsrecht aufzugeben.

Sie bewegen sich frei wie die Piraten der See daher verwenden sie oft das Symbol der Piraten, Totenkopf Schädel und die überkreuzten Knochen.

Der Totenkopf deutet an dass sie dem Toten Kult unterstehen und die überkreuzten Knochen dass dieser versiegelt ist wie mit zwei überkreuzten Schlüsseln. Wo überall sehen wir diese Symbole?

Der Einäugige Pirat ist der König unter den Blinden und beraubt uns unseres natürlichen Daseins.

Wir sind alle Blinde und laufen umher und denken wir könnten sehen.

Der Mythos um die „Kainskinder" ist Realität. Sie scheinen wie Reptiloide aus der Erde gekrochen und bedrohen das Menschengeschlecht. ES betrachtet uns wie eine Fremde Spezies, den Homo Sapiens.

Zirkel und Winkel in Verbindung bilden eines ihrer Symbole.

Der Zirkel für die Astrologie, die Sternen und Planeten Lehre, um das Firmament zu erkunden.

Das Winkel um die Erde auszumessen. Es verbindet die Lehre der Astrologie und Alchemie.

Zirkel und Winkel umfassen ihre verdorbene Welt so wie sie, sie geschaffen haben.

So werden sie zu den Architekten dieser Welt und bezeichnen ihren Gott gleichzeitig als „Den Großen Architekt".

Man sieht oftmals Wappen mit Löwe und Steinbock die sich spiegelnd gegenüber stehen, der Löwe repräsentiert die Macht des Königs und der Steinbock die Macht der Priesterschaft.
In Kombination kontrollieren sie den Menschen.
Löwe steht für die Sonne und Steinbock für Saturn. Löwe Maskulin und Steinbock Feminin.
Löwe gleich König und Steinbock gleich Priester. Macht über Körper, Geist und Seele in Kombination.

Wie sieht es um die Deutsche Flagge aus? Nehmen wir die Drei Farben so haben wir die Drei Schichten des Platon. Gold, Silber und Bronze.
Schwarz steht für Chronos oder Saturn den Staat, der perfekt in Zeit abgestimmt ist, denn Saturn ist der Wächter der Zeit. Also haben wir an der Spitze den Perfekten Staat angeführt von den Herren der Ringe, den Wächtern, den Zeitwächtern.
In der Mitte die Farbe Rot steht für die Sozialistischen Strukturen, die gegeben sind im Deutschen Staat. Sie steht für die Beamtenschicht die diese überwacht und Macht hat über unser Rotes Blut.
Die Farbe Gelb oder Gold repräsentiert den Honig den wir Arbeiterbienchen sammeln für den Perfekten Staat in Form von Steuern, Abgaben und unserer Arbeitskraft.
Oder ist es doch nur Bronze?
Und was wenn wir die Flagge umdrehen?
So haben wir an der Spitze die Goldenen, die Wächter des „Perfekten Staates, die Philosophen wie sie „der Perfekte Staat" oder „Platons Republik" vorbereitet hatte.
In der Mitte die Helfer der Wächter. Die Drohnen mit Stacheln wie sie Sokrates nannte.
Und ganz unten das Schwarz den Tod, denn als Unterschicht sind wir lebende Tote,
Sklaven des Vater Staat.

Betrachten wir das Wappen der Stadt Detroit. Detroit ist interessant, denn Detroit war die Nummer 1 Metropole der USA und die USA seither das wirtschaftsstärkste Land der Welt.
Ausgerechnet diese Stadt zerfiel stetig als die Produktion ins Ausland transferiert wurde, mit Abschluss des Lima-Abkommen um 1970.
Also war Detroit die vorzeige Stadt der westlichen Welt, der westlichen Kultur des Wohlstands.
Sie war das Symbol für den westlichen Reichtum. Paradoxerweise zerfällt gerade sie als erstes.
Sehen wir uns nun das Wappen an.
Es ist unterteilt in vier Teile und in der Mitte befindet sich ein Kreis.
Oben links sind es 13 weiße Sterne auf Blauem Hintergrund. Unten links 5 Gelbe Bienen die der „Fleur de Lis" ähneln, sie könnten auch Drohnen oder Schwerter darstellen.
Oben rechts Drei Goldene Löwen auf Rotem Untergrund. Darunter 13 diagonale Streifen in Rot und Weiß. In der Mitte sind zwei Frauen in Römischer oder Antiker Kleidung, zur linken der Linken Frau die ihren Kopf gesenkt hält ist Detroit in Schwarz gehüllt und brennt.
Zur rechten der Rechten Frau die mit gehobenen Kopf anzudeuten scheint „seht her die Stadt ist unversehrt". Zur Linken steht „Speramus Meliora" und zur Rechten „Resurget Cineribus".
The City Of Detroit in Michigan komplettiert das Wappen.
Das Wappen muss wie folgt gedeutet werden:
Die 13 Weißen Sterne repräsentieren die „13 Blutlinien der Illuminati".
Diese werden so ausgerichtet weil es 12 Sternzeichen gibt jene die Ekliptik darstellen und die Sonne, die diese durchschreitet, Jahr für Jahr.

Sie sind auf blauem Hintergrund denn Blau repräsentiert in der Esoterik der Illuminierten die Mentalen Kräfte der Sonne, denn bei Geburt übernehmen wir die Mentalität der durch das Tierkreiszeichen entsprechenden Jahreszeit. Die Sonne steht gleichzeitig für Luzifer.

Die fünf Goldenen Bienen, Drohnen, Fleur de Lis, Soldaten oder Schwerter, repräsentieren die Wächter des Staates sie unterstehen den 13 Weißen Sternen der Illuminierten.

Speramus bedeutet Vertraut und Meliora Besser. Sprich ihr die Drohnen die Schwerter der Illuminierten vertraut besser auf eure Olympier, vertraut ihnen und verteidigt sie mit Eurem Blut.

Sprich es herrscht Recht und Ordnung, die Herrschaft der Gesetze der Illuminierten.

Die Gesetze der Raubtiere. Die Drohnen sind bereit zu sterben und töten für ihre Meister die sich über ihnen befinden, für die illuminierten Sterne.

Das Wort Resurget also Auferstehung und Cineribus bedeutet soviel wie Asche. Also der Phönix steigt aus der Asche auf. Die Drei Löwen repräsentieren den Geist des Biestes, den Illuminierten Geist durch die Dreifache Erleuchtung des Hermes Trismegistus

Dreifach in einem, sich wieder reproduzierend. Wie der Phönix aus der Asche.

Die Roten und Weißen Streifen stehen wohl für das Chaos welches alles in Asche zersetzen wird.

„Speramus Meliora Resurget Cineribus" heißt Vertraue Besser auf das Auferstehen aus der Asche. Wenn der „Phönix Illuminatis" sich wieder erhebt.

Denn Detroit ist die erste große Metropole der westlichen Welt die in sich zerfällt und in Chaos versinkt. Dies bedeutet sie ist der Anfang des Zerfalls der alten Westlichen Modernen Hoch Entwickelten Welt. So wie Detroit wird die Westliche Welt schrittweise zugrunde gerichtet werden, durch ihre Errichter die Meister-Maurer.

Doch verzagen wir nicht, denn der Phönix wird wieder aus der Asche steigen und eine Neue Welt errichten. Die Alten Metropolen werden an Bedeutung verlieren, so wie viele Metropolen zuvor in der Menschheitsgeschichte.

Asche zu Asche Staub zu Staub sprach der Herr.

Und so vertrauen wir jene die an den wahren Erlöser glauben, daran das der Adler erhoben wird vom Schöpfer von Himmel, Sternen, Sonne, Mond und Erde.

Der Mond steht für Semiramis die Herrscherin der Seelen, es ist auch der Mond der die Seele bei Geburt überträgt so wie er die Sternzeichen durchschreitet.

Saturn ist gleich Nimrod er steht für den Staat in dem die Seelen dann geopfert werden, er verzehrt sie und wirft sie in sein Schwarzes Loch. So beteten die Babylonier Semiramis und Nimrod als Hauptgötter an. Sie repräsentieren bis heute die Ideale der Illuminierten.

Heutzutage hat man die Frauen bewusst mit dem Staat verheiratet, Sprich das Weibliche Prinzip des Mondes ist verheiratet mit dem Korrumpierten Staat der den Priestern des Saturn oder Nimrod Kult untersteht.

Und was hat die Ägyptische Pyramide mit All Sehendem Auge auf der Ein Dollar Banknote der Vereinigten Staaten zu suchen?

Welche Bedeutung hat eine Ägyptische Pyramide in den USA? Inwiefern hat diese Platz zu finden auf einem Gesetzlichen Zahlungsmittel?

Mit der Überschrift „ANNUIT CEPTIS" und der Unterschrift „NOVUS ORDO SECLORUM".

Das Novus Ordo Seclorum eingebettet in eine Doppelte, gedoppelte Zunge.

„Das Große Siegel" innerhalb eines Babylonischen Siegel.

Auf der Rechten Seite befindet sich der Adler in einem weiteren Babylonischen Siegel, der Phönix,

13 Sterne die Leuchten über seinem Haupte. Er Hält 13 Pfeile in der einen Klaue für Krieg und einen Friedenszweig mit 13 Blättern für Frieden in der Anderen. Sprich durch Krieg welches als Frieden bezeichnet, wird ES die Welt einnehmen und die „Neue Welt Ordnung", durchsetzen, mit Krieg und Frieden.

Wer hat diese beiden Babylonischen Siegel anbringen lassen?

Es war der Vizepräsident unter Delano Roosevelt mit Namen Henry Wallace, zu diesem Zeitpunkt noch Minister für Agrarwirtschaft.

Wallace wiederum war ein Anhänger des Okkultisten und Gurus Nicholas Roerich.

Einem Russisch Stämmigen Illuminierten der sich mit tief diabolischen Mächten beschäftigte.

Dieser wiederum soll viel in Kontakt gestanden haben mit Albert Einstein.

Könnten diese Zusammenkünfte die Grundlage für die Atombombe gelegt haben,

von der die Illuminierten so lange träumten?

Wallace wurde im März 1933 zum Minister für Agrarwirtschaft ernannt und 1941 zum

33. Vizepräsidenten der Vereinigten Staaten.

Zufälle gibt es auf dieser verrückten Welt.

Vielleicht wurde er zum 33. Grad der Maurer erhoben der alte Satanisten Kult Führer.

1933 war die Machtergreifung Hitlers und Delano Roosevelt wurde im gleichen Jahr Präsident der Vereinigten Staaten von Amerika und führte dort den Sozialismus ein.

Das Logo der Kommunisten mit Hammer und Sichel ist nur eine andere Variante des Freimaurer Logos die Verbindung von Phallus und Uterus.

Der Hammer steht für das Maskuline die Sichel für das Feminine.

Der Hammer für das Männliche Prinzip, den Arbeiter oder den Donnergott Hadad und die Sichel entspricht einer Sichel die von den Keltischen Priestern genutzt wurde, jene wiederum als Priester dem Mond entsprechend Menschenopfer darbrachten.

„Die Zwei Gesichter des Januar", repräsentieren den Monat des Steinbock den Übergang vom alten zum neuen Jahr unter der Herrschaft des Saturn oder auch Chronos.

Der Planet der die Zeit beherrscht. Sprich „Janus" mit den Zwei Gesichtern, symbolisiert er die Kontrolle der Vergangenheit und der Zukunft. Sie kontrollieren also die Vergangenheit und Zukunft. Das alte Jahr und das neue Jahr. Sie sind die Herrscher des Zeitlichen Schicksals, oder Unglück.

Es symbolisiert die Macht die von einer Generation auf die nächste übertragen wird.

Das Schachbrett mit seinen Weißen und Schwarzen Quadraten steht für die Zwei Prinzipien des „Zoroaster" oder „Ariertum". Dessen Prinzipien uns seit Jahrtausenden beherrschen.

Plus und Minus, der Ausgleich der beiden Prinzipien und das Equilibrium welches sie erschaffen.

Daher sieht man das Schach Muster oft in Freimaurer Logen.

Der Würfel symbolisiert das Perfekte System. Der Schwarze Würfel das Perfekte System welches Saturn dem Priester untersteht.

Wir schließen die Philosophie der Kontrolle ab mit einem Resümee.

Die Philosophie der Kontrolle umfasst die Kontroll-Mechanismen des Alchemisten, die Institutionen errichtet vom Meister-Maurer, die Sozialistischen Staaten entworfen vom Sozial Planer, den Rundtischen welche dirigiert werden von den „Herren der Ringe" den Priestern in Schwarz Vertretern des Saturn dem Planeten mit Ring, dem Spalter, der Teile und Herrsche anwendet und sich dann zum Phönix Illuminatis erhebt und wieder aus der Asche aufsteigt, sein Wissen auf Ewig in Symbolen und Geheimen Gesellschaften verbergen kann.

Wir sind nur Verschwörungstheoretiker? War es nicht John F. Kennedy der dies in seiner berühmten Rede im Waldorf Astoria ansprach? Dass wir als Menschen einer ruchlosen und ganzheitlichen Verschwörung gegenüber stehen, Geheimen Gesellschaften und Geheimen Prozeduren.

War Kennedy auch nur einer dieser dumpfen Verschwörungstheoretiker?

Wieso verteilten Sie sein Gehirn mitten auf der Straße in Dallas vor unzähligen Augenzeugen?

Es wurde ein Exempel statuiert. Wir sind die Adler ihr seit das Raubgut. Haltet Euch an unsere Anweisungen, die Anweisungen des Biestes, des Phönix Illuminatis.

Wie ein Roter Faden zieht sich die Philosophie der Kontrolle durch die Menschheitsgeschichte.

Wir wissen nun dass wir in der Gegenwart der Idiotie angelangt sind, aus welch dunkler Vergangenheit diese entsprang und die Philosophie der Kontrolle, jene über die Übergänge von Alt und Neu herrscht.

Vergangenheit und Zukunft beherrscht, mit eisernem Stab, mit dem Stab des Caduceus.

Doch Wehe dem Raubgut denn wir nähern uns der **„Götterdämmerung"**.

1   G. W. F. Hegel, Die Phänomenologie des Geistes. Reclam, Ditzingen, 2009, ISBN 978-3-15-008460-1, Seite 386.

IV Götterdämmerung

1 Die Blockbildung –
Brücke zum Weltstaat

Blockbildung

Wir haben die Idiotie unserer Gegenwart betrachtet und einen Blick auf unsere düstere Vergangenheit geworfen, wir haben die Philosophie der Kontrolle der Raubtiere in Samt gehüllt gelernt wie sie Teile und Herrsche mit ihren Leibeigenen spielen.

Wir sind nun reif einen geteilten Blick auf unsere bevorstehende Zukunft zu richten.

Es gibt zwei Perspektiven die Positive und die Negative. Ein jeder einzelne mag selbst mitbestimmen welchen Weg der Homo Sapiens einschlagen wird.

Ein jeder sollte selbst abwägen auf welche Seite er sich auf die Waage des Schicksals stellen möge auf dass er das Schicksal mit bestimmen möge.

Jede Entscheidung und Tat; Moral, Unmoral, Gute Taten und Böse Taten werden letztlich entscheidend sein für das Schicksal des Menschengeschlecht.

Beginnen wir zunächst mit der düsteren Prognose, die Prognose lautet negativ.

Wir befinden uns auf dem Hades Abgrund Richtung Distopia.

Der Autor wird nun versuchen einen Blick in die Zukunft zu werfen, hierzu wird es keine Kristallkugel brauchen, wir Schreiben das Jahr Anno Domini 2015 und die Uhr hat bereits 13 geschlagen.

Das Böse wird uns Menschlein in eine Neue Welt Ordnung manipulieren.

Die Neue Welt Ordnung ist die Alte Weltordnung des Neofeudalismus jener jede Freiheit raubt und jede Freiheit entzieht, sich jeder Freiheit entbehrt.

Der erste Schritt lautet Sozialismus, der zweite Totalitärer Faschismus und der dritte die Auslöschung des Menschen.

Wir werden uns in drei Etappen dem Ziel der Wahnsinnigen nähern, insofern sie sich weiter durchsetzen für uns die Entscheidungen treffen und wir unseren Konsensus freundlich und narrisch nickend herschenken.

Es wird mir nicht möglich sein alle Szenarien durchzugehen die in Frage kommen werden.

Die Kabale haben immer mehr als einen A B oder C Plan.

Es wird nicht möglich sein das Chaos abzubilden welches die Makabren Magier heraufbeschwören werden um schließlich ihre Luzifuge Neue Welt Ordnung durchzusetzen.

Eines ist sicher es wird viele Krisen, Katastrophen und Konflikte geben die alle durch die nicht mehr unsichtbare Hand des Kabale orchestriert werden.

Wir müssen einsehen, dass sie alle konstruiert sind, unnötig und vermeidbar.

Jene die über unser Schicksal verfügen zu scheinen finden leider zu viele Idioten die Ihnen in die Hand spielen mögen und somit als Marionetten gebraucht werden müssen.

Das Böse wird schließlich erpicht darauf sein mit dem Schwerte des Divide et Impera zu regieren auf alle Ewigkeit hin. Den Ultimativen Nicht durchbrechbaren und nicht umkehrbaren Faschismus zu schaffen.

Die Bibel Zweites Buch Timotheus 3:13:

„ Mit den bösen Menschen aber und Betrügern wird`s je länger, desto ärger: sie verführen und werden verführt."

Die Blinden folgen den Geblendeten, ein Zug von Verführung und Verführt werden wird sich in mehreren Etappen wie in einer Pyramide durch unsere Gesellschaft ziehen.

All jene die Böse, Ignorant und einfach nur dumm sind, nicht in der Lage sind auf die Warnungen ihrer Nachbarn zu reagieren. Ihre Augen nicht aufbekommen können auf Teufel Komm Raus und wenn der alte Teufel dann vor Ihnen steht reiben sie sich verdutzt die Äuglein.

Und so wird es wie angekündigt je tiefer wir im Morast von Idiotie, Eitelkeiten und Boshaftigkeiten versinken immer trüber und trister werden.

Die Patrioten haben die Glocke geläutet; **2nd Timothy 3:13 Deceived and Being Deceived.**

Die Kabale arbeiten in 10 Jahresschritten, so scheint es zumindest.

1991 wurde die erste Stufe eingeleitet; Der Kalte Krieg war vorüber, der Golfkrieg hatte angefangen und so hatte man angefangen uns an dieses Maß von Heuchelei und Kriegstreiberei;
Ja! Krieg für Frieden eingelullt.

Die Logik und Wahrheit mussten in diesem Zuge sterben und wir wurden in Orwells Welt der Doppeldeutigkeiten geworfen. Bomben für Frieden, und tote Kinder und Frauen für Demokratie.

Die Bombardierung Bagdads war den „Megalomaniaken" nicht genug so mussten die Uran Seuchen Bomben auch noch auf Belgrad fallen; Erde, Wasser, Land und Leute verseuchen.

Die Inflation stieg langsam an in den 90ern der „Kohlschen", verkohlten Kohlen Deutsch Mark Zeit.

In 2001 wurde dann mit einem Knall und Katalysator für Massenterror die zweite Stufe eingeleitet. Wir erinnern uns an die Rede von George Bush Senior zum 11. September 1991 gefolgt von der Rede des „Gorgy Boy Bush Junior" in 2001.

Noch mehr Kriege, die Besetzung des Irak und Afghanistan die mit den Terror Anschlägen nichts zu tun hatten waren die Folge, beide Länder wurden zerstört, ausgeblutet und unterjocht.

Dieses gefolgt vom verfluchten Euro der von den Massenmedien der Idiotie mit dem Schlag und Modewort „Teuro" feucht geredet wurde, damit er uns so richtig auf der Zunge zerginge wenn plötzlich so viele Dinge das doppelte Kosten.

In 2011 zum dritten Jubiläum der Steigerung von Doppelmoral, Doppeldeutigkeit und Orwellscher Dramatischer Tragik Komödie angelangt, traf es die Libyer und ihren wohl verhassten Despoten König Gaddafi und die Kernkraftanlagen von Fukushima.

Libyen wurde grundlos zerstört, den Funktionären von Al-Qaida übergeben und zugrunde gerichtet. Seither breiten sich die Krisen Gebiete wie ein Lauffeuer aus.

In Ägypten wurde der Coup d Etat der Globalisten von Fliegenden Schweinen wie sie Roger Waters richtig heißte abgefangen, das Militär übernahm die Kontrolle und ließ erst einmal reichlich Schwarz Flaggen Träger hinrichten.

In Syrien, der Ukraine und Jemen eskalierten die Machenschaften im Chaos und Konfusion.

Al-Qaida wurde durch das US Regime gegönnt eine Basis zu errichten. Nun kontrollieren sie ganze Länderflecken von Syrien bis zum Irak und nennen sich ISIS. Jene Isis die die Illuminierten ihre Göttin heißen, welch Zufall. Sie agieren gleich wie Al-Qaida und laufen unter dem gleichen Banner doch diese Tatsachen werden von Massenmedien des Massenwahnsinn ignoriert.

Die US Truppen zogen überraschend ab und hinterließen ein Vakuum welches durch Jihadisten ausgefüllt werden konnte. Das Imposante Waffenarsenal der US Soldaten durften sie natürlich erben, denn die Taten so wie es im 2. Weltkrieg die netten Italiener machten sie hinterließen auch reichlich Waffen und Proviant für die überraschten Briten die ihr Glück nicht fassen konnten, nachdem die Reichsarmee zuvor in Afrika nur verbrannte Erde und Asche hinterlassen hatte.

Fukushima verseucht derweil den ganzen Planeten mit Plutonium und Uranium, die Meere wurden kontaminiert und die Japaner erdulden ein weiteres mal mit stolzem Rückgrat das unglaubliche.

Wie reagieren unsere Volksverdreher? Die EU hat die Einfuhr Werte für Radioaktiv Verseuchte Lebensmittel ganz einfach erhöht. Ganz Großes Geschick wird hier an den Tag gelegt.

Das nennt man dann gekonntes Krisen Management.

Dieser Prozess der Steigerung von Idiotie zu Despotismus und Terror wird sich wohl im 10 Jahres Rhythmus vollziehen. 2020, 2030, 2040 bis hin zu 2050 wenn die ersten Faulen Früchte vom Baum der Verfaultheit abfallen mögen.

Es wird immer verrückter werden, immer mehr Terror, immer mehr konstruierte Wirtschaftsblasen und Finanzblasen die nur darauf warten zerplatzt zu werden.

Der Überwachungsstaat wird ausgebaut werden zu unserem Schutze natürlich.

Es werden immer mehr Drohnen gesichtet werden zu unserem Schutze versteht sich.

Und die Technokratie von Endzeit Faschisten Diktatoren wird die Maske ablegen und ein neues ernsteres Gesicht auflegen.

Und so wird George Orwell zum Propheten werden wenn die Leute nicht einmal mehr wissen werden wie sie dort ankamen wo sie nicht hin wollten.

Die Kontrolle von Angst Mache und Hass Tiraden Aufschüttung in Kombination mit Spaß-Gesellschaft und Kontrolle der Massen durch Stupide Medien Unterhaltung wird schließlich den Neo-Faschismus gebären.

Und so hatten wir bereits in der Vergangenheit den Vietnam Krieg und die Hippie Bewegung in Parallele laufend um die Gesellschaft zu verformen zu etwas neuem.

Jene Bewegung deren Generation versprach uns in eine Neue Zukunft des Weltweiten Frieden zu singen. Was wurde aus diesem Traum? Ausgeträumt denn auch diese Generation wurde geblendet von jenen die es verstehen die Sonne aufgehen zu lassen.

Und so weitet sich dieses Spiegelbild heute aus auf noch mehr Kriege, Zerstörung und der Isolierung unserer Gesellschaft zu verblödeten Zombies die ihr Leben vor der Mattscheibe verbringen und mit Argwohn auf ihren Nachbarn blicken müssen.

So machen wir als Menschen Große Fortschritte das alleine ist uns geblieben denn Träume der Menschheit für eine besser Zukunft die sind in Zeiten von Kriegstreiberei und Paranoia ausgeträumt. Wir suhlen und baden uns lieber in Nihilismus und bitteren Zynismus unserer eigenen auf konditionierten Unfähigkeit unser eigenes Schicksal ein letztes mal in die zitternde Hand zu nehmen. Und so begeben wir uns in eine Symbiose aus „1984" und „Schöne Neue Welt", diese beiden Welten müssen unweigerlich ineinander fließen und sich vermischen bis kein Unterschied mehr zu sehen sein wird. Ein Apex von Terrorismus Überwachung und Medialer sowie Luxuriöser Niveaulosen Unterhaltung ist bei weitem nicht erreicht.

Diese These und Antithese werden die Distopie erzeugen. Es wird eine Synthese entstehen in drei Schritten diese heißen *Blockbildung*, Weltstaat und **Götterdämmerung**.

Gott hat den Menschen immer wieder vor die Wahl gestellt sich zwischen den vielen Göttern und dem einen Wahrhaftigen Gott zu entscheiden.

Aus diesem Grund lautet das Erste Gebot Gottes:

Du sollst keine anderen Götter haben neben mir!

Und so schließt sich der Kreislauf wenn wir uns entschließen falsche Götter zu erheben zu etwas neuem pervertiertem unglaublich bösem.

Und so wird die Götterdämmerung; nicht jene des Wagner sondern jene uns bevorstehende, durch Philosophen und Propheten zusammengefasst werden für jene die Augen haben um zu sehen, sich umzusehen, die Augen nicht schließen werden vor dem was uns Menschengeschlecht im Kollektiv unabhängig von Kredo, Religion und ethnischer Zugehörigkeit bevorsteht.

Wenn der Tempel des unsagbaren Moloch vollendet ist dann möge uns der Herr ein letztes mal Gnädig sein; hatte er uns nicht ausreichend gewarnt?

Wir befinden uns zwischen Zwei Zeitaltern wie Zbigniew Brzezinski es in sein Buch „Between two Ages" bereits 1970 geschrieben hatte:

Eventually, these changes and many others, including some that more directly affect the personality and quality of the human being himself, will make the technetronic society as different from the industrial as the industrial was from the agrarian. And just as the shift from an agrarian economy and feudal politics toward an industrial society and political systems based on the individual's emotional indentification with the nation-state gave rise to contemporary international politics, so the appearance of the technetronic society reflects the onset of a new relationship between man and his expanded global reality.[1]

*Diese Änderung und viele andere, einschließlich einiger **die viel direkter die Persönlichkeit und Qualität des Menschen selbst betreffen**, werden letztlich die Technotronische Gesellschaft so unterschiedlich machen von der Industriellen wie die Industrielle es im Vergleich zu der Agrarwirtschaft war. Und genauso wie der Wechsel von der Agrarwirtschaft und Feudaler Politik Richtung einer Industriellen Gesellschaft und Politischen System basierend auf der Emotionalen Identifikation des Individuums mit dem Nationalstaat den Anlass gaben zu gegenwärtiger Internationaler Politik, so wird das Auftauchen einer Technotronischen Gesellschaft den Anlass einer neuen Beziehung zwischen Mensch und <u>seiner erweiterten Globalen Realität werden</u>.*

Wir bewegen uns also im Kollektiv in eine Technotronische Zukunft.

Wir befinden uns im Prozess der Umwandlung von Industrieller Gesellschaft zu einer Technotronischen. Das heißt unser Umfeld wird mehr und mehr durch Technologie bestimmt werden. Wir werden in ein Technokratisches Hochsicherheits-Gefängnis mit Unsichtbaren Gitterstäben bestehend aus Elektrosmog geworfen.

Die Zeiten in denen das Individuum bestimmen konnte wie es sich zum Nationalstaat verhält werden sich insofern ändern, dass das Individuum dazu gezwungen werden wird sich einer Blockbildung und Globalisierung zu beugen und damit rechnen muss 24 Stunden lang überwacht zu werden.

So schreibt Brzezinski fortführend:

Life seems to lack cohesion as environment rapidly alters and human beings become

increasingly manipulable and malleable. Everything seems more transitory and temporary: external reality more fluid than solid, the human being more synthetic than authentic. [...]
More important there is already widespread concern about the possibility of biological and chemical tampering with what has until now been considered the immutable essence of man. Human conduct, some argue, can be predetermined and subjected to deliberate control. Man is increasingly acquiring the capacity to determine the sex of his children, to affect through drugs the extent of their intelligence, and to modify and control their personalities. [...] 'I foresee the time when we shall have the means and therefore, inevitably, the temptation to manipulate the behavior and intellectual functioning of all the people through environmental and biochemical manipulation of the brain.'[2]

*Dem Leben mangelt es an Zusammenhang da die Umwelt sich rapide verändert und Menschliche Wesen werden zunehmend manipulierbar und formbar. Alles scheint mehr flüchtig und kurzzeitig: die äußerliche Realität flüssiger als solide, das Menschliche Wesen mehr synthetisch als authentisch. [...] Noch wichtiger, es besteht bereits verbreitet das Interesse über die Möglichkeit biologisch und chemisch das zu manipulieren was bisher als unveränderliche Essenz des Menschen betrachtet wurde. Menschliches Handeln, argumentieren manche, könnte vorbestimmt werden und bewusster Kontrolle unterworfen werden. Der Mensch erlangt zunehmend die Fähigkeit das Geschlecht seines Kindes zu bestimmen, durch Medikamente die Kapazität ihrer Intelligenz zu beeinflussen, und ihre Persönlichkeit zu modifizieren und kontrollieren. [...] 'Ich sehe eine Zeit voraus wenn wir die Möglichkeiten und darum, **unweigerlich, die Versuchung das Verhalten und geistige funktionieren von allen Menschen zu manipulieren durch umgebende und biologische Manipulation des Gehirns.*`

Und wie vorherbestimmt von Mr. Brzezinski befinden wir uns nun in einer Zeit in der das Individuum mehr und mehr gelebt wird von äußeren Einflüssen und Impulsen anstelle seiner eigenen Individuellen Eingebungen oder Ideen. Wir wurden umgewandelt in Empfänger von schädlichen Einflüssen die auf uns einprasseln egal wohin wir blicken.
Und so befinden wir uns im Prozess absorbiert zu werden in die Blockbildung die uns nun bevorsteht. Also müssen alle Europäer in ein Kollektiv Gefängnis gesperrt werden einen Europäischen Superstaat der zentral kontrolliert werden wird.
Dieser Superstaat kann nur zusammen geschweißt werden indem man Terror schürt, und der Bevölkerung Verpflichtungen aufbürdet. Krisen und Konflikte müssen hierzu von den Machern des Chaos produziert und in den Verstand der Massen eingefügt werden, bis sie nicht mehr weichen können.
Wir sehen den Neuen Kalten Krieg mit Russland, es häufen sich Propaganda, Lügen und lächerliches Aufpumpen und Aufblasen gegen einen Feind den man sich aus dem Boden stampfte, weil gewisse Interessengruppen jedes Land kontrollieren möchten.
Griechenland wurde eingesperrt in die Europäische Union kein Entkommen in Sicht auch wenn 61 Prozent der Bevölkerung Europa das OXI ausspricht und aussteigen möchten aus dem Finanz Gefängnis. Yannis Varoufakis hatte versucht Griechenland zu retten doch „Zirpas" konnte weiterhin kontrolliert werden vom Marionettenspieler im Schwarzen Hintergrund.

Und so tritt der Finanzminister nach imposantem Interview zurück obwohl die Masse der Griechen seiner Aufforderung folgte gegen eine Ausweitung der Schulden zu stimmen, denn die Schulden wurden dem Volke aufgezwungen durch Bankokraten und Politokraten.

Offensichtlich wusste Varoufakis bereits, dass das Vögelchen „Zirpas", weiter das zirpen würde was man ihm hinter dem Vorhang vorzwitscherte.

Am Ende nur ein Neues Gesicht kein Staatsmann nur ein Volksverdreher und Vertreter von Dritten Interessen, gewählt vom naiven Volke. Und der quasi Staatsmann Varoufakis trat beiseite.

Nicht zu verachten waren die Drohungen die ausgesprochen wurden vor der Abstimmung um das Griechische Volk klein zu bekommen. Trotz der Angst Mache, Einschüchterungsversuchen und den Faschistischen Maßnahmen durch die „Troika", über das private Geld der Griechen zu verfügen, stimmte die Masse mit Nein. Alexis Tsipras unterschrieb letztlich einen Diabolischen Deal die Demokratische Abstimmung spottend bespuckt er das Geburtsland der Demokratie mit seiner Sozialistischen Ideologie; und überschreibt jetzt Griechenland in Dritte Welt Länder Typische Bondage und Tyrannei. Wie gut dass er sich samt Samtenen Anzug in den vorbereiteten Helikopter setzen kann um sich dem Zorn des Volkes zu entziehen welches er so blatant hinterging.

Es ist die Rede davon das 50 Milliarden Griechenlands übereignet werden an die Gläubiger und der Deutsche sollte nicht auch nur einen Gedanken daran verschwenden, dass dies jetzt auch Deutschland gehört, wenn Deutschland ein Vasall ist der weltlichen Strukturen.

Die Mehrwertsteuer soll erhöht werden, die Renten werden gekürzt, Bank Konten Kontrolle eingeführt, um so lange das Volk ihres Erarbeiteten Geldes zu enteignen bis die Schulden Kollekte abgeschlossen wurde.

Ein Exempel wurde statuiert im Geburtsland der Demokratie mit erhobenem Zeigefinger andeutend, dass die Demokratie endgültig sterben muss. Das Feuer der freien Stimme des Volkes soll für immer ausgelöscht werden und in seiner Geburtsstätte wird dieses Feuer erstickt und beerdigt.

Dieser Prozess der Übernahme ganzer Nationen wird sich fortführen Portugal, Irland, Spanien und Italien werden folgen und den selben schmerzhaften Weg beschreiten wie die Hellenen.

Wenn diese Länder geplündert und unterjocht wurden vom „Globalen" Kriminellen Kartell der Finanzdiktatoren ist das Große Frankreich an der Reihe. Und dreimal dürfen sie raten welches Land La Grand National folgen wird. Deutschland ist bereits mit über 2000 Milliarden überschuldet worden, verursacht durch das getürkte Geldausgabesystem und unseren „Politokraten".

Was bleibt dem Deutschen? Der Deutsche ist wieder einmal der größte Vollidiot indem er in die Falle von Aufbau und Projizierung von Hass auf die falsche Gruppe gelenkt wird.

Steuern zahlen und länger arbeiten, sich aufopfern für den Sozialismus, das ist es wozu wir noch gut sind. Und nachdem der Deutsche Bürger immer wieder aufgefordert wurde mehr Steuern zu bezahlen um andere verschuldete Länder aus der konstruierten Krise zu helfen, wird auch hier irgendwann in naher Zukunft der Höhepunkt erreicht sein und das Deutsche Volk wird aufgefordert alle Schulden an die Schuldner zu begleichen. Wie gefällt uns dieses Spielchen des Schneeball und Domino Stein Systems?

So wie es vor 80 Jahren die Nationalsozialisten gegen die Juden propagierten so machen es die Medienanstalten mit den Griechen es besteht keinerlei Unterschied.

Wer dies anders sieht hat ein gewaltiges Problem klar und sachlich zu denken. Denn Deutsche Steuerzahler sollten auch nicht für Schulden aufkommen die aus der Luft gegriffen und diese an Institutionen zurück zahlen müssen die nicht transparent sind und über dem Gesetz stehen.

Und so begeben wir uns ein weiteres mal in die Fangzähne des Faschismus von dem das Deutsche Volk nicht genug zu bekommen scheint. Um spätestens dann Deutschland endgültig an ein Monopoly zu übereignen.

Was wird die Blockbildung die Transformierung vieler kleinerer Staaten zu einem Superstaat mit sich bringen?
Alle Entscheidungen, die alle Europäer betreffen werden von einer kleinen Gruppe „Experten" nicht vom Europäischen Volk gewählten, getroffen werden, da wir sonst nicht Kurs halten können mit den „Globalen" Strukturen, so zumindest möchte man uns die Fabel auftischen.

Auf dem Wege zur Blockbildung sehen wir bereits wie die Auflösung der Deutschen Grenzen dazu genutzt wird um die Innenstädte mit Immigranten zu überfüllen. Und sobald nicht mehr genug für alle da sein wird, werden sich rechte Gruppen und Immigranten gegenseitig auffressen.
Die Städte werden Balkanisiert und bereit gemacht für ein großes Chaos wenn die Klinge des Teile und Herrsche Chaos Prinzip ausgefahren wird. Es ist das Pulverfass Prinzip.
Eine Gangster Kultur die über Jahrzehnte gezüchtet wurde wird schließlich die schlimmsten Elemente der Bevölkerung auf die Straßen treiben um Mitbürger auszuplündern die nicht direkt zu verschulden hatten, dass jene Möchtegern Gangster keine Zukunft mehr haben dürfen.
Ein einfaches Prinzip wird angewendet werden um die Massen zu unterwerfen.
Die Plünderer dürfen plündern und rauben wie in Baltimore geschehen; und die Bürgermeisterin konnte sich so herrlich vor die Presse stellen und zugeben, dass dies alles **geduldet wurde**.
Sprich die Polizei wird zusehen wie zerstört, zerschlagen und gestohlen wird, bis die Bevölkerung nach Hilfe schreiend, weitere Maßnahmen zu Macht Konsolidierung und Restriktion von persönlichen Freiheiten akzeptieren muss.
Es ist ein einfaches 3 Schritte Prinzip, die Staatsmacht hält sich zurück, um dann verspätet einzuschreiten und neue Regulierungen und Gesetzte zu erlassen die alles nur noch schlimmer machen werden.

Sobald der Europäische Superstaat Realität wird und die Grenzen endgültig fallen werden alle Bereiche die unseren Alltag bestimmen zusammen gelegt werden:

Transportwesen
Rechtsdurchsetzung/ Rechtswesen
Gesetzesverordnungen
Bankwesen
Industrie und Wirtschaft/ Agrarwirtschaft
Schulbildung und Bildungswesen
Militär

Das Deutsche Volk wird seine Unabhängigkeit verlieren, eine Rückkehr dürfte fast unmöglich werden. Das Europäische Militär könnte gegen das Volk eingesetzt werden um die Massen wieder frömmig zu stimmen. Dies entspricht dem System von Niccolo Machiavelli Söldner ins Land zu bringen um die eigene Bevölkerung zu bändigen.

Permanente Überwachung durch Drohnen und Kameras werden die Folge sein.

Die Polizeipräsenz muss ausgeweitet werden und die Polizei wird Militarisiert werden.

Sprich mit Militärwaffen und Ausrüstung versehen die Straßen Tag und Nacht patrouillieren.

Wie sieht das Leben aus in einem Militär und Polizeistaat?

Wer kontrolliert die Macht die jene auf die Zivilbevölkerung ausüben, die vom Staat zur Überwachung ausgesendet werden? Wer kann noch garantieren das solche Macht nicht ausgenutzt werden wird um zu berauben, einzuschüchtern, prügeln, morden und vergewaltigen?

Das Individuum wird die Kontrolle über jeden Aspekt seines Lebens verlieren.

Die Straßen werden übersät werden mit Checkpoints um Ausweise und Automobile zu kontrollieren. Mautstellen um Abgaben einzutreiben um die Staatsschulden zu begleichen.

Dieses Problem dürfte nur für jene bestehen die sich bis dahin noch den Luxus eines eigenen privaten Automobils leisten können. Die Meisten werden sich damit begnügen müssen mit öffentlichen Verkehrsmitteln zu reisen.

Jeder Einkauf im Supermarkt und das betreten diverser öffentlicher Einrichtungen müssen mit einem Ganzkörper-Scan oder durch das abtasten des Individuums belohnt werden.

Alle Gesellschaftlichen und Kulturellen Einrichtungen werden auf ein Supercenter zentriert werden, wie es in Stuttgart 21 errichtet wird.

So dass, das Individuum durch Checkpoints voll menschlicher Entwürdigung schreiten muss egal was es vor hat. Bürokraten übernehmen jeden Aspekt des Lebens.

Das Grundgesetz wird Vergangenheit sein, bereits jetzt wird es umgangen indem Staatliche Einrichtungen dem Wirtschaftsrecht angepasst werden.

Impfungen und Medikamentation werden vorgeschrieben werden von Staatlichen und Bürokratischen Behörden. Genetisch manipulierte Impfstoffe werden aufgezwungen werden um die eigene DNA durch eine künstlich hergestellte zu ersetzen.

Euthanasie wird gang und gebe sein und auf jeden angewendet werden der eine „Gefahr" für die Gesellschaft darstellt oder einfach nicht mehr tragbar oder unbrauchbar ist.

Es wird nicht mehr notwendig sein für das Leben eines Individuums zu argumentieren, denn das Kollektiv wird an das Gemeinwohl denken. Es wird nicht anders betrachtet werden als das Einschläfern eines zu alt gewordenen Haustieres.

Um den wilden Tieren in der urbanisierten Welt zu entkommen werden viele gewillt sein in die Wildnis zu fliehen.

Machtbefugnisse die über das Schicksal des Individuums bestimmen werden übertragen werden auf Internationale Unternehmen und Spezielle Europäische Übergeordnete Bürokratische Strukturen. Diese werden keine großen Sentimente mehr gegenüber dem Individuum wahren können.

Wieso sollten sie auch? Wenn Individualität, Kulturelle Identität und Humanität abgelegt sein werden um mit den anderen Blöcken wie der Nord Amerikanischen Union, China und Russland zu konkurrieren.

Die Medien Anstalten werden vom Europäischen Staat übernommen werden, so dass nicht einmal mehr Gehirnwäsche durch Medienanstalten verrichtet werden wird, sondern so wie im Nationalsozialismus vom Ministerium für Propaganda, nur wird es hierfür eine bessere Bezeichnung geben um das offensichtliche zu kaschieren.

Alle Gesetze werden ohne Ausnahme von Brüssel diktiert werden.

Die speziellen Bedürfnisse einer Gruppe von Menschen können hierbei nicht mehr berücksichtigt werden. Es muss im Sinne des Europäischen Gesamt Kollektiv Gehandelt werden.

Das Internet muss reguliert werden es dürfen keine unabhängigen *Nachrichten*, Fakten und Meinungen mehr in der Öffentlichkeit verbreitet werden.

Jedes vergehen gegen diese Maxime wird als Terrorakt geahndet werden.

Die Familie als Basis muss sich auflösen zu einer Gesellschaft von Individuen die mit fremden unter vier Wänden zu leben haben.

Jede Privatsphäre des Individuums wird ausgelöscht werden im Zuge dessen.

Wohngemeinschaften werden Pflicht oder man wird in ein kleines Zimmer gesperrt indem man nicht einmal mehr gerade stehen kann. Den Klassenkampf im eigenen Wohnzimmer.

Alles Bargeld wird abgeschafft sein und jede Transaktion wird vom Staat nachvollziehbar sein, infolgedessen wird es dem Staat möglich sein jede Steuer und Abgabe aus seinen Bürgern zu pressen, vorbei die Zeiten in denen Geld zur Seite gelegt wurde. Die Eigene Geldbörse wird der Transparenz eines willkürlichen Staatsmechanismus übertragen.

Alle alltäglichen Aktionen vom Einkauf bis hin zum starten des eigenen Gefährtes, werden per Ausweis getätigt, der gleichzeitig als Personalausweis dienen muss.

Finanzielle Unabhängigkeit wird der Kollektiven Schulden Schuld weichen müssen.

Die Sprache selbst muss alteriert werden zu einer Europäischen Kollektiv Sprache.

Infolgedessen werden alle Völker Europas sich einer einzigen Sprache bedienen.

Das Englische wie wir es heute kennen bestehend aus tausenden von Worten wird nur noch aus einigen hunderten Worten bestehen die genügen müssen um sich in einer Welt auszudrücken in der nicht mehr viel Geisteskraft vorhanden sein kann.

Für jede Bezeichnung muss ein einzelnes Wort genügen, denn jede abweichende Meinung und Individualität vom Massen Konsensus wird so von vornherein untersagt werden.

Es wird so nicht mehr notwendig sein mit Politischer Korrektheit zu drohen.

Worte wie Freiheit, Individualität, Volk, Familie und Abstammung werden einfach ausradiert werden.

Es wird eine Neuzeitliche Sprache für Neofaschisten und Neuzeit Idioten entwickelt werden.

Kinder werden indoktriniert zu Minispionen und darauf getrimmt ihre Eltern zu denunzieren.

Jede Untat gegen Mutter Erde oder den Europäischen Superstaat muss einer höheren Instanz gemeldet werden. So wird es kommen das Eltern ihre eigenen Kinder fürchten lernen müssen,

für die kleinen wird es alles nur ein Spaßiges Spielchen sein. Und sobald sie Erwachsen sind werden sie so indoktriniert sein nicht mehr zu unterscheiden können zwischen gut und böse.

1   Zbigniew Brzezinski, Between Two Ages. Greenwood Press, Publishers, Westport Connecticut, 1982. Erste Veröffentlichung durch Viking Press, New York 1970. Seite 14.

2   Zbigniew Brzezinski, Between Two Ages. Greenwood Press, Publishers, Westport Connecticut, 1982. Erste Veröffentlichung durch Viking Press, New York 1970. ´I Foresee the time when we shall have the means and therefore, inevitably, the temptation to manipulate the behavior and intellectual functioning of all the people through environmental and biochemical manipulation of the brain.` Zitiert Brzezinski nach Zeugenaussage durch Dr. D. Krech, *Government Research Subcommittee of the Senate Government Operations Committee,* so berichtet von der New York Times, den 3. April, 1968. Seite 14-15.

2 Der Weltstaat – Ein Neofeudalismus der Eisenfaust

Weltstaat

Ein Scheuer Blick in die Zukunft ließ die Pforten der zukünftigen Hölle sichtbar werden.

Einst Große Nationen, Kulturen und Zivilisationen sind von der Erdfläche vertilgt worden.

Mehrere Gigantische Kontinental Staaten haben sich zu einem Weltweiten Konzil verbündet.

Die Überreste der noch freien Menschheit verstecken sich in Kanalisationen, den Bergen und wo immer das Allsehende Auge des unbarmherzigen Gesetzes sich des Blickes einer Nackten Freiheit entbehrt.

Die zuvor errichteten Blockstaaten befielen einander in einem Gewaltigen Konflikt jener den 3. Weltkrieg zur Folge hatte. Die Allianz des Westlichen Establishment formierte sich aus der Nord Amerikanischen Union bestehend aus Mexiko, den USA und Kanada. Die Vereinigten Staaten von Europa, Australien, Japan, Indien und weiterer Staaten im Nahen Osten.

Gegen sie stellte sich eine Eurasische Formation angeführt von Russland und China.

Der Iran, Pakistan und weitere Staaten in Zentralasien sahen sich gezwungen diesem Bündnis beizutreten um ihre Souveränität zu wahren.

Atombomben, Wasserstoffbomben und Neutronenbomben wurden beiderseits ohne jegliche Verlegenheit an den Tag zu legen offen verschossen. Metropolregionen als auch strategische Militärposten wurden beiderseits zerstört ohne jegliche Rücksichtnahme auf Eigene oder Fremde Verluste zu nehmen. Die Vereinigten Staaten wurden in den Jahren zuvor in einen bitteren Bürgerkrieg verwickelt. Die Exekutive eines Kruden Hoch Technokratischen umgekehrten Amerika hatte über Jahrzehnte auf diesen Konflikt hin hochgerüstet.

Das Militär wurde mit den besten Waffen bestückt, von Dissidenten der Exekutive gesäubert und mit gehorsamen Mannschaften ausgestattet.

Diese wurden Jahre lang getrimmt zu töten was ihnen vor das Visier kommt.

Unterstützt wurden sie von hoch spezialisierten Kriegsspezialisten des Pentagon, von dort konnten Drohnenangriffe gezielt und präzise abgefeuert werden.

Kampfroboter und Cyborgs; Männer ausgestattet mit Micro Implantaten, Metallischen Schutzwesten und eingebauten Waffen waren bereits keine Zukunftsmusik mehr.

Des weiteren verfügte die Exekutive des jetzt offenen diktatorischen Regimes über eine Militarisierte Polizei und dutzende Kampftruppen die aus den unzufriedenen und hungrigen Massen des Pöbels rekrutiert werden konnten.

Ihr Primäres Angriffsziel war die Formation einer bestehenden Bürgerlichen Miliz die sich in den meisten der US Bundesstaaten herauskristallisierte, als die Wirtschaft zusammenbrach und der Staat mehr und mehr drakonische Maßnahmen zur Kontrolle der Massen verordnete.

Das ganze Land wurde aufgezehrt durch den Pöbel der sich nicht mehr anders zu helfen wusste als zu rauben und zu morden um zu überleben.

Die Russische Bevölkerung wurde kräftig aufgerieben doch viele Millionen glücklicher Russen konnten immerhin während dem Austausch der Atomschläge Unterschlupf finden in den Schutz Bunkern die zuvor von ihrem Patriotischen Ehemaligen Präsidenten Vladimir Putin vorhersehend errichtet wurden. Dem Rest der Traurigen Menschheit war dieses Privileg nicht vergönnt, alle mussten sie bangen nicht vom Bombengewitter versengt zu werden.

Der Mittlere Osten verfiel in ein noch nie gesehenes Chaos als Israel und der Iran ihre Militärischen Kapazitäten gegeneinander ausreizten. ISIS Fraktionen dirigiert vom Westlichen Establishment und Saudi-Arabien befielen ein Land nach dem anderen bis der Ganze Mittlere Osten in Blut und Terror der Schwarzen Bestien versank. Nordafrika inklusive dem Sudan, Ägypten, Jordanien und der Libanon wurden im Zuge dieser entvölkert. Liberale Muslime kämpften tapfer doch letztlich mussten sich alle Staaten dieser Region dem Terror eines nicht zu bändigenden Terrors dirigiert von Spezialisten Westlicher Geheimdienste und ausgestattet mit den besten Waffen aus selbigen Staaten beugen. Alleinig Äthiopien blieb von diesem Konflikt verschont und unberührt von dem Kampfreigen.

Infolge dieses Desaströsen Finale etablierte sich aus den Trümmern des Chaos eine Neue Welt Ordnung. Wie Bereits nach dem 1. und 2. Weltkrieg wurden die Karten neu ausgeteilt.

Nachdem Russland und China von beiden Seiten aufgerieben wurden entschloss sich eine Neu geformte Regierung, nach Putsch in China dazu die Seiten zu wechseln.

Russland und seine Verbündeten wurden kompromittiert und mussten sich der Allianz fügen.

Ein neues Friedensabkommen wurde abgeschlossen und besiegelte die Etablierung einer

Weltregierung. Die Vereinten Nationen nahmen den Vorsitz und wurden wieder etabliert.

Es formierte sich ein Weltparlament mit einer Exekutive bestehend aus 13 ausgewählten Männern und Frauen. Es wurde ein Weltgericht geformt um das alte Chaos in Zucht und Ordnung zurück zu züchtigen. Eine Internationale Bank zuständig für die Kontrolle der Digitalen Finanziellen Transaktionen. Die Armeen der Allianz und diverse Söldner Armeen formten sich zur ersten Welt Armee, jene der Exekutive des Weltstaates unterstand.

Neue Gesetze wurden von jetzt an vom Weltparlament beschlossen, von der Exekutive abgesegnet und von Interpol, der Internationalen Polizei und dem Weltgericht ausgeführt.

Der Papst und andere Führer von Weltreligionen waren sich einig darüber eine einstimmige Religion für alle Menschen der Erde auszurufen.

Ein Kult der Verehrung von Alten Göttern vermischt mit einem Kult der Erdanbetung und Verehrung von Mutter Erde wurden eingefügt in den festen Glauben an einen Weltführer der nun das Zepter in der Hand hielt und mit eisernem Stab das Perfekte System thronte.

Zu seinen Ehren errichteten sie einen gewaltigen Schwarzen Würfel der das Perfekte System des Pythagoras repräsentierte.

In diesen Würfel wurden von allen Seiten die Neuen Gebote dieser frisch geborenen Weltreligion in goldener Schrift eines Neo-Anglikanischen Weltdialektes eingraviert.

Die Überreste des Widerstandes gegen die Weltregierung wurden weiterhin verfolgt aus ihren Verstecken und Katakomben gezogen und hingerichtet, da sie gegen die Maximen der Union gehandelt hatten und sich dieser widersetzten.

Der Weltweite Neofeudalismus feierte seine Geburt in Form von Stehenden Armeen auf allen Straßen der Neu Errichteten Metropolen.

Es entstand eine Neue Zivilisation die Bienenwaben Förmig aufgebaut wurde.

Neugeborene werden nur noch zum Zwecke des Staates für ihre zukünftige Aufgabe gezüchtet oder geklont. Je nach Verwendung werden die Embryonen so zusammengestellt und aufbereitet um ihrer Klasse entsprechend dem Kollektiv zu dienen. Ein jedes Kind wird A-Sexuell aufgezogen, so dass die Geschlechter Rollen von Frau und Mann die verantwortlich gemacht wurden für die Miseren der Vergangenheit und nun als unnötig und lächerlich angesehen werden mussten aufzulösen.

Bei der Geburt werden Ihnen Mikrochips eingepflanzt.

Ebenso wurden alle Bürger des Weltstaates verpflichtet sich ein Zeichen auf ihre Rechte Hand oder Stirn zu machen oder alternativ mit einem Chip unter der Haut markiert zu werden.

Ohne diese würde es nicht mehr möglich sein innerhalb der Strukturen dieser Neuen Welt zu interagieren. Jedoch würde es die Vorteile mit sich bringen jederzeit über die wichtigsten Funktionen der Körperlichen Organe informiert zu bleiben und ständig über die neuesten Nachrichten informiert zu sein. Für die Elite die sich vorsorglich im Hintergrund hielt und aus dem

Hinterhalt heraus die Fäden gezogen hatte, sollte dies die Letzte Revolution sein.

Wie der Phönix aus der Asche würden sie sich zur Geburt der Götterdämmerung aus der Unterwelt der Luxus Bunker erheben um ihren so lang ersehnten Traum über Jahrtausende und Generationen hinweg geplant und geplottet, das Große Versprechen des Luzifugen Posthumanen Elysischen Paradieses in Empfängnis zu nehmen.

3 Die Götterdämmerung –
der Heilige Gral, der Stein der Weisen

Jerusalem

Und so ergab es sich, dass die Mächtigen und Reichen sich erhoben hatten aus ihrem selbst gewählten Unterirdischen Asylium.

Und sie begaben sich in die Stadt die das Zentrum der Erde markierte und als die Ewige und Heilige Stadt bekannt war.

Der Phönix ward immer repräsentiert mit einem Feuer, er steigt immer auf mit einem Feuer und das Feuer war die erste Technologie die der Mensch von Prometheus dem Protos Theos erhalten hatte.

Die erste Technologie zu Händen des Menschen sollte in der Entwicklung weiterer Technologien resultieren, diese waren es letztlich die dem „Phönix Illuminatis" geholfen hatten seinen Traum zu erfüllen; aufzusteigen und sich über alle Völker dieser Erde zu erheben und sie zu beherrschen.

Und so waren es die Absorbatoren des Seelenfeuer die sich in der ewigen Stadt aufgefunden hatten um den Apex ihrer Verbrennung von Seelen zu Ehren ihres Gottes dem Gefallenen Engel zu zelebrieren und den Gott dieser Erde zu krönen.

In einer noch nie dagewesen Opferdarbietung von Menschen Blut auf dass es der Abgrund dieser Welt aufsog in den Rachen des Drachen.

In jener Stadt in der sie bereits 2000 Jahre zuvor den Menschensohn an das Kreuz genagelt hatten.

Die Seelen der Freien von Gott Gesegneten Menschheit riefen aus, dass nicht sie es waren die das Feuer entfacht hatten wie von ihrem Helden **Billy Joel** gesungen.

Denn sie waren es die über die Jahrtausende hin versucht hatten jenes vernichtende alles versengende Feuer auf Erden zu löschen mit den Heilenden Kräften des Wasser Elementes.

Doch der Wind des Hermetischen Gottes der Erleuchtung für jene die geblendet sein wollten auf ihre Verdammnis hin trug es und verteilte es in alle Himmelsrichtungen.

Der Traum des Satan

Die Doppelköpfige Schlange Satan hatte einen Traum sich eines Tages auf den Thron Gottes zu setzen und zu betrachten wie ihre Anhänger und Eiferer die Erde und alles was darauf ward von Gottes Meisterlicher Hand Geschaffen zu zerstören und durch eine Neue Welt zu ersetzen.

Die Welt des Doppelköpfigen Biestes des Gefallenen Engel Luzifer.

Und so schrieb der Prophet Jesaja in **Jesaja 14:13:**

Du aber gedachtest in deinem Herzen: Ich will in den Himmel steigen und meinen Thron über die Sterne Gottes erhöhen, ich will mich setzen auf den Berg der Versammlung im fernsten Norden. Ich will auffahren über die hohen Wolken und gleich sein dem Allerhöchsten.

Die Geburt der Eugenik

Die Queste des Menschen sich gegen seinen Schöpfer aufzubäumen und das ewige Leben zu erstreben geht zurück bis zu den Anfängen. Die Schlange hatte bereits Eva und Adam in Versuchung geführt sie zu illuminieren, zu unterscheiden können zwischen gut und böse.

Die Parabel soll den ersten Abfall von Gott verdeutlichen. Der Mensch fängt an zu kategorisieren was ist gut und was ist schlecht. Der Mensch wird arbiträr.

Das Gilgamesch Epos handelt von dem Akkadischen Fürsten von Uruk Gilgamesch, jener sich aufmachte um die Unsterblichkeit zu erringen, sein Weg führte zu Sagenhaften Schauplätzen und unlösbaren Aufgaben, schließlich gelingt es ihm nicht die Unsterblichkeit zu erkämpfen und er muss sich dem Willen der Götter beugen.

Mit der Etablierung der diversen Hochkulturen ihrer Mythologie und Symbolik entstand eine Ideologie die sich wie ein Roter Faden durch die Menschheitsgeschichte gezogen hatte.

Was die Schlange Luzifer dem Menschen ins Ohr flüsterte unterscheiden zu können zwischen gut und böse eiferte aus zu unterscheiden zwischen erwünschtem Leben und unerwünschtem Leben.

Und so wurde die Eugenik geboren. Paare von Weiblein und Männlein auszuwählen um ein erwünschtes Resultat zu zeugen. Man fokussierte darauf Menschen zu züchten so wie der Mensch bereits Tiere miteinander brüten ließ um besseres Vieh zu züchten.

So wurden Paare nach Intelligenz, Fähigkeiten und physischer Konstitution ausgewählt.

Diese Ideologie brütete eine Neue Sorte von Menschen die sich als Auserwählte sahen, da sie von Blauem Blute abstammten.

Griechische Philosophen wie Aristoteles und Sokrates waren ausgesprochene Eugeniker.

Die Guten sollten nur mit Guten vermischt werden und alle unerwünschten und „mißratenen" Kinder mit Behinderungen sollten beseitigt werden, da sie der Gesellschaft von keinem nutzen wären.

Dieses Kredo manifestierte sich in einer Religion die alle Eliten der Menschheitsgeschichte übernehmen sollten. Das Wort Eugenik steht für Gute Gene.

Sprich die Guten Gene, die Höhergestellten oder Später die Gute Rasse sollte sich durchsetzen und anstreben den Menschen zum Supermenschen zum Unsterblichen Halbgott zu erheben.

Jenes Erstreben Mythologischer Halbgötter und Helden die Unsterblichkeit zu erringen wurde in die Mythen und Religionen aller Völker eingepflanzt.

Dies Markierte die Queste sich die Unsterblichkeit mit Hilfe der Illuminierung durch überweltliche Mächte zu erforschen. Und so ist der Caduceus Stab jener die DNA des Menschen kopiert ein Jahrtausende Altes Manifest dieser Eiferer. Wie konnten die Sumerer bereits über dieses Wissen verfügen?

Dem nicht genug glauben die Anhänger der Eugenischen Lehren, dass die Bevölkerungszahlen der Menschlichen Population auf dem Globus in jedem Land und Gebiet nicht ausarten dürfen und ständig kontrolliert und reguliert sein müssen.

Daher rührt auch die Doktrin der Überbevölkerung der Erde wenn selbst ein Land wie die Bundesrepublik mit stolzen 80 Millionen Einwohnern, bei genauer Betrachtung aufweist, dass die meisten Bundesländer dünn besiedelt sind. Die Population und Urbanisierung beschränkt sich auf Nord-Rhein-Westfalen, Gebiete in Hessen, Sachsen und Baden-Württemberg.

Alle anderen Bundesländer weisen eine geringe Bevölkerungsausdehnung auf.

Der Brite Robert Malthus brachte die Überbevölkerungsdogmatik in die Postmoderne und warnte bereits vor über 200 Jahren davor, dass die Erde überbevölkert sei und eine weltweite Hungersnot drohen würde. Robert Malthus hatte Einfluss auf die Grundväter der modernen Eugeniker Bewegung Sir Francis Galton und Charles Darwin.

Ihre Evolutionstheorie sah vor, dass der Mensch wie Sie die Massen Glauben ließen vom Einzeller bis hin zum Affen abstamme und sich so durchsetzte durch Selektierung und Auslese innerhalb dem Kampf ums Überleben.

Biometrie wurde in den 70ern des 19. Jahrhunderts von Galton entwickelt um Systematisch Daten über die Extremitäten von Menschen zu einem System zusammen zu fassen um entscheiden zu können wer der Übergeordneten Menschlichen Rasse angehörte, bestimmen zu können wem erlaubt werden konnte sich fortzupflanzen und wer nicht dazu befugt sein sollte.

Diese Daten sollten Wissenschaftler erarbeiten und sie Bürokratischen Institutionen bereit stellen.

Die Besser Gestellten und Hoch Intelligenten Familien Wedgewood, Darwin, Huxley und Galton zeugten ihre Nachkommenschaft nur noch innerhalb dieser vier Familien und betrieben Inzest.

Ihre Nachkommen sollten die Eugenischen Lehren auf eine Höhere Stufe heben.

Julian Huxley folgte der Philosophie eines Friedrich Nietzsche um den Supermenschen zu schaffen, es wurde ein neuer Begriff geboren der Transhumanismus.

Es wurde eine Posthumane Gesellschaft angestrebt, Julian Huxleys Bruder Aldous Huxley schrieb hierzu das Buch „Brave New World", welches die Übergangsphase zum Posthumanen Menschen beschreibt.

Demnach würde die Evolutionstheorie von Darwin insofern vervollständigt werden indem der Mensch sich selbst klont und später mit der Maschine verbindet zu einem Robotermenschlichen Hybrid Wesen. Die Anhänger dieser Lehre glaubten dies sei die Natürliche Evolution von Materie zu Intelligenz, jene wiederum mit Hilfe von Technologie selbst solche Intelligenz schaffen könne um alle Barrieren des Kosmos zu überwinden. Der Illuminierung waren keinerlei Grenzen mehr gesetzt sich zu erheben und auszubreiten.

Hierbei würden zwei unterschiedliche Menschen Spezies entstehen die schwächere würde nach kurzer Zeit aussterben weil sie die nächste Evolutionsstufe verpasst hatte und den Kampf ums Überleben in der Postmodernen nicht überstehen könnte.

Bertrand Russel verkündete, dass so große Unterschiede entstehen würden, dass Zwei unterschiedliche Spezies entstehen müssten:

„ **Eine Revolte des Pöbel wäre so undenkbar wie ein Organisierter Aufstand der Schafe gegen den Verzehr von Hammelfleisch"**[4]; so Bertrand Russel.

Charles Galton Darwin Schrieb in sein Buch „The Next Million Years":

Es besteht auch die Möglichkeit einer internen Revolution. Diese würde entstehen wenn Wege erforscht würden gewollt die Menschliche Natur selbst zu alterieren."[5]

Ferner notierte er folgende Interessante logische Schlussfolgerung, denn für jede Aktion gibt es eine Gegen Reaktion:

„ **[...] falls zufällig eine Revolutionäre Verbesserung aufkommen würde, scheint es allzu wahrscheinlich, dass der Rest der Menschheit den Supermann nicht tolerieren würde und sie zerstören würde bevor sie je die Zeit hätten sich zu multiplizieren."**[6]

Gegen Ende des Buches beschreibt Charles Galton Darwin jedoch die Sichtweise des Establishment bezüglich dieser Ideologie folgendermaßen:

„ **[...] um die Menschliche Spezies zu beeinflussen, müsste es eine Meister Züchtung** [masterbreed] **der Menschheit geben, jene selbst nicht den Konditionen ausgesetzt würde die sie dem Rest zufügt."**[7]

Auf Seite 157 unter dem Kapitel „The Pursuit of Happiness" beschreibt er wie eine Soziopathische und Psychopathische Gesellschaft zwangsläufig agiert:

Über das zukünftige Glück der Menschheit nachdenkend, ist es ein ernüchternder Gedanke dass es einen durchaus wahrnehmbaren Teil der Menschheit geben wird welcher definitiv seine Zufriedenheit, und wir nehmen an Glück, dadurch erlangen wird, dass sie ihre Mitmenschen unglücklich machen. [...] und wenn dieses Leiden beseitigt werden könnte durch eine Heilung oder durch Anwendung harmloser Opiate, wird es klar die Summe des Menschlichen Glückes anheben. [8]

Das „Genome Project" wurde ins Leben gerufen nachdem in den 60ern offiziell wohl bemerkt verkündet wurde, dass der Menschliche Gen Kode geknackt sei.

Das „Genome Project" zielt darauf ab alle Gene des Menschlichen Körpers zu entschlüsseln.

Daraufhin wurde mit dem „Bio Project" beschlossen alle Gen Kodexe der gesamten Flora und Fauna zu sammeln und dekodieren. Dies würde den ersten Baustein zur Erreichung von Unsterblichkeit bilden.

Nach dem Fall des Dritten Reich musste man die in Verruf geratene Eugenik die nun ihr Wahres Gesicht in Millionen von Toten Juden, Polen und jeglicher Dissidenten des Reiches offenbart hatte umbenennen.

Die systematisch gemordet wurden durch Anwendung von Biometrie und anderer Eugenischer Menschenverachtender Lehren.

Die Eugenik wurde in Genetik umgetauft um dieser Religion weiter in aller Öffentlichkeit nach gehen zu können und sie zu propagieren. Edwin Black der ein Sohn Polnischer Juden war gelang es in 10-jähriger Schreib- und Recherche Arbeit dieses Verbrechen an der Menschheit und dessen Entstehung gänzlich zusammen zufügen zu einem Gesamt Bild; Welches Nachfolgenden Generationen als Nachweis und Erinnerung dienen würde, um nicht wieder den gleichen Falsch Lehren zu verfallen. Er veröffentlichte ein Buch mit Namen „War Against The Weak".

Gegen Ende des 20. Jahrhunderts erwachten immer mehr Menschen aus ihrem Schlafenden Albtraum und realisierten, dass ihre Erde kontrolliert und manipuliert wurde von einem kleinen Teil der Menschen und je weiter sie sich mit der Thematik beschäftigten umso mehr kamen sie zu dem Schluss, dass sie es mit größen-wahnsinnigen-verrückten zu tun hatten.

Es erhob sich unter Ihnen ein Falscher Texaner mit Namen Alexander „Judas" Jones um diesen Albtraum zu manifestieren und die Massen mit seinem Werk „Endgame" aus der Trance zu reißen:

In 1910 wurde das US-Eugenics-Record-Office gegründet um diese Zeit kreierten die Briten das erste Netzwerk von Sozial Arbeitern, ausdrücklich aufgefordert als Spione und Vollstrecker des Eugeniker Rassen Kultes zu dienen, welches rapide Kontrolle über die Westliche Gesellschaft übernahm. Die Sozial Arbeiter würden entscheiden wessen Kinder weggenommen werden würden, wer sterilisiert wurde und in manchen Fällen wer still und leise ermordet werden würde.

In 1911 exportiert die Rockefeller Familie die Eugenik nach Deutschland indem sie das Kaiser-Wilhelm Institut finanzieren, welches später eine Zentrale Säule im Dritten Reich bilden würde.

Während der Eugeniker Konferenz in London in 1912, wird Eugenik zu Internationaler Glorie

erhoben und verschafft sich einen Superstar Status. Der Futurist und Bestseller Science-Fiction Autor H. G. Wells jener Biologie unter Top Eugenikern studiert hatte verbreitete den Neuen Glauben weltweit.

In 1916 startet die H. G. Wells Liebhaberin Margaret Sanger ihre Promotion von Eugenik in den Vereinigten Staaten. In 1923 erhält Sanger massive Unterstützung von der Rockefeller Familie. Sanger schrieb ihrem Gleichgesinnten Eugeniker Clarence J. Gamble das Schwarze Anführer rekrutiert werden müssten, als Frontmänner zu agieren in Sterilisations- Programmen gerichtet gegen Schwarze Gemeinschaften. In 1924 schreibt Hitler ´Mein Kampf´ oder ´My Struggle´ und gibt US-Eugeniker als seine Inspiration an.

Hitler schrieb sogar ein Fan-Brief an US-Eugeniker und Umweltschützer Madison Grant, sein Rassen Basiertes Buch ´The Passing of the Great Race´ bezeichnete er als seine Bibel. Hitler entwickelte den Plan für Massen Genozid an den Juden und was er als weitere Unterrassen bezeichnete, sowie auch der Behinderten durch das Tun von Grant.

Um 1927 erreichte die Eugenik den Main-Stream die sogenannte Wissenschaft wurde aggressiv vorangetrieben durch heiß umkämpfte Schulen, in Kirchen und Jahrmärkten.

Kirchen traten mit Großen Bargeld Preisen gegeneinander in Wettbewerben an um zu sehen wer am Besten Eugenik in die eigene Zeremonie implementieren könnte.

Bedeutende Konfessionen erklärten Amerikanern dann das Jesus für Eugenik sei.

Im selben Jahr wurden in den Vereinigten Staaten in mehr als 25 Staaten Zwangs-Sterilisierungs-Gesetze verabschiedet das Oberste Gericht entschied sich für Brutale Sterilisations-Gesetze.

Als Hitler 1933 an die Macht kam, war eine seiner Ersten Amtshandlungen Nationale Eugenik-Gesetze zu erlassen, modelliert nach Gesetzen in den Vereinigten Staaten. [...]

Um 1936 wurde Deutschland führende Nation für Eugenik, indem sie effektive Aktionen durchführten zu sterilisieren und Euthanasie zu verordnen an Hunderttausenden von Opfern.

Die Großen Drei der Amerikanischen Eugenik Davenport, Laughlin und Goethe wurden von den Rockefellers ausgesandt wo sie die Nazis anwiesen ihr Exterminierungs-System fein abzustimmen.

Mit starker Unterstützung der USA und England übertrat Deutschland die Grenze und etliche Millionen würden mit ihrem Leben bezahlen. Zum Ende des Krieges beschützten die Alliierten die selbigen Nazi Wissenschaftler vor der Justiz, jene tausende von Menschen zu Tode gefoltert hatten.

Das Nazi Brandmal der Eugenik hatte die Eliten in Verlegenheit gebracht, doch hegten sie keinerlei Intention ihren Plan zu unterbrechen. Die Alliierten kämpften sprichwörtlich miteinander wer Nazi Top Eugeniker bekommen würde; es spielte keine Rolle das die SS-Doktoren tausende zu Tode gefoltert hatten, sie wurden befreit. Der „Engel des Todes" Josef Mengele und sein Vorgesetzter Otmar Freiherr von Verschuer, wurden nicht verurteilt und von Verschuer führte sogar seine Arbeit nach dem Krieg in Deutschland fort.

Eugeniker waren verärgert, dass ihre große Arbeit der Öffentlichkeit Publik gemacht wurde, sie verschlüsselten sie dann um ihre Agenda einzuhüllen. Eugenik wurde von nun an als Sozial Biologie bezeichnet, die Amerikanische ´Birth Control League´ wurde umbenannt in ´Planned Parenthood´; neue Begriffe wie ´Transhumanismus´, ´Bevölkerungs- Kontrolle´, ´Umweltverträglichkeit´, ´Umweltschutz´, ´Umweltbewusstsein´ ersetzten ´Rassenhygiene´ und ´Social Darwinism´.

Viele Eugeniker der voran gegangenen Periode, betätigten sich in wie von Ihnen selbst bezeichnet ´Crypto-Eugenics´; vorsätzlich manövrierten sie ihre Eugeniker Absichten in den

Untergrund, sie wurden hoch angesehene Anthropologen, Biologen und Genetiker in der Nachkriegswelt.

Die Alliierten schmuggelten dann tausende von Nazi Wissenschaftler aus Deutschland und platzierten sie in Wissenschaftlichen Schlüssel Positionen, von Bio-Waffen-Technologie hin zu Raketen Wissenschaften innerhalb des Militär- und Industrie-Komplex.

Der Gründer von IBM, war ein devoter Anhänger von Hitler; Thomas J. Watson stellte seine Stempelkarten-Computer und IBM Techniker den Nazis zur Verfügung zur Benutzung in den Todeslagern. Tattoos der Konzentrations-Lager Gefangenen mit IBM Identifikationsnummer wurden in die Computer eingespeist. IBM, nutzte ähnliche Stempelkarten Systeme bereits in 1928 in einer Jamaikanischen Studie über die Vermischung von unterschiedlicher Ethnischer Gruppen.

Die Ersten Echten Computer wurden sprichwörtlich von Eugeniker für Eugeniker entwickelt.

UN Häuptling und nicht reumütiger Eugeniker Julian Huxley argumentierte, dass nachdem Eugeniker die Umweltschutzbewegungen begründet hatten, sie als Vehikel genutzt werden sollten in der Formation einer Weltregierung. Genauso wie H. G. Wells es prophezeit hatte, würde diese Regierung kontrolliert werden von einer Wissenschaftlichen Diktatur, und würde geführt werden durch die Prinzipien der Eugenik. Huxley gründete den WWF mit Bilderberg Begründer und Ehemaligen SS-Offizier Prinz Bernhard der Niederlande; und Prinz Philipp von England.

Aldous Huxley Autor von Brave New World und Bruder von Julian Huxley, hielt einen Vortrag an der Berkeley Universität in 1962 kurz bevor er verstarb.

Er gab zu dass sein Bestseller Brave New World geschrieben in 1932 nicht auf Fiktion basierte sondern darauf was die Elite tatsächlich plante zu implementieren.[9]

Aldous Huxleys Rede Berkeley Universität 1962 im Originaltext übertragen aus dem Film „Endgame, Blueprint for Global Enslavement":

And here I would like briefly to compare the parabel of Brave New World with another Parabel which was put forth more recently, in George Orwells Book 1984.

Iam inclined to think that the Scientific Dictatorships of the future, I think there are going to be Scientific Dictatorships in many parts of the world, will be probably nearer to the Brave New World pattern than to the 1984 pattern. They will be nearer not because of any humanitarian qualms in the Scientific Dictators, but simply because the Brave New World pattern is probably more efficient than the other.

If you can get people to consent to the state of affairs in which they are living, the state of servitude, the state of beeing. Well it seems to me that the nature of the ultimate revolution, which we are now faced, is precisely this, that we are in process of developing a whole serious of techniques, which will enable the controlling oligarchy, who have always existed and presumably always will exist, to get people actually to love their servitude; People can be made to enjoy a state of affairs which by any decent standard they ought not to enjoy.

And these methods I think are a real refinement on the older methods of terror, because they combine methods of terror, with methods of exeptions. [...]

Within the various other methods which I think of there is for example the pharmalogical method, this was one of the things I talked about in Brave New World; and the result would be that I mean you can imagine an euphoric which would make people furtherly happy even in the most abominable circumstances, I mean these things are possible.

Die Befürworter dieser Gefährlichen und Menschenverachtenden Wissenschaften würden erfolgreich sein in ihrer Camouflage, ihre wahren Intentionen konnten sie erfolgreich mit Pseudo-Wissenschaften und Studien fortführen unter den Augen der geblendeten Massen.

Charles Galton Darwin der Nachkomme von Sir Galton und Charles Darwin, schrieb einst, dass es 1 Millionen Jahre brauchen würde für die Entstehung einer neuen Spezies.

Doch er sollte sich geirrt haben; oder noch wahrscheinlicher seine konservative Leserschaft der 50er Jahre hingehalten haben mit einer falschen Ankündigung.

Denn die Befürworter und Wissenschaftler nachfolgender Jahrzehnte würden völlig andere Ansichten hegen. Für sie wurde es klar, dass bereits innerhalb der Mitte des 21. Jahrhunderts sich eine Neue Spezies der Neos Andras, der Neue Mensch seiner bestimmten Evolution hingeben würde oder hingeben müsse.

Die Transformation des Menschen

Dass einzige was den Raubtieren, den Anhängern des Einäugigen Biestes nach Jahrtausende langer Dominierung der Erde und des Homo Sapiens fehlte, war es den Tod zu überwinden und die Herrschaft auf alle Ewigkeit hin zu festigen. Die Auserwählten dieses Kabale würden alles beherrschen. Menschen, Tiere, Flora, Ressourcen, Sterblichkeit, die Meere, Planeten, Sterne und Himmel. Nicht einmal ferne Sonnensysteme könnten ihrer Intelligenz und Wissenschaftlichen Genialität mehr ausweichen.

Der große Meister Leonardo Da Vinci pflegte im 15. Jahrhundert noch gesunde Menschliche, Philosophische Ansichten bezüglich dem Menschen und seiner umgebenden Natur:

„Menschliche Genialität ist in der Lage diverse Erfindungen zu machen, aber sie wird nie Erfindungen entwerfen die noch schöner, noch simpler, noch mehr der Bestimmung dienen als es die Natur tut; denn in ihren Erfindungen ist nichts wünschend oder entbehrlich.“[10]

Diese klassischen Ansichten eines wohl Illuminierten Geistes aus Zeiten der Renaissance sollten von den Protagonisten einer Neuen Philosophie gegen Ende des 20. Jahrhunderts nur belächelt werden. Ihrer Ansicht nach würde Da Vinci andere Ansichten hegen, wenn er per Zeitmaschine in ihre Gegenwart katapultiert worden wäre. Ray Kurzweil und Terry Grossmann hatten ein ganz anderes Verständnis zur natürlichen Umwelt:

„Wir teilen Da Vincis Ehrfurcht bezüglich dem Design der Biologie, aber wir stimmen nicht überein mit ihm bezüglich unserer Unfähigkeit die Natur verbessern zu können.
Da Vinci kannte Nanotechnologie noch nicht, und es stellt sich heraus das Natur, trotz all ihrer offensichtlichen Kreativität, grundlegend suboptimal ist.“[11]

Diese Art von Philosophie, Moralischer und Ethischer Einstellung gegenüber dem Leben selbst sollte die Menschheit in den nachfolgenden Jahrzehnten in ein tiefes Dilemma und Chaos stürzen.

Doch die Befürworter von solch Verheerender Ideologie waren sich einig darüber in welche Richtung der Homo Sapiens bewegt werden müsste.

„Biologische Evolution ist zu langsam für die Menschliche Spezies. Im laufe der nächsten paar Dekaden, wird sie im Staube zurück gelassen werden.“ So sprach Kurzweil zu seinen Zeiten.

Der Amerikanische Erfinder Raymond Kurzweil wurde in der Mitte des 20. Jahrhunderts geboren.
Es gelang ihm bahnbrechende Erfindungen auf den Markt zu bringen die seinen Mitmenschen helfen sollten. Er erfand technologische Stützen für Blinde, Spracherkennungstechnologie und Keyboards für die Musik Industrie. Sein Eifer sich in der Zukunft anderen Feldern zu widmen war ungebrochen. Kurzweil sah nur die positiven Aspekte die seine nachfolgenden Arbeiten bezüglich der Transformation des Menschen mit sich bringen würden; und der Werke vieler gleich gesinnter Zeitgenossen die sich auf seinem Metier beschäftigten.

Und so schrieb er in Kooperation mit seinem Wegbegleiter Terry Grossmann Medical Doctor in das Buch „Fantastic Voyage, Live Long Enough To Live Forever":

„Eine weitere große Komponente der kommenden Revolution ist Molekulare Nanotechnologie, welche uns ultimativ befähigen wird uns neu zu entwerfen und umzuformen, Molekül für Molekül, unsere Körper und Gehirne."[12]

Biotechnologie die sich in Richtung Gentechnik und das Klonen orientieren würde und Nanotechnologie in Verbindung mit der Entwerfung von Spiritueller Künstlicher Intelligenz in Form von Supercomputern, würden in naher Zukunft das ewige Leben garantieren.

Und so beschrieb er Biotechnologie als Brücke die es zu überqueren galt und Nanotechnologie würde dieses Bestreben fortführen auf eine höhere Ebene.

Und so waren die Versprechen Kurweils und Grossmanns wie folgt:

„Diese aufkommenden Transformationen der Technologie werden neue mächtige Werkzeuge einleiten Gesundheit zu erhöhen und Menschliche Stärke."[13]

Den Massen wurden diese Technologischen Fortschritte so verkauft als ob viele mit auf den Zug der Transformierung zum „Neos Andras", aufspringen könnten.

Wenn diese Technologien eigentlich nur für die Eliten dieser Erde bestimmt sein sollten.

Denn sie waren bestrebt sich aufzuschwingen zum Unendlichen Elysium des Göttertums.

Evolution bewegt sich in Richtung größerer Komplexität, größerer Eleganz, größerem Wissen, größerer Intelligenz, größerer Schönheit, größerer Kreativität, und höheren Ebenen von subtilen Attributen so wie Liebe. In jeder Monotheistischen Tradition wird Gott gleichermaßen mit all diesen Qualitäten beschrieben, alleinig ohne Grenze:
unendliches Wissen, unendliche Intelligenz, unendliche Schönheit, unendliche Kreativität, unendliche Liebe, und so fort. Natürlich, erreicht selbst beschleunigtes ansteigen von Evolution niemals ein unendliches Level, aber es explodiert exponential sie bewegt sich rapide in diese Richtung. Genauso bewegt sich Evolution unaufhaltsam in Richtung der Konzeption von Gott, trotzdem niemals dieses Ideal erreichend.[14]

so lautete Ray Kurzweils Fassung über die Queste die man sich aufbürdete erbarmungslos zu erklimmen.

Gleichzeitig parallel zu den Plänen ambitionierter Wissenschaftler wie Kurzweil, Grossman, Moravec und Drexler, jene in der Zukunft einer ruchlosen Elite dienen sollten; ereignete es sich, dass andere Zeitgenossen sich gegen diesen Weg der eingeschlagen wurde aussprachen und konterten.

Es bildete sich eine Massive Front gegen dieses Wahnsinnige Bestreben Gott auf Erden zu spielen.

In 1999 Veröffentlichte Milliardär und Gründer von „Sun Microchips" Bill Joy, ein Essay indem er tiefe Besorgnis begründete bezüglich dem Trend den der Rest der „Globalen Elite" einschlagen wollte. Dieses sollte eine Warnung an Zeitgenossen als auch Nachkommende Generationen sein, denn er befürchtete zurecht, dass diese Technologie nicht zu kontrollieren sei.

Er bekundete klar und deutlich „Wieso uns die Zukunft nicht mehr braucht" denn so lautete der Titel seiner schockierenden und aufschreckenden Ausführung.

Und so beschrieb er sein aufeinander treffen mit Ray Kurzweil. Er war schon immer besorgt gewesen über die Dimensionen die Technologie einschlagen könnte, doch erst nach seinem Treffen mit Kurzweil wurde seine Besorgnis erst so richtig aufgeheizt. Sie waren beide Sprecher gewesen während einer Technologischen Veranstaltung und Mr. Joy war erfreut den Großen Visionär und Erfinder Kurzweil zu begegnen. Zufällig ereignete es sich dass Bill Joy und Ray Kurzweil später in der Hotel Bar aufeinander trafen. Diese Unterredung so Bill Joy verfolgte ihn noch lange Zeit.

Zu ihnen gesellte sich ein Dritter Herr und er übernahm die Konversation mit Ray Kurzweil:

„[...] Ray sagte dass die Rate der Verbesserung von Technologie sich steigern würde und dass wir Roboter werden würden oder mit Robotern fusionieren oder so etwas ähnliches, und John [Searle, seiner Zeit ein bekannter Philosoph] **konterte dass dies nicht möglich sei, da Roboter über kein Bewusstsein verfügen könnten."**[15]

Bill Joy war sich der Tatsache bewusst gewesen, dass Gentechnik und Nanotechnologie die Möglichkeit bieten würden die Welt neu zu schaffen, aber er hatte nicht an ein Szenario gedacht mit intelligenten Maschinen.

Hans Moravec so Bill Joy wäre der Ansicht gewesen, dass Roboter uns übertreffen würden und der Mensch vom Aussterben bedroht sein würde.

Ich glaube es ist keine Übertreibung zu sagen dass wir uns am Scheitelpunkt der fortführenden Perfektion von Extremem Bösen befinden, ein Unheil dessen Möglichkeiten sich weit über das erstreckt was Waffen der Massenzerstörung den National-Staaten hinterlassen, bis hin zu einer überraschenden und schrecklicher Ermächtigung von Extremen Individuen.[16]

So die äußerst ernüchternde Analyse von Mr. Joy.

Bill Joy konnte sich nicht vorstellen eines Tages solch ernste Themen behandeln zu müssen, genauso ging es Millionen Zeitgenossen die nicht verstehen konnten wie schnell solch Übel sich ausbreitete, direkt vor ihren Augen und sie schienen Machtlos zu sein, gefangen in einem Albtraumhaften Dilemma.

Und so war es Friedrich Nietzsche so Bill Joy der uns bereits gegen Ende des 19. Jahrhunderts warnte, dass nicht nur Gott tot sei, sondern auch das Aufkommen einer Ersatz Religion der Wissenschaft und laut Joy würde die Wissenschaft nun die Auslöschung des Homo Sapiens mit sich bringen. Die Pandora Boxen von Gentechnik, Nanotechnologie und Robotik wären nahezu offen und könnten nicht mehr weggepackt werden, ferner verglich er sie mit Uranium und Plutonium mit deren Konsequenzen sich der Mensch bereits plagen musste, spätestens gegen Anfang des 21. Jahrhunderts.[17]

Die Zielsetzungen und Moralischen Grundlagen von zukünftiger Technologie sollten laut Mr. Joy in Frage gestellt werden, doch seine Warnung wurde bereits von Freunden und Bekannten verwiesen.

Weiterhin aufgebracht wurde er durch einen Abschnitt den er in Ray Kurzweils Buch „Age of Spiritual Machines" gelesen hatte mit der Überschrift „The New Luddite Challenge".

Erst als er die Seite umgedreht hatte musste er zu seinem entsetzen feststellen, dass der Verfasser dieses Textes kein geringerer als Theodore Kaczynski war der als „Unabomber" bekannt wurde.

Kaczynski war von Kind aus überaus intelligent und begabt gewesen. Mit fortschreitendem Alter sah er die Gefahren, die die Technologie mit sich brachte. Er verschickte Dutzende Bomben per Post, dabei tötete er 3 Menschen und verletzte 23 weitere; unter ihnen ein guter Freund von Bill Joy. In

1995 forderte er die Medien auf sein Manifest in den Zeitungen abzudrucken und er würde dann aufhören, Briefbomben zu verschicken. In 1996 wurde er verhaftet und zu mehrfacher lebenslänglicher Haftstrafe verurteilt. Theodore Kaczynskis Krasse Passage lautete wie folgt:

Lasst uns zunächst postulieren dass Computer Wissenschaftler erfolgreich sein werden in der Entwicklung Intelligenter Maschinen jene alles besser machen können als Menschliche Wesen es verrichten könnten. In diesem Falle vorausgesetzt wird alle Arbeit von gewaltigen, und höchst organisierten Systemen aus Maschinen bestehend erledigt und keinerlei Menschlicher Aufwand wird notwendig sein. Egal welcher dieser beiden Fälle eintreffen möge. Die Maschinen könnten befugt sein alle Entscheidungen selbst zu treffen ohne Menschliche Aufsicht, oder anderweitige Menschliche Kontrolle über die Maschinen würde erhalten bleiben.

Wenn die Maschinen befugt sind alle Entscheidungen selbst zu treffen, können wir keinerlei Vermutung abgeben bezüglich den Resultaten, weil es unmöglich sein wird abzuschätzen wie solche Maschinen sich verhalten könnten. Wir erwähnen nur dass das Schicksal der Menschheit der Gnade der Maschinen ausgeliefert sein würde. Es könnte so argumentiert werden dass die Menschliche Spezies niemals so stupide sein könnte alle Macht den Maschinen zu übergeben. Aber wir setzen nicht voraus dass die Menschliche Spezies freiwillig die Macht den Maschinen aushändigt noch dass die Maschinen vorsätzlich die Macht ergreifen würden. Was wir allerdings anführen ist dass die Menschliche Spezies all zu leicht zu lassen könnte in eine Position abzugleiten von solch großer Abhängigkeit dass keinerlei praktische Wahl mehr bestünde außer die Maschinen alle Entscheidungen machen zu lassen.

Alsbald die Gesellschaft und die Probleme die ihr entgegenwirken zunehmend Komplex werden und Maschinen mehr und mehr intelligenter werden, werden Menschen die Maschinen die Entscheidungen für sich machen lassen, ganz einfach weil die Entscheidungen die durch Maschinen getroffen wurden bessere Resultate erzielen als Mensch gemachte. Letztlich mag eine Stufe erreicht sein in der die Entscheidungen die gemacht werden müssen um das System am laufen zu halten so kompliziert sein werden dass Menschliche Wesen nicht fähig sein werden diese vernünftig auszuführen.

An diesem Punkt angelangt wird die Maschine tatsächlich die Kontrolle an sich reißen.

Leute werden die Maschinen nicht einfach abschalten können, weil sie so abhängig von ihnen sein werden dass ein abschalten einem Suizid gleichkommen würde.

Andererseits ist es möglich dass Menschliche Kontrolle über die Maschinen erhalten bleibt.

In diesem Fall hat der durchschnittliche Mensch Kontrolle über bestimmte persönliche Maschinen, so wie das Auto oder den Personalcomputer, aber die Kontrolle über großflächige Systeme von Maschinen werden sich in den Händen einer kleinen Elite befinden—genauso wie es heute der Fall ist, nur mit zwei unterschieden. Aufgrund verbesserter Techniken wird die Elite größere Kontrolle über die Massen haben; und weil Menschliche Arbeit nicht mehr notwendig sein wird werden die Massen entbehrlich, eine unbrauchbare Bürde für das System. Wenn die Elite ruchlos ist könnten sie sich einfach entscheiden die Masse der Menschheit auszurotten. Wenn sie human sein mögen könnten sie Propaganda oder andere psychologische oder biologische Techniken anwenden um die Geburtsrate so zu senken bis die Masse der Menschheit ausgelöscht wird, die Erde der Elite überlassend. Oder, wenn die Elite aus weich-herzigen Liberalen besteht, könnten sie sich dazu entscheiden die Rolle des guten Schafhirten für den Rest der Menschlichen Spezies zu spielen. Sie werden sich darum kümmern dass jedermanns physischen Bedürfnisse zufrieden gestellt werden, dass alle Kinder unter Anwendung psychologisch hygienischer Zustände groß gezogen werden, dass jeder über ein heilsames Hobby verfügt um ihn auf Trab zu halten, und dass jeder der unglücklich wird sich einer ´Behandlung` um dieses Problem ´zu heilen` unterzieht. Natürlich wird das Leben keinen Sinn mehr haben so dass Menschen biologisch oder psychologisch so umgearbeitet werden entweder um ihr Verlangen nach Macht Ausführung zu entfernen oder sie dazu zu bringen ihren Macht Trieb zu ´subliminieren` und abzuleiten durch ein harmloses Hobby.

Diese konstruierten Menschlichen Wesen könnten glücklich werden in solch einer Gesellschaft, jedoch wären sie mit Sicherheit nicht frei. Sie würden reduziert werden zu domestizierten Tieren.[18]

Von den Zeilen Kaczynskis ergriffen flog Bill Joy explizit nach Kalifornien um sich mit seinem Freund Danny Hillis darüber zu unterhalten. Während eines Dinners mit Danny Hillis und dessen Gemahlin Pati, arbeitete Bill seine gewöhnliche Abhandlung über das ab was ihn so sehr beunruhigt hatte. Die Passage von Kaczynski und Ray Kurzweils Äußerungen. Und so berichtete er folgendes:

„Dannys Antwort – speziell bezüglich Kurzweils Szenario von Menschen die mit Maschinen verschmelzen – kam sehr zügig, und durchaus überraschend für mich. Er sagte, einfach, dass die Veränderungen schrittweise kommen würden, und dass wir uns daran gewöhnen würden."[19]

Gegen Anfang des 21. Jahrhunderts ereignete sich ein Split in den Macht Strukturen der weltweiten Menschlichen Gesellschaft. Während der dominante und mächtige Teil der Eliten der Erde der Meinung waren, dass der Mensch in naher Zukunft beseitigt werden könnte, weil er überflüssig wäre und ein Virus auf der Erde; jene sie zu besitzen glaubten und für sich in Anspruch nahmen.

Der andere Teil der Elite mit weniger Einfluss und Macht hegte noch einen Rest an Empathie bezüglich der Menschheit, teilweise wurden versuche unternommen die Richtung,
die eingeschlagen wurde zu alterieren.

De facto war die Bevölkerung der Menschheit selbst in der westlichen und entwickelten Welt zum Anfang des 21. Jahrhunderts bereits sehr schnell zu domestizierten Tieren um konditioniert worden.

So wie von Theodore Kaczynski in den Jahren zuvor prognostiziert wurde, war dieser Prozess bereits sehr fortgeschritten. Erwachsene wurden reduziert zu mentalen Kleinkindern.

Erwachsene Frauen waren nur noch interessiert an Schicki Micki, Schicken Klamotten und Schmuck und Männer warfen ihr ganzes Potential vor die Füße des Sportgottes dem Fußball oder Football.

Der Anfang der „Radikalen Steigerung der Lebenserwartung", wurde eingeleitet durch das Klonen von Organen zum Zwecke, defekte Organe durch gezüchtete zu ersetzen.

Dies war insofern verlockend aufgrund der Tatsache, dass es möglich wurde einem alten Mann ein geklontes Herz seines Jüngeren Egos einzupflanzen.

Später wurde man eines „Master Genes", fündig, dieser Gen so fanden die Wissenschaftler heraus würde die Alterung der Zellen aufhalten und sogar umkehren können.

So wie wir unsere Biologie ´rückentwickeln` […], werden wir unsere Technologie anwenden unsere Körper und Gehirne zu verbessern und umgestalten zu radikal verlängerter Langlebigkeit, unsere Gesundheit verbessern, und unsere Intelligenz ausweitend als auch unsere Erfahrungen. Ein großer Teil dieser Technologie Entwicklung wird das Resultat der Recherche von Nanotechnologie sein, ein Begriff der ursprünglich von K. Eric Drexler in den

1970ern geprägt wurde [...].[20]

Und so wurden Gentechnik und Nanotechnologie genutzt um zunächst einmal die Lebenserwartung jener zu erhöhen die befugt waren diese Technologien zu beanspruchen, um sie am Leben zu halten so dass sie auf die nächsten Züge zur Immortalität aufspringen könnten.
Robert A. Freitas Jr, ein Nanotechnologie Theoretiker, schrieb:

´Das Umfassende Wissen menschlicher Molekularer Strukturen so akribisch erarbeitet während des 20. und 21. Jahrhundert wird im 21. Jahrhundert genutzt um medizinische aktive mikroskopische Maschinen zu entwerfen. Diese Maschinen, werden anstelle von primären Erkundungsreisen reiner Erforschung, meist auf Missionen ausgesendet Zellularer Inspektionen, Reparaturen und Wiederinstandsetzung.´[21]

Millionen kleiner „Nanobots", also mikroskopisch kleiner Roboter würden in die Zellen befördert werden um den Körper wieder instand zu setzen.
Selbst die Blutzellen wurden durch Nanoroboter ersetzt. Dieses frische Neue Blut konnte jederzeit erneuert werden, was einer Verjüngung der Zellen gleichkam.
Nanobots wurden infolgedessen genutzt um Krankheiten ausfindig zu machen und diese zu kurieren. Nun war es möglich den eigenen Körper durch Mechanische Mikro Organismen permanent kontrollieren und sogar überwachen zu können.
Nanobots wurden genutzt und ersetzten den Menschlichen Chirurgen. Millionen von Nanobots hielten die Knochen und Muskelgewebe auf Trab, ohne dass der Patient dies bemerken würde oder auch nur eine Narbe hinterlassen wurde.
„Diese Nanobots benötigen dezentralisierte Intelligenz. Wie Ameisen in einer Ameisenkolonie, müssen ihre Aktionen höchst koordiniert ablaufen, und die gesamte ´Kolonie` von Nanobots muss anpassungsfähige Intelligenz aufweisen können."[22] So Kurzweil und Grossmann.
Systeme, Geräte und Materialien wurden entwickelt jeden Teil des Körpers zu ersetzen.
Zähne, Haut, Arterien, Sehnen, Knochen und Organe können jederzeit ersetzt und neu hergestellt werden.
Essen wird nur noch in Form spezieller Metabolischer Nanobots aufgenommen, das Verdauungssystem des Neos Andras wurde speziell angepasst um diese Prozesse verarbeiten zu können. Sobald das Nanobot Design abgeschlossen wurde war man in der Lage den Neos Andras so umzuarbeiten, dass kein Herz mehr notwendig sein würde, um das Blut auf den ganzen Körper umzuverteilen.
Diese Aufgabe würden die Nanobots übernehmen. Kurzweil und Grossmann nannten diesen Prozess „Heartless by Design".

Und so konnten jene die ohnehin ihr ganzes Leben lang Herzlos gehandelt hatten ihr Herz endgültig beiseite legen und auf Wunsch ohne Herz weiter Leben. Nicht einmal ein geklontes Schweineherz war mehr zu gebrauchen für die Fliegenden Schweine die sich in Nanobots zu suhlen wussten, wie die Schweine im Dreck.
Die Lungen wurden ebenfalls durch Mechanismen von Trillionen von Microbots ersetzt die Luft in den nicht mehr Menschlichen Körper zu pumpen.

Nanobots würden in das Gehirn eindringen und die Elektromagnetischen Prozesse anregen um die Leistungsfähigkeit des Gehirns erheblich zu steigern.

Die Auserwählten würden ihre Intelligenz um ein erhebliches steigern, um sich weiter von ihrer Sklavenschaft abzuheben.

Körperorgane würden folglich überflüssig werden laut Kurzweil und Grossmann:

Im Menschlichen Körper der Version 2.0, werden Hormone und verwandte Substanzen [...], geliefert von Nanobots, und kontrolliert durch intelligente Biofeedback Systeme um benötigte Level zu halten und auszubalancieren. Ultimativ, wird es möglich sein die meisten unserer Biologischen Organe zu eliminieren. [...] Wir befinden uns definitiv auf dem Weg der fundamentalen und radikalen Erneuerung von der extrem nicht effizienten, unzuverlässigen, und begrenzten Funktionalität unseres Humanen Körpers Version 1.0.

Der Supermensch der Zukunft konnte demnach Sauerstoff, Trinken, Essen, Schlaf und alle anderen Bedürfnisse des früheren Menschseins einfach ablegen wie ein Pyjama.

Der Supermensch mutierte zum Nichtmenschen und konnte nun alle Strapazen überwinden.

Emotionen, Sehnsüchte und süchtig machendes konsumieren jeglicher Substanzen gehörte der tristen Vergangenheit an. Jegliche Schwäche wurde somit abgestellt.

Der Mensch war nun kein Menschliches Wesen mehr sondern eine Nano-Technologische Apparatur. Anstatt aus den Grundsteinen zu bestehen die Gott für ihn vorgesehen hatte Mineralstoffe und andere im Universum verfügbaren Substanzen, bestand er nun aus Nanobots und dem Mark des Biestes. Die Worte des Herrn die da hießen Asche zu Asche und Staub zu Staub wurden von den Blinden ignoriert. Doch dies sollte ihr eigenes Unheil besiegeln wenn die Zeit gekommen war. Denn sie ließen alle Trillionen Trojanische Pferde in ihre Körper marschieren.

In den 2020ern wurden die ersten Mechanischen Avatare entwickelt bestehend aus diversen Metallen und Kunststoffen. Diese sollten später als Grundlage dienen für jene die ihren Geist, mit all seinen Erinnerungen auf einen solchen Avatar übertragen wollten.

Und somit Immortalität erlangt hatten. Die Verfechter des Menschlichen Exodus, der Vernichtung des Homo Sapiens waren ungehemmt in ihren Prognosen und so hörte man bereits in 1999 Ray Kurzweil das unaussprechliche von sich geben:

„ [...] wir werden in der Lage sein die Natur der Mortalität in einer Post-Biologischen Zukunft zu lösen. Haben wir die Psychologische Kapazität für all die guten Dinge die uns erwarten? Wahrscheinlich nicht. Dies, könnte sich allerdings auch ändern." [23]

Die psychologische Kapazität und Intelligenz des Menschen wurde demnach ersetzt durch eine höhere; durch die der Technologie.

„Bevor das nächste Jahrhundert vorüber ist, werden Menschliche Wesen nicht mehr die intelligenteste oder leistungsfähigste Art von Wesen auf dem Planeten sein." [24]

Diese sehr konservative Prognose sollte er in seinen eigenen Schriften später revidieren, denn er betonte häufig, dass die Beschleunigung von Steigerung der künstlichen Intelligenz bereits in den ersten Dekaden des 21. Jahrhunderts stark exponentiell ansteigen müsste.

Computer wurden erst an die Flexibilität der menschlichen Intelligenz angepasst nachdem die ersten Gehirne auf Computer Speicher gescannt wurden. Des weiteren wurde den Computern die Möglichkeit gegeben alles Wissen der gesamten Menschheit zu absorbieren.

Jegliche Literatur die alle Bereiche abdeckte von Geschichte hin bis zu Raketenwissenschaften, Psychologie und Soziologie. Somit wurden die Computer Maschinen befähigt sich selbst alles Wissen anzueignen. Da sie nicht auf die hinderliche Geschwindigkeit des Menschlichen Gehirns und der minderwertigen Physiologischen Fähigkeiten des Körpers angewiesen waren, konnten diese Aufgaben gestemmt werden.

„Die Kombination von Menschlicher Intelligenz in einer Maschine mit der Computer typischen Superiotät an Geschwindigkeit, Genauigkeit und die Fähigkeit ihre Erinnerungen zu teilen wird formidabel sein."[25]

Alsbald als die Computer und Maschinen komplexer wurden, entwickelten sie automatisch auch eigene Ziele und Werte, sie entwickelten sogar Emotionen.

> **Selbst wenn wir unsere Diskussionen bezüglich Computern darauf beschränken dass sie nicht von einem speziellen Menschlichen Gehirn stammen, werden sie zunehmend ihre eigenen Persönlichkeiten haben, nachweisliche Reaktionen die wir nur als Emotionen bezeichnen können und ihre eigenen Ziele und Zwecke artikulierend. Es wird sich zeigen dass sie ihren eigenen freien Willen haben werden.[26]**

Und so entwickelte Mann Maschinen mit eigenem freien Willen, jener sollte sich in Zukunft so äußern, dass er den freien Willen seines gewillt stupiden Schöpfers - dem Menschen entziehen sollte.

Die Maschine mit freiem Willen und Intellekt würde dem Erfinder, jenen freien Willen entziehen der dem Humanen Menschen von Geburt zu teil wurde durch die Prinzipien der Schöpfung.

Ray Kurzweil gehörte offiziell auch zu einer Sorte von Menschen die gegen Ende des 2. Jahrtausend Nach Christus geschaffen und geformt wurden durch die Einflüsse ihrer Indoktrinierten Umwelt. Die Anhänger dieses Kultes bezeichneten sich als Atheisten, sie waren nur noch an der Wissenschaft interessiert und daran, dass der Mensch nur durch Wissenschaft vorwärts kommen könnte. Sie ignorierten sogar die grundlegenden Konzepte des Kosmos, der Sterne und Planeten die Teile waren eines einzelnen Planetaren Systems.

Es kam ihnen nicht in den Sinn, dass alle Planeten und bestimmte Sternen Konstellationen eindeutigen Einfluss auf alles hatten was auf der Erde geschehen musste und dies die Hand des Schöpfers von allem sichtbar werden ließ, für all jene die nicht geblendet werden konnten vom Licht der Verblendung.

Die zufällige Evolution vom theoretischen Urknall hin bis hin zur theoretischen Abstammung des Homo Sapiens von einem Einzeller; rechtfertigten die neue Wissenschaft die Menschliche Evolution der Technologie gänzlich zu opfern und sich über alles andere zu erheben.

Die Roboter Avatare ermöglichten es den privilegierten der Menschlichen Elite in der Mitte des 21. Jahrhunderts ihren Verstand auf Persönliche Computer zu übertragen, welcher dann auf einen Roboter Avatar übertragen werden konnte. Dieser würde die Fähigkeit besitzen große Kapazitäten an Wissen zu speichern, nach eigener Willkür und Belieben abzurufen und in Computer Geschwindigkeit Gedankliche Prozesse zu vollführen.

[...] wenn wir das Gehirn von jemandem scannen und dessen eigene Verstandes Akte wieder inkarnieren auf ein passendes Computer Medium, wird die neu entstandene ´Person` anderen Beobachtern so erscheinen dass sie so ziemlich die gleiche Persönlichkeit, Geschichte, und Erinnerung verfügt wie die Person die ursprünglich gescannt wurde. Interaktion mit der Neu wieder inkarnierten Person wird sich so anfühlen wie mit der Original Person zu interagieren. Die Neue Person wird beanspruchen die selbe Alte Person zu sein und wird die Erinnerung haben diese Person gewesen zu sein, aufgewachsen zu sein in Brooklyn, in einen Scanner hier gelaufen zu sein, und aufgewacht zu sein in der Maschine dort. [...] Welche Art von Körper wird die wieder inkarnierte Person-Verstandes-Datei haben: den Original Menschlichen Körper, einen aufgerüsteten Körper, ein Nanoentwickelten Körper, einen virtuellen Körper in einer virtuellen Umwelt? [...]
Es wird keine Gespaltenheit in seinem Verstand bestehen ob er Suizid begangen hatte oder nicht als er sich einverstanden erklärte sich hinein in ein Computer – Trägermaterial transferieren zu lassen seine Alte langsame Karbon und Neuronen basierte Computer Maschinerie hinter sich lassend. [...]
Ist er—der neu installierte Verstand—bei Bewusstsein? Er wird es sicherlich behaupten.
Und mit weitaus mehr Fähigkeiten ausgestattet als sein altes Nerven Basiertes Ich, wird er überzeugend und effektiv sein in seiner Position. Wir werden ihm Glauben schenken.
Er wird verrückt werden falls nicht.[27]

In der Mitte des 21. Jahrhunderts so Kurzweil würde dieser Trend sich ausbreiten, diesen Schritt zu beschreiten. Die Alte Nostalgie für die alte Menschliche Beschaffenheit würde genauso weichen wie die Nostalgie für alte Schallplatten, nachdem die Möglichkeit bestand tausende von Liedern auf einen kleinen Chip zu übertragen. Des weiteren würde die Möglichkeit bestehen sich in ein weltweites durch dringendes virtuelles Netzwerk einzuklinken, so Kurzweil.

Wir verfügen über Titanium Apparate unsere Kiefer, Schädel, und Hüften zu ersetzen.
Wir verfügen über künstliche Haut unterschiedlicher Sorten. Wir besitzen synthetische Herz Gefäße um Arterien und Venen zu ersetzen [...]. [...] Wir entwickeln Maschinen—einige aus künstlichen Materialien hergestellt, andere neue Materialien mit kultivierten Zellen kombinierend—welche ultimativ in der Lage sein werden Organe wie die Leber und Bauchspeicheldrüse zu ersetzen.[28]

Nanobots in Form von Zylinder machten den Neu Entworfenen Menschen nahezu unzerstörbar und stabilisierten Körper und Skelett. Diese Nanobots waren mit zunehmendem Fortschritt der Technologien in der Lage sich selbst zu erneuern und mikroskopisch kleine Maschinchen wie sich selbst zu erbauen.
Dies bildete den Grundstein zur eigen Replikation und dem Heiligen Gral, jener über die Jahrtausende gesucht wurde so Kurzweil.
Kurzweil stellte selbst die Theorie über ein Szenario auf indem die winzigen Nanobot Krieger außer Kontrolle geraten könnten und alles um sich herum anfangen würden zu absorbieren, doch

aufhalten ließ sich der Trend allein dadurch natürlich nicht;
denn alle natürliche Vorsicht der Mutter der Porzellan Vase war im Wahne den Heiligen Gral voll mit dem Wein des Ewigen Leben zu saufen, erloschen.
Und wenn wir keinen reellen Körper mehr benötigen würden so Kurzweil, so würde es ein virtueller auch tun.

Künstliche Intelligenz in Form von Maschinen, Computern und Robotern übernahm mit Fortschreiten des 21. Jahrhunderts die Führung in Kunst.
Poesie, Literatur, Musik und Kunst wurden nahezu ausschließlich von Maschinen produziert.
Die Schauspieler, Sportler und Stars der Zukunft waren Roboter und Maschinen.
Die alten Menschlichen Vorbilder mussten weichen, denn sie konnten nicht mehr schritthalten mit dem was die Elite den Massen der Neuzeit zu bieten hatte.
Es war die Nach Apokalyptische Form von Brot und Spielen zur Unterhaltung des Pöbels.
Es formierten sich zudem Rechtsbewegung zur Gleichberechtigung von Maschine und ihren Schöpfern.

Es besteht keine klare Teilung mehr zwischen der Humanen Welt und der Welt der Maschinen. Menschliche Wahrnehmung wird auf Maschinen übertragen, und viele Maschinen verfügen über Persönlichkeit, Fähigkeiten, und Wissen basierend und stammend von der Neu Entwicklung Menschlicher Intelligenz. [...]
Menschen realisieren die jetzt Menschen-Maschinerie Zivilisation und ihrer Abhängigkeit von maschineller Intelligenz zu lösen ist nicht möglich.[29]

Letzten Endes wurde es den Maschinen möglich selbst Maschinen zu entwickeln welche die Konzeptionen und Ideen des Menschen übertreffen mussten.
Und so übernahmen die Maschinen mehr und mehr Einfluss und Kontrolle über die Menschheit.

Heutzutage, müssen wir nur zwischen Kleidung, Make-Up, und unserem Ziel auswählen wenn wir ausgehen. Im Späten 21. Jahrhundert, werden wir unseren Körper auswählen müssen, unsere Persönlichkeit, unsere Umwelt—so viele schwierige Entscheidungen zu treffen! Aber keine Sorge—wir werden über intelligente Schwärme von Maschinen verfügen uns zu führen.[39]

In Ray Kurzweils pervertierter Phantasie würden Maschinen sogar in der Lage sein die Spiritualität eines Menschen zu erlangen, virtuelle Häuser ihrer persönlichen Götter zu betreten, meditieren und beten. Und so ereignete es sich, dass sie alle die Nicht Mehr Menschen und die Maschinen jene Anbeteten die den Katalysator ausgeworfen hatten überhaupt erst sich in diese Richtung von Menschlicher „Deevolution" und Exterminierung zu begeben.
Und sie begaben sich wie in den alten Zeiten von Menschlicher Korruption und Unterwürfigkeit in die Tempel des Moloch, Satan und seiner Nefilim.

Krieg den Terminatoren

Alle Menschen die noch nicht in das Biest System eingefügt wurden, mussten Tag und Nacht auf der Hut sein nicht von den Maschinellen Super Predatoren erhascht zu werden, die so programmiert wurden, dass sie alles terminieren was nicht mit dem Weltweiten Netzwerk, welches elektronisch verlinkt wurde vernetzt war. Alle Dissidenten konnten ausfindig gemacht werden weil sie sich weigerten, Mikrochip Implantate unter der Haut zu tragen.

Sobald die Maschinen ein Lebewesen erfassten welches über rein biologisches Gewebe verfügte, lief das Programm zugunsten der Terminierung des Suspekten.

Die Armada umfasste, Zweibeinige Bots ausgestattet mit Maschinengeschützen und Laserkanonen; Vierbeinige, Tierähnliche, Mechanische Raubtiere, die in der Lage waren sich auf vier Beinen so schnell zu bewegen wie ein Automobil, so dass ein entkommen unmöglich wurde, ausgestattet mit Reißzähnen und Fangarmen zum zermalmen des Opfers.

Drohnen in der Luft auszuspionieren und mit Raketenfeuer die Fußtruppen zu unterstützen.

Schwärme kleiner, Insekten Großer Drohnen um mit Stachel und Gift ihre Opfer zu peinigen.

Flugdrohnen Falken groß um die Gejagten zu Erspähen in den Schlupfwinkeln und Spalten.

Diese Technologien standen der Elite bereits zum Anfang des 21. Jahrhunderts zur Verfügung.

Der Bevölkerung wurden sie vorenthalten um sie nicht in Aufruhr zu versetzen.

Doch alsbald als die Erde Reformiert, nach dem Großen Krieg wurden sie auf die flüchtenden gehetzt, zu ihrem entsetzen. Wie hätten sie auch wissen können was alles unter der Erde verborgen gehalten wurde? Bis der Zeitpunkt gekommen war die Elektronischen Todesreiter auszusenden, Tod und Pestilenzia auf der Erde auszubreiten.

Sie wurden ausgerüstet mit der Energie Absorbierungstechnologie von Nikola Tesla die es den Maschinen ermöglichte, Tag Ein und Tag aus die Terroristen und Feinde ausfindig zu machen ohne auch nur eine Sekunde rasten oder rosten zu müssen.

Und was wurde aus David Rockefeller nachdem er plötzlich von der Bildfläche verschwunden war als er sich auf die 100 zu bewegte und anfing zu verfaulen?

Die Kontrahenten des Globalismus hatten ihn zu seinem 96. Geburtstag in den Schweizer Alpen noch gratuliert und gerufen „Cakes and Candles Mr. Rockefeller".

Dieser Sarkasmus sollte sich rächen als Mr. Rockefeller zurück kam in Form eines „T1000", der Anzug und die Krawatte saßen wie angegossen auf dem Stählernen Körper als er sich Jahrzehnte später wieder den Massen präsentierte. Dieses mal mit einer Stählernen Faust!

Der in Verruf gekommene David wurde ins Leben zurück geholt als „Metallic Goliath".

Exodus

Nach dem 3. Weltkrieg und durch die Bildung des Weltstaates wurde die zerbombte und heruntergekommene als auch überholte alte Welt zurückgelassen.

Die Weltbevölkerung war ohnehin drastisch gesunken.

Über den Globus verteilt wurden 10 Weltstädte errichtet. Sie waren nicht zu vergleichen mit der alten Menschlichen Zivilisation.

Es wurden nur noch Neue Materialien verwendet und die Städte waren komplett durch das Fortgeschrittene Internet verbunden. Jedes Zimmer und Gebäude, von der Straßenbeleuchtung bis hin zu Transportmitteln alles wurde vernetzt.

Ebenso wurden die 10 Weltstädte so miteinander verwoben so dass keine Stecknadel auf den Boden fallen konnte ohne, dass das durch künstliche Intelligenz betriebene System darüber informiert sein konnte.

Der Weltstaat und die vorübergehende Neue Welt Ordnung waren nur eine Brücke die es zu überqueren galt um den Jahrtausende Alten Traum von 10 Weltstädten zu realisieren, wie sie bereits in der Dunklen Vergangenheit vor dem Untergang von Atlantis und anderen Zivilisationen bestanden hatten.

All die unterdrückte Technologie die angesammelt wurde über die Jahrhunderte konnte nun für die Elite eingesetzt werden. Denn es war nicht mehr notwendig den technischen Fortschritt zu steuern.

Alles konnte nun kontrolliert und überwacht werden, so dass kein Anreiz mehr bestand und auch keine Gefahr, die Herrschaftsstrukturen durch neue Technologie zu beeinflussen.

Parallel zu Ray Kurzweils Konzeption des neuen Menschen, skizzierte Elliott Maynard die Transformation des „Globus". Er wurde zu seiner Zeit bekannt als Anführer einer neuen Renaissance.

Seine Expertise deckte Zoologie, Korallenstudie, Ozeanografie, Biologie, Medizin und Luftfahrttechnik ab.

Er veröffentlichte ein Buch mit dem Namen „Transforming The Global Biosphere".

Der Titel des Buches deutete bereits die Intention und die Zielsetzung an.

Die gesamte Biosphäre der Erde sollte ersetzt werden, schrittweise.

Dieser Prozess wurde als die „Glorreiche Revolution" bezeichnet.

„Wenn wir uns aufrichtig hingeben diese Transformation zu erreichen, zu leuchtenden evolutionären Pfaden für die Menschheit in der Zukunft, muss eine Neue Planetare auf die Umwelt fokussierte Denkausrichtung in allen Bereichen der Menschlichen Gesellschaft etabliert und implementiert werden."[30]

Mit diesen Zeilen eröffnete Elliott Maynard seinen Wunsch und den Willen anderer; seiner Leserschaft. Und so sollte Umweltverträglichkeit, Umweltschutz und Nachhaltigkeit genutzt werden um eine Neue Welt zu basteln.

Maßnahmen zum „Schutz der Umwelt", wurden infolgedessen als Vorwand genommen um jeden Millimeter des Planeten Erde zu überwachen.

„Polluters Can Run, but They Can`t Hide" mit dieser Überschrift eröffnete Elliott Maynard, „Globale" Verschmutzung sollte auf ihre Quellen hin erkannt werden, so wurde es jedenfalls verkündet. Man wollte erkennen wie Schmutz durch die Atmosphäre verteilt wird.

Satelliten wurden ausgesendet um diese Aufgabe zu bewältigen.

Verschmutzer könnten noch rennen, aber sich nicht mehr verstecken so die klare Kampfansage.

So konnte Umweltschutz genutzt werden alles zu scannen.

Unterirdische Feuer: Ein verborgener Grund für Atmosphärische Verschmutzung und Globale Erwärmung", [waren laut Mr. Maynard ein Grund für] [...] **Der Nächste logische Schritt das Untergrund-Feuerbekämpfungs-Programm zu einer Internationalen Ausweitung hin zu expandieren und koordinieren. Wissenschaftler Johann Goldhammer der Universität Freiburg in Deutschland plant einen neuen Satellit zu nutzen mit Namen `Bird`, gestartet in 2001 durch das Deutsche Zentrum für Luft- und Raumfahrt [...].**

Er hofft die fortgeschrittene thermale Bild Kamera des Satelliten einzusetzen die Indonesischen Untergrund Feuer zu lokalisieren mit einer viel feineren Auflösung als zuvor möglich war."[31]

Untergrund Feuer zu bekämpfen war sicherlich eine gute Absicht zu Anfang des 21. Jahrhunderts doch wurde dieses Programm ausgenutzt, um es auf eine Internationale Bühne zu heben.

Und so wurde der Ruf laut eine **„Globale Ökologische Einsatz-Truppe"** so Maynard zu gründen.

Doch würde diese später auch eingesetzt werden um „Rebellen", des Weltstaats ausfindig zu machen.

Die gesamte Erden Oberfläche und unterirdischen Katakomben wurden überwacht, es fehlte nur noch die Überwachung der Ozeane und Meere.

Doch auch hierfür wurden spezielle Einsatztruppen gegründet und ausgesendet.

„[...] Ein effektiver globaler Ozean Ressourcen Management Plan sollte entwickelt und implementiert werden. Solch ein Globales Programm würde entworfen werden existierende und unzureichende und zerstörerische Fisch Praktiken zu eliminieren [...]."[32]

Unter dem Deckmantel die große ausbeuterische Fischer Industrie zu zerschlagen, wurde ein Netz geschaffen, um die ganze Erde und ihre Wasseroberfläche zu überwachen.

Und so wurde es in der Zukunft unmöglich sich mit Fisch oder Meeresfrüchten zu versorgen ohne, dass der Weltstaat, darüber informiert sein würde.

Und wo wollte Mensch sich noch verstecken nachdem alles im Zuge „Zum Schutze der Umwelt" überwacht wurde?

Verantwortungsvolle Applikationen von Genetischer Entwicklung und verwandte Technologien sollten genutzt werden höherwertige Varietäten von Organismen zu schaffen, welche schnell-wachsend und mehr resistent bezüglich Krankheiten und umweltlichen strapaziösen Faktoren sein würden, welche von Verschmutzungen und Globalen Klima Schwankungen stammt.[33]

Zur Rettung des Planeten vor der Plage der Menschheit wurde Gentechnik vermehrt eingesetzt um „Bessere", Pflanzen und Tiere zu züchten und die „Erde zu Erhalten".

„Jared Milarch, der Mitbegründer des Champion Tree Project International, hat viele Champions Bäume geklont, welche in großen Teilen Nord Amerikas eingepflanzt wurden.

Er erklärt, 'Was wir versuchen ist ein Vermächtnis zu hinterlassen welches zukünftige Generationen genießen können` [...]."[34]

Zu Zeiten Maynards und seiner Zeitgenossen wurde nachgewiesen, dass Genmais und andere

Geklonte Substanzen die Ökoprozesse und Natur nur schädigten, doch die wahren Umweltschützer wurden ignoriert, der Trend wurde klar angestimmt.

Die irdische biologische Infrastruktur musste alteriert werden.

„Nanotechnology: die Welt Neu Erbauen, Atom für Atom" dies waren die Worte von Ray Kurweil.

Nanobots und Mikro Ökokiller sollten in die Atmosphäre des Planeten geblasen werden um ihn Atom für Atom umzugestalten.

„ […] unsere physische Technologie des 21. Jahrhunderts wird auch außerordentlich die Kapazitäten von Aminosäuren basierender Nanotechnologie der Natürlichen Welt übersteigen." [35]

Der Wahn den Menschen auszutauschen durch Klone, Maschinen und Hybride-Avatare war nicht genug, Langlebigkeit und Effizienz mussten diese Welt erfassen.

Ein weiteres mal war es der erfolgreiche Milliardär Bill Joy der vor den desaströsen Konsequenzen warnte eine Globale Frankenstein Fabrik unserer Realität zu erstreben.

Was würde die Konsequenz sein den ganzen Globus in ein gewaltiges „Dr. Frankenstein" Projekt zu transformieren?

Doktor Drexler als Vater der Nanotechnologie erklärte folgendes:

´Pflanzen` mit ´Blättern` nicht effizienter als heutige Solarzellen könnten natürliche Pflanzen überholen, die Biosphäre mit unauslöschlichem Blattwerk übervölkern.

Alles absorbierende ´Bakterien` könnten wirkliche Bakterien überholen:

Sie könnten sich verbreiten wie fliegende Pollen, sich schnell replizieren, und die Biosphäre in Tagen zu Staub verwandeln. Gefährliche Replikatoren könnten allzu einfach zu tough, klein, und rapide sich ausbreitend nicht mehr zu stoppen sein – zumindest wenn wir keine Vorbereitungen treffen. Wir haben genug Probleme damit Viren und Fruchtfliegen zu kontrollieren. [36]

Bill Joy fügte dem, noch schockierender hinzu:

„Nanotechnologie würde einer Destruktiven Macht es erlauben alle Biologische Materie auf dem Planeten zu grauer Schmiere zu konvertieren." [37]

Alle Warnungen, Hinweise und Aufopferungen waren vergeblich gewesen, die Kabale hatten ihren Weg und ließen sich nicht mehr das Rauben was sie als Raubtiere solange angestrebt hatten.

Die Ignoranz, Idiotie, Selbstsucht und das Pure Böse in den Menschen hatte sich durchgesetzt und jene Schlechten Eigenschaften sollten ein Neues Spiegelbild dieser Welt erschaffen, ein künstliches und alles wie ein Schwarzes Loch absorbierendes.

Die 10 Weltstädte standen wie Festungen Zentralisierender alles Absorbierender Macht.

Die Könige dieser Welt ließen sich außerhalb weiße Türme aus Elfenbein errichten, von diesen aus sie den Globus dirigierten. Sie hatten es geschafft nun waren sie unsterblich, sie hatten den Heiligen Gral des Lebens gefunden. Und mit dem „Auge des Soros" überwachten sie jeden Flecken Erde.

Die Technologie hatte es Ihnen ermöglicht alles Wissen dieser Welt zu absorbieren und in Form eines winzigen Chips in ihr Neues Elektronisches Gehirn einzufügen.

Wie Spinnen hatten sie es geschafft den gesamten Erdball zu umweben, so dass sie untereinander verbunden waren und auch in der Lage waren mit ihren Supergehirnen jede Ecke des vernetzten Planeten zu erspähen. Bald würde es Ihnen auch möglich sein jeden Grashalm und Sandkorn mit ihren Nackten Ra Augen zu durchforschen.

Sie waren nun allwissend, all-sehend und unsterblich. Wie Götter bewegten sie sich durch Raum und Zeit. Nach belieben konnten sie ihre äußere Form verändern, auf Avatare übertragend so wie früher Klamotten angezogen wurden, so wählte ES nun zwischen Körpern unterschiedlicher Formen.

Die Alt Griechische Sage vom „goldenen Apfel der Zwietracht" wurde realisiert.

Die Schwester des Ares, Eris hatte auf der Hochzeit des Peleus und der Thetis, auf jener sie wohl nicht erwünscht war einen Apfel mit der Inschrift „der Schönsten" in die Mitte mehrerer konkurrierender Frauen geworfen. Hera, Athene und die Aphrodite fingen an um den Apfel zu kämpfen. Eris die aussah wie eine Alte schrumpelige Hexe wurde bildhübsch, wenn sie es schaffte dass andere sich untereinander bekämpfen würden. Und so war es diese Parabel die von den „Auserwählten Illuminierten", genutzt wurde denn sie hatten 7000 Jahre lang Teile und Herrsche mit den Menschlein der Erde gespielt. Und was ihre Vorfahren die Fürsten der Sumerer und Akkadier, Pharaonen und Babylonischen Könige damals anfingen; bis hin zu den Mittelalterlichen Blutlinien der Merowinger, Guelphen und Plantagenet, hatte die Nachkommenschaft vollendet.

Außerhalb der Metropolen errichteten sie sich ein JEDES ihr eigenes Paradies voll von unzähligen Pälasten; die Erde ward entvölkert genug Platz für ihre „Spielzeuge".

Innerhalb von weniger Jahre wurden die Reste der flüchtenden Menschheit ausfindig gemacht mit Hilfe der unzähligen technischen Möglichkeiten; Alle Rebellen und Flüchtlinge gefangen und unschädlich gemacht.

Der Rest der in den Mega-Metropolen lebenden Menschen die nur noch als billige Arbeiter-Sklaven gebraucht wurden; sollten bald durch Roboter, Hybridwesen und Nanobots ersetzt werden.

Ganze Armeen von Nanobots und anderer Mechanischer Gehilfen wurden ausgesendet die Erde umzuformen, umzubauen und in eine Graue Plattform zu verwandeln.

Jedes Lebewesen egal ob Tier oder Pflanze wurde beseitigt und durch ein gleichwertig künstliches Klon oder eine Maschine ersetzt. Dem Wahne waren keine Grenzen mehr gesetzt als unzählige Variationen von Makabren und merkwürdigen Chimären gezüchtet wurden um sich überall zu verteilen.

Der Kosmische Zyklus des Lebens ward durchbrochen. Die Zirkulation von Seelen zu natürlicher Materie von Gottes Hand geschaffen wurde unterbrochen.

Wie hätten auch die Seelen der Geschöpfe dieser Erde Platz nehmen können in Materie bestehend aus Nanotechnologie und Gentechnischer Klone, leere Hüllen oder Mechanische Körper?

In welcher Form hätten sie noch auf dieser Erde Platz gefunden?

Der Strang des Lebens wurde durchschnitten wie mit einer Schere.

Alle Generationen von Menschen, Tieren und Pflanzen hatten ihre Nachkommenschaft verloren.

Zu diesem Zweck dieses Ewige Leben zu erfahren, indem sich jedes Lebewesen fortpflanzte bestand das eigentliche Ewige Leben auf dieser Erde.

Alles Leben auf der Erde ward ausgelöscht und auch die Erinnerung an seinen Schöpfer, nun konnte der Alte Drache Satan sich auf seinen Thron setzen.

Also war dies der Meisterplan des Doppelköpfigen Adlers gewesen, sich auf den Thron des Schöpfers zu erheben und sich seiner eigenen Schöpfung bewusst zu ergötzen.

War nicht er es der seine Gefallen Engel und Dämonen wie wilde Horden auf der Erde im Unterbewusstsein und auf einer anderen nicht sichtbaren Ebene ausgesendet hatte; alle die Menschen für sich zu gewinnen die Böse, Korrupt und Ignorant waren zu gebrauchen, um dieses einst unmögliche Vorhaben erst möglich zu machen.

Die Marionetten wie Schachfiguren in der Realen Welt zu bewegen auf jene die Legionen des Bösen keinen direkten Zugriff hatten.

Die Kunst der Verführung, Manipulation und Konfusion zu stiften, die Lücke des Bösen auszunutzen, dies war das Talent und Geschick des Bösen.

Jupiter Rex Insurrectis

Die Erde wurde unterworfen es fehlten noch der umgebende Kosmos bestehend aus Planeten, Sternen und unendlichen Sonnensystemen.

Wie eine Schwarze Plage würde ES sich auf dem Universum ausbreiten.

Der Erste Schritt war es mit dem Präzisen Pfeil des Schützen Jupiter zu entfachen.

Eine Rakete wurde von der Erde auf den Planeten abgefeuert so wie es der Science-Fiction Autor Arthur C. Clarke beschrieben hatte.

Der Gigantische Blaue Riese zusammen gesetzt aus Hoch Entflammbaren Stoffen wurde angezündet, bei Tag Sonne konnte auf der Erde eine gewaltige Explosion im Kosmos beobachtet werden.

Der Sinn bestand darin eine zweite Sonne zu schaffen.

Den alten König der Erde des Löwe Prinzip gleich zusetzen mit seinem Kontrahenten dem Herrscher.

Es war eine weitere Blasphemie gegen den Schöpfer der Erde, die natürliche Sonne zu kopieren.

Folglich wurden die Monde des nun Feuerball Jupiter erwärmt und ein Erden ähnliches Klima erzeugt. Nun konnten auch diese von der Menschenmaschinerie befallen werden.

ES würde nicht aufhören bis ES den Kosmos kolonisiert hatte.

Körper gemacht aus Nanotechnologie bestehend waren nun so flexibel jede erdenkliche Form annehmen zu können, es entstanden Holographische Körper.

Holographische Körper würden ein Holographisches Universum 2.0 erschaffen.

Diese Technologie ermöglichte es Raum und Zeitkontinuum zu sprengen und weit weit entfernte Ziele innerhalb des Kosmos anzusteuern.

Extreme Kälte und Wärme stellten keine Hindernisse mehr dar für die Grauen Besiedler des Universums.

Götterdämmerung

Luzifer der Gefallene Engel sammelte seine Scharen von Nefilim und Dämonen und bestieg den Thron der Erde die er nun zusammen mit seinen Getreuen Rostfreien-Bestien den von ihm Illuminierten umgab. Es wurde eine große Hochzeit des Götter Pantheon angestimmt. Das Biest konnte nun seine Form auf dieser Erde annehmen, so wie auch die Gefallenen Engel die ihrem Schöpfer vor Äonen den Rücken gekehrt hatten und gen Höllenfeuer flogen um ihre Flügel für immer zu versengen. Wie durch ein Wunder waren auch diese wieder erlangt. Luzifer, der Antichrist und das Biest System vermischten sich zu einer den Allmächtigen kopierenden Trinität auf des Teufels Erde. Die Dämonen einst Erzeugnisse der Gefallenen Engel die gegen Gottes Gebot gehandelt hatten und sich Frauen nahmen, Schurkenhafte Hochintelligente Giganten und Helden auf Erden zu werfen, um den Ruhen und Frieden auf der Erde aus dem Gleichgewicht zu schlagen. Jene Giganten die nach der Sintflut von dieser Erde verbannt wurden und ihr Dasein darin Bestand, Ihren Lakaien Schandtaten in ihre Willigen und Gefügigen Öhrlein zu flüstern. Vorbei das Plotten und Terrorisieren auf der Unterbewussten Ebene. Vorbei die Beschwörungen und Anbetungen durch die Verführten, denn nun wurden Ihnen allen Neue Körper gegeben auf dass SIE sich wieder frei bewegen konnten auf der Erde die SIE schon einmal bewohnt hatten. Menschenopfer und Abduktionen, Blutvergießen und Opfergaben waren ein Ding der Vergangenheit, denn es musste keine Energie mehr in die Dunkle Materie gefüttert und absorbiert werden; jetzt da alles Neu geschaffen wurde. Das Königreich des unaussprechlichen Moloch wurde vollendet. Das Maurerische System der Illuminierung eingebettet in alle Religionen, Mythen und Symbolen der Herrenvölker hatte seinem Herren ausgedient und den Phönix aus der Asche auferstehen lassen. **Den Phönix Illuminatis**

„Mit der Transzendenz der Menschheit in das Kosmische Bewusstsein aus Raum und Zeit, werden die Religionen und Wissenschaften zusammenströmen in ein alles umfassendes ganzheitliches, Spirituelles Zeitalter, erträumt von unseren Vorfahren, Propheten, Heiligen und den Irdischen Inkarnationen des Göttlichen, Kosmische Kräfte über Äonen der Zeit"[38]
Dr. Robert Muller, Generalsekretär und Mitbegründer der Vereinigte Nationen Universität für Frieden.

Sollte Gottes Gerechtigkeit darin bestehen, dass alle die zu Ihrer Zeit Egoistisch, Nihilistisch und Atheistisch den Falschen Wegen gefolgt waren mit bestrafen zu lassen? Jene die niemals in der Lage sein würden die Schlösser die der Schöpfer der Wissenschaft vorgeschoben hatte aufzuschließen. Jene die glaubten alles rational erklären zu können, wenn sie nicht einmal begreifen konnten, dass die Planeten durch die Sterne wanderten und auf Erden ihr denken, handeln und fühlen Tag ein Tag aus mit bestimmten. Dass Ihr Schicksal vorbestimmt war durch die Nicht Sichtbare Hand des Seligen Schöpfers des Kosmos. Dem Wahren Meister des Universum. Am Ende würden alle die glaubten Alles zu Wissen nichts mehr Wissen außer der einen Sache. Sie hatten ihre Seele der eigenen Vernichtung ausgehändigt. Denn sie waren so töricht zu glauben, dass auch diese eine Erfindung aus Alten Zeiten war. Die Große Genugtuung Gottes würde darin bestehen schließlich war er es der jedem Menschlein den Freien Willen bei Geburt übertrug. Indem Moment, indem der Mensch sich dazu entschied seinen Freien Willen aufzugeben und den Blinden Geblendeten, Blind in den Abgrund folgend. Seiner eigenen Zerstörung auf Erden und im Himmelreich billigend zustimmend. Sich herzugeben für eine Ganzheitliche und Ruchlose Verschwörung wie Kennedy es mit flammender Zunge in die Erde getragen hatte, die Flammeskraft musste auf Taube Ohren Stoßen.

4	Bertrand Russell, The Impact of Science on Society. Routledge, Abington, Oxon/New York. Erste Veröffentlichung 1952. ISBN: 10: 0-415-10906-2, Seite 63.

5	Charles Galton Darwin, The Next Million Years. Greenwood Press, Publishers, Westport Connecticut. Erste Veröffentlichung durch Doubleday & Company, Inc., Garden City, New York in 1953. ISBN 0-8371-6876-7, Seite 56.

6	Charles Galton Darwin, The Next Million Years. Greenwood Press, Publishers, Westport Connecticut. Erste Veröffentlichung durch Doubleday & Company, Inc., Garden City, New York in 1953. ISBN 0-8371-6876-7, Seite 56.

7	Charles Galton Darwin, The Next Million Years. Greenwood Press, Publishers, Westport Connecticut. Erste Veröffentlichung durch Doubleday & Company, Inc., Garden City, New York in 1953. ISBN 0-8371-6876-7, Seite 185.

8	Charles Galton Darwin, The Next Million Years. Greenwood Press, Publishers, Westport Connecticut. Erste Veröffentlichung durch Doubleday & Company, Inc., Garden City, New York in 1953. ISBN 0-8371-6876-7, Seite 157.

9	Alex Jones, Endgame. Blueprint For Global Enslavement, Jones Productions 2007.

10	Ray Kurzweil/Terry Grossman, M.D., Fantastic Voyage. Live Long Enough To Live Forever, Plume/Penguin Books Ltd, der erste Druck erfolgte 2005, ISBN 978-0-452-28667-2, Seite 14.

11	Ray Kurzweil/Terry Grossman, M.D., Fantastic Voyage. Live Long Enough To Live Forever, Plume/Penguin Books Ltd, der erste Druck erfolgte 2005, ISBN 978-0-452-28667-2, Seite 14.

12	Ray Kurzweil/Terry Grossman, M.D., Fantastic Voyage. Live Long Enough To Live Forever, Plume/Penguin Books Ltd, der erste Druck erfolgte 2005, ISBN 978-0-452-28667-2, Seite 14.

13	Ray Kurzweil/Terry Grossman, M.D., Fantastic Voyage. Live Long Enough To Live Forever, Plume/Penguin Books Ltd, der erste Druck erfolgte 2005, ISBN 978-0-452-28667-2, Seite 15.

14	Ray Kurzweil, The Singularity Is Near. When Humans Transcend Biology.

15	Bill Joy, Why the future doesn't need us. Our most powerful 21st-century technologies – robotics, genetic engineering, and nanotech – are threatening to make humans an endangered species, Wired Digital Inc.
http://www.wired.com/wircd/archive/8.04/joy_pr.html (Zugriff am 22.04.2011).

16	Bill Joy, Why the future doesn't need us. Our most powerful 21st-century technologies – robotics, genetic engineering, and nanotech – are threatening to make humans an endangered species, Wired Digital Inc.
http://www.wired.com/wired/archive/8.04/joy_pr.html (Zugriff am 22.04.2011).

17	Bill Joy, Why the future doesn't need us. Our most powerful 21st-century technologies – robotics, genetic engineering, and nanotech – are threatening to make humans an endangered species, Wired Digital Inc.
http://www.wired.com/wired/archive/8.04/joy_pr.html (Zugriff am 22.04.2011).

18	Ray Kurzweil, The Age Of Spiritual Machines. When Computers Exceed Human Intelligence, Penguin Books, erstmals erschienen in 2000. The New Luddite Challenge.: Kurzweil nutzt diese Passage des Theodore Kaczynski und vergleicht sie mit anderen Bestrebungen „Progress" aufhalten zu wollen. Kurzweil entnahm diesen

Text aus Kaczynskis Unabomber Manifesto, welches durch die New York Times und Washington Post veröffentlicht wurde, um seinem Terror ein Ende zu bereiten. ISBN 978-0-14-028202-3, Seite 179-180.

19 Bill Joy, Why the future doesn't need us. Our most powerful 21st-century technologies – robotics, genetic engineering, and nanotech – are threatening to make humans an endangered species, Wired Digital Inc. http://www.wired.com/wired/archive/8.04/joy_pr.html (Zugriff am 22.04.2011).

20 Ray Kurzweil/Terry Grossman, M.D., Fantastic Voyage. Live Long Enough To Live Forever, Plume/Penguin Books Ltd, der erste Druck erfolgte 2005, ISBN 978-0-452-28667-2, Seite 27-28.

21 Ray Kurzweil/Terry Grossman, M.D., Fantastic Voyage. Live Long Enough To Live Forever, Plume/Penguin Books Ltd, der erste Druck erfolgte 2005, ISBN 978-0-452-28667-2, Seite 28. Zitiert nach: R. A. Freitas Jr., Nanomedicine, Volume 1: Basic Capabilities.

22 Ray Kurzweil/Terry Grossman, M.D., Fantastic Voyage. Live Long Enough To Live Forever, Plume/Penguin Books Ltd, der erste Druck erfolgte 2005, ISBN 978-0-452-28667-2, Seite 31.

23 Ray Kurzweil, The Age Of Spiritual Machines. When Computers Exceed Human Intelligence, Penguin Books, erstmals erschienen in 2000, ISBN 978-0-14-028202-3, Seite 2.

24 Ray Kurzweil, The Age Of Spiritual Machines. When Computers Exceed Human Intelligence, Penguin Books, erstmals erschienen in 2000, ISBN 978-0-14-028202-3, Seite 2.

25 Ray Kurzweil, The Age Of Spiritual Machines. When Computers Exceed Human Intelligence, Penguin Books, erstmals erschienen in 2000, ISBN 978-0-14-028202-3, Seite 4.

26 Ray Kurzweil, The Age Of Spiritual Machines. When Computers Exceed Human Intelligence, Penguin Books, erstmals erschienen in 2000, ISBN 978-0-14-028202-3, Seite 6.

27 Ray Kurzweil, The Age Of Spiritual Machines. When Computers Exceed Human Intelligence, Penguin Books, erstmals erschienen in 2000, ISBN 978-0-14-028202-3, Seite 125-126.

28 Ray Kurzweil, The Age Of Spiritual Machines. When Computers Exceed Human Intelligence, Penguin Books, erstmals erschienen in 2000, ISBN 978-0-14-028202-3, Seite 135.

29 Ray Kurzweil, The Age Of Spiritual Machines. When Computers Exceed Human Intelligence, Penguin Books, erstmals erschienen in 2000. Hier wirft Kurzweil einen Hypothetischen Blick in die Zukunft. ISBN 978-0-14-028202-3, Seite 222-223.

39 Ray Kurzweil, The Age Of Spiritual Machines. When Computers Exceed Human Intelligence, Penguin Books, erstmals erschienen in 2000, ISBN 978-0-14-028202-3, Seite 146.

30 Elliott Maynard, Ph.D., Transforming The Global Biosphere. Twelve Futuristic Strategies (Revised Edition), Veröffentlicht durch Arcos Cielos Research Center, Sedona Arizona 2009, ISBN 13: 978-0-9721713-2-8, Seite 21.

31 Elliott Maynard, Ph.D., Transforming The Global Biosphere. Twelve Futuristic Strategies (Revised Edition), Veröffentlicht durch Arcos Cielos Research Center, Sedona Arizona 2009, ISBN 13: 978-0-9721713-2-8, Seite 65-68.

32 Elliott Maynard, Ph.D., Transforming The Global Biosphere. Twelve Futuristic Strategies (Revised Edition), Veröffentlicht durch Arcos Cielos Research Center, Sedona Arizona 2009, ISBN 13: 978-0-9721713-2-8, Seite 87.

33 Elliott Maynard, Ph.D., Transforming The Global Biosphere. Twelve Futuristic Strategies (Revised Edition), Veröffentlicht durch Arcos Cielos Research Center, Sedona Arizona 2009, ISBN 13: 978-0-9721713-2-8, Seite 278.

34 Elliott Maynard, Ph.D., Transforming The Global Biosphere. Twelve Futuristic Strategies (Revised Edition), Veröffentlicht durch Arcos Cielos Research Center, Sedona Arizona 2009. Zitiert nach: ʼWorld's Oldest Trees to be Clonedʻ Environment News Service, October 5, 2002; http://ens-news.com. ISBN 13: 978-0-9721713-2-8, Seite 289.

35 Ray Kurzweil, The Age Of Spiritual Machines. When Computers Exceed Human Intelligence, Penguin Books, erstmals erschienen in 2000, ISBN 978-0-14-028202-3, Seite 137-138.

36 Bill Joy, Why the future doesn't need us. Our most powerful 21st-century technologies – robotics, genetic engineering, and nanotech – are threatening to make humans an endangered species, Wired Digital Inc. http://www.wired.com/wired/archive/8.04/joy_pr.html (Zugriff am 22.04.2011).

37 Bill Joy, Why the future doesn't need us. Our most powerful 21st-century technologies – robotics, genetic engineering, and nanotech – are threatening to make humans an endangered species, Wired Digital Inc. http://www.wired.com/wired/archive/8.04/joy_pr.html (Zugriff am 22.04.2011).

38 Elliott Maynard, Ph.D., Transforming The Global Biosphere. Twelve Futuristic Strategies (Revised Edition), Veröffentlicht durch Arcos Cielos Research Center, Sedona Arizona 2009. Zitiert wird hier Dr. Robert Muller, 2000 —Four Thousand Ideas for a Better World. ISBN 13: 978-0-9721713-2-8, Seite 294.

V Eine Menschliche Manifestierung

Eine Menschliche Manifestierung

Den Strick und Revolver beiseite gelegt, denn der Erneuerer hat eine Vision für diese Welt, es ist die Vision einer Neuen Welt.

Genauso wie die Götterdämmerung und Verdammnis des Menschengeschlecht in drei Stufen erbaut werden wird, ebenso können wir den Himmel auf Erden in drei Schritten errichten.

Kein einziger von uns „Gewöhnlich Sterblichen" Sprich 7 Milliarden Erdenbewohnern, wird teilhaben dürfen an der Götterdämmerung oder der Zukunft auf einer Erde dominiert von Raubtieren.

Jedoch kann ein jeder Mensch eine Zukunft haben, wenn wir den positiven Weg einschlagen.

Für unsere Zukunft, für die Zukunft der Menschheit.

Vielleicht wird der eine oder die andere sich als privilegiert sehen und der Götterdämmerung entgegen fiebern; aber ist es auch Wert dafür seine Seele zu verlieren auf ewig?

Wir wollen die Alten Manifeste und Ideologien, Kredos als auch Gedankengefängnisse verlassen und Eine Menschliche Manifestierung für die Menschheit erheben.

Die alten Falschen Maximen und Manifeste auf den Kompost der Geschichtsschreibung werfen.

Brauchen wir in der Nahen Zukunft noch „Ein Kommunistisches Marxistisches Manifest" ala Karl Marx oder Adam Weishaupt; Menschenverachtendes Gedankengut welches mit der Gutgläubigkeit seiner Opfer spielt und ihre Geisteskraft und Energie absorbiert?

Uns in eine Aufkonditionierte Falsche Erleuchtung der Massen Verknechtung indoktrinierend.

Müssen wir weiterhin jenen folgen die dem Faschismus die Treue geschworen haben und Fremdenhass Predigen in einer Globalisierten Welt, in der bewusst alle Völker zusammen geworfen wurden, um den „Neuen Turmbau Zu Babil" in Steine zu meißeln.

Müssen wir das Geld weiterhin zum Mammon erheben? Wollen wir weiterhin Politiker für uns sprechen lassen die uns vor heucheln ein besseres Gefängnis für uns zu errichten?

Wollen wir weiterhin den Glaubens-Einkerkerungen der religiösen Institutionen dieser Welt wie Schafe vors Schafott folgen? Uns von den Massenmedien zu hohlen Maskottchen ausstopfen zu lassen, zu leeren Hüllen die sich mit einer Falschen Maske der Idiotie ihre Gesichter beschmieren?

Dann bleibt nur noch der Blick zurück in die düstere Götterdämmerung und Verdammnis unseres Geschlechtes. Alle Opfer die unsere Vorfahren auf dieser Welt erbracht hatten vergebens.

Keineswegs teilt der Autor die Auffassung und verschobene Sichtweise der Eliten dieser Welt, dass jenes Wahnsinnige Unterfangen der von mir beschriebenen Götterdämmerung jemals auch nur im entferntesten Fruchten könnte und zu verwirklichen wäre für ehemalige sterbliche.

Dies ist die Sichtweise der Verblendeten und Geisteskranken, jene sich Dämonischen Einflüssen hergegeben haben und den Versprechungen durch diese, die nur dazu führen werden die Menschheit auszurotten.

Es besteht noch Hoffnung für eine bessere Zukunft, und diese Hoffnung aufrecht zu halten sollte das Bestreben aller sein.

Der Autor ist der festen Überzeugung, dass viele die in höheren Positionen der Matrix gefangen gehalten werden; ausbrechen werden sobald sie die Zustimmung der Massen bekommen aus diesem Konstrukt auszubrechen. Momentan sehen sie keinerlei Anlass dazu es kommt einem Suizid gleich, denn die Zügel sitzen fest und sie geben sich ihrer vorbestimmten Rolle hin.

Ein höheres Bewusstsein und Selbstbewusstsein im Kollektiv, in Verbindung mit Weitsicht, Toleranz und Verständnis für die Zusammenhänge sollte helfen.

Der Mensch hat trotz aller Technologie Bremsen, mit Fortschreiten des 20. Jahrhunderts ein solch hohen technologischen Standard erreicht, dass es uns ermöglichen würde die Erde mit unzähligen Milliarden von Menschen zu übervölkern; ohne dass hierbei der Umwelt geschadet würde. Ein jedes Kind vom „Kap der Guten Hoffnung" bis zu Grönland, vom Land der „Aufgehenden Sonne" bis nach Warschau hat es verdient einer Zukunft entgegen zu leben.

Eine Glorreiche Zukunft in jener das Menschengeschlecht lernt das Böse zu dominieren und die Freiheit und den Freien Willen auszuleben, die es so einzigartig machte unter allen Geschöpfen.

1 Der Staffellauf – Ein Ausblick der Freiheit

Kein Einfacher Weg führt an einem Umbruch vorbei

Wir sind am Punkt angelangt an dem es keine Rückkehr mehr gibt. Die Flucht wäre zwecklos. Wer die finanziellen Möglichkeiten besitzt sich nach Neuseeland, Chile oder Kanada zu retten, wird sich über kurz oder lang in der gleichen Situation wieder finden wie Zuhause. Also müssen wir uns dem Kampf stellen. Es gibt kein Ausweichen und Rückzug kommt dem Tode gleich. Man kann gewillt sein auszuweichen wenn der Gegner zu stark ist doch irgendwann einmal ist es auch damit vorbei und man muss sich dem Kampf stellen oder auf der Stelle ergeben. Wir kämpfen nicht gegen den Staat selbst, oder irgendwelche Institutionen, viel mehr sind es die falschen Ideologien die diese gegen die Massen anwenden. Diese zu durchbrechen unter Einsatz friedfertiger Mittel ist anzustreben. Wenn der Staat anfängt jegliche Freiheiten der Bürger mit Füßen zu trampeln, sollten die Bürger sich erheben dürfen zu einer friedfertigen Revolution, den geraubten Wohlstand und Freiheit zurück zu fordern. Natürlich wird der Staat jener nur noch speziellen Interessen dient seine Drohnen in Polizei Uniformen aussenden, so wie wir es in Stuttgart miterleben mussten; oder auch bei anderweitigen friedlichen Protestbewegungen durch die Bürger.

Was wenn die Polizei solche Einsätze verweigern würde? Sich solidarisch dem Volk als Volksdiener und Beschützer des Volkes zur Seite stellend. Und verweigert sich der Ideologie herzugeben nichts weiter als Drohnen und eine Leibgarde für die Elite zu sein. Leute die sie nicht einmal kennen.

Wieso sind Sie so erpicht darauf friedfertige Proteste zu zerschlagen?

Genauso wie zum Mauerfall die Befehle ignoriert wurden, die von oben herab forderten auf Mitbürger zu feuern falls sie es wagen sollten nach Westdeutschland zu fliehen.

Die Polizei ist ein Beispiel für eine Institution und wie oben beschrieben ist es die falsche Ausrichtung dieser Institution die für uns als Bürger in naher Zukunft eine Bedrohung darstellt; insofern sich die Marschrichtung fortsetzt in der sie sich derzeit befindet, und nicht die Institution in ihrer ursprünglichen Form wenn sie das Grundgesetz beachtete.

Jeder Beamte fügt sich den Befehlen die ihm verordnet werden, weil sie oder er mit Konsequenzen zu rechnen hat, falls gegen die Anweisungen von Vorgesetzten gehandelt wurde.

Dieses macht aus Ihnen willenlose Marionetten und Drohnen.

Und so zieht sich die Befehls-Hierarchie von oben bis nach unten.

Was wenn die Bürger einem solchen Beamten solidarisch zur Seite stehen würden und die Person an der obersten Schnittstelle des Spinnennetzes denunziert würde, indem alle mit dem Finger auf diese Person zeigen?

Die Maske Ablegen

Den Anfang sollte jeder bei sich selbst machen, indem er seine Eigene Ignoranz hinter sich lässt, jene die Wurzel von allem Bösen auf dieser Welt ist. Die Courage aufbringt sich selbst einzugestehen,dass die Welt auf den Kopf gestellt wurde und das vor langer Zeit.

Hinzu kommen einige charakterliche Attribute wie von Gerald Celente beschrieben; diese heißen:

- Integrität
- Eigen Respekt
- Mut
- Anstand
- Leidenschaft

Sind wir uns dieser bewusst hören wir auf Apathische Seelenlose Nihilistische Körper auszufüllen. Leidenschaft und Mut übertrumpfen Apathie; Anstand und Eigen Respekt den Nihilismus der Eigenvernichtung, und Integrität ist Bestandteil einer freien Seele.

Unsere Gesellschaft hat die Maske der Welt-Elite absorbiert, heutzutage zählt nur noch die Fassade und die Maske, was sich dahinter eigentlich verbirgt spielt keine Rolle mehr.

In konservativen Kreisen genügt es wenn man arbeitet, heiratet, Kinder macht und Sonntags in die Kirche geht. Dies alleine genügt um den Schein auszufüllen ein „Guter Bestandteil" der Gesellschaft zu sein. Egal was sich hinter dem Vorhang der Gesellschaftlichen Konventionen wirklich befindet.

Oder man betätigt sich karitativ für irgendeine Organisation.

Welche eigentlichen Ziele diese Organisation hinter den Kulissen verfolgen mag oder anstrebt sind irrelevant, es zählt einzig das Image und die aufgesetzte Maske.

In modernen Kreisen ist es wichtig einen Guten Job zu besitzen welcher Prestige und Reichtum mit sich bringt, um sich mit teurer Kleidung und Neuzeit Kutsche preiszugeben.

Und so gibt sich die Gesellschaft einer oberflächlichen Maskerade und Massen Scharade hin.

Und so sind alle getäuscht und geblendet voneinander so lange bis das Karten Haus zusammenfällt.

Insofern müssen Integrität, Eigen Respekt, Mut, Anstand und Leidenschaft eingesetzt werden um dieses gewaltige Maskenspiel zu beenden.

Wer verfügt über ausreichend Integrität, Eigen Respekt, Mut, Anstand und Leidenschaft, um sich gegen die Strömung zu stellen; den Minuspol auf Plus umzulenken und diese Maske endlich herunter zu reißen?

Denn für jede Aktion gibt es eine Reaktion. Doch wird diese erst sichtbar wenn der Apex erreicht wurde.

Tempel mit Vier Säulen

Die Matrix in der wir uns verfangen haben könnte man auch mit einem Tempel gleichsetzen.

Sobald wir aufhören den Götzenbildern innerhalb des Tempels zu huldigen zerfällt er in sich zusammen, denn letztlich wird er von Vier massiven Säulen getragen.

- Die Erste und wichtigste Säule ist das Manya welches unser Wirtschaftssystem dominiert und auch unser Leben. Wir sind so abhängig vom zentral ausgegeben Zahlungsmittel, dieses macht uns absolut abhängig vom gegenwärtigen schlechten Finanz System.

Die ordentliche Soziale Marktwirtschaft wurde mit Einführung des Euro umgeformt zu Monopoly und Turbo Kapitalismus. Dem Kapitalismus der nicht 1 Prozent sondern der 0,01 Prozent.

Abhängigkeit von schlechtem Geld ist ein Bannfluch für jede Gesellschaft.

- Die Zweite Säule ist die Allgegenwärtige Medienlandschaft. Im Prinzip dienen alle Medien im Mainstream der Ablenkung und Verdummung des Individuums, von Jung bis Alt.

Hinzu kommt das Katastrophale Bildungssystem einer bewussten Indoktrinierung von Kindern zu willenlosen und Halb-Wissenden Arbeitersklaven.

- Die Dritte Säule bildet der Staatskomplex ausgefüllt durch Parteien und deren Politiker die das Volk mit Scheindebatten im Bundestag auf Trab halten müssen.

Sie sind Kaufleute einer billigen und zerstörerischen Agenda diese lautet erst Klassischer Sozialismus und folglich dessen Ausgeburt der Faschismus.

Des weiteren die Korruption, welche sich in Zeiten wie diesen immer weiter durch das System

fressen muss bis es zu einem Ausgleich in Form von Willkürlicher Tyrannei kommen muss.
Eine Gleichschaltung wird vorsehen, dass alle Grundgesetz Treuen Richter, Staatsanwälte, Polizeibeamte etc. beseitigt werden, so wie bereits schon einmal geschehen ...

- Die Vierte Säule bilden die Meister der Puppentänzer. Jene die im Hintergrund die Fäden ziehen, sich zu Rundtischen und Think-Tanks formiert haben und sich in Geheimen Bünden und Prozeduren aufhalten. Die Schattenspieler werden in naher Zukunft, ohne dass sie es verhindern könnten dem Lichte der Breiten Massen ausgesetzt werden.
So haben wir vor uns einen Tempel voll mit Abscheulichkeiten. Jene Götzenbilder die in der Bibel erwähnt werden sind lediglich Gleichnisse dieser Vier Säulen die uns Menschen in Besitz nahmen.
Für alle stupiden Rationalisten und Atheisten auch hier besteht kein Unterschied gewisse Dinge ändern sich nicht und bleiben bestehen, so lange die Idiotie der Massen besteht,
jene auf falsch Glauben und Ignoranz stützt;
Können diese Vier Säulen einen Tempel der Kontrolle über Äonen stützen.

Die Aufgabe eines jeden Individuums sollte es demnach sein sich zu informieren über diese falschen und aufgesetzten Instanzen und Systeme die sich dahinter verbergen.
Der Autor hat sein bestes gegeben diese Themen im Laufe des Buches dem Leser zu verdeutlichen, aufzuzeigen wohin dieses alles führen wird.
Außerhalb der Massenmedien hat sich eine Kontra Bewegung an Medien entwickelt die darauf zielen das Individuum zu unterrichten über alles was es nicht wissen konnte und auch nicht wissen sollte. Für alle die ein offenes Ohr und Augen haben gibt es reichlich Information als auch
Falsch Information. Die Alternativen Medien wurden mit der Begründung mit Spionen überfüllt.
Sollte der Inhalt dieses Buches verstanden werden so sollte es kein Problem mehr darstellen den Schocktruppen Stand zu halten die ausgesendet werden von den Schattenschlägern, um zu verwirren und abzulenken; all jene die Wissen, dass die Dinge nicht mehr so laufen wie sie sollten mit falschem Wissen ins Zwielicht zu werfen oder zu manipulieren.
Zusätzlich möchte ich erwähnen, dass es für alle die über ausreichende Englisch Kenntnisse verfügen viel mehr Auswahl an qualitativen Medien in ausreichender Quantität gibt als auf Deutsch.
Hoffentlich können wir dieses in Naher Zukunft ändern denn leider tun sich die Massen in Deutschland mit dem Englischen immer noch schwer. Die Englische Sprache gewinnt in Zeiten von Globalismus ohnehin immer mehr Gewicht, so kann es nicht schaden diese Kenntnisse zu verbessern; jedoch sollten wir gleichzeitig die Deutsche Sprache pflegen und nicht anfangen dem stupiden Irrsinn der Anglikanisierung der Deutschen Sprache weiterhin zu verfallen.

Die Formel lautet Information + Aktion + Reaktion.
Informieren, Agieren und Reagieren; Sprich auf alles was unsere Freiheiten und Lebensqualität gefährdet reagieren. Ganz einfach indem wir unsere Zustimmung entziehen und mit dem Finger auf die Protagonisten der weitreichenden Agenda zeigen.

Würden ausreichend Menschen ihre Zustimmung dem Wahnsinn der Vier Stützenden Säulen entsagen und mit dem Finger auf die Schuldigen markierend ausschreiten so wäre allem Schauerspiel sehr schnell ein Ende gesetzt.

Diskussion

Um die Matrix aufzulösen bedarf es reichlich Diskussion. Die Probleme die bestehen müssen ans Tageslicht gebracht werden und dort ausdiskutiert werden. In der Öffentlichkeit, öffentliche Vorträge und Podien sollten sich wie ein Lauffeuer ausbreiten um die Massen zu erreichen.
Nur so besteht Hoffnung die Stahlharte Ignoranz zu zerschlagen.
Wir müssen über diese Dinge die bewusst aus der Öffentlichkeit verbannt wurden reden.
Alles was sich am Rande bewegte und als Verschwörungstheorie abgestempelt in die Mitte unserer Gesellschaft tragen.
Leuten begreiflich machen, dass das Wort Verschwörungstheoretiker dem Mittelalterlichen Wort des Ketzers gleich ist.
Wir müssen ES aus dem Hintergrund diskutieren in den Vordergrund redend und tragend.
Reden und Diskutieren bis die Meinungsmacher und Tadler mit freien Worten ins Abseits verdrängt werden, all ihre Lügen ausdiskutiert sind und allen bewusst.
Denn wir führen hier und jetzt keine Scheindebatten wie im Bundestag hier und jetzt werden Sie mit richtigen Fragen bombadiert.

Autarkie

Wir sollten uns im Kollektiv Richtung Autarkie bewegen. Sprich unabhängig werden;
Wasser, Energie, Lebensmittel, Zahlungsmittel und auch alles andere welches vom System abhängig macht ersetzen. Insofern ist Unabhängigkeit zu erstreben.
Wie kann Unabhängigkeit verwehrt werden was gibt es besseres auf dieser Welt als selbstständig zu sein in allem was man macht?
Alleine ist dieser Umbruch nur schwer zu stemmen doch in größeren Gruppen und Wellen wird dies den Umbruch in eine Neue, bessere Welt einleiten.
Die Kontrolleure werden alle Hebel betätigen und jeden Samt Handschuh ablegen um dieses zu verhindern, daher müssen wir alle zusammen legen.

Sollte es derweil zu einem kompletten Zusammenbruch des Wirtschafts- und Finanzsystem kommen so muss hierbei bedacht werden, dass dieses System wirklich nur auf Schall, Rauch, Papierblüten und anderen Irrtümern aufgebaut wurde.
Das heißt, dass die Panik Mache der Politiker und in den Medien, von den Massen einfach ignoriert werden kann, sollte und sogar muss.
Denn es ist alles nur heiße Luft die aus einem aufgepumpten Ballon ausweicht wenn dieses System zugrunde geht.
Alles was wir Menschen wirklich brauchen ist der Glaube an unsere Gemeinschaft.
Freier Wille, Arbeitsleistung und Ressourcen.
Die Protagonisten eines Crashes unserer Zivilisation werden diese Krise ausnutzen wollen um Sozialismus und Faschismus umzusetzen.
Hierbei genügt es Nein zu sagen, die Arme hoch zu krempeln, Arbeitskraft und Ressourcen von denen wir in Deutschland genug haben zu sammeln um wieder von vorne anzufangen.
Wenn wir nicht so blöd sind uns gegenseitig umzubringen auf Befehl, umeinander prügeln und schlagen uns dem Teile und Herrsche Prinzip hergeben, passiert gar nichts außer einer wunderbaren Sache es wird der Anfang einer Neuen Republik eines neuen und besseren Deutschland sein. Am

schwersten Treffen würde es jene die nicht mehr fähig sind zu Arbeiten, doch können wir Jungen die Ältere Generation mit Leichtigkeit tragen und ein jeder aus der Alten Riege würde sein Bestes hinzugeben, was ausreichend sein dürfte für eine bessere Zukunft.

Also lassen wir uns nicht verrückt machen von jenen die schon verrückt gemacht worden sind und uns ihrem Geistes Zustand aussetzen möchten. Hören wir auf uns gegenseitig zu morden und auszuplündern. Kommen wir endlich zur Besinnung und bekämpfen wir ein für alle mal den Faschismus der uns aufzehrt.

Dies mögen alles lächerliche Floskeln sein, für jene die aufgegeben haben oder sich weiterhin in Ignoranz baden möchten. Doch so einfach ist es zu bewältigen.

Wer wissen möchte woher alles übel dieser Welt stammt braucht nur dem Gestank des Geldes, des Manya folgen; erforschen wer Geld und Ressourcen kontrolliert.

Wenn wir eine bessere Welt sehen wollen ist es unerlässlich die Kontrolle über Geld und Ressourcen zurück zu erlangen. Geld als Tauschmittel in unsere Hände nehmen und die wichtigsten Ressourcen solidarisch aufteilen.

Die Verschwörer sind wie Feuer doch bedenke man immer noch das Wasser stärker ist und jedes Feuer löschen kann, sobald genug ausgeschüttet wird. Am Ende mag nur noch Asche übrig bleiben doch dies ist der Preis der zu zahlen ist.

Spiderweb of Information

Die Matrix ist gleich einem Netzwerk der Kontrolle über Information und Wissen.

Dieses müssen wir kontern indem wir ein Netzwerk der Verbreitung von Wissen errichten.

Ein Netzwerk errichten um alles zu dezentralisieren, parallel zu dem Spinnennetz welches die Globalisten bereits über Jahrhunderte und Jahrtausende gesponnen haben.

So sollten sich Schaltzentralen der Wissenserweiterung ausbreiten, welche wiederum weitere kleinere Schaltstellen der Informationsverteilung aussenden.

„Wikipedia" war wohl ein Schritt in diese Richtung, doch wird „Wikipedia" unterwandert, ohne dass der Gründer eine Kontrolle darüber zu haben scheint.

So werden kritische Artikel so geschrieben, dass sie den Leser falsch beeinflussen sollen in der Meinungsbildung über eine Sache.

Einer der die Masse aufklären möchte wird in die Schublade der Rechten Blanken geworfen, oder als unfundierter Verschwörungstheoretiker geschumpfen und Game Over.

Dieses zu kontern bedarf es Millionen kleiner Informations-Schaltzentralen weltweit.

Paradoxie Gut kontra Böse

Es ist eine Große Paradoxie die das Herz des Autors mit Tonnen-Lasten befällt wenn er sich umschaut und ansehen muss wie sich das Böse verschwören konnte über Jahrtausende; Progress zu machen einem Albtraum entgegen, des Teufel Traumwelt zu errichten.

Mit all ihren Schlechten Tugenden und ihren Verfaulten Charakteren zusammenhalten können, niemals auch nur ein Wörtchen preisgeben.

Große Schemen zur Kontrolle und Aufmischung, planen und plotten vermögen.

Wie sie sich zusammenschließen können zu einer alles umfassenden Biest-Matrix.

Wie kann es sein, dass das Böse, die Usurpatoren gegen die Menschheit sich zusammenschließen und alles verschweißen in Pakten, Schwüren und Kabale.

Sie sind zusammen gebunden wie der „Faschia" und unzertrennlich.

Sie suhlen sich in allem was abstößt und waschen sich in Heuchelei.

Und wie kann es sich gleichermaßen zutragen, dass wir die uns als die Guten sehen und versuchen der Götterdämmerung entgegenzuwirken, uns zerstreiten permanent und niemals einig werden können einen gemeinsamen Weg einzuschlagen? Einen Pfad zu graben den Siegespfad zur Freiheit. Wie kann es sein, dass wir uns nicht einig werden können?

Auf dass diese kranke Paradoxie unser Schicksal besiegeln wird.

Wahrscheinlich liegt es in der Natur des Guten zu zweifeln, Unabhängig bleiben zu wollen, sich fernzuhalten von Schwüren, Geheimen Pakten und weiterer Kabale.

Wie können wir dieses Übel aus der Welt tragen und uns endlich verbünden, unabhängig von Abstammung, Kredo und religiöser Ansichten, unter dem Banner der Freiheit?

Können wir schließlich am Ende diese Brücke hinter uns lassen?

Im offenen Kampf kann das Böse dem Guten nicht trotzen denn nur durch die Hintertüre kann es einfallen. Das Prinzip des Teufel lautet Konfusion und Zwist zu schaffen.

Ebenso wie der heimtückische Mann im offenen Kampf keine Chance gegen den Ehrbaren sieht.

Der Betrüger ist von Geburt aus feige und scheut die offene Konfrontation.

Jede Lüge die er ausspuckt hat wie der Volksmund sagt kurze Beine.

Korruption, Bestechung, Hinterhalt und Mord sind des Stiefelleckers Zucker, sie können der Wahrheit nicht widerstehen, dass einzige was sie können ist lügen und alles voll schleimen.

Aus diesem Grund muss das Böse stets konfrontiert werden,

wie mit der **Hammerfaust des Makkabäer**, Spiegelwelten und Illusionen zu zerschlagen.

Ein Staffellauf der Freiheit

Ein jeder der sich aufgerufen sieht zu agieren und den Status Quo in einen „Status Libertas", transformieren zu helfen, ist ein Staffel Läufer im Kampf die Freiheit des Individuums und unserer Gesellschaft zu wahren als auch die beschränkte Freiheit der Vergangenheit aufzulösen.

Eine Person kann sich aufopfern für die Gesellschaft indem sie 1000 weitere mitnimmt und außer ihrer Trance reißt. Wenn diese oder dieser den Mut aufbringt konsequent für die richtige Sache einzustehen werden schließlich 1000 weitere den Weg fortführen den diese eine Person aufgenommen hatte, im Falle des „Ausscheiden", dieser Heroin oder dieses Heroen übernehmen die anderen die Staffel und laufen weiter gen Ziel, unweigerlich werden sie auf noch mehr Menschen stoßen die sich mit Ihnen auf den Staffellauf der Freiheit begeben und schon bald werden es 100 000 Menschen sein die für eine gute Sache einstehen.

Insofern sollte sich niemand mehr scheuen die Courage aufzubringen als erstes aufzustehen und gegen Korruption und Tyrannei auszusagen.

Denn dieses Opfer befördert die Staffel in die Hände weiterer Läufer bis wir als Gemeinschaft das Ziel erreicht haben welches heißt, Freiheit, Unabhängigkeit und Wohlstand für alle; und ein Ende dem Wahne welches uns schon bald aufsaugen wird falls wir nicht Laufen wollen.

Diese Mentalität wird uns unbezwingbar machen für jeglichen Despotismus.

Wenn der Hammer fällt wird uns dieser Weg allein bleiben um zu verhindern, dass sich Geschichte hierzulande wiederholt und eine Neue Marionette die Stelle des „Adolfus Hit" einnimmt.

Wie Gary Allan in „None Dare Call it Conspiracy", so schön sagte:

„Du **bist ihre Achilles Sehne wenn du gewillt bist zu kämpfen. Es besteht ein altes Cliché im Sport welches besagt das Drückeberger niemals Gewinnen und Gewinner nie aufgeben.**"[1]

Wenn wir uns dem Status Quo hingeben und zusehen wie man uns Freiheit und Wohlstand weiterhin raubt sind wir selbst Schuld daran, denn die Masse entscheidet über beides.

Die Friedliche Revolution

Der Knock-Out Punch für jene die darauf erpicht sind resolut die Macht an sich zu reißen ist eine friedliche und ganzheitliche Revolution.
Wenn die Massen in Einigkeit auf die Straßen gehen und ihr Nein zu allem was ES so mit uns anstellt kund tun. Wenn die Masse ihre Zustimmung zu allem entsagt was schädlich ist.
Noch mehr Staatsschulden und Inflation auf die wir keinerlei Einfluss nehmen können, Sozialismus die Krücke der Menschheit und andere Seuchen die den Volkskörper anhaften. Hierzu wird es notwendig sein sich über die wesentlichen Dinge einig zu werden unabhängig von Ansichten, Meinungen oder Religiösen Ansichten. Denn genau hier sticht die Klinge des Teile und Herrsche, wenn man sich in Diskussionen verfährt sich gegenseitig aufreibt ohne Grund.
Jeder kann seine eigenen Ansichten und Meinungen hegen und pflegen doch gemeinsam gegen Macht Missbrauch.
Die Worte Friedliche Revolution vertragen Faschisten nicht, denn sie sind wie Gift für ihre Ohren die anfangen müssen zu bluten.

Das System stützt sich darauf, dass die Massen sich davor fürchten, dass das System alles kontrolliert; was noch nicht der Fall ist, so sollten wir uns im Kollektiv nicht vor Macht Missbrauch der Staatsmacht fürchten, denn es ist alles nur ein Spiel der Einschüchterung, daher trachtet ES danach ein Neues Technokratisches Unmenschliches System durchzusetzen.

Am Ende war es der Traum von unzähligen Generationen auf der ganzen Welt sich zu befreien von willkürlicher Herrschaft. Unsere Aspiration sollte es demnach sein in Zukunft jegliche Tyrannei von ihrem Thron zu treten. Und die Krone und den Zepter aufzubewahren wie ein Andenken an einen Gewonnenen Krieg.

Welch wunderbare Polemik sich da doch in meinen Verstande einschlich.
Im Prinzip alle jene die den Thron der Niedertracht ausfüllen zu nehmen und in einen Zoo einzusperren. In ihren Luxus Käfigen könnten sie dann ihren Perfiden Träumen Nachkommen zur Belustigung und Ernüchterung der Massen, zur Schau gestellt auf dass sie sich in die negativen Erinnerungen von unzählbaren Generationen einbrennen mögen.
Wäre dies nicht die gerechte Strafe für alle die sich schuldig gemacht hatten uns ein weiteres mal in den Abgrund zu stürzen, welcher heißt Angst, Krieg sowie das Morden und Einkerkern von Unschuldigen? Sie sehen in uns Homo Sapiens Abkömmlinge von Tieren; wieso nicht auch so mit Ihnen verfahren?

Für alle jene die Glauben, dass dies alles zu ertragen sein wird und sich weiterhin in Nihilismus stürzen möchten, jene die glauben die Täuschung weiterhin in die Öffentlichkeit tragen zu müssen aus Scham davor ausgegrenzt zu werden, jene die Angst davor haben dem Gelächter der Öffentlichkeit ausgesetzt zu werden wenn man sie mit Schlagworten schmäht;

bleibt nur eine Antwort sich eines Tages vor ihre eigenen Kinder zu stellen und Ihnen zu gestehen, dass die Misere die sie überkam nur zu Schulden war darauf, dass das Alte Ego sich nicht überwinden konnte einen falschen Stolz zu überwinden. Genau diese Lächerlichkeiten der Ignoranz und des Massenzwang nicht ablegen zu können.

Können Sie es verantworten aufgrund von öffentlichen stupiden Reden von anderen stupiden die Zukunft Ihrer eigenen Kinder wegzuwerfen und einfach so in die Tonne zu treten?

Solange wir uns anhören, dass die Dinge schlechter werden und weiter herum jammern und klagen darüber weshalb und wieso, dieses und jenes geschehen ist und nichts dagegen unternehmen, so klagen wir unserer Eigenen Knechtung entgegen.

Und was bleibt zu sagen zu all denen die Glauben sie müssen weiter machen in der Schein-Matrix, um ihrer Kinder willen? Indem Abraham bereit war seinen Sohn auf das von Gott geforderte Altar zu legen, übergab er das Vertrauen in Gottes Hand; der von ihm verlangte seinen eigenen Sohn zu opfern. Genau so testet Gott den Menschen und so wird er im Kollektiv alle testen.

Insofern Eltern anfangen die Verantwortung für ihre Kinder zu übernehmen in eine unsichere Zukunft schreitend, nehmen sie in dieser Gleichung das Vertrauen zu Gott auf, welcher Mut und Courage belohnen wird mit der Wahrung einer Zukunft für jene Kinder die man zu schützen suchte.

Abraham hatte sein Vertrauen auf Gott gebaut und somit seinen Sohn zurück gewonnen auf alle Ewigkeit!

Der Schöpfer dieser Welt ist kein Freund von Unglauben, denn im Glauben liegt die Kraft das unüberwindbare zu bezwingen sich die Flügel der Freiheit zu nehmen entgegen den Himmel.

So soll sich ein jedes Elternteil vor den Spiegel stellen und selbst fragen ob nicht die Eltern möglicherweise das Seelenheil ihrer Kinder in ihren Händen halten mögen.

Wir schließen die Lösungen für eine bessere Zukunft und die Erste Hürde gen Menschlicher Zukunft ab mit einem Resümee.

Wir müssen uns eingestehen, dass es keine Rückkehr mehr geben wird zur alten Schönen Welt der Deutsch Mark und sozialem Wohlstand, insofern wir uns tragen lassen von denen die unsere Zukunft für uns bauen und schon immer gebaut hatten.

Die Maske ablegend die uns mit Schein umgibt und von Schein kommt kein Sein.

Information einholen über den Tempel mit Vier Säulen der uns alltäglich umgibt und diesen denunzieren und einzustürzen; indem wir diese Säulen nicht mehr gebrauchen.

Miteinander über die wichtigen Dinge redend, alles was wichtig ist und nicht jenes was trivial und unnütz ist in Anbetracht von ungemütlichen Zeiten die einen nicht korrigierbaren Wandel mit sich bringen werden.

Autarkie und Selbständigkeit anstreben von Wasser, Strom, Nahrung und diverser Tauschmittel zur Transaktion um das Leben mit den Mitmenschen zu erleichtern.

Ein Netzwerk von wichtigen Informationen zu errichten die Matrix der Spinne wegzuwischen.

Den Staffellauf der Freiheit marschierend in Kombination mit einer friedlichen Revolution.

Gemeinsam egal welche Abstammung oder Religion verfolgt wird.

Die Paradoxie von Gut und Böse welche verkehrt ist zu überwinden.

Eine Welt in der nur das Böse zu zusammen Arbeit fähig ist zu toppen, indem das Gute Früchte wirft.

1   Gary Allan in Zusammenarbeit mit Larry Abraham, None Dare Call It Conspiracy. GSG & Associates Publishers, San Pedro Kalifornien, 1972, ISBN # 0-945001-29-0, Seite 126.

2 Politia Libertas –
Der Staat für den Menschen der Freiheit

Libertas

Wir haben den Sozialismus und Institutionalismus als falsche Instanzen und Lebensweisen geoutet.

Wir wissen hier und jetzt dass wir uns in die andere Richtung bewegen wollen und müssen.

Diese heißt Freiheit und Liberalismus im Sinne eines konservativen liberalen Thomas Jefferson.

Zumindest jener Thomas Jefferson wie er sich als Maske der Aufstrebenden Bevölkerung der Neuen Welt; der Tyrannei der Alten Welt überdrüssig präsentierte.

Wir wollen die alte Welt des Sozialismus und der Versklavung absorbieren indem wir für die richtige Sache einstehen, für eine Libertäre Welt.

Die Basis dieser Lehre heißt solange eine andere Person mir oder der Gesellschaft nicht Schaden zufügt, darf sie das tun was ihr beliebt. Schadet jemand der Umwelt so folglich auch der Gesellschaft.

Insofern orientiert sich dieses Kredo an den Prinzipien des Anarchismus Leben und Leben lassen. Gehirngewaschen von den Massenmedien und sozialisiert wie Kleinkinder die sich wie hilflose Babys fühlen wenn der Staat nicht die Schützende Hand über uns legt, glauben wir, dass wir diese Institutionen die uns verknechten, wirklich brauchen, da ansonsten ein unglaubliches Chaos herrschen würde. Wir kommen nicht auf den Gedanken, dass es auch die Positive Seite in einer Anarchie geben kann, in der die Masse verantwortungsvoll mit Umwelt und Mitmenschen umgehen kann. Weil eine persönliche menschliche Reifung erfahren wurde.

Da wir als indoktrinierte Menschen nie wirklich Erwachsen werden durften und wie Haustiere gehalten wurden, wird es notwendig sein übergangsweise ein Neues Staatswesen; einen Libertären Staat zu errichten.

Der Autor wird die Erkenntnisse unserer Vorfahren mit seinen eigenen Schlussfolgerungen kombinieren um daraus ein noch besseres und sichereres Neues Staats System zu entwerfen.

Diese Skizze oder dieser Bauplan mögen nicht perfekt sein oder Nacharbeit erfordern doch werden sie zumindest die Grundlage bieten für libertäre Lebensweise die sich mit all jenen verträgt die frei und unabhängig sein wollen.

Um dieses System zu etablieren sollte eine breite Masse gewonnen werden.

Was jetzt noch unmöglich scheint ... Leute nichts ist unmöglich wo ein Wille ist da ist auch ein Neuer Weg.

Der Staffellauf zur Freiheit wird das Neue „Libertas" möglich machen wenn genug Leute sich aufmachen diesen Marathon auf sich zu nehmen.

Es ist nicht vonnöten seinen Nächsten zu lieben, Toleranz und Respekt sind bereits ausreichend um diese Stufe zu erreichen. Haben wir diese Stufe erst einmal gemeistert können wir uns der nächsten zuwenden, welche besagt liebe deinen Nächsten wie dich selbst.

Wir sollten lernen andere zu tolerieren soweit dies möglich ist, können extreme toleriert werden?

Wohl kaum; jedoch sollten wir versuchen im anderen einen Menschen zu sehen und keine Konkurrenz oder ein Übel; unabhängig von ethnischer Abstammung oder religiöser Einstellung.

In einer freiheitlichen Welt ist genug Platz für diverse Einstellungen und Sichtweisen, wenn sich zwei nicht vertragen ist ausreichend Raum um auszuweichen. So würden sich unterschiedliche Ausrichtungen etablieren. Die einen eher konservativ die anderen weltoffen.

Der Rechtschaffene kämpft für das Recht des Guten und für das Gute, er kämpft für das göttliche Recht, er kämpft für die Rechtschaffenheit Gottes, für die Ideale der Schöpfung, er bekämpft mit seinen Worten das Böse, welches jene Schöpfung umkehrte.

Denn die richtigen Worte alleine genügen um das Böse zu widerlegen und zerstören.

Daher die Konditionierung und Indoktrinierung durch Anstalten von Kindesbeinen an.

Er bekämpft das Böse welches diese Welt befallen hat und Überhand nimmt, er kämpft für das Göttliche Recht und dieses basiert auf dem freien Willen des Individuums.

Glauben wir an die Schöpfung der Individualität oder an die Ausschöpfung der Individualität?

Wir müssen unseren Glauben festigen um unsere eigene Individualität zu gewinnen.

Der glaube manifestiert indem von Gott geschenkten Freien Willen.

Der Glaube an die Menschheit und an das eigene Ego ist gleich dem Überlebenskampf.

Er manifestierte sich in einem undurchdringbaren Willen der nicht zu bändigen ist.

Wahrer Liberalismus heißt nicht, dass jeder alles bekommt was er möchte, denn dieses ist genau das Gegenteil. Im jetzigen Sozialismus genießt ein kleiner Teil diesen Komfort.

Und eine große Masse an abhängigen glaubt daran, dass sie auch berechtigt sind ein Teil vom Kuchen zu haben. Genau hierin liegt die Große Illusion des Sozialismus.

Denn letztlich bekommt jeder weniger als er eigentlich haben könnte und sollte.

Das Individuum sollte gewillt sein sich frei zu machen von den alten Denkweisen die wie Schranken die Sicht versperren und den Verstand knebeln.

Politia Libertas

Zunächst einmal müssen die Grundsätze der „Politia Libertas" festgelegt werden.

Die Grundsätze für eine Freiheits-Orientierte Republik, welche den Mittleren Block für eine Neue Welt Ordnung bilden wird. Eine Humane Neue Welt Ordnung, die Weltordnung des Homo Sapiens.

Da wir noch eine gewisse Ordnung und Schutz vor Macht Missbrauch vor Psychopathischen und Willkürlichen Menschen brauchen. Jene die sich gerne verschwören zu Kabale und anderen Übeln.

Diese Republik wird auf den Prinzipien ausgerichtet werden, dass Sie das Leben des Bürgers erleichtert und ihn vor den Übeln dieser leidlichen Welt schützt.

Seine Freiheit schützend und seine Entwicklung nicht beeinträchtigend.

Sondern zu jeder Zeit das Gemeinwohl der Zivilisation fördernd.

Freiheit beruht laut Aristoteles darin, dass die Mehrheit bestimmt und jeder Mensch so leben kann wie er es möchte.

Jene Staatsleute welche das Gemeinwohl im Auge haben und nicht die Interessen von speziellen Gruppen sind die wahren Staatsrepräsentanten. Jene die Gerecht sind und sich an einem Gesetz orientieren welches alle Gleich behandelt und nicht hier und da nach reiner Willkürlichkeit ausnahmen macht.

Wenn die Bürger einer Nation oder einer Eingrenzung den Staat unter Berücksichtigung des Gemeinwohl führen, so ist es eine „Politia", wie sie von Aristoteles als das beste Staatssystem beschrieben wurde und dies 400 Jahre vor Christus. So ist dies keineswegs ein Neuer Gedanke.

Die Vereinigten Staaten wurden unter dieser Premise errichtet, doch mit der Zeit korrupt und aufgezehrt. Alles Libertäre wurde seither bekämpft. Sir Obama die Plage der Menschheit hat derweil die Konstitution der einst freien Nation in Stücke gerissen. Ein jeder der dies anprangert ist ein Rassist ... Schlagworte sind es alles Ketzers Hetzerei und Hexenverfolgung im Stile des Mittelalters. Martin Luther King war wie Milch und Honig vom Himmel gefallen doch Obama ist kein Martin

Luther King. Martin Luther King gleich einem Regenbogen und Obama gleicht dem Roten Terror und wird hinter sich eine Rote Blutlache von Millionen toten hinterlassen.

Zumindest hat er den Weg geebnet für weitere Tyrannen aus dem Bush und Clinton Clan.

Wir müssen lernen Menschen nach ihrem Charakter zu beurteilen, nicht nach ethnischer Zugehörigkeit und religiöser Vorstellung, so wie es Martin Luther King ausgerufen hatte.

Urteilen wir über Sir Obama aufgrund seines Charakters?

Wissen wir überhaupt was sich hinter seiner Sympathischen Demagogen Maske befindet?

Wir sollten sehr schnell den Unterschied lernen zwischen einem Staatsmann und einem Demagogischen Politiker welches eine weitere Grundlage für eine Neue Republik bildet.

Kommen wir zum nächsten Punkt; Aristoteles beschrieb die Germanen wie folgt:

„Jene die in kaltem Klima und in [Nord] Europa leben verfügen über einen Starken Geist, aber missen Intelligenz und Fertigkeiten; daher behalten sie ihre Freiheit, aber verfügen über keinerlei politische Organisation, und sind nicht in der Lage über andere zu herrschen."[1]

In kürze beschreibt der große Philosoph der Geschichte das Dilemma der Deutschen.

Waren die Vorfahren noch unbezwingbar und unbeugsam, aufgrund ihres Starken Geistes also Glauben an sich selbst und Willen, so mussten ihre Nachfahren später sozialisiert werden durch das Dualistische Machtsystem von Krone und Klerus.

Fertigkeiten lernten die Germanen schließlich im Mittelalter und Intelligenz fügte sich mit der Renaissance und der Auflösung von Byzanz ein in das Deutsche Gemeingut.

So waren die wilden Germanen prädestiniert ihre Freiheit zu wahren, doch sobald sie dieses wilde Leben aufgaben verfielen sie der Sozialisierung.

Die Härte und Striktheit die daraus resultieren mussten führten schließlich dazu, dass das Deutsche Volk nur noch benutzt wurde um den Machtstrukturen für ihre Zwecke, treu zu dienen.

Der Deutsche war nur noch ein Mittel zum Zweck und im Hintergrund verbargen sich die Fäden der Strippenzieher.

Die Politische Organisation verband sich mit der alten Härte dies gebar den Radikalen Sozialismus und Gehorsam gegenüber dem Staat.

Gleichzeitig hatten die Germanen ihre Freiheit und Unabhängigkeit geopfert.

Nun ist es an der Zeit zu den alten Positiven Tugenden eine Neue Organisation eine Libertäre Organisation der Gesellschaft einzufügen, um die Alte Freiheit zurück zu gewinnen.

Diese kann nicht durch noch mehr Sozialismus, Gehorsam gegenüber einem Willkürlichen Staat oder Fremdenhass und Faschismus gewonnen werden.

Das Deutsche Volk kann sich nur befreien mit Liberalismus und im Geiste eines gereiften Friedrich Schiller, der zum Ende hin wohl erkannt haben musste wer hinter dem Übel der Menschheit steckte, und verstand, dass der Deutsche fähig sei diese Ketten auf ewig zu durchbrechen.

So verstarb auch Geist und Denker Schiller allzu Jung.

Neid ist ein Übel welches in einer libertär ausgerichteten Gesellschaft kein Platz finden kann und darf. Neid ist ein viel größeres Übel als Eifersucht. Wohingegen Eifersucht dazu anstrebt dem anderen nachzueifern; verführt Neid zu Hass Projektion und den Wunsch jemand anderem etwas nicht zu gönnen oder noch schlimmer wegnehmen zu wollen.

Wird Neid und Neidsucht als auch die Befürchtung von Neid gesenkt so wäre dies sicherlich ein großer Schritt. Denn nur weil jemand anderes es besser hat als ich, bedeutet dieses nicht, dass es mir schadet, viel eher kann diese Person falls sie den Positiven Geist des Kollektivs frei von Neid aufnimmt, der Gemeinschaft helfen.

In unserer Gesellschaft verbarrikadieren sich daher die meisten Reichen hinter Elitärem Denken und Neid Angst, dass die anderen etwas wegnehmen könnten.

Die „Armen" oder „Versager" sind so sehr von Neidsucht getrieben, dass sie sich rein nach dem Loser-Arschloch Prinzip von Emma T verhalten müssen.

Welches besagt, dass alle Versager zu Arschlöchern mutieren müssen.

Egal ob sie Versager bleiben oder später eine Gute Position besetzen was alles noch schlimmer machen muss. Gönnen wir alle einander mehr so wird es uns allen gut gehen, dem einen etwas mehr als dem anderen, aber schadet dies dem einen oder anderen?

Die Früchte der eigenen Arbeit dürfen unter keinen Umständen vom Staat eingefordert werden, sondern sollten aus freien Stücken dem Gemeinwohl gespendet werden.

Oder in das Gemeinwohl eingefügt werden. Daher hat der Staat kein Anrecht auch nur einen Pfennig von einem Bürger einzufordern um ihn anderweitig zu verteilen.

Dieses Prinzip der Steuern macht aus dem Staat einen Einarmigen Banditen der nur gut genug ist abzuzocken und auszuplündern.

Es ist keine Sicherheit vorhanden wenn man anderen ihre eigens erarbeitete Sicherheit wegnimmt.

Ist es fair einem anderen sein erarbeitetes Hab und Gut wegzunehmen?

Egal wie viel er sich ehrlich erarbeitet hatte?

Das nennen wir fälschlicherweise Sozialausgleich wenn dies Soziale Ausbeute ist.

Angst ist immer schon ein Mittel gewesen um bestimmte Strukturen aufzubauen, und diese dann zu nutzen um Schutzherren für die Bürger zu spielen. Diese Angstausbreitung eliminiert gleichzeitig die persönlichen Freiheiten der Bürger und wurde schon immer genutzt um einer kleinen Gruppe oder dem Staat Vorteile zu verschaffen. Angst muss folglich immer gesichert werden indem man den Bürgern ihre eigenen Sicherheiten wegnimmt unter dem Vorwand Sicherheit zu gewähren.

Später müssen die Bürger verzweifelt feststellen, dass der Staat sie hintergangen hat und das Vertrauen missbrauchte. In einem Libertären Staat sind die Bürger vor solchen Manövern gewappnet und verstehen diese zu blocken.

Das Prinzip der Sklaverei ist nichts anderes als das einer den anderen in Besitz nimmt und ihn für sich arbeiten lässt. Sobald der Staat seine Bürger verpflichtet Steuern zu zahlen macht er aus seinen Bürgern Sklaven. Zeitarbeit verfährt genauso, der Arbeitsmarkt wurde absorbiert durch Zeitarbeitsfirmen die nun davon profitieren können, dass sie Leute finden die keine Arbeit bekommen, um sich an ihrer Arbeit zu bereichern. Arbeitsplätze die sowieso zu vergeben wären, werden nun von Sklavenhändlern vermittelt.

Eines Tages hatte sich der Autor für eine Stelle im Produktionsbereich beworben.

In der Zeitung stand nichts davon, dass dieser Arbeitsplatz durch eine Zeitarbeitsfirma angeboten wurde. So stürmte ich in das Foyer und beschwerte mich darüber wieso dies nicht erwähnt werden konnte und warf um mich mit Worten von moderner Sklaverei.

Diese Worte genügten um der Empfangsdame das Gelächter ihres Lebens zu bescheren.

Sie hielt es alles für einen großen Scherz und vergnügte sich daran.

Die schlechten wirtschaftlichen Verhältnisse verwandeln eine gesamte Gesellschaft zu willigen Sklaven, so wie es nun mehr und mehr sichtbar wird.

Rassismus als solcher wurde schon immer nur genutzt um Menschen zu gebrauchen und gegeneinander aufzuhetzen um eigene Ziele zu verfolgen.

Rassismus ist ein Mittel zum Zweck. Alle die dem blinden Rassismus verfallen sind immer Lakaien eines größeren ganzen und werden genutzt wie die Bauern auf dem Schachbrett.
Rassismus wird genutzt um zwei ethnische Gruppen zu Teilen und zu Beherrschen.
Alle Kriege der Geschichte dienten diesem Zweck und dienten den Opfergaben für die Götter dieser Welt. Die es nicht ertragen können wenn sich Leben auf der Erde ausbreitet und dies ist einer der Grundlagen der Glaubensrichtung von Eugenikern und Faschisten.

Patriotismus drückt sich heutzutage nur noch in Form von Gehorsamkeit gegenüber dem Staat aus. Dieses hat nichts mit wahrem Patriotismus gemein, es ist reine System Konformität die sich in glänzendem Patriotismus einhüllt und dieses prachtvolle Gewand Stolz auf der Brust trägt.
Unter diesem Vorwand werden folglich alle Befehle eines willkürlichen Staates unter dem Deckmantel von Patriotismus begraben.
Es besteht immer nur ein Schmaler Grat zwischen Patriotismus und Faschismus.
Patriotismus fordert keine Gehorsamkeit, sondern Herzblut für die richtige Sache zur richtigen Zeit einzustehen. Patriotismus fordert keine Unterwürfigkeit gegenüber dem Staat sondern die Freiheit des eigenen Umfelds. Die Pflicht eines jeden Patrioten ist es also gegen einen tyrannischen Staat aufzustehen. Nur so kann Patriotismus gelebt werden.

Überwachung als Vorwand den Bürgern eines Staates Sicherheit zu gewährleisten kann genauso missbraucht werden um genau das gegenteilige zu bewirken.
Überwachung öffentlicher Plätze und Autobahnen kann insofern dazu führen, dass der Staat diese nutzt um die Bevölkerung in Subordination zu verbannen und permanent zu kontrollieren.
Gleichzeitig wird mit fortschreiten immer mehr überwacht; und wer überwacht jene, die die Bürger überwachen?

Statistiken und Bürgerbefragungen als auch Bürgerzählungen können vom Staat missbraucht werden um Zahlen zu schöpfen, und aufgrund von diesen Steuererhöhungen anzupassen.
Gleichzeitig geben sie dem Staat unnötig viel Informationen über die Bürger preis und gefährden somit die Sicherheit des Bürgers.
Statistiken über Arbeitslosenzahlen oder Wirtschaftswachstum sind nicht wirklich nützlich, weil sie manipuliert werden können zu Gunsten des Staates oder um die Bürger zu täuschen.
Die Bürger haben nicht die Mittel die Statistiken zu überprüfen welches sie nur benachteiligt.
Statistiken sind ein starkes Werkzeug im Repertoire von Propagandisten.
Letztlich können sie genutzt werden um das Volk zu belügen.

Auslandshilfen und Spenden werden ausgenutzt für Kriege und Geld verschwindet in Koffern.
Diese Gelder können genutzt werden um in anderen Staaten zu intervenieren unter dem Vorwand von Hilfe. Die Bürger eines Staates können aus der Ferne schlecht beurteilen ob die Gelder durch Steuern eingefordert, auch für das genutzt werden, wie es in den Medien berichtet wurde.
Bürokratische Einrichtungen nehmen den Bürgern die Entscheidung ab wie sie spenden möchten und wie viel. Gleichzeitig sind sie wie immer nicht effektiv in ihrem Vorhaben.
In vielen Armen Ländern werden diese Gelder von irgendwelchen Diktatoren gebraucht;
gegen die eigene Population, ohne dass die Spender davon Wind bekommen könnten.
Des weiteren fördert es die Waffenindustrie und dessen Industriekomplex.
Spenden können außerdem missbraucht werden, um die Kinder in 3. Welt Ländern zu indoktrinieren in das Neo- Imperialistische Weltbild des Westlichen Establishment.

Spenden sollten immer auf der Ebene der Zivilbevölkerung beschlossen und durchgeführt werden. Am besten ist es zudem selbst dafür Sorge zu tragen, dass die Spende dort ankommt und für das eingesetzt wird wie vorgesehen.

Tortur ist purer Sadismus und fördert nur das Böse. Sie ist absolut nutzlos um an Informationen zu gelangen, denn unter bestialischer Tortur wird ein Mensch alles gestehen.
Tortur macht einen Staat zu keiner Zeit sicherer und fördert weiteren Macht Missbrauch.
Die Informationen die ausgequetscht werden sind nicht zu verwerten und somit nicht zu gebrauchen. Und wer legt fest, dass diese Person es verdient hat der Tortur ausgesetzt zu werden? Jeder kann also in die Fänge von Sadisten geraten oder beseitigt werden unter dem Vorwand Sicherheit zu betreiben. Kein Mensch ist folglich mehr sicher vor den Fangzähnen des Staates.
So fangen westliche Staaten an diese Praktiken in der Öffentlichkeit zu rechtfertigen um uns vor bösen Terroristen zu beschützen.
Die Große Lüge hierbei ist, dass die Folterung hilfreich war weitere Terrorakte zu verhindern.
Foltern von mutmaßlichen Terroristen wird derweil in der Unterhaltungsindustrie propagiert, um es wieder der Akzeptanz der breiten Masse schmackhaft zu machen, so wie in früheren diabolischen Zeiten als es noch als **Norm**al angesehen wurde.

Politische Korrektheit ist eine Volkskrankheit und Volksdroge geworden.
Eine wahre Epidemie und Armada von Möchtegern Liberalen die glauben mit ihrem Gedankengut-Faschismus die Welt zu verbessern.
So hat sich eine Polizei für Politische Korrektheit etabliert die einem jedes Wort aus dem Munde waschen möchten um sich in ihrer eigenen verlogenen Heuchelei zu ersäufen.
Überschreitungen von politischer Korrektheit können durch die Trendsetter ständig aktualisiert werden, so dass jeder Widerstand gegen Korruption oder jegliches Übel erstickt werden kann.
Es ist ein Waffe zur Kontrolle und ebenso die Kontrolle von Gedanken.
Politische Korrektheit ist die Basis eines Neo-Faschistischen-Autoritären Staates.
Sprachfreiheit wird durch diese Seuche eingeschränkt, ohne dass irgend jemandem damit geholfen wäre. Es ist eine der größten Gefahren des Neuzeit Faschismus.

Insofern wir in Korruption versinken ist eine Reformierung in vielen Bereichen anzustreben.
Alte Institutionen werden an Bedeutung verlieren und nicht mehr notwendig sein und somit abgeschafft. Alle Institutionen die wir noch nicht entbehren können sollten erneuert werden.
Eine solche Erneuerung kann nur beginnen wenn die Bürger des Staates erkennen, dass der Staat bröckelt und einen Neuen Anstrich benötigt.
Die Kraft eine solche durchzuführen liegt bei den Bürgern und nicht den Vollstreckern.
Jeder muss sich entscheiden für einen Neuanfang oder mit den weiteren Konsequenzen versuchen weiter zu leben.
Die Forderung dieses Bestreben umzumünzen in Bares kann nur durch die Bürger eines Staates selbst mitbestimmt werden, so kann dieses nicht eingefordert werden oder dazu aufgefordert werden, es kann nur an die Vernunft der Bürger appelliert werden.
Werden die Bürger hörig und nehmen ihr Schicksal selbst in die Hände so ist es eine Sache; sind die Bürger zufrieden oder ignorant, vielleicht auch nur unbeholfen so ist dies eine andere, doch muss sich jeder mit den Konsequenzen anfreunden die keine schöne Sache hervorbringen werden.
Und so sind auch alle Beamten aufgefordert hellhörig zu sein und sich zu engagieren.
Mindestens das Alte positive Deutschland zu erhalten, falls dieses noch bestehen sollte.

Mein ehemaliger Chef hatte mir erzählt, dass sich eines Tages ein betagter Herr mit ihm im Aufzug befand. Ohne jeglichen Anlass, voriger Konversation oder Small Talk, platzte es aus dem weisen Mann heraus, der genau beobachtet hatte was gerade passiert.

Er sei froh, dass er schon alt sei, nicht mehr so lange leben muss um noch einmal den Grauen des Faschismus mitzuerleben. Diese Aussage wurde in 2013 getätigt und nicht in 1933 wohlgemerkt.

So wollen wir unseren Blick wieder auf eine Heilsame Zukunft richten und der Autor wird versuchen das Grundgerüst für eine Libertäre Republik zu basteln.

Wir legen fest, dass nur der Staat gut ist, jener im Sinne des Gemeinwohls des Volkes handelt.
So wollen wir das Wort Regierung als solches vergessen, denn es deutet bereits an, dass das Volk regiert und reglementiert wird.
Wollen wir regiert werden? Oder wollen wir uns selbst entscheiden dürfen so wie in der Schweiz? Also arbeiten wir nicht mehr an einer Regierung mit Regenten sondern an einem Bürger-Freundlichen Staatsmodell. Welches besser funktioniert als die Alte Bundesrepublik, die zwar ordentlich war aber in vielen Bereichen aneckte, anstrengend war und sich nun auflösen muss.

Wir behalten im Hinterkopf, dass unser Staat in allen Bereichen klar strukturiert sein sollte und für alle Bürger die des Denkens fähig sind, klar ersichtlich und verständlich.
Der Autor hat kein Problem damit komplexe philosophische Konzepte zu betrachten, zu verstehen oder Neue Konzepte zu entwerfen.
Doch wenn ich mir anschaue wie unser Regierungsmodell ausschaut, dann gehen bei mir die Lichter aus, es mit Absicht kompliziert gehalten um die Bundesbürger zu verwirren und vorzuhalten, dass wir Spezialisten brauchen um weiter Kohle in den Ofen zu werfen damit wir auch ja nicht im Chaos der Kalten Realität erfrieren mögen.
Alle Bereiche unseres Lebens vom Regierungsmodell, bis hin zu den Gesetzen, den Steuervorschriften, der Wirtschaft, dem Bildungssystem und etliche weitere Bereiche wurden mit Absicht so kompliziert gestaltet, dass kein einziger Bürger das Gesamtbild überblicken kann.

So fangen wir an die Staatsdiener und Volksvertreter zu modellieren. Wie sollten diese aussehen?
Denn diese sind es schließlich die das Volk vertreten sollen und zu ihrem besten handeln sollen; selbst unter den extremsten Bedingungen.
Wir verabschieden uns vom Rohmodell des Krawatte tragenden Partei und Karriere Politikers, der sich in demagogischer Rhetorik bestens auskennt. Aber keine Ahnung davon hat die Dinge zum Besseren zu führen.
Ein Staatsmann und Volksvertreter wird vom Volk auserwählt, ein Politiker wird von Oligarchen gefördert und in die Position der Macht befördert, um dort den Willen ihrer Lobbyisten zu exekutieren. Daher der Begriff Exekutive. Hört sich ein wenig so an als ob man die Bürger vor das Schafott führt und Exekutiert im wahrsten Sinne des Wortes.
Ein Politiker gehört einer Politischen Kaste an die sich eingebürgert hat, nachdem die Royalisten vorsätzlich, gestürzt wurden. Politiker bewegen sich in Cliquen und unterliegen dem Cliquen Denken. Sie sind keine freien Diener des Volkes sondern dienen der einen Kaste der sie angehören die sich links, rechts oder zentral im politischen Spektrum des Nonsens bewegt.
Im schlimmsten Fall sind die Schutzherren Oligarchen und deren eingeschleusten Lobbyisten.
Ein Staatsmann ob er nun weiblich oder männlich geboren wurde, sollte gewisse moralische, ethische und generelle Fertigkeiten mitbringen, die dem Volke helfen.

Dem Volke das Leben zu jeder Zeit erleichtern.

Er oder Sie sollte fähig sein Entscheidungen zu treffen.

Wie sollte unsere Vorstellung von einem Staatsdiener sein?

Wir verabschieden uns von Oberflächlichkeiten, wie Charme, Rhetorik, Coolem Aussehen und lässigen Sprüchen. Wir verabschieden uns von Panikmachern, Angstrednern, Hetzern, Ketzersrednern und Demagogen Püppchen.

Wir brauchen keine Alleinunterhalter und Schönredner als Staatsdiener.

Diese sollen sich auf den Theaterbühnen austoben und als Stand-up Dramatiker Karriere machen, um die Gesellschaft zu unterhalten anstatt sie zu vergraulen und ihre Zukunft zu verbauen.

Wir brauchen Frauen und Männer die Tacheles reden. Die wirklichen Gefahren und Probleme ansprechen, Lösungen gemeinsam ausarbeiten, und kompetent sind.

Wir wollen einen Staat sehen indem die Volksvertreter; so nennen wir sie Abgeordnete können sich getrost abordnen lassen diese sind nutzlos;

Progress erwirken und sich an die Regeln halten müssen, die durch die Gesellschaft festgelegt wurden Anhand einer Konstitution.

In jener alle Volksvertreter konstruktiv zusammen arbeiten anstatt sich wie im Kasperle Theater mit Rhetorik-Törtchen und Demagogen Bluffs zu besudeln. Um dann schließlich doch das durch zu boxen was dem Volk schadet. Den Volkskrebs zu füttern wie wir es täglich erleben müssen.

Ein Demagoge per Definition ist jemand der sich politisch Macht erarbeitet und seine Rhetorischen Reden ohne wirkliche Intention so hält, dass er die Vorurteile, Emotionen, Ängste und Erwartungen der Zuhörer befriedigt.

Sie schmücken sich damit Lügen zu dürfen um das „Gemeinwohl" zu fördern.

Wieso sollten Sie uns zu unserem Besten anlügen?

Dieses Prinzip geht zurück auf „Platons Republik" und Machiavellis „der Prinz".

Sie glaubten daran, dass Politiker die Bürger anlügen dürfen, da sie ja schließlich vom Volk ausgewählt wurden oder sogar laut Machiavelli wie Schafe geführt werden müssen.

Der Mensch sei von Natur aus Böse und müsste laut Machiavelli getreten werden.

Intellektuelle und jene die die Dinge des Lebens verstehen sind in unserer Modernen Gesellschaft also prädestiniert Lügen zu dürfen, egal wie Kurz die Beine ausfallen mögen.

Ein Staatsmann sollte also Ehrbar sein, Ehrlich und Intelligent.

Die Intelligenz sollte für das Volk arbeiten und nicht für fremde Interessen.

Wir verabschieden uns von Fachidioten die immer mehr Steuern einfordern, und Schulden abarbeiten möchten die auf Zinsen und Zinses Zins basieren.

Hinter dem Staatsmann muss mehr stehen als sein Nimbus, Prestige oder der Status.

Wir wollen Leute auswählen die in Ihrem Leben etwas erreicht haben, etwas vorweisen können und sich beweisen konnten zu führen und gerecht anzuführen.

Wir finden diese Leute rechts und links in unserem Umfeld, aber ganz bestimmt nicht auf den Politischen Schauspiel Bühnen für Vollzeit Darsteller und Charaktere.

Das oberflächliche zurück gestellt und die Tiefe in den Vordergrund gestellt.

Die Volksvertreter sollten sich ständig vor dem Volke rechtfertigen müssen, gleichzeitig müssen die Bürger stets wachsam sein und sich mit ihren Volksvertretern und deren Taten beschäftigen.

Niemals abschweifen nur noch auf die trivialen Nebensächlichkeiten des Lebens abzudriften.

Nur so kann ein Guter Staat gewahrt werden. Dies war zu jeder Zeit der Abfall in Despotismus und Chaos.

Das Wort Politik stammt aus dem Griechischen, und leitet sich ab von Poli der Stadt.

Politi ke Logia heißt also die Lehre über die Führung einer Stadt.

So ist ein einfaches Wort in unserem Sprachgebrauch korrumpiert worden.

Mit Politik assoziiert man Heute nur noch negatives, und dieses wurde bewusst ins Bewusstsein der Massen eingehämmert. Mit Politik sollten wir unsere eigenen Interessen gewahrt sehen innerhalb unserer Stadt und unserem persönlichen Umfeld.

Nicht die Globalen Interessen und Dinge die in Ostchina passieren und uns eigentlich wenig kümmern sollten aufgrund von solch gewaltiger Entfernung.

Politische Parteien sind unbrauchbar und werden einfacher von Korruption befallen als ein einzelner in Eigenverantwortung handelnder Bürger.

Ein Bürger der in der Verantwortung der Bürger steht und nicht in Verantwortung seiner Partei.

Was ist besser???

Parteien mit guter Intention können mit Leichtigkeit innerhalb von kurzer Zeit infiltriert und zerstört werden. Gelingt es nicht sie von innen heraus zu infiltrieren, so muss nur in der Öffentlichkeit verlautet werden, dass die Partei für dieses und jenes steht und die Bürger wenden sich ab. In Deutschland genügt es eine Partei als rechtsradikal und ausländerfeindlich zu etikettieren und schon wendet sich die Masse der Pseudo-Liberalen Politik Zombies ab.

Es ist weitaus schwieriger eine Auswahl an einzelnen Protagonisten zu kaufen als eine Parteispitze.

Indem wir Parteien und Fraktionen beitreten fügen wir uns dem Schwerte des Teile und Herrsche.

Wir bekämpfen uns automatisch.

Es scheint dem Menschen antrainiert worden zu sein, Gruppen zu bilden, diese mit Anführern zu bestücken, um dann eine Fraktion gegen die andere zu hetzen.

So einfach werden wir manipuliert seit Jahrtausenden.

Wir benötigen eine Anzahl ehrbarer Bürgerinnen und Bürger aus allen Bereichen des Lebens, Junge und Alte von 20 bis XX Jahre, jene die Belange, Wünsche und Forderungen der Bürger erfüllen können. Schafft also die Parteien ab, denn sie entsprechen dem Prinzip des Divide et Impera.

Dieses fördert die Teilung eines Volkes und den Imperialismus von Größen-Wahnsinnigen.

Zur Abwechslung könnten die Bürger einen erfolgreichen und ehrbaren Bürger als Vorsitzenden des Volkes wählen. Oder einen Landwirt, Dichter, Komponisten oder Schriftsteller.

Wir könnten unsere Volksvertreter aus Bereichen der Künste, der Industrie und den Intellektuellen Kreisen erwählen.

Eine Bunte Mischung von Volksdienern. Die dann dem Volk im Dienste stehen.

Um Karriere Politiker zu verhindern wird die Dienstzeit auf 5 Jahre beschränkt, ohne dass diese verlängert werden kann.

Nun werden einige schreien; Wer würde alles stehen und liegen lassen um fünf Jahre in Pflicht genommen zu werden?

In einer freien und dynamischen Marktwirtschaft ist dieses ein leichtes.

Schließlich soll das Individuum sich dem Volk zur Verfügung stellen einen ordentlichen aber stets angemessenen Lohn erhalten ohne Bedacht darauf zu sein sich die Taschen zu füllen.

Wir haben also unsere Volksvertreter ausgewählt, in welchem Staatsmodell sollen sie nun dienen?

Für die Republik besteht ein Parlament, für jeden Bundesstaat als auch für jede Region.

Man könnte sich darauf einigen Anhand der Anzahl eines Bundesstaates die Repräsentanten Anzahl festzulegen.

Jedes Bundesland würde demnach eine Anzahl an Volksvertreter wählen, die sich der Bevölkerung des jeweiligen Bundeslandes verantworten müssten.

Ein Bundesland mit 10 Millionen Einwohnern dürfte demnach 60 Repräsentanten wählen.

Jede Region eines Bundeslandes verfügt folglich über einen eigenen Volksvertreter auf der höchsten Staatsebene. Dieser ist verantwortlich für die Stimmen der Bürger der eigenen Region und muss sich vor diesen in seinen Taten und Werken verantworten und rechtfertigen.

Für ganz Deutschland wären dies circa 500 Repräsentanten.

Die Bürger könnten ihrem Vertreter auf der höchsten Ebene des Staatsdienstes so sprichwörtlich in den Arsch Treten, falls er oder sie versagt die Interessen der Bürger und die Konstitution zu beachten.

Das Konzept der Vereinigten Staaten basiert auf diesem Modell, mit der Zeit wurden immer mehr Staatsleute durch Politiker ersetzt, jene bestechlich sein müssen, und bestochen werden können, weil sie sich etwas zu schulden haben kommen lassen, was nicht an die Öffentlichkeit geraten darf. Entweder waren sie in homosexuelle Orgien der Böhmischen Gruft in Kalifornien verwickelt oder sind ihrer Gemahlin fremd gegangen, in Orgien mit dutzenden von Prostituierten etc.

Es bestehen immer Druckmittel.

Wie sieht das Parlament genau aus, wie ist es strukturiert?

Wir legen fest, dass wir kein einzelnes Staatsoberhaupt benötigen, da wir in naher Zukunft der Kriegstreiberei entsagen und dem Landesklau.

Wir entsagen dem Globalismus also brauchen wir auch keinen „Starken" Kanzler oder Prestige trächtigen Präsidenten.

An der Spitze befinden sich mehrere Staatsoberhäupter, da viele schwieriger zu bestechen und kontrollieren sind als ein einzelner.

Wir wählen die höchsten Magistrate aus, aus den unterschiedlichen Bereichen der Bevölkerung wie zum Beispiel, Gelehrte, Künstler oder Entrepreneure, Landwirte, Mediziner usw.

Jeder kann ganz einfach erkennen, dass sich im eigenen Umfeld fähigere Leute aufhalten als der Bundestag derzeit ertragen muss.

30 Magistrate bekleiden also die oberste Instanz des Parlaments für maximal 5 Jahre und werden aus den 500 Parlamentariern demokratisch gewählt, die zuvor vom Volk gewählt wurden.

Im Falle einer Krise ernennen sie nach demokratischer Abstimmung ein Oberhaupt, um kritische Entscheidungen zu treffen, da es manchmal einer klaren und schnellen Entscheidung Bedarf.

Die Krise beschränkt sich auf eine Invasion durch Fremde oder etwa eine Klima Katastrophe die schnelle Entscheidungen benötigen und eine klare Führung.

Nach Bewältigung der Krise kehrt das Oberhaupt wieder zurück in den Pool von Magistraten.

So entfällt die Klassische Exekutive wie sie bisher als notwendig erachtet wurde und durch einen Präsidenten oder Kanzler ausgefüllt wurde.

Gesetze werden von den Volksvertretern als auch Magistraten entworfen;

ausschließlich wenn ein Neues Gesetz Notwendig wird.

Wir möchten uns daran erinnern, dass zu viele und vor allem unnötige Gesetze das Leben nicht verbessern sondern nur verschlechtern können, da hier die Freiheiten der Bürger eingeschränkt werden.

Die Gesetze die entworfen werden müssen sich an die festgelegte Konstitution des Landes halten.
Zu den Gesetzen folgt später ein eigener Abschnitt wir beschränken uns zunächst auf die Gewalt beim Gesetzesentwurf und neue Gesetze die notwendig werden mit fortschreiten der Zeit.

Die 30 Magistrate sind im Kollektiv zuständig für die generellen und oberen Belange der Gesellschaft wie etwa, Rohstoff Förderung und Verarbeitung, Wirtschaft, Geldausgabe, Infrastruktur und der Erhaltung einer Volksmiliz, Straßenbau etc.
Somit entfallen Aufgaben der Exekutive wie etwa Finanzminister oder Innenminister etc.
Die Gesellschaft wird in einer freien Marktwirtschaft so aufgebaut sein, dass die Bürger selbst die meisten Entscheidungen tragen, so dass die Magistrate nur noch den Erhalt der Strukturen übersehen müssen.
Es wird keine Wirtschaftsstimuli benötigen durch einen Finanzminister wie in unserem derzeitigen rostigen Wirtschaftsmodell welche ohnehin wirkungslos sind, es wird kein Innenminister vonnöten sein, da es keine offizielle Armee mehr gibt und sich diese auf eine Bürgerwehr und Miliz beschränken sollte. Wir gehen davon aus, dass dieses Modell andere Länder inspiriert den selben friedfertigen Weg einzuschlagen anstatt weiter Atomwaffen und Panzer zu bauen.
Mahatma Gandhi hatte bewiesen, dass es auch pazifistisch geht, für alle anderen gibt es immer noch den harten Weg mit Waffengewalt so oder so.
Die Vereinigten Staaten als Supermacht, mit all ihrer Militärischen Überlegenheit gegenüber den Vietcong konnte es nicht schaffen, ein Volk mit Ak-47 ausgerüstet zu besiegen.
Behalten wir auch dies im Hinterkopf, denn ein geeintes Volk ist unbesiegbar.
Der Feind greift immer in der Mitte an und kauft sich einen Efialtis um einem Leonidas das Messer in den Rücken zu rammen.

Die Bürger haben zudem jederzeit die Möglichkeit eine Petition einzureichen einen X Beliebigen Staatsdiener abzusetzen, falls Sie dieses wünschen.
Auf die Petition folgt eine Abstimmung und direkte Demokratie für alle die sich beteiligen wollen.
Die Mehrheit entscheidet schließlich über den Verbleib des Volksvertreters.
Ich möchte betonen, dass es sich um keine Demokratische Republik handeln soll, denn in der Demokratie ist es so, dass 51 Bürger über das Schicksal der unterliegenden 49 Bürger urteilen können.
In einer „Politia" müssen sich alle an die Konstitution halten die so geschrieben wird, dass sie die Interessen der Bürger wahrt.
99 Bürger können EINEM einzelnen Bürger nicht die Rechte wegnehmen die ihm durch die Konstitution zugesichert wurden.
Wir bauen uns also keine Demokratie sondern eine „Politia" die auf einer Konstitution basiert.
Eine Konstitution nach Vorbild der Amerikanischen von den Gründungsvätern der Vereinigten Staaten festgelegt oder den 10 Geboten die Moses von Gott erhielt.
Eine Konstitution die für jeden zu vertreten ist.
Unsere „Politia" wird trotzdem demokratisch ausgerichtet sein, denn Gesetzesentwürfe und andere Beschlüsse werden demokratisch unter Berücksichtigung der Konstitution getätigt.
Eine Reine Demokratie ist gleich der Abstimmung zweier Raubtiere über den Verzehr eines Lamms.
In einer „Politia" wäre dies gegen die Konstitution die das Lamm vor dem Verzehr durch Predatoren schützt. Ein Staat mit demokratischen Elementen und demokratisch ausgerichtet ist nicht gleich einer reinen Demokratie.

Wahlkampagnen im Alten Stil gehören der Vergangenheit an, da sie nur Bühnen schaffen für Demagogen mit ihrer feinen Rhetorik.

Bürger stellen sich ihren Mitbürgern zum Dienst und werden regional gewählt.

Oder sogar noch besser vorgeschlagen von ihren Mitbürgern.

Die Debatten der Vergangenheit können wir uns sparen, denn es wird nicht mehr die alten konstruierten Probleme geben in einer dynamischen Wirtschaft mit ordentlichen Tauschmitteln und einer Sozialismus freien Gesellschaft.

Natürlich kann auch jede Konstitution überschritten werden, doch stellt sie zumindest ein Manifestiertes Dokument dar welches jederzeit in Anspruch genommen werden kann um diese einzuhalten und auf deren Erhalt zu plädieren.

Geheimdienste mit der außerordentlichen Lizenz zum Töten im Auftrag der „Bienenkönigin" und Anwendung von Sabotage, Spionage, Terror, das umstürzen von fremden Regimen und so weiter können wir uns getrost sparen in einer reifen und Paranoia Freien Zukunft.

Wir gehen davon aus, dass unsere Nachbarn nichts vor uns zu verbergen haben und wir nichts von unseren Nachbarn einfordern, da Deutschland Reich ist an allem was der Mensch wirklich zum Leben braucht. Was will der Franzose und Italiener hierzulande finden was er nicht auch bei sich Zuhause vorfindet. Der Holländer kann fliegen und Wasser in Land verwandeln, der Däne hat genug Land für Kühe zum Grasen. Der Pole verfügt über ein Land Reich an Kultur und alten Städten. Was sollte uns noch Sorge bereiten?

Des weiteren möchte ich an dieser Stelle einige Zeilen aus der Anonymen Deklaration der Amerikaner kopieren die für jeden vertretbar sein dürften:

I Die Notwendigkeit bestimmte Politische Beziehungen aufzulösen
(Siehe Demokratische Abstimmung über das Verlassen eines Magistrat oder Volksvertreter aus dem Parlament)

II Die Notwendigkeit Gewalten zu wahren die Gott dem Menschen von Geburt an zuschrieb

III Separation von einem Ungerechten Regierungsmodell

IV Selbstverständliche Begebenheiten und Wahrheiten

A. Alle Menschen sind gleich vor Gott (also auch vor dem Gesetz)
B. Unser Schöpfer Gott gibt jedem unwiderrufliche Rechte,
1. Leben, Freiheit, Glückseligkeit, Eigentum, Sicherheit, Respekt, Privatsphäre etc.

C. Der Zweck der Regierung ist den Schwachen vor dem Starken zu schützen

D. Das Recht und die Pflicht eine schlechte Regierung abzuschaffen

... schlechte Gesetze, schlechte Gerichte, Polizei Staat (Schwärme von Soldaten),
Steuern ohne Zustimmung, keine Jury vor Gericht ...

Leitsatz; **Wir das Volk halten die Macht in unseren Händen: Wir das Volk im Zuge eine bessere Gemeinschaft zu formen ... und die Früchte der Freiheit zu sichern ...**

Nun wird der eine oder die andere gewillt sein zu sagen, dass wir in Deutschland über das Grundgesetz verfügen.

Das Grundgesetz und Deutschland werden momentan von Europa absorbiert und der „Lissaboner Vertrag" wird irgendwann in naher Zukunft diese ersetzen. Somit können Dissidenten des Staates und solche die auf die Straße gehen um zu protestieren einfach und sauber eliminiert werden, vom Gesetz des Neuen Block Staates gedeckt.

Das Grundgesetz wird hier und da willkürlich getreten, da Korruption und Macht ausgenutzt werden von jenen die einen Schwur geschworen haben innerhalb einer Geheimen Verbindung oder Geheimgesellschaft.

Die Schwüre die ein Freimaurer gegenüber seinen Gebrüdern hält müssen von ihm eingehalten werden. Sie überschreiben jedes geschriebene Gesetz.

Sprich ein Richter oder Staatsanwalt der gleichzeitig Freimaurer ist muss seiner Bruderschaft vorrangig Rechenschaft ablegen und gibt bei Eintritt in die Freimaurerei einen Eid ab, auf Blut und Todesstrafe.

Wie viele Personen der Öffentlichkeit sterben unter mysteriösen Umständen?

Glauben wir daran, dass Möllemann Selbstmord begangen hatte, nachdem er im Fernsehen zuvor noch heiß debattierte und einen enormen Kampfes Willen an den Tag legte?

Frei nach den Worten von William Cooper, wir wissen nur das was wir selbst überprüfen und sehen können, alles andere ist nicht zu bestätigen und sollte unter Vorbehalt aufgenommen werden.

Ist die Erde nun Rund oder Flach wie eine Papier Seite?

Erklären Sie einem Kind welches noch nicht in der Schule war und noch klar im Kopf, dass der Mensch sich auf einer Runden Kugel bewegt, diese mit 1000 km in der Stunde um die Sonne rotiert und die Sonne sich mit 900 000 Kilometer pro Stunde durchs Weltall bewegt?

Doch es muss stimmen es gibt Bilder von der Erde, unzählige von Satelliten geschossen und es existiert die Moderne Raumfahrt. Wirklich? Schauen sie selbst das Internet ist voll von Aufnahmen von der Erde; welch Ironische Lüge. Und in jedem Klassenzimmer oder auf jedem dritten Bürotisch ist ein „Globus" aufgestellt. Wir wollen festhalten, dass die NASA mit Ex-Nazis bestückt wurde, glauben sie nicht mir, bestätigen sie es sich selbst.

Alle Astronauten sofern ich es aufnehmen konnte, waren Freimaurer.

Sechs von Acht Astronauten haben sich geweigert auf die Bibel zu schwören; jemals wirklich auf dem Mond gewesen zu sein. Der offizielle zweite Mann auf dem Mond verpasste dem Dokumentarfilmer sogar eine ordentliche Faust.

So welcher Schwur überschattet den auf die Bibel einen Eid abzulegen?

Die NASA verschlingt jedes Jahr hunderte Milliarden und war niemals auf dem Mond oder im Weltall! Es gibt keine Bilder von Satelliten oder Planeten oder sonstigem.

Alles sind Grafiken. Selbst „Google Earth" verwendet grafische Karten.

Was glauben Sie welche Möglichkeiten Milliarden an Steuergeldern einer Ruchlosen Elite eröffnen? Und wie viele hungrige Mäuler man stopfen könnte? Würden Afrikanische Kinder noch hungern müssen? Wieder einmal sind wir etwas abgekommen ... doch dies ist der Preis der Wahrheit nachzuforschen ...

Wie sollten die Gesetze in einer Libertären Republik beschaffen sein?

Die Gesetze müssen klar und deutlich formuliert sein, so dass die Masse der Bürger diese versteht. Jegliche Willkürlichkeit und Unstimmigkeiten müssen vermieden werden, da diese sonst mal so, mal anders ausgelegt werden, je nach Stimmung des Vollstreckers.

Willkürlichkeit von Beamten sollte eine Sache der Vergangenheit sein.

Alle Gesetze müssen so verfasst werden, dass sie nicht eine Gruppe oder gewissen Interessen dienlich sein können.

Jedes Gesetz ist gebunden an die Richtlinien der Konstitution und vor dem Gesetz sind alle gleich.

So kommen wir zu den Grundrechten die sich an den „Bill Of Rights" der Vereinigten Staaten orientieren:

I. Religionsfreiheit, Redefreiheit und Pressefreiheit.

II. Das Recht auf Waffen Besitz.

Die ersten beiden Gesetze sind unerlässlich um Freiheit der Bürger überhaupt erst zu wahren. In allen Zeitaltern der Geschichte waren Sklaven unbewaffnet!!! Und ihnen wurde das Wort versagt.

III. Das Recht auf Privatsphäre und Schutz vor unrechtmäßigen Durchsuchungen und Beschlagnahmung; Durchsuchungsbefehlen.

IV. Großes Geschworenen Gericht, niemand muss gegen sich selbst aussagen, kein Verlust von Leben, Freiheit oder Privateigentum ohne faires Gerichtsverfahren.

V. Schnelle und öffentliche Gerichtsverhandlung, unparteiische Geschworene, das Recht zu konfrontieren; obligatorische Zeugen, Unterstützung durch Ratgeber.

VI. Das Recht auf ein Gericht mit Geschworenen nach allgemeinen Recht, die 10 Gebote sind die Grundlage für das Allgemeine Recht.

VII. Rechte die sich über die der hier erwähnten Verfassung erstrecken sind den Bürgern vorbehalten.

VIII. Nicht delegierte Gewalten gehören den Bürgern außer sie wurden durch die Bürger auf die Staaten übertragen.

Sprich jedes Bundesland erhält seine Gewalten durch die Bürger die ein Veto einlegen dürfen. Jedes Bundesland kann sich, falls die Bürger dies wünschen selbstständig machen oder austreten aus dem Staatenbund. Dieser Artikel schützt vor Diktatorischem und Zentralistischem Machtmissbrauch und dient als letzte Bremse vor Totalitärer Diktatorischer Zentralisierung.

IX. Wahlrecht für alle die dass 18. Lebensjahr erreicht haben, Wahlrecht besteht ausschließlich für die Bürger des Staates.

X. Jeder Bürger hat das Recht sich als Volksvertreter aufstellen oder nominieren zu lassen.

XI. Versammlungsfreiheit.

XII. Reisefreiheit.

XIII. Das Recht sich selbst zu verteidigen.

Keine Person, Gruppe oder sonstige Einrichtung ist befugt diese Grundrechte; die jedem Bürger unabhängig von Kredo, Religion oder ethnischer Abstammung zustehen, zu übertreten.

Eine Konstitutionelle Republik wird abgesichert durch 3 Grundsätze:

1. Gott hat den Menschen geschaffen jener sich an seine Gebote zu halten hat.

2. Die Bürger der Republik oder „Politia" haben die Konstitution geschaffen.

3. Die Konstitution macht die Magistrate und die Volksvertreter eines Staates aus.

Die Basis der Gewalten liegt in den Händen von uns den Bürgern dieser Republik.

In einer Demokratie zum Vergleich gäbe es nur eine Abstimmung.
In unserer Republik gibt es drei Absicherungen; die Gesetze des Schöpfers,
die Konstitution und die Volksvertreter die sich an die Konstitution halten müssen.

„Jene Menschen die nicht von Gott regiert werden müssen von Tyrannen regiert werden."
(William Penn)

Die Konstitution welche sich an der Konstitution der Vereinigten Staaten orientiert:

Sektion 1. Die Gesetzgebungsgewalt liegt in den Händen der Volksvertreter und Magistrate.
Diese unterliegen zunächst Gott, den Grundrechten der Bürger und den Bürgern.

Sektion 2. Die Repräsentanten im Parlament werden angepasst an die Anzahl der Bürger einer Nation und unter Berücksichtigung der Relation von Bürgern und Regionen.
Sie werden alle 5 Jahre aus jeder Region und Landkreis ins Parlament und Magistrat durch die Bürger gewählt. Ihre Amtzeit beträgt maximal 5 Jahre und darf diese nicht überschreiten.
Es besteht ein Parlament für die Republik, die Länder und die jeweiligen Regionen. Das Parlament der Länder ist gleich aufgebaut wie das der Republik.
Kein Bürger darf zweimal ins Parlament oder Magistrat gewählt werden.
Elektronische Wahlhilfen oder Zählmaschinen sind verboten.
Bei Betrugsverdacht oder Verdacht auf Wahlmanipulation müssen die Wahlen wiederholt werden; falls der Betrug oder die Manipulation aufgedeckt wurden.
Das Magistrat darf nicht 30 überschreiten oder unterschreiten.
Die Magistrate sind im Kollektiv verantwortlich dafür die obersten Belange des Staates zu überschauen, koordinieren oder zu verbessern. Sie sind gleichzeitig verantwortlich dafür die Bürger des Landes im Ausland zu repräsentieren.
Ihre Machtbefugnisse erhalten sie von Gott, den Bürgern und der Konstitution unter Einhaltung

der Grundrechte des Landes. Alle Repräsentanten und Magistrate müssen volljährig sein und eine gewisse Reife mitbringen, es gibt keinen Grund junge fähige Bürger als Repräsentanten oder Magistrate zu erwählen. Alle Repräsentanten oder Magistrate müssen innerhalb der Eingrenzung des Landes geboren sein um vor schneller Infiltration zu schützen.

Die Etablierung von Parteien oder sonstigen Vereinigungen innerhalb der Parlamente von Republik, Länder und Regionen ist untersagt. Jeder Magistrat und Volksvertreter handelt eigenständig und hat sich für seine Handlungen und Aussagen in Persona zu verantworten.

Sektion 3. Es dürfen keine neuen Steuern erlassen werden, Steuern beschränken sich auf eine einzige Konsumsteuer die sich an den moderaten Ausgaben des Staates orientiert, aber niemals ausarten darf, so dass sie die Bürger ihres Lohnes enteignet.

Somit bestimmen die Bürger durch ihren Konsum wie viel Steuern sie abgeben möchten.

Es besteht keinerlei Ungerechtigkeit mehr zwischen Arm und Reich.

Sind die Bürger unzufrieden über die Satzung der Konsumsteuer und deren Höhe, so dürfen sie darüber direkt und demokratisch abstimmen.

Eine Konsumsteuer zwischen 5 und maximal 15 Prozent dürfte angemessen sein.

Alle weiteren Besitztümer und Einkünfte eines Bürgers gehören ihm alleinig, dem Staat ist es untersagt darüber zu verfügen oder sonstige Neue Steuerbeschlüsse zu verfassen.

Sektion 4. Jeder volljährige Bürger ist sein eigener Herr, so lange er sich an die Regeln der Gesellschaft hält die festgelegt werden durch die Konstitution und Grundrechte, darf er sich frei bewegen.

Sektion 5. Die Eltern bestimmen über die Art und Weise wie sie ihre eigenen Kinder erziehen und unterrichten möchten. Sollten Sie ihre Kinder in irgendeiner Weise misshandeln oder anderweitig schaden, in Überschreitung der Grundrechte eines jeden Menschen die ihm von Gott gegeben wurden so ist es in erster Linie die Pflicht des Nahen Umfeldes einzuschreiten oder in zweiter Instanz wird die Justiz herangezogen.

Sektion 6. Jede Region verfügt über ein Regionales Gericht. Landesgericht und Obergericht werden eingerichtet für spezielle Anlässe, die regionale Gegebenheiten überschreiten.

Richter werden vom Volk gewählt auf eine beschränkte Amtszeit von 10 Jahren und müssen eine Prüfung ablegen in der sie bestätigen, dass sie die Gesetzesentwürfe beherrschen.

Sektion 7. Eine jede Region erhält eine eigene Gendarmerie zur Unterstützung der Zivilbevölkerung und als Arm des Gesetzes. Feuerwehrleute und Notsanitäter werden in ausreichender Anzahl ausgebildet und müssen sich an eine entsprechende Sicherheitsanordnung halten.

Sektion 8. Alle Ausgaben der Region, der Länder und der Republik werden jährlich veröffentlicht, so dass es den Bürgern möglich ist einzusehen wie die Steuergelder verwendet wurden.

Sektion 9. Jeder Bürger darf sein eigenes Zahlungsmittel oder Tauschmittel auf dem freien Markt etablieren. Angebot und Nachfrage sind die einzigen Regulatoren für Zahlungs- und Tauschmittel. Der Staat hat kein Recht in die Wirtschaft oder die Zahlungsmittel der Bürger einzugreifen

Eine Zentrale Geldausgabe Stelle ist untersagt.
Manipulation der Geldausgabe und Bereicherung durch diese ist untersagt und wird bestraft.

Sektion 10. Ein Staatliches Fernsehen oder anderweitige, Staatliche Medien dürfen nicht errichtet werden. Mediale Unterhaltung unterliegt den Bürgern und deren Interessen.
Der Staat hat kein Anrecht die Mediengestaltung und Vielfalt des Landes zu regulieren.

Sektion 11. Der Staat verfügt über keine Autorität bezüglich der Schulbildung und sonstiger beruflicher Ausbildung von speziell Kindern und Jugendlichen.
Die Eltern dürfen selbst entscheiden wie sie ihre Kinder unterrichten möchten.
Öffentliche Schulen, Privatschulen und Heimunterricht sind diverse Möglichkeiten die sich anbieten.

Sektion 12. Die Armee des Landes besteht aus einer freiwilligen Landes Miliz.
Diese formiert sich in den Regionen und jeweiligen Ländern des Bundes; je nach Erfordernissen und Belangen.
Im Kriegsfall oder anderer Katastrophen, dürfen die Magistrate eine Landesarmee formieren; zur Verteidigung der Republik.
Seefahrt und Grenzen werden durch spezielle Administrationen übersehen.

Sektion 13. Den Magistraten und Volksvertretern ist es unterlassen sich von Lobbyisten beeinflussen zu lassen oder sonstige Geheime Veranstaltungen zu besuchen, in jenen politische Themen besprochen werden.

Sektion 14. Kriegsbeschlüsse, Pakte oder Rüstungsverträge mit anderen Staaten sind zu unterlassen und unterliegen der Observation der Bevölkerung.
Jede Kriegshandlung muss vom Volke bestimmt werden.
Aktive Annektion und Kriegstreiberei muss unterlassen werden.
Sich nach dem Gesetz Gottes richtend, denn es ist ausreichend Raum für alle Menschen gegeben.

Sektion 15. Der Staat hat keinerlei Befugnisse welche die Heirat von Bürgern betreffen.
Diese sind die Privaten Belange der Bürger und liegen nicht im Interessen Spektrum des Staates.
Der Staat soll sich aus allen sozialen und privaten Angelegenheiten heraushalten.

Sektion 16. Der Staat darf keine Lizenzen vergeben. Beispiele Fischlizenz, Jagdlizenz, Waffenlizenz etc. Sollten Bürger Beschwerden haben so haben sie diese an die Regionale Justiz zu richten die angehalten ist nach dem Grundgesetz und Konstitution zu handeln.

Sektion 17. Willkürliche Prohibition von speziellen Substanzen oder Drogen sind dem Staat nicht gestattet. Die Bürger eines Landes oder einer Region dürfen darüber abstimmen wenn sie gewisse Substanzen oder Drogen für gefährlich erachten.
Diese Sektion soll Kriminalität durch kriminelle Organisationen und einen Schwarz Markt verhindern.

Sektion 18. Steuern auf Grundbesitz und Land sind untersagt. In einem Freien Land gehört das Land den Bürgern des Landes und nicht dem Staat.

Der Staat erhält soviel Land für Staatliche Einrichtungen wie notwendig und ausschließlich zur Nutzung im Sinne und zur Förderung der Bürger eines Landes.

Sektion 19. Die Bürger dürfen friedlich, frei demonstrieren und sich versammeln ohne ständig von Polizeigewalt eingeschränkt zu werden. Sollten Bürger eingeschränkt werden durch rücksichtslose Demonstrationen oder Ansammlungen so sind diese durch die Örtliche Gendarmerie und Justiz zu prüfen.

Sektion 20. Niemand wird verurteilt bevor die Schuld eindeutig bewiesen wurde.
Es werden keine schnellen Prozesse oder Känguru Gerichte verantwortet.
Jeder hat das Recht seine Unschuld zu beweisen und ist bis seine Schuld bewiesen wurde nicht zu verurteilen aufgrund von Spekulation auf Terrorverdacht oder sonstiger Anschuldigungen.
Geheimgerichte sind verboten.

Sektion 21. Die Rede- und Pressefreiheit sind unantastbar. Noch niemand wurde von Worten alleine getötet. Kriegstreiberei und böswillige Volksaufhetzung gegen Individuen, Minderheiten oder andere ethnische Gruppen verstoßen gegen das Grundrecht und werden von der Justiz unter Berücksichtigung der Grundrechte und Konstitution geahndet.
Es ist dem Staat, den Ländern oder Regionen untersagt Zonen für Demonstrationen festzulegen. In einem Libertären Land werden die Bürger nicht demonstrieren um dritten willkürlich unrechtmäßigen Schaden zuzufügen.

Sektion 22. Der Staat, die Länder und Regionen haben keinerlei Recht die Schulbildung ihrer Bürger festzulegen. Diese wird bestimmt durch die Erziehungsberechtigten oder durch das Individuum selbst; sobald dieses die Fähigkeit und den Willen hat diese Selbst zu erwählen.

Sektion 23. Jeder Bürger hat Anrecht auf Land und Grundbesitz.
Die wichtigsten Ressourcen gehören den Bürgern der Republik im Kollektiv.
Sie werden aufgeteilt in 3 Kategorien für die gesamte Republik, die Länder und Regionalen Kommunen. Hervorzuheben sind Wasser, Erdöl, Kohle, Gold, Silber, die Stromversorgung etc. Die Bürger sind sich darüber einig welche Ressourcen wichtig sind und auf alle Bürger verteilt werden sollten.

Sektion 24. Das Recht frei Energiequellen und Wasser zu beziehen im Einklang mit Natur und Mitmenschen.

Diese Aufführung von Grundrechten und einer Konstitution soll lediglich als Grundlage und Inspiration dienen. Der Autor ist nicht geschult in Justizfragen.
Die Ausführungen decken auch mit Sicherheit nicht alles ab, so dass diese ausgefüllt und optimiert werden können.

Weiterhin sollte aufgeführt werden, dass jegliche unnötige Prohibition durch den Staat nur die Freiheiten der Bürger einschränkt. Vorwände hierzu zu akzeptieren führt immer zu Despotismus.
Ein Rechtsstaat kann nur aufrecht gehalten werden wenn die Masse der Bürger für den Erhalt dessen gerade steht und aufmerksam die Prozesse von Korruption und Macht Ergreifung studiert.

In einer Libertären Welt bleiben die Grenzen zu Nachbar Staaten offen und es herrscht ein reger Austausch.

In einer nicht freien Welt wie sie derzeit besteht müssen strikte Grenzen gelegt werden und kontrolliert; um nicht in das Moloch zu verfallen in welches wir uns momentan bewegen.

Demonstrationen sind ein heikles Thema. Denn spezielle Interessen können immer ein paar Schläger in eine Demonstration einschleußen um Polizei Gewalt zu rechtfertigen.

Dieses Vorgehen kann immer und immer wieder beobachtet werden.

Die Massen demonstrieren friedlich und ein paar oder eine kleine Gruppe randaliert und rechtfertigt somit den Einsatz von Polizeigewalt.

Dieses sollte immer bedacht werden.

Man kann hier von Absicht reden oder diese ignorieren.

Wir haben die Form der Staatsführung und die Gesetze der „Politia Libertas", festgelegt.

Der nächste große Schritt ist die Wirtschaft und Geldwirtschaft zu erarbeiten.

Hierbei wird uns Österreichs Wirtschaftsschule behilflich sein, jene für eine Freie Marktwirtschaft steht. Sie steht der Keynesianischen Wirtschaftsschule als auch der Klassischen Schule von Adam Smith, und der Marxistischen Schule gegenüber.

All jene Wirtschaftssysteme die eine kleine Elite über den Rest der Menschen heben.

Kapitalismus ist eine Brandmarkung die oft für die freie Marktwirtschaft genutzt wird um sie als schlecht zu denunzieren. Kapitalismus ist die rechte Flanke der Wirtschaftlichen Hegelschen Dialektik von Sozialismus und Kapitalismus. Diese zwei Systeme sollen eine Symbiose erschaffen den totalen Faschismus. Faschismus wie ihn Mussolini als Macht von mächtigen speziellen Interessen definiert hatte.

Kapitalismus wird von Linken als Schlagwort genutzt um die freie Marktwirtschaft als korruptes System für Monopoly Männer gemacht, zu taufen.

Die Grundlage für Wirtschaft ist der Mensch selbst in Aktion um seine Bedürfnisse zu stillen und Lebensqualität zu verbessern. Zeit und Prioritäten sind hierbei zu berücksichtigen.

Wir werden nun einen kleinen Lehrgang der Schule des Ludwig von Mises absolvieren.

Einen kleinen Crash Kurs freier Marktwirtschaftslehre.

Wir werden die Grundlagen der Wirtschaft beleuchten, die Funktion von Märkten und Geld.

Der Grundsatz eines Libertären Staates bezüglich der Wirtschaft und des Geldes ist Nicht Intervention. Freiheiten zu gewähren die es den Bürgern eines Landes ermöglicht sich weiter zu entwickeln und große Dinge zu erreichen. Alle Barrieren die störend sind zu entfernen und wirtschaftliche Freiheiten zu respektieren die unerlässlich sind für Wachstum und Wohlstand.

Die Hauptaufgabe bezüglich der Wirtschaft eines Landes im Libertären Staat ist also der Erhalt einer freien Marktwirtschaft in der alle Teilnehmer gleiche Rechte haben und keine Person oder Partei bevorzugt wird. Alle Teilnehmer in dieser Form der Wirtschaft haben sich an die gleichen Spielregeln zu halten, die der freie Markt definiert. Sie sind gebunden an natürliche Prozesse und Gesetze von Zeit, Angebot und Nachfrage. So sind alle Akteure in einem freien Markt verantwortlich für ihre Handlungen und auch Fehler. Jede Handlung kann Erfolg oder Misserfolg bedeuten, in einem freien Markt muss jeder Teilnehmer persönlich für Verluste haften.

Gleichzeitig verfügt ein jeder Teilnehmer frei über seine Gewinne und Überschüsse.

Die freie Marktwirtschaft erhebt keineswegs den Anspruch perfekt zu sein.

Ebenso wie der Mensch nie perfekt sein kann, so wird auch die Interaktion von vielen Menschen innerhalb von Markt Strukturen nicht der Perfektion entsprechen können.

Wir halten trotzdem fest, dass die freie Marktwirtschaft bis dato das beste Wirtschaftsmodell darstellt, wenn man von einem Utopia absieht welches unerreichbar scheint und auch unerreichbar sein dürfte. Der Mensch mit allen seinen Fehlern und Makeln kann keine Perfekte Welt erschaffen, denn hierzu wurde er durch seine fehlerhafte Schöpfung vom Schöpfer bereits nicht befugt.

Was den Menschen dazu veranlasst zu handeln und mit anderen Menschen einen Handel einzugehen ist der Drang zu überleben und sich das Leben zu verbessern.

Alle Aktionen innerhalb einer Bürgerwirtschaft sind definiert durch das handeln von Individuen.

Diese unzähligen Handlungen bestimmen den Markt in allen Bereichen.

Jede Handlung innerhalb der Wirtschaft verfolgt einen Zweck und ein bestimmtes Ziel.

Kaufe ich ein Stück Brot oder eine Banane so tue ich dies um meinen Hunger zu stillen.

Ein Automobil beschleunigt Mobilität, Freiheit und Flexibilität.

Ein Großes Haus bietet Unabhängigkeit, Sicherheit, eventuell Luxus und vor allem Raum zum Leben.

Der Haarschnitt beim Friseur kann das Wohlbefinden oder Selbstbewusstsein steigern.

So hat jede Transaktion im Markt dominiert durch Produkte und Dienstleistungen die Bedürfnisse von Individuen zu stillen.

Der agierende Mensch legt im allgemeinen den Wert eines Produktes oder einer Dienstleistung fest je nach Notwendigkeit und Situation. Der Wert einer Sache oder Dienstleistung variiert von Konsument zu Konsument. Jeder Konsument legt zunächst für sich selbst fest wie viel ihm ein Produkt oder eine Dienstleistung Wert ist. Der Markt bestimmt durch Angebot und Nachfrage, regelt schließlich den Preis.

Was eine Wirtschaft unberechenbar und unstetig macht ist die Tatsache, dass die Zukunft nicht bestimmbar ist. Eine Prognose kann errechnet werden. Doch niemals eine exakte Entwicklung von Wirtschaft und Marktverhalten.

Unzählige Individuen machen den Markt durch ihr Verhalten zur Stillung von Bedürfnissen nicht bestimmbar, dynamisch und schwankend.

Ein freier Markt reguliert sich selbst durch Angebot und Nachfrage, es ist ein einfaches Prinzip.

Besteht eine rege Nachfrage so wird sich immer jemand finden der anbietet um die Nachfrage zu stillen. Sobald die Nachfrage sinkt, fällt auch nach und nach das Angebot.

Insofern ist eine Bürgerwirtschaft oder Wirtschaft im allgemeinen nicht zu kontrollieren und jede Kontrolle und Intervention ist zum scheitern verurteilt und zerstört die Marktwirtschaft.

Jede komplizierte Formel und alle ach so schwierigen Wirtschaftsmodelle, und Experten Schnick Schnack sind also überflüssig und aufgesetzt.

Zentrale Wirtschaftsgurus können nicht durch einen Mathematischen Zaubertrick und irgend welche dubiosen Maßnahmen die Wirtschaft vorhersehen oder jegliche definitiven Prognosen über Wachstum und Wahrscheinlichkeit über dieses und jenes abgeben.

Die Wirtschaft ist nicht berechenbar denn jede Aktion ändert das Resultat.

Dennoch können Zentrale Wirtschaftsmagnaten die Wirtschaft zu ihrem Gunsten beeinflussen indem sie das Denken, Handeln und Fühlen von Individuen beeinflussen.

Hierin liegt des Meisters Trick zur Manipulation von Märkten und Menschen; und deren zentraler Steuerung.

Eine Gesellschaft verbindet sich durch Aktionen und Zusammenarbeit.

Diese ist gegeben durch die Ziele des Individuums oder einer Gruppe.

Preise steigen und fallen im freien Markt permanent durch Angebot und Nachfrage.

Preis Stabilität und Wirtschaftsstabilität ist folglich ein Mythos und auferlegtes Dogma.

Stabilität kann nur temporär erreicht werden durch Intervention, Bremsung oder künstliches Aufpumpen der Märkte. Welches später bezahlt werden muss durch Inflation, Depression oder sogar Rezession.

In einer freien Marktwirtschaft entsteht eine natürliche Stabilität.

Die freie Marktwirtschaft baut auf Privat Eigentum und Eigenbestimmung über den Zweck zur Herstellung von Gütern oder der Erbringung von Dienstleistungen.

Der Markt wird nicht beeinflusst durch institutionelle Faktoren.

Der Staat dient lediglich zur Wahrung der Prinzipien der freien Markt Wirtschaft, und der Interessen der Gemeinschaft; insofern ist es im Interesse von allen, dass ein Unternehmen hygienisch und sicher geführt wird.

Jeder vernünftige Unternehmer der erfolgreich sein möchte, auf einem dynamischen Markt indem sich nur die Besten durchsetzen können, wird bestrebt sein, auf Qualität, Hygiene und Sicherheit zu achten um Kunden und gute Mitarbeiter gleichermaßen zufrieden zustellen.

Innerhalb eines freien Marktes gibt es keine Beschränkungen bezüglich Preisen, Gehältern oder Zinsen. Diese werden bestimmt durch ein gemeinsames Handeln aller Akteure in der freien Marktwirtschaft. Preise, Gehälter und Zinsen werden sich insofern an Konkurrenz, Angebot und Nachfrage sowie eigenem Anspruch messen.

Die freie Marktwirtschaft in einer freien Republik, frei von auferlegten Dogmen und Widersprüchen ist schlüssig und einfach für jedermann verständlich.

Genauso wie der Aufbau eines Staates und die Gesetze für jedermann verständlich sein sollten, verhält es sich mit der Wirtschaft. Vieles was unser Leben beeinflusst wird bewusst schwierig aufgebaut, so dass nur die „Experten" sich auskennen und alle anderen wie Idioten innerhalb eines Scheinsystems agieren und im Dunkeln tappen müssen; unweigerlich werden sie Opfer jener die das komplizierte gemauert hatten; im wahrsten Sinne des Wortes.

Jedes Individuum handelt schließlich zu seinem eigenen Gunsten, möchte man auf dem Markt nicht untergehen sollte man auch immer das Wohl der Konsumenten von Gütern oder Dienstleistungen im Blick behalten. Ist der Markt frei so ergibt sich erhebliche Vielfalt, somit müssen Dienstleister und Produzenten auf die Zufriedenheit des Kunden Wert legen. Fühlt sich der Kunde verarscht so wechselt er zur Konkurrenz über. Man stelle sich einen Bazar vor auf dem es nur einen Melonen Verkäufer gibt, dieser kann sich zum „Melonen Nazi" aufschwingen; jeden erdenklichen Preis einfordern und seine Kunden wie Dreck behandeln insofern diese nach fruchtigen Melonen dürsten. Existieren neben ihm 10 weitere Melonen Verkäufer so ist er gezwungen den Preis so niedrig wie möglich zu halten und seine Kunden wie Könige zu behandeln.

Gleichzeitig belebt die Konkurrenz das Geschäft des Melonen Verkäufers, da er seine Leistungen anpasst und sich anstrengt.

In unserer derzeitigen zentralen Wirtschaft bilden sich immer mehr Monopole, jene die Auswahl einschränken und somit verschlechtert sich die Qualität und der Service im allgemeinen.

Dies muss nicht jedes Unternehmen betreffen doch ein Trend ist zu erkennen.

Eine Marktwirtschaft ist neutral, weder gut noch schlecht. Sie als schlecht zu kennzeichnen ist so wie jedes Messer zu verfluchen. Jedes Werkzeug und jede Waffe liegt in den Händen des Vollstreckers einer Tat. Es kann zu gutem oder schlechtem verwendet werden.

Letztlich ist es die Tat selbst und die Intention die über den ethischen Wert bestimmen.

Die Qualität einer Marktwirtschaft ist abhängig von den Teilnehmern und ihrer Entscheidungen und Aktionen. Ebenso ist es schwachsinnig die Börsenmärkte zu verfluchen die lediglich Indikatoren für Preise, Preisentwicklung und den Austausch als auch Warenwert von Gütern verantwortlich sind.

Die Manipulation der Börse macht die Börse nicht gleich überflüssig und zu reinem Teufelswerk wie es die „Marxianer" fanatisch annehmen.

An der Manipulation der Börse sind die Manipulatoren der Börse Schuld und nicht die Börse als reiner Mechanismus in Form von Vier Wänden mit zich Säulen und einem Dach.

Des weiteren muss an dieser Stelle eingefügt werden, dass eine Mischung von Sozialistischer Wirtschaft und freier Marktwirtschaft nicht möglich ist. Entweder ist eine Marktwirtschaft frei und dynamisch oder sie wird beschnitten und gebremst. Sie ist neutral und frei von Vorurteilen egal ob einer als Dieter Schmidt geboren wird oder als Karl Friedrich von Blau Blut, beide können erfolgreich sein. Wird die Marktwirtschaft reguliert so macht sie Unterschiede zwischen dem einen Individuum und dem anderen, unweigerlich wird einer von beiden bevorzugt werden; oder noch schlimmer nutzt den regulierten Markt zum eigenen Vorteil über den nächsten.

Eine freie Marktwirtschaft dezimiert vor allen Dingen die Ausbreitung von Korruption und Vettern Wirtschaft.

Produktion wird in einer Marktwirtschaft vom Kunden dirigiert und nicht von den Unternehmern. Konsumverhalten beeinflusst auch die Entstehung von Monopolen.

Ein Monopol kann nur dann entstehen wenn alle gezwungen werden nur noch Produkt XY zu konsumieren oder wenn alle aufgrund von Werbung oder mangels Auswahl zu diesem Produkt eines Unternehmens greifen.

Mangelnde Auswahl und Zwangskonsum sind in einer freien Marktwirtschaft unmöglich.

Denn es wird immer Konkurrenz aufkommen die etwas besser oder günstiger; eventuell, qualitativ hochwertiger und preiswerter gleichermaßen herstellen kann; und somit auf dem Markt etablieren.

Letztlich bestimmt die Zustimmung der Bevölkerung über die Entstehung von Monopolen.

Wie kann es sein, dass in unserer regulierten Wirtschaft mehr Monopole und Kartelle entstehen als je zuvor gesehen?

Kartelle und Monopole sind wahrscheinlicher in einer sozialistischen und regulierten Wirtschaft als in einer freien Marktwirtschaft; ohne jeden Zweifel.

Die Wirtschaft nach der Deutsch Mark kann beschrieben werden als Mischung aus Turbo Kapitalismus der speziellen Interessen und Regulierungen geschrieben von unseren Volksverdrehern in Konsensus mit den Netten Lobbyisten.

Das Verbieten von Konkurrenz im Sinne von David Rockefeller prägt unsere Märkte von Heute.

Konkurrenz ist in einer freien Marktwirtschaft eine feste Regel, so dass sich keiner auf seinen Lorbeeren faul ausruhen kann, um seine Kunden zu schröpfen oder billige Produkte auf den Markt zu werfen. Derzeit sehen wir immer mehr Neue Produkte die uns im Alltag keinen Schritt weiterbringen, gleichzeitig unsere Freiheiten einschränken. Die Qualität und Haltbarkeit dieser „Speziellen" mobilen Telefone ist erschreckend schlecht trotzdem werden sie verkauft wie die Warmen Semmeln, da der Markt dominiert wird von nur einem oder ein paar wenigen Produzenten die sich abstimmen können, ohne aufstrebende Konkurrenz befürchten zu müssen.

Ungleichheit von Einkommen und Wohlstand sind in einer Gesellschaft gegeben.

Es kann nicht erwartet werden, dass jemand der nichts leistet gleich viel haben kann wie ein hart arbeitender Bauer der 80 Stunden die Woche arbeitet um eine gute Kartoffel Ernte einzufahren und an den Mann zu bringen. Schließlich leistet er der Gesellschaft einen Dienst bietet seine Kartoffeln an, unter Harter Leistung und Schweiß. Ist es ein Übel, dass der gleiche Bauer Besitztümer anhäuft um seine Lebensqualität zu verbessern, auf dass er fähig ist weiter zu ackern?

Welchen Anspruch hat ein Arbeitsloser, jener aus dem Markt man könnte sagen geworfen wurde; auf das Hab und Gut des Kartoffelbauers?

Lohnanpassungen führen nur zu noch mehr Ungerechtigkeit. Dem einen wird etwas weggenommen um es dem anderen zu geben. In einer freien Marktwirtschaft kann jeder frei nach Einsatz und Fähigkeiten in seinem eigenen Spielraum und Ermessen „Reich" werden.

Haben wir diesen Grundsatz begriffen so eliminieren wir Ungerechtigkeit, Neid und Klassenkämpfe. Das alte Sprichwort, dass jeder seines eigenen Glückes Schmied ist trifft in der freien Marktwirtschaft voll ins Schwarze.

Firmen die nicht mit Privateinkommen haften müssen und ihre Gelder auf Schweizer Bank Konten verfrachten können sind ein weiteres Übel unseres derzeitigen Wirtschaftssystems.

Somit kann ein Unternehmer Konkurs anmelden sein Geld verschwinden lassen und die Gläubiger stehen im schlimmsten Fall mit leeren Händen da.

Die freie Marktwirtschaft besteht aus Unternehmen und Individuen die voll haften müssen.

So haben Großunternehmer keinen Vorteil gegenüber Klein Unternehmern.

Die Fundamente einer freien und gesunden Marktwirtschaft sind:

Stabile Tauschmittel in Form von Geld, frei von Inflation, frei von Zentraler Kontrolle.

Minimale Steuerbelastung der gesamten Bevölkerung.

Keinerlei Zinskontrollen und das Festlegen von Leitzinsen.

Unnötige Regulierungen durch Bürokratische Einrichtungen.

Eine Libertäre Republik verstärkt diese Vier Grund Pfeiler, durch Grund-Gesetze und eine gut ausgearbeitete Konstitution.

Nun gilt es oben aufgezählte Grund Pfeiler zu erklären und definieren.

Geld als Tauschmittel und Wertanlage

Geld diente in seiner ursprünglichen Form als Tauschmittel für Güter und Dienstleistungen, um den Austausch von Gütern und Dienstleistungen zu vereinfachen; sowie Ersparnisse gut aufbewahren zu können.

Gold und Silber haben sich im Laufe der Jahrtausende als verlässlich herausgestellt, da sie nicht überall aufzutreiben sind und über gewisse Qualitäten verfügen jene sie von anderen minderwertigeren Metallen abheben.

Eine Gemeinschaft kann sich darauf einigen Gold und Silber als vollwertige Tauschmittel zu gebrauchen; Ohne dass es eine Lizenzierung oder eine Staatspresse benötigen würde, dies würde wieder zu alter Tyrannei führen.

Generell sollten wir uns von dem Gedanken entfernen das Beamte oder Wirtschaftsfachleute unsere

Geldproduktion und Geldwirtschaft händeln. Geld ist das wichtigste Kontrollinstrument für Zivilisationen und wurde als solches über Jahrtausende genutzt um die Bevölkerung abhängig zu machen und zu knechten.

In einer Libertären Republik etablieren sich freie Währungen von unterschiedlichem Ursprung, ohne dass diese zentral kontrolliert werden können. Im laufe der Zeit pendeln sich die Werte der unterschiedlichen Währungen ein und die Bürger gewöhnen sich an den Tauschwert einer jeden Währung. Mit der Zeit werden sich ein paar gängige Geldmittel durchsetzen wie zum Beispiel wertige Gold und Silber Währungen.

Hierbei sollte bedacht werden ein Geldmittel möglichst nach Wertigkeit und Seltenheit auszuwählen, so dass es nicht einfach vervielfältigt werden kann um den Markt zu manipulieren.

Die Bürger eines Libertären Staates werden über soviel Verständnis bezüglich ihres Tauschmittel und ihrer Wertanlage verfügen, um dieses Problem aus der Welt zu schaffen.

Unterrichtung und eine vernünftige Schule aus dem Elternhaus und von Kindesbeinen an wird die zukünftigen Menschen, ausreichend über Geld; seine Funktion und Korruption aufzuklären vermögen.

Inflation wird dadurch verhindert, dass es keiner zentral kontrollierten Geld Anstalt möglich sein wird zu viel Geld in den Umlauf zu bringen.

Geldanlagen und Ersparnisse werden so nicht mehr verflüssigt. Bürger die ihr ganzes Leben geschuftet haben könnten ihren Lebensabend garantiert auskosten, ohne die Ersparnisse der Inflation opfern zu müssen.

Die Solidarisierung von Gold- und Silberminen könnte helfen Missbrauch zu vermeiden.

Somit würde die Gemeinschaft über diese wichtigen Rohstoffe zum Ausgeben von Tauschmitteln verfügen. Macht Missbrauch und Korruption können nur verhindert werden wenn die Bevölkerung wachsam ist und genauestens jene beobachtet, die die Verantwortung tragen die wichtigsten öffentlichen Ämter der Zivilisation zu bekleiden.

Ein weiterer Effekt von wertigen Tauschmitteln wie Gold und Silber ist, dass sie mit fortschreiten der Zeit durchaus an Wert zulegen können, da immer mehr Waren in den Umlauf geraten und der Geldbestand eventuell nicht weiter ansteigt, je nach Kontrolle der Ausgabe.

Wir können davon ausgehen, dass in einer solchen soliden und stabilen Geldwirtschaft sich die Kaufkraft der Bürger verstärkt, anstatt gleich einer inflationären Papier Währung zu sinken.

Jedes Land und jede Region sollte seine eigenen Währungen haben dürfen.

Eine Währung Bedarf der Zustimmung und Anerkennung der Bevölkerung nur dadurch erhält sie ihre Wertigkeit.

Die oberste Maxime lautet die Bürger eines Staates, eines Landes oder einer Region müssen die Herren und Meister über Tauschmittel und Geldanlage sein und stets unzählige wachsame Augen darauf richten was Zivilisationen zu Fall brachte und den Menschen zum niedersten Tier degradierte.

Steuerbelastung der Bevölkerung

Es ist eine ganz einfache Rechnung, wenn alle Bürger mehr Geld zum Ausgeben haben und man sich auf eine fixe Konsumsteuer einigt ist es ein faires, einfaches und effektiveres Steuersystem.

Fairer: Dadurch dass jeder soviel Steuern zahlt wie er konsumiert, also zahlen jene die über viel Geld verfügen automatisch mehr Steuern insofern sie sich in Luxus baden.
Für jene die sparen wollen besteht auch diese Freiheit. Alle die über weniger finanzielle Mittel verfügen zahlen automatisch weniger Steuern, als jene die als wohlhabend oder reich bezeichnet werden. So gibt es keine Ungerechtigkeit mehr zwischen den unterschiedlichen Schichten des Staates. Jeder bestimmt selbst durch seinen Konsum den Wohlstand des Staates; läutet dies nicht nach dem wahren Elysium oder Paradies?
Einfacher: Die Millionen von Steuergesetzen die unser Leben nur erschweren, uns unserer Harten Arbeit berauben könnten wir uns alle sparen. Eine einfache Steuer Basta, eine reine Konsumsteuer auf alle Güter pauschal und niedrig.
Effektiver: Die Bürger verfügen über mehr Geld also konsumieren sie auch mehr, somit nimmt der Staat ausreichend Steuern ein. Bürokratische Institutionen fallen weg, was wiederum unproduktive Beamte einspart. Diese können sich in einer dynamischen Wirtschaft eine vernünftige Arbeit suchen. Gleichzeitig macht der Staat keine Schulden mehr durch Haushaltsdefizite verursacht durch zu viel Bürokratie, „Politokraten" mit Krawatten und Inflationärer Papier Währung.

Oliver Janich hatte in seinem Buch „Das Kapitalismus Komplott", errechnet das 3 Prozent Konsumsteuer ausreichen würden, um die wichtigsten Funktionen des Staates abzudecken in unserer „Politia Libertas", machen diese die Volksvertreter und Magistrate aus.
Feuerwehrleute, Sanitäter, Gendarmerie, Richter, Staatsanwälte, usw.
Aufwendungen für Straßenbau, öffentliche Schulen (falls diese noch erwünscht),
Energieversorgung usw.
Die wichtigsten Positionen werden besetzt, alle Beamten Posten die überflüssig sind werden durch eine starke Wirtschaft, Realwirtschaft und tatsächlichen Fortschritt ersetzt.

Dabei unterlässt werter Herr Janich freundlicherweise, zu erwähnen wie viel Steuer Gelder in Schwarze Löcher wie Luftfahrt und anderweitige Korruptions-Löcher absorbiert werden.
Er hat sich nur an den offiziellen Steuerausgaben orientiert und kommt auf 3 Prozent.
Selbst wenn die Mehrwertsteuer 12 Prozent betragen müsste, wäre dies immer noch optimal.
So nehmen wir dieses als obere Grenze.

Es bleibt zu erwähnen, dass kein Geld mehr wegfällt für die desaströsen und nicht effektiven, und auch nicht tragbaren Sozialsysteme die aus einer einst sozialen Gesellschaft eine Asoziale und Egozentrische Gesellschaft formten. Rentner erhalten nicht die Rente für die sie Jahrzehnte gearbeitet hatten, Arbeitslose zahlen Geld in die Kassen und müssen sich vor dem Staat demütigen lassen. Krankenkassen und das Gesundheitswesen werden immer schlechter und so weiter.
Es ist ein einziges kalkuliertes Chaos.
Vor allen Dingen wären die Steuereinnahmen einfacher zu errechnen gemessen am Bruttoinlandsprodukt könnte man diese einfach festlegen. Die Steuereinnahmen wären definitiv transparenter.

Peter Sloterdijk hatte vorgeschlagen einfach jedem Bürger die Wahl zu lassen wie viel Steuern er zahlen solle. Dafür wurde er als „Verrückter" geschimpft.

Sein einfaches und moralisches Steuermodell würde in einer gesunden Welt definitiv besser sein als das jetzige verkorkste Steuerwesen. Wenn Finanzämter agieren wie die örtliche Mafia.

Es besteht kein großer unterschied in der Vorgehensweise.

Der Staat treibt das Geld ein über Papiergangster, die das einfordern was eigentlich dem Bürger alleinig zusteht; die eigene Lohntüte. Woanders bezeichnet man dieses als Diebstahl doch der Staat ist legitimiert und hat die Lizenz zum Steuer Haschen und Stehlen errungen.

Die Lohntüte ward auch vorsorglich abgeschafft und das System läuft, automatisch ziehts einem die Hosen aus.

Menschen in einem freien Land werden freiwillig, angemessen Steuern zahlen wenn sie wissen, dass sie davon profitieren und wenn sie einen Nutzen erkennen können.

Dies wäre ein großer Schritt in Richtung Menschlicher Manifestierung auf der vom Menschen dominierten Erde.

Der alte Fuchs Sloterdijk wurde öffentlich verbal gesteinigt für seine Weisen Worte, doch dies ist nur Normal in einer durch und durch auf den Kopf gestellten und genormten Welt.

Eine Reine Verbrauchssteuer würde auch verhindern, dass jene die über viel Geld verfügen,
ihr Geld auf Schweizer privat Konten verfrachten; wer mag es verübeln wenn der Staat fett zulangt.

„Solange die Menschen an den Nonsens glauben das Steuern ein Segen für die Zivile Gemeinschaft sind werden wir den Niedergang der Menschlichen Zivilisation sehen."
(Ron Paul)

Zinsen und Zinskontrollen

Zinsen werden von vielen als ungerecht angesehen. Als ein Übel der Menschheit und Verbrechen.

Wenn Zinsen erhoben werden, ohne dass dahinter ein tatsächlicher Wert besteht wie in unserem Papiergeld System durch die Zentralbanken, dann stimmt das.

Wenn jemand Zinsen für etwas verlangt das keinerlei Wert besitzt.

Verleiht eine Bank oder ein Individuum aber bares Geld welches durch Edelmetalle oder andere reelle Werte gedeckt wird, so haben sie auch ein Anrecht ein Zins auf das Risiko zu erheben, welches sie bei der Investition oder durch Verleih der Wertanlage eingehen.

In einer freien Marktwirtschaft wird genug Geld für Investitionen bereit gestellt sein um zu verhindern, dass irgendwelche Geier horrende Zinsen verlangen können, falls eine Person oder ein Unternehmen dringend Geld benötigen sollte, um diese Not auszunutzen.

Regulierung per Bürokratie

Eine Libertäre Republik distanziert sich von allen unnötigen Regulierungen.

Regeln sollten sich also auf das beschränken was wichtig ist um eine gesunde und freie Gesellschaft zu erhalten.

Wir sind uns einig, dass gewisse Sicherheits- und Hygiene Vorschriften nützlich sind.

Diese dürfen aber zu keiner Zeit ausarten und willkürlich werden.

Sie beschränken sich auf das notwendige, bleiben unkompliziert und sind logisch nachvollziehbar.

Ein weiteres wichtiges Thema sind Freihandelsabkommen.

Freihandelsabkommen sind Freifahrtscheine für Multinationale Kooperationen und Mega Unternehmen. Eine Einbahn Straße für den Verlust von Wirtschaftskraft.

Die Wirtschaftskraft eines Landes wird in die Hände von Großkonzernen gelegt, die dann im Ausland billiger produzieren können. Sie werden zu Werkzeugen und Mitteln für Globale Bürokratische Einrichtungen, die den National Staat bedrohen müssen. Die selben Politiker die jene Abkommen unterzeichnen sind dann ironischerweise auch verantwortlich für Sanktionen die sich an „Terroristische Länder" richten.

Gewerkschaften erreichen heutzutage nur noch minimale Lohnsteigerung die kaum Schritt hält mit der ansteigenden Inflation und sind insofern nur ein Mittel um den Arbeitern die Illusion zu lassen, dass sie sich gegen das Übermächtige und Ausbeuterische Kapitalistische System wehren könnten. Minimal Löhne und Mindestlöhne tragen nur dazu bei Lohnentwicklung weiter zu senken.

In unserem Falle wurde der Stunden Lohn erhöht und dafür sparte sich unsere Geschäftsführerin Provision auszuzahlen, diese tätigte sie zuvor freiwillig. Ein klares Beispiel wie Regulierungen und Gesetze eine freie Gesellschaft zerstören. Sie ruinieren jede soziale Verpflichtung und ersetzen sie durch Asoziale Staatliche Kontrolle.

Am Ende des Monats hatte man keinen Euro mehr verdient. Der Mindestlohn entpuppt sich so als kontra Produktiv.

Mindestlöhne fördern nur Depression, die Bürger können nicht ausreichend konsumieren, die Wirtschaft stagniert und keiner hat etwas davon.

In einer freien Marktwirtschaft erhält kein Individuum und auch kein Unternehmen Vorteile vom Staat. Somit entsteht ein dynamischer Markt mit starkem Wirtschaftswachstum und Mangel an Arbeitskräften. Unternehmer müssen um Gutes Personal ringen und werden ihr Personal dementsprechend gut entlohnen. Jeder Unternehmer wird versuchen einen Guten Mitarbeiter durch einen vorteilhaften Arbeitsvertrag oder angemessene Bezahlung zu halten.

Staatliche Vorschriften bezüglich Kündigungsfristen sind auch wenig förderlich.

So trennen sich Firmen von Mitarbeitern nach zwei Jahren weil sie sich nicht trauen die Person fest anzustellen, weil sie dann praktisch mit dem Mitarbeiter verheiratet sind, bis dass der Konkurs der Firma die beiden Scheiden möge.

Gleichzeitig müssen sich Firmen mit Personal ärgern, die dies ausnutzen zu ihrem Gunsten und schlechte oder unzureichende Arbeitsleistung erbringen.

Eine Gesellschaft von Versagern oder Geiern wird somit gezüchtet.

Eine Pleitegeier und Versager Faulpelz Arbeiterschaft, die unmotiviert zu Werke geht da mit einem Mindestlohn hausgehalten werden muss.

Lohn Regulierungen durch den Staat, treiben die Gehälter generell nach unten und sind desaströs.

Wenn Arbeiter produktiv sind müssen die Gehälter steigen. Minimale Gehälter und Mindestlöhne bringen keinerlei Besserung oder Aufschwung. Es ist purer Idiotischer Sozialistischer Humbug.

Die schlechte Situation der Bevölkerung und Gutgläubigkeit wird von Linken Demagogen ausgenutzt.

Freiheit = Reichtum und Wohlstand für eine Breite Masse.

Gleichheit = Armut und Abhängigkeit der Massen.

Wenn alle dem Gemeinwohl beisteuern, können sehr viele einen sehr guten Lebensstandard führen. Wohlstand und Kapitalertrag bewegen sich in einer freien Marktwirtschaft im Kreis und zirkulieren.

Es fällt mehr für alle ab. Indem konsumiert wird und Dienste beansprucht werden, hilft sich die Gesellschaft gegenseitig. Es ist ein flüssiger Kreislauf, wird er unterbrochen so kehrt Stagnation und Armut ein. Armut breitet sich aus auf die Masse.

Ein Sozialsystem der Familien und des Sozialen Umfeld

Wir benötigen keine staatlichen Sozialen Einrichtungen um Sozial zu sein.
Staats Sozialismus ist eine Maschinerie um unsere natürliche Menschlichkeit zu überschreiben,
die darauf zielt seinen Familien angehörigen zu helfen, und dem nächsten Sozialen Umfeld.
Staatliche Soziale Einrichtungen haben dazu geführt unsere Gesellschaft abhängig zu machen vom Staat. Diese Abhängigkeit von Bürokratischen Einrichtungen verbannt im Laufe von Generationen Soziale Bindungen.

Die fundamentale Absicherung kann nicht durch den Staat erfolgen. Jedes Individuum sollte sich selbst vorsorgen und letztlich ist die Familie wie in Alten Zeiten die beste Absicherung.
Eine gesunde und libertäre Gesellschaft sollte an die alten Werte anknüpfen die noch Familien Tradition und jene alten vergessenen Werte trug.
Wir erleben jetzt gerade, dass ein Staatliches Sozialsystem nicht tragbar ist und unweigerlich aufgrund von fehl Wirtschaft Konkurs melden muss, die Kassen lehren sich und die Bürger sehen sich ihres Lohnes betrogen.

In einem Libertären Staat, kann jeder frei über das verfügen was er sich ehrlich erarbeitet hat.
Insofern ist es ein leichtes Geld zur Seite zu legen für schlechte Zeiten oder die Rente.
Privatversicherungen können abgeschlossen werden zur Absicherung gegen Arbeitsunfähigkeit oder für den Lebensabend.

Medizinische Versorgung kann auch durch eine Private Krankenversicherung gestemmt werden. Wenn man bedenkt, dass der gesamte Lohn zur Verfügung steht bleibt mehr übrig sich selbst flexibel und zuverlässig privat versichern zu lassen.
Der Arbeitgeber muss weniger Steuern abgeben für den Arbeitnehmer und kann mehr Gehalt auszahlen, die Gehälter würden langfristig steigen.
Nun wird lamentiert das Versicherungen Betrüger seien. Versicherungen müssen auf einem freien Markt Sicherheit bieten, gute Konditionen anbieten und gute Leistung als auch Kundendienst anbieten. Durch rege Konkurrenz auf dem Markt würde eine schlechte Versicherung sehr bald verdrängt.
Das jetzige System der Staatlichen Medizinischen Vorsorge kann nur garantiert werden, weil die Masse der Bürger gezwungen ist Abgaben zu tätigen die aufgezwungen werden. Jeder sollte sich selbst aussuchen dürfen wie er sich medizinisch versorgen lassen möchte, ohne dass der Staat einschreiten darf. Es dürfte eine große Auswahl an Medizinischer Vorsorge auf einem freien Markt geboten werden. Diese würde gleichzeitig die Wirtschaft ankurbeln und weitere Arbeitsplätze schaffen. Oliver Janich hatte in „Das Kapitalismus Komplott", logisch und rational vorgerechnet wie einfach sich der durchschnittliche Arbeiter absichern kann aufgrund der Tatsache, dass er monatlich 30 bis 40 Prozent mehr Gehalt zur Verfügung hat.
Am Ende seiner Arbeitszeit von circa 35 Jahren ist der durchschnittliche Arbeiter oder Angestellte wohlhabend, ohne spezielle Investitionen tätigen zu müssen. Ganz einfach durch simples und

stupides Geld zur Seite legen. Gleichzeitig dürfte es kein Problem sein ein Eigenheim zu finanzieren welches einem zusätzlich zur Verfügung steht neben einem beträchtlichem Batzen Geld. Was dem durchschnittlichen Rentner derzeit bleibt ist eine dürftige Rente.

Und da keine Inflation vorhanden ist wird die Geldanlage auch nicht ruiniert.

Unsere Generation an jungen wird keinerlei Rente mehr sehen, vergesst die leeren Versprechungen von unserem Super Minister Sigi Gabriel. Er wird sich den Mund wässrig reden die Rente wieder anzupassen und dafür zu sorgen, dass auch noch in 30 Jahren genug Rentengelder zur Verfügung stehen. Es ist nicht möglich, es ist unrealistisch und war in der Planwirtschaft auch nicht so geplant!

Nun werden einige darüber klagen, dass viele keine Verantwortung für sich selbst übernehmen können.

Eine ganz einfach Frage wirft sich entgegen; konnte dies der Staat bisher besser?

Jeder ist selbst verantwortlich für sich selbst, wir sollten den Gedanken ablegen, dass alle im Kollektiv verantwortlich sind für die Vorsorge des Ganzen Volkes.

Jeder sollte lernen nach sich selbst und seinen Angehörigen zu schauen.

Wenn er dies unterlässt gibt es immer noch Soziale Einrichtungen für Hilfsbedürftige, großzügige Spenden und Sozial Programme durch engagierte und altruistische Zeitgenossen.

Stiftungen waren ursprünglich dazu gedacht Geld zu sammeln für hilfsbedürftige, heutzutage dienen sie meist nur noch jenen, die dass System umgehen wollen um Geld an der Steuerbehörde vorbei zu schleusen.

Letztlich ist jeder für sich selbst verantwortlich, unsere Sozialistische Gesellschaft hat eine verweichlichte und verantwortungslose Bevölkerung gezüchtet, hilflos und abhängig.

Wer ist gerne hilflos und abhängig?

Es wird oft auf arme Länder geblickt in denen keine staatliche Absicherung vorhanden ist und auf die Armut hingewiesen und die schlechten Bedingungen. Dann stellen sich Menschen in reichen Ländern vor, dass die gleichen Bedingungen auch hier zu Lande eintreffen müssen, wenn hier ganz andere wirtschaftliche Verhältnisse vorherrschen und Wohlstand.

Wie genau könnte man sich in einer freien Marktwirtschaft finanziell absichern?

1) Investition in eine Familie und Kinderplanung, das heißt nicht dass jeder 10 Kinder machen muss, es genügen auch 2 bis 3 Kinder um sich über diese für den Fall der Fälle des eigenen Versagens zu versichern, in der Regel sollte jeder für sich selbst sorgen können bis ins höchste Alter. In einer Libertären Gemeinschaft werden sich auch für ältere genug einfache Betätigungsfelder öffnen in denen sie sich teils sogar kreativ betätigen könnten.

2) Es wird festes Geld in Form von Gold, Silber und anderen Wertstoffen angelegt oder im Keller gebunkert. Diese Wertanlagen haben sich über Jahrtausende bewährt und werden dies auch so lange wie Menschen Wert legen auf alles was glänzt und klimpert.

3) Man sichert sich privat ab über Privatversicherungen, Geld was zuvor vom Staat obligatorisch abgezweigt wurde steht nun hierfür zur Verfügung. Man bedenke, dass die Möglichkeit besteht in einer dynamischen und kundenorientierten Wirtschaft auf die beste Versicherung bauen zu dürfen.

4) Das Kaufen eines Grundstücks, ein eigenes Domizil zu errichten. Das Gründen einer eigenen Firma.

Es sind also auch Vier Pfeiler zur Absicherung des eigenen Bedarfs im Notfall und im Alter:

- Familie
- Festes Geld
- Privatversicherung
- Eigentum

Unerschöpfliche Wissensaneignung

In einer Libertären Republik verabschieden sich die Bürger von dem Gedanken das Kinder dem Staat gehören und somit vom Staat die Schulbildung verabreicht bekommen wie eine Lebenslange Droge für unendliche Indoktrinierung, die bis zum Tode anhält im Hirn des Individuums eingekerkert.
Der Staat erhält auch keinerlei Autorität von seinen Bürgern um Einfluss auf die Bildung seiner Bürger Einfluss zu haben.
Es ist ein erschreckender Gedanke, dass so viele Menschen in Deutschland und anderen Sozialistischen Ländern, dem Gedanken verfallen sind; und in kompletter Ignoranz leben müssen, weil sie der Ansicht sind dass der Staat zusehen muss, dass Kinder „anständig" erzogen werden müssen. In einem Gespräch kann sehr schnell erkannt werden wie verblendete Geister ticken die im Demokratischen Sozialismus aufgezogen wurden.
Sie kennen nur eine Norm und sehen diese als **Norm**al.
Alle anderen Ansichten sind radikal zu verwerfen wie im Faschismus!

Es bieten sich vielfältige Möglichkeiten an wie Kinder und Jugendliche Wissen aneignen.
Es würden öffentliche Schulen errichtet, das Curriculum wird örtlich oder regional, aber definitiv nicht landesweit, erarbeitet und abgestimmt nach den Belangen der Bürger.
Stiftungen und anderweitige Soziale Einrichtungen würden Schulen anbieten für Kinder aus Sozial Schwachen Familien. Des weiteren Privatschulen.
Die Eltern könnten ihre Kinder selbst unterrichten; dies stellt in einer Welt, in der die Massen nicht indoktriniert wurden und sich frei sehr viel Wissen aneignen können kein Problem dar.
Die Mütter könnten beispielsweise die Kinder unterrichten falls sie dies möchten.

In einer gesunden Gesellschaft benötigt es 2 bis 4 Kinder damit sich der Mensch nicht selbst stupide ausrottet. Um uns nicht selbst auszulöschen wird wieder Vernunft einkehren und eine Große Zahl der Frauen nicht Arbeiten um ihre Kinder groß zu ziehen und ihnen Wissen beizubringen.
Sie werden Mütter und Lehrerinnen gleichsam sein.
Wir verabschieden uns von dem alten Bild der Hausfrau die dumm gehalten wurde und keine Rechte besaß.
Dieses Alte Übel wurde genutzt um ein neues Übel der möchte gern Selbstbewussten Karriere Frau zu züchten. In einer Libertären Gesellschaft ist es jeder Frau überlassen diesen Weg einzuschlagen.
Es würde ohnehin genügen wenn zwei Drittel der Frauen ihre Kraft in Kinder und deren Erziehung und einen gesunden Haushalt zu pflegen geben würden und andere ein Leben als Single auskosten

möchten, falls sie dies dann noch als „cool" und „erstrebenswert" erachten mögen.

Mit der Zeit würde sich ein gesundes Gleichgewicht einpendeln.

Man kann davon ausgehen, dass die meisten Frauen sich der Familie widmen würden.

Sobald die Kinder groß sind ist wieder Zeit für andere Interessen und Aspirationen.

Die Basis der Gesellschaft ist und bleibt die Frau. Nun wird argumentiert werden, dass die eine intelligent sein mag und die andere nicht. Man kann davon ausgehen, dass eine Frau sich bewusst sein wird wenn sie nicht in der Lage ist ihren Kindern ausreichend Wissen zu vermitteln.

Wenn sie dies nicht tut ist es letztlich ihr Kind und sie als Mutter hat das natürliche Recht über die Ausbildung ihres Zöglings zu entscheiden.

Es werden unzählige Möglichkeiten für Jugendliche bestehen sich Wissen anzueignen.

In einer freien Gesellschaft werden sich Podien entwickeln. In Parks werden weise Leute ihr Wissen teilen und Vorträge halten. Es wird für jeden möglich sein den Vorträgen an Universitäten zu lauschen, die Wissensschöpfung wird unerschöpflich sein.

In unserer Gesellschaft wird derzeitig alles lizenziert. Man muss ein Professor oder Lehrer sein um zu unterrichten. Es würde der Gesellschaft förderlicher sein, wenn jeder unterrichten könnte der bares Wissen anzubieten hat ohne Lizenzen und Titel.

Können wir uns nicht eine Gesellschaft ausmalen in der Kinder im Freien unterrichtet werden unter Anwendung der Natur selbst? Um die Welt zu erklären wie es die Alten Philosophen der Menschheitsgeschichte ihren Zöglingen beibrachten.

Sind wir schlau genug zu verstehen wer uns indoktriniert und wer uns förderndes Wissen vermitteln möchte?

Daran zu arbeiten wird die Aufgabe unserer Generation und der nachfolgenden Generationen sein.

Um nicht dem alten Institutionalismus und Sozialismus durch Geheime Kabale zu verfallen sollten bei Überwindung des Diabolischen Systems in dem wir uns noch befinden;

Denkmäler errichtet werden um den Bürgern in Erinnerung zu halten aus welchem Abgrund von Indoktrinierung und Konditionierung sie entwichen waren.

Die jetzigen Maurer Bauten der Illuminierten und deren Symbolik, könnten ersetzt werden durch solche die uns vor der Rückkehr zu Sekten und Geheimgesellschaftsbildung schützen.

Psychopathen und Soziopathen werden immer weben sich zu verschwören, diese Menschen wird es immer geben, darum ist es unerlässlich eine bewusste Generation von Kindern und Jugendlichen nach der anderen zu unterrichten über die Übel der Vergangenheit und die Gefahren der Gegenwart.

Unser ganzes Leben ist bewusst kompliziert gehalten.

Gesetze werden so geschrieben, dass sie nur ausgebildete Juristen verstehen, die sich im Studium einer Wissens Tortur unterziehen müssen.

Steuergesetze werden so geschrieben, dass es Spezialisten benötigt und diese sich ihr ganzes Leben lang quälen müssen Neue und noch kompliziertere Steuerklauseln zu lernen.

Das gesamte System ist bewusst kompliziert aufgebaut worden um die Massen dumm zu halten und eine Elite an Spezialisten zu etablieren, sowie eine Oberschicht an privilegierten und bevorteilten.

Man kann dies in vielen Teilen Deutschlands bereits am Schulsystem erkennen welches in Unter-, Mittel- und Oberschicht unterteilt wurde um eine solche Schichten Gesellschaft zu fördern und manifestieren. Es werden definitiv weiterhin Ärzte und Juristen benötigt doch wird sich hier ein gewaltiger Schritt in die richtige Richtung zeigen. Derzeit wird der Verstand überhäuft mit unnötig komplexen Themen um abzulenken und zu beschäftigen. Anstatt den Kindern das beizubringen was sie wirklich wissen müssen.

Wir werden so erzogen, dass wir nicht einmal wissen auf welche Erde wir geboren wurden und selbst die Erde und das Universum selbst werden uns falsch unterrichtet.

Wir leben in einer komplexen Indoktrinierungs-Matrix in der alles, wirklich alles auf den Kopf gestellt wurde, unten ist oben und oben ist unten.

Kindern werden unschätzbar wertvolle Talente in der Schule austrainiert.

Somit geht viel Potenzial für die Menschheit verloren. Es ist ein gewaltiges glauben Sie daran und überprüfen Sie dies Anhand ihrer eigenen Kinder.

Wichtige Themen sind:
- **Kosmos, Natur und Umwelt.**
- **Ethische Werte**
- **Sozial Kunde im Sinne einer Libertären Gemeinschaft**
- **Menschenlehre, Lehre über Menschenkunde und Verhalten**
- **Aufbau und Förderung von Individuellen Talenten die jedem Kind von Geburt an gegeben**
- **Staatslehre, Libertäre Wissensaneignung**
- **Geschichte**
- **Mathematik nach Notwendigkeit**
- **Sprachlehre**
- **Philosophie und die Philosophie der Kontrolle des Menschen durch Neuzeit Machiavellis**

Dies sind nur einige der wichtigsten Wissensbereiche auf jene Wert gelegt werden muss.

Der Autor möchte sich hier nur auf das wesentliche beschränken dieses Thema alleine könnte mehrere Bücher füllen mit Konzeptionen und detaillierten Ausführungen über gute Lehrpläne und die derzeit verkorksten. Man beachte auch das rapide sinken der Anforderungen von Gymnasien bis hin zu Haupt- und Gesamtschulen, es ist eine Katastrophe. Es wird gerade jetzt eine Generation von Idioten groß gezogen. Einige werden dies erkannt haben und so etablieren sich mehr und mehr Privatschulen.

Kindergärten sollten eine Ausnahme bleiben und von Eltern nur aufgesucht werden wenn dies unerlässlich ist und dies unter guter Auswahl. Kindergärten sind ein Neues Phänomen und könnten genauso wieder verschwinden. Viele Kindergärtnerinnen sind heutzutage überfordert und nicht qualifiziert Kleinkinder zu übersehen. Einigen fehlen Moralische und Ethische Tugenden die unerlässlich sind. Nicht jede Frau bringt ausreichend Empathie für fremde Kinder auf, ganz zu Schweigen für die eigenen. Dieses kann in unserer erkaltenden Gesellschaft mehr und mehr beobachtet werden. Die meisten sehen die Arbeit nur noch als Belastung und schreiten Halbherzig zur Tat.

In einer Libertären Republik werden Glaubensfragen und Staatliche Angelegenheiten getrennt.

Ich vermeide bewusst das Wort Religion. Da es durch religiöse Dogmen geprägt ist die zur Kontrolle der Massenseele angewendet werden. Staat und Religion sind zu trennen, da somit der Gebrauch von Religiöser Hetze vermieden wird. Jeder Mensch darf seiner eigenen Religion nach gehen solange diese nicht anderen schadet, frei nach dem Prinzip leben und andere leben lassen.

In einer Libertären Welt ist es zu hoffen, dass sich der Glaube unseres Heiland durchsetzen wird, da er sich mit den Prinzipien einer freien und friedfertigen Welt deckt. Jesus hatte das Paradies auf Erden vorgelebt in seinen Taten, Worten und Lehren. Niemals hat er gelogen oder sich unverständlich ausgedrückt. Der Autor sieht aus eigener subjektiver Sicht keine Parallele in anderen Glaubensrichtungen.

Eine Ode an die Freiheit

Wir bauen eine Gesellschaft auf, die die Natürlichen Rechte des Individuums schützt, Freiheit und Eigentum. Gleichzeitig ist es wichtig und unerlässlich die Ressourcen solidarisch zu teilen.

So sollte eine Gesellschaft angestrebt werden basierend auf den Prinzipien der Libertas und einer gerechten Rohstoff Teilung.

Rohstoffe wie Gold, Silber, Erdöl, Kohle, Wasser etc. sollten solidarisch geteilt werden und alle Menschen gleichermaßen bereichern und nutzen.

Schutz vor Missbrauch kann gewahrt werden wenn das Interesse der Bevölkerung dazu besteht und ausreichend darüber unterrichtet sind.

Somit wird der Wohlstand und das privat Eigentum geschützt und Ressourcen werden auf das Volk aufgeteilt. Dies bildet ein einfaches, revolutionäres und Neues Konzept für eine Neue Bessere Welt.

Solange wir keine Zivilisation bilden in der jeder Mensch frei agieren darf und sich seinen Wohlstand selbst ohne künstliche Einschränkungen erwirtschaften kann; und die Gesellschaft nicht in der Lage ist Gierige und Korrupte in Schach zu halten durch wenige aber richtig angewandte Gesetze die dem Gemeinwohl dienen; so muss es auch immer jene geben die sich Sklaven machen.

Die Gitterstäbe von Sklaverei sind nicht immer sichtbar auch diese können verschleiert werden.

Anderen den Wohlstand zu stehlen, ihnen ihren Komfort und ihre Sicherheit zu rauben.

Der Mensch kann sich nur entfalten wenn er genug Zeit hat.

Dies ist nur möglich wenn sich die Matrix der Illusionen auflöst.

Im Alten Griechenland hielten sich die Spartaner eine Sklavenschicht die Heloten.

Die Spartaner waren die Herren und zuständig für die Führung des Staates und die Kriegsführung.

Die Heloten waren dazu da die niederen Aufgaben zu erledigen um den Spartanern unter die Arme zu greifen. Die Heloten ermöglichten den Spartanern es Zeit zu haben ihren Verstand und Körper zu trainieren und so waren sie nahezu unbesiegbar.

Ähnlich ist unsere jetzige Gesellschaft aufgebaut. Wir sind wie die Heloten damit beschäftigt der nicht Spartanischen Oberschicht ein Leben in Luxus zu bieten und übertragen Ihnen unsagbare Macht.

Vergessen wir die 1 Prozent es sind weitaus weniger. 1 Prozent profitiert jedoch vom jetzigen System. Doch die Superreichen die sich unserer Arbeitskraft und unserer Ideen bemächtigen sind nur wenige Millionen Menschen auf dieser Erde verteilt.

Dadurch dass wir damit beschäftigt sind unseren Herren den „Olympiern" zu dienen, bleibt keine Zeit uns selbst zu entwickeln. Und so sind wir beschäftigt mit der Idiotie unserer Gegenwart.

Hedonismus und Digitales Fernsehen sind alles was uns bleibt.

Wertvolle Interessen zur Erfüllung von Glück für das Individuum bleiben so unerreicht und so sehen wir einen frustrierten und zerbrochenen Spiegel unserer Gesellschaft.

Ein weiteres großes Problem besteht darin, dass immer wieder Moden und Konventionen in die Gesellschaft eingepflanzt werden die nicht natürlich sind.

Wie beispielsweise Thomas More es in seinem „Utopia", propagierte.

Seine Utopie ist eine Ausführung der Gedanken von „Platons Republik".

Er fasst die Gedanken des Sokrates zusammen in ein konkretes Konzept für einen Sozialistischen Staat. Dieses Buch wurde vor über 400 Jahren veröffentlicht und hat in Elitären Kreisen viele Anhänger.

Wenn er beispielsweise anspricht das Schmuck nur noch Kindern gegeben werden soll um es zu verniedlichen, trivialisieren, sich darüber lustig zu machen und die Erwachsenen Welt somit vom Schmuck, Reichtum und Klassendenken zu entfernen oder sich als etwas besseres zu sehen;
schafft Thomas More gleichzeitig eine Konvention und Mode für die Masse die sich dann folglich über Generationen zu einer Tradition wandelt und in das Bewusstsein der Massen einbrennt.
Es liegt in der Natur des Menschen, dass er die schönen Dinge liebt und sich damit zur Schau stellt. Manche sehen diese Profilierung in der Gesellschaft als nicht angemessen. Doch für andere ist dies natürlich wie wir noch lernen werden.Eine reife freiheitliche und tolerante Gesellschaft dürfte keine Probleme mit Dekadenten Individuen haben die ihren Reichtum zur Schau stellen mögen.
Denn geschadet hat es noch keinem. Es gilt die Reife Neid abzustellen und Eifersucht zu tadeln.
Nach eifern ist ein geringeres Übel als Neid. Dies sollte die Einstellung sein und nicht unnötige Einschränkungen und Konventionen durch Massenkonditionierung hin zu bestimmten Sichtweisen. Wir müssen zu einer Basis-Moral finden. Einer fundamentalen Ethik die das wesentliche betrachtet. Die Freiheiten von Dritten Respektierend. Eine Moral die nur das zum Menschen zusammen Leben notwendigste wertet. Zum Beispiel das Geburtsrecht eines Jeden Menschen zu achten, die Individualität des Gegenübers zu respektieren und anzuerkennen, dass wir alle unterschiedlich zur Welt kommen. Die Grundrechte eines jeden Menschen zu akzeptieren. Die Luft zum Atmen, das Wasser zum Löschen des Durstes, Nahrung welches die Erde gibt und Feuer um sich das Leben durch Technologie zu erleichtern. Wir beschränken uns auf eine Ethik die darauf achtet die Freiheiten und Rechte des Individuums zu schützen alles andere ist trivial, lächerlich und gefährlich. Alle auferlegten Gesellschaftlichen Konventionen sollten unter Bedacht abgelegt werden, das alte Gehabe von sich dem Massen Kollektiv zu fügen um sich nicht lächerlich zu machen. Im Gleichschritt zu marschieren um ein kleines gebundenes Stöckchen im Mächtigen Staats-Faschia zu sein und aufzublicken zur Klinge der Axt die scharf ist und schneidet.
Eine Libertäre Republik wird folglich als Vorbild dienen für benachbarte Völker. Die Erwirtschaftung von genereller Eintracht, Wohlstand und Frieden wird die Nachbarn motivieren auf den Zug und den Staffellauf zur Freiheit aufzuspringen. Es wird eine Neue Welt geboren. Sie wird nicht perfekt sein aber weitaus besser als die jetzige.
Und welchen Zweck erfüllen Könige in der Matrix des Finster Fürsten? Der König ist ein reines Status Symbol von Prestige, Nimbus und Macht. Er dient der Priesterschaft als Front.
Eine Priesterschaft die sich durch eine Religion der Zerstörung und Wissenskonservierung verschwört. Der Adel, Klerus und die Magnate bilden eine Trinität der perfekten Kontrolle.

Der Deutsche ergötzt sich daran, dass Hegel der letzte wirklich Große Philosoph sein soll.
Der Grieche ergötzt sich daran, dass er glaubt, dass seine Vorfahren alles erfunden haben sollen.
Das alleinige Fundament von menschlicher Zivilisation waren. Wir müssen uns mit dem Gedanken anfreunden das Kulturen und Zivilisationen geschaffen wurden indem die Talente eines Volkes von einer ruchlosen und illuminierten Elite missbraucht wurden. Dass sie immer aus dem Dunklen heraus erleuchtet wurden und mit kontrolliertem Wissen bestückt wurden und von Meister Hand gelenkt. Die Völker wurden ausgesucht um gewisses Wissen anzuwenden oder zu vollenden. Doch die Wurzel blieb immer nur jenen zugänglich die jenes Wissen hüten wie des Menschen erstes Feuerwerk. Im Laufe der Jahrhunderte und Jahrtausende hat sich so ein falscher Nationalismus entwickelt. Menschen sollten sich von dem Gedanken befreien, dass ein Volk etwas erfunden hat. Dies würde den Keim von Nationalismus und Faschismus zunächst einmal ersticken.
Erfindungen entstehen durch Individuen, Gruppen oder tauchen aus den dunklen Ecken dieser Welt auf.

Freiheit ist gleich Sicherheit, die Freiheit auf beiden Beinen zu stehen, sicher zu schreiten, dies ist Sicherheit und nichts anderes. Keine Institution die vorgibt zu schützen, kann ein Individuum dieser Freiheit berauben. Der Freiheit der eigenen Seele.

Und was würdet ihr tun ohne Freiheit?

Wie es „Das Tapfere Herz" in Gestalt von Mel Gibson Stolz verkündete

Die Freiheit atmen zu dürfen ohne dafür in Form von Kohlenstoff Dioxid Steuern zu zahlen.

Die Freiheit eigenständig zu denken, eigenständig zu leben und nicht gelebt zu werden.

Die Freiheit seine eigenen Kinder selbst nach dem eigenen Besten zu erziehen und sie groß zu ziehen indem man sie erhebt zu etwas besserem als man selbst war.

Eigene Entscheidungen zu treffen und eine eigene unabhängige Meinung zu besitzen.

Die Freiheit sich eine eigene Existenz aufzubauen, Kinder groß zu ziehen, ein eigenes Haus zu erbauen und einen Eigenen Garten Eden zu Pflanzen.

Was ist die Ode an die Freiheit?

Welche Worte würden gebraucht werden um sie zu definieren und beschreiben?

Die Freiheit die wir noch nie zuvor auskosten durften in all ihrer Fülle.

Was wenn Sie schwindet und verschwindet vor unseren Augen weil wir nicht Ihren Wert zu schätzen wussten?

Was wenn die Leichtigkeit von Freiheit erdrückt wird durch die untragbare Last von Tyrannei?

Was wenn die ach so süße Freiheit sich der bitteren Willkür der aufdrängenden Realität beugen muss?

So schließt er ab mit den Worten dass Freiheit das kostbarste Gut ist.

Ohne Freiheit wird Glaube erstickt, die Familie zerstört und das Leben geraubt.

Die Freiheit war es die von Tag an mit Neid belegt wurde von jenen die sie anderen stahlen.

Sich ihrer bemächtigten um sich selbst nicht rechtmäßige Freiheiten zu erschaffen.

Gottes Beitrag war die Freiheit, jene er dem Menschen als freien Willen schenkte.

Dieser übergab dem Teufel gleichzeitig die Macht jenen freien Willen zu absorbieren, indem er den Menschen dazu verführte diesen auszunutzen zu Gunsten von Schlechten Taten.

Freier Wille und Willenskraft Freiheit zu leben und zu wahren wird das Fundament der Bastionen einer zukünftigen Freien Welt bilden.

1 Aristotle, Politics. Dover Publications, Inc. Mineola New York, 2000. Wurde von Benjamin Jowett ins englische übersetzt in 1885. ISBN-13: 978-0-486-41424-9, Seite 270.

3 Neue Welt auf Neuer Erde – Eine Menschliche Reformation

Neue Welt auf neuer Erde – Eine Menschliche Reformation

Die Höchste Stufe der Menschlichen Gesellschaftlichen Evolution kann nur erreicht werden, wenn der Mensch es schafft die Stufe des „Politia Libertas" zu halten.
Diese Libertäre Lebensweise muss sich manifestieren in Werten und Moralvorstellungen und sich in das Bewusstsein und die Volksseele einbetten. Dies erfordert die Wahrung der „Politia Libertas" über mehrere Generationen.

Der Autor schreitet Voran eine Neue Welt zu entwerfen, die Vision einer neuen Welt im Geiste und auf seinen Schultern trägt er sie, sein Verstand ist klar, die Fehler der Vergangenheit sind klar ersichtlich, die Gegenwart im Blickfeld und die Zukunft ist kristalliziert.

Der Erneuerer der Menschheit kommt nicht um seines eigenes Willen.
Der Erneuerer kommt um der Menschheit willen, die Erneuerung wird eine Neu Geburt sein.
Die Wiedergeburt des Homo Sapiens, wenn er die Ketten der Bondage auf ewig abgelegt hat und wieder aufsteht von den lebenden toten. Der Erneuerer sieht sich als Läufer des wahren Gottes. Jener der die Prinzipien ausrollte, indem er mehrmals versuchte die Menschheit wieder zu beleben.

Es muss ein gewaltiger Glaube und Wille bestehen, um das jetzige Trübsal und Chaos zu betrachten; und trotzdem noch mit erhobenem Haupte entgegen diesem Ziel zu schreiten.
Hierzu benötigt es eine komplette Reformation unserer Werte, Vorstellungen und Denkweisen.
Diese können nicht erzwungen werden, der Mensch muss sie als Individuum als Geschenke betrachten, von sich aus annehmen und als solche in die Gesellschaft tragen.
Es wird eine Reformation in nahezu allen Bereichen vonnöten sein. Eine Reformation der Gesellschaft und eine Reformation des moralischen Kodex weg von Institutionen hin zum Individualismus und der Freiheit des Individuums innerhalb einer starken und freien Gesellschaft; befreit von nutzlosen Konventionen und Denkweisen.

Der Mensch muss sich von allen unnatürlichen Doktrinen befreien.
Dieser Prozess wird nicht einfach sein denn eine gewaltige Verknotung muss erst einmal entknotet werden. Die Neue Menschheit führt alles hin und zurück zum natürlichen, so dass alles natürlich werden kann so wie es die Natur dem Menschen vorgesehen hat, jene durch Gott geschaffen wurde. Die Hand Gottes lässt klar werden, dass unsere Welt mit all den Sternen und Planeten wie wir sie betrachten dürfen auf den Menschen zugeschnitten wurde, und der Mensch ist die Krönung der Schöpfung.
Die Richtlinien sollten sich orientieren an den Gesetzen Gottes, seiner Erdbegehung als Heiland und seinen Predigten. Der Glaube an den Menschen und die Menschheit muss zurück kehren, der Glaube an die Familie und die Menschliche positive Gemeinschaft.

Der Mensch sollte begreifen lernen, dass alle Institutionen wie Universitäten, Schulen, Kirchen, Staatliche Einrichtungen und so fort lizenziert und gebaut wurden, um ihn von oben herab zu kontrollieren, diese zu gebrauchen als Werkzeuge einer gewaltigen Maschinerie und Gesellschaftlichen Matrix.
Diese gilt es durch natürliche wirklich Zweck gebundene und Zweck erfüllende Gemeinschaftliche Unternehmungen zu ersetzen.
Solche die nicht der Indoktrinierung und Konditionierung des Menschen dienlich sind; sprich aus

dem Menschen ein willenloses und unwissendes niederes Geschöpf zu formen.

Den Menschlichen freien Urwillen, das Urwissen des Kindlichen Geistes, seine Fähigkeiten die angeboren auszuradieren; das Leuchten der Kindes Augen, das Kindliche Geisteslicht.

Das ursprüngliche Wissen, zu wissen dass der Mensch als etwas besonderes geboren wurde.

Seine angeborenen von Gott gegebenen Fehler ausgenutzt wurden, die Waagschale der Gerechtigkeit niemals ausbalancieren zu lassen.

Viele Menschen werden sich lossagen müssen von der kühlen Nüchternheit des Rationalen Pragmatismus. Dem daraus resultierenden Atheismus und folglich der Unterwerfung in jedes erdenkliche diabolische Gesellschaftskonstrukt.

Denn auf diesem Kredo lassen sich die höchsten Mauern von Ignoranz erbauen.

Denn der Rationale Pragmatismus in seiner Kälte und umgekehrten Nüchternheit verwirft alles was er nicht in seine Schublade und Denkweise, des Einen Verstandes oder Geistes zu werfen vermag.

Es gibt viele Dinge die der nüchterne Menschen Verstand nicht zu erklären vermag, doch sind es unauslöschliche Prinzipien des Kosmos. Es gibt viel spirituelles, übersinnliches und einfach unerklärliches zu erfahren oder zu widerlegen.

Ein Menschen Leben genügt nicht um es zu ergründen und dies ist auch im Sinne des Schöpfers.

So vieles kann nicht wissenschaftlich gegriffen werden, da die Wissenschaft auf den Erfahrungen des Menschen basiert, all jenes was er greifen und anfassen kann auf seiner beschränkten Realitäts-Ebene.

So vieles kann nicht rational erklärt werden. Denn es entzieht sich dem rationierten Geiste des Menschen, jener nicht geschaffen wurde um mit dem Weltgeist schritt halten zu können.

Es existieren so viele Phänomene und Begebenheiten, wiederkehrende Erfahrungen und Berichte die nicht logisch nach zu vollziehen sind.

Denn auch der Logik des Menschlichen Verstandes sind Grenzen gesetzt.

Die Bewegung der falschen rationalen Illuminierung des Menschen welche nach der Renaissance aufkam, wurde von jenen gesteuert die verblendet wurden durch eine Blendung durch das Böse und die Gier, des Nicht Schöpfers der Menschheit, des Zerstörers der Menschheit.

Dieser Irrweg dem so lange gefolgt wurde muss begraben werden, aufgeschüttet mit Denkmälern an einen alten Krieg.

Der Überlebenskampf des Homo Sapiens, gebietet es diesen Falschen Pfad hinter uns zu lassen; denn es fehlt ihm jeglicher Geist, Seele und Tiefgang. Er ist maschinell, unsozial und einfach nicht menschlich. Er versagt jede Substanz von Materie und deren Entwicklung wird untersagt.

Er maßt sich sogar an die Prinzipien dieser Welt umzukehren und zu bekämpfen, denn alles was er ausmacht ist ein Rebell gegen eine Gerechte Ordnung.

Der Rebell gegen die Gerechte Ordnung der Dinge muss sich unweigerlich zum Despoten und Tyrannen aufschwingen.

Und jeder Gerechte Rebell bäumt auf gegen die Unnatürlichkeit und Willkür, er wurde geboren um dem Falschen Strom zu entsagen, und jene die ihm Verfallen waren anzuführen; um folglich die ungerechte Ordnung einer Gerechten Ordnung der Dinge anzugleichen.

Das Kredo der Menschlichkeit

Was die Menschheit mehr braucht als jede andere Medizin ist ein übergeordnetes Kredo zur Heilung aller gesellschaftlichen Wunden.

Das **Kredo der Menschlichkeit.** Das Kredo der Menschlichkeit definiert sich in den Lehren von **Jesus Christus**; den nächsten zu Lieben wie sich selbst, dieses Hohe Ideal ist anzustreben.

Diese Worte unseres Heiland sind das Kredo der Menschlichkeit.

Ein Kredo welches für jeden Menschen gilt und durch seinen Schöpfer auf diese Erde getragen wurde. Eine Erde die das Zentrum des Menschlichen Universum bildet.

Einer Welt die den Schöpfer näher treten lässt und seine Nähe spüren lässt.

Das Menschliche Kredo ist ein Kredo für alle ein Leitsatz für jeden verträglich.

Ein Kredo welches besagt dem schwächeren zu helfen, nicht seine Schwäche auszunutzen ihn mit Herrischen Füßen zu treten. Helfe den schwächeren um eine bessere Welt zu schaffen.

Versuche jenen zu helfen die vom Rechten Weg abkamen.

Entsage dem ultimativen Bösen, das Böse im Menschen kann und muss ignoriert werden wenn es ans Tageslicht tritt oder sich zu Kabale verschwört.

Es kann bekämpft werden durch einseitige Anerkennung und Kennzeichnung, dem Fingerzeig, der Expose. Durch Ignorierung, indem man es ausgrenzt und abschneidet, denn eine Faule Frucht im Korb befällt alle anderen reifen und unverdorbenen Früchte.

Jeder Mensch kann diese Erfahrung teilen wenn er auf sein Leben zurück blickt.

Wir alle hatten einmal eine Faule Frucht in unserem Kollektiven Korb welche wir untersagten zu entfernen und das Resultat war die Korruption des ganzen.

Ein einzelner Schläger kann eine friedfertige Demonstration von vielen stören, dies ist die Macht des Bösen. Was kann das Gute gegen das Böse, es kann es denunzieren und ignorieren, bloß stellen und fortschreiten, ES hinter sich lassen.

Kenne deine Eigenen Stärken und sei dir dieser selbst bewusst und selbstbewusst.

Kenne deine Eigenen Schwächen und sei dir dieser bewusst, um zu versuchen sie zu korrigieren.

Denn jeder Mensch ist getrieben von unzähmbaren Zwängen, die ihn Plagen von Geburt an.

Versetzen wir uns noch ein letztes mal zurück in unsere Kindheit, die Sichtweise eines Kindes auf die Welt. Wenn alle Korruption gemindert und an den Rand gedrängt würde, so würde auch diese kindliche Heile Welt sich in unserem Umfeld manifestieren. Sie würde wieder sichtbar werden.

Die Kindesträume würden sich übertragen auf die Realität. Zumindest jene die zu realisieren sind. Können wir alle ein weiteres mal sein wie Kinder?

Denn als Kinder hatten wir noch Träume von einer gesegneten Welt, wir wurden groß gezogen und man lehrte uns das umgekehrte. Dass diese Welt auf alle Ewigkeit vom Teufel und seinen Lakaien befallen sein muss und ein striktes Unterordnen zu befolgen sei.

Wir wurden Erwachsen ohne uns je über unser Ego, unseren Geist, unsere Seele bewusst zu werden. Wir wurden geworfen in eine künstliche Welt und haben die Ideale des Gutmütigen Kindlichen Geistes verloren.

Die Worte des Autors sind naiv? Die Eine Tatsache die bleibt ist, dass jenes Kind noch nicht absorbiert wurde von dieser Welt und aus einer anderen Welt in diese geboren wurde.

Jene Welt wie sie eigentlich war. Dies ist die Reinheit der Seele in den Augen des Kindes.

Sie wird erloschen mit Fortschreiten und sich beugen in der verschlammten Realität der auferlegten Morbiden Matrix um ein Märtyrer zu sein, für die Meister im Menschlichen Mauerbau und Seelenklau. Jene die sich in Schwarz hüllen und ihrem Gott dem strikten Saturn dienen.

Wollen wir dieses kindliche Herz kombinieren mit einem klugen und reifen Verstand.

Wir wurden aufgezogen wie Schafe gehalten ohne jemals wirkliche Rohmodelle zu haben, jenen es Wert wäre zu folgen. Das Rohmodell von Jesus Christus wurde überschattet durch eine korrupte und alles umfassende Religion.

Und so schreitet eine Generation an Kinder in diese Welt nach der anderen ohne vernünftige Erwachsene Menschen über sich zu sehen, da jegliche Vernunft genormt wurde und **Norm**al gemacht wurde.

Und war es nicht Jesus persönlich der uns warnte, dass SIE sich in seinem Namen kundtun würden und vorgeben würden in die Kleider des Herrn zu schlüpfen.

Vorzugeben seine Botschaft zu verkünden. Wenn sie die Botschaft der Knechtung und Unterdrückung des Individuums durch eine Institution prägen und den Menschen von je her von Gott entfernten und im Blut der auferlegten Sünden badeten.

Befreiung aus der Chronomatrix

Die Matrix der Knechtschaft und Zerstörung unseres Menschseins basiert auf der Festlegung der Zeit. Diese ist die Basis unserer Gesellschaft, denn alles richtet sich nach Chronos oder dem Chronometer dem Zeitmesser.

Chronos ist die Griechische Bezeichnung für den Römischen Gott Saturn.

Der Herrscher über die Zeit, der Zeitwächter. Der Herr der Ringe. Absorbierer der Seelen?

Die Bestimmung der Zeit durch Astrologie der Königswissenschaft, ermöglichte es jenen die über dieses Wissen verfügen, den Mond und Sonnenkalender zu erstellen.

Diese richten sich nach der Konstellation der Planeten und Sterne.

Dieses Wissen über die Astrologie ermöglichte es den Priestern vor Ewigkeiten die „Chronomatrix" zu schaffen.

Die „Chronomatrix" ist es schließlich die den Takt unseres Lebens, unseren Lebenstakt und Lebensweise und sogar unseren Alltag bestimmt.

Das Jahr ist unterteilt in zwölf Sonnenzyklen die sich an den zwölf Sternzeichen der Ekliptik orientieren. Da diese nicht exakt sind erfanden die Verfechter der „Chronomatrix" das Kalender Jahr, eines orientiert am Mond und das jetzige richtet sich nach der Sonne.

Der Sonnenkalender deutet an, dass das Maskuline Geschlecht herrschen darf.

So war es wohl zu Zeiten der Sumerer oder zuvor zugegen, dass das Weibliche Geschlecht die Führungsrolle inne hatte, da die gesamte Gesellschaft so ausgerichtet wurde.

Der Sonnenkalender ist ein exaktes System um die Zeit festzulegen in Jahre, Monate, Tage, Stunden und Sekunden. So wurden die zwölf Sternzeichen ersetzt durch den Januar, Juli bis hin zum Dezember um eine genaue Grundlage der Zeitrechnung zu besitzen.

Alle halten wir uns an dieses System und bewegen uns wie Zahnräder in der „Chronomatrix", ohne jemals in Frage zu stellen, dass die Zeitrechnung uralt ist und woher diese eigentlich kam und wozu wir sie brauchen. Die Genauigkeit und der Zeitzwang, der Drang Pünktlich zu sein richtet sich gegen die Natur des Menschen. Der Natürliche Mensch macht Zeit abhängig von den unmittelbaren Bedürfnissen oder Interessen. Nicht davon wie viel Zeit tatsächlich vergangen ist.

Er würde sich orientieren am Stand der Sonne, daran wie der Himmel aussieht, oder sogar über das Wissen verfügen wie sich die Sterne bewegen. Nach diesen urteilend würde er seinen Tag einteilen um die wichtigen Beschäftigungen zu erledigen. Wir merken gar nicht welch Druck auf uns ausgeübt wird, durch die Festlegung von Zeit ist Stress im Alltag vorprogrammiert. Dieser Stress hat weit reichende Folgen auf unsere Gesundheit, physisch als auch psychisch. Die Festlegung der Zeit kann auch als eine Ursache für Konflikte und Krisen gesehen werden, denn wir müssen uns gegenseitig stressen im Alltag und so entstehen weitere negative Verkettungen von Vorfällen, die dann weitere negative Folgen nach sich ziehen. Anstatt durch das Leben zu gleiten, das Leben zu genießen, müssen wir jede Sekunde auskosten, jeden Tag und so fort. Wir versuchen also die Zeit die viel zu knapp bemessen wird durch die „Chronomatrix" auszukosten, aber wir stehen ständig unter dem Druck sie zu nutzen. Zeit ist ein solch unsagbar teures Gut sie kann nicht festgelegt werden durch Zahlen, sie muss gefühlt und gelebt werden.

Wir benötigen keine Ordnung die bestimmt wird durch Fixe Zeit im Sekunden Takt, Fixen Zeitkalendern oder Zeitplänen. Solar Jahren; oder in naher Zukunft wenn das Feminine Geschlecht die Rolle der Führung über die Matrix ausgehändigt wird und wieder auf Mond Jahre umgestellt wird. Wir brauchen keine weitere Zeitordnung oder Ordnung der Unordnung und des Tyrannischen Chaos. Wir brauchen keine Ordnung wir brauchen eine um Ordnung und Sortierung zu Frieden und Harmonie. Diese können nicht einkehren unter dem gegenwärtigen Zeitfaktor und Zeitstress; unter der gegebenen „Chronomatrix".
Die gewöhnliche Ordnung wird von dann an eine sein in der Zeit genutzt wird um jene Dinge zum richtigen Zeitpunkt zu machen und wenn sie anstehen als auch notwendig werden.
Und den Rest der unbestimmten, der freien Zeit nutzt für das, jenes das Individuum als Freizeit vorsieht, um seine Bedürfnisse und Vorlieben zu stillen.
Das Wort Zeit an sich wird neu definiert werden, es wird eine Neue Bezeichnung bekommen.

Der Landwirt stimmt seine Ernte ab nach der Jahreszeit, Sprich dem Lauf der Sonne und der Jahreszeiten. Hierzu benötigt er keinen Zeitmesser und keinen Sekundentakt.
Er braucht keine „Chronomatrix", um zu sähen und zu ernten.
Er kann auch so erkennen wann der Boden reif ist ihn zu bearbeiten.
In einer Welt frei von Dogmen und Konditionierung wird das Leben bestimmt durch Handlungen und nicht durch den Sekundentakt.
Arbeit wird dann angetreten wenn der Mensch bereit ist sie zu bewältigen oder diese ansteht.
Wir stehen nicht mehr unter dem Druck ein Produkt von A nach B in genau diesem oder jenem Zeitraum zur Verfügung zu stellen.
Die Notwendigkeit und die Forderung werden die Arbeitsprozesse folglich festlegen.

Die Gesellschaft kann somit nicht mehr durch das stehlen von Zeit oder der Beschleunigung des Zeitgeistes oder Zeitwesens beeinflusst werden, wie wir es gerade miterleben.
In einer Welt die sich immer schneller zu bewegen scheint, angetrieben durch neue Modeerscheinungen, jene die Musen abwerfen von ihren Wolken herab.

Das Ausbrechen aus der „Chronomatrix" würde das Leben in allen Bereichen sichtlich einfacher machen. Die Menschen würden sich daran gewöhnen befreit zu sein vom Taktstock und Schlagstock der Zeitwächter.
Sie würden sich orientieren an den Planeten und Sternen und sich mehr mit dem Kosmos beschäftigen, als ihre wertvolle Zeit mit unnützen Nebensächlichkeiten zu verbringen.
Nicht mehr gestochen sein von der Hast die uns die Idiotie der Gegenwart vorschreibt.
Zeitzwang und Zeitdruck würden sich wandeln zum Gegenteil und wir würden Zeit viel besser nutzen können.

Das Leben

Unser Leben wird bestimmt durch die Umwelt die uns umgibt. Insofern ist es erstrebenswert die Umwelt so einzurichten, dass sie best möglich unsere Bedürfnisse und unseren Lebens Appetit sättigt.

Wie können wir also unser Leben besser einrichten?

Das Fundament hierzu ist eine gesunde Gesellschaft. Mit freier Wirtschaft, dem Respekt von Grundbesitz und der Solidarischen, Gemeinschaftlichen Förderung und Verteilung von Rohstoffen die zum Leben notwendig sind.

Wir sind uns einig, dass jeder Mensch und jede Familie ausreichend Raum braucht um sich zu entfalten. Das einquartieren in viel zu engen Wohnungen ohne die Möglichkeit sich selbst mit Wasser, Essen oder Energie zu versorgen entspricht diesem in keiner Weise.

Wie sollte unser Eigenheim also aussehen?

Jeder Mensch und Jede Familie oder Gemeinschaft sollte also je nach Wunsch, die Möglichkeit besitzen selbst Lebensmittel zu pflanzen oder züchten.

Über eine Wasserquelle verfügen und Energie selbst erzeugen können.

Hierzu benötigt es ein Domizil welches ausreichend Platz bietet um diese Dinge umzusetzen, denn sie sind die absolute Basis für Glückseligkeit und vor allem Unabhängigkeit.

Das Haus sollte in erster Linie Schutz bieten, und außerdem dem Menschen Nutzen.

Also braucht der Mensch ein Dach über dem Kopf, Schlafräume, Waschräume und eine Küche zum zubereiten von Speisen.

Will sich der Mensch wirklich wohl fühlen so bedarf es für jene die Wohlbefinden zu schätzen wissen, eines entsprechenden Bades um sich zu waschen und zu erholen.

Dementsprechend wird dieses ausgestattet sein.

Die Küche in der Essen und Tränke zubereitet werden sollte auch bestens sein, denn sie ist wichtig für den Erhalt der Lebens Funktion und zur Deckung der Energiegewinnung des Körpers.

Die Speisen die auf den Tisch kommen, in Form von Fleisch, Fisch, Obst, Gemüse, Gewürzen und Kräutern, werden entweder selbst gezüchtet und hergestellt oder größtenteils Lokal erworben.

Deren Herstellung sollte verfolgt werden können, jeder sollte wissen unter welchen Ethischen und Ökologischen Voraussetzungen das gezüchtet und hergestellt wird was man zu sich nimmt.

Um das Familien Leben und den Gemeinschaftssinn des Menschen zu decken,

bedarf es Räumlichkeiten um sich auszutauschen oder im kollektiv zu betätigen.

Dementsprechend braucht jede Familie ausreichend Räume dieses im Schutze als auch im freien etwa Garten tun zu können.

Argumente wie Raum und Ressourcen Mangel können im 21. Jahrhundert nicht mehr stand halten.

Diese Indoktrinierungs-Taktiken funktionieren nicht mehr.

Denn es gibt genug für uns alle.

Die Technologie ist so fortgeschritten, dass der Mensch hoch bauen kann, wir können unterirdisch bebauen und sogar Wasserflächen können genutzt werden um darauf Lebensraum zu schaffen.

Gewächshäuser zur Züchtung von Pflanzen und Gemüse können angelegt werden.

Trockenes Land kann bewässert werden. Wasser kann gefiltert werden.

Es besteht schon die Möglichkeit Kunststoff Verpackung durch solche zu ersetzen die sich im Wasser auflöst. Energie kann gewonnen werden aus der Luft, Sonne, Wasser, durch Anzapfung von unterirdischen Hitzequellen, Wellenbewegung der Meere und Ozeane und so fort.

Der moderne Mensch ist in der Lage genug Raum, Energie und Ressourcenmanagement zu bewerkstelligen, das ein nicht nur anständiges sondern, man kann sagen luxuriöses Leben für alle möglich wäre. Was man anderen gibt erhält man wieder zurück. Und das Leben wird immer reichhaltiger und erfüllender in diesem Modus des Teilen und Schenken.

Unsere Gesellschaft hatte diese positiven Seiten durchaus noch in Ansätzen bis in die Mitte der 90er Jahre. Bevor angefangen wurde den Zeitgeist auf destruktiv umzustellen, anstelle von konstruktiv. Und die Massen aufgefordert wurden den Neid und die Ellenbogen auszufahren.

Arbeit wird verrichtet nach Notwendigkeit um Bedürfnisse und das Wohlbefinden der Gemeinschaft zu decken. Jeder Mensch hat seine Eigenen Individuellen Fähigkeiten die er entdecken sollte und kann, ohne dass dieses ein Problem darstellen würde. Jene die über Erfahrung verfügen würden zur Seite stehen und ihre Erfahrung teilen um das eigene Talent besser einsetzen zu können. Das Individuum wird arbeiten für sich selbst, für seine Familie und die Gemeinschaft. Eintönige oder lästige Arbeiten könnte man von Maschinen verrichten lassen, indem man Maschinen oder Roboter dazu verwendet der Gemeinschaft zu helfen; Anstatt ihnen die Arbeitsplätze weg zu nehmen.

Diese positive Seite dieser Technologien wird übersehen. Die Maschine an sich ist Neutral ihre Anwendung kann positiv oder negativ ausgerichtet werden. Sie kann dem Menschen helfen oder ihn verderben. So könnte man alle Überschüsse durch maschinelle Produktion auf alle verteilen.

Die „Politia Libertas" wird die Bevölkerung so beschaffen machen, dass mit fortschreiten der Zeit und ablösen von Generation zu Generation, sich die Organisation der Gesellschaft verselbstständigt. Und keine zentralen Stellen mehr notwendig sind um die Gesellschaft zu organisieren.

Die Gesellschaft organisiert sich selbst nach Notwendigkeit. Somit entsteht die Neue Welt, die gesunde Welt, und der Mensch wird wieder Mensch, zudem was er geboren wurde wie Kennedy es so wunderbar sagte; „frei und unabhängig".

Die Freizeit nutzt der Mensch in der Neuen Welt um seinen liebsten Beschäftigungen nach zu gehen. Oder je nach belieben den Kosmos und die Welt zu erlernen oder studieren um die Menschheit weiter zu entwickeln.

Das aneignen von Wissen wird bewerkstelligt in freien Schulen und Universitäten des Lebens und nicht der Indoktrinierung.

Im Einklang mit Natur und Menschlicher Umwelt.

Man stelle sich Universitäten vor die in der Sommerzeit unter freiem Himmel unterrichten.

Die Schlauen und Wissenden in der Gemeinschaft würden den Massen ihr Wissen preisgeben, frei und unabhängig. Nicht gebunden an strikte Lehrpläne der Indoktrinierung und Wissensspaltung; sondern, jene die Wissen und Weise sind könnten ihr Wissen allen in der Gemeinschaft preisgeben die Interesse haben daran teil zunehmen.

Es besteht kein Wissens Zwang mehr. Sondern Wissen wird gestellt nach Wissens Durst und nicht nach den Vorschriften von Bürokraten die vorschreiben, dass ein Kind zur Schule gehen muss.

Letztlich werden die Eltern ihren Einfluss auf ihre Zöglinge haben und das letzte Wort.

Wir müssen das Vertrauen wieder in Menschen legen anstatt auf Zertifikate und Lizenzen.

Es besteht keine Notwendigkeit mehr Arbeit zu wählen um irgendwie über die Runden zu kommen oder Reich zu werden insofern werden diese überflüssig sein.

Jeder Mensch wird sich die Tätigkeit auswählen die ihm beliebt und auch liegt.

Wir gehen davon aus, dass nur geistig gestörte Menschen willkürlich pfuschen oder es besteht die Notwendigkeit dazu in dieser Welt. Drückeberger und Faulenzer wird es ohnehin immer geben.

Soziopathen und Psychopathen wohl auch; solche die geboren werden um ihren Mitmenschen Tag täglich willkürlich und gezwungen durch die Zwänge des Kosmos schaden anzurichten.

Diese müssen ausgegrenzt werden, ihnen muss der Nährboden sich zu entfalten, entzogen werden.

Drückeberger und Faulenzer würden schon allein aus Scham und Gruppen Dynamik selten anzutreffen sein.

Die perfekte Welt wird es nie geben das zu begreifen ist für manche notwendig,

der Autor predigt kein Utopia im Sinne der Volksverführer, sondern eine gesunde Zivilisation die erstrebenswert wäre und umzusetzen, sobald die Ketten der Bondage zerrissen wurden von unserer Generation; die die letzte sein dürfte dies möglich werden zu lassen.

Um eine neue Generation von Kindern so zu erziehen, dass sie sich Indoktrinierung und Konditionierung entziehen.

Es wurde seit Äonen keine Generation von Kindern mehr erzogen, so dass sie frei sein konnten, dieses muss immer bedacht werden für alle Kritiker für ein Fortschreiten in Richtung möglicher Eintracht und Harmonie.

Eine Generation die darüber informiert ist wie eine Matrix der Versklavung errichtet wird, unter Wissenskonservierung, Verschwörung, Geheimhaltung und Plottung gegen die Masse.

Zertifikate und Lizenzen werden gewährt von Institutionen; doch wie werden diese kontrolliert und welche Interessen stehen dahinter?

Braucht man für alles ein Zertifikat so kommt es einer Lizenz gleich, gleich einer Lizenz zum Töten. Wer sollte eine Lizenz zum Töten haben dürfen? Man hoffe doch niemand.

Um den Lernprozess zu verdeutlichen den der Mensch eigentlich begehen sollte bedarf es einer Passage des Psychologen und Astrologen Hermann Meyer der dies in seinem Buch
„Das Grundlagenwerk der Astrologischen Psychologie", gut zusammenfasst:

Die Entwicklung des Menschen ist ein lebenslanger Reifungsprozess, der von der Empfängnis bis zum Tod voranschreitet. Das Erwachsenenleben ist keine Phase der Stagnation [...].
Da wir alle aufgrund einer anachronistischen Schulbildung nicht für das Leben vorbereitet werden, müssen die meisten Menschen immer wieder aufs Neue den Weg von Versuch und Irrtum gehen, der mit Krankheit und Leid gepflastert ist.
Im herkömmlichen Schulsystem lernt man nicht das, worauf es im Leben ankommt, was man wirklich zum Leben braucht, um die Aufgaben und Lernprozesse zu bewältigen, die damit verbunden sind. Man lernt nichts über Gesundheit, obwohl man permanent mit diesem Körper leben muss; nichts über Ernährung, obwohl sie täglich auf Körper, Seele und Geist einwirkt; nichts über Psychologie, obwohl man sich doch zeitlebens mit der eigenen Psyche und der der Mitmenschen auseinandersetzen muss; nichts über Soziologie, obwohl man in diese Gesellschaft integriert ist; nichts über gesundes Bauen und Wohnen, obwohl wir uns über die Hälfte unserer Lebenszeit in Gebäuden aufhalten; nichts über Pädagogik, obwohl unsere Kinder die Zukunft der Menschheit bedeuten; nichts über Schicksalskunde, obwohl jeder davon betroffen ist; nichts über Erfolg, obwohl fast jeder ihn erreichen will; nichts über die Gesetze der Kommunikation, obwohl sie in jeder Begegnung von entscheidender Bedeutung sind; und last, not least auch nichts über Partner- und Beziehungsfähigkeit, obwohl diese Fähigkeit für Glück und Unglück eines Menschen eine so gravierende Rolle spielt.[1]

In diesem kurzen Abschnitt verdeutlicht Hermann Meyer wie es der Autor versuchte zu erläutern, wie eine Generation von aufgeklärten Menschen lernen sollte das Leben zu bewerkstelligen.
Er gleicht diese Bereiche des Lebens und des Lernens an die zwölf Kosmischen Prinzipien der Sternzeichen Konstellation an. Jene unser Leben unbewusst steuern, ohne dass wir dies wissen. Jeder Bereich ist wichtig als Basis für eine gesunde Zivilisation des Fortschritts, der Harmonie und des Einklangs.

Themen die wichtig für Kinder zu erlernen sind folgende:

- Gesellschaftslehre, Soziologie, Psychologie und Astrologie

- Astronomie

- Ethik, Werte, freier Glaube den freien Willen zu Leben

- Musiklehre, Musik und ihre Auswirkung auf die Psyche und Physis des Menschen

- Energielehre

- Ökonomie

- Ökologie

- Kommunikation

- Bauwesen

- Ernährungskunde

- Pädagogik

- Gesundheitslehre

- Philosophie

- Rechtswesen

- Mathematik je nach Verwendung und Nutzen

- Sprachen Lehre, die Entstehung und der Gebrauch der Sprache, Nutzen der Sprache

- Geschichte, die Geschichte der Versklavung der Menschheit

- die Philosophie der Kontrolle angewendet von Intriganten in ihren Kabale

- Geografie und Naturkunde

All diese Themen sind unerlässlich für eine Gesellschaft des Wohlstands.

Menschen sollten jeden Aspekt ihres Lebens zurück verfolgen und möglichst begreifen können, von der Seife die man Tag täglich benutzt bis zum täglich Brot welches man verzehrt.
Gleichzeitig die kleinen großen Dinge lernen zu schätzen und zu genießen.
Die Zeit beiseite schieben und den Wert der Dinge und des Genusses lernen.

Die Gesetze und Führung der Gesellschaft die eine solche Reife erlangt hat sind eingebettet in die Volksseele und den Volksgeist. Dieses macht alte Institutionen überflüssig, denn ein Ehrenkodex der Gesetze hat sich etabliert in Moral und Ethik der Massen.
Die Menschen haben gelernt sich selbst zu organisieren und Management wird nur noch gezielt vonnöten sein, in all jenen Bereichen die notwendig sind.
Wie zum Beispiel der Gewinnung von Ressourcen oder Energiegewinnung.

Geld als Tauschmittel oder zum Anhäufen wird überflüssig sein, denn jeder Mensch erhält von seinem Sozialen Umfeld das was er zum Leben braucht, im Austausch gegen die persönliche Dienstleistung oder ein Produkt, welches er in die Gesellschaft altruistisch einspeist.
Es könnten Märkte eröffnet werden in denen sich jeder bedienen kann, wenn eine Sache ausgeht müsste dafür gesorgt werden das Nachschub besorgt wird.
Roboter und Maschinen könnten alle eintönigen und lästigen Arbeiten erledigen die anfallen.
Produktion durch Maschinen würde das Leben erleichtern und den Menschen unter die Arme greifen. Es wird eine gewisse Anzahl von Menschen benötigen diese zu reparieren und koordinieren.
Die Früchte die abfallen aus der maschinell erbrachten Leistung könnten ohne weiteres aufgeteilt werden auf die Masse, so dass unweigerlich noch mehr Fortschritt und Wohlstand sich verteilen dürfte.

In naher Zukunft werden ohnehin solche Modelle von Sozialen Gemeinschaften angestrebt werden und man wird sehen können, dass sie funktionieren.

Es wird sich ein Kreislauf von Dienstleistungs- und Produktionsbedarf festigen.
Der eine schneidet Haare weil er es gerne macht und gut kann, erhält dafür all jenes was er nicht selbst produzieren oder auftreiben kann von der Gemeinschaft zurück.
Es wird weiterhin Landwirte geben die großflächig anbauen und den Überschuss an die Gemeinschaft abgeben, dafür ihre Bedürfnisse ausgeglichen bekommen vom Rest der Gesellschaft und so fort.
Eine Zivilisation des Gemeinsamen Lebens, weil der Mensch nicht alleine Leben kann zur Gesellschaft geboren wurde und auf Hilfe von Mitmenschen angewiesen ist.
Eine natürliche Gemeinschaft so wie sie vor Urzeiten bestanden hatte aufgrund der Tatsache, dass Menschen aufeinander angewiesen waren um zu überleben und sich natürlich organisierten.
Diese wird eine Ellenbogen und Profitgeier Gesellschaft ersetzen die ohnehin nicht aufrecht zu halten ist, weil sie sich permanent im Zyklus des Phönix befindet; von Chaos, Zerstörung und Aufbau zu einem noch größerem Übel.

Medizin wird angewendet im Einklang mit der Natur, Naturheilmethoden sind für alle zugänglich und werden nicht mehr unterdrückt werden. Somit wird es eine äußerst gesunde Zivilisation darstellen, die Krankheiten vorbeugt durch richtige Ernährung.

Enthimio Polemou

Die alten Tage der Verknechtung des Homo Sapiens, werden aufbewahrt wie ein Kriegsandenken.
Zur Erinnerung, als Warnung vor der Niedertracht und Herrschsucht einer kleinen Elite von Olympiern. Denkmäler werden errichtet um an die Zeiten der Schrecken zurück zu erinnern und diese in die Denkfalten der Menschen einzubrennen auf Alle Zeiten.
Alte Bauwerke ausgestattet mit Symbolen zur Verknechtung des Homo Sapiens, wie sie die Maurer auf der ganzen Welt verteilt haben und alle Kulturen und Menschenvölker damit verseuchten,werden zerstört und ersetzt durch Neue, die nicht das Unterbewusstsein auf Unterwürfigkeit trainieren. Was bleibt sind Andenken an den Kampf des Menschen wie er sich erhoben hatte aus dem Sumpf der Tyrannei. Die Alten werden den Jungen von den Irrtümern der Vergangenheit berichten, es wird die Folklore über „die Philosophie der Kontrolle" entstehen.
Die wunden der Menschlichen Zivilisation werden heilen; zu hoffen bleibt auf ewig.
So wie vom Schöpfer vorgesehen, denn die Zeit ist gekommen.

Energiegewinnung und Ressourcenmanagement

Alles was das Individuum oder kleine Gruppen nicht selbst bewerkstelligen können, muss erledigt werden durch die Etablierung von Solidarischen Unternehmungen. Zur Gewinnung von Energiequellen oder Ressourcen. Eine Solidarische Gemeinschaft im Sinne eines Rudolf Diesel, für diese er bereits vor Jahrzehnten den Dieselmotor erbaut hatte. Aufgebaut auf dem Fundament von Recht auf Eigentum und Persönlicher Freiheit im Sinne eines Alexis Tocqueville. Das Fundament ist eine Libertäre Gesellschaft die sich zur Ressourcengewinnung organisiert. Jene Ressourcen die notwendig sind zum Leben. Rohstoffe müssen lediglich gefördert und verteilt werden. Dies ist die Aufgabe der Organisation zur Rohstoff Förderung. Es würde sich ein reger Handel auf der Welt etablieren, für Ressourcen die in einem Land oder Gebiet nicht vorhanden sind ohne das Völker und Menschen übereinander herfallen müssten. Die Förderung und Verteilung von Ressourcen ist gemessen am Ertrag recht gering. Landnutzung und Wassernutzung wird angepasst an die Bedürfnisse der Zivilisation.

Wir sehen also eine Autarke Zivilisation, in jener sich jedes Individuum oder jede Familie selbst versorgen kann mit den zum Leben notwendigen Dingen.
Eine Gesellschaft in der die Persönlichen Freiheiten respektiert und toleriert werden, so lange nicht einem anderen Schaden zugefügt wird.
Rohstoffe die schwer zu fördern sind werden auf das Kollektiv aufgeteilt.
Hierzu stellen sich Arbeiter zur Verfügung und Maschinerie wird aufbereitet zur Nutzung.

Jeder Mensch hat seine Daseins Berechtigung, Jedes Kind hat ein Anrecht sich zu entfalten und sein Potential auszuschöpfen unter Natürlichen Bedingungen, ein Kind zu sein und neugierig zu sein, die Welt zu erkunden, ohne vor den Kopf gestoßen zu werden; in seiner Entwicklung gestört und umgelenkt zur selbst Zerstörung. Aufzuwachsen in einer Gesundeten Welt, zu spielen und zu lernen. Dies war der Versuch Träume zu konkretisieren, es bleibt ein Versuch und eine Vorstellung die ausgefüllt und vervollständigt werden sollte durch viele. Das Traumhafte Gesamtbild wiederzugeben war ein schwieriges; was noch nicht ist kann noch werden.

1   Hermann Meyer, Das Grundlagenwerk der psychologischen Astrologie. Erkenne deine Licht- und Schattenseiten und die deiner Mitmenschen, Trigon-Verlag, München, 2. Auflage 2006, ISBN-13: 978-3-00-018901-2, Seite 432-433.

Astrologie die Wissenschaft der Könige

Astrologie die Wissenschaft der Könige

Astrologie ist die Königin unter den Wissenschaften. Sonne, Mond und Sterne machen den Kosmos aus, das Universum wie es sich uns präsentiert. Wir wissen welchen Zweck Sonne und Mond erfüllen. Doch wissen wir auch über die Bedeutung der anderen Planeten und Sterne?

Wieso würden wir glauben, dass sie nur da sind zur Auszierung des Himmels um dem Augenlicht zu schmeicheln?

Welche Bedeutung haben sie? Drehen sie sich nur zum Spaß und Spiel um uns herum?

Wieso würden wir so töricht sein diesem Irrtum glauben zu schenken?

Weil wir dazu erzogen wurden durch billige Horoskop Anzeigen, in noch billigeren Zeitungen, mit den billigsten Texten verfasst von Groschen Roman Autoren.

Weil wir erzogen wurden zu solchen, die alles was nicht „rational" zu erklären ist als Nonsens zu brandmarken. Und nicht auf die Idee kommen, dass der Mensch nur beschränkt aufnimmt und nicht alles erklären kann, je alles erklären können wird.

Der Mensch kommt nicht auf die Idee, dass sie vom Schöpfer entworfen sind und einen Zweck erfüllen, für den Schöpfer des Universums.

Dass alle Planeten und Sterne gleichsam einwirken auf den Kosmos, die Erde, den Menschen, Tiere und Pflanzen.

Und dann bewegen sie sich in einem steten Zyklus welcher Astronomisch festgelegt werden kann.

Und weshalb eigentlich? Einfach so?

Astrologie ist die höchste Wissenschaft und daher wird sie tot geschwiegen.

Laut Bibel sollte sie versiegelt bleiben, dem Menschen nicht zugänglich gemacht werden,

wurde allerdings von Gefallenen Engeln auf die Erde getragen.

Hier angelangt wurde dieses Wissen angewendet von denen die andere fügen um sich selbst einen Vorteil zu verschaffen. Die Kabale und Kains Kinder wussten dieses Wissen für nicht Gutes einzusetzen und vor dem Rest der Menschheit zu bewahren und konservieren wie eine Porzellan Vase.

Das Wort Astrologie kommt aus dem Griechischen und bedeutet Astro ≈ Stern und Logia = Lehre; also die Sternenlehre. Doch wären wir auch so töricht die Alten Griechischen Philosophen die uns Mathematik und Grammatik brachten, zu verpönen wenn sie auch Meister der Astrologie waren?

Die alten Griechischen Philosophen und Gelehrten hatten dieses Wissen wohl im Osten gelernt.

Chaldäer, Babylonier und Perser waren bekannt für ihr Astrologisches Wissen, hatten dennoch andere Systeme zur Anwendung.

Die Griechen übernahmen die alten Systeme und das Wissen, verfeinerten es und erschufen den „Zodiakos", welchen sie in Zwölf Sternzeichen Konstellationen einteilten.

Diese richten sich nach der Ekliptik also dem „Kreisernen Gürtel", von Sternen Konstellationen, jene Sonne, Mond und alle anderen Planeten durchlaufen, in einem festen Zyklus.

Diese haben Einfluss auf alles und bestimmen prinzipiell aus dem Hintergrund heraus das Schicksal des Menschen. Das Zodiak bildet daher das höchste Symbol jener die über Wissen verfügen, sprich illuminiert wurden. Alle großen Zivilisationen trugen diese Symbole auf ihren Flaggen.

Jupiter war abgebildet auf dem Assyrischen oder Persischen Adler.

Zeus war der Hauptgott der Griechen als solcher Jupiter in Rom.

Er bezeichnet das Kosmische Prinzip des Herrschers. So wie Schütze geborene sich als solche sehen, da sie über ein entsprechendes Selbstbewusstsein verfügen.

Das Wissen über Astrologie ward gelüftet und hat sich verbreitet, es bewegt sich im Untergrund und am Rande unserer Gesellschaft. Die Katze ist aus dem Sack. Diese spezielle Katze könnte helfen dem Menschen die Prinzipien des Kosmos näher zu bringen und unseren Schöpfer als auch Schöpfung besser zu verstehen, ohne so stupide zu sein, zu versuchen die Siegel aufzubrechen die nicht aufzubrechen von Menschenhand.

Zu sehen das Gut und Böse nahe beieinander liegen und einen schmalen Pfad bilden, den wir als Menschen im Kollektiv beschreiten. Zu lernen wie der Schöpfer dem Menschen den freien Willen übertrug um sich auf diesem Schmalen Pfad so zu bewegen um am Ende den richtigen Weg zu beschreiten. Dass diese Prinzipien ein gewaltiges Zwielicht erschaffen lassen indem wir uns bewegen wie Licht und Schattenspieler. Können diese Prinzipien dem Menschengeschlecht helfen Balance zu halten und Zwänge und die Sterne des Schicksals aufzubrechen.

Die Sterne die in jedes Menschen Brust schlagen wie Schiller es bezeichnete oder die Archetypen beschrieben von Jung.

Die Kosmischen Prinzipien des Kosmos oder Archetypen Es sind 12

Die Sternzeichen der Ekliptik ergeben Zwölf Kosmische Archetypen oder man kann sie auch als die 12 Prinzipien des Kosmos bezeichnen.

So wie der Mensch ein Teil des Kosmos und dieser Welt ist so setzt er sich auch zusammen aus diesen Zwölf Kosmischen Archetypen.

Ein jeder Archetyp folgt einem speziellen Raster und Auswahl an Charakteristika.

Ein jeder Archetyp stellt ein einzigartiges Prinzip dar welches sich auswirken muss auf das was unten steht. So wie oben, so auch unten um die Worte der Meister Maurer und Meister Alchemisten zu gebrauchen. Somit ist der Einfluss gegeben auf die Jahreszeit und den Menschen.

Zunächst einmal folgt nun die Erklärung dieser Zwölf Stern Konstellationen als Prinzipien und Archetypen in ihrer Reihenfolge:

Widder

Der Widder bringt den Frühling mit sich. Als solcher ist er der Überwinder des Winters, also des Todes. Der Widder hat den Tod überwunden und bringt neues Leben mit sich.

Der Widder ist ein Krieger, einer der voranschreitet ohne über die Konsequenzen nachzudenken.

Denn er hat bereits den Tod überwunden, so wer oder was kann ihn noch aufhalten?

Wer wagt es sich ihm in den Weg zu stellen? Er ist verwegen und kompromisslos.

Mit seinen Hörnern durchbricht er jede Mauer. Er ist ein Pionier und Wegbereiter für alle die ihm Nachfolgen. Denn er ist der Anbruch des Neuen Jahres und bricht das Neue Jahr an.

Der Widder öffnet die erste Jahreszeit des Jahres den Frühling, das Aufblühen, daher ist er Kardinal in seiner Ausrichtung.

Kardinal steht für Stark und sich durchsetzend. Denn es hat sich eine Neue Ordnung der Dinge durchgesetzt, es ist Frühling geworden.

Der Widder blickt nicht zurück den hinter ihm liegt das Alte, das was verstarb, insofern ist er hart in seinen Entscheidungen hat er sich einmal entschieden so bleibt es dabei und die Sache wird abgehakt. Im positiven ist er konsequent, im negativen vorurteilend und übereilig.

Der Widder muss immer der erste sein, es existiert keine 2 für diesen Archetypus.

In seiner Polarität ist er Maskulin also extrovertiert. Sein Element ist das Feuerelement.

Der Widder wird dem Mars zugeordnet, dem Kriegsgott.

Denn bricht der Frühling herein so kommt die Zeit Opfer zu bringen und Menschen dem Mars zu opfern. So werden viele Kriege im März begonnen, genau genommen am 22. März wenn der Widder herrscht. „Adolfus Hit" wollte zu diesem Datum die Sowjetunion angreifen, doch musste er Truppen nach Hellas abziehen und somit verschob er „Operation Barbarossa" auf den 22. Juni den Anfang der Krebszeit. Nichts wurde dem Zufall überlassen.

Der Widder ist also Extrovertiert in seiner Polarität, Kardinal in seiner Ausrichtung und entspricht dem Element des Feuer.

Er ist extrovertiert, durchbrechend und cholerisch, um den Widder Archetypus zu beschreiben.

Zerstörung nimmt er in Kauf um etwas neues zu schaffen.

Die Sonne bricht herein und zerstört das Alte um ein Neues Jahr zu begründen. Die Alte Ordnung wird überrumpelt.

Stier

Der Stier füllt die Mitte des Frühlings aus. Der Stier sichert die Früchte welche Aufblühen.

Als solcher steht er dem Widder gegenüber und grenzt sein Territorium ab.

Der Stier hat ein Terrain zu verteidigen und stellt den Beherrscher der Frühlingszeit dar.

Er bringt mit sich die Sonne und folglich die Ernte insofern steht er für das Materielle dieser Welt.

Der Stier ist ein Genießer und betrachtet die Dinge pragmatisch. Also ein pragmatischer in sich gekehrter Genießer des Lebens, denn der Frühling ist erbracht und muss genossen werden.

Der Ertrag muss verteidigt werden vor äußerem und somit ist der Stier extrem verschlossen und stur. Ein Materialist und in seinem Selbstbewusstsein auf sich selbst ausgerichtet denn er steht im Zentrum des Universums als jener der die Sonne auf seinen Hörnern trägt.

Daher verehren so viele Kulturen die Kuh oder den Stier.

Der Stier ist besonnen und bedacht niemals voreilig in seinen Entscheidungen.

Seine Polarität ist Feminin ausgerichtet. Seine Ausrichtung ist Fix, also weder erobernd noch Platz machend, er steht in der Mitte und verteidigt falls er angegriffen wird.

Der Stier wird dem Element der Erde zugeordnet.

Der Planet des Stier ist die Venus sie steht für Genuss und Sanftmut.

Folglich ist er introvertiert, beharrlich und fixiert in seiner Ausrichtung, sowie phlegmatisch.

Zwillinge

Das Sternzeichen der Zwillinge legt die Auflösung der Frühlingszeit zum Sommer fest.

Als solche erreicht die Sonne in der Zwillingszeit ihren höchsten Stand der Illuminierung.

Die Zwillinge sind beweglich und leicht in ihrer Ausrichtung. Leicht wie der Wind. Zwillinge sind intellektuell ausgerichtet und kommunizieren gerne. Das Aufsteigen der Sonne bringt Neugier für Neue Dinge mit sich und die Sehnsucht sich Wissen anzuzeigen. Zwillinge verbinden zwei Naturen in einer und verbinden somit zwei Seiten, zwei Gesichter. Denn die Sonne wendet sich von der einen Seite zur nächsten, vom höchsten Punkt zum abfallenden.

Der Frühling löst sich auf in Richtung Sommerzeit und so ist auch der Zwillinge Archetypus gewillt sich aufzulösen oder Platz zu machen. Er ist aufgeschlossen und sehr beweglich.

Von allen Archetypen stellen die Zwillinge das beweglichste dar.

Seine Polarität ist Maskulin und seine Ausrichtung ist Flexibel, die Zwillinge entsprechen dem Element der Luft. Ihr Planet ist Merkur auch als Hermes bekannt.

Zusammengefasst sind Sie extrovertiert, beweglich in der Ausrichtung und sanguinisch.

Krebs

Der Krebs bringt die Sommerzeit mit sich und überwindet die Zeit des Aufblühens hin zur vollen Reife der Natur. Die Sonne ist rückläufig und neigt sich wieder, daher macht der Krebs auch oft einen Schritt zurück. Er ist konservierend und konservativ ausgerichtet.

Der Krebs möchte die Schöpfung erhalten und orientiert sich an der Tradition, an der Familie und Geschichte. Dies bringt Sentimentalität mit sich aber auch Hartnäckigkeit.

Denn der Krebs klammert, er klammert sich an die Sonne und somit an alte Dinge und Sitten.

Das erblühte muss bewahrt werden daher bringt der Krebs eine harte Schale mit sich die einen weichen Kern birgt.

Der Krebs ist schöpferisch, phantasievoll und träumerisch, so wie die Sommerzeit.

Von allen Archetypen stellt der Krebs das sensibelste dar.

Die Polarität ist Feminin und die Ausrichtung Kardinal sprich durchsetzend, sein Element ist das Wasser. Der Planet des Krebs ist der Mond.

Das Krebs Prinzip ist also introvertiert, durchbrechend und melancholisch.

Löwe

Der Löwe kommt zur Mitte der Sommerzeit, er stellt das Zentrum des Sonnenjahres dar.

Er fixiert die Sommerzeit. Er steht im Mittelpunkt der Schöpfung und sieht sich als Mittelpunkt um das sich alles zu drehen hat.

Der Löwe liebt das Leben und kostet gerne aus, er ist ein Lebemann.

Er ist mutig, von sich selbst überzeugt oder selbstbewusst und übermütig, denn wer kann der Sonne trotzen wenn sie ihren Fixen Punkt erreicht hat.

Im positiven ist er ein guter Anführer aber negativ gesehen herrisch und selbst süchtig.

Der Löwe ist sehr hitzig, kaum zu bändigen wenn er einmal entfacht wird.

Dennoch beharrlich in seiner Art. Denn er ist in seiner Ausrichtung Fix.

Er ist sehr offen und die Polarität ist Extrovertiert. Sein Element ist das Feuerelement.

Die Sonne ist der Planet des Löwen. Der Löwe zehrt von unglaublicher Energie so wie er der Sonne entspricht, der Sonnenkraft. Wird er einmal aufgebracht so ist er nicht mehr zu halten.

Der Löwe Archetyp ist extrovertiert, beharrlich und cholerisch. Also ein beharrliches Feuer im Gegensatz zum Kardinalen Feuer des Widder. Insofern ist der Widder Aktionär wenn der Löwe Reaktionär ist.

Jungfrau

Das Jungfrauen Prinzip entspricht der Auflösung des Sommers in Richtung Herbst.

Die Sonne bewegt sich weiter und verliert an Kraft. Im Gegensatz zum Stolzen Löwe ist die Jungfrau bescheiden und zurückhaltend. So wie die Sonne mehr Bescheidenheit annimmt während sie ihren Rückzug antritt. Die Jungfrau ist pedantisch und rational.

Die Dinge müssen ordentlich ablaufen. Es wird Wert gelegt auf Sauberkeit und Reinlichkeit.

Gleichzeitig ist sie oberflächlich. Denn sie bewegt sich immer nur an der Oberfläche ohne auf den Kern der Dinge vorzustoßen. Gleichsam ist sie verlässlich und pflichtbewusst.

Der Jungfrau Archetypus ist beweglich und daher leicht umzustimmen und hilfsbereit.

Seine Ausrichtung ist Flexibel, die Polarität ist Feminin und das Element die Erde.

Sie ist introvertiert, auflösend und phlegmatisch.

Der Jungfrau Planet ist Merkur also entspricht auch der Nüchternheit und dem Intellektuellen.

Im Gegensatz zum Zwillinge Prinzip ist sie eher an das Konventionelle Denken gebunden, wenn die Zwillinge gerne Neues erschließen und aufgeschlossen sind.

Waage

Die Waage bringt die Zeit des Herbstes und das Equilibrium also die Zeit in der gleichviel Sonnenlicht wie Finsternis besteht. Die Sonne erreicht den Punkt des Ausgleichs.

So ist auch die Waage ausgeglichen und besonnen.

Sie ist ausgerichtet auf das Äußere, das Pfauenhafte. Sie legt viel Wert auf ihr Äußeres und das Äußere von Dritten, was sie gleichzeitig oberflächlich macht.

Sie hat einen ausgeprägten Gerechtigkeitssinn. Die Waage entspricht einem Guten Diplomaten oder dem Archetypus des Schlichters oder guten Diplomaten.

Sie ist eitel denn sie weiß, dass sie das Gleichgewicht des Jahres darstellt.

Die Waage hat Probleme sich festzulegen, denn die Waage wägt beide Seiten gleichermaßen ab.

Ihre Polarität ist Maskulin, die Ausrichtung Kardinal und das Element ist Luft.

Der Waage beherrschende Planet ist die Venus. Im Gegensatz zum beharrlichen und phlegmatischen Stier ist die Waage durchbrechend und sanguinisch. Der Stier ist sehr verschlossen die Waage ist extrovertiert.

Skorpion *

Der Skorpion stellt die mittlere Zeit des Herbstes dar. Die Sonne verliert gegen die Finsternis, die Tage werden kürzer, die Nächte länger. Insofern ist der Skorpion jener der die Sonne mordet.

Der Kuss des Skorpions leitet den Fall der Sonne also des Lebensspenders ein.

Dieses bringt einen düsteren Archetypen mit sich.

Der sich zum Dunklen hingezogen fühlt. Die Sonne taucht ein in Finsternis.

Er entspricht dem Tod, dem Sensenmann. In anderen Kulturen wurde er als Schlange bezeichnet oder in Asien als Drache. Er entspricht dem Phönix welcher immer wieder Neu Geboren werden kann. Insofern ist der Skorpion regenerativ.

Er beobachtet gerne aus dem Schatten heraus oder stellt sich taub wie ein Krokodil.

Das Skorpion Prinzip ist unberechenbar und lässt sich von anderen nicht gern berechnen.

Er möchte nicht durchschaut werden, durchschaut andere dennoch sehr leicht.

Der Skorpion ist leidenschaftlich und melancholisch. Der Skorpion bewegt sich in den Tiefen der Abgründe, er beschäftigt sich mit Transformation. Das Skorpion Prinzip ist gebunden an Rituale und pflegt gleiche Abläufe. Es hat zu tun mit Macht, Kontrolle und Bindung.

Die Rachsucht und Hass haften ihm ebenso an wie Herzlichkeit und Aufopferung diese beiden Extreme liegen nah beieinander. Im Kampf geht es bis zum Tode. Der Skorpion ist kein angenehmer Gegner. Er opfert sich gerne auf für andere, er quält sich gerne selbst als auch seine Mitmenschen.

Das Skorpion Prinzip birgt Fanatismus, Absolute Hartnäckigkeit, Intoleranz aber auch höchste Loyalität.

Die Polarität des Skorpion ist Feminin, seine Ausrichtung ist Fix also abwartend und reagierend, sein Element ist das Wasser. Er untersteht den Planeten Pluto und Mars.

Der Skorpion Archetyp ist also beharrlich, introvertiert und melancholischer Natur.

Schütze

Der Schütze schließt die Herbstzeit ab gleichzeitig bewegt sich die Sonne auf ihren tiefsten Punkt zu. Es ist eine Zeit in der die Sonne besonders weit weg zu sein scheint. Doch gleichzeitig wird eine gewisse spürbare Wärme versprüht. Das Schütze Prinzip steht für Weltoffenheit, Philosophie, das Erkunden der Welt und Kulturen. Es ist der Archetyp der mit Stolzer Brust voranschreitet, etwas eitel daher kommt aber auch Großherzig ist. Der Schütze ist locker aber gleichzeitig feurig.
Alles geht ihm leicht von der Hand. Er verfügt über höchste Präzision.
Dinge werden zügig erledigt, ohne dass es Anstrengung erfordert oder für die dritten Augen ersichtlich wäre. Die Tage sind kurz also bleibt keine Zeit zu verlieren alles muss schnell und flott von der Hand gehen. Wie kein anderer verfügt er über dieses Geschick, daher werden Schütze Kinder auch als Glückskinder gesehen. Einerseits ist der Schütze sehr optimistisch und selbstbewusst, doch im negativen gibt er schnell nach es steckt wenig Substanz dahinter.
Ganz im Gegensatz zum konträren Skorpion. Seine Polarität ist Maskulin, die Ausrichtung ist Flexibel, das Element ist Feuer. Der Schütze Archetypus ist also extrovertiert, beweglich und cholerisch in seiner Beschaffenheit. Er wird schnell nervös ist aber im Vergleich zum Widder und Löwen umgänglicher, sprich bewegliches Feuer, entgegen dem durchdringenden oder beharrlichen Feuer.
Der Planet des Schützen ist Jupiter, der Herrscher.

Steinbock

Die Steinbockzeit folgt auf den absoluten Tiefpunkt der Sonne. Er wälzt sie vor sich her und nur mühselig steigt sie wieder auf. Die Steinbockzeit bringt harte Zeiten mit sich, denn der Winter bricht herein. Der Steinbock muss sich auf das wesentliche beschränken.
Auf das absolut notwendigste. Insofern betrachtet er die Dinge Zweckmäßig.
Es fehlt ihm an jeglicher Weitsicht, denn er sieht die Dinge nur aus seinem Blickwinkel welcher unten steht und die Dinge nach oben drücken muss. Sich hartnäckig durchsetzen muss.
Von allen Archetypen ist er der zähste. Er lässt sich niemals unterkriegen und verbeißt sich in die Dinge bis er sie gestemmt hat. Hierbei kommt er spartanisch mit dem wenigsten aus und kann trotzdem Leistung erbringen. Während der Krebs gefühlvoll denkt, denkt der Steinbock absolut praktisch.
Der Krebs hat die weite im Blickfeld der Steinbock ist das krasse Gegenteil er sieht die Welt als eine primitive und trockene. Der Steinbock ist ein äußerst beherrschtes und steifes Sternzeichen und Prinzip.
Böse ausgedrückt entspricht dieses Prinzip dem eines Steinzeitmenschen, der sich Tag täglich auf der Jagd befindet und versuchen muss zu überleben, wie es für den Menschen im Winter üblich war. Jedes Wort und Jede Handlung interpretiert der Steinbock in Bezug auf Grundbedürfnisse wie Essen, Trinken oder Sexualität. In allen Dingen sieht er etwas Profanes was er auf diese Grundbedürfnisse zurück führt oder den Überlebenskampf in der Winterzeit.
Jedes Wort wird in seinem striktem Verstand in eine vorgefertigte Schublade geschoben, für ihn gibt es nur eine Variante ganz im Gegenteil zum Schütze Prinzip.
Der Steinbock ist zuverlässig und genießt einen guten Ruf.
Seine Polarität ist Feminin, die Ausrichtung ist Kardinal und das Element ist Erde.
Sprich introvertiert, sich durchsetzend und phlegmatisch. Der Planet des Steinbock Prinzip ist Saturn.

Wassermann

Der Wassermann markiert die Mitte der Winterzeit. Die Eiszeit, die Zeit des Frostes.
Die Sonne hat ihren Fixen Winterpunkt erreicht.
Der Wassermann ist ebenso wie der Löwe extrem auf den Beifall der Massen angewiesen.
Er steht gegenüber dem Löwen und konkurriert mit diesem.
Der Wassermann steht im Mittelpunkt und alles bewegt sich mit ihm um ihn herum.
Er bewegt die Schneelawinen ebenso wie die Menschenmassen.
Wie der Flötenspieler von Hameln die Ratten einzusammeln vermag, sammelt der Wassermann die Menschen Scharen um sich herum. Alle bindet er um sich. Alle verfallen seinem Wassermann Charme. Denn er ist lustig und liebt die Gruppendynamik. Er animiert die Massen zu Anteilnahme. Der Wassermann ist sprunghaft und chaotisch. Im einen Moment ist er in er in Finnland in der Sauna im nächsten läuft er zum Sonnenstrand des Mittelmeer. Genauso hinterlässt er seine konsternierten Mitmenschen, so wie er sie aufsammelte, so lässt er sie im nächsten Augenblick links liegen um sich der Nächsten Schar aufzumachen, ohne sich dessen bewusst zu sein, dass die anderen nicht mehr Wissen woran sie sind. Er redet Sachen ohne Rücksicht auf Verluste, Lügen hören sich in seinen Worten an wie die Wahrheit. Der Wassermann lässt sich nicht gerne eingrenzen, er liebt die Freiheit.
Er ist ein Rebell von Natur aus. Er ist ein Idealist und Freidenker, ein Schöngeist und betrachtet die Dinge objektiv. Er verstrickt sich in Paradoxien seiner selbst.
Seine Polarität ist Maskulin, die Ausrichtung Fix und das Element ist Luft.
Der Wassermann Archetypus ist extrovertiert, beharrlich also reaktionär und sanguinisch.
Sein Planet ist Uranus der Kontrahent des Saturn.
Der Steinbock hält fest an Konventionen während der Wassermann diese durchbrechen möchte.

Fische

Die Winterzeit löst sich auf, das Jahr neigt sich dem Ende zu und die Sonne steigt auf Richtung Frühjahr. Somit markiert das Fische Prinzip die Auflösung und die Auferstehung.
Das Alte vermischt sich mit dem Neuen. Der Winter muss dem Frühling weichen.
Das Fische Sternzeichen ist tiefgründig, sehr nervös und verfügt über ausgesprochene Phantasie, wie kein anderes. Jede Stimmungsschwankung im Umfeld wird aufgenommen.
Fische lassen sich niemals greifen immer zu entgleiten sie. Im Gegensatz zum Widder weichen die Fische allen Gefahren möglichst aus, wenn der Widder sich diesen stellt.
Der Fische Archetyp ist eher schlampig und neigt dazu sich durch das Leben zu Lügen, denn mit kleinen Notlügen wird das Leben einfacher. Denn das Ende ist in Sicht und immer im Blick doch diesem möchte es nicht entgegenblicken.
Fische verfügen über eine ausgezeichnete Intuition und Sehen Dinge die andere nicht sehen.
Sie nehmen Dinge auf die anderen verschlossen bleiben. Das Fische Prinzip birgt viel übersinnliches. Es ist ein angenehmes, doch gleichzeitig fehlt die Treue zu alten Dingen.
Die Polarität ist Feminin, die Ausrichtung Flexibel und das Element Wasser.
Der Planet der Fische ist der Neptun.
Das Fische Prinzip ist introvertiert, beweglich und melancholisch.

Die Hand Gottes

Bei der Geburt des Menschen werden der Charakter, die Seele, der Geist und die Physis des Neugeborenen eingebrannt auf den Körper, den Geist und die Seele des Neugeborenen.

So wie die Sterne und Planeten in dieser Sekunde stehen, so manifestieren sie sich indem Individuum. Es ist die Hand Gottes. Das Rohe Individuum gezeugt durch seine Eltern kommt als Rohmodell seiner Vorfahren auf die Welt und die Sternen und Planeten Konstellation bestimmt fortan dominant, was für ein Mensch es sein wird. Mit der Geburt in diese Welt ist der Weg vorbestimmt. Es entsteht ein einzigartiges Geschöpf, einmalig in seiner Form.

Der Charakter des Menschen wird also bestimmt durch die Hand des Schöpfers und sein vorgefertigtes Kosmisches System.

Die Eltern geben die Grundlagen mit, hinzu kommt die Volksseele also Abstammung, die Erziehung durch Eltern und Umfeld sowie die Erfahrungen die im Leben gesammelt werden.

Der Mensch entwickelt sich aus dieser Mischung heraus.

Aus diesem Grund unterscheiden sich Geschwister grundlegend in ihrem Charakter und gehen auch meist unterschiedliche Wege in ihrem späteren Leben.

Jeder Mensch erhält seine eigenen Individuellen Sterne in sein Bewusstsein und Unterbewusstsein. Dieses sind die Sterne die den Menschen bewegen und antreiben.

Um das Individuum welches als einzigartiges geschaffen wurde davon abzulenken wurden in allen Zeiten künstliche Sterne als Vorbilder vorgesetzt. Außerdem versucht ES somit alle Charaktere Konform zu machen. So dass die Massen einfacher zu kontrollieren sind.

Jeder Mensch unabhängig von Intelligenz erhält bei der Geburt, spezielle Talente durch das Individuelle eigene Sterne und Planeten Bild.

In der Schule werden diese Fähigkeiten abtrainiert, weg doktriniert aus dem Sinn des Kindes.

Einige verlieren sich im Laufe ihres Lebens komplett und setzen sich den Charakter des Massen Konsensus auf, welches in Anno Domini Idiotie mehr und mehr zu sehen ist.

Sie überziehen ihren eigenen Charakter mit dem der Massenidiotie.

Sie stellen nur noch leere Hülsen, leere Oberflächliche Organische Objekte dar.

Das Gehirn wird auf den Standby Modus gestellt, die Seele ist nicht mehr existent und das Ego erloschen. Aus diesem Grund kann man sie als Mensch auch nicht mehr erreichen sie haben den mentalen Status eines Zombiehaften Wesen angenommen. Jede Konversation mit Ihnen zu wagen, führt zur Ignorierung und das Gegenüber wird als stupide bezeichnet, ohne zu erkennen, dass er oder sie zu ES wurde. Sie sind zu Objekten degradiert deren Nahrung die Zustimmung der anderen wird. So funktioniert die Kollektivierung und Sozialisierung der Massen.

Das Resultat Sozialismus anstelle von Individualismus.

Nicht nur die Gene bestimmen also das Individuum, nein es steht viel mehr dahinter.

Doch der Mensch soll diesem Falsch Glauben nach laufen und sich im Genwahn verrennen.

Wenn die Genlehre nur Pfuscherei ist in des Schöpfers, versiegelte Schöpfung.

Das Original ist nicht nachzumachen.

Es kann keine Welt geschaffen werden der Konformität, denn es gibt zu viele unterschiedliche Polaritäten, Ausrichtungen und Charakterliche Unterschiede. Jeder Mensch hat ein anderes Ego, eigene Sichtweise, Grund Lebenseinstellung, Zielsetzung, Denkweise, Mentalität und Innere Seelische Beschaffenheit.

Aus diesem Grund muss ES, den Menschen ausrotten und durch verlässliche genormte Maschinen ersetzen.

Das Sternen und Planetenbild bei der Geburt, wird erfasst und stellt sich dar wie ein Individueller Fingerabdruck des Menschen.
Es folgt die Erklärung dieses Geburtshoroskop in seinem Aufbau.

Das Geburtshoroskop wird als rundes Diagramm dargestellt welches wie ein Kuchen geteilt wird durch 12 Teile.
Die Abschnitte dieses Kreis Diagramms werden als Häuser bezeichnet.
Jedes dieser 12 Häuser untersteht einem Sternzeichen in ihrer Astrologischen Abfolge.

Haus 1 = Widder: Ausrichtung ist Kardinal, das Element entspricht Feuer, Planet Mars

Steht für das Ego, die Durchsetzung in der Gesellschaft oder im Kampf; egal ob verbal oder physisch, die Maske die aufgelegt wird in der Öffentlichkeit, Selbstdarstellung, die erste Konfrontation mit Mitmenschen, das Image, wie man sich selbst sieht, die erste Reaktion auf Mitmenschen und das Rollenspiel welches man betreibt in der Gesellschaft.
Es steht ferner für die Konstitution des Menschen, Substanz, Willenskraft und Wagemut.

Haus 2 = Stier: Ausrichtung ist Fix, das Element entspricht Erde, Planet Venus

Dieses Haus legt fest wie der Mensch mit Materiellen Dingen umgeht, wie Geld ausgegeben wird oder mit den Finanzen verfahren wird. Wie materielle Dinge angehäuft werden, die Fähigkeit zu Wirtschaften, Eigenwert, Abgrenzung und Absicherung;
weitere Themen sind Schutz, Nahrung und Sicherheit.

Haus 3 = Zwillinge: Ausrichtung ist Beweglich, das Element entspricht Luft, Planet Merkur

Das Haus der Zwillinge steht für Kommunikation, Sprechweise, Ausdrucksweise, intellektuelle Fähigkeiten, Mathematik, Bewegung, die Verwendung und Weitergabe von aufgenommenen Informationen.

Haus 4 = Krebs: Ausrichtung ist Kardinal, das Element entspricht Wasser, Planet Mond

Steht für das Basis Ego des Menschen, die Ausrichtung zum Leben, Sichtweise auf das Leben und die Welt, Beheimatung des Menschen, Wohnungsverhältnisse, Ausgangspunkt.
Die Reaktion eines Menschen, Handlungsgrundlage, Haltung, seelische Wärme, eigenes Wesen, die eigene Gefühlte Identität des Menschen, Gewissen.

Haus 5 = Löwe: Ausrichtung ist Fix, das Element entspricht Feuer, Planet Sonne

Hier wird bestimmt wie ein Mensch die Entscheidung für eine Handlung in die Tat umsetzt, Handlungsfähigkeit, Wünsche, schöpferische Kraft, Selbstständigkeit, Spiel und Spaß.

Haus 6 = Jungfrau: Ausrichtung ist Beweglich, das Element entspricht Erde, Planet Merkur

Wie man arbeitet und sich in der Arbeitswelt verhält, die Anpassungsfähigkeit bei der Arbeit, wie man sich wäscht, isst oder andere alltägliche Dinge verrichtet.

Haus 7 = Waage: Ausrichtung ist Kardinal, das Element entspricht Luft, Planet Venus

Das siebte Haus legt fest wie wir auf andere Menschen zugehen, wie wir andere Menschen sehen, Partnerwahl, wie wir mit anderen Menschen in Kontakt treten. Im Prinzip ist es das Du des Menschen. Denn es reflektiert alles vom Ego auf das Gegenüber;
Kontaktfähigkeit, Freundlichkeit.

Haus 8 = Skorpion: Ausrichtung ist Fix, das Element entspricht Wasser, Planet Pluto

Das Haus des Skorpion steht für Bindung und Prinzipien, die Fähigkeit Dinge in der Tiefe zu betrachten. Vorstellung und Leitbilder, geistiger Besitz, die Leidenschaft, Transformation und Macht.

Haus 9 = Schütze: Ausrichtung ist Beweglich, das Element entspricht Feuer, Planet Jupiter

Steht für Bildung, Toleranz, Philosophische Ausrichtung, Expansion, Weltanschauung, Verhältnis zu Ethischen Fragen.

Haus 10 = Steinbock: Ausrichtung ist Kardinal, das Element entspricht Erde, Planet Saturn

Das Haus des Steinbock steht für das Superego, die Zielsetzung im Leben und das Entwicklungspotential; es steht dem Basis Ego gegenüber wo der Weg des Menschen beginnt,
das Superego hat der Mensch immer über sich, Ehrgeiz, welche Fähigkeit ein Mensch an den Tag legt sich in die Arbeit einzubringen, Führungstalent, die Berufung eines Menschen sich in die Gesellschaft einzubringen, Zeitgeist, die Öffentliche Rolle die man einnimmt, Beruf, Anerkennung,
Bild für die Ordnung der Dinge und der Welt, Ideale, Ruhm, Verhältnis zum Staat, Verantwortungsfähigkeit, das Recht und Ordnung, das Streben nach Ruhm und Anerkennung.
Haus 11 = Wassermann: Ausrichtung ist Fix, das Element entspricht Luft, Planet Uranus

Dieses Haus legt die eigene Profilierung in der Gesellschaft fest und wie man andere profiliert.
Auswahl der Freunde, Fähigkeit sich zu befreien, Individualität, Unabhängigkeit, Tabu Durchbrechung, Rebellion gegen Konventionen, deutet an wie man sich entspannt beispielsweise bei Hobbys oder anderen Freizeitbeschäftigungen.

Haus 12 = Fische: Ausrichtung ist Beweglich, das Element entspricht Wasser, Planet Neptun

Das Haus der Fische umfasst die Auflösung des Individuums, Tod, Harmonie Bedürfnis zum Rest der Menschheit, Transzendenz, Phantasie, Flucht, Fähigkeit für Übersinnliches,
Ahnung, Schein und Lüge.

Die Häuserspitzen bezeichnen welches Sternzeichen in ein bestimmtes Haus fällt.
Je nach Geburtsort und Geburtsuhrzeit fällt ein Sternzeichen auf das 1. Haus beispielsweise um 7 Uhr morgens Schütze in das Erste Haus des Widders.

Dies bedeutet, dass das Ego dieses Menschen dem Archetypen des Schütze Prinzip entspricht.
Die Geburtsuhrzeit bestimmt also welche Sternzeichen nachfolgen, so wie es die Reihenfolge vorgibt.
Ein Beispiel hierfür wäre, das Ego fällt auf das Sternzeichen Schütze, die Materielle Absicherung im Zweiten Haus fällt dann folglich auf Steinbock.
Jedoch werden bedingt auch Häuser ausgelassen, oder es fallen zwei Häuserspitzen auf ein Sternzeichen.
Somit würde das Ego und die Materielle Absicherung auf Schütze fallen, das Individuum verhält sich also in beiden Bereichen, entsprechend dem Schütze Archetyp.
So ist es möglich, dass ein Sternzeichen ausgelassen wird.
Bei manchen Menschen fallen die Häuserspitzen auf jedes Sternzeichen, bei anderen eventuell doppelt oder gar nicht.
Aus dieser Tatsache ist zu ersehen, dass jeder Mensch im Prinzip alle Archetypen in sich verbindet, denn sie sind auch an Planeten gekoppelt wie wir noch sehen werden.
Der Charakter wird bestimmt dadurch wie die Archetypen zur Geburt des Individuums stehen.
Die Bereiche auf die sie zutreffen, die Ausprägung; markant oder fein.

Das Horoskop besteht aus einem Kreis welches die 360 Grad Begehung durch die Sonne beschreibt.
Je nachdem wie die Sonne zu den Sternzeichen steht so ist die Abfolge der Sternzeichen.
Es ist also der Sonnenweg durch die Sternzeichen. Die Häuser stellen den Zyklus des 24-Stündigen Tages dar.

Das Horoskop wird folglich in vier Quadranten aufgeteilt.

1. Quadrant ist der Körper Quadrant oder Ich Quadrant.

2. Quadrant ist der Gefühlsquadrant oder Seelischer Quadrant, Unter Ich Quadrant.

3. Quadrant ist der Geistige Quadrant, Partnerschafts Quadrant, Gemeinschafts-Quadrant.

4. Quadrant ist der Über-Ich Quadrant, Welt Quadrant, Schicksals Quadrant.

Der 1. und 4. Quadrant markieren das Ich und das Über Ich des Menschen also das Ich im Ganzen.
Der 2. und 3. Quadrant markieren das Verhalten zum Du oder zur Gesellschaft.

Wir alle kennen unser Sternzeichen, welches fälschlicherweise als das einzige bezeichnet wird.
Es ist entsprechend dem Sternzeichen indem sich die Sonne befindet zum Zeitpunkt unserer Geburt.
Matthias wurde am 4. September geboren also ist sein Sternzeichen Jungfrau.
Das Sternzeichen indem sich die Sonne in ihrem 30-tägigen Zyklus befindet.
Gleichermaßen aber bewegen sich auch die anderen Planeten und fallen auf Sternzeichen.
Der Mond durchläuft die Ekliptik alle 28 Tage und bleibt daher nur etwas mehr als 2 Tage auf einem Sternzeichen.
Somit ist das Sternzeichen auf dem der Mond sich zur Geburt von Matthias befindet beispielsweise zum 4. September 2015 Zwillinge. Denn der Mond befand sich auf der Position des Sternzeichen Zwillinge. Also übernimmt er auch diesen Archetypus in seinem Charakter markant.
So ist der Charakter von Matthias eine Mischung aus Jungfrau und Zwillinge.

Hinzu kommt auf welche Häuserbereiche oder Sternzeichenhäuser die Häuserspitzen in seinem Geburtshoroskop fallen. Zum Beispiel 1. Haus Wassermann, 4. Haus Zwillinge, 7. Haus Löwe und 10. Haus Schütze, dieses sind die Kardinalen Häuser also jene die sich Stark auf die Persönlichkeit auswirken.

Demnach wären für Matthias die Kosmischen Prinzipien der Jungfrau, Zwillinge, Wassermann und Schütze markante. Alle anderen würden weniger stark ausgeprägt sein für diesen Charakter oder diese Persönlichkeit.

Jedes Haus kann wie folgt beschrieben werden, das 1. Haus Widder bezeichnet den Bereich, in diesem Bereich müssen Dinge erledigt werden wie das Aufsetzen einer Maske in der Öffentlichkeit. Das Sternzeichen im Falle von Matthias ist Wassermann; es legt fest, dass er die Maske des Wassermann Prinzip auflegt und sich nach diesem Prinzip verhält.

Nun kann es sein, dass wie im Falle von Matthias auf das 1. Haus der Planet Mars fällt.

Der Planet wirkt nun je nach Beschaffenheit des Planeten Archetypus auf die Maske des Matthias ein. Matthias wird eine aggressivere Maske auflegen als Lukas dessen 1. Haus auch auf Wassermann fällt aber in jenem sich die Venus aufhält.

Die Venus wird das Wassermann auftreten von Lukas dämpfen.

Während das Ego von Matthias hitziger ist, ist jenes von Lukas sanfter.

Je mehr Planeten sich auf einem Quadranten befinden, umso mehr Potential oder Qualitäten kann das Individuum in diesem Quadranten entwickeln. Hinzu kommen Interessen, Lernfähigkeit und Gesellschaftliche oder Ich Orientierung.

Matthias hat die meisten Planeten zwischen dem 1. und 3. Haus, also Ich Quadrant und dem 10. und 12. Haus, also Über Ich Quadrant; aber weniger oder gar keine auf den anderen beiden Quadranten. Dies bedeutet, dass Matthias mehr auf sich selbst fixiert ist als auf andere Mitmenschen oder die Gesellschaft.

Lukas hat die meisten Planeten auf dem 2. und 3. Quadranten dieses deutet an, dass er mehr auf die Mitmenschen ausgerichtet ist. Dies kann zeigen, dass Lukas weniger auf sich selbst fixiert ist und weniger egoistisch als Matthias.

Hat eine Person mehr Planeten auf den unteren beiden Quadranten Sprich dem 1. und 2. so ist diese eher an den einfachen Dingen des Lebens interessiert.

Menschen die viele Planeten im 3. und 4. Quadranten haben beschäftigen sich eher mit den höheren Dingen des Lebens.

So kann man nicht mit jedem Menschen auf der selben Ebene kommunizieren oder erwarten, dass dieser sich für andere aufopfert, wenn er auf Ego und Eigenentwicklung ausgerichtet ist; durch sein individuelles Sternen und Planetenbild welches eingebrannt ist, wie auf eine Kompakte Diskette unwiderruflich und jederzeit abrufbar.

Als nächstes müssen weitere Grundlehren betrachtet werden; Polarität, Elemente, Planeten und Ausrichtung, alle diese sind wichtige Bestandteile um das Geburtshoroskop zu verstehen und daraus resultierend sich selbst und seine Mitmenschen.

Polarität

Es gibt die Maskuline Polarität und die Feminine. Maskulin ist extrovertiert die Feminine ist introvertiert. Sie werden auch als Yin und Yang bezeichnet oder Plus und Minus.

Die Polarität bestimmt wie introvertiert oder extrovertiert ein Mensch ist.

Manche Menschen wie wir wissen sind komplett extrovertiert, andere sind extrem introvertiert.

Die Masse der Menschen bewegt sich dazwischen. Die meisten Menschen sind teils introvertiert und teils extrovertiert.

Dies hängt zusammen mit den unterschiedlichen Sternzeichen Prinzipien.

Viele extrovertierte, Maskuline Sternzeichen oder Planeten machen eine Person offen oder im Falle von vielen Femininen verschlossen.

Linda hat das Ego des Widders welches maskulin ist und auf Plus gepolt und so ist das Basis Ego Krebs also feminin und minus gepolt. Also herrschen in dieser Person beide Polaritäten.

Je nach betreffender Aufgabe oder Bereich.

Dies bedeutet das Linda in der Öffentlichkeit eine mutige und anpackende Maske auflegt, dieses gleichzeitig ihr Ego ausfüllt, jedoch ist die Gefühlte Identität von Linda die des Krebs welche sich extrem von dem des Widder unterscheidet. Muss sie sich entscheiden so tut sie dies auf eine kindliche Art und Weise. Sie wird ohne Rücksicht auf Verluste in den Kampf schreiten wie eine Kriegerin, doch kann es sein, dass sie im Nachhinein weint wie ein kleines Krebs Kind.

Die Sonne von Linda fiel bei ihrer Geburt auf Fische, das heißt ihr Wesen und ihre Mentalität ist introvertiert; sprich wenn man hinter ihre Widder Maske blickt, hinter die Fassade von Linda.

Ihre Mentalität widerspricht ihrem Ego in Polarität, was zu Widersprüchen führen kann.

Der Mond stand an ihrem Geburtstag auf Löwe was ihre Seele und ihr Innenleben wiederum maskulin und extrovertiert ausrichtet.

Vladimir wurde geboren als Sonnen Waage, Mond Schütze, sein Ego ist Löwe, sein Basis Ego Waage und sein Superego Widder.

Vladimir ist also in seinen Markanten Archetypen die sein Charakter bestimmen komplett Maskulin und extrovertiert ausgerichtet. Er wird sich sehr offen in der Gesellschaft bewegen und viel Wind aufwirbeln.

Stefanie wurde geboren als Sonnen Skorpion, Mond Krebs, ihr Ego entspricht auch Krebs, ihr Basis Ego Jungfrau und ihr Superego dem Prinzip der Fische.

Alle ihre Markanten Sternzeichen befinden sich auf Femininen Sternzeichen sie wird sich in der Öffentlichkeit, falls keine speziellen extrovertierten Planeten Konstellation von Mars, Merkur oder Venus oder anderweitigen Planeten oder Konstellationen hinzu kommen sehr zurückhalten.

6 Sternzeichen sind in ihrer Polarität auf Plus ausgerichtet und 6 auf Minus.

Es folgt immer ein extrovertiertes Sternzeichen auf ein introvertiertes.

Während der Widder in die offensive prescht ist der Stier reserviert und Stand fest, die Zwillinge sind beweglich, der Krebs bewegt sich eher langsam und vorsichtig,

der Löwe ist selbstbewusst und herrisch, die Jungfrau bescheiden und zurückhaltend, die Waage zeigt sich extravagant und schick, der Skorpion ist wiederum geheimnisvoll, unheimlich und verspannt, der Schütze strahlend und locker, der Steinbock hart, verbissen und System Konform, der Wassermann ein Rebell und Querschläger, ein Chaot und Aufwirbler, die Fische den Gefahren des Alltags ausweichend.

Es gibt also 2 Polaritäten die zu berücksichtigen sind.

Ausrichtungen

Es existieren insgesamt 3 Ausrichtungen, die Kardinale, die Fixe und die Bewegliche.

Sie stehen für die unterschiedlichen Stadien der Jahreszeiten. Entsprechend übernehmen die Sternzeichen die in jeweiliger Position stehen genau diese Attribute.

Der Anfang des Frühlings ist auf Widder Kardinal die Sonne setzt sich durch, die Frühlingszeit beginnt.

Die Mitte des Frühlings ist fixiert zwischen Beginn und Auflösung des Frühling.

Dieses wird ausgefüllt durch Stier. Der Stier ist Fix und unbeweglich.

Der Widder ist kardinal und geht durch. Zwillinge entspricht dem Beweglichen oder veränderlichen Prinzip, denn der Frühling bewegt sich Richtung Sommer auf eine Neue Periode zu und steuert also einem Neu Anfang zu.

Der Krebs ist wieder Kardinal denn er bringt den Sommer mit sich, der Löwe fixiert die Sommerzeit zwischen Krebs und der auflösenden Jungfrau, die den Herbst an die Kardinale Waage übergibt.

Kardinale Merkmale: Menschen mit vielen Kardinalen Sternzeichen oder Konstellationen in den markanten Häusern oder Planeten möchten sich gerne durchsetzen und mischen sich gerne ein.

Des weiteren sind Kardinale Sternzeichen eher dominant. Hat eine Person zu viele Kardinale Sternzeichen ohne Ausgleich, so wird Sie zur Domina oder Er zum Domino.

Kardinale Sternzeichen sind Widder, Krebs, Waage und Steinbock.

Fixe Merkmale: Menschen mit vielen Fixen Sternzeichen oder Konstellationen in den markanten Häusern oder Planeten sind beharrlich und zäh. Sie machen keinen Platz und verteidigen ihren Posten gegen jene die Kardinal ausgerichtet sind. Sie penetrieren nicht aber weichen auch nicht gerne aus. Sie sind standfest, Reaktionär statt Aktionär.

Hat eine Person zu viele Fixe Sternzeichen auf den Markanten so wird sie extrem stur und unbeeinflussbar.

Fixe Sternzeichen sind Stier, Löwe, Skorpion und Wassermann.

Bewegliche Merkmale: Menschen mit vielen Beweglichen Sternzeichen oder Konstellationen in den markanten Häusern oder Planeten, sind flexibel und umgänglich. Sie passen sich leicht an und sind oberflachlich gesehen angenehmere Zeitgenossen. Jedoch fehlt es ihnen im Vergleich zu den Fixen Sternzeichen an Loyalität oder Treue, denn sie schwimmen mit dem Strom.

Sie schwanken leichter und kommen leichter vom Weg ab.

Bewegliche Sternzeichen sind Zwillinge, Jungfrau, Schütze und Fische.

Elemente

Insgesamt gibt es vier Elemente die jedem bekannt sein dürften.
Feuer, Erde, Luft und Wasser. Sie folgen in ihrer Stärke.
Feuer kann gelöscht werden durch Erde, Luft oder Wasser.
Erde kann bewegt werden durch die Luft in Form von Tornados oder durch die Macht der Wassermassen.
Luft und Wasser stellen also die stärkeren Elemente dar, wenn man es so betrachten möchte.

Alle vier Elemente sind für das Überleben des Menschen notwendig und nicht zu ersetzen.
Sie sind fester Bestandteile dieser Welt und auch des Menschen jener ein Teil dieser Welt ist.
Somit setzt sich der Mensch auch aus diesen vier Elementen zusammen.
Die vier Elemente verdeutlichen wie der Schöpfer diese Welt geschaffen hat.
Jeder Mensch muss die Elemente in sich selbst folglich ausbalancieren denn für jede Person bestehen mehrere Elemente. Es wurde noch kein Mensch geboren der nur einem Element entsprach wie wir noch sehen werden.

Erde und Wasser sind Feminine Elemente, also in Polarität introvertiert.
Feuer und Luft sind Maskuline Elemente, sprich in Polarität extrovertiert.

Die Elemente Lehre in Anwendung auf das Zodiak geht zurück auf den Philosophen Aristoteles der sie zusammenfasste und einfügte in die Lehre über die Beschaffenheit dieser Welt und die Psychologie des Menschen.

Das Feuer Element ist ein cholerisches Element und bestimmt auch so einen cholerischen Charakter.
Erde entspricht dem Phlegmatiker und bringt somit einen phlegmatischen Charakter mit sich.
Luft entspricht dem Sanguiniker und bringt somit einen sanguinischen also fröhlichen und leichten Charakter mit sich.
Wasser entspricht dem Melancholiker und bringt somit einen melancholischen Charakter mit sich.

Im Alten Griechenland wurden diese unterschiedlichen Attribute als Vier Saft Lehre gelehrt, dem chola = gelbe Galle, phlegma = Schleim, sanguineus = flüssiges Blut, melas chole = schwarze Galle.

Bei Betrachtung von Mitmenschen kann hier schon klar werden, dass jeder Mensch mindestens 2 Elemente in sich verbindet, wenn nicht gar alle. Sie treffen alle je nach Konstellation der Planeten und Sternzeichen auf den Charakter der Person.

Feuer = Mut und Dynamik, Begeisterung, Ehrlichkeit und Offenheit, führungsstark und zielgerichtet, ehrgeizig, aufbrausend, aggressiv, ungeduldig, Selbstbewusstsein, heißblütig.

Hat ein Mensch viel Feuer in seinem Geburtshoroskop bedingt durch markante Sternzeichen und Planetenstellungen so übernimmt das Temperament dieser Person die oben genannten Attribute. Ist das Feuerelement schwach vertreten so fallen diese Attribute entsprechend aus oder sind nicht ersichtlich.

Erde = Zuverlässig, materiell ausgerichtet, konventionell, pragmatisch, nüchtern, kühl, praktisch, rational, vernünftig, geduldig, streng.

Hat ein Mensch viel Erde so übernimmt er dieses Temperament wie oben beschrieben, welches wiederum Vorteile und Nachteile mit sich bringt.
Menschen mit wenig Erde Element haben Probleme Dinge zu Planen.

Luft = Intellektuell, leicht, fröhlich, mental geprägt, vielseitig, unentschlossen, objektiv, abwägend, Einbildungskraft.

Viel Luft Elemente bedeuten einen Luftikus Charakter, fröhlich und unbekümmert, es fehlt allerdings an Ehrgeiz oder Ernsthaftigkeit.

Wasser = Gefühlvoll, schwermütig, depressiv, grübelnd, Einfühlungsvermögen, innere Orientierung, Verantwortungsgefühl, Hingabe, Inspiration, Sensibilität.

Hat ein Mensch viele Wasser Elemente so ist er sensibel, empfindet aber auch Empathie für seine Mitmenschen.

Feuer Sternzeichen sind **Widder**, **Löwe** und **Schütze**.

Erde Sternzeichen sind **Stier**, **Jungfrau** und **Steinbock**.

Luft Sternzeichen sind **Zwillinge**, **Waage** und **Wassermann**.

Wasser Sternzeichen sind **Krebs**, **Skorpion** und **Fische**.

Planeten

Jeder Planet steht für bestimmte Merkmale und Prinzipien.
Ein jeder Planet wirkt sich unterschiedlich auf das Individuum aus.

Sonne: Die Sonne entspricht dem Prinzip des Sternzeichen Löwe und dem Feuerelement.
Die Sonne legt die Mentalität und die Vitalität fest, bestimmt das Selbstbewusstsein mit, die Konstitution des Menschen unter der Sonne und Sternzeichen unter dem gegebenen Sternzeichen, sie zeichnet Handlungsweisen und das Wesen einer Person.
Die **Sonne** steht Hauptsächlich für den **Geist** und Körper des Individuums.

Wird ein Mensch in der Widder Zeit geboren so ist seine Vitalität und Mentalität; feurig also cholerisch, Stark oder Kardinal sprich auf Durchsetzung ausgerichtet und extrovertiert in Polarität. Der Grund hierfür er wurde geboren als die Sonne auf dem Archetypen Widder stand, folglich übernimmt er diesen Archetypen als Geist und Mentalität.

Mond: Der Mond entspricht dem Prinzip des Sternzeichen Krebs und dem Wasserelement.
Der Mond legt die Seelische Begebenheit fest, das Herz des Menschen, wie sich jemand fühlt,

das Gemüt, die eigene gefühlte Wahrnehmung. Den Kern des Menschen, wenn die Maske des Ego abgelegt wurde und das Wesen der Sonne überwunden ist kann man auf den Mond die Seele des Menschen vordringen und einblicken.

Der **Mond** steht Hauptsächlich für die **Seele** des Menschen wirkt sich aber auch auf den Körper in Kombination mit Sonne aus.

Hierbei spielen die vier Elemente eine große Rolle, Menschen die auf den **Mond Feuer** Sternzeichen **Widder, Löwe** und **Schütze** geboren wurden haben also ein feuriges inneres.

- Mond in Widder reagiert sehr schnell verärgert und springt auf, beruhigt sich aber auch wieder genauso schnell, der Widder ist Kardinal Cholerisch. Die Gesichtsfarbe ist bei diesen Menschen eigentlich fast immer rötlich. Ihre Reaktion ist häufig sehr extrem und aggressiv, ihre Haltung stramm und man könnte sagen Kriegerisch. Die krassen Bewegungen die sie vollführen lassen auf die innerliche Anspannung schließen die sich schnell entladen muss.

- Mond in Löwe reagiert eher beharrlich und braucht meist länger als der Mond in Widder Mensch bis er angreift, wird das Feuer allerdings entfacht so ist er oft kaum noch zu beruhigen und wird ein Riesen Theater veranstalten bis alle wissen was los ist und seine Aufmerksamkeit ernten.
Hierbei stört ihn wenig was die anderen über ihn denken, den er ist der Löwe also der König,
so fühlt er sich und so verhält er sich. Abgeschwächt wird dieses durch die Stier oder Skorpions Sonne und Mentalität, da diese Sternzeichen sehr beherrscht sind und eventuell ein entsprechendes abschwächendes oder beherrschtes Ego; so gibt es auch Menschen mit dieser Mond Löwe Stellung die sehr beherrscht daher kommen.
Es ist eine beharrliches Feuer welches entfacht aber nicht mehr zu halten ist.
Die Reaktion auf Kritik kann herablassend ausfallen, denn sie fühlen sich generell als etwas besseren.

- Mond in Schütze ist das Flexible und sympathische Feuer, diese Menschen sind anpassungsfähiger trotzdem nicht minder cholerisch veranlagt. Ihre Augen wirken auf fremde meist einladend, bei manchen kann der Blick auch Böse wirken siehe Saddam Hussein oder Anthony Hopkins.
Die Augen haben etwas von einem feurigen leuchten, sie stecken andere Leute mit ihrer Gefühlsempfindung leicht an.

Steht der **Mond** auf einem **Erde** Sternzeichen so ist das Gemüt und die Innere Haltung des Menschen ruhig und kühl. Diese Menschen sind Seelen Phlegmatiker und entsprechend strahlen sie diese Beschaffenheit aus. Sternzeichen sind **Stier, Jungfrau** und **Steinbock**.

- Mond in Stier verleiht dem Menschen mehr Ruhe und Gelassenheit, sie können leicht entspannen und genießen, auf fremde können sie matt und ignorant wirken.

- Mond in Jungfrau wirkt von allen Erdigen Mond Sternzeichen am beweglichsten und strahlt mehr Leichtigkeit aus als die beiden anderen Monde.

- Mond in Steinbock entspricht Menschen mit stechendem aber mattem Blick, ihre Haltung und Bewegung ist eher steif, ihre Ausdrucksweise eher karg und krude.

Steht der **Mond** auf einem **Luft** Sternzeichen so ist die Gefühlswelt des Menschen fröhlicher Natur, diese Menschen nehmen die Dinge des Lebens leichter als andere Elemente auf.
Sternzeichen sind **Zwillinge, Waage** und **Wassermann**.

- Mond in Zwillinge ähnelt dem Ausdruck des Mond in Schütze Archetyp, diese Menschen wirken sehr fröhlich und leicht. Sie sind meistens gut gelaunt und nehmen Kritik eher leicht auf und reagieren intellektuell.

- Mond in Waage ähnelt dem Stechenden Blick des Mond in Widder, ohne aber so drastisch zu reagieren, Menschen mit Mond in Waage können sehr gut andere imitieren und sich in Szene setzen.

- Mond in Wassermann hat etwas kindliches, diese Menschen lassen sich nicht gerne bedrängen, ihre Innere Beschaffenheit ist sprunghaft.

Entspricht der **Mond** einem **Wasser** Sternzeichen so ist diese Person sehr empfindlich und sensibel.
Diese Menschen wirken auf fremde die dies erkennen können auch genau so.
Sternzeichen mit Mond auf dem Wasser Element sind **Krebs, Skorpion** und **Fische**.
Diese Menschen müssen mit Samt Handschuhen angefasst werden, denn sie sind Seelisch empfindsam und sehr schnell beleidigt.

- Mond in Krebs entspricht dem Blick eines kleinen Kindes, diese Menschen sind von allen am empfindlichsten. Sie können sehr schnell beleidigt sein. Gleichzeitig haben sie Empathie für das Leid der Mitmenschen und sind leicht anzustecken, durch das Leid anderer.

- Mond in Skorpion wirkt sensibel und giftig zugleich, der Blick ist unvergleichlich.
Diese Menschen sind sehr leidenschaftlich und gefühlvoll, drücken dies auch so aus.

- Mond in Fische ist sehr mitfühlend, die Augen haben eine mystische Tiefe.
Menschen mit dieser Mond Konstellation verfügen über ein ausgesprochen gutes Einfühlungsvermögen in ihre Mitmenschen. Ihre Augen gleichen einem Tiefen Meer.

Merkur: Der Planet Merkur legt im Geburtshoroskop die Denkweise eines Menschen fest, die Konzentration und die Denkfähigkeit.

Menschen mit Merkur auf Sternzeichen Jungfrau oder Zwillinge denken also rational.
Menschen mit Merkur auf Krebs oder Fische gefühlvoll, phantasiehaft und bildlich.
Steht Merkur auf einem Feuerzeichen so ist die Denkweise dieses Menschen entsprechend feurig.
Merkur auf Widder deutet an, dass eine Person über ein rasches Denkvermögen verfügt;
Merkur auf Steinbock oder Krebs über ein eher langsames.

Venus: Die Venus steht für materielles und Genussfähigkeit des Menschen.

Menschen mit Venus auf Sternzeichen Stier sind zum Beispiel ausgesprochene Genießer in allen Bereichen. Ist die Venus auf Steinbock so genießt dieser Mensch wie ein Steinbock, steht sie auf Löwe entsprechend dem Löwe Prinzip.

Mars: Der Mars legt die Energie und Kampfkraft fest; Gewaltbereitschaft.

Menschen mit Mars auf Widder könnten daher dementsprechend hart mit ihren Mitmenschen umgehen.

Fällt Mars auf Krebs so ist die Energie dieser Person sehr schwankend dem Krebs Archetyp entsprechend. Menschen mit Mars in Krebs gehen andere Menschen zum Beispiel sehr sanft an weil sie immer Angst haben dem gegenüber weh zu tun. Mars auf Löwe kann starke Durchsetzungskraft bedeuten.

Jupiter: Jupiter steht für Expansion, Wachstum oder Philosophie. Je nach Sternzeichen Konzept wirkt sich dieser also entsprechend aus. Wobei Jupiter sich nur langsam von Sternzeichen zu Sternzeichen bewegt.

Saturn: Steht für Ordnung, Klarheit und Beherrschtheit, kann härte oder Systemkonformität anzeigen, je nach Sternzeichen und Hausstellung im Geburtshoroskop.

Uranus: Entspricht der Intuition, dem Erfindergeist, der Eigenheit oder Abgrenzung, dem Freigeist oder Rebellen.

Neptun: Steht für Spiritualität und Täuschung, übersinnliches.

Pluto: Pluto steht für Transformation, Macht und Regeneration.

Die Planeten wirken sich auf das Individuum wie folgt aus.

Der Planet liegt auf einem Sternzeichen und je nach Stunde des Tages auch auf einem Haus oder Bereich.

Beispielsweise: die Sonne steht auf Stier im Haus 7 der Waage.

Dies würde bedeuten, dass die Mentalität dieser Person sich verhält wie die des Stier Archetyp und der Bereich auf den viel Wert gelegt wird wäre das Haus der Waage, also die Bereiche die das Waage Haus festlegt und das Waage Prinzip. Steht die Sonne auf Sternzeichen Zwillinge aber im Haus des Skorpions, so ist dies ein Zwillinge Mensch der viel Wert legt auf feste Wertmaßstäbe, Vetternwirtschaft wird von solchen Charakteren verabscheut. John F. Kennedy hatte diese Konstellation interessanterweise.

So mischt sich die Mentalität mit der Hausstellung der Sonne als auch dem Sternzeichen.

Das Sternzeichen zeigt an wie die Mentalität sich verhält das Haus legt fest auf was sie Wert legt.

Sonne und Mond Kombination – Kern Archetyp

Die Kombination von Sonne und Mond bildet den Kern Charakter eines Menschen.

Sie legen Geist, Seele und Körper des Menschen fest.

Der Mond und die Sonne verbinden sich zu Einer Einheit.

Daher verwenden die Illuminierten es auch oft als eines ihrer Symbole.

Die Vermischung von Sonne und Mond macht also den Kern des Menschen aus.

Aus den 12 Ur Archetypen entstehen somit 144 Neue Misch Archetypen.

Die Sonne ist der Geist des Menschen, der Mond die Seele, als verlängerte Arme des Schöpfers, zusammen stehen sie für den Körper, wobei die Sonne hier weitaus markanter ist als der Mond.

Die Vitalität wird daher durch die Sonne festgelegt.

Sonne in Löwe und Mond in Krebs = Mentalität eines Löwe Archetyp + Seelisches Empfinden des Krebs Archetyp.
Sonne in Krebs und Mond in Löwe = Mentalität eines Krebs Archetyp + Seelisches Empfinden des Löwe Archetyp.

Die Kombination aus Löwe und Krebs, also Löwensonne und Krebsmond strahlt den Löwe aus, das Wesen des Löwen und die Handlungsweise. Ist aber sehr empfindlich und zieht sich recht schnell beleidigt zurück wenn man auf den Kern vordringt.

Die Kombination aus Krebs und Löwe, verhält sich anders, handelt wie eine Krebs und hat das Wesen eines Krebs aber reagiert impulsiver wenn es auf die Substanz geht, wenn auf den Kern vorgedrungen wird. Der Kern dieses Archetyp ist also stärker dafür aber der Geist empfindsamer.

Beide sind explosiv und sehr leicht verletzbar. Die Empfindlichkeit liegt im Krebs Archetyp ist also bei Löwe Krebs eine Seelische Verletzlichkeit.
Die Kombination Krebs und Löwe, bringt eine geistige Verletzlichkeit mit sich, die Seele kocht auf und ist cholerisch.

Die Beiden Archetypen Kombinationen verbindet, dass sie beide einer leicht verletzbaren Diva entsprechen.
Sich aber unterschiedlich verhalten. Es gibt parallelen und viele markante Unterschiede.

Der Archetyp des Sonne Krebs und Löwe Mond ist gleich einem „Hulk, sehr explosiv und leicht reizbar, braucht viel Anerkennung, wird diese nicht gezollt so ist der Krebs Geist gekränkt.
Der Archetyp des Sonne Löwe und Mond Krebs entspricht einem kleinen Stolzen Kind welches kurz ein Riesen Theater veranstaltet und alle Anwesenden trauernd zurück lässt, jede unpassende Äußerung verletzt die Stolze Mentalität des Löwen und die zarte Seele des Krebs.

Fällt die Sonne und der Mond auf das gleiche Sternzeichen so entspricht Körper, Geist und Seele dem gleichen Prinzip.

Die unterschiedlichen Sternzeichen Kombinationen können leichtere und schwierigere Voraussetzungen schaffen, mit denen ein Mensch dann zu kämpfen hat.

Das Beispiel Löwe und Krebs ist ein solches, die Vermischung von Löwe mit Krebs ist keine leichte, zwei unterschiedliche Welten vermischen sich.

Die Kombination verhält sich je nach Ausrichtung, sprich kardinal, fix oder beweglich;
der Polarität maskulin oder feminin; oder den Elementen.

Die Kombination Sonne Zwillinge und Mond Wassermann verhält sich
beispielsweise um dies zu verdeutlichen wie folgt:

Es kombinieren sich zwei Maskuline Polaritäten, dass heißt die Person ist in Ihrem Kern extrovertiert, dies wirkt sich auch auf die Physis des Menschen aus, diese Kombination bringt eine quirlige und bewegliche Person hervor. Es mischt sich eine Bewegliche und eine Fixe Ausrichtung, das heißt manchmal lässt diese Person schnell locker oder kann sich auch verbeißen und an etwas festhalten.

Das Element beider Sternzeichen ist Luft also ist diese Person in Körper, Geist und Seele ein Sanguiniker.

Ein weiteres Beispiel; Sonne Wassermann und Mond Fische:

Es kombiniert sich eine Maskuline Polarität mit einer Femininen. Der Geist ist Maskulin die Seele Feminin. Die Ausrichtung ist eine Mischung aus Fix und Beweglich.
Es vermischen sich zwei Elemente Luft mit Wasser.
Dieser Archetyp wirkt auf seine Mitmenschen je nach gesamt Horoskop, äußerst sympathisch.
Menschen zieht diese Person magisch an, alle umgeben sich gerne um den Wassermann und gleichzeitig kann er sich gut einfühlen in seine Mitmenschen und geht sehr sanftmütig mit seinen Mitmenschen um.

Hier muss erwähnt werden, dass durch die Egos eines Menschen diese Kombination verändert wird.
Die Kombination von Wassermann und Fische in Verbindung mit einem Widder Ego würde demnach eine Person hervorbringen die nicht immer so sanftmütig mit den Mitmenschen umgeht. Da der Widder eher rücksichtslos ist, weil er einfach nicht daran denkt, er muss voranschreiten, Pionierarbeit leisten, der erste sein und so fort. Da bleibt keine Zeit Rücksicht zu nehmen auf niedere Belange. Man sollte dies im Positiven als auch im Negativen Betrachten können und abwägend über eine Person urteilen.
Das Verhalten ist zudem abhängig von der Situation.

Die Drei Egos

Der Kern Charakter von Kombination aus Sonne und Mond Archetyp also dem Kern, wird umgeben von drei Egos.
Dies ergibt einen noch komplexeren Archetyp, der Kern Archetyp von Sonne und Mond wird erweitert durch die Egos des Menschen.
Man kann sich den Kern von Sonne und Mond Archetyp vorstellen wie ein Atom um dieses herum sich 3 Elektronen herum bewegen.
Je nachdem welche Aufgabe gerade ansteht, bedient sich das Atom eines Elektrons.

Ein Beispiel hierfür wäre die Verbindung von Sonne Jungfrau und Mond Skorpion.
Diese bilden den Kern in unserem Beispiel; das Atom.
Der Jungfrau und Skorpion Archetyp wird umgeben vom Krebs Ego, dem Waage Basis Ego und dem Widder Superego.
Die Drei Egos sind Krebs, Waage und Widder. Sie sind gleich den Elektronen die sich um den Kern das Atom drehen.

Wie verhalten sich die Drei Egos?
Der Archetyp und Kern von Jungfrau und Skorpion ergibt eine Persönlichkeit die sehr ordentlich und kontrolliert ist. Wenn dieser Kern nun nach außen tritt, sprich in die Öffentlichkeit so setzt er sich die Maske des Krebs Ego auf. Also kommt nun das Ego Elektron Krebs zum Einsatz.

Das Verhalten in der Öffentlichkeit entspricht dem des Krebs. Diese Person wird eine Harte Schale an den Tag legen, auf Leute hart zugehen, die Hand stark reichen, aber dies alles ist nur eine Maskerade und teil des Rollenspiels in der Öffentlichkeit, denn das Ego des Krebs sieht eine Harte Schale und einen Weichen Kern vor.

Muss die gleiche Person eine Entscheidung treffen so wird das Basis Ego Elektron der Waage beansprucht, denn dies fällt in ihren Bereich.

Die Entscheidung wird so gefällt, dass ein Gleichgewicht entsteht, das Basis Ego Waage möchte Gerechtigkeit schaffen durch seine Handlung. Das Element entspricht Luft also ist die Reaktion dieser Person eine mentale.

Das Superego in Form des höchsten Elektrons tritt zutage, wenn der Archetyp von Jungfrau und Skorpion ein Ziel vor Augen hat. Beispielsweise im Beruf aufsteigen möchte.

Das Superego Widder ist hier kämpferisch und ehrgeizig. Das Superego treibt die eigentlich bescheidene Jungfrau Mentalität an die beste zu sein und sie fährt die Ellbogen aus; für eine Jungfrau eigentlich untypisch.

Das Super Ego hat den eigentlichen Kern Charakter also übertrumpft.

Um das Geburtshoroskop nochmals zu verdeutlichen würde dies heißen, dass diese Person geboren wurde im Sternzeichen Jungfrau, der Mond befand sich auf Skorpion.

Das Ego fiel zur Geburtszeit nach Stand der Sonne zu den Sternzeichen auf das 1. Haus Krebs, das Basis Ego auf das 4. Haus Waage, das Superego auf das 10. Haus Widder.

Der Bereich des Widders wird ausgefüllt durch Krebs. Das Haus des Krebs mit der Waage, der Bereich des Steinbock mit Widder.

Die Egos werden definiert durch die 3 Kardinalen Häuser Widder, Krebs und Steinbock.

Das Ego also Ich der Person, sprich wer diese Person tatsächlich ist; denn das Ego ist am stärksten; wird definiert durch das Kosmische Prinzip Widder.

Dieses besagt, Kampf, Durchsetzungsfähigkeit, erstes Auftreten in der Öffentlichkeit.

Um nur ein paar aufzuzählen, in all diesen oben aufgeführten kommt das Ego des Menschen zum tragen. Ein Extrovertiertes Ego tritt offen auf, ein Introvertiertes legt sich eine undurchsichtige Maske auf.

Das Basis Ego, also die Grundausrichtung und gefühlte Identität und Basis des Handels einer Person wird festgelegt durch das Kosmische Prinzip des Krebs im 4. Haus.

Es wird beansprucht wenn gerade eine Entscheidung getroffen werden muss.

Das Superego, also die Zielsetzung im Leben wird bestimmt durch das Kosmische Prinzip des Steinbock im 10. Haus. Es steht für Ehrgeiz, Über Ich, Antrieb und Anspruch.

Die Egos des Jungfrau und Skorpion Kerns welcher eigentlich Beweglich und Fix ist erhält nun eine Kardinale Ausrichtung. Alle drei Ego Sternzeichen sind darauf aus sich durchzusetzen.

Das heißt Sie greifen in ihre Umwelt aktiv ein.

Wenn die eigentliche Mentalität Beweglich war und die Innerliche Substanz Fix ausgerichtet also weder beweglich noch penetrierend.

Das Ego und Super Ego des Menschen nehmen mit fortschreitendem Alter immer mehr Überhand.

Man könnte das 1. Haus des Widders wie folgt beschreiben, das Feuer breitet sich aus es kollidiert mit seiner Umwelt, egal ob eine Person offen oder verschlossen ist, sie muss sich mit Ihrer Umwelt auseinander setzen. Also setzt sie sich eine Maske auf; Die wir nach außen tragen sollen.
Die Konflikte die man nach außen trägt wie Feuer welches nach außen tritt und alles umgibt.
Die Durchsetzungsfähigkeit im Alltag wäre zu nennen.
Nun hängt es davon ab welches Sternzeichen Element auf welches Feuerego trifft.
Feuriges Sternzeichen auf das feurige Haus des Widders bringen eine Person hervor die sich entschlossen durchsetzt und eine feurige Maske trägt. Beispielsweise das Sternzeichen Löwe im 1. Haus ist eine Persönlichkeit die recht offen und ehrlich auftritt und sich gut durchzusetzen versteht.
Ein Wasser Sternzeichen, beispielsweise Skorpion im 1. Haus des Widders. Ist also Wasser das auf Feuer trifft. Diese Person tritt dementsprechend auf und legt sich eine entsprechende Maske auf die melancholischer Natur ist. Das Feuer wird durch melancholisches Wasser gelöscht, die Interaktion mit der Umwelt ist nicht brennend, wie die des Löwe Feuer.

Die Drei Egos definieren sich wie folgt in Ihren Elementen:

- Das erste ist das Feuer Ego, die Ausbreitung in der Öffentlichkeit.

- Das zweite ist das Wasser Ego, das Gefühlsego, auch das emotionale Ego, es geht in die Tiefen des Krebses.

- Das dritte Ego ist das Erde Ego, das was beackert werden muss, Erde muss aufgehäuft werden um ein Ziel zu erreichen und den Berg letztlich zu erklimmen; welche Früchte werden nach der Ernte in die Scheu gefahren? Welche Früchte man am Ende des Lebens geerntet haben möchte.

Die Drei Egos des Menschen in Feuer, Wasser und Erde.

Das Basis Ego oder Unter Ich des Menschen, ist die Basis und die Beheimatung des Menschen.
Von dieser Heimat aus startet der Mensch seine Reise. Dies ist der Ausgangspunkt und das Start Potential. Es legt fest wie man handelt, und die Haltung eines Menschen kann erkannt werden.
Auch die Grundhaltung zum Leben, die Sichtweise auf die Welt.
Die Sichtweise eines Krebs Basis Ego ist anders als die eines Widder Basis Ego.
Das Element des Basis Ego Sternzeichen legt fest wie eine Person reagiert.
Ist das Element Feuer, beispielsweise Widder so reagiert diese Person cholerisch und impulsiv.
Ist das Element Erde, beispielsweise Stier, dann reagiert man eher ruhig und besonnen.
Das Element Luft, bringt eine mentale Handlungsweise mit sich, sehr abwägend,
Zwillinge wird intellektuell reagieren, Waage wird abwägen ob auch beide Seiten ausgeglichen sind, Wassermann wird objektiv betrachten und letztlich Schwierigkeiten haben sich zu entscheiden, weil er sprunghaft ist und hin und her springt, sich ständig umentscheidet.
Im Element des Wasser reagiert das Basis Ego, recht nervös, das Fische Basis Ego wird nervös und zappelig, Krebs könnte kindlich reagieren, Skorpion giftig und bissig.
Dieses ist relativ zu sehen in Anbetracht der Situation, doch kann dieses bei jedem Menschen beobachtet werden. Es gibt also vier grobe Typen nach Elementen.

Das Superego bestimmt den Ehrgeiz und Anspruch im Leben als auch an sich selbst.

Welche Ziele möchte man erreichen?

Die Prinzipien Steinbock, Skorpion und vor allem die Feuerzeichen Widder, Löwe und Schütze sind Ehrgeizig und Zielstrebig.

Der Widder möchte der Beste und der Erste sein, der Löwe strebt zu Höchsten Zielen er möchte das Zepter in der Hand halten, der Schütze muss ins Schwarze treffen.

Der Steinbock wird sich verbeißen und hartnäckig versuchen nach oben zu schwimmen, der Skorpion legt eine ähnliche Verbissenheit an den Tag. Beide Sternzeichen sind zäh und verfügen über Ausdauer.

Die anderen Sternzeichen sind weniger ambitioniert. Die Jungfrau wird sich lieber beugen und mit dem Strom mit schwimmen. Die Waage lässt sich treiben und ist auf Harmonie aus.

Das Waage Über Ich strebt Harmonie mit der Umwelt an. Diese Harmonie wird allerdings Kardinal durchgesetzt.

Das Über Ich des Krebs wird die Familie als Ziel sehen, diese voran zu bringen.

Das Wassermann Superego strebt nach Individualität und sich von der Masse abzuheben.

Horizontale und Vertikale Achse

Die Vier Quadranten des Geburtshoroskop werden aufgeteilt durch 2 Achsen.

Die Vertikale Achse ist gleich das Verhältnis von Ich zu Du.

Vom eigenen Ego zum Gegenüber.

Das Ich sind wir selbst im 1. Haus und im 7. Haus der Kardinalen Waage und des Luft Element, liegt nun das Du. Hier wird bestimmt wie wir andere Menschen sehen, was wir in Ihnen sehen und wie wir uns auf sie zubewegen. Das Ego bestimmt Rollenspiel in der Umwelt, das Du die Interaktion beim zugehen auf das Gegenüber.

Die Horizontale Achse läuft vom Basis Ego des Krebs Hauses zum Superego des Steinbock.

Es stellt die Entwicklungsachse des Menschen dar.

Im Haus des Krebses ist der Ausgangspunkt und im Steinbock oder Saturn das Ziel.

Es bestehen immer die gleichen Paarungen von Sternzeichen für die Ich und Du Achse als auch für die Entwicklungsachse.

Die Sternzeichen die sich gegenüber liegen sind immer sehr stark Gegensätzlich.

1. Achsenpaar = Widder – Waage oder Waage – Widder
2. Achsenpaar = Stier – Skorpion oder Skorpion – Stier
3. Achsenpaar = Zwillinge – Schütze oder Schütze – Zwillinge
4. Achsenpaar = Krebs – Steinbock oder Steinbock – Krebs
5. Achsenpaar = Löwe – Wassermann oder Wassermann – Löwe
6. Achsenpaar = Jungfrau – Fische oder Fische – Jungfrau

Die Achsen sind wieder zu kennzeichnen durch:

1) Kardinale; Fixe und Bewegliche.

2) Elemente; Feuer, Erde, Luft und Wasser.

3) Polarität, Extrovertiert oder Introvertiert, Maskulin oder Feminin.

Die Achse von Ich zu Du des Paares Widder – Waage verhält sich wie folgt;
Widder Ego = Kardinal, Feuer und Maskulin, Waage Du = Kardinal, Luft und Maskulin.

Dieses Paar tritt in dieser Kombination eher harsch in der Umwelt auf und ist je nach Sonnen Sternzeichen extrovertiert, doch geht diese Person auf ihre Mitmenschen diplomatisch zu, wie eine Waage. Die Maske ist Widder gleich Konfrontation, bis hin zur Streitsucht, trotzdem geht dieser Mensch sehr positiv oder sanguinisch auf Menschen zu, beispielsweise beim kennenlernen oder begrüßen.
Die Umgangsweise mit dem Gegenüber und Umfeld ist eine auf Durchsetzung und Penetration ausgerichtete.
Ist das Ego Kardinal so übertritt diese Person gerne das <u>Persönliche Schutzfeld von Dritten</u>.

Die Achse von Ich zu Du des Paares Waage – Widder verhält sich anders, diese Person trägt die Sanguinische- und Fröhliche Maske, geht aber auf das Gegenüber zu wie ein Widder, also hart anpackend und sehr entschlossen. Es ist also die perfekte Konstellation für eine Person der Öffentlichkeit, diplomatisch und entschlossen.

Die Achse Stier – Skorpion verhält sich wie folgt;
Stier Ego = Fix, Erde und Feminin, Skorpion Du = Fix, Wasser und Feminin.

Diese Person verhält sich im Rollenspiel mit der Umwelt als Stier, reserviert, genüsslich und nüchtern, verteidigt das eigene Revier gegen Kardinale Eindringlinge wie Widder, Krebs oder Waage Egos.
Das Stier Ego ist introvertiert, geht auf Personen eher vorsichtig zu, entsprechend dem Prinzip Skorpion prüfend, abwartend und giftig.
Die Interaktion ist standfest, weder weicht diese Person aus noch penetriert sie andere, sie steht in der Mitte.

Die Achse Skorpion – Stier verhält sich wie folgt anders;
Der Skorpion mustert seine Umwelt sehr genau und hält sich zurück, wie ein Reptil.
Die Aura dieses Menschen ist eine recht giftige, entsprechend der Schlange nicht anfassen sonst wird gebissen. Auf Mitmenschen geht diese Person reserviert zu wie ein Stier.

Eine weitere Achse wäre Zwillinge – Schütze;
Zwillinge Ego = Beweglich, Luft und Maskulin, Schütze Du = Beweglich, Feuer und Maskulin.

Diese Persönlichkeit gibt sich neugierig und ist zumindest gespielt interessiert, wird von fremden als meist sympathisch aufgenommen und gerne angesprochen. So, wie Sie fremde gerne anspricht, wie ein Schütze weltoffen und feurig.

Die Interaktion in der Umwelt ist eine Bewegliche also ausweichend. Diese Menschen werden eher Platz machen, wenn ein Widder oder ein Krebs in ihre Sphäre schreitet.

Das Luft Elementare 7. Haus der Waage wird durch ein feuriges Sternzeichen aufgeheizt und cholerisch oder engagiert. Durch ein Erde Element ist die Interaktion eine phlegmatische, zurückhaltend, durch das Element Wasser eine gefühlvolle.

Die Achse von Basis Ego bis hin zu Superego wurde bereits mit den 3 Egos besprochen.
Man kann sie auch als Unter Ich und Über Ich Achse bezeichnen, es ist die Entwicklungsachse eines Menschen.
Sie ist ebenso beschaffen nach Elementen, Ausrichtungen und Polarität.
Das Unter Ich und Über Ich stehen sich als starke Gegensätze gegenüber.
So muss jeder Mensch diese beiden meistern. Sprich die Grundhaltung zum Leben eines Menschen ist eine andere als die Zielsetzung. Eine jede und ein jeder untersteht dieser Paradoxie.
Das heißt, dass Jeder Mensch sich gezwungen in eine Richtung entwickeln muss, und dies ist ein Kampf für sich.
Es muss versucht werden eine Balance zwischen diesen beiden Sternen die in einem Herrschen und das Individuum auferlegten Zwängen aussetzen auszugleichen.
Ein Beispiel hierzu wäre die Entwicklungsachse von Krebs zu Steinbock.
Diese Person ist in ihrer Grundhaltung nicht konsequent, doch das Über Ich des Strengen Saturn Steinbock fordert sie dazu auf konsequent zu sein, dies setzt diesen Menschen stark unter Druck.
Die umgekehrte Achse von Steinbock Unter Ich zu Krebs Über Ich dürfte eine weitaus leichtere Ausrichtung sein.

Die Achsen sind immer entweder Introvertiert oder Extrovertiert.
Es bestehen 3 Maskuline und 3 Feminine Achsen.
3 Ausrichtungen existieren, Kardinal, Fix und Beweglich. Es sind demnach 2 Kardinale Achsen, 2 Fixe Achsen und 2 Bewegliche Achsen.
Die Elemente wechseln von Feuer auf Luft und Luft zu Feuer oder von Erde zu Wasser oder Wasser zu Erde. Widder und Waage oder Waage und Widder, Löwe und Wassermann oder Wassermann und Löwe; Stier und Skorpion oder Skorpion und Stier, Steinbock und Krebs oder Krebs und Steinbock.

Bei manchen Menschen sind beide Achsen Kardinal, was sie stark auf Durchsetzung ausrichtet.
Oder beide Achsen sind Beweglich was sie stark mit dem Strom Schwimmen lässt.
Die dritte Ausrichtung wäre eine komplett Fixe der beiden Achsen, das heißt diese Person ist stur und beharrlich.
Im Hinterkopf ist immer auch die Kombination von Sonne und Mond zu behalten, diese wird natürlich je nach Beschaffenheit, mitbestimmen wie krass sich diese einseitigen Achsen auswirken.
Es besteht natürlich auch die Möglichkeit einer Mischung von 2 Achsen, beispielsweise ist dann eine Achse Kardinal ausgerichtet die andere Fix oder Flexibel.

Auswirkung der Sternzeichen auf die Konstitution, Gesundheit und Wahrnehmung

Die Konstitution eines Menschen wird deutlich bestimmt zunächst durch das was die Eltern dem Kind mitgeben, aber auch durch die Sternzeichen.

Die Körperkraft eines Widder Sonne Menschen ist anders als die eines Krebs Sonne Menschen.

Der Widder springt morgens aus dem Bett und ist hell wach, während der Krebs aus dem Bett kriecht und 2 Stunden die Augen reibt um richtig wach zu werden.
Des Nachts wird der Widder die Augen sofort zuschlagen, weil er so sehr vom Tag geschafft ist in den er sich voll Tatendrang hinein warf.
Der Krebs wird möglicherweise noch 1 Stunde wach liegen bis er einschlafen kann.

Der Widder Sonne Mensch hat häufig einen sportlichen Körperbau, während der Krebs etwas schlapp und rund daher kommt.
Das Gewebe richtet sich nach den Elementen.
Menschen mit Sonne Feuer Element; also Widder, Löwe und Schütze sind sportlich und kräftig.
Menschen mit Sonne Luft Element sind sehr beweglich, als auch sportlich.
Wobei die Feurigen Sternzeichen über mehr Power verfügen.
Dies kann sehr leicht beobachtet werden, selbst wenn man glauben möchte, dass dies lächerlich sei.
Natürlich wird es Widder Menschen geben die nicht Muskel bepackt sind sondern dick, aber sind diese weitaus beweglicher als dicke Krebs Zeitgenossen.
Sternzeichen mit Sonne Wasser; also Krebs, Skorpion und Fische haben eher weiches Gewebe.
Sternzeichen mit Sonne Erde; also Steinbock, Stier und Jungfrau eher hartes Körper Gewebe.
Vor allem bei Sonne Steinbock Menschen sind die Sehnen und das Fleisch hart und zäh.

Weitere Faktoren die eine Rolle spielen sind die Position des Planeten Mars oder andere spezielle Konstellationen im Geburtshoroskop.

Die Kombination von Sonne und Mond muss sich auch auswirken.
Eine Person mit Sonne Wasserzeichen und Mond Feuer wird aktiver und schneller agieren als eine Person mit Sonne und Mond in Wasser- oder Erde Zeichen.
Auch Spielen die 2 Achsen und 3 Egos mit hinein.
Eine komplett Feminine Kombination von Sonne, Mond und Egos wird recht träge daher kommen.
Die komplett Maskuline Kombination wird durch Raum und Zeit fliegen.
Somit entstehen Probleme und Missverständnisse im Alltag die besser zu verstehen sein könnten wenn wir nur wollten.
Jedoch kann bemerkt werden, dass die Sonne welche die Vitalität und größtenteils den Körper bestimmt sehr stark ausfällt. So wie die Sonne auch von allen Planeten am hellsten strahlt.
Sie bestimmt also unser Wesen sehr stark.

Die Kombination von Sonne und Mond ist auch verantwortlich für Krankheiten, die ihre Ursache oft auf Gewohnheiten, psychische Probleme und zum Beispiel Durchblutung oder allgemeine Konstitution des Körpers zurückführen müssen.

Der Charakter des Menschen wirkt auch auf die Zellen und dementsprechend verhält sich der Körper zu Krankheiten.

Menschen mit Mond in Löwe leiden an Durchblutungsstörungen und Herzrasen, da das Herz stark schlägt, es kann auch zu Herz Vergrößerungen und Herzschmerzen führen.

Menschen mit Mond in Widder riskieren einen hohen Blutdruck, da sie ständig angespannt sind. Die Gesichtsfarbe ist in der Regel errötet.

Diese Reaktionen sind erstens logisch und außerdem bei Mitmenschen zu beobachten.
Es bestehen typische Anfälligkeiten für Krankheiten, das heißt nicht, dass dies bei jedem Menschen so zutrifft.

Auch die Essensvorlieben von Menschen können anhand des „Kernarchetyp" festgelegt werden.
Der Autor ist der Meinung, dass beide Sternzeichen also der Kern des Menschen bestehend aus Körper, Geist und Seele dafür bestimmend sind.
Widder essen gerne sehr scharf, Krebs Menschen gerne milchige und süße Speisen, Steinbock isst gerne bitter oder herb. Dies dürfte nach meiner persönlichen Beobachtung auch auf Stier und Jungfrau zutreffen. Löwe Menschen lieben Gewürze und Kräuter. Skorpion Menschen haben einen ausgesprochen außergewöhnlichen Essensgeschmack.

Die Wahrnehmung von Menschen ist sehr unterschiedlich, während die eine Person Farben und Licht liebt, gibt es Menschen die darauf wenig geben und sich lieber eine Sonnenbrille aufziehen.
Das Skorpion Ego je nach Kombination von Sonne hat sehr starke Sinnes Fähigkeiten.
Dieses unterscheidet sich sehr stark von Mensch zu Mensch.

Das Gesamthoroskop

Das Gesamthoroskop eines Menschen kann zusammengefasst werden in einer Formel,
die zumindest die Markanten Stellungen darstellt.
Sonne und Mond = Kern + 3 Egos + Ich und Du Achse + Entwicklungsachse als Markante.
Die Markanten Sternzeichen für das Grundgerüst sind Sonne, Mond, Ego, Basis Ego und Superego also 5 Sternzeichen, die auf jeden Menschen sehr wirken.
WIr vergessen also das Sternzeichen welches man uns von Kind auf sagte, denn dieses ist nur ein Bruchstück vom Großen Ganzen.
Diese 5 Sternzeichen ergeben in ihrer Kombination einen Grund Archetypus als Markantes Grundgerüst unserer Persönlichkeit.
Bei vielen ergeben sich auf diese 5 Position auch nur 3 oder 4 Sternzeichen die sich dann zu einem Archetyp verbinden, weil zum Beispiel Sonne, Mond und Ego dem gleichen Kosmischen Prinzip entsprechen.
Eine Kombination wäre Sonne Schütze + Mond Schütze + Ego Schütze + Basis Ego Fische + Superego Jungfrau.
Auf einem Haus können sich mehrere Planeten befinden, doch die Sternzeichen für die Egos oder Achsen müssen immer unterschiedliche sein, da jedes Sternzeichen einmal vorkommt so wie die Sonne sich unter Ihnen täglich bewegt.
Zu dieser Markanten fügen sich die anderen Planeten ein die auf die Häuser des Zodiak fallen,

entsprechend dem Sternzeichen auf dem sie sich zu diesem Zeitpunkt befinden, und dem Stand der Sonne welcher den Kreis der Häuserstellungen bestimmt. Dieses ergibt ein einzigartiges und komplexes Bild mit sehr viel Konstellationen, um diese zu deuten benötigt es professionelle Astrologen; insofern der Autor nur über Basis Wissen verfügt, ist es nur möglich an der Oberfläche zu kratzen. Astrologen die hierauf spezialisiert sind wären der Schweizer Peter Schmid, Hermann Meyer, Norbert Giesow und Brigitte Hamann.

Der Charakter eines Menschen kann folglich eingeteilt werden in die Archetypen des Kosmos die sich zu einem Typus verschmelzen. Aus diesem Grund sind wir unbewussten Zwängen ausgesetzt, diese Macht macht es für Menschen schwer sich zu ändern. Denn es wurde eingebrannt auf die Rohform des Menschen bei der Geburt, durch die Sterne; der Geist, die Seele, das Ich, die Grundhaltung, die Orientierung und so fort.
Jeder Mensch hat eine andere Gewichtung von Femininen und Maskulinen Merkmalen;
der Ausrichtung von Kardinalen, Fixen oder Beweglichen Sternzeichen und Elementare Kombinationen.
So wird eine Frau die Maskulin auftritt viele Maskuline Sternzeichen in den markanten tragen, ein Mann der Feminin erscheint viele Feminine Sternzeichen die als Archetypen auf ihn einwirken. Somit könnte man einige Differenzen aus dem Weg räumen, wenn man wüsste, dass dies einfach die Natur des Menschen ist, vielleicht könnte man dann besser damit umgehen.
Menschen die Kardinal sind neigen dazu andere zu dominieren, vor allem dann wenn kein Ausgleich herrscht.
Ein Beispiel hierfür wäre Sonne Krebs, Mond Waage, Ego Krebs, Basis Ego Waage, und Super Ego Widder.
Diese Person hat kein Ausgleich von Fixen oder Beweglichen Sternzeichen wird also dazu geneigt sein andere zu dominieren. Menschen die rein Beweglich ausgerichtet sind würden möglichst versuchen Problemen aus dem Weg zu gehen und eher mitlaufen, natürlich haben die meisten Menschen ihre Würde und Grenzen.
Ein Beispiel; Sonne Schütze, Mond Schütze, Ego Schütze, Basis Ego Fische und Super Ego Jungfrau.
Diese Person könnte man als Mitläufer bezeichnen.
Die dritte Variante ist die Fixe sprich ein Mensch der sein Terrain und sein Standpunkt heftig verteidigt, man könnte auch sagen stur ist. Eine Kombination wäre Sonne Stier, Mond Wassermann, Ego Löwe, Basis Ego Skorpion und Super Ego Stier.

Die gesunde Mischung macht einen Menschen mit Sicherheit umgänglicher und ausgewogener.
Wir können diese Ausrichtungen in unserer Umwelt in Form von Personen wahrnehmen.

Ist eine Person sehr cholerisch so kann davon ausgegangen werden, dass viele Sternzeichen oder Planeten auf Feuer Sternzeichen liegen.
Ist eine Person sehr sentimental und verletzlich deutet dies auf die Wassersternzeichen hin.
Ist eine Person überaus fröhlich leicht und locker so hat sie viele sanguinische Luft Sternzeichen in ihrer Brust schlagen.
Ist eine Person sehr pragmatisch ausgerichtet, nörglerisch, man könnte auch sagen hart oder gefühlskalt so trifft dies auf die Erde Sternzeichen zu.

Das 1. Haus definiert unser Rollenspiel in der Umwelt, im 2. Haus geht es um materielle Absicherung oder wie mit Geld Hausgehalten wird, im 3. Haus die Kommunikation mit der Umwelt, im 4. Haus die

Grundhaltung zum Leben und die Basis der Entscheidungen, im 5. Haus wie die Entscheidungen in die Tat umgesetzt werden, im 6. Haus wie alltägliche Dinge verrichtet werden und wie wir uns in der Arbeit verhalten, im 7. Haus Sichtweise auf das Du und Partnerwahl, 8. Haus Bindung und Prinzipien, im 9. Haus Ethik und Weltbild, im 10. Haus Berufung, im 11. Haus die Profilierung von anderen und wie man sich selbst profiliert, im 12. Haus die Auflösung im Großen Ganzen.

Man bedenke also immer, dass die Impulse die im Menschen aufkommen bestimmt werden durch die Charakterliche Polarität, die Elementare Beschaffenheit und die Ausrichtung.

Sonne steht für Vitalität und Mentalität, Mond für Seele und Herz, Merkur für die Denkweise und Denkfähigkeit, Venus für Genussfähigkeit und Materielles, Mars für Energie.

Nehmen wir eine Archetypus Kombination die ein hartes Los gezogen hat, und Schwierigkeiten hat im Leben.
Sonne = Schütze, Mond = Widder; Körper, Geist Seele gleich Schütze – Widder Kombination also Maskulin und Feuer, immerhin teils Beweglich durch Schütze.
Ego = Widder, Basis Ego = Krebs, Super Ego Steinbock.

Diese Kombination von Kern und Egos ergibt mehrere Schwierigkeiten.
Diese Person hat 4 markante Sternzeichen Konstellationen auf Kardinalen Sternzeichen, nämlich Widder, Widder, Krebs und Steinbock; will sich also meist durchsetzen.
Die andere Problematik ist, dass sie zu viel Feuer in sich trägt, Widder + Schütze + Widder.
Der Ausgleich besteht nur in Krebs welches nicht dämpft und Steinbock welches zu noch mehr härte und strenge sich selbst gegenüber führt. Man bedenke das Über Ich = Saturn Typ ist streng mit sich selbst denn es legt die Lebens Orientierung eines Menschen fest.
Steinbock auf Haus 10 des Steinbock und Saturn heißt äußerste strenge mit sich selbst, aufgrund des Über Ich welches im Haus des Steinbock, das strenge Steinbock Prinzip als Herrscher inne hat.

Dieser Charakter Typus neigt also dazu anderen Ratschläge zu geben, da Sonne Schütze und Ego Widder sie dazu treiben dies zu tun, denn der Schütze neigt dazu anderen Ratschläge zu geben und das Ego Widder penetriert äußerst schamlos die Privatsphäre von anderen Mitmenschen.
Wird diese Person nun abgewiesen durch eine Dritte, so zieht sie sich sauer und beleidigt zurück.
Viel Feuer kommt zu Tage und das Basis Ego des Krebs und das Strenge Super Ego des Steinbock welches sich zäh verbissen hatte.

Ein Ausgleich wäre zu sehen wenn eine Person die gleichen zwei Achsen verfügt, also die Egos Widder, Krebs und Steinbock aber der Kern aus Sonne Stier und Mond Löwe bestünde. Denn die Mentalität ist nüchtern und geerdet und der Mond Löwe beharrlich, so ist kein doppelt Kardinales Feuer vorhanden sondern ein Kardinales Ego steht zu einem Beharrlichen Herz. Widder Mond will sich durchsetzen, Löwe Mond kann die Dinge auch so belassen wie sie sind.

Man könnte die Archetypen die aus den 5 markanten Stellungen des Horoskop resultieren auch mit Namen versehen; beispielsweise:
die Kaputte, der Zerstörer, die Raubkatze, die Hexe, der Flexible, der Entschlossene, die Diva, der Soziopath, der Psychopath, die Sanftmütige, der Verschlossene und so fort.

Die Luft Häuser, also das 3. Haus Zwillinge, das 7. Haus Waage und das 11. Haus Wassermann können andeuten wie wir uns in der Gesellschaft ausdrücken.

So kombiniert sich Kommunikationsweise, mit der Art und Weise wie wir auf Leute zugehen und die Art und Weise wie wir uns profilieren.

Treffen auf die 3 Beweglichen Luft Häuser, 3 Phlegmatische Erde Sternzeichen so verhält sich diese Person in der Umwelt eher passiv und wirkt auf andere hart und unentspannt.

Ein Beispiel hierfür ist Steinbock im Haus der Zwillinge, die Sprechweise ist hart, karg und die Worte werden pedantisch genau ausgesprochen. Stier im Haus der Waage, bedeutet dass diese Person sehr zurückhaltend ist gegenüber anderen und nicht gerne auf andere Menschen zugeht, möglicherweise sogar gar nicht.

Jungfrau im Haus des Wassermann bedeutet, dass diese Person viel Wert darauf legt sich ordentlich in der Umwelt zu profilieren und dies wirkt auf andere pedantisch und ordentlich.

Dementsprechend wirkt diese Person auf andere Menschen so, dass sie sich ihr nicht so gerne annähern, weil sie diese Merkmale dementsprechend aufnehmen.

Treffen auf die selbigen Luft Häuser, 3 Feuer Sternzeichen so wird diese Person engagiert und extrovertiert agieren.

Das 1. Haus des Widder, das 5. Haus Löwe und das 9. Haus Schütze deuten je nach Sternzeichen an wie sich das Feuer in der Umwelt ausbreitet, sprich Rollenspiel, Durchsetzung, Handlung und das Kundtun von Philosophischen und Weltlichen Fragen.

Das 4. Haus des Krebs, das 8. Haus des Skorpion und das 12. Haus der Fische gehen sehr tief und sind schwer zu begreifen, es sind die mystischen Sternzeichen.

Im 2. Haus des Stier, im 6. Haus der Jungfrau und im 10. Haus des Steinbock, geht es um die Materielle Absicherung.

Stier = Finanzen, Jungfrau = Arbeit und Steinbock = Berufung, Zielberuf oder das Einbringen in die Gesellschaftliche Ordnung.

Menschen handeln Zweck Gebunden ihrer Bestimmung und Ihres Schicksals entsprechend.

Sie sind gekoppelt an unterbewusste Zwänge und Handlungsweisen. Ohne dass sie verstehen können woher diese eigentlich kommen. Dies ist ein großes Problem.

Das Soziopathen Pathogen

Anhand der Sternzeichen können wir die Bösen Prinzipien des Kosmos begreifen wie sie vom Schöpfer in diese Welt mit eingebaut wurden; um den Menschen zu testen? Um den Menschen zu quälen? Um dem Menschen die Chance zu geben seinen freien Willen zu gebrauchen und diesen zu überwinden?

Die Prinzipien des Kosmos und die Hand Gottes werden sichtbar wenn man sich mit Ihnen beschäftigt, soweit man nicht die Grenzen durchschreitet die vorgehalten sind durch die Hand des Schöpfers ist es dem Menschen ein Nutzen, sobald man diese überschreitet schadet man sich selbst und den Mitmenschen, es ist ein einfaches Prinzip.

Man kann erkennen welche unterschiedlichen Typen Gott geschaffen hat; Den Guten, Den Bösen, Den Rebellen, Den Mitläufer, Den Grenzläufer der sich auf die Seite schwingt die gerade besser zusagt oder die gerade gewinnt, den „Harmonisten", den Radikalen, den Psychopathen, den Soziopathen, jene die nach Macht Ringen um die Macht ringen, jene die Anerkennung brauchen, jene die Stumpf sind, jene die Emotional sind oder Leidenschaftlich, jene die Gutherzig sind und für Ihre Mitmenschen da sind; sich um die Armen und Schwachen kümmern.

Das Sternzeichen Zwillinge entspricht dem Archetyp des Luzifer, dem Anführer der Rebellion, das Sternzeichen Skorpion der Schlange Satan oder dem Drachen, der Widder dem Baphomet oder Teufel. Belial gleich Steinbock Prinzip. Es sind Attribute des Bösen, die die Menschheit überschatten und nicht trennbar zu sein scheinen.

Bestimmte Kombinationen wirken sich Soziopathisch auf ihre Umwelt aus.

Beispiel Nummer Eins ist die Domina oder der Domino:

Sonne Krebs, Mond Waage, Ego Krebs, Basis Ego Waage, Du Steinbock und Super Ego Widder.

Diese Person ist absolut auf Dominanz ausgerichtet, hat also Soziopathische Eigenschaften.

Dies ist nur ein Beispiel für eine solche Person. Die Absolut auf Durchsetzungsfähigkeit aus ist und die Mitmenschen zu dominieren.

Beispiel Nummer zwei ist die Machthungrige Kombination.

Sonne Skorpion und Mond Löwe, diese Kombination bringt einen Kern Charakter hervor der auf Macht fixiert ist; Macht, Ansehen und Anerkennung, also wird er von jenen die über dieses Wissen verfügen möglicherweise ausgewählt und in die Politik als Demagoge eingepflanzt.

Die Kombination von Sonne Krebs und Mond Löwe zum Vergleich ist eine Person die extrem auf Anerkennung zielt, im Gegensatz zur Skorpion - Löwe die auf Machterlangung aus ist.

Nun kann dieser Macht Hunger ausgeglichen werden durch spezielle Konstellationen, Kombinationen von Häusern und Planeten oder durch die Egos.

Die Macht Hunger Kombination von Skorpion und Löwe in Verbindung mit den Ichs,

Ego = Krebs, Basis Ego = Waage, Super Ego = Widder; wird Macht Durst Verbinden mit dem Bedürfnis sich durchzusetzen, dieses bringt einen Soziopathischen Charakter hervor.

Dies soll kein Ansporn sein für jene die einen Balken vorm Kopf haben auf Hexenjagd zu gehen.
Es soll nur verdeutlichen helfen worauf geachtet werden kann, um solchen Menschen das Nährfutter zu nehmen sich diese Macht zu Erlangen oder sie einfach zu ignorieren; so dass sie erst gar nicht zur Geltung kommen können.
Eine weitere interessante Kombination ist die Entwicklungsachse von Waage zu Widder und Widder zu Waage.

Während die Ausrichtung von Basis Ego auf Widder und Super Ego auf Waage eine Kriegerische Grundhaltung hat, gleicht sie dies aus durch die Tatsache, dass das Über ich; welches auch für die Ordnung der Gesellschaft steht nach der Harmonie und Ausgeglichenheit der Waage strebt.
Sprich die Ausrichtung von Unter Ich Widder zu Über Ich Waage, will eine ausgeglichene Welt Ordnung sehen.

Konträr dazu steht die man könnte auch Böse sein und sagen Soziopathische Haltung des Gegenübers nämlich der Entwicklungsachse von Basis Ego Waage und Super Ego Widder.
Das Basis Ego der Waage ist positiv ausgerichtet, das kann dazu führen, dass diese Person oft sehr großzügig mit ihren Mitmenschen umgeht, da die Grundausrichtung zum Leben dies anpeilt.
Das Negative ist das Super Ego oder Über Ich des Widders.
Wenn der Widder im Haus des Steinbock steht, so möchte er eine Welt Ordnung sehen,
in jener gekämpft wird, die umkämpft wird, Klassenkampf und Ellenbogen Gemeinschaft.
Dieser Mensch strebt also in der Basis Harmonie an, doch dessen Über Selbst treibt diese Person an das Chaos zu lieben.

Mir persönlich gestand ein Kollege der in dieser Konstellation geboren wurde, welches wir zufälligerweise kurz später heraus fanden, dass er an den Klassenkampf glaubt und dass dieser zur Menschlichen Gesellschaft dazu gehört.
Für mich persönlich trifft das nicht zu, ich war natürlich erstaunt dies zu vernehmen, nach späterer Forschung hatte ich jedoch verstehen können was es damit auf sich hat; mit dieser Lebenshaltung die ich in meiner Subjektiven Lebenshaltung als krank betrachten würde.

Nun gehen wir noch einen Schritt weiter, denn anhand dieser Entwicklungsachse die Archetypisch und prinzipiell in die Sterne eingebrannt wurde; können wir das Prinzip des Sozialismus wieder erkennen. Der Sozialismus spiegelt sich wieder in dieser Ausrichtung, wenn die Waage unten steht und der Widder oben.
Die Waage in der Grundhaltung strebt an mit dem Mitmenschen zu teilen; das Über Ich treibt an zu Klassenkampf. Der Sozialismus folgt dem gleichen Prinzip, die Basis ist das Teilen doch die Über Geordnete Ordnung der Gesellschaft ist eine die in den Klassenkampf geworfen wird und automatisch die Ellenbogen ausfährt in einer solchen.
Man könnte sagen, dass diese Gesellschaft ein Bastard ist aus Teile und Herrsche oder Teilen und Kämpfen. Ist dies eine Gute Ordnung? Die Leserschaft kennt die Haltung des Autors, bildet euch eure eigene Haltung, oder lasst sich euch bilden durch eure Unbewussten Sterne die in eurer Brust schlagen.

Wie oben so auch unten; unten steht die Harmonische Waage repräsentiert durch die Bevölkerung die arbeitet und teilt für eine ruchlose Elite die an den Klassenkampf und die Weltordnung des Teufels glaubt, jene sie von oben herab per Kosmisches Prinzip steuert.
Denn unter den Schafen sind immer solche die daran glauben und die Herde antreiben.

Die Bösen sie werden wohl immer unter uns weilen, nach dem Chaos Prinzip und eine jede und ein jeder spielt seine Rolle in diesem Spiel.

„Und führe uns nicht in Versuchung sondern erlöse uns von dem Bösen." ... Vater Unser

Die Drei Könige des Schicksals

Der Schöpfer hat eine weitere interessante Entwicklungsachse als Archetyp in seine Schöpfung eingebaut um der obigen zu trotzen. Des Chaos und der Ordnung also „chao et ordo".
Dieser Archetyp schwimmt gegen den Strom und sein Ziel ist es darauf hin die Masse an sich zu reißen und sie anzuführen, in eine Harmonische Welt Ordnung.

Diese Unter Ich zu Über Ich Achse ist das Basis Ego Wassermann – Super Ego Löwe.
Diese Konstellation von Unter Ich zu Über Ich stellt den Individualisten unter den Vielen dar.
Der Wassermann schwimmt gegen den Strom, er ist ein Rebell, das Über Ich Löwe macht ihn zum Geborenen Anführer.

Der Schöpfer hat diese eingebaut als Rückgrat der Gesellschaft und als Letzte Instanz.
Wenn die Masse sich in die falsche Richtung bewegt weil sie manipuliert wird, von jenen die verstehen die Massen zu manipulieren, dann Bedarf es einem Prinzip das sich dagegen stellt,
weil dieses Individuum die Grundhaltung des Wassermann im Haus des Krebs trägt als Wasserkelch, Individualität und Freiheit als Grund und Boden seines Charakters unter sich hat.
Und dann in der Lage ist die Zügel in die Hand zu nehmen um die Masse Anzuführen zu einer Harmonischen Ordnung an die der Löwe im Haus des Steinbock 10 glaubt.

Insgesamt gibt es 3 Egos zu dieser Ausrichtung und Entwicklungsachse;
das Waage Ego, das Skorpion Ego und das Schütze Ego.

Der Diplomaten König

Die Entwicklungsachse von Basis Ego = Wassermann + Super Ego = Löwe + Ego Waage, gebärt den Diplomaten König.
Denn nun erhält diese Ausrichtung die Maske und das Rollenspiel des Waage Archetyps eines gekonnten Diplomatischen Anführers.

Personen des Lebens: Pierre Cardin, Eric Clapton, Uri Geller, Thomas Gottschalk

Skorpion King

Die Entwicklungsachse von Basis Ego = Wassermann + Super Ego = Löwe + Ego Skorpion, ruft den „Skorpion King" ins Leben.
Diese Ausrichtung erhält das stärkste Ego, denn Skorpion entspricht auch dem Adler oder dem Archetyp des Phönix. Das Skorpion Ego kann bis auf Leben und Tod kämpfen.
Es ist der Archetyp des giftigen und beharrlichen Anführers. Indes ist es die stärkste Ausrichtung die gleichzusetzen ist mit den Vier Erz Engeln und den Vier Evangelisten.
Gabriel steht für den Adler/Skorpion und Michael für den Löwen.
Die Erzengel des Schöpfer sollen auch genau diesen Archetypen entsprechen.

Personen des Lebens: Clint Eastwood, **Vladimir Putin**, Gerhard Schröder, Konrad Adenauer, River Phoenix, **Napoleon Bonaparte**

Wir haben also den „Skorpion King" Gerhard Schröder ausgetauscht bekommen durch Engelchen Merkelchen dem Marionettchen.

Der Schützen König

Die Entwicklungsachse von Basis Ego = Wassermann + Super Ego = Löwe + Ego Schütze, bringt den Schütze König unters Volk.
Diese Ausrichtung erhält das Ego eines Weltoffenen und Philosophisch eingestellten Egos.
Im Vergleich zu den obigen beiden dürfte dies die schwächere Ausrichtung sein, da er den Widerspruch in sich vereint gegen den Strom zu schwimmen oder mit dem Strom zu schwimmen, was natürlich auch ein Vorteil sein kann.

Personen des Lebens: Diego Maradona, Jennifer Rush, Julian Assange

Nun kann argumentiert werden über die moralische Rechtfertigung diese Persönlichkeiten des öffentlichen Lebens als solche darzustellen, die der Menschheit auf den rechten Weg helfen können. Natürlich trifft dies nicht auf jeden zu der in dieser Ausrichtung des Wassermann und Löwe geboren wurde. Aufgrund von Komplexität des Geburtshoroskop und der Erziehung der Eltern als auch die Erfahrungen die eine Person im Leben macht.
Es muss auch bedacht werden, dass Menschen die keine Planeten auf den 3. und 4. Quadranten besitzen, also auf dem Gesellschafts- und Über Ich Quadranten, keine Aspiration sehen würden sich in diese Richtung hin zu entwickeln, da sie eher mit den einfachen Dingen des Lebens beschäftigt sein dürften.

Die Sternzeichen und der Horizont

Für jene die das Bewusstsein und die Wahrnehmung zu schärfen verstehen, ergibt sich je nach Sternzeichen ein anderes Himmelsbild.
Dieses richtet sich nach dem Stand der Sonne, daran lassen sich die Jahreszeiten ablesen.
Es ist der Anfang, die Mitte und die Auflösung einer jeden Jahreszeit.
Diese unterteilen sich wiederum in Kardinal für den Anfang, Fix für die Mitte und Beweglich oder veränderlich für das Ende einer Jahreszeit.

Sie werden ferner unterteilt in die vier Elemente die sich auswirken und die Polarität des Sternzeichens.

In der Zeit des Schützen ist der Himmel überfüllt von einem lila-blau Farbton, es ist eine Zeit von guter Atmosphäre durch diese Farben und das Schütze Feuer welches vorherrscht von Ende November bis Ende Dezember. Es ist eine Zeit von starker Energie Polarität da Maskulin und der Himmel lässt eine Beweglichkeit erkennen. Es ist eine Kühl-Warme Zeit, wenn sich der Herbst auflöst in Richtung Winter.

Die Zeit des Steinbock ist eingehüllt in tiefes grau, die Magie des Schützen wird ersetzt durch trockene, kalte Erden Luft. Der Himmel weißt einen starken Stich auf, da Kardinal, der Winter setzt ein. Das Maskuline wird ersetzt durch Feminine Energie.
Für Krebs Geborene ist dies in der Regel eine anstrengende Zeit, da der Krebs und Steinbock sich gegenüber stehen, der Krebs leitet die Sommerzeit ein, der Steinbock die Winterzeit.

Abgelöst wird diese starre und karge Zeit durch den Luftigen und Fixen Wassermann.
Die Wolken nehmen die Form eines Meeres an es ist die kühle und Sanguinische Luft.
Die Polarität wird wieder nach außen getragen. Der Wassermann bringt den Tiefen Winter und die kälteste Zeit.

Die Fische beenden das Jahr und den Winter, die Wolken lösen sich wieder auf in ein beweglicheres Muster, der Himmel nimmt das Element des Wasser an, es ist Feuchtigkeit und eine Mystische Tiefe zu erkennen.

Die Widder Zeit bringt den Frühling, der Himmel nimmt einen feurigen Stich an die Wolken passen sich dementsprechend an und sind Mächtig.

Der Stier leitet eine Zeit des Genusses ein konträr zur Widder Zeit und die Mitte des Frühlings.
Der Himmel ist erdig und die Wolken nehmen wieder ein Fixes undurchdringbares Muster an.

Die Zwillingszeit ist eine der Leichtigkeit, das Auflösen von Frühling zu Sommer, die Wolken werden wieder beweglich und nehmen beträchtliche Ausmaße an. Die Sonne erhebt sich zu Ihrem Höchsten Stand was besonders schöne Sonnenuntergänge mit sich bringt.

Die Krebs Zeit bringt die Kardinale Wasser Hitze, die Natur erhebt sich und alles scheint in sommerlicher Aufruhr. Die Sonnenuntergänge sind Traumhaft, entsprechend der Phantasie des Krebs die grenzenlos scheint.

Mit dem Löwen kommt wieder ein Fixes Feuer, die Wolken haben etwas Majestätisches an sich und eine ganz markante Form. Der Sommer nähert sich seinem Höhepunkt.

Die Jungfrau Zeit lässt eine Scheue Sonne erblicken, der Himmel ist von trockener erdiger Konsistenz und beweglich, die Wolken sind wieder aufgelöst und gelockert.

Die Sonnenuntergänge können zumal eine tiefe Illuminierung mit sich bringen, Aufgrund dem Winkel den die Sonne einnimmt.

Die Waage Zeit bringt Harmonie den Ausgleich der Jahreszeit, Kardinale Luft, und klare Goldene Sonnenuntergänge.

In der Skorpion Zeit kommt die Härte des Herbstes und seine Herbheit durch, ein Fixer Himmel von wässriger und feuchter Konsistenz.

Die Sterne und das Unterbewusstsein

Die Sterne und Planeten haben eine durchdringende Wirkung auf die Schöpfung im Ganzen.
Die Sonne beeinflusst die Mentalität je nach Jahreszeit, der Mond die seelische Verfassung der Massen je nach Stellung die er alle 2 Tage verändert.
Merkur hat Auswirkungen auf die Denkweise, Venus auf materielle Ausrichtungen, Mars auf die Energie- und Gewaltbereitschaft. Saturn kann religiöse und gesellschaftliche Umbrüche herbeiführen. Je nach persönlichem Geburtshoroskop wirken sie unterschiedlich auf die Menschen.

Doch kann alleine schon der Lauf des Mondes durch die Sternzeichen deutlich aufzeigen wie sich dies auf die Laune der Massen auswirkt und dieses in Zusammenspiel mit der Sonne.
Jede Sonne und Mond Kombination bringt eine andere Konsistenz, die sich vermischt.
Der eine verträgt die eine besser als die andere, leidet unter speziellen, der Nachbar erfährt genau unter jenem Tiefpunkt des anderen den eigenen Höhepunkt von Energie Entfaltung und seelischer Ausgeglichenheit.
Die Auswirkung ist sehr komplex und nur von Astrologen zusammen zu führen.

Die Planeten durchlaufen die Ekliptik der 12 Kosmischen Prinzipien, jeder Planet wirkt in seiner eigenen Bestimmtheit auf das Unterbewusstsein des Individuums als auch der Massen.

So gibt es spezielle Konstellationen die von denen die über dieses Wissen verfügen, genutzt werden können um gerade zu diesen Jahren eine Gewisse Agenda durchzusetzen, oder einfach aufgrund der zu erwartenden Reaktion der Massen um schwingt und eine Neue Zeit einläutet.
Momentan befindet sich Pluto auf Steinbock dies kann andeuten, dass nun die Zeit genutzt werden wird von über einer Dekade dieser Stellung von Pluto, um den Staat und seine Macht Befugnisse auszuweiten. Bewegt sich Pluto folglich dann auf Wassermann dem Rebellischen Prinzip, kann es sein, dass die Zügel gelockert werden und ein weiteres „Chao et Ordo" konstruiert und zum Ziel geführt wird. Die Massen werden nicht mehr zurück zu halten sein durch den Apex der Willkür durch den Staat, viele werden demonstrieren oder sogar randalieren.
Diese Revolution, wird dann folglich ausgenutzt und vorbereitet von jenen die über die Vorgänge des Unterbewusstseins durch den Kosmos informiert sind und zu nutzen wissen.
Die Meister der Revolutionen werden dann diese Revolution übernehmen, aufspalten und der eigenen Zerstörung der Massen aussetzen, durch gekonnte Infiltrierung und das Aussenden von Helden und Judas Anführern, den Verrätern des Volkes.
Haltet die Augen offen möglicherweise werden nur solche ausgesendet und alle rechtmäßigen beseitigt!

So bestimmen die Sterne mit wie das Menschengeschlecht durch die Äonen gelenkt wurde.
Die Sterne des Schicksals, die Schicksals Sterne, machen es für die Kontrolleure nur zu bestimmten Zeiten möglich, ein bestimmtes Ziel zu erreichen. Man muss davon ausgehen, dass ES sich strikt an Vorgaben durch die Sterne des Schicksals hält. Gewisse Ideen und Glaubensvorstellungen können demnach nur zu einer bestimmten Zeit auf das Bewusstsein und die Volksseele übertragen werden und dann nicht mehr.

Die Stellaren und Planetaren Kosmischen Prinzipien sind der Schlüssel zum Unterbewusstsein der Menschen, zum Bewusstsein welches sie annehmen und den Taten die daraus resultieren;
Sie sind der Schlüssel zum Kollektiven Unterbewusstsein und bestimmen das Schicksal der Menschheit passiv mit, der Mensch setzt diese unterbewussten Vorgaben schließlich Aktiv in die Tat um.

Wir können nun verstehen, dass andere Menschen anders gepolt sind als wir es sind und wie es sich auswirkt von Mensch zu Mensch, dass ein Skorpion eine andere Mentalität besitzt als ein Wassermann geborener. Dass daraus Probleme resultieren müssen, diese Unterschiede unter einen Hut zu bringen; gestemmt werden kann und sollte. Können wir uns selbst besser verstehen und unsere Mitmenschen? Und wie würde sich dies auf die Interaktion in der Umwelt auswirken?
Können wir lernen, dass jeder Mensch unter nicht bewussten Zwängen zu leiden hat?
Die Zwänge die auferlegt werden durch die persönlichen Sterne des Schicksals die bei der Geburt übernommen werden. Können wir erkennen wer uns gegenüber steht wenn wir dem gegenüber in die Iris schauen, die Iris das Spiegelbild des Menschen reflektiert, was sich im tiefsten inneren des Menschen verbirgt? Erkennen welcher Archetyp dahinter steckt, die Augen des Tigers, des Sanguinen, des kleinen verletzlichen Kindes; die Iris reflektiert die Seele des Menschen und ist das Spiegelbild der Seele. Von Gott gegeben trägt jeder Mensch eine Maske die vorgegeben wird durch das Ego in seiner Ganzheit. Eine Natürliche Maske die das eigentliche Wesen, die Mentalität, die Seele, das Herz, die Grund Natur und die Zielsetzung des Menschen zunächst kaschiert.

In der manipulierten Modernen Gesellschaft legen sich viele eine weitere künstliche Maske auf.
So laufen wir mit zwei Masken durch die Gegend, eine Maske über die andere gelegt. Und, wie hört sich das an? Hört sich das gut an? Wir stülpen uns also über die natürliche Maske eine künstliche Maske des Kunstmenschen über.

So können wir uns jetzt aufrichten und die Schmiede unseres eigenen Glückes werden? Denn dies war die ernüchternde Antwort des Geistes dieser Welt, dass jeder Mensch zu sich selbst zurück finden soll, und dies die Höchste Aufgabe sei, in aufkommenden Zeiten von Turbulenzen und Chaos.

Astrologie legt die Psychologie des Menschen fest, da dieses nicht „rational" zu erklären ist und man dieses Wissen den Massen vorenthalten musste, hat man eine Riege an „Professionellen" Psychologen etabliert. Dieses Ur Wissen über die Sterne und wie sie sich auf die Psychologie des Menschen auswirken, wurden dann in neue Systeme verpackt. Um es dann „rational" verständlich zu machen. So wurden Systeme für Psychologen entwickelt wie der „Lüscher Test".
Die Farben die eine Person auswählt sollen die Psyche wiedergeben.
Oder das System von Rohrschach. Der Autor geht davon aus, dass beide Herrschaften über Astrologisches Wissen verfügt haben müssen und dieses nur in neue Systeme umformten, da diese besser zu rechtfertigen sind und gleichzeitig der Kern umhüllt wird.

Epilog

Wir sind am Ende angelangt, der Autor ist am Ende angelangt.
Sind wir aus dem Labyrinth der Illusionen und Täuschungen entkommen?
Wird dieses Werk dem Individuum helfen zu sich selbst zu finden; Heraus aus den Klauen der Selbst Erhobenen Falschen Götzenbildern?
Werden wir das verlorene Paradies auf Erden zurück erlangen? Wird die Zerstörung der Alten Zivilisation durch die Maurer und Matrix Bauer errichtet eine Neue hervorbringen?
Können wir die „Dominatrix", dominieren?
Und wie wird diese Neue Welt aussehen, wird es eine Neue Alte Welt sein, wenn der Mensch ausgelöscht ist?
Oder wird sich der Mensch ein letztes mal Erheben zu Menschlichkeit, Glanz und Gloria.

Und sind die Massen nicht zu höherer Intelligenz fähig, so doch zumindest zu Massen Empathie und der Ausbreitung von Guten Taten oder Menschlicher Wärme.
Wer möchte als erstes voranschreiten um die Massen zu bewegen den Hass Predigern, Verführern und Manipulatoren zu entsagen, den Falschen Helden, den Götzenbildern der Gegenwart?
Eine Welle, eine Lawinenartige Positive Bewegung zu entzünden.
Das Geistesfeuer auf die Massen zu übertragen.

In welch schöner Welt könnten wir verweilen wenn wir dem Bösen in uns selbst mehr und mehr entsagen könnten und aufhören würden uns ausnutzen zu lassen durch unsere Schwäche?
Die Vielfalt der Natur zu genießen, die Luft, das Wasser, die Früchte der Erde, Essen, Trinken, Musik, Literatur, Kultur und Harmonie.

Können wir die Ketten durchbrechen die alle Menschenvölker plagen wie es der Alte Schiller poesierte? Kann der Deutsche die Rolle des Buhmann, des Faschisten, des Sozialisten ablegen?
Müssen die Deutschen ein weiteres mal in die Falle des National Sozialismus tappen?
Die Messer sind schon gewetzt und warten darauf eingesetzt zu werden.
Wie viele aus der Schutz-Staffel wurden damals tatsächlich eingefangen?
Und wissen die Massen, dass diese dem Adel oder Ritteradel entstammen mussten um höhere Ränge der Schutz Staffel zu besetzen? Dass der Lutheraner Martin aus feinem Hause stammte?
Was glauben die Massen wo die Messer gerade gewetzt werden? Wer wird den nächsten Faschistischen Staat anführen? Die Alten Anführer? Die Alten Blaublütler?
Die sich dann wieder Braune, Rote und Schwarze Uniformen überstülpen können, wenn sie aus Ihren Löchern gekrochen kommen, um das Volk ein weiteres Mal zu überkommen, wenn es heißt das Land mit Immigranten zu überfüllen, um ein weiteres mal Hass zu schüren, so dass der Deutsche sich gezwungen sieht an einem Strang zu ziehen; dass dann wieder alle im Gleichschritt laufen auf Parolen?
Können wir die Dialektik durchbrechen, die Probleme schafft um diese dann bekämpfend anzuführen, so dass dann wieder eine Neu Ordnung hergestellt wird?
Es waren die Worte des Großen Schiller, die besagten, dass es in der Hand des Deutschen liegt die Ketten der Völker zu durchbrechen, und dies vor so langer Zeit. Sich mit Ruhm und Ehre zu überschütten doch diesmal rechtmäßig, gerecht und den Frieden auf die Welt tragend.
Die Zeiten haben sich seit dem Ausscheiden des Schiller also nicht verändert, alles bleibt gleich,
bis die Veränderung ganz unten beginnt. Von unten nach oben muss sie getragen werden.

Kann der Skorpion mit seinen Worten die Tinte in Herzblut getränkt, mit den Worten die mächtiger sein müssen als das Schwert, laut Edward Bulwer-Lytton, die Menschheit aus der Asche heben? Von den Toten zum Leben erwecken? Eine Transformation der Menschheit herbeiführen?
Kann eine Idee deren Zeit gekommen ist noch gestoppt werden, nach Victor Hugo?
Jene Worte die das Schwert zerteilen muss um an Ihnen zu zerbrechen.
Und wie viel Opfer mussten gebracht werden Generation über Generation im Kampf gegen den Fürsten dieser Welt? Wie viel mehr noch bis wir uns befreien, oder der Erlöser der Menschheit kommt? Und wieso sollte der Schöpfer erpicht darauf sein, seine eigene Schöpfung systematisch und Stück für Stück in Stücke zu reißen?
Wie eine Sandburg zu errichten um diese dann, Sandkorn für Sandkörnchen aufhebend zu zerstören.

Kann die Menschheit den Baum der Weisen ausreißen? Können wir den Turm der Wächter umstürzen?
Das Finale ist angestimmt, es wurde uns in die Wiege gelegt durch das Schicksal der Menschheit.
Es gibt kein zurück mehr, zwei Pfade sind vor uns; Mit den Namen Licht und Dunkelheit.
Wenn die Schüler bereit sind wird sich der Meister zeigen.
Der Löwe hetzt die Meute und nicht die Meute den Löwen.

Und welchem Verstande entspringt die Sichtweise, die Vergangenheit, Zukunft und Gegenwart zu vereinen?

Verbeugen wir uns vor allen die Tugendhaft und mit Stolz auf der Brust diese Welt durchschritten haben, die sich nicht absorbieren ließen von dem Bösen, sondern sich erhoben hatten sich davon zu erlösen.

Es liegt am Leser selbst die Ignoranz zu überwinden, die Zweifel, die Angst, die Zwänge, den Nicht Glauben an den Schöpfer und seine Schöpfung.
Die Menschheit kann nur überleben wenn sie an ihren Schöpfer glaubt.
Wir sind dazu geneigt glauben mit wissen zu vermischen. Der Glaube an Jesus Christus kommt nicht gleich zu wissen was er ist, ob er kommt, wie er kommt.
Es ist der pure Glaube, kein Wissen, doch kommt der Glaube an erster Stelle.
Ohne Glaube auch kein Wissen. Doch hören wir auf Glauben mit Wissen zu vermischen.

Und wie vielen Dingen und Nicht Tatsachen haben wir wissentlich, unwissend glauben geschenkt, indem Irren verfahren zu Wissen, wenn wir nur glaubten, jenen glaubten die glauben zu Wissen.

Wie viele wissenschaftlich bewiesene Dinge, werden von wahrer Wissenschaft in Zukunft als Pseudo-Wissenschaften entlarvt werden? Ist die Erde wirklich ein Ball der sich in höchster Geschwindigkeit durch Raum und Zeit bewegt? Wieso bewegen sich dann die Sterne des Nachts nicht mit? Würden wir dann nicht vor lauter Schwindel umfallen? Wie weit hätten wir dann schreiten können?

Wird alles Leid der Menschheit am Ende der Preis gewesen sein zur Befreiung der Menschheit?
Und sollen es nur ein paar anständige Menschlein sein die das Chaos überleben, egal ob sie Gelb, Schwarz, Braun oder Weiß eingefärbt sind durch die Pigmentierung ihrer Haut.
Es geht nur ums überleben der Menschheit oder den Exodus der Menschheit.

Und wir kämpften alle gegeneinander ohne zu sehen wer unser Wahrer Feind war und ist.

Unseren Nachfahren sollen wir das Wasser des Lebens reichen, das Unsterbliche Wasser, dies ist nur möglich wenn wir versuchen Ihnen eine bessere Welt zu hinter lassen.
Können wir der Korruption jener wir verfallen sind, die Moralische Dekadenz unserer Faulen Körper ausblenden und eine Generation groß ziehen frei davon?
Der alte Satan Claus hat nur ein paar miese und alte stinkige Tricks, wurden diese durchschaut so ist das Schauer Spiel besiegelt und versiegelt.
Er ist der Meister der Konfusion. Er schafft Illusionen, Zwiespältigkeiten, Lügen, Intrigen, fördert die Schwachen und Intriganten auf den Thron seiner weltlichen Herrschaft. Er ist der Meister der Spaltung. Sendet eine korrupte oder kompromittierte Seele in die Masse um sie alle in den Abgrund zu reißen, ein verfaulter vermag es alle verfaulen zu lassen.
Können wir aufhören Gesichtern und auferlegten Masken von Helden zu folgen.
Der Scharaden Maskerade entsagen, die Masken die sich die Elitären Venezianer auflegen symbolisieren genau diese Tatsache.
Dass sie immer wieder Helden aussenden die sich diese Maske aufsetzen, über ihre eigentliche Maske. Eine Maske über die andere, eine Fratze über die andere Fratze.
Die Fäden des Puppenspielers durch zu schneiden, so dass die Puppen hilflos auf dem Boden umher zappeln, lasst sie Tanzen und Zappeln die Puppen.

Es bleibt dem Autor eine Genugtuung auch wenn er versagen sollte oder büßen muss für seine Worte, sein Werk wird erhalten bleiben, in der Hoffnung auf eine bessere Zukunft konserviert.
Wenigstens war er ein Teil der Geschichte und der Menschlichen Komödie.
Er hatte gehandelt und nicht passiv zugesehen.

Und was wenn wir den Arschlöchern entsagen die uns in den Krieg schicken möchten?
Den Kriegstreibern, die an unserem Blute sich eine Goldene Vase erkaufen, um sie als Trophäe in eine Vitrine zu stellen um ihre Niedertracht zu feiern.
Was wenn wir dem Chaos entsagen welches durch eine Konstruierte Wirtschaftskrise ausgerufen wird? Ja, es wird ausgerufen das Chaos und wir übernehmen es weil wir den falschen glauben schenken; alles Geld dieser Welt ist nur Schall und Rauch.
Wir brauchen nur gesunden Menschen Verstand, Herz, Herzblut, Willen, Einsicht und können mit Arbeitskraft und ausreichend Ressourcen wieder alles neu herstellen, also wollen wir aufhören den Rattenfängern in die Rattenfalle zu folgen, wollen wir aufhören kleine Ratten zu sein?

Soll das Wirtschaftssystem kollabieren, es war dazu errichtet worden vom Tage seiner Ersinnung im Verstande des Teufels. Sollen sie sich selbst in den Dritten Weltkrieg schicken um den Bären Putin zu legen. Jener im Vergleich zum Westlichen Establishment immer noch wie ein Engel dasteht angesichts ihrer Niederträchtigen Taten.
Wir brauchen das jetzige System nicht, noch haben wir es je gebraucht, ES hat uns missbraucht und gebraucht; wir WIR brauchen ES nicht. Jedoch braucht ES **Uns** diese Macht zu erkennen und Sie sich zu greifen alle gemeinsam positiv, libertär, tolerant.

Entsagen wir dem Wahnsinn endlich unsere Zustimmung so entsagen wir der Weltlichen Irrenanstalt die ES den „Globus" taufte. Zeigen wir mit dem Nackten Finger auf die Protagonisten dieses Scheinspiels, entblößen wir sie reißen wir die Masken herunter und erschrecken nicht vor der Fratze

die dahinter lauert, denn dieses ist Teil des Lebens zu überleben.
Wenn schon der Autor nicht vermochte, zu widerstehen, jene Teilnehmer des Kabale zu benennen.

Können wir erkennen, dass circa 7 Millionen ganze 7 Milliarden aufsteigend ausnutzen und ihrer Lorbeeren bestehlen, der Ernte bestehlen, wie die Pharaonen des Einäugigen Ägypten.
Die Schweine wie sie an einem gewaltigen Tisch sitzen und die Menschheit wie Abfall verwerten lassen, nachdem sie mit uns fertig sind.

Diese Welt wird regiert von einer diabolisch religiösen Priesterschaft die sich Ihren Eid in Tiefen Kabale verstrickt schwört. Ihre Loyalität gilt der Bruderschaft.
So schicken sie ihre Reiter aus, die Royalisten als reine Symbole Ihrer Herrschaft.
Den Klerus zur Pflegung ihrer Religion, der Absorbierung des Glaubens zu einer genormten Religion um die Schafe in den Abgrund zu Schlachten.
Die Wissenschaftler und Professoren um eine Pyramide der Wissenskonservierung zu erbauen.
Die Industriellen und Monopoly Männer mit Zylinderhüten um die Arbeitskraft der Massen gewinnbringend für ihre Bruderschaft umzumünzen; in Land und Reichtum durch die Einnahme von Ressourcen und Besitztümern.
Die Banker Fraktion um Land, Besitz und Ressourcen in Form von Inflation in Beschlag zu nehmen.
Tausende und Abertausende, von Möchtegern Gurus und Falschpredigern um das Individuum in ein Gedankliches Labyrinth zu sperren, unzählige von Sekten und Kriminellen Organisationen um alle aufzusaugen die durch die Offizielle Matrix der Kontrolle rutschen.
Gefängnisse und Irrenhäuser für jene die alles durchschauen.

Ihr werft mit Schlagworten um euch doch ich kontere mit Ideen und Visionen, jene die Menschheit bewegen werden, bewegen werden müssen; In den Augen des Löwen.

Die Meister der Täuschung wurden zudem noch entsandt um uns wohl aufzuklären, lassen sich als Verschwörungskönige brandmarken um uns vorzugaukeln, dass wir Fortschritte machen.
Wenn sie uns vorgeben die Verschwörung und die Globalisierung aufzuhalten, aber die Kabale kontinuierlich einen Schritt vor den anderen setzen können, anstelle von zwei Schritten auf dem Schachbrett, auf dem wir nur die Bauern sein sollen; niemals jedoch gehen sie einen Schritt zurück auf ihrem Weg den wahren König dieser Welt umzustürzen.
Und sind unsere Angeblichen Läufer und Springer auch nur Meister der Täuschung von jenen ausgesendet um Intelligentsia zu sammeln. Informationen aus uns heraus zu pressen, uns zu lokalisieren für jene, die die Matrix kontrollieren.
So schauen wir zu Ihnen auf die sich als Judas Jones heißen, dem Verräter der Restaurierung der Neuen Welt und der restlichen Freien Welt. Uns ständig auf Trab zu halten an sich zu binden, zu ängstigen, uns vor zu heucheln dass Leute für uns kämpfen, für uns handeln, wenn sie nur gegen uns handeln und Teil eines gewaltigen weltweiten Spionage Netzwerks sind.
Und ist der Judas Jones als solcher enthüllt, so fallen alle anderen mit Ihm wie die Domino Steine in der „Dominatrix".

Das Ziel ist es eine gewaltige Fragmentierung voranzutreiben. Die Fragmentierung erfolgt indem immer wieder Helden und Schocktruppen ausgeschickt werden um uns einzufrieren und dann zu zerbrechen in mehrere Blöcke, je mehr und je kleiner desto besser. Die Masse wird in Fragmente aufgeteilt und das Schwert des Teile und Herrsche aus der Scheide gezogen.

So lasst euch nicht mehr führen und verführen, denn die Macht haltet ihr die Massen,
Du das Individuum, in dir Selbst liegt die Stärke der ganzen Schöpfung, denn Du bist ein Teil davon, und immer wenn du ein Teil herschenkst wird diese Stärke absorbiert in eine gewaltige Dunkle Energetische Materie. Denn Macht wird immer abgegeben und aufgenommen und verleitet zum Bösen.

Wenn wir alle die Kraft geben und das Beste von uns, werden wir alle Früchte des Lebens ernten.
Wir müssen alle alles geben um alles zu erhalten. Egoismus muss abgelegt werden, Feigheit, Falsche Rationalität, Falscher Stolz.

Den Atheistischen Rationalisten sei gesagt, dass sie immer nur an der Oberfläche kratzen werden, denn Absolutes Wissen werden sie nicht einmal in ihren Gottlosen Rationalen Träumen sehen.

Das Genie ist aus der Flasche! Und hatte ich nicht zu viel versprochen die Welt auf den Kopf zu stellen als Basis des Querläufertums, als einer jener; die gegen den Strom schwimmen um eines Tages ein Gerechtes Zepter zu schwingen. Die Menschheit zu wahrem Reichtum und Ruhm zu führen, wenn der Schöpfer den Zeitpunkt vorsah einzugreifen.
Den Läufer einmarschieren zu lassen in den Exodus des Menschen Geschlecht.
Um sie einzusammeln wie der Wassermann das Eis zusammenzieht.
Die Wege des Herren sind unergründlich doch manchmal offenbart sich die Lichte Hand des Schöpfers. Wir müssen also um die Wahrheit zu erfahren uns orientieren an den Dingen die wir als Wahrheit festmachen können und nur so kommen wir zum Kern der Ganzen Geschichte über Täuschungen und Illusionen. Sie werden sich im Zuge dessen zurück ziehen müssen.
Wir müssen zum Fundament der Wahrheit vorstoßen, darin liegt die Wahre Wahrheit.
Und wenn wir nicht selbst produzieren, können wir auch nicht produktiv sein.

Beim Barte des Aramäers es ist vollbracht, die Schlange hatte ihre wilden Horden ausgeschickt um das Volk zu zertrampeln, über die Jahrtausende der Menschlichen Tragödie die wir Heute Geschichte heißen, die wilden Horden der Assyrischen Krieger hart wie Stahl, die Huren von Babylon, die unbesiegbaren Römischen Legionen, die wilden Reiter aus der Mongolei und dem Hinterland. Doch war sie nicht erfolgreich, denn ein paar Läufer laufen weiter und immer weiter dem Ziel entgegen, welches sich in den Augen des Adlers erspähen lässt.
Was der Vater dem Sohn vererbt und der Großvater dem Vater, dieser es von seinem Vater erhielt bis hin zum Urvater, jener der als Der Hoch Erhabene benannt wurde.
Jene die vom Schöpfer auserwählt wurden, die anderen Menschenvölker zu befreien, jene die damals noch die Unbeugsamen genannt wurden.
Einen Läufer auszuschicken, der die Undurchdringbaren Egos des Schicksals verbindet,
die Schlange zu zertreten und Sie dann auszustellen als **Enthimio Polemou.**

Begriffsdefinitionen

GIs: US Soldaten – Das Kollektiv im Dilemma

Dystopisch: Das Gegenteil von Utopie im Sinne von Thomas More, oder auch als Thomas Morus bekannt. Thomas More (geboren 1478 und gestorben 1535) schrieb ein Buch mit Namen „Utopia", dieses Buch sollte von dann an als Grundlage dienen für ein Utopia, welches Platos Ausführungen über den Perfekten Staat entspricht und diesem im Prinzip Leben einhaucht.
Als solchen bezeichnet ES das Utopia den Sozialismus in seiner reinen Form, dieses Utopia ist als solches als ein Distopia anzusehen. Wird weit verbreitet als positiver Idealismus gepredigt.
Die Utopie bezeichnet also den vorgegebenen Perfekten Staat oder das Paradies, aber für wen?
Die Distopie bezeichnet tatsächlich eine Diktatur durch Oligarchen, Olympier oder Diktatoren.
Also das Gegenteil vom Paradies, einem der Freiheit und nächsten Liebe. - Das Kollektiv im Dilemma

Survival of the Fittest: Der Stärkere setzt sich durch, so wie von den Darwins verbreitet, wurde diese Lehre in den Köpfen der Massen festgesetzt. Entgegen der Christlichen Lehre seinen Nächsten zu Lieben wie sich selbst. Insofern ist es die Umkehrung der Lehren des Jesus Christus.
Diese Ideologie und Kredo ist älter als Darwin und wird auch anders bezeichnet mit Sätzen wie der Zweck heiligt die Mittel, oder ist manifestiert in diversen Religionen oder Volkssitten/ Volksseelen.
- Das Kollektiv im Dilemma

Food Stamps: Ist eine Staatlich gesteuerte Verteilung von Lebensmittelmarken an Sozial Schwache US-Amerikaner. - Das Kollektiv im Dilemma

Glass-Steagall Act: Zwei Gesetzte die erlassen wurden zwischen 1932 und 1933, es wurde ein Trennbankensystem eingeführt, außerdem Beschränkungen erlassen für Kreditausgabe.
Dieses wurde 1999 unter Clintons Amtszeit aufgehoben, welches dann unweigerlich zur Wirtschaftskrise in 2008 führen musste. - Das Kollektiv im Dilemma

Charter: Die Autorisierung eine Bank Institution für eine gewisse Dauer die Geldangelegenheiten der Vereinigten Staaten zu händeln. - Die Geburt der Blüten

Greenbacks: Eine Währung die während dem Bürgerkrieg zwischen Nord- und Südstaaten von Abraham Lincoln an den Kongress der Vereinigten Staaten weitergeleitet wurde, um seine Soldaten unabhängig von fremden Interessen bezahlen zu können
(New Yorker Banker Elite, welche horrende Zinsen forderten).
Der Kongress stimmte zu, diese Lösung gewährte den Nordstaatlern Einfluss zu haben auf den Druck von Papiergeld, welches ungedeckt war. Nach dem Krieg wurde die Währung wieder abgeschafft. - Die Geburt der Blüten

Fabianistischer Sozialismus oder Fabianisten: Bezeichnet unsere gegenwärtige Form der „Demokratie", welche in dieser Form in Europa verbreitet praktiziert wird.
Das Loge der „Fabianisten" ist ein Wolf im Schafspelz. Im Original bezeichneten sich diese als „Fabian Society"; Protagonisten: H. G. Wells, Sidney und Beatrice Webb, Annie Besant, Bertrand Russell, Bernard Shaw. Der Fabianistische Sozialismus brüstet sich damit Demokratisch zu agieren, wenn er ein Bastard, eine Vermischung von Sozialismus mit „Scheindemokratie" gebrütet hatte.

- Bauernwirtschaft auf dem Schlachtbrett

Screener: Mehr und Mehr verbreitete digitale Projektionsgeräte, die auf öffentlichen Plätzen vorsorglich platziert werden um uns zu „informieren". - Nachichten oder Nachrichten

Disinformation: Falschinformation – Schwarz und Weiß

Technokraten: Bezeichnet eine Auswahl von Männern und Frauen die sich zwischen den Politikern und Amtsträgern und der Schattenregierung = Olympier bewegen. Sie stellen den Puffer zwischen Oligarchen und Marionetten her. Insofern sind sie Autoritär agierend, siehe Mario Monti in Italien oder diverse Technokraten die nun Brüssel thronen. - Mattscheiben Pandora

Madmen: Wahnsinnige – Mattscheiben Pandora

Baconisches Englisch: Das Moderne Englisch welches man könnte sagen komponiert wurde dirigiert von Sir Francis Bacon und einem Ensemble von Intellektuellen, um die zukünftige oder jetzige Weltsprache zu werden. - Meister des Medien Kultes

Artisanen: Baukünstler – Perlen für Schweine

Bondage: Knechtschaft – Gore Alias Tetzel und die Ablassbriefe der Neuzeit

Predator: Raubtier – Matrix der Idiotie

Feudum: Lehnswesen, unterstand einem Lehnsherren, jenem unterstanden die Vasallen (Diener) - Die Menschliche Tragödie? Unsere Geschichte ist es

Queste: Aufgabe, Ziel, Suche – Früchte der Verblendung

Quellenverzeichnis der Lesehilfen

- Heaven and Earth – Professor Ian Plimer (Kapitel Gore alias Tetzel und die Ablassbriefe der Neuzeit)

- The New Atlantis – Sir Francis Bacon

- Plato The Republic – Platon (übersetzt von Benjamin Jowett)

- Politics – Aristoteles (übersetzt von Benjamin Jowett)

- The Road To Serfdom – Friedrich August von Hayek (Kapitel Sozialismus: Die Mutter des Faschismus)

- Human Action, A Treatise on Economics – Ludwig von Mises (Sozialismus die Plage der Menschheit)